Seneca County, Ohio

1870 Census: An Everyname Index

Compiled and published by

Seneca County Genealogical Society

Chapter, Ohio Genealogical Society

P.O. Box 157

Tiffin, Ohio 44883

1999

Seneca County, Ohio 1870 Census: An Everyname Index

This indexing project began several years ago, when there were no indexes available for the 1870 census. Any index would have been helpful, but the Seneca County Genealogical Society wanted to make this one even better than most of the other ones done statewide. They indexed every name of the people who were listed in the 1870 census for the county. This, of course, made the project take longer and the final book lengthier, but we think it will be more useful and help more people find those families they are looking for.

Many members have worked on this indexing project for several years. They will not be named in fear of overlooking a hard-working member, but the Society does need to recognize the tireless chairmen of the publishing committee for keeping this project going: Beverly and Jerry Wheatley. Also, a special thanks to Joan Dysinger for her and her nephew, Kent Cartwright's computer skills. The Society appreciates all the volunteers who contributed hours of time compiling all this data and inputting it.

To use this index, simply look up your family's name, and write down the location and page number and look up the printed page number on the microfilm of the 1870 Seneca County census. Copies of that film are available at the Tiffin-Seneca Public Library and the Rutherford B. Hayes Presidential Library in Fremont, locally, and across the state and country.

A key to the index:

Lastname, Firstname: Name of the person

Location: A code for the county and the township; all the indexing is for Seneca County alone.

SNAD	Adams Township
SNBI	Big Spring Township
SNCL	Clinton Township
SNED	Eden Township
SNHO	Hopewell Township
SNJA	Jackson Township
SNLI	Liberty Township
SNLO	Loudon Township
SNPL	Pleasant Township
SNRE	Reed Township
SNSC	Scipio Township
SNSN	Seneca Township
SNTH	Thompson Township
SNVE	Venice Township
SNW1, SNW2, etc.	Tiffin - Ward 1, Ward 2, etc.

Page: Page number to look for on the microfilm; use the printed number in the upper right hand corner.

Head: Y or N: code for whether the person listed is the head of a household or not. Y = yes, he is head the household, N= No, he is not.

Hhold: Abbreviation for household, this is the number of the household on the page. Simply helps to locate a person on a page and also can be used to determine if certain people are living in the same household.

Rebecca Baker Hill   June 1999

LASTNAME	FIRSTNAME	MI	LOCATION	PAGE	HEAD	HHOLD
ABBOTT	LORENZA		SNPL	205	Y	37
ABBOTT	JANNETTA		SNPL	205	N	37
ABBOTT	MOSES		SNPL	205	N	37
ABBOTT	BYRON		SNPL	205	N	37
ABBOTT	LORENZA		SNPL	205	N	37
ABBOTT	RUTH		SNPL	205	N	37
ABBOTT	FRANCIS		SNPL	205	Y	40
ABBOTT	LYDIA		SNPL	205	N	40
ABBOTT	ABRAHAM		SNPL	205	N	40
ABBOTT	ORENIA		SNPL	205	N	40
ABBOTT	FLORENCE		SNPL	205	N	40
ABBOTT	FRANCIS		SNPL	205	N	40
ABBOTT	IDA	E	SNPL	205	N	40
ABBOTT	ELIZA		SNPL	207	Y	73
ABBOTT	IRVIN		SNPL	207	N	73
ABBOTT	ELI		SNPL	207	N	73
ABBOTT	AMELIA		SNPL	207	N	73
ABBOTT	ALBERT		SNPL	207	N	73
ABBOTT	JAMES		SNPL	207	N	73
ABBOTT	WILLIAM		SNPL	207	N	73
ABBOTT	ANNA		SNPL	207	N	73
ABBOTT	RASL		SNPL	207	N	73
ABBOTT	LOUISA		SNPL	207	N	73
ABBOTT	LYMAN		SNPL	210	Y	108
ABBOTT	VILDA		SNPL	210	N	108
ABEL	EVE		SNLO	190	Y	161
ABEL	ANDREW		SNLO	190	N	161
ABLE	WILLIAM		SNSN	270	Y	190
ABLE	FREDERICA		SNSN	270	N	190
ABLE	SOPHIA		SNSN	270	N	190
ABLE	CAROLINE		SNSN	270	N	190
ABLE	HENRY		SNSN	270	N	190
ABLE	ELIZABETH		SNSN	270	N	190
ABLE	LOUISA		SNSN	270	N	190
ABLUTZ?	SAMUEL		SNTH	289	Y	118
ACKER	GEO	D	SNLO	194	Y	217
ACKER	JULIA	A	SNLO	194	N	217
ACKER	ELMER	W	SNLO	194	N	217
ACTON	CATHARINE		SNED	104	Y	232
ACTON	MATILDA		SNED	104	N	232
ACTON	SAMUEL		SNED	104	Y	232
ACTON	MARY		SNED	104	Y	232
ADAMS	JACOB		SNCL	74	Y	81
ADAMS	ELIZABETH		SNCL	74	N	81
ADAMS	HENRY		SNBI	29	Y	114
ADAMS	MARY		SNBI	29	N	114
ADAMS	PETER		SNBI	29	N	114
ADAMS	MICHAEL		SNBI	29	N	114
ADAMS	SUSAN		SNBI	29	N	114
ADAMS	NICHOLAS		SNBI	29	N	114
ADAMS	FRANK		SNBI	29	N	114
ADAMS	JOHN		SNBI	29	N	114
ADAMS	THERESA		SNBI	29	N	114
ADAMS	JOHN		SNLO	179	Y	229
ADAMS	ROBERT		SNLO	185	Y	74
ADAMS	REBECCA		SNLO	185	N	74
ADAMS	C	F	SNLO	185	N	74
ADAMS	M	M	SNLO	185	N	74
ADAMS	PHEBA		SNLO	193	Y	209
ADAMS	IRENE		SNLO	193	N	209
ADAMS	MARTIN		SNLO	194	Y	220
ADAMS	SUSAN		SNLO	194	N	220
ADAMS	MARY	E	SNLO	194	N	220
ADAMS	PHILLIP		SNW1	314	Y	104
ADAMS	DELLA		SNW1	314	N	104
ADAMS	FREDERICK		SNW1	320	Y	197
ADAMS	CATHARINE		SNW1	320	N	197
ADAMS	FREDERICK		SNW1	320	N	197
ADAMS	AUGUST		SNW1	320	N	197
ADAMS	WILLIAM		SNW1	320	N	197
ADAMS	DENA		SNW1	320	N	197
ADAMS	HENRY		SNW1	325	Y	257
ADAMS	MARY		SNW1	325	N	257
ADAMS	ANNA		SNW1	325	N	257
ADAMS	CATTY		SNW1	325	N	257
ADAMS	FRANK		SNW1	325	Y	257
ADAMS	CATHERINE		SNW1	325	N	257

LASTNAME	FIRSTNAME	MI	LOCATION	PAGE	HEAD	HHOLD
ADAMS	FRANK		SNW1	325	N	257
ADAMS	GEORGE		SNW1	346	Y	544
ADAMS	HANNAH		SNW1	346	N	544
ADAMS	GERTRUDE		SNW1	346	N	544
ADAMS	EDMUND		SNW1	346	N	544
ADAMS	E		SNPL	213	Y	168
ADAMS	SARAH		SNPL	213	N	168
ADAMS	ALLAN		SNPL	213	N	168
ADAMS	SAMUEL		SNSC	241	Y	60
ADAMS	MAHALA		SNSC	241	N	60
ADAMS	CORRA		SNSC	241	N	60
ADAMS	SCHUYLER		SNSC	241	N	60
ADAMS	MARY		SNTH	283	Y	33
ADAMS	FRED		SNTH	283	N	33
ADAMS	CHARLES		SNTH	283	N	33
ADAMS	HENRY		SNHO	111	Y	35
ADAMS	MARY		SNHO	121	Y	217
ADELMAN	T.	H.	SNBI	40	Y	270
ADELSPERGER	WILLIAM		SNHO	109	Y	4
ADITTRAD?	PRICILLAS		SNTH	288	Y	108
ADLESBURGER	JOHN		SNSN	274	Y	248
ADLESBURGER	ALBERT		SNSN	274	N	248
ADLESBURGER	AMANDA		SNSN	274	N	248
ADLESBURGER	CHARLES		SNSN	274	N	248
ADLESBURGER	JAMES		SNSN	274	N	248
ADLESBURGER	ALBERT		SNSN	274	N	248
ADLESBURGER	FLORA		SNSN	274	N	248
ADLESBURGER	GEORGE		SNSN	274	N	248
ADLESBURGER	HENRY		SNSN	274	N	248
ADLESBURGER	FRANK		SNSN	274	N	248
ADLESBURGER	ELNORA		SNSN	274	N	248
ADLESBURGER	JOHN		SNSN	274	N	248
AERICK	SOPHRONIA		SNHO	119	Y	184
AFFORD	PETER		SNBI	38	Y	248
AFFORD	CATHERINE		SNBI	38	N	248
AFFORD	NICHOLAS		SNBI	38	N	248
AFFORD	MARGARET		SNBI	38	N	248
AFFORD	ISADORA		SNBI	38	N	248
AFFORD	HENRY		SNBI	38	N	248
AFFORD	LOUISA		SNBI	38	N	248
AHINGER	BARNEY		SNW2	364	Y	213
AHINGER	SACONDA		SNW2	364	N	213
AHINGER	JOSEPH		SNW2	364	N	213
AHINGER	MARY		SNW2	364	N	213
AHINGER	JOHN		SNW2	364	N	213
AHINGER	ROSA		SNW2	364	N	213
AHINGER	AMELIA		SNW2	364	N	213
AHINGER	ANDREW		SNW2	364	N	213
AHINGER	WILLIAM		SNW2	364	N	213
AHINGER	BENJAMIN		SNW2	364	N	213
AHLUM	IRVIN		SNRE	234	Y	209
AHLUM	ANIE	M	SNRE	234	N	209
AHLUM	AMANDA		SNRE	234	N	209
AHLUM	CAROLINE		SNRE	234	N	209
AHLUM	LYDIA		SNRE	234	N	209
AHLUM	THOMAS		SNRE	234	N	209
AICHOLTZ	CHARLES		SNVE	387	Y	111
AICHOLTZ	ELISABETH		SNVE	387	N	111
AIGLER	ISAAC		SNTH	295	Y	188
AIGLER	SUSAN		SNTH	295	N	188
AIKEN	JAMES		SNSN	261	Y	24
AIKEN	SUSAN		SNSN	261	N	24
AIKEN	JOHN		SNSN	261	N	24
AIKEN	JOSEPH		SNSN	261	N	24
AIKEN	PERRY		SNSN	261	N	24
AIKEN	SARAH		SNSN	261	N	24
AIKEN	TABITHA		SNSN	261	N	24
AKE	WILLIAM		SNW1	346	Y	541
AKIM	PERRY		SNED	97	Y	111
AKIN	NELSON		SNED	100	Y	158
ALAXANDER	WILLIAM		SNAD	18	Y	299
ALBAUGH	LUCRETIA		SNW1	324	Y	249
ALBERT	LAWRENCE		SNLI	142	Y	9
ALBERT	ANNA		SNLI	142	N	9
ALBERT	JOHN	C	SNLO	196	Y	252
ALBERT	CATHERINE		SNLO	196	N	252
ALBERT	FLORENCE	O	SNLO	196	N	252

LASTNAME	FIRSTNAME	MI	LOCATION	PAGE	HEAD	HHOLD
ALBERT	IDA	E	SNLO	196	N	252
ALBERT	FATIMA		SNLO	196	N	252
ALBERT	ALICE		SNLO	196	N	252
ALBERT	STEPHEN	D	SNLO	196	N	252
ALBERT	JOHN		SNLO	196	N	252
ALBERT	QUINCY		SNLO	196	N	252
ALBERT	LAWRENCE		SNLI	142	Y	9
ALBERT	ANNA		SNLI	142	N	9
ALBRIGHT	MARTIN		SNBI	27	Y	93
ALBRIGHT	MARTHA		SNBI	27	N	93
ALBRIGHT	CLARA		SNBI	27	N	93
ALBRIGHT	HENRY		SNBI	27	N	93
ALBRIGHT	MARY		SNBI	27	N	93
ALBRIGHT	JACOB		SNAD	2	Y	34
ALBRIGHT	JANE		SNAD	2	N	34
ALBRIGHT	HENRY		SNAD	2	N	34
ALBRIGHT	MARY		SNAD	2	N	34
ALBRIGHT	CHARLES		SNAD	2	N	34
ALBRIGHT	ANDREW		SNW1	328	Y	302
ALBRIGHT	CATHERINE		SNW1	328	N	302
ALBRIGHT	PHILLIP		SNW2	377	Y	406
ALBRIGHT	MENA		SNW2	377	N	406
ALBRIGHT	MARTIN		SNW2	377	N	406
ALBRIGHT	CATHERINE		SNW2	377	N	406
ALBRIGHT	MENA		SNW2	377	N	406
ALBRIGHT	ALBERT		SNW2	377	N	406
ALBRIGHT	JOHN		SNSC	254	Y	256
ALBRIGHT	MARY		SNSC	254	N	256
ALBRIGHT	CHARLES		SNSC	254	N	256
ALBRIGHT	OSSINA?		SNSC	254	N	256
ALBRIGHT	DAVID		SNTH	307	Y	365
ALBRIGHT	LUCY		SNTH	307	N	365
ALBRIGHT	CHARLES		SNTH	307	N	365
ALBRIGHT	ELLA		SNTH	307	N	365
ALBRIGHT	ANNA		SNTH	307	N	365
ALBRIGHT	JOHN		SNTH	307	N	365
ALBRIHT ?	CHARLES		SNAD	10	Y	149
ALBRIHT ?	MARY		SNAD	10	N	149
ALBRIHT ?	ISAAC		SNAD	10	N	149
ALCOTT	ROGER		SNLO	181	Y	15
ALCOTT	ANNA		SNLO	181	N	15
ALCOTT	LAURA		SNLO	181	N	15
ALCOTT	DAVID		SNLO	193	Y	210
ALCOTT	SARAH	A	SNLO	193	N	210
ALCOTT	LORETTA	R	SNLO	193	N	210
ALCOTT	MARY	E	SNLO	193	N	210
ALCOTT	JENNIE		SNLO	193	N	210
ALCOTT	EZBON	F	SNLO	194	N	210
ALCOTT	ALBERT	L	SNLO	194	N	210
ALCOTT	ORPHA	F	SNLO	194	N	210
ALECK	WILLIAM		SNSC	252	Y	238
ALECK	JANE		SNSC	252	N	238
ALECK	SARAH		SNSC	252	N	238
ALECK	JACOB		SNSC	252	N	238
ALESHIRE	REBECCA		SNBL	60	Y	179
ALEXANDER	RUSSELL		SNAD	8	Y	117
ALEXANDER	AMANDA		SNAD	8	N	117
ALEXANDER	HARRIET		SNAD	18	N	299
ALEXANDER	CORA		SNAD	18	N	299
ALEXANDER	GUSTUS		SNW1	347	Y	556
ALEXANDER	JAMES		SNPL	205	Y	36
ALEXANDER	SYNTHIA		SNPL	205	N	36
ALEXANDER	WILLIAM		SNTH	285	Y	54
ALEXANDER	RACHEL		SNTH	285	N	54
ALEXANDER	RUPELL		SNTH	285	Y	55
ALEXANDER	CORDILIA		SNTH	285	N	55
ALEXANDER	CHARLES		SNTH	285	N	55
ALFORD	ROSWELL		SNBI	35	Y	201
ALFORD	SARAH ?		SNBI	35	N	201
ALGER	NATHAN		SNSN	273	Y	225
ALGER	MARGARET		SNSN	273	N	225
ALGER	SARAH		SNSN	273	N	225
ALGER	NANCY		SNSN	273	N	225
ALGER	JOHN		SNSN	273	N	225
ALGER	CHARLES		SNSN	273	N	225
ALGER	LUCY		SNSN	273	N	225
ALGER	MARY		SNSN	273	N	225

LASTNAME	FIRSTNAME	MI	LOCATION	PAGE	HEAD	HHOLD
ALGIER	JACOB		SNVE	390	Y	156
ALGIER	MARY		SNVE	390	N	156
ALGIER	FREDIE		SNVE	390	N	156
ALGIER	JOHN		SNVE	390	N	156
ALGIER	CHRISTINA		SNVE	390	N	156
ALGIER	GANLLUFF		SNVE	390	N	156
ALHIM	GEORGE		SNRE	237	Y	253
ALHIM	CATHARINE		SNRE	237	Y	253
ALLEIRS	JACOB		SNBI	44	Y	318
ALLEIRS	JOSEPHINE		SNBI	44	N	318
ALLEN	GIDEON		SNCL	77	Y	132
ALLEN	BARBARA		SNCL	77	N	132
ALLEN	CLARA		SNBI	37	Y	232
ALLEN	JANE		SNBI	37	N	232
ALLEN	THORNTON		SNBI	37	N	232
ALLEN	BENJ		SNBI	37	N	232
ALLEN	LUCY		SNBI	37	N	232
ALLEN	ANNIE		SNBI	37	N	232
ALLEN	CATHERINE		SNBI	37	N	232
ALLEN	CLARISSA		SNBI	37	N	232
ALLEN	THEODORE		SNBI	37	N	232
ALLEN	LUCINDA		SNW1	311	Y	55
ALLEN	GUSTAVUS		SNW1	336	Y	416
ALLEN	ELIZABETH		SNW1	336	N	416
ALLEN	ESTER		SNW1	336	N	416
ALLEN	GEORGE		SNW1	336	N	416
ALLEN	NANCY	A	SNW1	337	Y	428
ALLEN	KATE		SNW1	347	Y	55
ALLEN	JOHN		SNSC	241	Y	46
ALLEN	MARY		SNSC	241	N	46
ALLEN	CHARLES		SNSC	241	N	46
ALLEN	A-ILLA		SNSC	241	N	46
ALLEN	MAGGIE		SNSC	241	N	46
ALLEN	GEORGE		SNSC	243	Y	89
ALLEN	ANN		SNSC	243	N	89
ALLIERS	CATHERINE		SNBI	44	N	318
ALLIERS	MARY		SNBI	44	N	318
ALLIERS	HENRY		SNBI	44	N	318
ALLIERS	MATTHIAS		SNBI	44	N	318
ALLIERS	PETER		SNBI	44	N	318
ALLIERS	ANNIE		SNBI	44	N	318
ALLIERS	THERESA		SNBI	44	N	318
ALLIERS	LAURA		SNBI	44	N	318
ALLIERS	NICHOLAS		SNBI	44	N	318
ALLIERS	JOHN		SNBI	44	N	318
ALLIERS	CATHERINE		SNBI	44	N	318
ALLION	ELIZ		SNHO	113	Y	81
ALLWINE	JOHN		SNCL	79	Y	164
ALLWINE	MARY		SNCL	79	N	164
ALLWINE	FRECA	A.	SNCL	79	N	164
ALLWINE	STEPHEN		SNCL	79	N	164
ALLWINE	HENRY		SNCL	84	Y	227
ALLWINE	ANNA	M.	SNCL	84	N	227
ALLWINE	WILLIAM		SNCL	84	N	227
ALLWINE	JOSEPH		SNCL	84	N	227
ALLWINE	FRANK		SNCL	84	N	227
ALLWINE	TREACY		SNCL	84	N	227
ALLWINE	HENRY	L.	SNCL	84	N	227
ALMOND	MARY		SNAD	6	Y	97
ALMOND	THOMAS		SNAD	8	Y	124
ALMOND	EMILY		SNAD	8	N	124
ALMOND	MYRA		SNAD	8	N	124
ALMOND	MERA ?		SNAD	8	N	124
ALONZO	MCLAIN		SNAD	18	Y	296
ALSPAUGH	MICHAEL		SNPL	217	Y	222
ALSPAUGH	EMMA		SNPL	217	N	222
ALTENBAUGH	JOHN		SNW2	368	Y	273
ALTENBAUGH	MARGARET		SNW2	368	N	273
ALTENBAUGH	LEWIS		SNW2	368	N	273
ALTENBAUGH	WILLIAM		SNW2	368	N	273
ALTENBAUGH	ORVILLE		SNW2	368	N	273
ALTENBAUGH	CHARLES		SNW2	368	N	273
ALTENBAUGH	JENNIE		SNW2	368	N	273
ALTENBAUGH	ANA		SNW2	368	N	273
ALTMAN	MARY		SNCL	74	Y	80
ALTMAN	MALINDA		SNHO	115	Y	112
ALWINE	TREASA		SNW1	323	Y	237

LASTNAME	FIRSTNAME	MI	LOCATION	PAGE	HEAD	HHOLD
AMANDA	FRED		SNW1	332	Y	361
AMANDA	CAROLINE		SNW1	332	N	361
AMBROSE	F	W	SNPL	214	Y	173
AMELINE	MARIA		SNTH	288	Y	108
AMES	AMANDA		SNJA	128	Y	22
AMES	DILLON		SNJA	132	Y	81
AMES	CATHERINE		SNJA	132	N	81
AMES	CHARLES		SNSC	250	Y	200
AMES	ELVINA		SNSC	250	N	200
AMES	JOSEPH		SNSC	250	N	200
AMES	ALBERT		SNSC	250	N	200
AMES	DAVID		SNSC	250	N	200
AMES	SARAH		SNSN	264	Y	87
AMEUS	HENRY		SNSN	267	Y	134
AMEUS	HARRIET		SNSN	267	N	134
AMEUS	HATTIE		SNSN	267	N	134
AMEUS	HIRAM		SNSN	267	N	134
AMMAGAST	AMOS		SNTH	291	Y	155
AMMAGAST	SUSAN		SNTH	291	N	155
ANDERSON	GEORGE	W	SNLI	142	Y	1
ANDERSON	ANSON		SNLI	143	Y	17
ANDERSON	CATHERINE		SNLI	143	N	17
ANDERSON	JOHN		SNLI	143	N	17
ANDERSON	JESSIE		SNLI	143	N	17
ANDERSON	NETTIE		SNLI	143	N	17
ANDERSON	WILLIAM		SNLI	143	N	17
ANDERSON	JAMES		SNLI	143	N	17
ANDERSON	JAMES		SNLO	186	Y	91
ANDERSON	MARY		SNLO	186	N	91
ANDERSON	GEORGE		SNSC	253	Y	249
ANDERSON	ANN		SNSC	253	N	249
ANDERSON	FRANK		SNSC	253	N	249
ANDERSON	SARAH		SNSC	253	N	249
ANDERSON	NANCY		SNSC	253	N	249
ANDERSON	JOHN		SNHO	115	Y	108
ANDERSON	CAROLINE		SNHO	115	N	108
ANDERSON	GEORGE	W	SNLI	142	Y	1
ANDERSON	ANSON		SNLI	143	Y	17
ANDERSON	CATHERINE		SNLI	143	N	17
ANDERSON	JOHN		SNLI	143	N	17
ANDERSON	JESSIE		SNLI	143	N	17
ANDERSON	NETTIE		SNLI	143	N	17
ANDERSON	WILLIAM		SNLI	143	N	17
ANDERSON	JAMES		SNLI	143	N	17
ANDES	JOHN		SNLO	186	Y	94
ANDES	FILPINA		SNLO	186	N	94
ANDES	CAROLINE	M	SNLO	186	N	94
ANDES	HENRY	C	SNLO	186	N	94
ANDES	NETTIE		SNLO	186	N	94
ANDES	JACOB		SNLO	186	N	94
ANDES	JOHN		SNLO	198	Y	291
ANDES	JACOB		SNLO	198	Y	291
ANDREW	PHILIP		SNSN	271	Y	208
ANDREW	CATHARINE		SNSN	271	N	208
ANDREW	LUCRETIA		SNSN	271	N	208
ANDREW	ROBERT		SNSN	271	N	208
ANDREW	JOHN		SNSN	271	N	208
ANDREW	DAVID		SNSN	271	N	208
ANDREW	WILLIAM		SNSN	271	N	208
ANDREW	ELLA		SNSN	271	N	208
ANDREW	SOLOMON		SNSN	271	N	208
ANDREW	FLORA		SNSN	271	N	208
ANDREWS	MARY		SNBI	24	Y	50
ANDREWS	JOSEPHINE		SNBI	24	N	50
ANDREWS	MARY		SNBI	24	N	50
ANDREWS	JOSEPH		SNBI	24	N	50
ANDREWS	HENRY		SNBI	24	N	50
ANDREWS	FRANK		SNBI	24	N	50
ANDREWS	CATHERINE		SNBI	24	N	50
ANDREWS	MICHAEL		SNBI	24	N	50
ANDREWS	NICHOLAS		SNBI	24	N	50
ANDREWS	NADINE		SNBI	24	N	50
ANDREWS	ANNA		SNLI	156	Y	233
ANDREWS	GEORGE	W	SNLI	156	N	233
ANDREWS	OLIVE		SNW1	346	Y	545
ANDREWS	LUCINATA		SNW1	346	N	545
ANDREWS	ED		SNW2	352	Y	39

LASTNAME	FIRSTNAME	MI	LOCATION	PAGE	HEAD	HHOLD
ANDREWS	CAROLINE		SNW2	352	N	39
ANDREWS	WILLIAM		SNW2	352	N	39
ANDREWS	FRANKLIN		SNW2	352	N	39
ANDREWS	HENRY		SNW2	356	Y	99
ANDREWS	CHRISTENA		SNW2	356	N	99
ANDREWS	CHARLES		SNW2	377	Y	398
ANDREWS	MARY		SNW2	377	N	398
ANDREWS	EMMA		SNW2	377	N	398
ANDREWS	MARY		SNW2	377	N	398
ANDREWS	DAVID		SNPL	218	Y	231
ANDREWS	EBBA		SNPL	218	N	231
ANDREWS	CHARLES		SNPL	218	N	231
ANDREWS	JOHN		SNBL	66	Y	291
ANDREWS	MARY	E	SNBL	66	N	291
ANDREWS	ELIZA	A	SNBL	66	N	291
ANDREWS	JAMES		SNBL	66	N	291
ANDREWS	EMMA	A	SNBL	66	N	291
ANDREWS	ARTHUR		SNBL	66	N	291
ANDREWS	ROBERT	S	SNBL	66	N	291
ANDREWS	ANNA		SNLI	156	Y	233
ANDREWS	GEORGE	W	SNLI	156	N	233
ANGES	FRANKLIN		SNLI	144	Y	32
ANGES	FRANKLIN		SNLI	144	Y	32
ANGIER	AMOS		SNSC	249	Y	185
ANGLE	HENRY		SNW1	309	Y	28
ANGLE	JAMES		SNW1	309	N	28
ANGLE	LAURA		SNW1	309	N	28
ANGUS	JOHN		SNLI	145	Y	52
ANGUS	SARAH	A	SNLI	145	N	52
ANGUS	JOHN		SNLI	145	Y	52
ANGUS	SARAH	A	SNLI	145	N	52
ANNACE	NICK		SNSN	276	Y	269
ANNACE	ANNA		SNSN	276	N	269
ANNACE	MARY		SNSN	276	N	269
ANNACE	CATHARINE		SNSN	276	N	269
ANNACE	JOHN		SNSN	276	N	269
ANNACE	WILLIAM		SNSN	276	N	269
ANNAHOLTZ	ANNA		SNW1	345	N	531
ANTHONY	LUCILLE		SNED	92	Y	40
ANTONIA	MATTA		SNTH	288	Y	108
ANWAY	JOHN		SNSC	250	Y	196
ANWAY	MARY		SNSC	250	N	196
ANWAY	JOHN	E	SNSC	250	N	196
ANWAY	EMILY		SNSC	250	N	196
ANWAY	ALFRED		SNSC	250	Y	197
ANWAY	ROGINA		SNSC	250	N	197
ANWAY	FRED		SNSC	250	N	197
ANWAY	KATIE		SNSC	250	N	197
ANWAY	CARRIE		SNSC	250	N	197
ANWAY	CHARLES		SNSC	250	N	197
ANWAY	ELIZA		SNSC	250	Y	198
ANWAY	JOSEPH		SNSC	250	N	198
ANWAY	MARIETTA		SNSC	250	N	198
ANWAY	JANE		SNSC	250	N	198
ANWAY	MARTA		SNSC	250	N	198
ANWAY	HARRISON		SNSC	250	Y	201
ANWAY	ELIZABETH		SNSC	250	N	201
ANWAY	WILLIAM		SNSC	250	N	201
ANWAY	LUCETTA		SNSC	250	N	201
ANWAY	SYDNEY		SNSC	252	Y	240
ANWAY	ELIZABETH		SNSC	252	N	240
ANWAY	MORGAN		SNSC	253	Y	245
ANWAY	LOUISA		SNSC	253	N	245
ANWAY	CHARLIE		SNSC	253	N	245
ANWAY	ARTHUR ?		SNSC	253	Y	248
ANWAY	CARRIE		SNSC	253	N	248
ANWAY	WILLIAM		SNSC	256	Y	301
ANWAY	LUCINDA		SNSC	256	N	301
ANWAY	EMMA		SNSC	256	N	301
ANWAY	KATIE		SNSC	256	N	301
ANWAY	WILLIAM		SNSC	256	N	301
ANWAY	LAURA		SNSC	256	N	301
APPENZELLER	FORD		SNW1	312	Y	81
APPENZELLER	LANA		SNW1	312	N	81
APPENZELLER	WILLIAM		SNW1	312	N	81
APPLE	CHRISTOPHER		SNBL	52	Y	65
APPLE	MELLINDA		SNBL	52	N	65

LASTNAME	FIRSTNAME	MI	LOCATION	PAGE	HEAD	HHOLD
APPLE	THOMAS		SNBL	52	N	65
APPLE	MARCERR	E	SNBL	52	N	65
APPLE	ARAMENA		SNBL	52	N	65
APPLE	IDA	B	SNBL	52	N	65
APPLE	CLARENCE		SNBL	52	N	65
APPLEMAN	JOSEPH		SNLO	174	Y	166
APPLEMAN	MARY		SNLO	174	N	166
APPLEMAN	THERESA		SNLO	174	N	166
APPLEMAN	ROSA		SNLO	174	N	166
APPLEMAN	BARBRA		SNLO	174	N	166
APPLEMAN	ANDREW		SNLO	174	Y	167
APPLEMAN	MARY		SNLO	174	N	167
APPLEMAN	ANNA	M	SNLO	174	N	167
APPLEMAN	JOSEPH		SNLO	174	N	167
ARBAGAST	HENRY		SNW2	366	Y	247
ARBAGAST	JOSEPHUS		SNW2	366	N	247
ARBAGAST	ADOLPHUS		SNW2	366	N	247
ARBAGAST	JENNIE		SNW2	366	N	247
ARBAGAST	CATHARINE		SNW2	366	N	247
ARBOGAST	MICHAEL		SNSN	270	Y	193
ARBOGAST	JANE		SNSN	270	N	193
ARBOGAST	ALICE		SNSN	270	N	193
ARBOGAST	JOHN		SNSN	270	N	193
ARBOGAST	NETTIE		SNSN	270	N	193
ARBOGAST	LEWIS		SNSN	271	N	193
ARBOGAST	CHARLES		SNSN	271	N	193
ARBOGAST	RUSH		SNSN	271	N	193
ARDNER	PHILLIP		SNLO	183	Y	36
ARDNER	LENA		SNLO	183	N	36
ARDNER	ELIZABETH		SNLO	183	N	36
ARDNER	MARGARET		SNLO	183	N	36
ARDNER	JOSEPH		SNLO	183	N	36
ARDNER	MARY		SNLO	183	N	36
ARDNER	LENA		SNLO	183	N	36
ARDNER	PHILLIP		SNLO	183	N	36
ARDNER	CHRISTIANA		SNLO	183	N	36
ARDNER	JOSEPH		SNW1	310	Y	49
ARDNER	ELIZABETH		SNW1	310	N	49
ARDNER	JOSEPH		SNW1	310	N	49
ARDNER	ELIZABETH		SNW1	310	N	49
ARDNER	LEWIS		SNW1	310	N	49
ARDNER	ANDREW		SNW1	310	N	49
ARDNER	LAURA		SNW1	310	N	49
ARDNER	HANNAH		SNW1	310	N	49
ARDNER	FRANCES	A.	SNW1	310	N	49
ARDNER	JOHN		SNW2	358	Y	123
ARDNER	CATHARINE		SNW2	358	N	123
ARDNER	CHARLES		SNW2	358	N	123
ARDNER	DREBOLD		SNED	89	Y	4
ARDNER	CATHARINE		SNED	89	N	4
ARDNER	ANNA		SNED	89	N	4
ARDNER	WILLIAM	H	SNED	89	N	4
ARDNER	CAROLINE		SNED	89	N	4
ARDNER	ROSIE		SNED	89	N	4
ARDNER	THEOBOLT		SNED	89	N	4
ARDNER	LEWIS		SNED	89	N	4
AREND	NICHOLAS		SNLO	178	Y	212
AREND	ROSA		SNLO	178	N	212
AREND	NICHOLAS		SNLO	178	N	212
AREND	PETER		SNLO	178	N	212
AREND	HENRY		SNLO	178	N	212
AREND	JOHN		SNLO	178	N	212
AREND	JOSEPH		SNLO	178	N	212
ARHART	DAVID		SNW2	370	Y	308
ARHART	ELIZA		SNW2	370	N	308
ARHART	WILLIAM		SNW2	370	N	308
ARLAND	SCHERMAN?		SNED	105	Y	253
ARLAND	AMANDA		SNED	105	N	253
ARLAND	SARAH		SNED	105	N	253
ARLAND	JOHN		SNED	105	N	253
ARLAND	ALBERT		SNED	105	N	253
ARLAND	EDWARD		SNED	105	N	253
ARLAND	MILLIE		SNED	105	N	253
ARMATAGE	JOHN	W.	SNVE	384	Y	67
ARMATAGE	ELIZABETH		SNVE	384	N	67
ARMATAGE	WESLEY		SNVE	384	N	67
ARMATAGE	GEORGE	H.	SNVE	384	N	67

LASTNAME	FIRSTNAME	MI	LOCATION	PAGE	HEAD	HHOLD
ARMATAGE	ETTIE	J.	SNVE	384	N	67
ARMATAGE	CHARLES	A.	SNVE	384	N	67
ARMGOT	GEO		SNLO	193	Y	194
ARMGOT	DELILAH		SNLO	193	N	194
ARMGOT	CHESTER	W	SNLO	193	N	194
ARMGOT	CELIA		SNLO	193	N	194
ARMITAGE	JOHN		SNVE	380	Y	2
ARMITAGE	MARY		SNVE	380	N	2
ARMITAGE	GEORGE		SNVE	380	N	2
ARMITAGE	ROBERT		SNVE	380	N	2
ARMITAGE	MAEY	J	SNVE	380	N	2
ARMSTRONG	JOHN		SNLI	151	Y	141
ARMSTRONG	SARAH		SNLI	151	N	141
ARMSTRONG	ORBLE	F	SNLI	151	N	141
ARMSTRONG	A	A	SNED	102	Y	204
ARMSTRONG	ELSA		SNED	102	N	204
ARMSTRONG	JACOB		SNSC	238	Y	13
ARMSTRONG	SARAH		SNSC	238	N	13
ARMSTRONG	TILLIAN		SNSC	238	N	13
ARMSTRONG	JOHN		SNLI	151	Y	141
ARMSTRONG	SARAH		SNLI	151	N	141
ARMSTRONG	ORBLE	F	SNLI	151	N	141
ARMSTRONG	GEORGE		SNRE	227	Y	99
ARMSTRONG	MARY	ANN	SNRE	227	N	99
ARMSTRONG	ROBERT		SNRE	232	Y	184
ARMSTRONG	ANN		SNRE	232	N	184
ARMSTRONG	JOHN	E	SNRE	232	Y	184
ARMSTRONG	MARY	J	SNRE	232	N	184
ARMSTRONG	BEATY		SNRE	232	N	184
ARMSTRONG	MARTHA	E	SNRE	232	N	184
ARMSTRONG	JOHN		SNRE	234	Y	215
ARMSTRONG	MARTHA	A	SNRE	234	N	215
ARMSTRONG	MARY	L	SNRE	234	N	215
ARNA	PHILLIP		SNCL	87	Y	273
ARNDT	NICHOLAS		SNBI	32	Y	156
ARNDT	ANN		SNBI	32	N	156
ARNDT	NICHOLAS		SNBI	32	N	156
ARNDT	ANNA		SNBI	32	N	156
ARNDT	DOMINICK		SNBI	32	N	156
ARNDT	PETER		SNBI	32	N	156
ARNDT	JANE		SNBI	32	N	156
ARNDT	DOMINICK		SNBI	33	Y	175
ARNDT	KATIE		SNBI	33	N	175
ARNDT	DOMINICK		SNBI	33	N	175
ARNDT	CLARA		SNBI	33	N	175
ARNDT	MARY		SNBI	33	N	175
ARNDT	KATE		SNBI	33	N	175
ARNDT	JOHN		SNBI	33	N	175
ARNDT	MARY		SNBI	33	N	175
ARNDT	ANDREW		SNW1	324	Y	244
ARNDT	ELIZABETH		SNW1	324	N	244
ARNDT	ANDREW		SNW1	340	Y	463
ARNDT	NANCY		SNW1	340	N	463
ARNDT	JULIA		SNW1	340	N	463
ARNDT	JOSEPH		SNW1	340	N	463
ARNDT	WILLIAM		SNW1	341	Y	478
ARNDT	MARY	E.	SNW1	341	N	478
ARNDT	CHARLES	B.	SNW1	341	N	478
ARNDT	LOREN	D.	SNW1	341	N	478
ARNDT	JESSIE		SNW1	341	N	478
ARNDT	KATE		SNW1	342	Y	490
ARNDT	EMALY		SNW1	346	Y	539
ARNDT	LILLIE		SNW1	346	N	539
ARNDT	GEORGE		SNW1	346	N	539
ARNDT	DANIEL		SNW1	346	N	539
ARNDT	DOMINICK		SNW2	373	Y	343
ARNDT	MARY		SNW2	373	N	343
ARNDT	MARGARET		SNW2	373	N	343
ARNDT	KATE		SNW2	373	N	343
ARNDT	LIZZIE		SNW2	373	N	343
ARNDT	MARY		SNW2	373	N	343
ARNDT	DOMINICK		SNW2	373	N	343
ARNDT	ROSA		SNW2	373	N	343
ARNDT	ANNA		SNW2	373	N	343
ARNDT	LAWRANCE		SNW2	373	N	343
ARNEY	ANNIE		SNBI	43	Y	306
ARNOLD	JOHN	W	SNLO	166	Y	54

LASTNAME	FIRSTNAME	MI	LOCATION	PAGE	HEAD	HHOLD
ARNOLD	HANNAH		SNLO	166	N	54
ARNOLD	MARTHA		SNLO	166	N	54
ARNOLD	LEWIS		SNLO	166	N	54
ARNOLD	ELIZABETH		SNLO	166	N	54
ARNOLD	JOHN		SNLO	166	N	54
ARNOLD	DOW		SNW1	311	Y	63
ARNOLD	RUTH		SNW1	311	N	63
ARNOLD	ANTHONY		SNW2	356	Y	103
ARNOLD	MARY		SNW2	356	N	103
ARNOLD	MARY	A	SNW2	356	N	103
ARNOLD	ELLEN		SNW2	356	N	103
ARNOLD	JOSEPH		SNW2	356	N	103
ARNOLD	HARRISON		SNED	100	Y	172
ARNOLD	MINERVA		SNED	100	N	172
ARNOLD	FRANK		SNED	100	N	172
ARNOLD	HARRIET		SNED	100	N	172
ARNOLD	MARY		SNTH	286	Y	78
ARNOLD	LIZZIE		SNTH	286	N	78
ARNOLD	SUSIE		SNTH	286	N	78
ARNOLD	ENOCH		SNTH	295	Y	191
ARNOLD	ABITHA		SNTH	295	N	191
ARNOLD	CORA		SNTH	295	N	191
ARNOLD	WALLACE		SNTH	295	N	191
ARNOLD	ELLA		SNTH	295	N	191
ARNOLD	DAVID		SNTH	306	Y	348
ARNOLD	MARY		SNTH	306	N	348
ARNOLD	MATILDA		SNTH	306	N	348
ARNOLD	JACOB		SNTH	306	N	348
ARNOLD	JOHN		SNTH	306	N	348
ARNOLD	SARAH		SNTH	306	N	348
ARNOLD	DAVID		SNTH	307	Y	372
ARNOLD	SARAH		SNTH	307	N	372
ARNOLD	MARY		SNTH	307	N	372
ARNOLD	ELIZA		SNTH	307	N	372
ARNOLD	WILLIAM		SNTH	307	N	372
ARNOLD	FLORA		SNRE	235	Y	226
ARNST	JOHN		SNW1	320	Y	199
ARNST	SOPHIA		SNW1	320	N	199
ARNST	GEORGE		SNW1	320	N	199
ARNST	LIZZIE		SNW1	320	N	199
ARNST	EMMA		SNW1	320	N	199
ARNST	CAROLINE		SNW1	320	N	199
ARNST	JOHN		SNW1	320	N	199
ARON	AARON		SNW1	343	Y	504
ARON	CATHARINE		SNW1	343	N	504
ARSHER	EVERHART		SNLO	168	Y	86
ARSHER	MARGARET		SNLO	168	N	86
ARSHER	CAROLINE		SNLO	168	N	86
ARSHER	LEWIS		SNLO	168	N	86
ARTER	DAVID		SNPL	209	Y	104
ARTER	JESSE		SNPL	217	Y	214
ARTER	WILLIAM		SNPL	218	Y	237
ARTER	PHEBA		SNPL	218	N	237
ARTER	WILLIAM		SNPL	218	N	237
ARTER	JESSE		SNPL	218	N	237
ARTER	HENRIETTA		SNPL	218	N	237
ARTER	DAVID		SNPL	218	N	237
ARTER	GEORGE		SNPL	218	N	237
ARTER	SARAH		SNPL	218	N	237
ARTER	JOSEPH		SNPL	218	N	237
ARTER	EPHRIUM		SNPL	218	N	237
ARTER	MALISSA		SNPL	218	N	237
ARTH	THOMAS		SNW1	332	Y	361
ASH	MYRTON		SNLI	160	Y	296
ASH	BARBRA		SNLI	160	N	296
ASH	EDMOND	R	SNLI	160	Y	297
ASH	EMMA		SNLI	160	N	297
ASH	CURTIS		SNLI	160	N	297
ASH	ABRAHAM		SNLI	161	Y	325
ASH	BARBRA		SNLI	161	N	325
ASH	EDMOND		SNLI	161	Y	327
ASH	REBECCA		SNLI	161	N	327
ASH	SARAH	J	SNLI	161	N	327
ASH	ABRAHAM	C	SNLI	161	N	327
ASH	JACOB		SNLI	161	Y	328
ASH	LETHA	A	SNLI	162	N	328
ASH	JULIA	A	SNLI	162	N	328

LASTNAME	FIRSTNAME	MI	LOCATION	PAGE	HEAD	HHOLD
ASH	SARAH	C	SNLI	162	N	328
ASH	LILLIETTA		SNLI	162	N	328
ASH	CLARA	B	SNLI	162	N	328
ASH	CHARLES		SNLI	162	N	328
ASH	JOHN		SNLI	162	N	328
ASH	GEORGE		SNJA	137	Y	165
ASH	GEORGE	W.	SNJA	137	Y	168
ASH	SARAH	J.	SNJA	137	N	168
ASH	ANDREW	J.	SNJA	137	N	168
ASH	LUTEARA	R.	SNJA	137	N	168
ASH	ELDON		SNJA	137	N	168
ASH	ALBERT		SNJA	139	Y	197
ASH	MARGARET		SNJA	139	N	197
ASH	JACOB	W.	SNJA	139	N	197
ASH	WILLIAM		SNJA	140	Y	219
ASH	REBECCA		SNJA	140	N	219
ASH	ELLEN		SNJA	140	N	219
ASH	CHARLES		SNJA	140	N	219
ASH	JESSIE		SNJA	140	N	219
ASH	MYRTON		SNLI	160	Y	296
ASH	BARBRA		SNLI	160	N	296
ASH	EDMOND	R	SNLI	160	Y	297
ASH	EMMA		SNLI	160	N	297
ASH	CURTIS		SNLI	160	N	297
ASH	ABRAHAM		SNLI	161	Y	325
ASH	BARBRA		SNLI	161	N	325
ASH	EDMOND		SNLI	161	Y	327
ASH	REBECCA		SNLI	161	N	327
ASH	SARAH	J	SNLI	161	N	327
ASH	ABRAHAM	C	SNLI	161	N	327
ASH	JACOB		SNLI	161	Y	328
ASH	LETHA	A	SNLI	162	N	328
ASH	JULIA	A	SNLI	162	N	328
ASH	SARAH	C	SNLI	162	N	328
ASH	LILLIETTA		SNLI	162	N	328
ASH	CLARA	B	SNLI	162	N	328
ASH	CHARLES		SNLI	162	N	328
ASH	JOHN		SNLI	162	N	328
ASHCRAFT	JOHN		SNW1	338	Y	444
ASHLEY	JOHN		SNSC	248	Y	166
ASHLEY	FRANCIS		SNSC	248	N	166
ASHLEY	WILLIAM		SNSC	248	N	166
ASHLEY	CHARLES		SNSC	248	N	166
ASHLEY	KIMBAL		SNSC	248	N	166
ASHLEY	EDMUND		SNSC	248	N	166
ASHLEY	WALTER		SNSC	248	N	166
ASHLEY	CHARLES		SNRE	230	Y	154
ASIRE	DAVID		SNLO	182	Y	22
ASIRE	ELIZABETH		SNLO	182	N	22
ASTON?	WILLIAM		SNSC	240	Y	40
ATKINS	BENJAMIN		SNW1	319	Y	170
ATKINS	MARY		SNW1	319	N	170
ATKINS	CHARLES		SNW1	319	N	170
ATKINS	RICHARD		SNW1	318	N	170
ATKINS	MARY		SNW1	319	N	170
ATKISON	LAURA		SNW1	339	Y	450
ATTINGER	ANTHONY		SNBI	25	Y	64
ATTINGER	ELIZ		SNBI	25	N	64
ATTINGER	CATHERINE		SNBI	25	N	64
ATTINGER	JACOB		SNBI	25	N	64
ATTLESBERGER	PETER		SNCL	70	Y	15
ATTLESBERGER	REBECCA		SNCL	70	N	15
ATTLESBERGER	LAURA		SNCL	70	N	15
ATTLESBERGER	JANE		SNCL	70	N	15
ATTLESBERGER	BARBARA		SNCL	70	N	15
ATTLESBERGER	MANERVIA		SNCL	70	N	15
ATTLESBERGER	CECELIA		SNCL	70	N	15
ATTLESBERGER	RUSSEL		SNCL	70	N	15
ATTLESBERGER	WILLIAM		SNCL	70	Y	16
ATTLESBERGER	ELIZABETH		SNCL	70	N	16
ATTLESBERGER	ROSANA		SNCL	70	N	16
AUBLE	PETER		SNLO	184	Y	61
AUBLE	MARGARET		SNLO	184	N	61
AUBLE	CATHERINE		SNLO	184	N	61
AUBLE	PETER		SNTH	302	Y	297
AUBLE	EMMA		SNTH	302	N	297
AUBLE	ELLA		SNTH	302	N	297

LASTNAME	FIRSTNAME	MI	LOCATION	PAGE	HEAD	HHOLD
AUBLE	CHARLES		SNTH	302	N	297
AUBLE	WILLIAM		SNTH	302	N	297
AUBLE	ANNA		SNTH	302	N	297
AUBLE	PETER		SNRE	237	Y	256
AUBLE	LYDIA	L	SNRE	237	N	256
AUBLE	DAVID	J	SNRE	237	N	256
AUBLE	CLARA	J	SNRE	237	N	256
AUBLE	CHARLES	E	SNRE	237	N	256
AUGERITTER	MICHAEL		SNPL	207	Y	66
AUGERITTER	MARY		SNPL	207	N	66
AUGERITTER	FRANK		SNPL	207	N	66
AUGSPARGER	EVE		SNW1	344	Y	522
AUGSPERGER	E		SNW1	343	Y	503
AUGSPERGER	ANNA		SNW1	343	N	503
AUGSTAT	AMOS		SNTH	287	Y	95
AUGSTAT	KATIE		SNTH	287	N	95
AUGSTAT	BENJAMIN		SNTH	287	N	95
AUGSTAT	CORA		SNTH	287	N	95
AUGUST	FRED		SNSC	247	Y	160
AUGUSTINE	JESSIE		SNBI	45	Y	345
AUGUSTINE	ELIZA		SNBI	45	N	345
AUGUSTINE	BARBARA		SNBI	45	N	345
AUGUSTINE	AZAVIAH		SNBI	45	N	345
AUGUSTINE	ABRAHAM		SNLO	175	Y	181
AUGUSTINE	SARAH		SNLO	175	N	181
AUGUSTINE	SOLOMON		SNLO	175	N	181
AUGUSTINE	SUSAN		SNLO	175	N	181
AUGUSTINE	JACOB		SNLO	175	N	181
AUGUSTINE	SARAH	E	SNLO	175	N	181
AUGUSTON	SUSAN		SNLO	199	Y	312
AUGUSTUS	CHARLES		SNBL	67	Y	307
AULBAUCH	TREASY		SNW1	319	Y	167
AULBAUCH	JOSEPHENE		SNW1	319	N	167
AULBAUCH	VICTORIA		SNW1	319	N	167
AULGER	SAMUEL		SNSN	264	Y	77
AULGER	SOPHIA		SNSN	264	N	77
AULGER	JAMES		SNSN	264	N	77
AULGER	LOUISA		SNSN	264	N	77
AULGER	MIRANDA		SNSN	264	N	77
AULGER	BARBARA		SNSN	264	N	77
AULGER	MARGARET		SNSN	264	N	77
AULGER	HENRY		SNSN	264	N	77
AULGER	MARK		SNSN	264	Y	82
AULGER	ELIZABETH		SNSN	264	N	82
AULGER	JANE		SNSN	264	N	82
AUNGAT	CATHARINE		SNVE	401	Y	338
AUNGST	WILLIAM		SNRE	221	Y	3
AUNSPHACH	EDWIN		SNBL	50	Y	20
AUNSPHACH	CLARA	G	SNBL	50	N	20
AUSPAGER	ALBERT		SNVE	391	Y	170
AUSPAGER	ANN		SNVE	391	N	170
AUSPAGER	MARY	C	SNVE	391	N	170
AUSPAGER	ELISABETH		SNVE	391	N	170
AUSTIN	WILLIAM		SNAD	8	Y	126
AUSTIN	MATILDA		SNAD	8	N	126
AUSTIN	JOHN		SNAD	8	N	126
AUSTIN	HARMAN		SNAD	8	N	126
AUSTIN	LEANDER		SNAD	8	N	126
AUSTIN	JACOB		SNAD	8	N	126
AUSTIN	CATHERINE		SNLO	201	Y	344
AUSTIN	FRANK		SNLO	201	N	344
AUSTIN	C.	G.	SNW1	311	Y	52
AUSTIN	EMALINE		SNW1	311	N	52
AUSTIN	SARAH		SNW1	311	N	52
AUSTIN	EMMA		SNW1	311	N	52
AUSTIN	IDA		SNW1	311	N	52
AUSTIN	CHARLES		SNW1	311	N	52
AUSTIN	HENRY		SNW1	311	N	52
AUSTIN	FRANK		SNW1	311	N	52
AUTENBAUGH	MARY		SMW1	323	Y	234
AXL	HARMAN		SNLO	187	Y	112
AYENS	MARY		SNW1	308	Y	2
AYRES	DAVID		SNVE	398	Y	287
AYRES	MARY		SNVE	398	N	287
AYRES	MARGRET		SNVE	398	N	287
AYRES	JAMES		SNVE	398	N	287
AYRES	CHARLES	W.	SNVE	398	N	287

LASTNAME	FIRSTNAME	MI	LOCATION	PAGE	HEAD	HHOLD
AYRES	WILLIAM		SNVE	398	N	287
AYRES	EDWARD	E.	SNVE	398	N	287
AYRES	ROSS		SNVE	398	N	287
BABBITT	CURTIS		SNTH	285	Y	50
BABBITT	MARY		SNTH	285	N	50
BABBITT	LEWIS		SNTH	285	N	50
BABBITT	LETTUCE		SNTH	285	N	50
BABBITT	MARIA		SNTH	285	N	50
BABBITT	WILLIAM		SNTH	285	N	50
BABCOCK	FRANK		SNTH	300	Y	272
BABCOCK	MATILDA		SNTH	300	N	272
BABCOCK	ANNA		SNTH	300	N	272
BABCOCK	SAMUEL		SNTH	300	N	272
BACHEL	JOHN		SNVE	393	Y	200
BACHEL	ELISABETH		SNVE	393	N	200
BACHER	BENJ.		SNHO	118	Y	166
BACHER	REBECCA		SNHO	118	N	166
BACHER	CYRUS		SNHO	118	N	166
BACHER	AMANDA		SNHO	118	N	166
BACHER	HENRY		SNRE	231	Y	176
BACHER	HANNAH		SNRE	231	N	176
BACHER	EMMA		SNSN	272	Y	211
BACHMAN	CASPER		SNSN	277	Y	292
BACHMAN	ANNA		SNSN	277	N	292
BACHMAN	JACOB		SNSN	277	N	292
BACHMAN	ANNA		SNSN	277	N	292
BACHMAN	LOUISA		SNSN	277	N	292
BACHMAN	JOHN		SNSN	277	N	292
BACHMAN	MARY		SNSN	277	N	292
BACHMAN	WILLIAM		SNSN	277	N	292
BACHTEL	HENRY		SNLO	182	Y	22
BACKEY	JOSEPH		SNBI	33	Y	176
BACKEY	JANE		SNBI	33	N	176
BACKEY	JOSEPH		SNBI	33	N	176
BACKHOLD	DANIEL		SNAD	12	Y	189
BACKUS	VICTOR		SNLO	170	Y	101
BACKUS	MARY		SNLO	170	N	101
BACKUS	PETER		SNLO	170	Y	104
BACKUS	SUSAN		SNLO	170	N	104
BACKUS	CATHERINE		SNLO	170	N	104
BACON	CHRISTIAN		SNBL	57	Y	131
BADDER	FRANK		SNW1	346	Y	545
BADER	JOHN		SNCL	69	Y	8
BADER	ELVIRA		SNCL	69	N	8
BADER	ANNA		SNCL	69	N	8
BADER	OLIVE		SNCL	69	N	8
BAGBY	TRUMAN	H.	SNCL	87	Y	275
BAGBY	LAURA		SNCL	87	N	275
BAGGS	ALBERT		SNW1	346	Y	545
BAHM	ALBERT		SNW1	316	Y	124
BAHM	KATE		SNW1	316	N	124
BAHM	MARY		SNW1	316	N	124
BAHM	ANNA		SNW1	316	N	124
BAHM	KATE		SNW1	316	N	124
BAHM	LIZZIE		SNW1	316	N	124
BAHM	JOHN		SNW1	316	N	124
BAHM	TRESA		SNW1	316	N	124
BAIDBACHER	JACOB		SNED	91	Y	35
BAILEY	WM		SNBI	45	Y	347
BAILEY	MARY		SNBI	45	N	347
BAILEY	THOS		SNBI	45	N	347
BAILEY	ELIZ		SNBI	45	N	347
BAILEY	CHARLES		SNBI	47	N	347
BAILEY	IDA		SNBI	47	N	347
BAILEY	MARIA		SNSC	256	Y	311
BAILEY	AMANDA		SNSC	256	N	311
BAILEY	MARIETTA		SNSC	256	N	311
BAILEY	BENJAMIN		SNSC	256	N	311
BAILEY	DOUGLASS		SNSC	256	N	311
BAILEY	WILLIAM		SNSC	256	N	311
BAILEY	GEO.		SNHO	121	Y	213
BAILEY	CATHERINE		SNHO	121	N	213
BAILEY	SARAH		SNHO	121	N	213
BAILEY	WILLIAM		SNHO	121	N	213
BAILEY	CHARLES		SNHO	121	N	213
BAILEY	GEORGE		SNHO	121	N	213
BAILEY	LIBBIE		SNHO	121	N	213

LASTNAME	FIRSTNAME	MI	LOCATION	PAGE	HEAD	HHOLD
BAILEY	PHILLIP		SNHO	121	N	213
BAIN	JAMES		SNSN	264	Y	86
BAIN	LIZZIE		SNSN	264	N	86
BAIN	ELMER		SNSN	264	N	86
BAIN	ADA		SNSN	264	N	86
BAIN	JOHN		SNSN	264	N	86
BAIN	ALICIA		SNSN	264	N	86
BAIN	ELVIRA		SNSN	264	N	86
BAIN	JAMES		SNSN	264	N	86
BAIR	SAMUEL		SNLI	154	Y	200
BAIR	MARY	A	SNLI	154	N	200
BAIR	MARY		SNLI	154	N	200
BAIR	ELIZABETH		SNLO	190	Y	160
BAIR	GEO		SNLO	190	N	160
BAIR	SAMUEL		SNLI	154	Y	200
BAIR	MARY	A	SNLI	154	N	200
BAIR	MARY		SNLI	154	N	200
BAIRD	CHARLES		SNLO	180	Y	240
BAIRD	WILLIAM	H	SNLO	197	Y	273
BAIRD	ELIZABETH	C	SNO1	197	N	273
BAIRD	WILLIAM	C	SNLO	197	N	273
BAIRD	CHARLES	A	SNLO	197	N	273
BAIRD	ODESSA		SNLO	197	N	273
BAIRD	AMELIA		SNLO	199	Y	296
BAKER	WILLIAM		SNCL	70	Y	18
BAKER	MARGARET		SNCL	70	N	18
BAKER	WILLIAM		SNCL	71	Y	37
BAKER	ALLICE		SNCL	71	N	37
BAKER	JOHN		SNCL	71	Y	38
BAKER	ANNA		SNCL	71	N	38
BAKER	EZRA		SNCL	71	Y	39
BAKER	ANN		SNCL	71	N	39
BAKER	FREDERICK		SNCL	76	Y	119
BAKER	ANN	C.	SNCL	76	N	119
BAKER	JENNIE		SNCL	76	N	119
BAKER	SILAS		SNCL	76	N	119
BAKER	ROSA		SNCL	76	N	119
BAKER	HENRY		SNLI	148	Y	95
BAKER	FANNY	R	SNLI	148	N	95
BAKER	FREDDIE		SNLI	148	Y	95
BAKER	JOHN		SNLI	149	Y	107
BAKER	SARAH		SNLI	149	N	107
BAKER	IDA	E	SNLI	149	N	107
BAKER	CHARLES	L	SNLI	149	N	107
BAKER	JOHN		SNLI	149	N	107
BAKER	HAMAN		SNAD	3	Y	51
BAKER	MARGARET		SNAD	3	N	51
BAKER	WILLIAM		SNAD	3	N	51
BAKER	GEORGE		SNAD	4	N	52
BAKER	DANIEL		SNAD	4	Y	62
BAKER	ELISA		SNAD	4	N	62
BAKER	KATIE		SNAD	4	N	62
BAKER	MARY		SNAD	5	Y	70
BAKER	SARAH		SNAD	5	N	70
BAKER	AMANDA		SNAD	5	N	70
BAKER	CHARLES		SNAD	15	Y	237
BAKER	MOHALA		SNAD	15	N	237
BAKER	HARRIET		SNLO	180	Y	240
BAKER	LOUISA		SNLO	186	Y	93
BAKER	SALLY	B	SNW1	346	Y	543
BAKER	CHARLES		SNW2	356	Y	104
BAKER	AMANDA		SNW2	356	N	104
BAKER	HARRY	J	SNW2	356	N	104
BAKER	IRVING	A	SNW2	356	N	104
BAKER	JACOB		SNW2	357	Y	114
BAKER	MARY		SNW2	357	N	114
BAKER	KATE		SNW2	357	N	114
BAKER	ELIZABETH		SNW2	357	N	114
BAKER	WILLIAM		SNW2	362	Y	177
BAKER	NANNIE		SNW2	362	N	177
BAKER	FRED		SNW2	364	Y	209
BAKER	ELLA		SNW2	364	N	209
BAKER	FRANK		SNW2	364	N	209
BAKER	JOSIAH		SNW2	375	Y	368
BAKER	CAROLINE		SNW2	375	N	368
BAKER	RUFUS		SNW2	375	N	368
BAKER	JACOB		SNW2	375	Y	372

LASTNAME	FIRSTNAME	MI	LOCATION	PAGE	HEAD	HHOLD
BAKER	EMILY		SNW2	375	N	372
BAKER	OSCAR		SNW2	375	N	372
BAKER	EDWARD		SNW2	375	N	372
BAKER	CATHARINE		SNED	94	Y	82
BAKER	JOHN		SNED	99	Y	144
BAKER	MARY		SNED	99	N	144
BAKER	GEORGE		SNED	99	Y	144
BAKER	WILLIAM		SNED	99	Y	144
BAKER	CHRISTINA		SNED	99	N	144
BAKER	FANNIE		SNED	99	N	144
BAKER	SAMUEL		SNED	99	Y	145
BAKER	LAVINA		SNED	99	N	145
BAKER	DAGOLD		SNED	99	N	145
BAKER	JACK		SNED	99	N	145
BAKER	EMMA		SNED	101	Y	183
BAKER	RICHARD		SNED	102	Y	203
BAKER	FANNIE		SNED	102	N	203
BAKER	G	H	SNED	102	Y	203
BAKER	RALPH		SNED	102	Y	203
BAKER	RICHARD		SNED	102	N	203
BAKER	HARRISON		SNED	107	Y	300
BAKER	GEORGE		SNSC	246	Y	145
BAKER	WILLIAM		SNSC	248	Y	163
BAKER	ELIZABETH		SNSC	248	N	163
BAKER	ELLA		SNSC	248	N	163
BAKER	WILLIAM		SNSC	248	N	163
BAKER	WILLIAM		SNTH	287	Y	104
BAKER	POLLY		SNTH	287	N	104
BAKER	FRANCIS		SNTH	287	N	104
BAKER	AMANDIS		SNTH	287	N	104
BAKER	JANE		SNTH	287	N	104
BAKER	ANNA		SNTH	287	N	104
BAKER	CLARA		SNTH	287	N	104
BAKER	CHARLES		SNTH	287	N	104
BAKER	CECELIO		SNTH	287	N	104
BAKER	SUSAN		SNTH	291	Y	158
BAKER	LIZZIE		SNTH	293	Y	177
BAKER	JACOB		SNTH	297	Y	228
BAKER	LEAH		SNTH	297	N	228
BAKER	WILLIAM		SNTH	297	N	228
BAKER	CLARA		SNTH	297	N	228
BAKER	CORA		SNTH	297	N	228
BAKER	IDA		SNTH	297	N	228
BAKER	EDWARD		SNTH	305	Y	327
BAKER	MARY	ANN	SNTH	305	N	327
BAKER	CLARENCE		SNTH	305	N	327
BAKER	HARRIET		SNTH	305	N	327
BAKER	FRANK		SNTH	305	N	327
BAKER	WILLIAM		SNTH	305	N	327
BAKER	JOHN		SNHO	114	Y	92
BAKER	MARGARET		SNHO	114	N	92
BAKER	ANNA		SNHO	114	N	92
BAKER	JOHN		SNHO	114	N	92
BAKER	MARY		SNHO	114	Y	98
BAKER	BENJ.		SNHO	114	N	98
BAKER	MARY		SNHO	114	N	98
BAKER	ADAM		SNBL	52	Y	54
BAKER	MARY		SNBL	52	N	54
BAKER	ADAM	J	SNBL	52	Y	57
BAKER	SARAH	J	SNBL	52	N	57
BAKER	JACOB		SNBL	58	Y	152
BAKER	AMANDA		SNBL	58	N	152
BAKER	LEVI		SNBL	58	N	152
BAKER	CATHERINE		SNBL	58	N	152
BAKER	PETER		SNBL	58	Y	153
BAKER	CATHERINE		SNBL	58	N	153
BAKER	HENRY		SNLI	148	Y	95
BAKER	FANNY	R	SNLI	148	N	95
BAKER	FREDDIE		SNLI	148	Y	95
BAKER	JOHN		SNLI	149	Y	107
BAKER	SARAH		SNLI	149	N	107
BAKER	IDA	E	SNLI	149	N	107
BAKER	CHARLES	L	SNLI	149	N	107
BAKER	JOHN		SNLI	149	N	107
BAKER	A	C	SNRE	225	Y	73
BAKER	HARRIET	R	SNRE	225	N	73
BAKER	SARAH		SNRE	225	N	73

LASTNAME	FIRSTNAME	MI	LOCATION	PAGE	HEAD	HHOLD
BAKER	WILLIAM		SNRE	225	N	73
BAKER	JOHN	R	SNRE	225	N	73
BAKER	HUGH		SNRE	225	N	73
BAKER	AMIE	L	SNRE	225	N	73
BAKER	FRANK		SNSN	260	Y	14
BAKER	UTILDA		SNSN	260	N	14
BAKER	THOMAS		SNSN	260	N	14
BAKER	WEBSTER		SNSN	260	N	14
BAKER	JAMES		SNSN	260	Y	14
BAKER	WILLIAM		SNSN	260	Y	17
BAKER	FREDERICK		SNSN	265	Y	95
BAKER	MARY		SNSN	265	N	95
BAKER	MARY		SNSN	265	N	95
BAKER	PETER		SNSN	271	Y	201
BAKER	PETER	M	SNSN	271	N	201
BAKER	MINNIE		SNSN	271	N	201
BAKER	ELIZABETH		SNSN	271	N	201
BAKER	CHRISTIAN		SNSN	271	N	201
BAKER	MARY		SNSN	271	N	201
BALDING	WILLIAM		SNAD	7	Y	112
BALDING	MARY		SNAD	7	N	112
BALDING	JOHN		SNAD	7	N	112
BALDING	LEWIS		SNAD	7	N	112
BALDING	THOMAS		SNAD	7	N	112
BALDING	LUCY		SNAD	7	N	112
BALDING	JULIA		SNAD	7	N	112
BALDING	ELI		SNAD	7	N	112
BALDING	FRANK		SNAD	7	N	112
BALDING	FANNIE		SNAD	8	Y	123
BALDING	ANTHONY		SNAD	8	Y	123
BALDOF	CHRISTIAN		SNTH	293	Y	177
BALDOF	MINNIE		SNTH	293	N	177
BALDWIN	DORA		SNAD	6	Y	86
BALDWIN	HARRIET		SNAD	13	Y	209
BALDWIN	ELSIE		SNAD	13	N	209
BALDWIN	FRANK		SNAD	13	N	209
BALDWIN	MARCUS		SNAD	13	N	209
BALDWIN	A	C	SNW2	374	Y	356
BALDWIN	MARY	J	SNW2	374	N	356
BALDWIN	CHARLES	H	SNW2	374	N	356
BALDWIN	MARY	M	SNW2	374	N	356
BALDWIN	WILLIAM	H	SNW2	374	N	356
BALDWIN	FRANK	EB	SNW2	374	N	356
BALDWIN	DAVID		SNTH	295	Y	191
BALDWIN	ELIZA		SNRE	235	Y	228
BALICK	ELISABETH		SNAD	4	Y	64
BALKEY	JOHN		SNBI	33	N	176
BALKEY	NICHOLAS		SNBI	33	N	176
BALKEY	FRANK		SNBI	33	N	176
BALKEY	AARON		SNED	98	Y	136
BALKEY	ANGELINE		SNED	98	N	136
BALKEY	ELIZABETH		SNED	98	N	136
BALKEY	EMMA		SNED	98	N	136
BALKEY	LAURA		SNED	98	N	136
BALKEY	FRANK		SNED	98	N	136
BALKEY	LAVINA		SNED	98	N	136
BALL	FRANCIS		SNTH	291	Y	150
BALL	JOHANNA		SNTH	291	N	150
BALL	ZOVER		SNTH	291	N	150
BALL	MARIA		SNTH	291	N	150
BALL	JACOB		SNTH	291	N	150
BALL	HENRY		SNTH	291	N	150
BALL	EDWARD		SNTH	291	N	150
BALL	CECELIA		SNTH	291	N	150
BALL	BENJAMIN		SNTH	298	Y	252
BALL	ABITHA		SNTH	298	N	252
BALL	PETER		SNTH	298	N	252
BALL	GEORGE		SNTH	302	Y	302
BALL	ELIZABETH		SNTH	302	N	302
BALL	JOSEPH		SNTH	302	N	302
BALL	JACOB		SNTH	302	N	302
BALL	FRANK		SNTH	302	N	302
BALL	MARIA		SNTH	302	N	302
BALL	AGATHA		SNTH	302	N	302
BALL	ANNA		SNTH	302	N	302
BALL	BENJAMIN		SNTH	302	N	302
BALL	MARY		SNTH	302	N	302

LASTNAME	FIRSTNAME	MI	LOCATION	PAGE	HEAD	HHOLD
BALL	MATHIAS		SNRE	233	Y	196
BALL	MAGDALENA		SNRE	233	N	196
BALL	LEWIS		SNRE	233	N	196
BALL	FRANK		SNRE	233	N	196
BALL	JOSEPH		SNRE	233	Y	197
BALL	CATHARINE		SNRE	233	N	197
BALL	LEWIS		SNRE	233	Y	197
BALL	FANNY		SNRE	233	N	197
BALL	VICTORIA		SNRE	233	N	197
BALL	JOSEPH,JR		SNRE	235	Y	227
BALL	MARGRET		SNRE	235	N	227
BALL	JACOB		SNRE	235	N	227
BALL	JOHN		SNRE	235	N	227
BALL	BENJAMIN		SNRE	235	N	227
BALL	MARY	E	SNRE	235	N	227
BALL	JOSEPH		SNVE	382	Y	44
BALL	CECILIA		SNVE	382	N	44
BALL	BENJAMIN		SNVE	382	N	44
BALL	JOHN		SNVE	382	N	44
BALL	FRANK		SNVE	382	N	44
BALL	PRECILA		SNVE	382	N	44
BALL	CATHARINE		SNVE	382	N	44
BALL	MARY		SNVE	382	N	44
BALLERICK	MARY		SNW1	345	Y	528
BALTZ	JOHN		SNLI	155	Y	217
BALTZ	ANN	E	SNLI	155	N	217
BALTZ	DAVID		SNLI	155	N	217
BALTZ	GEORGE		SNLI	155	N	217
BALTZ	ELIZABETH		SNLI	155	N	217
BALTZ	JOHN		SNLI	155	N	217
BALTZ	WILLIAM		SNLI	155	N	217
BALTZ	ANN		SNLI	155	N	217
BALTZ	BENJAMIN		SNLI	155	N	217
BALTZ	JOHN		SNLI	155	Y	217
BALTZ	ANN	E	SNLI	155	N	217
BALTZ	DAVID		SNLI	155	N	217
BALTZ	GEORGE		SNLI	155	N	217
BALTZ	ELIZABETH		SNLI	155	N	217
BALTZ	JOHN		SNLI	155	N	217
BALTZ	WILLIAM		SNLI	155	N	217
BALTZ	ANN		SNLI	155	N	217
BALTZ	BENJAMIN		SNLI	155	N	217
BAME	ANNA	D	SNBL	53	Y	73
BANAN	CATHERINE		SNSC	249	Y	192
BANER	JOHN	C.	SNW1	340	Y	464
BANER	ELIZABETH		SNW1	340	N	464
BANER	JOHN	P.	SNW1	340	N	464
BANER	MARY	C.	SNW1	340	N	464
BANER	JACOB		SNW1	340	N	464
BANER	ANDREW		SNW1	340	N	464
BANER	JOSEPH		SNW1	340	N	464
BANER	FRANK		SNW1	340	N	464
BANER	CAROLINE		SNW1	340	N	464
BANER	MARY	E.	SNW1	340	N	464
BANER	ANDREW		SNW1	340	Y	465
BANER	MARY	A.	SNW1	340	N	465
BANER	MARY	L.	SNW1	340	N	465
BANG	LOUIS		SNW2	379	Y	427
BANGHAM	JOEL	C	SNBL	54	Y	94
BANGHAM	MARGARET		SNBL	54	N	94
BANGHAM	LEVINA		SNBL	54	N	94
BANGHAM	MOSES		SNBL	54	N	94
BANGHAM	SAMUEL		SNBL	54	N	94
BANGHAM	JACOB		SNBL	54	N	94
BANGHAM	SARAH		SNBL	54	N	94
BANGHAM	ISAAC		SNBL	54	N	94
BANGHAM	DAVID		SNBL	54	N	94
BANGHAM	JAMES		SNBL	55	N	94
BANKS	BARBARA		SNCL	78	Y	144
BANKS	JESSIE		SNCL	78	N	144
BANKS	ANNA		SNCL	78	N	144
BANKS	CELIA		SNCL	78	N	144
BANKS	NICK		SNW2	378	Y	425
BANKS	ELLEN		SNW2	378	N	425
BANKS	MARY		SNW2	378	N	425
BANKS	NEALY		SNW2	378	N	425
BANKS	ELIZABETH		SNSC	245	Y	113

LASTNAME	FIRSTNAME	MI	LOCATION	PAGE	HEAD	HHOLD
BANKS	HANAH		SNSC	245	N	113
BANKS	ANSILA?		SNSC	245	N	113
BARABY?	EDWARD		SNBL	56	N	113
BARB	CELIE		SNVE	400	Y	318
BARBER	JOEL		SNAD	9	Y	143
BARBER	MARY		SNAD	9	N	143
BARBER	HARRIET		SNAD	9	N	143
BARBER	ENOS		SNAD	9	N	143
BARBER	MARY	E	SNLO	188	Y	127
BARBER	A	C	SNW2	364	Y	219
BARBER	ETALBEN		SNW2	364	N	219
BARBER	JENNIE		SNW2	364	N	219
BARBER	ROLLA		SNW2	365	N	219
BARBER	LESTER		SNW2	365	N	219
BARBER	STANTON		SNW2	365	N	219
BARBER	CUNAH		SNBL	49	Y	16
BARBER	WARD		SNBL	49	N	16
BARBER	ABRAM		SNBL	63	Y	235
BARBER	WILLIAM	J	SNBL	63	Y	236
BARBER	ELISABETH		SNBL	63	N	236
BARBER	WARD		SNBL	64	N	236
BARBER	FRANKLIN		SNBL	64	N	236
BARBER	WILLIAM		SNVE	398	Y	279
BARBER	CLARA		SNVE	398	N	279
BARBER	FREDRICK		SNVE	398	N	279
BARE	SAMUEL		SNED	97	Y	120
BARE	MARTHA		SNED	97	N	120
BARE	MARY		SNED	97	N	120
BARE	IDA		SNED	97	N	120
BARE	HIRAM		SNED	97	N	120
BARE	OWEN		SNED	97	N	120
BARGER	GEORGE		SNTH	289	Y	114
BARICK	G	W	SNED	89	Y	2
BARICK	LIBIE		SNED	89	N	2
BARISH	PETER		SNHO	116	Y	130
BARISH	SARAH		SNHO	116	N	130
BARKET	ABRAHAM		SNPL	213	Y	159
BARKET	MARTHA	A	SNPL	213	N	159
BARKET	FRANK		SNPL	213	N	159
BARKET	MARY		SNPL	213	N	159
BARKET	JESSE		SNPL	213	N	159
BARKET	SARAH	E	SNPL	213	N	159
BARKMAN	FRED		SNPL	207	Y	65
BARKMAN	TREASY		SNPL	207	N	65
BARKMAN	EMMA		SNPL	207	N	65
BARKMAN	MINA		SNPL	207	N	65
BARKMAN	MALINDA		SNPL	207	N	65
BARKMAN	MATILDA		SNPL	207	N	65
BARKMYER	JOSEPH		SNCL	86	Y	257
BARKMYER	MARY		SNCL	86	N	257
BARKMYER	ANNA		SNCL	86	N	257
BARKMYER	JOHN		SNCL	86	N	257
BARKMYER	CLARA		SNCL	86	N	257
BARMOUTH	MARY		SNW1	323	Y	237
BARNABY?	EDWARD		SNBL	56	Y	113
BARNABY?	MARY		SNBL	56	N	113
BARNES	NEWTON		SNW1	338	Y	445
BARNES	SEMERTHA		SNW1	338	N	445
BARNES	FLORA		SNW1	338	N	445
BARNS	JAMES		SNCL	86	Y	261
BARR	MARY		SNED	92	Y	54
BARR	NICHOLAS		SNED	95	Y	84
BARR	REGINA		SNED	95	N	84
BARR	WILLIAM		SNED	95	Y	84
BARR	GEORGE		SNED	95	N	84
BARR	JAMES		SNED	95	N	84
BARR	LUELLA		SNED	95	N	84
BARRACK	LUTHER		SNED	93	Y	57
BARRACK	ELIZA		SNED	93	N	57
BARRACK	IDA		SNED	93	N	57
BARRACK	EMMA		SNED	93	N	57
BARRACK	JESSIE		SNED	93	N	57
BARRACK	MARY		SNED	93	N	57
BARRACK	WILLIAM		SNED	93	Y	58
BARRACK	LEAH		SNED	93	N	58
BARRACK	MARY		SNED	93	N	58
BARRACK	VOLINDA		SNED	93	N	58

LASTNAME	FIRSTNAME	MI	LOCATION	PAGE	HEAD	HHOLD
BARRICK	JOHN	A	SNED	93	Y	56
BARRICK	CATHARINE		SNED	93	N	56
BARRICK	WILLIAM		SNED	93	N	56
BARRICK	EMMA		SNED	93	N	56
BARRICK	ELNORA		SNED	93	N	56
BARRICK	IDA		SNED	93	N	56
BARRICK	MARY		SNED	93	N	56
BARRICK	JOHN	W	SNED	99	Y	149
BARRICK	CATHARINE		SNED	99	N	149
BARRICK	SIMON		SNED	99	Y	149
BARRICK	MARGARET		SNED	99	N	149
BARRICK	JENNIE		SNED	99	N	149
BARRICK	ALICE		SNED	99	N	149
BARRICK	MARY		SNED	99	N	149
BARRICK	WALTER		SNED	99	N	149
BARRIS	FRED		SNW2	373	Y	351
BARRIS	CATHARINE		SNW2	373	N	351
BARRON	JOSEPH		SNW1	340	Y	468
BARRON	MARY		SNW1	340	N	468
BARTELL	DOMINICK		SNW2	372	Y	331
BARTELL	KATE		SNW2	372	N	331
BARTELL	JOHN		SNW2	372	N	331
BARTELL	LOUISA		SNW2	372	N	331
BARTELL	MATILDA		SNW2	372	N	331
BARTELL	WILLIAM		SNW2	372	N	331
BARTELL	JOSEPH		SNW2	372	N	331
BARTELL	ANNA		SNW2	372	N	331
BARTELL	KATE		SNW2	372	N	331
BARTELL	ROSA		SNW2	372	N	331
BARTELL	CORA		SNW2	372	N	331
BARTLESON	COOPER		SNED	107	Y	287
BARTLESON	ELIZA		SNED	107	N	287
BARTLETT	HENRY		SNJA	129	Y	35
BARTLETT	SUSAN		SNJA	129	N	35
BARTLETT	WILLIAM		SNJA	130	Y	61
BARTLETT	MARGARET	A.	SNJA	130	N	61
BARTLETT	SYLVIA	A.	SNJA	130	N	61
BARTLETT	WILLIAM	S.	SNJA	130	N	61
BARTLETT	JOHN	H.	SNJA	130	N	61
BARTLETT	ADALINE		SNJA	129	N	35
BARTLETT	EMMA		SNJA	129	N	35
BARTLETT	ELIZABETH		SNJA	129	N	35
BARTLETT	AUGUSTUS		SNJA	129	N	35
BARTLETT	EPHRAIM		SNAD	14	Y	225
BARTLETT	MATILDA		SNAD	14	N	225
BARTLETT	MATILDA	T	SNAD	14	N	225
BARTLETT	CATHERINE		SNLO	201	Y	349
BARYENGER	KOCH	B	SNW1	315	Y	118
BASOM	DANIEL		SNW1	342	Y	491
BASOM	JAMES		SNW1	342	N	491
BASOM	SARAH		SNW1	342	N	491
BASOM	SARAH		SNW1	342	N	491
BASORE	PETER		SNVE	397	Y	263
BASORE	ELISABETH		SNVE	397	N	263
BASORE	ELISABETH		SNVE	397	N	263
BASORE	MILTON		SNVE	397	Y	263
BASORE	MARTHA		SNVE	397	N	263
BASORE	ADA		SNVE	397	N	263
BASSETT	SABRINA		SNJA	135	Y	139
BASSEY	SUSAN		SNLO	166	N	57
BASSEY	ISAAC		SNLO	166	N	57
BASSEY ?	HENRY		SNLO	166	Y	57
BASTIAN	JOHN		SNTH	293	Y	179
BASTON/BOSTON	ABRAHAM		SNTH	297	Y	239
BASTON/BOSTON	LIZZIE		SNTH	297	N	239
BASTON/BOSTON	ALLEN		SNTH	297	N	239
BASTON/BOSTON	ELLA		SNTH	297	N	239
BATES	WILLIAM		SNJA	129	Y	44
BATES	CATHERINE		SNJA	129	N	44
BATES	EUPHEMA	J.	SNJA	129	N	44
BATES	MARY	M.	SNJA	129	N	44
BATES	LAURA	A.	SNJA	129	N	44
BATES	WILLIAM	G.	SNJA	129	N	44
BATES	MIRON	E.	SNJA	129	N	44
BATES	BENJAMIN		SNJA	129	Y	45
BATES	BELL		SNW2	377	Y	409
BATES	LAURA		SNW2	377	N	409

LASTNAME	FIRSTNAME	MI	LOCATION	PAGE	HEAD	HHOLD
BATEY	MARY		SNED	103	Y	218
BATH	GEORGE		SNW1	338	Y	443
BATTS	NATHAN		SNAD	4	Y	63
BATTS	SUSAN		SNAD	4	N	63
BATTS	NATHAN,JR.		SNAD	4	N	63
BATTS	MARY		SNAD	4	N	63
BATTS	HAMSON		SNAD	4	N	63
BATTS	ELI		SNAD	4	N	63
BATTS	EMORY		SNAD	4	N	63
BATTS	AMANDA		SNAD	4	N	63
BATTS	SARAH		SNAD	4	N	63
BATTS	EMALINE		SNAD	4	N	63
BATTS	HERB		SNAD	4	N	63
BAUCH	CATHERINE		SNBI	40	Y	270
BAUCHER	JOHN		SNBI	30	Y	129
BAUCHER	MIRANDA		SNBI	30	N	129
BAUCHER	ALVIN		SNBI	30	N	129
BAUCHER	ELMER		SNBI	30	N	129
BAUCHER	ALSINA		SNBI	30	N	129
BAUCHER	JESSIE		SNBI	30	N	129
BAUCHER	SAML.		SNBI	30	Y	137
BAUCHER	ELIZ.		SNBI	30	N	137
BAUCHER	FERRAS		SNBI	30	N	137
BAUCHER	JOSIAH		SNBI	30	N	137
BAUCHER	SAMUEL		SNBI	30	N	137
BAUCHER	LUCY		SNBI	30	N	137
BAUCHER	JOHN		SNW1	327	Y	284
BAUCHER	ANNA		SNW1	327	N	284
BAUCHER	NERVA		SNW1	327	N	284
BAUCHER	JACOB		SNW1	332	Y	360
BAUCHER	ELIZA		SNW1	332	N	360
BAUCHER	ELLA		SNW1	332	N	360
BAUCHER	THEODORE		SNW1	332	N	360
BAUCHER	MIRANDA		SNW1	332	N	360
BAUCHER	EVA		SNW1	332	N	360
BAUCHER	INA		SNW1	332	N	360
BAUCHERD	C		SNW2	362	Y	185
BAUCHMAN	GEORGE		SNW1	309	Y	32
BAUCHMAN	EUGENIA		SNW1	309	N	32
BAUCHMAN	MARY		SNW1	309	N	32
BAUCHMAN	EUGENIA		SNW1	309	N	32
BAUER	POLLY		SNBI	30	Y	137
BAUGHER	MARGARET		SNED	96	Y	106
BAUGHER	LIZIE		SNED	96	N	106
BAUGHER	JOHN		SNED	96	N	106
BAUGHER	LEANDER		SNED	96	N	106
BAUGHER	ADA		SNED	96	N	106
BAUGHER	DANIEL		SNED	96	N	106
BAUGHMAN	JOHN		SNLI	145	Y	50
BAUGHMAN	ELIZABETH		SNLI	145	N	50
BAUGHMAN	D	C	SNW2	370	Y	306
BAUGHMAN	NANCY		SNW2	370	N	306
BAUGHMAN	DELMER		SNW2	370	N	306
BAUGHMAN	ALTON		SNW2	370	N	306
BAUGHMAN	EMMA		SNW2	370	N	306
BAUGHMAN	JANE		SNW2	370	N	306
BAUGHMAN	CHARLES		SNW2	370	N	306
BAUGHMAN	JOHN		SNLI	145	Y	50
BAUGHMAN	ELIZABETH		SNLI	145	N	50
BAULT	JOHN		SNVE	392	Y	189
BAUM	SARAH		SNBL	62	Y	221
BAUMAN?	JOHN		SNTH	292	Y	162
BAUMAN?	CATHERINE		SNTH	292	N	162
BAUMAN?	SLOMO?		SNTH	292	N	162
BAUMAN?	ADELINE		SNTH	292	N	162
BAUMAN?	OLIVE		SNTH	2	N	162
BAUMAN?	ALICE		SNTH	292	N	162
BAUMGARD	ELIZABETH		SNLO	169	Y	95
BAUMGARD	CATHERINE		SNLO	169	N	95
BAUMGARD	ADAM		SNLO	169	N	95
BAUMGARDNER	MARY	A	SNLO	201	N	351
BAUMGARDNER	JOHN		SNLO	201	Y	351
BAUMGARDNER	MARY		SNLO	201	N	351
BAUMM	JACOB		SNED	94	Y	71
BAUMM	SUSANAH		SNED	94	N	71
BAUNIER?	JOHN		SNTH	292	Y	163
BAURHART	ANNA		SNW2	357	Y	110

LASTNAME	FIRSTNAME	MI	LOCATION	PAGE	HEAD	HHOLD
BAURHART	EUGENIA		SNW2	357	N	110
BAXTER	SETH		SNLO	183	Y	44
BAXTER	CYNTHA		SNLO	183	N	44
BAXTER	LEON		SNLO	183	N	44
BAXTER	VIRIAN ?		SNLO	183	N	44
BAXTER	NETTIE		SNLO	183	N	44
BEACHLER	SARAH		SNW1	325	Y	263
BEACHNER	JOHN		SNW2	363	Y	194
BEACHNER	MARGARET		SNW2	363	N	194
BEACHNER	MARY		SNW2	363	N	194
BEACHNER	AMELIA		SNW2	363	N	194
BEACHNER	CATHARINE		SNW2	363	N	194
BEACHNER	LOUISA		SNW2	363	N	194
BEACHNER	ROSA		SNW2	363	N	194
BEALER	ANDREW		SNCL	73	Y	65
BEALER	CATHERINE		SNCL	73	N	65
BEALER	HENRY		SNCL	73	N	65
BEALER	LOUISA		SNCL	73	N	65
BEALER	DAVID		SNCL	73	N	65
BEALER	CAROLINE		SNCL	73	N	65
BEALER	DAVID		SNW2	353	Y	56
BEALER	CHARLOTTE		SNW2	353	N	56
BEALER	KATE		SNW2	353	N	56
BEALER	CHARLES		SNW2	353	N	56
BEALER	THEOBALD		SNW2	353	N	56
BEALER	WILLIAM		SNW2	357	Y	120
BEALER	FRANK		SNW2	357	N	120
BEALER	TREACY		SNW2	359	Y	145
BEALER	LIZZIE		SNW2	359	N	145
BEALER	WILLIAM		SNW2	359	Y	145
BEALER	HANNAH		SNW2	359	N	145
BEALER	WILLIAM		SNW2	359	N	145
BEALER	EDWARD		SNW2	359	N	145
BEALER	ELIAS		SNW2	359	Y	146
BEALER	CATHARINE		SNW2	359	N	146
BEALER	JACOB		SNW2	359	N	146
BEALER	JONAS		SNBL	55	Y	99
BEALER	MELLYAN	S	SNBL	55	N	99
BEALER	REBECCA		SNBL	55	N	99
BEALER	JOHN	F	SNBL	55	N	99
BEALER	HANNAH	E	SNBL	55	N	99
BEALER	ROBERT	L	SNBL	55	N	99
BEALER	JAMES	C	SNBL	55	N	99
BEALES	HALSEY		SNRE	222	Y	29
BEALES	ANN		SNRE	222	N	29
BEALES	LAURA		SNRE	222	N	29
BEALES	HUBERT		SNRE	222	N	29
BEALES	NELLIE		SNRE	222	N	29
BEALES	CHARLES		SNRE	222	N	29
BEAM	SAMUEL		SNSN	272	Y	212
BEAM	NELLIE		SNSN	272	N	212
BEAM	JESSIE		SNSN	272	N	212
BEAN	ANDREW		SNW1	309	Y	34
BEAN	ANNA		SNW1	309	N	34
BEAN	JOSEPH		SNW1	318	Y	151
BEANS	AARON		SNW1	313	Y	89
BEANS	SARAH		SNW1	313	N	89
BEANS	MARY	E	SNW1	313	N	89
BEANS	THOMAS		SNW1	313	N	89
BEANS	JOHN		SNW1	313	N	89
BEANS	CORA		SNW1	313	N	89
BEANS	GRANT		SNW1	313	N	89
BEAR	LOAMANI?		SMLI	143	Y	14
BEAR	JOHN		SNLI	147	Y	85
BEAR	JACOB		SNJA	139	Y	210
BEAR	MARY		SNJA	139	N	210
BEAR	HENRY		SNJA	139	N	210
BEAR	LOUISA		SNJA	139	N	210
BEAR	ANSON		SNJA	139	N	210
BEAR	DANIEL	K	SNLO	194	Y	228
BEAR	ALICE		SNLO	194	N	228
BEAR	LOAMANI?		SNLI	143	Y	14
BEAR	JOHN		SNLI	147	Y	85
BEARD	JOHN		SNCL	75	Y	101
BEARD	CATHARINE		SNCL	75	N	101
BEARD	SUSANA		SNCL	75	N	101
BEARD	AMANDA		SNCL	75	N	101

LASTNAME	FIRSTNAME	MI	LOCATION	PAGE	HEAD	HHOLD
BEARD	CHARLOTTE		SNW1	344	Y	518
BEARD	ELLA		SNW1	344	N	518
BEARD	MATTHEW		SNSC	250	Y	203
BEARD	CHARLES		SNSC	253	Y	244
BEARD	LUCINDA		SNSC	253	N	244
BEARD	IDA		SNSC	253	N	244
BEARD	JANE		SNSC	253	N	244
BEARD	ELI		SNSC	256	Y	308
BEARD	MICHAEL		SNRE	237	Y	253
BEARD	BARBRA		SNRE	237	N	253
BEARD	JAMES		SNRE	237	Y	253
BEARD	DANIEL		SNRE	237	Y	253
BEARD	CATHARINE		SNRE	237	Y	253
BEARD	JOHN		SNVE	394	Y	216
BEARD	MARY	J.	SNVE	394	N	216
BEARD	JOHN	M.	SNVE	394	N	216
BEARLEY	GEORGE		SNCL	69	Y	8
BEASLEY	SOPHER		SNBI	43	Y	302
BEAT	JOHN		SNTH	296	Y	220
BEAT	AGATHA?		SNTH	296	N	220
BEAT	LANA?		SNTH	296	N	220
BEAT	MICHAEL		SNTH	296	N	220
BEAT	JACOB		SNTH	296	N	220
BEAT	FRANK		SNTH	296	N	220
BEAT	SHANG?		SNTH	296	N	220
BEAT	HENRY		SNTH	296	N	220
BEAT	BATES?		SNTH	296	N	220
BEATS	PHILOMAN		SNTH	296	N	220
BEATY	HENRY	K.	SNJA	135	Y	134
BEATY	MARGARET		SNJA	135	N	134
BEATY	SYLVIA	E.	SNJA	135	N	134
BEATY	ORPHA		SNJA	135	N	134
BEATY	JOHN	T.	SNJA	135	N	134
BEATY	FERNANDOS		SNJA	135	N	134
BEATY	JOHN		SNJA	135	Y	135
BEATY	MARY	A.	SNJA	135	N	135
BEATY	JOHN	T.	SNJA	135	N	135
BEATY	LAURA		SNJA	135	N	135
BEAUSIUS	WILLIAM		SNW2	376	Y	381
BEAVER	RUSSELL		SNW1	311	Y	53
BEAVER	ANN		SNW1	311	N	53
BEAVER	ROBERT		SNW1	311	N	53
BEAVER	VIOLA		SNW1	311	N	53
BEAVER	IRA		SNW1	311	N	53
BEAVER	DELAZA		SNW1	311	N	53
BEAVER	LAURA		SNW2	368	Y	268
BEAVER	CHARLES		SNW2	368	N	268
BEAVER	EDWARD		SNW2	368	N	268
BEAVER	ELVE		SNW2	368	N	268
BEAVER	CLARA		SNW2	368	N	268
BEAVER	ADDA		SNW2	368	N	268
BEAVER	GEORGE		SNED	92	Y	39
BEAVER	ISABELLA		SNED	95	Y	95
BEAVER	LUCIUS		SNED	95	Y	95
BEAVER	SABRINA		SNBL	60	Y	181
BEAVOR	JOSEPH		SNED	94	Y	77
BEAVOR	ELIZABETH		SNED	94	N	77
BEAVOR	JULIUS		SNED	94	Y	77
BEAVOR	JOSEPH	M	SNED	94	N	77
BEAVOR	SOLOMON		SNED	95	Y	95
BEAVOR	ELIZABETH		SNED	95	N	95
BECHEL	ANDY		SNHO	112	Y	57
BECHEL	FANNY		SNHO	112	N	57
BECHEL	JOHN		SNHO	112	N	57
BECHEL	KATTIE		SNHO	112	N	57
BECHEL	GEORGE		SNHO	112	N	57
BECHEL	JOSEPH		SNHO	112	N	57
BECK	JACOB		SNBI	45	Y	335
BECK	BARBARA		SNBI	45	N	335
BECK	FRANCIS		SNBI	45	N	335
BECK	JOHN		SNBI	45	N	335
BECK	JANE		SNBI	45	N	335
BECK	MARY	A	SNBI	45	N	335
BECK	CLARA		SNBI	45	N	335
BECK	NICHOLAS		SNBI	45	N	335
BECK	WILLIAM		SNBI	45	N	335
BECK	CATHERINE		SNBI	45	N	335

LASTNAME	FIRSTNAME	MI	LOCATION	PAGE	HEAD	HHOLD
BECK	HERMINIA		SNLO	187	Y	112
BECK	JONAS		SNLO	188	Y	117
BECK	MARY		SNLO	188	N	117
BECK	GEO		SNLO	188	N	117
BECK	MARY	E	SNLO	188	N	117
BECK	CHARLES		SNLO	188	N	117
BECK	SARAH		SNLO	188	N	117
BECK	WILLIAM		SNW1	335	Y	405
BECK	BELL		SNW1	335	N	405
BECK	JOHN		SNW1	335	N	405
BECK	EDWARD		SNW1	335	N	405
BECK	WILLIAM		SNW1	335	N	405
BECK	BELL		SNW1	335	N	405
BECK	HUBERT		SNW1	335	N	405
BECK	HUGH		SNW1	335	N	405
BECK	MARY		SNW1	335	N	405
BECK	JOHN		SNW2	357	Y	119
BECK	JANE		SNW2	357	N	119
BECK	GEORGE		SNW2	357	N	119
BECK	WILLIAM		SNW2	357	N	119
BECK	MAGGIE		SNW2	357	N	119
BECK	EMMA		SNW2	357	N	119
BECK	NATHAN		SNW2	361	Y	165
BECK	ELIZABETH		SNW2	361	N	165
BECK	ALICE	E	SNW2	361	N	165
BECK	ALONZA	L	SNW2	361	N	165
BECK	ELIZABETH		SNW2	378	Y	422
BECK	BENTON		SNW2	378	N	422
BECK	DAVID		SNW2	378	N	422
BECK	TOBIAS		SNW2	379	Y	430
BECK	ELIZABETH		SNW2	379	N	430
BECK	CARL		SNW2	379	N	430
BECK	AUGUSTUS		SNPL	204	Y	20
BECK	MARY	L	SNPL	204	N	20
BECK	AUGUSTA		SNPL	204	N	20
BECK	MINNIE		SNPL	204	N	20
BECK	EMMA		SNPL	204	N	20
BECK	SARAH		SNPL	204	Y	23
BECK	FELIX		SNPL	204	Y	23
BECK	GEORGE		SNPL	206	Y	48
BECK	JOHN		SNPL	207	Y	69
BECK	ELIZABETH		SNPL	207	N	69
BECK	JOHN		SNPL	207	N	69
BECK	WILLIAM		SNPL	207	N	69
BECK	LEVI		SNPL	207	N	69
BECK	FELIX		SNPL	211	Y	131
BECK	MARTHA		SNPL	211	N	131
BECK	WILLIAM		SNPL	211	N	131
BECK	LEVI	T	SNPL	211	N	131
BECK	LAVINA		SNPL	211	N	131
BECK	FRANCES		SNPL	211	N	131
BECK	GEORGE	W	SNPL	213	Y	156
BECK	AMANDA		SNPL	213	N	156
BECK	MARY	N	SNPL	213	N	156
BECK	GEORGE	F	SNPL	213	N	156
BECK	JOSEPH		SNTH	282	Y	26
BECK	ELIZABETH		SNTH	282	N	26
BECK	ALICE		SNTH	282	N	26
BECK	JOSHUA		SNTH	282	N	26
BECK	CLARA		SNTH	282	N	26
BECK	IDA		SNTH	282	N	26
BECK	CORA		SNTH	282	N	26
BECK	ARVILLA		SNTH	282	N	26
BECK	JULIA	W	SNTH	286	Y	83
BECK	CHRISTIAN		SNHO	117	Y	135
BECK	SUSAN		SNHO	117	N	135
BECK	CORA		SNHO	117	N	135
BECK	MARGARET		SNHO	117	N	135
BECK	MARY	A	SNVE	395	Y	234
BECKER	IRWIN	A	SNLO	198	Y	293
BECKER	LYDIA	A	SNLO	198	N	293
BECKER	WILLIAM	E	SNLO	198	N	293
BECKER	OREN	A	SNLO	198	N	293
BECKER	JOHN	A	SNLO	198	N	293
BECKER	IRWIN	F	SNLO	198	N	293
BECKLEY	MICHAEL		SNLO	166	Y	47
BECKLEY	ANNA		SNLO	166	N	47

LASTNAME	FIRSTNAME	MI	LOCATION	PAGE	HEAD	HHOLD
BECKLEY	MARY		SNLO	166	N	47
BECKLEY	ANN		SNLO	185	Y	71
BECKLEY	MICHAEL		SNW1	336	Y	409
BECKMAN	SOLOMON		SNLO	169	Y	90
BECKMAN	BARBRA		SNLO	169	N	90
BECKMAN	SOLOMON		SNLO	169	t	90
BECKMAN	MARY		SNLO	169	N	90
BECKMAN	LOUIS		SNLO	169	N	90
BECKMAN	CHRISTINA		SNLO	169	N	90
BECKMAN	DAVID		SNLO	182	Y	24
BEECHIM	JAMES		SNBL	49	Y	12
BEECHIM	SARAH		SNBL	49	N	12
BEEGHLY	MALON		SNRE	227	Y	100
BEEGHLY	CATHARINE		SNRE	227	N	100
BEEGHLY	MARTHA	M	SNRE	227	N	100
BEEGHLY	JAMES		SNRE	227	Y	101
BEEGHLY	ELISABETH		SNRE	227	N	101
BEEGHLY	EZRA	J	SNRE	227	N	101
BEELER	MARY		SNBI	44	Y	313
BEERY	HENRY		SNED	102	Y	201
BEERY	MARY		SNED	102	N	201
BEERY	FLORA		SNED	102	N	201
BEERY	VICTORIA		SNED	102	N	201
BEERY	CORA		SNED	102	N	201
BEERY	ELLA		SNSN	267	Y	130
BEHM	CHRISTIAN	C	SNBL	55	Y	96
BEHM	MALLE?		SNBL	55	N	96
BEHM	SAMUEL		SNBL	55	N	96
BEHM	GEORGE		SNBL	55	N	96
BEHM	MARITH		SNBL	63	Y	227
BEHM	DAVID		SNBL	65	Y	264
BEHM	DELILA		SNBL	65	N	264
BEHM	WILLIAM	A	SNBL	65	N	264
BEHM	LAURA	D	SNBL	65	N	264
BEHM	DANIEL		SNBL	66	Y	289
BEHM	MARY		SNBL	66	N	289
BEHM	HARRIET		SNBL	66	N	289
BEHM	CATHERINE		SNBL	66	N	289
BEHM	WILLIAM		SNBL	66	N	289
BEHM	GEORGE		SNBL	66	N	289
BEHM	HENRY		SNBL	66	N	289
BEHM	MONROE		SNBL	66	N	289
BEHM	SYLVESTER		SNBL	66	N	289
BEIDLEMAN	WILLIAM		SNTH	283	Y	33
BEIGH	CHARLES		SNAD	12	Y	131
BEIGH	SAMANTHA		SNAD	12	N	181
BEIGH	WILLIAM		SNAD	19	Y	308
BEIGH	JACOB		SNED	103	Y	209
BEIGH	MARY		SNED	103	N	209
BEIGH	ELIZA		SNED	103	Y	210
BEIGH	LEORA		SNED	103	N	210
BEIGH	JOHN		SNSC	239	Y	25
BEIGH	KATTIE		SNSC	239	N	25
BEIGH	HENRY		SNSC	239	N	25
BEIGH	AMELIA		SNSC	239	N	25
BEIGH	RUBEN		SNSC	239	N	25
BEIGH	ANN		SNSC	239	N	25
BEIGH	SAMUEL		SNSC	242	y	63
BEIGH	NANCY		SNSC	242	n	63
BEIGH	ORIN		SNSC	242	N	63
BEIGH	ELMORA		SNSC	242	N	63
BEIGH	LEWIS		SNSC	242	N	63
BEIGH	ELNORA		SNSC	252	Y	228
BEIGH	SYDNEY		SNSC	252	Y	223
BEIGH	SAMUEL		SNSC	254	Y	261
BEIGH	AMANDA		SNSC	254	N	261
BEIGH	PHILIP		SNSC	257	Y	317
BEIGHLE	RACHEL		SNJA	128	Y	23
BEIGHLE	MARTIN		SNJA	128	Y	25
BEIGHLE	MARIAH		SNJA	128	N	25
BEIGHLE	SARAH		SNJA	128	N	25
BEIGHLE	EMILY		SNJA	128	N	25
BEIGHLY	ABRAHAM		SNSC	251	Y	220
BEIGHLY	SARAH		SNSC	251	N	220
BEIGHLY	WILLIAM		SNSC	251	N	220
BEIGHLY	MARY		SNSC	251	N	220
BEIGHLY	SARAH		SNSC	251	N	220

LASTNAME	FIRSTNAME	MI	LOCATION	PAGE	HEAD	HHOLD
BEIGHLY	SHERMAN		SNSC	251	N	220
BEIGHLY	JOHN		SNSC	251	N	220
BEIGHLY	LIBBIE		SNSC	251	N	220
BEILHARTZ	CHARLES		SNW1	336	Y	414
BEILHARTZ	MARY	L.	SNW1	336	N	414
BEILHARTZ	THEODOTIA		SNW1	336	N	414
BEITTLEMAN	JAMES		SNED	94	Y	74
BEITTLEMAN	MARIA		SNED	94	N	74
BEITTLEMAN	SUSAN		SNED	94	N	74
BEITTLEMAN	ELLA		SNED	94	N	74
BEITTLEMAN	J	E	SNED	94	N	74
BEITTLEMAN	OSCAR		SNED	94	N	74
BEITTLEMAN	GEORGE		SNED	94	N	74
BEITTLEMAN	MARY		SNED	94	N	74
BEITTLEMAN	JACOB		SNED	94	N	74
BEITTLEMAN	LESTIE		SNED	94	N	74
BEITTLEMAN	LAURA		SNED	94	N	74
BELL	JOHN		SNCL	81	Y	191
BELL	MARY		SNCL	81	N	191
BELL	JAMES	H.	SNCL	81	N	191
BELL	LANA		SNW2	359	Y	145
BELL	ANNA	S	SNW2	359	N	145
BELLMAN	JOHN		SNSC	254	Y	255
BELLMAN	ELAINA		SNSC	254	N	255
BELLMAN	HIRAM		SNSC	254	N	255
BELLMAN	EMON		SNSC	254	N	255
BELLMAN	CHARLIE		SNSC	254	N	255
BELLMAN	DORAH		SNSC	254	N	255
BELLMAN	JERMIAH		SNTH	289	Y	126
BELLMAN	FRANK		SNTH	289	N	126
BELLMAN	JENNIE		SNTH	289	N	126
BELLMAN	LIZZIE		SNTH	289	N	126
BELLMAN	WILLIAM		SNTH	289	N	126
BELLMAN	MATILDA		SNHO	121	Y	215
BELLMAN	WILLIAM		SNHO	121	N	215
BEMBALY	JOSEPH		SNRE	222	Y	26
BEMBALY	ANNA		SNRE	222	N	26
BEMENDEFFER	SAMUEL		SNVE	397	Y	264
BEMENDEFFER	CHRISTINA		SNVE	397	N	264
BEMENDEFFER	ISABELLA		SNVE	397	N	264
BEMENDEFFER	WILLIAM		SNVE	397	N	264
BEMENDEFFER	GEORGE		SNVE	397	N	264
BEMENDEFFER	ED		SNVE	398	Y	284
BEMENDEFFER	MARY	J	SNVE	398	N	284
BEMENT	G	W	SNLO	185	Y	78
BEMENT	AUGUSTUS	S.	SNLO	202	Y	363
BEMENT	MARGARET	L.	SNLO	202	N	363
BEMSDORF	ANDREW		SNSN	274	Y	241
BEMSDORF	LOUISA		SNSN	274	N	241
BEMSDORF	HENRY		SNSN	274	N	241
BEMSDORF	JOHN		SNSN	274	N	241
BEMSDORF	MARY		SNSN	274	N	241
BENCE	JACOB		SNW1	328	Y	301
BENDER	LEWIS		SNCL	76	Y	121
BENDER	MASSA		SNCL	77	N	121
BENDER	ADA		SNCL	77	N	121
BENDER	EMMA		SNCL	77	N	121
BENDER	CHARLES		SNCL	77	N	121
BENDER	MARY	B.	SNCL	77	N	121
BENDER	DAVID		SNW1	314	Y	99
BENDER	BARBARA		SNW1	314	N	99
BENDER	ANDREW		SNW1	345	Y	525
BENDER	MARY		SNW1	345	N	525
BENDER	MARY		SNW1	345	N	525
BENDER	CHRISTINA		SNW1	345	N	525
BENDER	JOHN		SNW1	345	N	525
BENDER	ANNA		SNW1	345	N	525
BENDER	DORA		SNW1	345	N	525
BENDER	WILLIAM		SMW1	345	N	525
BENDER	CHARLES		SNW1	345	N	525
BENEDICT	HORACE		SNTH	283	Y	33
BENESEHOFF	LEVI		SNVE	395	Y	236
BENFER	CHARLES		SNTH	290	Y	134
BENFER	ELLA		SNTH	290	N	134
BENFER	SALLIE		SNTH	290	N	134
BENFER	SAMUEL		SNTH	290	N	134
BENFER	HARRIET		SNTH	290	Y	135

LASTNAME	FIRSTNAME	MI	LOCATION	PAGE	HEAD	HHOLD
BENFER	EMMA		SNTH	290	N	135
BENHAM	GEORGE		SNLO	198	Y	292
BENHAM	EUNICE		SNLO	198	N	292
BENHAM	BRUCE	B	SNLO	198	N	292
BENHAM	MARY	B	SNLO	198	N	292
BENHAM	F	DON	SNW2	369	Y	290
BENHAM	CHARLOTTE		SNW2	369	N	290
BENHAM	AMELIA		SNW2	369	N	290
BENHAM	A.,DR.		SNED	105	Y	252
BENHAM	MARY		SNED	105	N	252
BENHAM	ELIZA		SNED	105	N	252
BENHAM	SUSAN		SNED	105	N	252
BENHAM	SUSAN		SNED	105	Y	260
BENHAM	ELLA		SNED	106	N	260
BENHAM	FRANCES		SNED	106	N	260
BENHAM	GEORGE		SNED	106	N	260
BENHAUS ?	NORMAN		SNSC	238	Y	11
BENHAUS ?	ARIN		SNSC	238	N	11
BENHAUS ?	GEORGE		SNSC	238	N	11
BENHAUS ?	CATHERINE		SNSC	238	N	11
BENHAUS ?	FRANCIS		SNSC	238	N	11
BENHAUS ?	DANIEL		SNSC	238	N	11
BENHEIM	NORMAN		SNVE	400	Y	322
BENINGER	JACOB		SNVE	385	Y	77
BENINGER	CHRISTINA		SNVE	385	N	77
BENINGER	FREDERICK		SNVE	385	N	77
BENINGER	CHRIS		SNVE	385	Y	77
BENINGER	CATHARINE		SNVE	385	N	77
BENINGER	CHRISTIAN		SNVE	385	N	77
BENINGER	FREDRICKER		SNVE	385	N	77
BENKAMER	JOHN		SNAD	12	Y	196
BENKHEAD	JAMES	F	SNLO	192	Y	182
BENKHEAD	MARY	C	SNLO	192	N	182
BENKHEAD	CORA	A	SNLO	192	N	182
BENKHEAD	ELLA	V	SNLO	192	N	182
BENKHEAD	PEARL	J	SNLO	192	N	182
BENNEHOOF	RUBEN		SNSC	247	Y	149
BENNER	CASPER		SNW1	316	Y	131
BENNER	LOUISA		SNW1	316	N	131
BENNER	WILLIAM		SNW1	316	N	131
BENNER	GEORGE		SNW2	372	Y	330
BENNER	BARBARA		SNW2	372	N	330
BENNER	JOHN		SNW2	372	N	330
BENNER	CHARLES		SNW2	372	N	330
BENNER	AUGUSTUS		SNW2	372	N	330
BENNER	HENRY		SNW2	372	N	330
BENNER	CLARA		SNW2	372	N	330
BENNET	CHAS	E	SNLO	188	Y	114
BENNET	MARIA		SNLO	188	N	114
BENNET	CHARLES		SNSC	247	Y	151
BENNET	OSDELIA		SNSC	247	N	151
BENNET	BELDORA		SNSC	247	N	151
BENNET	BERTHADA		SNSC	247	N	151
BENNETT	MARTIN	B	SNRE	226	Y	90
BENNETT	HARRIET		SNRE	226	N	90
BENNETT	ADELBERT		SNRE	226	N	90
BENNETT	ABRAM	S	SNRE	228	Y	121
BENNETT	MARY		SNVE	398	Y	294
BENNYHOFF	SOLLAMON		SNSC	240	Y	28
BENNYHOFF	MARIA		SNSC	240	N	28
BENNYHOFF	WILLIAM		SNSC	240	N	28
BENNYHOFF	LEWIS		SNSC	240	N	28
BENNYHOFF	JOHN		SNSC	240	N	28
BENNYHOFF	MIFFLIA?		SNSC	240	N	28
BENNYHOFF	FRANK ?		SNSC	240	N	28
BENNYHOOF	NATHAN		SNSC	247	N	149
BENNYHOOF	JACOB		SNSC	247	N	149
BENNYHOOF	JOHN		SNSC	247	N	149
BENNYHOOF	MARY		SNSC	247	N	149
BENNYHOOF	JOSEPH		SNSC	247	N	149
BENNYHOOF	WILLIAM		SNTH	295	Y	190
BENNYHOOF	REUBEN		SNTH	304	Y	313
BENNYHOOF	SARAH		SNTH	304	N	313
BENNYHOOF	MARY		SNTH	304	N	313
BENNYHOOF	GEORGE		SNTH	304	N	313
BENNYHOOF	ELLA		SNTH	304	N	313
BENNYHOOF	HENRY		SNTH	304	N	313

LASTNAME	FIRSTNAME	MI	LOCATION	PAGE	HEAD	HHOLD
BENNYHOOF	LISSIE		SNTH	304	N	313
BENNYHOOF	JOHN		SNTH	304	Y	314
BENNYHOOF	REBECCA		SNTH	304	N	314
BENNYHOOF	ELIZABETH		SNTH	304	N	314
BENNYHOOF	ELLEN		SNTH	304	N	314
BENNYHOOF	REUBEN		SNTH	304	N	314
BENNYHOOF	SAMUEL		SNTH	304	N	314
BENNYHOOF	JULIA		SNTH	304	N	314
BENSENDEFFER	ISAAC		SNVE	395	Y	229
BENSENDEFFER	ANIE		SNVE	395	N	229
BENSENDEFFER	IDA		SNVE	395	N	229
BENTZ	TONY		SNBI	43	Y	308
BEORDSELL	FRANCIS		SNAD	9	Y	136
BEORDSELL	ELISABETH		SNAD	9	N	136
BEORDSELL	ALFRED		SNAD	9	N	136
BEORDSELL	MELLVILLE		SNAD	9	N	136
BEORDSELL	ANNA		SNAD	9	N	136
BEORDSELL	ELISABETH		SNAD	9	N	136
BEORDSELL	HARRIET		SNAD	9	N	136
BERCH	GEORGE		SNTH	290	Y	145
BERCH	ANNA		SNTH	290	N	145
BERCH	LAWRENCE		SNTH	290	N	145
BERCH	JOHN		SNTH	290	N	145
BERCH	MARY		SNTH	290	N	145
BERGER	JOHN		SNLI	153	Y	170
BERGER	MATILDA		SNLI	153	N	170
BERGER	FLORA		SNLI	153	N	170
BERGER	JAMES		SNW1	319	Y	174
BERGER	LYDIA		SNW1	319	N	174
BERGER	CARRIE	E	SNW1	319	N	174
BERGER	FREDERICK		SNW1	329	Y	321
BERGER	GETROUD		SNW1	329	N	321
BERGER	FREDERICK		SNW1	329	N	321
BERGER	MARGARET		SNW1	329	N	321
BERGER	CARL		SNW1	329	N	321
BERGER	ANNA		SNW1	329	N	321
BERGER	HUHI		SNW1	329	N	321
BERGER	WILLIAM		SNW1	340	Y	466
BERGER	MARY		SNW1	340	N	466
BERGER	MENA		SNW1	340	N	466
BERGER	KATE		SNW1	340	N	466
BERGER	MATILDA		SNW1	340	N	466
BERGER	LIZZIE		SNW1	340	N	466
BERGER	WALTER		SNW1	340	N	466
BERGER	BERTAW		SNW1	340	N	466
BERGER	PHILLIP		SNW2	369	Y	288
BERGER	MARY		SNW2	369	N	288
BERGER	JESSE		SNW2	369	N	288
BERGER	SARAH		SNTH	304	Y	324
BERGER	ELIZABETH		SNTH	304	N	324
BERGER	JOHN		SNTH	304	N	324
BERGER	WILLIAM		SNTH	305	Y	331
BERGER	CATHARINE		SNTH	305	N	331
BERGER	JANE		SNTH	305	N	331
BERGER	HENRY		SNTH	305	N	331
BERGER	JAMES		SNTH	305	N	331
BERGER	HENRY		SNTH	305	Y	341
BERGER	MARGARET		SNTH	305	N	341
BERGER	GEORGE		SNTH	305	Y	343
BERGER	MARY		SNTH	305	N	343
BERGER	MARGARET		SNTH	305	N	343
BERGER	ANNA		SNTH	305	N	343
BERGER	LIZZIE		SNTH	305	N	343
BERGER	CAROLINE		SNTH	305	N	343
BERGER	ALICE		SNTH	305	N	343
BERGER	MINERVA		SNTH	305	N	343
BERGER	HARRIET		SNTH	305	N	343
BERGER	JOHN		SNLI	153	Y	170
BERGER	MATILDA		SNLI	153	N	170
BERGER	FLORA		SNLI	153	N	170
BERGMAN	HENRY		SNLI	162	Y	337
BERGMAN	CAROLINE		SNLI	162	N	337
BERGMAN	AMANDA	E	SNLI	162	N	337
BERGMAN	CLARA	J	SNLI	162	N	337
BERGMAN	GEORGE	A	SNLI	162	N	337
BERGMAN	BENJAMIN		SNLI	162	N	337
BERGMAN	HENRY		SNLI	162	Y	337

LASTNAME	FIRSTNAME	MI	LOCATION	PAGE	HEAD	HHOLD
BERGMAN	CAROLINE		SNLI	162	N	337
BERGMAN	AMANDA	E	SNLI	162	N	337
BERGMAN	CLARA	J	SNLI	162	N	337
BERGMAN	GEORGE	A	SNLI	162	N	337
BERGMAN	BENJAMIN		SNLI	162	N	337
BERGSTRESSER	ISABEL		SNSC	242	N	64
BERGSTRESSER	MAUD		SNSC	242	N	64
BERGSTRESSER	ELZA		SNSC	242	N	64
BERIAN	PETER		SNSN	263	Y	67
BERIAN	SARAH		SNSN	263	N	67
BERIAN	ELLEN		SNSN	263	N	67
BERKHART	CATHARINE		SNW2	362	Y	172
BERKHART	ALBERT		SNW2	362	N	173
BERKHART	CHARLES		SNW2	362	N	173
BERKHART	MARY		SNW2	362	N	173
BERKHART	JONAS		SNW2	363	Y	200
BERKHART	ROSA		SNW2	363	N	200
BERKHART	F		SNW2	363	Y	203
BERKSDRESSER	J	S	SNW2	370	Y	301
BERKSDRESSER	HARRIETT		SNW2	370	N	301
BERKSDRESSER	WILLIAM		SNW2	370	N	301
BERKSDRESSER	ORLANDO		SNW2	370	N	301
BERKSDRESSER	ELLA		SNW2	370	N	301
BERKSDRESSER	HATTIE		SNW2	370	N	301
BERKSDRESSER	BARBARA		SNPL	204	Y	15
BERKSDRESSER	JOHN		SNPL	205	Y	41
BERLEY	ELIZ		SNBI	39	Y	264
BERLEY	SOPHIA		SNBI	39	Y	264
BERLEY	JOHN		SNBI	39	N	264
BERLEY	CAROLINE		SNLI	158	Y	269
BERLEY	CAROLINE		SNLI	158	Y	269
BERMUTH	JOHN		SNW2	353	Y	59
BERMUTH	CATHERINE		SNW2	353	N	59
BERMUTH	LIZZIE		SNW2	353	N	59
BERMUTH	PETER		SNW2	353	N	59
BERMUTH	THEOBALD		SNW2	353	N	59
BERMUTH	MATILDA		SNW2	353	N	59
BERMUTH	JOHN		SNW2	353	N	59
BERNARD	LAUCHLIN		SNCL	87	Y	273
BERNARD	EDWARD		SNRE	225	Y	82
BERNARD	MARGARET		SNRE	225	N	82
BERNARD	EDGER		SNRE	225	N	82
BERNARD	ELLA		SNRE	225	N	82
BERNARD	PATINCES	A	SNRE	225	N	82
BERNARD	ADIE	A	SNRE	225	N	82
BERNARD	EDWIN	S	SNRE	225	N	82
BERNARD	AARON		SNSN	260	Y	1
BERNARD	LEVENIA		SNSN	260	N	1
BERNARD	CHARLES		SNSN	260	N	1
BERNARD	LUCIAN	F	SNSN	260	N	1
BERNARD	GEORGE	R	SNSN	260	N	1
BERNARD	O.	B.	SNSN	260	N	1
BERNARD	RUTH	J.	SNSN	260	N	1
BERNARD	ELIZABETH		SNSN	260	N	1
BERRY	LEVI		SNSC	256	Y	310
BERRY	JANE		SNSC	256	N	310
BERRY	IDA		SNSC	256	N	310
BERRY	ROBERT		SNSC	256	N	310
BERRY	LENORA		SNSC	256	N	310
BERRY	WILLIAM		SNTH	289	Y	125
BERRY	ELIZA		SNTH	289	N	125
BERRY	WILLIAM		SNTH	289	N	125
BERRY	HENRY		SNTH	289	N	125
BERRY	JOHN		SNTH	289	N	125
BERRY	ROXANNA		SNBL	55	Y	97
BERRY	GEORGE		SNBL	55	N	97
BERRY	JERAMIAH		SNBL	55	N	97
BERRY	MARY		SNBL	55	N	97
BERSEY	ELIZABETH		SNED	104	Y	230
BERSTISHN	JACOB		SNW2	356	Y	106
BERSTISHN	MARGARET		SNW2	356	N	106
BERSTISHN	DANA		SNW2	356	N	106
BERSTISHN	HENRY		SNW2	356	N	106
BERSTISHN	CHARLES		SNW2	356	N	106
BERSTISHN	ADAM		SNW2	356	N	106
BERTO	ELIAS		SNAD	14	Y	224
BERTO	MARY		SNAD	14	N	224

LASTNAME	FIRSTNAME	MI	LOCATION	PAGE	HEAD	HHOLD
BERTO	ORIA		SNAD	14	N	224
BERTO	ELISABETH		SNAD	14	N	224
BERTO	SALINA		SNAD	14	N	224
BERTO	GIBSON		SNAD	14	N	224
BERTO	JANE		SNAD	14	N	224
BERY	ELISABETH		SNAD	11	Y	167
BESS	ADAM		SNHO	119	Y	172
BESS	ANNA		SNHO	119	N	172
BESS	CHARLES		SNHO	119	N	172
BESS	ELIZA		SNHO	119	N	172
BESS	JESSE		SNHO	119	N	172
BESSLER	JOHN		SNW1	321	Y	205
BESSLER	ELIZABETH		SNW1	321	N	205
BESSLER	FRANCES		SNW1	321	N	205
BESSLER	WILLIAM		SNW1	321	N	205
BESSLER	JOHN		SNW1	321	N	205
BESSLER	JOSEPH		SNW1	321	N	205
BESSLER	FRANK		SNW1	321	N	205
BEST	HENRY	L.	SNCL	70	Y	25
BEST	MARY		SNCL	70	N	25
BEST	JOHN		SNCL	70	N	25
BEST	IDA	V.	SNCL	70	N	25
BEST	PHEBA		SNCL	70	N	25
BEST	SUSAN		SNCL	70	N	25
BEST	ANNA		SNCL	70	N	25
BEST	ARCHEY		SNCL	70	N	25
BEST	JOHN		SNBI	42	Y	286
BETTINGER	M.		SNBI	40	Y	270
BETTINGER	HUBERT		SNLO	182	Y	31
BETTINGER	CAROLINE		SNLO	182	N	31
BETTINGER	MARY	C	SNLO	182	N	31
BETTINGER	WILLIAM	A	SNLO	182	N	31
BETTINGER	FRANCES	J	SNLO	182	N	31
BETTINGER	JOHN	H	SNLO	182	N	31
BETTINGER	MARY	E	SNLO	183	N	31
BETTINGER	ANNA		SNLO	183	N	31
BETTS	JOHN	F	SNLI	149	Y	121
BETTS	MARY	A	SNLI	149	N	121
BETTS	WILLSWORTH	A	SNLI	149	N	121
BETTS	EMMA	N	SNLI	149	N	121
BETTS	WILSON		SNLI	149	Y	122
BETTS	CAROLINE		SNLI	149	N	122
BETTS	ALEXANDER		SNLI	149	N	122
BETTS	DANIEL		SNLI	149	Y	123
BETTS	MATILDA		SNLI	149	N	123
BETTS	SARAH		SNLI	149	N	123
BETTS	EMMA		SNLI	149	N	123
BETTS	DAVID		SNLI	149	Y	124
BETTS	CAROLINE		SNLI	149	N	124
BETTS	IRA		SNLI	149	N	124
BETTS	JENNIE		SNLI	149	N	124
BETTS	WILLIE		SNLI	149	N	124
BETTS	JOHNATHON	R	SNLI	158	Y	266
BETTS	SARAH		SNLI	158	N	266
BETTS	IONA		SNLI	158	N	266
BETTS	MYRA	A	SNLI	158	N	266
BETTS	ELVIRA	L	SNLI	158	N	266
BETTS	CHARLIE		SNLI	158	N	266
BETTS	MICHAEL		SNLI	159	Y	283
BETTS	CATHERINE		SNLI	159	N	283
BETTS	IRENA		SNLI	159	N	283
BETTS	HENRY	A	SNLI	159	N	283
BETTS	ISAIAH		SNLI	159	N	283
BETTS	CATHERINE		SNLI	159	N	283
BETTS	JONAS	A	SNLI	159	Y	289
BETTS	PHEBE		SNLI	159	N	289
BETTS	MILO		SNLI	159	N	289
BETTS	WALTER	R	SNLI	160	Y	299
BETTS	NEWTON	O	SNLI	161	Y	319
BETTS	MARY	A	SNLI	161	N	319
BETTS	WALTER	R	SNLI	161	N	319
BETTS	WEALTHY	J	SNLI	161	N	319
BETTS	SUSAN		SNED	101	Y	174
BETTS	ALBERT		SNSC	255	Y	282
BETTS	JENNIE		SNSC	255	N	282
BETTS	ALBERT		SNSC	255	N	282
BETTS	JOHN	F	SNLI	149	Y	121

LASTNAME	FIRSTNAME	MI	LOCATION	PAGE	HEAD	HHOLD
BETTS	MARY	A	SNLI	149	N	121
BETTS	WILLSWORTH	A	SNLI	149	N	121
BETTS	EMMA	N	SNLI	149	N	121
BETTS	WILSON		SNLI	149	Y	122
BETTS	CAROLINE		SNLI	149	N	122
BETTS	ALEXANDER		SNLI	149	N	122
BETTS	DANIEL		SNLI	149	Y	123
BETTS	MATILDA		SNLI	149	N	123
BETTS	SARAH		SNLI	149	N	123
BETTS	EMMA		SNLI	149	N	123
BETTS	DAVID		SNLI	149	Y	124
BETTS	CAROLINE		SNLI	149	N	124
BETTS	IRA		SNLI	149	N	124
BETTS	JENNIE		SNLI	149	N	124
BETTS	WILLIE		SNLI	149	N	124
BETTS	JOHNATHON	R	SNLI	158	Y	266
BETTS	SARAH		SNLI	158	N	266
BETTS	IONA		SNLI	158	N	266
BETTS	MYRA	A	SNLI	158	N	266
BETTS	ELVIRA	L	SNLI	158	N	266
BETTS	CHARLIE		SNLI	158	N	266
BETTS	MICHAEL		SNLI	159	Y	283
BETTS	CATHERINE		SNLI	159	N	283
BETTS	IRENA		SNLI	159	N	283
BETTS	HENRY	A	SNLI	159	N	283
BETTS	ISAIAH		SNLI	159	N	283
BETTS	CATHERINE		SNLI	159	N	283
BETTS	JONAS	A	SNLI	159	Y	289
BETTS	PHEBE		SNLI	159	N	289
BETTS	MILO		SNLI	159	N	289
BETTS	WALTER	R	SNLI	160	Y	299
BETTS	NEWTON	O	SNLI	161	Y	319
BETTS	MARY	A	SNLI	161	N	319
BETTS	WALTER	R	SNLI	161	N	319
BETTS	WEALTHY	J	SNLI	161	N	319
BEVEY	ANNA		SNED	102	Y	200
BIBBS	MARSHAL		SNW1	321	Y	202
BIBBS	EMALINE		SNW1	321	N	202
BIBBS	MARTHA		SNW1	321	N	202
BIBBS	CATHARINE		SNW1	321	N	202
BIBBS	DANIEL		SNW1	321	N	202
BIBBS	GEORGEIAN		SNW1	321	N	202
BIBBS	ELIZABETH		SNW1	321	N	202
BIBBS	LOUISA		SNW1	321	N	202
BICHEAD?	CHARLES		SNTH	292	Y	164
BICK	JACOB		SNLO	181	Y	14
BICKLE	RICHARD		SNTH	284	Y	34
BICKLE	MARY		SNTH	284	N	34
BICKLE	ELIZABETH		SNTH	284	N	34
BICKLE	JAMES		SNTH	284	N	34
BICKLE	MARGARET		SNTH	284	N	34
BICKLE	SARAH		SNTH	284	N	34
BICKLE	MARY		SNTH	284	N	34
BICKLE	JOHN		SNTH	284	N	34
BICKLE	SUSANAH		SNTH	284	N	34
BICKLE	SAMUEL		SNTH	284	N	34
BICKLE	WINNIE		SNTH	284	N	34
BIDLEM	LUISA		SNED	91	Y	35
BIDLEMAN	M.		SNW1	309	Y	22
BIDLEMAN	JERRY		SNW2	367	Y	257
BIDLEMAN	SARAH		SNW2	367	N	257
BIETZ	MICHAEL		SNLO	202	Y	357
BIGFORD	ELPA		SNW1	340	Y	463
BIGHAM	JOHN		SNVE	389	Y	136
BIGHAM	JOHN, JR.		SNVE	389	N	136
BIGHAM	MARY		SNVE	389	N	136
BIGHAM	ARTHUR		SNVE	389	N	136
BIGHAM	CATHARINE		SNVE	389	N	136
BILDERBOCK	JOSEPH		SNSC	256	Y	305
BILES	BRADFORD		SNLO	176	Y	189
BILES	MARY	E	SNLO	176	N	189
BILES	JOHN	F	SNLO	176	N	189
BILES	GEORGE	R	SNLO	176	N	189
BILES	CHARLES	W	SNLO	176	N	189
BILES	OMER	E	SNLO	176	N	189
BILES	MATILDA		SNED	103	Y	217
BILES	DORETH		SNPL	211	Y	132

LASTNAME	FIRSTNAME	MI	LOCATION	PAGE	HEAD	HHOLD
BILLINGER	ELIZABETH		SNW1	346	Y	545
BILLINGER	MARY		SNVE	399	Y	301
BILLINGER	GEORGE		SNVE	399	N	301
BILLINGER	AMOS	V.	SNVE	399	N	301
BILLMAN	ELIZABETH		SNCL	78	Y	142
BILLMAN	JOHN		SNCL	78	N	142
BILLMAN	PETER		SNCL	78	N	142
BILLMAN	DANIEL		SNCL	82	Y	204
BILLMAN	DAVID		SNAD	1	Y	15
BILLMAN	JEMIMA		SNAD	1	N	15
BILLMAN	EMELINE		SNAD	1	N	15
BILLMAN	ISAAC		SNAD	1	N	15
BILLMAN	JOHN		SNAD	1	N	15
BILLMAN	WESLEY		SNAD	1	N	15
BILLMAN	BIRTELI		SNAD	1	N	15
BILLMAN	JOHN		SNAD	5	Y	69
BILLMAN	SARAH		SNAD	5	N	69
BILLMAN	GEORGE		SNAD	5	N	69
BILLMAN	LISSIE		SNAD	5	N	69
BILLMAN	CHARLES		SNAD	5	N	69
BILLMAN	WILLIAM		SNAD	5	N	69
BILLMAN	JONATHON		SNTH	305	Y	336
BILLMAN	ESTHER		SNTH	305	N	336
BILLMAN	MILTON		SNTH	305	N	336
BILLMAN	HENRY		SNTH	305	Y	342
BILLMAN	JULIA		SNTH	305	N	342
BILLMAN	FRANK		SNTH	305	N	342
BILLMAN	ENOCH		SNTH	305	N	342
BILLMAN	ELIZANN		SNTH	305	N	342
BILLMAN	PERRY		SNTH	305	N	342
BILLYARD	THOMAS		SNLO	196	Y	260
BILLYARD	JANE		SNLO	196	N	260
BILLYARD	MARY		SNLO	196	N	260
BILLYARD	ROSS		SNLO	196	N	260
BILO	JOHN		SNHO	118	Y	157
BILO	MARY		SNHO	118	N	157
BILO	MARY		SNHO	118	N	157
BILO	ALICE		SNHO	118	N	157
BILO	JOHN		SNHO	118	N	157
BILO	ELLEN		SNHO	118	N	157
BILO	CLARA		SNHO	118	N	157
BILO	ESTHER		SNHO	118	N	157
BILO	MARY		SNHO	118	N	157
BIMSTOW	JOSEPH		SNHO	122	Y	230
BINDER	THURISTER		SNBI	40	Y	270
BINDER	JOHN	C	SNLO	181	Y	18
BINDER	CATHERINE		SNLO	181	N	18
BINDER	LUDWIG		SNLO	182	N	18
BINDER	CATHERINE		SNLO	182	N	18
BINDER	JOHN	C	SNLO	182	N	18
BINDER	WILLIAM		SNLO	182	N	18
BINDER	FRANK		SNLO	182	N	18
BINDER	GEORGE		SNLO	182	N	18
BINDER	JERRYMIAH		SNLO	192	Y	186
BINDER	PRUDENCE		SNLO	192	N	186
BINDER	EFFY	A	SNLO	192	N	186
BINDER	WILLIAM	E	SNLO	192	N	186
BINDER	FRANCIS	A	SNLO	192	N	186
BINER	ALBERT		SNHO	113	Y	72
BINGHAM	JOHN		SNED	103	Y	215
BINGHAM	MARGARET		SNED	103	N	215
BINGHAM	THOMAS		SNED	103	Y	215
BINGHAM	FLORETTA		SNED	103	N	215
BINKLEY	ANDREW		SNW2	375	Y	376
BINKLEY	MARY		SNW2	375	N	376
BINKLEY	MARY		SNW2	375	N	376
BINKLEY	CHLOE		SNW2	375	N	376
BINKLEY	FRANCES		SNVE	400	Y	315
BINTER	MARGARET		SNBI	40	Y	270
BINTZ	JOHN		SNBI	37	Y	227
BINTZ	MARY		SNBI	37	N	227
BINTZ	MARGARET		SNBI	37	N	227
BINTZ	HENRY		SNBI	37	N	227
BINTZ	LOUISE		SNBI	37	N	227
BIRKEL	J.	B.	SNBI	32	Y	165
BIRNBAUM	J.	B.	SNBI	40	Y	270
BIRTCH	LAWRENCE		SNRE	236	Y	238

LASTNAME	FIRSTNAME	MI	LOCATION	PAGE	HEAD	HHOLD
BISH	WILLIAM		SNAD	8	Y	124
BISH	LOVINA		SNBL	49	Y	13
BISHOP	THIRZA		SNBI	26	Y	78
BISHOP	FRANCES		SNBI	26	N	78
BISHOP	DEBORAH		SNBI	26	N	78
BISHOP	REBECCA		SNBI	26	N	78
BISHOP	EMMA		SNAD	9	Y	147
BISHOP	MARY		SNAD	16	Y	258
BISHOP	HERSHEL		SNSC	241	Y	41
BISHOP	GEORGE		SNRE	227	Y	98
BISHOP	EMMA		SNRE	227	N	98
BISHOP	JOHN	H	SNRE	227	N	98
BISHOP	FRANCIS	M	SNRE	227	N	98
BISHOP	MOSES		SNRE	231	Y	179
BISHOP	MARGARET		SNRE	231	N	179
BISHOP	SARAH	S	SNRE	231	N	179
BISHOP	ELLA	J	SNRE	232	N	179
BISHOP	WILLIAM		SNRE	234	Y	218
BISHOP	ANN		SNRE	234	N	218
BISHOP	MARY	E	SNRE	234	Y	218
BISHOP	AARON	M	SNRE	234	Y	218
BISHOP	ARCELIN		SNRE	234	N	218
BISHOP	GEORGE	E	SNRE	234	N	218
BISHOP	JOSEPHINE		SNRE	234	N	218
BISSANTZ	JOHN	M	SNW1	338	Y	437
BISSANTZ	LOUISA		SNW1	338	N	437
BISSANTZ	OTTO		SNW1	338	N	437
BISSANTZ	ANNA		SNW1	338	N	437
BISTNER	JOHN		SNLO	170	Y	100
BISTNER	MARGARET		SNLO	170	N	100
BISTNER	MACKLIN		SNLO	170	N	100
BISTNER	GEORGE		SNLO	170	N	100
BISTNER	HENRY		SNLO	170	N	100
BISTNER	MARY		SNLO	170	N	100
BISTNER	ANDY		SNLO	170	N	100
BISTNER	MAGDALENE		SNLO	170	N	100
BITZER	LAZARUS		SNTH	287	Y	93
BIXLER	CATHERINE		SNLO	185	Y	78
BIXLER?	JACOB?		SNBL	56	Y	114
BIXLER?	MARY	M	SNBL	56	N	114
BIXLER?	ANN		SNBL	56	N	114
BIXLER?	MARY		SNBL	56	N	114
BIYLE	DAVID		SNVE	396	Y	254
BIYLE	MARIA	C	SNVE	396	N	254
BIYLE	EMMA		SNVE	396	N	254
BLACHINGER	MARTIN		SNBI	41	Y	279
BLACHINGER	THERESA		SNBI	41	N	279
BLACHINGER	FRANK		SNBI	41	N	279
BLACHINGER	MARTIN		SNBI	41	Y	279
BLACHINGER	THERESA		SNBI	41	N	279
BLACHINGER	FRANK		SNBI	41	N	279
BLACHINGER	MARTIN		SNBI	41	N	279
BLACK	JACOB		SNBI	42	Y	273
BLACK	ELIZ.		SNBI	41	N	273
BLACK	JOHN		SNBI	41	N	273
BLACK	EMMA		SNBI	41	N	273
BLACK	ALBERT		SNBI	41	N	273
BLACK	AMELIA		SNBI	41	N	273
BLACK	MARY		SNBI	41	N	273
BLACKWELL	MARY		SNW1	317	Y	137
BLACKWELL	ROLIN		SNW1	317	N	137
BLACKWELL	ELIZABETH		SNW1	317	N	137
BLACKWELL	ISABELL		SNW1	317	N	137
BLACKWELL	COMFORT		SNW1	317	N	137
BLACKWELL	ALFRED		SNBL	64	Y	239
BLACKWELL	SARAH		SNBL	64	N	239
BLACKWELL	CATHERINE		SNBL	64	N	239
BLAES	NICHOLAS		SNHO	111	Y	42
BLAES	ANNA		SNHO	111	N	42
BLAES	MARTIN		SNHO	111	N	42
BLAES	CATHERINE		SNHO	111	N	42
BLAIN	JOHN		SNHO	123	Y	238
BLAIN	CATHERINE		SNHO	123	N	238
BLAIN	ELLA		SNVE	401	Y	343
BLAIR	ANDREW	J	SNBL	52	Y	61
BLAIR	MARY	M	SNBL	52	N	61
BLAIR	JOSEPH	L	SNBL	52	N	61

LASTNAME	FIRSTNAME	MI	LOCATION	PAGE	HEAD	HHOLD
BLAIR	EMMA	J	SNBL	52	N	61
BLAIR	CATHERINE	E	SNBL	52	N	61
BLAIR	JERRY		SNBL	52	N	61
BLAIR	ANDREW	J	SNBL	52	N	61
BLAIR	MARY	A	SNBL	52	N	61
BLAIR	JOHN		SNBL	52	N	61
BLAIR	DAVID		SNBL	52	N	61
BLAIR	HANNAH	H	SNBL	52	N	61
BLAIR	FLORA	B	SNBL	52	N	61
BLAIR	THOMAS		SNSN	274	Y	238
BLAIR	ELIZABETH		SNSN	274	N	238
BLAIR	RHODA		SNSN	274	N	238
BLAIR	JEREMIAH		SNSN	274	N	238
BLAIR	SAMUEL		SNSN	274	N	238
BLAIR	ANNA		SNSN	274	N	238
BLAIR	JOSEPH		SNSN	274	N	238
BLAIR	MARY		SNSN	274	N	238
BLAIR	ANDREW		SNSN	274	Y	242
BLAIR	ELIZABETH		SNSN	274	N	242
BLAISIUS	H	C	SNW1	330	Y	336
BLAISIUS	LANA		SNW1	330	N	336
BLAISIUS	WILLIAM		SNW1	330	N	336
BLAISIUS	LIZZIE		SNW1	330	N	336
BLAISIUS	TILLA		SNW1	330	N	336
BLAISIUS	MAGGIE		SNW1	330	N	336
BLAKE	JAMES		SNW1	347	Y	556
BLAKE	GUY		SNBL	66	Y	291
BLAND	EMMA		SNW1	330	Y	328
BLAND	MARTHA		SNSN	265	Y	107
BLAND	PERRY		SNSN	265	N	107
BLANK	DAVID		SNTH	293	Y	181
BLANKENBILLER	ISAAC		SNTH	288	Y	112
BLANKENBILLER	KATIE		SNTH	288	N	112
BLANKENBILLER	CHARLES		SNTH	288	N	112
BLANKLEY	ANDREW		SNW1	342	Y	492
BLANT	EMMA		SNW1	320	Y	196
BLASIUS	JACOB		SNBI	37	Y	236
BLASIUS	SARAH		SNBI	37	N	236
BLASIUS	FRANKLIN		SNBI	37	N	236
BLASIUS	WILLIAM		SNBI	37	N	236
BLASIUS	RACHEL		SNBI	37	N	236
BLASIUS	AARON		SNBI	37	N	236
BLASIUS	FERNANDO		SNBI	37	N	236
BLASIUS	RUDOLPH		SNBI	37	N	236
BLASSER	CHRISTIAN		SNJA	129	Y	39
BLASSER	MARY		SNJA	129	N	39
BLASSER	MARY		SNJA	129	N	39
BLASSER	JEREMIAH		SNJA	129	N	39
BLASSER	HENRY		SNJA	129	N	39
BLESSING	MAGGIE		SNLO	191	Y	167
BLESSING	EVA		SNLO	191	Y	171
BLIN?	HENRY		SNTH	307	Y	365
BLINN	JACOB		SNBL	59	Y	176
BLINN	CATHERINE		SNBL	59	N	176
BLINN	ELISABETH		SNBL	60	N	176
BLINN	SARAH	E	SNBL	60	N	176
BLINN	MARTIN		SNBL	60	N	176
BLINN	CHRISTIAN		SNBL	60	Y	176
BLINN	ADAM		SNBL	60	Y	180
BLINN	SUSAN		SNBL	60	N	180
BLINN	BENJAMIN		SNBL	60	N	180
BLINN	CHARLES	A	SNBL	60	N	180
BLINN	DAVID	A	SNBL	60	N	180
BLINN	ELIZA	A	SNBL	60	N	180
BLINN	MARCONE		SNBL	60	N	180
BLINN	MARY	E	SNBL	60	N	180
BLINN	JOHN	B.	SNVE	393	Y	201
BLINN	MARY		SNVE	393	N	201
BLINN	SUSANA		SNVE	393	N	201
BLINN	FRANK	J.	SNVE	393	N	201
BLISS	EDWIN	P	SNBL	67	Y	300
BLISS	ELISABETH		SNBL	67	N	300
BLISS	MELVIN	O	SNBL	67	N	300
BLISS	MALCOM		SNBL	67	N	300
BLISS	GENELLA		SNBL	67	N	300
BLISS	WILLIE		SNBL	67	N	300
BLODGET	CHARLES		SNBI	35	Y	197

LASTNAME	FIRSTNAME	MI	LOCATION	PAGE	HEAD	HHOLD
BLODGET	MARY		SNBI	35	N	197
BLODGET	DARIUS		SNBI	35	N	197
BLODGET	RICHARD		SNBI	35	N	197
BLODGET	CYRUS		SNBI	35	N	197
BLODGET	CYRUS		SNPL	218	Y	233
BLODGETT	RACHEL		SNBI	35	N	197
BLODGETT	THOMAS		SNBI	35	N	197
BLODGETT	ARILLA		SNBI	35	N	197
BLODGETT	REUBEN		SNBI	35	N	197
BLODGETT	LAVINA		SNBI	35	N	197
BLODGETT	IDA		SNBI	35	N	197
BLOOM	FRED		SNCL	86	Y	254
BLOOM	TOTTEL		SNCL	86	N	254
BLOOM	FRED		SNCL	86	N	254
BLOOM	JOHN		SNCL	86	N	254
BLOOM	CESAR		SNCL	86	N	254
BLOOM	TILLIE		SNCL	86	N	254
BLOOM	JAMES		SNCL	86	N	254
BLOOM	JACOB		SNBI	46	Y	349
BLOOM	CATHERINE		SNBI	46	N	349
BLOOM	ALBERT		SNBI	46	N	349
BLOOM	WILLIAM		SNBI	46	N	349
BLOOM	CAROLINE		SNBI	46	N	349
BLOOM	CHARLEY		SNBI	46	N	349
BLOOM	KATIE		SNBI	46	N	349
BLOOM	MARY		SNBI	46	N	349
BLOOM	WILLIAM		SNJA	135	Y	147
BLOOM	CATHARINE		SNJA	135	N	147
BLOOM	JACOB		SNJA	135	N	147
BLOOM	MARY		SNJA	135	N	147
BLOOM	GEORGE		SNJA	135	N	147
BLOOM	ELIZABETH		SNJA	135	N	147
BLOOM	KATE		SNJA	135	N	147
BLOOM	JOHN		SNW1	315	Y	121
BLOOM	LIZZIE		SNW1	315	N	121
BLOOM	WILLIAM		SNW1	315	N	121
BLOOM	JOHN		SNW1	315	N	121
BLOOM	ANDREW		SNW1	327	Y	296
BLOOM	ELIZABETH		SNW1	327	N	296
BLOOM	WALTER		SNW1	327	N	296
BLOOM	WILLIAM		SNW1	327	N	296
BLOOM	JOSEPHENE		SNW1	327	N	296
BLOOM	KATE		SNW1	327	N	296
BLOOM	HENRY	C.	SNW1	327	Y	296
BLOOM	ELIZA		SNW1	327	N	296
BLOOM	CLOD		SNW1	327	N	296
BLOOM	FREDERICK		SNW1	337	Y	428
BLOOM	CATHARINE		SNW1	337	N	428
BLOOM	PAUL		SNW1	337	N	428
BLOOM	JOHN		SNW1	337	N	428
BLOOM	FRANK		SNW1	337	N	428
BLOOM	LAURA		SNW1	337	N	428
BLOOM	HENRY		SNW1	337	Y	428
BLOOM	ELIZABETH		SNW1	337	N	428
BLOOM	FREDERICK		SNW1	339	Y	459
BLOOM	KATE		SNW1	339	N	459
BLOOM	WILLIAM		SNW1	339	N	459
BLOOM	HARRY		SNW1	339	N	459
BLOOM	THEABALD		SNW1	347	Y	552
BLOOM	PHILIP		SNSN	271	Y	198
BLOOM	CATHERINE		SNSN	271	N	198
BLOOM	WILLIAM		SNSN	271	N	198
BLOOM	AMELIA		SNSN	271	N	198
BLOOM	MARY		SNSN	271	N	198
BLOOM	ADELINE		SNSN	271	N	198
BLOOM	LOUIS		SNSN	271	N	198
BLOOM	DEBOLT		SNSN	272	Y	221
BLOOM	HANNAH		SNSN	272	N	221
BLOOM	FRANKLIN		SNSN	272	N	221
BLOOM	LILIAN		SNSN	272	N	221
BLOONE	HETON		SNAD	11	Y	170
BLOSSER	BENJAMIN		SNJA	134	Y	116
BLOSSER	NANCY		SNJA	134	N	116
BLOSSER	REBECCA	J.	SNJA	134	N	116
BLOSSER	JOHN	J.	SNJA	134	N	116
BLOSSER	DAVID	H.	SNJA	134	N	116
BLOSSER	IDA	E.	SNJA	134	N	116

LASTNAME	FIRSTNAME	MI	LOCATION	PAGE	HEAD	HHOLD
BLOSTT	BENJAMIN		SNBL	62	Y	217
BLUE	REBECCA		SNLI	154	Y	190
BLUE	REBECCA	J	SNLI	154	N	190
BLUE	LAURA	A	SNLI	154	N	190
BLUE	JAMES	W	SNLI	154	N	190
BLUE	RODOLFUS		SNLI	154	N	190
BLUE	MARION		SNLI	154	Y	191
BLUE	CLARISSA		SNLI	154	N	191
BLUE	JAMES	A	SNLI	154	N	191
BLUE	DENNIS		SNLI	154	Y	192
BLUE	MARY		SNLI	154	N	192
BLUE	FLORENA		SNLI	154	N	192
BLUE	DENNIS		SNLI	154	N	192
BLUE	JOHN		SNPL	213	Y	166
BLUE	THEODOTIA		SNPL	213	N	166
BLUE	GEORGE		SNPL	213	N	166
BLUE	CHARLES		SNPL	214	Y	172
BLUE	REBECCA		SNLI	154	Y	190
BLUE	REBECCA	J	SNLI	154	N	190
BLUE	LAURA	A	SNLI	154	N	190
BLUE	JAMES	W	SNLI	154	N	190
BLUE	RODOLFUS		SNLI	154	N	190
BLUE	MARION		SNLI	154	Y	191
BLUE	CLARISSA		SNLI	154	N	191
BLUE	JAMES	A	SNLI	154	N	191
BLUE	DENNIS		SNLI	154	Y	192
BLUE	MARY		SNLI	154	N	192
BLUE	FLORENA		SNLI	154	N	192
BLUE	DENNIS		SNLI	154	N	192
BLUST	GEORGE		SNVE	384	Y	64
BLUST	MAGDALENE		SNVE	384	N	64
BLUST	OTTIS		SNVE	384	N	64
BLUST	MARY		SNVE	384	N	64
BLUST	HELEN		SNVE	384	N	64
BLUST	BENVANDA		SNVE	384	N	64
BLUST	JOSEPH		SNVE	384	N	64
BLUST	JOHN		SNVE	384	N	64
BLUST	PEARCE		SNVE	384	N	64
BLUST	LEA		SNVE	384	N	64
BLYMYER	W.	G.	SNW1	311	Y	58
BLYMYER	SUSAN		SNW1	311	N	58
BLYMYER	OLIVE		SNW1	311	N	58
BOAM	LAVEL		SNW1	333	Y	372
BOAM	WILLIAM		SNW1	333	N	372
BOAM	JOSEPH		SNW1	333	N	372
BOAM	TERESA		SNW1	333	N	372
BOANER	JASPER?		SNTH	283	N	33
BOANER?	JAMES		SNTH	283	Y	33
BOCKEY	ANDREW	J.	SNJA	134	Y	120
BOCKEY	LAURA		SNJA	134	N	120
BOCKEY	SARAH		SNJA	134	N	120
BOCKEY	ELI		SNJA	134	N	120
BOCKEY	AMANDA		SNJA	134	N	120
BOCKEY	JOHN	F.	SNJA	134	N	120
BOCKEY	HANNAH	E.	SNJA	134	N	120
BOCKEY	ANDREW	J.	SNJA	134	N	120
BODY/BOYD	HIRAM		SNRE	230	Y	151
BODY/BOYD	SARAH	J	SNRE	230	N	151
BODY/BOYD	EMARETT		SNRE	230	N	151
BODY/BOYD	SELAH		SNRE	230	N	151
BOEPLE	LEWIS		SNVE	401	Y	337
BOEPLE	MARGRET		SNVE	401	N	337
BOEPLE	CATHARINE		SNVE	401	N	337
BOEPLE	FANNY		SNVE	401	N	337
BOEPLE	MARY		SNVE	401	N	337
BOEPLE	CHARLES		SNVE	401	N	337
BOEPLE	ALBERT		SNVE	401	N	337
BOES	NICHOLAS		SNBI	26	Y	71
BOES	BARBARA		SNBI	26	N	71
BOES	FRANK		SNBI	26	N	71
BOES	PETER		SNBI	26	N	71
BOGART	JESSE		SNAD	17	Y	283
BOGART	BEAUTTE ?		SNAD	17	N	283
BOGART	CHARLES		SNAD	17	N	283
BOGART	FRANK		SNAD	17	N	283
BOGART	NANCY		SNSC	245	Y	116
BOGART	ARTHUR		SNSC	245	N	116

LASTNAME	FIRSTNAME	MI	LOCATION	PAGE	HEAD	HHOLD
BOGART	MARTIN		SNSC	245	N	116
BOGART	LINOIEL?		SNSC	245	N	116
BOGART	WILLIAM		SNSC	251	Y	225
BOGART	MARY		SNSC	251	N	225
BOGART	MARY		SNSC	251	N	225
BOGART	MARTHA		SNSC	252	N	225
BOGART	EDWIN		SNSC	252	N	225
BOGART	HATTIE		SNSC	252	N	225
BOGART	SARAH		SNSC	252	N	225
BOGART	WILLIAM		SNSC	252	N	225
BOGART	EMMA		SNSC	252	N	225
BOGART	ELLEN		SNSC	252	N	225
BOGGS	SAML		SNBI	46	Y	359
BOGGS	TALITHA		SNBI	46	N	359
BOGGS	LAURA		SNBI	46	N	359
BOGGS	SAMUEL		SNBI	46	N	359
BOGGS	WILLIS		SNBI	46	N	359
BOGNER	ANTHONY		SNTH	294	Y	206
BOGNER	AGNES		SNTH	294	N	206
BOGNER	MARY		SNTH	294	N	206
BOGNER	JOHN		SNTH	294	N	206
BOGNER	JACOB		SNTH	294	N	206
BOGNER	ANTHONY		SNTH	294	N	206
BOGNER	BARBARA		SNTH	294	N	206
BOGNER	FRANK		SNTH	294	N	206
BOGNER	MICHAEL		SNTH	294	N	206
BOGNER	BENJAMIN		SNTH	294	N	206
BOGNER	JOSEPH		SNRE	235	Y	230
BOGNER	MARGARET		SNRE	235	N	230
BOGNER	CHARLES		SNRE	235	N	230
BOGNER	MARY		SNRE	235	N	230
BOHN	JACOB		SNLI	151	Y	147
BOHN	CATHARINE		SNLI	151	N	147
BOHN	CATHARINE		SNLI	151	N	147
BOHN	JACOB		SNLI	151	N	147
BOHN	EMMA		SNLI	151	N	147
BOHN	LAURA		SNLI	151	N	147
BOHN	SOPHIAH		SNLO	181	Y	9
BOHN	JACOB		SNLI	151	Y	147
BOHN	CATHARINE		SNLI	151	N	147
BOHN	CATHARINE		SNLI	151	N	147
BOHN	JACOB		SNLI	151	N	147
BOHN	EMMA		SNLI	151	N	147
BOHN	LAURA		SNLI	151	N	147
BOIDERS	DANIEL		SNED	92	Y	53
BOIDERS	MARY		SNED	92	N	53
BOIDERS	ELIZABETH		SNED	92	N	53
BOIDERS	MARY		SNED	92	N	53
BOIDERS	MARION		SNED	92	Y	53
BOIDERS	SARAH		SNED	92	N	53
BOIDERS	DANIEL		SNED	92	N	53
BOISEY?	HENRY		SNSC	244	Y	101
BOISEY?	REBECCA		SNSC	244	N	101
BOLANDER	GEORGE		SNW1	316	Y	127
BOLANDER	DORA		SNW1	316	N	127
BOLANDER	FALDEN		SNW1	316	N	127
BOLANDER	MARY		SNW1	316	N	127
BOLANDER	KATE		SNW1	316	N	127
BOLANDER	GEORGE		SNW1	316	N	127
BOLANDER	JOHN		SNW1	316	N	127
BOLANDER	LOUISA		SNW1	316	N	127
BOLBY	EUNICE		SNLO	192	Y	191
BOLDOLF	LIZZIE		SNW2	376	Y	392
BOLDTHASER	GEORGE		SNW1	326	Y	277
BOLEY	NICHOLAS		SNBI	28	Y	110
BOLEY	EMILY		SNBI	28	N	110
BOLEY	LIZZIE		SNBI	28	N	110
BOLEY	JOHN	A	SNLO	198	Y	290
BOLEY	CEVILLA	A	SNLO	198	N	290
BOLEY	ADDIE	D	SNLO	198	N	290
BOLEY	FREDDIE		SNLO	198	N	290
BOLEY	GEORGE		SNLO	198	N	290
BOLICK	HENRY		SNTH	307	Y	374
BOLICK	REBECCA		SNTH	307	N	374
BOLICK	KATIE		SNTH	307	N	374
BOLICK	MARY		SNTH	307	N	374
BOLIN	ENOCH		SNAD	1	Y	9

LASTNAME	FIRSTNAME	MI	LOCATION	PAGE	HEAD	HHOLD
BOLIN	POLLY		SNAD	1	N	9
BOLIN	AMANDA		SNAD	1	Y	10
BOLIN?	GEORGE		SNTH	301	Y	290
BOLIN?	MARIA		SNTH	301	N	290
BOLIN?	MARY		SNTH	301	N	290
BOLIN?	JOHN		SNTH	301	Y	291
BOLIN?	ELIZABETH		SNTH	301	N	291
BOLIN?	ELLA		SNTH	301	N	291
BOLIN?	JAMES		SNTH	301	N	291
BOLIN?	EMMA		SNTH	301	N	291
BOLINGER	MARTIN		SNW1	323	Y	234
BOLINGER	CAROLINE		SNW1	323	N	234
BOLINGER	JOSEPH		SNW1	323	N	234
BOLINGER	HANNAH		SNHO	122	Y	218
BOLINGER	LEWIS		SNVE	386	Y	92
BOLINGER	MARGRET		SNVE	386	N	92
BOLINGER	MARGRET		SNVE	386	N	92
BOLINGER	PHILIP		SNVE	386	N	92
BOLINGER	CATHARINE		SNVE	386	N	92
BOLINGER	LEWIS		SNVE	386	N	92
BOLINGER	ELIZA		SNVE	386	N	92
BOLINGER	MARY	E.	SNVE	386	N	92
BOLINGER	DANIEL		SNVE	386	N	92
BOLINGER	ALEXANDER		SNVE	386	N	92
BOLINGER	JOHN	F.	SNVE	386	N	92
BOLINGER	PHILIP		SNVE	386	N	92
BOLIVDER	GEORGE		SNVE	388	Y	120
BOLLINGER	PAUL		SNSC	247	Y	148
BOLLINGER	BARBRA		SNSC	247	N	148
BOLLINGER	DANIEL		SNSC	247	N	148
BOLLINGER	MARY		SNSC	247	N	148
BOLLINGER	MATILDA		SNSC	247	N	148
BOLLINGER	COLONEL ?		SNSC	247	N	148
BOLLINGER	CHARLES		SNSC	247	N	148
BOLTZ	JOHN		SNPL	205	Y	40
BOLTZEL	LEWIS		SNW1	342	Y	490
BOLUS	LORENSO		SNAD	8	Y	127
BOLUS	LUCY		SNAD	8	N	127
BOLUS	JOHN		SNAD	8	N	127
BOLUS	ELMER		SNAD	8	N	127
BOLUS	MILO		SNAD	8	N	127
BOLUS	WILLIAM		SNAD	8	N	127
BOLUS	OSSCAR		SNAD	8	N	127
BOLUW	FREDERICK		SNAD	8	N	127
BOMGARDNER	JOSEPH		SNW1	336	Y	417
BOMGARDNER	CAROLINE		SNW1	336	N	417
BOMGARDNER	MARY		SNW1	336	N	417
BOMGARDNER	IDA		SNW1	336	N	417
BOMGARDNER	ALBERT		SNW1	336	N	417
BOMGARDNER	HENRY		SNW1	336	N	417
BOMGARDNER	JOSEPH		SNW1	336	Y	418
BOMGARDNER	MARY		SNW1	336	N	418
BOMGARDNER	KATE		SNW1	336	N	418
BOMGARDNER	MARTIN		SNW1	336	N	418
BOMGARDNER	WILLIAM		SNW1	336	N	418
BONELL	JACOB		SNAD	18	Y	306
BONELL	SARAH		SNAD	18	N	306
BONELL	WILLIAM		SNAD	18	N	306
BONELL	GRANT		SNAD	18	N	306
BONELL	EMMA		SNAD	18	N	306
BONER	JACOB		SNHO	112	Y	50
BONER	ELIZ		SNHO	112	N	50
BONER	AGNES		SNHO	112	N	50
BONER	CATHERINE		SNHO	112	N	50
BONER	JACOB		SNHO	112	N	50
BONHAM	JAMES		SNSC	254	Y	262
BONHAM	MARY		SNSC	254	N	262
BONHAM	ADDA		SNSC	254	N	262
BONHAM	SARAH		SNSC	254	N	262
BONITS	GEORGE		SNW1	321	Y	217
BONITS	ALVINA		SNW1	321	N	217
BONITS	BRESCA		SNW1	321	N	217
BONITS	AMELIA		SNW1	321	N	217
BONITS	GEORGE		SNW1	321	N	217
BONNEL	FRANK		SNLO	169	Y	92
BONNEL	JOHN		SNLO	189	Y	142
BONNEL	EMMA		SNLO	189	N	142

LASTNAME	FIRSTNAME	MI	LOCATION	PAGE	HEAD	HHOLD
BONNEL	MARY		SNLO	189	N	142
BONNEL	ADAM		SNLO	189	N	142
BONNEL	FLORA		SNLO	189	N	142
BONNELL	JOHN	A	SNLO	184	Y	51
BONNELL	SHARLOTT	F	SNLO	184	N	51
BONNELL	WM.	H	SNLO	184	N	51
BONNELL	MOSES		SNLO	195	Y	241
BONNELL	SUSAN		SNLO	195	N	241
BONNELL	WILLIS		SNLO	195	N	241
BONNELL	FRED		SNLO	195	N	241
BONNELL	ELSIE		SNLO	195	N	241
BONNELL	REANSEAN ?		SNLO	195	N	241
BONNELL	JENNIE		SNLO	195	N	241
BONNELL	EMMA		SNLO	195	N	241
BONNELL	BARNETT		SNLO	198	Y	284
BONNELL	MARY		SNLO	198	N	284
BONNELL	JESSIE		SNLO	198	N	284
BONNELL	MARY		SNLO	198	N	284
BONNELL	CHRISTIAN		SNLO	199	Y	295
BONNELL	MARGARET		SNLO	199	N	295
BONNELL	ELLA	M	SNLO	199	N	295
BONNELL	EDITH		SNLO	199	N	295
BONNELL	NELLIE		SNLO	199	N	295
BONNELL	SUSAN		SNLO	199	N	295
BONNELL	WILLIAM		SNPL	219	Y	253
BONNELL	ANNA	M	SNPL	219	N	253
BONNELL	CATHARINE		SNPL	219	N	253
BONNELL	ALFRED		SNPL	219	Y	257
BONNELL	EMMA		SNPL	219	N	257
BONNELL	JAMES		SNPL	219	Y	257
BONNELL	ELLEN		SNPL	219	N	257
BONNELL	WILLIAM		SNPL	219	N	257
BONNELL	JOHN		SNPL	219	Y	257
BONNELL	CATHARINE		SNPL	219	N	257
BONNELL	ANNA		SNPL	219	N	257
BONNELL	MARGARET		SNPL	219	N	257
BONNELL	JOHN		SNPL	219	N	257
BONNELL?	ANDREW		SNHO	123	Y	234
BONNELL?	FRANCES		SNHO	123	N	234
BONNELL?	HENRY		SNHO	123	N	234
BONOSIA	CATHERINE		SNTH	288	Y	108
BOOCHMAN	BENEDICT		SNCL	74	Y	90
BOOCHMAN	CATHERINE		SNCL	75	N	90
BOOCHMAN	JOHN		SNCL	74	Y	91
BOOCHMAN	PETER		SNCL	74	N	91
BOOCHMAN	CATHARINE		SNCL	75	N	91
BOOCHMAN	MARY		SNCL	75	,	91
BOOS	CHARLES	F	SNW2	365	Y	233
BOOS	AMELIA		SNW2	365	N	233
BOOS	ANNA		SNW2	365	N	233
BOOS	CHARLES		SNW2	365	N	233
BOOS	LOUIS		SNW2	365	N	233
BOOS	EMMA		SNW2	365	N	233
BOOS	EDWARD		SNW2	365	N	233
BOOS	WILLIAM		SNW2	365	N	233
BOOS	FRANK		SNW2	366	N	233
BOOSA?	OTTO		SNTH	283	Y	33
BOOSA?	JULIUS		SNTH	283	N	33
BOOSENBARK	WM		SNRE	236	Y	252
BOOSENBARK	MARTHA		SNRE	236	N	252
BOOSENBARK	FRANK	H	SNRE	236	N	252
BOOSENBARK	ALICE		SNRE	236	N	252
BOOSENBARK	WILBERT		SNRE	236	N	252
BOOSENBARK	ABAGAIL		SNRE	236	Y	252
BOOSNER?	KOSKA		SNTH	288	Y	108
BOOTHE	JANE		SNRE	221	Y	17
BORDER	MICHAEL		SNRE	222	Y	29
BORDER	MARY		SNRE	222	N	29
BORDER	NETTIE		SNRE	222	N	29
BORDER?	FRANK		SNSC	248	Y	163
BORDNER	HIRAM		SNLO	202	Y	362
BORDNER	MARY		SNLO	202	N	362
BORDNER	NETTIE	M.	SNLO	202	N	362
BORDNER	ANDREW		SNVE	382	Y	41
BORDNER	SARAH		SNVE	382	N	41
BORDNER	LEVI		SNVE	382	N	41
BORDNER	AARON		SNVE	382	N	41

LASTNAME	FIRSTNAME	MI	LOCATION	PAGE	HEAD	HHOLD
BORDNER	MARY		SNVE	382	N	41
BORDNER	SOPHIA		SNVE	382	N	41
BORDNER	SAMUEL		SNVE	384	Y	62
BORDNER	LEANIE		SNVE	384	N	62
BORDNER	WILLIAM		SNVE	384	N	62
BORDNER	NOAH	B.	SNVE	384	N	62
BORDNER	MARY	A.	SNVE	384	N	62
BORDNER	ISAAC		SNVE	396	Y	256
BORDNER	MARY	J	SNVE	396	N	256
BORDNER	AMANDA		SNVE	396	N	256
BORDNER	SARAH	A	SNVE	396	N	256
BORDNER	ISAAC	A	SNVE	396	Y	256
BORER	JOHN		SNBI	35	Y	209
BORER	ROSE		SNBI	35	N	209
BORER	DAVID		SNBI	35	N	209
BORER	GEORGE		SNBI	35	N	209
BORER	MINNERAD		SNBI	35	Y	210
BORER	GEORGE		SNBI	35	Y	211
BORER	CATHERINE		SNBI	35	N	211
BORER	GEORGE	G	SNLO	172	Y	122
BORER	CATHERINE		SNLO	172	N	122
BORER	NICHOLAS		SNLO	172	N	122
BORER	JACOB		SNLO	172	N	122
BORER	JOHN		SNLO	172	N	122
BORER	STEPHEN		SNLO	180	Y	241
BORER	ANN	E	SNLO	180	N	241
BORER	GEORGE	F	SNLO	180	N	241
BORER	PHILLIP	A	SNLO	180	N	241
BORER	EDWARD		SNLO	180	N	241
BORGER?	JOHN		SNTH	285	Y	51
BORGER?	ELIZA		SNTH	285	N	51
BORGER?	MARY		SNTH	285	N	51
BORGER?	MINNIE		SNTH	285	N	51
BORGER?	ADA		SNTH	285	N	51
BORGNER?	PETER		SNTH	294	Y	195
BORGNER?	SALLIE		SNTH	294	N	195
BORGNER?	JULIANNE		SNTH	294	N	195
BORGNER?	JACOB		SNTH	294	N	195
BORLAND	JOHN		SNAD	16	Y	263
BORLAND	MARTHA		SNAD	16	N	263
BORLAND	CHARLES		SNAD	16	N	263
BOROFF	JOHN		SNED	93	Y	66
BOROFF	DEBORAH		SNED	93	N	66
BOROFF	SARAH		SNED	93	N	66
BOROFF	JOHN		SNED	93	Y	66
BOROFF	SARAH	H	SNED	93	Y	66
BOROFF	LUCINDA		SNED	98	Y	129
BOROUF	SARAH		SNED	95	Y	92
BORRER	GEO		SNBI	22	Y	26
BORRER	JOHANNA		SNBI	22	N	26
BORRER	JOSEPH		SNBI	22	N	26
BORRER	CATHERINE		SNBI	22	N	26
BORRER	JOSEPH		SNBI	22	N	26
BORROUGH	DAVID		SNTH	305	Y	339
BORROUGH	MARY		SNTH	305	N	339
BORROUGH	AMANDA		SNTH	305	N	339
BORROUGH	MATILDA		SNTH	305	N	339
BORS	ALLEN		SNAD	13	Y	204
BORS	MARY		SNAD	13	N	204
BORS	LISSIE		SNAD	13	N	204
BORS	KATIE		SNAD	13	N	204
BORS	JENNIE		SNAD	13	Y	204
BORTER	HERBERT		SNAD	9	Y	148
BORTON	CYRUS		SNAD	14	Y	232
BORTON	ELTIE		SNAD	14	N	232
BORTON	ELLA		SNAD	14	N	232
BORTON	AARON		SNED	94	Y	79
BOSECKER	JOHN		SNW2	353	Y	58
BOSECKER	CATHERINE		SNW2	353	N	58
BOSH	FRANK		SNBI	21	Y	5
BOSH	AGNES		SNBI	21	N	5
BOSH	SOPHIA		SNBI	21	N	5
BOSH	CHARLES		SNBI	21	N	5
BOSH	ROSA		SNBI	21	N	5
BOSLER	DAVID		SNLO	177	Y	195
BOSLER	ELIZA	J	SNLO	177	N	195
BOSLER	SARAH	E	SNLO	177	N	195

LASTNAME	FIRSTNAME	MI	LOCATION	PAGE	HEAD	HHOLD
BOSLER	ELI	S	SNLO	177	N	195
BOSLER	ELMER	E	SNLO	177	N	195
BOSLER	AARON	B	SNLO	177	N	195
BOSLER	ELVINA	E	SNLO	177	N	195
BOSLER	JOHN		SNLO	187	Y	102
BOSLER	DANIEL		SNHO	110	Y	22
BOSLER	FANNY		SNHO	110	N	22
BOSLER	SAMUEL		SNHO	110	N	22
BOSLER	LOUISA		SNHO	110	N	22
BOSLER	ARLINGTON		SNHO	110	N	22
BOSLER	SOPHIA		SNHO	110	N	22
BOSLER	ELIZ		SNHO	110	N	22
BOSLER	MARY		SNHO	110	N	22
BOSLER	FRANCES		SNHO	110	N	22
BOSLER	DAVID		SNHO	110	N	22
BOSLER	FRANCES	E	SNBL	55	Y	101
BOSSLER	SAMUEL		SNJA	130	Y	57
BOSSLER	SARAH		SNJA	130	N	57
BOSTON	JOEL		SNSC	257	N	313
BOSTON	MARY		SNSC	257	Y	314
BOSTON	FRANK		SNSC	257	N	314
BOSTON	JULIAS		SNSC	257	N	314
BOSWORTH	GEORGE		SNAD	18	Y	297
BOSWORTH	ADALINE		SNAD	18	N	297
BOSWORTH	FRANK		SNAD	18	N	297
BOSWORTH	JULIA		SNAD	18	N	297
BOSWORTH	EMMA		SNAD	18	N	297
BOTH	JOHN		SNW1	320	Y	179
BOTH	CATHARINE		SNW1	320	N	179
BOUCHER	SAMANTHA		SNBI	29	Y	116
BOUCHER	MARY		SNLO	164	Y	19
BOUCHER	NEWTON		SNLO	164	N	19
BOUCHER	CHANCEY		SNLO	164	Y	20
BOUCHER	MARY	A	SNLO	164	N	20
BOUCHER	WESLEY		SNLO	164	N	20
BOUGH/BOROUGH	MICHAEL		SNPL	208	Y	81
BOUGH/BOROUGH	MARY		SNPL	208	N	81
BOUGH/BOROUGH	WILLIAM		SNPL	208	N	81
BOUGH/BOROUGH	JENNIE		SNPL	208	N	81
BOUGH/BOROUGH	LOLA		SNPL	208	N	81
BOUR	MARY	A.	SNW1	310	Y	39
BOUR	JOHN		SNW2	357	Y	112
BOUR	ELIZABETH		SNW2	357	N	112
BOUR	ROMANIOUS		SNW2	357	N	112
BOUR	EDWARD		SNW2	357	N	112
BOUR	OTTO		SNW2	357	N	112
BOUR	SINOBA		SNW2	357	N	112
BOUR	DELLA		SNW2	357	N	112
BOWDENWAKE	FRED		SNW1	333	Y	373
BOWDENWAKE	SUSANA		SNW1	333	N	373
BOWE	E	G	SNW2	368	Y	279
BOWE	MARY	E	SNW2	368	N	279
BOWE	BERTHA	C	SNW2	368	N	279
BOWE	ANN		SNW2	369	Y	291
BOWE	MARGARET		SNHO	122	Y	218
BOWE	LAURA		SNHO	122	N	218
BOWE	MAY		SNHO	122	N	218
BOWE	EMMA		SNHO	122	N	218
BOWE	CHARLES		SNHO	122	N	218
BOWE	JESSE		SNHO	122	Y	218
BOWEN	JOHN		SNLO	197	Y	270
BOWER	MICHAEL		SNBI	30	Y	133
BOWER	MARY		SNBI	30	N	133
BOWER	HENRY		SNBI	30	N	133
BOWER	GEORGE		SNBI	30	N	133
BOWER	EMANUEL		SNBI	30	N	133
BOWER	DANIEL		SNBI	30	N	133
BOWER	MATILDA		SNBI	30	N	133
BOWER	ORIAS		SNBI	30	N	133
BOWER	LUCY		SNBI	30	N	133
BOWER	LIBERIA		SNBI	40	Y	270
BOWER	JOHN	C	SNLI	148	Y	99
BOWER	THOISETTA?		SNLI	148	N	99
BOWER	JOHN	C	SNLI	148	N	99
BOWER	SOPHIA		SNLI	148	N	99
BOWER	FREDRICK		SNLI	148	N	99
BOWER	LOUIZA		SNLI	148	N	99

LASTNAME	FIRSTNAME	MI	LOCATION	PAGE	HEAD	HHOLD
BOWER	WILLIAM		SNLI	148	N	99
BOWER	AMOS		SNLI	148	N	99
BOWER	MARY	E	SNLI	148	N	99
BOWER	SAMUEL		SNLI	150	Y	127
BOWER	MARY		SNLI	150	N	127
BOWER	LENORA		SNLI	150	N	127
BOWER	PHILENA		SNLI	150	N	127
BOWER	MOSES		SNLI	159	Y	282
BOWER	ELLEN		SNLI	159	N	282
BOWER	JOHN		SNAD	8	Y	118
BOWER	SOPHIA		SNAD	8	N	118
BOWER	DANIEL		SNAD	8	N	118
BOWER	EVE		SNAD	8	N	118
BOWER	MARY		SNLO	165	Y	32
BOWER	LUCINDA		SNW1	320	Y	179
BOWER	JOHN		SNW2	360	Y	154
BOWER	WILHELMINA		SNW2	360	N	154
BOWER	CHRISTIAN		SNW2	360	N	154
BOWER	MARY		SNW2	360	N	154
BOWER	FERDINAND		SNW2	360	N	154
BOWER	ROSA		SNW2	360	N	154
BOWER	JACOB		SNBL	50	Y	34
BOWER	ELISABETH		SNBL	50	N	34
BOWER	JOHN		SNBL	50	N	34
BOWER	GEORGE	F	SNBL	50	N	34
BOWER	JOHN	C	SNLI	148	Y	99
BOWER	THOIRETTA		SNLI	148	N	99
BOWER	JOHN	C	SNLI	148	N	99
BOWER	SOPHIA		SNLI	148	N	99
BOWER	FREDRICK		SNLI	148	N	99
BOWER	LOUIZA		SNLI	148	N	99
BOWER	WILLIAM		SNLI	148	N	99
BOWER	AMOS		SNLI	148	N	99
BOWER	MARY	E	SNLI	148	N	99
BOWER	SAMUEL		SNLI	150	Y	127
BOWER	MARY		SNLI	150	N	127
BOWER	LENORA		SNLI	150	N	127
BOWER	PHILENA		SNLI	150	N	127
BOWER	MOSES		SNLI	159	Y	282
BOWER	ELLEN		SNLI	159	N	282
BOWERMAN	HENRY		SNAD	4	Y	56
BOWERMAN	CATHERINE		SNAD	4	N	56
BOWERMAN	MARTHA		SNAD	4	N	56
BOWERMAN	JACOB		SNAD	12	Y	185
BOWERMAN	MARY		SNAD	12	N	185
BOWERMAN	SUSAN		SNAD	12	N	185
BOWERMAN	EMMA		SNAD	12	N	185
BOWERMAN	CHARLES		SNAD	12	Y	186
BOWERMAN	CAROLINE		SNAD	12	N	186
BOWERMAN	WILLIAM		SNAD	12	N	186
BOWERMAN	ALICE		SNAD	12	N	186
BOWERMAN	DELLA		SNAD	12	N	186
BOWERMAN	ARTHUR		SNAD	12	N	186
BOWERMAN	HENRY		SNAD	12	Y	193
BOWERMAN	ISAAC		SNSC	249	Y	187
BOWERMAN	REBECCA		SNSC	249	N	187
BOWERMAN	MARY		SNSC	249	N	187
BOWERMAN	MARTHA		SNSC	249	N	187
BOWERMAN	JACOB		SNTH	303	Y	311
BOWERMAN	MARY		SNTH	303	N	311
BOWERS	SALOMA		SNBI	28	Y	108
BOWERS	JOHN		SNAD	11	Y	165
BOWERS	MARY		SNAD	11	N	165
BOWERS	ANNA		SNAD	11	N	165
BOWERS	MARIA		SNAD	11	N	165
BOWERS	LUCINDA		SNAD	11	N	165
BOWERS	LIZZIE		SNAD	11	N	165
BOWERS	ROSA		SNAD	11	N	0
BOWERS	ORLETTA		SNAD	11	N	165
BOWERS	LORINDA		SNAD	11	N	165
BOWERS	SAMUEL		SNAD	11	Y	174
BOWERS	KATE		SNAD	11	N	174
BOWERS	HOMER		SNAD	11	N	174
BOWERS	ANNA		SNAD	11	N	174
BOWERS	ROSA		SNW2	362	Y	178
BOWERS	PHILLIP		SNSC	245	Y	129
BOWERS	CATHERINE		SNSC	245	N	129

LASTNAME	FIRSTNAME	MI	LOCATION	PAGE	HEAD	HHOLD
BOWERS	FRED		SNSC	245	N	129
BOWERS	GEORGE		SNSC	245	N	129
BOWERS	JOHN		SNSC	245	N	129
BOWERS	MARY		SNSC	245	N	129
BOWERS	WILLIAM		SNSC	245	N	129
BOWERS	ALFRED		SNSC	245	N	129
BOWERS	JAMES		SNTH	289	Y	132
BOWERS	MARY		SNTH	289	N	132
BOWERS	LIZZIE		SNTH	289	N	132
BOWERS	MARY		SNTH	289	N	132
BOWERS	AMOS		SNTH	289	N	132
BOWERS	SALLIE		SNTH	289	N	132
BOWERS	CYRUS		SNTH	290	Y	136
BOWERS	CATHARINE		SNTH	290	N	136
BOWERS	MARY		SNTH	290	N	136
BOWERS	MARTHA		SNTH	290	N	136
BOWERS	CATHARINE		SNTH	290	N	136
BOWERS	JANE		SNTH	290	N	136
BOWERS	CYRUS		SNTH	290	N	136
BOWERS	JAMES		SNTH	290	N	136
BOWERS	JOHN		SNTH	292	Y	159
BOWERS	PHILLIP		SNTH	302	Y	296
BOWERS	REBECCA		SNTH	302	N	296
BOWERS	JOHN		SNTH	302	N	296
BOWERS	MARY		SNTH	302	N	296
BOWERS	KATIE		SNTH	302	N	296
BOWERS	JACOB		SNTH	302	N	296
BOWERS	PHILIP		SNTH	302	N	296
BOWERS	ANNA		SNTH	302	N	296
BOWERS	FREDERICK		SNTH	302	N	296
BOWERS	LIZZIE		SNTH	302	N	296
BOWERS	ETTIE		SNHO	112	Y	49
BOWERS	FACY?		SNHO	112	N	49
BOWERS	WILLIAM		SNAD	11	N	165
BOWERSOX	RACHEL		SNCL	75	Y	99
BOWERSOX	SAVILLA		SNCL	75	Y	100
BOWERSOX	JACOB		SNW2	374	Y	364
BOWERSOX	JULIA		SNW2	374	N	364
BOWERSOX	DAVID		SNW2	374	N	364
BOWERSOX	HOWARD		SNW2	374	N	364
BOWERSOX	LIBBIE		SNW2	374	N	364
BOWERSOX	GEORGE		SNW2	374	N	364
BOWERSOX	DAVID		SNPL	210	Y	114
BOWERSOX	CATHARINE		SNPL	210	N	114
BOWERSOX	SAVILLA		SNPL	210	N	114
BOWERSOX	LYDIA		SNPL	210	N	114
BOWERSOX	HARRIET		SNPL	210	N	114
BOWERSOX	LEANDER		SNPL	210	N	114
BOWERSOX	GEORGE		SNPL	210	N	114
BOWERSOX	ROSANNA		SNPL	210	N	114
BOWERSOX	EDWARD		SNPL	210	N	114
BOWERSOX	CHARLES		SNPL	210	N	114
BOWERSOX	EMMA		SNPL	210	N	114
BOWERSOX	JACOB		SNPL	212	Y	141
BOWERSOX	SUSAN		SNPL	212	N	141
BOWERSOX	WILLIAM		SNPL	212	N	141
BOWERSOX	CLARA		SNPL	212	N	141
BOWHART	MARY		SNCL	79	Y	162
BOWHART	CHARLES		SNCL	79	N	162
BOWHART	MARY	A.	SNCL	79	N	162
BOWHART	FRANK		SNCL	79	N	162
BOWHART	CHARLES		SNCL	79	N	162
BOWHART	EMMA		SNCL	79	N	162
BOWHART	JOSEPH		SNW1	320	Y	182
BOWHART	ELIZABETH		SNW1	320	N	182
BOWHART	ROSA		SNW1	320	N	182
BOWHART	WILLIAM		SNW1	320	N	182
BOWHART	JOSEPH		SNW1	320	N	182
BOWLAND	J	C	SNED	90	Y	28
BOWLAND	MARTHA		SNED	90	N	28
BOWLAND	HENRY		SNED	90	N	28
BOWLAND	WILDMAN		SNED	95	Y	83
BOWLER	MARY		SNW2	369	Y	289
BOWLES	HENRY		SNW2	371	Y	313
BOWLES	MARGARET		SNW2	371	N	313
BOWLES	EMMA		SNW2	371	N	313
BOWLES	LOYD	C	SNW2	371	N	312

LASTNAME	FIRSTNAME	MI	LOCATION	PAGE	HEAD	HHOLD
BOWLES	LYDIA		SNW2	371	N	313
BOWLIN	JOHN		SNW2	368	Y	269
BOWLIN	MARIA		SNW2	368	N	269
BOWLIN	EDWARD		SNW2	368	N	269
BOWLIN	NORA		SNW2	368	N	269
BOWLIN	JANE		SNW2	368	N	269
BOWLIN	THOMAS		SNED	99	Y	154
BOWLIN	ELIZABETH		SNED	99	N	154
BOWLUS	JACOB	C	SNLI	161	Y	322
BOWLUS	SARAH	E	SNLI	161	N	322
BOWLUS	JACOB	C	SNLI	161	Y	322
BOWLUS	SARAH	E	SNLI	161	N	322
BOWMAN	JACOB		SNBI	39	Y	253
BOWMAN	JOHN		SNAD	18	Y	304
BOWMAN	MARY		SNAD	18	N	304
BOWMAN	JOSEPH		SNAD	18	N	304
BOWMAN	JOHN		SNAD	18	Y	305
BOWMAN	HARRIET		SNAD	18	N	305
BOWMAN	GEORGE		SNW2	373	Y	348
BOWMAN	ANNA		SNW2	373	N	348
BOWMAN	JOHN		SNTH	296	Y	217
BOWMAN	FRED		SNTH	296	N	217
BOWMAN	ELIZABETH		SNTH	296	N	217
BOWMAN	ANNA		SNTH	296	N	217
BOWMAN	RUDOLPH		SNTH	296	Y	223
BOWMAN	BARBRA?		SNTH	296	N	223
BOWMAN	LIZZIE		SNTH	296	N	223
BOWMAN	JOHN		SNTH	296	N	223
BOWMAN	HENRY		SNTH	296	N	223
BOWMAN	ANNA		SNTH	296	N	223
BOWMAN	FREDERICK		SNTH	296	N	223
BOWMAN	ROSA		SNTH	299	Y	262
BOWMAN	AMELIA		SNTH	305	Y	337
BOWMAN	ELIZABETH		SNTH	305	N	337
BOWMAN	NETTIE		SNTH	305	N	337
BOWMAN	MARY		SNTH	306	Y	350
BOWMAN	SAMUEL		SNTH	306	N	350
BOWMAN	LANA		SNTH	306	N	350
BOWMAN	JOHN		SNHO	122	Y	230
BOWMAN	ELIZ		SNHO	122	N	230
BOWMAN	JOHN		SNHO	122	N	230
BOWMAN	ROSE		SNHO	122	N	230
BOWMAN	SHAW		SNHO	122	N	230
BOWMAN	BOLENA		SNHO	122	N	230
BOWMAN	PHILOMENA		SNHO	122	N	230
BOWMAN	JOHN		SNBL	62	Y	222
BOWSER	CATHARINE		SNCL	77	Y	132
BOWSER	HALLA		SNCL	77	N	132
BOWSER	JACOB		SNCL	78	Y	149
BOWSER	ANNA		SNCL	78	N	149
BOWSER	THOMAS	B.	SNCL	78	N	149
BOWSER	JAMES		SNCL	79	Y	151
BOWSER	CALISTAN		SNCL	79	N	151
BOWSER	RALPH		SNCL	79	N	151
BOWSER	MARTIN		SNCL	79	Y	155
BOWSER	CATHARINE		SNCL	79	N	155
BOWSER	FRANK		SNCL	79	N	155
BOYD	DAVID		SNJA	129	Y	34
BOYD	ROSANN		SNJA	129	N	34
BOYD	HUGH	W.	SNJA	129	Y	36
BOYD	MARGARET		SNJA	129	N	36
BOYD	CORA	A.	SNJA	129	N	36
BOYD	JACOB	H.	SNJA	129	Y	37
BOYD	HANNAH		SNJA	129	N	37
BOYD	WILLIAM		SNJA	133	Y	100
BOYD	ELIZA		SNJA	133	N	100
BOYD	MARY	A.	SNJA	133	N	100
BOYD	ELI	W.	SNJA	133	N	100
BOYD	LAURA	S.	SNJA	133	N	100
BOYD	EDMON	D.	SNJA	133	N	100
BOYD	ALICE		SNJA	133	N	100
BOYD	LEVI		SNJA	133	Y	101
BOYD	MALICA (?)		SNJA	133	N	101
BOYD	DAVID	C	SNLO	187	Y	112
BOYD	MARGARET		SNLO	188	N	112
BOYD	LEANDER		SNLO	188	N	112
BOYD	E	C	SNW2	367	Y	250

LASTNAME	FIRSTNAME	MI	LOCATION	PAGE	HEAD	HHOLD
BOYD	FRANK		SNW2	376	Y	391
BOYD	JAMES	L	SNBL	49	Y	18
BOYD	VIRGINIA	E	SNBL	49	N	18
BOYD	SMITH	E	SNBL	49	N	18
BOYD	MARY	A	SNBL	49	N	18
BOYD	JAMES		SNBL	50	Y	19
BOYD	PHEBE	H	SNBL	50	N	19
BOYD	MARY	E	SNBL	50	N	19
BOYD	ELLEN	E	SNBL	50	N	19
BOYD	CAROLINE	C	SNBL	65	Y	258
BOYD	THOMAS	C	SNBL	65	N	258
BOYD	CAROLINE		SNBL	65	N	258
BOYD	ANDREW		SNRE	221	Y	15
BOYD	MARY		SNRE	221	N	15
BOYD	WILLIAM		SNRE	221	Y	15
BOYD	ELLEN		SNRE	221	N	15
BOYD	FRANKLIN		SNRE	228	Y	117
BOYD	CATHARINE		SNRE	228	N	117
BOYD	JAMES		SNRE	229	Y	139
BOYD	ALPHA		SNRE	229	N	139
BOYER	JACOB		SNBI	44	Y	322
BOYER	MARY		SNBI	44	N	322
BOYER	RICHARD		SNW1	314	Y	97
BOYER	ELIZA		SNW1	314	N	97
BOYER	ALBERT		SNW1	314	N	97
BOYER	ANNA		SNW1	314	N	97
BOYER	KATE		SNW1	314	N	97
BOYER	JESSIE		SNW1	314	N	97
BOYER	HENRY		SNW1	346	Y	545
BOYER	MARY		SNW2	364	Y	214
BOYER	CATHARINE		SNW2	364	N	214
BOYER	JACOB		SNW2	364	Y	215
BOYER	SUSANA		SNW2	364	N	215
BOYER	WILLIAM		SNW2	364	N	215
BOYER	SUSAN		SNHO	116	Y	126
BOYER	WILLIAM		SNBL	67	Y	303
BOYER	EVA		SNBL	67	N	303
BOYER	WILLIAM,JR.		SNBL	67	N	303
BOYER	EDWARD		SNBL	67	N	303
BOYER	SUTIA		SNBL	67	N	303
BRACH	JOSEPH		SNW1	343	Y	505
BRACH	MAGGIE		SNW1	343	N	505
BRACH	CHARLES		SNW1	343	N	505
BRACHER	JACOB		SNTH	292	Y	162
BRADABORG	CONRAD		SNHO	122	Y	226
BRADABORG	CATHARINE		SNHO	122	N	226
BRADABORG	MIKE		SNHO	122	Y	227
BRADABORG	SUSAN		SNHO	122	N	227
BRADFORD	CLARK		SNLO	175	Y	180
BRADFORD	ELIZABETH		SNLO	175	N	180
BRADFORD	OSCE		SNLO	175	N	180
BRADFORD	MARY	A	SNLO	175	N	180
BRADFORD	ADELIA		SNLO	175	N	180
BRADFORD	SARAH	C	SNLO	175	N	180
BRADFORD	JOHN	B	SNLO	175	N	180
BRADFORD	ALBERT	C	SNLO	175	N	180
BRADNER	JOHN	A	SNLO	191	Y	170
BRADNER	CATHERINE		SNLO	191	N	170
BRADNER	KATE		SNLO	191	N	170
BRADNER	MARY		SNLO	191	N	170
BRADNER	ROSE		SNLO	191	N	170
BRADNER	MART		SNLO	191	N	170
BRADNER	JESSIE		SNLO	191	N	170
BRADNER	FRANK		SNLO	191	N	170
BRADNER	LAURA		SNLO	191	N	170
BRAEKENBAUGH	HENRY		SNHO	113	Y	74
BRAHAM	FRANK	P	SNVE	396	Y	259
BRAHAM	ELISABETH		SNVE	396	N	259
BRAKEMAN	DORA		SNPL	206	Y	60
BRANAN?	NETTIE		SNSC	246	Y	141
BRANCH	THEODORE		SNW1	346	Y	545
BRAND	JOSEPH		SNHO	114	Y	97
BRAND	LOUISA		SNHO	114	N	97
BRAND	SELDON		SNHO	114	N	97
BRAND	AVILDA		SNHO	114	N	97
BRAND	MARY		SNHO	114	N	97
BRAND	JAPHET		SNHO	114	N	97

LASTNAME	FIRSTNAME	MI	LOCATION	PAGE	HEAD	HHOLD
BRANDABERRY	A	R	SNW2	371	Y	322
BRANDABERRY	ANDREW		SNW2	372	Y	339
BRANDABERRY	IRENE		SNW2	372	N	339
BRANDABERRY	FANNIE		SNW2	372	N	339
BRANDENBURG	JOHN		SNHO	122	Y	233
BRANDENBURG	CATHERINE		SNHO	122	N	233
BRANDENBURG	MARY		SNHO	122	N	233
BRANDENBURG	JOHN		SNHO	122	N	233
BRANDENBURG	ELMIRUS?		SNHO	122	N	233
BRANDENBURG	ARTHUR		SNHO	122	N	233
BRANDENBURG	ANNA		SNHO	122	N	233
BRANDENBURG	JOSEPH		SNHO	123	N	233
BRANDLE	JACOB		SNTH	282	Y	14
BRANDLE	SUSANAH		SNTH	282	N	14
BRANDLE	JOSEPH		SNTH	289	Y	117
BRANDLE	MARY		SNTH	289	N	117
BRANDLE	JACOB		SNTH	289	N	117
BRANDLE	HANA		SNTH	289	N	117
BRANDLE	REGENIO?		SNTH	289	N	117
BRANDLE	MATILDA		SNTH	289	N	117
BRANDLE	JOSEPH		SNTH	289	N	117
BRANDLE	CATHERINE		SNTH	289	Y	120
BRANDLE	JACOB		SNTH	289	N	120
BRANDLE	REGENIO		SNTH	289	N	120
BRANDLY	CASPER		SNTH	289	Y	119
BRANDLY	BETSY		SNTH	289	N	119
BRANDLY	CASPER		SNTH	289	N	119
BRANDLY	LIZZIE		SNTH	289	N	119
BRANT	JUSTICE		SNTH	289	Y	123
BRANT	ANNA		SNTH	289	N	123
BRANT	LOUISA		SNTH	289	N	123
BRANT	CHARLES		SNTH	289	N	123
BRANT	HENRY		SNTH	289	N	123
BRANT	MARTHA		SNTH	289	N	123
BRANT	KATTIE		SNTH	289	N	123
BRANT	A	B	SNRE	221	Y	7
BRANT	MARY	J	SNRE	221	N	7
BRANT	MILLIE	A	SNRE	221	N	7
BRANT	MICHAEL		SNRE	221	Y	9
BRANT	ELIZABETH		SNRE	221	N	9
BRANT	FRANK		SNRE	232	Y	191
BRANT	ANGELINE		SNRE	232	N	191
BRANT	JACOB		SNRE	232	N	191
BRANT	MARY	L	SNRE	232	N	191
BRANT	FRANK		SNRE	232	N	191
BRANT	ANTHONY		SNSN	266	Y	113
BRANT	CATHERINE		SNSN	266	N	113
BRANT	ISABELLA		SNSN	266	N	113
BRANT	LENNA		SNSN	266	N	113
BRANT	ANTHONY		SNSN	266	N	113
BRANT	GEORGE		SNSN	266	N	113
BRANT	JOHN		SNSN	266	N	113
BRANT	MARY		SNSN	266	N	113
BRAS	MICHAEL		SNCL	87	Y	273
BRASH	ELINOR		SNCL	69	Y	2
BRASH	HENRY		SNPL	203	Y	13
BRASH	SARAH		SNPL	203	N	13
BRASH	FRANCES		SNPL	203	N	13
BRASH	MARY	J	SNPL	203	N	13
BRASH	MALVIN	C	SNPL	203	N	13
BRASHMER	GEORGE		SNSN	267	Y	130
BRASHMER	DELIA		SNSN	267	N	130
BRASHMER	FREEMAN		SNSN	267	N	130
BRASIER	CONRAD		SNBL	53	Y	72
BRASIER	AGNES		SNBL	53	N	72
BRASIER	IDA		SNBL	53	N	72
BRASIER	MARCENE		SNBL	53	N	72
BRASIER	ADAM		SNBL	53	N	72
BRASIER	JACOB		SNBL	53	N	72
BRASIER	WILLIAM		SNBL	53	N	72
BRASIER	SOPHIA		SNBL	53	N	72
BRASIUS	WIROTON (?)		SNCL	70	Y	21
BRASIUS	SARAH		SNCL	70	N	21
BRASIUS	THOMAS	G.	SNCL	70	N	21
BRASIUS	MARY		SNCL	70	N	21
BRASIUS	BENJAMIN		SNCL	70	N	21
BRASS	GEORGE		SNW2	376	Y	386

LASTNAME	FIRSTNAME	MI	LOCATION	PAGE	HEAD	HHOLD
BRAUER?	MAUIKA		SNTH	288	Y	108
BRAUMWELL	JACOB		SNTH	291	Y	156
BRAUN	LEWIS		SNW2	360	Y	156
BRAUN	RICKE		SNW2	360	N	156
BRAUN	LOUISA		SNW2	360	N	156
BRAUN	CLARA		SNW2	360	N	156
BRAUN	AUGUST		SNW2	360	N	156
BRAUN	ANNA		SNW2	360	N	156
BRAUN	LOE		SNW2	360	N	156
BRAUN	HERNIAN		SNW2	360	N	156
BRAUN	JOHN		SNW2	360	N	156
BRAUN	LUCY		SNW2	376	Y	381
BRAYTON	PETER		SNBI	34	Y	191
BRAYTON	MARY		SNBI	34	N	191
BRAYTON	NEWTON		SNBI	34	N	191
BRAYTON	EMMA		SNBI	34	N	191
BRAYTON	LAFAYETTE		SNBI	34	N	191
BRAYTON	SOPHRANA		SNBI	34	N	191
BRAYTON	JESSE		SNBI	34	Y	191
BRAYTON	SARAH		SNBI	34	N	191
BRAYTON?	JAMES		SNTH	307	Y	366
BREEZE	ANNA		SNW2	364	Y	214
BREEZE	MAGGIE		SNW2	364	N	214
BREIDINGER	PETER		SNBL	49	Y	11
BREIDINGER	LYDIA		SNBL	49	N	11
BREIDINGER	GEORGE	M	SNBL	49	N	11
BREIDINGER	ANN	M	SNBL	49	N	11
BREIDINGER	THEODORE	G	SNBL	49	N	11
BREIDINGER	CAROLINE		SNBL	49	N	11
BREINER	JAMES		SNLI	143	Y	16
BREINER	JAMES		SNLI	143	Y	16
BREM	JOSEPH		SNCL	87	Y	273
BRENNEMAN	BARNEY		SNLI	155	Y	206
BRENNEMAN	SARAH		SNLI	155	N	206
BRENNEMAN	MARGARET		SNLI	155	N	206
BRENNEMAN	JAMES	F	SNLI	155	N	206
BRENNEMAN	DAVID		SNLI	155	N	206
BRENNEMAN	IRENA		SNLI	155	N	206
BRENNEMAN	JENNIE		SNLI	155	N	206
BRENNEMAN	WILLIAM		SNJA	138	Y	184
BRENNEMAN	ELIZABETH		SNJA	138	N	184
BRENNEMAN	ELI		SNJA	138	N	184
BRENNEMAN	CHRISTOPHER		SNJA	140	Y	226
BRENNEMAN	MARY		SNJA	140	N	226
BRENNEMAN	CALVIN		SNJA	140	N	226
BRENNEMAN	MARY	L.	SNJA	140	N	226
BRENNEMAN	BARNEY		SNLI	155	Y	206
BRENNEMAN	SARAH		SNLI	155	N	206
BRENNEMAN	MARGARET		SNLI	155	N	206
BRENNEMAN	JAMES	F	SNLI	155	N	206
BRENNEMAN	DAVID		SNLI	155	N	206
BRENNEMAN	IRENA		SNLI	155	N	206
BRENNEMAN	JENNIE		SNLI	155	N	206
BRESLIN	JOHN		SNW1	348	Y	564
BRESLIN	ANN		SNW1	348	N	564
BRESLIN	MARY		SNW1	348	N	564
BRESLIN	ELLEN		SNW1	348	N	564
BRESLIN	IGNATIOUS		SNW1	348	N	564
BRESLIN	ANNA		SNW1	348	N	564
BRESLIN	KATE		SNW1	348	N	564
BRESLIN	JAMES		SNW2	369	Y	295
BRESSLIN	MARGARET		SNW2	372	Y	325
BRESTEL	CATHARINE		SNW2	360	Y	160
BRESTEL	CHARLES		SNW2	360	N	160
BRESTEL	EDWARD		SNW2	360	N	160
BRESTEL	LILLIE	M	SNW2	360	N	160
BRETS	B	F	SNPL	217	Y	216
BRETS	JULIA		SNPL	217	N	216
BRETSEL	MARY		SNW1	322	Y	226
BRETT/FREET	MASACH		SNPL	215	Y	198
BRETT/FREET	LYDIA		SNPL	315	N	198
BRETZ	GEORGE	F.	SNCL	73	Y	64
BRETZ	ELLA		SNCL	73	N	64
BRETZ	MINNIE	M.	SNCL	73	N	64
BRETZ	AMOS		SNBI	45	Y	334
BRETZ	MARGARET		SNBI	45	N	334
BRETZ	PHILIP		SNED	101	Y	184

LASTNAME	FIRSTNAME	MI	LOCATION	PAGE	HEAD	HHOLD
BRETZ	SUSAN		SNED	101	N	184
BRETZ	SOLOMON		SNED	101	Y	185
BRETZ	AMANDA		SNED	101	N	185
BRETZ	SILAS		SNED	101	N	185
BRETZ	EDWIN		SNED	101	Y	186
BRETZ	SOPHENA		SNED	101	N	186
BRETZ	RALPH		SNED	101	N	186
BREUNERMAN	J		SNPL	212	Y	144
BREUNERMAN	SUSAN		SNPL	212	N	144
BREUNERMAN	ADAM		SNPL	212	N	144
BREUNERMAN	ELIZABETH		SNPL	212	N	144
BREUNERMAN	SARAH	A	SNPL	212	N	144
BREUNERMAN	AGNES		SNPL	212	N	144
BREUNERMAN	ADALINE		SNPL	212	N	144
BREUNERMAN	JACOB	M	SNPL	212	N	144
BREUNERMAN	CLARA		SNPL	212	N	144
BREUNERMAN	ELLA		SNPL	212	N	144
BREUNERMAN	EMMA		SNPL	212	N	144
BREUNERMAN	ANNA	M	SNPL	212	N	144
BREWER	NELSON		SNW1	331	Y	341
BREWER	HARRIET		SNW1	331	N	341
BREWER	JULIA		SNW1	331	N	341
BREWER	EDWARD		SNW1	331	N	341
BREWER	WALLACE		SNW1	331	N	341
BREWER	EMMET		SNVE	386	Y	95
BREYMAN	WILLIAM		SNRE	232	Y	188
BREYMAN	REBECA		SNRE	232	N	188
BREYMAN	MARY	J	SNRE	232	N	188
BREYMAN	EMMA	L	SNRE	232	N	188
BRIAN	JANE		SNED	101	Y	178
BRIAN	AMANDA		SNED	101	N	178
BRIAN	JAMES		SNED	101	N	178
BRIAN	ELNORAH		SNED	101	N	178
BRIAN	ALFORD		SNED	101	N	178
BRICH	JOSEPH		SNW1	335	Y	407
BRICK	JOSEPH		SNAD	14	Y	215
BRICK	MELINDA		SNAD	14	N	215
BRICK	LAURA		SNAD	14	N	215
BRICK	FRANK		SNAD	14	N	215
BRICK	CHARLES		SNAD	15	Y	246
BRICK	LUCINDA		SNAD	15	N	246
BRICK	HARRY		SNAD	15	N	246
BRICK	FRANK		SNVE	387	Y	107
BRICK	HENRY	A	SNVE	387	N	107
BRICKER	CHARLES		SNLO	168	Y	76
BRICKER	JOHN	W	SNLO	186	Y	80
BRICKER	MARTHA		SNLO	186	N	80
BRICKER	MARY	L	SNLO	186	N	80
BRICKER	FREDK	J	SNLO	186	N	80
BRICKER	FRANK	R	SNLO	186	N	80
BRICKER	EDWIN	A	SNLO	186	N	80
BRICKER	MICHAEL		SNW1	340	Y	470
BRICKER	ANDREW		SNW1	340	N	470
BRICKER	MARGARET		SNW1	340	N	470
BRICKER	LUCINDA		SNW1	340	N	470
BRICKER	SAMUEL		SNW2	377	Y	397
BRICKER	JAMIMA		SNW2	377	N	397
BRICKER	HOMER		SNW2	377	N	397
BRICKER	ALLIE		SNW2	377	N	397
BRICKER	MARTHA		SNW2	377	N	397
BRICKER	BENJAMIN	F	SNW2	377	N	397
BRICKNER	GEORGE		SNCL	73	Y	62
BRICKNER	LOUISA		SNCL	73	N	62
BRICKNER	TREACY		SNCL	73	N	62
BRICKNER	LOUISA		SNCL	73	N	62
BRICKNER	JOSEPH		SNCL	73	N	62
BRICKNER	JULIUS		SNCL	73	N	62
BRICKNER	GEORGE		SNCL	73	N	62
BRICKNER	CHARLES		SNCL	73	N	62
BRICKNER	LOUIS		SNCL	73	N	62
BRICKNER	EDWARD		SNCL	73	N	62
BRICKNER	ADAM		SNLI	142	Y	11
BRICKNER	EVE		SNLI	142	N	11
BRICKNER	JOSEPH		SNLI	142	N	11
BRICKNER	ANDREW		SNLI	142	N	11
BRICKNER	ANNA		SNLI	142	N	11
BRICKNER	GEORGE		SNLI	142	N	11

LASTNAME	FIRSTNAME	MI	LOCATION	PAGE	HEAD	HHOLD
BRICKNER	ANTHONY		SNLI	142	N	11
BRICKNER	MARGARET		SNLI	142	N	11
BRICKNER	MALISSA		SNLI	142	N	11
BRICKNER	SEBASTIAN		SNLI	142	N	11
BRICKNER	MICHAEL		SNLI	142	N	11
BRICKNER	HENRY		SNLI	142	N	11
BRICKNER	ANDREW		SNLI	142	Y	12
BRICKNER	JOSEPH		SNLI	142	N	12
BRICKNER	THERESA		SNLI	145	Y	51
BRICKNER	JULIUS		SNLI	145	N	51
BRICKNER	JOHN		SNLO	165	Y	42
BRICKNER	LAYH ?		SNLO	165	N	42
BRICKNER	ANNA		SNLO	165	N	42
BRICKNER	JOHN		SNLO	166	Y	49
BRICKNER	MARIAH		SNLO	166	N	49
BRICKNER	JOSEPH		SNLO	166	N	49
BRICKNER	JACOB		SNLO	166	N	49
BRICKNER	ANDY		SNLO	166	N	49
BRICKNER	SUSAN		SNLO	166	N	49
BRICKNER	LOUISA		SNW1	323	Y	237
BRICKNER	CHRISTINA		SNTH	283	Y	33
BRICKNER	JOHN		SNTH	283	N	33
BRICKNER	ADAM		SNLI	142	Y	11
BRICKNER	EVE		SNLI	142	N	11
BRICKNER	JOSEPH		SNLI	142	N	11
BRICKNER	ANDREW		SNLI	142	N	11
BRICKNER	ANNA		SNLI	142	N	11
BRICKNER	GEORGE		SNLI	142	N	11
BRICKNER	ANTHONY		SNLI	142	N	11
BRICKNER	MARGARET		SNLI	142	N	11
BRICKNER	MALLISSA		SNLI	142	N	11
BRICKNER	SEBASTIAN		SNLI	142	N	11
BRICKNER	MICHAEL		SNLI	142	N	11
BRICKNER	HENRY		SNLI	142	N	11
BRICKNER	ANDREW		SNLI	142	Y	12
BRICKNER	JOSEPH		SNLI	142	N	12
BRICKNER	THERESA		SNLI	145	Y	51
BRICKNER	JULIUS		SNLI	145	N	51
BRIDINGER	GEORGE		SNW1	321	Y	218
BRIDINGER	ANNA		SNW1	321	N	218
BRIDINGER	WILLIAM		SNW1	321	N	218
BRIDINGER	EDWIN		SNW1	321	N	218
BRIDINGER	SARAH		SNW1	322	N	218
BRIDINGER	QUINTES		SNW1	322	N	218
BRIDINGER	EMMA		SNW1	322	N	218
BRIDINGER	MARY	E.	SNW1	322	N	218
BRIDINGER	SEVE	A.	SNW1	322	N	218
BRIDINGER	ISABELL		SNW1	322	N	218
BRIDINGER	ELMORE		SNW1	322	N	218
BRIDINGER	SALONA		SNW1	329	Y	319
BRIDINGER	PETER		SNW1	329	N	319
BRIDON	FRANK		SNAD	6	Y	98
BRIGGLE	LENA		SNLO	182	Y	24
BRIGGLE	EMMA		SNLO	182	N	24
BRIGGLE	DANIEL		SNLO	182	N	24
BRIGGLE	CATHERINE		SNLO	182	N	24
BRIGGLE	VALENTINE		SNRE	221	Y	1
BRIGGLE	MARY		SNRE	221	N	1
BRIGGLE	VALENTINE	JR	SNRE	221	Y	1
BRIGGLE	NICHOLAS		SNRE	222	Y	25
BRIGGLE	CHRISTIANA		SNRE	222	N	25
BRIGHTON	MIFNNION?		SNSC	242	Y	71
BRIGHTON	FRANK		SNSC	242	N	71
BRIGHTON	JENNIE		SNSC	242	N	71
BRIMER	JENNY		SNED	102	Y	192
BRIN	GEORGE		SNED	91	Y	35
BRINDERHOFF	HENRY		SNW1	315	Y	116
BRINDERHOFF	HANNAH		SNW1	315	N	116
BRINDERHOFF	WARREN		SNW1	315	N	116
BRINDLEY	JOHN		SNCL	72	Y	47
BRINDLEY	MARIA		SNCL	72	N	47
BRINDLEY	JOHN		SNCL	72	N	47
BRINDLEY	BELLE		SNCL	72	N	47
BRINDLEY	JACOB		SNHO	112	Y	55
BRINDLEY	CATHERINE		SNHO	112	N	55
BRINDLEY	GEORGE		SNHO	112	N	55
BRINDLEY	LEVINA		SNHO	112	N	55

LASTNAME	FIRSTNAME	MI	LOCATION	PAGE	HEAD	HHOLD
BRINDLEY	MARGARET		SNHO	112	N	55
BRINER	LIZZIE		SNCL	69	Y	9
BRINER	JOHN		SNBL	51	Y	39
BRINER	SOPHIA		SNBL	51	N	39
BRINER	ELISABETH		SNBL	51	N	39
BRINER	HENRY		SNBL	51	Y	40
BRINER	LUCINDA		SNBL	51	N	40
BRINER	JOHN		SNBL	51	N	40
BRINEY	GEORGE		SNSC	244	Y	99
BRINEY	CATHERINE		SNSC	244	N	99
BRINEY	CLARA		SNSC	244	N	99
BRINEY	DELIA		SNSC	244	N	99
BRINEY	ELIZABETH		SNSC	244	N	99
BRINGMAN	OLLER?		SNCL	84	Y	229
BRINK	ISABELLE		SNBI	40	Y	270
BRINKERHOFF	C.		SNW1	311	Y	63
BRINKERHOFF	JAMES		SNED	101	Y	180
BRINKERHOFF	SARAH		SNED	101	N	180
BRINKERHOFF	ROBERT		SNED	101	Y	180
BRINKERHOFF	NELSON		SNED	101	N	180
BRINKERHOFF	ELIZABETH		SNED	101	N	180
BRINKERHOFF	JACOB		SNSN	262	Y	41
BRINKERHOFF	AMANDA		SNSN	262	N	41
BRINKMAN	JANE		SNLI	155	Y	205
BRINKMAN	HENRY		SNAD	16	Y	269
BRINKMAN	MARGARET		SNAD	16	N	269
BRINKMAN	SOPHIA		SNAD	16	N	269
BRINKMAN	JOHN		SNAD	16	N	269
BRINKMAN	MARY		SNAD	16	N	269
BRINKMAN	GEORGE		SNAD	16	N	269
BRINKMAN	A		SNPL	211	Y	121
BRINKMAN	W	C	SNPL	214	Y	174
BRINKMAN	ANNA		SNPL	214	N	174
BRINKMAN	JOHN		SNPL	214	Y	186
BRINKMAN	MARY		SNPL	214	N	186
BRINKMAN	IDORA		SNPL	214	N	186
BRINKMAN	JANE		SNLI	155	Y	205
BRINNING	JACOB		SNLO	192	Y	191
BRINNING	SARAH	J	SNLO	192	N	191
BRINNING	WILLIAM		SNLO	192	N	191
BRINNING	FRANKLIN		SNLO	192	N	191
BRINNING	AMANDA		SNLO	192	N	191
BRISH	GEORGE		SNAD	1	Y	5
BRISKEY	GEORGE		SNED	105	Y	248
BRISKEY	MARIA		SNED	105	N	248
BRISKEY	HARLAND	J	SNED	105	N	248
BRISKEY	IDA		SNED	105	N	248
BRISTEL	GEORGE		SNAD	13	Y	197
BRISTEL	LUCY		SNAD	13	N	197
BRISTEL	MONNIE ?		SNAD	13	N	197
BRISTEL	LEON		SNAD	13	N	197
BRISTOL	JAMES		SNAD	16	Y	273
BRISTOL	EMMA		SNAD	16	N	273
BRISTOL	ARTHUR		SNAD	16	N	273
BRISTOL	EDWARD	R	SNLO	194	Y	225
BRISTOL	ELLA		SNLO	194	N	225
BRISTOL	GEORGE		SNLO	194	N	225
BRISTOL	DAVY		SNLO	194	N	225
BRISTOL	LOUISA		SNW2	374	Y	355
BRISTOL	LEBA		SNW2	374	N	355
BRITTEN	HIRAM		SNW1	330	Y	331
BRITTEN	EMALY		SNW1	330	N	331
BRITTEN	PLUMA		SNW1	330	N	331
BRITTEN	ADDA		SNW1	330	N	331
BRITTEN	JESSIE		SNW1	330	N	331
BRITTEN	DICK		SNW1	330	N	331
BRITTEN	ELLEN		SNED	89	Y	10
BROADWINK	KATE		SNCL	84	Y	231
BROAT	SUSAN		SNW1	321	Y	214
BROCK	JACKSON		SNW1	345	Y	532
BROCK	JACOB		SNED	94	Y	82
BROCK	JANE		SNED	96	Y	103
BROGMAN	MALON		SNSC	242	Y	66
BROGMAN	ELIZABETH		SNSC	242	N	66
BROGMAN	JANE		SNSC	242	N	66
BROGMAN	ELIZABETH		SNSC	242	N	66
BROGMAN	WILLIAM		SNSC	242	N	66

LASTNAME	FIRSTNAME	MI	LOCATION	PAGE	HEAD	HHOLD
BROGMAN	JOHN		SNSC	242	N	66
BROGMAN	ALICE		SNSC	242	N	66
BROGMAN	ALFRED		SNSC	242	N	66
BROGOUR	MICHAEL		SNED	93	Y	57
BROHL	HENRY		SNW1	347	Y	553
BROHL	CATHERINE		SNW1	347	N	553
BROHL	HENRY		SNW1	347	N	553
BROHL	EDWARD		SNW1	347	N	553
BROHL	JENNIE		SNW1	347	N	553
BROHL	CHARLES		SNW1	347	N	553
BROHL	THEODORE		SNW1	347	N	553
BROHL	BERTHA		SNW1	347	N	553
BROMLEY	WILLIAM		SNSC	255	Y	275
BROMLEY	JULIA		SNSC	255	N	275
BROMLEY	MARY		SNSC	255	N	275
BRONG	PAUL		SNSC	238	Y	12
BRONG	MARY		SNSC	238	N	12
BRONG	DANIEL		SNSC	238	N	12
BRONG	SAMUEL		SNSC	238	N	12
BRONG	AARON		SNSC	238	Y	15
BRONG	LYDIA		SNSC	238	N	15
BRONG	CHARLES		SNSC	238	N	15
BRONG	JULIA		SNSC	238	N	15
BRONG	ELIAS		SNSC	238	N	15
BRONG	ADELLA		SNSC	239	N	15
BRONG	ALICE		SNSC	239	N	15
BRONG	MARY		SNSC	239	N	15
BRONG	JACOB		SNSC	239	N	15
BRONG	CLARISA		SNSC	239	N	15
BRONG	ELIZABETH		SNSC	245	Y	121
BRONSON	A		SNLO	182	Y	25
BRONSON	A	E	SNLO	182	N	25
BRONSON	H	A	SNLO	184	Y	51
BRONSON	HORACE		SNLO	187	Y	102
BRONSON?	JOHN		SNTH	307	Y	368
BROOK	JOHN		SNED	96	Y	102
BROOK	ANNA		SNED	96	N	102
BROOK	MILTON		SNED	96	N	102
BROOK	JACOB		SNED	96	N	102
BROOK	NANCY		SNED	96	N	102
BROOK	JANE		SNED	96	N	102
BROOK	ROBERT		SNED	96	N	102
BROOK	ABRAHAM		SNED	96	Y	102
BROOK	FIDELIA		SNED	96	N	102
BROOK	EMLEY		SNED	96	N	102
BROOK	SAMUEL		SNED	98	Y	138
BROOK	MARY		SNED	98	N	138
BROOK	WILLIAM		SNED	98	N	138
BROOK	HATTIE		SNED	98	N	138
BROOK	MARY	D	SNED	98	N	138
BROOK	CHARLES		SNED	98	N	138
BROOK	ELIZA		SNED	98	N	138
BROOKS	HENRY		SNAD	15	Y	245
BROOKS	LORINDA		SNAD	15	N	245
BROOKS	NATHAN		SNAD	15	N	245
BROOKS	SARAH		SNAD	15	N	245
BROOKS	JANE		SNED	91	Y	35
BROOKS	HARRISON		SNED	99	Y	147
BROOKS	MARY		SNED	99	N	147
BROOKS	JENNIE		SNED	99	N	147
BROOKS	FRANK		SNED	99	N	147
BROOKS	RALPH		SNED	99	N	147
BROOKS	SHAW		SNED	99	Y	148
BROOKS	MARY		SNED	99	N	148
BROOKS	EVA		SNED	99	N	148
BROOKS	REBECCA		SNED	102	Y	204
BROOKS	ELGIE ?		SNED	102	Y	204
BROPET?	MARY		SNBL	51	Y	41
BROSSEMER	LANDIN		SNBI	21	Y	6
BROSSEMER	ELIZ		SNBI	21	N	6
BROSSEMER	PETER		SNBI	21	N	6
BROSSEMER	MARY		SNBI	21	N	6
BROSSEMER	MATHIAS		SNBI	21	N	6
BROSSIMER	AND		SNBI	22	Y	29
BROSSIMER	MARY		SNBI	22	N	29
BROSSIMER	LAURA		SNBI	22	N	29
BROSSIMER	OLIVER		SNBI	22	N	29

LASTNAME	FIRSTNAME	MI	LOCATION	PAGE	HEAD	HHOLD
BROSSIMER	EDWARD		SNBI	22	N	29
BROSSIMER	MAGDELINE		SNBI	22	Y	29
BROUSE	GEORGE	W	SNED	92	Y	49
BROUSE	REBECCA		SNED	92	N	49
BROUSE	MARY		SNED	92	N	49
BROUSE	NANCY		SNED	92	N	49
BROUSE	ALLACE		SNED	92	N	49
BROWN	FRANCES		SNCL	77	Y	126
BROWN	WILLIAM		SNCL	77	N	126
BROWN	CORA		SNCL	77	N	126
BROWN	JENNIE		SNCL	77	N	126
BROWN	SAMUEL		SNCL	77	N	126
BROWN	DAVID	W	SNLI	143	Y	23
BROWN	SUSAN?		SNLI	143	N	23
BROWN	THOMAS		SNLI	143	N	23
BROWN	ALBERT		SNLI	143	N	23
BROWN	CATHARINE		SNLI	143	N	23
BROWN	WILLIAM		SNLI	143	N	23
BROWN	SUSAN		SNLI	143	N	23
BROWN	JOHN		SNLI	143	N	23
BROWN	ALMEDA		SNLI	143	N	23
BROWN	JESSIE		SNLI	143	N	23
BROWN	WESLEY		SNLI	143	Y	24
BROWN	CATHARINE		SNLI	143	N	24
BROWN	ADA	L	SNLI	143	N	24
BROWN	SUSAN		SNLI	144	Y	28
BROWN	GEORGE	W	SNLI	144	Y	29
BROWN	F----?		SNLI	144	N	29
BROWN	ANNA		SNLI	144	N	29
BROWN	LAWRENCE		SNLI	156	Y	232
BROWN	NANCY		SNLI	156	N	232
BROWN	SUSAN		SNLI	156	N	232
BROWN	WILLIAM		SNLI	156	N	232
BROWN	ELIZA	J	SNLI	156	N	232
BROWN	MARY	C	SNLI	156	N	232
BROWN	ELIZABETH		SNLI	158	Y	258
BROWN	CHRISTIAN		SNLI	162	Y	340
BROWN	AMANDA	M	SNLI	162	N	340
BROWN	JOHN	C	SNLI	162	N	340
BROWN	JOSIAH		SNAD	13	Y	208
BROWN	MARY		SNAD	13	N	208
BROWN	ALICE		SNAD	13	N	208
BROWN	CENA		SNAD	13	N	208
BROWN	OTTO		SNLO	182	Y	22
BROWN	JAMES	W	SNLO	190	Y	154
BROWN	SOPHIA	A	SNLO	190	N	154
BROWN	ADELPHIO	J	SNLO	190	N	154
BROWN	BURTIE	B	SNLO	190	N	154
BROWN	WILLIAM	T	SNLO	199	Y	298
BROWN	WELTHY	J	SNLO	199	N	298
BROWN	RUTH	A	SNLO	199	N	298
BROWN	SYRNIA ?		SNLO	199	N	298
BROWN	THEODORA		SNLO	199	N	298
BROWN	JOHN	S	SNLO	199	N	298
BROWN	ORLA	E	SNLO	199	N	298
BROWN	THEODORE		SNLO	200	Y	329
BROWN	SARAH	A	SNLO	200	N	329
BROWN	JOSEPH	S	SNLO	200	Y	332
BROWN	LAURA	A	SNLO	200	N	332
BROWN	ELVIRA		SNLO	200	N	332
BROWN	ANDREW	M	SNLO	200	N	332
BROWN	ALLEN		SNLO	200	N	332
BROWN	GEORGE	K.	SNW1	336	Y	415
BROWN	REBECCA		SNW1	336	N	415
BROWN	HAYWARD		SNW1	336	N	415
BROWN	LELA		SNW1	336	N	415
BROWN	JOHN		SNW1	346	Y	538
BROWN	MARY		SNW1	346	N	538
BROWN	LISETTA		SNW1	346	N	538
BROWN	IDA		SNW1	345	N	538
BROWN	LILLIE		SNW1	347	Y	548
BROWN	LUISA		SNED	89	Y	1
BROWN	ABR.		SNED	100	Y	161
BROWN	LOUISA		SNED	100	N	161
BROWN	JAMES		SNED	100	N	161
BROWN	ROBERT		SNED	100	N	161
BROWN	CORA		SNED	100	N	161

LASTNAME	FIRSTNAME	MI	LOCATION	PAGE	HEAD	HHOLD
BROWN	FANNIE		SNED	100	N	161
BROWN	JEAN		SNED	100	N	161
BROWN	NANCY		SNED	107	Y	288
BROWN	CHARLES		SNED	107	N	288
BROWN	AMELIA		SNSC	239	Y	27
BROWN	ANNA		SNSC	242	Y	69
BROWN	DAVID		SNSC	246	Y	137
BROWN	SALLIE		SNSC	246	N	137
BROWN	ELIJA		SNSC	247	Y	156
BROWN	CATHARINE		SNSC	247	N	156
BROWN	SAMUEL		SNSC	247	N	156
BROWN	ANNA		SNSC	247	N	156
BROWN	THEODORE		SNSC	247	Y	157
BROWN	NELLIE		SNSC	247	N	157
BROWN	ORDEN		SNSC	247	Y	157
BROWN	ADDA		SNTH	284	Y	33
BROWN	FRANKLIN		SNTH	284	N	33
BROWN	ANNA		SNTH	290	Y	143
BROWN	JOHN		SNTH	300	Y	279
BROWN	JOHN		SNTH	303	Y	308
BROWN	MARGARET		SNTH	303	N	308
BROWN	ELIZABETH		SNTH	303	N	308
BROWN	LAURA		SNTH	303	N	308
BROWN	JACOB		SNTH	303	N	308
BROWN	PETER		SNTH	303	N	308
BROWN	ELBERT?		SNTH	303	N	308
BROWN	NICHOLAS		SNTH	303	N	308
BROWN	ALYOSIS		SNTH	303	N	308
BROWN	ELSIE		SNTH	303	N	308
BROWN	SARAH		SNBL	49	Y	15
BROWN	ELISABETH		SNBL	51	Y	40
BROWN	EMMILY		SNBL	52	Y	59
BROWN	MELAMINE		SNBL	52	N	59
BROWN	ABAGAIL		SNBL	52	Y	60
BROWN	DAVID	W	SNLI	143	Y	23
BROWN	SUSAN?		SNLI	143	N	23
BROWN	THOMAS		SNLI	143	N	23
BROWN	ALBERT		SNLI	143	N	23
BROWN	CATHARINE		SNLI	143	N	23
BROWN	WILLIAM		SNLI	143	N	23
BROWN	SUSAN		SNLI	143	N	23
BROWN	JOHN		SNLI	143	N	23
BROWN	ALMEDA		SNLI	143	N	23
BROWN	JESSIE		SNLI	143	N	23
BROWN	WESLEY		SNLI	143	Y	24
BROWN	CATHARINE		SNLI	143	N	24
BROWN	ADA	L	SNLI	143	N	24
BROWN	SUSAN		SNLI	144	Y	28
BROWN	GEORGE	W	SNLI	144	Y	29
BROWN	F----?		SNLI	144	N	29
BROWN	ANNA		SNLI	144	N	29
BROWN	LAWRENCE		SNLI	156	Y	232
BROWN	NANCY		SNLI	156	N	232
BROWN	SUSAN		SNLI	156	N	232
BROWN	WILLIAM		SNLI	156	N	232
BROWN	ELIZA	J	SNLI	156	N	232
BROWN	MARY	C	SNLI	156	N	232
BROWN	ELIZABETH		SNLI	158	Y	258
BROWN	CHRISTIAN		SNLI	162	Y	340
BROWN	AMANDA	M	SNLI	162	N	340
BROWN	JOHN	C	SNLI	162	N	340
BROWN	DAVID		SNRE	223	Y	48
BROWN	MARY		SNRE	224	Y	54
BROWN	ORVILLE		SNRE	224	N	54
BROWN	HENRY	C	SNRE	228	Y	124
BROWN	AURILLA		SNRE	228	N	124
BROWN	LILY		SNRE	228	N	124
BROWN	HENRY		SNRE	228	N	124
BROWN	ADINIA		SNRE	229	Y	149
BROWN	HELLEN		SNRE	229	N	149
BROWN	AMIE		SNRE	229	N	149
BROWN	SAMUEL		SNVE	396	Y	255
BROWN	ROSINA		SNVE	396	N	255
BROWN	HARRIT		SNVE	399	Y	304
BROWN	WILLIAM		SNSN	263	Y	61
BROWN	JENNIE		SNSN	263	N	61
BROWN (?)	PETER		SNJA	138	Y	189

LASTNAME	FIRSTNAME	MI	LOCATION	PAGE	HEAD	HHOLD
BROWN (?)	MARGARET		SNJA	138	N	189
BROWNE	JACOB		SNBL	52	Y	54
BROWNSWORTH	WILLIAM		SNVE	391	Y	162
BROWNSWORTH	JOHANA		SNVE	391	N	162
BROWNSWORTH	SOPHIA		SNVE	391	N	162
BROWNSWORTH	WILLIAM		SNVE	391	N	162
BROWNSWORTH	JOHN		SNVE	391	N	162
BROWNSWORTH	SOPHIA		SNVE	391	N	162
BRRGHLY	SAMUEL	H	SNRE	227	N	101
BRUENNERT	ALBERT		SNW1	336	Y	409
BRUENNERT	MARY		SNW1	336	N	409
BRUGMAN	C		SNW2	357	Y	108
BRUGMAN	CATHARINE		SNW2	357	N	108
BRUGMAN	JOHN		SNW2	357	N	108
BRUGMAN	CATHARINE		SNW2	357	N	108
BRUGMAN	CHRISTENA		SNW2	357	N	108
BRUNDAGE	C	Y	SNED	100	Y	160
BRUNDAGE	FRANCES		SNED	100	N	160
BRUNDAGE	SAMUEL		SNED	100	N	160
BRUNDAGE	FRED		SNED	100	N	160
BRUNDAGE	GRACIE		SNED	100	N	160
BRUNDAGE	S	D	SNED	103	Y	217
BRUNDAGE	MARY		SNED	103	N	217
BRUNDAGE	JOSEPH		SNED	103	N	217
BRUNDAGE	GEORGE		SNED	103	N	217
BRUNDAGE	BENJAMIN		SNED	103	Y	217
BRUNDAGE	JOHN		SNSN	262	Y	51
BRUNDAGE	MARY		SNSN	262	N	51
BRUNDAGE	MILTON		SNSN	262	N	51
BRUNDAGE	LEANNE		SNSN	262	N	51
BRUNDAGE	JOHN		SNSN	262	N	51
BRUNDAGE	EMMA		SNSN	262	N	51
BRUNDAGE	MARY		SNSN	263	N	51
BRUNDAGE	ELIZABETH		SNSN	263	N	51
BRUNDAGE	THOMAS		SNSN	263	Y	52
BRUNDAGE	OSIE		SNSN	263	N	52
BRUNDAGE	ELIZABETH		SNSN	263	N	52
BRUNDAGE	MOSES		SNSN	263	N	52
BRUNER	JOHN		SNLI	153	Y	184
BRUNER	SCOTT		SNSC	239	Y	27
BRUNER	MARY		SNTH	299	Y	258
BRUNER	JOHN		SNLI	153	Y	184
BRUNER?	SAMUEL		SNTH	307	Y	364
BRUNER?	ELIZABETH		SNTH	307	N	364
BRUNNER	JOSEPH		SNLI	148	Y	97
BRUNNER	MARY		SNLI	148	N	97
BRUNNER	JAMES		SNLI	148	N	97
BRUNNER	AMOS	R	SNLI	148	N	97
BRUNNER	CLARISSA	F	SNLI	148	N	97
BRUNNER	JOSEPH	D	SNLI	148	N	97
BRUNNER	HARVEY	E	SNLI	148	N	97
BRUNNER	JOHN	W	SNLI	148	N	97
BRUNNER	JACOB	F	SNLI	148	N	97
BRUNNER	CHARLES		SNLI	148	N	97
BRUNNER	JOSEPH		SNLI	148	Y	97
BRUNNER	MARY		SNLI	148	N	97
BRUNNER	JAMES		SNLI	148	N	97
BRUNNER	AMOS	R	SNLI	148	N	97
BRUNNER	CLARISSA	F	SNLI	148	N	97
BRUNNER	JOSEPH	D	SNLI	148	N	97
BRUNNER	HARVEY	E	SNLI	148	N	97
BRUNNER	JOHN	W	SNLI	148	N	97
BRUNNER	JACOB	F	SNLI	148	N	97
BRUNNER	CHARLES		SNLI	148	N	97
BRUSK	MARY	C.	SNLO	202	Y	362
BRYAN	ANDREW		SNHO	118	Y	155
BRYANT	C	S	SNW2	374	Y	364
BRYMER	JUNIOR ?		SNED	89	Y	7
BUCHER	EMALINE		SNLO	163	Y	10
BUCHER	ELIZABETH		SNLO	181	Y	16
BUCHMAN	MARY		SNJA	128	Y	21
BUCHMAN	PETER	A	SNBL	58	Y	161
BUCHMAN	ROSA	A	SNBL	58	N	161
BUCHMAN	WILLIAM	L	SNBL	58	N	161
BUCHMAN	IDA	M	SNBL	58	N	161
BUCHMAN	JACOB		SNBL	58	N	161
BUCHTEL	ELIZABETH		SNLO	182	Y	28

LASTNAME	FIRSTNAME	MI	LOCATION	PAGE	HEAD	HHOLD
BUCHTELL	GEO		SNLO	188	Y	117
BUCHTELL	MARY		SNLO	188	N	117
BUCK	FRANK		SNCL	71	Y	40
BUCK	MARY		SNCL	71	N	40
BUCK	VILANDA		SNCL	71	N	40
BUCK	DAVID		SNCL	71	N	40
BUCK	ELLA		SNCL	71	N	40
BUCK	SALLY		SNCL	71	N	40
BUCK	MARY		SNCL	71	N	40
BUCK	JOHN		SNLO	187	Y	104
BUCK	MARY	J	SNLO	187	N	104
BUCK	JULIA	A	SNLO	187	N	104
BUCK	JOHN		SNTH	290	Y	139
BUCK	LYDIA		SNTH	290	N	139
BUCK	ADALINE		SNTH	290	N	139
BUCK	MARTIN		SNTH	290	N	139
BUCK	ISABEL		SNTH	290	N	139
BUCK	GEORGE		SNTH	290	N	139
BUCK	REBECCA		SNTH	290	N	139
BUCK	JOHN		SNTH	290	N	139
BUCK	IDA		SNTH	290	N	139
BUCK	FREDERICK		SNTH	290	N	139
BUCK	JOHN	A	SNBL	56	Y	119
BUCK	HANNAH		SNBL	56	N	119
BUCK	SAMUEL		SNBL	56	N	119
BUCK	SUSANA		SNBL	56	N	119
BUCK	HANNAH		SNBL	56	N	119
BUCK	SEVILLA		SNBL	56	N	119
BUCK	CHRISTENSON		SNBL	56	N	119
BUCK	PAMELIA		SNBL	56	N	119
BUCK	JOHN		SNBL	57	Y	138
BUCK	CATHERINE		SNBL	57	N	138
BUCK	ELIZA		SNBL	57	N	138
BUCK	LEVI		SNBL	57	N	138
BUCK	MARIA		SNBL	57	N	138
BUCK	RUFUS		SNBL	57	N	138
BUCKINGHAM	NATHAN		SNBL	65	Y	268
BUCKINGHAM	DORCAS		SNBL	65	N	268
BUCKINGHAM	ROSETHA		SNBL	65	N	268
BUCKINGHAM	MARGARET		SNBL	65	N	268
BUCKINGHAM	FRANK		SNBL	65	N	268
BUCKINGHAM	FRED		SNBL	65	N	268
BUCKINGHAM	W	J	SNBL	65	N	268
BUCKINGHAM	JOSHUA		SNBL	65	Y	274
BUCKINGHAM	MARY	M	SNBL	65	N	274
BUCKINGHAM	WILMER		SNBL	65	N	274
BUCKINGHAM	SARAH	J	SNBL	65	N	274
BUCKINGHAM	IDA	M	SNBL	65	N	274
BUCKINGHAM	JESSIE		SNBL	65	N	274
BUCKINGHAM	BERTHA		SNBL	65	N	274
BUDD	JOHNSON		SNED	105	Y	250
BUESY	PETER		SNLO	183	Y	42
BUESY	APHALINE		SNLO	183	N	42
BUESY	LAURA	J	SNLO	183	N	42
BUESY	EDWIN		SNLO	183	N	42
BUESY	MARGARET	J	SNLO	183	N	42
BUESY	WALTER	P	SNLO	183	N	42
BUESY	NELLIE	M	SNLO	183	N	42
BUFF	JOHN		SNAD	10	Y	153
BUFF	FREDERICK		SNTH	291	Y	148
BUFF	KUISDIRAN?		SNTH	291	N	148
BUFF	ANDREW		SNTH	291	N	148
BUFF	ALYIOSIS		SNTH	291	N	148
BUFF	MAY		SNTH	291	N	148
BUFF	JOHN		SNTH	291	N	148
BUFF	ELIZABETH		SNTH	291	N	148
BUGBEE	PHILO		SNSC	242	Y	72
BUGBEE	CECELIO		SNSC	242	N	72
BUGBEE	ELVA		SNSC	242	N	72
BUGBEE	MENIT		SNSC	242	N	72
BUGBEE	MORGAN		SNSC	251	Y	221
BUGBEE	MARY		SNSC	251	N	221
BUGBEE	BOST		SNSC	251	N	221
BUGER	DAVID		SNED	92	Y	44
BUGER	LIDIE		SNED	92	N	44
BUGER	CHARLES		SNED	92	N	44
BULGER	JOHN		SNLO	193	N	206

LASTNAME	FIRSTNAME	MI	LOCATION	PAGE	HEAD	HHOLD
BULGER	MICHAEL		SNLO	193	Y	206
BULGER	MARY		SNLO	193	N	206
BULGER	WILLIAM		SNLO	193	N	206
BULGER	CLARA		SNLO	193	N	206
BULGER	EFFA	M	SNLO	193	N	206
BULHARTZ	ALBERT		SNW2	370	Y	298
BULHARTZ	SARAH		SNW2	370	N	298
BULHARTZ	MATILDA	E	SNW2	370	N	298
BULL	CLARENCE		SNBI	33	Y	179
BULLINGER	FRANCIS		SNLI	147	Y	88
BULLINGER	LURINNA		SNLI	147	N	88
BULLINGER	JOHN		SNLI	147	N	88
BULLINGER	PETER		SNLI	147	N	88
BULLINGER	JOSEPH		SNLI	147	N	88
BULLINGER	MARY		SNLI	147	N	88
BULLINGER	THOMAS		SNLI	147	N	88
BULLINGER	ELIZABETH		SNLI	147	N	88
BULLINGER	ANDY		SNLI	147	N	88
BULLINGER	NICHOLAS		SNLI	147	N	88
BULLINGER	FRANCIS		SNLI	147	N	88
BULLINGER	FRANCIS		SNLI	147	Y	88
BULLINGER	LURINNA		SNLI	147	N	88
BULLINGER	JOHN		SNLI	147	N	88
BULLINGER	PETER		SNLI	147	N	88
BULLINGER	JOSEPH		SNLI	147	N	88
BULLINGER	MARY		SNLI	147	N	88
BULLINGER	THOMAS		SNLI	147	N	88
BULLINGER	ELIZABETH		SNLI	147	N	88
BULLINGER	ANDY		SNLI	147	N	88
BULLINGER	NICHOLAS		SNLI	147	N	88
BULLINGER	FRANCIS		SNLI	147	N	88
BULLIS	LOVEJOY		SNAD	19	Y	319
BULLIS	LUCY		SNAD	19	N	319
BULLIS	OPHEN ?		SNAD	19	N	319
BULLIS	ELMER		SNAD	19	N	319
BULLIS	WILLIAM		SNAD	19	N	319
BULLIS	MILO		SNAD	19	N	319
BULLIS	FREDRICK		SNAD	19	N	319
BULLIS	OSCAR		SNAD	19	N	319
BULLMAN	MARTHA		SNW1	318	N	153
BULLMAN	JACOB		SNW2	356	Y	95
BULLMAN	EVE		SNW2	356	N	95
BULLMAN	LIZZIE		SNW2	356	N	95
BULLMAN	MARY		SNW2	356	N	95
BULLMAN	LOUISA		SNW2	356	N	95
BULMAN	C		SNW1	318	Y	153
BULMAN	CLORINDA		SNW1	318	N	153
BULMAN	GEORGE		SNW1	318	N	153
BULMAN	THOMAS		SNW1	318	N	153
BULMAN	CHARLES		SNW1	318	N	153
BULMAN	ALLEN		SNW1	318	N	153
BUMGARDNER	JOHN		SNW1	336	Y	423
BUMGARDNER	ANGELINE		SNW1	336	N	423
BUMGARDNER	ED		SNW1	337	N	423
BUMGARDNER	CHARLES		SNW1	337	N	423
BUMGARDNER	ANDREW		SNW1	337	N	423
BUMGARDNER	FRANK		SNPL	211	Y	124
BUMGARDNER	ELVIRA		SNPL	211	N	124
BUNCE	NANCY		SNLO	164	Y	23
BUNGER	SAMUEL		SNHO	115	Y	115
BUNGER	MARGARET		SNHO	115	N	115
BUNHISER	DELILAH		SNSN	263	Y	52
BUNN	JOHN	R	SNLI	145	Y	56
BUNN	AMANDA	C	SNLI	145	N	56
BUNN	IDA	A	SNLI	145	N	56
BUNN	ORTHO	A	SNLI	145	N	56
BUNN	MARTHA	C	SNLI	145	N	56
BUNN	JACOB		SNW1	338	Y	444
BUNN	BENJAMIN		SNTH	292	Y	163
BUNN	MARY		SNTH	292	N	163
BUNN	CORA		SNTH	292	N	163
BUNN	JOHN	R	SNLI	145	Y	56
BUNN	AMANDA	C	SNLI	145	N	56
BUNN	IDA	A	SNLI	145	N	56
BUNN	ORTHO	A	SNLI	145	N	56
BUNN	MARTHA	C	SNLI	145	N	56
BUNN ?	MARY		SNAD	3	Y	48

LASTNAME	FIRSTNAME	MI	LOCATION	PAGE	HEAD	HHOLD
BURDET	BENTLEY		SNLO	175	Y	176
BURDET	MAHALA		SNLO	175	N	176
BURGNER	ELIZABETH		SNTH	285	Y	53
BURGNER	JACOB		SNTH	285	N	53
BURGNER	ANNA		SNTH	285	N	53
BURHHART	W		SNW2	352	Y	43
BURK	MARTHA		SNED	91	Y	35
BURK	MARTHA		SNED	107	Y	291
BURK	REDWICK		SNSN	260	Y	2
BURK	MARGARET		SNSN	260	N	2
BURK	PHILLIP		SNSN	260	N	2
BURK	EVE		SNSN	260	N	2
BURK	FRANK		SNSN	260	N	2
BURK	MARY		SNSN	260	N	2
BURK	LEWIS		SNSN	260	N	2
BURK	JOHN		SNSN	260	N	2
BURK	COONRAD		SNSN	260	N	2
BURK	PHILLIMENIA		SNSN	260	N	2
BURK	ELIZABETH		SNSN	260	N	2
BURKDRESSER	MARGARET		SNPL	214	Y	177
BURKDRESSER	JOHN		SNPL	214	N	177
BURKDRESSER	BARBARA		SNPL	214	N	177
BURKDRESSER	WILLIAM		SNPL	214	N	177
BURKDRESSER	REBECCA		SNPL	214	N	177
BURKDRESSER	AMANDA		SNPL	214	N	177
BURKET	ANDREW		SNPL	203	Y	2
BURKET	MARTHA		SNPL	203	N	2
BURKET	SARAH		SNPL	203	N	2
BURKET	THOMAS		SNBL	57	Y	136
BURKET	ELISABETH		SNBL	57	N	136
BURKET	CLARENCE		SNBL	57	N	136
BURKET	GABRIEL		SNRE	223	Y	48
BURKET	SARAH	S	SNRE	223	N	48
BURKETT	ISAAC		SNPL	207	Y	75
BURKETT	SARAH		SNPL	207	N	75
BURKETT	SARAH		SNPL	207	N	75
BURKEY	JOSEPH		SNW1	335	Y	400
BURKEY	ADALINE		SNW1	335	N	400
BURKEY	MARCUS		SNW1	335	N	400
BURKEY	CHARLES		SNW1	335	N	400
BURKEY	JESSE	G.	SNW1	335	N	400
BURKHART	WILLIAM		SNLI	155	Y	215
BURKHART	BERTHA		SNW2	352	N	43
BURKHART	MARIA		SNW2	352	N	43
BURKHART	AMELIA		SNW2	352	N	43
BURKHART	FRANK		SNW2	352	N	43
BURKHART	WECY		SNW2	352	N	43
BURKHART	KATE		SNW2	352	N	43
BURKHART	JOHN		SNW2	352	N	43
BURKHART	JOSEPH		SNW2	352	N	43
BURKHART	WILLIAM		SNLI	155	Y	215
BURKHOLTER	W		SNW1	317	Y	145
BURKHOLTER	SARAH		SNW1	317	N	145
BURKHOLTER	SARAH		SNW1	346	Y	541
BURKHOLTER	REBECCA		SNW1	346	N	541
BURKHOLTER	SUSAN		SNW1	346	N	541
BURKHOLTER	JOHN		SNW1	346	N	541
BURKHOLTER	JENNIE		SNW1	346	N	541
BURKHOLTER	JESSIE		SNW1	346	N	541
BURKMYER	ANTHONY		SNVE	385	Y	84
BURKMYER	MARY	ANN	SNVE	385	N	84
BURKMYER	MICHAEL		SNVE	385	N	84
BURKMYER	MARY	A.	SNVE	385	N	84
BURMUTH	ADAM		SNW2	354	Y	66
BURMUTH	MARGARET		SNW2	354	N	66
BURMUTH	LOUIS		SNW2	354	N	66
BURNER	ALICE		SNVE	397	Y	264
BURNER	WILLIAM		SNSN	270	N	187
BURNER	ALBERT		SNSN	270	N	187
BURNER	EUGENE		SNSN	270	N	187
BURNER	NANCY		SNSN	270	N	187
BURNER	WILLIAM		SNSN	270	Y	187
BURNERT	FRANK		SNW2	364	Y	206
BURNERT	SUSAN		SNW2	363	N	206
BURNETT	LEWIS		SNW2	352	Y	45
BURNETT	ELIZA		SNW2	352	N	45
BURNETT	ELLA		SNW2	352	N	43

LASTNAME	FIRSTNAME	MI	LOCATION	PAGE	HEAD	HHOLD
BURNETT	PHEBA		SNW2	353	N	45
BURNETT	ANNA		SNW2	353	N	45
BURNETT	JESSIE		SNW2	353	N	45
BURNETT	CORA		SNW2	353	N	45
BURNS	EDWARD		SNLO	173	Y	147
BURNS	CATHERINE		SNLO	173	N	147
BURNS	MARGARET		SNLO	173	N	147
BURNS	CATHERINE		SNLO	173	N	147
BURNS	JAMES		SNLO	173	N	147
BURNS	CORNELIUS		SNLO	173	N	147
BURNS	JOHN	F	SNLO	173	N	147
BURNS	JOSEPH		SNLO	173	N	147
BURNS	EDWARD		SNLO	173	N	147
BURNS	CHARLES		SNLO	173	N	147
BURNS	WILLIAM		SNLO	173	N	147
BURNS	ANNA		SNW1	308	Y	3
BURNS	AMELIA		SNW1	308	N	3
BURNS	MARY		SNW1	308	N	3
BURNS	JAMES		SNW1	308	N	3
BURNS	DAVID		SNW1	308	N	3
BURNS	ALVIN		SNW1	308	N	3
BURNS	METTA		SNW1	308	N	3
BURNS	NETTA		SNW1	308	N	3
BURNS	WALTER		SNW1	308	N	3
BURNS	PETER		SNW2	351	Y	19
BURNS	MARGARET		SNW2	351	N	19
BURNS	MARY	C	SNW2	351	N	19
BURNS	ANNA	E	SNW2	351	N	19
BURNS	JOHN	T	SNW2	351	N	19
BURNS	ELLEN	M	SNW2	351	N	19
BURNS	BRIDGET		SNW2	351	N	19
BURNS	LUCINDA		SNW2	351	N	19
BURNS	CATHARINE		SNW2	351	N	19
BURNS	PATERICK		SNW2	351	N	19
BURNS	LENNORA		SNW2	351	N	19
BURNS	MARY		SNW2	373	Y	349
BURNS	GEORGE		SNED	97	Y	121
BURNS	RACHEL		SNED	97	N	121
BURNS	NATHAN		SNED	97	N	121
BURNS	HARVY		SNED	97	N	121
BURNS	FRANK		SNED	97	N	121
BURNS	MARY		SNED	97	N	121
BURNS	WILLIAM		SNED	97	N	121
BURNS	EDWARD		SNSN	264	Y	83
BURNS	AMANDA		SNSN	264	N	83
BURNS	WILLIAM		SNSN	264	Y	84
BURNS	MARY		SNSN	264	N	84
BURNS	IDA		SNSN	264	N	84
BURNS	ROBERT		SNSN	264	N	84
BURNS	JOSEPH		SNSN	269	Y	170
BURNS	CAROLINE		SNSN	269	N	170
BURNS	LOUISA		SNSN	269	N	170
BURNSIDE	JOSEPH		SNCL	83	Y	223
BURNSIDE	MARTHA		SNCL	83	N	223
BURNSIDE	ABBIE		SNCL	83	N	223
BURNSIDE	JOSEPH		SNCL	83	Y	224
BURNSIDE	MARTHA		SNCL	83	N	224
BURNSIDE	JOHN		SNCL	86	Y	259
BURNSIDE	MATILDA		SNCL	86	N	259
BURNSIDE	EVA		SNCL	86	N	259
BURRIER	PHILLIP		SNLI	154	Y	193
BURRIER	DANIEL	M	SNLI	154	N	193
BURRIER	CATHERINE	E	SNLI	154	N	193
BURRIER	MARY	E	SNLI	154	N	193
BURRIER	JOHN	W	SNLI	154	N	193
BURRIER	LAUNA	V	SNLI	154	N	193
BURRIER	MAHALA	A	SNLI	154	N	193
BURRIER	MARTHA	J	SNLI	154	N	193
BURRIER	DAVID		SNLI	154	N	193
BURRIER	GEORGE	A	SNLI	154	N	193
BURRIER	PHILLIP		SNLI	154	Y	193
BURRIER	DANIEL	M	SNLI	154	N	193
BURRIER	CATHERINE	E	SNLI	154	N	193
BURRIER	MARY	E	SNLI	154	N	193
BURRIER	JOHN	W	SNLI	154	N	193
BURRIER	LAUNA	V	SNLI	154	N	193
BURRIER	MAHALA	A	SNLI	154	N	193

LASTNAME	FIRSTNAME	MI	LOCATION	PAGE	HEAD	HHOLD
BURRIER	MARTHA	J	SNLI	154	N	193
BURRIER	DAVID		SNLI	154	N	193
BURRIER	GEORGE	A	SNLI	154	N	193
BURTCHER	ADAM		SNLO	191	Y	63
BURTCHER	CHRISTINA		SNLO	191	N	163
BURTON	JAMES		SNLO	202	Y	362
BURTS	FRANK		SNSN	264	Y	81
BURTS	ELIZABETH		SNSN	264	N	81
BURTS	CHRISTIAN		SNSN	264	N	81
BURTS	SARAH		SNSN	264	N	81
BURTSCHER	PHILLIP		SNLO	166	Y	48
BURTSCHER	MARGARET		SNLO	166	N	48
BURTSCHER	CAROLINE		SNLO	166	N	48
BURTSCHER	HENRY		SNLO	166	N	48
BURTSCHER	JOHN		SNLO	166	N	48
BURTSCHER	WILLIAM		SNLO	166	N	48
BURTSCHER	JULIA		SNLO	166	N	48
BURTSCHER	GEORGE		SNLO	166	N	48
BURTSCHER	NICHOLAS		SNLO	166	N	48
BURTSCHER	NICHOLAS		SNLO	187	Y	109
BURTSCHER	SUSAN	A	SNLO	187	N	109
BURTSCHER	GEO	A	SNLO	187	N	109
BURTSCHER	EMMA	E	SNLO	187	N	109
BURTSCHER	CHARLES	H	SNLO	187	N	109
BURTSCHER	FRANK	J	SNLO	187	N	109
BUSER	JACOB		SNSN	277	Y	293
BUSER	ELIZABETH		SNSN	277	N	293
BUSH	MARTHA		SNW1	323	Y	239
BUSH	ELIZABETH		SNW2	354	Y	70
BUSH	CATHARINE		SNW2	370	Y	308
BUSH	AGNES		SNW2	370	N	308
BUSH	NICK		SNW2	370	N	308
BUSH	MARTHA		SNW2	371	Y	322
BUSH?	FRANCES		SNLI	153	Y	18
BUSH?	FRANCES		SNLI	153	Y	181
BUSHLER	EMMA		SNHO	114	Y	82
BUSHSHAWN	GEORGE		SNCL	84	Y	230
BUSHSONG	NICHOLAS		SNBL	49	Y	10
BUSHSONG	CATHERINE		SNBL	49	N	10
BUSHSONG	MARY	A	SNBL	49	N	10
BUSHSONG	SAVILLA		SNBL	49	N	10
BUSHSONG	JOHN		SNBL	49	N	10
BUSKIRK	ALBERT		SNW1	310	Y	36
BUSKIRK	ANNA		SNW1	310	N	36
BUSKIRK	RALPH		SNW1	310	N	36
BUSKIRK	KATE	T.	SNW1	310	N	36
BUSKIRK	GENY	B.	SNW1	310	N	36
BUSKIRK	GEORGE		SNW1	310	Y	42
BUSKIRK	PHEBE		SNW1	310	N	42
BUSKIRK	H	A	SNW1	324	Y	250
BUSKIRK	FANNIE		SNW1	324	N	250
BUSKIRK	CLARA		SNW1	324	N	250
BUSKIRK	EMORY	K	SNW1	324	N	250
BUSKIRK	HARRY	W	SNW1	324	N	250
BUSKIRK	JENNIE		SNW1	324	N	250
BUTCHER	FREDERICK		SNW1	338	Y	438
BUTLER	DAVID		SNCL	86	Y	258
BUTLER	ELLEN		SNCL	86	N	258
BUTLER	ZACHARY	T.	SNCL	86	N	258
BUTLER	JOHN		SNCL	86	N	258
BUTLER	GEORGE		SNHO	119	Y	182
BUTLER	SARAH		SNHO	119	N	182
BUTLER	CATHERINE		SNHO	119	N	182
BUTLER	ANNA		SNHO	119	N	182
BUTLER	MARY		SNHO	119	N	182
BUTLER	MARGARET		SNHO	119	N	182
BUTLER	FRANCES		SNBL	58	Y	151
BUTLER	MARTIN	J	SNBL	67	Y	305
BUTLER	MARY	E	SNBL	67	N	305
BUTLER	WINFIELD		SNBL	67	N	305
BUTLER	FRANCIS	E	SNBL	67	N	305
BUTLER	FREMONT		SNBL	67	N	305
BUTLER	WILMOT		SNBL	67	N	305
BUTLER	BROUGH		SNBL	67	N	305
BUTLER	SHERMON		SNBL	67	N	305
BUTLER	MARIE	A	SNBL	67	N	305
BUTLER	DAVID		SNRE	231	Y	166

LASTNAME	FIRSTNAME	MI	LOCATION	PAGE	HEAD	HHOLD
BUTLER	ELISABETH		SNRE	231	N	166
BUTLER	EMMA		SNRE	231	N	166
BUTTERFIELD	EPHRAIM		SNLI	158	Y	256
BUTTERFIELD	ANGELINA		SNLI	158	N	256
BUTTERFIELD	EPHRAIM		SNLI	158	Y	256
BUTTERFIELD	ANGELINA		SNLI	158	N	256
BUVERSON	WILLIAM		SNJA	133	Y	103
BUYER	MILTON		SNPL	214	Y	171
BYERS	JEREMIAH		SNJA	131	Y	76
BYERS	SARAH	A.	SNJA	131	N	76
BYERS	LILLIA	V.	SNJA	131	N	76
BYERS	WILLIAM	H.	SNJA	131	N	76
BYERS	HENRY		SNJA	131	Y	77
BYERS	SUSANNAH		SNJA	131	N	77
BYERS	JACOB		SNJA	131	N	77
BYERS	NANCY		SNJA	131	N	77
BYERS	FREDERICK		SNJA	133	Y	110
BYERS	ELIZABETH		SNJA	133	N	110
BYERS	LEWIS		SNJA	133	N	110
BYERS	HOWELL (?)		SNJA	133	N	110
BYERS	NANCY		SNJA	133	N	110
BYERS	ANDREW		SNJA	135	Y	137
BYERS	CATHARINE		SNJA	135	N	137
BYERS	MARTHA	E.	SNJA	135	N	137
BYERS	OARD	M.	SNJA	135	N	137
BYERS	PHILLIP		SNLO	175	Y	171
BYERS	RUTH	E	SNLO	175	N	171
BYERS	JOHN	S	SNLO	175	N	171
BYERS	LAURA	E	SNLO	175	N	171
BYERS	JAMES	M	SNLO	175	N	171
BYERS	ANDREW	E	SNLO	175	N	171
BYERS	LUCY	J	SNLO	175	N	171
BYERS	ANDREW		SNW1	309	Y	28
BYERS	LAURA	E.	SNW1	309	N	28
BYERS	MOLLY		SNPL	208	Y	88
BYRON	ANN	E.	SNCL	84	Y	233
BYRON	ALLICE		SNCL	84	N	233
BYRON	BELL		SNCL	84	N	233
BYRON	AMELIA		SNCL	84	N	233
CABLES	MORRIS		SNSC	248	Y	168
CADINIGAN	JACOB		SNBI	44	Y	318
CADWALADER	MATHEW		SNHO	123	Y	241
CADWALADER	MARY		SNHO	123	N	241
CADWALADER	EMMA		SNHO	123	N	241
CADWALADER	CHARLES		SNHO	123	N	241
CADWALADER	IRENE		SNHO	123	N	241
CADWALADER	JOHN		SNHO	123	N	241
CADWALADER	SARAH		SNHO	123	N	241
CADWALADER	JENNIE		SNHO	123	N	241
CADWALADER	FRANK		SNHO	123	N	241
CADWALADER	SAM.		SNHO	123	Y	242
CADWALADER	VIRGINIDA?		SNHO	123	N	242
CADWALADER	CHARLES		SNHO	123	N	242
CADWALADER	ELIZ		SNHO	123	N	242
CAHILL	JOHN		SNLO	171	Y	111
CAHILL	ELIZABETH		SNLO	171	N	111
CAHILL	CATHERINE		SNLO	171	N	111
CAHILL	CHARLES		SNLO	171	N	111
CAHILL	MARY		SNLO	171	N	111
CAHILL	JOHN		SNLO	171	N	111
CAHILL	CATHARINE		SNW2	372	Y	336
CAHILL	UPTON		SNSN	275	Y	268
CAHILL	MARGARET		SNSN	275	N	268
CAHILL	UPTON		SNSN	275	N	268
CAHILL	CLIMENIA		SNSN	275	N	268
CAHILL	WILLIAM		SNSN	275	N	268
CAHILL	JOHN		SNSN	275	N	268
CAHILL	SARAH		SNSN	275	N	268
CAHILL	ANNA		SNSN	275	N	268
CAHILL	JULIA		SNSN	275	N	268
CAHILL	ALBERT		SNSN	275	N	268
CAHILL	JAMES		SNSN	275	N	268
CAIN	FREDERICK		SNW2	377	Y	402
CAIN	ELIZABETH		SNW2	377	N	402
CAIN	MINNIE		SNW2	377	N	402
CAIN	MATILDA		SNW2	377	N	402
CAIN	CAROLINE		SNW2	377	N	402

LASTNAME	FIRSTNAME	MI	LOCATION	PAGE	HEAD	HHOLD
CAIN	JULIA		SNW2	377	N	402
CAIN	CORA		SNW2	377	N	402
CAIN	EMMA		SNW2	377	N	402
CALDWELL	WILLIAM		SNJA	127	Y	14
CALHOUN	SARAH		SNCL	73	Y	70
CALL	ELIZABETH		SNCL	79	Y	152
CALMAN	SOPHIA		ANW1	346	Y	540
CALMES	FRANCIS		SNBI	36	Y	222
CALMES	ELIZ		SNBI	36	N	222
CALMES	JOSEPH		SNBI	36	N	222
CALMES	JANE		SNBI	36	N	222
CALMES	LOUIS		SNBI	36	N	222
CALMES	FRANK		SNBI	36	N	222
CALMES	JOHN		SNBI	36	N	222
CALMES	FELIX		SNBI	36	N	222
CALMES	KATIE		SNBI	36	N	222
CALMES	MARY		SNBI	36	N	222
CAMERON	DANIEL		SNCL	79	Y	153
CAMERON	FYETTA		SNCL	79	N	153
CAMERON	ANDREW		SNCL	79	N	153
CAMERON	ALBERT		SNCL	79	Y	153
CAMERON	LYDIA		SNCL	79	N	153
CAMMEL	MARGARET		SNW1	339	Y	447
CAMPBELL	ANN		SNW2	374	Y	357
CAMPBELL	HATTIE		SNW2	374	N	357
CAMPBELL	WILBER		SNW2	374	N	357
CAMPBELL	ALICE		SNW2	374	N	357
CAMPBELL	EMMA		SNW2	374	N	357
CAMPBELL	MILLER		SNW2	374	N	357
CAMPBELL	EUGENE		SNW2	374	N	357
CAMPBELL	JANE		SNHO	120	Y	190
CANNADY	TIMOTHY		SNLI	160	Y	301
CANNADY	TIMOTHY		SNLI	160	Y	301
CANNON	PATRICK		SNLO	202	Y	360
CANNON	ALFRED		SNSC	247	Y	154
CANTNER	JOHNATHON		SNBL	66	Y	285
CANTNER	MARY	A	SNBL	66	N	285
CANTNER	GEORGE		SNBL	66	N	285
CAPLES	P	D	SNLO	186	Y	89
CAPLES	SARAH		SNLO	186	N	89
CAPLES	FRANK		SNLO	186	N	89
CAPLES	FRED		SNLO	186	N	89
CAPLES	BARTHALOMEW	L	SNLO	189	Y	138
CAPLES	CATHERINE		SNLO	189	N	138
CAPLES	CHARLOTTE	E	SNLO	189	N	138
CAPLES	HARRIET	A	SNLO	189	N	138
CAPLES	ROBERT	C	SNLO	191	Y	171
CAPLES	EMMA		SNLO	191	N	171
CAPLES	JESSIE	E	SNLO	191	N	171
CAPP	WILLIAM		SNCL	75	Y	96
CARBER	JOHN		SNSN	277	Y	284
CARBER	ROSA		SNSN	277	N	284
CARBER	MARGARET		SNSN	277	N	284
CARBER	LOUIS		SNSN	277	N	284
CARBER	MARY		SNSN	277	N	284
CARBER	ALBERT		SNSN	277	N	284
CARBER	NICHOLAS		SNSN	277	N	284
CARBER	CARRIE		SNSN	277	N	284
CARBER	CATHARINE		SNSN	277	N	284
CARE	EMMA		SNRE	224	Y	52
CAREY	JOHN		SNAD	8	Y	120
CARIS	ELIZA		SNJA	132	Y	82
CARLISLE	SUE		SNW1	344	Y	522
CARNEY	PETER		SNLO	190	Y	159
CARNEY	ANN		SNLO	190	N	159
CARNEY	MARY	A	SNLO	190	N	159
CARNEY	FRANCIS		SNLO	190	N	159
CARNEY	NICHOLAS		SNLO	190	N	159
CARNEY	EMMA		SNLO	190	N	159
CARPENTER	EDWARD		SNW1	344	Y	511
CARPENTER	ADAM		SNBL	51	Y	49
CARPENTER	PHEBE		SNBL	51	N	49
CARPENTER	WILLIAM		SNBL	51	N	49
CARPENTER	JAMES		SNBL	51	N	49
CARPENTER	EMELINE		SNVE	381	Y	27
CARPENTER	JONATHAN		SNVE	381	N	27
CARPENTER	WILLIAM		SNVE	381	N	27

LASTNAME	FIRSTNAME	MI	LOCATION	PAGE	HEAD	HHOLD
CARPENTER	MARY	J	SNVE	381	N	27
CARPENTER	CATHANA		SNVE	388	Y	125
CARPENTER	JOSIAH		SNVE	388	N	125
CARPENTER	LEVI	A.	SNVE	389	Y	132
CARPENTER	LOUISA		SNVE	389	N	132
CARPENTER	NETTIE	A.	SNVE	389	N	132
CARPENTER	JEREMIAH		SNVE	389	Y	133
CARPENTER	ANIBLE		SNVE	389	N	133
CARPENTER	SCOTT		SNVE	389	N	133
CARPENTER	ALBERT		SNVE	389	N	133
CARPENTER	ELISABETH		SNVE	393	Y	196
CARPENTER	DAVID		SNVE	393	Y	206
CARPENTER	MARIA		SNVE	393	N	206
CARPENTER	BENJAMIN		SNVE	393	N	206
CARPENTER	SAMUEL		SNVE	394	Y	220
CARPENTER	JOHN	W	SNVE	402	Y	347
CARPENTER	SUSAN		SNVE	402	N	347
CARPER	MICHAEL		SNLI	142	Y	7
CARPER	MARY		SNLI	142	N	7
CARPER	HELLIN		SNLI	142	N	7
CARPER	HARBBERT		SNLI	142	N	7
CARPER	ALBERT		SNLI	142	N	7
CARPER	JACOB		SNLI	142	N	7
CARPER	MARGARET		SNLI	142	N	7
CARPER	MARY	C	SNLI	142	N	7
CARPER	JOSEPH		SNLI	142	N	7
CARPER	ANNA		SNLI	142	N	7
CARPER	HENRY		SNLI	142	N	7
CARPER	JOHN		SNLI	142	N	7
CARPER	MICHAEL		SNLI	142	Y	7
CARPER	MARY		SNLI	142	N	7
CARPER	HELLIN		SNLI	142	N	7
CARPER	HARBBERT		SNLI	142	N	7
CARPER	ALBERT		SNLI	142	N	7
CARPER	JACOB		SNLI	142	N	7
CARPER	MARGARET		SNLI	142	N	7
CARPER	MARY	C	SNLI	142	N	7
CARPER	JOSEPH		SNLI	142	N	7
CARPER	ANNA		SNLI	142	N	7
CARPER	HENRY		SNLI	142	N	7
CARPER	JOHN		SNLI	142	N	7
CARR	SYLVIA		SNW2	366	Y	240
CARR	JACOB		SNSN	273	Y	228
CARR	ELIZABETH		SNSN	273	N	228
CARR	JACOB		SNSN	273	N	228
CARR	MARTHA		SNSN	273	N	228
CARR	FRANCIS		SNSN	273	N	228
CARR	ISABELLA		SNSN	273	N	228
CARR	FRANK		SNSN	273	N	228
CARREL	JAMES		SNLO	168	Y	83
CARREL	JANE		SNLO	168	N	83
CARREL	MARINDA		SNLO	168	N	83
CARREL	JACOB		SNLO	168	N	83
CARREL	HANNAH		SNLO	168	N	83
CARREL	MYRMETIA ?		SNLO	168	N	83
CARRICK	CHARLES		SNED	106	Y	261
CARRICK	MARGARET		SNED	106	N	261
CARRICK	NANCY		SNED	106	N	261
CARRICK	CHARLES		SNED	106	N	261
CARRICK	EMMA		SNED	106	N	261
CARRICK	WILLIAM		SNED	106	N	261
CARRICK	JOHN		SNED	106	N	261
CARROLL	LUE		SNLO	187	Y	106
CARRY	AUGAST		SNSC	244	Y	105
CARRY	MARY		SNSC	244	N	105
CARRY	LOVINA		SNSC	244	N	105
CARRY	MARGARET		SNSC	244	N	105
CARRY	WILLIAM		SNSC	244	N	105
CARRY	DOUGLASS		SNSC	244	N	105
CARRY	ELIZABETH		SNSC	244	N	105
CARSHAUER	WILLIAM		SNSC	238	Y	13
CARSLILE	WILLIAM	H	SNLO	183	Y	37
CARSLILE	ELISABETH		SNLO	183	N	37
CARSLILE	WILLIAM		SNLO	183	N	37
CARSLILE	THEODORE	H	SNLO	183	N	37
CARSLILE	LUCY		SNLO	183	N	37
CARSLILE	JAMES		SNLO	183	N	37

LASTNAME	FIRSTNAME	MI	LOCATION	PAGE	HEAD	HHOLD
CARSLILE	SILVA	A	SNLO	183	N	37
CARSLILE	MARY	E	SNLO	183	N	37
CARSLILE	LEWIS	W	SNLO	183	N	37
CARSLILE	CHARLES	E	SNLO	183	N	37
CARSLILE	C	B	SNLO	183	N	37
CARSON	HUGH		SNED	94	Y	78
CARSON	WILLIAM		SNED	94	Y	78
CARSON	JACOB		SNED	94	Y	78
CARSON	JOHN		SNED	94	Y	78
CARSON	HUGH	F	SNED	94	Y	78
CARSON	MARY		SNED	94	N	78
CARSON	JACKSON		SNVE	388	Y	120
CARSON	MARY	A	SNVE	388	N	120
CARSON	SAMUEL		SNVE	388	N	120
CARSON	ELIZA		SNVE	388	N	120
CARSON	MARY	F	SNVE	388	N	120
CARSON	IDA	M	SNVE	388	N	120
CARSON	LOUISA	E	SNVE	388	N	120
CARSON	JAMES		SNSN	260	Y	16
CARSON	MARY	A.	SNSN	260	N	16
CARTRIGHT	DELLA		SNVE	397	Y	270
CARTRIGHT	JACOB		SNVE	400	Y	327
CARTRIGHT	ELIZA		SNVE	400	N	327
CARTRIGHT	WILLIE		SNVE	400	N	327
CARTRIGHT	JOHN		SNVE	400	Y	328
CARTRIGHT	MARY		SNVE	400	N	328
CARTRIGHT	JACOB		SNVE	400	N	328
CARTRIGHT	JOHN		SNVE	400	N	328
CARTRIGHT	ANNIE		SNVE	400	N	328
CARTRIGHT	THERESA		SNVE	400	N	328
CARY	JOHN		SNCL	69	Y	2
CARY	R	J	SNRE	224	Y	58
CARY	ANISA		SNRE	224	N	58
CARY	JAMES	MC.	SNRE	224	N	58
CARY	JOSEPH	V	SNRE	224	N	58
CARY	JESSIE	B	SNRE	224	N	58
CARY	JAMIE	M	SNRE	224	N	58
CARY	MINIE	A	SNRE	224	N	58
CASANOVA	JOHN	P	SNRE	236	Y	239
CASANOVA	MARGRET		SNRE	236	N	239
CASANOVA	PHELIMIR		SNRE	236	N	239
CASANOVA	OLIVER		SNRE	236	N	239
CASANOVA	AMIE		SNRE	236	N	239
CASANOVA	JOSEPH		SNRE	236	N	239
CASANOVA	VICTORIA		SNRE	236	N	239
CASANOVA	ISABELLA		SNRE	236	N	239
CASANOVA	BARNEY		SNRE	236	N	239
CASANOVA	ANTHONY		SNRE	236	N	239
CASE	EPHRAIM		SNAD	16	Y	266
CASE	CHRISTINA		SNAD	16	N	266
CASE	DANIEL		SNAD	16	N	266
CASE	GEORGE		SNAD	16	N	266
CASE	JOSEPH		SNAD	16	N	266
CASE	EDWARD		SNAD	16	N	266
CASE	HARRIET		SNAD	16	N	266
CASE	ELI		SNAD	16	N	266
CASE	EMMA		SNRE	231	Y	169
CASHNER	SUSAN		SNRE	231	Y	175
CASKEY	JOHN		SNED	100	Y	156
CASKEY	OLIVE		SNED	100	N	156
CASKEY	NETTIE		SNED	100	N	156
CASKEY	SAMUEL		SNED	100	N	156
CASLIN	ALEX		SNHO	113	Y	70
CASLIN	ARABELLA		SNHO	113	N	70
CASLIN	JOHN		SNHO	113	N	70
CASLIN	CATHERINE		SNHO	113	N	70
CASLIN	MARGARET		SNHO	113	N	70
CASLIN	ELENA		SNHO	113	N	70
CASLIN	ROBERT		SNHO	113	N	70
CASPER	JAMES	W	SNLI	158	Y	264
CASPER	ELVESTA	E	SNLI	158	N	264
CASPER	IRA	N	SNLI	158	N	264
CASPER	WILLIAM	F	SNLI	158	N	264
CASPER	JONAS		SNLI	158	Y	271
CASPER	CHRISTENA		SNLI	158	N	271
CASPER	JAMES	W	SNLI	158	Y	264
CASPER	ELVESTA	E	SNLI	158	N	264

LASTNAME	FIRSTNAME	MI	LOCATION	PAGE	HEAD	HHOLD
CASPER	IRA	N	SNLI	158	N	264
CASPER	WILLIAM	F	SNLI	158	N	264
CASPER	JONAS		SNLI	158	Y	271
CASPER	CHRISTENA		SNLI	158	N	271
CASSADY	EDWARD		SNAD	3	Y	48
CASSETY	SAMUEL		SNRE	224	Y	59
CASSETY	JOHN		SNRE	224	Y	59
CASSETY	HANNAH		SNRE	224	N	59
CAUGHAN	JOSEPH		SNSN	266	Y	122
CAUGHAN	MARGARET		SNSN	266	N	122
CAUGHAN	RUTIA		SNSN	266	N	122
CAUGHAN	IDA		SNSN	266	N	122
CAUGHLIN	MICHAEL		SNHO	113	Y	82
CAUGHLIN	ANNA		SNHO	114	N	82
CAUGHLIN	JAMES		SNHO	114	N	82
CAUGHLIN	JOHN		SNHO	114	N	82
CAUGHLIN	THOMAS		SNRE	233	Y	208
CAUGHLIN	MARGARET		SNRE	233	N	208
CAUGHLIN	ANN		SNRE	233	N	208
CAUGHLIN	MARY		SNRE	233	N	208
CAUGHLIN	MARGARET		SNRE	233	N	208
CAUGHLIN	THOMAS		SNRE	233	N	208
CAUGHLIN	PATRICK		SNRE	233	N	208
CAUGHLIN	AZMER ?		SNRE	233	N	208
CAUL	EDWARD		SNBL	59	Y	162
CAUL	LOUISA		SNBL	59	N	162
CAUL	ROBERT		SNBL	59	N	162
CAUL	JOHN		SNBL	59	N	162
CAUL	ISABELLA		SNBL	59	N	162
CAUL	STEPHEN		SNBL	59	N	162
CAUL	MARTHA		SNBL	59	N	162
CAUL	MARIA		SNBL	59	N	162
CAUL	ELIZA	J	SNBL	59	N	162
CAUL	HANNAH		SNBL	59	N	162
CEASAR	ANDREW		SNHO	109	Y	12
CEASAR	ELIZ		SNHO	109	N	12
CEASAR	PETER		SNHO	109	N	12
CEASAR	FRANK		SNHO	109	N	12
CEASAR	JOSEPH		SNHO	109	N	12
CEASAR	MARGARET		SNHO	109	N	12
CEASAR	THERESA		SNHO	109	N	12
CEASAR	CATHERINE		SNHO	109	N	12
CEASAR	ELIZ		SNHO	109	N	12
CEASAR	ANDREW		SNHO	109	N	12
CEASAR	SOPHIA		SNHO	109	N	12
CEASAR	ADAM		SNHO	109	N	12
CEASER	ROSA		SNW1	324	Y	247
CELIA	WILLIAM		SNSN	263	Y	55
CELIA	SARAH		SNSN	263	N	55
CELIA	HENRY		SNSN	263	N	55
CELIA	CHARLES		SNSN	263	N	55
CELIA	HENRY		SNSN	263	N	55
CESSONA	JONATHAN		SNLI	147	Y	86
CESSONA	ELIZA		SNLI	147	N	86
CESSONA	GEORGE	E	SNLI	147	N	86
CESSONA	JOHN	D	SNLI	147	N	86
CESSONA	JOSEPH	P	SNLI	147	N	86
CESSONA	SARAH	M	SNLI	147	N	86
CESSONA	JACKSON	J	SNLI	147	N	86
CESSONA	JONATHAN		SNLI	147	Y	86
CESSONA	ELIZA		SNLI	147	N	86
CESSONA	GEORGE	E	SNLI	147	N	86
CESSONA	JOHN	D	SNLI	147	N	86
CESSONA	JOSEPH	P	SNLI	147	N	86
CESSONA	SARAH	M	SNLI	147	N	86
CESSONA	JACKSON	J	SNLI	147	N	86
CEVICH	ANDREW		SNPL	213	Y	163
CEVICH	MAGDALENA		SNPL	213	N	163
CEVICH	EDWARD		SNPL	213	N	163
CHADWICK	MARY		SNHO	124	Y	256
CHAFFER	HIRAM		SNSC	251	Y	212
CHAFFER	MARIA		SNSC	251	N	212
CHALTER	ELISABETH		SNBL	57	Y	133
CHAMBERLAIN	ELIZA		SNED	105	Y	254
CHAMBERLAIN	SARAH		SNED	105	N	254
CHAMBERLAIN	EDGAR		SNED	105	Y	254
CHAMBERLAIN	WILLIS		SNED	105	N	254

LASTNAME	FIRSTNAME	MI	LOCATION	PAGE	HEAD	HHOLD
CHAMBERLAIN	JOHN		SNED	107	Y	300
CHAMBERLAIN	ROBERT		SNSC	256	Y	305
CHAMBERLAIN	ELIZABETH		SNSC	256	N	305
CHAMBERLAIN	LILLIE		SNSC	256	N	305
CHAMBERLAIN	IDA		SNSC	256	N	305
CHAMBERLAIN	HENRY		SNSC	256	Y	306
CHAMBERLAIN	FANNIE		SNSC	256	N	306
CHAMBERLAIN	JAMES		SNSN	265	Y	102
CHAMBERLAIN	CATHARINE		SNSN	265	N	102
CHAMBERLAIN	CHARLES		SNSN	265	N	102
CHAMBERLAIN	OLIVER		SNSN	265	N	102
CHAMBERLAIN	JAMES		SNSN	265	N	102
CHAMBERLAIN	WILLIAM		SNSN	265	N	102
CHAMBERLIN	S.		SNW1	342	Y	483
CHAMBERLIN	MARTHA		SNW1	342	N	483
CHAMBERLIN	OSKER	S.	SNW1	342	N	483
CHAMBERLIN	DOW	H.	SNW1	342	N	483
CHAMBERLIN	DUFF	J.	SNW1	342	N	483
CHAMBERLIN	J		SNW2	362	Y	181
CHAMBERLIN	MARTHA		SNW2	362	N	181
CHAMBERLIN	EZRA		SNW2	362	N	181
CHAMBERLIN	MARY		SNW2	362	N	181
CHAMBERLIN	WELLINGTON		SNW2	362	N	181
CHAMBERLIN	JEREMIAH		SNW2	362	N	181
CHAMBERLIN	AMANDA		SNRE	229	Y	149
CHAMBERLIN	IDA		SNRE	229	Y	149
CHANDLER	NELLIE		SNJA	132	Y	80
CHANDLER	REBECCA		SNJA	134	Y	129
CHANDLER	GODFREY		SNHO	109	Y	11
CHANDLER	THEODORE		SNHO	109	N	11
CHANDLER	JULIAS		SNHO	109	N	11
CHANDLER	SUSAN		SNVE	400	Y	328
CHANDLER	PHILIP		SNVE	400	Y	329
CHANERY	PERRY		SNLI	157	N	250
CHANEY	ROBERT		SNLI	148	Y	100
CHANEY	MARY	B	SNLI	148	N	100
CHANEY	ELLA	M	SNLI	148	N	100
CHANEY	JOHN		SNLI	148	Y	105
CHANEY	CATHARINE		SNLI	148	N	105
CHANEY	JACOB	T	SNLI	148	N	105
CHANEY	SUSAN		SNLI	148	N	105
CHANEY	MALISSA		SNLI	148	N	105
CHANEY	NANCY		SNLI	148	N	105
CHANEY	FRANCIS		SNLI	148	N	105
CHANEY	ELLEN		SNLI	148	N	105
CHANEY	SUSAN		SNLI	151	Y	144
CHANEY	WILLIAM		SNLI	157	Y	250
CHANEY	LOUIZA		SNLI	157	N	250
CHANEY	CHARLES		SNLI	157	N	250
CHANEY	GEORGE		SNW2	350	Y	7
CHANEY	LUCINDA		SNW2	350	N	7
CHANEY	NANCY	J	SNW2	350	N	7
CHANEY	MARY		SNW2	350	N	7
CHANEY	ALVIN		SNW2	350	N	7
CHANEY	CHARLES		SNW2	350	Y	7
CHANEY	ANN		SNW2	350	N	7
CHANEY	JESSE		SNW2	350	N	7
CHANEY	ROBERT		SNLI	148	Y	100
CHANEY	MARY	B	SNLI	148	N	100
CHANEY	ELLA	M	SNLI	148	N	100
CHANEY	JOHN		SNLI	148	Y	105
CHANEY	CATHARINE		SNLI	148	N	105
CHANEY	JACOB	T	SNLI	148	N	105
CHANEY	SUSAN		SNLI	148	N	105
CHANEY	MALISSA		SNLI	148	N	105
CHANEY	NANCY		SNLI	148	N	105
CHANEY	FRANCIS		SNLI	148	N	105
CHANEY	ELLEN		SNLI	148	N	105
CHANEY	SUSAN		SNLI	151	Y	144
CHANEY	WILLIAM		SNLI	157	Y	250
CHANEY	LOUIZA		SNLI	157	N	250
CHANEY	CHARLES		SNLI	157	N	250
CHANEY	PERRY		SNLI	157	N	250
CHAPLIN	LEWIS		SNPL	215	Y	187
CHAPMAN	EDWIN	N	SNLI	155	Y	215
CHAPMAN	ANN		SNLI	155	N	215
CHAPMAN	DANIEL		SNW2	366	Y	245

LASTNAME	FIRSTNAME	MI	LOCATION	PAGE	HEAD	HHOLD
CHAPMAN	ELIZABETH		SNW2	366	N	245
CHAPMAN	CHARLES		SNW2	366	N	245
CHAPMAN	HARRY		SNW2	366	N	245
CHAPMAN	EDWIN	N	SNLI	155	Y	215
CHAPMAN	ANN		SNLI	155	N	215
CHARLES	LUCIAN		SNBI	47	Y	364
CHARLES	JASPER		SNSC	243	Y	84
CHARLES	LAURA?		SNSC	243	N	84
CHARLES	LENOPHON?		SNSC	243	N	84
CHARLES	JOSEPH		SNSC	243	N	84
CHARLES	EMMA		SNSC	243	N	84
CHARLES	JOHN		SNSC	243	N	84
CHARLES	FRANK		SNSC	247	Y	147
CHARLES	JASPER		SNSC	254	Y	256
CHASE	FRANK		SNCL	78	Y	149
CHASE	BELL		SNCL	78	N	149
CHASE	ALBERT		SNCL	78	N	149
CHIDESTER	AMAZA		SNW1	331	Y	341
CHILCOTE	JOHN	W	SNLO	184	Y	63
CHILCOTE	MARY	H	SNLO	184	N	63
CHILCOTE	HARRY	A	SNLO	184	N	63
CHILCOTE	LAWRENCE	W	SNLO	184	N	63
CHILCOTE	JOSEPH		SNLO	193	Y	205
CHILCOTE	AMANDA		SNLO	193	N	205
CHILCOTE	DOUGLAS		SNLO	193	N	205
CHILCOTE	JOSEPH		SNLO	193	N	205
CHILCOTE	CLARA	B	SNLO	193	N	205
CHILCOTE	EDWIN	N	SNLO	199	Y	313
CHILCOTE	SAMUEL	M	SNLO	200	Y	337
CHILCOTE	SUSANNAH		SNLO	200	N	337
CHILCOTE	ALLEN		SNLO	200	N	337
CHILDS	ED		SNW2	376	Y	396
CHILDS	LUCY		SNW2	376	N	396
CHILDS	MARY		SNW2	377	N	396
CHILDS	FRANK		SNW2	377	N	396
CHILDS	ELIZA		SNW2	377	N	396
CHILDS	NATHANIEL		SNSC	254	Y	271
CHILDS	EMILY		SNSC	254	N	271
CHILDS	LETTIE		SNSC	254	N	271
CHILDS	FRANK		SNSC	254	N	271
CHITESTER	WILLIAM		SNW1	310	Y	47
CHITESTER	MARY		SNW1	310	N	47
CHITISTER	JULIA		SNW1	335	Y	401
CHITISTER	CORARELIA		SNW1	335	N	401
CHITISTER	GEORGE		SNW1	335	N	401
CHITISTER	HANNAH		SNW1	335	N	401
CHITISTER	FRIEND		SNW1	335	N	401
CHITTENDEN	JOHNSON		SNSC	246	Y	133
CHITTENDEN	ANN		SNSC	246	N	133
CHITTENDEN	EDWARD		SNSC	256	Y	304
CHITTENDEN	ADDA		SNSC	256	N	304
CHITTENDEN	CHARLY		SNSC	256	N	304
CHITTENDEN	NELLIE		SNSC	256	N	304
CHITTENDON	ASHBEL		SNSC	256	Y	300
CHITTENDON	CASANDRA		SNSC	256	N	300
CHRIST	JOSEPH		SNW1	312	Y	79
CHRIST	SUSANA		SNW1	312	N	79
CHRIST	LOUISA		SNW1	312	N	79
CHRIST	ANN		SNW1	312	N	79
CHRIST	BLAZEN		SNW1	312	Y	82
CHRIST	JOSEPHINE		SNW1	312	N	82
CHRIST	PETER		SNW1	315	Y	119
CHRIST	REBECCA		SNW1	315	N	119
CHRIST	PETER		SNW1	315	N	119
CHRIST	ANTHONY		SNW1	320	Y	180
CHRIST	CATHARINE		SNW1	320	N	180
CHRIST	MARY		SNW1	320	N	180
CHRIST	JOSEPH		SNW1	320	N	180
CHRIST	JOHN		SNW1	320	N	180
CHRIST	JOHN		SNW1	320	Y	195
CHRIST	SUSANA		SNW1	320	N	195
CHRIST	EMMA		SNW1	320	N	195
CHRIST	JOSEPH		SNW1	339	Y	448
CHRIST	LANA		SNW1	339	N	448
CHRIST	LANA		SNW1	339	N	448
CHRIST	LANA		SNW1	342	Y	484
CHRIST	ANTHONY		SNW2	360	Y	153

LASTNAME	FIRSTNAME	MI	LOCATION	PAGE	HEAD	HHOLD
CHRIST	MAGDALENA		SNW2	360	N	153
CHRIST	LANA		SNW2	360	N	153
CHRIST	FRANK		SNW2	360	N	153
CHRIST	ANDREW		SNW2	360	N	153
CHRIST	WILLIAM		SNW2	360	N	153
CHRIST	MARY		SNW2	236	N	153
CHRISTLIP	MARY		SNW1	329	Y	314
CHRISTY	LEWIS		SNHO	116	Y	126
CHURCH	MARGARET		SNCL	78	Y	144
CHURCH	LUTHER		SNSC	243	Y	81
CIRILLEA?	MARY		SNTH	288	Y	108
CLACE	JAMES		SNED	102	Y	208
CLACE	ELIZABETH		SNED	102	N	208
CLACE	DELILAH		SNED	102	N	208
CLACE	ALICE		SNED	102	N	208
CLACE	JACOB		SNED	103	N	208
CLAGGETT	MARY		SNPL	214	Y	185
CLAGGETT	PERRY	H	SNPL	214	N	185
CLAGGETT	CONEL		SNPL	214	N	185
CLAMFOOS?	LIIZIE		SNTH	284	Y	33
CLANCY	MICHAEL		SNLO	193	Y	207
CLANCY	LOUISA		SNLO	193	N	207
CLANCY	DAVID		SNLO	193	N	207
CLANCY	HELLEN		SNLO	193	N	207
CLANCY	JOSEPH		SNLO	193	N	207
CLANCY	MARY		SNLO	193	N	207
CLAPPER	CATHERINE		SNBI	36	Y	216
CLAPPER	ABRAHAM		SNBI	36	N	216
CLAPPER	JOHN		SNBI	36	Y	217
CLAPPER	MARGARET		SNBI	36	N	217
CLAPPER	MARY		SNBI	36	N	217
CLAPPER	HENRY		SNBI	36	N	217
CLAPPER	LAURA		SNBI	36	N	217
CLAPPER	JOSEPH		SNBI	36	N	217
CLAPPER	ROSIE		SNBI	36	N	217
CLAPPER	ALBERT		SNBI	36	N	217
CLAPPER	CHARLES		SNBI	36	N	217
CLAPPER	EMMA		SNBI	36	N	217
CLAPPER	ANNA		SNBI	36	N	217
CLAPPER	JOHN		SNBI	36	N	217
CLAPPER	CAROLINE		SMW1	330	Y	335
CLARK	MARY		SNBI	35	Y	211
CLARK	JERUSHA		SNJA	129	Y	38
CLARK	MARY		SNLO	186	Y	92
CLARK	MARY		SNLO	196	Y	259
CLARK	JACOB		SNLO	196	N	259
CLARK	ANNA	J	SNLO	196	N	259
CLARK	ROBERT		SNW1	339	Y	449
CLARK	MARY		SNW1	339	N	449
CLARK	SYLVESTER		SNW2	350	Y	6
CLARK	ELIZABETH		SNW2	350	N	6
CLARK	CHARLES		SNW2	350	N	6
CLARK	EDWARD		SNW2	350	N	6
CLARK	PAULINE		SNW2	350	N	6
CLARK	SUSAN		SNW2	350	N	6
CLARK	EYRA		SNW2	376	Y	394
CLARK	MARY		SNW2	376	N	394
CLARK	ARAVILLA		SNED	89	Y	1
CLARK	HANNAH		SNED	89	Y	2
CLARK	SARAH		SNED	99	Y	146
CLARK	MARGARET		SNED	99	N	146
CLARK	NANCY		SNED	99	N	146
CLARK	MARY		SNED	103	Y	213
CLARK	SAMANTHA		SNED	107	Y	282
CLARK	LYMAN		SNPL	205	Y	39
CLARK	ISABELL		SNPL	205	N	39
CLARK	SARAH	E	SNPL	205	N	39
CLARK	ORDELLA		SNPL	205	N	39
CLARK	EMMA		SNPL	205	N	39
CLARK	IDA	M	SNPL	205	N	39
CLARK	HENRY		SNPL	209	Y	98
CLARK	MARGARET		SNPL	209	N	98
CLARK	GEORGE		SNPL	209	N	98
CLARK	HENRY JR		SNPL	209	Y	99
CLARK	SARAH		SNPL	209	N	99
CLARK	LAFAYETTE		SNPL	209	N	99
CLARK	MARY		SNPL	209	N	99

LASTNAME	FIRSTNAME	MI	LOCATION	PAGE	HEAD	HHOLD
CLARK	WINFIELD		SNPL	209	N	99
CLARK	D	H	SNPL	218	Y	230
CLARK	SARAH		SNPL	218	N	230
CLARK	EDWARD		SNPL	218	N	230
CLARK	PINKNY		SNPL	218	Y	231
CLARK	EBBA		SNPL	218	N	231
CLARK	THOMAS		SNPL	219	Y	250
CLARK	SUSAN	A	SNPL	219	N	250
CLARK	WILLIAM		SNSC	247	Y	162
CLARK	JANE		SNSC	247	N	162
CLARK	HANAH		SNSC	247	N	162
CLARK	CHRISTY		SNSC	248	N	162
CLARK	JANE		SNSC	248	N	162
CLARK	HANAH		SNSC	248	N	162
CLARK	JACOB		SNBL	52	Y	66
CLARK	MARY	A	SNBL	52	N	66
CLARK	AMANDA		SNBL	52	N	66
CLARK	MARTHA		SNBL	52	N	66
CLARK	CHARLES		SNBL	52	N	66
CLARK	ANN		SNBL	55	Y	95
CLARK	MARK		SNBL	55	N	95
CLARK	OLIVE		SNRE	224	Y	54
CLARK	GEORGE		SNRE	224	Y	54
CLARK	SARAH		SNRE	224	N	54
CLARK	DAVID		SNVE	380	Y	3
CLARK	CHRISTINA		SNVE	380	N	3
CLARK	ELI		SNSN	261	Y	29
CLARK	ELIZABETH		SNSN	261	N	29
CLARKE	MATHEW	J	SNRE	223	Y	49
CLARKE	JOHN		SNRE	223	Y	50
CLARKE	ELLEN		SNRE	223	N	50
CLARKE	FRANK		SNRE	223	N	50
CLARKE	ANA		SNRE	223	N	50
CLARKE	SARAH	E	SNRE	223	N	50
CLATZ (?)	ANNA		SNJA	136	y	151
CLAUDE	JOSEPH		SNSC	238	Y	6
CLAUSEN	AARON		SNCL	83	Y	226
CLAUSEN	ANNA		SNCL	83	N	226
CLAUSEN	ELIZA	E.	SNCL	83	N	226
CLAUSEN	HENRY		SNCL	84	N	226
CLAUSEN	ANNA		SNCL	84	N	226
CLAUSEN	LOUIS		SNCL	84	N	226
CLAUSEN	MARY	E.	SNCL	84	N	226
CLAUSEN	ROSA		SNCL	84	N	226
CLAY	JOHN	H	SNLO	173	Y	152
CLAY	RUTH		SNLO	173	N	152
CLAY	ELIZABETH		SNLO	174	N	152
CLAY	LAURA		SNW1	348	Y	560
CLAY	AMANDA		SNW1	348	N	560
CLAY	AMOS		SNSC	239	Y	16
CLAY	MAUDA		SNSC	239	N	16
CLAY	WALLACE		SNSC	239	N	16
CLAY	DESILLEN		SNSC	239	N	16
CLAY	ALBERT		SNSC	239	N	16
CLAY	JOHN		SNSC	245	Y	123
CLAY	ELLEN		SNSC	245	N	123
CLAY	ELI		SNSC	245	N	123
CLAY	EMMA		SNSC	245	N	123
CLAY	ENOS		SNSC	245	N	123
CLAY	SUSAN		SNSC	245	N	123
CLAY	ISAAC		SNSC	245	Y	125
CLAY	ADAM		SNHO	119	Y	181
CLAY	MARY		SNHO	119	N	181
CLAY	WILLIAM		SNHO	119	N	181
CLAY	ROSA		SNHO	119	N	181
CLAY	ELIZ		SNHO	119	N	181
CLAY	CHARLES		SNHO	119	N	181
CLAY	JOHN		SNHO	119	N	181
CLAY	JOSEPH		SNHO	119	N	181
CLAY	FRANCIS		SNHO	119	N	181
CLAY	BENJAMIN		SNHO	123	Y	246
CLAY	MELISSA		SNHO	123	N	246
CLAY	RALLEY		SNHO	123	N	246
CLAY	HOWARD		SNHO	123	N	246
CLAY	LAFAYETT		SNRE	225	Y	69
CLAY	MANERVA	A	SNRE	225	N	69
CLAY	DAVID		SNRE	227	Y	106

LASTNAME	FIRSTNAME	MI	LOCATION	PAGE	HEAD	HHOLD
CLAY	ELIZABETH		SNRE	227	N	106
CLAY	ELIZABETH		SNRE	227	N	106
CLAY	LUCY		SNRE	227	N	106
CLAY	EDSON		SNRE	227	N	106
CLAY	LUELLA		SNRE	227	N	106
CLAYBAUGH	DANIEL		SNSN	268	Y	154
CLAYBAUGH	SUSAN		SNSN	268	N	154
CLAYBAUGH	CLARISSA		SNSN	268	N	154
CLAYBAUGH	EMMA		SNSN	268	N	154
CLAYBAUGH	MARTHA		SNSN	268	N	154
CLAYBAUGH	MARY		SNSN	268	N	154
CLAYBAUGH	JAMES		SNSN	268	N	154
CLAYBAUGH	ROSE		SNSN	268	N	154
CLAYMYER	JOSEPH		SNBL	53	Y	78
CLAYMYER	ANNIE		SNBL	53	N	78
CLAYMYER	FREDRICK		SNBL	53	N	78
CLAYMYER	JOSEPH		SNBL	53	N	78
CLAYMYER	MALCOM		SNBL	53	N	78
CLAYMYER	FREDRIKA		SNBL	53	N	78
CLAYMYER	PAULINEA		SNBL	53	N	78
CLAYMYER	ELISABETH		SNBL	53	N	78
CLAYTON	WILLIAM		SNSN	263	Y	53
CLEATING	JOHN		SNLO	184	Y	56
CLEGETT	JOHN		SNPL	208	Y	84
CLEGETT	JULIETT		SNPL	208	N	84
CLEGETT	JAMES		SNPL	208	N	84
CLEIGHT	WILLIAM		SNSN	274	Y	247
CLEIGHT	SAVILLA		SNSN	274	N	247
CLEIGHT	JOSEPH		SNSN	274	N	247
CLEMENCE	WILLIAM		SNAD	2	Y	22
CLEMENS	ADAM		SNLO	167	Y	70
CLEMENS	SUSAN		SNLO	167	N	70
CLEMENS	JOSEPH		SNLO	167	N	70
CLEMENS	DAVID		SNLO	167	N	70
CLEMENS	ALICE		SNLO	167	N	70
CLEMENS	ISAAC	N	SNLO	167	N	70
CLEMENS	WILLIAM		SNTH	292	Y	172
CLEMENS	MARY		SNTH	292	N	172
CLEMENS	LYMAN		SNTH	292	N	172
CLEMENS	CLARA		SNTH	292	N	172
CLEMENS	LUCINDA		SNTH	292	N	172
CLEMENS	ROSA		SNTH	292	N	172
CLEMENS	CHARLES		SNTH	292	N	172
CLEMENS	JULIA		SNTH	292	N	172
CLEMENS	ALICE		SNTH	292	N	172
CLEMENS	JOSEPH		SNTH	296	Y	224
CLEMENS	CAROLINE		SNTH	296	N	224
CLEMENS	LEVI		SNTH	296	N	224
CLEMENS	ISABEL		SNTH	296	N	224
CLEMENS	ELDORA		SNTH	296	N	224
CLEMENS	HENRY		SNTH	296	N	224
CLEMENS	ANDREW		SNTH	296	N	224
CLESTR?	ZACHARIAH		SNPL	212	Y	139
CLESTR?	REBECCA		SNPL	212	N	139
CLESTR?	MATILDA		SNPL	212	N	139
CLETTER	EMMA		SNLI	158	Y	252
CLETTER	EMMA		SNLI	158	Y	252
CLEVEDAINE	SAMUEL		SNCL	71	Y	38
CLEVEDANCE	HIRAM		SNW1	322	Y	224
CLEVEDANCE	MARTHA		SNW1	322	N	224
CLEVEDANCE	LELA		SNW1	322	N	224
CLEVEDANCE	GEO		SNPL	206	Y	54
CLEVEDANCE	ELLEN		SNPL	206	N	54
CLEVEDANCE	JOSIAH		SNPL	206	N	54
CLIFFORD	CATURU ?		SNCL	81	Y	188
CLIFFORD	EMILY		SNED	104	Y	236
CLINE	ISAAC		SNBI	39	Y	259
CLINE	ELIZ		SNBI	39	N	259
CLINE	NETTIE		SNBI	39	N	259
CLINE	J	W	SNBI	44	Y	326
CLINE	ELIZ		SNBI	44	N	326
CLINE	ALSINA		SNBI	44	N	326
CLINE	ELLA		SNBI	44	N	326
CLINE	IDA		SNBI	44	N	326
CLINE	ROSA		SNBI	44	N	326
CLINE	CALLIE		SNBI	44	N	326
CLINE	JAMES		SNBI	45	Y	341

LASTNAME	FIRSTNAME	MI	LOCATION	PAGE	HEAD	HHOLD
CLINE	SOPHIA		SNBI	45	N	341
CLINE	ETTIE		SNBI	45	N	341
CLINE	IRA		SNED	103	Y	219
CLINE	HANNAH		SNED	103	N	219
CLINE	ELIZA		SNED	103	N	219
CLINE	WILLIAM		SNED	103	N	219
CLINE	MARY		SNED	103	N	219
CLINE	NETTIE		SNED	103	N	219
CLINE	SARAH		SNED	103	Y	220
CLINE	ELICIAS		SNHO	111	Y	31
CLINE	SOPHIA		SNHO	111	N	31
CLINE	MARY		SNHO	111	N	31
CLINE	ROSA		SNHO	111	N	31
CLINE	GEORGE		SNHO	111	N	31
CLINE	JAMES		SNHO	111	N	31
CLINE	DAVID		SNHO	111	N	31
CLINE	JOHN		SNHO	111	Y	32
CLINE	ELIZ		SNHO	111	N	32
CLINE	WILLIAM		SNHO	111	N	32
CLINE	DAVID		SNSN	268	Y	161
CLINE	REBECCA		SNSN	268	N	161
CLINE	ISABELLA		SNSN	268	N	161
CLINE	BENJAMIN		SNSN	268	Y	162
CLINE	MARTHA		SNSN	268	N	162
CLINE	EMMA		SNSN	269	N	162
CLINE	WALTER		SNSN	269	N	162
CLINGMAN	SARAH		SNED	103	Y	221
CLOSE	LEVI		SNTH	293	Y	187
CLOSE	SARAH		SNTH	293	N	187
CLOSE	WILLIAM		SNTH	293	N	187
CLOSE	DELPH?		SNTH	293	N	187
CLOSE	CLOID		SNTH	295	Y	188
CLOSE	EPHRIAM		SNTH	300	Y	276
CLOSE	ELIZABETH		SNTH	300	N	276
CLOSE	JACOB		SNTH	300	N	276
CLOSE	MAY		SNTH	300	N	276
CLOSE	JOHN		SNTH	300	N	276
CLOSE	MONA		SNTH	300	N	276
CLOSE	DANIEL		SNTH	300	N	276
CLOSE	LOUISA		SNTH	300	N	276
CLOSE	HENRY		SNTH	300	N	276
CLOSE	LAURA		SNTH	300	N	276
CLOSE	ROBERT		SNTH	306	Y	352
CLOSE	MARY		SNTH	306	N	352
CLOSE	EMMA		SNTH	306	N	352
CLOSE	DANIEL		SNTH	306	N	352
CLOUSE	CATHERINE		SNBI	38	Y	250
CLOUSE	JOHN		SNBI	38	N	250
CLOUSE	MARY		SNBI	38	N	250
CLOUSE	JOSEPH		SNBI	38	N	250
CLOUSE	PETER		SNBI	38	N	250
CLOUSE	CATHERINE		SNBI	38	N	250
CLOUSE	THERESA		SNBI	38	N	250
CLOUSE	LENA		SNBI	38	N	250
CLOUSE	JOSEPHINE		SNBI	38	N	250
CLOUSE	CHARLES		SNTH	294	Y	196
CLOUSE	MARY		SNTH	294	N	196
CLOUSE	CHARLES		SNTH	294	N	196
CLOUSE	GEORGE		SNTH	294	Y	197
CLOUSE	CATHARINE		SNTH	294	N	197
CLOUSE	WILLIAM		SNTH	294	N	197
CLOUSE	MATTHIAS		SNTH	294	Y	198
CLOUSE	MARIA		SNTH	294	N	198
CLOUSE	MARION		SNTH	294	N	198
CLOUSE	JOHN		SNSN	268	Y	147
CLOUSE	SUSAN		SNSN	268	N	147
CLOUSE	MICHAEL		SNSN	268		147
CLOUSE	JOHN		SNSN	268	N	147
CLOUSE	NICHOLAS		SNSN	268	N	147
CLOUSE	JOHN	B.	SNSN	268	N	147
CLOUSE	FANNIE		SNSN	268	N	147
CLOUSE	JOHN		SNSN	274	Y	249
CLOUSE	THERESA		SNSN	274	N	249
CLOUSE	PETER		SNSN	274	N	249
CLOUSE	THERESA		SNSN	274	N	249
CLOUSE	MARGARET		SNSN	274	N	249
CLOUSE	CATHARINE		SNSN	274	N	249

LASTNAME	FIRSTNAME	MI	LOCATION	PAGE	HEAD	HHOLD
CLOUSE	JOHN		SNSN	274	N	249
CLOUSE	MICHAEL		SNSN	274	N	249
CLOUSE	ANNA		SNSN	274	N	249
CLOUSEN	ELIJA	L.	SNCL	80	Y	166
CLOUSEN	MARY		SNCL	80	N	166
CLOUSEN	ABNER		SNCL	80	N	166
CLOUSEN	ELMIRA		SNCL	80	N	166
CLOUSEN	IRVIN		SNCL	80	N	166
CLOUSEN	EBNOR		SNCL	85	Y	240
CLOUSER	ENOCH		SNCL	83	Y	222
CLOUSER	ANN	M.	SNCL	83	N	222
CLOUSER	AMANDA	C.	SNCL	83	N	222
CLOUSER	EMMA	J.	SNCL	83	N	222
CLOUSER	CORA	A.	SNCL	83	N	222
CLOUSER	AMMON	A.	SNCL	83	N	222
CLOUSER	MARTHA		SNCL	83	N	222
CLOUSER	DEBBIE		SNED	89	Y	9
CLUPP	NICHOLAS		SNW1	312	Y	69
CLUPP	BARBARA		SNW1	312	N	69
CLUPP	JOHN		SNW1	312	N	69
CLUPP	ANTHONY		SNW1	312	N	69
COAKLEY	CATHARINE		SNW1	337	Y	426
COAKLEY	JOANNA		SNW1	337	N	426
COAKLEY	MARY		SNW1	337	N	426
COAKLEY	JOHN		SNW1	337	N	426
COBBY	JOSEPH		SNED	107	Y	289
COBBY	SARAH		SNED	107	N	289
COBBY	MARY		SNED	107	N	289
COBBY	JESSIE		SNED	107	N	289
COBERT	ABIGAIL		SNSC	254	Y	274
COBERT	HARRIS		SNSC	255	N	274
COBLER	FRANK		SNSN	275	Y	257
COBLER	SARAH		SNSN	275	N	257
COBLER	MARY		SNSN	275	N	257
COBLER	CATHARINE		SNSN	275	N	257
COBLER	FRANK		SNSN	275	N	257
COBY	FITZEN ?		SNTH	296	Y	215
COBY	ELIZABETH		SNTH	296	N	215
COCHARD	DAVID		SNJA	130	Y	50
COCHARD	MARY	A.	SNJA	130	N	50
COCHARD	ELLA	M.	SNJA	130	N	50
COCHARD	CORNELIUS		SNJA	130	N	50
COCHARD	SARAH	E.	SNJA	130	N	50
COCHARD	EMMA	A.	SNJA	130	N	50
COCHARD	CHARLES	D.	SNJA	130	N	50
COCHARD	FRANK	U.	SNJA	130	N	50
COCHARD	CORA	M.	SNJA	130	N	50
COCHARD	MARY	R.	SNJA	130	N	50
COE	ABBIAH		SNCL	84	Y	229
COE	SAMUEL		SNLO	197	Y	277
COFFILL	JAMES		SNVE	399	Y	308
COFFILL	REBECCA		SNVE	399	N	308
COFFILL	WILLIAM		SNVE	399	N	308
COFFILL	CHARLES	M.	SNVE	399	N	308
COFFILL	ALFRETTA		SNVE	399	N	308
COFFILL	ALBERT		SNVE	399	N	308
COFFILL	MELVIN	L.	SNVE	399	N	308
COFFMAN	EMMA		SNCL	78	Y	145
COFFMAN	PETER		SNAD	16	Y	270
COFFMAN	ANNA		SNAD	16	N	270
COFFMAN	CHARLES		SNAD	16	N	270
COFFMAN	ARTHUR		SNAD	16	N	270
COFFMAN	JOSEPH		SNAD	19	Y	309
COFFMAN	FANNY		SNAD	19	N	309
COFFMAN	JOHN	A	SNSC	247	Y	155
COFFMAN	MARY		SNSC	247	N	155
COFFMAN	DANIEL		SNSC	247	N	155
COFFMAN	ISIAH		SNSC	249	Y	180
COFFMAN	MARY		SNSC	249	N	180
COFFMAN	DANIEL		SNSC	249	N	180
COGG	BARBARA		SNW2	376	Y	392
COLE	EDWIN	P	SNLI	162	Y	339
COLE	AZSIBAH	A	SNLI	162	N	339
COLE	SARAH	L	SNLI	162	N	339
COLE	ABRAHAM		SNAD	4	Y	57
COLE	ISAAC		SNW1	312	Y	71
COLE	IREAN		SNW1	312	N	71

LASTNAME	FIRSTNAME	MI	LOCATION	PAGE	HEAD	HHOLD
COLE	MARTHA		SNW1	312	N	71
COLE	JAMES	H.	SNW1	344	Y	515
COLE	HARRIET		SNW1	344	N	515
COLE	MINTIE		SNW1	344	N	515
COLE	RICHARD		SNED	100	Y	171
COLE	MALINDA		SNED	100	N	171
COLE	MERTIE		SNED	100	N	171
COLE	ELISHA		SNED	103	Y	225
COLE	PERSILA		SNED	103	N	225
COLE	MARY		SNED	103	N	225
COLE	LUCRETIA		SNED	103	N	225
COLE	GEORGE		SNED	103	Y	225
COLE	HARVEY		SNED	103	Y	225
COLE	SIMEON		SNSC	252	Y	228
COLE	NATHAN		SNSC	255	Y	289
COLE	MARIA		SNSC	255	N	289
COLE	JOHN		SNSC	255	N	289
COLE	ETTIE		SNSC	255	N	289
COLE	EDWIN	P	SNLI	162	Y	339
COLE	AZSIBAH	A	SNLI	162	N	339
COLE	SARAH	L	SNLI	162	N	339
COLE	HULDAH		SNRE	226	Y	97
COLE	WILLIAM		SNRE	230	Y	164
COLE	REBECCA		SNRE	230	N	164
COLE	MILTON	C	SNRE	230	N	164
COLE	WILLIAM		SNRE	230	N	164
COLE	IDA	L	SNRE	230	N	164
COLE	WILBER		SNRE	230	N	164
COLE	JOSEPH		SNRE	231	Y	164
COLE	NANCY		SNRE	231	N	164
COLE	BENJAMIN	F	SNRE	231	N	164
COLE	JOHN	W	SNRE	231	N	164
COLE	CATHARINE	M	SNRE	231	N	164
COLE	JOSEPH	W	SNRE	231	N	164
COLE	ELZA	A	SNRE	231	N	164
COLE	BENJAMIN		SNRE	233	Y	193
COLE	JANE		SNRE	233	N	193
COLE	JAMES		SNRE	233	Y	193
COLE	JOHN		SNRE	233	N	193
COLE	PRISCILLA		SNRE	233	N	193
COLE	EDWARD		SNRE	235	Y	233
COLE	MARY		SNRE	235	N	233
COLE	VANRAUSER		SNRE	235	N	233
COLE	HARRIS		SNRE	235	N	233
COLE	WILLIE		SNRE	235	N	233
COLE	HARRISON		SNRE	235	Y	237
COLE	AN	ELIZ	SNRE	235	N	237
COLE	HARRIET		SNRE	235	N	237
COLEMAN	MIRA		SNED	107	Y	285
COLEMAN	MICHAEL		SNSN	276	Y	271
COLEMILLER	MARY		SNW1	323	Y	235
COLLET	FRANK		SNBI	33	Y	177
COLLET	VICTORIA		SNBI	33	N	178
COLLET	KATIE		SNBI	33	N	178
COLLET	MARY		SNBI	33	N	178
COLLET	JOSEPHINE		SNBI	33	N	178
COLLET	THEODORE		SNBI	33	N	178
COLLET	ORIUS		SNBI	33	N	178
COLLET	FRANCIS		SNBI	33	N	178
COLLET	AUGUST		SNBI	33	N	178
COLLET	JOHN		SNBI	33	N	178
COLLET	JACOB		SNBI	33	N	178
COLLINS	MICHAEL		SNCL	82	Y	201
COLLINS	JOANNA		SNCL	82	N	201
COLLINS	FRANCIS		SNCL	82	N	201
COLLINS	MARY		SNCL	82	N	201
COLLINS	WILLIAM		SNCL	82	N	201
COLLINS	KATE		SNCL	82	N	201
COLLINS	THOMAS		SNCL	82	N	201
COLLINS	JAMES		SNCL	82	N	201
COLLINS	MICHAEL		SNCL	82	N	201
COLLINS	LAURA		SNLO	181	Y	5
COLLINS	THOMAS		SNW2	350	Y	13
COLLINS	BRIDGET		SNW2	350	N	13
COLLINS	JOSEPH		SNW2	350	N	13
COLLINS	THOMAS		SNW2	350	N	13
COLLINS	ELLEN		SNW2	350	N	13

LASTNAME	FIRSTNAME	MI	LOCATION	PAGE	HEAD	HHOLD
COLLINS	ELLEN		SNW2	368	Y	266
COLLINS	MARY		SNW2	368	N	266
COLLINS	JOSEPH		SNW2	368	N	266
COLLINS	LOTTIE		SNTH	307	Y	369
COLLINS	ELLA		SNTH	307	N	369
COLLISTER	SAML		SNPL	219	Y	243
COLLISTER	FRANCIS		SNPL	219	N	243
COLLON/CALLOW	DANIEL		SNPL	212	Y	140
COLLON/CALLOW	MARGARET		SNPL	212	N	140
COLLON/CALLOW	MARGARET		SNPL	212	N	140
COLLON/CALLOW	MINNIE		SNPL	212	N	140
COLMAN	ADAM		SNBI	72	Y	92
COLMAN	JOHN		SNBI	27	N	92
COLMAN	ANNA		SNBI	27	N	92
COLMAN	JOSEPH		SNBI	27	N	92
COLMAN	CATHERINE		SNBI	27	N	92
COLOMY	MARY		SNCL	73	Y	63
COLOMY	MANLEY		SNW1	348	Y	563
COLOMY	MARY		SNW1	348	N	563
COLOMY	JENNIE		SNW1	348	N	563
COLTER	RICHARD		SNW2	350	Y	8
COLTER	BRIDGET		SNW2	350	N	8
COLTER	MARGARET		SNW2	350	N	8
COLTHURST	WILLIAM		SNLO	173	Y	145
COLTHURST	MARY		SNLO	173	N	145
COLTHURST	CHARLOTTE		SNLO	173	N	145
COLTHURST	AGNES		SNLO	173	N	145
COLWELL	NATHAN		SNSC	254	Y	259
COLWELL	SARAH		SNSC	254	N	259
COLWELL	ANSON?		SNSC	254	N	259
COLZER	B	F	SNED	103	Y	217
COMBS	SIMON?		SNLO	190	Y	146
COMBS	SARAH	A	SNLO	190	N	146
COMBS	MARY		SNLO	190	N	146
COMBS	SARAH	J	SNLO	190	N	146
COMBS	MARYELLA		SNLO	190	N	146
COMBS	MATTA	D	SNLO	190	N	146
COMBS	HOMER		SNLO	201	Y	350
COMEALY	NICK		SNW2	362	Y	177
COMEALY	MICHAEL		SNW2	362	N	177
COMER	ADAM		SNBL	54	Y	92
COMER	NANCY		SNBL	54	N	92
COMER	ESTER		SNBL	54	N	92
COMER	JOHN	W	SNBL	54	N	92
COMICK	LEWIS		SNVE	387	Y	102
COMICK	MARTHA	A	SNVE	387	N	102
COMICK	FRANCES		SNVE	387	N	102
COMICK	JOHN		SNVE	387	N	102
COMICK	GEORGE		SNVE	387	N	102
COMICK	WILLIAM	H	SNVE	387	N	102
COMICK	LEWIS	A	SNVE	387	N	102
COMICK	JAMES	C	SNVE	387	N	102
COMICK	ALLEN		SNVE	387	N	102
COMICK	FRED		SNVE	387	N	102
COMOL?	LIZZIE		SNSC	240	Y	40
COMPANY	PETER		SNBI	33	Y	181
COMPANY	MARY		SNBI	33	N	181
COMPTON	JOHN		SNVE	395	Y	232
COMPTON	MARTHA		SNSN	262	Y	40
CONDER	HALDO		SNPL	203	Y	3
CONKLE	TREACY		SNCL	73	Y	66
CONNER	JOHN	W	SNLO	193	Y	193
CONNER	SYLVIA	A	SNLO	193	N	193
CONNER	ADDIE		SNLO	193	N	193
CONNER	WILLIAM		SNLO	193	N	193
CONNER	VIDA	M	SNLO	193	N	193
CONNER	LEWIS		SNLO	193	N	193
CONNER	JOHN		SNLO	193	N	193
CONNER	MICHAEL	W	SNLO	196	Y	254
CONNER	MARTHA	J	SNLO	196	N	254
CONNER	ANNA	E	SNLO	196	N	254
CONNER	IDA	B	SNLO	196	N	254
CONNER	MARY		SMW1	345	Y	537
CONNERS	JERRY		SNW2	355	Y	82
CONNERS	MARY		SNW2	355	N	82
CONNERS	THOMAS		SNW2	355	N	82
CONNERS	JEREMIAH		SNW2	368	Y	267

LASTNAME	FIRSTNAME	MI	LOCATION	PAGE	HEAD	HHOLD
CONNERS	CORNELIUS		SNW2	368	N	267
CONNERS	HANNAH		SNW2	368	N	267
CONNERS	ANNA		SNW2	368	N	267
CONNERS	THOMAS		SNW2	368	N	267
CONRAD	LORE	A.	SNCL	84	Y	226
CONRAD	DANIEL		SNCL	84	Y	237
CONRAD	ELIZABETH		SNCL	84	N	237
CONRAD	HIRAM		SNCL	84	N	237
CONRAD	MATILDA		SNCL	84	N	237
CONRAD	CORA		SNCL	84	N	237
CONRAD	REUBEN		SNED	89	Y	14
CONRAD	ELIZABETH		SNED	89	N	14
CONRAD	DANIEL		SNED	89	N	14
CONRAD	EMMA		SNED	90	N	14
CONRAD	ELLEN		SNED	90	N	14
CONRAD	CLEMENT		SNED	90	N	14
CONRAD	MARY		SNED	90	N	14
CONRAD	JAMES		SNED	90	N	14
CONRAD	DON		SNTH	288	Y	107
CONRAD	WILLIAM		SNED	89	N	14
CONSER	ELDER		SNTH	286	Y	80
CONSER	KATIE		SNTH	286	N	80
CONSER	WILLIAM		SNTH	286	N	80
CONSER	LIBBIE		SNTH	286	N	80
CONSER	ELIZA		SNTH	286	N	80
CONSER	MATILDA		SNTH	286	N	80
CONSER	SAMUEL		SNTH	286	Y	81
COODER	WILLIAM		SNW2	352	Y	41
COODER	JANE		SNW2	352	N	41
COODER	JESSIE		SNW2	352	N	41
COODER	FRANCES		SNW2	352	N	41
COODER	JAMES		SNW2	354	Y	72
COODER	MARIA		SNW2	354	N	72
COODER	ALICE		SNW2	354	N	72
COODER	LAURA		SNW2	354	N	72
COOK	ADAM		SNCL	69	Y	8
COOK	MATILDA		SNCL	83	Y	216
COOK	ALLAN		SNCL	83	N	216
COOK	CYNTHIA		SNBI	31	Y	151
COOK	MARION		SNBI	31	N	151
COOK	LUELLA		SNBI	31	N	151
COOK	ORLANDO		SNBI	31	Y	152
COOK	MARY		SNBI	31	N	152
COOK	FRANK		SNBI	31	N	152
COOK	JOHN		SNLI	144	Y	36
COOK	MALISSA		SNLI	144	N	36
COOK	ETTA	A	SNLI	144	N	36
COOK	JOHN		SNLI	151	Y	152
COOK	MELISSA		SNLI	151	N	152
COOK	EDNA		SNLI	151	N	152
COOK	MARY	L.	SNJA	128	Y	33
COOK	NETTIE	E.	SNJA	128	N	33
COOK	IDA	R.	SNJA	130	Y	53
COOK	ISAAC		SNJA	131	Y	75
COOK	ELIZABETH		SNJA	131	N	75
COOK	SARAH	J.	SNJA	131	N	75
COOK	LUSINDA	E.	SNJA	131	N	75
COOK	WILLIAM		SNJA	134	Y	126
COOK	MATILDA		SNJA	134	N	126
COOK	ISAAC		SNJA	134	N	126
COOK	ALVIRA		SNJA	134	N	126
COOK	JOHN	W	SNW1	330	Y	334
COOK	EMMA		SNW1	330	N	334
COOK	CHARLES		SNW1	330	N	334
COOK	HATTIE		SNW1	330	N	334
COOK	GEORGE		SNW1	330	N	334
COOK	SAMUEL		SNW1	337	Y	426
COOK	JANE		SNW1	337	N	426
COOK	ARTHELLO		SNW1	337	N	426
COOK	FRANK		SNW1	342	Y	492
COOK	CARL		SNW1	346	Y	545
COOK	DANIEL		SNED	89	Y	8
COOK	LUCINIA		SNED	89	N	8
COOK	MARTIN		SNED	89	N	8
COOK	NORAH		SNED	89	N	8
COOK	SOLOMON		SNED	92	Y	45
COOK	LIDIE		SNED	92	N	45

LASTNAME	FIRSTNAME	MI	LOCATION	PAGE	HEAD	'HOLD
COOK	ALFRED		SNED	92	Y	45
COOK	MARY		SNED	92	N	45
COOK	SEULAN		SNED	92	N	45
COOK	JOSEPH		SNSC	242	Y	68
COOK	MARY		SNSC	242	N	68
COOK	JOHN		SNSC	242	N	68
COOK	CLARK		SNSC	242	N	68
COOK	FRANK		SNSC	242	N	68
COOK	CLARK		SNSC	252	Y	228
COOK	JACOB		SNTH	292	Y	159
COOK	MARY		SNTH	292	N	159
COOK	ELLA		SNTH	292	N	159
COOK	FRANK	W	SNBL	60	Y	187
COOK	JOHN		SNLI	144	Y	36
COOK	MALISSA		SNLI	144	N	36
COOK	ETTA	A	SNLI	144	N	36
COOK	JOHN		SNLI	151	Y	152
COOK	MELISSA		SNLI	151	N	152
COOK	EDNA		SNLI	151	N	152
COOK	EDWIN		SNSN	264	Y	78
COOLEY	PETER		SNLI	160	Y	306
COOLEY	MARY		SNLI	160	N	306
COOLEY	MARTHA	J	SNLI	160	N	306
COOLEY	ORIN	S	SNLI	160	N	306
COOLEY	CHARLES	C	SNLI	160	N	306
COOLEY	SILAS	HE	SNLI	160	N	306
COOLEY	EDWIN	O	SNLI	160	N	306
COOLEY	ISAAC	B	SNPL	213	Y	162
COOLEY	SARAH	A	SNPL	213	N	162
COOLEY	ORANGE		SNSC	251	Y	223
COOLEY	MARY		SNSC	251	N	223
COOLEY	EDWARD		SNSC	251	N	223
COOLEY	CLARISSA		SNSC	251	N	223
COOLEY	ELIZA		SNSC	251	N	223
COOLEY	RICHARD		SNSC	251	N	223
COOLEY	VIOLA		SNSC	251	N	223
COOLEY	CHARLES		SNSC	251	N	223
COOLEY	ALVAN		SNSC	251	Y	224
COOLEY	SARAH		SNSC	251	N	224
COOLEY	ELMINA		SNSC	251	N	224
COOLEY	EVERAT		SNSC	251	N	224
COOLEY	OSIA		SNSC	251	N	224
COOLEY	EDWARD	J	SNBL	56	Y	118
COOLEY	ELISABETH		SNBL	56	N	118
COOLEY	ORRIS	H	SNBL	56	N	118
COOLEY	GEORGE	B	SNBL	56	N	118
COOLEY	MARY	A	SNBL	58	Y	159
COOLEY	DELLA		SNBL	58	N	159
COOLEY	GEORGE		SNBL	58	N	159
COOLEY	SARAH	A	SNBL	58	N	159
COOLEY	WILLIAM	H	SNBL	63	Y	230
COOLEY	REBECCA		SNBL	63	N	230
COOLEY	MARTHA		SNBL	63	N	230
COOLEY	STEPHEN		SNBL	63	N	230
COOLEY	CHARLES		SNBL	63	N	230
COOLEY	FRANKLIN		SNBL	63	N	230
COOLEY	ELISABETH		SNBL	63	N	230
COOLEY	PETER		SNLI	160	Y	306
COOLEY	MARY		SNLI	160	N	306
COOLEY	MARTHA	J	SNLI	160	N	306
COOLEY	ORIN	S	SNLI	160	N	306
COOLEY	CHARLES	C	SNLI	160	N	306
COOLEY	SILAS	HE	SNLI	160	N	306
COOLEY	EDWIN	O	SNLI	160	N	306
COOLEY	RICHARD		SNRE	237	Y	263
COON	ELIZ		SNBI	40	Y	270
COON	LYDIA		SNLO	188	Y	124
COONRAD	MAHLON		SNED	93	Y	61
COONRAD	CAROLINE		SNED	93	N	61
COONRAD	W	P	SNHO	120	Y	187
COONRAD	REBECCA		SNHO	120	N	187
COONRAD	SYLONIUS?		SNHO	120	N	187
COONRAD	MARY		SNHO	120	N	187
COONRAD	ALDA		SNHO	120	N	187
COONS	LEWIS		SNPL	219	Y	246
COOPENHAVER	SARAH		SNPL	219	Y	250
COOPER	JOHN		SNLO	163	Y	1

LASTNAME	FIRSTNAME	MI	LOCATION	PAGE	HEAD	HHOLD
COOPER	HANNAH		SNLO	163	N	0
COOPER	ROSON		SNLO	163	N	1
COOPER	ALVIRA		SNED	93	Y	60
COOPER	HENRY		SNTH	306	Y	358
COOPER	MARY		SNTH	306	N	358
COOPER	FREDERICK		SNTH	306	N	358
COOPER	JOSEPH		SNTH	306	N	358
COOPER	DAVID		SNTH	306	N	358
COOPER	MARY		SNTH	306	N	358
COOPER	LOUISA		SNBL	50	Y	22
COOPER	GEORGE		SNBL	50	N	22
COOPER	CATHERINE		SNBL	50	N	22
COOPER	DELLA		SNBL	50	N	22
COOPER	ELLA		SNBL	50	N	22
COOPER	CHARLES		SNBL	50	N	22
COOPER	WILLIAM		SNSN	261	Y	29
COOPER	ISABLE		SNSN	261	N	29
COOPER	JOHN		SNSN	261	N	29
COOPERLY	ED		SNW2	375	Y	380
COOPERLY	SOPHIA		SNW2	375	N	380
COOPING	MARY		SNCL	87	Y	273
COOPING	LIZZIE		SNCL	87	N	273
COOPISH	PAUL		SNW2	363	Y	191
COOPISH	MAGDALENA		SNW2	363	N	191
COOPISH	CHARLES		SNW2	363	N	191
COOPISH	LOUISA		SNW2	363	N	191
COOPISH	AGNES		SNW2	363	N	191
COOPISH	PAULINE		SNW2	363	N	191
COOPISH	PAUL		SNW2	363	N	191
COPENHAVEN	JAMES		SNPL	203	Y	5
COPPUS	CHRISTIAN		SNLO	173	Y	146
COPPUS	MAGDALENE		SNLO	173	N	146
COPPUS	CAROLINE		SNLO	173	N	146
COPPUS	MAGDALENE		SNLO	173	N	146
COPPUS	MARY		SNLO	173	N	146
COPPUS	SARAH		SNLO	173	N	146
COPPUS	JOHN		SNLO	173	N	146
COPPUS	DANIEL		SNLO	173	N	146
COPPUS	CHARLES		SNLO	173	N	146
CORAGAN	EDWARD		SNW1	347	Y	554
CORAGAN	ELIZA		SNW1	347	N	554
CORAGAN	IDA		SNW1	347	N	554
CORAGAN	JOHN		SNPL	219	Y	240
CORAGAN	MARY		SNPL	219	N	240
CORAGAN	ANNA		SNPL	219	N	240
CORAGAN	JAMES	E	SNPL	219	N	240
CORATHEN	WILLIAM		SNVE	380	Y	13
CORATHEN	NANCY	M	SNVE	380	N	13
CORATHEN	SOLOMON		SNVE	380	N	13
CORATHERS	MATHIUS		SNVE	380	Y	12
CORATHERS	EMILY	A	SNVE	380	N	12
CORATHERS	ROBERT		SNVE	380	Y	14
CORATHERS	RACHEL		SNVE	381	N	14
CORATHERS	NANCY		SNVE	381	N	14
CORATHERS	PHILIP	C	SNVE	392	Y	180
CORATHERS	DELILA		SNVE	392	N	180
CORATHERS	JOHN	L	SNVE	392	N	180
CORATHERS	CYRENTHING		SNVE	392	N	180
CORATHERS	MARY	ANG	SNVE	392	N	180
CORATHERS	PHILLIP	M	SNVE	392	N	180
CORATHERS	WILBERT	A	SNVE	392	N	180
CORBETT	P	MAR	SNED	93	Y	63
CORBETT	LOUISA		SNED	93	N	63
CORBETT	MARTIN		SNED	93	Y	63
CORBETT	ELIZABETH		SNED	93	N	63
CORBETT	CA?L		SNED	93	N	63
CORBETT	WILLIE		SNED	93	N	63
CORBETT	DON		SNED	93	N	63
CORBETT	SARAH		SNED	93	N	63
CORBETT	JOSIAH		SNSC	257	Y	330
CORBETT	CLEMENTINE		SNSC	257	N	330
CORBETT	LIZZIE		SNSC	257	N	330
CORIGAN	PETER		SNLI	143	Y	17
CORIGAN	ELLEN		SNLO	171	Y	111
CORIGAN	PETER		SNLI	143	Y	17
CORNALY	ANNA		SNW2	364	Y	217
CORNALY	LANA		SNW2	364	N	217

LASTNAME	FIRSTNAME	MI	LOCATION	PAGE	HEAD	HHOLD
CORNALY	FRANK	L	SNW2	364	N	217
CORNALY	ANNA		SNW2	364	N	217
CORNALY	CLARA		SNW2	364	N	217
CORNELIA	MICHAEL		SNLI	161	Y	315
CORNELIA	JANE		SNLI	161	N	315
CORNELIA	MICHAEL		SNLI	161	Y	315
CORNELIA	JANE		SNLI	161	N	315
CORNELL	WINTHROP		SNLO	179	Y	236
CORNELL	LOTTIE		SNLO	183	Y	46
CORNELL	GEORGE		SNED	100	Y	170
CORNELL	MARGARET		SNED	100	N	170
CORRIGAN	ANNA		SNW2	378	Y	409
CORTHELL	GEORGE		SNCL	76	Y	114
CORTHELL	SUSAN		SNCL	76	N	114
CORTHELL	ALBERT		SNCL	76	N	114
CORTHELL	WILLIAM		SNCL	76	N	114
CORTHELL	ROBERT		SNCL	76	N	114
CORTHELL	FRANCES	A.	SNCL	76	N	114
CORTHELL	LUCINDA		SNCL	76	N	114
CORTHELL	DELLA		SNCL	76	N	114
CORTNEY	RICHARD		SNPL	203	Y	5
CORTNEY	JAMES		SNPL	204	Y	29
CORTNEY	E		SNPL	218	Y	233
CORTNEY	CATHARINE		SNPL	218	N	233
CORTRIGHT	HAMON		SNRE	224	Y	64
CORTRIGHT	MARIA	C	SNRE	224	N	64
CORTRIGHT	HARRIET		SNRE	224	N	64
CORTRIGHT	AUGUSTA		SNRE	224	N	64
CORTRIGHT	GRANT		SNRE	224	N	64
CORTRIGHT	JAMES	B	SNRE	224	Y	64
CORTRIGHT	LAVINIA		SNRE	224	N	64
CORY	AMBROSE		SNJA	127	Y	2
CORY	AMANDA		SNJA	127	N	2
CORY	HOWARD		SNJA	127	N	2
CORY	KATE	S.	SNJA	127	N	2
CORY	HARRY		SNJA	127	N	2
CORY	SOPHIA		SNLO	197	Y	268
CORY	LAURA		SNLO	197	N	268
CORY	SOPHIA		SNLO	201	Y	346
COSIP?	-ARNTINE ?		SNSC	246	N	144
COSIP?	AUGUSTUS		SNSC	246	N	144
COSNER	GEORGE		SNSC	242	Y	77
COSNER	MARY		SNSC	242	N	77
COSNER	DAN		SNSC	242	N	77
COSNER	EDWARD		SNSC	242	N	77
COSNER	CHARLES		SNSC	242	N	77
COSNER	FLORA		SNSC	242	N	77
COSNER	ELLSWORTH		SNSC	242	N	77
COSNER	MEDA		SNSC	242	N	77
COTTER	FRANK		SNHO	111	Y	37
COTTER	MARY		SNHO	111	N	37
COTTER	ANN		SNHO	111	N	37
COTTER	PATRICK		SNHO	111	N	37
COTTER	WILLIAM		SNHO	111	N	37
COTTER	JULIA		SNHO	111	N	37
COTTER	MARY		SNHO	111	N	37
COTTER	FRANK		SNHO	111	N	37
COUF	WILLIAM		SNAD	20	Y	324
COUNT	JOHN		SNW2	366	Y	239
COUNT	ELIZABETH		SNW2	366	N	239
COUNT	JOHN		SNW2	366	N	239
COUNT	NICK		SNW2	366	N	239
COUNT	ROSA		SNW2	366	N	239
COUNT	LANA		SNW2	366	N	239
COUNT	ANNA		SNW2	366	N	239
COUNT	MATILDA		SNW2	366	N	239
COUNT	FRANK		SNW2	366	N	239
COURTNEY	WILLIAM		SNAD	9	Y	141
COURTNEY	WILLIAM		SNAD	10	Y	152
COURTNEY	MAGGIE		SNAD	10	N	152
COURTNEY	ROBERT		SNAD	10	N	152
COURTNEY	WILLIAM		SNAD	10	N	152
COURTNEY	EMMA		SNAD	10	N	152
COUSER	KATIE		SNTH	284	N	39
COUSER	CRATY?		SNTH	284	N	39
COUSER?	JOHN		SNTH	284	Y	39
COUSER?	ISABELLE		SNTH	284	N	39

LASTNAME	FIRSTNAME	MI	LOCATION	PAGE	HEAD	HHOLD
COUSER?	HARRY		SNTH	284	N	39
COVEL	JOSHUA		SNCL	85	Y	242
COVEL	CATHARINE		SNCL	85	N	242
COVEL	MARY		SNCL	85	N	242
COVEL	ALBERT		SNCL	85	N	242
COVEL	ROLLEY		SNCL	85	N	242
COVEL	CORA		SNCL	85	N	242
COVEL	ANNA		SNCL	85	N	242
COVER	CHRISTINA		SNLI	148	Y	93
COVER	AARON		SNLO	167	Y	63
COVER	ELIZABETH		SNLO	167	N	63
COVER	WILLIAM		SNLO	167	N	63
COVER	AARON		SNLO	167	N	63
COVER	MARGARET		SNLO	167	N	63
COVER	JAMES		SNLO	167	N	63
COVER	EDWARD		SNLO	167	N	63
COVER	HENRY		SNLO	167	N	63
COVER	CHARLES		SNLO	167	N	63
COVER	NETTIE	E	SNLO	167	N	63
COVER	IDA		SNLO	167	N	63
COVER	MARY	A	SNLO	167	N	63
COVER	LEWIS		SNLO	179	Y	222
COVER	MATILDA		SNLO	179	N	222
COVER	EMILY	T	SNLO	179	N	222
COVER	JOHN	D	SNLO	179	N	222
COVER	OTTO		SNLO	179	N	222
COVER	CASPER		SNLO	179	Y	233
COVER	MARY	C	SNLO	179	N	233
COVER	MARY	Z	SNLO	179	N	233
COVER	DANIEL		SNLO	184	Y	66
COVER	HANNAH		SNLO	184	N	66
COVER	CHRISTINA		SNLI	148	Y	93
COVERT	ANTHONY		SNBL	54	Y	82
COVERT	ANNA		SNBL	54	N	82
COVERT	SYLVESTER		SNRE	226	Y	94
COVERT	SARAH		SNRE	226	N	94
COVERT	JASPER		SNRE	226	N	94
COVERT	ANSON		SNRE	226	N	94
COVERT	JAMES		SNRE	226	N	94
COVERT	LOUISETTA		SNRE	226	N	94
COVIT	DAVID		SNHO	115	Y	111
COVIT	ELIZ.		SNHO	115	N	111
COVIT	ORIA		SNHO	115	N	111
COVIT	DANIEL		SNHO	115	N	111
COWSER	CORDELIA		SNED	99	Y	151
COX	KINSEY		SNJA	137	Y	162
COX	CATHARINE		SNJA	137	N	162
COX	AARON		SNJA	137	Y	163
COX	MARGARET		SNJA	137	N	163
COX	VIOLA		SNJA	137	N	163
COX	SILVA (?)		SNJA	137	N	163
COX	DANIEL		SNJA	137	Y	174
COX	MARY		SNJA	137	N	174
COX	JOHN		SNW2	378	Y	412
COX	BERTHA		SNW2	378	N	412
COX	ANNA		SNW2	379	Y	431
COX	GEORGE		SNTH	290	Y	141
COX	ABRAHAM		SNBL	59	Y	175
COX	MARY	L	SNBL	59	N	175
COX	FANNY	E	SNBL	59	N	175
COY	MARY		SNLO	200	Y	336
COY	GEORGE		SNLO	200	N	336
COY	HARRY		SNLO	200	N	336
COY	WILLIE		SNLO	200	N	336
COY	CHARLES		SNLO	200	N	336
COY	BLANCHE		SNLO	200	N	336
CR?U	IRA		SNED	99	Y	154
CRABBS	MARY	N.	SNVE	389	Y	131
CRABBS	JACOB	A.	SNVE	389	N	131
CRABBS	CYNIE	H.	SNVE	389	N	131
CRADELBAUGH	ANTHONY		SNED	98	Y	125
CRADELBAUGH	JANE		SNED	98	N	125
CRADELBAUGH	HARRIET		SNED	98	N	125
CRADELBAUGH	SARAH		SNED	98	N	125
CRADELBAUGH	RACHEL		SNED	98	N	125
CRADELBAUGH	SIMON		SNED	98	N	125
CRADELBAUGH	MARY		SNED	98	N	125

LASTNAME	FIRSTNAME	MI	LOCATION	PAGE	HEAD	HHOLD
CRADELBAUGH	FLORA		SNED	98	N	125
CRALL	JOHN		SNED	93	Y	65
CRALL	DRUSILLA		SNED	93	N	65
CRALL	ALVIN		SNED	93	N	65
CRAMER	DENNIS		SNCL	73	Y	69
CRAMER	MARY	E.	SNCL	73	N	69
CRAMER	CHARLES	H.	SNCL	73	N	69
CRAMER	LOUIS	J.	SNCL	73	N	69
CRAMER	WALTER	S.	SNCL	73	N	69
CRAMER	JOSHUA		SNCL	75	Y	99
CRAMER	EZRA		SNCL	75	Y	102
CRAMER	CHARLOTTE		SNCL	75	N	102
CRAMER	CATHARINE		SNCL	75	N	102
CRAMER	ENOS		SNCL	86	Y	262
CRAMER	JANE		SNCL	86	N	262
CRAMER	FRANKLIN		SNCL	86	N	262
CRAMER	CLARADON		SNCL	86	N	262
CRAMER	FRANCIS		SNBI	22	Y	22
CRAMER	CATHERINE		SNBI	22	N	22
CRAMER	ANDROSS		SNBI	22	N	22
CRAMER	LIZZIE		SNBI	22	N	22
CRAMER	FRANK		SNBI	22	N	22
CRAMER	AMELIA		SNBI	22	N	22
CRAMER	JOS		SNBI	22	N	22
CRAMER	EZRA		SNLI	152	Y	161
CRAMER	SARAH		SNLI	152	N	161
CRAMER	JOHN		SNLI	152	N	161
CRAMER	ELIZABETH		SNLI	152	N	161
CRAMER	SARAH	A	SNLI	152	N	161
CRAMER	JANE		SNLI	152	N	161
CRAMER	WILLIAM	E	SNLI	152	N	161
CRAMER	HIRAM		SNLI	152	Y	162
CRAMER	REBECCA		SNLI	152	N	162
CRAMER	ALTON	E	SNLI	152	N	162
CRAMER	JOHN		SNLI	154	Y	202
CRAMER	LUCINDA		SNLI	154	N	202
CRAMER	VILDA	S	SNLI	154	N	202
CRAMER	HENRY		SNLO	168	Y	72
CRAMER	MARY	J	SNLO	168	N	72
CRAMER	JOHN	E	SNLO	168	N	72
CRAMER	JOSEPH	R	SNLO	168	N	72
CRAMER	CHARLES	W	SNLO	168	N	72
CRAMER	WILLIAM	H	SNLO	168	N	72
CRAMER	ROBERT	P	SNLO	168	N	72
CRAMER	IDA	E	SNLO	168	N	72
CRAMER	SOPHIA	E	SNLO	168	N	72
CRAMER	CORA	E	SNLO	168	N	72
CRAMER	WILLIAM		SNLO	169	Y	92
CRAMER	SHARLOTT		SNLO	169	N	92
CRAMER	DANIEL	H	SNLO	169	N	92
CRAMER	WILLIAM	A	SNLO	169	N	92
CRAMER	MARY	J	SNLO	169	N	92
CRAMER	MORGAN	E	SNLO	169	N	92
CRAMER	JOHN	J	SNLO	169	N	92
CRAMER	NETTIE		SNLO	169	N	92
CRAMER	DANIEL		SNLO	169	N	92
CRAMER	ISRAEL	L	SNLO	189	Y	144
CRAMER	CATHERINE		SNLO	189	N	144
CRAMER	WILLIAM		SNLO	190	N	144
CRAMER	CHARLES		SNLO	190	N	144
CRAMER	UPTON		SNW1	333	Y	367
CRAMER	MARY	L.	SNW1	333	N	367
CRAMER	FRANK		SNW1	333	N	367
CRAMER	CAROLINE		SNW1	333	N	367
CRAMER	SUSAN		SNW2	379	Y	432
CRAMER	HENRY		SNSC	241	Y	47
CRAMER	HENRY		SNSC	241	Y	56
CRAMER	MARGARET		SNSC	241	N	56
CRAMER	MATILDA		SNSC	241	N	56
CRAMER	ALBERT		SNSC	241	N	56
CRAMER	EDWIN		SNSC	249	Y	188
CRAMER	CRISTYANN		SNSC	249	N	188
CRAMER	GEORGE		SNSC	249	N	188
CRAMER	A--A?		SNSC	249	N	188
CRAMER	ROSA		SNSC	249	N	188
CRAMER	EZRA		SNLI	152	Y	161
CRAMER	SARAH		SNLI	152	N	161

LASTNAME	FIRSTNAME	MI	LOCATION	PAGE	HEAD	HHOLD
CRAMER	JOHN		SNLI	152	N	161
CRAMER	ELIZABETH		SNLI	152	N	161
CRAMER	SARAH	A	SNLI	152	N	161
CRAMER	JANE		SNLI	152	N	161
CRAMER	WILLIAM	E	SNLI	152	N	161
CRAMER	HIRAM		SNLI	152	Y	162
CRAMER	REBECCA		SNLI	152	N	162
CRAMER	ALTON	E	SNLI	152	N	162
CRAMER	JOHN		SNLI	154	Y	202
CRAMER	LUCINDA		SNLI	154	N	202
CRAMER	VILDA	S	SNLI	154	N	202
CRAMER	JOHN		SNRE	235	Y	230
CRAMER	CHARLES		SNSN	271	Y	207
CRAN	WASH.	E	SNVE	392	Y	190
CRAN	BANTHERNA		SNVE	392	N	190
CRAN	ELWILL		SNVE	392	N	190
CRAN	PHENE		SNVE	392	N	190
CRAN	LUCY	E	SNVE	392	N	190
CRANE	ADAM		SNLO	192	Y	189
CRANE	CHRISTINA		SNLO	192	N	189
CRANE	IDA	A	SNLO	192	N	189
CRANE	JASPER	W	SNLO	192	N	189
CRANE	MCCLELLAN		SNLO	192	N	189
CRAUN	WILLIAM	A	SNLI	144	Y	27
CRAUN	FLORANCE		SNLI	144	N	27
CRAUN	ISAAC		SNLI	146	Y	69
CRAUN	CATHERINE		SNLI	146	N	69
CRAUN	ELIZABETH		SNLI	146	N	69
CRAUN	KATE	A	SNLI	146	N	69
CRAUN	GEORGE		SNLI	146	N	59
CRAUN	REBECCA		SNLI	146	N	59
CRAUN	MARTHA		SNLI	146	N	59
CRAUN	WILLIAM		SNLI	146	N	59
CRAUN	ANDREW		SNLI	146	N	59
CRAUN	LUCINA		SNLI	146	N	59
CRAUN	ISAAC		SNLI	147	Y	79
CRAUN	WILLOMINA		SNLI	147	N	79
CRAUN	CHARLES	F	SNLI	147	N	79
CRAUN	ADALINE	V	SNLI	147	N	79
CRAUN	SARAH	P	SNLI	147	N	79
CRAUN	WILLOMINA	M	SNLI	147	N	79
CRAUN	ABRAHAM		SNLI	147	Y	81
CRAUN	PETER		SNLI	147	Y	82
CRAUN	JACOB		SNLI	147	N	82
CRAUN	ADALINE		SNLI	147	N	82
CRAUN	MARTHA		SNLI	147	N	82
CRAUN	JANE		SNLI	147	N	82
CRAUN	SARAH		SNLI	147	N	82
CRAUN	ABIGAL		SNLI	147	N	82
CRAUN	ROSCO		SNLI	147	Y	82
CRAUN	JOHN		SNJA	135	Y	141
CRAUN	NANCY		SNJA	135	N	141
CRAUN	JEREMIAH		SNJA	135	N	141
CRAUN	ANDREW	J.	SNJA	135	N	141
CRAUN	CORNELIUS		SNJA	135	N	141
CRAUN	MARTHA	J.	SNJA	135	N	141
CRAUN	ABRAHAM		SNJA	135	N	141
CRAUN	JOSEPH		SNJA	135	N	141
CRAUN	PETER		SNJA	135	N	141
CRAUN	JOHN		SNPL	206	Y	50
CRAUN	HENRIETTA		SNPL	206	N	50
CRAUN	MARY		SNPL	206	N	50
CRAUN	CAROLINE		SNPL	206	N	50
CRAUN	JOHN	C	SNPL	206	N	50
CRAUN	FLORA	B	SNPL	206	N	50
CRAUN	EDWARD		SNPL	206	N	50
CRAUN	JAMES		SNPL	206	Y	58
CRAUN	MARTHA		SNPL	206	N	58
CRAUN	FRANCIS		SNPL	206	N	58
CRAUN	JESSE		SNPL	206	N	58
CRAUN	JAMES		SNPL	206	N	58
CRAUN	HIRAM		SNPL	206	N	58
CRAUN	DEBORAH		SNPL	206	Y	58
CRAUN	THOMAS		SNPL	206	Y	61
CRAUN	LOUISA		SNPL	206	N	61
CRAUN	WILLIAM		SNPL	206	N	61
CRAUN	JANE		SNPL	206	N	61

LASTNAME	FIRSTNAME	MI	LOCATION	PAGE	HEAD	HHOLD
CRAUN	CHARLES		SNPL	206	N	61
CRAUN	MARY		SNPL	206	N	61
CRAUN	MARY		SNPL	211	Y	122
CRAUN	WILLIAM	A	SNLI	144	Y	27
CRAUN	FLORANCE		SNLI	144	N	27
CRAUN	ISAAC		SNLI	146	Y	69
CRAUN	CATHERINE		SNLI	146	N	69
CRAUN	ELIZABETH		SNLI	146	N	69
CRAUN	KATE	A	SNLI	146	N	69
CRAUN	GEORGE		SNLI	146	N	69
CRAUN	REBECCA		SNLI	146	N	69
CRAUN	MARTHA		SNLI	146	N	69
CRAUN	WILLIAM		SNLI	146	N	69
CRAUN	ANDREW		SNLI	146	N	69
CRAUN	LUCINA		SNLI	146	N	69
CRAUN	ISAAC		SNLI	147	Y	79
CRAUN	WILLOMINA		SNLI	147	N	79
CRAUN	CHARLES	F	SNLI	147	N	79
CRAUN	ADALINE	V	SNLI	147	N	79
CRAUN	SARAH	P	SNLI	147	N	79
CRAUN	WILLOMINA	M	SNLI	147	N	79
CRAUN	ABRAHAM		SNLI	147	Y	81
CRAUN	PETER		SNLI	147	Y	82
CRAUN	JACOB		SNLI	147	N	82
CRAUN	ADALINE		SNLI	147	N	82
CRAUN	MARTHA		SNLI	147	N	82
CRAUN	JANE		SNLI	147	N	82
CRAUN	SARAH		SNLI	147	N	82
CRAUN	ABIGAL		SNLI	147	N	82
CRAUN	ROSCO		SNLI	147	Y	82
CRAWFORD	ELIZ.		SNBI	31	Y	145
CRAWFORD	BENJ.		SNBI	31	N	145
CRAWFORD	MARY		SNBI	31	N	145
CRAWFORD	JOHN		SNBI	31	N	145
CRAWFORD	NATHAN		SNBI	31	N	145
CRAWFORD	ROBT		SNBI	34	Y	193
CRAWFORD	ELIZ		SNBI	34	N	193
CRAWFORD	JOHN	W	SNLI	145	Y	45
CRAWFORD	MARGARET	M	SNLI	145	N	45
CRAWFORD	WILLIAM		SNLI	151	Y	154
CRAWFORD	JANE		SNLI	151	N	154
CRAWFORD	JANE		SNLI	151	N	154
CRAWFORD	MARTHA	F	SNLI	151	N	154
CRAWFORD	ROSA	B	SNLI	151	N	154
CRAWFORD	JOSEPHINE		SNLI	151	N	154
CRAWFORD	ANNA	G	SNLI	152	N	154
CRAWFORD	GEORGE		SNLI	152	N	154
CRAWFORD	ELIZA		SNLO	189	Y	132
CRAWFORD	CORNELIA		SNW1	342	Y	487
CRAWFORD	JAMES		SNW1	347	Y	554
CRAWFORD	WILLIAM		SNW2	378	Y	412
CRAWFORD	ELIZABETH		SNW2	378	N	412
CRAWFORD	HATTIE		SNW2	378	N	412
CRAWFORD	JOHN		SNW2	378	N	412
CRAWFORD	SARAH		SNW2	378	N	412
CRAWFORD	HARRIET		SNW2	378	Y	412
CRAWFORD	ELIZA		SNSC	246	Y	130
CRAWFORD	JAMES		SNSC	257	Y	326
CRAWFORD	MARY		SNSC	257	N	326
CRAWFORD	LAURA		SNSC	257	N	326
CRAWFORD	JESSIE		SNSC	257	N	326
CRAWFORD	JESSE		SNHO	117	Y	142
CRAWFORD	JANE		SNHO	117	N	142
CRAWFORD	FIDELA		SNHO	117	N	142
CRAWFORD	MARY		SNHO	117	N	142
CRAWFORD	JENNIE		SNHO	117	N	142
CRAWFORD	ANNA		SNHO	117	N	142
CRAWFORD	CHARLES		SNHO	117	N	142
CRAWFORD	JOHN	W	SNLI	145	Y	45
CRAWFORD	MARGARET	M	SNLI	145	N	45
CRAWFORD	WILLIAM		SNLI	151	Y	154
CRAWFORD	JANE		SNLI	151	N	154
CRAWFORD	JANE		SNLI	151	N	154
CRAWFORD	MARTHA	F	SNLI	151	N	154
CRAWFORD	ROSA	B	SNLI	151	N	154
CRAWFORD	JOSEPHINE		SNLI	151	N	154
CRAWFORD	ANNA	G	SNLI	152	N	154

LASTNAME	FIRSTNAME	MI	LOCATION	PAGE	HEAD	HHOLD
CRAWFORD	GEORGE		SNLI	152	N	154
CRAWLY	JAMES		SNRE	228	Y	126
CREAGER	MICHAEL		SNAD	5	Y	81
CREAGER	JULIA		SNAD	5	N	81
CREAGER	MILLIE		SNAD	5	N	81
CREEGER	JAMES		SNHO	114	Y	84
CREEGER	MARY		SNHO	114	N	84
CREEGER	JOHN		SNHO	114	N	84
CREEGER	MARY		SNHO	114	N	84
CREEGER	HENRY		SNHO	114	N	84
CREEGER	ALBERT		SNHO	114	N	84
CREEGER	JOHN		SNHO	120	Y	189
CREEGER	MARY		SNHO	120	N	189
CREEGER	LORENZO		SNHO	120	N	189
CREEGER	LAWRENCE		SNHO	120	Y	203
CREEGER	VOLENDA		SNHO	120	N	203
CREEGER	CHRISTIN		SNHO	120	N	203
CREEGER	HENRY		SNHO	120	N	203
CREEGER	MATILDA		SNHO	120	N	203
CREEGER	JOHN		SNHO	120	N	203
CREEGER	HENRY		SNHO	121	Y	204
CREEGER	CHRISTINA		SNHO	121	N	204
CREEGER	MALISSA		SNHO	121	N	204
CREEGER	JOHN		SNHO	121	N	204
CREEGER	LEVI		SNHO	121	N	204
CREEGER	ELVINA		SNHO	121	N	204
CREEGER	JAMES		SNHO	121	N	204
CREEGER	JESSE		SNHO	121	N	204
CREESE	LIZZIE		SNCL	87	Y	273
CREIGTON	CORA		SNVE	399	Y	307
CREQUE	JOSEPH		SNSC	257	Y	318
CRESSLEY	WILLIAM		SNW1	325	Y	262
CRESSLEY	DALLIS		SNW1	325	N	262
CREVEY	HENRY		SNW2	379	Y	431
CREVEY	MARY		SNW2	379	N	431
CREVEY	MARY	E	SNW2	379	N	431
CREVEY	JOHN	E	SNW2	379	N	431
CREVEY	MARGARET		SNW2	379	Y	431
CRIDER	DAVID		SNAD	11	Y	168
CRIDER	MARY		SNAD	11	N	168
CRIDER	WATSON		SNAD	11	N	168
CRILE	ANDREW		SNTH	282	Y	3
CRISSA	ABIGAL		SNLI	156	Y	224
CRISSA	ABIGAL		SNLI	156	Y	224
CRISSEL ?	JOANNA		SNSC	246	Y	138
CRISSEL ?	DAN		SNSC	246	N	138
CRISSEL ?	FRED		SNSC	246	N	138
CRISSIN?	CHARLES		SNSC	238	Y	5
CRISSIN?	HENRIETTA		SNSC	238	N	5
CRISSIN?	MORTIMER		SNSC	238	N	5
CRISSIN?	JOSEPHINE		SNSC	238	N	5
CRISSIN?	MAUD		SNSC	238	N	5
CRISSIN?	HENRIETTI		SNSC	238	N	5
CRISSIN?	EMMA		SNSC	238	N	5
CRISSIN?	JENNIE		SNSC	238	N	5
CRISSIN?	ESTETTA		SNSC	238	N	5
CROBAUGH	HENRY		SNVE	396	Y	257
CROBAUGH	HANEL		SNVE	396	N	257
CROBAUGH	MARY	A	SNVE	396	N	257
CROCKER	ROSWELL		SNLO	183	Y	38
CROCKER	SARAH	A	SNLO	183	N	38
CROCKER	RAWSON		SNLO	184	Y	48
CROCKER	LUCY	E	SNLO	184	N	48
CROCKER	JOHN	R	SNLO	184	N	48
CROCKER	HARRISON		SNHO	117	Y	137
CROCKER	HORACE		SNHO	117	N	137
CROCKER	CARRIE		SNHO	117	N	137
CROCKER	BERTHA		SNHO	117	N	137
CROCKER	EDMOND		SNHO	117	N	137
CROCKER	HANNAH		SNHO	117	N	137
CROCKET	FRANK		SNAD	6	Y	97
CROCKET	ISABELLA		SNAD	6	N	97
CROCKET	EDWARD		SNAD	6	Y	100
CROCKET	ELISSA		SNAD	6	N	100
CROCKET	ADDA		SNAD	7	Y	107
CROCKET	HOMER		SNAD	7	N	107
CROCKET	CHARLES		SNAD	7	N	107

LASTNAME	FIRSTNAME	MI	LOCATION	PAGE	HEAD	HHOLD
CROCKET	NELLIE		SNAD	7	N	107
CROCKET	FRANK		SNAD	7	N	107
CROCKET	JAMES		SNAD	9	Y	134
CROCKET	MARY		SNAD	9	N	134
CROCKETT	ADA		SNED	90	Y	20
CROCKETT	MYRAH		SNED	90	Y	21
CROCKETT	OLIVER		SNED	90	Y	21
CROGAN	JAMES		SNW1	334	Y	386
CROGAN	JOANAH		SNW1	334	N	386
CROGAN	MARY		SNW1	334	N	386
CROGAN	MAGGIE		SNW1	334	N	386
CROGAN	THOMAS		SNW1	334	N	386
CROGAN	DANIEL		SNW1	334	N	386
CROGAN	JAMES		SNW1	334	N	386
CROGE	ASA		SNHO	113	Y	68
CROGE	CLIMENA		SNHO	113	N	68
CROGER	JACKSON		SNHO	116	Y	131
CROGER	SARAH		SNHO	116	N	131
CROGER	EMMA		SNHO	116	N	131
CROGER	FLEMMED?		SNHO	116	N	131
CROGER	MATILDA		SNHO	116	N	131
CROGER	GEORGE		SNHO	116	N	131
CROGER	CUSTER		SNHO	116	N	131
CROGER	MINNIE		SNHO	116	N	131
CROGER	DAVID		SNHO	116	N	131
CROMER	SAMUEL		SNW1	312	Y	74
CROMER	MARGARET		SNW1	312	N	74
CROMER	JOSEPH		SNW1	312	N	74
CROMER	CATHARINE		SNW1	312	N	74
CROMER	ALBERT		SNW1	312	N	74
CROMER	LILLY	M.	SNW1	312	N	74
CROMER	JOSEPH		SNW1	314	Y	107
CROMER	LIZZIE		SNW1	314	N	107
CROMWELL	VIDA		SNW1	345	Y	524
CROMWELL	HENRY		SNW1	346	Y	545
CRONEHISE	SUSAN		SNW1	313	Y	85
CRONHISE	ELIZABETH		SNW1	313	N	85
CRONHISE	HENRY		SNW1	313	Y	85
CRONHISE	MARIA		SNW1	313	N	85
CRONHISE	ANNET		SNW1	313	N	85
CRONHISE	FLORANCE		SNW1	313	Y	85
CRONHISE	HENRY		SNW1	313	N	85
CROOKS	JAMES		SNW1	331	Y	350
CROOKS	MARY	J	SNW1	331	N	350
CROOKS	FLORANCE		SNW1	331	N	350
CROOKS	CLARA		SNW1	331	N	350
CROOKS	HENRY		SNW1	331	Y	351
CROOKS	MARY	M	SNW1	331	N	351
CROOKS	CHARLES	A	SNW1	331	N	351
CROOKS	EFFIE	G	SNW1	331	N	351
CROOKS	HATTIE	B	SNW1	331	N	351
CROOKS	ELLEN		SNW1	331	N	351
CROOKS	GABRIEL		SNW1	334	Y	390
CROOKS	ELIZABETH		SNW1	334	N	390
CROOKS	JOHN	W.	SNW1	334	N	390
CROOKS	ORAN	W.	SNW1	334	N	390
CROOKS	HARRY	M.	SNW1	334	N	390
CROOKS	CATHARINE		SNED	105	Y	250
CROOP	DANIEL		SNW1	324	Y	255
CROOP	MARY		SNW1	324	N	255
CROOP	ANTHONY		SNW1	324	N	255
CROOP	AMELIA		SNW1	324	N	255
CROOP	MARY		SNW1	324	N	255
CROOP	MATILDA		SNW1	324	N	255
CROOP	FRANK		SNW1	324	N	255
CROOP	ROSA		SNW1	324	N	255
CROSELY	LILENA?		SNSC	249	Y	181
CROSELY	HARRY		SNSC	249	N	181
CROSELY	JACOB		SNSC	256	Y	309
CROSELY	JANE		SNSC	256	N	309
CROSLEY	FELINA		SNSC	239	Y	20
CROSLEY	JOSEPH		SNSC	254	Y	265
CROSLEY	MARY		SNSC	254	N	265
CROSLEY	JOHN		SNSC	254	N	265
CROSON	SAMUEL		SNJA	139	Y	207
CROSON	NANCY		SNJA	139	N	207
CROSS	JOHN		SNED	98	Y	127

LASTNAME	FIRSTNAME	MI	LOCATION	PAGE	HEAD	HHOLD
CROSS	ELIZA		SNED	98	N	127
CROSS	HAMILTON		SNED	98	Y	127
CROSS	MARY		SNED	98	N	127
CROSS	LEWIS		SNED	98	Y	127
CROSS	NEWTON		SNED	98	N	127
CROSSCUP	JONAS		SNED	106	Y	276
CROSSCUP	TRESSIE		SNED	106	N	276
CROSSCUP	WILLIAM		SNED	106	N	276
CROSSCUP	HERBERT		SNED	106	N	276
CROSSEN	HARRY		SNW1	347	Y	552
CROSSLER	CHARLES		SNED	92	Y	40
CROSSLEY	DELLA		SNCL	78	Y	148
CROSSLEY	FRANK		SNCL	82	Y	203
CROSSLEY	HALLEY		SNCL	83	Y	212
CROSSLEY	CHARLES		SNW2	366	Y	243
CROSSLEY	SALETIA		SNW2	366	N	243
CROSSLEY	EDSON		SNW2	366	N	243
CROSSLEY	JESSIE		SNW2	366	N	243
CROSWELL	MINERVA		SNTH	300	Y	279
CROUSE	ADAM		SNAD	8	Y	114
CROUSE	BARBRA		SNAD	8	N	114
CROUSE	DAVID		SNAD	8	N	114
CROUSE	ROSA		SNAD	8	N	114
CROUSE	ELVIRA		SNAD	8	N	114
CROUSE	GEORGE		SNAD	8	N	114
CROUSE	FRANKLIN		SNAD	18	Y	296
CROUSE	THIANNA		SNAD	18	N	296
CROUSE	SAMUEL		SNAD	18	N	296
CROUSE	ARVILLA		SNAD	18	N	296
CROUSE	ELIZABETH		SNW1	309	Y	25
CROUSE	JOHN		SNW1	322	Y	223
CROUSE	CHAROTTI		SNW1	322	N	223
CROUSE	PAULINE		SNW1	322	N	223
CROUSE	THEODORE		SNW1	322	N	223
CROUSE	AMANDA		SNW1	322	N	223
CROUSE	HARMAN		SNW1	322	N	223
CROUSE	AMELIA		SNW1	322	N	223
CROUSE	MARY		SNW1	322	N	223
CROUSE	JOHN	F.	SNW1	342	Y	495
CROUSE	MARY	J.	SNW1	342	N	495
CROUSE	H.	DEE	SNW1	342	N	495
CROUSE	EFFIE		SNW1	342	N	495
CROUSE	HARDY		SNW1	342	N	495
CROUSE	HENRY		SNW1	344	Y	511
CROUSE	MATILDA		SNW1	344	N	511
CROUSE	GERTRUDE		SNW1	344	N	511
CROUSE	GEORGIANA		SNW1	344	N	511
CROUSE	JENNIE		SNW1	344	N	511
CROUSE	JACOB		SNED	105	Y	259
CROUSE	ELIZA		SNED	105	N	259
CROUSE	MARY		SNED	105	N	259
CROUSE	EMMA		SNSC	247	Y	149
CROUSE	PETER		SNTH	282	Y	6
CROUSE	REBECCA		SNTH	282	N	6
CROUSE	MARTIN		SNTH	295	Y	193
CROUSE	POLLY		SNTH	295	N	193
CROUSE	MARTIN		SNTH	295	N	193
CROUSE	MARY		SNTH	295	N	193
CROUSE	JOHN		SNTH	297	Y	236
CROUSE	JULIANN		SNTH	297	N	236
CROUSE	AUSTIN		SNTH	297	N	236
CROUSE	JOHN		SNTH	297	N	236
CROUSE	ENOCH		SNTH	298	Y	250
CROUSE	SARAH		SNTH	298	N	250
CROUSE	ELLA		SNTH	298	N	250
CROUSE	JOHN		SNTH	298	N	250
CROUSE	ADAM		SNTH	299	Y	267
CROUSE	ANNA		SNTH	299	N	267
CROUSE	ELLA		SNTH	299	N	267
CROUT	JOHN		SNJA	131	Y	74
CROUT	REBECCA		SNJA	131	N	74
CROUT	ANN		SNJA	131	N	74
CROUT	HYME		SNJA	131	N	74
CROUT	WILLIAM		SNJA	131	N	74
CROUT	JOHN		SNJA	131	N	74
CROUT	HENRY		SNJA	131	N	74
CROUT	ELIZA		SNJA	131	N	74

LASTNAME	FIRSTNAME	MI	LOCATION	PAGE	HEAD	HHOLD
CROW	ANGELINE		SNLO	190	Y	148
CROW	MARY		SNLO	190	N	148
CROXTON	WILLIAM		SNRE	223	Y	44
CROXTON	SUSAN		SNRE	223	N	44
CROXTON	MATELA		SNRE	223	N	44
CROXTON	SAMUEL		SNRE	223	N	44
CROXTON	FLORENCE		SNRE	223	N	44
CROXTON	MILTON		SNRE	223	N	44
CROXTON	ELIZA		SNVE	395	Y	234
CRUM	JOHN		SNCL	70	Y	20
CRUM	NANCY		SNCL	70	N	20
CRUM	DANIEL	L.	SNCL	70	Y	24
CRUM	ANNA	C.	SNCL	70	N	24
CRUM	VIOLA	V.	SNCL	70	N	24
CRUM	JOHN		SNW1	325	Y	268
CRUM	MARY		SNW1	325	N	268
CRUM	FREDERICK		SNW1	325	N	268
CRUM	HENRY		SNW1	331	Y	350
CRUM	BELL		SNW1	331	N	350
CRUM	CLARANCE		SNW1	331	N	350
CRUM	JOHN		SNHO	118	Y	162
CRUM	MARY		SNHO	118	N	162
CRUM	MARY		SNHO	118	N	162
CRUM	JOHN		SNHO	118	N	162
CRUM	ELIZ.		SNHO	118	N	162
CRUM	FREDERICK		SNHO	119	Y	170
CRUM	SUSAN		SNHO	119	N	170
CRUM	ULYSSES		SNHO	119	N	170
CRUM	JOHN		SNHO	119	N	170
CRUM	WM.		SNHO	119	N	170
CRUM	WESLEY		SNHO	119	N	170
CRUM	SEVILLA		SNHO	119	N	170
CRUM	VIOLA		SNHO	119	N	170
CRUP	BARBARA		SNLO	188	Y	116
CULBERTSON	ROBERT		SNLO	198	Y	281
CULBERTSON	ELIZABETH		SNLO	198	N	281
CULBERTSON	CHARLES	H	SNLO	198	N	281
CULBERTSON	JOHN	F	SNLO	198	N	281
CULBERTSON	JOSEPHINE		SNLO	198	N	281
CULBERTSON	MALICA	A	SNLO	198	N	281
CULBERTSON	EMMA	J	SNLO	198	N	281
CULBERTSON	ALICE		SNLO	198	N	281
CULBERTSON	CORA		SNLO	198	N	281
CULBERTSON	JOSEPH		SNHO	110	Y	16
CULBERTSON	MATILDA		SNHO	110	N	16
CULBERTSON	AMANDA		SNHO	110	N	16
CULBERTSON	JOHN		SNHO	110	N	16
CULBERTSON	JOHN		SNHO	111	Y	30
CULBERTSON	VIRGINIA		SNHO	111	N	30
CULBERTSON	TWEEDIE		SNHO	111	N	30
CULLEN	PHILLIP		SNSC	248	Y	165
CULLEN	SARAH		SNSC	248	N	165
CULLEN	CLARENCE		SNSC	248	N	165
CULP	JACOB		SNSN	261	Y	35
CULP	WILLIAM		SNSN	271	Y	207
CULP	CATHARINE		SNSN	271	N	207
CULP	ELIZABETH		SNSN	271	N	207
CULP	GEORGE		SNSN	271	N	207
CULVER	ELLEN		SNED	89	Y	7
CULVER	MARIETTA		SNSC	251	Y	216
CULVER	MAUD		SNSC	251	N	216
CULVER	IERISE?		SNSC	251	N	216
CULVER	CLINTON		SNSC	251	N	216
CULVER	JEANETTE		SNSC	251	N	216
CULVER	EARL		SNSC	251	N	216
CULVER	DAVID		SNSN	266	Y	114
CULVER	CATHERINE		SNSN	266	N	114
CULVER	EMMA		SNSN	266	N	114
CULVER	HARRIET		SNSN	266	N	114
CULVER	JANE		SNSN	266	N	114
CULVER	JOHN		SNSN	266	N	114
CULVER	MARGARET		SNSN	266	N	114
CULVER	HENRY		SNSN	270	Y	188
CULVER	HARRIET		SNSN	270	N	188
CULVER	ULYSSUS		SNSN	270	N	188
CULVER	JOHN		SNSN	270	N	188
CUMINGS	OBEDIAH		SNSC	246	Y	131

LASTNAME	FIRSTNAME	MI	LOCATION	PAGE	HEAD	HHOLD
CUMINGS	SARAH		SNSC	246	N	131
CUMINGS	CLINTON		SNSC	246	N	131
CUMINGS	ROSA		SNSC	246	N	131
CUMINGS	MATTIE		SNSC	246	N	131
CUMINGS	MERTA?		SNSC	246	N	131
CUMMINGS	NANCY		SNJA	131	Y	66
CUNNINGHAM	E	J	SNLO	190	Y	147
CUNNINGHAM	ANNE	E	SNLO	190	N	147
CUNNINGHAM	CLARA	E	SNLO	190	N	147
CUNNINGHAM	MINNIE		SNLO	190	N	147
CUNNINGHAM	CORA		SNLO	190	N	147
CUNNINGHAM	FREDDIE		SNLO	190	N	147
CUNNINGHAM	DANIEL		SNW1	333	Y	366
CUNNINGHAM	HANNAH		SNW1	333	N	366
CUNNINGHAM	J		SNW1	343	Y	500
CUNNINGHAM	MARY		SNW1	343	N	500
CUNNINGHAM	BERTHA		SNW1	343	N	500
CUNNINGHAM	C		SNW2	379	Y	436
CUNNINGHAM	GEORGE	W	SNW2	379	Y	437
CUNNINGHAM	MARY	A	SNW2	379	N	437
CUNNINGHAM	ARTHUR	A	SNW2	379	N	437
CUNNINGHAM	ELLA	M	SNW2	379	N	437
CUNNINGHAM	FRANK		SNW2	379	N	437
CUNNINGHAM	COURTNEY		SNW2	379	N	437
CUNNINGHAM	M		SNPL	219	Y	246
CUNNINGHAM	HELLEN	H	SNSC	252	Y	240
CUNNINGHAM	SYLVESTOR		SNSC	254	Y	247
CUNNINGHAM	MARIA		SNSC	253	N	247
CUNNINGHAM	NELLIE		SNSC	253	N	247
CUNNINGHAM	LIZZIE		SNSC	253	N	247
CUNNINGHAM	AUGUSTA		SNHO	115	Y	108
CUP	JOHN		SNED	106	Y	277
CUP	ELIZABETH		SNED	106	N	277
CUP	HANNAH		SNED	106	N	277
CUPP	PHILLIP		SNBI	31	Y	150
CUPP	CORDELIA		SNBI	31	N	150
CUPP	EUGENE		SNBI	31	N	150
CUPP	EPHRUIM		SNPL	206	Y	62
CURRAN	EDWIN		SNED	98	Y	126
CURTIS	WASHINGTON		SNBI	46	Y	355
CURTIS	SARAH		SNBI	46	N	355
CURTIS	CATHERINE		SNBI	46	N	355
CURTIS	ALONZO		SNBI	46	N	355
CURTIS	MARY		SNBI	46	N	355
CURTIS	BYRON		SNBI	46	N	355
CURTIS	RACHEL		SNBI	46	N	355
CURTIS	WILLIAM		SNBI	46	N	356
CURTIS	JOHN		SNBI	46	N	356
CURTIS	SUSAN		SNBI	46	N	355
CURTIS	JAMES		SNBI	46	Y	358
CURTIS	MENAY		SNBI	46	N	358
CURTIS	LEVINA		SNBI	46	N	358
CURTIS	LEROY		SNBI	46	N	358
CURTIS	ILINY		SNBI	46	N	358
CURTIS	EDWARD		SNBI	46	N	358
CURTIS	ESTELLE		SNBI	46	N	358
CURTIS	ELLA		SNBI	46	N	358
CURTIS	ELLEN		SNBI	46	N	358
CUST ?	LOUISA		SNLO	186	Y	94
DAGEN	ANDREW		SNCL	80	Y	167
DAGEN	CHRISTINA		SNCL	80	N	167
DAGEN	VALENTINE		SNCL	80	N	167
DAGEN	AUGUSTUS		SNCL	80	N	167
DAGEN	ALEXANDER		SNCL	80	N	167
DAGEN	LAURA		SNCL	80	N	167
DAGEN (?)	MELISSA	R.	SNJA	138	Y	186
DAGON	CONRAD		SNBL	56	Y	128
DAGON	RACHEAL		SNBL	57	N	128
DAGON	ANDREW		SNBL	57	N	128
DAGON	MARY	C	SNBL	57	N	128
DAGON	LEWIS		SNBL	57	N	128
DAGON	MARGARET	J	SNBL	57	N	128
DAGON	JENNIE	H	SNBL	57	N	128
DAGON	MARTHA		SNBL	57	N	128
DAGON	ADA		SNBL	57	N	128
DAHA?	ANNA		SNTH	307	Y	360
DAHA?	BASTIAN		SNTH	307	N	360

LASTNAME	FIRSTNAME	MI	LOCATION	PAGE	HEAD	HHOLD
DAKEN	EMMA		SNCL	79	Y	155
DALAHUNTY	JAMES		SNW1	346	Y	545
DAMAN	PETER		SNW1	321	Y	209
DAMAN	ELIZABETH		SNW1	321	N	209
DAMAN	CATHARINE		SNW1	321	N	209
DAMAN	CARL		SNW1	321	N	209
DAMBRIGHT	HENRY		SNCL	72	Y	45
DAMBRIGHT	CATHERINE		SNCL	72	N	45
DAMBRIGHT	FRANCIS		SNCL	72	N	45
DAMBRIGHT	FELIX		SNCL	72	N	45
DAMUTH	MATHEW		SNW2	361	Y	163
DAMUTH	MARY		SNW2	361	N	163
DAMUTH	KATE		SNW2	361	N	163
DAMUTH	PETER		SNW2	361	N	163
DAMUTH	MARY		SNW2	361	N	163
DANA	JOHN		SNTH	299	Y	260
DANGLER	BIBIANA		SNBI	40	Y	270
DANIEL	SARAH	A	SNLO	183	Y	39
DANIEL	EMMA	L	SNLO	183	N	39
DANIEL	TINA	B	SNLO	183	N	39
DANIEL	FRANK	S	SNLO	183	N	39
DANIEL	SARAH		SNLO	187	Y	97
DANIELS	HENRY		SNLO	182	Y	22
DANIELS	VALENTINE		SNRE	235	Y	229
DANIELS	MARGARET		SNRE	235	N	229
DANIELS	JOHN		SNRE	235	N	229
DANIELS	JOSEPH		SNRE	235	N	229
DANIELS	GEORGE		SNRE	235	N	229
DANIELS	ELI		SNRE	235	N	229
DANIELS	CATHARINE		SNRE	235	N	229
DANNA	JOHN		SNSC	254	Y	258
DANNA	MARY		SNSC	254	N	258
DANNAGE	THOMAS		SNAD	9	Y	132
DANNAGE	JANE		SNAD	9	N	132
DANNAGE	ALTTA		SNAD	9	N	132
DANO	LOUISA		SNLO	201	Y	346
DARNHAM	A	F	SNLO	181	N	7
DARNHAM	E	O	SNLO	181	N	7
DARNHAM ?	S	W	SNLO	181	Y	7
DARR	AMELIA		SNW1	309	Y	23
DAUGHERTY	DENIS		SNED	91	Y	35
DAUGHERTY	M		SNVE	402	Y	350
DAUL	MICHAEL		SNLI	161	Y	313
DAUL	CATHARINE		SNLI	161	N	313
DAUL	REBECCA		SNLI	161	N	313
DAUL	CATHARINE		SNLI	161	N	313
DAUL	SARAH		SNLI	161	N	313
DAUL	SARAH		SNLI	161	N	313
DAUL	HENRY		SNLI	161	N	313
DAUL	MICHAEL		SNLI	161	N	313
DAUL	MICHAEL		SNLI	161	Y	313
DAUL	CATHARINE		SNLI	161	N	313
DAUL	REBECCA		SNLI	161	N	313
DAUL	CATHARINE		SNLI	161	N	313
DAUL	SARAH		SNLI	161	N	313
DAUL	HENRY		SNLI	161	N	313
DAUL	MICHAEL		SNLI	161	N	313
DAUPERT	GEORGE		SNAD	4	Y	68
DAUPERT	MARY		SNAD	4	N	68
DAUPERT	ELISA		SNAD	4	N	68
DAUPERT	ANNA		SNAD	4	N	68
DAUPERT	HENRY		SNAD	4	N	68
DAVIDSON	LINDA		SNLO	198	N	283
DAVIDSON	ANDREW	H	SNLO	198	Y	283
DAVIDSON	ELLA		SNLO	198	N	283
DAVIDSON	EMMA		SNLO	198	N	283
DAVIDSON	C.	W.	SNW1	311	Y	61
DAVIDSON	JAMES		SNPL	205	Y	38
DAVIDSON	EMALINE		SNPL	205	N	38
DAVIDSON	HARRY		SNPL	205	N	38
DAVIDSON	JOHN		SNSN	273	Y	222
DAVIDSON	PRISTU		SNSN	273	N	222
DAVIDSON	MARTIN		SNSN	273	Y	224
DAVIDSON	MYRA		SNSN	273	N	224
DAVIDSON	JAMES		SNSN	273	N	224
DAVIDSON	WILLIAM		SNSN	273	N	224
DAVIDSON	WALTER		SNSN	273	N	224

LASTNAME	FIRSTNAME	MI	LOCATION	PAGE	HEAD	HHOLD
DAVIDSON	MARGARET		SNSN	273	N	224
DAVIDSON	IRA		SNSN	273	N	224
DAVIS	FRANK		SNAD	13	Y	202
DAVIS	MARY		SNAD	13	N	202
DAVIS	CARRIE		SNAD	13	N	202
DAVIS	CHARLES		SNAD	13	N	202
DAVIS	RHODA		SNAD	16	Y	260
DAVIS	RHODA		SNAD	16	N	260
DAVIS	SOPHIAH		SNLO	177	Y	196
DAVIS	HENDERSON		SNLO	177	Y	197
DAVIS	MARY	R	SNLO	177	N	197
DAVIS	JOHN	W	SNLO	177	N	197
DAVIS	MARGARET	M	SNLO	177	N	197
DAVIS	EMMA	J	SNLO	177	N	197
DAVIS	HENDERSON	O	SNLO	177	N	197
DAVIS	MARY	A	SNLO	177	N	197
DAVIS	JACOB	A	SNLO	177	N	197
DAVIS	HARRIET	A	SNLO	184	Y	49
DAVIS	CHARLES	E	SNLO	184	N	49
DAVIS	JAMES	M	SNLO	184	Y	55
DAVIS	JULIA		SNLO	184	N	55
DAVIS	EDWIN		SNLO	184	N	55
DAVIS	JULIA	A	SNW2	374	Y	361
DAVIS	LEVI		SNW2	374	N	361
DAVIS	CHARLES		SNW2	374	N	361
DAVIS	DOLSON		SNHO	121	Y	205
DAVIS	MAHALA		SNHO	121	N	205
DAVIS	MARILDA		SNHO	121	N	205
DAVIS	ARLINGTON		SNHO	121	N	205
DAVIS	WILLIAM		SNBL	50	Y	27
DAVIS	SARAH		SNBL	50	N	27
DAVIS	MILTON	A	SNBL	50	N	27
DAVIS	JENIE		SNBL	50	N	27
DAVIS	THOMAS	B	SNBL	50	N	27
DAVIS	CAREY		SNBL	51	Y	52
DAVISMAN	CHRISTINA		SNW2	353	Y	49
DAVISMAN	CAROLINE		SNW2	353	N	49
DAWALT	LUCRETIA		SNW1	327	Y	292
DAWALT	WILLIAM		SNED	91	Y	35
DAWALT	HAMILTON		SNPL	214	Y	181
DAWALT	FRANCES		SNPL	214	N	181
DAWALT	LILLIE		SNPL	214	N	181
DAWALT	THETASKA		SNPL	214	N	181
DAWALT	JANE		SNPL	214	N	181
DAY	HARRIET	A	SNLI	156	Y	224
DAY	HOMER		SNLI	156	N	224
DAY	ALEXANDER	W	SNLI	156	N	224
DAY	WILLIAM	M	SNLO	189	Y	128
DAY	FELIX		SNW1	317	Y	147
DAY	MARGARET		SNW1	317	N	147
DAY	PANSILLA		SNW1	317	N	147
DAY	FELIX		SNW1	317	N	147
DAY	EXIM		SNW1	339	Y	457
DAY	LOVINA		SNW1	339	N	457
DAY	SAMINER		SNW1	339	N	457
DAY	MAGGIE		SNW1	346	Y	545
DAY	SARAH		SNW1	346	N	545
DAY	HARRIET	A	SNLI	156	Y	224
DAY	HOMER		SNLI	156	N	224
DAY	ALEXANDER	W	SNLI	156	N	224
DEAHL	LYDIA		SNTH	282	Y	8
DEAHL	CAROLINE		SNTH	284	Y	33
DEAHL	MICHAEL		SNTH	284	Y	49
DEAHL	CAROLINE		SNTH	285	N	49
DEAHL	ELLA		SNTH	285	N	49
DEAHL	JOHN		SNTH	284	N	49
DEAHL	ELIZABETH		SNTH	289	Y	130
DEAHL	CHARLES		SNTH	289	N	130
DEAL	AMOS		SNLI	159	Y	290
DEAL	ELIZABETH		SNLI	159	N	290
DEAL	LEWIS		SNW1	328	Y	304
DEAL	PHILLIP		SNW1	333	Y	378
DEAL	MALINDA		SNW1	333	N	378
DEAL	LEWIS		SNW1	334	Y	392
DEAL	ROSINA		SNW1	334	N	392
DEAL	MARY		SNW1	334	N	392
DEAL	CORA		SNW1	334	N	392

LASTNAME	FIRSTNAME	MI	LOCATION	PAGE	HEAD	HHOLD
DEAL	LEWIS		SNW1	334	N	392
DEAL	AMOS		SNLI	159	Y	290
DEAL	ELIZABETH		SNLI	159	N	290
DEAN	JOSEPH		SNW1	340	Y	471
DEAN	EVA		SNW1	340	N	471
DEAN	FRANK	W.	SNW1	340	N	471
DEAN	HARPER	J.	SNW1	340	N	471
DEAN	FLORA	A.	SNW1	340	N	471
DEAN	WILLIAM	S	SNRE	226	Y	88
DEAN	HARRIET	J	SNRE	226	N	88
DEAN	MARY	E	SNRE	226	N	88
DEAN	CARRIE	C	SNRE	226	N	88
DEAN	WILLIAM	B	SNRE	226	N	88
DEAN	SULLIVAN	R	SNRE	226	N	88
DEAN	ELBERT	R	SNRE	226	N	88
DEAN	GEORGE	C	SNRE	226	N	88
DEARMAN	ORLANDO		SNSC	256	Y	296
DEARY	MIRIAM		SNSN	262	Y	44
DEARY	JAMES		SNSN	262	N	44
DEBIN	ELI		SNED	89	Y	10
DEBIN	SARAH		SNED	89	N	10
DEBIN	E	K	SNED	89	N	10
DEBIN	PEERY		SNED	89	N	10
DEBIN	WILLIAM		SNED	89	N	10
DEBIN	CHARLES		SNED	89	N	10
DEBIN	SENECA		SNED	89	N	10
DEBIN	MARY		SNED	89	N	10
DEBOLT	REASON	S	SNLO	197	Y	273
DEBUSMAN	F		SNW2	359	Y	149
DEBUSMAN	ROSE		SNW2	359	N	149
DEBUSMAN	HATTIE		SNW2	359	N	149
DEBUSMAN	WILLIAM		SNW2	359	N	149
DEBUSMAN	WILLIAM		SNW2	360	Y	151
DEBUSMAN	CHARLOTTE		SNW2	360	N	151
DEBUSMAN	JOANNA		SNW2	360	N	151
DECKER	EMMA		SNCL	82	Y	204
DECKER	JOHN		SNBI	33	Y	174
DECKER	ANNA		SNBI	33	N	174
DECKER	JOHN		SNBI	33	N	175
DECKER	GEORGE		SNLI	157	Y	245
DECKER	RUDOLPHUS		SNW2	379	Y	434
DECKER	ELLENOR		SNW2	379	N	434
DECKER	HENRY		SNW2	379	N	434
DECKER	JOHN		SNSC	252	Y	237
DECKER	ANNA		SNSC	252	N	237
DECKER	LOTTIE		SNSC	255	Y	290
DECKER	JACOB		SNTH	298	Y	248
DECKER	SUSAN		SNTH	298	N	248
DECKER	MILTON		SNTH	298	Y	249
DECKER	LOVINA		SNTH	298	N	249
DECKER	MASA?		SNTH	298	N	249
DECKER	AMOS		SNTH	299	Y	257
DECKER	LUCY		SNTH	299	N	257
DECKER	EMMA		SNTH	299	N	257
DECKER	CLARA		SNTH	299	N	257
DECKER	SUSAN		SNTH	299	N	257
DECKER	IRVIN		SNTH	299	N	257
DECKER	DAVID		SNTH	299	Y	258
DECKER	ELIZA		SNTH	299	N	258
DECKER	ELLA		SNTH	299	N	258
DECKER	WILLIAM		SNTH	299	N	258
DECKER	ALVAN		SNTH	299	N	258
DECKER	FRANK		SNTH	299	N	258
DECKER	EVA		SNTH	299	N	258
DECKER	SAMUEL		SNTH	299	Y	260
DECKER	LOVINA		SNTH	299	N	260
DECKER	HARRIET		SNTH	299	N	260
DECKER	GEORGE		SNLI	157	Y	245
DECKER	JACOB		SNRE	222	Y	20
DECKER	ELEANOR		SNRE	222	N	20
DECKER	JAMES		SNRE	228	Y	122
DECKER	MARTHA		SNRE	228	N	122
DECKER	DELBERT		SNRE	228	N	122
DECKER	ALLICE		SNRE	228	N	122
DECKER	CHANCY		SNRE	228	N	122
DEDRICK	MARG.		SNBI	25	Y	58
DEDRICK	JOHN		SNBI	25	N	58

LASTNAME	FIRSTNAME	MI	LOCATION	PAGE	HEAD	HHOLD
DEDRICK	NADINE		SNBI	25	N	58
DEDRICK	JOHN		SNED	91	Y	35
DEDUTTIE	LEWIS	H.	SNSN	260	Y	3
DEDUTTIE	CHARLOTTE		SNSN	260	N	3
DEDUTTIE	WILLIAM		SNSN	260	N	3
DEDUTTIE	MARY	E.	SNSN	260	N	3
DEERY	CHARLEY		SNBI	34	N	181
DEERY	HENRY		SNBI	34	Y	181
DEIHL	CHRISTIAN		SNLO	201	Y	350
DEISLER	MARY		SNVE	380	Y	5
DEISLER	CONNAST		SNVE	380	Y	6
DEISLER	EMEILINE		SNVE	380	N	6
DEISLER	LEVI		SNVE	380	N	6
DEISLER	SAMUEL		SNVE	380	N	6
DEISLER	EDWARD		SNVE	380	N	6
DEISLER	CHARLES		SNVE	380	Y	8
DEISLER	ELIZABETH		SNVE	380	N	8
DEISLER	MARGRET		SNVE	380	N	8
DEISLER	REBECCA		SNVE	380	N	8
DEISLER	CHARLES		SNVE	380	N	8
DEISLER	CHRIST		SNVE	380	N	8
DEISLER	LOVINA		SNVE	380	N	8
DEISLER	GEORGE		SNVE	384	Y	65
DEISLER	CATHARINE		SNVE	384	N	65
DEISLER	BENJAMIN		SNVE	384	N	65
DEISLER	LUCINDA		SNVE	384	N	65
DEISLER	JOSEPH		SNVE	384	N	65
DEISLER	GEORGE	W.	SNVE	384	N	65
DEISLER	SARAH	A.	SNVE	384	N	65
DEISLER	JAMES	S.	SNVE	384	N	65
DEISLER	HARVEY		SNVE	384	N	65
DEISLER	SIMON		SNVE	384	N	65
DEISLER	RUBEN		SNVE	384	N	65
DEISLER	CONRAD		SNVE	385	Y	74
DEISLER	BARBA		SNVE	385	N	74
DEISLER	ADAM		SNVE	385	N	74
DEISMAN	WILLIAM		SNAD	16	Y	268
DEISMAN	KATIE		SNAD	16	N	268
DEISMAN	HENRY		SNAD	16	N	268
DEISMAN	WILLIAM		SNAD	16	N	268
DEITSEN	JOHN		SNAD	16	Y	257
DEITSEN	MARY		SNAD	16	N	257
DEITSEN	JOHN		SNAD	16	N	257
DEITSEN	WILLIAM		SNAD	16	N	257
DEITSEN	BARBRA		SNAD	16	N	257
DEITSEN	ELISABETH		SNAD	16	Y	257
DELANEY	RICHARD		SNLO	185	Y	78
DELANEY	JOHN		SNLO	201	Y	347
DELANEY	ELLEN		SNLO	201	N	347
DELANEY	CATHERINE		SNLO	201	N	347
DELANEY	BRIDGET		SNLO	201	N	347
DELANEY	EDWARD		SNLO	201	Y	352
DELANEY	JOHANNAH		SNLO	201	N	352
DELANEY	JOHN		SNLO	201	N	352
DELANEY	JAMES		SNLO	201	N	352
DELANEY	MARY		SNLO	201	N	352
DELANEY	ELLEN		SNLO	201	N	352
DELANEY	MARGARET		SNLO	201	N	352
DELANEY	EDWARD		SNLO	201	N	352
DELANY	MATHEW		SNVE	390	Y	150
DELANY	ANN		SNVE	390	N	150
DELANY	CATHRINE		SNVE	390	N	150
DELANY	MARGRET		SNVE	390	N	150
DELANY	MARCELLA		SNVE	390	N	150
DELK	ALBERT		SNBI	30	Y	126
DELL	NICHOLAS		SNBI	21	Y	14
DELL	THERISE		SNBI	21	N	14
DELL	FERDINAND		SNBI	37	Y	229
DELL	HANNAH		SNBI	37	N	229
DELL	MARY		SNBI	37	N	229
DELL	CATHERINE		SNBI	37	N	229
DELL	JOHN		SNBI	37	N	229
DELL	SUSAN		SNBI	37	N	229
DELL	MAGDALINE		SNBI	37	N	229
DELL	NICHOLAS		SNBI	37	N	229
DELL	ELIZ.		SNBI	37	N	229
DELL	KATE		SNW2	371	Y	312

LASTNAME	FIRSTNAME	MI	LOCATION	PAGE	HEAD	HHOLD
DELLER	FRANCIS		SNBL	61	Y	196
DELLER	CHARLOTTE		SNBL	61	N	196
DELLER	IDA	M	SNBL	61	N	196
DELLER	ELLEN		SNBL	61	N	196
DELLING	ADAM		SNPL	218	Y	229
DELLING	CATHARINE		SNPL	218	N	229
DELLING	MARGARET		SNPL	218	N	229
DELLINGER	ADAM		SNLO	192	Y	183
DELLINGER	HENRYELLA		SNLO	192	N	183
DELLINGER	JOHN	C	SNLO	192	N	183
DELPHINA	BARBARA		SNTH	288	Y	108
DELZELL	MARY		SNLO	187	Y	102
DEMER	PETER		SNW1	320	Y	188
DEMER	MAGDALENA		SNW1	320	N	188
DEMER	GEORGE		SNW1	320	N	188
DEMER	SAMUEL		SNW1	320	N	188
DEMER	PETER		SNW1	320	N	188
DEMER	SARAH		SNW1	320	N	188
DEMER	JACOB		SNW1	320	N	188
DEMER	JOHN		SNW1	320	N	188
DEMER	WILLIAM		SNW1	320	N	188
DEMINGER	FRED.		SNRE	232	Y	189
DEMINGER	MAGDALENA		SNRE	232	N	189
DEMINGER	JOHN		SNRE	232	N	189
DEMINGER	CATHARINE		SNRE	232	N	189
DEMINGER	JOSEPH		SNRE	232	N	189
DEMINGER	POLLY		SNRE	232	N	189
DEMINGER	GEORGE		SNRE	232	N	189
DEMINGER	CAROLINE		SNRE	232	N	189
DEMINGER	CHARLES		SNRE	232	N	189
DEMINGER	JACOB		SNRE	232	N	189
DEMINGER	FRED.	G	SNRE	233	Y	203
DEMINGER	ADALINE		SNRE	233	N	203
DEMMING	WILLIAM		SNW2	379	Y	429
DEMMING	ELIZABETH		SNW2	379	N	429
DEMMING	WILLIAM		SNW2	379	N	429
DEMMING	ANNA		SNW2	379	N	429
DEMMING	EMMA		SNW2	379	N	429
DEMMING	MAGGIE		SNW2	379	N	429
DEMMING	GEORGE		SNW2	379	N	429
DEN	VERERAUDO?		SNTH	288	Y	108
DEN	ROSINA		SNTH	288	Y	108
DENALER	LAURA		SNRE	231	Y	167
DENGER ?	LUCY		SNAD	17	Y	283
DENGLER	LIZZIE		SNW1	348	Y	568
DENIER	PHILLIP		SNW1	324	Y	254
DENIER	MARY		SNW1	324	N	254
DENIER	CATHERINE		SNW1	324	N	254
DENIER	JOHN		SNW1	324	N	254
DENIER	JULIA		SNW1	324	N	254
DENIER	MARY		SNW1	324	N	254
DENIS	JOHN		SNBL	62	Y	219
DENIS	VALENTINE		SNBL	66	Y	284
DENIS	ALLIS	J	SNBL	66	N	284
DENIS	OWEN	J	SNBL	66	N	284
DENIS	ELVY	E	SNBL	66	N	284
DENIS	EMILY		SNBL	66	Y	284
DENISON	MARY	J	SNLO	187	N	100
DENISON	NELLIE		SNLO	187	N	100
DENISON ?	SAMUEL		SNLO	187	Y	100
DENNIS	NANCY		SNAD	1	Y	17
DENNIS	FRANCIS		SNAD	1	N	17
DENNIS	ARTHUR		SNAD	15	Y	249
DENNIS	MARY		SNAD	15	N	249
DENNIS	MORRILLIS		SNAD	15	N	249
DENNIS	ELMER		SNAD	15	N	249
DENNIS	GEORGE		SNAD	15	N	249
DENNIS	BERTA		SNAD	15	N	249
DENNIS	JOHN		SNW2	361	Y	164
DENNIS	MARY		SNW2	361	N	164
DENNIS	LORETTA		SNW2	361	N	164
DENNIS	LUCINDA		SNW2	361	N	164
DENNIS	MARY		SNW2	361	N	164
DENNIS	JACOB		SNW2	373	Y	351
DENNIS	MATILDA		SNW2	373	N	351
DENNIS	CAROLINE		SNTH	282	Y	18
DENNIS	PHORES?		SNTH	295	Y	187

LASTNAME	FIRSTNAME	MI	LOCATION	PAGE	HEAD	HHOLD
DENNIS	MARY		SNTH	295	N	187
DENNIS	SARAH		SNTH	295	N	187
DEPINET	STEPHEN		SNLO	177	Y	204
DEPINET	MARIAH		SNLO	177	N	204
DEPINET	ANTHONY		SNLO	177	N	204
DEPINET	JACOB		SNLO	177	N	204
DEPINET	ADAM		SNLO	177	N	204
DEPINET	FRANCES		SNLO	177	N	204
DEPINET	EVA	E	SNLO	177	N	204
DEPINET	JOSEPH		SNLO	177	N	204
DEPINET	JOHN		SNLO	177	N	204
DEPINET	MARY		SNLO	177	N	204
DEPLER	FREDRICK		SNVE	395	Y	233
DEPLER	CATHARINE		SNVE	395	N	233
DEPLER	SUSAN		SNVE	395	N	233
DEPLER	WILLIAM		SNVE	395	N	233
DEPLER	ANDREW		SNVE	395	N	233
DEPLER	JOHN		SNVE	395	N	233
DEPLER	FRANK		SNVE	395	N	233
DEPPE	MICHAEL		SNLI	146	Y	76
DEPPE	MARY		SNLI	146	N	76
DEPPE	JOSEPH		SNLI	146	N	76
DEPPE	PHERNIANA		SNLI	146	N	76
DEPPE	WILLIAM		SNLI	146	N	76
DEPPE	BARBRA		SNLI	146	N	76
DEPPE	MARY		SNLI	146	N	76
DEPPE	SARAH		SNLI	146	N	76
DEPPE	MICHAEL		SNLI	146	N	76
DEPPE	FANNIE		SNLI	146	N	76
DEPPE	MICHAEL		SNLI	146	Y	76
DEPPE	MARY		SNLI	146	N	76
DEPPE	JOSEPH		SNLI	146	N	76
DEPPE	PHERNIANA		SNLI	146	N	76
DEPPE	WILLIAM		SNLI	146	N	76
DEPPE	BARBRA		SNLI	146	N	76
DEPPE	MARY		SNLI	146	N	76
DEPPE	SARAH		SNLI	146	N	76
DEPPE	MICHAEL		SNLI	146	N	76
DEPPE	FANNIE		SNLI	146	N	76
DEPPLE	JOSEPH		SNPL	206	Y	60
DEPPLE	MARIA		SNPL	206	N	60
DEPPLE	PARLEY		SNPL	206	N	60
DEPPLE	MARY		SNPL	206	N	60
DERBIN	GRORGE		SNSN	267	Y	135
DERBIN	MARY		SNSN	267	N	135
DERMER	BRIDGET		SNLO	192	Y	188
DERN	SUSAN		SNJA	127	Y	9
DERN	SAMUEL		SNJA	127	N	9
DERN	FRANCES		SNJA	127	N	9
DERN	MARY		SNJA	127	N	9
DERN	FRANCES		SNLO	201	Y	338
DERN	LIZZIE		SNW2	376	Y	387
DERR	EZRA		SNCL	75	Y	99
DERR	ROSANA		SNCL	75	N	99
DERR	WILLIAM		SNCL	75	N	99
DERR	DAVID		SNCL	75	N	99
DERR	CLARA		SNCL	75	N	99
DERR	JOHN	T.	SNCL	80	Y	181
DERR	MARVE		SNCL	80	N	181
DERR	ELLEN		SNCL	80	N	181
DERR	WILLIAM	M.	SNCL	80	N	181
DERR	DENNIS		SNSC	249	Y	185
DERR	MARY		SNSC	249	N	185
DERR	CHARLIE		SNSC	249	N	185
DERR	HANAH		SNSC	249	N	185
DERR	MARY		SNSC	249	N	185
DERRINGER	FRED		SNW1	343	Y	502
DERRINGER	JOSEPH		SNW1	343	N	502
DERRINGER	MAGDALENA		SNW1	343	N	502
DERRINGER	FRANK		SNW1	343	N	502
DERRINGER	HENRY		SNW1	343	N	502
DERRINGER	CATHARINE		SNW1	343	N	502
DERRINGER	ELIZABETH		SNW1	343	N	502
DERRINGER	MARY		SNW1	343	N	502
DETERMAN	HARRISON		SNAD	11	Y	177
DETERMAN	SOPHIA		SNAD	11	N	177
DETERMAN	JOHN		SNAD	11	N	177

LASTNAME	FIRSTNAME	MI	LOCATION	PAGE	HEAD	HHOLD
DETRAY	WILLIAM		SNED	92	Y	39
DETRAY	MARY		SNED	92	N	39
DETRAY	MARY	JANE	SNED	92	N	39
DETRAY	WILLIE	R	SNED	92	N	39
DETTERMAN	JOHN		SNAD	11	N	177
DETTERMAN	WILLIAM		SNAD	11	N	177
DETTERMAN	MARTHA		SNAD	11	N	177
DETTERMAN	GEORGE		SNAD	11	N	177
DETTERMAN	AMOS		SNAD	12	Y	179
DETTERMAN	MELINDA		SNAD	12	N	179
DETTERMAN	ALBERT		SNAD	12	N	179
DETTERMAN	HARMAN ?		SNAD	17	Y	281
DETTERMAN	MARY		SNAD	17	N	281
DETTERMAN	HENRY		SNAD	17	N	281
DETTERMAN	SAMUEL		SNAD	17	Y	282
DETTERMAN	MARIA		SNAD	17	N	282
DETTERMAN	MILTON		SNAD	17	N	282
DETTERMAN	GEORGE		SNAD	17	Y	284
DETTERMAN	CAROLINE		SNAD	17	N	284
DETTERMAN	CHARLES		SNAD	17	N	284
DETTERMAN	LEWIS		SNAD	17	N	284
DETTERMAN	JOHN	H	SNBL	64	Y	246
DETTERMAN	ANN		SNBL	64	N	246
DETTERMAN	SAMUEL		SNBL	64	N	246
DETTERMAN	MARIA		SNBL	64	Y	246
DETWILER	JACOB		SNBL	52	Y	69
DETWILER	ELISABETH		SNBL	52	N	69
DETWILER	EMMA	A	SNBL	52	N	69
DETWILER	MARY	M	SNBL	53	N	69
DETWILER	GEORGE	E	SNBL	53	N	69
DETWILER	LINDA	MAR	SNBL	53	N	69
DEUCHLER	ELIZABETH		SNSC	244	N	109
DEUCHLER	GEORGE		SNSC	244	N	109
DEUCHLER	BETSY		SNSC	244	N	109
DEUCHLER	CAROLINE		SNSC	244	N	109
DEUCHLER	GEORGE		SNSC	244	N	109
DEUCHLER	BARBRA?		SNSC	244	N	109
DEUCHLER	CASPER?		SNSC	244	N	109
DEUCHLER	HENRY		SNSC	244	N	109
DEUCHLER	LOUISA		SNSC	244	N	109
DEUCHLER	LUDWIG		SNSC	244	N	109
DEUCHLER	JULIA		SNSC	244	N	109
DEUCHLER	SUSAN		SNSC	244	N	109
DEUCHLER?	PETER		SNSC	244	Y	109
DEUNER?	JOHN		SNHO	124	Y	264
DEUSLER	WILLIAM		SNRE	231	Y	165
DEUSLER	MARYETTE		SNRE	231	N	165
DEUSLER	ALLICE	J	SNRE	231	N	165
DEUSLER	MILES	W	SNRE	231	N	165
DEUTTER	SAMUEL		SNSC	253	Y	246
DEUTTER	JANE		SNSC	253	N	246
DEVAL	PATIENCE		SNW2	356	Y	94
DEVENING	JOSEPH		SNVE	385	Y	73
DEVENING	MAHALA		SNVE	385	N	73
DEVENING	JOSEPH	D.	SNVE	385	N	73
DEVENING	MARY	E.	SNVE	385	N	73
DEVENING	SUSANNA		SNVE	385	N	73
DEVENING	IDA	M.	SNVE	385	N	73
DEVENING	ELIZABETH		SNVE	385	N	73
DEVENING	NETTIE		SNVE	385	N	73
DEVORE	MARY		SNED	89	Y	11
DEWALD	PETER		SNLO	174	Y	162
DEWALD	BARBRA		SNLO	174	N	162
DEWALD	MARY		SNLO	174	N	162
DEWALD	JACOB		SNLO	174	N	162
DEWALD	MARGARET		SNLO	174	N	162
DEWALD	SUSAN	M	SNLO	174	N	162
DEWALD	JOHN	W	SNLO	174	N	162
DEWALD	PETER	H	SNLO	174	N	162
DEWALT	BARBARA		SNED	91	Y	35
DEWALT	JOHN		SNTH	297	Y	237
DEWALT	SALLIE		SNTH	297	N	237
DEWALT	SIMON		SNTH	297	N	237
DEWALT	ISAAC		SNTH	297	N	237
DEWALT	SUSAN		SNTH	297	N	237
DEWALT	LONA?		SNTH	297	N	237
DEWALT	SAMUEL		SNTH	297	N	237

LASTNAME	FIRSTNAME	MI	LOCATION	PAGE	HEAD	HHOLD
DEWALT	REUBEN		SNTH	305	Y	332
DEWALT	LUCINDA		SNTH	305	N	332
DEWALT	SARAH		SNTH	305	N	332
DEWALT	MATILDA		SNTH	305	N	332
DEWALT	POLLY		SNTH	305	Y	333
DEWALT	AMOS		SNTH	305	Y	334
DEWALT	MARIA		SNTH	305	N	334
DEWALT	MELINDA		SNTH	305	N	334
DEWALT	HENRY		SNTH	305	N	334
DEWALT	LEWIS		SNTH	305	N	334
DEWALT	AARON		SNTH	305	Y	335
DEWALT	ELIZ		SNHO	111	Y	44
DEWALT	FELIX		SNHO	111	N	44
DEWALT	MARY		SNHO	111	N	44
DEWALT	JOHN		SNHO	111	N	44
DEWALT	ANNA		SNHO	111	N	44
DEWALT	HENRY		SNHO	111	N	44
DEWALT	ELLA		SNHO	111	N	44
DEWELL	CATHARINE		SNPL	219	Y	248
DEWEY	JOSHUA		SNJA	140	Y	223
DEWEY	CATHERINE		SNJA	140	N	223
DEWEY	JOHN	F.	SNJA	140	N	223
DEWEY	MARGARET	E.	SNJA	140	N	223
DEWEY	CARLISTA (?)	A.	SNJA	140	N	223
DEWEY	HARRIET	L.	SNJA	140	N	223
DEWITT	SAMUEL		SNCL	75	Y	97
DEWITT	CATHARINE		SNCL	75	N	97
DEWITT	CLARANCE		SNCL	75	N	97
DEWITT	DELEY		SNCL	75	N	97
DEWITT	JOHN	J.	SNCL	75	N	97
DEWITT	ALLIE	M.	SNCL	75	N	97
DEWITT	MARGARET		SNCL	75	Y	97
DEWITT	MARGARET		SNCL	78	Y	137
DEWITT	WILLIAM		SNBL	65	Y	263
DEWITT	AGNES	B	SNBL	65	N	263
DEWITT	JOHN		SNSN	267	Y	133
DEWITT	ANTEMISIA		SNSN	267	N	133
DEWITT	HARRIET		SNSN	267	N	133
DEWYANT	MICHAEL		SNCL	76	Y	120
DEWYANT	AGNES		SNCL	76	N	120
DIAMOND	HENRY		SNTH	282	Y	7
DICE	CAROLINE		SNW2	362	Y	177
DICE	SARAH		SNW2	362	N	177
DICE	JOHN		SNSN	271	Y	202
DICE	SOPHIA		SNSN	271	N	202
DICE	CORA		SNSN	271	N	202
DICE	JACOB		SNSN	273	Y	223
DICE	HANNAH		SNSN	273	N	223
DICE	MATILDA		SNSN	273	N	223
DICE	SABILLA		SNSN	273	N	223
DICE	FRANK		SNSN	273	N	223
DICING	MARY		SNLO	168	Y	78
DICK	COLUMBUS		SNBI	36	Y	216
DICK	ROBERT		SNW1	310	Y	40
DICK	MARY		SNW1	310	N	40
DICK	JOHN		SNW1	341	Y	480
DICK	JACOB		SNW1	341	N	480
DICK	ROSINA		SNTH	283	Y	33
DICK	SARAH		SNTH	283	N	33
DICK	SEVILLA		SNTH	283	N	33
DICK	JOSEPH		SNTH	296	Y	222
DICK	MARY		SNTH	296	N	222
DICK	JOSEPH		SNTH	296	N	222
DICK	ANNA		SNTH	296	N	222
DICK	KATIE		SNTH	296	N	222
DICK	ABITHA		SNTH	296	N	222
DICK	JERRY		SNTH	305	Y	344
DICK	CHARLOTTE		SNTH	305	N	344
DICK	MARY		SNTH	305	N	344
DICK	EMMA		SNTH	306	N	345
DICK	WILSON		SNTH	306	N	345
DICK	IRVIN		SNTH	306	N	345
DICK	PERRY		SNTH	306	Y	346
DICK	STEPHEN		SNBL	54	Y	84
DICK	MAGDALENA		SNBL	54	N	84
DICK	ANTHONY		SNBL	54	N	84
DICK	OLIVER		SNBL	54	N	84

LASTNAME	FIRSTNAME	MI	LOCATION	PAGE	HEAD	HHOLD
DICK	BARBRA		SNBL	54	N	84
DICK	CATHYRINE		SNBL	54	N	84
DICK	ELANN		SNBL	54	N	84
DICKEN	DAVID		SSLI	146	Y	60
DICKEN	ANN		SNLI	146	N	60
DICKEN	EGBERT	P	SNLI	146	N	60
DICKEN	MARY	A	SNLI	146	N	60
DICKEN	SYLVIA	A	SNLI	146	N	60
DICKEN	ZELETTA	O	SNLI	146	N	60
DICKEN	NATHAN	P.	SNJA	127	Y	14
DICKEN	SELINDA		SNJA	127	N	14
DICKEN	ALBERT		SNJA	127	N	14
DICKEN	MARY	A.	SNJA	127	N	14
DICKEN	STEPHEN		SNJA	128	Y	28
DICKEN	REBECCA		SNJA	128	N	28
DICKEN	SILAS	S.	SNJA	129	Y	40
DICKEN	MARY		SNJA	129	N	40
DICKEN	JOHN	R.	SNJA	134	Y	125
DICKEN	MARY	A.	SNJA	134	N	125
DICKEN	JASPER	P.	SNJA	134	N	125
DICKEN	SAVANNAH	L.	SNJA	134	N	125
DICKEN	ULYSES	G.	SNJA	134	N	125
DICKEN	GENORA		SNJA	134	N	125
DICKEN	SHERMAN		SNJA	134	N	125
DICKEN	JONATHON		SNJA	136	Y	151
DICKEN	SARAH		SNJA	136	N	151
DICKEN	JOHN	W.	SNJA	136	N	151
DICKEN	FRANCIS	M.	SNJA	136	N	151
DICKEN	ELLEN		SNJA	136	N	151
DICKEN	AMANDA		SNJA	136	N	151
DICKEN	CHARLES		SNJA	136	N	151
DICKEN	ISAAC		SNJA	136	Y	152
DICKEN	TEMPERANCE		SNJA	136	N	152
DICKEN	HENRY		SNJA	136	N	152
DICKEN	WILLIAM	P.	SNJA	137	Y	164
DICKEN	ANN	S.	SNJA	137	N	164
DICKEN	LAURA	J.	SNJA	137	N	164
DICKEN	CHARLES	L.	SNJA	137	N	164
DICKEN	CLARISSA		SNJA	137	N	164
DICKEN	MARJORIE	M.	SNJA	137	N	164
DICKEN	DAVID		SNLI	146	Y	60
DICKEN	ANN		SNLI	146	N	60
DICKEN	EGBERT	P	SNLI	146	N	60
DICKEN	MARY	A	SNLI	146	N	60
DICKEN	SYLVIA	A	SNLI	146	N	60
DICKEN	ZELETTA	O	SNLI	146	N	60
DICKEY	GEORGE		SNRE	225	Y	74
DICKEY	SUSAN		SNRE	225	N	74
DICKEY	JAMES	M	SNRE	225	N	74
DICKEY	MARY	E	SNRE	225	N	74
DICKEY	FRANK	E	SNRE	225	N	74
DICKISON	ISAAC		SNSC	257	Y	325
DICKISON	MARY		SNSC	257	N	325
DICKISON	WILLIAM		SNSC	257	N	325
DICKSON	THOMAS		SNRE	234	Y	210
DICKSON	EMMA		SNRE	234	N	210
DICKSON	FRANK		SNRE	234	N	210
DICKSON	MINIE		SNRE	234	N	210
DIEHL	ABRAHAM		SNLO	184	Y	58
DIEHL	CATHERINE		SNLO	184	N	58
DIEMER	RUBEN		SNAD	10	Y	159
DIEMER	MARY		SNAD	10	N	159
DIEMER	GODFREY		SNW1	332	Y	358
DIEMER	JULIA		SNW1	332	N	358
DIEMER	SARAH		SNW1	332	N	358
DIEMER	DANIEL		SNW1	332	N	358
DIEMER	PHILANCENA		SNW1	332	N	358
DIEMER	JOHN		SNW1	332	N	358
DIEMER	WILLIAM		SNW1	332	N	358
DIEMER	JOSEPH		SNW1	332	N	358
DIEMER	MARY		SNW1	332	N	358
DIEMER	KATE		SNW1	332	N	358
DIEMER	ANNA		SNW1	332	N	358
DIEMER	NETTIE		SNW1	332	N	358
DILDINE	JOHN	H	SNLO	194	Y	218
DILDINE	LYDIA	G	SNLO	194	N	218
DILDINE	AARON ?		SNLO	194	N	218

LASTNAME	FIRSTNAME	MI	LOCATION	PAGE	HEAD	HHOLD
DILDINE	WILLIAM		SNW1	324	Y	256
DILDINE	CHRISTENA		SNW1	324	N	256
DILDINE	WILLIAM		SNW1	325	N	256
DILDINE	WALLACE		SNW1	325	N	256
DILDINE	DANIEL		SNW1	339	Y	451
DILDINE	LAURA		SNW1	339	N	451
DILDINE	DALLIS		SNW1	339	N	451
DILDINE	FRANK		SNW1	339	N	451
DILDINE	ANDREW		SNW2	368	Y	275
DILDINE	JANE		SNW2	368	N	275
DILDINE	MARGARET		SNW2	368	N	275
DILDINE	RICHARD		SNW2	368	N	275
DILDINE	ELIZA		SNW2	368	N	275
DILDINE	SAMUEL		SNW2	378	Y	418
DILDINE	ELIZABETH		SNW2	378	N	418
DILDINE	CLARANCE		SNW2	378	N	418
DILDINE	FRANK		SNW2	378	N	418
DILIGER	MARY		SNBI	40	Y	270
DILIPLAIN	BROWN		SNED	97	Y	115
DILIPLAIN	ELMA		SNED	97	N	115
DILIPLAIN	NEWTON		SNED	97	N	115
DILK	JOHNATHON		SNCL	72	Y	57
DILL	LAUFAYETTE		SNSC	244	Y	106
DILLAM	SUSAN		SNSN	267	Y	129
DILLDINE	JOHN	M.	SNCL	80	Y	182
DILLDINE	ELIZABETH		SNCL	81	N	182
DILLDINE	WILLIAM		SNCL	81	N	182
DILLDINE	HENRY		SNCL	81	N	182
DILLDINE	LOUISA		SNCL	81	N	182
DILLDINE	WILLIAM		SNCL	81	Y	189
DILLDINE	ICEDORE		SNCL	81	N	189
DILLDINE	ESTELLE		SNCL	81	N	189
DILLDINE	DANIEL		SNCL	81	Y	190
DILLDINE	LUCINDA		SNCL	86	Y	256
DILLIHUNT	JAMES	H.	SNCL	83	Y	221
DILLIHUNT	JAMES		SNCL	83	N	221
DILLIHUNT	CATHARINE		SNCL	83	N	221
DILLMAN	JACOB		SNW1	320	Y	196
DILLMAN	LOUISA		SNW1	320	N	196
DILLMAN	MAGDALENA		SNW1	320	N	196
DILLMAN	DAVID		SNPL	211	Y	137
DILLMAN	ELIZABETH		SNPL	211	N	137
DILLMAN	MAGDALENA		SNPL	212	N	137
DILLMAN	GEORGE		SNPL	212	N	137
DILLMAN	DANIEL		SNPL	212	N	137
DILLMAN	DANIEL,SR		SNPL	212	Y	137
DILLON	JACOB		SNLO	169	Y	88
DILLON	SARAH	E	SNLO	169	N	88
DILLON	OTTO		SNLO	169	N	88
DILLON	MARY	J	SNLO	169	N	88
DILLON	JOHN	M	SNLO	169	N	88
DILLON	THOMAS		SNLO	176	Y	188
DILLON	RHODA		SNLO	176	N	188
DILLON	ELLEN		SNLO	176	N	188
DILLON	VIOLETTIA		SNLO	176	N	188
DILLON	JOHN	Q	SNLO	176	N	188
DILLON	ALPHEUS		SNLO	176	N	188
DILLON	TEMPERANCE		SNLO	176	N	188
DILLON	EARL	E	SNLO	176	N	188
DILLON	GEORGE		SNLO	176	Y	191
DILLON	MALINDA		SNLO	176	N	191
DILLON	THOMAS		SNLO	176	N	191
DILLON	GEORGE	W	SNLO	176	N	191
DILLON	JANE		SNLO	176	N	191
DILLON	ANNETTIA		SNLO	176	N	191
DILLON	ELI		SNLO	176	N	191
DILLON	EDWIN	A	SNLO	176	N	191
DILLON	ALPHEUS		SNLO	176	N	191
DILLON	SOPHIAH	A	SNLO	176	N	191
DILLON	GEORGE	W	SNLO	199	Y	307
DILLON	SAMANTHA	M	SNLO	199	N	307
DILPLAIN	ABRAHAM		SNSN	261	Y	30
DILPLAIN	MINNIE		SNSN	261	N	30
DILPLAIN	JENNIE		SNSN	261	N	30
DILPLAIN	JOHN		SNSN	261	N	30
DILPLAIN	NELLIE		SNSN	261	N	30
DILPLAIN	ETTIE		SNSN	261	N	30

LASTNAME	FIRSTNAME	MI	LOCATION	PAGE	HEAD	HHOLD
DINE	GEORGE		SNAD	9	Y	144
DINE	ADDA		SNAD	9	N	144
DINE	JOHN		SNAD	9	N	144
DINGLEDICE	MARY		SNW1	339	Y	451
DINGLEDINE	JACOB		SNLI	156	Y	233
DINGLEDINE	JACOB		SNLI	156	Y	233
DIONA	MARIA		SNTH	288	Y	108
DIPPLEHOVER	JOHN		SNLO	169	Y	96
DIPPLEHOVER	CATHERINE		SNLO	169	N	96
DIPPLEHOVER	JOHN		SNLO	169	N	96
DIPPLEHOVER	ANDREW		SNLO	169	N	96
DIPPLEHOVER	CHRISTINA		SNLO	169	N	96
DIRING	DANIEL		SNVE	380	Y	4
DIRLAM	SYLVANUS		SNRE	237	Y	254
DIRLAM	FANNY		SNRE	237	N	254
DISINGER	SAMUEL		SNJA	128	Y	32
DISINGER	MARY	L.	SNJA	128	N	32
DISINGER	CORA		SNJA	128	N	32
DISINGER	DAVID		SNJA	133	Y	95
DISINGER	SARAH		SNJA	133	N	95
DISINGER	BENJAMIN		SNJA	133	N	95
DISINGER	AMANDA		SNJA	133	N	95
DISINGER	REUBEN		SNJA	133	N	95
DISINGER	GEORGE		SNJA	133	Y	107
DISINGER	MARY		SNJA	133	N	107
DISKEL	GEORGE		SNW2	358	Y	133
DISKEL	MARY		SNW2	358	N	133
DISKEL	EDWARD		SNW2	358	N	133
DISKEL	JOHN		SNW2	358	N	133
DISTAT	WILLIAM		SNLI	149	Y	117
DISTAT	WILLIAM		SNLI	149	Y	117
DITTA	ELIZABETH		SNCL	85	Y	240
DITTENHAFFER	HENRY		SNBL	67	Y	306
DITTENHAFFER	CHRISTENIA		SNBL	67	N	306
DITTO	JACOB		SNLO	196	Y	253
DITTO	HANNAH		SNLO	196	N	253
DITTO	GEORGE	E	SNLO	196	N	253
DITTO	JACOB	W	SNLO	196	N	253
DITTO	ENTONS ?		SNLO	196	N	253
DIVEL	HENRY		SNBI	35	Y	196
DIVEL	JEMIMA		SNBI	35	N	196
DIVEL	ALTHA		SNBI	35	N	196
DIVEL	NAPOLEON		SNBI	35	N	196
DIXON	WILLIAM		SNW1	338	Y	438
DIXON	ANNA		SNW1	338	N	438
DIXON	THOMAS		SNW2	375	Y	378
DIXON	MARY		SNW2	375	N	378
DIXON	GEORGE		SNW2	375	N	378
DIXON	SARAH		SNW2	375	N	378
DIXON	ELLEN		SNW2	375	N	378
DIXON	ANNA		SNW2	375	N	378
DIXON	THOMAS		SNW2	375	N	378
DIXON	MARY		SNW2	375	N	378
DIXSON	JOHN		SNVE	389	Y	127
DNUEL	AUGUST		SNW2	359	Y	141
DNUEL	MAGDALENA		SNW2	359	N	141
DNUEL	AMELIA		SNW2	359	N	141
DNUEL	AUDLEHEIT		SNW2	359	N	141
DNUEL	WILLIAM		SNW2	359	N	141
DNUEL	EDWARD		SNW2	359	N	141
DOCKERELL	ISAAC		SNRE	229	Y	141
DOE	LYDIA	A	SNLO	197	Y	278
DOE	SARAH	C	SNLO	197	N	278
DOE	RODGER	S	SNLO	197	N	278
DOE	VOLNEY	H	SNLO	197	N	278
DOE	CHARLOTTE		SNLO	197	N	278
DOE	CHAUNCY	A	SNLO	200	Y	335
DOE	ELIZABETH		SNLO	200	N	335
DOERLI	POLLY		SNW1	327	Y	289
DOKE	J	M	SNLO	182	Y	23
DOKE	FRANCES		SNLO	182	N	23
DOKE	SARAH		SNLO	195	Y	233
DOKE	ISAAC		SNLO	195	N	233
DOKE	RUTH		SNLO	195	N	233
DOKE	STELLA		SNLO	195	N	233
DOKE	LEONARD		SNLO	196	Y	264
DOKE	MARY	A	SNLO	197	N	264

LASTNAME	FIRSTNAME	MI	LOCATION	PAGE	HEAD	HHOLD
DOKE	HARRIET	B	SNLO	197	N	264
DOKE	JOSEPH	H	SNLO	197	N	264
DOLL	JOHN		SNLI	160	Y	307
DOLL	MARGARET		SNLI	160	N	307
DOLL	RALPH	P	SNLI	160	N	307
DOLL	WILLIAM		SNLI	160	N	307
DOLL	ANNA	C	SNLI	160	N	307
DOLL	EMMA		SNLI	160	N	307
DOLL	JOHN		SNLI	160	Y	307
DOLL	MARGARET		SNLI	160	N	307
DOLL	RALPH	P	SNLI	160	N	307
DOLL	WILLIAM		SNLI	160	N	307
DOLL	ANNIE	C	SNLI	160	N	307
DOLL	EMMA		SNLI	160	N	307
DOMAN	NICHOLAS		SNW1	313	Y	94
DOMAN	MARGARET		SNW1	313	N	94
DOMAN	JOHN		SNW1	313	N	94
DOMAN	AMELIA		SNW1	313	N	94
DOMAN	ANNA		SNW1	313	N	94
DOMAN	LANA		SNW1	313	N	94
DOMAN	ROSA		SNW1	313	N	94
DOMAN	FRANK		SNW1	313	N	94
DOMAN	KATE		SNW1	313	N	94
DOMAN	NICHOLAS		SNW1	313	N	94
DOMBAY	MINERVA		SNED	105	Y	250
DOMEN	JAMES		SNBL	64	Y	238
DOMEN	SARAH		SNBL	64	N	238
DOMUS	JAMES		SNHO	115	Y	117
DOMUS	MARY		SNHO	115	N	117
DOMUS	ANNA		SNHO	115	N	117
DOMUS	WILLIAM		SNHO	115	N	117
DOMUS	INEZ		SNHO	115	N	117
DOMUS	JOHN		SNHO	115	N	117
DOMUS	DESAIS		SNHO	115	N	117
DOMUS	ROSA		SNHO	115	N	117
DOMUS	AMANDA		SNHO	115	N	117
DONAHOFFER	THOS		SNBI	33	Y	173
DONAHOFFER	GEORGE		SNBI	33	N	173
DONAHOFFER	LOUIS		SNBI	33	N	173
DONAHOFFER	DURR		SNBI	33	N	173
DONAHOFFER	MARY		SNBI	33	N	173
DONAHOFFER	MARGARET		SNBI	33	N	173
DONECKER ?	JOHN		SNSC	241	Y	49
DONECKER ?	EMALINE		SNSC	241	N	49
DONECKER ?	IDA		SNSC	241	N	49
DONECKER ?	ROSA		SNSC	241	N	49
DONEHUGH	JOHN		SNSN	270	Y	192
DONEHUGH	ANNA		SNSN	270	N	192
DONER	CATHERINE		SNHO	124	Y	257
DONETU?	WESLEY		SNTH	288	Y	108
DONLEY	GEORGE		SNSN	265	Y	94
DONLEY	ELIZA		SNSN	265	N	94
DONLEY	ALLISON		SNSN	265	N	94
DONLEY	ALBERT		SNSN	265	N	94
DONLEY	ALLISON		SNSN	265	Y	96
DONLEY	ANNA		SNSN	265	N	96
DONLEY	GEORGE		SNSN	265	N	96
DONLEY	MARY		SNSN	265	N	96
DONNEN	MILLER	JOH	SNVE	380	Y	10
DONNEN	CATHARINE		SNVE	380	N	10
DONNEN	SARAH	A	SNVE	380	N	10
DONNEN	MARGRET		SNVE	380	N	10
DONNEN	CATHARINE		SNVE	380	N	10
DONNEN	DANIEL		SNVE	380	N	10
DONNEN	ELLEN	M	SNVE	380	N	10
DONNEN	ROSA	A	SNVE	380	N	10
DONNEN	SUSAN		SNVE	380	N	10
DONNEN	JACOB		SNVE	380	N	10
DONNER	ELLA		SNLO	191	Y	169
DOOLITTLE	FLORENCE		SNAD	14	Y	215
DORAH	JOSEPHENE		SNCL	87	Y	273
DORAN	NELSON		SNHO	116	Y	120
DORAN	MARY		SNHO	116	N	120
DORAN	SELEY		SNHO	116	N	120
DORAN	CUSTAR		SNHO	116	Y	122
DORAN	MARY		SNHO	116	N	122
DORAN	OSCAR		SNHO	116	N	122

LASTNAME	FIRSTNAME	MI	LOCATION	PAGE	HEAD	HHOLD
DORAN	SARAH		SNHO	116	N	122
DORAN	SILAS		SNHO	116	N	122
DORAN	JAMES		SNHO	116	N	122
DORAN	ALICE		SNHO	116	N	122
DORAN	PERRY		SNHO	116	N	122
DORAN	BLANCH		SNHO	116	N	122
DORE	JOHN		SNW2	369	Y	287
DORE	CATHARINE		SNW2	369	N	287
DORE	WILLIAM		SNW2	369	N	287
DORE	ELLEN		SNW2	369	N	287
DORE	MARY		SNW2	369	N	287
DORE	RICHARD		SNW2	369	N	287
DORE	EMMET		SNPL	209	Y	94
DORLEY	MARY		SNVE	394	Y	223
DORN	NELSON		SNLI	153	Y	173
DORN	MARY		SNLI	153	N	173
DORN	CELIA		SNLI	153	N	173
DORN	NELSON		SNLI	153	Y	173
DORN	MARY		SNLI	153	N	173
DORN	CELIA		SNLI	153	N	173
DORNAU	JANRES?		SNSC	250	Y	209
DORNAU	MELISSA		SNSC	250	N	209
DORNAU	ADDIE		SNSC	250	N	209
DORNAU	LEVI		SNSC	251	Y	210
DORNAU	CATHERINE		SNSC	251	N	210
DORNAU	SARAH		SNSC	251	N	210
DORNAU	JOSEPHINE		SNSC	251	N	210
DORNAU	JOHN		SNSC	251	N	210
DORNAU	DORA		SNSC	251	N	210
DORNE	GEORGE		SNLO	202	Y	362
DORNING	EMMA		SNW1	320	Y	187
DORSEY	ELIZABETH		SNW1	327	Y	291
DORSEY	PETER		SNSN	276	Y	282
DORSEY	ELIZABETH		SNSN	276	N	282
DORSEY	MARY		SNSN	276	N	282
DORSEY	CHRISTIAN		SNSN	276	N	282
DORSEY	PHILENE		SNSN	276	N	282
DOSCH	NICHOLAS		SNPL	216	Y	211
DOSCH	BARBARA		SNPL	216	N	211
DOSCH	ANDREW		SNPL	216	N	211
DOSCH	VALENTINE		SNPL	216	N	211
DOSCH	BARBARA		SNPL	216	N	211
DOSCH	GEORGE		SNPL	216	N	211
DOSCH	WILLIAM		SNPL	216	N	211
DOSCH	CATHARINE		SNPL	216	N	211
DOSCH	JOHN		SNPL	216	N	211
DOSCH	HENRY		SNPL	216	N	211
DOSCH	LEONARD		SNPL	216	N	211
DOSH	VALENTINE		SNAD	9	Y	135
DOUGLAS	JAMES		SNBL	49	Y	14
DOUGLAS	MARY	A	SNBL	49	N	14
DOUGLAS	CLEMENCE		SNBL	49	N	14
DOUGLASS	ROYAL		SNTH	286	Y	72
DOUGLASS	HARRIET		SNTH	286	N	72
DOUP	SARAH		SNLI	160	Y	305
DOUP	SARAH		SNLI	160	Y	305
DOVE	JOB		SNBL	54	Y	93
DOVE	ELISABETH		SNBL	54	N	93
DOVE	WILLIAM		SNBL	54	N	93
DOVE	MARTHA		SNBL	54	N	93
DOVE	ADAM		SNBL	54	N	93
DOVE	REBECCA		SNBL	54	N	93
DOVE	JOHN		SNBL	54	N	93
DOVE	SUSAN		SNBL	54	N	93
DOVE	MARY		SNVE	380	Y	2
DOWALTER	JOHN		SNW1	316	Y	125
DOWALTER	MARY		SNW1	316	N	125
DOWALTER	KATE		SNW1	316	N	125
DOWALTER	AMELIA		SNW1	316	N	125
DOWALTER	JOHN		SNW1	316	N	125
DOWALTER	WILLIAM		SNW1	316	N	125
DOWALTER	HENRY		SNW1	316	N	125
DOWALTER	FRANK		SNW1	316	N	125
DOWALTER	MARY		SNW1	316	N	125
DOWALTER	JACOB		SNW1	342	Y	492
DOWALTER	LANA		SNW1	342	N	492
DOWELL	ELLEN		SNPL	212	Y	150

LASTNAME	FIRSTNAME	MI	LOCATION	PAGE	HEAD	HHOLD
DOWNES	SAMUEL		SNLO	182	Y	22
DOWNES	CLARACY		SNLO	182	N	22
DOWNEY	SARAH		SNW2	359	Y	137
DOWNEY	SOLOMAN		SNSN	262	Y	49
DOWNS	JOHN	H	SNW1	319	Y	172
DOWNS	LEMUEL		SNED	92	Y	50
DOWNS	LUCINDA		SNED	92	N	50
DOWNS	JAMES		SNED	92	N	50
DOWNS	CARRIE		SNED	92	N	50
DOWNS	JOHN		SNED	94	Y	73
DOWNS	MARGARET		SNED	94	N	73
DOWNS	FRANCES		SNED	94	N	73
DOWNS	ORVILLE		SNED	94	Y	73
DOWNS	CAROLINE		SNED	94	N	73
DOWNS	JENNETTE		SNED	94	N	73
DOWNS	LEHRE		SNED	94	N	73
DOWNS	ANNA		SNED	94	N	73
DOWNS	ELDORAH		SNED	94	N	73
DOWNS	IDA		SNED	94	N	73
DOWNS	ELIZABETH		SNSC	255	Y	280
DOWNS	ALICE		SNSC	255	N	280
DOWNS	GEORGE		SNSC	255	N	280
DOWNS	WILLIAM		SNSC	255	N	280
DOWNS	STEPHEN		SNBL	50	Y	24
DOWNS	CHRISTINIA		SNBL	50	N	24
DOWNS	JOHN	C	SNBL	50	N	24
DOWNS	MARY	M	SNBL	50	N	24
DOWNS	NANCY		SNBL	50	N	24
DOWNS	WILLIAM		SNBL	50	N	24
DRAKE	ELIZABETH		SNCL	84	Y	234
DRAKE	WILLIAM		SNCL	84	N	234
DRAKE	CHARLES		SNAD	2	Y	25
DREITZLER	CHRISTOPHER		SNLO	176	Y	187
DREITZLER	CATHERINE		SNLO	176	N	187
DREITZLER	CATHERINE		SNLO	176	N	187
DREITZLER	BENJAMIN	F	SNLO	176	N	187
DREITZLER	SAMUEL		SNLO	176	N	187
DREITZLER	ELIZABETH		SNLO	176	N	187
DREITZLER	CHARLES		SNLO	176	N	187
DREITZLER	AMELIA		SNLO	176	N	187
DREITZLER	WILLIAM	E	SNLO	176	N	187
DREITZLER	WILLIAM		SNLO	176	N	187
DRESBACK	LUCINDA		SNW2	371	Y	319
DRESBACK	JENNIE		SNW2	371	N	319
DRESBACK	MARIA		SNW2	371	N	319
DRESBACK	HENRY		SNW2	371	Y	320
DRESBACK	MARCONA		SNW2	371	N	320
DRESBACK	CLARA		SNW2	371	N	320
DRESBACK	FANNIE		SNW2	371	N	320
DRESCHER	CHARITY		SNBI	40	N	270
DRESSEL	WILLIAM		SNW2	354	Y	74
DRESSEL	MARGARET		SNW2	354	N	74
DRESSEL	CHARLES		SNW2	354	N	74
DRESSEL	WILHELMINE		SNW2	354	N	74
DRESSEL	ANNA	L	SNW2	354	N	74
DRESSEL	JOHN	C	SNW2	354	N	74
DRESSEL	MATILDA		SNW2	354	N	74
DREXLER	JOHN		SNCL	83	Y	215
DREXLER	AMANDA		SNCL	83	N	215
DRIESBACK	ADRAHAM		SNCL	70	Y	23
DRIESBACK	ELIZABETH		SNCL	70	N	23
DRIESBACK	SUSANA		SNCL	70	N	23
DRIESBACK	ABRAHAM		SNCL	70	N	23
DRIESBACK	CORNELIUS		SNCL	70	N	23
DRIESBACK	MARY	C.	SNCL	70	N	23
DRIESBACK	BENJAMIN		SNCL	70	N	23
DRINKWATER	REUBEN		SNAD	11	Y	172
DRINKWATER	REUBEN Jr.		SNAD	11	N	172
DRINKWATER	CLARA		SNAD	11	N	172
DRINKWATER	HEREL ?		SNAD	11	N	172
DRINKWATER	ELMER		SNAD	11	N	172
DRINKWATER	WILLIAM		SNAD	11	N	172
DRINKWATER	ALISON		SNAD	11	N	172
DRINKWATER	RUEL		SNAD	11	Y	173
DRINKWATER	EMMA		SNAD	11	N	173
DRINKWATER	JAMES		SNAD	18	Y	292
DRINKWATER	EMMA		SNAD	18	N	292

LASTNAME	FIRSTNAME	MI	LOCATION	PAGE	HEAD	HHOLD
DRINKWATER	RUEBEN		SNAD	18	N	292
DRINKWATER	JANE		SNAD	18	N	292
DRINKWATER	ALISON		SNSC	256	Y	306
DROWN	WARREN		SNAD	5	Y	74
DROWN	OLIVE		SNAD	5	N	74
DROWN	EMMA		SNAD	5	N	74
DROWN	FANNIE		SNAD	6	Y	90
DROWN	ELOIRA ?		SNAD	6	N	90
DROWN	DENNIS		SNAD	6	N	90
DROWN	HELLENNOR		SNAD	6	N	90
DROWN	J	R	SNPL	217	Y	213
DROWN	MARY		SNPL	217	N	213
DROWN	CHARLES	C	SNPL	217	N	213
DROWN	ZUA	B	SNPL	217	N	213
DRURY	GEORGE		SNAD	1	Y	8
DRURY	ATTONADE ?		SNAD	1	N	8
DRYEFOOSE	SOLOMON		SNCL	82	Y	202
DRYFOOS	SARAH		SNCL	79	Y	154
DRYFOOSE	JOSEPH		SNBL	59	Y	174
DRYFOOSE	MARY		SNBL	59	N	174
DRYFOOSE	JOSEPH		SNBL	59	N	174
DRYFOOSE	ABRAHAM		SNBL	59	N	174
DRYFOOSE	SAMUEL		SNBL	59	N	174
DRYFOOSE	HENRY		SNBL	59	N	174
DU BOIS	EDWIN	W.	SNCL	74	Y	80
DU BOIS	MAY		SNCL	74	N	80
DU BOIS	JOHN	E.	SNCL	74	N	80
DUCKWEILER	JOHN		SNSN	276	Y	279
DUCKWEILER	MARIAN		SNSN	276	N	279
DUCKWILLER	J	B	SNBI	44	Y	325
DUCKWILLER	SOPHRONA		SNBI	44	N	325
DUCKWILLER	FRANK		SNBI	44	N	325
DUCKWILLER	ANNA		SNBI	44	N	325
DUCKWILLER	SOPHRONA		SNBI	44	N	325
DUCKWILLER	MARY		SNBI	44	N	325
DUDROW	MARGARET		SNAD	9	Y	146
DUESLER	GEORGE		SNSC	257	Y	321
DUESLER	RACHAEL		SNSC	257	N	321
DUESLER	SARAH		SNSC	257	N	321
DUESLER	MARIAH		SNSC	257	N	321
DUESLER	GEORGE		SNSC	257	N	321
DUFFEY	PATRICK		SNLO	179	Y	234
DUFFEY	CATHERINE		SNLO	179	N	234
DUFFEY	FRANCES		SNLO	179	N	234
DUFFEY	JULIA	C	SNLO	179	N	234
DUFFEY	JOHN	B	SNLO	179	N	234
DUFFEY	SUSAN	C	SNLO	179	N	234
DUFFEY	MAGGIE		SNLO	179	N	234
DUFFEY	ELI	V	SNLO	179	N	234
DUFFEY	PHILLIP	P	SNLO	179	N	234
DUFFIELD	MARY		SNW2	359	Y	139
DUFFY	JOHN		SNSC	247	Y	159
DUFFY	SARAH		SNSC	247	N	159
DUFFY	THEODORE		SNSC	247	N	159
DUFFY	REBECCA		SNSC	247	N	159
DUKS	ANDREW	C	SNPL	213	Y	169
DUKS	JULIA		SNPL	213	N	169
DUKS	FRANCIS		SNPL	213	N	169
DUKS	SELARA		SNPL	213	N	169
DUKS	NOAH		SNPL	213	N	169
DULL	GEORGE		SNSN	275	Y	264
DULL	CATHARINE		SNSN	275	N	264
DULL	JOSEPH		SNSN	275	N	264
DULL	MARY		SNSN	275	N	264
DULL	JOHN		SNSN	275	N	264
DULL	CATHARINE		SNSN	275	N	264
DULL	ROSA		SNSN	275	N	264
DULL	MATILDA		SNSN	275	N	264
DULL	FRANK		SNSN	275	N	264
DULL	WILLIAM		SNSN	275	N	264
DULL	GILLIAM		SNSN	275	N	264
DULL	GEORGE		SNSN	275	Y	265
DULL	MARY		SNSN	275	N	265
DULSON	HENRY		SNSN	273	Y	226
DULSON	RACHEL		SNSN	273	N	226
DULSON	SARAH		SNSN	273	N	226
DULSON	JOHN		SNSN	273	N	226

LASTNAME	FIRSTNAME	MI	LOCATION	PAGE	HEAD	HHOLD
DULSON	HENRY		SNSN	273	N	226
DULSON	GEORGE		SNSN	273	N	226
DUMAM	MARY		SNSN	272	Y	217
DUMOND	LORENZA		SNPL	205	Y	32
DUMOND	CLEMENZEY		SNPL	205	N	32
DUMOND	ANNA	J	SNPL	205	N	32
DUMOND	ANDREW		SNPL	205	N	32
DUMOND	ISAAC		SNPL	205	Y	33
DUMOND	SOPHIA		SNPL	205	N	33
DUMOND	CATHARINE		SNPL	205	N	33
DUNDELL	HENRY		SNHO	115	Y	110
DUNDELL	MARGARET		SNHO	115	N	110
DUNDELL	FRANKLIN		SNHO	115	N	110
DUNDELL	BEVILLA		SNHO	115	N	110
DUNDELL	ADAM		SNHO	115	N	110
DUNDELL	ZENOBIA		SNHO	115	N	110
DUNDELL	ESTHER		SNHO	115	N	110
DUNDORE	BENWELL		SNLI	145	Y	49
DUNDORE	MARTHA		SNLI	145	N	49
DUNDORE	ALBERT		SNLI	145	N	49
DUNDORE	AMANDA		SNLI	145	N	49
DUNDORE	BENWELL		SNLI	145	Y	49
DUNDORE	MARTHA		SNLI	145	N	49
DUNDORE	ALBERT		SNLI	145	N	49
DUNDORE	AMANDA		SNLI	145	N	49
DUNDUL	BOVILLE		SNHO	115	Y	112
DUNDUL	MARY		SNHO	115	N	112
DUNHAM	MARY		SNW2	369	Y	292
DUNHAM	AGNES		SNW2	369	N	292
DUNN	WILLIAM		SNHO	120	Y	186
DUNN	SOPHIA		SNHO	120	N	186
DUNN	WILLIAM		SNHO	120	N	186
DUNN	LEVI		SNHO	120	N	186
DUNN	MARIAN		SNHO	120	N	186
DUNN	JOHN		SNHO	120	N	186
DUNN	THOMAS		SNSN	273	Y	231
DUNN	ANNA		SNSN	273	N	231
DUNN	ARABELLA		SNSN	273	N	231
DUNN	SYLVIA		SNSN	273	N	231
DUNN	TABBY		SNSN	273	N	231
DUNN	ELMORE		SNSN	273	N	231
DUNN	ELLA		SNSN	273	N	231
DUNN	EMMA		SNSN	273	N	231
DURFEY	DILICTUS		SNPL	211	Y	122
DURFEY	DIANA		SNPL	211	N	122
DURHAMMIN?	LIZZIE		SNSC	252	Y	230
DURR?	JACOB		SNBL	51	Y	42
DURR?	BARBRA		SNBL	51	N	42
DURR?	ABIGAIL		SNBL	51	N	42
DURR?	GEORGE		SNBL	51	N	42
DURR?	JACOB		SNBL	51	N	42
DURR?	MARY	A	SNBL	51	N	42
DURST	JOAKIM		SNW1	333	Y	375
DURST	BARBARA		SNW1	333	N	375
DURST	JULIUS		SNW1	333	N	375
DURST	LOUISA		SNW1	333	N	375
DURST	AMELIA		SNW1	333	N	375
DURST	MARY		SNW1	333	N	375
DURST	DAVID		SNHO	124	Y	251
DURST	ANNA		SNHO	124	N	251
DURST	MATTHIAS		SNHO	124	N	251
DUSH	JERY	B	SNRE	228	Y	123
DUSLER	JOHN		SNED	105	Y	251
DUSLER	SUSAN		SNED	105	N	251
DUSLER	ELLEN		SNED	105	N	251
DUSLER	WILLIAM		SNED	105	N	251
DUSLER	BERTIE		SNED	105	N	251
DUTCH	ANTHONY		SNBI	39	Y	265
DUTCH	SOPHIA		SNBI	39	N	265
DUTCH	COONROD		SNBI	39	N	265
DUTCH	ELIZ.		SNBI	40	N	265
DUTMER	JOHN	F	SNBL	55	Y	102
DUTMER	JEMIMA		SNBL	55	N	102
DUTMER	JENIE	A	SNBL	55	N	102
DUTMER	MATTIE	Z	SNBL	55	N	102
DUTNER	DAVID		SNVE	385	Y	76
DUTNER	MAHALA		SNVE	385	N	76

LASTNAME	FIRSTNAME	MI	LOCATION	PAGE	HEAD	HHOLD
DUTNER	ELIZABETH		SNVE	385	N	76
DUTNER	JOHN	F.	SNVE	385	N	76
DUTNER	MICHAEL		SNVE	385	N	76
DUTT	DANIEL		SNCL	83	Y	216
DUTT	JOHN		SNW1	347	Y	552
DUTT	CATHERINE		SNW1	347	N	552
DUTT	AMELIA		SNW1	347	N	552
DUTT	CATHERINE		SNW1	347	N	552
DUTT	JOHN		SNW1	347	N	552
DUVAL ?	MATILDA		SNLO	195	Y	233
DUVALL	JANE		SNVE	396	Y	246
DUVALL	MARY	E	SNVE	396	N	246
DWIRE	ISAAC		SNRE	231	Y	167
DWIRE	ELISABETH		SNRE	231	N	167
DWIRE	MARY	A	SNRE	231	N	167
DWIRE	ARVILLA		SNRE	231	N	167
DWIRE	ISAAC	W	SNRE	231	N	167
DWIRE	HENRY		SNRE	231	N	167
DWIRE	JOHN	G	SNRE	231	Y	168
DWIRE	LAURA	A	SNRE	231	N	168
DWIRE	LUNETTA		SNRE	231	N	168
DWIRE	EDITH	D	SNRE	231	N	168
DWIRE	HARRY		SNRE	231	N	168
EARL	SUSANA		SNCL	76	Y	115
EARL	AMANDA		SNCL	76	N	115
EARL	THOMAS		SNCL	76	Y	116
EARL	NEOMA		SNCL	76	N	116
EARL	MARIAH		SNCL	80	Y	172
EARL	JEFFERSON		SNED	91	Y	35
EARNSBERGER	EZRA		SNLI	156	Y	226
EARNSBERGER	CATHARINE		SNLI	156	N	226
EARNSBERGER	HENRY	A	SNLI	156	N	226
EARNSBERGER	WILLIAM		SNLI	156	N	226
EARNSBERGER	EZRA		SNLI	156	Y	226
EARNSBERGER	CATHARINE		SNLI	156	N	226
EARNSBERGER	HENRY	A	SNLI	156	N	226
EARNSBERGER	WILLIAM		SNLI	156	N	226
EASTERBROOK	THOMAS		SNRE	237	Y	259
EASTERBROOK	MARIA		SNRE	237	N	259
EASTERBROOK	WILLIE		SNRE	237	N	259
EASTERBROOKS	WILLIAM		SNSC	257	Y	329
EASTERBROOKS	ISABEL		SNSC	257	N	329
EASTERBROOKS	GEORGE		SNSC	257	N	329
EASTERBROOKS	JAMES		SNSC	257	N	329
EASTMAN	RODA	A.	SNCL	83	Y	211
EASTMAN	EDNA	R.	SNCL	83	N	211
EASTMAN	JOHN		SNSC	248	Y	167
EASTMAN	WILLIAM		SNSC	248	Y	168
EASTMAN	MARY		SNSC	248	N	168
EASTMAN	LIZZIE		SNSC	248	N	168
EASTMAN	JOHN		SNSC	248	N	168
EASTMAN	PETER		SNSC	258	Y	335
EASTMAN	HELLEN		SNSC	258	N	335
EASTMAN	ADALAID		SNSC	258	N	335
EASTMAN	FREMONT		SNSC	258	N	335
EATCHIE	NICHOLAS		SNLO	174	Y	161
EATON	JAMES		SNCL	84	Y	231
EATON	VICTORE		SNLI	144	Y	29
EATON	PETER		SNJA	127	Y	13
EATON	REBECCA		SNJA	127	N	13
EATON	REUBEN		SNJA	127	N	13
EATON	WEALTHEY		SNJA	127	N	13
EATON	MARY	L	SNLO	187	Y	97
EATON	MARY	J	SNLO	187	N	97
EATON	HAY		SNED	100	Y	168
EATON	ADALINE		SNED	100	N	168
EATON	CARLIS		SNED	100	N	168
EATON	GRANGER		SNED	100	N	168
EATON	CATHERINE		SNSC	240	Y	39
EATON	VICTORE		SNLI	144	Y	29
EATON	AMANDAR		SNRE	230	Y	160
EATON	HARRIET		SNRE	230	N	160
EATON	DARIUS	B	SNRE	230	N	160
EBBERT	JACOB		SNW1	327	Y	286
EBBERT	ANNA		SNW1	327	N	286
EBBERT	MARY		SNW1	327	N	286
EBBERT	ANNA		SNW1	327	N	286

LASTNAME	FIRSTNAME	MI	LOCATION	PAGE	HEAD	HHOLD
EBBERT	EDWARD		SNW1	327	N	286
EBBERT	LIBBIE		SNW1	327	N	286
EBBERT	HENRY		SNW1	346	Y	537
EBBERT	ELIZABETH		SNW1	346	N	537
EBEN	CARL		SNW1	308	Y	9
EBEN	ELIZABETH		SNW1	308	N	9
EBEN	MARY		SNW1	308	N	9
EBEN	ANNA		SNW1	308	N	9
EBEN	FRANCIS		SNW1	308	N	9
EBEN	PETER		SNW1	308	N	9
EBEN	CHARLES		SNW1	308	N	9
EBEN	LANA		SNW1	308	N	9
EBER	MAGGIE		SNW1	327	Y	290
EBERHART	PHILLIP		SNTH	297	Y	242
EBERHART	ELIZABETH		SNTH	298	Y	243
EBERHART	GEORGE		SNTH	298	N	243
EBERHART	BENJAMIN		SNTH	298	N	243
EBERHART	JAMES		SNTH	298	N	243
EBERHART	BARBRA		SNTH	298	N	243
EBERHART	AMANDA		SNTH	298	N	243
EBERHART	GEORGE		SNTH	298	Y	245
EBERHART	GEORGE,JR		SNTH	298	N	245
EBERHART	SUSANAH		SNTH	298	N	245
EBERHART	SARAH		SNTH	298	N	245
EBERHART	BERTHA		SNTH	298	N	245
EBERHART	BARBARA		SNTH	298	N	245
EBERHART	HENRY		SNTH	298	Y	246
EBERHART	MARIA		SNTH	298	N	246
EBERHART	MARIA		SNTH	298	N	246
EBERHART	ADAM		SNTH	298	N	246
EBERHART	GEORGE		SNTH	306	Y	349
EBERHART	SARAH		SNTH	306	N	349
EBERHART	HENRY		SNTH	306	N	349
EBERHART	JACOB		SNTH	306	N	349
EBERHART	MARY		SNTH	306	N	349
EBERHART	AMELIA		SNTH	306	N	349
EBERHART	CAROLINE		SNTH	306	N	349
EBERHART	JOSEPH		SNTH	306	N	349
EBERHART	ABRAM		SNTH	306	N	349
EBERLY	LOINA?		SNTH	288	Y	108
EBERSOLE	ISAAC	S.	SNCL	85	Y	244
EBERSOLE	MARY	E.	SNCL	85	N	244
EBERSOLE	OSCAR		SNLO	164	Y	23
EBERSOLE	LAURA		SNLO	164	N	23
EBERSOLE	PETER		SNLO	166	Y	52
EBERSOLE	ELIZABETH		SNLO	166	N	52
EBERSOLE	AUSTIN	S	SNLO	166	N	52
EBERSOLE	SARAH	A	SNLO	166	N	52
EBERSOLE	NERI		SNLO	166	N	52
EBERSOLE	JACOB	P	SNRE	222	Y	21
EBERSOLE	MARIA		SNRE	222	N	21
EBERSOLE	ALBERT		SNRE	222	N	21
EBERSOLE	HENRY		SNVE	394	Y	214
EBERSOLE	MARY		SNVE	394	N	214
EBERSOLE	ISAAC		SNVE	394	N	214
EBERSOLE	AMANDA		SNVE	394	N	214
EBERSOLE	EMMA		SNVE	394	N	214
EBERSOLE	FLORACE		SNVE	394	N	214
EBERSOLE	EMMA		SNVE	394	N	214
EBERSOLE	ANDREW		SNVE	394	Y	218
EBERSOLE	JACOB		SNVE	399	Y	306
EBERSOLE	SOPHIA		SNVE	399	N	306
EBERSOLE	ANDREW		SNVE	399	N	306
EBERSONE	ALPHEUS		SNRE	222	N	21
EBRIGHT	ELIZA		SNPL	208	Y	84
EBRIGHT	HENRY		SNHO	115	Y	118
EBRIGHT	ELLEN		SNHO	115	N	118
ECHMAN	JAMES		SNSC	243	Y	96
ECHMAN	MARY		SNSC	243	N	96
ECHMAN	EMMA		SNSC	243	N	96
ECHMAN	WILLIAM		SNSC	243	N	96
ECHMAN	JOHN		SNSC	243	N	96
ECHMAN	CHARLOTTA		SNSC	243	N	96
ECHMAN	LEANDER		SNVE	391	Y	173
ECHMAN	MARY	A	SNVE	391	N	173
ECHMAN	CLARA	J	SNVE	391	N	173
ECHMAN	CHARLES	W	SNVE	391	N	173

LASTNAME	FIRSTNAME	MI	LOCATION	PAGE	HEAD	HHOLD
ECHMAN	MARY	G	SNVE	391	N	173
ECHMAN	ALICE	L	SNVE	391	N	173
ECHMAN	FREDDIE		SNVE	391	N	173
ECHMAN	GEORGE		SNVE	391	N	173
ECKARD	CHARLES		SNCL	82	Y	200
ECKARD	ELIZABETH		SNCL	82	N	200
ECKARD	CLARRA		SNCL	82	N	200
ECKARD	CHARLES		SNCL	82	N	200
ECKARD	JOSEPH		SNCL	82	N	200
ECKARD	MARY		SNCL	82	N	200
ECKARD	CECILLIA		SNCL	82	N	200
ECKARD	OSA		SNCL	82	N	200
ECKELBERRY	PETER		SNBL	53	Y	74
ECKELBERRY	SARAH	A	SNBL	53	N	74
ECKELBERRY	AGNAS		SNBL	53	N	74
ECKELS	VIRGINIA		SNLO	183	Y	34
ECKELS	HORACE		SNLO	183	N	34
ECKELS	ALICE		SNLO	183	N	34
ECKER	JACOB		SNJA	132	Y	86
ECKER	LUCINDA		SNJA	132	N	86
ECKER	EMMA		SNJA	132	N	86
ECKER	EPHRMIN	E.	SNJA	132	N	86
ECKINOUGLE	SAML.		SNPL	216	Y	209
ECKLEBERRY	---?--IAM		SNSC	247	Y	159
ECKLES	MARTHA	J	SNLO	197	Y	277
ECKMAN	DAVID		SNSC	257	Y	320
ECKMAN	ELLEN		SNSC	257	N	320
EDDINGER	LEVI		SNSC	238	Y	8
EDDINGER	HANAH		SNSC	238	N	8
EDDINGER	CORA		SNSC	238	N	8
EDDINGER	AMANDA		SNSC	238	N	8
EDDINGER	ADDA		SNSC	238	N	8
EDDINGER	SARAH		SNSC	238	N	8
EDGAR	MARY		SNSC	250	Y	209
EDGAR	LIZZIE		SNSC	251	Y	220
EDGAR	JAMES		SNSC	251	N	220
EDGER	JOHN		SNCL	76	Y	113
EDGER	MARY	E.	SNCL	76	N	113
EDGER	CORA		SNCL	76	N	113
EDGER	BELL		SNCL	76	N	113
EDGER	LARUA		SNCL	76	N	113
EDIS	ALFRED		SNSN	270	Y	186
EDSEN	MINERVA		SNSC	240	Y	40
EDWARDS	GEORGE	J	SNLI	154	Y	188
EDWARDS	MAHALA		SNLI	154	N	188
EDWARDS	CARY	B	SNLI	154	N	188
EDWARDS	GEORGE	A	SNLI	154	N	188
EDWARDS	MARTIN		SNLI	154	Y	194
EDWARDS	ELIZABETH		SNLI	154	N	194
EDWARDS	WILLIAM		SNLI	154	N	194
EDWARDS	JOHN		SNLI	154	Y	195
EDWARDS	HANNAH		SNLI	154	N	195
EDWARDS	CURTIS		SNLI	154	N	195
EDWARDS	FANNIE		SNPL	211	Y	127
EDWARDS	GEORGE	J	SNLI	154	Y	188
EDWARDS	MAHALA		SNLI	154	N	188
EDWARDS	CARY	B	SNLI	154	N	188
EDWARDS	GEORGE	A	SNLI	154	N	188
EDWARDS	MARTIN		SNLI	154	Y	194
EDWARDS	ELIZABETH		SNLI	154	N	194
EDWARDS	WILLIAM		SNLI	154	N	194
EDWARDS	JOHN		SNLI	154	Y	195
EDWARDS	HANNAH		SNLI	154	N	195
EDWARDS	CURTIS		SNLI	154	N	195
EGBERT	JEREMIAH		SNCL	73	Y	75
EGBERT	LUCY	A.	SNCL	73	N	75
EGBERT	NEWTON		SNCL	73	N	75
EGBERT	ELIZABETH		SNCL	74	N	75
EGBERT	JOHN	A.	SNCL	74	N	75
EGBERT	ISAAC		SNCL	74	N	75
EGBERT	LILLIE		SNCL	74	N	75
EGBERT	SUSAN		SNCL	74	Y	88
EGBERT	NORMAN		SNCL	77	Y	122
EGBERT	SUSAN		SNCL	77	N	122
EGBERT	WILLIAM		SNCL	77	N	122
EGBERT	KNOTT		SNCL	77	N	122
EGBERT	EDWARD		SNLI	153	Y	174

LASTNAME	FIRSTNAME	MI	LOCATION	PAGE	HEAD	HHOLD
EGBERT	MARIAH		SNLI	153	N	174
EGBERT	CIDNEY	V	SNLI	153	N	174
EGBERT	JOHN	D	SNPL	219	Y	249
EGBERT	ARIAN		SNPL	219	N	249
EGBERT	CLARA	M	SNPL	219	N	249
EGBERT	FRANCIS		SNPL	219	N	249
EGBERT	DOUGLAS		SNPL	219	N	249
EGBERT	HATTIE		SNPL	219	N	249
EGBERT	URIAH		SNPL	219	Y	250
EGBERT	SUSANA		SNPL	219	N	250
EGBERT	ANDREW	J	SNPL	219	N	250
EGBERT	URIAH		SNPL	219	Y	255
EGBERT	SARAH		SNPL	219	N	255
EGBERT	EDWARD		SNPL	219	N	255
EGBERT	URIAH		SNPL	219	N	255
EGBERT	EDWARD		SNLI	153	Y	174
EGBERT	MARIAH		SNLI	153	N	174
EGBERT	CIDNEY	V	SNLI	153	N	174
EGELKANT	DAVID		SNVE	399	Y	310
EHENDE	PETER		SNBL	51	Y	50
EHENDE	SUSAN		SNBL	51	N	50
EHENDE	ADELIA		SNBL	51	N	50
EHENDE	LAURA		SNBL	51	N	50
EICHELBERGER	JOSEPH		SNSN	269	Y	163
EICHLEBERRY	WILLIAM		SNSN	269	Y	167
EIDT	JACOB		SNW2	352	Y	44
EIDT	ELIZABETH		SNW2	352	N	44
EIDT	GEORGE		SNW2	352	N	44
EIDT	JOANNA		SNW2	352	N	44
EIDT	LIZZIE		SNW2	352	N	44
EIDT	JOHN		SNW2	352	N	44
EIDT	FRED		SNW2	352	N	44
EIDT	DANIEL		SNW2	352	N	44
EILKERT	NICHOLAS		SNBI	38	Y	247
EILKERT	ANNIE		SNBI	38	N	247
EILKERT	PETER		SNBI	38	N	247
EILKERT	FRANCIS		SNBI	38	N	247
EILKERT	JOHN		SNBI	38	N	247
EILKERT	NICHOLAS		SNBI	38	N	247
EIMHOOF	JOHN		SNTH	289	Y	131
EIMHOOF	EVE		SNTH	289	N	131
EINCH	MILETTA		SNBL	62	Y	211
EINSEL	HENRY		SNCL	72	Y	48
EINSEL	SARAH		SNCL	72	N	48
EINSEL	WILLIAM		SNCL	72	N	48
EINSEL	ELIZABETH		SNCL	72	N	48
EINSEL	LEWIS		SNED	93	Y	62
EINSEL	CHARLOTTE		SNED	93	N	62
EINSEL	SALIDIA		SNED	93	N	62
EINSEL	ADELIA		SNED	93	N	62
EINSEL	WILLARD		SNED	93	N	62
EINSEL	JOHN		SNBL	59	Y	171
EINSEL	LYDIA		SNBL	59	N	171
EINSEL	HENRY		SNBL	59	Y	172
EINSEL	EARTLY?	A	SNBL	59	N	172
EINSEL	SAVILLA	E	SNBL	59	N	172
EINSEL	CHARLES	R	SNBL	59	N	172
EINSEL	WILLIAM	S	SNBL	59	N	172
EINSEL	LOXLEY	B	SNBL	59	N	172
EINSEL	JOHN	L	SNBL	59	N	172
EINSEL	NOAH		SNBL	60	Y	178
EINSEL	MARY		SNBL	60	N	178
EINSEL	ALONZO		SNBL	60	N	178
EINSEL	CLORAETTE		SNBL	60	N	178
EINSEL	DELOSA	J	SNBL	60	N	178
EINSEL	FAMA	E	SNBL	60	N	178
EINSELMAN	A		SNW1	318	Y	161
EINSELMAN	BARBARA		SNW1	318	N	161
EINSELMAN	ANDREW		SNW1	318	N	161
EINSELMAN	JOHN		SNW1	318	N	161
EINSELMAN	DORA		SNW1	318	N	161
EINSELMAN	LYDIA		SNW1	318	N	161
EINSELMAN	BARBARA		SNW1	318	N	161
EISENBROWN	JANE		SNTH	289	Y	116
EISENHART	FREDERICK		SNAD	14	Y	228
EISENHART	JULIA		SNAD	14	N	228
EISENHART	FRANK		SNAD	14	N	228

LASTNAME	FIRSTNAME	MI	LOCATION	PAGE	HEAD	HHOLD
EISLER	JACOB		SNLO	199	Y	305
EISLER	CAROLINE		SNLO	199	N	305
EISLER	CHARLES		SNLO	199	N	305
ELDER	WILLIAM		SNLI	146	Y	68
ELDER	AMANDA		SNLI	146	N	68
ELDER	CURTIS		SNJA	134	Y	121
ELDER	DINAH		SNJA	134	N	121
ELDER	DAVID		SNW1	344	Y	515
ELDER	LAURA		SNW1	344	N	515
ELDER	NANCY		SNW2	376	Y	384
ELDER	NANCY	J	SNW2	376	N	384
ELDER	WILLIAM		SNLI	146	Y	68
ELDER	AMANDA		SNLI	146	N	68
ELGLI	JACOB		SNSC	238	Y	4
ELGLI	MARY		SNSC	238	N	4
ELGLI	ANDREW		SNSC	238	N	4
ELGLI	FRANK		SNSC	238	N	4
ELKERT	MARY		SNBI	23	N	30
ELKERT	JOSEPH		SNBI	22	N	30
ELKHART	JOHN		SNBI	36	Y	224
ELKHART	THERESA		SNBI	36	N	224
ELKHART	AGUSTUS		SNBI	36	N	224
ELKHART	ANTHONY		SNBI	36	N	224
ELKHART	ANDREW		SNBI	36	N	224
ELKHART	ALICE		SNBI	36	N	224
ELKHART	CAROLINE		SNBI	36	N	224
ELKHART	HATTIE		SNBI	37	N	224
ELLAS	ISAAC		SNED	99	Y	143
ELLEN	JOSEPH		SNLO	163	Y	8
ELLENBARGER	RUDSELL		SNLI	152	Y	156
ELLENBARGER	SARAH		SNLI	152	N	156
ELLENBARGER	HELLENA		SNLI	152	N	156
ELLENBARGER	GEORGE		SNLI	152	N	156
ELLENBARGER	SUSAN		SNLI	152	N	156
ELLENBARGER	SAMUEL		SNLI	152	Y	157
ELLENBARGER	MARY	A	SNLI	152	N	157
ELLENBARGER	JOHN	W	SNLI	152	N	157
ELLENBARGER	RUDSELL		SNLI	152	Y	156
ELLENBARGER	SARAH		SNLI	152	N	156
ELLENBARGER	HELLENA		SNLI	152	N	156
ELLENBARGER	GEORGE		SNLI	152	N	156
ELLENBARGER	SUSAN		SNLI	152	N	156
ELLENBARGER	SAMUEL		SNLI	152	Y	157
ELLENBARGER	MARY	A	SNLI	152	N	157
ELLENBARGER	JOHN	W	SNLI	152	N	157
ELLER	MARGARET		SNLO	185	Y	77
ELLER	CHARLES		SNLO	185	N	77
ELLER	CURTIS		SNLO	185	N	77
ELLINS	JACOB		SNED	99	Y	139
ELLINS	MARY		SNED	99	N	139
ELLINS	GEORGE		SNED	99	N	139
ELLINS	SAMUEL		SNED	99	N	139
ELLINS	HARRISON		SNED	99	N	139
ELLIOTT	AUGUSTUS	E	SNLO	168	Y	71
ELLIOTT	SARAH	A	SNLO	168	N	71
ELLIOTT	FLORA	J	SNLO	168	N	71
ELLIOTT	IDA	A	SNLO	168	N	71
ELLIOTT	CHARLES	W	SNLO	168	N	71
ELLIOTT	WILLIAM	C	SNLO	180	Y	240
ELLIOTT	MARY		SNLO	180	N	240
ELLIOTT	ORRIS	C	SNLO	180	N	240
ELLIOTT	JANE		SNLO	180	N	240
ELLIOTT	ALTA		SNLO	180	N	240
ELLIOTT	ZELA	K	SNLO	180	N	240
ELLIOTT	PATTY		SNLO	180	N	240
ELLIOTT	SUSAN		SNPL	208	Y	90
ELLIOTT	J	W	SNRE	227	Y	105
ELLIOTT	AMORETT		SNRE	227	N	105
ELLIOTT	MYRTLE		SNRE	227	N	105
ELLIOTT	GEORGE	W	SNRE	230	Y	153
ELLIOTT	MARY		SNRE	230	N	153
ELLIOTT	REBECCA		SNRE	230	N	153
ELLIS	ADA		SNCL	78	Y	140
ELLIS	THOMAS		SNW1	310	Y	37
ELLIS	NANCY		SNW1	310	N	37
ELLIS	ELLA		SNW1	310	N	37
ELLIS	THEODORE		SNSC	254	Y	260

LASTNAME	FIRSTNAME	MI	LOCATION	PAGE	HEAD	HHOLD
ELLIS	IVEY?		SNSC	254	N	260
ELLIS	PRICE		SNSC	254	N	260
ELLIS	JESSIE		SNSC	254	N	260
ELLIS	BERTHA		SNSC	254	N	260
ELLISON	GEORGE		SNAD	18	Y	298
ELLISON	MARY		SNAD	18	N	298
ELLISON	ELIZABETH		SNLO	189	Y	136
ELLISON	FRANKLIN		SNLO	189	N	136
ELLISON	ELIZA		SNLO	189	N	136
ELLISON	ELIZA		SNLO	201	Y	339
ELLISON	JAMES		SNHO	116	Y	123
ELLISON	JOHN		SNSN	267	Y	131
ELLISON	MARTHA		SNSN	267	N	131
ELLISON	ROSELBA		SNSN	267	N	131
ELLISON	EDWARD		SNSN	267	N	131
ELLISON	ALEXANDER		SNSN	267	N	131
ELLISON	FLORA		SNSN	267	N	131
ELLISON	ELIZABETH		SNSN	267	N	131
ELLISON	MARY		SNSN	267	N	131
ELSESER	I		SNW1	343	Y	502
ELSESSOR	JOHN		SNCL	85	Y	248
ELSESSOR	MARY		SNCL	85	N	248
ELSESSOR	JOSEPH		SNCL	85	N	248
ELSESSOR	FRANK		SNCL	85	N	248
ELSESSOR	LANA		SNCL	85	N	248
ELSESSOR	JOHN		SNCL	85	N	248
ELSESSOR	ROSA		SNCL	85	N	248
ELY	JAMES		SNW1	324	Y	249
EMELY	ANDREW		SNW1	326	Y	272
EMELY	AGNAS		SNW1	326	N	272
EMELY	JACOB		SNW1	326	N	272
EMELY	SASILLA		SNW1	326	N	272
EMERICK	JACOB		SNW1	325	Y	263
EMERICK	FREASY		SNW1	325	N	263
EMERINE	JOHN		SNJA	132	Y	84
EMERINE	CATHERINE		SNJA	132	N	84
EMERINE	GEORGE		SNJA	132	N	84
EMERINE	SYLVESTER		SNJA	132	N	84
EMERINE	JOHN		SNJA	132	N	84
EMERINE	NETTIE	S.	SNJA	132	N	84
EMERINE	ANDREW	C	SNLO	187	N	110
EMERINE	GEO		SNLO	187	Y	110
EMERINE	ELLEN		SNLO	187	N	110
EMERINE	SARAH	A	SNLO	187	N	110
EMERINE	CLARRA	N	SNLO	187	N	110
EMERINE	ANDREW		SNLO	188	Y	116
EMERINE	AMY		SNLO	188	N	116
EMERINE	ALONZO		SNLO	188	N	116
EMERINE	AMANDA		SNLO	188	N	116
EMERINE	SARAH		SNLO	188	N	116
EMERINE	LUCY		SNLO	188	N	116
EMERINE	CORA		SNLO	188	N	116
EMERINE	FRANK		SNLO	188	N	116
EMERINE	FREDDIE		SNLO	188	N	116
EMERSON	JOHN		SNED	97	Y	112
EMERSON	MARGARET		SNED	97	N	112
EMERSON	RUDOLPH		SNED	97	Y	112
EMERSON	DANIEL		SNED	97	N	112
EMICH	LEBOLD		SNCL	86	Y	254
EMICK	PHILLIP		SNW1	345	Y	528
EMICK	ELIZABETH		SNW1	345	N	528
EMICK	MARY	E	SNW1	345	N	528
EMICK	FRANK		SNW1	345	N	528
EMICK	MATILDA		SNW1	345	Y	528
EMICK	ANNA		SNW1	345	N	528
EMICK	FLORA		SNW1	345	N	528
EMICK	LEWIS		SNW2	353	Y	51
EMICK	ELIZABETH		SNW2	353	N	51
EMICK	JACOB		SNW2	353	N	51
EMORY	HORACE		SNAD	14	Y	220
EMORY	MARY		SNAD	14	N	220
EMORY	ELMER		SNAD	14	N	220
EMORY	WILLIAM		SNAD	14	N	220
EMORY	MABLE		SNAD	14	N	220
EMORY	ELLA		SNAD	14	N	220
EMRICH	FREDRICK		SNLI	162	Y	331
EMRICH	FREDRICK		SNLI	162	Y	331

LASTNAME	FIRSTNAME	MI	LOCATION	PAGE	HEAD	HHOLD
ENAN	MARKHAN		SNHO	113	Y	73
ENCARK	FRANK		SNBI	39	Y	263
ENCARK	MARY		SNBI	39	N	263
ENCARK	HENRY		SNBI	39	N	263
ENDEL	CHRISTENA		SNW2	360	Y	159
ENDEL	HENRY		SNW2	360	N	159
ENDEL	CHRISTENA		SNW2	360	N	159
ENDSLOW	WILLIAM		SNBL	64	Y	254
ENDSLOW	ELLEN		SNBL	64	N	254
ENDSLOW	EDWIN		SNBL	65	N	254
ENDSLOW	HOMER		SNBL	65	N	254
ENDT	WILLIAM		SNW1	314	Y	106
ENDT	JENNIE		SNW1	314	N	107
ENDT	GEORGE		SNW1	314	N	107
ENGELFRITZ	L.		SNCL	87	Y	268
ENGELFRITZ	ELIZABETH		SNCL	87	N	268
ENGELFRITZ	CHARLES		SNCL	87	N	268
ENGELFRITZ	JOHN		SNCL	87	N	268
ENGEMAN	BARNHART		SNTH	287	Y	101
ENGEMAN	CAROLINE		SNTH	287	N	101
ENGEMAN	ADDA		SNTH	287	N	101
ENGEMAN	WILLIAM		SNTH	287	N	101
ENGLAND	MARK		SNJA	127	Y	5
ENGLAND	HUMPHRY		SNLO	197	Y	267
ENGLAND	LOVINA		SNLO	197	N	267
ENGLAND	OLIN		SNLO	197	N	267
ENGLAND	WILLIAM		SNLO	197	N	267
ENGLAND	OLIVE		SNLO	197	N	267
ENGLAND	NETTIE		SNLO	197	N	267
ENGLAND	FREDERICK		SNLO	197	N	267
ENGLAND	JESSIE		SNLO	196	N	267
ENGLAND	LULA		SNLO	197	N	267
ENGLAND	PETER		SNW1	310	Y	41
ENGLAND	ELIZABETH		SNW1	310	N	41
ENGLAND	KATE		SNW1	310	N	41
ENGLAND	ADAM		SNW1	310	N	41
ENGLAND	GEORGE		SNW1	310	N	41
ENGLAND	KATE		SNW1	310	N	41
ENGLAND	WILLIAM		SNW1	310	N	41
ENGLAND	EMMA		SNW1	310	N	41
ENGLAND	MARGARET		SNW1	310	N	41
ENGLAND	JACOB		SNW1	310	N	41
ENGLAND	PETER		SNW1	310	N	41
ENGLE	BETSEY		SNTH	289	Y	115
ENGLE	HENRY		SNTH	291	Y	159
ENGLE	MARY		SNTH	291	N	159
ENGLE	JOHN		SNTH	291	N	159
ENGLE	SAMUEL		SNBL	64	Y	251
ENGLEHART	JOHN		SNVE	400	Y	330
ENGLEHART	FANNY		SNVE	400	N	330
ENGLEHART	GEORGE		SNVE	400	N	330
ENGLEHART	FANNY		SNVE	400	N	330
ENGLEHART	JOHN		SNVE	400	N	330
ENGLEHART	ELISABETH		SNVE	400	N	330
ENGLEHART	CAROLINE		SNVE	400	N	330
ENGLEHART	JACOB		SNVE	401	N	330
ENGLEHART	CATHARINE		SNVE	401	N	330
ENGLEHART	JEANNETTA		SNVE	401	N	330
ENGLEHART	JACOB		SNVE	401	Y	331
ENGLEHART	FREDENI		SNVE	401	N	331
ENGLEHART	ALICE		SNVE	401	N	331
ENGLERT	GEORGE		SNBL	58	Y	161
ENNICK	FREDERICK		SNSN	264	Y	73
ENNICK	CAROLINA		SNSN	264	N	73
ENNICK	WILLIAM		SNSN	264	N	73
ENNICK	FLORA		SNSN	264	N	73
ENNIS	JOHN		SNRE	227	Y	111
ENNIS	TAMSEN?		SNRE	227	N	111
ENNIS	MINIE	B	SNRE	227	N	111
ENNIS	WILHELMIN	H	SNRE	227	Y	112
ENNIS	MAGDALENA		SNRE	227	N	112
ENNIS	HENRY		SNRE	227	Y	112
ENNIS	JOEL		SNRE	227	N	112
ENNIS	JACOB		SNRE	227	N	112
ENOS	GEORGE		SNLO	187	Y	102
ENSMINGER	JOHN		SNJA	127	Y	1
ENSMINGER	MILLIE		SNJA	127	N	1

LASTNAME	FIRSTNAME	MI	LOCATION	PAGE	HEAD	HHOLD
EPLEY	SILAS		SNLI	159	Y	290
EPLEY	SILAS		SNLI	159	Y	290
ERB	PETER		SNLI	147	Y	90
ERB	MARY		SNLI	147	N	90
ERB	AMELIA		SNLI	147	N	90
ERB	PETER		SNLI	147	Y	90
ERB	MARY		SNLI	147	N	90
ERB	AMELIA		SNLI	147	N	90
ERHART	LOUISA		SNW2	355	Y	89
ERHART	JOHN		SNW2	355	N	89
ERHART	EARL		SNW2	355	N	89
ERHART	LENNORA		SNW2	355	N	89
ERNEST	GEORGE		SNLO	199	Y	303
ERNEST	ELIZABETH		SNLO	199	N	303
ERNEST	MARY	E	SNLO	199	N	303
ERNEST	JAMES		SNLO	199	N	303
ERNEST	GEORGE		SNW1	317	Y	140
ERNEST	LUCINDA		SNW1	317	N	140
ERNEST	MINNIE		SNW1	317	N	140
ERNEST	DANIEL		SNW1	342	Y	487
ERNEST	SAPHRONIA		SNW1	342	N	487
ERNEST	ERASTUS		SNW1	342	N	487
ERNEST	SAMUEL		SNVE	400	Y	324
ERNEST	JENNIE		SNVE	400	N	324
ERNEST	CHARLES		SNVE	400	N	324
ERNEST	HARRY		SNVE	400	N	324
ERNEST	GEORGE		SNVE	400	N	324
ERNEW?	BERTILA?		SNTH	288	Y	108
ERNST	MAGDALENA		SNLO	190	Y	150
ERNST	SAMUEL		SNLO	192	Y	179
ERNST	ELLEN		SNLO	192	N	179
ERNST	WILLIAM	K	SNLO	192	N	179
ERNST	MARY	R	SNLO	192	N	179
ERNST	MARY		SNHO	122	Y	221
ERNST	LEVI		SNBL	65	Y	267
ERNST	ELISABETH		SNBL	65	N	267
ERNST	ELMER	B	SNBL	65	N	267
ERSHEL	PETER		SNLO	181	Y	16
ERVIN	ABBIE		SNLO	189	Y	131
ESCLAKER	ELIZ		SNBI	40	Y	270
ESHBAUGH	JOHN	G	SNLO	176	Y	184
ESHBAUGH	JOHN	H	SNLO	176	N	184
ESHBAUGH	MARGARET	F	SNLO	176	N	184
ESHENBERG	JOHN		SNSN	273	Y	233
ESHENBERG	ELIZABETH		SNSN	273	N	233
ESHENBERG	ELIZABETH		SNSN	273	N	233
ESHENBERG	JANE		SNSN	273	N	233
ESHENBERG	CHARLES		SNSN	273	N	233
ESHENBERG	ANDREW		SNSN	273	N	233
ESHENBERG	SARAH		SNSN	273	N	233
ESHENBERG	HENRY		SNSN	273	N	233
ESHENBERG	CATHARINE		SNSN	273	N	233
ESTEP	NOAH		SNED	96	Y	98
ESTEP	JOSEPH		SNED	96	Y	99
ESTEP	JOHN		SNED	96	Y	99
ETCHEN	JOHN		SNBI	27	Y	90
ETCHEN	KATE		SNBI	27	N	90
ETCHEN	LOUIS		SNBI	45	Y	336
ETCHEN	MARY		SNBI	45	N	336
ETCHEN	JANE		SNBI	45	N	336
EVANS	GEORGE		SNBI	34	Y	190
EVANS	MIRANDA		SNBI	34	N	190
EVANS	CLARA		SNBI	34	N	190
EVANS	JOHN		SNED	102	Y	199
EVANS	LUCY		SNED	102	N	199
EVANS	MARY		SNED	102	N	199
EVANS	MINERVA		SNED	102	N	199
EVANS	LAURA		SNED	102	N	199
EVENS	MARY		SNAD	8	Y	124
EVERETT	EDWIN		SNAD	3	Y	38
EVERETT	LOVINA		SNAD	3	N	38
EVERETT	MARY		SNAD	3	Y	38
EVERETT	WILLIAM		SNAD	3	N	38
EVERETT	AMANDA		SNAD	3	N	38
EVERETT	LANA		SNAD	3	N	38
EVERETT	HENRY		SNAD	3	N	38
EVERETT	SARAH		SNAD	3	N	38

LASTNAME	FIRSTNAME	MI	LOCATION	PAGE	HEAD	HHOLD
EVERETT	WILLIAM		SNAD	3	Y	38
EVERHART	ARABELLA		SNSN	264	Y	91
EVERHART	LUTHER		SNSN	264	N	91
EVERHART	JACOB		SNSN	264	N	91
EVERHART	ANNA		SNSN	264	N	91
EVERINGAME	JOHN		SNRE	224	Y	56
EVERLY	MARTIN		SNW1	317	Y	149
EVERLY	CAROLINE		SNW1	317	N	149
EVERLY	MARIA		SNW1	317	N	149
EVERLY	JOHN		SNW1	317	N	149
EVERLY	LIZZIE		SNW1	317	N	149
EVERLY	JOSEPH		SNW1	317	N	149
EVERLY	ROSA		SNW1	317	N	149
EVERT?	JOHN		SNLI	145	Y	46
EVERT?	SUSAN		SNLI	145	N	46
EVERT?	ISAAC		SNLI	145	N	46
EVERT?	JOHN		SNLI	145	Y	46
EVERT?	SUSAN		SNLI	145	N	46
EVERT?	ISAAC		SNLI	145	N	46
EVRIGHT	HENRY		SNLI	150	Y	132
EVRIGHT	ELIZA		SNLI	150	N	132
EVRIGHT	ELIZA		SNLI	150	N	132
EVRIGHT	HENRY		SNLI	150	Y	132
EVRIGHT	ELIZA		SNLI	150	N	132
EVRIGHT	ELIZA		SNLI	150	N	132
EWALT	JOHN		SNLI	153	Y	176
EWALT	NICHOLAS		SNLI	153	N	176
EWALT	JOHN	C	SNLI	153	N	176
EWALT	ANNA	C	SNLI	153	N	176
EWALT	JOHN		SNLI	153	Y	176
EWALT	NICHOLAS		SNLI	153	N	176
EWALT	JOHN	C	SNLI	153	N	176
EWALT	ANNA	C	SNLI	153	N	176
EWELL	WILLIAM		SNLO	179	Y	233
EWERIGIN	WILLIAM		SNVE	394	Y	220
EWERIGIN	RACHAEL		SNVE	394	N	220
EWERIGIN	CYRUS		SNVE	394	N	220
EWERIGIN	CHARLEY		SNVE	394	N	220
EWERIGIN	ANLLJE		SNVE	394	N	220
EWING	JOHN		SNBI	40	Y	271
EWING	LEVINA		SNBI	40	N	271
EWING	ALVA		SNBI	40	N	271
EWING	ANNIE		SNBI	40	N	271
EWING	JAMES		SNBI	44	Y	329
EWING	MARTHA		SNBI	44	N	329
EWING	JOHN		SNBI	44	N	329
EWING	DELLA		SNBI	44	N	329
EWING	SAML		SNLO	188	Y	127
EWING	SUE		SNLO	188	N	127
EWING	LOU		SNLO	188	N	127
EYLER	MARION		SNJA	129	Y	34
EYLER	ELIZABETH		SNJA	130	Y	55
EYLER	ELIZA		SNJA	130	N	55
EYLER	SAPHRRINA		SNJA	130	Y	58
EYLER	ERMERSELL (?)		SNJA	130	N	58
EYLER	MARTHA	D.	SNJA	130	N	58
EYLER	HENRY	W	SNLO	178	Y	208
EYLER	SARAH		SNLO	178	N	208
EYLER	FLORENCE	N	SNLO	178	N	208
EYLER	HATTIE	F	SNLO	178	N	208
EYLER	ALICE	T	SNLO	178	N	208
EYLER	LOREN	E	SNLO	178	N	208
FADE	FELIX		SNW2	354	Y	64
FADE	ADDLE		SNW2	354	N	64
FADE	TAWEDA		SNW2	354	N	64
FADE	MICHAEL		SNW2	354	N	64
FADE	CATHARINE		SNW2	354	N	64
FADE	ANNA		SNW2	354	N	64
FADE	MARIA		SNW2	354	N	64
FAGAN	MARY		SNW2	366	Y	236
FAIL	JACOB		SNBL	58	Y	145
FAIL	SARAH		SNBL	58	Y	153
FAIRCHILDS	WILLIAM		SNAD	13	Y	205
FAIRCHILDS	PHOEBE		SNAD	13	N	205
FAIRCHILDS	ELLEN		SNAD	13	N	205
FAIRCHILDS	IDA		SNAD	13	N	205
FAIRCHILDS	ALSENA		SNAD	13	N	205

LASTNAME	FIRSTNAME	MI	LOCATION	PAGE	HEAD	HHOLD
FAITH	ALEXANDER		SNBI	21	Y	9
FAITH	CHATHERINE		SNBI	21	N	9
FAITH	THOMAS		SNBI	21	N	9
FAITH	JOHN		SNBI	21	N	9
FAITH	ALEX		SNBI	21	N	9
FAITH	LAWRENCE		SNBI	21	N	9
FAITH	MARY		SNBI	21	N	9
FAITH	FRANK		SNBI	21	N	9
FAITH	JOSEPH		SNBI	21	N	9
FAITH	LEBALT		SNBI	21	N	9
FAITH	CONLELDY		SNBI	21	N	9
FALBY	JOHN		SNLO	166	Y	46
FALKNER	BENJAMIN		SNCL	86	Y	255
FALKNER	EUPHENIA		SNCL	86	N	255
FALKNER	THOMAS	S.	SNCL	86	N	255
FALKNER	ORVILL	A.	SNCL	86	N	255
FALKNER	JOHN	J.	SNCL	86	N	255
FALKNER	CHARLES	L.	SNCL	86	N	255
FALL	CALLISTON		SNPL	218	Y	234
FALL	CALLISTIA		SNPL	218	N	234
FALL	FRANK		SNPL	218	N	234
FALL	CLARA		SNPL	218	N	234
FALL	HORTON		SNPL	218	N	234
FALL	ALLIE		SNPL	218	N	234
FALTER	ANGELINE		SNVE	386	Y	87
FANNING	OWEN		SNLO	174	Y	160
FANNING	CATHERINE		SNLO	174	N	160
FANNING	JOHN		SNLO	174	N	160
FANNING	FRANCIS		SNW2	360	Y	157
FANNING	SARAH		SNW2	360	N	157
FANNING	JAMES	F	SNW2	360	N	157
FARNHIM	CASPER		SNLO	179	Y	230
FARNHIM	MARGARET		SNLO	179	N	230
FARNHIM	WILLIAM		SNLO	179	N	230
FARNHIM	ELLEN		SNLO	179	N	230
FARNHIM	ROLLA		SNLO	179	N	230
FARQUAHR	JENNIE		SNED	91	Y	35
FARREL	THOMAS		SNW2	355	Y	82
FARRELL	JOHN		SNW2	355	Y	78
FARRELL	MARY		SNW2	355	N	78
FARRELL	CARRIE		SNW2	355	N	78
FARRELL	WILLIAM		SNW2	355	N	78
FARROW	JOHN		SNHO	120	Y	193
FARVER	ELLA		SNW1	326	Y	277
FARVER	SUSAN		SNPL	215	Y	198
FARVER	CHARLES		SNPL	215	N	198
FARVER	FRANK		SNPL	215	N	198
FARVER	JEFFERSON		SNPL	215	N	198
FARVER	JANE		SNPL	215	N	198
FARVER?	ALMIRA		SNLI	144	Y	40
FARVER?	ALMIRA		SNLI	144	Y	40
FASSLER	CAROLINE		SNBI	43	Y	312
FASSLER	ROSA		SNBI	43	N	312
FATE	JOHN		SNCL	70	Y	24
FATE	LAWRENCE		SNLO	172	Y	122
FATTAMAN	SARAH		SNW1	325	Y	263
FATZINGER	SOLOMON		SNBL	62	Y	211
FAUBER	ROSANNA		SNBI	43	Y	310
FAUBER	ROSA		SNBI	43	N	310
FAUBER	SILAS		SNED	106	Y	272
FAUBER	SARAH		SNED	106	N	272
FAUBER	TILLIE		SNED	106	N	272
FAUBER	ROLLA		SNED	106	N	272
FAUBLE	MICHAEL		SNTH	301	Y	294
FAUBLE	BETSEY		SNTH	301	N	294
FAUBLE	JOHN		SNTH	302	N	294
FAUBLE	JACOB		SNTH	302	N	294
FAUBLE	MARIA		SNTH	302	N	294
FAUBLE	EMMA		SNTH	302	N	294
FAUBLE	LUCY		SNTH	302	N	294
FAUBLE	JAMES	E	SNRE	232	Y	186
FAUBLE	MARY	A	SNRE	232	N	186
FAUBLE	DORA	M	SNRE	232	N	186
FAUGLER	ROSA		SNBI	40	Y	270
FAULDER	WILBER		SNPL	204	Y	25
FAULDER	MARTHA		SNPL	204	N	25
FAULDER	WESLEY		SNPL	204	N	25

LASTNAME	FIRSTNAME	MI	LOCATION	PAGE	HEAD	HHOLD
FAULDER	FRANK		SNPL	204	N	25
FAULHABER	LYDNA	J	SNLO	196	Y	250
FAULHABER	ALICE		SNLO	196	N	250
FAULHABER	JOHN	L	SNLO	196	N	250
FAULHABER	CARRIE	M	SNLO	196	N	250
FAULHABER	LISSETTA		SNW1	333	Y	367
FAULK	MOSES		SNCL	71	Y	44
FAULK	ELIZABETH		SNCL	71	N	44
FAULK	RACHEL		SNCL	72	N	44
FAULK	WILLIAM		SNCL	72	N	44
FAULK	FRANK		SNCL	72	N	44
FAULK	ANNA		SNCL	72	N	44
FAULTER	PHILIP		SNVE	385	Y	86
FAULTER	ELISABETH		SNVE	385	N	86
FAULTER	MARY	M.	SNVE	385	N	86
FAULTER	HENRY	G.	SNVE	385	N	86
FAULTER	CHRISTENIA		SNVE	385	N	86
FAULTER	ALBERT		SNVE	385	N	86
FAULTER	JOSEPH		SNVE	385	N	86
FAULTER	AMIE		SNVE	386	N	86
FAULTER	JOHN		SNVE	386	N	86
FAUS	MARY	W	SNTH	282	Y	12
FAUS	FLORENCE		SNTH	282	N	12
FAUS	GEORGE		SNTH	282	N	12
FAUSS	LOUISE		SNBI	40	Y	270
FEAGLES	JOHN	A	SNRE	223	Y	43
FEAGLES	ANN	E	SNRE	223	N	43
FEAGLES	HANNAH	P	SNRE	223	Y	43
FEASEL	JACOB		SNLI	143	Y	16
FEASEL	NAOMA		SNLI	143	N	16
FEASEL	GEORGE	W	SNLI	143	N	16
FEASEL	MARY	E	SNLI	143	N	16
FEASEL	CHARLES	W	SNLI	143	N	16
FEASEL	PERRY	W	SNLI	143	N	16
FEASEL	MAHALA	J	SLNI	143	Y	19
FEASEL	HANRIETTA		SNLI	143	N	19
FEASEL	JACOB	H	SNLI	147	Y	91
FEASEL	SARAH		SNLI	147	N	91
FEASEL	JOHN	M	SNLI	147	N	91
FEASEL	MARYETTA		SNLI	147	N	91
FEASEL	ELMER		SNLI	147	N	91
FEASEL	JACOB		SNLI	148	Y	102
FEASEL	CATHARINE		SNLI	148	N	102
FEASEL	ORLANDA	S	SNLI	148	N	102
FEASEL	ROSETTA	E	SNLI	148	N	102
FEASEL	ARANA	D	SNLI	148	N	102
FEASEL	JACOB		SNLI	148	N	102
FEASEL	GEORGE		SNLI	151	Y	140
FEASEL	JANE		SNLI	151	N	140
FEASEL	REBECCA		SNLI	151	N	140
FEASEL	SAMUEL		SNLI	151	Y	142
FEASEL	ELIZABETH		SNLI	151	N	142
FEASEL	MARY	F	SNLI	151	N	142
FEASEL	LAURA	J	SNLI	151	N	142
FEASEL	IRVIN	F	SNLI	151	N	142
FEASEL	ALBERT	S	SNLI	151	N	142
FEASEL	HOMER		SNLI	151	N	142
FEASEL	LUCETTA		SNLI	151	N	142
FEASEL	ALEXANDER		SNLI	151	Y	143
FEASEL	JANE		SNLI	151	N	143
FEASEL	WILLIAM		SNLI	151	N	143
FEASEL	HENRY		SNLI	151	Y	144
FEASEL	JANE		SNLI	151	N	144
FEASEL	CHARLES	H	SNLI	151	N	144
FEASEL	ELIZABETH		SNLI	151	Y	144
FEASEL	IDA		SNLI	151	N	144
FEASEL	GEORGE		SNLI	159	Y	276
FEASEL	EUPHRONIA		SNLI	159	N	276
FEASEL	JOHN		SNLI	159	N	276
FEASEL	JOHN		SNJA	133	Y	106
FEASEL	REBECCA		SNJA	133	N	106
FEASEL	CLARA		SNJA	133	N	106
FEASEL	CHARLES		SNJA	133	N	106
FEASEL	WILLY		SNJA	133	N	106
FEASEL	ESTER		SNJA	133	N	106
FEASEL	JACOB		SNLI	143	Y	16
FEASEL	NAOMA		SNLI	143	N	16

LASTNAME	FIRSTNAME	MI	LOCATION	PAGE	HEAD	HHOLD
FEASEL	GEORGE	W	SNLI	143	N	16
FEASEL	MARY	E	SNLI	143	N	16
FEASEL	CHARLES	W	SNLI	143	N	16
FEASEL	PERRY	W	SNLI	143	N	16
FEASEL	MAHALA	J	SNLI	143	Y	19
FEASEL	HANRIETTA		SNLI	143	N	19
FEASEL	JACOB	H	SNLI	147	Y	91
FEASEL	SARAH		SNLI	147	N	91
FEASEL	JOHN	M	SNLI	147	N	91
FEASEL	MARYETTA		SNLI	147	N	91
FEASEL	ELMER		SNLI	147	N	91
FEASEL	JACOB		SNLI	148	Y	102
FEASEL	CATHARINE		SNLI	148	N	102
FEASEL	ORLANDA	S	SNLI	148	N	102
FEASEL	ROSETTA	E	SNLI	148	N	102
FEASEL	ARANA	D	SNLI	148	N	102
FEASEL	JACOB		SNLI	148	N	102
FEASEL	GEORGE		SNLI	151	Y	140
FEASEL	JANE		SNLI	151	N	140
FEASEL	REBECCA		SNLI	151	N	140
FEASEL	SAMUEL		SNLI	151	Y	142
FEASEL	ELIZABETH		SNLI	151	N	142
FEASEL	MARY	F	SNLI	151	N	142
FEASEL	LAURA	J	SNLI	151	N	142
FEASEL	IRVIN	F	SNLI	151	N	142
FEASEL	ALBERT	S	SNLI	151	N	142
FEASEL	HOMER		SNLI	151	N	142
FEASEL	LUCETTA		SNLI	151	N	142
FEASEL	ALEXANDER		SNLI	151	Y	143
FEASEL	JANE		SNLI	151	N	143
FEASEL	WILLIAM		SNLI	151	N	143
FEASEL	HENRY		SNLI	151	Y	144
FEASEL	JANE		SNLI	151	N	144
FEASEL	CHARLES	H	SNLI	151	N	144
FEASEL	ELIZABETH		SNLI	151	Y	144
FEASEL	IDA		SNLI	151	N	144
FEASEL	GEORGE		SNLI	159	Y	276
FEASEL	EUPHINIA		SNLI	159	N	276
FEASEL	JOHN		SNLI	159	N	276
FEBLE	FREDRICK		SNJA	127	Y	10
FEBLE	LOUISA		SNJA	127	N	10
FEBLE	ELI		SNJA	132	Y	93
FEBLE	SARAH		SNJA	132	N	93
FEBLE	LIBBA		SNJA	132	N	93
FEBLE	CORA	B.	SNJA	132	N	93
FECHER	CORNELIUS		SNCL	80	Y	169
FECHER	SUSANNA		SNCL	80	N	169
FECHER	ROSE		SNCL	80	N	169
FECHER	MARY	A.	SNCL	80	N	169
FECHER	LOUISA		SNCL	80	N	169
FECHER	MARTHA		SNCL	80	N	169
FECHER	CLARRA		SNCL	80	N	169
FECK	JACOB		SNBI	44	Y	315
FECK	LIZZIE		SNBI	44	N	315
FEDRIG	MICHAEL		SNHO	112	Y	46
FEDRIG	CHRISTIAN		SNHO	112	N	46
FEDRIG	FREDERICK		SNHO	112	N	46
FEDRIG	JOSEPH		SNHO	112	N	46
FEDRIG	ANDREW		SNHO	112	N	46
FEDRIG	HENRY		SNHO	112	N	46
FEDRIG	EMMA		SNHO	112	N	46
FEIGEE	JESSE		SNAD	6	Y	95
FEIGHNER	GEORGE	S.	SNCL	69	Y	3
FEIGHNER	FREELOVE	A.	SNCL	69	N	3
FEIGHNER	CERSTED		SNCL	69	N	3
FEIGHNER	ADAM		SNBL	61	Y	199
FEIGHNER	MAGDALENE		SNBL	61	N	199
FEIGHNER	ADAM		SNBL	61	N	199
FELL	JACOB		SNLO	168	Y	80
FELL	PHILLIP		SNLO	168	N	80
FELL	CATHERINE		SNLO	168	N	80
FELL	CHRISTOPHER		SNLO	168	N	80
FELL	ELIZABETH		SNLO	168	N	80
FELL	ELIAS		SNLO	168	N	80
FELL	ANDREW		SNW1	325	Y	262
FELL	CATHERINE		SNW1	325	N	262
FELL	MARY		SNW1	325	N	262

LASTNAME	FIRSTNAME	MI	LOCATION	PAGE	HEAD	HHOLD
FELL	CAROLINE		SNW1	325	N	262
FELL	CATHERINE		SNW1	325	N	262
FELL	ALBERT		SNW2	371	Y	314
FELLER	EVIE		SNED	91	Y	35
FELTER	HELEN		SNVE	383	Y	59
FELTER	MICHAEL		SNVE	383	N	59
FELTER	ANTHONY		SNVE	383	N	59
FELTER	CATHARINE		SNVE	383	N	59
FELTER	JOHN		SNVE	383	N	59
FELTHOUSE	JOHN		SNBL	55	Y	95
FELTHOUSE	HANNAH		SNBL	55	N	95
FELTHOUSE	ARRON		SNBL	55	N	95
FELTON	MILFORD		SNRE	235	Y	231
FELTON	CATHARINE		SNRE	235	N	231
FELTON	MARY	E	SNRE	235	N	231
FELTON	FRANK	J	SNRE	235	N	231
FELTON	MARGARET	I	SNRE	235	N	231
FELTON	JOHN	H	SNRE	235	N	231
FELTON	PETER	O	SNRE	235	N	231
FELTON	WILLIAM	J	SNRE	235	N	231
FEND	WILLIAM		SNPL	210	Y	111
FEND	CATHARINE		SNPL	210	N	111
FEND	CAROLINE		SNPL	210	N	111
FENDER	JOHN		SNTH	302	Y	295
FENDER	LOVINA		SNTH	302	N	295
FENDER	JACOB		SNTH	302	N	295
FENDER	LIZIE		SNTH	302	N	295
FENDER	GEORGE		SNTH	302	N	295
FENIS ?	JOHN		SNAD	13	Y	204
FENN	CHARLES		SNBI	46	Y	356
FENN	RACHEL		SNBI	46	N	356
FENNING	JOHN		SNW1	328	Y	309
FENNING	BRIGADAH		SNW1	328	N	309
FERGISON	WILLIAM		SNED	99	Y	151
FERGISON	MARTHA		SNED	99	N	151
FERGISON	THOMAS		SNED	99	Y	151
FERGISON	WILSON		SNED	99	N	151
FERGUSON	ATWELL		SNAD	6	Y	98
FERGUSON	MARY		SNAD	6	N	98
FERGUSON	MILO		SNAD	6	N	98
FERREE	ELIJA		SNCL	76	Y	108
FERREE	ELIZABETH		SNCL	76	N	108
FERREE	CURTIS		SNCL	76	N	108
FESEL ?	JOSEPH		SNLO	198	Y	285
FESEL ?	CATHERINE		SNLO	198	N	285
FESEL ?	PHILLIP		SNLO	198	N	285
FESEL ?	MARY		SNLO	198	N	285
FESEL ?	OLLEY		SNLO	198	N	285
FESEL ?	JOHN		SNLO	198	N	285
FESEL ?	JOSEPH		SNLO	198	N	285
FESEL ?	ANNA		SNLO	198	N	285
FESLER	LISSIE		SNTH	299	Y	264
FETTIS	HARRIET		SNED	100	Y	158
FETZER	PHILLIP		SNLO	170	Y	103
FETZER	JOHANNA		SNLO	170	N	103
FETZER	JACOB		SNLO	170	N	103
FETZER	CATHERINE		SNLO	170	N	103
FETZER	MARY		SNLO	170	N	103
FETZER	KATE		SNW2	375	Y	367
FETZINGER	HENRY		SNPL	210	Y	116
FETZINGER	HENRIETTA		SNPL	210	N	116
FETZINGER	MARY		SNPL	210	N	116
FETZINGER	ELLA		SNPL	210	N	116
FETZINGER	WILLIAM		SNPL	210	N	116
FETZINGER	ARCHILLUS		SNPL	210	N	116
FETZINGER	EUGENE		SNPL	210	N	116
FETZINGER	JANE		SNPL	210	N	116
FEWSON?	JANE		SNRE	223	Y	49
FHILDING	JOHN		SNLI	146	Y	75
FHILDING	SARAH		SNLI	146	N	75
FHILDING	ELMER	E	SNLI	146	N	75
FHILDING	SARAH		SNLI	146	N	75
FHILDING	SOLOMON	L	SNLI	146	N	75
FHILDING	ZEPHENIAH		SNLI	146	N	75
FHILDING	MARY		SNLI	148	Y	104
FHILDING	JOHN		SNLI	146	Y	75
FHILDING	SARAH		SNLI	146	N	75

LASTNAME	FIRSTNAME	MI	LOCATION	PAGE	HEAD	HHOLD
FHILDING	ELMER	E	SNLI	146	N	75
FHILDING	SARAH		SNLI	146	N	75
FHILDING	SOLOMON	L	SNLI	146	N	75
FHILDING	ZEPHENIAH		SNLI	146	N	75
FHILDING	MARY		SNLI	148	Y	104
FICKLE	MARY		SNTH	284	Y	33
FIEGE	LEWIS		SNLO	177	Y	207
FIEGE	CAROLINE		SNLO	177	N	207
FIEGE	DAVID		SNLO	177	N	207
FIEGE	EMMANUEL		SNLO	177	N	207
FIEGE	SAMUEL		SNLO	178	N	207
FIEGE	ANNA		SNLO	178	N	207
FIEGE	LOUISA		SNW1	330	Y	328
FIEGE	HENRY		SNW1	330	N	328
FIEGE	MARIA		SNW1	330	N	328
FIEGE	JOHN		SMW1	330	N	328
FIEGE	GEORGE		SNW1	330	N	328
FIEGE	MARY		SNW1	330	N	328
FIEGE	CARRY		SNW1	330	N	328
FIEGE	JOHN		SNW1	330	N	328
FIELDS	RUSH	S	SNW1	346	Y	545
FIELDS	MARY		SNW1	346	N	545
FIELT	SUSAN		SNED	100	Y	163
FIELT	SARAH		SNED	100	N	163
FIGLIST	JOHN		SNW1	315	Y	113
FIGLIST	FRANCES		SNW1	315	N	113
FIGLIST	ISABELLA		SNW1	315	N	113
FIGLIST	APPELONA		SNW1	315	N	113
FIGLIST	ANNA		SNW1	315	N	113
FIGLIST	JOSEPH		SNW1	315	N	113
FIGLIST	JOHN		SNW1	315	N	113
FIGLIST	ALBERDINA		SNW1	315	N	113
FIGLIST	ALBERT		SNW1	315	N	113
FIKE	MAGDALENE		SNVE	393	Y	210
FIKE	DAVID		SNVE	393	N	210
FIKE	AMIE		SNVE	394	N	210
FIKE	JACOB		SNVE	394	N	210
FIKE	PETER		SNVE	394	Y	211
FIKE	CATHARINE		SNVE	394	N	211
FIKE	JACOB		SNVE	394	N	211
FILE	ELIZA		SNHO	115	Y	103
FILES	ANNA		SNAD	12	Y	188
FILKER	JOSEPH		SNBI	21	Y	7
FILKER	ROSILLA		SNBI	21	N	7
FILKER	SOPHIA		SNBI	21	N	7
FILKER	AGATHA		SNBI	21	N	7
FILKER	JOSEPH		SNBI	21	N	7
FILKER	ALICE		SNBI	21	N	7
FILL	JOHN		SNW1	333	Y	377
FILL	ELIZABETH		SNW1	333	N	377
FILL	CLARA		SNW1	333	N	377
FILL	LYDIA		SNW1	333	N	377
FILLIATER	DOMINICK		SNBI	39	Y	261
FILLIATER	MARY		SNBI	39	N	261
FILLIATER	NICHOLAS		SNBI	39	N	261
FILLIATER	JOHN		SNBI	39	N	261
FILLIATER	MARY		SNBI	39	N	261
FILLIATER	ANNA		SNBI	39	N	261
FILLIATER	CLARA		SNBI	39	N	261
FILLINGER	ROSE		SNBI	40	Y	270
FILSON	THOMAS		SNLO	163	Y	3
FILSON	REBECCA		SNLO	163	N	3
FILSON	SARAH		SNLO	163	N	3
FILSON	SIMON		SNLO	163	N	3
FILSON	RUTH		SNLO	163	N	3
FINCEL	JOHN		SNJA	127	Y	18
FINCEL	CAMELIA		SNJA	128	N	18
FINCEL	CATHERINE		SNJA	128	N	18
FINCEL	JOHN		SNJA	128	N	18
FINCH	STEPHEN		SNAD	15	Y	253
FINCH	CLARRA		SNAD	15	N	253
FINCH	SAMUEL		SNSC	248	Y	172
FINCH	ANNA		SNSC	248	N	172
FINCH	LEWIS		SNSC	248	N	172
FINCH	DAVID		SNSC	248	N	172
FINCH	BELL		SNSC	248	N	172
FINCH	LAURA		SNSC	251	Y	217

LASTNAME	FIRSTNAME	MI	LOCATION	PAGE	HEAD	HHOLD
FINCH	SAMUEL		SNSC	251	Y	218
FINCH	BRONSON		SNSC	251	N	218
FINCH	GUSTIN		SNSC	257	Y	316
FINCH	REBECCA		SNSC	257	N	316
FINCH	ADDA		SNSC	257	N	316
FINCH	JOSEPH	H	SNBL	49	Y	7
FINCH	MADISON		SNBL	49	Y	13
FINCH	ANN	E	SNBL	49	N	13
FINCH	JOHNATHON		SNBL	66	Y	283
FINCH	CAROLINE	E	SNBL	66	N	283
FINCH	ROSETTA	E	SNBL	66	N	283
FINCH	ALLA	ANN	SNBL	66	N	283
FINCH	MALINDA		SNRE	227	Y	104
FINCH	SAMUEL		SNRE	230	Y	161
FINCH	JOHN		SNRE	235	Y	234
FINCH	LYDIA	J	SNRE	235	N	234
FINCH	ELIJAH		SNRE	235	Y	234
FINCH	BENJAMIN		SNRE	235	Y	234
FINCK	ALFRED		SNRE	222	Y	27
FINEGAN	P	H	SNW2	367	Y	249
FINEGAN	REBECCA		SNW2	367	N	249
FINEGAN	ELLEN		SNW2	367	N	249
FINGERHUTH	JACOB		SNW1	341	Y	480
FINGERHUTH	JOANNA		SNW1	341	N	480
FINGERHUTH	JOSEPH		SNW1	341	N	480
FINGERHUTH	MARY		SNW1	341	N	480
FINGERHUTH	LANA		SNW1	341	N	480
FINGERHUTH	ANTHONY		SNW1	341	N	480
FINGERHUTH	MAGGIE		SNW1	341	N	480
FINGERHUTH	FRANK		SNW1	341	N	480
FINK	JACOB		SNLI	159	Y	284
FINK	ELIZA		SNLI	159	N	284
FINK	GEORGE		SNLI	159	N	284
FINK	CAROLINE		SNLI	159	N	284
FINK	SARAH	A	SNLI	159	N	284
FINK	FANNY	E	SNLI	159	N	284
FINK	JACOB		SNLI	159	Y	284
FINK	ELIZA		SNLI	159	N	284
FINK	GEORGE		SNLI	159	N	284
FINK	CAROLINE		SNLI	159	N	284
FINK	SARAH	A	SNLI	159	N	284
FINK	FANNY	E	SNLI	159	N	284
FINK	EDWARD	N.	SNVE	393	Y	195
FINK	LYDIA		SNVE	393	N	195
FINK	GEORGE		SNVE	393	N	195
FINK	JACOB		SNVE	393	N	195
FINK	SAMUEL		SNVE	393	N	195
FINK	DANIEL		SNVE	402	Y	350
FINK	MARY	A	SNVE	402	N	350
FINK	LORA		SNVE	402	N	350
FINK	GEORGE	W	SNVE	402	N	350
FINKENBINDER	JOHN		SNLI	147	Y	78
FINKENBINDER	ELIZABETH		SNLI	147	N	78
FINKENBINDER	ALBERT		SNLI	147	N	78
FINKENBINDER	AMANDA	J	SNLI	147	N	78
FINKENBINDER	MARGARET	E	SNLI	147	N	78
FINKENBINDER	SARAH	A	SNLI	147	N	78
FINKENBINDER	JOHN		SNLI	147	Y	78
FINKENBINDER	ELIZABETH		SNLI	147	N	78
FINKENBINDER	ALBERT		SNLI	147	N	78
FINKENBINDER	AMANDA	J	SNLI	147	N	78
FINKENBINDER	MARGARET	E	SNLI	147	N	78
FINKENBINDER	SARAH	A	SNLI	147	N	78
FINN	GEORGE		SNPL	210	Y	107
FINN	LANA		SNPL	210	N	107
FINN	LAURA		SNPL	210	N	107
FINN	MARGARET		SNPL	210	N	107
FINN	GEORGE		SNPL	210	N	107
FINSELWART ?	FRANK		SNLO	185	Y	78
FINSELWART ?	RILLIE		SNLO	185	N	78
FINSTERWALT	JACOB		SNLO	192	Y	176
FINSTERWALT	FANNIE		SNLO	192	N	176
FINSTERWALT	MARY		SNLO	191	N	176
FINSTERWALT	ANNA		SNLO	192	N	176
FINSTERWALT	JACOB		SNLO	192	N	176
FINSTERWALT	CLARA	H	SNLO	192	N	176
FINSTERWALT	ROSA		SNLO	192	N	176

LASTNAME	FIRSTNAME	MI	LOCATION	PAGE	HEAD	HHOLD
FINSTMAN ?	ANNA		SNLO	167	Y	68
FINSTMAN ?	MORRIS	C	SNLO	167	N	68
FINSTMAN ?	MARY	N	SNLO	167	N	68
FIRESTONE	FRANCIS		SNTH	294	Y	201
FIRESTONE	MARY		SNTH	295	N	201
FIRESTONE	JACOB		SNTH	294	N	201
FIRESTONE	ROSA		SNTH	295	Y	213
FISBAIG?	MARY		SNBL	61	Y	198
FISHBAUGH	CHARLES		SNW1	325	Y	266
FISHBAUGH	SALLIE		SNW1	325	N	266
FISHBAUGH	NETTI		SNW1	325	N	266
FISHBAUGH	MARY		SNW2	358	Y	131
FISHBAUGH	CHRISTIAN		SNW2	358	N	131
FISHBAUGH	HANNAH		SNW2	358	N	131
FISHBAUGH	JOHN		SNW2	364	Y	212
FISHBAUGH	CATHARINE		SNW2	364	N	212
FISHBAUGH	FLORA		SNW2	364	N	212
FISHBAUGH	ANNA		SNW2	364	N	212
FISHBAUGH	MARY		SNW2	364	N	212
FISHBAUGH	ALBERT		SNW2	364	N	212
FISHBAUGH	LIZZIE		SNW2	364	N	212
FISHBAUGH	GEORGE		SNW2	378	Y	419
FISHBAUGH	MARY		SNW2	378	N	419
FISHBAUGH	ADA		SNW2	378	N	419
FISHER	FRED		SNCL	86	Y	255
FISHER	SEFRON?		SNLI	153	Y	178
FISHER	FREDRICK		SNLI	153	N	178
FISHER	MICHAEL		SNLI	153	N	178
FISHER	ROSA		SNLI	153	N	178
FISHER	CHARLES		SNLI	156	Y	233
FISHER	LEWIS		SNLI	157	N	233
FISHER	MARY		SNLI	157	N	233
FISHER	LIZZIE		SNLI	157	N	233
FISHER	DAVID	A	SNLI	157	Y	233
FISHER	ELIZABETH		SNLI	157	N	233
FISHER	GEO		SNLO	189	Y	137
FISHER	EMMA		SNLO	189	N	137
FISHER	EMMANUEL		SNLO	191	Y	165
FISHER	SUSAN		SNLO	191	N	165
FISHER	ELMER		SNLO	191	N	165
FISHER	JENNIE		SNLO	191	N	165
FISHER	MATHIAS		SNW1	319	Y	175
FISHER	WILLIAM		SNW2	360	Y	155
FISHER	CHRISTENA		SNW2	360	N	155
FISHER	CAROLINE		SNW2	360	N	155
FISHER	LOUISA		SNW2	360	N	155
FISHER	HENRIETTA		SNW2	360	N	155
FISHER	WILLIAM		SNW2	360	N	155
FISHER	CHARLES		SNW2	360	N	155
FISHER	ANNA		SNW2	360	N	155
FISHER	MARY		SNW2	360	N	155
FISHER	JOHN		SNW2	366	Y	235
FISHER	CATHERINE		SNW2	366	N	235
FISHER	MARY	J	SNW2	366	N	235
FISHER	EMMA		SNW2	366	N	235
FISHER	FRANCES		SNW2	366	N	235
FISHER	VALLANDINGHA		SNW2	366	N	235
FISHER	AMANDA		SNW2	366	N	235
FISHER	JOHN	D	SNW2	366	N	235
FISHER	LEROY		SNW2	366	N	235
FISHER	JAMES		SNED	95	Y	94
FISHER	ANTHONY		SNPL	210	Y	117
FISHER	DORA		SNPL	210	N	117
FISHER	CHARLES		SNPL	210	N	117
FISHER	BENNET		SNPL	210	N	117
FISHER	JOSEPH		SNSC	249	Y	183
FISHER	BARBRA		SNSC	249	N	183
FISHER	JACOB		SNSC	249	N	183
FISHER	FRANCIS		SNSC	249	N	183
FISHER	JOSEPH		SNSC	249	N	183
FISHER	LEWIS		SNSC	249	N	183
FISHER	BEAMES?		SNSC	249	N	183
FISHER	JOSHUA		SNSC	249	N	183
FISHER	SARAH		SNSC	249	N	183
FISHER	ANDREW		SNHO	117	Y	150
FISHER	DANIEL	L	SNBL	52	Y	59
FISHER	PRUDENCE		SNBL	52	N	59

LASTNAME	FIRSTNAME	MI	LOCATION	PAGE	HEAD	HHOLD
FISHER	JOHN		SNBL	52	N	59
FISHER	FREDDIE	L	SNBL	52	N	59
FISHER	MARY		SNBL	52	N	59
FISHER	JOHN		SNBL	52	Y	68
FISHER	NANCY		SNBL	52	N	68
FISHER	BERNARD		SNBL	52	N	68
FISHER	SEFRON?		SNLI	153	Y	178
FISHER	FREDRICK		SNLI	153	N	178
FISHER	MICHAEL		SNLI	153	N	178
FISHER	ROSA		SNLI	153	N	178
FISHER	CHARLES		SNLI	156	Y	233
FISHER	LEWIS		SNLI	157	N	233
FISHER	MARY		SNLI	157	N	233
FISHER	LIZZIE		SNLI	157	N	233
FISHER	DAVID	A	SNLI	157	Y	233
FISHER	ELIZABETH		SNLI	157	N	233
FISHER	JACOB		SNRE	222	Y	36
FISHER	MARGARET		SNRE	222	N	36
FISHER	CAROLINE		SNRE	223	N	36
FISHER	VALENTINE		SNRE	223	N	36
FISHER	JOSEPH		SNRE	223	N	36
FISHER	JACOB,JR		SNRE	223	Y	37
FISHER	LEAH		SNRE	223	N	37
FISHER	WILLIAM		SNRE	223	N	37
FISHER	SARAH	ANN	SNRE	223	N	37
FISHER	LEVI		SNRE	223	N	37
FISHER	CHRISTIANA		SNRE	223	N	37
FISHER	FRANKLIN		SNRE	223	N	37
FISHER	JACOB	HEN	SNRE	223	N	37
FISHER	XAVIER		SNRE	230	Y	155
FISHER	MAGDALENA		SNRE	230	N	155
FISHER	MARY		SNRE	230	N	155
FISHER	FERDINAND		SNRE	230	N	155
FISTA	HENRY	M	SNW1	346	Y	540
FISTA	JOSEPHENE		SNW1	346	N	540
FISTA	SELESTENA		SNW1	346	N	540
FITZGERLS	THOMAS		SNPL	206	Y	60
FITZMORIS	THOMAS		SNW1	330	Y	330
FITZMORIS	MARY		SNW1	330	N	330
FITZMORIS	THOMAS		SNW1	330	N	330
FITZORER	JULIA		SNW1	314	Y	101
FIX	GEORGE		SNCL	86	Y	263
FIX	BARBARA		SNCL	86	N	263
FIX	JOHN		SNCL	86	N	263
FLACK	JOSIAH		SNBI	44	Y	328
FLACK	SYLVIA		SNBI	44	N	328
FLACK	ALBERT		SNBI	44	N	328
FLACK	WILLIAM		SNBI	44	N	328
FLACK	GERIL		SNBI	44	N	328
FLACK	KINNEY		SNBI	44	N	328
FLACK	GEORGE		SNBI	44	N	328
FLAHIFF	JOHN		SNLO	182	Y	30
FLAHIFF	LUCY	A	SNLO	182	N	30
FLAHIFF	EMMA		SNLO	182	N	30
FLAHIFF	THOMAS		SNLO	182	N	30
FLAHIFF	MARY	E	SNLO	182	N	30
FLAHIFF	JOHANNAH		SNLO	182	N	30
FLAHIFF	JOHN		SNLO	182	N	30
FLAHIFF	EDWARD		SNPL	218	Y	236
FLAHIFF	BRIDGET		SNPL	218	N	236
FLAHIFF	BRIDGET		SNPL	218	N	236
FLAHIFF	MARY		SNPL	218	N	236
FLAHIFF	ELIZABETH		SNPL	218	N	236
FLAHIFF	ELLEN		SNPL	218	N	236
FLAHIFF	JOANNAH		SNPL	218	N	236
FLAHIFF	EDWARD		SNPL	218	N	236
FLANCHER	FRANK		SNCL	82	Y	209
FLANDER	ELI		SNLO	193	Y	204
FLANDER	CHRISTA	A	SNLO	193	N	204
FLANDER	PARLEY		SNLO	193	N	204
FLANDER	GEORGE		SNPL	212	Y	141
FLANDERS	THOMAS		SNW1	335	Y	400
FLANDERS	OLIVER		SNTH	283	Y	33
FLANDERS	MARTHA		SNTH	283	N	33
FLAUGHER	SAMUEL		SNW1	345	Y	524
FLAUGHER	JACOB		SNW2	370	Y	302
FLAUGHER	SARAH		SNW2	370	N	302

LASTNAME	FIRSTNAME	MI	LOCATION	PAGE	HEAD	HHOLD
FLAUGHER	KATE		SNW2	370	N	302
FLAUGHER	JACOB		SNW2	371	Y	314
FLAUGHER	ELIZABETH		SNW2	371	N	314
FLAUGHER	SARAH	A	SNW2	371	N	314
FLAUGHER	JOHN	J	SNW2	371	N	314
FLAUGHER	FRANK	P	SNW2	371	N	314
FLAUGHER	MARY	J	SNW2	371	N	314
FLAUGHER	GEORGE		SNW2	371	N	314
FLAUGHER	NAOMA		SNW2	371	N	314
FLAUGHER	JAMES		SNW2	372	Y	325
FLAUGHER	MARGARET		SNW2	372	N	325
FLAUGHERTY	JOHN		SNSC	258	Y	340
FLAUGHERTY	BRIDGET		SNSC	258	N	340
FLAUGHERTY	MARIA		SNSC	258	Y	340
FLEALICH	FRED		SNW1	345	Y	529
FLEALICH	MARY		SNW1	345	N	529
FLEALICH	OSKER		SNW1	345	N	529
FLEALICH	LIZZIE		SNW1	345	N	529
FLEALICH	JACOB		SNW1	345	N	529
FLEALICH	JULIA		SNW1	345	N	529
FLEALICH	JOSEPH		SNW1	345	N	529
FLECK	DOLLA		SNLI	142	N	3
FLECK	LEWIS	A	SNLI	142	N	3
FLECK	FRANCIS	M	SNLI	142	N	3
FLECK	WILLIAM		SNLI	142	Y	4
FLECK	ANN		SNLI	142	N	4
FLECK	CHARLES		SNLI	142	N	4
FLECK	GEORGE		SNLI	142	N	4
FLECK	ELLA		SNLI	142	N	4
FLECK	CLARA		SNLI	142	N	4
FLECK	HENRY	C	SNLI	144	Y	42
FLECK	RACHEL	J	SNLI	144	N	42
FLECK	JANE		SNLI	145	Y	45
FLECK	ALICE		SNLI	145	N	45
FLECK	BYRON		SNLI	145	N	45
FLECK	FRANCES		SNLI	145	N	45
FLECK	MOXA?		SNLI	145	N	45
FLECK	JOSEPH		SNLI	145	N	45
FLECK	WORREN	P	SNLI	145	N	45
FLECK	ADA		SNLI	145	N	45
FLECK	ELIZABETH		SNLI	145	Y	5
FLECK	WILLIAM		SNLI	145	Y	55
FLECK	MARTHA		SNLI	145	N	55
FLECK	CLARRISSA	C	SNLI	145	N	55
FLECK	FRANCIS	M	SNLI	145	N	55
FLECK	THEODORE		SNLI	145	N	55
FLECK	CHARLES	L	SNLI	145	N	55
FLECK	NIMROD	B	SNLI	145	N	55
FLECK	LAURA		SNLI	145	N	55
FLECK	WILLIAM		SNLI	146	Y	66
FLECK	REBECCA	A	SNLI	146	N	66
FLECK	JEFFERSON		SNLO	178	Y	213
FLECK	MARGARET		SNLO	178	N	213
FLECK	MARY		SNLO	178	N	213
FLECK	JOHN		SNLO	178	N	213
FLECK	ANNA		SNLO	178	N	213
FLECK	SARAH		SNLO	178	N	213
FLECK	ELIZABETH		SNLO	178	N	213
FLECK	GEORGE		SNLI	142	Y	3
FLECK	DOLLA		SNLI	142	N	3
FLECK	LEWIS	A	SNLI	142	N	3
FLECK	FRANCIS	M	SNLI	142	N	3
FLECK	WILLIAM		SNLI	142	Y	4
FLECK	ANN		SNLI	142	N	4
FLECK	CHARLES		SNLI	142	N	4
FLECK	GEORGE		SNLI	142	N	4
FLECK	ELLA		SNLI	142	N	4
FLECK	CLARA		SNLI	142	N	4
FLECK	HENRY	C	SNLI	144	Y	42
FLECK	RACHEL	J	SNLI	144	N	42
FLECK	JANE		SNLI	145	Y	45
FLECK	ALICE		SNLI	145	N	45
FLECK	BYRON		SNLI	145	N	45
FLECK	FRANCES		SNLI	145	N	45
FLECK	MOXA?		SNLI	145	N	45
FLECK	JOSEPH		SNLI	145	N	45
FLECK	WORREN	P	SNLI	145	N	45

LASTNAME	FIRSTNAME	MI	LOCATION	PAGE	HEAD	HHOLD
FLECK	ADA		SNLI	145	N	45
FLECK	ELIZABETH		SNLI	145	Y	52
FLECK	WILLIAM		SNLI	145	Y	55
FLECK	MARTHA		SNLI	145	N	55
FLECK	CLARRISSA	C	SNLI	145	N	55
FLECK	FRANCIS	M	SNLI	145	N	55
FLECK	THEODORE		SNLI	145	N	55
FLECK	CHARLES	L	SNLI	145	N	55
FLECK	NIMROD	B	SNLI	145	N	55
FLECK	LAURA		SNLI	145	N	55
FLECK	MARY	E	SNLI	146	Y	65
FLECK	SOPHIA		SNLI	146	N	65
FLECK	WILLIAM		SNLI	146	Y	66
FLECK	REBECCA	A	SNLI	146	N	66
FLEET	W	W	SNED	99	Y	140
FLEET	ALVINA		SNED	99	N	140
FLEET	WILLIAM		SNED	99	Y	140
FLEET	FRANK		SNED	99	Y	140
FLEET	RUSH		SNED	99	N	140
FLEET	LUCY		SNED	99	N	140
FLEET	GRETTA		SNED	99	N	140
FLEET	VICTORIA		SNED	99	N	140
FLENNER	UPTON		SNW1	338	Y	444
FLENNER	RACHEL		SNW1	338	N	444
FLENNER	UPTON		SNW1	338	N	444
FLENNER	STEWART		SNW1	338	N	444
FLENNER	DEORA		SNW1	338	N	444
FLENNER	ABRAHAM		SNED	90	Y	17
FLENNER	HANAH		SNED	90	N	17
FLENNER	BARBARA		SNED	90	N	17
FLETCHER	ZILPHA		SNLO	185	Y	69
FLETCHER	RUTH		SNW1	348	Y	559
FLICK	MOSES		SMBO	28	Y	107
FLICK	SARAH		SNBI	28	N	107
FLICK	EMILY		SNBI	28	N	107
FLICK	JESSIE		SNBI	28	N	107
FLICKENER	SIMON		SNLI	144	Y	41
FLICKENER	SIMON		SNLI	144	Y	41
FLICKER	LEONARD		SNAD	2	Y	31
FLICKER	ODILLIA		SNAD	2	N	31
FLICKER	MARY		SNAD	2	N	31
FLICKER	JOHN		SNTH	307	Y	371
FLICKER	MARY		SNTH	307	N	371
FLICKER	HENRY		SNTH	307	N	371
FLICKMYER	JOS		SNLO	193	Y	199
FLICKMYER	JOHANNAH		SNLO	193	N	199
FLICKMYER	CHARLES		SNLO	193	N	199
FLICKMYER	JOHN		SNLO	193	N	199
FLICKMYER	FRANK		SNLO	193	N	199
FLICKMYER	ANNA		SNLO	193	N	199
FLIEDINGER	LOUISA		SNW1	345	Y	526
FLIGHTNER	CHARLES		SNBI	44	Y	319
FLIGHTNER	ANNA		SNBI	44	N	319
FLINN	PETER		SNW2	370	Y	305
FLINN	MARGARET		SNW2	370	N	305
FLINN	MICHAEL		SNHO	121	Y	206
FLINN	BRIDGET		SNHO	121	N	206
FLINN	JOHN		SNHO	121	N	206
FLINN	ELVIRA		SNHO	121	N	206
FLINN	EDWARD		SNHO	121	N	206
FLINN	ANDREW		SNHO	121	N	206
FLINN	WILLIAM		SNHO	121	N	206
FLOCKNER	ELLIE		SNLO	186	Y	88
FLORIN	MARY		SNLO	189	Y	128
FLOXA?	JOSEPH		SNLI	150	Y	128
FLOXA?	RACHAEL		SNLI	150	N	128
FLOXA?	SARAH	M	SNLI	150	N	128
FLOXA?	EMMA	J	SNLI	150	N	128
FLOXA?	DAVID	W	SNLI	150	N	128
FLOXA?	JOSEPH		SNLI	150	Y	128
FLOXA?	RACHAEL		SNLI	150	N	128
FLOXA?	SARAH	M	SNLI	150	N	128
FLOXA?	EMMA	J	SNLI	150	N	128
FLOXA?	DAVID	W	SNLI	150	N	128
FLOXENHAIN	PARDA		SNCL	70	Y	26
FLOYD	JOSEPH	E	SNPL	217	Y	221
FLOYD	JULIAN		SNPL	217	N	221

LASTNAME	FIRSTNAME	MI	LOCATION	PAGE	HEAD	HHOLD
FLOYD	WILLIAM	G	SNPL	217	N	221
FLOYD	SHERMAN	E	SNPL	217	N	221
FLOYD	EDWARD	J	SNPL	217	N	221
FLUMERFELT	CHAS.		SNPL	204	Y	21
FLUMERFELT	DANIEL		SNPL	204	Y	21
FLUMERFELT	MALINDA		SNPL	204	N	21
FLUMERFELT	ANNA		SNPL	204	N	21
FLUMERFELT	ABRAHAM		SNPL	204	N	21
FLUMERFELT	CHARLES		SNPL	204	N	21
FLUMERFELT	LAURA		SNPL	204	N	21
FLUMERFELT	FRANCES		SNPL	204	N	21
FLUMERFELT	FRANCIS		SNPL	213	Y	154
FLUMERFELT	LUCY		SNPL	213	N	154
FLUMERFELT	LOTTY		SNPL	213	N	154
FOGALBURG	JACOB		SNBI	42	Y	290
FOGLESON	MARY		SNVE	392	Y	183
FOGLESON	FANNY		SNVE	392	N	183
FOGLESON	LEWIS		SNVE	392	N	183
FOGLESON	JOHN		SNVE	392	N	183
FOGLESON	HENRY		SNVE	395	Y	235
FOGLESON	FANNY		SNVE	401	Y	337
FOLEY	BRIDGET		SNW1	346	Y	545
FOLEY	MARY		SNW2	374	Y	354
FOLEY	BRIDGET		SNW2	374	N	354
FOLEY	WILLIAM		SNW2	374	N	354
FOLK	RUBEN		SNSN	265	Y	103
FOLK	RUTH		SNSN	265	N	103
FOLK	SARAH		SNSN	265	N	103
FOLK	MELISSA		SNSN	265	N	103
FOLK	CLARINDA		SNSN	265	N	103
FOLK	VICTORIA		SNSN	265	N	103
FOLKARD	JOHN		SNW2	358	Y	133
FOLKARD	MARY		SNW2	358	N	133
FOLKARD	GEORGE		SNW2	358	N	133
FOLKARD	SARAH		SNW2	358	N	133
FOLKARD	EMMA		SNW2	358	N	133
FOLKARD	WILLIAM		SNW2	358	N	133
FOLLER	MATTHIAS		SNBI	43	Y	302
FOLLER	FRANCES		SNBI	43	N	302
FOLLER	OTTO		SNBI	43	N	302
FOLLER	FRANK		SNBI	43	N	302
FOLLER	LOUISA		SNBI	43	N	302
FOLLER	AURELIA		SNBI	43	N	302
FOLLER	MARY		SNBI	43	N	302
FOLSON	NANCY		SNLO	181	Y	4
FORBES	HERMAN	W	SNLO	195	Y	231
FORBES	HELLEN	S	SNLO	195	N	231
FORBES	ALFRED	E	SNLO	195	N	231
FORBES	FRANK	A	SNLO	195	N	231
FORD	LIZZIE		SNW1	348	Y	559
FORD	JAMES		SNRE	225	Y	78
FORD	ELIZABETH		SNRE	225	N	78
FORD	SARAH	E	SNRE	225	N	78
FORD	JAMES	W	SNRE	225	N	78
FORD	FRANKLIN		SNRE	225	N	78
FORD	HENRY	J.	SNVE	399	Y	309
FORD	MARY	A.	SNVE	399	N	309
FORD	J.	CARL	SNVE	399	N	309
FORD	JOHNSON		SNVE	400	Y	329
FOREASTER	CHRIST		SNW2	373	Y	350
FOREASTER	CATHARINE		SNW2	373	N	350
FOREASTER	TINA		SNW2	373	N	350
FOREWALTER	JACOB		SNTH	299	Y	265
FOREWALTER	MARY		SNTH	299	N	265
FOREWALTER	ANNA		SNTH	299	N	265
FOREWALTER	JACOB		SNTH	299	N	265
FOREWALTER	URSALLIA?		SNTH	299	N	265
FOREWALTER	CHRISTIAN		SNTH	299	N	265
FOREWALTER	CHRISTIAN		SNTH	299	Y	266
FOREWALTER	LOVINA		SNTH	299	N	266
FOREWALTER	LOUISA		SNTH	299	N	266
FORISTER	MARGARET		SNLO	201	Y	350
FORRESTAL	EDWARD		SNLO	195	Y	245
FORRESTAL	MARGARET		SNLO	196	N	245
FORRESTAL	EDWARD		SNLO	196	N	245
FORRESTAL	MICHAEL		SNLO	196	N	245
FOSTER	AUGUSTUS		SNBI	45	Y	338

LASTNAME	FIRSTNAME	MI	LOCATION	PAGE	HEAD	HHOLD
FOSTER	CLEMENTINE		SNBI	45	N	338
FOSTER	FRANK		SNBI	45	N	338
FOSTER	ERNEST		SNBI	45	N	338
FOSTER	WILLIAM		SNBI	45	N	338
FOSTER	EMMA		SNBI	45	N	338
FOSTER	EDWARD		SNBI	45	N	338
FOSTER	JONAS		SNJA	138	Y	180
FOSTER	ELIZABETH		SNJA	138	N	180
FOSTER	LOUISA	E.	SNJA	138	N	180
FOSTER	MARIAH	E.	SNJA	138	N	180
FOSTER	WILLIAM	H. S.	SNJA	138	N	180
FOSTER	OWEN	L.	SNJA	138	N	180
FOSTER	IDA	J.	SNJA	138	N	180
FOSTER	CHARLES	W.	SNJA	138	N	180
FOSTER	CHRISTIAN		SNJA	138	Y	193
FOSTER	MARY		SNJA	138	N	193
FOSTER	SAMPSON		SNJA	140	Y	230
FOSTER	MARGARET		SNJA	140	N	230
FOSTER	ISABELL		SNJA	140	N	230
FOSTER	LAURA	E.	SNJA	140	N	230
FOSTER	ALICE	M.	SNJA	140	N	230
FOSTER	TECUMSAH	S.	SNJA	140	N	230
FOSTER	ULYSSES	G.	SNJA	140	N	230
FOSTER	MARY	M	SNLO	183	Y	33
FOSTER	LINDA	E	SNLO	183	N	33
FOSTER	CHARLES	W	SNLO	185	Y	71
FOSTER	LAURA		SNLO	185	N	71
FOSTER	CHARLES		SNLO	189	Y	133
FOSTER	ANN	M	SNLO	189	N	133
FOSTER	JESSIE		SNLO	189	N	133
FOSTER	ANN		SNLO	189	N	133
FOSTER	JAMES		SNW1	330	Y	332
FOSTER	NATHAN		SNSC	252	Y	235
FOSTER	RUTH		SNSC	252	N	235
FOSTER	JOHN		SNVE	399	Y	313
FOSTER	SARAH	A.	SNVE	399	N	313
FOSTER	THOMAS		SNVE	399	N	313
FOSTER	JENNIE		SNVE	399	N	313
FOSTER	CHARLES		SNVE	399	N	313
FOSTER	CATHERINE		SNVE	400	N	313
FOSTIE	LOUIS		SNBI	28	Y	109
FOSTIE	MARY		SNBI	28	N	109
FOSTIE	BENJ.		SNBI	28	N	109
FOSTIE	JOHN		SNBI	28	N	109
FOSTIE	MARTIN		SNBI	28	N	109
FOUGHTY	THOMAS		SNLO	169	Y	89
FOUGHTY	MARGARET		SNLO	169	N	89
FOUGHTY	EMILINE		SNLO	169	N	89
FOUGHTY	ANGELINA		SNLO	169	N	89
FOUGHTY	THOMAS		SNLO	169	N	89
FOUGHTY	SARAH		SNLO	169	N	89
FOUGHTY	CHANCE		SNLO	169	N	89
FOUNTAINE	JOHN		SNBI	34	Y	188
FOUNTAINE	ELIZ.		SNBI	34	N	188
FOUNTAINE	WM.		SNBI	34	N	188
FOUNTAINE	PHEBE		SNBI	34	N	188
FOWE	DORA		SNW1	327	Y	294
FOWEL	GEORGE		SNED	92	Y	48
FOWELLER	BUZILLA		SNBI	40	Y	270
FOWL	ANDREW		SNW1	314	Y	103
FOWL	MARIA		SNW1	314	N	103
FOWL	MARIA		SNW1	314	N	103
FOWLER	FRANCES		SNAD	14	Y	221
FOWLER	JULIA		SNED	97	Y	112
FOX	WILLIAM		SNLO	168	Y	84
FOX	MARY	A	SNLO	168	N	84
FOX	WILLIAM		SNLO	168	N	84
FOX	MARY	E	SNLO	168	N	84
FOX	PHILIP		SNLO	168	N	84
FOX	DELILAH		SNLO	168	N	84
FOX	FLORA	A	SNLO	168	N	84
FOX	JAMES	B	SNLO	186	Y	93
FOX	ROBERT		SNLO	188	Y	125
FOX	MARY		SNLO	188	N	125
FOX	ELLA		SNLO	188	N	125
FOX	CHARLES		SNLO	188	N	125
FOX	ANNA		SNLO	188	N	125

LASTNAME	FIRSTNAME	MI	LOCATION	PAGE	HEAD	HHOLD
FOX	RICKART		SNLO	188	N	125
FOX	EDWIN		SNED	89	Y	6
FOX	LUCINDA		SNED	89	N	6
FOX	FRANKLIN		SNSC	250	Y	206
FOX	LUCY		SNSC	250	N	206
FOX	EBERT		SNSC	250	N	206
FOX	EVA		SNSC	250	N	206
FOX	JANE		SNSC	250	N	206
FOX	CHARLES		SNSC	251	Y	222
FRALEY	ELIZA		SNW1	345	Y	524
FRANCE	JOHN		SNCL	70	Y	26
FRANCIS	T	S	SNLO	185	Y	78
FRANCIS	FANNIE		SNLO	185	N	78
FRANCIS	LEVI		SNLO	185	N	78
FRANCIS	CAPATIL ?		SNLO	185	N	78
FRANCIS	WILAMAN		SNED	93	Y	68
FRANCIS	CATHERINE		SNED	93	N	68
FRANCIS	GEORGE		SNED	93	Y	68
FRANCIS	LUCIAS		SNED	93	N	68
FRANCIS	ONIER?		SNED	93	N	68
FRANK	JACOB		SNCL	69	Y	6
FRANK	JENNIE		SNLO	189	Y	143
FRANK	DANIEL		SNSN	267	Y	136
FRANK	SARAH		SNSN	267	N	136
FRANK	JACOB		SNSN	267	N	136
FRANK	DANIEL	M.	SNSN	267	N	136
FRANKART	NICHOLAS		SNLO	169	Y	99
FRANKART	MARGARET		SNLO	169	N	99
FRANKART	BAPTIS		SNLO	169	N	99
FRANKART	JOHN		SNLO	169	N	99
FRANKART	ISAAC		SNLO	169	N	99
FRANKART	MARGARET		SNLO	169	N	99
FRANKART	CEBLISTA ?		SNLO	169	N	99
FRANKART	NICHOLAS		SNLO	170	N	99
FRANKART	CATHERINE		SNLO	170	N	99
FRANKART	JACOB		SNLO	170	N	99
FRANKART	GEORGE		SNLO	170	N	99
FRANKART	MATHIAS		SNLO	170	N	99
FRANKART	MARGARET		SNLO	170	N	99
FRANKENFIELD	WILLIAM?		SNBL	62	Y	212
FRANKENFIELD	REBECCA		SNBL	62	N	212
FRANKENFIELD	MARY	A	SNBL	62	N	212
FRANKENFIELD	THOMAS	J	SNBL	62	N	212
FRANKENFIELD	ELISABETH		SNBL	62	N	212
FRANKENFIELD	REBECCA	C	SNBL	62	N	212
FRANKENFIELD	ASHER	P	SNBL	62	N	212
FRANKERT	JOHN		SNLO	172	Y	122
FRANKHEIMER	HENRY		SNLI	149	Y	117
FRANKHEIMER	MARY		SNLI	149	N	117
FRANKHEIMER	EMMA		SNLI	149	N	117
FRANKHEIMER	CLARA		SNLI	149	N	117
FRANKHEIMER	HENRY		SNLI	149	Y	117
FRANKHEIMER	MARY		SNLI	149	N	117
FRANKHEIMER	EMMA		SNLI	149	N	117
FRANKHEIMER	CLARA		SNLI	149	N	117
FRANKHOUSER	NICHOLAS		SNLI	156	Y	231
FRANKHOUSER	MARY	A	SNLI	156	N	231
FRANKHOUSER	NICHOLAS		SNLI	158	Y	263
FRANKHOUSER	CATHERINE		SNLI	158	N	263
FRANKHOUSER	JACOB		SNLI	160	Y	294
FRANKHOUSER	MARY	A	SNLI	160	N	294
FRANKHOUSER	ROENA		SNLI	160	N	294
FRANKHOUSER	MARY	C	SNLI	160	N	294
FRANKHOUSER	ISAIAH		SNLI	160	N	294
FRANKHOUSER	WILLIAM		SNLI	160	N	294
FRANKHOUSER	MARTHA		SNLI	160	N	294
FRANKHOUSER	SILAS		SNLI	160	N	294
FRANKHOUSER	NICHOLAS		SNLI	156	Y	231
FRANKHOUSER	MARY	A	SNLI	156	N	231
FRANKHOUSER	NICHOLAS		SNLI	158	Y	263
FRANKHOUSER	CATHERINE		SNLI	158	N	263
FRANKHOUSER	JACOB		SNLI	160	Y	294
FRANKHOUSER	MARY	A	SNLI	160	N	294
FRANKHOUSER	ROENA		SNLI	160	N	294
FRANKHOUSER	MARY	C	SNLI	160	N	294
FRANKHOUSER	ISAIAH		SNLI	160	N	294
FRANKHOUSER	WILLIAM		SNLI	160	N	294

LASTNAME	FIRSTNAME	MI	LOCATION	PAGE	HEAD	HHOLD
FRANKHOUSER	MARTHA		SNLI	160	N	294
FRANKHOUSER	SILAS		SNLI	160	N	294
FRANKLIN	CHARLES		SNJA	127	Y	11
FRANKLIN	JANE		SNJA	127	N	11
FRANKLIN	CHARLES	R.	SNJA	127	N	11
FRANKLIN	ALEX	G	SNLO	188	Y	124
FRANKLIN	LINDANA		SNLO	188	N	124
FRANKLIN	WILLARD	W	SNLO	188	N	124
FRANKLIN	WILLIS	E	SNLO	188	N	124
FRANKLIN	JABLOT		SNBL	56	Y	117
FRANKLIN	MARY		SNBL	56	N	117
FRANKLIN	WILLIAM	H	SNBL	56	N	117
FRANKLIN	JAMES	B	SNBL	56	N	117
FRANKLIN	JOHN	L	SNBL	56	N	117
FRANKLIN	ANDREW	J	SNBL	56	N	117
FRANKLINFIELD	WILLIAM		SNBL	62	Y	215
FRANKLINFIELD	CHARLOTTE		SNBL	62	N	215
FRANKLINFIELD	SARAH	RJ	SNBL	62	N	215
FRANKS	MARY		SNSC	258	Y	339
FRANNY	HARRIET		SNW2	365	Y	224
FRANNY	ROBERT	A	SNW2	365	N	224
FRANNY	ELLA		SNW2	365	N	224
FRANT	MARY		SNJA	136	Y	149
FRANT	CARLISTA		SNLO	177	Y	201
FRASKA?	BLALSSA ?		SNTH	288	Y	108
FRAUSE	PETER		SNBI	25	Y	68
FRAVER	GEORGE	W	SNLO	176	N	184
FRAVER	LOUISA	E	SNLO	176	N	184
FRAVER	WILLIAM	J	SNLO	176	N	184
FRAVER	ANNA	C	SNLO	176	N	184
FRAVER	CORA	J	SNLO	176	N	184
FRAVER	CHARLES		SNLO	176	N	184
FRAVER	MARGARETTA		SNW2	351	Y	23
FRAVER	GEORGE		SNW2	351	N	23
FRAVER ?	JOHN	W	SNLO	175	Y	184
FRAVER ?	BARBRA	F	SNLO	175	N	184
FRAVER ?	FREDERICK		SNLO	175	N	184
FRAVER ?	JOHN	J	SNLO	175	N	184
FRAVER ?	ALFRED		SNLO	175	N	184
FRAVER ?	JOSEPH	F	SNLO	176	N	184
FRAYER	ROBERT	P	SNRE	237	Y	255
FRAYER	LAVINA		SNRE	237	N	255
FRAYER	VIOLA		SNRE	237	N	255
FRAYER	LOYD		SNRE	237	N	255
FRAZIER	BENJAMIN	F.	SNJA	135	Y	142
FRAZIER	EMILY		SNJA	135	N	142
FRAZIER	ORPHA	L.	SNJA	135	N	142
FRECK	GEORGE		SNLI	142	Y	3
FRECK	MARY	E	SNLI	146	Y	65
FRECK	SOPHIA		SNLI	146	N	65
FREDD	J	B	SNW2	366	Y	246
FREDD	ELLA		SNW2	366	N	246
FREDERICI	DANIEL		SNW2	357	Y	116
FREDERICI	PHEBE		SNW2	357	N	116
FREDERICK	DELILA		SNBI	37	Y	235
FREDERICK	MIRIA		SNBI	37	N	235
FREDERICK	LOUIS		SNBI	37	N	235
FREDERICK	GEORGE		SNBI	37	N	235
FREDERICK	JACOB		SNBI	46	Y	357
FREDERICK	MARY		SNBI	46	N	357
FREDERICK	EUGENE		SNBI	46	N	357
FREDERICK	FRANK		SNBI	46	N	357
FREDERICK	ELIZ		SNBI	47	Y	370
FREDERICK	WM		SNBI	47	N	370
FREDERICK	CALVIN		SNBI	47	N	370
FREDERICK	THEADORE		SNBI	47	N	370
FREDERICK	SARAH		SNW1	329	Y	319
FREDERICK	BELL		SNW1	329	N	319
FREDERICK	CLARA		SNW1	329	N	319
FREDERICK	JAMES		SNW1	329	N	319
FREDERICK	JOHN		SNW2	351	Y	20
FREDERICK	ROSALLA		SNW2	351	N	20
FREDERICK	FRANK		SNW2	351	N	20
FREDERICK	MARGARET		SNW2	351	N	20
FREDERICK	JOHN,SEN		SNW2	351	Y	20
FREDERICK	PETER		SNW2	351	Y	21
FREDERICK	CHRISTINA		SNW2	351	N	21

LASTNAME	FIRSTNAME	MI	LOCATION	PAGE	HEAD	HHOLD
FREDERICK	CLARA		SNW2	351	N	21
FREDERICK	JOHN	H	SNW2	351	N	21
FREDERICK	ANNA	M	SNW2	351	N	21
FREDERICK	WILLIAM	P	SNW2	351	N	21
FREDERICK	GEO		SNPL	213	Y	162
FREDERICK	WILLIAM		SNPL	213	N	162
FREDERICKEY	FRANK		SNW2	357	Y	111
FREDERICKEY	ELTA		SNW2	357	N	111
FREDRICK	SOLOMAN		SNJA	136	Y	150
FREDRICK	RACHEL		SNJA	136	N	150
FREDRICK	GEORGE	M.	SNJA	136	N	150
FREDRICK	MARY	S. (?)	SNJA	136	N	150
FREDRICK	CHARLES	E.	SNJA	136	N	150
FREDRICK	ROSETTA	M.	SNJA	136	N	150
FREE	FREDERICK		SNCL	77	Y	127
FREE	JOHN		SNJA	129	Y	49
FREE	ANNA		SNJA	129	N	49
FREE	JESSIE		SNJA	129	N	49
FREE	MARY		SNJA	129	N	49
FREE	MARTHA		SNJA	129	N	49
FREE	JOHN	C.	SNJA	129	N	49
FREE	JAMES		SNJA	129	N	49
FREE	GEORGE	H.	SNJA	129	N	49
FREE	FRANCES		SNJA	129	N	49
FREE	FLORA	A.	SNJA	129	N	49
FREE	ANNA	L.	SNJA	129	N	49
FREE	RICHARD	E.	SNJA	129	N	49
FREE	CLARA	M	SNJA	129	N	49
FREE	JACOB		SNSC	253	Y	241
FREE	MARY		SNSC	253	N	241
FREE	GEORGE		SNSC	253	N	241
FREE	DAVID		SNSC	253	N	241
FREE	FRED		SNSC	253	N	241
FREE	JOHN		SNRE	222	Y	27
FREE	ELIZA		SNRE	222	N	27
FREE	EUPHRASIA		SNRE	222	N	27
FREE	OCTAVIA		SNRE	222	N	27
FREE	HOWARD		SNRE	222	N	27
FREE	ORSTIN		SNRE	222	Y	27
FREE	FRANK		SNRE	222	Y	32
FREE	SARAH	J	SNRE	222	N	32
FREE	ROLLY	J	SNRE	222	N	32
FREE	FRED		SNRE	222	Y	32
FREE	HENRY		SNRE	225	Y	67
FREE	MARY	A	SNRE	225	N	67
FREE	IVA	S	SNRE	225	N	67
FREE	MARCY		SNRE	225	N	67
FREE	MARY	A	SNRE	225	N	67
FREE	MARY		SNVE	395	Y	239
FREEDLE	ADAM		SNW1	320	Y	184
FREEDLE	MARY		SNW1	320	N	184
FREEDLE	JOHN		SNW1	320	N	184
FREEDLE	JOSEPH		SNW1	320	N	184
FREEDLE	ANNA		SNW1	320	N	184
FREER	RICHARD		SNBL	65	Y	262
FREER	LUDNY		SNBL	65	N	262
FREESE	PETER		SNCL	80	Y	180
FREESE	AMOS		SNLI	160	Y	303
FREESE	SARAH		SNLI	160	N	303
FREESE	WILLIAM	A	SNLI	160	N	303
FREESE	JOHN	P	SNLI	160	N	303
FREESE	LOVINA		SNW2	377	Y	408
FREESE	OLIVER	P	SNW2	377	N	408
FREESE	HENRY		SNHO	116	Y	121
FREESE	ELIZ		SNHO	116	N	121
FREESE	GEORGE		SNHO	116	N	121
FREESE	NETTIE		SNHO	116	N	121
FREESE	LEVI		SNHO	116	Y	126
FREESE	SUSAN		SNHO	116	N	126
FREESE	AMOS		SNLI	160	Y	303
FREESE	SARAH		SNLI	160	N	303
FREESE	WILLIAM	A	SNLI	160	N	303
FREESE	JOHN	P	SNLI	160	N	303
FREET	JOHNEST		SNCL	69	Y	11
FREET	MARY		SNCL	69	N	11
FREET	ANN	E.	SNCL	69	N	11
FREET	MARY		SNCL	69	N	11

LASTNAME	FIRSTNAME	MI	LOCATION	PAGE	HEAD	HHOLD
FREET	IDA		SNCL	69	N	11
FREET	JOSEPH		SNCL	69	N	11
FREET	JESSE		SNCL	69	N	11
FREEZE	JEFFERSON		SNSC	242	Y	75
FREEZE	SARAH		SNSC	242	N	75
FREEZE	CORRA		SNSC	242	N	75
FREEZE	WARREN		SNSC	242	N	75
FREEZE	AUGUSTA		SNSC	242	N	75
FREIDLEY	LUDWICK		SNVE	385	Y	71
FREIDLEY	REBECCA		SNVE	385N	N	71
FREIER?	JOHN		SNTH	303	Y	305
FRENCH	ELIZABETH		SNLO	199	N	308
FRENCH	MARY	M	SNLO	199	N	308
FRENCH	EVANGALINE		SNLO	199	N	308
FRENCH	RUBEN		SNLO	199	Y	308
FRENCH	TEODOCIA		SNLO	199	N	308
FRENCH	EDITH		SNLO	199	N	308
FRENCH	HURBERT	B	SNLO	199	N	308
FRENCH	HOWARD		SNLO	199	N	308
FRENCH	ELIZA		SNVE	391	Y	177
FRENCH	JOHN	L	SNVE	391	N	177
FRENCH	IDA	J	SNVE	391	N	177
FRENCH	FRANK		SNVE	392	N	177
FRENCH	MARY	M	SNVE	392	N	177
FRENCH	REBECCA		SNVE	392	N	177
FREUSE	BENNET		SNHO	117	Y	138
FREUSE	ROLLA		SNHO	117	N	138
FREUSE	HIRAM		SNHO	117	N	138
FREUSE	DOSEY		SNHO	117	N	138
FREUSE	REBECCA		SNHO	117	N	138
FREUSE	HENRY		SNHO	117	N	138
FREYMAN	AUGUSTUS		SNW1	327	Y	289
FREYMAN	MARY	C	SNW1	327	N	289
FREYMAN	LAURA		SNW1	327	N	289
FREYMAN	ALLA		SNW1	327	N	289
FREYMAN	MINNIE		SNW1	327	N	289
FRICK	SAMUEL		SNLO	179	Y	227
FRICK	MAGDALENA		SNW1	334	Y	388
FRICK	LANA		SNW1	334	N	388
FRICK	CAROLINE		SNW1	334	N	388
FRICK	JOHN		SNW1	334	N	388
FRICK	FREDERICK		SNW1	334	N	388
FRICK	JOHN		SNW1	339	Y	458
FRICK	E	A	SNW2	364	Y	217
FRICK	M	A	SNW2	364	N	217
FRICK	WILLIAM		SNED	95	Y	89
FRICK	ELLEN		SNED	95	N	89
FRICK	CLIMENA		SNED	95	N	89
FRICK	JAMES		SNED	95	N	89
FRICK	MARY		SNSN	269	Y	174
FRICK	NICHOLAS		SNSN	269	N	174
FRICK	MARY	L.	SNSN	269	N	174
FRICK	CATHERINE		SNSN	269	N	174
FRICK	SUSAN		SNSN	269	N	174
FRICK	HENERY		SNSN	269	N	174
FRICK	ROSE		SNSN	269	N	174
FRICK	ANNA		SNSN	269	N	174
FRICK	JANE		SNSN	269	N	174
FRIDLEY	STEPHEN		SNVE	397	Y	262
FRIDLEY	SARAH		SNVE	397	N	262
FRIDLEY	EMMA		SNVE	397	N	262
FRIDLEY	ELLA		SNVE	397	N	262
FRIEDLEY	JOSEPH		SNVE	384	Y	71
FRIEDLEY	BENBRYN		SNVE	384	N	71
FRIEDLEY	ABNER		SNVE	384	N	71
FRIEDLEY	JOHN	L.	SNVE	384	N	71
FRIEDLEY	CHRISTIAN		SNVE	384	N	71
FRIEDLEY	GEORGE	W.	SNVE	384	N	71
FRIEDLEY	BENJAMIN		SNVE	384	N	71
FRIEDLEY	JACOB	J.	SNVE	384	N	71
FRIEDLEY	REBECCA		SNVE	384	N	71
FRIEDLEY	SARAH	E.	SNVE	384	N	71
FRIEDLEY	JOSEPH	G.	SNVE	385	N	71
FRIEDMAN	CELESTIN		SNBI	24	Y	51
FRIEDMAN	MARY		SNBI	24	N	51
FRIEDMAN	CATHERINE		SNBI	24	N	51
FRIGLER	HENRY		SNED	102	Y	193

LASTNAME	FIRSTNAME	MI	LOCATION	PAGE	HEAD	HHOLD
FRIGLER	LOUISA		SNED	102	N	193
FRIGLER	JACOB		SNED	102	N	193
FRIGLER	HENRY		SNED	102	N	193
FRIGLER	JOHN		SNED	102	N	193
FRIGLER	SUSANAH		SNED	102	N	193
FRIGLER	GEORGE		SNED	102	N	193
FRIGLER	CHRISTIAN		SNED	102	N	193
FRINDUM ?	LOUISA		SNLO	176	Y	189
FRINK	T	M	SNBI	39	Y	262
FRINK	FREDERIKA		SNBI	39	N	262
FRINK	HENRY		SNBI	39	N	262
FRINK	OTTO		SNBI	39	N	262
FRINK	SOPHIA		SNBI	39	N	262
FRITCHER	CHARLES		SNLO	184	Y	52
FRITCHER	ZILLA		SNLO	184	N	52
FRITCHER	JAY		SNLO	184	N	52
FRITCHER	JOHN		SNLO	184	N	52
FRITCHER	EMMA		SNLO	184	Y	59
FRITCHER	ELIZA		SNLO	186	Y	95
FRITCHER	JAMES		SNLO	186	N	95
FRITCHER	ELIZABETH		SNLO	186	N	95
FRITCHER	REASON		SNLO	186	N	95
FRITCHER	CHARLES		SNLO	186	N	95
FRITCHER	GEO		SNLO	194	Y	211
FRITCHER	MARY		SNLO	194	N	211
FRITCHER	FANNY		SNLO	194	N	211
FRITCHER	JOHN		SNLO	194	N	211
FRITCHER	MINERVA		SNLO	197	Y	277
FRITZ	BARBARA		SNCL	75	Y	94
FRITZ	DOMINICK		SNCL	75	N	94
FRITZ	PHILLIP		SNCL	75	N	94
FRITZ	MICHAEL		SNW2	359	Y	135
FRITZ	ANNA		SNW2	359	N	135
FRITZ	FRANK		SNW2	359	N	135
FRITZ	SAMUEL		SNW2	359	N	135
FRITZ	LEON		SNW2	359	N	135
FRITZ	JACOB		SNW2	363	Y	192
FRITZ	MARY		SNW2	363	N	192
FRITZ	MARY		SNW2	363	N	192
FRITZ	GODFREY		SNW2	363	N	192
FRITZ	PHILIP		SNTH	294	Y	209
FRITZ	CATHERINE		SNTH	294	N	209
FRITZ	JOSEPH		SNTH	294	N	209
FRITZ	PAULINE		SNTH	294	N	209
FRITZ	JOHN		SNTH	294	N	209
FRITZ	MARTIN		SNTH	294	N	209
FRITZ	GOTLIEB		SNSN	275	Y	266
FRITZ	LANIE		SNSN	275	N	266
FRITZ	MARY		SNSN	275	N	266
FRITZ	LOUISA		SNSN	275	N	266
FRITZ	AMEY		SNSN	275	N	266
FRITZ	WILLIAM		SNSN	275	N	266
FRITZ	LOUISA		SNSN	275	N	266
FRONICE?	ANTHONY		SNTH	301	Y	283
FRONTMAN	CATHERINE		SNW1	347	Y	550
FRONTZ	ISAIAH		SNLI	150	Y	131
FRONTZ	REBECCA		SNLI	150	N	131
FRONTZ	ELLA		SNLI	150	N	131
FRONTZ	ISAIAH		SNLI	150	Y	131
FRONTZ	REBECCA		SNLI	150	N	131
FRONTZ	ELLA		SNLI	150	N	131
FROST	ISABELLA		SNW1	332	Y	364
FROST	MISICH		SNW1	332	N	364
FROST	JOHN		SNW1	332	N	364
FROST	ISABELLA		SNW1	332	N	364
FROST	JOSIAH		SNW1	347	Y	558
FROST	ISA		SNW1	347	N	558
FROST	PERCY	B.	SNW1	347	N	558
FROST	JAMES	H.	SNW1	348	Y	569
FROST	JENNIE		SNW1	348	N	569
FROTT ?	JACOB		SNAD	2	Y	19
FROTT ?	CATHARINE		SNAD	2	N	19
FROTT ?	GEORGE		SNAD	2	N	19
FROTT ?	HENRY		SNAD	2	N	19
FRUILS	JAMES		SNHO	111	Y	36
FRUIT	FRANCES		SNLO	164	Y	31
FRUIT	LEONARD		SNLO	164	N	31

LASTNAME	FIRSTNAME	MI	LOCATION	PAGE	HEAD	HHOLD
FRUIT	JOHN		SNLO	164	N	31
FRUIT	CATHERINE		SNLO	164	N	31
FRUIT	JACOB III		SNLO	164	Y	32
FRUIT	SEVILIA		SNLO	164	N	32
FRUIT	ABRAHAM		SNLO	164	N	32
FRUIT	JOHN		SNLO	164	N	32
FRUIT	GUSTAF		SNLO	164	N	32
FRUIT	MARY		SNLO	167	Y	62
FRUIT	HENRY		SNLO	167	N	62
FRUIT	COONROD		SNLO	167	N	62
FRUITH	HERCHEL	C	SNLO	167	Y	66
FRUITH	MARY		SNLO	167	N	66
FRUITH	DAVID		SNLO	167	N	66
FRUITH	ALBERT		SNLO	167	N	66
FRUITH	ELMER	E	SNLO	167	N	66
FRUTH	JACOB		SNBI	26	Y	74
FRUTH	MARY		SNBI	26	N	74
FRUTH	WILLIAM		SNBI	26	N	74
FRUTH	FRANK		SNBI	26	N	74
FRUTH	HENRY		SNLO	167	Y	60
FRUTH	HENRY	O	SNLO	167	N	60
FRUTH	LOUISA		SNLO	167	N	60
FRUTH	MATHIAS		SNLO	169	Y	97
FRUTH	PHOEBE		SNLO	169	N	97
FRUTH	SARAH		SNLO	169	N	97
FRUTH	AMELIA		SNLO	169	N	97
FRUTH	GEORGE	L	SNLO	169	N	97
FRUTH	JOHN	C	SNLO	169	N	97
FRUTH	JACOB SEN.		SNLO	169	Y	98
FRUTH	ELIZABETH		SNLO	169	N	98
FRY	JOSEPH		SNBI	37	Y	228
FRY	PAULINE		SNBI	37	N	228
FRY	JOSEPH		SNBI	37	N	228
FRY	MARY		SNBI	37	N	228
FRY	HARMAN		SNBI	37	N	228
FRY	RUDOLPH		SNBI	37	N	228
FRY	FRANK		SNBI	37	N	228
FRY	ALBERT		SNBI	37	N	228
FRY	SARAH		SNBI	37	N	228
FRY	SAMUEL		SNLI	147	Y	89
FRY	MALINDA		SNLI	147	N	89
FRY	DANIEL		SNLI	149	y	106
FRY	SARAH		SNLI	149	n	106
FRY	JOHN	M	SNLI	149	n	106
FRY	SARAH	E	SNLI	149	n	106
FRY	JOHN	H	SNLI	155	Y	214
FRY	CALVIN		SNLI	155	N	214
FRY	SARAH		SNLI	155	N	214
FRY	JAMES		SNLI	157	Y	245
FRY	EMMA		SNLI	157	N	245
FRY	ORPHA		SNLI	157	N	245
FRY	JOHN		SNLI	159	Y	281
FRY	ANNA	M	SNLI	159	N	281
FRY	JAMES		SNLI	159	N	281
FRY	FRANCIS		SNLI	159	N	281
FRY	MARY	A	SNLI	159	N	281
FRY	HETTIE		SNLI	161	Y	323
FRY	MARY	A	SNLO	193	Y	203
FRY	WILLIAM	S	SNLO	193	N	203
FRY	EDWARD		SNW2	357	Y	120
FRY	HENRY		SNW2	357	N	120
FRY	LITTLER		SNW2	371	Y	318
FRY	MARY		SNW2	371	N	318
FRY	PHILLIP		SNPL	203	Y	3
FRY	ELIZABETH		SNPL	203	N	3
FRY	ORVIN	J	SNPL	203	N	3
FRY	HENRY	J	SNPL	203	N	3
FRY	FRANK		SNPL	204	Y	29
FRY	AUGUSTA		SNPL	204	N	29
FRY	MICHAEL	R	SNPL	205	Y	41
FRY	ELIZA		SNPL	205	N	41
FRY	JOHN		SNPL	208	Y	84
FRY	CHESTER		SNPL	208	N	84
FRY	ENOCH		SNSC	239	Y	20
FRY	RHODA		SNSC	239	N	20
FRY	BENJAMIN		SNSC	239	N	20
FRY	CHARLES		SNSC	239	N	20

LASTNAME	FIRSTNAME	MI	LOCATION	PAGE	HEAD	HHOLD
FRY	GEORGE		SNSC	239	N	20
FRY	ALBERT		SNSC	239	N	20
FRY	EMMA		SNSC	239	N	20
FRY	JOSEPH		SNSC	239	Y	26
FRY	MATILDA		SNSC	239	N	26
FRY	GEORGE		SNHO	116	Y	119
FRY	MARTY		SNBL	60	Y	188
FRY	SAMUEL		SNLI	147	Y	89
FRY	MALINDA		SNLI	147	N	89
FRY	DANIEL		SNLI	149	Y	106
FRY	SARAH		SNLI	149	N	106
FRY	JOHN	M	SNLI	149	N	106
FRY	SARAH	E	SNLI	149	N	106
FRY	JOHN	H	SNLI	155	Y	214
FRY	CALVIN		SNLI	155	N	214
FRY	SARAH		SNLI	155	N	214
FRY	JAMES		SNLI	157	Y	245
FRY	EMMA		SNLI	157	N	245
FRY	ORPHA		SNLI	157	N	245
FRY	JOHN		SNLI	159	Y	281
FRY	ANNA	M	SNLI	159	N	281
FRY	JAMES		SNLI	159	N	281
FRY	FRANCIS		SNLI	159	N	281
FRY	MARY	A	SNLI	159	N	281
FRY	HETTIE		SNLI	161	Y	323
FRYBURG	CHARLES		SNW1	347	Y	556
FUCH	BRIDGET		SNED	91	Y	35
FUCHS	SEBASTIAN		SNBI	25	Y	59
FUCHS	AGNES		SNBI	25	N	59
FUCHS	ALBERT		SNBI	25	N	59
FUCHS	JOSEPH		SNBI	25	N	59
FULLER	HENRY		SNW2	361	Y	167
FULLER	RICKE		SNW2	361	N	167
FULLER	IDA		SNW2	361	N	167
FULLER	JOHN		SNSC	250	Y	195
FULTON	DAVID		SNVE	391	Y	176
FULTON	MARTHA		SNVE	391	N	176
FUNK	CYRUS		SNCL	74	Y	79
FUNK	ANNA		SNCL	74	N	79
FUNK	BLANCH		SNCL	74	N	79
FUNK	JOHN	H	SNED	89	Y	7
FUNK	CATHARINE		SNED	89	N	7
FUNK	CHARLES		SNED	89	Y	7
FUNK	JOHN		SNED	89	Y	7
FUNK	MARY		SNED	93	Y	59
FUNK	HENRY		SNED	102	Y	203
FUNK	CHARLES		SNHO	114	Y	90
FUNK	BARBARA		SNHO	114	N	90
FUNK	WM.		SNHO	122	Y	218
FUNK	HENRY		SNVE	386	Y	88
FUNK	MELINDA		SNVE	386	N	88
FUNK	ANN	B.	SNVE	386	N	88
FUNK	MARY	E.	SNVE	386	N	88
FUNK	CLARA	D.	SNVE	386	N	88
FUNK	HARRIET		SNVE	386	N	88
FUNK	ISAAC		SNVE	391	Y	172
FUNK	CATHARINE		SNVE	391	N	172
FUNK	ANNA	M	SNVE	391	N	172
FUNK	SARAH	E	SNVE	391	N	172
FUNK	JEDINA	A	SNVE	391	N	172
FUNK	JOHN	W	SNVE	391	N	172
FUNK	ELMINY	L	SNVE	391	N	172
FUNK	JACOB		SNVE	391	Y	172
FURTWYLER	JOSEPH		SNBI	40	Y	270
FUSEE ?	WILLIAM		SNAD	5	Y	72
FYE	JOHN		SNCL	71	Y	42
FYE	SARAH		SNCL	71	N	42
FYE	ELIZABETH		SNCL	71	N	42
FYE	GEORGE		SNCL	71	N	42
FYE	JOHN		SNCL	71	N	42
FYE	TILGHMAN		SNCL	71	N	42
FYE	WILLIAM		SNLI	153	Y	175
FYE	JANE	E	SNLI	153	N	175
FYE	CHARLES	E	SNLI	153	N	175
FYE	CLARA		SNLI	153	N	175
FYE	WILLIAM		SNLI	153	Y	175
FYE	JANE	E	SNLI	153	N	175

LASTNAME	FIRSTNAME	MI	LOCATION	PAGE	HEAD	HHOLD
FYE	CHARLES	E	SNLI	153	N	175
FYE	CLARA		SNLI	153	N	175
GABRIAL	REBECCA		SNW2	357	Y	110
GADDIS	LENARD		SNRE	234	Y	221
GADDIS	MIELISSA		SNRE	234	N	221
GADDIS	JOHN		SNVE	381	Y	16
GADDIS	MARYETT	J	SNVE	381	N	16
GADDIS	EUGENE	E	SNVE	381	N	16
GADDIS	WILLIAM	C	SNVE	381	N	16
GADDIS	JOHN	HAR	SNVE	381	N	16
GAEDNER	DELLA		SNRE	223	N	42
GALBRITH	WILLIAM		SNSN	263	Y	69
GALBRITH	CAROLINE		SNSN	263	N	69
GALBRITH	ORAN		SNSN	263	N	69
GALBRITH	ELLA		SNSN	263	N	69
GALBRITH	MILLER		SNSN	263	N	69
GALE	DREWRY		SNAD	13	Y	213
GALE	AMANDA		SNAD	13	N	213
GALE	CHARLES		SNAD	13	N	213
GALE	ELSIE		SNAD	13	N	213
GALE	VINESON ?		SNAD	13	N	213
GALE	CHANEY		SNAD	14	Y	233
GALE	FANNIE		SNAD	14	N	233
GALEZIA	ALOYSIS		SNTH	288	Y	108
GALLUP	WILLIAM		SNW1	324	Y	247
GALLUP	CASANDRA		SNW1	324	N	247
GALLUP	ADDA		SNW1	324	N	247
GALLUP	SARAH		SNW1	324	N	247
GALLUP	MARY		SNW1	324	N	247
GALLUP	JULIA		SNW1	324	N	247
GALLUP	CARRIE		SNW1	324	N	247
GALLUP	FRANK		SNW1	324	N	247
GALLUP	JOHN		SNW1	324	N	247
GALLUP	GEORGE		SNW1	342	Y	484
GALLUP	CORNELIA		SNW1	342	N	484
GAMBEE	DANIEL		SNRE	223	Y	41
GAMBEE	LYDIA		SNRE	223	N	41
GAMBEE	SARAH	A	SNRE	223	N	41
GAMBEE	SAMUEL	C	SNRE	223	Y	41
GAMBEE	CHRISTENA		SNRE	223	N	41
GAMBEE	SOLOMON		SNRE	224	Y	55
GAMBEE	MARY	ANN	SNRE	224	N	55
GAMBEE	JOEL	W	SNRE	224	N	55
GAMBEE	MARY	L	SNRE	224	N	55
GAMBEE	ALVIN	G	SNRE	224	N	55
GAMBEE	BENJAMIN		SNRE	224	Y	56
GAMBEE	MARY		SNRE	224	N	56
GAMBEE	SUSAN		SNRE	224	Y	56
GAMBEE	ELIZA		SNRE	224	N	56
GAMBEE	LAURA		SNRE	224	N	56
GAMBEE	ELSIE		SNRE	224	N	56
GAMBEE	HORACE		SNRE	224	N	56
GAMBEE	LEVI		SNRE	230	Y	163
GAMBEE	MARTHA	A	SNRE	230	N	163
GAMBEE	JAMES	E	SNRE	230	N	163
GAMBLER	ELIJA		SNW1	346	Y	541
GAMBLER	KATE		SNW1	346	N	541
GAMBOL	D		SNPL	212	Y	143
GAMBOL	MARGARET		SNPL	212	N	143
GAMBOL	LOTTIE		SNPL	212	N	143
GAMBY	HENRY		SNTH	286	Y	70
GAMBY	ELIZABETH		SNTH	286	N	70
GAMBY	MARY		SNTH	286	N	70
GAMBY	ELLA		SNTH	286	N	70
GAMBY	ISAAC		SNTH	286	N	70
GAMBY	LULA		SNTH	286	N	70
GAMON	LEWIS		SNRE	228	Y	133
GAMON	SARAH		SNRE	228	N	133
GANGLER	PETER		SNBI	23	Y	37
GANGLER	MARY		SNBI	23	N	37
GANGLER	THOS		SNBI	23	N	37
GANGLER	JOHN		SNBI	23	N	37
GANGLER	MARY	A	SNBI	23	N	37
GANGLER	GEORGE		SNBI	23	N	37
GANGLER	ROSA		SNBI	23	N	37
GANGLER	NICHOLAS		SNBI	23	N	37
GANGLER	ELIZ		SNBI	44	Y	320

LASTNAME	FIRSTNAME	MI	LOCATION	PAGE	HEAD	HHOLD
GANGLUFF	GEORGE		SNVE	380	Y	11
GANGLUFF	MARY	A	SNVE	380	N	11
GANGLUFF	PHILIP	D	SNVE	380	N	11
GANGLUFF	AMIE	E	SNVE	380	N	11
GANGLUFF	MARY	C	SNVE	380	N	11
GANGLUFF	GEORGE		SNVE	380	N	11
GANGLUFF	CATHERINE		SNVE	380	N	11
GANGLUFF	ADAM		SNVE	389	Y	134
GANGLUFF	HARRIET		SNVE	389	N	134
GANGWER	ANNA		SNW2	359	Y	135
GANGWER	JAMES		SNPL	206	Y	56
GANGWER	EUPHENA		SNPL	206	N	56
GANGWER	JAMES		SNPL	206	N	56
GANGWER	SIXTES		SNPL	206	N	56
GANGWER	LOUISA		SNPL	206	N	56
GANGWER	CHARLES		SNPL	207	Y	74
GANGWER	LOUISA		SNPL	207	N	74
GANGWER	ANNA		SNPL	207	N	74
GANGWER	CAROLINE		SNPL	207	N	74
GANGWER	HENRY		SNPL	207	N	74
GANGWER	ELLEN		SNPL	207	N	74
GANGWER	TILGHMAN		SNPL	207	Y	77
GANGWER	SUE		SNPL	207	N	77
GANGWER	FRANK		SNPL	207	N	77
GANGWER	PRESTON		SNPL	207	N	77
GANGWER	EDWARD		SNPL	207	N	77
GANGWER	JAMES		SNPL	207	N	77
GANGWER	PARKER		SNPL	207	N	77
GANNON	DANIEL		SNRE	234	Y	221
GANNON	MERCY		SNRE	234	N	221
GANNON	WILLIAM	R	SNRE	234	Y	221
GARBINGER	JACOB		SNED	91	Y	35
GARDNER	PETER		SNW1	320	Y	177
GARDNER	CATHARINE		SNW1	320	N	177
GARDNER	ELIZABETH		SNW1	320	N	177
GARDNER	MARIA		SNW1	320	N	177
GARDNER	JOHN		SNW1	320	N	177
GARDNER	PETER		SNW1	320	N	177
GARDNER	WILLIAM		SNW2	366	Y	241
GARDNER	ELIZA		SNW2	366	N	241
GARDNER	SCOTT		SNW2	366	N	241
GARDNER	ELLEN		SNW2	366	N	241
GARDNER	EDWARD		SNW2	366	N	241
GARDNER	GRACE		SNW2	366	N	241
GARDNER	EUGENE		SNW2	366	N	241
GARDNER	G	W	SNRE	223	Y	42
GARDNER	SARAH	A	SNRE	223	N	42
GARDNER	EVERTT		SNRE	223	N	42
GARDNER	RANDOLPH		SNRE	223	N	42
GAREY	MARTIN		SNW1	334	Y	387
GAREY	BRIDGET		SNW1	334	N	387
GAREY	MICHAEL		SNW1	334	N	387
GAREY	MARY		SNW1	334	N	387
GAREY	HANNAH		SNW1	334	N	387
GAREY	MARTIN		SNW1	334	N	387
GAREY	MAGGIE		SNW1	334	N	387
GAREY	GEORGE		SNW1	334	N	387
GAREY	ELLEN		SNW1	334	N	387
GARHANG?	JOHN		SNTH	299	Y	262
GARHARTSTINE	ANTHONY		SNTH	295	Y	212
GARHARTSTINE	ANNA		SNTH	295	N	212
GARHARTSTINE	JOSEPH		SNTH	295	N	212
GARHARTSTINE	ANTHONY,JR		SNTH	295	N	212
GARHARTSTINE	LIZZIE		SNTH	295	N	212
GARHARTSTINE	MARY		SNTH	295	N	212
GARHARTSTINE	JOHN		SNTH	295	N	212
GARHARTSTINE	FRANK		SNTH	295	N	212
GARHARTSTINE	LAWRENCE		SNTH	295	N	212
GARHERSTINE	R		SNVE	395	Y	234
GARHERSTINE	JOSEPH		SNVE	395	N	234
GARHERSTINE	MARY	E	SNVE	395	N	234
GARHERSTINE	JOHN		SNVE	395	N	234
GARLER	FRANCES		SNW2	351	Y	16
GARLER	TERESA		SNW2	351	N	16
GARLER	FRANK		SNW2	351	N	16
GARLER	HENRY		SNW2	351	N	16
GARLER	PHILOEMEN		SNW2	351	N	16

LASTNAME	FIRSTNAME	MI	LOCATION	PAGE	HEAD	HHOLD
GARLER	WILLIAM		SNW2	351	N	16
GARMAN	WILLIAM		SNAD	10	Y	161
GARMAN	CAROLINE		SNAD	10	N	161
GARMAN	WILLIAM		SNAD	10	N	161
GARMAN	GEORGE		SNAD	10	N	161
GARMAN	MARY		SNAD	10	N	161
GARMAN	SALOMA		SNAD	12	Y	195
GARMON	LEWIS	W	SNRE	227	Y	103
GARMON	HARRIET		SNRE	227	N	103
GARMON	HENRY		SNRE	227	N	103
GARN	MARY		SNLI	148	Y	101
GARN	MARY		SNLI	148	Y	101
GARNS	MARTHA		SNW1	329	Y	316
GARR	DALLAS		SNW1	330	Y	332
GARY	MICHAEL		SNCL	73	Y	66
GASE	MARCUS		SNBI	37	Y	233
GASE	LOUISA		SNBI	37	N	233
GASE	JOHN		SNBI	37	N	233
GASE	EMMA		SNBI	37	N	233
GASE	THERESA		SNBI	37	N	233
GASE	FRANK		SNBI	37	N	233
GASE	WILLIAM		SNBI	37	N	233
GASE	KATIE		SNBI	37	N	233
GASE	JOSEPH		SNBI	37	N	233
GASE	LANIE		SNBI	37	N	233
GASE	ALFRONA		SNBI	44	Y	316
GASE	PAUL		SNSN	267	Y	137
GASE	ANNA		SNSN	267	N	137
GASE	MARY		SNSN	267	N	137
GASE	ROSE		SNSN	267	N	137
GASE	MATTHEW		SNSN	268	Y	151
GASE	LOUISA		SNSN	268	N	151
GASE	FRANK		SNSN	268	N	151
GASE	JOHN		SNSN	268	Y	151
GASE	GEORGE		SNSN	268	Y	152
GASE	CATHERINE		SNSN	268	N	152
GASE	SHELLIE		SNSN	268	N	152
GASE	ELIZABETH		SNSN	268	N	152
GASE	JOSEPH		SNSN	268	N	152
GASE	MARIE		SNSN	268	N	152
GASSMAN	GEORGE		SNW1	338	Y	444
GASSNER	MARGARET		SNLI	152	Y	164
GASSNER	JOHN	W	SNLI	152	N	164
GASSNER	CHRISTINA		SNLI	152	N	164
GASSNER	SOPHIA		SNLI	152	N	164
GASSNER	MATILDA	M	SNLI	152	N	164
GASSNER	CHARLES	F	SNLI	152	N	164
GASSNER	AUGUSTUS		SNLI	152	N	164
GASSNER	EMMA	J	SNLI	152	N	164
GASSNER	GEARHART		SNLI	152	Y	164
GASSNER	ELIZABETH		SNLI	152	N	164
GASSNER	MARGARET		SNLI	152	Y	164
GASSNER	JOHN	W	SNLI	152	N	164
GASSNER	CHRISTINA		SNLI	152	N	164
GASSNER	SOPHIA		SNLI	152	N	164
GASSNER	MATILDA	M	SNLI	152	N	164
GASSNER	CHARLES	F	SNLI	152	N	164
GASSNER	AUGUSTUS		SNLI	152	N	164
GASSNER	EMMA	J	SNLI	152	N	164
GASSNER	GEARHART		SNLI	152	Y	164
GASSNER	ELIZABETH		SNLI	152	N	164
GATCHER?	HENRY		SNSC	244	Y	103
GATES	SCHYLER		SNVE	389	Y	133
GATES	SARAH		SNVE	389	N	133
GAUGER	BENJAMIN		SNSC	253	Y	254
GAY	CATHERINE		SNCL	87	Y	273
GEAHR	ANTHONY		SNBI	21	Y	12
GEAHR	ROSIE		SNBI	21	N	12
GEAHR	ELI		SNBI	39	Y	256
GEAHR	MARY		SNBI	39	N	256
GEAR	HARRIET		SNLO	197	Y	279
GEAR	DUANE		SNLO	197	N	279
GEARHART	LEWIS		SNLO	184	Y	60
GEARHART	MARY		SNLO	184	N	60
GEARHART	MARY	A	SNLO	184	N	60
GEARHART	HARRY		SNLO	184	N	60
GEARY	MARY		SNW1	339	Y	451

LASTNAME	FIRSTNAME	MI	LOCATION	PAGE	HEAD	HHOLD
GEARY	HANNAH		SNW2	371	Y	320
GEHRILS	PETER		SNED	91	Y	37
GEHRILS	ALVINA		SNED	91	N	37
GEHRILS	AMANDA		SNED	91	N	37
GEHRILS	JOHN		SNED	91	N	37
GEHRILS	CHARLES		SNED	91	N	37
GEHRILS	JACOB		SNED	91	N	37
GEHRILS	IDA		SNED	92	N	37
GEHRILS	GEORGE		SNED	92	N	37
GEHRILS	JAMES		SNED	92	N	37
GEIGER	HENRY		SNBL	51	Y	41
GEIGER	ELISABETH		SNBL	51	N	41
GEIGER	HENRY		SNBL	53	Y	73
GEIGER	CHRISTIANA		SNBL	53	N	73
GEIGER	HENRY		SNBL	53	N	73
GEIGER	MADDASON		SNBL	53	N	73
GEIGER	LAWRENCE		SNRE	236	Y	246
GEIGER	CATHARINE		SNRE	236	N	246
GEIGER	WILLIAM		SNVE	390	Y	155
GEIGER	MARIA		SNVE	390	N	155
GEMEL	EMMA		SNW2	371	Y	323
GENDTON	NICHOLAS		SNW1	315	Y	109
GENDTON	RACHELL		SNW1	315	N	109
GENDTON	ROSA		SNW1	315	N	109
GENDTON	JOHN		SNW1	315	N	109
GENDTON	MINNIE		SNW1	315	N	109
GENDTON	MARY		SNW1	315	N	109
GEORGE	FRANK		SNAD	3	Y	43
GEORGE	JACOB		SNW1	326	Y	274
GEORGE	ELIZABETH		SNW1	326	N	274
GEORGE	OLIVER		SNED	90	Y	25
GEORGE	SALINDA		SNED	90	N	25
GEORGE	CORA		SNED	90	N	25
GEORGE	OLIVER		SNED	90	N	25
GEORGE	IDA		SNED	90	N	25
GEOTZ	ALBERT		SNBL	67	Y	296
GEOTZ	ELISABETH		SNBL	67	N	296
GEOTZ	CHARLES	A	SNBL	67	N	296
GERBER	JACOB		SNTH	291	Y	152
GERBER	MAGDALENE		SNTH	291	N	152
GERBER	JACOB		SNTH	291	N	152
GERBER	MARY		SNTH	291	N	152
GERBER	JOHN		SNTH	291	N	152
GERBER	JOSEPH		SNTH	291	N	152
GERBER	PHILIP		SNTH	291	N	152
GERBER	MICHAEL		SNTH	291	N	152
GERBER	ELIZABETH		SNTH	291	N	152
GERBER	CLARA		SNTH	291	N	152
GERBER	ROSA		SNTH	291	N	152
GERBER	BARBARA		SNTH	291	N	152
GERBER	BARTLE		SNTH	298	Y	256
GERBER	LENA		SNTH	298	N	256
GERBER	JACOB		SNTH	298	N	256
GERBER	ELIZABETH		SNTH	298	N	256
GERBER	ANNA		SNTH	298	N	256
GERBER	MICHAEL		SNTH	298	N	256
GERBER	MARY		SNTH	298	N	256
GERBER	JOHN		SNTH	298	N	256
GERBER	AGATHA		SNTH	298	N	256
GERBER	MICHAEL		SNTH	302	Y	301
GERBER	MARGARET		SNTH	302	N	301
GERBER	JACOB		SNTH	302	N	301
GERBER	ALYOSIS		SNTH	302	N	301
GERBER	KATIE		SNTH	302	N	301
GERBER	LOUISA		SNTH	302	N	301
GERBER	PETER		SNTH	302	N	301
GERBER	JOHN		SNTH	302	N	301
GERBER	MARY		SNTH	302	N	301
GERBER	CHARLES		SNTH	302	N	301
GERBER	AGATHA		SNTH	302	N	301
GERBER	CECELIA		SNTH	302	N	301
GERBS ?	ELSIE		SNAD	9	Y	135
GERHART	CATHERINE		SNAD	3	Y	47
GERINGER	CHRISTENIA		SNBL	58	Y	153
GERMAN	DAVID		SNRE	222	Y	33
GERMAN	ADDIE		SNRE	222	N	33
GERMAN	ARCHIE		SNRE	222	N	33

LASTNAME	FIRSTNAME	MI	LOCATION	PAGE	HEAD	HHOLD
GERTHOOFER	ANTHONY		SNTH	294	Y	199
GERTHOOFER	ELIZABETH		SNTH	294	N	199
GETTINGER	ROBERT		SNCL	76	Y	118
GETTINGER	OLEVIA		SNCL	76	N	118
GETTINGER	WINFIELD		SNCL	79	Y	152
GETTROW	ADOLPH		SNW1	335	Y	407
GETZ	G.		SNW1	333	Y	381
GEYER	CHARLES		SNVE	390	Y	159
GEYER	IDA		SNVE	390	N	159
GEYER	LOUISA		SNVE	390	N	159
GEYER	CHARLES		SNVE	390	N	159
GEYER	SAMUEL		SNVE	390	N	159
GEYER	EMMA		SNVE	390	N	159
GEYER	FRANK		SNVE	390	N	159
GEYER	ROBERT		SNVE	390	N	159
GIBBINS	JOHN		SNAD	9	Y	136
GIBBINS	CLARA		SNAD	9	N	136
GIBBINS	WILLIAM		SNAD	11	Y	169
GIBBINS	JANE		SNAD	11	N	169
GIBBINS	EMMA		SNAD	11	N	169
GIBBONS	FRANKLIN		SNLO	195	Y	238
GIBBONS	EVA	J	SNLO	195	N	238
GIBBS	IDA	M	SNW2	362	Y	179
GIBEN	JOHN		SNJA	136	Y	157
GIBEN	ELINOR		SNJA	136	N	157
GIBEN	ALMIRA		SNJA	136	N	157
GIBEN	ALBERT	M.	SNJA	136	N	157
GIBSON	ROBERT		SNW1	329	Y	316
GIBSON	LAURA	S.	SNW1	329	N	316
GIBSON	DON	R.	SNW1	329	N	316
GIBSON	DELIA	H	SNW1	329	N	316
GIBSON	WILLIAM		SNW1	345	Y	532
GIBSON	MARTHA		SNW1	345	N	532
GIBSON	ELLA		SNW1	345	N	532
GIBSON	WILLIAM		SNW1	345	N	532
GIBSON	JENNIE		SNW1	345	N	532
GIBSON	A	E	SNW2	376	Y	388
GIBSON	CHARLES		SNW2	376	N	388
GIBSON	ANNA		SNW2	376	N	388
GIBSON	HENRY		SNVE	399	Y	297
GIBSON	ELISABETH		SNVE	399	N	297
GIDDINGER	DANIEL		SNCL	78	Y	140
GIDDINGER	JOHN		SNCL	78	N	140
GIDDINGS	FREDERICK		SNAD	13	Y	200
GIDDINGS	MARY		SNAD	13	N	200
GIDDINGS	FREDERICK		SNAD	13	N	200
GIDDINGS	ROSA		SNAD	13	N	200
GIDDINGS	MARY		SNAD	13	N	200
GIDDINGS	ALLIE		SNAD	13	N	200
GIFFORD	ISAAC		SNBL	50	Y	25
GIFFORD	MARY		SNBL	50	N	25
GIFFORD	EMMA	E	SNBL	50	N	25
GIFFORD	GEO.	W	SNBL	50	Y	26
GIFFORD	MARY	E	SNBL	50	N	26
GIFFORD	HARRIET		SNBL	67	Y	304
GIFFORD	RUTH	M	SNBL	67	N	304
GIFFORD	GENETTA		SNBL	67	N	304
GIFFORD	PHEBA	E	SNBL	67	N	304
GIFFORD	ANNIE	E	SNBL	67	N	304
GILBERT	FRANCIS		SNLI	158	Y	255
GILBERT	MALINDA		SNLI	158	N	255
GILBERT	IDA		SNLI	158	N	255
GILBERT	JOHN	W	SNLI	158	Y	265
GILBERT	ELIZABETH		SNLI	158	N	265
GILBERT	ELVA	D	SNLI	158	N	265
GILBERT	SAMUEL		SNW1	345	Y	526
GILBERT	RACHEAL		SNW1	345	N	526
GILBERT	HIRAM		SNED	96	Y	104
GILBERT	MARY		SNED	96	N	104
GILBERT	NORAH		SNED	96	N	104
GILBERT	WILLIAM		SNED	96	Y	104
GILBERT	ABBIE		SNED	96	N	104
GILBERT	ADALINE		SNED	96	N	104
GILBERT	FRANCIS		SNLI	158	Y	255
GILBERT	MALINDA		SNLI	158	N	255
GILBERT	IDA		SNLI	158	N	255
GILBERT	JOHN	W	SNLI	158	Y	265

LASTNAME	FIRSTNAME	MI	LOCATION	PAGE	HEAD	HHOLD
GILBERT	ELIZABETH		SNLI	158	N	265
GILBERT	ELVA	D	SNLI	158	N	265
GILDMASTER	JOHN,JR		SNTH	282	Y	15
GILDMASTER	HARRIET		SNTH	282	N	15
GILDMASTER	EMMA		SNTH	282	N	15
GILDMASTER	JOHN,SR		SNTH	282	Y	16
GILDMASTER	MARY		SNTH	282	N	16
GILFORD	CORA		SNED	91	Y	35
GILICH	JOSEPH		SNSN	260	Y	4
GILICH	MARY		SNSN	260	N	4
GILICH	PETER		SNSN	260	N	4
GILICH	ANNA		SNSN	260	N	4
GILICH	LEWIS		SNSN	260	N	4
GILICH	CALIE		SNSN	260	N	4
GILIJUM	ROB'T		SNBI	33	Y	168
GILIJUM	LUCY		SNBI	33	N	168
GILLETT	ELLEN		SNBL	67	Y	306
GILLI	JOHN		SNHO	124	Y	253
GILLI	BARBARA		SNHO	124	N	253
GILLI	FRANK		SNHO	124	N	253
GILLI	SANEY?		SNHO	124	N	253
GILLI	JOHN		SNHO	124	N	253
GILLI	MARY		SNHO	124	N	253
GILLI	ANNA		SNHO	124	N	253
GILLI	IDA		SNHO	124	N	253
GILLIALAND	JOHN		SNW1	347	Y	559
GILLIALAND	ANNA		SNW1	347	N	559
GILLIALAND	JOHN		SNW1	348	N	559
GILLIALAND	AUSTIN		SNW1	348	N	559
GILLIALAND	FRANCES		SNW1	347	N	559
GILLIALAND	CHARLES		SNW1	348	N	559
GILLIAM	CATHERINE		SNBI	33	Y	167
GILLIAM	HENRY		SNBI	33	N	167
GILLIAM	CATHERINE		SNBI	33	N	167
GILLIAM	ANDREW		SNBI	33	N	167
GILLIG	MARTIN		SNLO	172	Y	127
GILLIG	FRANCES		SNLO	172	N	127
GILLIG	PETER		SNLO	172	N	127
GILLIG	GEORGE		SNLO	172	N	127
GILLIUM	CHRISTENIA		SNBL	57	Y	140
GILLMAN	CHRISTIAN		SNVE	385	Y	75
GILLMAN	ROSA		SNVE	385	N	75
GILLMAN	GEORGE		SNVE	385	N	75
GILMORE	HARRIETT		SNCL	81	Y	186
GILMORE	HENRY		SNVE	392	Y	182
GILMORE	JAMES		SNVE	398	Y	293
GILMORE	ELISABETH		SNVE	398	N	293
GILMORE	EUGENE		SNVE	398	N	293
GILMORE	DAUGHAX		SNVE	398	N	293
GILMORE	HETTIE	B.	SNVE	398	N	293
GILSON	JERRY		SNLI	160	Y	305
GILSON	CATHARINE		SNLI	160	N	305
GILSON	ELLA	B	SNLI	160	N	305
GILSON	JAMES	A	SNLI	160	N	305
GILSON	NELLIE		SNLO	186	Y	89
GILSON	JERRY		SNLI	160	Y	305
GILSON	CATHARINE		SNLI	160	N	305
GILSON	ELLA	B	SNLI	160	N	305
GILSON	JAMES	A	SNLI	160	N	305
GINDING	MICHAEL		SNW1	318	Y	159
GINDING	BARBARA		SNW1	318	N	159
GINDING	MARGARET		SNW1	318	N	159
GINDING	JOHN		SNW1	318	N	159
GINDING	MARY		SNW1	318	N	159
GINDING	LEWIS		SNW1	318	N	159
GINDING	SILLA		SNW1	318	N	159
GINDING	TATONE		SNW1	318	N	159
GINGEL	MICHAEL		SNW1	328	Y	307
GINGEL	ELIZABETH		SNW1	328	N	307
GINGEL	FRANK		SNW1	328	N	307
GIRDER	LIZZIE		SNW1	315	Y	122
GIRTON ?	LUTHER		SNLO	198	Y	281
GISH	ELIZA		SNED	91	Y	35
GISTHAFFER	IGNATIUS		SNRE	236	Y	243
GISTHAFFER	MARY		SNRE	236	N	243
GISTHAFFER	GEORGE		SNRE	236	N	243
GISTHAFFER	JOHN		SNRE	236	N	243

LASTNAME	FIRSTNAME	MI	LOCATION	PAGE	HEAD	HHOLD
GISTHAFFER	MARY		SNRE	236	N	243
GISTHAFFER	CHARLES		SNRE	236	N	243
GISTHAFFER	FRANCES		SNRE	236	N	243
GISTHAFFER	JOSEPH		SNRE	236	N	243
GLACE	PETER		SNED	105	Y	245
GLACE	HENRY		SNED	105	N	245
GLACE	MARY		SNED	105	N	245
GLACE	WILLIAM		SNED	105	N	245
GLACE	SIMON		SNED	105	Y	246
GLACE	CATHARINE		SNED	105	N	246
GLACE	FRANK		SNED	105	N	246
GLACE	ISABELLA		SNED	105	N	246
GLACE	MATILDA		SNED	105	N	246
GLACE	JOSEPHINE		SNED	105	N	246
GLADE	JOHN		SNAD	12	Y	182
GLASS	MINNIE		SNW2	372	Y	327
GLASSNER	JOHN		SNTH	291	Y	149
GLASSNER	CATHERINE		SNTH	291	N	149
GLASSNER	MAGGIE		SNTH	291	N	149
GLASSNER	JOHN		SNTH	291	N	149
GLASSNER	AGATHA		SNTH	291	N	149
GLASSNER	TRACY		SNTH	291	N	149
GLASSNER	ANNA		SNTH	291	N	149
GLASSNER	ROSA		SNTH	291	N	149
GLASSNER	JOSEPH		SNTH	291	N	149
GLASSNER	WILLIAM		SNTH	296	Y	219
GLASSNER	MARY		SNTH	296	N	219
GLASSNER	BARBRA		SNTH	296	N	219
GLASSNER	JACOB		SNTH	296	N	219
GLASSNER	WILLIAM		SNTH	296	N	219
GLASSNER	LAURENCE		SNTH	296	N	219
GLASSNER	SOPHIAH		SNTH	296	N	219
GLASSNER	PHILOMEN		SNTH	296	N	219
GLEASON	ELLEN		SNW2	370	Y	305
GLEASON	JOHN		SNHO	121	Y	206
GLENN	JACOB		SNW2	354	Y	67
GLENN	CATHARINE		SNW2	354	N	67
GLENN	MARY		SNW2	354	N	67
GLENN	JACOB		SNW2	354	N	67
GLENN	ANNA		SNW2	354	N	67
GLENN	CAROLINE		SNW2	354	N	67
GLESSNER	CATHERINE		SNLO	183	Y	35
GLICK	ELLEN		SNW2	372	Y	326
GLICK	ALLAN		SNW2	372	N	326
GLICK	TAYLOR		SNW2	372	N	326
GLICK	ANNA		SNW2	372	N	326
GLICK	JENNIE		SNW2	372	N	326
GLICK	FARRES		SNW2	372	N	326
GLICK	SOLOMON		SNHO	118	Y	151
GLICK	SADEINCE?		SNHO	118	N	151
GLICK	ELIZ.		SNHO	118	N	151
GLICK	BENJ.		SNHO	118	N	151
GLICK	LOUIS		SNHO	118	N	151
GLICK	LEVI		SNHO	118	Y	152
GLICK	MARIA		SNHO	118	N	152
GLICK	WILLOUGHBY		SNHO	118	Y	153
GLICK	HENRIETTA		SNHO	118	N	153
GLICK	WILLOUGHBY		SNHO	124	Y	267
GLICK	HENRIETTA		SNHO	124	N	267
GLUCK	ERHARD		SNTH	288	Y	107
GLUCK	ROSINA		SNTH	288	Y	108
GLUCK	ADAM		SNHO	117	Y	149
GLUCK	ELLEN		SNHO	117	N	149
GLUCK	NELSON		SNHO	117	N	149
GODFREY	JOHN		SNSN	265	Y	104
GODFREY	JOSEPHINE		SNSN	265	N	104
GODFREY	ANNA		SNSN	265	N	104
GODFREY	ALETA		SNSN	265	N	104
GOLDSMITH	E.		SNBI	40	Y	270
GOLLOS	NICHOLAS		SNTH	288	Y	107
GOMER	JACOB		SNBL	61	Y	198
GOMER	CATHERINE		SNBL	61	N	198
GOMER	MARY	E	SNBL	61	N	198
GOMER	JOHN		SNVE	401	Y	338
GOOD	ABRAHAM		SNCL	72	Y	46
GOOD	DAVID		SNCL	72	N	46
GOOD	LYDIA		SNCL	72	N	46

LASTNAME	FIRSTNAME	MI	LOCATION	PAGE	HEAD	HHOLD
GOOD	SARAH		SNCL	72	N	46
GOOD	ELIZABETH		SNCL	72	N	46
GOOD	JOSEPH		SNLI	148	Y	96
GOOD	SARAH		SNLI	148	N	96
GOOD	HENRY		SNLI	148	N	96
GOOD	JOHN	F	SNLI	148	N	96
GOOD	ELLA		SNLI	148	N	96
GOOD	ELLEN		SNJA	138	Y	183
GOOD	NOAH		SNJA	138	Y	186
GOOD	MAHALA		SNJA	138	N	186
GOOD	SAMUEL	R.	SNJA	138	N	186
GOOD	JACOB		SNJA	139	Y	196
GOOD	MALINDA		SNJA	139	N	196
GOOD	SUSAN		SNJA	139	Y	198
GOOD	JACOB		SNJA	139	N	198
GOOD	MARY	E.	SNJA	139	N	198
GOOD	EMMA	J.	SNJA	139	N	198
GOOD	NOAH	E.	SNJA	139	N	198
GOOD	JOHN	S.	SNJA	139	N	198
GOOD	ISAAC		SNLO	177	Y	199
GOOD	RACHEL		SNLO	177	N	199
GOOD	SAMANTHA	A	SNLO	177	N	199
GOOD	FRANCIS		SNLO	177	N	199
GOOD	JOHN	C	SNLO	177	N	199
GOOD	JAMES	S	SNLO	177	N	199
GOOD	JESSIE	R	SNLO	177	N	199
GOOD	IDA	E	SNLO	177	N	199
GOOD	JOHN		SNLO	177	Y	200
GOOD	MARGARET		SNLO	177	N	200
GOOD	SAMUEL		SNLO	177	N	200
GOOD	MARGARET	A	SNLO	177	N	200
GOOD	ELI		SNLO	177	Y	201
GOOD	MARY	A	SNLO	177	N	201
GOOD	WILLIS	L	SNLO	177	N	201
GOOD	ORREN	V	SNLO	177	N	201
GOOD	ELI	E	SNLO	177	N	201
GOOD	JOHN	E	SNLO	177	Y	203
GOOD	JOHN	J	SNLO	177	Y	206
GOOD	ELLEN		SNLO	177	N	206
GOOD	JOHN	H	SNLO	177	N	206
GOOD	ELI	F	SNLO	177	N	206
GOOD	MALISSA	A	SNLO	177	N	206
GOOD	JACOB		SNW1	309	Y	27
GOOD	SARAH		SNW1	309	N	27
GOOD	MARY		SNW1	309	N	27
GOOD	LOUISA		SNW1	309	N	27
GOOD	RUBIN		SNW1	332	Y	354
GOOD	MARY	J	SNW1	332	N	354
GOOD	CHARLES		SNW1	332	N	354
GOOD	EDWARD		SNW1	332	N	354
GOOD	MARY	A	SNW1	332	N	354
GOOD	WILLIAM		SNW1	332	N	354
GOOD	ANNA		SNW1	332	N	354
GOOD	LILLIE		SNW1	332	N	354
GOOD	ANNA		SNW1	332	N	354
GOOD	JEREMIAH		SNW1	332	Y	355
GOOD	SUSAN	H	SNW1	332	N	355
GOOD	JOHN	C	SNW1	332	N	355
GOOD	EMANUEL		SNTH	292	Y	164
GOOD	CATHARINE		SNTH	292	N	164
GOOD	KATIE		SNTH	292	N	164
GOOD	JACOB		SNTH	292	N	164
GOOD	LUCY		SNTH	292	N	164
GOOD	MATILDA		SNTH	292	N	164
GOOD	WILLIAM		SNTH	292	N	164
GOOD	EMANUEL		SNTH	292	N	164
GOOD	GEORGE		SNTH	298	Y	244
GOOD	MARY		SNTH	298	N	244
GOOD	WILLIAM		SNTH	298	N	244
GOOD	MARY	ADA	SNTH	298	N	244
GOOD	AMANDA		SNTH	298	N	244
GOOD	FRANK		SNTH	298	N	244
GOOD	JEREMIAH		SNTH	298	N	244
GOOD	ISAAC		SNTH	298	N	244
GOOD	DAVID		SNTH	298	N	244
GOOD	EMORY		SNTH	298	N	244
GOOD	JOSEPH		SNLI	148	Y	96

LASTNAME	FIRSTNAME	MI	LOCATION	PAGE	HEAD	HHOLD
GOOD	SARAH		SNLI	148	N	96
GOOD	HENRY		SNLI	148	N	96
GOOD	JOHN	F	SNLI	148	N	96
GOOD	ELLA		SNLI	148	N	96
GOODARD	GEO.		SNHO	120	Y	199
GOODARD	LUISA		SNHO	120	N	199
GOODARD	GEORGE		SNHO	120	N	199
GOODARD	SUSAN		SNHO	120	N	199
GOODARD	JOHN		SNHO	120	N	199
GOODARD	PHILLIP		SNHO	120	N	199
GOODIN	JOSEPH		SNAD	3	Y	43
GOODIN	MARY		SNAD	3	N	43
GOODIN	ELVIRA		SNAD	3	N	43
GOODIN	HARRY		SNAD	3	N	43
GOODIN	EMMA		SNAD	3	N	43
GOODIN	ELWIER ?		SNAD	3	N	43
GOODING	AMELIA		SNAD	12	Y	187
GOODING	JOHN		SNAD	12	N	187
GOODMAN	ELIZA		SNED	105	Y	246
GOODMAN	DANIEL		SNED	107	Y	300
GOODMAN	MINERVA		SNED	107	N	300
GOODMAN	ANNA		SNED	107	N	300
GOODMAN	ALLEN		SNED	107	N	300
GOODSEL	DAVID		SNW1	328	Y	306
GOODSEL	EDNA		SNW1	328	N	306
GOODWIN	JANE		SNW2	373	Y	347
GOOLICK	MARY		SNW1	316	Y	135
GOOLICK	CATHERINE		SNW1	316	N	135
GOOLICK	JOSEPH		SNW1	316	N	135
GOOSE	JOSEPH		SNHO	116	Y	125
GOOSE	ELLEN		SNHO	116	N	125
GORDEN	KATIE		SNAD	13	Y	200
GORDON	GEORGE		SNVE	393	Y	208
GORDON	HENRY		SNSN	274	Y	242
GORSUCH	SUSAN		SNLO	198	N	284
GOSHE	MICHAEL		SNBI	23	Y	43
GOSHE	MARY		SNBI	24	N	43
GOSHE	NICHOLAS		SNBI	24	N	43
GOSHE	DOMINICK		SNBI	24	N	43
GOSHE	MARGARET		SNBI	24	N	43
GOSHE	KATIE		SNBI	24	N	43
GOSHE	MAGDALINA		SNBI	24	N	43
GOSHE	MARY		SNBI	24	N	43
GOSHE	CLARA		SNBI	25	Y	56
GOSHE	MARGARET		SNBI	25	N	56
GOSHE	NICHOLAS		SNBI	25	N	56
GOSHE	MARY		SNBI	25	N	56
GOSHE	JANE		SNBI	25	N	56
GOSHE	JOHN		SNBI	25	N	56
GOSHE	DOMINICK		SNBI	31	Y	148
GOSHE	LANIE		SNBI	31	N	148
GOSHE	CATHERINE		SNBI	31	N	148
GOSHE	PETER		SNBI	31	N	148
GOSHE	JOHN		SNBI	31	N	148
GOSHE	JOHN	B.	SNBI	31	N	148
GOSHE	ANDREW		SNBI	31	N	148
GOSHE	FRANCES		SNBI	31	N	148
GOSHE	MARY		SNBI	31	N	148
GOSHE	NICHOLAS		SNBI	31	N	148
GOSHE	NICHOLAS		SNBI	32	Y	164
GOSSERT	MATILDA		SNLO	173	Y	142
GOSSNER	DEWALT		SNW1	316	Y	132
GOSSNER	ELIZABETH		SNW1	316	N	132
GOSSNER	MARY		SNW1	316	N	132
GOSSNER	JOHN		SNW1	316	N	132
GOSSNER	ADAM		SNW1	316	N	132
GOSSNER	CHRISTINA		SNW1	316	N	132
GOULD	D	W	SNLO	181	Y	15
GOULD	LAURA		SNLO	181	N	15
GOUNVINI	WILLIAM		SNVE	394	Y	224
GOUNVINI	LEVINA		SNVE	394	N	224
GOUNVINI	WILLIAM		SNVE	394	N	224
GOUNVINI	DELILA		SNVE	394	N	224
GOUNVINI	ALFRED		SNVE	394	N	224
GOUNVINI	CHARLEY		SNVE	394	N	224
GOUNVINI	ALTON		SNVE	394	N	224
GRABBELDINGER	BABTIST		SNCL	87	Y	273

LASTNAME	FIRSTNAME	MI	LOCATION	PAGE	HEAD	HHOLD
GRABELDINGER	J		SNW1	318	Y	156
GRADY	HENRY		SNW2	373	Y	353
GRADY	TABORA		SNW2	373	N	353
GRADY	MICHAEL		SNW2	373	N	353
GRADY	BRIDGET		SNW2	373	N	353
GRADY	DEBORA		SNW2	373	N	353
GRAHAM	VIRGINIA		SNW1	327	Y	294
GRAHAM	ARTHUR		SNW1	327	N	294
GRAHAM	ALLIN		SNW1	327	N	294
GRAHAM	JOHN	J.	SNW1	344	Y	518
GRAHAM	VIRGINA		SNW1	344	N	518
GRAHAM	FRANK		SNW1	344	N	518
GRAHAM	ALBERT		SNW1	344	N	518
GRAMMES	ELIZABETH		SNW1	344	Y	519
GRAMMIS	PETER		SNW1	329	Y	313
GRAMMIS	ROSANA		SNW1	329	N	313
GRAMMIS	WILLIAM		SNW1	329	N	313
GRAMMIS	ELLEN		SNW1	329	N	313
GRAMMIS	HENRY		SNW1	329	N	313
GRAMMIS	JULIA		SNW1	329	N	313
GRAMMIS	ELIZABETH		SNW1	329	N	313
GRAPES	WILLIAM	H	SNLO	183	Y	46
GRAPES	HELLEN	M	SNLO	183	N	46
GRAPES	CLARA		SNLO	183	N	46
GRAPES	HARRY	H	SNLO	183	N	46
GRAPES	MATILDA		SNW1	311	Y	55
GRAPES	CATHERINE		SNW1	311	N	55
GRAPES	JENNIE		SNW1	311	N	55
GRAPES	LIZZIE		SNW1	311	N	55
GRAPPENDINGER	M		SNW2	364	Y	203
GRASS	MARY		SNW1	318	Y	158
GRASS	JOSEPH		SNW1	318	N	158
GRASS	WILLIAM		SNW1	318	N	158
GRASS	MARY		SNW1	318	N	158
GRASS	LIZZIE		SNW1	318	N	158
GRASS	MILLIE		SNW1	346	Y	545
GRAURE	FRANCIS		SNBI	25	Y	59
GRAVES	LEWIS	C	SNPL	213	Y	153
GRAVES	MALISSA		SNPL	213	N	153
GRAVES	CLARISSA		SNPL	213	N	153
GRAY	JOHN		SNW1	338	Y	443
GRAY	JAMES		SNED	104	Y	235
GRAY	ELIZABETH		SNED	104	N	235
GRAY	HENRY		SNED	104	Y	235
GRAY	CATHARINE		SNED	104	N	235
GRAY	FANNIE		SNED	104	N	235
GRAY	JANE		SNED	104	N	235
GRAY	FANNIE		SNSC	247	Y	157
GRAY	HEIRAM		SNHO	116	Y	134
GRAY	SARAH		SNHO	116	N	134
GRAY	ROBERT		SNBL	57	Y	142
GRAY	NANCY		SNBL	57	N	142
GRAY	ROBERT	J	SNBL	57	N	142
GRAY	ISAAC		SNBL	57	N	142
GRAY	NANCY	J	SNBL	57	N	142
GRAY	SARAH	A	SNBL	57	N	142
GRAY	JAMES		SNBL	57	N	142
GRAY	HENRY		SNRE	228	Y	123
GRAY	MARTHA	J	SNRE	228	N	123
GRAY	WILLIAM	B	SNRE	228	N	123
GRAY	FRANK		SNRE	228	N	123
GRAY	FRANKLIN		SNVE	394	Y	222
GRAY	ELIZA		SNVE	394	N	222
GRAY	MARTHA		SNVE	394	N	222
GRAY	TAYLER		SNVE	394	N	222
GRAY	FREDRICK		SNVE	394	N	222
GRAY	FRANCES		SNVE	394	N	222
GRAY	ROSA		SNVE	394	N	222
GRAY	JOHN		SNHO	117	N	134
GREEN	THOMAS	C	SNLO	164	Y	21
GREEN	RACHEL		SNLO	164	N	21
GREEN	EMMANUEL		SNLO	164	N	21
GREEN	JANE		SNLO	164	N	21
GREEN	ANGALINE		SNLO	164	N	21
GREEN	MARY	E	SNLO	164	N	21
GREEN	SAMUEL	O	SNLO	164	N	21
GREEN	CHARLES	M	SNLO	164	N	21

LASTNAME	FIRSTNAME	MI	LOCATION	PAGE	HEAD	HHOLD
GREEN	HENRY	C	SNLO	164	N	21
GREEN	MACK	C	SNLO	164	N	21
GREEN	JAMES		SNLO	164	N	21
GREEN	THOMAS	S	SNLO	185	Y	75
GREEN	MARY	E	SNLO	185	N	75
GREEN	WILLIAM		SNLO	185	N	75
GREEN	CHARLES		SNLO	185	N	75
GREEN	MARTIN		SNLO	185	Y	75
GREEN	MARGARET		SNLO	185	N	75
GREEN	GEORGE		SNLO	198	Y	281
GREEN	MARY		SNW1	339	Y	455
GREEN	JOHN		SNW2	361	Y	166
GREEN	EVAN		SNED	90	Y	21
GREEN	MARY		SNPL	211	Y	122
GREEN	OWEN		SNSC	253	Y	244
GREEN	JANE		SNSC	257	Y	313
GREEN	THOMAS		SNHO	115	Y	103
GREEN	ELVIRA		SNHO	115	N	103
GREEN	ANGELINE		SNHO	115	N	103
GREEN	MATILDA		SNHO	115	N	103
GREEN	MARTIN		SNHO	115	N	103
GREEN	VALENTINE		SNHO	115	Y	105
GREEN	HELLEN		SNHO	115	N	105
GREEN	ISAAC		SNHO	115	N	105
GREEN	LAURI		SNHO	115	N	105
GREEN	MARTIN		SNHO	115	N	105
GREEN	VALENTINE		SNHO	115	N	105
GREEN	IDA		SNHO	115	N	105
GREEN	WILLIAM		SNHO	115	Y	107
GREEN	JANE		SNHO	115	N	107
GREEN	CHARLES		SNHO	115	N	107
GREEN	VINCENT		SNHO	115	N	107
GREEN	TIMOTHY		SNRE	222	Y	35
GREEN	AMMEY		SNRE	222	N	35
GREEN	MARY	ANN	SNRE	222	N	35
GREEN	ORRIN		SNRE	222	N	35
GREEN	ARVILA		SNRE	222	N	35
GREEN	TIMOTHY		SNRE	222	N	35
GREEN	HETTIE		SNRE	222	N	35
GREEN	WILLIAM		SNRE	223	Y	38
GREEN	MARY	E	SNRE	223	N	38
GREEN	CELESTIA	A	SNRE	223	N	38
GREEN	LAURA		SNRE	223	N	38
GREEN	LEWIS	C	SNRE	224	Y	57
GREEN	JANE		SNRE	224	N	57
GREEN	AMENA		SNRE	224	Y	57
GREEN	JOHN	C	SNVE	398	Y	278
GREEN	SARAH		SNVE	398	N	278
GREEN	FRANKLIN		SNVE	398	N	278
GREENE	WILLIAM	L	SNRE	225	Y	77
GREENE	PERSCILLA		SNRE	225	N	77
GREENE	GILABEE	W	SNRE	225	N	77
GREENE	LEWIS	G	SNRE	225	N	77
GREENE	SYMATHIA		SNRE	225	N	77
GREENE	JOHN	W	SNRE	225	N	77
GREENFIELD	SAVINA		SNSN	272	Y	218
GREENJOHN	G		SNLO	186	Y	93
GREENJOHN	ELLEN	M	SNLO	186	N	93
GREENJOHN	FRANK		SNLO	186	N	93
GREENJOHN	NELLIE		SNLO	186	N	93
GREGG	MAHALA		SNBL	50	Y	27
GREILICH	JOSEPH		SNTH	288	Y	111
GREILICH	SOPHIAH		SNTH	288	N	111
GREILICH	WILLIAM		SNTH	288	N	111
GREILICH	JOSEPH		SNTH	288	N	111
GREILICH	LEWIS		SNTH	288	N	111
GREILICH	MARY		SNTH	294	Y	204
GREILICH	SUSAN		SNTH	294	N	204
GREILICH	ROGERT?		SNTH	294	N	204
GREILICH	PETER		SNTH	294	N	204
GREILICH	JOSEPHINE		SNTH	294	N	204
GREILICH	JACOB		SNTH	294	N	204
GRELLE	SAMUEL		SNED	96	Y	108
GRELLE	ELLEN		SNED	96	N	108
GRELLE	GEORGE		SNED	96	Y	108
GRELLE	PHILLIP		SNED	96	Y	108
GRELLE	MARY		SNED	96	N	108

LASTNAME	FIRSTNAME	MI	LOCATION	PAGE	HEAD	HHOLD
GRENDER	THOMAS		SNW1	319	Y	174
GRENDER	ELIZA		SNW1	319	N	174
GRENDER	LILIAN		SNW1	319	N	174
GRENDER	ROBERT		SNW1	319	N	174
GREY	GEORGE		SNAD	15	Y	251
GREY	NANCY		SNAD	15	N	251
GREY	MORSILEIS ?		SNAD	15	N	251
GREY	HARVEY		SNAD	15	N	251
GREY	WESLEY		SNTH	283	Y	33
GREYBACK	PHILIP		SNAD	2	Y	33
GREYBACK	ELISABETH		SNAD	4	Y	59
GREYBACK	KATIE		SNAD	4	N	59
GREYBACK	GEORGE		SNAD	4	N	59
GREYBACK	PHILLIP		SNAD	4	N	59
GREYBACK	WILLIAM		SNAD	4	N	59
GREYBACK	CHARLES		SNAD	4	N	59
GREYBACK	HARRIET		SNAD	5	N	78
GREYBACK	GEORGE		SNSC	240	Y	37
GRICE	DAVID		SNED	94	Y	69
GRIDDIER	ROSA		SNBI	40	Y	270
GRIFFEN	JOHN		SNW1	318	Y	153
GRIFFEN	AGNES		SNW1	318	N	153
GRIFFEN	ELIZA		SNW1	318	N	153
GRIFFEN	ALFRED		SNW1	318	N	153
GRIFFEN	CLARA		SNW1	318	N	153
GRIFFEN	LIZZIE		SNW1	338	Y	441
GRIFFETH	ROBERT		SNW1	338	Y	446
GRIFFETH	HELLEN		SNW1	338	N	446
GRIFFETH	NANCY		SNW2	367	Y	258
GRIFFETH	PETER		SNED	104	Y	244
GRIFFIN	EDWARD		SNAD	17	Y	286
GRIFFIN	CELINA		SNAD	17	N	286
GRIFFIN	MARY		SNAD	17	N	286
GRIFFIN	MARY		SNAD	17	Y	291
GRIFFIN	MICHAEL		SNW1	346	Y	545
GRIFFIN	SAMUEL		SNW2	361	Y	169
GRIFFIN	LIZZIE		SNW2	361	N	169
GRIFFIN	JAMES	E	SNW2	361	N	169
GRIFFIN	LIZZIE		SNW2	361	N	169
GRIFFIN	CORA		SNW2	361	N	169
GRIFFIN	MARTHA		SNW2	361	N	169
GRIFFIN	JAMES		SNSC	241	Y	57
GRIFFIN	SUSAN		SNSC	241	N	57
GRIFFIN	GEORGE		SNSC	258	Y	332
GRIFFIN	ANNA		SNSC	258	N	332
GRIFFIN	HELLEN		SNSC	258	N	332
GRIFFIN	ADDA		SNSC	258	N	332
GRIFFIN	PHILIP		SNSC	258	Y	333
GRIFFIN	EMELINE		SNSC	258	N	333
GRIFFIN	ANNA		SNSC	258	N	333
GRIFFIN	ALTON		SNSC	258	N	333
GRIFFIN	SALINA		SNSC	258	N	333
GRIFFIN	NELLIE		SNSC	258	N	333
GRIFFIN	CLINTON		SNSC	258	N	333
GRIFFIN	LAURA	A	SNBL	49	Y	17
GRIFFIN	JOHN	P	SNBL	63	Y	234
GRIFFIN	CLARISSA		SNBL	63	N	234
GRIFFIN	SHELDON		SNBL	63	N	234
GRIFFIN	EMMA	J	SNBL	63	N	234
GRIFFITH	FRANK		SNJA	138	Y	194
GRIFFITH	MARY	M.	SNJA	138	N	194
GRIFFITH	ARVILLA		SNJA	138	N	194
GRIFFITH	MARTHA	S.	SNJA	138	N	194
GRIFFITH	JOHN	W	SNLO	195	Y	237
GRIFFITH	MARY	E	SNLO	195	N	237
GRIFFITH	MARY	A	SNLO	195	N	237
GRIFFITH	ELIZA		SNLO	195	N	237
GRIFFITH	ROBERT		SNLO	195	N	237
GRIFFITH	ANN		SNLO	195	N	237
GRIFFITH	JOHN		SNLO	195	N	237
GRIFFITH	ROSA		SNLO	195	N	237
GRIFFITH	JOSEPH	W	SNLO	195	Y	243
GRIFFITH	ANN	M	SNLO	195	N	243
GRIFFITH	RUTH	M	SNRE	223	Y	49
GRIM	ELIZA		SNCL	71	Y	39
GRIMES	ELIAS	H	SNLI	143	Y	21
GRIMES	MARGARET		SNLI	143	N	21

LASTNAME	FIRSTNAME	MI	LOCATION	PAGE	HEAD	HHOLD
GRIMES	JAMES		SNLI	143	N	21
GRIMES	ELLEN		SNLI	143	N	21
GRIMES	DAVID		SNLI	143	N	21
GRIMES	CHARLES		SNLI	143	N	21
GRIMES	JOSEPH		SNLI	143	N	21
GRIMES	SAMUEL	G	SNLI	143	N	21
GRIMES	JOSEPH		SNLI	143	Y	22
GRIMES	MATILDA		SNLI	143	N	22
GRIMES	JAMES		SNLI	144	Y	33
GRIMES	NATHAN		SNW1	326	Y	278
GRIMES	MARY		SNW1	326	N	278
GRIMES	RUTH	A	SNW1	327	Y	288
GRIMES	EMALINE		SNW1	327	Y	288
GRIMES	GEORGE		SNSC	253	Y	252
GRIMES	BARBRA		SNSC	253	N	252
GRIMES	MARY		SNSC	253	N	252
GRIMES	JOHN		SNSC	253	N	252
GRIMES	HENRY		SNSC	253	N	252
GRIMES	JACOB		SNSC	253	N	252
GRIMES	CELIA		SNSC	253	N	252
GRIMES	MARGARET		SNSC	253	N	252
GRIMES	ELIAS	H	SNLI	143	Y	21
GRIMES	MARGARET		SNLI	143	N	21
GRIMES	JAMES		SNLI	143	N	21
GRIMES	ELLEN		SNLI	143	N	21
GRIMES	DAVID		SNLI	143	N	21
GRIMES	CHARLES		SNLI	143	N	21
GRIMES	JOSEPH		SNLI	143	N	21
GRIMES	SAMUEL	G	SNLI	143	N	21
GRIMES	JOSEPH		SNLI	143	Y	22
GRIMES	MATILDA		SNLI	143	N	22
GRIMES	JAMES		SNLI	144	Y	33
GRIMES	ELIZABETH		SNVE	386	Y	96
GRIMES	CHRISTIAN		SNVE	386	N	96
GRIMES	MARY	H.	SNVE	386	N	96
GRIMES	GEORGE	J.	SNVE	386	N	96
GRIMES	ELMER	L.	SNVE	386	N	96
GRIMES	JOSEPH		SNVE	399	Y	305
GRIMES	MARY		SNVE	399	N	305
GRIMES?	CATHARINE		SNTH	295	Y	189
GRIMES?	MARY		SNTH	295	N	189
GRINE	JOHN		SNBI	32	Y	159
GRINE	EMMA		SNBI	32	N	158
GRINE	JOHN		SNBI	32	N	159
GRINE	JOSEPH		SNBI	32	N	159
GRINE	MARGARET		SNBI	32	N	159
GRINE	ADAM		SNBI	32	N	159
GRINE	ANNA		SNBI	32	N	159
GRINE	NICHOLAS		SNBI	32	N	159
GRINE	GEORGE		SNBI	32	N	159
GRINE	THOMAS		SNBI	32	N	159
GRINE	HENRY		SNBI	32	N	159
GRINE	HENRY		SNBI	35	Y	208
GRINE	BARBARA		SNBI	35	N	208
GRINE	MARY		SNBI	35	N	208
GRINE	CATHERINE		SNBI	35	N	208
GRINE	PETER		SNBI	35	N	208
GRINE	FRANK		SNBI	35	N	208
GRINE	JOHN		SNBI	35	N	208
GRINE	CAROLINE		SNW1	341	Y	481
GRINE	IRA		SNRE	225	Y	83
GRINE	HARRIETT	R	SNRE	225	N	83
GRINE	WILLIAM	E	SNRE	225	N	83
GRINE	CHARLES	S	SNRE	225	N	83
GRISWOLD	GEORGE		SNSC	243	Y	91
GRISWOLD	BORTON?		SNSC	243	N	91
GROESBECK	BENJ.		SNBL	62	Y	221
GROESBECK	DANIEL		SNBL	63	Y	230
GROFF	HESEKIAH		SNW1	Y37	Y	427
GROFF	JULIA		SNW1	337	N	427
GROFF	SILAS	W	SNW1	337	N	427
GROFF	EDWIN		SNW1	337	N	427
GROFF	ANDREW		SNW1	337	N	427
GROFF	LAURA		SNW1	337	N	427
GROSS	LIZZIE		SNCL	81	Y	196
GROSS	GEORGE		SNLO	181	Y	10
GROSS	SUSAN		SNLO	181	N	10

LASTNAME	FIRSTNAME	MI	LOCATION	PAGE	HEAD	HHOLD
GROSS	GEORGE		SNLO	181	N	10
GROSS	MARY		SNLO	181	N	10
GROSS	JOHN		SNLO	181	N	10
GROSS	FRANK		SNLO	181	N	10
GROSS	FREDDIE		SNLO	181	N	10
GROSS	HENRY		SNW1	329	Y	310
GROSS	CATHERINE		SNW1	329	N	310
GROSS	WILLIAM		SNW1	329	N	310
GROSS	JOHN	G.	SNW1	348	Y	566
GROSS	ELIZABETH		SNW1	348	N	566
GROSS	EVA		SNW1	348	N	566
GROSS	CORINE		SNW1	348	N	566
GROSS	EUGENIY		SNW1	348	N	566
GROSS	HENRY		SNW2	374	Y	360
GROSS	ELIZABETH		SNW2	374	N	360
GROSS	MARY		SNW2	374	N	360
GROSS	EDGAR		SNW2	374	N	360
GROSS	ELLA		SNW2	374	N	360
GROSS	HARRY		SNW2	374	N	360
GROSS	GEORGE		SNW2	374	N	360
GROSS	LELLA		SNW2	374	N	360
GROSS	MARTHA		SNW2	374	N	360
GROSS	JOHN		SNW2	378	Y	419
GROSS	SAMUEL		SNBL	59	Y	168
GROSS	ANN		SNBL	59	N	168
GROSS	MARTHA	A	SNBL	59	N	168
GROSS	AMELIA		SNBL	59	N	168
GROSSCUP	SAMUEL		SNCL	82	Y	210
GROSSCUP	JULIAN		SNCL	82	N	210
GROSSCUP	MARIAH		SNCL	82	N	210
GROSSCUP	SAMUEL		SNCL	82	N	210
GROSSCUP	ELIZABETH		SNCL	82	N	210
GROSSCUP	WILLIAM		SNCL	82	N	210
GROSSCUP	SALLY		SNCL	83	N	210
GROSSCUP	REBECCA		SNCL	83	N	210
GROSSCUP	FIANNA		SNCL	83	N	210
GROSSCUP	DAVID		SNSC	249	Y	192
GROSSCUP	SARAH		SNSC	249	N	192
GROSSCUP	CHARLES		SNSC	249	N	192
GROSSCUP	JAMES		SNSC	249	N	192
GROSSCUP	MARY		SNSC	249	N	192
GROSSCUP	WILLIAM		SNSC	249	N	192
GROSSCUP	JAMES		SNSC	249	N	192
GROSWOLD	SARAH		SNSC	243	N	91
GROVE	GEORGE		SNBI	84	Y	83
GROVE	CATHERINE		SNBI	26	N	83
GROVE	FRANKLIN		SNLI	145	Y	56
GROVE	MILTON		SNJA	139	Y	202
GROVE	CATHERINE		SNJA	140	Y	213
GROVE	ARIE	E.	SNJA	140	N	213
GROVE	MARY	E.	SNJA	140	N	213
GROVE	GEORGE		SNJA	141	Y	233
GROVE	CATHERINE		SNJA	141	N	233
GROVE	JAMES		SNPL	216	Y	201
GROVE	MAHALA		SNPL	216	N	201
GROVE	STEPHEN		SNPL	216	Y	209
GROVE	ESTA	A	SNPL	216	N	209
GROVE	STEPHEN,JR		SNPL	216	N	209
GROVE	WILLIAM		SNPL	217	Y	218
GROVE	MARTHA		SNPL	217	N	218
GROVE	LAURA		SNPL	217	N	218
GROVE	EMMA		SNPL	217	N	218
GROVE	FRANKLIN		SNLI	145	Y	56
GROVER	JOHN		SNJA	138	Y	182
GROVER	MALINDA		SNJA	138	N	182
GROVER	JOHN	F.	SNJA	138	N	182
GROVER	ELIZABETH	J.	SNJA	138	N	182
GROVER	LEWELLAN	M.	SNJA	138	N	182
GROVER	JESSIE	F.	SNJA	138	N	182
GROVER	CAROLINE	M.	SNJA	138	N	182
GROVER	JOHN		SNPL	210	Y	118
GROVER	MARGARET		SNSC	245	Y	126
GROVER	DANIEL		SNSC	245	Y	127
GROVER	ADDA		SNSC	245	N	127
GROVER	JACOB		SNSC	245	N	127
GROVER	SAMPSON		SNVE	399	Y	296
GROVER	MABELL		SNVE	399	N	296

LASTNAME	FIRSTNAME	MI	LOCATION	PAGE	HEAD	HHOLD
GROVER	DELLA		SNVE	399	N	296
GROVER	CHARLEY		SNVE	399	N	296
GROVER	JOHN		SNVE	399	N	296
GROVER	NELLIE		SNVE	399	N	296
GROWL	JACOB		SNAD	17	Y	279
GROWL	ANNA		SNAD	17	N	279
GROWL	MARY		SNAD	17	N	279
GROWL	EMMA		SNAD	17	N	279
GROWL	JANE		SNAD	17	N	279
GROWL	LAURA		SNAD	17	N	279
GROWL	SAMUEL		SNAD	17	N	279
GROWL	JEREMIAH		SNAD	17	N	279
GROWL	CHARLES		SNAD	17	N	279
GRUBB	LOUIS		SNLO	163	Y	5
GRUBB	ELISABETH		SNLO	163	N	5
GRUBB	LEWIS		SNLO	163	N	5
GRUBB	ELISABETH		SNLO	163	N	5
GRUBB	JOHN		SNLO	163	N	5
GRUBB	MARGARET		SNLO	163	N	5
GRUBB	ROSA		SNLO	163	N	5
GRUBB	ANNA		SNLO	163	N	5
GRUBLE	MARY		SNW2	362	Y	179
GRUMMEL	FRED		SNW1	329	Y	318
GRUMMEL	CAROLINE		SNW1	329	N	318
GRUMMEL	CAROLINE		SNW1	329	N	318
GRUMMEL	FRED		SNW1	329	N	318
GRUMMEL	WILLIAM		SNW1	329	N	318
GRUMMEL	MINNIE		SNW1	329	N	318
GRUMMEL	SUSANA		SNW1	329	N	318
GRUMMEL	BRUNO		SNW1	329	N	318
GRUMMEL	SUSAN		SNW1	330	Y	324
GRUMMEL	P		SNW2	353	Y	54
GRUMMEL	ELIZABETH		SNW2	353	N	54
GRUMMEL	FRED		SNW2	353	N	54
GRUMMEL	CHARLES		SNW2	353	N	54
GRUMMEL	PHILLIP		SNW2	353	N	54
GRUMMEL	HENRY		SNW2	353	N	54
GRUMMEL	MARY		SNW2	353	N	54
GRUMMEL	FLORA		SNW2	353	N	54
GRUMMEL	FRED		SNW2	361	Y	168
GRUMMEL	MARY		SNW2	361	N	168
GRUMMEL	LIZZIE		SNW2	361	N	168
GRUMMEL	HENRY		SNW2	365	Y	229
GRUMMEL	BARBARA		SNW2	365	N	229
GRUMMEL	CHARLES		SNW2	365	N	229
GRUMMEL	PHILLIP		SNW2	365	N	229
GRUSE	MARGARET		SNW2	378	Y	411
GRUSS	JOSEPH		SNBI	43	Y	311
GRUSS	MARY		SNBI	43	N	311
GRUSS	CATHERINE		SNBI	43	N	311
GRUSS	ELIZABETH		SNBI	43	N	311
GRUSS	MARY		SNBI	43	N	311
GRUSS	MARGARET		SNBI	43	N	311
GRUSS	LIZZIE		SNBI	43	N	311
GUESNER	EVE		SNLO	184	Y	48
GUINER	CASPER		SNLO	184	Y	57
GUINER	LUCY		SNLO	184	N	57
GUINER	JESSIE		SNLO	184	N	57
GUISBERT	AMANDA		SNAD	2	Y	27
GUISBERT	ROSALINE		SNAD	2	N	27
GUISBERT	JOHN		SNAD	8	Y	115
GUISBERT	ELISABETH		SNAD	8	N	115
GUISBERT	ANDREW		SNAD	8	N	115
GUISBERT	LILLIAN		SNAD	8	N	115
GUISBERT	EDGAR		SNAD	8	N	115
GUISBERT	WELBERN		SNAD	8	N	115
GUISBERT	ELISABETH		SNAD	8	N	115
GUISBERT	EMMA		SNAD	8	N	115
GUIVEN	AUGUSTUS		SNVE	400	Y	315
GULFER	MARY		SNHO	109	Y	3
GULICH	IRA		SNBL	59	Y	166
GULICH	SARAH		SNBL	59	N	166
GULICH	JAMES		SNBL	59	Y	166
GULICH	CATHERINE		SNBL	59	N	166
GULICH	GEORGE	D	SNBL	59	N	166
GULICH	SARAH	F	SNBL	59	N	166
GULICH	WILLIAM		SNBL	59	N	166

LASTNAME	FIRSTNAME	MI	LOCATION	PAGE	HEAD	HHOLD
GULICK	WILLIAM		SNED	95	Y	88
GULICK	DARRIAH		SNED	95	N	88
GULICK	CHARLES		SNED	95	N	88
GULICK	HATTIE		SNED	95	N	88
GULICK	IRA		SNED	95	N	88
GUNTER	PETER		SNBI	25	Y	62
GUNTER	MARY		SNBI	25	N	62
GUNTER	NICHOLAS		SNBI	25	N	62
GUNTER	PETER		SNBI	25	N	62
GUNTER	JOHN		SNBI	25	N	62
GUNTER	BARBARA		SNBI	25	N	62
GUNTER	NICK		SNBI	25	N	62
GUNTER	MARY		SNBI	25	N	62
GUPRY?	J		SNPL	213	Y	152
GUST	FRED		SNLO	181	Y	14
GUST	ROMANIN		SNLO	199	Y	312
GUST	MARY	E	SNLO	199	N	312
GUST	DELLIE	E	SNLO	199	N	312
GUTCHES	JAMES		SNCL	74	Y	88
GUTCHES	PERMELIA		SNCL	74	N	88
GUTCHES	JOHN		SNCL	74	N	88
GUTCHES	GEORGE		SNCL	74	N	88
GUTCHES	EVEN		SNCL	74	N	88
GUTCHES	HUGH		SNAD	15	Y	250
GUTCHES	JULIA		SNAD	15	N	250
GUTCHES	SALLIE		SNAD	15	N	250
GUTCHES	NELLIE		SNAD	15	N	250
GWINNER	FREDERICK		SNJA	139	Y	203
GWINNER	MARY		SNJA	139	N	203
GWINNER	ELLEN		SNJA	139	N	203
GWINNER	WILLIAM		SNJA	139	N	203
GWINNER	ANN		SNJA	139	N	203
GWINNER	ADAM		SNLO	174	Y	155
GWINNER	HANNA		SNLO	174	N	155
GWINNER	PHILLIP		SNLO	174	N	155
GWINNER	FRANKLIN		SNLO	174	N	155
GWINNER	MARY	E	SNLO	174	N	155
GWINNER	ESTER		SNLO	174	N	155
GWINNER	EMMA		SNLO	174	N	155
GWINNER	MARY	E	SNLO	174	Y	156
GWYNN	EDWARD		SNCL	78	Y	150
GWYNN	ISABELLA		SNCL	79	N	150
GWYNN	EDWARD	C.	SNCL	79	N	150
GWYNN	MARY		SNCL	79	N	150
GWYNN	VIOLET		SNCL	79	N	150
GWYNN	JOHN		SNW1	326	Y	275
GWYNN	JANE		SNW1	326	N	275
GWYNN	JOHN	W	SNW1	326	N	275
GWYNN	SARAH	M	SNW1	326	N	275
GWYNN	ALFRED		SNW1	326	N	275
GWYNN	JOSEPH		SNW1	326	N	275
GWYNN	MARTHA		SNW1	326	N	275
GWYNN	MILEY		SNW1	326	N	275
GWYNN	AMELIA		SNW1	326	N	275
GWYNN	EDWARD		SNW1	326	N	275
GWYNN	LOUISA		SNW1	326	N	275
HAAS	JOHN		SNW1	325	Y	261
HAAS	MARY		SNW1	325	N	261
HAAS	ELLEN		SNW1	325	N	261
HAAS	EMMA		SNW1	325	N	261
HAAS	ALLICE		SNW1	325	N	261
HAAS	WILLIAM		SNW2	367	Y	255
HAAS	MARGARET		SNW2	367	N	255
HAAS	FREDERICK		SNW2	367	N	255
HAAS	JOHN		SNPL	208	Y	78
HAAS	GEORGE		SNPL	208	N	78
HADE	JACOB		SNPL	214	Y	178
HADE	FREDERICK		SNPL	214	Y	178
HADE	ANNA	M	SNPL	214	N	178
HADE	FRANK		SNPL	214	N	178
HADE	JACOB		SNPL	214	N	178
HADE	WILLIAM		SNPL	214	N	178
HADE	DALLAS		SNPL	214	N	178
HADLE	PETER		SNSC	247	Y	147
HADLE	MARY		SNSC	247	N	147
HADLE	ELVIN		SNSC	247	N	147
HADLE	DELORA		SNSC	247	N	147

LASTNAME	FIRSTNAME	MI	LOCATION	PAGE	HEAD	HHOLD
HADLE	LELIE		SNSC	247	N	147
HAFER	LIDIA		SNTH	293	Y	187
HAFFNER	ELIZA		SNBI	40	Y	270
HAFLING	MICHAEL		SNLI	160	Y	301
HAFLING	CATHARINE		SNLI	160	N	301
HAFLING	FRANCIS	B	SNLI	160	N	301
HAFLING	MICHAEL		SNLI	160	Y	301
HAFLING	CATHARINE		SNLI	160	N	301
HAFLING	FRANCIS	B	SNLI	160	N	301
HAGER	CHRISTIAN		SNBL	52	Y	62
HAGER	MARY		SNBL	52	N	62
HAHN	ANDREW		SNBI	42	Y	284
HAHN	ELIZ		SNBI	42	N	284
HAHN	MARY		SNBI	42	N	284
HAHN	JOSEPH		SNBI	42	N	284
HAHN	CATHERINE		SNBI	42	N	284
HAHN	ELIZ		SNBI	42	N	284
HAHN	ELIZA		SNBI	42	N	284
HAHN	THERESA		SNBI	42	N	284
HAHN	PHILIP		SNBI	42	N	284
HAHN	MARTIN		SNLO	168	Y	82
HAHN	ELIZABETH		SNLO	168	N	82
HAHN	JACOB		SNLO	168	Y	85
HAHN	MARY		SNLO	168	N	85
HAHN	JOHN		SNLO	199	Y	300
HAHN	ELIZABETH	A	SNLO	199	N	300
HAHN	CORA	B	SNLO	199	N	300
HAHN	JEREMIAH		SNSN	266	Y	118
HAINES	LEWIS		SNCL	76	Y	110
HAINES	MARY	E.	SNCL	76	N	110
HAINES	ORPHA		SNCL	76	Y	114
HAINES	JOHNATHAN		SNBI	39	Y	258
HAINES	RACHEL		SNBI	39	N	258
HAINES	CLARA		SNBI	39	N	258
HAINES	ANNA		SNBI	39	N	258
HAINES	STELLA		SNBI	39	N	258
HAINES	FRANK		SNBI	39	N	258
HAINES	ELLICIA		SNBI	39	N	258
HAINES	WM		SNBI	45	Y	346
HAINES	ANNA		SNBI	45	N	346
HAINES	JOSEPH		SNLO	182	Y	21
HAINES	ANNA	M	SNLO	182	N	21
HAINES	PLUMA ?	L	SNLO	182	N	21
HAINES	JESSIE	J	SNLO	182	N	21
HAINES	JOHN	E	SNLO	182	N	21
HAINES	ANNA	M	SNLO	182	N	21
HAINES	JOSEPHINE		SNLO	182	N	21
HAINES	ISRAEL	P	SNLO	182	N	21
HAINES	LEVI		SNSN	269	Y	164
HAINES	OWEN		SNSN	269	Y	169
HAINES	NANCY		SNSN	269	N	169
HAINES	LEVI		SNSN	269	N	169
HAINES	ESTHER		SNSN	269	N	169
HAINES	IDA		SNSN	269	N	169
HAINES	CHARLES		SNSN	269	N	169
HAKER	BURZILLA		SNRE	225	Y	68
HAKER	SARAH	M	SNRE	225	N	68
HAKER	SARAH	J	SNRE	225	N	68
HALCOMB	GEO	N	SNLO	185	Y	78
HALCOMB	EDWIN		SNLO	185	N	78
HALCOMB	FELICIA		SNLO	185	N	78
HALCOMB	JOHN	B	SNLO	185	N	78
HALCOMB	GEORGE		SNLO	185	N	78
HALE	DAVID		SNAD	10	Y	160
HALE	JOEL		SNLO	181	Y	4
HALE	MARY	V	SNLO	181	N	4
HALE	SAMUEL	E	SNLO	181	N	4
HALE	R	W	SNLO	183	Y	35
HALE	L	C	SNLO	183	N	35
HALE	J	C	SNLO	183	N	35
HALE	M	M	SNLO	183	N	35
HALE	R	V	SNLO	183	N	35
HALE	MARY		SNLO	183	N	35
HALE	JAMES		SNLO	189	Y	143
HALE	SAMANTHA		SNLO	189	N	143
HALE	VIOLA	A	SNLO	189	N	143
HALE	ROBERT	E	SNLO	189	N	143

LASTNAME	FIRSTNAME	MI	LOCATION	PAGE	HEAD	HHOLD
HALE	JAMES	F	SNLO	189	N	143
HALE	HARRY	C	SNLO	189	N	143
HALE	CHARLES	R	SNLO	189	N	143
HALE	RANDAL		SNLO	194	Y	214
HALE	REBECCA	A	SNLO	194	N	214
HALE	BURTIS		SNLO	194	N	214
HALE	DAVID		SNLO	202	Y	360
HALE	MARGARET		SNLO	202	N	360
HALE	JOEL		SNLO	202	N	360
HALE	CHARLES	O.	SNLO	202	N	360
HALE	ADELIA		SNLO	202	N	360
HALE	MARY		SNLO	202	N	360
HALE	SABASTINE		SNRE	229	Y	140
HALE	MARY	A	SNRE	229	N	140
HALE	WILLIAM		SNRE	229	N	140
HALE	VELAMINE		SNRE	229	N	140
HALE	MARY	ANN	SNRE	229	N	140
HALE	JOHN		SNRE	229	N	140
HALE	FRANK		SNRE	229	N	140
HALE	MAGDALENA		SNRE	229	N	140
HALE	CATHARINE		SNRE	229	N	140
HALEN	HENRY		SNBL	51	Y	46
HALEN	MARY		SNBL	51	N	46
HALEN	JOSEPH		SNBL	51	N	46
HALEN	OLIVER		SNBL	51	N	46
HALEN	REGENA		SNBL	51	N	46
HALEN	ELLA		SNBL	51	N	46
HALEN	CATHERINE		SNBL	51	N	46
HALEN	MARTIN		SNBL	51	N	46
HALEN	JOHN		SNBL	51	N	46
HALER	JOHN		SNRE	224	Y	63
HALER	ANTHONY		SNRE	235	Y	231
HALION	SARAH	L	SNRE	227	Y	112
HALK	AMANDA		SNED	101	Y	177
HALL	GEORGE		SNLI	145	Y	57
HALL	ELIZABETH		SNLI	145	N	57
HALL	AMANDA	M	SNLI	145	N	57
HALL	WILLIAM	F	SNLI	145	N	57
HALL	MARY	A	SNLI	145	N	57
HALL	ALICE	A	SNLI	145	N	57
HALL	STEPHEN	H	SNLI	147	Y	87
HALL	MARY		SNLI	147	N	87
HALL	MARY		SNBI	47	Y	372
HALL	ALIMON		SNBI	47	N	372
HALL	ALBERT		SNBI	47	N	372
HALL	ALONZO		SNBI	47	N	372
HALL	MADALIN		SNBI	47	N	372
HALL	STEPHEN		SNJA	137	Y	173
HALL	NANCY		SNJA	137	N	173
HALL	GRANT		SNJA	137	N	173
HALL	HORACE		SNAD	9	Y	14
HALL	ANN		SNAD	9	N	147
HALL	LEMARE		SNAD	9	N	147
HALL	JOHN		SNW2	367	Y	261
HALL	MARY		SNW2	367	N	261
HALL	GRACE		SNW2	367	N	261
HALL	L	A	SNW2	375	Y	367
HALL	CYNTHIA		SNW2	375	N	367
HALL	JAMES	H	SNW2	375	N	367
HALL	ALBEN	E	SNW2	375	N	367
HALL	ELIZABETH		SNW2	375	N	367
HALL	HENRY		SNPL	210	Y	110
HALL	RACHEL		SNPL	210	N	110
HALL	DAVID		SNPL	210	N	110
HALL	WILLIAM		SNPL	210	Y	110
HALL	ANDREW		SNPL	210	N	110
HALL	FRANK		SNPL	210	N	110
HALL	ISABELL		SNPL	210	N	110
HALL	JAMES		SNPL	210	N	110
HALL	ISAAC		SNPL	216	Y	202
HALL	NANCY		SNPL	216	N	202
HALL	MARY		SNPL	216	N	202
HALL	EMANUEL		SNPL	216	Y	202
HALL	HARRIET		SNPL	216	N	202
HALL	ISAAC	C	SNPL	216	N	202
HALL	HARRIET		SNPL	216	N	202
HALL	SAMUEL		SNPL	216	N	202

LASTNAME	FIRSTNAME	MI	LOCATION	PAGE	HEAD	HHOLD
HALL	ABSALUM		SNPL	218	Y	233
HALL	MALISSA		SNPL	218	N	233
HALL	MARIETTA		SNPL	218	N	233
HALL	JOEL		SNSC	246	Y	145
HALL	KATIE		SNSC	246	N	145
HALL	SUSAN		SNSC	246	N	145
HALL	LENORA		SNSC	246	N	145
HALL	HANAH		SNSC	246	N	145
HALL	HENRY		SNSC	246	N	145
HALL	DANIEL		SNSC	246	N	145
HALL	HENRY		SNSC	246	Y	145
HALL	JOHN		SNSC	253	Y	254
HALL	MARY		SNSC	253	N	254
HALL	ELLEN		SNSC	253	N	254
HALL	EDWARD		SNSC	253	N	254
HALL	JAMES		SNSC	253	N	254
HALL	BELL		SNSC	253	N	254
HALL	GEORGE		SNSC	253	N	254
HALL	ALICE		SNSC	253	N	254
HALL	SQUIRE		SNSC	254	Y	272
HALL	MARY		SNSC	254	N	272
HALL	JESSIE		SNSC	254	N	272
HALL	FRED		SNSC	254	N	272
HALL	AMOS		SNSC	258	Y	338
HALL	PHOEBE		SNSC	258	N	338
HALL	ELIZA		SNSC	258	N	338
HALL	JAMES	M	SNBL	67	Y	303
HALL	GEORGE		SNLI	145	Y	57
HALL	ELIZABETH		SNLI	145	N	57
HALL	AMANDA	M	SNLI	145	N	57
HALL	WILLIAM	F	SNLI	145	N	57
HALL	MARY	A	SNLI	145	N	57
HALL	ALICE	A	SNLI	145	N	57
HALL	STEPHEN	H	SNLI	147	Y	87
HALL	MARY		SNLI	147	N	87
HALL	B	F	SNRE	225	Y	76
HALL	REBECCA		SNRE	225	N	76
HALL	FRANCES	C	SNRE	225	N	76
HALL	AURILLA		SNRE	226	Y	93
HALL	SAMUEL	J	SNRE	226	Y	93
HALL	CLARENCE		SNRE	226	N	93
HALL	WILLIE		SNRE	226	Y	96
HALL	JULIA		SNRE	228	Y	116
HALL	JOHN		SNRE	231	Y	165
HALL	SPENCER		SNRE	235	Y	233
HALL	LESTER		SNVE	392	Y	185
HALLABAUGH	JOHN		SNLO	198	Y	287
HALLABAUGH	DINAH		SNLO	198	N	287
HALLABAUGH	SARAH		SNLO	198	N	287
HALTER	JOHN		SNLI	149	Y	108
HALTER	MARY		SNLI	149	N	108
HALTER	MARIA		SNLI	149	N	108
HALTER	NOVIA		SNLI	159	Y	290
HALTER	ELIZABETH		SNLI	159	Y	291
HALTER	JOHN	F	SNLI	159	Y	292
HALTER	SARAH		SNLI	159	N	292
HALTER	ALVIN		SNLI	159	N	292
HALTER	OLIE		SNLI	159	N	292
HALTER	WILLIE		SNLI	159	N	292
HALTER	WILLIAM	H	SNBL	65	Y	259
HALTER	ELISABETH		SNBL	65	N	259
HALTER	JESSIE	M	SNBL	65	N	259
HALTER	MARY	E	SNBL	65	N	259
HALTER	SUSANA	E	SNBL	65	N	259
HALTER	JOHN		SNLI	149	Y	108
HALTER	MARY		SNLI	149	N	108
HALTER	MARIA		SNLI	149	N	108
HALTER	NOVIA		SNLI	159	Y	290
HALTER	ELIZABETH		SNLI	159	Y	291
HALTER	JOHN	F	SNLI	159	Y	292
HALTER	SARAH		SNLI	159	N	292
HALTER	ALVIN		SNLI	159	N	292
HALTER	OLIE		SNLI	159	N	292
HALTER	WILLIE		SNLI	159	N	292
HAMBER	JAMES		SNED	106	Y	267
HAMBER	DEMIAS		SNED	106	N	267
HAMBER	NELLIE		SNED	106	N	267

LASTNAME	FIRSTNAME	MI	LOCATION	PAGE	HEAD	HHOLD
HAMBLIN	WILLIAM		SNED	101	Y	182
HAMBLIN	RUTH		SNED	101	N	182
HAMBLIN	RALPH		SNED	101	N	182
HAMBLIN	AARION		SNED	101	N	182
HAMBLIN	CHARLES		SNED	101	N	182
HAMER	KATE		SNW2	361	Y	166
HAMER	ABRAHAM		SNW2	361	Y	166
HAMER	GEORGE		SNW2	361	N	166
HAMER	MARY		SNW2	361	N	166
HAMES	ISAAC		SNPL	218	Y	232
HAMES	PHILIA	A	SNPL	218	N	232
HAMES	FRANCIS		SNPL	218	N	232
HAMES	EMMA		SNPL	218	N	232
HAMILTON	HUDSON		SNLI	158	Y	260
HAMILTON	HARRIET		SNLI	158	N	260
HAMILTON	LILLIE		SNLI	158	N	260
HAMILTON	JAMES		SNLI	158	N	260
HAMILTON	CLARA		SNLI	158	N	260
HAMILTON	CHARLES		SNLI	158	N	260
HAMILTON	OLIVER		SNLI	158	N	260
HAMILTON	CORNELIA		SNSC	254	Y	268
HAMILTON	ELIZABETH		SNSC	254	N	268
HAMILTON	WILLIAM		SNSC	254	N	268
HAMILTON	HUDSON		SNLI	158	Y	260
HAMILTON	HARRIET		SNLI	158	N	260
HAMILTON	LILLIE		SNLI	158	N	260
HAMILTON	JAMES		SNLI	158	N	260
HAMILTON	CLARA		SNLI	158	N	260
HAMILTON	CHARLES		SNLI	158	N	260
HAMILTON	OLIVER		SNLI	158	N	260
HAMILTON	DAVIS	M.	SNVE	389	Y	137
HAMILTON	MARGRET		SNVE	389	N	137
HAMILTON	ELISABETH		SNVE	389	N	137
HAMILTON	JOHN	R.	SNVE	389	N	137
HAMILTON	GEORGE	H.	SNVE	389	N	137
HAMILTON	LEVI	J.	SNVE	389	N	137
HAMILTON	SNIMISON	A.	SNVE	389	N	137
HAMILTON	SARAH	A.	SNVE	389	N	137
HAMILTON	FELSON	H.	SNVE	389	N	137
HAMILTON	MARTHA		SNVE	389	N	137
HAMM	VALENTINE		SNAD	14	Y	226
HAMM	LOUISE		SNAD	14	N	226
HAMM	ALICE		SNAD	14	N	226
HAMM	WILLIAM		SNAD	14	N	226
HAMM	JOHN		SNAD	14	N	226
HAMM	CLARA		SNAD	14	N	226
HAMM	ANTHONY		SNTH	302	Y	300
HAMM	ELIZABETH		SNTH	302	N	300
HAMM	MARY		SNTH	302	N	300
HAMM	ANNA		SNTH	302	N	300
HAMM	JOHN		SNTH	302	N	300
HAMM	JACOB		SNTH	302	N	300
HAMM	MARIA		SNTH	302	N	300
HAMM	MARGARET		SNTH	302	N	300
HAMM	OLYOSIS		SNTH	302	N	300
HAMM	AGATHA		SNTH	302	N	300
HAMM	MICHAEL		SNTH	302	N	300
HAMM	ISADORE		SNTH	302	N	300
HAMMEL	FREDRICK		SNLI	150	Y	131
HAMMEL	FREDRICK		SNLI	150	Y	131
HAMMER	GEORGE	M	SNLI	150	Y	138
HAMMER	MARY		SNLI	150	N	138
HAMMER	ANNA		SNLI	150	N	138
HAMMER	MARTIN		SNLI	150	N	138
HAMMER	ELIZABETH		SNLI	150	N	138
HAMMER	GEORGE		SNLI	150	N	138
HAMMER	MARGARET		SNLI	150	N	138
HAMMER	JOSEPH		SNLO	167	Y	65
HAMMER	EVE		SNLO	167	N	65
HAMMER	ELIZABETH		SNLO	167	N	65
HAMMER	JOHN		SNLO	167	N	65
HAMMER	MARY		SNLO	167	N	65
HAMMER	ADAM		SNLO	167	N	65
HAMMER	EVE		SNLO	167	N	65
HAMMER	GEORGE		SNLO	167	N	65
HAMMER	ANNA		SNLO	167	N	65
HAMMER	MICHAEL		SNLO	167	N	65

LASTNAME	FIRSTNAME	MI	LOCATION	PAGE	HEAD	HHOLD
HAMMER	ADDA		SNLO	167	N	65
HAMMER	NICHOLAS		SNLO	167	N	65
HAMMER	JOSEPH		SNLO	167	N	65
HAMMER	CHARLES		SNTH	286	Y	76
HAMMER	SUSAN		SNTH	286	N	76
HAMMER	SUSIE		SNTH	286	N	76
HAMMER	GEORGE		SNTH	286	N	76
HAMMER	EDWARD		SNTH	286	N	76
HAMMER	FRANKLIN		SNTH	286	N	76
HAMMER	CARRIE		SNTH	286	N	76
HAMMER	PETER?		SNTH	288	Y	110
HAMMER	BARBRA		SNTH	288	N	110
HAMMER	ROSA		SNTH	288	N	110
HAMMER	FRANK		SNTH	288	N	110
HAMMER	LEODON		SNTH	288	N	110
HAMMER	ANNA		SNTH	288	N	110
HAMMER	ALOIUS?		SNTH	288	N	110
HAMMER	GEORGE	M	SNLI	150	Y	138
HAMMER	MARY		SNLI	150	N	138
HAMMER	ANNA		SNLI	150	N	138
HAMMER	MARTIN		SNLI	150	N	138
HAMMER	ELIZABETH		SNLI	150	N	138
HAMMER	GEORGE		SNLI	150	N	138
HAMMER	MARGARET		SNLI	150	N	138
HAMMS	JOSEPHINE		SNLI	158	Y	265
HAMMS	JOSEPHINE		SNLI	158	Y	265
HAMPBARGER	GEORGE		SNBL	60	Y	179
HAMPSHIRE	ADAM		SNJA	139	Y	205
HAMPSHIRE	MARGARET		SNJA	139	N	205
HAMPSHIRE	AMOS		SNJA	139	N	205
HAMPSHIRE	LUCINDA		SNJA	139	N	205
HAMPSHIRE	RUBEN		SNJA	139	N	205
HAMPSHIRE	RUFUS	M.	SNJA	139	N	205
HAMPSHIRE	AMANDA	S.	SNJA	139	N	205
HAMPSHIRE	MARGARET		SNLO	176	Y	185
HANDKAMMER	PHILLIP		SNTH	293	Y	179
HANDKAMMER	CAROLINE		SNTH	293	N	179
HANDKAMMER	AMANDA		SNTH	293	N	179
HANDKAMMER	EMMA		SNTH	293	N	179
HANDKAMMER	ELLA		SNTH	293	N	179
HANDLY	MARY		SNW1	323	Y	237
HANES	CATHERINE		SNBI	40	Y	270
HANES	JOHN		SNW1	323	Y	229
HANES	BARBARA		SNW1	323	N	229
HANES	JOHN		SNW1	323	N	229
HANEY	NOAH		SNTH	282	Y	19
HANEY	MARY	A	SNTH	282	Y	19
HANEY	BENJAMIN	F	SNTH	282	N	19
HANEY	SAMUEL		SNTH	285	Y	48
HANEY	ELIZA		SNTH	285	N	48
HANEY	JOHNATHON		SNTH	292	Y	171
HANEY	SARAH		SNTH	292	N	171
HANEY	ALUNDA?		SNTH	292	N	171
HANFORD	LOTTIE		SNRE	229	Y	147
HANFORD	IDA		SNRE	229	N	147
HANKEY	MATTIE		SNAD	10	Y	149
HANLEY	ANNA		SNHO	124	Y	258
HANLEY	ROSE		SNHO	124	N	258
HANLEY	THERESA		SNHO	124	N	258
HANN	JACOB		SNVE	390	Y	148
HANN	SUSANNA		SNVE	390	N	148
HANNA	THOMAS		SNRE	222	Y	31
HANNA	MARGARET		SNRE	222	N	31
HANNA	GRACE		SNRE	222	N	31
HANNA	GEORGE		SNRE	222	Y	31
HANNAH	JAMES		SNVE	383	Y	54
HANNAH	SARAH		SNVE	383	N	54
HANNAH	JOHN	A.	SNVE	383	N	54
HANNAH	MARY	E.	SNVE	383	N	54
HANNAH	JAMES		SNVE	383	N	54
HANNAH	SYLVANIS		SNVE	383	N	54
HANNAH	SARAH	E.	SNVE	383	N	54
HANNCOTH	ELLA		SNW1	310	Y	42
HANNER	COLUMBIA		SNBI	40	Y	270
HANSELBAN ?	HENRY		SNLO	178	Y	214
HANSICKER	SAMUEL		SNAD	1	Y	2
HANSICKER	ELISABETH		SNAD	1	N	2

LASTNAME	FIRSTNAME	MI	LOCATION	PAGE	HEAD	HHOLD
HANSICKER	DANIEL		SNAD	1	N	2
HANSICKER	JACOB		SNAD	1	N	2
HANSICKER	GEORGE		SNAD	1	N	2
HANZO	LEWIS		SNW1	327	Y	284
HANZO	INDEA		SNW1	327	N	284
HARBAUGH	THOS	J	SNLO	198	Y	288
HARBAUGH	ANNA		SNLO	198	N	288
HARBAUGH	RICHARD	E	SNLO	198	N	288
HARBAUGH	THOMAS	O	SNLO	198	N	288
HARBAUGH	CLARA		SNW2	362	Y	183
HARBAUGH	CHARLES		SNW2	362	N	183
HARDEN	COLUMBUS		SNLO	179	Y	227
HARDEN	MARY	A	SNLO	179	N	227
HARDEN	JESSIE		SNLO	179	N	227
HARDEN	HARRY		SNLO	179	N	227
HARDSOCK	CELIA		SNLI	151	Y	151
HARDSOCK	AUSTIN		SNLI	151	N	151
HARDSOCK	TRUMAN		SNLI	151	N	151
HARDSOCK	MARY		SNLI	151	N	151
HARDSOCK	ELLEN		SNLI	151	N	151
HARDSOCK	VIOLA		SNLI	151	N	151
HARDSOCK	FELIX		SNBL	49	Y	6
HARDSOCK	MAGDALINA		SNBL	49	N	6
HARDSOCK	JOSEPH		SNBL	49	N	6
HARDSOCK	MARGARET		SNBL	49	N	6
HARDSOCK	JOHN		SNBL	49	N	6
HARDSOCK	BARBRA		SNBL	49	N	6
HARDSOCK	FRANK		SNBL	49	N	6
HARDSOCK	CELIA		SNLI	151	Y	151
HARDSOCK	AUSTIN		SNLI	151	N	151
HARDSOCK	TRUMAN		SNLI	151	N	151
HARDSOCK	MARY		SNLI	151	N	151
HARDSOCK	ELLEN		SNLI	151	N	151
HARDSOCK	VIOLA		SNLI	151	N	151
HARE	JOHN		SNW1	339	Y	452
HARE	MAGDELENA		SNW1	339	N	452
HARE	BARNHART		SNW1	339	N	452
HARE	WILLIAM		SNW1	339	N	452
HARGAS	SARAH		SNBL	52	Y	62
HARGAS	SUSAN		SNBL	52	N	62
HARGAS	CATHERINE		SNBL	52	N	62
HARGAS	LUTHER		SNBL	52	N	62
HARGAS	GEORGE		SNBL	52	N	62
HARGAS	WILLIAM		SNBL	52	N	62
HARGAS	VIRGINIA		SNBL	52	N	62
HARGER	HENRY		SNBL	55	Y	101
HARGER	MARY		SNBL	55	N	101
HARGER	THOMAS	J	SNBL	55	N	101
HARKNER	LEVI		SNBL	53	Y	79
HARKNER	CHRISTENIA		SNBL	53	N	79
HARKNER	GEORGE	D	SNBL	53	N	79
HARKNER	MARGARET		SNBL	53	N	79
HARKNER	JENETTE		SNBL	53	N	79
HARKNER	WILLIS		SNBL	53	N	79
HARKNER	CLARA		SNBL	53	N	79
HARMAN	WILLIAM		SNW1	342	Y	492
HARMAN	PAUL		SNTH	294	Y	207
HARMAN	MARY		SNTH	294	N	207
HARMAN	FRANK		SNTH	294	N	207
HARMAS	CATH		SNBI	38	Y	247
HARMON	HENRY		SNRE	230	Y	155
HARMON	JOSEPH		SNVE	384	Y	66
HARMON	MARGARET		SNVE	384	N	66
HARMON	FRANK		SNVE	384	N	66
HARMON	JOSEPH		SNVE	384	N	66
HARMON	JOHN		SNVE	384	N	66
HARMON	GEORGE		SNVE	384	N	66
HARMON	MARY		SNVE	384	N	66
HARMON	WILLIAM		SNVE	398	Y	293
HARMON	LUCY	M.	SNVE	398	N	293
HARN	GEORGE		SNVE	388	Y	114
HARN	ELIZABETH		SNVE	388	N	114
HARN	MARY		SNVE	388	N	114
HARN	ELIZABETH		SNVE	388	N	114
HARN	SUSAN		SNVE	388	N	114
HARN	PETER		SNVE	388	N	114
HARN	GEORGE		SNVE	388	N	114

LASTNAME	FIRSTNAME	MI	LOCATION	PAGE	HEAD	HHOLD
HARN	LOUISA		SNVE	388	N	114
HARNER	LYDIA		SNVE	396	Y	258
HARNS	JOSEPH		SNW2	378	Y	421
HARNS	MARGARET		SNW2	378	N	421
HARPMAN	DENNIS		SNW1	321	Y	215
HARPMAN	ROSA		SNW1	321	N	215
HARPMAN	EVA		SNW1	321	N	215
HARPSTER	SABINA		SNSC	243	Y	86
HARPSTER	SARAH		SNSC	243	N	86
HARPSTER	ELIZABETH		SNSC	249	Y	190
HARPSTER	FRANK		SNSC	249	N	190
HARPSTER	LONIE		SNSC	249	N	190
HARPSTER	HENRY		SNSC	249	N	190
HARPSTER	WILLIAM		SNSC	249	N	190
HARPSTER	AMANDA		SNTH	285	Y	69
HARPSTER	FRED		SNTH	287	Y	89
HARPSTER	AMANDA		SNTH	287	N	89
HARPSTER	DELLA		SNTH	287	N	89
HARPSTER	EDWARD		SNTH	287	N	89
HARPSTER	FREDDY		SNTH	287	N	89
HARPSTER	LEWIS		SNTH	287	Y	91
HARPSTER	ELIZABETH		SNTH	287	N	91
HARPSTER	FRANK		SNTH	287	N	91
HARPSTER	FRED		SNTH	287	N	91
HARPSTER	CATHERINE		SNTH	291	Y	158
HARPSTER	GEORGE		SNTH	291	N	158
HARPSTER	JOHN		SNTH	292	Y	161
HARPSTER	HANAH		SNRE	237	Y	253
HARPSTER?	AMANDA		SNTH	285	Y	59
HARPSTER?	JOSEPH		SNTH	285	N	59
HARRICH	PETER		SNW2	361	Y	163
HARRICH	ANNA		SNW2	361	N	163
HARRIG	JOHN		SNLO	172	Y	129
HARRIG	SUSANNA		SNLO	172	N	129
HARRIG	JOHN		SNLO	172	N	129
HARRIG	ELIZABETH		SNLO	172	N	129
HARRINGTON	KATE		SNW1	313	Y	85
HARRIS	AMBROSE		SNJA	131	Y	70
HARRIS	SUSAN		SNJA	131	N	70
HARRIS	SHARLOTTE	A.	SNJA	131	N	70
HARRIS	ELIZABETH		SNJA	131	N	70
HARRIS	ELISABETH		SNAD	7	Y	101
HARRIS	FLORENCE		SNAD	7	N	101
HARRIS	MARGARET		SNAD	7	N	101
HARRIS	ROBERT		SNAD	7	N	101
HARRIS	JAMES		SNAD	8	Y	129
HARRIS	WILLIAM		SNAD	19	Y	318
HARRIS	AMANDA		SNAD	19	N	318
HARRIS	GATES		SNAD	19	N	318
HARRIS	DONCE ?		SNAD	19	N	318
HARRIS	LILLIE		SNAD	19	N	318
HARRIS	ELIZABETH		SNW2	356	Y	99
HARRIS	RUBEN		SNW2	367	Y	257
HARRIS	SARAH		SNW2	367	N	257
HARRIS	GEORGE		SNW2	367	N	257
HARRIS	CHARLES		SNW2	367	N	257
HARRIS	CHARLES		SNPL	203	Y	9
HARRIS	JOHN		SNPL	207	Y	70
HARRIS	ELIZABETH		SNPL	207	N	70
HARRIS	MINERVA		SNPL	207	N	70
HARRISON	HENRY		SNCL	86	Y	261
HARRISON	HENRY		SNAD	5	Y	82
HARRISON	MARY		SNAD	5	N	82
HARRISON	ALBERT		SNAD	5	N	82
HARRISON	CLINTON		SNAD	5	N	82
HARRISON	LISSIE		SNAD	5	N	82
HARRISON	GEORGE		SNAD	5	N	82
HARRISON	SARAH		SNAD	5	N	82
HARRISON	CLARA		SNAD	5	N	82
HARRISON	ELBA		SNAD	5	N	83
HARRISON	JOHN		SNAD	14	Y	234
HARRISON	MARGARET		SNAD	14	N	234
HARRISON	AUSTIN		SNAD	14	N	234
HARRISON	MINNIE		SNAD	15	N	234
HARRISON	EUGENE		SNAD	15	N	234
HARRISON	SAMUEL		SNED	97	Y	116
HARRISON	TABETHA		SNED	97	N	116

LASTNAME	FIRSTNAME	MI	LOCATION	PAGE	HEAD	HHOLD
HARRISON	MARY		SNED	97	N	116
HARRISON	JENNIE		SNED	97	N	116
HARRISON	JAMES	M	SNRE	230	Y	154
HARRISON	ELIZA		SNRE	230	N	154
HARRISON	NELLIE		SNRE	230	N	154
HARRISON	JAMES		SNRE	230	Y	154
HARRISON	ANDREW		SNRE	230	Y	154
HARRISON	LAURA		SNRE	230	N	154
HARRISON	HENRY		SNRE	230	N	154
HARRIVAN	CHARLES		SNW1	338	Y	442
HARRIVAN	ELIZA		SNW1	338	N	442
HARSH	JOSEPH		SNBI	28	Y	110
HARSH	ELIZ.		SNBI	28	N	110
HARSH	MARGARET		SNBI	28	N	110
HARSH	JOHN		SNLO	178	Y	219
HARSH	MARGARET		SNLO	178	N	219
HARSH	SARAH		SNLO	178	N	219
HARSH	DAVID		SNED	91	Y	35
HARSHBERGER	J	M	SNW2	368	Y	278
HARSHBERGER	LYDIA		SNW2	368	N	278
HARSHBERGER	ELMER		SNW2	368	N	278
HARSHBERGER	JAMES		SNW2	368	N	278
HARSHBERGER	GEORGE		SNW2	368	N	278
HART	LOUISA		SNED	100	Y	159
HART	RENIE		SNED	100	N	159
HART	MINNIE		SNED	100	N	159
HART	HIRAM		SNHO	122	Y	221
HART	REBECCA		SNHO	122	N	221
HART	FRANK		SNHO	122	N	221
HART	EMMA		SNHO	122	N	221
HART	DELIA		SNHO	122	N	221
HARTER	JOHN		SNBI	28	Y	108
HARTER	MICHAEL		SNBI	38	Y	238
HARTER	ADAM		SNAD	3	Y	42
HARTER	LYDIA		SNAD	3	Y	42
HARTER	MARY		SNAD	3	N	42
HARTER	HENRY		SNAD	3	N	42
HARTER	AMANDA		SNAD	3	N	42
HARTER	BENEDICT		SNW1	317	Y	148
HARTER	VICTORIA		SNW1	317	N	148
HARTER	HENRY		SNW1	317	N	148
HARTER	FRONEKA		SNW1	317	N	148
HARTER	CAROLINE		SNW1	317	N	148
HARTER	WILLIAM		SNW1	317	N	148
HARTER	FRANCISCO		SNW1	317	N	148
HARTER	BENEDICT		SNW1	317	N	148
HARTER	WECA		SNW1	317	N	148
HARTER	OTTO		SNW1	317	N	148
HARTER	ZACHARIA		SNW1	333	Y	382
HARTER	AMELIA		SNW1	333	N	382
HARTER	JACOB		SNW1	333	N	382
HARTER	EMMA		SNW1	333	N	382
HARTER	ANNA		SNW1	333	N	382
HARTER	MINNIE		SNW1	333	N	382
HARTER	JOSEPH		SNW1	334	N	382
HARTER	JOSEPH		SNW2	366	Y	237
HARTER	LANA		SNW2	366	N	237
HARTER	LIZZIE		SNW2	366	N	237
HARTER	EMMA		SNW2	366	N	237
HARTER	TILLY		SNW2	366	N	237
HARTER	FRANK		SNW2	366	N	237
HARTER	FRED		SNW2	367	Y	251
HARTER	CAROLINE		SNW2	367	N	251
HARTER	FREDERICK		SNW2	367	N	251
HARTER	ANNA		SNW2	367	N	251
HARTER	FRANK		SNW2	367	N	251
HARTER	BENEDICT		SNW2	367	N	251
HARTER	ROSA		SNW2	367	N	251
HARTER	WILLIAM		SNW2	367	N	251
HARTER	ALBERT		SNW2	367	N	251
HARTING	WILLIAM		SNED	98	Y	128
HARTING	MARY		SNED	98	N	128
HARTING	BERTHA		SNED	98	N	128
HARTING	RAMSEY		SNED	98	N	128
HARTINSTINE	FRANCIS		SNLO	177	Y	205
HARTINSTINE	EVA		SNLO	177	N	205
HARTINSTINE	STEVEN		SNLO	177	N	205

LASTNAME	FIRSTNAME	MI	LOCATION	PAGE	HEAD	HHOLD
HARTLEY	GEORGE		SNLO	174	Y	159
HARTLEY	ELIZA		SNLO	174	N	159
HARTLEY	ELIAS		SNLO	174	N	159
HARTLEY	ISAIAH		SNLO	176	Y	193
HARTLEY	MARGARET		SNLO	176	N	193
HARTLEY	ELIZA		SNLO	176	N	193
HARTLEY	SIMON		SNLO	176	N	193
HARTLEY	JANE		SNLO	176	N	193
HARTLEY	BENJAMIN	R	SNLO	176	N	193
HARTLEY	JESSIE		SNLO	176	N	193
HARTLEY	WILLIAM		SNLO	176	N	193
HARTLEY	ALPHEUS		SNLO	176	N	193
HARTLEY	ELMER		SNLO	177	N	193
HARTLEY	CHARLES		SNLO	177	N	193
HARTLEY	JOHN	C	SNLO	177	Y	194
HARTLEY	SUSANNAH		SNLO	177	N	194
HARTLEY	JAMES	C	SNLO	177	N	194
HARTLEY	THOMAS	B	SNLO	177	N	194
HARTLEY	CHARLES	W	SNLO	177	N	194
HARTLEY	ADDIE	C	SNLO	177	N	194
HARTLEY	ELIZA	J	SNLO	177	N	194
HARTLEY	ELIZA		SNLO	189	Y	136
HARTLEY	BENJAMIN		SNLO	195	Y	237
HARTLINE	DAVID		SNCL	80	Y	166
HARTMAN	HENRY		SNCL	78	Y	146
HARTMAN	ANGELICA		SNCL	78	N	146
HARTMAN	MARTIN		SNLO	197	Y	270
HARTMAN	SADIE	A	SNLO	197	N	270
HARTMAN	CORA	B	SNLO	197	N	270
HARTMAN	MARY	G	SNLO	197	N	270
HARTMAN	JACOB		SNLO	198	Y	289
HARTMAN	SUSAN		SNLO	198	N	289
HARTMAN	SUSAN		SNLO	198	N	289
HARTMAN	LEWIS		SNW1	331	Y	338
HARTMAN	DELIA		SNW1	331	N	338
HARTMAN	ELMORE		SNW1	331	N	338
HARTMAN	CURTIS		SNW1	331	N	338
HARTMAN	JOHN		SNW1	340	Y	476
HARTMAN	ANNA	M.	SNW1	340	N	476
HARTMAN	GEORGE		SNW1	340	N	476
HARTMAN	JOHN		SNW1	340	N	476
HARTMAN	NETTA		SNW1	340	N	476
HARTMAN	GEORGE		SNW2	361	Y	171
HARTMAN	CHARLOTTE		SNW2	361	N	171
HARTMAN	CHARLES		SNW2	361	N	171
HARTMAN	MARY		SNW2	361	N	171
HARTMAN	HENRY		SNW2	361	N	171
HARTMAN	DORA		SNW2	361	N	171
HARTMAN	FRED		SNED	106	Y	280
HARTMAN	EVA		SNED	106	N	280
HARTMAN	ELLSWORTH		SNED	106	N	280
HARTMAN	GEORGE		SNED	106	Y	280
HARTMAN	CATHERINE		SNSC	249	Y	189
HARTMAN	FRANK		SNSC	249	N	189
HARTMAN	SABINA		SNSC	249	N	189
HARTMAN	ANTHONY		SNSC	249	N	189
HARTMAN	JOHN		SNTH	282	Y	3
HARTMAN	MARY		SNTH	282	N	3
HARTMAN	SARAH		SNTH	282	N	3
HARTMAN	WILLIAM		SNTH	282	N	3
HARTMAN	REUBIN		SNTH	283	Y	30
HARTMAN	MARY		SNTH	283	N	30
HARTMAN	SOLLOMON		SNTH	285	Y	60
HARTMAN	MARY		SNTH	285	N	60
HARTMAN	FRANK		SNTH	285	N	60
HARTMAN	ADAM		SNTH	285	N	60
HARTSEL	JOHN		SNBL	52	Y	58
HARTSEL	BARBRA		SNBL	52	N	58
HARTSEL	EPHRAM		SNBL	52	N	58
HARTSEL	PHYNELAPHY		SNBL	52	N	58
HARTSHOE	JOHN		SNBL	57	Y	145
HARTSHOE	MARY		SNBL	57	N	145
HARTSHOE	WILLIAM	F	SNBL	57	N	145
HARTSHOE	JOHN	A	SNBL	57	N	145
HARTSHOE	SARAH	E	SNBL	57	N	145
HARTSHOE	DELILA		SNBL	58	Y	153
HARTSOCK	GEORGE		SNLI	144	Y	39

LASTNAME	FIRSTNAME	MI	LOCATION	PAGE	HEAD	HHOLD
HARTSOCK	MARY		SNLI	144	N	39
HARTSOCK	GEORGE		SNLI	144	Y	39
HARTSOCK	EMMA		SNLI	144	N	39
HARTSOCK	CHARLES	M	SNLI	144	N	39
HARTSOCK	SARAH	E	SNLI	144	N	39
HARTSOCK	ISAAC		SNLI	144	Y	39
HARTSOCK	SARAH		SNLO	172	Y	137
HARTSOCK	ALICE	R	SNLO	172	N	137
HARTSOCK	IDA		SNLO	172	N	137
HARTSOCK	NELSON	S	SNLO	172	N	137
HARTSOCK	GEORGE		SNLI	144	Y	39
HARTSOCK	MARY		SNLI	144	N	39
HARTSOCK	GEORGE		SNLI	144	Y	39
HARTSOCK	EMMA		SNLI	144	N	39
HARTSOCK	CHARLES	M	SNLI	144	N	39
HARTSOCK	SARAH	E	SNLI	144	N	39
HARTSOCK	ISAAC		SNLI	144	Y	39
HARTWELT	MARCUS		SNW2	372	Y	337
HARTWELT	JUDE		SNW2	372	N	337
HARTWELT	MARY		SNW2	372	N	337
HARTWELT	PATRICK		SNW2	372	N	337
HARTWELT	ELLEN		SNW2	372	N	337
HARTWELT	WILLIAM		SNW2	372	N	337
HARTWELT	JAMES		SNW2	372	N	337
HARTWELT	KATE		SNW2	372	N	337
HARTZELL	HOWARD		SNLO	191	Y	174
HARTZELL	SARAH		SNLO	191	N	174
HARTZELL	OLIVER		SNLO	191	N	174
HARTZELL	LIBBA		SNLO	191	N	174
HARTZELL	JENNIE		SNLO	191	N	174
HARTZELL	ALICE	M	SNLO	191	N	174
HARTZER	GUENTHER		SNW1	321	Y	207
HARTZER	ELIZABETH		SNW1	321	N	207
HARTZER	WILLIAM		SNW1	321	N	207
HARTZER	CHARLES		SNW1	321	N	207
HARTZER	CORA		SNW1	321	N	207
HARTZER	CLARA		SNW1	321	N	207
HASKINS	T	H	SNED	99	Y	155
HASKINS	LIDIA		SNED	99	N	155
HASKINS	ANNA		SNED	99	N	155
HASKINS	CKARA		SNED	99	N	155
HASKINS	MINNIE		SNED	100	N	155
HASLER	HENRY		SNHO	116	Y	133
HASLER	ELIZ		SNHO	116	N	133
HASLER	MOSELY		SNHO	116	N	133
HASLER	MARION		SNHO	116	N	133
HASLER	DENNIS		SNHO	116	N	133
HASLER	DAVID		SNHO	116	N	133
HASLER	IRA		SNHO	116	N	133
HASMIEL ?	JOHN		SNED	95	Y	97
HASMIEL ?	CATHARINE		SNED	95	N	97
HAST	ANNA		SNTH	284	Y	33
HAST	WILLIAM		SNTH	284	N	33
HASTING	JANE		SNHO	117	Y	145
HATHAWAY	ZEPHANIAH		SNRE	221	Y	11
HATHAWAY	CAROLINE		SNRE	221	N	11
HATHAWAY	MARY		SNRE	221	N	11
HATHAWAY	EMMA	B	SNRE	221	N	11
HATHAWAY	MARTHA	W	SNRE	221	N	11
HATHAWAY	FLORENCE		SNRE	221	N	11
HATHAWAY	JOHN		SNRE	221	N	11
HATHAWAY	ABRAM	S	SNRE	221	N	11
HATHAWAY	HENRY		SNRE	225	Y	72
HATHAWAY	ELIZA	W	SNRE	225	N	72
HATSEL	FAIEN		SNAD	2	Y	31
HATSEL	ELISA		SNAD	2	N	31
HATSEL	GEORGE		SNAD	2	N	31
HATSEL	MONROE		SNAD	4	Y	58
HATSEL	SARAH		SNAD	4	N	58
HATSEL	CLARA		SNAD	4	N	58
HATSEL	WILLIAM		SNAD	4	N	58
HATSEL	SAMUEL		SNAD	4	N	58
HATSEL	JAIRUS ?		SNAD	4	Y	65
HATSEL	CATHERINE		SNAD	4	N	65
HATSEL	EDWIN		SNAD	4	N	65
HATSEL	WILLIAM		SNAD	4	N	65
HATTEN	WESLEY		SNRE	230	Y	165

LASTNAME	FIRSTNAME	MI	LOCATION	PAGE	HEAD	HHOLD
HATTEN	MARGARET		SNRE	230	N	165
HATTEN	MALVIN	B	SNRE	230	N	165
HATTEN	CHARLES	L	SNRE	230	N	165
HATTEN	HARRY	A	SNRE	230	N	165
HATTEN	LILIE	M	SNRE	230	N	165
HATTEN	CORA	B	SNRE	230	N	165
HAUBERT	PETER		SNTH	298	Y	251
HAUBERT	MARY		SNTH	298	N	251
HAUBERT	LENA		SNTH	298	N	251
HAUBERT	JACOB		SNTH	298	N	251
HAUBERT	CATHARINE		SNTH	298	N	251
HAUBERT	PHILOMEN		SNTH	298	N	251
HAUBERT	ALOIUS		SNTH	298	N	251
HAUGAR	MATHIAS		SNHO	115	Y	113
HAUGAR	RACHEL		SNHO	115	N	113
HAUGAR	JACOB		SNHO	115	N	113
HAUGAR	WILLIAM		SNHO	115	N	113
HAUGAR	CHARLES		SNHO	115	N	113
HAUGAR	KIRKPATRICK		SNHO	115	N	113
HAUGAR	FREDERICK		SNHO	115	N	113
HAUGH	LYDIA		SNHO	111	Y	33
HAUGH	HENRY		SNHO	111	N	33
HAUGH	LOUISA		SNHO	111	N	33
HAUGH	FRANK		SNHO	111	N	33
HAUGH	MARY		SNHO	111	N	33
HAUGHTEL	MARY		SNVE	382	Y	42
HAUGHTLIN	MARIA		SNW1	313	Y	95
HAUGHTLIN	ANNETTA		SNW1	313	N	95
HAUK	A?		SNSC	246	Y	136
HAUK	LYDIA		SNSC	246	N	136
HAUK	JOHN		SNSC	246	N	136
HAUK	FRANK		SNSC	246	N	136
HAUK	I?		SNSC	246	N	136
HAUK	LYDIA		SNSC	246	N	136
HAULTER	ANTHONY		SNW1	310	Y	39
HAULTER	MARY		SNW1	310	N	39
HAULTER	LOUISA		SNW1	310	N	39
HAULTER	ADOLPH		SNW1	310	N	39
HAULTER	LEO		SNW1	310	N	39
HAULTER	JULIA		SNW1	310	N	39
HAULTER	IDA		SNW1	310	N	39
HAULTER	ANDREW		SNW2	375	Y	379
HAULTER	MARGARET		SNW2	375	N	379
HAULTER	AARON		SNW2	375	N	379
HAULTER	WILLIAM		SNW2	375	N	379
HAULTER	LAMETTA		SNW2	375	N	379
HAUN	FRED		SNBI	47	Y	371
HAUN	CHARLOTTE		SNBI	47	N	371
HAUN	JEANETTE		SNBI	47	N	371
HAUN	CLARA		SNBI	47	N	371
HAUN	WARREN		SNBI	47	N	371
HAUSE	DEBORA		SNRE	222	Y	20
HAUSE	MARY	S	SNRE	222	N	20
HAVER	JOHN		SNHO	110	Y	18
HAVER	PAULINE		SNHO	110	N	18
HAVER	RACHEL		SNHO	116	Y	123
HAVERSTIC	JOHN		SNHO	120	Y	188
HAVERSTIC	CATHERINE		SNHO	120	N	188
HAVERSTIC	DAVID		SNHO	120	N	188
HAVERSTIC	ELIZ		SNHO	120	N	188
HAVERSTIC	SARAH		SNHO	120	N	188
HAVERSTIC	LOUISA		SNHO	120	N	188
HAVERSTIC	LETTIE		SNHO	120	N	188
HAVERSTICK	DAVID		SNED	104	Y	242
HAVERSTICK	ELIZABETH		SNED	104	N	242
HAVERSTICK	SARAH		SNED	104	N	242
HAVERSTICK	WILLIAM		SNED	104	N	242
HAVERSTICK	HATTIE		SNED	104	N	242
HAVERSTICK	JOHN		SNED	104	N	242
HAVERSTICK	CORA		SNED	104	N	242
HAVERSTINE	BARBARA		SNRE	221	Y	3
HAVOK	SAMUEL		SNVE	399	Y	295
HAVOK	CAROLINE		SNVE	399	N	295
HAVOK	LAWRENCE		SNVE	399	N	295
HAVOK	EDDIE		SNVE	399	N	295
HAWBITZ	PETER		SNRE	221	Y	1
HAWBITZ	MARY		SNRE	221	N	1

LASTNAME	FIRSTNAME	MI	LOCATION	PAGE	HEAD	HHOLD
HAWBITZ	DANIEL	A	SNRE	221	N	1
HAWBLWETZ	PETER		SNVE	393	Y	201
HAWK	JAMES		SNTH	297	Y	235
HAWK	REBECCA		SNTH	297	N	235
HAWK	LAURA		SNTH	297	N	235
HAWK	ALLAVAN		SNTH	297	N	235
HAWK	ADAM		SNTH	297	N	235
HAWK	JACOB		SNVE	395	Y	230
HAWK	CATHARINE		SNVE	395	N	230
HAWK	LUCINDA		SNVE	395	N	230
HAWK	FRANK		SNVE	395	N	230
HAWK	JACOB		SNVE	401	Y	346
HAWK	DIANA		SNVE	401	N	346
HAWK	ELLA		SNVE	401	N	346
HAWK	PEARC		SNVE	401	N	346
HAWK	ALICE		SNVE	401	N	346
HAWKINS	T	B	SNBI	46	Y	363
HAWKINS	MARGARET		SNBI	46	N	363
HAWKINS	SYLVESTER		SNBI	46	N	363
HAWKINS	LYDIA		SNBI	46	N	363
HAWKINS	CORDELIA		SNBI	47	N	363
HAWKINS	GEORGE		SNBI	47	N	363
HAWKINS	EMMA		SNBI	47	N	363
HAWKINS	ELLA		SNBI	47	N	363
HAWKINS	FRANK		SNBI	47	N	363
HAWKINS	ALICE		SNBI	47	N	363
HAWKINS	NATHAN		SNBI	47	N	363
HAWKINS	ELLEN		SNED	100	Y	161
HAWKINS	THOMPSON		SNED	104	Y	238
HAWKINS	MARGARET		SNED	104	N	238
HAYES	JOHN		SNW1	323	N	241
HAYES	REBECCA		SNW1	323	N	241
HAYES	HATTIE		SNW1	323	N	241
HAYES	JULIA		SNW1	323	N	241
HAYES	EMMA		SNW1	323	N	241
HAYES	CARRIE		SNW1	323	N	241
HAYES	JOHN		SNW1	323	N	241
HAYNES	DANIEL		SNW1	315	Y	114
HAYS	ROSELINE		SNLI	155	Y	216
HAYS	ANN		SNLI	155	N	216
HAYS	DAVID		SNLO	185	Y	67
HAYS	HARRIET		SNLO	185	N	67
HAYS	ELIZABETH		SNLO	187	Y	96
HAYS	CHARLES		SNLO	187	N	96
HAYS	FREDDIE		SNLO	187	N	96
HAYS	JAMES		SNLO	197	Y	272
HAYS	ELIZABETH		SNLO	197	N	272
HAYS	ARTHUR	B	SNLO	197	N	272
HAYS	ELIZABETH		SNPL	207	Y	68
HAYS	ROSELINE		SNLI	155	Y	216
HAYS	ANN		SNLI	155	N	216
HAYWARD	NATHANIEL		SNCL	87	Y	274
HAYWARD	CHARLOTTE		SNCL	87	N	274
HAYWARD	HATTA		SNCL	87	N	274
HAYWARD	IDA		SNCL	87	N	274
HAYWARD	HERBERT		SNCL	87	N	274
HAYWARD	N.	G.	SNCL	87	N	274
HEADING	PETER		SNBI	25	Y	58
HEADLEY	DAVID		SNLO	168	Y	78
HEADLEY	LUCY	A	SNLO	168	N	78
HEADLEY	ANDREW	H	SNLO	168	Y	79
HEADLEY	ELIZABETH		SNLO	168	N	79
HEADLEY	WILLIAM		SNLO	168	N	79
HEADLEY	HORATIO	C	SNLO	168	N	79
HEAFT?	JOHN		SNTH	284	Y	33
HEALY	M		SNW2	371	Y	312
HEALY	JULIA		SNW2	371	N	312
HEALY	JULIA		SNW2	371	N	312
HEATER	CATHARINE		SNRE	236	Y	246
HEATON	NATHANIEL		SNCL	71	Y	43
HEATON	SUSANA		SNCL	71	N	43
HEATON	LEANDER	F.	SNCL	71	N	43
HEATON	EUGENE	H.	SNCL	71	N	43
HEATON	RUDOLPHUS		SNCL	71	N	43
HEATON	FLORENCE	E.	SNCL	71	N	43
HEATON	LORETTA	E.	SNCL	71	N	43
HEATON	NATHANIEL		SNCL	71	N	43

LASTNAME	FIRSTNAME	MI	LOCATION	PAGE	HEAD	HHOLD
HEATON	JOHN		SNSN	261	Y	28
HEATON	VERSIS		SNSN	261	N	28
HEATON	CHARLES		SNSN	261	N	28
HEATON	SAMUEL		SNSN	261	N	28
HEATON	CLARENCE		SNSN	261	N	28
HEATON	MARY		SNSN	261	N	28
HEBLER	SAMUEL		SNRE	232	Y	184
HEBLER	HANAH		SNRE	232	N	184
HEBLER	DAVID		SNRE	233	Y	204
HEBLER	LOVENIA		SNRE	233	N	204
HEBLER	MARTHA	E	SNRE	233	N	204
HEBLER	AMANDA	J	SNRE	233	N	204
HEBLER	ERNEST	S	SNRE	233	N	204
HEBLER	HENRY		SNRE	234	Y	212
HEBLER	RACHAEL		SNRE	234	N	212
HEBLER	JOHN	W	SNRE	234	N	212
HEBLER	CORNELIUS		SNRE	234	N	212
HEBLER	LAURA	E	SNRE	234	N	212
HEBLER	THOMAS		SNRE	234	N	212
HEBLER	MARTIN		SNRE	234	N	212
HEBLER	WILBER		SNRE	234	N	212
HEBLER	GEORGE		SNVE	400	Y	320
HEBLER	CATHARINE		SNVE	400	N	320
HEBLER	WILLIAM		SNVE	400	N	320
HEBLER	DAVID		SNVE	400	N	320
HEBLER	HANNAH		SNVE	400	N	320
HEBLER	EMMA	J	SNVE	400	N	320
HEBLER	JOHN		SNVE	401	Y	333
HEBLER	MARY	A	SNVE	401	N	333
HEBLER	ELIS	A	SNVE	401	N	333
HEBLER	HANNAH		SNVE	401	N	333
HEBLER	SARAH		SNVE	401	N	333
HEBLER	PERRY	S	SNVE	401	N	333
HEBLER	WALLER	S	SNVE	401	N	333
HEBLER	MARY		SNVE	401	N	333
HEBLER	ALICE		SNVE	401	N	333
HEBLER	GEORGE		SNVE	401	Y	334
HEBLER	HANNAH		SNVE	401	N	334
HEBLER	CHRISTIAN		SNVE	401	N	335
HEBLER	SARAH		SNVE	401	N	335
HECK	GEORGE		SNSN	260	Y	19
HECK	SARAH		SNSN	260	N	19
HECK	MARY		SNSN	260	N	19
HECK	D.	G.	SNSN	261	Y	20
HECK	L.	A.	SNSN	261	N	20
HECK	LUELLIA		SNSN	261	N	20
HECK	WILLIAM	H.	SNSN	261	N	20
HECK	GEORGE		SNSN	261	N	20
HECK	BYRON		SNSN	261	N	20
HECK	JOHN		SNSN	261	Y	21
HECK	PHEBY		SNSN	261	N	21
HECK	CALLIE		SNSN	261	N	21
HECK	GEORGIANNA		SNSN	261	N	21
HECK	JOSEPH		SNSN	261	N	21
HECK	MARIA		SNSN	261	N	21
HECKART	PETER		SNJA	129	Y	46
HECKART	LEAH		SNJA	129	N	46
HECKART	ELIZABETH		SNJA	129	N	46
HECKART	SAMUEL		SNJA	129	N	46
HECKART	BENJAMIN		SNJA	129	N	46
HECKART	SARAH	E.	SNJA	129	N	46
HECKART	GEORGE		SNJA	129	Y	47
HECKART	EMILINE		SNJA	129	N	47
HECKART	SYLVESTER		SNJA	129	N	47
HECKART	ALICE	J.	SNJA	129	N	47
HECKART	WILLIAM	S.	SNJA	129	N	47
HECKART	MARY		SNJA	129	N	47
HECKART	JOSEPH		SNJA	129	Y	48
HECKART	MARGARET		SNJA	129	N	48
HECKART	ROSA	B.	SNJA	129	N	48
HECKART	ALVA	A.	SNJA	129	N	48
HECKART	LYDA	T.	SNJA	129	N	48
HECKART	ELLEN		SNJA	129	N	48
HECKERMAN	JOHN		SNW1	343	Y	506
HECKERMAN	ANNA		SNW1	343	N	506
HECKERMAN	JENNIE		SNW1	343	N	506
HECKERMAN	WILLIAM		SNW1	343	N	506

LASTNAME	FIRSTNAME	MI	LOCATION	PAGE	HEAD	HHOLD
HECKMAN	JOSIAH		SNLO	179	Y	229
HECKMAN	JOSEPHINE		SNLO	179	N	229
HECKMAN	DILLIE		SNED	94	Y	80
HECKMAN	MARY		SNED	98	Y	130
HECKMAN	ALICE		SNED	98	N	130
HECKMAN	JOHN		SNED	98	N	130
HECKMAN	JOSEPHINE		SNED	98	N	130
HECKMAN	COURTNEY		SNED	98	N	130
HECKMAN	MARTHA		SNED	98	N	130
HECKMAN	WILLIAM		SNED	98	Y	131
HECKMAN	MARTHA		SNED	98	N	131
HECKMAN	ALICE		SNED	98	N	131
HECKMAN	MARY		SNED	98	N	131
HECKMAN	SCOTT		SNED	98	N	131
HECKMAN	FRANCIS		SNPL	216	Y	209
HECKMAN	HENRY		SNPL	216	Y	210
HECKMAN	ISABELL		SNPL	216	N	210
HECKMAN	MARTIN		SNPL	216	N	210
HECKMAN	JACOB		SNSN	261	Y	25
HECKMAN	SARAH		SNSN	261	N	25
HECKMAN	CHARLES		SNSN	261	N	25
HECKMAN	GEORGE		SNSN	261	N	25
HECKMAN	JAMES		SNSN	261	N	25
HECKMAN	JOHN	H.	SNSN	261	N	25
HECKMAN	GEORGE	R.	SNSN	261	Y	26
HECKMAN	MARY		SNSN	261	N	26
HECKMAN	FANNIE		SNSN	261	N	26
HECKMAN	EDDIE		SNSN	261	N	26
HECKMAN	CLARA		SNSN	261	N	26
HECKMAN	HENRY		SNSN	261	Y	35
HECKMAN	NANCY		SNSN	261	N	35
HECKMAN	ROSIE		SNSN	261	N	35
HECKMAN	MARY		SNSN	261	N	35
HECKMAN	JOHN		SNSN	261	N	35
HEDDEN	HENRY	F	SNRE	222	Y	22
HEDDEN	MARY	E	SNRE	222	N	22
HEDDEN	HENRY		SNRE	222	N	22
HEDDEN	GUY		SNRE	222	N	22
HEDGES	HARRIET		SNW1	308	Y	4
HEDGES	WILLIAM		SNW2	374	Y	366
HEDGES	JAMES		SNW2	374	N	366
HEDGES	LOTTIE		SNW2	374	N	366
HEDGES	WILLIAM		SNW2	374	N	366
HEDGES	CHARLES		SNW2	374	N	366
HEDGES	JOSIAH		SNW2	374	N	366
HEDGES	MINNIE		SNW2	374	N	366
HEDGES	JOHN		SNW2	375	N	366
HEETER	LEVI		SNTH	295	Y	192
HEETER	LOVINA		SNTH	295	N	192
HEETER	ISABEL		SNTH	295	N	192
HEETER	BENJY		SNTH	295	N	192
HEETER	JOHN		SNTH	295	N	192
HEETER	MARY		SNTH	295	N	192
HEETER	GRANT		SNTH	295	N	192
HEETER	ABITHA		SNTH	295	N	192
HEETER	AVISA		SNTH	295	N	192
HEFFLER	NICHOLAS		\NW1	321	Y	213
HEFFLER	FRANCISCO		SNW1	321	N	213
HEFFLER	ALBERT		SNW1	321	N	213
HEFFLER	OLEVIN		SNW1	321	N	213
HEFFLER	JOSEPH		SNTH	288	Y	107
HEFFNER	REUBEN		SNLI	150	Y	126
HEFFNER	MARY		SNLI	150	N	126
HEFFNER	HARRIET		SNLI	150	N	126
HEFFNER	JOHN		SNLI	150	N	126
HEFFNER	CHARLES		SNLI	150	N	126
HEFFNER	JAMES		SNLI	150	N	126
HEFFNER	EMMA		SNLI	150	N	126
HEFFNER	ANDREW		SNTH	287	Y	102
HEFFNER	MARGARET		SNTH	287	N	102
HEFFNER	MICHEAL		SNTH	287	Y	103
HEFFNER	CATHARINE		SNTH	287	N	103
HEFFNER	JOHN		SNTH	293	Y	175
HEFFNER	ROSA		SNTH	293	N	175
HEFFNER	MARY		SNTH	293	N	175
HEFFNER	REUBEN		SNLI	150	Y	126
HEFFNER	MARY		SNLI	150	N	126

LASTNAME	FIRSTNAME	MI	LOCATION	PAGE	HEAD	HHOLD
HEFFNER	HARRIET		SNLI	150	N	126
HEFFNER	JOHN		SNLI	150	N	126
HEFFNER	CHARLES		SNLI	150	N	126
HEFFNER	JAMES		SNLI	150	N	126
HEFFNER	EMMA		SNLI	150	N	126
HEFLICK	HENRY		SNHO	119	Y	183
HEFLICK	HENRIETTA		SNHO	119	N	183
HEFLICK	WILLIAM		SNHO	119	N	183
HEFLICK	SOLOMON		SNHO	119	N	183
HEFLICK	ALBERT		SNHO	119	N	183
HEFLICK	EMMET		SNHO	119	N	183
HEFLICK	OTTO		SNHO	119	N	183
HEILMAN	WILLIAM		SNCL	74	Y	76
HEILMAN	SARAH		SNCL	74	N	76
HEILMAN	HENRY		SNCL	74	N	76
HEILMAN	EDWIN		SNCL	74	N	76
HEILMAN	SARAH		SNCL	74	N	76
HEILMAN	DORA		SNCL	74	N	76
HEILMAN	WILLIAM		SNCL	74	N	76
HEILMAN	CHARLES		SNCL	74	N	76
HEILMAN	KATE		SNCL	74	N	76
HEILMAN	FRANK		SNCL	74	N	76
HEILMAN	SARAH		SNW1	310	Y	38
HEILMAN	JACOB		SNW1	322	Y	219
HEILMAN	MARY		SNW1	322	N	219
HEILMAN	PHILLIP		SNW1	322	N	219
HEILMAN	MARY		SNW1	322	N	219
HEILMAN	JACOB		SNW1	322	N	219
HEILMAN	CHRISTOPHER		SNW1	322	N	219
HEILMAN	WILLIAM		SNW1	322	N	219
HEILMAN	JOHN		SNW1	322	Y	227
HEILMAN	ELIZABETH		SNW1	322	N	227
HEILMAN	CATHARINE		SNW1	322	N	227
HEILMAN	JOHN		SNW1	322	N	227
HEILMAN	WILHELM		SNW1	322	N	227
HEILMAN	ADAM		SNW1	322	N	227
HEILMAN	WILLIAM		SNW1	322	Y	227
HEILMAN	AGNES		SNW2	363	Y	201
HEILMAN	WILLIAM		SNW2	363	N	201
HEILMAN	LIZZIE		SNW2	363	N	201
HEILMAN	PHILLIP		SNW2	363	N	201
HEILMAN	EVE		SNW2	374	Y	361
HEILMAN	PHILIP		SNBL	62	Y	224
HEILMAN	CATHERINE		SNBL	62	N	224
HEILMAN	SARAH		SNBL	62	N	224
HEILMAN	JOHN	F	SNBL	63	Y	231
HEILMAN	CATHERINE	E	SNBL	63	N	231
HEILMAN	GEORGE	E	SNBL	63	N	231
HEILMAN	JOHN	W	SNBL	63	N	231
HEILMAN	NELLIE	B	SNBL	63	N	231
HEIM	BENJAMIN		SNSC	255	Y	292
HEIM	JEROSHA ?		SNSC	255	N	292
HEIM	WILSON		SNSC	255	N	292
HEIMERICK	MAGDALENA		SNCL	87	N	269
HEIMERICK	MARY		SNCL	87	N	269
HEIMERICK	JOSEPH		SNCL	87	N	269
HEIMERICK	CAROLINE		SNCL	87	N	269
HEIMERICK	FRANK		SNCL	87	N	269
HEIMERICK	ELIZABETH		SNCL	87	N	269
HEIMERICK	EMMA		SNCL	87	N	269
HEIMERICK	JOSEPHENE		SNCL	87	N	269
HEIMERICK	JOSEPH		SNW1	329	N	312
HEIMERICK	JOHN		SNW1	329	Y	312
HEIMERICK	SUSAN		SNW1	329	N	312
HEIMERICK	GEORGE		SNW1	329	N	312
HEIMERICK	FREDERICK		SNW1	329	N	312
HEIMERICK	MARY		SNW1	329	N	312
HEIMRICK	FRANK		SNCL	87	Y	269
HEINIEGER	CHARLES		SNSC	240	N	31
HEINIEGER?	WILLIAM		SNSC	240	Y	31
HEINIEGER?	ELIA		SNSC	240	N	31
HEINIEGER?	HOMIER?		SNSC	240	N	31
HEINIEGER?	MORIA?		SNSC	240	N	31
HEINIEGER?	JOHN		SNSC	240	N	31
HEINIEGER?	QUAUDA?		SNSC	240	N	31
HEINIEGER?	EMMA		SNSC	240	N	31
HEINIEGER?	MARTHA		SNSC	240	N	31

LASTNAME	FIRSTNAME	MI	LOCATION	PAGE	HEAD	HHOLD
HEINIEGER?	WILLIAM		SNSC	240	N	31
HEINIEGER?	MARY		SNSC	240	N	31
HEINIEGER?	OL---AU?		SNSC	240	N	31
HEINSELMAN	JOHN		SNTH	304	Y	317
HEINSELMAN	MARY		SNTH	304	N	317
HEINSELMAN	HENRY		SNTH	304	N	317
HEINSELMAN	CHARLES		SNTH	304	N	317
HEINSELMAN	MARY		SNTH	304	N	317
HEINTZLEMAN	JOHN		SNTH	293	Y	187
HEINTZLEMAN	JACOB		SNTH	297	Y	231
HEISERMAN	HENRY		SNW1	316	Y	125
HEISERMANN	JACOB		SNLO	172	Y	124
HEISERMANN	WILLIAM		SNLO	172	N	124
HEISERMANN	BARBRA		SNLO	172	N	124
HEISERMANN	JOHN		SNLO	172	N	124
HEISERMANN	JULIA	A	SNLO	172	N	124
HEISSER	NICHOLAS		SNCL	77	Y	125
HEISSER	MARTHA		SNCL	77	N	125
HEISSER	WILLIAM		SNCL	77	N	125
HEISSER	SARAH		SNCL	77	N	125
HEISSER	STELLA		SNCL	77	N	125
HEITER	WILLIAM		SNCL	78	Y	140
HEITER	MARGARET		SNCL	78	N	140
HEITER	CHARLES		SNCL	78	N	140
HEITER	FRANK		SNCL	78	N	140
HEITZLER	LURETTE		SNBI	40	Y	270
HELAN	JOHN		SNW2	376	Y	389
HELAN	MARY		SNW2	376	N	389
HELAN	FLORA		SNW2	376	N	389
HELAN	EUGENIA		SNW2	376	N	389
HELFER	PETER		SNLO	163	Y	15
HELFER	CATHERINE		SNLO	163	N	15
HELFER	SAMUEL		SNLO	163	N	15
HELFER	WILLIAM		SNLO	163	N	15
HELFERTY	ANNABELLE		SNCL	73	Y	74
HELFERTY	MINNIE		SNCL	73	N	74
HELFLING	PETER		SNSN	272	Y	213
HELFLING	HANNAH		SNSN	272	N	213
HELFLING	JOHN		SNSN	272	N	213
HELFLING	JOSEPH		SNSN	272	N	213
HELFLING	WILLIAM		SNSN	272	N	213
HELFLING	CHARLES		SNSN	272	N	213
HELFLING	MARY		SNSN	272	N	213
HELFLING	MARGARET		SNSN	272	N	213
HELFLING	AMELIA		SNSN	272	N	213
HELFRICK	ADAM		SNLO	166	Y	51
HELFRICK	SHARLOTT		SNLO	166	N	51
HELFRICK	CATHERINE		SNLO	166	N	51
HELFRICK	ALBERT		SNLO	166	N	51
HELLER	WILHELM		SNW1	322	Y	227
HELLER	JOHN		SNW1	322	N	227
HELLER	WILLIAM		SNW2	354	Y	67
HELLER	JOHN		SNW2	354	N	67
HELLER	JOSEPHENE		SNW2	354	N	67
HELLER	ELLEN		SNHO	109	Y	8
HELMKEE	JACOB		SNAD	2	Y	21
HELMKEE	SARAH		SNAD	2	N	21
HELMKEE	VIOLA		SNAD	2	N	21
HELMKEE	IDA		SNAD	2	N	21
HELMKEE	FRANKLIN		SNAD	2	N	21
HELMKEE	FREDERICK		SNAD	2	Y	21
HELP	BASTIAN		SNW1	322	Y	221
HELP	MARY		SNW1	322	N	221
HELP	GEORGE		SNW1	322	N	221
HELP	EMMA		SNW1	322	N	221
HELP	ROSE		SNW1	322	N	221
HELP	TREAN		SNW1	322	N	221
HELP	DANA		SNW1	322	N	221
HELP	HIRAM		SNSN	275	Y	263
HELP	MARY		SNSN	275	N	263
HELP	EMMA		SNSN	275	N	263
HELP	FRANK		SNSN	275	N	263
HELP	TRACY		SNSN	275	N	263
HELP	MARY		SNSN	275	N	263
HELP	ELIZABETH		SNSN	275	N	263
HELP	ROSA		SNSN	275	N	263
HELP	JOSEPHINE		SNSN	275	N	263

LASTNAME	FIRSTNAME	MI	LOCATION	PAGE	HEAD	HHOLD
HELSOR	LEWIS		SNLO	187	Y	99
HELSOR	ELIZABETH		SNLO	187	N	99
HELSOR	JOHN		SNLO	187	N	99
HELSOR	CLARIA		SNLO	187	N	99
HELSOR	ANNA		SNLO	187	N	99
HELSOR	CHARLES		SNLO	187	N	99
HELTSEL	JACOB		SNAD	11	Y	178
HELTSEL	SUSANAH		SNAD	11	N	178
HELTSEL	CHRISTIAN		SNAD	11	N	178
HELTSEL	ANNETTIE		SNAD	12	N	178
HELTSELL	HENRY		SNAD	12	Y	180
HELTSELL	ADELIA		SNAD	12	N	180
HELTSELL	EMMA		SNAD	12	N	180
HELTSELL	ELNORA		SNAD	12	N	180
HEMING	ELLA		SNVE	399	Y	294
HEMINGER	HARRISON		SNAD	15	Y	239
HEMINGER	MARY		SNAD	15	N	239
HEMINGER	JENNIE		SNAD	15	N	239
HEMINGER	FRANK		SNAD	15	N	239
HEMINGER	MARY		SNAD	15	N	239
HEMINGER	WILLIAM		SNAD	15	N	239
HEMINGER	MYRA		SNAD	15	N	239
HEMINGER	HORACY?		SNSC	238	Y	8
HEMINGTER	IRA		SNRE	227	Y	113
HEMINGTER	ANN	E	SNRE	227	N	113
HEMINGTER	ROXANA		SNRE	227	N	113
HEMINGTER	SILVANA		SNRE	227	N	113
HEMINGTER	SAMUEL	G	SNRE	227	Y	113
HEMINGTER	MILTON	L	SNRE	227	N	113
HEMMING	MARGARET		SNED	91	Y	35
HENDERSON	MARY		SNSC	255	Y	283
HENDERSON	LUCY		SNSC	255	N	283
HENDERSON	JOSEPH		SNVE	382	Y	33
HENDERSON	MARY		SNVE	382	N	33
HENDERSON	MARTHA	C	SNVE	382	N	33
HENDERSON	MARY	A	SNVE	382	N	33
HENEBERGER	ELLEN		SNW2	354	N	61
HENESEY	THOMAS		SNW1	308	Y	10
HENESEY	ANN		SNW1	308	N	10
HENESEY	MARY		SNW1	308	N	10
HENESEY	PHILLIP		SNW1	308	N	10
HENESEY	KATE		SNW1	308	N	10
HENGLE	WILLIAM		SNAD	10	Y	156
HENGLE	MARIA		SNAD	10	N	156
HENGLE	MONDIS ?		SNAD	10	N	156
HENGLE	CORNELIUS		SNAD	10	N	156
HENGLE	EDWIN		SNAD	10	N	156
HENGLE	EMALINE		SNAD	10	N	156
HENGLE	MARY		SNAD	10	N	156
HENGLE	DAVID		SNAD	10	N	156
HENGSTELLER	LEWIS		SNJA	130	Y	56
HENGSTELLER	MARY		SNJA	130	N	56
HENGSTELLER	SAMUEL		SNJA	130	N	56
HENGSTELLER	MARY	E.	SNJA	130	N	56
HENGSTELLER	GEORGE	W.	SNJA	130	N	56
HENGSTELLER	JOHN	G.	SNJA	130	N	56
HENGSTELLER	LEWIS	E.	SNJA	130	N	56
HENHISER	HENRY		SNVE	391	Y	165
HENHISER	MARIA	B	SNVE	391	N	165
HENISOD ?	LUCY		SNSC	241	Y	41
HENNASEY	BRIDGET		SNW2	368	Y	272
HENNESSY	PATRICK		SNLO	173	Y	149
HENNESSY	MARY		SNLO	173	N	149
HENNESSY	PHILLIP		SNLO	173	N	149
HENNESY	JOHN		SNLO	171	Y	119
HENNESY	MARY		SNLO	171	N	119
HENNESY	JOHN	L	SNLO	171	N	119
HENNESY	MARY		SNLO	171	Y	120
HENNING	DANIEL		SNW1	314	N	100
HENNING	ELIZABETH		SNW1	314	N	100
HENNING	WILLIAM		SNW1	314	N	100
HENNING	JACOB		SNW1	314	N	100
HENNING	ESTHER		SNW1	314	N	100
HENNING	JOSEPH		SNW1	314	N	100
HENNING	CHARLES		SNW1	314	N	100
HENNING	DANIEL		SNW1	314	N	100
HENNING	CLINTON		SNW1	314	N	100

LASTNAME	FIRSTNAME	MI	LOCATION	PAGE	HEAD	HHOLD
HENNINGWAY	GEORGE		SNSC	241	Y	45
HENNINGWAY	ANNA		SNSC	241	N	45
HENRY	JACOB		SNLI	144	Y	37
HENRY	NANCY	J	SNLI	144	N	37
HENRY	CLARISSA		SNLI	144	N	37
HENRY	JOHN	L	SNLI	144	N	37
HENRY	CHARLES	J	SNLI	144	N	37
HENRY	JACOB		SNBI	43	Y	307
HENRY	MARY		SNBI	43	N	307
HENRY	JACOB		SNBI	43	N	307
HENRY	MARY		SNBI	43	N	307
HENRY	LAWRENCE		SNJA	127	Y	4
HENRY	MARTHA	E.	SNJA	127	N	4
HENRY	CLARENCE		SNJA	127	N	4
HENRY	MATILDA		SNLO	177	Y	198
HENRY	GEORGE	W	SNLO	177	N	198
HENRY	CHARLES	A	SNLO	177	N	198
HENRY	CHARLES		SNLO	194	Y	214
HENRY	MARY		SNLO	194	Y	217
HENRY	HESTER		SNLO	194	N	217
HENRY	NATHAN		SNLO	196	Y	249
HENRY	SARAH		SNLO	196	N	249
HENRY	NELLIE	M	SNLO	196	N	249
HENRY	GEORGE	W	SNLO	196	N	249
HENRY	GEORGE		SNLO	197	Y	265
HENRY	THEODORA		SNLO	197	N	265
HENRY	JACOB		SNLI	144	Y	37
HENRY	NANCY	J	SNLI	144	N	37
HENRY	CLARISSA		SNLI	144	N	37
HENRY	JOHN	L	SNLI	144	N	37
HENRY	CHARLES	J	SNLI	144	N	37
HENRY	JACOB		SNVE	395	Y	239
HENRY	JOHN		SNSN	276	Y	280
HENRY	SUSAN		SNSN	276	N	280
HENRY	ELIZABETH		SNSN	276	N	280
HENRY	JACOB		SNSN	276	N	280
HENRY	WILLIAM		SNSN	276	N	280
HENRY	JOSEPH		SNSN	276	N	280
HENRY	SYLVESTER		SNSN	276	N	280
HENRY	GEORGE		SNSN	276	N	280
HENRY	SUSANNAH		SNSN	276	N	280
HENRY	PETER		SNSN	276	N	280
HENRY	ANDREW		SNSN	276	N	280
HENSINGER	MOSES		SNAD	10	Y	160
HENSINGER	SARAH		SNAD	10	N	160
HENSINGER	ELOINA ?		SNAD	10	N	160
HENSINGER	IRONE ?		SNAD	10	N	160
HENSINGER	ORSINI ?		SNAD	10	N	160
HENSINGER	HERSCHEL		SNAD	10	Y	161
HENSINGER	JOHN		SNAD	11	Y	171
HENSINGER	SARAH		SNAD	11	N	171
HENSINGER	MARY		SNAD	11	N	171
HENSINGER	HERMAN ?		SNAD	11	N	171
HENSINGER	ANDREW		SNAD	11	N	171
HENSINGER	ALICE		SNAD	11	N	171
HENSINGER	CONROD ?		SNAD	19	Y	312
HENSINGER	CHRISTIAN		SNAD	19	N	312
HENSINGER	ALICE		SNAD	19	N	312
HENSINGER	KATIE		SNAD	19	N	312
HENSINGER	WILLIAM		SNAD	19	N	312
HENSINGER	JOHN		SNAD	19	N	312
HENSINGER	DANIEL		SNAD	19	N	312
HENSINGER	JOHN		SNAD	19	Y	313
HENSINGER	KATIE		SNAD	19	N	313
HENSINGER	KATE		SNAD	19	N	313
HENSINGER	JOHN		SNSC	253	Y	251
HENSINGER	CATHERINE		SNSC	253	N	251
HENSINGER	TIMOTHY		SNSC	253	N	251
HENSINGER	HENRY		SNSC	253	N	251
HENSINGER	IDA		SNSC	253	N	251
HENSINGER	KATIE		SNSC	253	N	251
HENSINGER	LESTER		SNSC	253	N	251
HENSINGER	JEZEBELL		SNSC	253	N	251
HENSINGER	EVA		SNSC	253	N	251
HEPERLY	JACOB		SNTH	304	Y	316
HEPERLY	MAGDALINE		SNTH	304	N	316
HEPERLY	GEORGE		SNTH	304	N	316

LASTNAME	FIRSTNAME	MI	LOCATION	PAGE	HEAD	HHOLD
HEPERLY	SOPHIA		SNTH	304	N	316
HEPERLY	JACOB		SNTH	304	N	316
HEPERLY	HENRY		SNTH	304	N	316
HEPERLY	ANNA		SNTH	304	N	316
HEPERLY	JULIA		SNTH	304	N	316
HEPF	HENRY		SNSN	275	Y	259
HEPF	ELIZABETH		SNSN	275	N	259
HEPF	HENRY		SNSN	275	N	259
HEPF	CHARLES		SNSN	275	N	259
HEPF	CATHARINE		SNSN	275	N	259
HEPF	JACOB		SNSN	275	N	259
HEPF	FRANCIS		SNSN	275	N	259
HEPF	FLORA		SNSN	275	N	259
HEPF	HELLEN		SNSN	275	N	259
HEPF	NELLY		SNSN	275	N	259
HEPP	B		SNW2	353	Y	48
HEPP	ANNA		SNW2	353	N	48
HEPP	JOSEPH		SNW2	353	N	48
HEPP	JACOB		SNW2	353	N	48
HEPP	WILLIAM		SNW2	353	N	48
HEPP	JOHN		SNW2	353	N	48
HEPP	CHARLES		SNW2	353	N	48
HEPP	WENDEL		SNW2	358	Y	134
HEPP	MARY		SNW2	358	N	134
HEPP	JOSEPH		SNW2	358	N	134
HEPP	ANNA		SNW2	358	N	134
HEPP	LOUISA		SNW2	358	N	134
HEPP	ROSA		SNW2	358	N	134
HEPP	WILLIAM		SNW2	359	N	134
HEPP	PETER		SNTH	294	Y	203
HEPP	ELIZABETH		SNTH	294	N	203
HEPP	PETER,JR		SNTH	294	N	203
HEPP	GEORGE		SNTH	294	N	203
HEPP	ROSA		SNTH	294	N	203
HEPP	ANNA		SNTH	294	N	203
HEPP	OBLONI?		SNTH	294	N	203
HEPP	GEORGE		SNTH	303	Y	307
HEPP	LAURA		SNTH	303	N	307
HEPP	MAGGIE		SNTH	303	N	307
HEPP	ELIZABETH		SNTH	303	N	307
HEPP	PETER		SNTH	303	N	307
HEPP	JOSEPH		SNTH	303	N	307
HEPP	JOHN		SNTH	303	N	307
HEPP	SAMUEL		SNTH	303	N	307
HEPP	MARY		SNTH	303	N	307
HEPP	AGATHA		SNTH	303	N	307
HERBERT	COONRAD		SNBI	29	Y	124
HERBERT	SAVILLA		SNBI	29	N	124
HERBERT	SUSAN		SNBI	29	N	124
HERBERT	CHRISTIANA		SNBI	29	N	124
HERBERT	CATHERINE		SNBI	29	N	124
HERBERT	SAMANTHA		SNBI	29	N	124
HERBERT	JOHN		SNBI	29	N	124
HERBERT	JACOB		SNBI	30	Y	136
HERBERT	ADALINE		SNBI	30	N	136
HERBERT	MATILDA		SNBI	30	N	136
HERBERT	ELIZ.		SNBI	30	N	136
HERBERT	WM.		SNBI	30	N	136
HERBERT	MARY		SNBI	30	N	136
HERBERT	ANDREW		SNBI	30	N	136
HERBERT	JACOB		SNBI	30	N	136
HERBRAND	MICHAEL		SNLO	196	Y	248
HERBRAND	SARAH		SNLO	196	N	248
HERBRAND	FLORA	A	SNLO	196	N	248
HERBRAND	MATILDA	E	SNLO	196	N	248
HERBRAND	JERRY	A	SNLO	196	N	248
HERBRINON?	THOMAS	C	SNBL	62	Y	209
HERBRINON?	MARY	E	SNBL	62	N	209
HERCHENRADER	JOHN		SNW2	352	Y	37
HERCHENRADER	MARY		SNW2	352	N	37
HERCHENRADER	JOSEPH		SNW2	352	N	37
HERCHENRADER	WILLIAM		SNW2	352	N	37
HERCHENRADER	JACOB		SNW2	352	N	37
HERCHENRADER	LIZZIE		SNW2	352	N	37
HERCHENRADER	MARY		SNW2	352	N	37
HERCHENRADER	ANNA		SNW2	352	N	37
HERMAN	FREDERICK		SNW1	324	Y	252

LASTNAME	FIRSTNAME	MI	LOCATION	PAGE	HEAD	HHOLD
HERMAN	GEORGE		SNSN	267	Y	128
HERMAN	ELIZABETH		SNSN	267	N	128
HERMAN	ATLANTA		SNSN	267	N	128
HERMAN	ELIZABETH		SNSN	267		128
HERMAN	GEORGE		SNSN	267	N	128
HERMAN	SNOWDON		SNSN	267	N	128
HERMAN	NEWTON		SNSN	267	N	128
HERMERT	HENRY		SNSN	268	Y	145
HERMERT	WILLIAM		SNSN	268	N	145
HERREN	JOSEPH		SNCL	86	Y	264
HERREN	HANNAH		SNCL	86	N	264
HERREN	MARY		SNCL	86	N	264
HERREN	JOSEPH		SNCL	86	N	264
HERREN	NANCY	E.	SNCL	87	N	264
HERREN	SARAH		SNCL	87	N	264
HERREN	HANNAH		SNCL	87	N	264
HERRICK	JOSEPH		SNW1	318	Y	152
HERRICK	ELIZABETH		SNW1	318	N	152
HERRICK	JOHN		SNW1	318	N	152
HERRICK	SEBASTIAN		SNW1	318	N	152
HERRICK	MARY		SNW1	318	N	152
HERRICK	ANDREW		SNW1	318	N	152
HERRICK	JOSEPH		SNW1	318	N	152
HERRICK	OSALI		SNW1	329	Y	309
HERRICK	MILLPHINA		SNW1	329	N	309
HERRICK	LEO		SNW1	333	Y	381
HERRICK	MARGARET		SNW1	333	N	381
HERRICK	ROSA		SNW1	333	N	381
HERRICK	FRANCIS		SNSC	255	Y	284
HERRICK	DELIA		SNSC	255	N	284
HERRICK	ALLIE		SNSC	255	N	284
HERRING	P		SNW2	357	Y	109
HERRING	MARIA		SNW2	357	N	109
HERRING	MARY		SNW2	357	N	109
HERROLD	WILLIAM		SNW1	344	Y	519
HERROLD	LIZZIE		SNW1	344	N	519
HERROLD	FRANK		SNW1	344	N	519
HERROLD	ETTAH		SNW1	344	N	519
HERROLD	OTTO		SNW1	344	N	519
HERROLD	MARGARET		SNW1	344	N	519
HERROLD	JOHN		SNW2	352	Y	38
HERROLD	MARY		SNW2	352	N	38
HERROLD	MARY		SNW2	352	N	38
HERROLD	LIZZIE		SNW2	352	N	38
HERROLD	JOSEPH		SNW2	352	N	38
HERROLD	ELLA		SNW2	352	N	38
HERSERMAN	JACOB		SNJA	128	Y	26
HERSERMAN	HESTER		SNJA	128	N	26
HERSHBERGER	JANE		SNED	98	Y	132
HERSHBERGER	DANIEL		SNED	98	N	132
HERSHBERGER	JACOB		SNED	98	N	132
HERSHEY	ISAAC		SNCL	83	Y	219
HERSHEY	ANN	E.	SNCL	83	N	219
HERSHEY	LUTHER	C.	SNCL	83	N	219
HERSHEY	MARY	E.	SNCL	83	N	219
HERSHEY	CORA	A.	SNCL	83	N	219
HERSHEY	MARTHA	K.	SNCL	83	N	219
HERSHEY	JENNIE	M.	SNCL	83	N	219
HESHEISER	HENRY		SNW1	311	Y	50
HESHEISER	SUE		SNW1	311	N	50
HESHEISHER	JESSE		SNW1	311	N	50
HESS	WILLIAM		SNCL	70	Y	19
HESS	ROSANA		SNCL	70	N	19
HESS	HESTER	A.	SNCL	70	N	19
HESS	DAVID		SNCL	73	Y	67
HESS	JOSEPH		SNBI	40	Y	270
HESS	FRANK		SNLO	166	Y	52
HESSBERGER	JOHN		SNW1	328	Y	308
HESSBERGER	EVA		SNW1	328	N	308
HESSBERGER	JOHN		SNW1	328	N	308
HESSBERGER	MATILDA		SNW1	328	N	308
HESSBERGER	ANNA		SNW1	328	N	308
HESSBERGER	OTTO		SNW1	328	N	308
HESSENOUR	CATHARINE		SNW1	320	Y	176
HESSERMAN?	MARY		SNTH	306	Y	351
HESSERMAN?	JACOB		SNTH	306	N	351
HESSERMAN?	JOHN		SNTH	306	N	351

LASTNAME	FIRSTNAME	MI	LOCATION	PAGE	HEAD	HHOLD
HESSERMAN?	ANNA		SNTH	306	N	351
HESSERMAN?	ROSA		SNTH	306	N	351
HESSERMAN?	SAMUEL		SNTH	306	N	351
HESSINGER	JAMES		SNW1	328	Y	301
HESTON	LIZZIE		SNED	90	Y	16
HETER	JOHN		SNSC	252	Y	226
HETER	JANE		SNSC	252	N	226
HETER	HIRAM		SNSC	252	N	226
HETER	FLORA		SNSC	252	N	226
HETER	ROSA		SNSC	252	N	226
HETER	ELIZA		SNSC	252	N	226
HETER	ALONZO		SNSC	252	N	226
HETER	GEORGE		SNTH	286	Y	84
HETER	HANAH		SNTH	286	N	84
HETER	ADAM		SNTH	293	Y	176
HETER	SALINA		SNTH	293	N	176
HETER	WILLIS		SNTH	293	N	176
HETER	SUSIE		SNTH	293	N	176
HETER	ELI		SNTH	298	Y	255
HETER	MARGARET		SNTH	298	N	255
HETER	MAXIM?		SNTH	298	N	255
HETER	ROSA		SNTH	298	N	255
HETER	AMANDA		SNTH	298	N	255
HETER	USIBIAH		SNTH	298	N	255
HETER	JOHN		SNTH	298	N	255
HETER	ORI		SNTH	298	N	255
HETON	LEVI		SNAD	11	Y	170
HETON	MARY		SNAD	11	N	170
HETON	ISABELL		SNAD	11	N	170
HETON	PERRY		SNAD	11	N	170
HETON	ALTON		SNAD	11	N	170
HETON	EMMA		SNAD	11	N	170
HETON	GRANT		SNAD	11	N	170
HETON	JESSE		SNAD	11	N	170
HETRICK	JOSEPH		SNBI	40	Y	270
HETT	MALINDA		SNSN	264	Y	77
HETTER	JOHN		SNTH	286	Y	79
HETTER	SUSAN		SNTH	286	N	79
HETTER	WILLIAM		SNTH	286	N	79
HETTER	LIZZIE		SNTH	286	N	79
HETTER	MAGGIE		SNTH	286	N	79
HETTER	GEORGE		SNTH	286	N	79
HETTER	FRANKLIN		SNTH	286	N	79
HETTER	JEFFERSON		SNTH	286	N	79
HETTER	MATILDA		SNTH	286	N	79
HETZEL	JACOB		SNTH	307	Y	363
HETZEL	SUSAN		SNTH	307	N	363
HETZEL	ANNA		SNTH	307	N	363
HETZEL	HENRY		SNTH	307	N	363
HETZEL	JAMES		SNTH	307	N	363
HETZEL	LUCY		SNTH	307	N	363
HEUCKER	MATTHIAS		SNTH	288	Y	107
HEUTH	JOHN		SNW2	351	Y	17
HEUTH	LIZZIE		SNW2	351	N	17
HEUTH	EDWARD		SNW2	351	N	17
HEWETT	WILLIAM		SNW2	368	Y	277
HEWETT	HARRIETT		SNW2	368	N	277
HEWETT	ETTA		SNW2	368	N	277
HEYWARD	RACHEL		SNAD	7	Y	112
HICKE	OLIVER		SNCL	69	Y	14
HICKEY	WILLIAM		SNLO	166	Y	46
HICKEY	ELLEN		SNLO	166	N	46
HICKEY	PATRICK		SNLO	166	N	46
HICKEY	MARY		SNLO	166	N	46
HICKEY	ELLEN		SNLO	166	N	46
HICKEY	MICHAEL		SNW2	351	Y	15
HICKEY	MARGARET		SNW2	351	N	15
HICKEY	MICHAEL		SNW2	351	N	15
HICKEY	MARY		SNW2	351	N	15
HICKS	HENRY		SNPL	213	Y	158
HICKS	ANNA		SNPL	213	N	158
HICKS	JOHN		SNPL	213	N	158
HICKS	EMMA		SNPL	213	N	158
HICKS	WELTY		SNPL	213	N	158
HIGGINS	JOHN		SNBI	39	Y	257
HIGGINS	JOHANNA		SNBI	39	N	257
HIGGINS	RANSOME		SNBI	39	N	257

LASTNAME	FIRSTNAME	MI	LOCATION	PAGE	HEAD	HHOLD
HILAND	ELISABETH		SNAD	11	Y	175
HILAND	GEORGE		SNAD	11	N	175
HILE	SUSAN		SNBI	34	Y	186
HILE	LOUISA		SNBI	34	N	186
HILE	DAN'L		SNBI	34	N	186
HILE	LEVI		SNBI	34	N	186
HILE	JOHN		SNBI	34	N	186
HILE	FRANK		SNBI	34	N	186
HILE	IDA		SNBI	34	N	186
HILE	EMMA		SNBI	34	N	186
HILE	ADAM		SNBI	34	Y	187
HILE	PHEBE		SNBI	34	N	187
HILE	GEORGE		SNBI	34	N	187
HILE	CAROLINE		SNBI	34	N	187
HILE	ELLEN		SNBI	34	N	187
HILE	SARAH		SNBI	34	N	187
HILEMAN	WILLIAM		SNLO	165	Y	44
HILEMAN	MARGARET		SNLO	165	N	44
HILEMAN	WALTER		SNHO	124	Y	259
HILEMAN	AMANDA		SNHO	124	N	259
HILEMAN	MINNIE		SNHO	124	N	259
HILEMANN	JOHN		SNLO	167	Y	64
HILEMANN	MARGARET		SNLO	167	N	64
HILEMANN	WILLIAM		SNLO	167	N	64
HILEMANN	CATHERINE		SNLO	167	N	64
HILEMANN	GEORGE	H	SNLO	167	N	64
HILL	JOHN		SNLO	193	Y	195
HILL	HARRISON	L	SNLO	193	N	195
HILL	JOHN		SNLO	193	N	195
HILL	LYDIA		SNLO	193	N	195
HILL	ANDREW		SNLO	193	Y	196
HILL	ANNA		SNLO	193	N	196
HILL	CHARLES	A	SNLO	193	N	196
HILL	WILLIAM		SNLO	193	Y	197
HILL	HARRIET		SNLO	193	N	197
HILL	MARY	J	SNLO	193	N	197
HILL	MINERVA		SNLO	193	N	197
HILL	LYDIA	A	SNLO	193	N	197
HILL	MARTHA		SNLO	193	N	197
HILL	PHEBA	M	SNLO	193	N	197
HILL	MALINDA		SNLO	193	N	197
HILL	JAMES	M	SNLO	193	Y	208
HILL	MARY	A	SNLO	193	N	208
HILL	LINNIA		SNLO	193	N	208
HILL	MARY		SNLO	201	Y	342
HILL	MARY		SNLO	201	Y	343
HILL	JENNIE	T	SNLO	201	N	343
HILL	WILLIAM		SNLO	201	N	343
HILL	JOSEPH		SNED	95	Y	87
HILL	FREDERICK		SNSC	255	Y	281
HILL	JOHN		SNSC	255	Y	285
HILL	MATILDA		SNSC	255	N	285
HILL	ALICE		SNSC	255	N	285
HILL	BETTE		SNSC	255	N	285
HILL	GRACE		SNSC	255	N	285
HILL	FRED		SNSC	255	N	285
HILL	MARY		SNSC	255	N	285
HILLBISH	FREDERICK		SNAD	14	Y	215
HILLERMAN	JOHN		SNHO	117	Y	150
HILLERMAN	MARGARET		SNHO	117	N	150
HILLERMAN	JACOB		SNHO	117	N	150
HILLIS	DAVID		SNRE	221	Y	11
HILLIS	TAYLOR		SNRE	221	N	11
HILLIS	DAVID		SNRE	221	Y	17
HILLIS	CATHARINE		SNRE	221	N	17
HILLIS	EDWARD		SNVE	386	Y	91
HILLIS	JOHN		SNVE	389	Y	139
HILLIS	SARAH		SNVE	389	N	139
HILLIS	EMELINE		SNVE	389	N	139
HILSINGER	JOSEPH		SNSC	249	Y	184
HILSINGER	CATHARINE		SNSC	249	N	184
HILSINGER	DAVID		SNSC	249	N	184
HILSINGER	NORA		SNSC	249	N	184
HILSINGER	MAGGIE		SNSC	249	N	184
HILSINGER	JOSEPH		SNSC	249	N	184
HILSINGER	MAGDALINA		SNSC	249	N	184
HINDINGER	CAROLINE		SNW2	354	Y	62

LASTNAME	FIRSTNAME	MI	LOCATION	PAGE	HEAD	HHOLD
HINDINGER	WILLIAM		SNW2	354	N	62
HINEBACH	SARAH		SNTH	298	Y	245
HINES	EDWARD		SNLO	164	Y	29
HINES	HANNAH		SNLO	164	N	29
HING	LIBBIE		SNED	101	N	188
HINKLE	MARY		SNSN	260	Y	14
HINKLEY	SARAH		SNCL	75	Y	96
HINSMAN	CHRISTIAN		SNJA	134	Y	124
HINSMAN	SARAH		SNJA	134	N	124
HINTY	WILLIAM		SNW2	358	Y	132
HINTY	CATHARINE		SNW2	358	N	132
HINTY	WILLIARD		SNW2	358	N	132
HINTY	LIZZIE		SNW2	358	N	132
HINTY	IRVIN		SNW2	358	N	132
HINTY	CHARLES		SNW2	358	N	132
HINTY	JESSIE		SNW2	358	N	132
HINTY	ORA		SNW2	358	N	132
HIPLER	TIMOTHY		SNSC	238	Y	2
HIPLER	ADALINE		SNSC	238	N	2
HIPLER	WILLIAM		SNSC	238	N	2
HIPLER	THOMAS		SNSC	238	N	2
HIPLER	BILL		SNSC	238	N	2
HIPLER	FRANK		SNSC	238	N	2
HIPLER	LAURA		SNSC	238	N	2
HIPLER	JOHN		SNSC	238	N	2
HIPLER	JOHN		SNSC	238	N	2
HIPLER	CHARLES		SNSC	244	Y	108
HIPSHOT	ROSA		SNSN	262	Y	47
HIPSHOT	EDWARD		SNSN	262	N	47
HIRBY	MICHAEL		SNW2	354	Y	62
HIRBY	FRECY		SNW2	354	N	62
HIRBY	MARY		SNW2	354	N	62
HIRBY	JOSEPH		SNW2	354	N	62
HIRBY	LIZZIE		SNW2	354	N	62
HISER	FERDINAND		SNRE	233	Y	194
HISER	POLLY		SNRE	233	N	194
HISER	WILLIAM		SNRE	233	N	194
HISER	MATILDA		SNRE	233	N	194
HISER	LOUIS		SNSN	271	Y	195
HISER	CATHARINE		SNSN	271	N	195
HISER	WILLIAM		SNSN	271	N	195
HISER	HENRIETTA		SNSN	271	N	195
HISER	JOHN		SNSN	271	N	195
HISERMAN	MIKE		SNHO	109	Y	7
HISERMAN	JOHN		SNHO	109	N	7
HISKEY	JOHN		SNCL	85	Y	250
HISKEY	PHEBA		SNCL	85	N	250
HISKEY	GEORGE		SNCL	85	N	250
HISKEY	KRILD		SNW1	346	Y	545
HISKEY	REUBEN		SNTH	284	Y	38
HISKEY	REBECCA		SNTH	284	N	38
HISKEY	EDWARD		SNTH	284	N	38
HISKEY	FRANKLIN		SNTH	284	N	38
HISLE	GEORGE		SNLO	196	Y	255
HISLE	SARAH		SNLO	196	N	255
HISLE	FRANKLIN		SNLO	196	Y	261
HISLE	MARGARET		SNLO	196	N	261
HISLE	CHARLES		SNLO	196	N	261
HISLE	MARY	E	SNLO	196	N	261
HISLE	MARION		SNLO	197	Y	280
HISLE	FANNIE		SNLO	197	N	280
HISLE	ELLIE		SNLO	197	N	280
HISLE	NETTIE		SNLO	197	N	280
HISLE	HATTIE		SNLO	198	N	280
HISLE	GEORGE		SNLO	198	N	280
HISS/HIWS ?	PATRICK		SNSC	243	Y	81
HISTE	THEODORE		SNJA	133	Y	99
HISTE	MARY		SNJA	133	N	99
HISTE	BELL		SNJA	133	N	99
HISTE	CECILIA		SNJA	133	N	99
HITESMAN	JOHN		SNBI	43	Y	297
HITESMAN	LAURI		SNBI	43	N	297
HITESMAN	JOSEPH		SNBI	43	N	297
HITESMAN	JOHN		SNBI	43	N	297
HITESMAN	AUGUST		SNBI	43	N	297
HITESMAN	ANTHONY		SNBI	43	N	297
HITESMAN	LAURI		SNBI	43	N	297

LASTNAME	FIRSTNAME	MI	LOCATION	PAGE	HEAD	HHOLD
HITESMAN	LOUISE		SNBI	43	N	297
HITESTEW ?	ALFRED		SNLO	175	Y	178
HITESTEW ?	SUSAN	E	SNLO	175	N	178
HITESTEW ?	ROXANY	E	SNLO	175	N	178
HITESTEW ?	ALLISA		SNLO	175	N	178
HITZ	NICHOLAS		SNSC	244	Y	111
HITZ	NOTHBERGA		SNSC	244	N	111
HITZ	JOHN		SNSC	244	N	111
HOAGLAND	LEVI		SNBL	60	Y	186
HOAGLAND	RACHEAL	A	SNBL	60	N	186
HOAGLAND	ADA	R	SNBL	60	N	186
HOAGLAND	LYDIA	B	SNBL	60	N	186
HOAK	JACOB		SNPL	203	Y	1
HOAK	POLLY		SNED	203	N	1
HOAK	JOHN		SNPL	203	N	1
HOAK	GEORGE		SNPL	203	N	1
HOAK	SUSAN		SNPL	203	N	1
HOATS	EDWARD		SNCL	72	Y	54
HOBBS	WILLIAM		SNW1	327	Y	295
HOBBS	NARISSA		SNW1	327	N	295
HOBBS	HENRY		SNW1	327	N	295
HOBBS	KATE		SNW1	332	Y	364
HOBERLY?	IGNATUS		SNTH	288	Y	107
HOCH	DAVID		SNTH	285	Y	61
HOCH	MARY		SNTH	285	N	61
HOCH	JACOB		SNTH	285	N	61
HOCH	CYRUS		SNTH	285	N	61
HOCH	ELIZABETH		SNTH	285	N	61
HOCH	ALBERT		SNTH	285	N	61
HOCH	AMANDA		SNTH	285	N	61
HOCH	EMMA		SNTH	285	N	61
HOCH	ALICE		SNTH	285	N	61
HOCH	MARY		SNTH	285	N	61
HOCH	JOHN		SNTH	285	N	61
HOCK	URIAH		SNTH	285	N	61
HOCKSTER	MARGARET		SNSC	244	Y	103
HODGE	JOHN	H	SNRE	235	Y	226
HODGE	LODENOY		SNRE	235	N	226
HODGE	ANNA		SNRE	235	N	226
HOFFER	MARKS		SNBI	21	Y	2
HOFFER	MARY		SNBI	21	N	2
HOFFER	JOSEPH		SNBI	21	N	2
HOFFER	MARTIN		SNBI	21	N	2
HOFFER	FREDRICK		SNBI	21	N	2
HOFFER	JACOB		SNBI	21	N	2
HOFFER	HENRY		SNBI	21	N	2
HOFFER	JOSEPH		SNBI	21	N	5
HOFFER	JOHN		SNJA	138	Y	192
HOFFER	MARGARET		SNJA	138	N	192
HOFFER	AMANDA		SNJA	138	N	192
HOFFER	PETER		SNJA	138	N	192
HOFFER	ELIZABETH		SNJA	138	N	192
HOFFER	SUSAN		SNJA	138	N	192
HOFFER	JACOB		SNJA	138	N	192
HOFFER	JOHN		SNJA	138	N	192
HOFFER	CHARLIE		SNJA	138	N	192
HOFFER	EMILY		SNJA	138	N	192
HOFFER	FREDERICK		SNLO	174	Y	165
HOFFER	MARGARET		SNLO	174	N	165
HOFFERD	MICHAEL		SNW1	312	Y	81
HOFFERD	MARY		SNW1	312	N	81
HOFFERD	CHARLES		SNW1	312	N	81
HOFFERD	JOHN		SNED	103	Y	223
HOFFERD	JULIA		SNED	103	N	223
HOFFERD	WILLIAM		SNED	103	Y	223
HOFFERD	SARAH		SNED	103	N	223
HOFFERD	HENRY		SNED	103	Y	223
HOFFERD	MARY		SNED	103	N	223
HOFFERD	LOUIS		SNED	103	N	223
HOFFMAN	NICHOLAS		SNCL	71	Y	30
HOFFMAN	SUSAN		SNCL	71	N	30
HOFFMAN	MATHIAS		SNCL	71	N	30
HOFFMAN	THEODORE		SNCL	71	N	30
HOFFMAN	LIZZIE		SNCL	71	N	30
HOFFMAN	PETER		SNCL	71	N	30
HOFFMAN	MARY		SNCL	71	N	30
HOFFMAN	JOHN		SNCL	71	N	30

LASTNAME	FIRSTNAME	MI	LOCATION	PAGE	HEAD	HHOLD
HOFFMAN	ANNA		SNCL	71	N	30
HOFFMAN	DAVID		SNCL	84	Y	228
HOFFMAN	REBECCA		SNCL	84	N	228
HOFFMAN	ELIZABETH		SNCL	84	N	228
HOFFMAN	LUCINDA		SNCL	84	N	228
HOFFMAN	WILLIAM		SNCL	84	N	228
HOFFMAN	JESSE		SNCL	84	N	228
HOFFMAN	ALLICE		SNCL	84	N	228
HOFFMAN	JOHN		SNLO	183	Y	32
HOFFMAN	JOHANNAH		SNLO	183	N	32
HOFFMAN	EDWARD		SNLO	183	N	32
HOFFMAN	THEODORE		SNLO	183	N	32
HOFFMAN	AUGUST		SNLO	183	N	32
HOFFMAN	JOHN		SNLO	183	N	32
HOFFMAN	MARY		SNW1	312	Y	67
HOFFMAN	ALEX		SNW1	323	Y	239
HOFFMAN	GEORGE		SNW1	326	Y	270
HOFFMAN	MARY		SNW1	326	N	270
HOFFMAN	H.	N.	SNW1	328	N	301
HOFFMAN	JACOB		SNW1	342	Y	432
HOFFMAN	JOHN		SNW2	373	Y	352
HOFFMAN	BARBARA		SNW2	373	N	352
HOFFMAN	ALEXANDER		SNW2	373	N	352
HOFFMAN	JOSEPH		SNW2	373	N	352
HOFFMAN	ANNA		SNW2	373	N	352
HOFFMAN	FRANK		SNW2	373	N	352
HOFFMAN	ALBERT		SNW2	373	N	352
HOFFMAN	SUSIE		SNED	91	Y	35
HOFFMAN	WM.		SNPL	218	Y	227
HOFFMAN	ELIZABETH		SNPL	218	N	227
HOFFMAN	BARBARA		SNPL	218	N	227
HOFFMAN	MAGGIE		SNSN	268	Y	150
HOFFNER	CASPER		SNTH	289	Y	114
HOFSEY	JOHN		SNW1	336	Y	422
HOFSEY	ANNA		SNW1	336	N	422
HOFSEY	ANNA		SNW1	336	N	422
HOGAN	ANDREW		SNW1	333	Y	369
HOGAN	MARGARET		SNW1	333	N	369
HOGAN	BRIDGET		SNW1	333	N	369
HOGAN	MARY		SNW1	333	N	369
HOGAN	ANDREW		SNW1	333	N	369
HOGAN	ELLEN		SNW1	333	N	369
HOGAN	JAMES		SNW1	333	N	369
HOGELAN	JOHN		SNW2	351	Y	17
HOGELAN	MARY		SNW2	351	N	17
HOKE	MICHAEL		SNCL	85	Y	245
HOKE	SARAH		SNCL	85	N	245
HOKE	AUGUST		SNCL	85	N	245
HOKE	MARY	A.	SNCL	85	N	245
HOKE	JOHN		SNCL	85	N	245
HOKE	EDWARD		SNCL	85	N	245
HOKE	WILLIAM		SNCL	85	N	245
HOKE	JOHN		SNLI	155	Y	210
HOKE	SUSAN		SNLI	155	N	210
HOKE	GEORGE	W	SNLI	155	N	210
HOKE	CLEMEN		SNLI	155	N	210
HOKE	AUGUSTUS		SNLI	155	Y	211
HOKE	RACHAEL		SNLI	155	N	211
HOKE	WILLIAM		SNLI	155	N	211
HOKE	MARY		SNLI	155	N	211
HOKE	ANN		SNLI	155	N	211
HOKE	CAPATALA		SNLI	155	N	211
HOKE	CATHARINE		SNLI	155	N	211
HOKE	GEORGE		SNLI	155	N	211
HOKE	ALICE		SNLI	155	N	211
HOKE	ESTHER		SNLI	155	N	211
HOKE	HENRY	E.	SNTH	284	Y	62
HOKE	LOUISA	C	SNTH	284	N	62
HOKE	JOHN		SNLI	155	Y	210
HOKE	SUSAN		SNLI	155	N	210
HOKE	GEORGE	W	SNLI	155	N	210
HOKE	CLEMEN		SNLI	155	N	210
HOKE	AUGUSTUS		SNLI	155	Y	211
HOKE	RACHAEL		SNLI	155	N	211
HOKE	WILLIAM		SNLI	155	N	211
HOKE	MARY		SNLI	155	N	211
HOKE	ANN		SNLI	155	N	211

LASTNAME	FIRSTNAME	MI	LOCATION	PAGE	HEAD	HHOLD
HOKE	CAPATALA		SNLI	155	N	211
HOKE	CATHARINE		SNLI	155	N	211
HOKE	GEORGE		SNLI	155	N	211
HOKE	ALICE		SNLI	155	N	211
HOKE	ESTHER		SNLI	155	N	211
HOKE	JOHN	F.	SNVE	393	Y	208
HOKE	MALVINA	K.	SNVE	393	N	208
HOKE	LAURA	V.M.	SNVE	393	N	208
HOKE	ALICE	C.	SNVE	393	N	208
HOKE	AUGUSTIN		SNVE	393	N	208
HOKE	DANZLES	V.	SNVE	393	N	208
HOKE	JOHN	B.	SNVE	393	N	208
HOKES	PHEOBE		SNSC	252	Y	232
HOKES	HELLEN		SNSC	252	N	232
HOKES	MALISSA		SNSC	252	N	232
HOKES	REBECCA		SNSC	257	Y	330
HOKES	HOMER		SNSC	257	N	330
HOLDERMAN	FRED		SNW1	332	Y	365
HOLDERMAN	SUSAN		SNW1	332	N	365
HOLDERMAN	ALLICE		SNW1	332	N	365
HOLDERMAN	MICHAEL		SNW1	332	N	365
HOLLABAUGH	SARAH		SNJA	131	Y	68
HOLLAND	WILLIAM	J	SNLO	196	Y	256
HOLLAND	ANN	R	SNLO	196	N	256
HOLLEN	NATHANIEL		SNBL	51	Y	44
HOLLEN	MAGDALINE		SNBL	51	N	44
HOLLEN	MARYETTA		SNBL	51	N	44
HOLLENBERGER	W		SNW2	378	Y	423
HOLLENBERGER	ALMIRA		SNW2	378	N	423
HOLLENBERGER	IDA		SNW2	378	N	423
HOLLENBERGER	MARY		SNW2	378	N	423
HOLLENBERGER	WILLIAM		SNW2	378	N	423
HOLLINGER	MICHAEL		SNLI	143	Y	15
HOLLINGER	SHARLOTTE		SNLI	143	N	15
HOLLINGER	HENRY	A	SNLI	143	N	15
HOLLINGER	HENRY		SNLI	145	Y	43
HOLLINGER	MARY		SNLI	145	N	43
HOLLINGER	MARY	A	SNLI	145	N	43
HOLLINGER	CAROLINE	E	SNLI	145	N	43
HOLLINGER	JOHN	A	SNLI	151	Y	148
HOLLINGER	CATHARINE		SNLI	151	N	148
HOLLINGER	JOHN		SNW1	313	Y	87
HOLLINGER	ADDA		SNW1	313	N	87
HOLLINGER	ICHABOD		SNW1	313	N	87
HOLLINGER	NETTIE		SNW1	313	N	87
HOLLINGER	ANN		SNW2	366	Y	241
HOLLINGER	MICHAEL		SNLI	143	Y	15
HOLLINGER	SHARLOTTE		SNLI	143	N	15
HOLLINGER	HENRY	A	SNLI	143	N	15
HOLLINGER	HENRY		SNLI	145	Y	43
HOLLINGER	MARY		SNLI	145	N	43
HOLLINGER	MARY	A	SNLI	145	N	43
HOLLINGER	CAROLINE	E	SNLI	145	N	43
HOLLINGER	JOHN	A	SNLI	151	Y	148
HOLLINGER	CATHARINE		SNLI	151	N	148
HOLLOBAUGH	ELIJAH		SNJA	131	Y	73
HOLLOBAUGH	ELIZABETH		SNJA	131	N	73
HOLLOBAUGH	MARY		SNJA	131	N	73
HOLLOBAUGH	JOHN		SNJA	131	N	73
HOLLOBAUGH	ANNA		SNJA	131	N	73
HOLLOBAUGH	HENRY		SNJA	131	N	73
HOLLOPETER	FREDERICK		SNJA	128	Y	19
HOLLOPETER	PHOEBA		SNJA	128	N	19
HOLLOPETER	CHARLES		SNJA	128	N	19
HOLLOPETER	ISAIAH		SNJA	128	Y	22
HOLLOPETER	MARY	A.	SNJA	128	N	22
HOLLOPETER	EDMON		SNJA	128	Y	23
HOLLOPETER	JEMIMA		SNJA	128	N	23
HOLLOPETER	VIOLA		SNJA	128	N	23
HOLLOPETER	RUSSEL		SNJA	128	N	23
HOLLOPETER	JEMIMA		SNJA	128	Y	26
HOLMER	ANTHONY		SNRE	228	Y	132
HOLMER	MARY		SNRE	228	N	132
HOLMER	JOHN		SNRE	228	N	132
HOLMER	FRANK		SNRE	228	N	132
HOLMER	ELISABETH		SNRE	228	N	132
HOLMER	JOHN	J	SNVE	381	Y	15

LASTNAME	FIRSTNAME	MI	LOCATION	PAGE	HEAD	HHOLD
HOLMER	HARIET		SNVE	381	N	15
HOLMER	CLARA	A	SNVE	381	N	15
HOLMER	GILBERT	C	SNVE	381	N	15
HOLMER	FRANK	C	SNVE	381	N	15
HOLMES	LOTTIE		SNW1	311	Y	59
HOLMES	EDWARD		SNW1	333	Y	380
HOLMES	MARGARET		SNW1	333	N	380
HOLMES	HENRY		SNW1	333	N	380
HOLMES	NANCY		SNED	92	Y	55
HOLMES	DAVID		SNED	104	Y	243
HOLMES	MARIA		SNED	104	N	243
HOLMES	RANDOLPH		SNED	104	Y	243
HOLMES	JAMES		SNED	104	Y	243
HOLMES	LILLIE		SNTH	283	Y	33
HOLMES	JOHN		SNVE	394	Y	223
HOLMES	SABINA		SNVE	394	N	223
HOLMES	DAVID		SNVE	394	N	223
HOLT	WILLIAM		SNW1	310	Y	44
HOLT	ISABELL		SNW1	310	N	44
HOLT	WILLIAM		SNW1	310	N	44
HOLT	MINNIE		SNW1	310	N	44
HOLT	WALTER		SNW1	310	N	44
HOLT	SARAH		SNED	107	Y	300
HOLTS	CLAY		SNAD	11	Y	164
HOLTS	SARAH		SNAD	11	N	164
HOLTS	HARRISON		SNAD	11	N	164
HOLTZ	GEORGE		SNCL	72	Y	50
HOLTZ	THEODORE		SNCL	74	Y	78
HOLTZ	DENNIS		SNCL	74	Y	85
HOLTZ	MARY		SNCL	74	N	85
HOLTZ	MARCUS		SNCL	74	N	85
HOLTZ	MERIBAH		SNCL	74	N	85
HOLTZ	MARY		SNW1	332	Y	356
HOLTZ	MOSES		SNW1	333	Y	376
HOLTZ	MARY		SNW1	333	N	376
HOLTZ	FRANCIS		SNED	94	Y	77
HOLTZ	CATHARINE		SNPL	219	Y	245
HOLTZ	SCOTT		SNPL	219	N	245
HOLTZ	JACOB		SNPL	219	Y	246
HOLTZ	SUSANA		SNPL	219	N	246
HOLTZ	CHARLES		SNPL	219	N	246
HOLTZ	JOHN		SNPL	219	N	246
HOLTZ	EDWARD	J	SNPL	219	Y	247
HOLTZ	HANNAH		SNPL	219	N	247
HOLTZ	SARAH		SNRE	221	Y	7
HOLTZBERGER	PHILLIP		SNPL	210	Y	118
HOLTZBERGER	CHRISTIAN		SNPL	210	N	118
HOLTZBERGER	PHILLIP		SNPL	210	N	118
HOLTZBERGER	ELIZABETH		SNPL	210	N	118
HOLVER	SAML		SNED	91	Y	35
HOLWAY	HANNAH		SNLO	186	Y	80
HOMAN	JOHN		SNW1	317	Y	144
HOMAN	MARIA		SNW1	317	N	144
HOMAN	CHARLES		SNW1	317	N	144
HOMAN	CATRY		SNW1	317	N	144
HOMAN	SOPHER		SNW1	317	N	144
HOMAN	CHRISTINA		SNW1	317	N	144
HOMAN	EVA		SNW1	317	N	144
HOMAN	ELIZABETH		SNW2	374	Y	360
HOME	RUBEN		SNED	97	Y	113
HOME	MARY		SNED	97	N	113
HOME	PETER		SNED	97	Y	113
HOME	LIZZIE		SNED	97	N	113
HOME	RUBEN		SNED	97	N	113
HOME	SIDNEY		SNED	97	N	113
HOME	AMANDA		SNED	97	N	113
HOMER	THRESA		SNW2	365	Y	231
HOMER	ISAAC		SNTH	287	Y	100
HOMER	LEAH		SNTH	287	N	100
HOMER	ELIZABETH		SNTH	287	N	100
HOMER	TERRY		SNTH	287	N	100
HOMER	SARAH		SNTH	287	N	100
HOMEY	CHRISTOPHER		SNVE	401	Y	345
HOMEY	JULIA		SNVE	401	N	345
HOMEY	MARY	C	SNVE	401	N	345
HOMEY	MATILDA		SNVE	401	N	345
HOMEY	JULIA		SNVE	401	N	345

LASTNAME	FIRSTNAME	MI	LOCATION	PAGE	HEAD	HHOLD
HOMEY	WILLIE		SNVE	401	N	345
HOMEY	EMELINE		SNVE	401	N	345
HOMEY	MARGRET		SNVE	401	N	345
HOMEY	SOPHIA		SNVE	401	N	345
HONEBERGER	JOHN		SNW2	351	Y	30
HONEBERGER	MARY		SNW2	354	Y	61
HOOFBOWER	CATHARINE		SNLI	161	Y	315
HOOFBOWER	CATHARINE		SNLI	161	Y	315
HOOFNER	JOHN		SNTH	295	Y	213
HOOFNER	JULIA		SNTH	295	N	213
HOOFNER	LAURA		SNTH	295	N	213
HOOK	CATHERINE		SNW1	327	Y	293
HOOKE	CONRAD	J.	SNCL	69	Y	5
HOOKE	MARY	J.	SNCL	69	N	5
HOOKE	CHARLES		SNCL	69	N	5
HOOKE	WILFRIED		SNCL	69	N	5
HOOKE	ASIMELIS		SNCL	69	N	5
HOOKE	MARY	M.	SNCL	69	N	5
HOOKE	ALLENA		SNCL	69	N	5
HOOPER	HARRIET		SNLO	182	Y	26
HOOPER	DELORES		SNLO	182	N	26
HOOPER	B	A	SNLO	182	N	26
HOOPER	O	C	SNLO	182	N	26
HOOPER	LOLA	ANN	SNLO	182	N	26
HOOPER	SAMUEL		SNVE	394	Y	219
HOOVER	CLINTON		SNCL	73	Y	61
HOOVER	THOMAS		SNCL	73	N	61
HOOVER	JOHN	A	SNLI	157	Y	239
HOOVER	FANNY	C	SNLI	157	N	239
HOOVER	LAWRENCE		SNAD	14	Y	223
HOOVER	MARY		SNAD	14	N	223
HOOVER	JOHN		SNLO	185	Y	67
HOOVER	HERMAN		SNW1	328	Y	302
HOOVER	JOSEPH		SNW2	375	Y	377
HOOVER	SARAH		SNW2	375	N	377
HOOVER	JAMES		SNW2	375	N	377
HOOVER	CHARLES		SNW2	375	N	377
HOOVER	FRANK		SNW2	375	N	377
HOOVER	MARY		SNW2	375	N	377
HOOVER	UTICL		SNW2	378	Y	420
HOOVER	JOSEPH		SNPL	215	Y	187
HOOVER	CATHARINE		SNPL	215	N	187
HOOVER	ELIZA		SNSC	244	N	108
HOOVER	ANTHONY		SNTH	285	Y	66
HOOVER	CATHERINE		SNTH	285	N	66
HOOVER	ANNA		SNTH	285	N	66
HOOVER	SAMUEL		SNTH	285	N	66
HOOVER	MARY		SNTH	285	N	66
HOOVER	KATIE		SNTH	285	N	66
HOOVER	BTHOMIS?		SNTH	299	Y	269
HOOVER	HENRY?		SNTH	301	Y	287
HOOVER	ELIZABETH		SNTH	301	N	287
HOOVER	MARY		SNTH	301	N	287
HOOVER	JOSEPH		SNTH	301	N	287
HOOVER	JOHN		SNTH	301	N	287
HOOVER	JACOB		SNTH	301	N	287
HOOVER	MARGARET		SNTH	301	Y	288
HOOVER	HENRY		SNTH	301	N	288
HOOVER	JACOB		SNTH	301	N	288
HOOVER	MARY		SNTH	301	N	288
HOOVER	ANNA		SNTH	301	N	288
HOOVER	GEORGE		SNTH	301	N	288
HOOVER	LOUISA		SNTH	301	N	288
HOOVER	ELIZ		SNHO	111	Y	40
HOOVER	LAVINA		SNHO	111	N	40
HOOVER	JOSEPH		SNHO	115	Y	109
HOOVER	NANNIE		SNHO	115	N	109
HOOVER	DENNIS		SNHO	115	N	109
HOOVER	MARGARET		SNHO	115	N	109
HOOVER	JACOB		SNHO	115	N	109
HOOVER	JOHN	A	SNLI	157	Y	239
HOOVER	FANNY	C	SNLI	157	N	239
HOOVER	JOSEPH		SNRE	226	Y	97
HOOVER	JULIETTE		SNRE	226	N	97
HOOVER	EBER		SNRE	226	N	97
HOOVER	JOHN	F	SNRE	226	N	97
HOOVER	ARNOLD	W	SNRE	226	N	97

LASTNAME	FIRSTNAME	MI	LOCATION	PAGE	HEAD	HHOLD
HOOVER	GEORGE		SNRE	226	N	97
HOOVER	MINIA		SNRE	227	Y	111
HOOVER	DANIEL		SNRE	231	Y	167
HOOVER	MARTIN		SNRE	237	Y	265
HOOVER	CATHARINE		SNRE	237	N	265
HOOVER	JANE		SNRE	237	N	265
HOOVER	JESSEE		SNRE	237	N	265
HOOVER	MARTIN		SNRE	237	N	265
HOPKINS	LEWIS		SNAD	3	Y	47
HOPKINS	LEBRELON?		SNSC	258	Y	334
HOPKINS	MARIA		SNSC	258	N	334
HOPKINS	JOHN		SNSC	258	N	334
HOPKINS	FLORA		SNSC	258	N	334
HOPKINS	FRANK		SNSC	258	N	334
HOPKINS	PARMETIA		SNBL	51	Y	50
HOPLER	BELLIA		SNBL	57	Y	131
HOPLES	HENRY	F	SNBL	53	Y	71
HOPLES	SARAH	C	SNBL	53	N	71
HOPLES	ADA		SNBL	53	N	71
HOPLES	ELLA		SNBL	53	N	71
HOPLES	MILARD	F	SNBL	53	N	71
HOPLES	MARY	J	SNBL	53	N	71
HOPLES	AMY?	D	SNBL	53	N	71
HOPLES	MAGDALENE		SNBL	53	N	71
HOPLES	NERA		SNBL	53	N	71
HOPLES	SAMUEL	B?	SNBL	53	Y	75
HOPLES	SARAH	J	SNBL	53	N	75
HOPLES	GENELLA		SNBL	53	N	75
HOPLES	ISAAC	S	SNBL	53	N	75
HOPLES	JACOB		SNBL	66	Y	293
HOPLES	ANNE		SNBL	66	N	293
HOPLES	LAFFAYETTE		SNBL	66	N	293
HOPLES	CATHERINE		SNBL	66	N	293
HOPPLE	CONRAD		SNAD	12	Y	183
HOPPLE	CATHARINE		SNAD	12	N	183
HOPPLE	ANNA		SNAD	12	N	183
HOPPLE	JOHN		SNAD	12	N	183
HOPPLE	MARY		SNAD	12	N	183
HOPPLE	KATIE		SNAD	12	N	183
HOPPLE	ELISABETH		SNAD	12	N	183
HOPPLE	HENRY		SNSC	254	Y	257
HOPPLE	MARY		SNSC	254	N	257
HOPPLE	JACOB		SNSC	254	N	257
HOPPLE	DANIEL		SNSC	254	N	257
HOPPLE	WILLIAM		SNSC	254	N	257
HOPPUS	PAUL		SNSC	240	Y	33
HOPPUS	MARY		SNSC	240	N	33
HOPPUS	WILLIAM		SNSC	240	N	33
HOPPUS	SCOTT		SNSC	240	N	33
HOPPUS	EMMA		SNSC	240	N	33
HOPPUS	BELL		SNSC	240	N	33
HOPPUS	AGASTUS ?		SNSC	240	N	33
HOPUS	MICHAEL		SNAD	8	Y	128
HOPUS	SARAH		SNAD	8	N	128
HOPUS	ASA		SNAD	8	N	128
HOPUS	MARY		SNAD	8	N	128
HOREFF	LIZZIE		SNW2	353	Y	54
HORN	SAMUEL		SNPL	211	Y	126
HORN	MARY		SNPL	211	N	126
HORN	ROSA		SNPL	211	N	126
HORN	ELMIRA		SNPL	211	N	126
HORN	BENJAMIN		SNPL	211	N	126
HORN	JOHN		SNPL	211	N	126
HORN	ACQUILLA		SNPL	211	N	126
HORN	SAMUEL		SNPL	211	N	126
HORNE?	MINAH		SNPL	208	Y	81
HORNELL	QUINTUS		SNED	94	Y	75
HORNELL	ELIZABETH		SNED	94	N	75
HORNELL	JAMES		SNED	94	N	75
HORNER	OBADIAH		SNW1	321	Y	204
HORNER	MARY		SNW1	321	N	204
HORNER	CATHARINE		SNW1	321	N	204
HORNING	C.		SNW1	327	Y	292
HORNING	CALLIE		SNW1	327	N	292
HORPLES ?	FRANKLIN		SNAD	19	Y	312
HORTNER	GEORGE		SNW1	346	Y	545
HORTON	LEWIS		SNCL	74	Y	78

LASTNAME	FIRSTNAME	MI	LOCATION	PAGE	HEAD	HHOLD
HORTON	JANE		SNCL	74	N	78
HORTON	IHIEL		SNW1	324	Y	248
HORTON	CAROLINE	E	SNW1	324	N	248
HORTON	HARRY		SNW1	324	N	248
HORTON	LEWIS		SNW1	324	N	248
HORTON	LEVI		SNSC	257	Y	322
HORTON	JAMES		SNSC	257	Y	323
HORTON	ELIZABETH		SNSC	257	N	323
HORTON	MATILDA		SNSC	257	N	323
HORTON	WILLIAM		SNSC	257	N	323
HORTON	SUSAN		SNBL	63	Y	228
HORTON	CLARA		SNRE	231	Y	171
HOSAFROTS	JOSEPH		SNW1	320	Y	198
HOSAFROTS	ROSANA		SNW1	320	N	198
HOSAFROTS	MARY		SNW1	320	N	198
HOSLER	MOSES		SNLI	150	Y	134
HOSLER	AMANDA		SNLI	150	N	134
HOSLER	JAMES	L	SNLI	150	N	134
HOSLER	ESTHER	E	SNLI	150	N	134
HOSLER	ANN		SNLI	150	N	134
HOSLER	MOSES		SNLI	150	Y	134
HOSLER	AMANDA		SNLI	150	N	134
HOSLER	JAMES	L	SNLI	150	N	134
HOSLER	ESTHER	E	SNLI	150	N	134
HOSLER	ANN		SNLI	150	N	134
HOSM	ANDREW		SNVE	397	Y	265
HOSM	MARIE		SNVE	397	N	265
HOSM	JACOB		SNVE	397	N	265
HOSM	HENRY		SNVE	397	N	265
HOSM	MARGRET		SNVE	397	N	265
HOSM	SUSAN		SNVE	397	N	265
HOSM	AMELIA		SNVE	397	N	265
HOSPENHOVER	DAVID		SNHO	121	Y	209
HOSPENHOVER	MARTHA		SNHO	121	N	209
HOSPENHOVER	CHARLES		SNHO	121	N	209
HOSPENHOVER	CHRISTIAN		SNHO	121	N	209
HOSPENHOVER	MALISSA		SNHO	121	N	209
HOSPLEHORN	GEORGE		SNW1	348	Y	560
HOSSENBILER	JOSEPH		SNW2	355	Y	84
HOSSENBILER	WALBERGER		SNW2	355	N	84
HOSSENBILER	MARIA		SNW2	355	N	84
HOSSENBILER	DAVID		SNW2	355	N	84
HOSSLER	MARY		SNVE	402	Y	348
HOSSLER	HANNAH		SNVE	402	N	348
HOSSLER	JOSEPH		SNVE	402	N	348
HOSSLER	ADOLPH		SNVE	402	N	348
HOSSLER	FRANK		SNVE	402	N	348
HOSTERS	LEVI		SNSC	246	Y	131
HOSTERS	FRANK?		SNSC	246	Y	134
HOSTERS	MARY		SNSC	246	N	134
HOSTERS	JANE		SNSC	246	N	134
HOTCH	JOHN		SNPL	213	Y	161
HOTCH	LAVINA		SNPL	213	N	161
HOTCH	SARAH	A	SNPL	213	N	161
HOTCH	BENJ		SNPL	213	N	161
HOTELING	CHRISTOPHER		SNBL	62	Y	216
HOTELING	LYDIA		SNBL	62	N	216
HOTTENSTINE	ANDREW		SNRE	234	Y	223
HOTTENSTINE	LEVINA		SNRE	234	N	223
HOTTENSTINE	ALVE		SNRE	235	N	223
HOUCK	ANDREW		SNCL	71	Y	29
HOUCK	MARY		SNCL	71	N	29
HOUCK	JEREMIAH		SNCL	71	N	29
HOUCK	FRED		SNCL	74	Y	87
HOUCK	REBECCA		SNCL	74	N	87
HOUCK	CLARA		SNCL	74	N	87
HOUCK	ZACHARIA		SNCL	74	N	87
HOUCK	JOSEPH		SNW1	326	Y	273
HOUCK	JANE		SNW1	326	N	273
HOUCK	HENRY		SNW1	326	N	273
HOUCK	FRANCES		SNW1	326	N	273
HOUCK	MARY	J	SNW1	326	N	273
HOUCK	ANNA		SNW1	326	N	273
HOUCK	JOHN		SNW1	326	N	273
HOUCK	IDA		SNW1	326	N	273
HOUCK	FRANK		SNW1	326	N	273
HOUCK	CHRISTINA		SNW1	336	Y	411

LASTNAME	FIRSTNAME	MI	LOCATION	PAGE	HEAD	HHOLD
HOUCK	JOHN		SNW1	338	Y	440
HOUCK	MARY		SNW1	338	N	440
HOUCK	GEORGE		SNW1	338	N	440
HOUCK	CHRISTENA		SNW1	338	N	440
HOUCK	ANTHONY		SNW1	338	N	440
HOUCK	ROSA		SNW1	338	N	440
HOUCK	MARY		SNW1	338	N	440
HOUCK	LOUIS		SNW1	338	N	440
HOUCK	JOHN		SNW1	338	N	440
HOUCK	CHARLES		SNW1	338	N	440
HOUCK	FREDERICK		SNW1	338	N	440
HOUCK	JOSEPH		SNW1	338	N	440
HOUCK	ADAM		SNW1	338	N	440
HOUCK	LOUIS		SNW1	342	Y	486
HOUCK	CATHERINE		SNW1	342	N	486
HOUCK	LIZZIE		SNW1	342	N	486
HOUCK	ANTHONY		SNW2	360	Y	150
HOUCK	REBECCA		SNW2	360	N	150
HOUCK	WILLIAM		SNW2	360	N	150
HOUCK	JOSEPH		SNW2	360	N	150
HOUCK	ANTHONY		SNW2	360	N	150
HOUCK	CHRISTENA		SNW2	360	N	150
HOUCK	MARY		SNW2	360	N	150
HOUCK	GODFREY		SNW2	360	N	150
HOUCK	CATHARINE		SNW2	360	N	150
HOUCK	EMMA		SNW2	360	N	150
HOUCK	JOHN		SNW2	360	N	150
HOUCK	GEORGE		SNW2	360	N	150
HOUCK	ISAAC		SNW2	379	Y	432
HOUCK	ISAAC		SNHO	113	Y	66
HOUCK	MARY		SNHO	113	N	66
HOUCK	JOHN		SNHO	113	N	66
HOUCK	JOSEPH		SNHO	113	N	66
HOUCK	GEORGE		SNHO	113	N	66
HOUCK	JACOB		SNHO	113	N	66
HOUCK	EMMA		SNHO	113	N	66
HOUCK	PETER		SNHO	113	N	66
HOUCK	ISAAC		SNHO	113	N	66
HOUCK	WILLIAM		SNSN	262	Y	36
HOUCK	MADELAIN		SNSN	262	N	36
HOUCK	MARGARET		SNSN	262	N	36
HOUCK	MINNIE		SNSN	262	N	36
HOUCK	IDA		SNSN	262	N	36
HOUCK	HENRY		SNSN	263	Y	62
HOUCK	RACHEL		SNSN	263	N	62
HOUCK	EZRA		SNSN	268	Y	146
HOUCK	FRANCIS		SNSN	268	N	146
HOUDENBROOK	KATE		SNBI	40	Y	270
HOUK	SUZALMA	V	SNVE	382	Y	37
HOURS?	MARY	E	SNRE	222	Y	27
HOUSE	JOHN		SNW1	312	Y	75
HOUSE	MARGARET		SNW1	312	N	75
HOUSE	CATHARINE		SNW1	312	N	75
HOUSE	JOHN		SNW1	312	N	75
HOUSE	GEORGE		SNW1	312	N	75
HOUSE	LAWRANCE		SNW1	312	N	75
HOUSE	HENRY		SNW1	346	Y	541
HOUSEMAN	COMFORT		SNED	89	Y	2
HOUSEMANN	CHARLES		SNED	92	Y	37
HOUSER	HENRY		SNCL	70	Y	26
HOUSER	MINNIE		SNCL	70	N	26
HOUSER	SHELDON		SNCL	70	N	26
HOUSER	AGNES		SNBI	40	Y	270
HOUSER	ANNA		SNW2	362	Y	184
HOUSI?	SAMUEL		SNTH	284	Y	33
HOUSTON	EMMA		SNCL	69	N	1
HOVER	FRANCES		SNLO	174	Y	169
HOVER	MARIAH		SNLO	175	N	169
HOVER	ANDREW		SNLO	175	N	169
HOVER	JACOB		SNLO	175	N	169
HOVEY	A	B	SNW2	369	Y	291
HOVEY	SUSAN		SNW2	369	N	291
HOVEY	LOLA	J	SNW2	369	N	291
HOVEY	EARL	R	SNW2	369	N	291
HOWARD	DEWITT		SNW1	347	Y	546
HOWARD	CHRISTINA		SNW1	347	N	546
HOWARD	JAMES	H.	SNW1	347	N	546

LASTNAME	FIRSTNAME	MI	LOCATION	PAGE	HEAD	HHOLD
HOWARD	CLINTON	W.	SNW1	347	N	546
HOWARD	FRED	K.	SNW1	347	N	546
HOWBLITZ	JONIS		SNVE	383	Y	57
HOWBLITZ	SUSAN		SNVE	383	N	57
HOWBLITZ	JOHN	G.	SNVE	383	Y	58
HOWBLITZ	CATHARINE		SNVE	383	N	58
HOWBLITZ	HENRY		SNVE	383	Y	60
HOWBLITZ	LUCRETIA		SNVE	383	N	60
HOWBLITZ	NEOMIS		SNVE	383	N	60
HOWBLITZ	JOHN	S.	SNVE	383	N	60
HOWEL	JOHN		SNAD	14	Y	227
HOWEL	SARAH		SNAD	14	N	227
HOWEL	MARY		SNAD	14	N	227
HOWELL	R	R	SNLO	184	Y	49
HOWELL	MARY	F	SNLO	184	N	49
HOWELL	CHARLES	M	SNLO	184	N	49
HOWELL	MARY		SNLO	184	N	49
HOWELL	LAURA		SNLO	184	N	49
HOWELL	J	E	SNLO	184	N	49
HOWELL	FANNY		SNLO	184	N	49
HOWELL	ISAAC		SNSC	243	Y	81
HOWESWETZEL	ANN		SNVE	380	Y	9
HOWLAND	STEPHEN?		SNSC	245	Y	118
HOWLAND	WILLIAM		SNSC	245	N	118
HOWLAND	HENRY		SNVE	396	Y	243
HOWLAND	SARAH		SNVE	396	N	243
HOWLAND	MARY		SNVE	396	N	243
HOWLAND	SARAH	D	SNVE	396	N	243
HOWLAND	GEORGE		SNVE	396	N	243
HOWRY	SAMUEL		SNTH	294	Y	205
HOWRY	FANNIE		SNTH	294	N	205
HOWRY	OTTO		SNTH	294	N	205
HOWSEL	HIRAM		SNW2	368	Y	271
HOWSEL	LOTTA		SNW2	368	N	271
HOWSEL	JACOB		SNSN	260	Y	17
HOWSEL	SARAH		SNSN	260	N	17
HOWSEL	G.	W.	SNSN	260	N	17
HOWSEL	T.	J.	SNSN	260	N	17
HOWSMAN	MARTIN		SNLI	148	Y	103
HOWSMAN	ELIZABETH		SNLI	148	N	103
HOWSMAN	CATHERINE		SNLI	148	N	103
HOWSMAN	GEORGE		SNLI	148	N	103
HOWSMAN	FRANKLIN		SNLI	148	N	103
HOWSMAN	MARTIN		SNLI	148	Y	103
HOWSMAN	ELIZABETH		SNLI	148	N	103
HOWSMAN	CATHERINE		SNLI	148	N	103
HOWSMAN	GEORGE		SNLI	148	N	103
HOWSMAN	FRANKLIN		SNLI	148	N	103
HOYER	LENA		SNLO	183	Y	32
HOYER	GEORGE		SNLO	194	Y	215
HOYER	MARY		SNLO	194	N	215
HOYER	HENRY		SNLO	194	N	215
HOYER	ELIZABETH		SNLO	194	N	215
HOYT	CHARLES		SNBI	39	Y	253
HOYT	EMMA		SNBI	39	N	253
HOYT	ABIGAIL		SNBI	39	N	253
HOYT	SAMUEL		SNBI	39	N	253
HOYT	HARRIET		SNED	107	Y	285
HRONEK	SARAH		SNBL	51	Y	50
HUBBELL	ADALIDE		SNRE	228	Y	121
HUBER	HORACE		SNCL	69	Y	1
HUBER	MARY		SNCL	69	N	1
HUBER	JOHN		SNCL	69	N	1
HUBER	EUGENE		SNCL	69	N	1
HUBER	JONAS		SNW2	377	Y	399
HUBER	SUSANA		SNW2	377	N	399
HUBER	MARY		SNW2	377	N	399
HUBER	THOMAS		SNW2	377	N	399
HUBER	RODGERS		SNW2	377	N	399
HUBER	REBECCA		SNW2	377	N	399
HUBER	FANNIE		SNW2	377	N	399
HUBER	HENRY		SNW2	377	Y	401
HUBER	CLINTON		SNW2	377	N	401
HUBER	MARY		SNW2	377	N	401
HUBER	ELLA		SNW2	377	N	401
HUBER	HAMLIN		SNW2	377	N	401
HUBER	FLORA		SNW2	377	N	401

LASTNAME	FIRSTNAME	MI	LOCATION	PAGE	HEAD	HHOLD
HUBER	EMMA		SNW2	377	N	401
HUBER	URIAH		SNHO	124	Y	264
HUBER	ANNA		SNHO	124	N	264
HUBER	ELIZ.		SNHO	124	N	264
HUBER	FREDERICK		SNSN	271	Y	200
HUBERT	NICHOLAS		SNBI	37	Y	225
HUBERT	CATHERINE		SNBI	37	N	225
HUBERT	FREDERICK		SNLO	164	Y	27
HUBERT	JOSEPHINE		SNLO	164	N	27
HUDDLE	CATHARINE		SNCL	83	Y	220
HUDDLE	KATE		SNAD	20	Y	325
HUDDLE	JOHN		SNLO	166	Y	56
HUDDLE	ELIZA	J	SNLO	166	N	56
HUDDLE	SAREFETA ?		SNLO	166	N	56
HUDDLE	HOMER		SNLO	166	N	56
HUDDLE	WILLIS		SNLO	166	N	56
HUDDLE	J	K	SNW1	338	Y	444
HUDDLE	LAVINA		SNED	101	Y	181
HUDDLE	JOHN		SNED	101	Y	181
HUDDLE	BARBARA		SNED	101	N	181
HUDDLE	GRATIUM		SNED	101	N	181
HUDDLE	ALVIN		SNBL	60	Y	188
HUDDLER	LEWIS		SNW1	314	Y	105
HUDDLER	ELIZA	E	SNW1	314	N	105
HUDDLER	HERSHAL		SNW1	314	N	105
HUDDLER	BENJAMIN		SNW1	314	N	105
HUDDLER	CLINTON		SNW1	314	N	105
HUDLE	D	B	SNED	90	Y	16
HUDLE	MARGARET		SNED	90	N	16
HUDLE	RALPH		SNED	90	N	16
HUDLE	LEWIS		SNED	90	N	16
HUDLE	MARSHALL		SNED	90	N	16
HUDLE	MARTHA		SNED	90	N	16
HUDSON	JOSEPH		SNLI	153	Y	183
HUDSON	ROBERT		SNLI	157	Y	241
HUDSON	JANE		SNLI	157	N	241
HUDSON	CASSIUS	M	SNLI	157	N	241
HUDSON	ALICE		SNLI	157	N	241
HUDSON	ARTHUR		SNLI	157	N	241
HUDSON	CATHARINE		SNLI	157	Y	249
HUDSON	JOSEPH		SNLI	157	N	249
HUDSON	LUCIAN		SNLI	157	N	249
HUDSON	CLARRISSA		SNLI	157	N	249
HUDSON	JAMES		SNLI	157	Y	251
HUDSON	MATILDA		SNLI	157	N	251
HUDSON	GEORGE	W	SNLI	157	N	251
HUDSON	LUTION		SNLI	158	Y	253
HUDSON	HANNAH		SNLI	158	Y	260
HUDSON	MARY		SNLO	185	Y	70
HUDSON	MAHALA		SNLO	185	N	70
HUDSON	ANN		SNW1	348	Y	561
HUDSON	BENJAMIN		SNED	101	Y	190
HUDSON	DAVID		SNBL	65	Y	254
HUDSON	JOSEPH		SNLI	153	Y	183
HUDSON	ROBERT		SNLI	157	Y	241
HUDSON	JANE		SNLI	157	N	241
HUDSON	CASSIUS	M	SNLI	157	N	241
HUDSON	ALICE		SNLI	157	N	241
HUDSON	ARTHUR		SNLI	157	N	241
HUDSON	CATHARINE		SNLI	157	Y	249
HUDSON	JOSEPH		SNLI	157	N	249
HUDSON	LUCIAN		SNLI	157	N	249
HUDSON	CLARRISSA		SNLI	157	N	249
HUDSON	JAMES		SNLI	157	Y	251
HUDSON	MATILDA		SNLI	157	N	251
HUDSON	GEORGE	W	SNLI	157	N	251
HUDSON	LUTION		SNLI	158	Y	253
HUDSON	HANNAH		SNLI	158	Y	260
HUFF	MARY	W	SNTH	282	Y	25
HUFF	SYLVESTER		SNTH	282	N	25
HUFF	JOHN		SNTH	282	N	25
HUFFBOWER	CATHERINE		SNBI	27	Y	100
HUFFBOWER	SUSAN		SNBI	27	N	100
HUFFBOWER	JOSEPH		SNBI	27	N	100
HUFFBOWER	DOMINICK		SNBI	27	N	100
HUFFBOWER	JOHN		SNBI	27	N	100
HUFFBOWER	PEGGY		SNBI	27	N	100

LASTNAME	FIRSTNAME	MI	LOCATION	PAGE	HEAD	HHOLD
HUFFBOWER	JOS		SNBI	43	Y	301
HUFFBOWER	CATHERINE		SNBI	43	N	301
HUFFERD	GEORGE	J	SNLI	158	Y	254
HUFFERD	SOPHIAH		SNLI	158	N	254
HUFFERD	MARTIN		SNW1	320	Y	191
HUFFERD	MARY		SNW1	320	N	191
HUFFERD	GEORGE	J	SNLI	158	Y	254
HUFFERD	SOPHIAH		SNLI	158	N	254
HUFFMAN	DAVID		SNJA	138	Y	185
HUFFMAN	POLLY		SNJA	138	N	185
HUFFMAN	WASH		SNLO	181	Y	12
HUFFMAN	JOHANNAH		SNLO	181	N	12
HUFFMAN	ETTIE		SNLO	181	N	12
HUFFMAN	WILLIAM		SNLO	181	N	12
HUFFMAN	HARRY		SNLO	181	N	12
HUFFMAN	ELIZA		SNLO	181	N	12
HUFFMAN	CHARLES		SNLO	181	N	12
HUFFMAN	GEORGE		SNW2	378	Y	417
HUFFMAN	CLARA		SNW2	378	N	417
HUFFMAN	WILLIAM		SNW2	378	N	417
HUFFMAN	CORA		SNW2	378	N	417
HUFFMAN	FRANK		SNW2	378	N	417
HUFFMAN	WILLIAM		SNSC	249	Y	181
HUFFMAN	PHOBEE		SNSC	249	N	181
HUFFMAN	LEWIS		SNSC	249	Y	181
HUFFMAN	CHARLIE		SNSC	249	N	181
HUFFMAN	WILLIAM		SNSC	249	N	181
HUFFMAN	ISAAC		SNHO	119	Y	177
HUFFMAN	ELIZ		SNHO	119	N	177
HUFFMAN	CATHERINE		SNHO	119	N	177
HUFFMAN	GEORGE		SNHO	119	N	177
HUFFMAN	JAMES		SNHO	119	N	177
HUFFMAN	MARTHA		SNHO	119	N	177
HUFFMAN	JOHN		SNBL	49	Y	5
HUFFMAN	MARGARET		SNBL	49	N	5
HUFFMAN	NORA		SNBL	49	N	5
HUFFMAN	ELISABETH		SNBL	49	N	5
HUFFMAN	JOHN		SNVE	382	Y	32
HUFFMAN	ALICE	J	SNVE	382	N	32
HUFFMAN	ANDREW		SNVE	389	Y	128
HUFFMAN	ELISABETH		SNVE	389	N	128
HUFFMAN	CYNTHA		SNVE	389	N	128
HUFFMAN	CATHARINE		SNVE	389	Y	128
HUFFMAN	JACOB		SNVE	389	Y	129
HUFFMAN	AVEY	J.	SNVE	389	N	129
HUFFMAN	CATHARINE		SNVE	389	N	129
HUFFMAN	MARY	J.	SNVE	389	N	129
HUFFMAN	AVEY	D.	SNVE	389	N	129
HUFFMAN	IDA	A.	SNVE	389	N	129
HUFFMAN	CLARA	B.	SNVE	389	N	129
HUFFMAN	JACOB	M.	SNVE	389	N	129
HUFFMAN	ALICE	R.	SNVE	389	N	129
HUFFMAN	JESIAH		SNVE	389	Y	138
HUFFMAN	SARAH		SNVE	389	N	138
HUFFMAN	HANNAH		SNVE	389	N	138
HUFFMAN	SNELLA	J.	SNVE	389	N	138
HUFFMAN	JOSEPH		SNVE	392	Y	186
HUFFMAN	AGNES		SNVE	392	N	186
HUFFMAN	CHRISTINA		SNVE	392	N	186
HUFFMAN	SEYMORE		SNVE	392	N	186
HUFFORD	JAMES		SNSC	243	Y	90
HUFFORD	MARY		SNSC	243	N	90
HUFFORD	CHARLES		SNSC	243	N	90
HUFFSEY	BARBARA		SNW1	309	Y	21
HUFFSEY	HENRY		SNW1	309	N	21
HUFFSEY	ANNA		SNW1	309	N	21
HUGH	ELIZ		SNBI	46	Y	361
HUGHES	ALBERT		SNLI	153	Y	183
HUGHES	ELIZABETH		SNLI	153	N	183
HUGHES	JOHN		SNLI	157	Y	236
HUGHES	HANNAH		SNLI	157	N	236
HUGHES	CHARLES	M	SNLI	157	N	236
HUGHES	ALBERT		SNLI	153	Y	183
HUGHES	ELIZABETH		SNLI	153	N	183
HUGHES	JOHN		SNLI	157	Y	236
HUGHES	HANNAH		SNLI	157	N	236
HUGHES	CHARLES	M	SNLI	157	N	236

LASTNAME	FIRSTNAME	MI	LOCATION	PAGE	HEAD	HHOLD
HUGHS	GILBERT		SNJA	132	Y	89
HUGHS	LAURA		SNJA	132	N	89
HUGHS	WILLIAM	F.	SNJA	132	N	89
HUGHS	EDEL	B.	SNJA	132	N	89
HUGHS	RICHARD		SNSC	248	Y	171
HUGHS	MARY		SNSC	248	N	171
HULET	JOHN		SNBL	63	Y	232
HULET	AUGUSTUS		SNRE	231	Y	169
HULET	REBECA	J	SNRE	231	N	169
HULET	MARY	J	SNRE	231	N	169
HULET	MARIA	R	SNRE	231	N	169
HULET	CLARA	E	SNRE	231	N	169
HULET	SILAS	M	SNRE	231	N	169
HULET	JOHN	A	SNRE	231	N	169
HULET	JOHN	W	SNRE	237	Y	264
HULET	AMIE		SNRE	237	N	264
HULKY	ELIZABETH		SNSN	271	Y	194
HULKY	MARY		SNSN	271	N	194
HULL	LUCIAN		SNLI	157	Y	234
HULL	MARTHA		SNLI	157	N	234
HULL	SAMUEL		SNLI	157	N	234
HULL	MARGARET		SNLI	157	N	234
HULL	MARY	C	SNLI	157	N	234
HULL	JOHANNAH		SNLI	157	N	234
HULL	CHARLES		SNLI	157	N	234
HULL	FRANKLIN		SNLI	157	N	234
HULL	GEORGE		SNLI	157	N	234
HULL	SAMUEL		SNLI	157	N	234
HULL	GEORGE		SNJA	127	Y	6
HULL	MARTHA		SNJA	127	N	6
HULL	ELLA		SNJA	127	N	6
HULL	EUGENE		SNJA	127	N	6
HULL	SARAH	J.	SNJA	127	N	6
HULL	JOEL		SNW1	342	Y	490
HULL	SARAH		SNW1	342	N	490
HULL	HENRY		SNW1	346	Y	545
HULL	JOHN		SNSC	247	Y	153
HULL	CATHERINE		SNSC	247	N	153
HULL	JOSEPH		SNSC	247	N	153
HULL	WILLIAM		SNSC	253	Y	247
HULL	JOHN	W.	SNBL	49	Y	1
HULL	ELISABETH		SNBL	49	N	1
HULL	CELESTIA		SNBL	49	N	1
HULL	JOSEPH		SNBL	49	N	1
HULL	LUCIAN		SNLI	157	Y	234
HULL	MARTHA		SNLI	157	N	234
HULL	SAMUEL		SNLI	157	N	234
HULL	MARGARET		SNLI	157	N	234
HULL	MARY	C	SNLI	157	N	234
HULL	JOHANNAH		SNLI	157	N	234
HULL	CHARLES		SNLI	157	N	234
HULL	FRANKLIN		SNLI	157	N	234
HULL	GEORGE		SNLI	157	N	234
HULL	SAMUEL		SNLI	157	N	234
HULL	JACOB		SNVE	384	Y	63
HULL	ELIZABETH		SNVE	384	N	63
HULL	ARWINA		SNVE	384	N	63
HULL	ALVA	P.	SNVE	384	N	63
HULL	DANIEL	M.	SNVE	384	N	63
HULL	DAVID	P.	SNVE	384	N	63
HULL	EDWARD	D.	SNVE	384	N	63
HULL	IDA	A.	SNVE	384	N	63
HULL	EFFIE	E.	SNVE	384	N	63
HULL	JOHN		SNVE	386	Y	97
HULL	SARAH		SNVE	386	N	97
HULL	MATILDA	J.	SNVE	386	N	97
HULL	LEWIS	H.	SNVE	386	N	97
HULL	MARY	C.	SNVE	386	N	97
HULL	ABRAM	H.	SNVE	386	N	97
HULL	ALVA	P.	SNVE	386	N	97
HULL	MARTHA	E.	SNVE	386	N	97
HULL	MICHAEL		SNVE	396	Y	244
HULL	BARBRA		SNVE	396	N	244
HULL	SILAS		SNVE	396	N	244
HULL	AMANDA	J	SNVE	396	N	244
HULL	WILLIAM	H	SNVE	396	N	244
HULL	ABRAHAM		SNVE	396	N	244

LASTNAME	FIRSTNAME	MI	LOCATION	PAGE	HEAD	HHOLD
HULL	DALLAS		SNVE	397	Y	262
HULL	JOHN	W	SNVE	397	Y	263
HULL	MARY		SNVE	398	Y	289
HULL	ALBERT		SNVE	398	N	289
HULL	JOHN	W	SNVE	400	Y	321
HULL	HANNAH		SNVE	400	N	321
HULL	WARREN		SNVE	400	N	321
HULL	ALCEMIRA		SNVE	400	N	321
HULL	GEORGE		SNVE	400	N	321
HULL	ELVA		SNVE	400	N	321
HULLHORST	CHARLES		SNW1	335	Y	403
HUMELL	CHARLES		SNSN	265	Y	97
HUMELL	SARAH		SNSN	265	N	97
HUMELL	ELLEN		SNSN	265	N	97
HUMELL	WILLIAM		SNSN	265	N	97
HUMELL	JAMES		SNSN	265	N	97
HUMELL	LIZZIE		SNSN	265	N	97
HUMELL	OLIVER		SNSN	265	N	97
HUMELL	JULIUS		SNSN	265	N	97
HUMELL	JULIANNE		SNSN	265	N	97
HUMES	ROBERT		SNPL	209	Y	102
HUMES	CATHARINE		SNPL	209	N	102
HUMES	AUGUSTA		SNPL	209	N	102
HUMES	ANDREW		SNPL	209	N	102
HUMES	CLARA		SNPL	209	N	102
HUMES	AMOS		SNPL	209	N	102
HUMES	ORPHUS		SNPL	209	N	102
HUMES	EDWARD		SNPL	209	N	102
HUMICUS	MARY		SNSN	267	Y	132
HUMICUS	AMELIA		SNSN	267	N	132
HUMICUS	AARON		SNSN	267	N	132
HUMICUS	IDA		SNSN	267	N	132
HUMITCH	R		SNW1	314	Y	101
HUMITCH	MARY		SNW1	314	N	101
HUMITCH	DOLPHY		SNW1	314	N	101
HUMMEL	PETER		SNBI	33	Y	169
HUMMEL	ANNA		SNBI	33	N	169
HUMMEL	THEODORE		SNBI	33	N	169
HUMMEL	NICHOLAS		SNBI	33	N	169
HUMMEL	JOHN		SNBI	33	N	169
HUMMEL	CHARLEY		SNBI	33	N	169
HUMMEL	WILLIAM		SNPL	215	Y	194
HUMMEL	ALEX		SNPL	215	Y	199
HUMMEL	CATHARINE		SNPL	215	N	199
HUMMEL	JACOB		SNPL	216	n	199
HUMMEL	JOHN		SNPL	216	n	199
HUMMEL	WILLIAM		SNPL	216	N	199
HUMMEL	SAMUEL		SNPL	216	N	199
HUMMEL	EDWARD		SNTH	297	Y	234
HUMMEL	REBECCA		SNTH	297	N	234
HUMMEL	ELLA		SNTH	297	N	234
HUMMEL	JOHN		SNSN	270	Y	178
HUMMEL	MARGARET		SNSN	270	N	178
HUMMEL	PETER		SNSN	270	N	178
HUMMEL	JOHN		SNSN	270	N	178
HUMMEL	FLORENCE		SNSN	270	N	178
HUMPHREY	LUCIAN		SNCL	87	Y	266
HUMPHREY	ELIZABETH		SNCL	87	N	266
HUMPHREY	JOHN		SNCL	87	N	266
HUMPHREY	GEORGE		SNCL	87	N	266
HUMPHREY	LUCIAN		SNCL	87	N	266
HUMPHREY	GLANNARA		SNCL	87	N	266
HUMPHREY	CASIUS		SNCL	87	N	266
HUMPHREY	DAVID		SNW1	348	Y	560
HUMPHRY	TRUMAN		SNLO	201	Y	353
HUMPHRY	SARAH		SNLO	201	N	353
HUMPHRY	MARY		SNLO	201	N	353
HUMPHRY	PHILO	W	SNLO	201	N	353
HUMPHRY	HELLEN		SNLO	201	N	353
HUMPHRY	SYLVIA		SNLO	202	N	353
HUMPHRY	JOHN	C	SNBL	59	Y	175
HUMPHRY	ELISABETH		SNBL	59	N	175
HUNKER	MARTIN		SNCL	69	Y	10
HUNKER	MAGDALENE		SNCL	69	N	10
HUNKER	MAGDALENE		SNCL	69	N	10
HUNKER	MARTIN		SNCL	69	N	10
HUNKER	ANNA		SNCL	69	N	10

LASTNAME	FIRSTNAME	MI	LOCATION	PAGE	HEAD	HHOLD
HUNKER	OTTO		SNCL	69	N	10
HUNKER	JACOB		SNCL	70	Y	17
HUNKER	MARY		SNCL	70	N	17
HUNKER	ANNA		SNCL	70	N	17
HUNKER	FREDERICK		SNCL	70	N	17
HUNKER	MARY		SNCL	70	N	17
HUNKER	JACOB		SNCL	72	Y	48
HUNKER	ROSA		SNCL	72	N	49
HUNKER	MARY		SNLI	144	Y	26
HUNKER	MARY		SNLI	144	Y	26
HUNSICKER	DANNIE		SNLO	201	Y	350
HUNT	AMELIA		SNHO	110	Y	27
HUNT	ALMON		SNRE	229	Y	141
HUNT	CYNTHIA		SNRE	229	N	141
HUNT	MILLIE		SNRE	229	N	141
HUNT	EMMETTA		SNRE	229	N	141
HUNT	HATTIE		SNRE	229	N	141
HUNT	LEIGH		SNRE	229	N	141
HUNT	FRANK	M	SNRE	229	Y	143
HUNT	MARY	E	SNRE	229	N	143
HUNT	ADA	M	SNRE	229	N	143
HUNT	GRACE	G	SNRE	229	N	143
HUNT	HARTWELL		SNRE	229	N	143
HUNT	HOSEA		SNVE	384	Y	68
HUNT	SARAH	A.	SNVE	384	N	68
HUNT	LEWIS		SNVE	384	N	68
HUNT	REBECCA	A.	SNVE	384	N	68
HUNT	LIBBIE		SNVE	395	Y	228
HUNT	MARY		SNSN	269	Y	164
HUNTER	SAMUEL		SNCL	73	Y	66
HUNTER	EMMA		SNCL	73	N	66
HUNTER	HARVEY		SNCL	73	N	66
HUNTER	MAY		SNCL	73	N	66
HUNTER	LIDA		SNAD	14	Y	222
HUNTER	CLOVINDA		SNW2	372	Y	327
HUNTER	EVA		SNW2	372	N	327
HUNTER	JOHN		SNW2	372	N	327
HUNTER	JOHN		SNPL	209	Y	101
HUNTER	SUSANA		SNPL	209	N	101
HUNTER	ALONZA		SNPL	209	N	101
HUNTER	MARGARET		SNPL	209	N	101
HUNTER	ANNA		SNPL	209	N	101
HUNTER	JOHN		SNPL	209	N	101
HUNTER	SUSANA		SNPL	209	N	101
HUNTER	EFFIE		SNPL	209	N	101
HUNTSBY	ABRAHAM		SNHO	124	Y	257
HUNTSBY	MARY		SNHO	124	N	257
HUNTSBY	AMANDA		SNHO	124	N	257
HUNTSBY	ELLEN		SNHO	124	N	257
HUNTSBY	MARGARET		SNHO	124	N	257
HUNTSBY	FRANK		SNHO	124	N	257
HUNTSBY	ALVINA		SNHO	124	N	257
HUNTSBY	SARAH		SNHO	124	N	257
HUNTSBY	WILSON		SNHO	124	N	257
HUP	PETER		SNTH	288	Y	110
HURBERT	ANDREW		SNLO	164	Y	24
HURBERT	MARY		SNLO	164	N	24
HURLEY	MICHAEL		SNVE	394	Y	225
HURM	RICHARD		SNW1	342	Y	492
HURM	MARY		SNW1	342	N	492
HURM	CHARLES		SNW1	342	N	492
HUSKINS	LOUISA		SNCL	75	Y	96
HUSS	JACOB		SNCL	74	Y	89
HUSS	ELMIRA		SNCL	74	N	89
HUSS	ELLEN		SNCL	74	N	89
HUSS	JESSIE		SNCL	74	N	89
HUSS	NANCY		SNCL	74	N	89
HUSS	NICHOLAS		SNBI	21	Y	4
HUSS	CATHERINE		SNBI	21	N	4
HUSS	PAUL		SNBI	21	N	4
HUSS	JOSEPHINE		SNBI	21	N	4
HUSS	JOSEPH		SNBI	21	N	4
HUSS	PETER		SNBI	41	Y	281
HUSS	PHILENA		SNBI	41	N	281
HUSS	NICHOLAS		SNBI	41	N	281
HUSS	POWELL		SNBI	41	N	281
HUSS	GEORGE		SNW1	327	Y	293

LASTNAME	FIRSTNAME	MI	LOCATION	PAGE	HEAD	HHOLD
HUSS	MARY	A.	SNW1	327	N	293
HUSS	JOHN		SNW1	327	N	293
HUSS	HARRY		SNW1	327	N	293
HUSS	FRANK		SNW1	327	N	293
HUSS	EMMA		SNW1	327	N	293
HUSS	NELLIE		SNW1	327	N	293
HUSS	JOHN	T	SNW1	337	Y	429
HUSS	SOPHRONIA		SNW1	337	N	429
HUSS	GEORGE	M	SNW1	337	N	429
HUSS	MARY		SNW1	337	N	429
HUSS	ARTHUR		SNW1	337	N	429
HUSS	SARAH		SNW1	337	N	429
HUSS	NICHOLAS		SNSN	274	Y	250
HUSS	CHRISTINA		SNSN	274	N	250
HUSS	CATHARINE		SNSN	274	N	250
HUSS	JOSEPH		SNSN	274	N	250
HUTCHINSON	DAVID		SNAD	6	Y	88
HUTCHINSON	LASHA ?		SNAD	6	N	88
HUTCHINSON	LULA		SNAD	6	N	88
HUTCHINSON	MARY		SNAD	6	N	88
HUTH	GEO		SNLO	188	Y	115
HUTH	EVA		SNLO	188	N	115
HUTH	ADAM		SNW1	311	Y	66
HUTH	CATHARINE		SNW1	311	N	66
HUTH	MARY		SNW1	311	N	66
HUTH	JOHN		SNW1	311	N	66
HUTH	LEWIS		SNW1	311	N	66
HUTH	ADAM		SNW1	319	Y	171
HUTH	ELIZABETH		SNW1	319	N	171
HUTH	EDWARD		SNW1	319	N	171
HUTH	EVE		SNW1	319	N	171
HUTH	MARTIN		SNW1	329	Y	320
HUTH	MARY		SNW1	329	N	320
HUTH	NICHOLAS		SNHO	109	Y	10
HUTH	EVA		SNHO	109	N	10
HUTH	JACOB		SNHO	109	N	10
HUTH	MARGARET		SNHO	109	N	10
HUTH	MARY		SNHO	109	N	10
HUTH	ELLEN		SNHO	109	N	10
HUTH	ADAM		SNHO	109	N	10
HUTH	NICHOLAS		SNHO	109	N	10
HUTH	MARTIN		SNHO	109	N	10
HYATT	PHILLIP		SNW2	368	Y	274
HYATT	JOANNA		SNW2	368	N	274
HYATT	WILLIAM		SNW2	368	N	274
HYATT	KATE		SNW2	368	N	274
HYATT	CLEMENT		SNW2	368	N	274
HYATT	CHARLES		SNW2	368	N	274
HYATT	JAMES		SNED	98	Y	126
HYATT	SUSAN		SNED	98	N	126
HYATT	GEORGE		SNED	98	N	126
HYATT	ELIZABETH		SNED	98	N	126
HYATT	JANE		SNED	98	N	126
HYATT	NETTIE		SNED	98	N	126
HYMAN	ANTHONY		SNBI	29	Y	120
HYMAN	JOSEPHINE		SNBI	29	N	120
HYMAN	CLARA		SNBI	29	N	120
HYMAN	JOSEPHINE		SNBI	29	N	120
HYMAN	ROSIE		SNBI	29	N	120
HYMAN	KATIE		SNBI	29	N	120
HZELDEN	GEORGE		SNSN	270	Y	182
ILAND	MARGARET		SNHO	110	Y	20
ILER	ELIZA	A	SNLI	144	Y	41
ILER	JOHN		SNJA	139	Y	204
ILER	CATHERINE		SNJA	139	N	204
ILER	LOVINA		SNJA	139	N	204
ILER	AMANDA		SNJA	139	N	204
ILER	ANDREW		SNJA	139	N	204
ILER	JOHN		SNJA	139	Y	208
ILER	JACOB		SNJA	139	N	208
ILER	BETSEY		SNJA	139	N	208
ILER	ISAAC		SNJA	140	Y	228
ILER	CAROLINE		SNJA	140	N	228
ILER	SHARLOTT		SNJA	140	N	228
ILER	CONBACH?		SNSC	241	Y	55
ILER	JULIA		SNSC	241	N	55
ILER	MATILDA		SNSC	241	N	55

LASTNAME	FIRSTNAME	MI	LOCATION	PAGE	HEAD	HHOLD
ILER	ALICE		SNSC	241	N	55
ILER	ELIZA	A	SNLI	144	Y	41
IMMEL	CATHERINE		SNTH	283	Y	33
IMMEL	ANNA		SNTH	283	N	33
INGLE	WILLIAM		SNSN	268	Y	160
INGLE	THOMAS		SNSN	268	N	160
INGLE	NANCY		SNSN	268	N	160
INK	THEODORE		SNCL	86	Y	253
INK	SOPHIA		SNCL	86	N	253
INK	JOHN		SNCL	86	N	253
INK	RAWLEY		SNCL	86	N	253
INK	VIC		SNCL	86	N	253
INK	CHARLES		SNCL	86	N	253
INK	SAMUEL		SNSC	246	Y	141
INK	MARY		SNSC	246	N	141
INK	MORGAN		SNSC	246	N	141
INK	EVA		SNSC	246	N	141
INK	CHARLES		SNSC	246	N	141
INK	BELL		SNSC	246	N	141
IRA	JOHN		SNAD	2	Y	36
IRA	ANDREW		SNAD	3	Y	37
IRA	ELISABETH		SNAD	3	N	37
IRA	ANDREW		SNAD	3	N	37
IRA	ELISABETH		SNAD	3	N	37
IRA	SOPHIA		SNAD	3	N	37
IRVING	MARTIN		SNSN	271	Y	204
IRWIN	ISAIAH		SNLI	159	Y	278
IRWIN	HULDA		SNLI	159	N	278
IRWIN	ISAIAH		SNLI	159	Y	278
IRWIN	HULDA		SNLI	159	N	278
ISENBURGH	JOHN		SNBI	35	Y	195
ISENBURGH	MARILLEN		SNBI	35	N	195
ISENBURGH	JACOB		SNBI	35	N	195
ISENBURGH	REBECCA		SNBI	35	N	195
ISENBURGH	LIZZIE		SNBI	35	N	195
ISENBURGH	AMELIA		SNBI	35	N	195
JACK	CHARLES		SNW1	310	Y	48
JACK	ANN		SNW1	310	N	48
JACK	JOHN		SNW1	310	N	48
JACK	MARY		SNW1	310	N	48
JACKINDENA?	RUELE?		SNTH	288	Y	108
JACKMAN	JOSEPH		SNCL	77	Y	128
JACKMAN	JANE		SNCL	77	N	128
JACKMAN	WILLIAM		SNCL	77	N	128
JACKMAN	SARAH		SNPL	217	Y	218
JACKMAN	JOSIAH		SNPL	218	Y	239
JACKMAN	ELIZABETH		SNPL	218	N	239
JACKMAN	SARAH		SNPL	218	N	239
JACKMAN	MARTHA		SNPL	218	N	239
JACKMAN	JAMES		SNPL	218	N	239
JACKMAN	LAURA		SNPL	218	N	239
JACKMAN	ETTA		SNPL	219	N	239
JACKSON	LENARD		SNLI	158	Y	270
JACKSON	REBECCA		SNLI	158	N	270
JACKSON	JENNIE	B	SNLI	158	N	270
JACKSON	JOHN		SNLI	158	N	270
JACKSON	ELIAS		SNAD	13	Y	199
JACKSON	LOUISA		SNAD	13	N	199
JACKSON	MYRA		SNAD	13	N	199
JACKSON	MILLER		SNAD	13	N	199
JACKSON	HALLACE		SNAD	13	N	199
JACKSON	CHARLES		SNAD	13	N	199
JACKSON	CLOE		SNAD	13	N	199
JACKSON	JAMES		SNPL	217	Y	219
JACKSON	JULIA		SNPL	217	N	219
JACKSON	ELLA		SNPL	217	N	219
JACKSON	WILLIAM		SNPL	217	N	219
JACKSON	JAMES,SR.		SNPL	217	Y	219
JACKSON	REBECCA		SNPL	217	N	219
JACKSON	LENARD		SNLI	158	Y	270
JACKSON	REBECCA		SNLI	158	N	270
JACKSON	JENNIE	B	SNLI	158	N	270
JACKSON	JOHN		SNLI	158	N	270
JACKSON	WALTER		SNVE	381	Y	14
JACKSON	WILLIAM	S	SNVE	381	Y	22
JACKSON	JANE		SNVE	381	N	22
JACKSON	THOMAS		SNVE	381	Y	31

LASTNAME	FIRSTNAME	MI	LOCATION	PAGE	HEAD	HHOLD
JACKSON	MARY	A	SNVE	381	N	31
JACKSON	HASKER	G	SNVE	381	N	31
JACOBA	CELESTIA		SNTH	282	Y	8
JACOBS	THOMAS	B	SNLO	201	Y	345
JACOBS	MARY	E	SNLO	201	N	345
JACOBS	CARRIE		SNLO	201	N	345
JACOBS	TILLA		SNLO	201	N	345
JACOBS	LUELLA		SNLO	201	N	345
JACOBS	EDSON		SNLO	201	N	345
JACOBS	MARY		SNLO	201	N	345
JACOBY	SUSAN		SNLO	182	Y	22
JAECK	CAROLINE		SNW1	327	Y	292
JAECK	JULI		SNW1	327	N	292
JAMES	GEORGE		SNW1	333	Y	379
JAMES	LYDIA		SNW1	333	N	379
JAMES	WILLIAM		SNVE	385	Y	80
JAMES	PETER		SNSN	262	Y	44
JAMES	CATHERINE		SNSN	262	N	44
JAMES	ELIZA		SNSN	262	N	44
JAMES	ANDREW		SNSN	262	N	44
JAMES	VIOLA		SNSN	262	N	44
JAMES	MARGATT		SNSN	262	N	44
JAMES	ELNORA		SNSN	262	N	44
JAMES	ELSA		SNSN	262	N	44
JAMES	MARY		SNSN	262	Y	45
JAMESON	IRA		SNJA	140	Y	220
JANEY	JOHN		SNBI	31	Y	141
JAQUA	RICHARD		SNED	100	Y	164
JAQUA	ELIZABETH		SNED	100	N	164
JAQUA	ROBERT		SNED	100	Y	165
JAQUA	ABBY		SNED	100	N	165
JAQUA	ELIZABETH		SNED	100	N	165
JAQUA	JULIA		SNED	100	N	165
JAQUA	MARTHA		SNED	100	N	165
JAQUA	CELIA		SNED	100	N	165
JAQUA	CLORA		SNED	100	N	165
JASCOSSIA	MARIA		SNTH	288	Y	108
JATHO	CHARLES		SNW2	354	Y	68
JATHO	BARBARA		SNW2	354	N	68
JATHO	WILLIAM		SNW2	354	N	68
JATHO	CATHARINE		SNW2	354	N	68
JAY	SAMUEL		SNSC	254	Y	261
JAYNES	EMILY		SNED	102	Y	207
JAYNES	JANE		SNED	102	N	207
JENKS	FRANK		SNSC	254	Y	258
JENKS	LOUISA		SNSC	254	N	258
JENKS	ALFRED		SNSC	255	Y	286
JENKS	AGNES		SNSC	255	N	286
JENNINGS	CORDELIA		SNSN	270	Y	185
JENNINGS	ALBERT		SNSN	270	N	185
JENNINGS	BERTHA		SNSN	270	N	185
JENSEN	EMANDA	E	SNLO	193	Y	192
JEREMIAS?	ALBERT		SNTH	288	Y	107
JEWITT	JOHN	R	SNRE	228	Y	125
JEWITT	ELLEN	L	SNRE	228	N	125
JEWRY	AUGUST		SNBI	29	Y	117
JEWRY	VICTORIA		SNBI	29	N	117
JEWRY	MARY		SNBI	29	N	117
JEWRY	JOSEPHINE		SNBI	29	N	117
JEWRY	ANNA		SNBI	29	N	117
JEWRY	MARGARET		SNBI	29	N	117
JEWRY	EMMA		SNBI	29	N	117
JILLEY	LOUISA		SNPL	208	Y	82
JILLEY	JESSE		SNPL	208	N	82
JIMISON	BENEDICT		SNSN	263	Y	66
JIMISON	SUSAN		SNSN	263	N	66
JIMISON	FRANK		SNSN	263	N	66
JIMISON	GEORGE		SNSN	263	N	66
JOHNINGSTAR	JOHN		SNW1	309	N	33
JOHNS	CELESTINE		SNCL	87	Y	273
JOHNS	JAMES		SNCL	87	N	273
JOHNS	SIPHRET		SNCL	87	N	273
JOHNS	MARGARET		SNED	96	Y	98
JOHNS	VIOLA		SNED	98	Y	134
JOHNSON	M		SNBI	36	Y	221
JOHNSON	CATHERINE		SNBI	39	Y	259
JOHNSON	ROBERT		SNLI	155	Y	208

LASTNAME	FIRSTNAME	MI	LOCATION	PAGE	HEAD	HHOLD
JOHNSON	CATHARINE		SNLI	155	N	208
JOHNSON	JOHN	A	SNLI	162	Y	336
JOHNSON	LYDIA	A	SNLI	162	N	336
JOHNSON	SAMANTHA		SNLI	162	N	336
JOHNSON	HENRY	W	SNLI	162	N	336
JOHNSON	MARGARET	A	SNLI	162	N	336
JOHNSON	MARY	E	SNLI	162	N	336
JOHNSON	WM		SNBI	45	Y	343
JOHNSON	NANCY		SNBI	45	N	343
JOHNSON	ISAAC		SNBI	45	N	343
JOHNSON	JASPER		SNBI	45	N	343
JOHNSON	GEORGE		SNBI	45	N	343
JOHNSON	MARY		SNBI	45	N	343
JOHNSON	JANE		SNBI	45	N	343
JOHNSON	ELLSWORTH		SNBI	45	N	343
JOHNSON	ANDREW		SNBI	45	N	343
JOHNSON	ASA		SNBI	46	Y	353
JOHNSON	LUCINDA		SNBI	46	N	353
JOHNSON	FRANK		SNBI	46	N	353
JOHNSON	WILLIAM		SNBI	46	N	353
JOHNSON	NATHAN		SNBI	46	N	353
JOHNSON	MADALIA		SNBI	46	N	353
JOHNSON	CHARLES		SNJA	131	Y	75
JOHNSON	JOHN		SNLO	200	Y	326
JOHNSON	ELMIRA		SNLO	200	N	326
JOHNSON	EVA	M	SNLO	200	N	326
JOHNSON	GEORGE		SNW1	346	Y	545
JOHNSON	JANE		SNW2	356	Y	93
JOHNSON	JOSEPH		SNW2	356	N	93
JOHNSON	MARY	J	SNW2	356	N	93
JOHNSON	MARY		SNW2	356	N	93
JOHNSON	W	M	SNW2	369	Y	293
JOHNSON	ELLEN		SNW2	369	N	293
JOHNSON	ELLEN		SNW2	369	N	293
JOHNSON	EUGENE	A	SNW2	369	N	293
JOHNSON	JESSIE		SNW2	369	N	293
JOHNSON	WILLIAM		SNW2	369	N	293
JOHNSON	PAUL		SNW2	369	N	293
JOHNSON	ROBERT	C	SNW2	369	N	293
JOHNSON	CHARLES	E	SNW2	369	N	293
JOHNSON	MARY	R	SNW2	369	N	293
JOHNSON	HARRY	F	SNW2	369	N	293
JOHNSON	ALICE	R	SNW2	369	N	293
JOHNSON	MARY		SNED	100	Y	169
JOHNSON	KETRICH		SNED	100	N	169
JOHNSON	ELIZA		SNED	103	Y	218
JOHNSON	MARIA		SNPL	216	Y	203
JOHNSON	EMMA		SNPL	216	N	203
JOHNSON	JAMES		SNPL	216	N	203
JOHNSON	EMMA		SNPL	219	Y	242
JOHNSON	FELIX		SNHO	114	Y	85
JOHNSON	JULIA		SNHO	114	N	85
JOHNSON	MARGARET		SNHO	114	N	85
JOHNSON	MARY		SNHO	114	N	85
JOHNSON	MARGARET		SNBL	66	Y	288
JOHNSON	ROBERT		SNLI	155	Y	208
JOHNSON	CATHARINE		SNLI	155	N	208
JOHNSON	JOHN	A	SNLI	162	Y	336
JOHNSON	LYDIA	A	SNLI	162	N	336
JOHNSON	SAMANTHA		SNLI	162	N	336
JOHNSON	HENRY	W	SNLI	162	N	336
JOHNSON	MARGARET	A	SNLI	162	N	336
JOHNSON	MARY	E	SNLI	162	N	336
JOHNSON	WILLIAM		SNSN	264	Y	79
JOHNSON	JANE		SNSN	264	N	79
JOHNSTON	LEVEN	L	SNLO	178	Y	209
JOHNSTON	ADALINE		SNLO	178	N	209
JOHNSTON	RUBON	A	SNLO	178	N	209
JOHNSTON	SARAH	L	SNLO	178	N	209
JOHNSTON	ELIASIS		SNLO	178	Y	210
JOHNSTON	RICHARD	M	SNLO	178	N	210
JOHNSTON	ZACHARIAH		SNLO	178	N	210
JONES	LEWIS		SNCL	70	Y	28
JONES	MATILDA		SNCL	70	N	28
JONES	LIZZIE		SNCL	70	N	28
JONES	ELIZA	H.	SNJA	127	Y	5
JONES	LAURA	F.	SNJA	127	N	5

LASTNAME	FIRSTNAME	MI	LOCATION	PAGE	HEAD	HHOLD
JONES	OLIVE	A.	SNJA	127	N	5
JONES	ELLA		SNJA	127	N	5
JONES	PAUL		SNJA	127	N	5
JONES	PATRICK		SNJA	127	N	5
JONES	HALLIE	H.	SNJA	127	N	5
JONES	JESSIE	H.	SNJA	127	N	5
JONES	JOHN		SNJA	133	Y	98
JONES	BARBRA		SNJA	133	N	98
JONES	BELINDA		SNJA	133	N	98
JONES	MINERVA	A,	SNJA	133	N	98
JONES	DELLA		SNJA	133	N	98
JONES	JACOB		SNLO	183	Y	36
JONES	JAMES	V	SNLO	191	Y	165
JONES	MARIA		SNLO	191	N	165
JONES	EDWIN		SNLO	191	N	165
JONES	CHARLES		SNLO	191	N	165
JONES	WILLIS		SNLO	191	N	165
JONES	HARRY		SNLO	191	N	165
JONES	PARLEY		SNLO	191	N	165
JONES	CLARRA		SNLO	191	N	165
JONES	BERT		SNLO	191	N	165
JONES	JACOB		SNLO	196	Y	258
JONES	MARGARET		SNLO	196	N	258
JONES	WILLIE		SNLO	196	N	258
JONES	TOMPSON		SNLO	199	Y	311
JONES	NANCY	A	SNLO	199	N	311
JONES	JAMES	B	SNLO	199	N	311
JONES	VOLNEY	V	SNLO	199	N	311
JONES	CHARLIE	V	SNLO	199	N	311
JONES	JOHN	A	SNLO	202	Y	356
JONES	EMALINE		SNLO	202	N	356
JONES	RILLOM	L	SNLO	202	N	356
JONES	WILLIAM		SNLO	202	Y	359
JONES	ANN	E.	SNLO	202	N	359
JONES	JENNIE	E.	SNLO	202	N	359
JONES	BRUCE		SNLO	202	N	359
JONES	IDA		SNLO	202	N	359
JONES	EMMA		SNLO	202	N	359
JONES	DWIGHT		SNLO	202	N	359
JONES	BELLE		SNLO	202	N	359
JONES	EDWARD		SNW2	362	Y	179
JONES	CAROLINE		SNW2	362	N	179
JONES	MANERVIE		SNW2	362	N	179
JONES	EMMA		SNW2	362	N	179
JONES	CARRIE		SNW2	362	N	179
JONES	JOHN		SNW2	362	Y	179
JONES	JANE		SNSC	242	Y	75
JONES	ESASTAL?		SNSC	250	Y	204
JONES	ADELL		SNSC	250	N	204
JONES	WILLIAM		SNSC	250	N	204
JONES	HARRY		SNSC	250	N	204
JONES	GRACIE		SNSC	250	N	204
JONES	CHARLES		SNSC	252	Y	239
JONES	SARAH		SNSC	252	N	239
JONES	FRED		SNSC	252	N	239
JONES	THOMAS		SNSC	253	Y	242
JONES	CHRISTEAN ?		SNSC	253	N	242
JONES	FANNIE		SNSC	253	N	242
JONES	RALPH		SNSC	253	N	242
JONES	CHARLIE		SNSC	253	N	242
JONES	GEORGE		SNSC	253	N	242
JONES	ELLA		SNSC	253	N	242
JONES	DECATUR		SNSC	255	Y	276
JONES	MATTIE		SNSC	255	N	276
JONES	INA		SNSC	255	N	276
JONES	ENOCH		SNTH	300	Y	280
JONES	PRESCILLA		SNTH	300	N	280
JONES	JEREMIAH		SNTH	300	N	280
JONES	ELLA		SNTH	300	N	280
JONES	EMMA		SNTH	300	N	280
JONES	DANIEL		SNTH	300	N	280
JONES	MARY	A	SNVE	391	Y	167
JONES	CHARLES		SNVE	397	Y	276
JONES	ALIE		SNVE	397	N	276
JONES	LIEUTENANT		SNVE	397	N	276
JONES	JESSAMIN		SNVE	398	N	276
JONES	CHARLES		SNVE	398	N	276

LASTNAME	FIRSTNAME	MI	LOCATION	PAGE	HEAD	HHOLD
JONES	CALVIN	L	SNVE	400	Y	314
JONES	ELISABETH		SNVE	400	N	314
JONES	AMANDA		SNVE	400	N	314
JONES	EDWARD		SNVE	400	N	314
JOPP	LUTHER		SNPL	209	Y	105
JOPP	EMALINE		SNPL	209	N	105
JOPP	ORSON		SNPL	209	N	105
JOPP	LILLY		SNPL	209	N	105
JOPP	MILLER		SNPL	217	Y	217
JOPP	ORVAN		SNPL	217	Y	217
JOPP	MARY		SNPL	217	N	217
JOPP	EVA		SNPL	217	N	217
JOPP	MARY		SNPL	217	Y	217
JOPP	JARUSHA		SNPL	217	Y	217
JOPP	WELTHEY		SNPL	217	N	217
JOPP	ISAAC		SNPL	217	Y	217
JOPP	MIRA		SNPL	217	N	217
JOPP	IDA		SNPL	217	N	217
JOPP	BERTHA		SNPL	217	N	217
JORDAN	JOSEPH		SNCL	77	Y	134
JORDAN	SUSAN		SNCL	77	N	134
JORDAN	JOSIAH		SNCL	77	N	134
JORDAN	MARY		SNLO	202	Y	362
JORDAN	WILLIAM		SNSC	248	Y	175
JORDAN	PRISCILLA		SNSC	248	N	175
JORDAN	NELLIE		SNSC	248	N	175
JORDAN	HALLIE		SNSC	248	N	175
JORDAN	WILLIAM		SNSN	274	Y	246
JORDAN	MARGARET		SNSN	274	N	246
JORDAN	JUDSON		SNSN	274	N	246
JORDAN	ALBERT		SNSN	274	N	246
JORDAN	ALICE		SNSN	274	N	246
JORDAN	JACOB		SNSN	274	N	246
JORDEN	PATRICK		SNW2	355	Y	85
JORDEN	ANNA		SNW2	355	N	85
JORDEN	JAMES		SNW2	355	N	85
JORDEN	MARGARET		SNW2	355	N	85
JORDEN	PATRICK		SNW2	355	N	85
JORDEN	BARNEY		SNW2	355	N	85
JORDEN	THOMAS		SNW2	355	N	85
JORDEN	MARY		SNW2	355	N	85
JORDEN	H	W	SNED	90	Y	19
JORDEN	ANNA		SNED	90	N	19
JORDON	WILLIAM		SNPL	210	Y	120
JORDON	MARGARET		SNPL	210	N	120
JORDON	THOMAS		SNPL	210	N	120
JORDON	FRANK		SNPL	210	N	120
JOSEPH	JOHN		SNAD	2	Y	26
JOSEPH	SUSANAH		SNAD	2	N	26
JOSEPH	EMMA		SNAD	2	N	26
JOSEPH	GEORGE		SNPL	209	Y	100
JOSEPH	CATHARINE		SNPL	209	N	100
JOSEPH	MARY		SNPL	209	N	100
JOSEPH	FRANK		SNPL	209	N	100
JOSEPH	OSKER		SNPL	209	N	100
JOSEPH	HARRIET		SNPL	209	N	100
JOSLAN	GEO	W	SNLO	188	Y	126
JOSLAN	SARAH	J	SNLO	188	N	126
JOSLAN	ELLA		SNLO	188	N	126
JOSLAN	HARRY		SNLO	188	N	126
JUGHARDT	CAROLINE		SNLO	190	Y	150
JUGHARDT	CHARLES	L	SNLO	190	N	150
JULIAN	JOSEPH		SNAD	3	Y	47
JULIAN	JOSEPH		SNW2	370	Y	296
JULIAN	HARRIETT		SNW2	370	N	296
JULIAN	LUCRETIA		SNW2	370	N	296
JUMP	IRA		SNCL	86	Y	256
JUMP	BRANSON		SNED	92	Y	52
KACHERLY	MICHAEL		SNSC	239	Y	17
KACHERLY	BARBRA		SNSC	239	N	17
KACHERLY	CONALINE?		SNSC	239	N	17
KACHERLY	CONRAD		SNSC	239	N	17
KACHERLY	EMELINE		SNSC	239	N	17
KACHERLY	PAUL		SNSC	239	N	17
KACHERLY	GEORGE		SNSC	239	N	17
KACHERLY	FRANK		SNSC	239	N	17
KACHERLY	CLARA		SNSC	239	N	17

LASTNAME	FIRSTNAME	MI	LOCATION	PAGE	HEAD	HHOLD
KAGAN	JOHN		SNCL	83	Y	220
KAGAN	MARTIN		SNCL	83	N	220
KAGAN	BLOOM		SNCL	83	N	220
KAGAN	MARTHA		SNCL	83	N	220
KAGAN	DANIEL		SNCL	83	N	220
KAGAN	CLINTON		SNCL	83	N	220
KAGY	LEVI		SNW2	367	Y	252
KAGY	FANNIE		SNW2	367	N	252
KAGY	JESSIE		SNW2	367	N	252
KAGY	ISAAC		SNED	95	Y	92
KAGY	NANCY		SNED	95	N	92
KAGY	MARY	G	SNED	95	N	92
KAGY	HANNAH	S	SNED	95	N	92
KAGY	HARRY		SNED	95	N	92
KAGY	JOHN		SNED	98	Y	129
KAGY	CATHARINE		SNED	98	N	129
KAGY	ELIJAH		SNBL	54	Y	88
KAGY	SUSANNA		SNBL	54	N	88
KAGY	EMMA	E	SNBL	54	N	88
KAGY	ARLADA	M	SNBL	54	N	88
KAGY	OPHELIA		SNBL	54	N	88
KAGY	MARQUIS		SNBL	54	N	88
KAGY	IRENA		SNBL	54	N	88
KAGY	HENRY		SNBL	54	Y	90
KAGY	LUCINDA		SNBL	54	N	90
KAGY	ANNIE		SNBL	54	N	90
KAGY	CATHERINE		SNBL	54	N	90
KAGY	SAMUEL	G	SNBL	54	N	90
KAGY	LEWIS		SNBL	54	N	90
KAGY	SARAH		SNBL	54	N	90
KAGY	HANNAH		SNBL	54	Y	90
KAGY	LEANDER		SNBL	54	Y	91
KAGY	IRENA		SNBL	54	N	91
KAGY	ABRAHAM		SNBL	56	Y	112
KAGY	ANNIE		SNBL	56	N	112
KAGY	SARAH	ANN	SNBL	56	N	112
KAGY	STEPHEN		SNBL	56	N	112
KAGY	ELISABETH		SNBL	56	N	112
KAGY	MILLEY		SNBL	56	N	112
KAGY	GEORGE		SNBL	56	N	112
KAGY	GUNDLAH?		SNBL	56	Y	112
KAGY	ALIVATA	J	SNBL	59	Y	171
KAGY	JOHN		SNBL	61	Y	201
KAGY	MAHALA		SNBL	61	N	201
KAGY	CLEMENT	E	SNBL	61	N	201
KAGY	MARCENE		SNBL	61	N	201
KAGY	ALVADA	J	SNBL	61	N	201
KAISER	JOHN		SNBL	62	Y	212
KAKE	ELIZABETH		SNCL	70	Y	23
KALER	KATE		SNW1	313	Y	90
KALLNEN	PAULINE		SNBI	40	Y	270
KAME	SALLIE		SNED	96	Y	107
KAMP	SHERMAN		SNVE	388	Y	121
KAMP	ELISABETH		SNVE	388	N	121
KAMP	MORRIS		SNVE	388	N	121
KAMP	DAVID	J	SNVE	388	N	121
KAMP	SARAH	H	SNVE	388	N	121
KAMP	JOHN	L	SNVE	388	N	121
KAMP	FINDLEY		SNVE	388	N	121
KAMP	EMILY	J	SNVE	388	N	121
KAMP	FRANKLIN		SNVE	388	N	121
KAMPBEL	WILLIAM		SNLO	194	Y	224
KAMPBEL	CATHERINE		SNLO	194	N	224
KANDER	JOHN		SNW2	363	Y	198
KANDER	MARY		SNW2	363	N	198
KANDER	JOHN		SNW2	363	N	198
KANDER	ANNA		SNW2	363	N	198
KANDER	ANTHONY		SNW2	363	N	198
KANDER	FRANCES		SNW2	363	N	198
KANE	MARIA		SNRE	237	Y	256
KANON	JOHN		SNW1	320	Y	190
KANON	JOANNA		SNW1	320	N	190
KARAN	COON		SNBI	35	Y	207
KARAN	MARY		SNBI	35	N	207
KARCH	GEORGE		SNBI	41	Y	282
KARCH	MARY		SNBI	41	N	282
KARCH	FREDERICK		SNBI	41	N	282

LASTNAME	FIRSTNAME	MI	LOCATION	PAGE	HEAD	HHOLD
KARCH	ANTHONY		SNBI	41	N	282
KARCH	CHARLEY		SNBI	41	N	282
KARCH	NICHOLAS		SNBI	42	N	282
KARCH	ELIZ		SNBI	42	N	282
KARCH	MARY		SNBI	42	N	282
KARCH	ROSA		SNBI	42	N	282
KARCH	CAROLINE		SNBI	42	N	282
KARCH	HELLEN		SNBI	42	N	282
KARCHENSE	JOHN		SNCL	83	Y	225
KARCHENSE	POLLY		SNCL	83	N	225
KARCHENSE	LIZZIE		SNCL	83	N	225
KARCHENSE	SALINDA		SNCL	83	N	225
KARCHENSE	GEORGE		SNCL	83	N	225
KARESING?	MARGARET		SNBI	40	Y	270
KARL	ANTHONY		SNBI	21	Y	11
KARL	BARBARA		SNBI	21	N	11
KASSING	WILLIAM		SNJA	138	Y	188
KASSING	ELIZABETH		SNJA	138	N	188
KASSING	MARGARET		SNJA	138	N	180
KASSING	LOUISA (?)		SNJA	138	N	188
KASSING	WILLIAM		SNJA	138	N	188
KASSING	JOHN	P.	SNJA	138	N	188
KATTENMYER	JOHN		SNW1	340	Y	474
KATTENMYER	ELIZABETH		SNW1	340	N	474
KATTENMYER	ELIZABETH		SNW1	340	N	474
KATTENMYER	JOHN		SNW1	340	N	474
KATTENMYER	LANA		SNW1	340	N	474
KATTENMYER	FRANK		SNW1	340	N	474
KATTENMYER	ANNA		SNW1	340	N	474
KAUFMAN	ADAM		SNLO	185	Y	73
KAUFMAN	MARY		SNLO	185	N	73
KAUFMAN	ALBERT	E	SNLO	185	N	73
KAUFMAN	HARRY	B	SNLO	185	N	73
KAUFMAN	LEWIS		SNTH	301	Y	283
KAUFMAN	LANA		SNTH	301	N	283
KAUFMAN	MARGARET		SNTH	301	N	283
KAUFMAN	MARY		SNTH	301	N	283
KAUFMAN	JACOB		SNTH	301	N	283
KAUFMAN	GEORGE		SNTH	301	N	283
KAUFMAN	JOHN		SNTH	301	N	283
KAUFMAN	LIZZIE		SNTH	301	N	283
KAULL	JOHN	M.	SNW1	340	Y	472
KAULL	LUCY	A.	SNW1	340	N	472
KAULL	LENA	J.	SNW1	340	N	472
KAULL	JOHN	B.	SNW1	340	N	472
KAULL	WILLIAM		SNED	92	Y	43
KAULL	MARY		SNED	92	N	43
KAULL	JESSIE		SNED	92	N	43
KAULL	JANE		SNED	92	N	43
KAULL	OSCAR		SNED	92	N	43
KAUP	BENJAMIN		SNW2	359	Y	140
KAUP	LYDIA		SNW2	359	N	140
KAUP	THOMAS		SNW2	359	N	140
KAUP	LEVI		SNW2	359	N	140
KAUP	BENJAMIN,JR		SNW2	359	N	140
KAUP	DAVID		SNW2	359	N	140
KAUP	SOLOMON		SNW2	371	Y	312
KAUP	HANNAH		SNW2	371	N	312
KAUP	A	I	SNW2	371	N	312
KAUP	MARY		SNW2	371	N	312
KAUP	BENJAMIN		SNW2	371	N	312
KAUP	LILLIE		SNW2	371	N	312
KAUP	JOHN		SNW2	374	Y	358
KAUP	MARGARET		SNW2	374	N	358
KAUP	CHARLES		SNW2	374	N	358
KAUSEN	RACHEAL		SNSC	242	Y	70
KAYIAS	DANIEL		SNSN	267	Y	145
KAYIAS	MARGARET		SNSN	267	N	145
KAYIAS	MARY		SNSN	267	N	145
KAYIAS	NANCY		SNSN	268	N	145
KAYIAS	ELIZABETH		SNSN	268	N	145
KAYIAS	LOUISA		SNSN	268	N	145
KAYIAS	MARGARET		SNSN	268	N	145
KEAFE	PATRICK		SNHO	109	Y	9
KEAFE	CATHERINE		SNHO	109	N	9
KEATING	GEORGE	L.	SNCL	73	Y	71
KEATING	SARAH		SNCL	73	N	71

LASTNAME	FIRSTNAME	MI	LOCATION	PAGE	HEAD	HHOLD
KEATING	ASA	S.	SNCL	73	N	71
KEATING	CORA	B.	SNCL	73	N	71
KEATING	ATTA		SNCL	73	N	71
KEATING	ELIZABETH		SNCL	73	N	71
KEEFE	JOHANNA		SNLO	173	Y	150
KEEFE	THOMAS		SNLO	173	N	150
KEEFE	JOHN		SNLO	173	N	150
KEEFE	WILLIAM		SNLO	173	N	150
KEEFE	JAMES		SNLO	173	N	150
KEEFE	PATRICK		SNLO	173	N	150
KEEFE	MICHAEL		SNLO	173	N	150
KEEFE	ANDREW		SNHO	124	Y	255
KEEFER	PETER		SNHO	123	Y	247
KEELS	CHARLES		SNSC	245	Y	130
KEEN	MICHAEL		SNLI	161	Y	312
KEEN	CAROLINE		SNLI	161	N	312
KEEN	GEORGE		SNLI	162	Y	334
KEEN	CHRISTINA		SNLI	162	N	334
KEEN	EDWARD		SNLI	162	N	334
KEEN	GABRIAL	J	SNW1	331	Y	342
KEEN	REGETTA		SNW1	331	N	342
KEEN	JESSIE		SNW1	331	N	342
KEEN	MICHAEL		SNLI	161	Y	312
KEEN	CAROLINE		SNLI	161	N	312
KEEN	GEORGE		SNLI	162	Y	334
KEEN	CHRISTINA		SNLI	162	N	334
KEEN	EDWARD		SNLI	162	N	334
KEESBERRY	JOHN		SNJA	133	Y	99
KEEYS	ROBERT		SNSN	262	Y	46
KEEYS	JANE		SNSN	262	N	46
KEFAUVER	LEWIS		SNW1	308	Y	17
KEFAUVER	AMANDA		SNW1	308	N	17
KEFAUVER	CHARLES		SNW1	308	N	17
KEFAUVER	LIZZIE		SNW1	308	N	17
KEFAUVER	ELMON		SNW1	309	N	17
KEFAUVER	WILLIAM		SNW1	309	N	17
KEHRES	AUGUSTUS		SNVE	383	Y	47
KEIFER	LAWRANCE		SNW1	339	Y	456
KEIFER	MAGDALENE		SMW1	339	N	456
KEIFER	JOSEPH		SNW1	339	N	456
KEIFER	ANNA		SNW1	339	N	456
KEIFER	MARY		SNW1	339	N	456
KEIFER	ELLA		SNW1	339	N	456
KEIFER	CHARLES		SNW1	339	N	456
KEIFER	FRANK		SNW1	339	N	456
KEIFER	THECKLA?		SNTH	288	Y	108
KEIFFER	SYLVESTER		SNW1	315	Y	122
KEIFFER	LIZZIE		SNW1	315	N	122
KEIFFER	LOUISA		SNW1	315	N	122
KEIFFER	CHARLES		SNW1	315	N	122
KEIFFER	ANNA		SNW1	315	N	122
KEIFFER	ISAAC		SNED	102	Y	203
KEIFILER	CAROLINE		SNRE	221	Y	14
KEILHOLTZ	WILLIAM		SNW1	345	Y	531
KEILHOLTZ	MARY		SNW1	345	N	531
KEILHOLTZ	ALLICE		SNW1	345	N	531
KEILHOLTZ	KATE		SNW1	345	N	531
KEILHOLTZ	RICHARD		SNW1	345	N	531
KEILHOLTZ	EMMA		SNW1	345	N	531
KEILHOLTZ	CARRIE		SNW1	345	N	531
KEILS	JOHN		SNAD	15	Y	238
KEILS	JAMES		SNAD	15	N	238
KEINEGER	ELISA		SNAD	16	Y	255
KEINEGER	ROSA		SNAD	16	N	255
KEINEGER	OLEN		SNAD	16	N	255
KEINEGER	LIDA		SNAD	16	N	255
KEINEGER	VIOLA		SNAD	16	N	255
KEINEGER	LILLIE		SNAD	16	N	255
KEIREN	JACOB		SNBL	62	Y	211
KEIREN	CATHERINE		SNBL	62	N	211
KEISEL	ALEX		SNHO	117	Y	144
KEISER	NANCY		SNTH	283	Y	33
KEISER	JACOB		SNTH	292	Y	169
KEISER	JACOB		SNTH	294	Y	205
KEISER	FRANCIS	L	SNBL	64	Y	241
KEISER	JACOB		SNRE	235	Y	237
KEISER?	GEORGE		SNTH	301	Y	286

LASTNAME	FIRSTNAME	MI	LOCATION	PAGE	HEAD	HHOLD
KEISER?	MARGARET		SNTH	301	N	286
KELLER	RUBIN		SNCL	72	Y	57
KELLER	CAROLINE		SNCL	72	N	57
KELLER	WILSON		SNCL	72	N	57
KELLER	THOMAS		SNCL	72	N	57
KELLER	JOEL		SNCL	72	Y	60
KELLER	MARY	A.	SNCL	72	N	60
KELLER	MARY	E.	SNCL	72	N	60
KELLER	GEORGE	W.	SNCL	72	N	60
KELLER	CARY	S.	SNCL	72	N	60
KELLER	LEWIS		SNCL	73	Y	73
KELLER	MARY	A.	SNCL	73	N	73
KELLER	DANIEL		SNCL	73	N	73
KELLER	JOHN	W.	SNCL	73	N	73
KELLER	CATHERINE	E.	SNCL	73	N	73
KELLER	SARAH		SNCL	73	N	73
KELLER	MICHAEL		SNW2	355	Y	92
KELLER	MARGARET		SNW2	355	N	92
KELLER	MARY	J	SNW2	355	N	92
KELLER	FRANCIS		SNW2	355	N	92
KELLER	ELLEN		SNW2	355	N	92
KELLER	EDWARD		SNW2	355	N	92
KELLER	JOSEPH		SNW2	355	N	92
KELLER	JAMES		SNW2	355	N	92
KELLER	EUGENE		SNW2	356	N	92
KELLER	JOHN		SNW2	359	Y	139
KELLER	MARY		SNW2	359	N	139
KELLER	WILLIS		SNW2	359	N	139
KELLER	JESSIE		SNW2	359	N	139
KELLER	MARY	E	SNW2	359	N	139
KELLER	HENRY		SNW2	362	Y	182
KELLER	SARAH		SNW2	362	N	182
KELLER	GEORGE		SNW2	362	N	182
KELLER	ROSELIA		SNW2	362	N	182
KELLER	ELMON		SNW2	362	N	182
KELLER	FRANK		SNW2	362	N	182
KELLER	ALFRED		SNW2	365	Y	227
KELLER	MANERVA		SNW2	365	N	227
KELLER	HANNIBLE		SNW2	365	N	227
KELLER	ELNORA		SNW2	365	N	227
KELLER	JESSIE	A	SNW2	365	N	227
KELLER	JACOB		SNED	101	Y	192
KELLER	MARY		SNED	101	N	192
KELLER	ADAM		SNED	101	N	192
KELLER	GEORGE		SNED	101	N	192
KELLER	NORA		SNED	102	N	192
KELLER	JACOB		SNED	102	N	192
KELLER	MARY		SNED	102	N	192
KELLER	LEVI		SNHO	122	Y	223
KELLER	ELIZ		SNHO	122	N	223
KELLER	LEVI		SNHO	122	N	223
KELLER	FLORA		SNHO	122	N	223
KELLER	JOHN		SNVE	393	Y	199
KELLER	CATHARINE		SNVE	393	N	199
KELLER	MARY		SNVE	393	N	199
KELLER	CHRISTIAN		SNVE	398	Y	286
KELLER	SUSAN		SNVE	398	N	286
KELLER	ELLEN		SNVE	398	N	286
KELLER	RUDOLPH		SNVE	398	N	286
KELLER	CHRISTIAN		SNVE	398	N	286
KELLER	CHARLEY		SNVE	398	N	286
KELLER	AMOS		SNSN	260	Y	13
KELLER	MARTHA		SNSN	260	N	13
KELLER	R.	E.	SNSN	260	N	13
KELLEY	CHARLES		SNLI	143	Y	19
KELLEY	BENJAMIN		SNLI	152	Y	161
KELLEY	EZEKEIL		SNJA	127	Y	3
KELLEY	RACHEL		SNJA	127	N	3
KELLEY	NATHAN		SNW2	362	Y	186
KELLEY	ELIJAH		SNW2	362	N	186
KELLEY	SARAH		SNW2	362	N	186
KELLEY	BENJAMIN		SNPL	206	Y	55
KELLEY	RACHEL		SNPL	206	N	55
KELLEY	WILLIAM		SNPL	206	N	55
KELLEY	DAVID		SNPL	206	N	55
KELLEY	BENJAMIN		SNPL	206	N	55
KELLEY	JOSEPH		SNPL	206	N	55

LASTNAME	FIRSTNAME	MI	LOCATION	PAGE	HEAD	HHOLD
KELLEY	CHARLES		SNLI	143	Y	19
KELLEY	BENJAMIN		SNLI	152	Y	161
KELLEY	WILLIAM		SNVE	396	Y	245
KELLEY	ELISABETH		SNVE	396	N	245
KELLEY	MARGRET		SNVE	396	N	245
KELLOG	JAMES		SNSC	255	Y	287
KELLOG	REBECCA		SNSC	255	N	287
KELLOG	MARY		SNSC	255	N	287
KELLOG	JAMES		SNSC	255	N	287
KELLOG	ALBERT		SNSC	256	Y	301
KELLY	JOHN		SNAD	6	Y	97
KELLY	JAMES		SNLO	164	Y	18
KELLY	ANN		SNLO	187	Y	107
KELLY	THOMAS		SNLO	194	Y	223
KELLY	EMILY	G	SNLO	194	N	223
KELLY	WILLIAM		SNW1	328	Y	302
KELLY	FRANCIS		SNRE	229	Y	149
KELLY	PHOEBE		SNRE	229	N	149
KELLY	EUGENE		SNRE	229	N	149
KELLY	FRANCES		SNRE	229	N	149
KELSER	ADALINE		SNPL	217	Y	215
KELSO	HENRY		SNLO	199	Y	310
KELSY	CHARLOTTE		SNAD	13	Y	211
KELSY	WILLIAM		SNAD	13	N	211
KELSY	EVELINE		SNAD	13	N	211
KELSY	ELLEN		SNAD	13	N	211
KEMP	JESSE		SNAD	15	Y	236
KEMP	CATHERINE		SNAD	15	N	236
KEMP	EMMA		SNAD	15	N	236
KEMP	MARY		SNAD	15	N	236
KEMP	HOMER		SNAD	15	N	236
KEMP	JACOB		SNED	96	Y	110
KEMP	HANAH		SNED	96	N	110
KEMP	ELIZABETH		SNED	96	N	110
KEMP	ELINORA		SNED	96	N	110
KEMP	SARAH		SNED	96	N	110
KEMP	WALLACE		SNED	96	N	110
KEMP	ANNA		SNED	96	N	110
KEMP	JAMES		SNHO	116	Y	127
KEMP	ADALINE		SNHO	116	N	127
KEMP	CHARLES		SNHO	116	N	127
KEMP	JUDY		SNHO	116	N	127
KEMP	RANSLER		SNHO	124	Y	263
KEMP	AMELIA		SNHO	124	N	263
KEMP	DANIEL		SNHO	124	N	263
KEMP	SARAH		SNHO	124	N	263
KEMP	AMANDA		SNHO	124	N	263
KEMPHER	SARAH		SNLO	197	Y	276
KEMPT	MILLER		SNPL	206	Y	62
KEMPT	ALMEDA		SNPL	206	N	62
KEMPT	MARY		SNPL	206	N	62
KEMPT	ORA		SNPL	206	N	62
KENADY	JOHN		SNW2	355	Y	86
KENADY	MARY		SNW2	355	N	86
KENADY	MARGARET		SNW2	355	N	86
KENADY	MARY		SNW2	355	N	86
KENBROS	RUFUS		SNBL	57	Y	129
KENBROS	EVE		SNBL	57	N	129
KENBROS	RUFUS	JR	SNBL	57	N	129
KENDAL	GOTTLEIB		SNBI	42	Y	285
KENDAL	MARY		SNBI	42	N	285
KENDAL	JOSEPH		SNBI	42	N	285
KENDAL	MATHIAS		SNBI	42	N	285
KENDAL	RAGUNIA		SNBI	42	N	285
KENDAL	ROSA		SNBI	42	N	285
KENDALL	HENRY		SNW2	373	Y	344
KENDALL	LANNETT		SNW2	373	N	344
KENDIG	HARRY		SNW1	347	Y	547
KENDIG	VIRGINIA		SNW1	347	N	547
KENDIG	WILLIAM		SNW1	347	N	547
KENER	MARGARET		SNSN	267	Y	139
KENER	JACOB		SNSN	267	N	139
KENESTINE	ELVIRA		SNSN	265	Y	94
KENK	TALAGE?		SNTH	288	Y	108
KENKLE	EMMA		SNLO	185	N	76
KENKLE	NETTIE		SNLO	185	N	76
KENKLE ?	HENRY		SNLO	185	Y	76

LASTNAME	FIRSTNAME	MI	LOCATION	PAGE	HEAD	HHOLD
KENNEDY	JOHN		SNLI	160	Y	295
KENNEDY	SUSAN		SNLI	160	N	295
KENNEDY	H	B	SNED	102	Y	196
KENNEDY	ROSILLA		SNED	102	N	196
KENNEDY	HENRY		SNED	102	N	196
KENNEDY	JOHN		SNLI	160	Y	295
KENNEDY	SUSAN		SNLI	160	N	295
KENNERY	JOSEPH		SNBL	51	Y	52
KENNEY	MARY		SNSN	276	Y	272
KENNEY	JOSEPH		SNSN	276	N	272
KENNEY	JOHN		SNSN	276	N	272
KENNEY	CATHARINE		SNSN	276	N	272
KENNEY	LUCY		SNSN	276	N	272
KENNEY	ELIZABETH		SNSN	276	N	272
KENNEY	EDWARD		SNSN	276	N	272
KENOWER	RACHEL		SNLO	186	Y	90
KENOWER	JACOB	L	SNLO	186	Y	91
KENOWER	RACHEL		SNLO	186	N	91
KENOWER	MARY	A	SNLO	186	N	91
KENT	GEORGE		SNHO	114	Y	90
KEPKA	ERNEST		SNW2	358	Y	128
KEPKA	AMELIA		SNW2	358	N	128
KEPKA	ROSA		SNW2	358	N	128
KEPKA	GEORGE		SNW2	358	N	128
KEPKA	LOUIS		SNW2	358	N	128
KEPKA	OTTO		SNW2	358	N	128
KEPKA	EDWARD		SNW2	358	N	128
KEPKA	AUGUSTA		SNW2	358	N	128
KEPLEY	JOSEPH		SNPL	204	Y	29
KEPPAL	FELIX		SNHO	117	Y	145
KEPPAL	SOPHIA		SNHO	117	N	145
KEPPAL	BLOVINA		SNHO	117	N	145
KEPPLE	HENRY		SNW2	367	Y	264
KEPPLE	ELIZABETH		SNW2	367	N	264
KEPPLE	GILFORD		SNW2	367	N	264
KEPPLE	HIRAM		SNW2	367	N	264
KEPPLE	WILLIAM		SNW2	367	N	264
KEPPLE	BECCA		SNW2	371	Y	310
KEPPLE	JOHN		SNW2	371	N	310
KEPPLE	CHARLES		SNW2	371	N	310
KEPPLE	JAMES		SNW2	371	N	310
KEPPLE	GEORGE		SNHO	118	Y	164
KEPPLE	MARY		SNHO	118	N	164
KEPPLE	HENRY		SNHO	118	N	164
KEPPLE	LAVINA		SNHO	118	N	164
KEPPLE	SOLOMON		SNHO	118	Y	164
KEPPLEMYER	BASTIAN ?		SNCL	86	Y	263
KEPPLEMYER	FRANK		SNW1	321	Y	211
KEPPLEMYER	C.		SNW1	321	N	211
KERCHNER	AGNECIONS		SNCL	78	Y	138
KERCHNER	MARY		SNCL	78	N	138
KERCHNER	MARY		SNCL	78	N	138
KERCHNER	CAROLINE		SNCL	78	N	138
KERCHNER	AGNECIONS		SNCL	78	N	138
KERCHNER	ANNA		SNCL	78	N	138
KERCHNER	OTTO		SNCL	78	N	138
KERCHNER	IDA		SNCL	87	Y	273
KERCHNER	CASPER		SNW1	313	Y	93
KERCHNER	MARGARET		SNW1	313	N	93
KERCHNER	CHRISTINA		SNW1	313	N	93
KERCHNER	JOHN		SNW1	313	N	93
KERCHNER	MARGARET		SNW1	313	N	93
KERCHNER	CHARLES		SNW1	313	N	93
KERCHNER	KATE		SNW1	313	N	93
KERCHNER	AUGUST		SNW1	313	N	93
KERCHNER	ELIAS		SNW1	314	Y	104
KERCHNER	SARAH		SNW1	314	N	104
KERCHNER	CONRAD		SNW1	314	N	104
KERCHNER	KATE	M	SNW1	314	N	104
KERCHNER	IDA	A	SNW1	314	N	104
KERCHNER	JOSEPH		SNW1	314	Y	108
KERCHNER	BARBARA		SNW1	314	N	108
KERCHNER	CORA		SNW1	315	N	108
KERCHNER	TREASA		SNW1	315	N	108
KERCHNER	MARIA		SNW1	315	N	108
KERCHNER	MICHAEL		SNW1	321	Y	201
KERCHNER	CATHARINE		SNW1	321	N	201

LASTNAME	FIRSTNAME	MI	LOCATION	PAGE	HEAD	HHOLD
KERCHNER	FERDINAND		SNW1	329	Y	322
KERCHNER	EVA		SNW1	329	N	322
KERCHNER	BARBARA		SNW1	329	N	322
KERCHNER	MICHAEL		SNW1	329	N	322
KERCHNER	ANTHONY		SNW1	329	N	322
KERCHNER	JOHN		SNW1	330	Y	337
KERCHNER	MARGARETTA		SNW1	331	Y	337
KERCHNER	GEORGE		SNW1	331	N	337
KERCHNER	BARBARA		SNW1	331	N	337
KERCHNER	MICHAEL		SNW1	342	Y	496
KERCHNER	CHRISTINA		SNW1	342	N	496
KERCHNER	MICHAEL		SNW1	342	N	496
KERCHNER	MARY		SNW1	342	N	496
KERCHNER	JOHN		SNW1	342	Y	497
KERCHNER	CATHERINE		SNW1	342	N	497
KERCHNER	JOHN		SNW1	342	N	497
KERCHNER	BRUCE		SNW1	343	Y	497
KERCHNER	LIZZIE		SNW1	343	N	497
KERCHNER	ANTHONY		SNW1	343	N	497
KERCHNER	JOSEPH		SNW1	343	N	497
KERCHNER	CATHARINE		SNW1	343	N	497
KERCHNER	MARY		SNW1	343	N	497
KERCHNER	MICHAEL		SNW1	344	Y	513
KERCHNER	MAGDALENE		SNW1	344	N	513
KERCHNER	MARY		SNW1	344	N	513
KERCHNER	LOUIS		SNW1	344	N	513
KERCHNER	JOSEPH		SNW1	344	N	513
KERCHNER	MICHAEL		SNW1	344	N	513
KERCHNER	LIZZIE		SNW1	345	Y	524
KERCHNER	JERRY		SNW2	351	Y	27
KERCHNER	LIZZIE		SNW2	351	N	27
KERCHNER	HENRY	E	SNW2	351	N	27
KERCHNER	LIZZIE		SNW2	361	Y	166
KERCHNER	JACOB		SNW2	361	N	166
KERCHNER	TONEY		SNW2	366	Y	239
KERCHNER	NATHAN		SNED	96	Y	100
KERCHNER	LAVINA		SNED	96	N	100
KERCHNER	MARIA		SNED	96	N	100
KERCHNER	CHARLOTTE		SNED	96	N	100
KERCHNER	AMANDUS		SNED	96	N	100
KERCHNER	THOMAS		SNED	96	N	100
KERCHNER	WILLIAM		SNED	96	N	100
KERCHNER	SOPHIA		SNED	96	N	100
KERN	ALLICE		SNCL	77	Y	131
KERN	JACOB		SNCL	77	N	131
KERN	ALOYIUS		SNBI	22	Y	30
KERN	KATE		SNBI	22	N	30
KERN	MARY		SNBI	23	Y	39
KERN	HENRY		SNBI	23	N	39
KERN	ELIZ		SNBI	23	N	39
KERN	AGATHA		SNBI	23	N	39
KERN	CAROLINE		SNBI	23	N	39
KERN	ROSA		SNBI	23	N	39
KERN	CATHERINE		SNBI	23	N	39
KERN	PETER		SNBI	23	N	39
KERN	NICHOLAS		SNBI	23	N	39
KERN	JOSEPHINE		SNBI	23	N	39
KERN	HENRY		SNAD	4	Y	66
KERN	SARAH		SNAD	4	N	66
KERN	SARAH	E	SNAD	4	N	66
KERN	EDWARD		SNTH	291	Y	153
KERN	SARAH		SNTH	291	N	153
KERN	JOSEPH		SNTH	291	N	153
KERN	HENRY		SNTH	291	N	153
KERN	LAURA		SNTH	291	N	153
KERN	ABBEY		SNTH	291	N	153
KERN	FIDELIA		SNTH	291	N	153
KERN	SAMUEL		SNTH	291	N	153
KERN	ISAAC		SNTH	292	Y	173
KERN	LEAH		SNTH	293	N	173
KERN	SARAH		SNTH	293	N	173
KERN	ADA		SNTH	293	N	173
KERN	JOHN		SNTH	293	N	173
KERN	ALLEN		SNTH	293	N	173
KERN	ERIA?		SNTH	293	N	173
KERN	MASON		SNTH	293	N	173
KERN	WILLIS		SNTH	293	N	173

LASTNAME	FIRSTNAME	MI	LOCATION	PAGE	HEAD	HHOLD
KERN	AMMON		SNTH	293	N	173
KERN	EDWARD		SNTH	293	N	173
KERN	ANTHONY		SNTH	301	Y	292
KERN	POLLY		SNTH	301	N	292
KERN	ELIZABETH		SNTH	301	N	292
KERN	LOVINA		SNTH	301	N	292
KERN	JACOB		SNTH	301	N	292
KERN	ISAAC		SNTH	301	N	292
KERN	RACHAEL		SNTH	301	N	292
KERN	ANTHONY		SNTH	301	N	292
KERN	ISAAC		SNTH	306	Y	355
KERN	MARGARET		SNTH	306	N	355
KERN	SYLVESTER		SNTH	306	N	355
KERN	WILLIAM		SNTH	306	N	355
KERN	MARY		SNTH	306	N	355
KERN	LEVI		SNTH	306	Y	356
KERN	BETSEY		SNTH	306	N	356
KERN	JOSEPH		SNTH	306	N	356
KERN	ELI		SNTH	307	Y	367
KERN	ELIZABETH		SNTH	307	N	367
KERN	ELSIE		SNTH	307	N	367
KERN	ANNA		SNTH	307	N	367
KERN?	SUSAN		SNTH	297	Y	238
KERNY?	NICHOLAS		SNTH	298	Y	254
KERNY?	ELIZABETH		SNTH	298	N	254
KERNY?	MORGAN		SNTH	298	N	254
KERNY?	JOHN		SNTH	298	N	254
KERNY?	ROSA		SNTH	298	N	254
KERNY?	JACOB		SNTH	298	N	254
KERNY?	WILLIAM		SNTH	298	N	254
KERSH	FRANCES		SNCL	78	Y	142
KERSHNER	WILLIAM		SNBL	55	Y	100
KESHNER	ELIZABETH		SNSN	268	Y	157
KESIBETH	HENRY		SNBI	23	Y	36
KESIBETH	ISABELLA		SNBI	23	N	36
KESIBETH	BERTHA		SNBI	23	N	36
KETTLE	JAMES		SNPL	217	Y	216
KETTLE	MARIA		SNPL	217	N	216
KEUEK	AMELIA		SNBI	40	Y	270
KEYS	REBECCA		SNSC	257	Y	325
KEYS	ROBERT		SNSC	257	N	325
KEYS	MARTHA		SNSC	257	N	325
KEYS	THEODORE		SNSC	257	N	325
KEYS	CORA		SNSC	257	Y	325
KIBER	BENJAMIN		SNBL	62	Y	210
KIBER	REBECCA		SNBL	62	N	210
KIBER	MILTON		SNBL	62	N	210
KIBLE	CUNO		SNW1	315	Y	111
KIBLE	MARY		SNW1	315	N	111
KIBLE	LEWIS		SNW1	315	N	111
KIBLE	MARY		SNW1	315	N	111
KIBLE	EMMA		SNW1	315	N	111
KIBLE	CUNO		SNW1	315	N	111
KIBLE	OSKER		SNW1	315	N	111
KIBLE	EUGENE		SNW1	315	N	111
KIBLER	BLAZUS		SNW1	323	Y	233
KIBLER	ROSA		SNW1	323	N	233
KIBLER	JOSEPH		SNW1	323	N	233
KIBLER	MARY		SMW1	323	N	233
KIBLER	FREDERICK		SNW1	323	N	0
KIBLER	CLARA		SNW1	323	N	233
KIBLER	ANNA		SNW1	323	N	233
KIBLER	IDA		SNW1	323	N	233
KIBLER	LANA		SNW1	323	N	233
KIBLER	ANTHONY		SNW1	329	Y	310
KIBLER	FRANCES		SNW1	329	N	310
KIBLER	FRANCES		SNW1	329	N	310
KIBLER	JACOB		SNW1	329	N	310
KIBLER	JOSEPH		SNW1	329	N	310
KIBLER	LEWIS		SNW1	329	N	310
KIBLER	WILLIAM		SNW1	329	N	310
KIBLER	ALFONCE		SNW1	329	N	310
KIBLER	CHARLES		SNW1	329	N	310
KIBLER	HERMAN		SNW1	329	N	310
KIBLER	ROSA		SNW1	329	N	310
KIBLER	EMMA		SNW1	329	N	310
KIBLER	WASHINGTON		SNBL	49	Y	15

LASTNAME	FIRSTNAME	MI	LOCATION	PAGE	HEAD	HHOLD
KIBLER	LYDIA		SNBL	49	N	15
KIBLER	WILLIAM		SNBL	49	N	15
KIEFFER	PETER		SNBI	25	Y	65
KIEFFER	MARGARET					65
KIEFFER	PETER		SNBI	25	N	65
KIEFFER	HENRY		SNBI	25	N	65
KIEFFER	MARY		SNBI	25	N	65
KIEFFER	LIZZIE		SNBI	25	N	65
KIEFFER	JOHN		SNBI	25	N	65
KIEFFER	MAGGIE		SNBI	25	N	65
KIEFFER	NICHOLAS		SNBI	25	N	65
KIEFFER	MARGARET		SNBI	25	N	65
KIEFFER	CAROLINE		SNW1	337	Y	428
KIEFFER	PETER		SNW1	339	Y	457
KIEFFER	ELIZABETH		SNW1	339	N	457
KIEFFER	WILLIAM		SNRE	228	Y	123
KIELL	HENRY		SNLO	178	Y	218
KIELL	JANE		SNLO	178	N	218
KIELL	MARY		SNLO	178	N	218
KIESBURY (?)	DAVID		SNJA	133	Y	111
KIESEL	GEORGE		SNBI	33	Y	175
KIGER	JOHN		SNLO	192	Y	181
KIGER	MARYANN		SNLO	192	N	181
KIMBLE	JOHN		SNW1	327	Y	294
KIMBLE	ECAUCH		SNW1	344	Y	519
KIMBLE	CATHERINE		SNW1	344	N	519
KIMBLE	FRANK		SNW1	344	N	519
KIMBLE	OTTO		SNW1	344	N	519
KIMBLE	JOHN		SNSN	269	Y	168
KIMBLE	REBECCA		SNSN	269	N	168
KIMBLE	ALMA		SNSN	269	N	168
KIMBLE	DAVID		SNSN	269	N	168
KIME	MINERVA		SNLI	153	Y	183
KIME	AMANDA		SNLI	153	N	183
KIME	WILLIAM		SNLI	160	Y	308
KIME	RACHAEL		SNLI	160	N	308
KIME	SARAH	C	SNLI	160	N	308
KIME	JACOB	A	SNLI	160	N	308
KIME	JOHN	A	SNLI	160	N	308
KIME	EDWARD	W	SNLI	160	N	308
KIME	MONRO		SNAD	18	Y	300
KIME	JOHN		SNLO	178	Y	216
KIME	JANE		SNLO	178	N	216
KIME	JACOB	A	SNLO	178	N	216
KIME	WINFIELD	S	SNLO	178	N	216
KIME	JOSEPH	A	SNLO	178	N	216
KIME	ROBERT	E	SNLO	178	N	216
KIME	JOHN		SNLO	178	N	216
KIME	WILLIAM		SNHO	109	Y	3
KIME	MARGARET		SNHO	109	N	3
KIME	GEORGE		SNHO	112	Y	53
KIME	CLOVIS?		SNHO	112	N	53
KIME	JOSEPH		SNHO	112	N	53
KIME	JAMES		SNHO	112	Y	59
KIME	JOSEPHINE		SNHO	112	N	59
KIME	PETER		SNHO	112	N	59
KIME	SAMUEL		SNHO	112	N	59
KIME	CATHERINE		SNHO	112	N	59
KIME	JAMES		SNHO	113	Y	71
KIME	MINERVA		SNHO	113	N	71
KIME	JESSE		SNHO	113	N	71
KIME	RUDOLPH		SNHO	113	N	71
KIME	ISAAC		SNHO	113	Y	72
KIME	ELIZ		SNHO	113	N	72
KIME	REBECCA		SNHO	113	N	72
KIME	LUCINDA		SNHO	113	N	72
KIME	FANNIE		SNHO	113	N	72
KIME	PHEBE		SNHO	113	N	72
KIME	ELIAS		SNHO	113	Y	73
KIME	PHEBE		SNHO	113	N	73
KIME	WILLIAM		SNHO	124	Y	268
KIME	SUSAN		SNHO	124	N	268
KIME	TABY		SNHO	124	N	268
KIME	JENNIE		SNHO	124	N	268
KIME	MINERVA		SNLI	153	Y	183
KIME	AMANDA		SNLI	153	N	183
KIME	WILLIAM		SNLI	160	Y	308

LASTNAME	FIRSTNAME	MI	LOCATION	PAGE	HEAD	HHOLD
KIME	RACHAEL		SNLI	160	N	308
KIME	SARAH	C	SNLI	160	N	308
KIME	JACOB	A	SNLI	160	N	308
KIME	JOHN	A	SNLI	160	N	308
KIME	EDWARD	W	SNLI	160	N	308
KIME	GEORGE	W	SNRE	237	Y	263
KIME	EMULINE		SNRE	237	N	263
KIMMAT	JACOB		SNLI	151	Y	149
KIMMAT	CATHARINE		SNLI	151	N	149
KIMMAT	JACOB		SNLI	151	N	149
KIMMAT	TILLA		SNLI	151	N	149
KIMMAT	ADAM		SNLI	151	N	149
KIMMAT	JAMES		SNLI	151	N	149
KIMMAT	PETER		SNLI	151	N	149
KIMMAT	JOHN	K	SNLI	151	N	149
KIMMAT	CHARLES		SNLI	151	N	149
KIMMAT	GEORGE		SNLI	151	N	149
KIMMAT	JOSEPH		SNLI	151	N	149
KIMMAT	ANDY		SNLI	151	N	149
KIMMAT	JACOB		SNLI	151	Y	149
KIMMAT	CATHARINE		SNLI	151	N	149
KIMMAT	JACOB		SNLI	151	N	149
KIMMAT	TILLA		SNLI	151	N	149
KIMMAT	ADAM		SNLI	151	N	149
KIMMAT	JAMES		SNLI	151	N	149
KIMMAT	PETER		SNLI	151	N	149
KIMMAT	JOHN	K	SNLI	151	N	149
KIMMAT	CHARLES		SNLI	151	N	149
KIMMAT	GEORGE		SNLI	151	N	149
KIMMAT	JOSEPH		SNLI	151	N	149
KIMMAT	ANDY		SNLI	151	N	149
KIMMEL	SOPHIA		SNLI	148	Y	92
KIMMEL	HOWARD		SNLI	148	N	92
KIMMEL	EMELY		SNLI	148	N	92
KIMMEL	JACOB	M.	SNJA	138	Y	183
KIMMEL	SUSAN		SNJA	138	N	183
KIMMEL	SOPHIA		SNLI	148	Y	92
KIMMEL	HOWARD		SNLI	148	N	92
KIMMEL	EMELY		SNLI	148	N	92
KIN	GEORGE		SNSN	277	Y	285
KIN	CATHARINE		SNSN	277	N	285
KINCER	ELIZABETH		SNLO	169	Y	94
KINDEL	NICHOLAS		SNLO	171	Y	114
KINDEL	CATHERINE		SNLO	171	N	114
KINDEL	HENRY		SNLO	171	N	114
KINDEL	MARY	A	SNLO	171	N	114
KINDEL	JACOB		SNLO	171	N	114
KINDEL	CATHERINE		SNLO	171	N	114
KINDEL	ADAM		SNLO	171	N	114
KINDEL	CHRISTIAN		SNLO	171	N	114
KINDEL	MARY	E	SNLO	171	N	114
KING	GEORGE		SNLI	142	Y	1
KING	CATHERINE		SNLI	142	N	1
KING	LAURA		SNLI	142	N	1
KING	SUSNA	M	SNLI	142	N	1
KING	ELIZABETH		SNLI	142	N	1
KING	HENRY		SNLI	142	Y	2
KING	MARY	M	SNLI	142	N	2
KING	SHANNON		SNLI	142	N	2
KING	SENDVILLA		SNLI	142	N	2
KING	EDITH	P	SNLI	142	N	2
KING	JOHN		SNJA	139	Y	202
KING	MARY		SNJA	139	N	202
KING	ANNA		SNJA	139	N	202
KING	CHARLES		SNJA	139	N	202
KING	JESSIE		SNJA	139	N	202
KING	ELISABETH		SNAD	11	Y	166
KING	WILLIAM		SNAD	11	N	166
KING	MARY		SNAD	11	N	166
KING	SARAH		SNAD	11	N	166
KING	EVA		SNAD	11	N	166
KING	FREDERICK		SNAD	14	Y	218
KING	JERRY		SNLO	170	Y	107
KING	LAWRENCE		SNLO	174	Y	164
KING	BRIDGETT		SNLO	174	N	164
KING	JEREMIAH		SNLO	174	N	164
KING	JOHN		SNLO	174	N	164

LASTNAME	FIRSTNAME	MI	LOCATION	PAGE	HEAD	HHOLD
KING	MARGARET		SNLO	174	N	164
KING	LAWRENCE		SNLO	174	N	164
KING	DAVID		SNLO	174	N	164
KING	FRANCES		SNLO	174	N	164
KING	DANIEL	R	SNLO	175	Y	173
KING	MARY		SNLO	175	N	173
KING	BRIDGET		SNLO	194	Y	212
KING	JOHN		SNW1	338	Y	443
KING	ELLEN		SNW2	355	Y	80
KING	MARGARET		SNW2	355	N	80
KING	JOHN	B	SNW2	368	Y	265
KING	MARY		SNW2	368	N	265
KING	LIZZIE		SNW2	377	Y	396
KING	WILLIAM		SNED	89	Y	3
KING	CATHARINE		SNED	89	N	3
KING	NETTIE		SNED	89	N	3
KING	MINNIE		SNED	89	N	3
KING	WILLIAM		SNED	101	Y	188
KING	ANNA		SNED	101	N	188
KING	CHARLES		SNED	101	N	188
KING	JOHN		SNED	101	N	188
KING	MINNIE		SNED	101	N	188
KING	JACOB		SNED	101	Y	189
KING	HOLLODAY		SNED	101	N	189
KING	ELIZABETH		SNED	101	N	189
KING	PHILLIP		SNPL	204	Y	31
KING	ANGELINE		SNPL	204	N	31
KING	GEORGE	P	SNPL	204	N	31
KING	ALMIRA		SNPL	204	N	31
KING	GREENBERY		SNPL	205	N	31
KING	DAVID		SNPL	213	Y	164
KING	SARAH		SNPL	213	N	164
KING	JOSEPH		SNTH	282	Y	5
KING	ELIZABETH		SNTH	282	N	5
KING	PHILLIP		SNHO	113	Y	81
KING	ELIZA		SNHO	113	N	81
KING	JEROME?		SNHO	113	N	81
KING	PHILLIP		SNHO	113	N	81
KING	WILLIAM		SNHO	117	Y	139
KING	AMANDA		SNHO	117	N	139
KING	CYRUS		SNHO	117	N	139
KING	IDA		SNHO	117	N	139
KING	DAVENPORT		SNHO	117	Y	140
KING	SARAH		SNHO	117	N	140
KING	WILLIAM		SNHO	117	N	140
KING	GEORGE		SNHO	117	N	140
KING	ELMORE		SNHO	117	N	140
KING	MARY	A	SNHO	117	N	140
KING	MALISSA		SNHO	117	Y	140
KING	FELIX		SNHO	119	Y	184
KING	MARY		SNHO	119	N	184
KING	CLARA		SNHO	119	N	184
KING	MARGARET		SNHO	119	N	184
KING	EMMANUEL		SNHO	119	N	184
KING	JOHN		SNHO	123	Y	235
KING	MARGARET		SNHO	123	N	235
KING	DAVID		SNHO	123	N	235
KING	JOHN		SNBL	56	Y	122
KING	ELISABETH		SNBL	56	N	122
KING	GEORGE		SNLI	142	Y	1
KING	CATHERINE		SNLI	142	N	1
KING	LAURA		SNLI	142	N	1
KING	SUSNA	M	SNLI	142	N	1
KING	ELIZABETH		SNLI	142	N	1
KING	HENRY		SNLI	142	Y	2
KING	MARY	M	SNLI	142	N	2
KING	SHANNON		SNLI	142	N	2
KING	SENDVILLA		SNLI	142	N	2
KING	EDITH	P	SNLI	142	N	2
KING	WILLIAM		SNVE	398	Y	281
KING	CATHARINE		SNVE	398	N	281
KING	MARGRET		SNVE	398	N	281
KING	HENRY		SNVE	398	N	281
KING	AMELIA		SNVE	398	N	281
KING	WILLIAM		SNVE	398	N	281
KING	GEORGE		SNVE	398	N	281
KING	WILLIAM		SNVE	398	Y	282

LASTNAME	FIRSTNAME	MI	LOCATION	PAGE	HEAD	HHOLD
KING	MARY	L	SNVE	398	N	282
KING	MARY		SNHO	117	N	140
KINGSEED	JULIUS		SNBI	40	Y	268
KINGSEED	ALVARH?		SNBI	40	N	268
KINGSEED	JOHN		SNBI	40	N	268
KINGSEED	MARTIN		SNLO	185	Y	79
KINGSEED	ELMIRA	E	SNLO	185	N	79
KINGSEED	CHARLES	E	SNLO	185	N	79
KINGSEED	FRANCIS	D	SNLO	185	N	79
KINGSEED	GENOBIA ?	M	SNLO	185	N	79
KINGSEED	MARY	C	SNLO	185	N	79
KINGSEED	WILLIAM	A	SNLO	185	N	79
KINGSEED	NORA	E	SNLO	186	N	79
KINGSEED	ANNA	M	SNLO	186	N	79
KINGSEED	ANTHONY		SNSN	264	Y	76
KINGSEED	EMILY		SNSN	264	N	76
KINGSEED	JOSEPH		SNSN	264	N	76
KINGSEED	CATHERINE		SNSN	264	N	76
KINGSEED	LEWIS		SNSN	265	Y	109
KINGSEED	ELIZABETH		SNSN	265	N	109
KINGSEED	MARGARET		SNSN	265	N	109
KINGSEED	HENRY		SNSN	265	N	109
KINGSEED	HENDERSON		SNSN	265	N	109
KINGSEY	ELIZABETH		SNW1	327	Y	285
KINIL	GEORGE		SNSN	276	Y	274
KINIL	ROSA		SNSN	276	N	274
KINIL	MARY		SNSN	276	N	274
KINIL	AMELIA		SNSN	276	N	274
KINIL	GEORGE		SNSN	276	N	274
KINN	NICHOLAS		SNBI	30	Y	141
KINN	MARGARET		SNBI	30	N	141
KINN	JOHN		SNBI	31	N	141
KINN	CATHERINE		SNBI	31	N	141
KINN	NICHOLAS		SNBI	31	N	141
KINN	AUGUST		SNBI	31	N	141
KINN	JOHN		SNBI	31	N	141
KINN	MARGARET		SNBI	31	N	141
KINN	CATHERINE		SNBI	40	Y	270
KINNAMAN	J	P	SNW2	367	Y	259
KINNAMAN	FRANCES		SNW2	367	N	259
KINNAMAN	LAWRANCE		SNW2	367	N	259
KINNAMAN	MARY		SNW2	367	N	259
KINNAMAN	WILLIS		SNW2	367	N	259
KINNAMAN	P	J	SNW2	368	Y	280
KINNAMAN	ELLEN		SNW2	368	N	280
KINNAMAN	CHARLES		SNW2	368	N	280
KINNAMAN	HOWARD		SNW2	368	N	280
KINNEY	ABEL		SNBI	39	Y	254
KINNEY	HARRIET		SNBI	39	N	254
KINNEY	BARTLEY		SNBI	39	N	254
KINNEY	MARTHA		SNBI	39	N	254
KINNEY	PHILLIP		SNBI	39	N	254
KINNEY	ALMARIA		SNBI	39	N	254
KINNEY	EMMA		SNBI	39	N	254
KINNEY	ROXANNE		SNBI	39	N	254
KINNEY	CALLIE		SNBI	39	N	254
KINNEY	FREDERICK		SNBI	46	Y	354
KINNEY	JANE		SNBI	46	N	354
KINNEY	PETER		SNBI	46	N	354
KINNEY	EDMOND		SNLO	171	Y	116
KINNEY	MARY		SNLO	171	N	116
KINNEY	BARTHOLOMEW		SNLO	171	N	116
KINNEY	MARGARET		SNLO	171	N	116
KINNEY	JOHN		SNLO	171	N	116
KINNEY	PHILLIP		SNLO	171	N	116
KINNEY	JAMES		SNLO	171	N	116
KINNEY	EDMOND		SNLO	171	N	116
KINNEY	CHARLES		SNLO	171	N	116
KINNEY	CATHERINE		SNLO	171	N	116
KINNEY	ABRAHAM		SNSN	268	Y	159
KINNEY	HANNAH		SNSN	268	N	159
KINNEY	HARRIET		SNSN	268	N	159
KINNEY	EDITH		SNSN	268	N	159
KINNEY ?	PATTRICK?		SNSC	246	Y	144
KINNEY ?	CATHERINE		SNSC	246	N	144
KINNEY ?	JOSEPH		SNSC	246	N	144
KINSER	G		SNW1	338	Y	443

LASTNAME	FIRSTNAME	MI	LOCATION	PAGE	HEAD	HHOLD
KINSER	CATHARINE		SNW1	338	N	443
KINSER	DAVID		SNW1	338	N	443
KINSER	LOUISA		SNW1	338	N	443
KINSER	MARY		SNW1	338	N	443
KINSER	MATILDA		SNW1	338	N	443
KINSER	ANNA		SNW1	338	N	443
KINSER	CLARA		SNW1	338	N	443
KINSER	GEORGE		SNHO	124	Y	262
KINSER	MARY		SNHO	124	N	262
KINSER	SUSAN		SNHO	124	N	262
KINSER	JAMES		SNHO	124	N	262
KINSEY	SAMUEL		SNLI	162	Y	329
KINSEY	MATILDA		SNLI	162	N	329
KINSEY	ELIZABETH		SNLI	162	N	329
KINSEY	JOHN	W	SNLI	162	N	329
KINSEY	AARON	H	SNLI	162	N	329
KINSEY	MARY	E	SNLI	162	N	329
KINSEY	SAMUEL	E	SNLI	162	N	329
KINSEY	ALICE	J	SNLI	162	N	329
KINSEY	JACOB		SNJA	134	Y	130
KINSEY	MARY		SNJA	135	N	130
KINSEY	HENRY		SNJA	135	N	130
KINSEY	LUCINDA		SNJA	135	N	130
KINSEY	MAHALA		SNJA	135	N	130
KINSEY	SARAH		SNJA	135	Y	143
KINSEY	REBECCA		SNJA	135	Y	144
KINSEY	HIRAM		SNJA	135	N	144
KINSEY	ELIZABETH		SNJA	135	N	144
KINSEY	CAROLINE		SNJA	135	N	144
KINSEY	MAHALA		SNJA	135	N	144
KINSEY	JOHN		SNJA	135	N	144
KINSEY	SAMUEL		SNLI	162	Y	329
KINSEY	MATILDA		SNLI	162	N	329
KINSEY	ELIZABETH		SNLI	162	N	329
KINSEY	JOHN	W	SNLI	162	N	329
KINSEY	AARON	H	SNLI	162	N	329
KINSEY	MARY	E	SNLI	162	N	329
KINSEY	SAMUEL	E	SNLI	162	N	329
KINSEY	ALICE	J	SNLI	162	N	329
KINTZ	BARNIBAS		SNBI	42	Y	295
KINTZ	MARY		SNBI	42	N	295
KINTZ	MARY		SNBI	43	N	295
KINTZ	JAMES		SNBI	43	N	295
KINTZ	QUINCY		SNBI	43	N	295
KINTZ	JOSEPHINE		SNBI	43	N	295
KINTZ	EDWARD		SNBI	43	N	295
KINTZ	BYRON		SNBI	43	N	295
KINTZ	ANNA		SNBI	43	N	295
KINTZ	JOHANNA		SNBI	43	N	295
KINTZ	THOMAS		SNW1	346	Y	541
KINTZ	JOHN		SNW2	359	Y	142
KINTZ	MARGARET		SNW2	359	N	142
KINTZ	JOSEPH		SNW2	359	N	142
KINTZ	HENRY		SNW2	377	Y	409
KINTZ	SYLVESTER		SNW2	379	Y	433
KINTZ	MARY		SNW2	379	N	433
KINTZ	ALFRED		SNW2	379	N	433
KINTZ	MICHAEL		SNHO	119	Y	179
KINTZ	MARGARET		SNHO	119	N	179
KINTZ	MARY		SNHO	119	N	179
KINTZ	WILLIAM		SNHO	119	N	179
KINTZ	PETER		SNHO	119	N	179
KINTZ	LEWIS		SNSN	268	Y	148
KINTZ	ELIZABETH		SNSN	268	N	148
KINTZ	EDWARD		SNSN	268	N	148
KINTZ	GEORGE		SNSN	268	N	148
KINTZ	JOSEPHINE		SNSN	268	N	148
KIRCHNER	MARY		SNW1	337	Y	430
KIRGIS	HENRY		SNBL	57	Y	140
KIRGIS	MARY		SNBL	57	N	140
KIRGIS	HARRIET		SNBL	57	N	140
KIRGIS	WILLIAM		SNBL	57	N	140
KIRGIS	MARIA		SNBL	57	N	140
KIRGIS	HENRY		SNBL	57	N	140
KIRGUS	JOHN		SNSN	266	Y	110
KIRGUS	FREDRICK		SNSN	266	N	110
KIRGUS	CAROLINE		SNSN	266	N	110

LASTNAME	FIRSTNAME	MI	LOCATION	PAGE	HEAD	HHOLD
KIRIAN	ERNST		SNBI	25	Y	57
KIRIAN	ELIZ		SNBI	25	N	57
KIRIAN	ANTHONY		SNBI	25	N	57
KIRIAN	MARY		SNBI	25	N	57
KIRIAN	LEONARD		SNBI	25	N	57
KIRIAN	MORRIS		SNBI	25	N	57
KIRIAN	CHARLEY		SNBI	25	N	57
KIRIAN	ELIZ		SNBI	25	N	57
KIRIAN	HENRY		SNBI	25	Y	57
KIRIAN	VICTORIA		SNBI	25	N	57
KIRIAN	CATHERINE		SNBI	25	N	57
KIRIAN	JOHN		SNBI	25	N	57
KIRIAN	MARY		SNBI	25	Y	58
KIRKPATRICK	P	L	SNED	107	Y	30
KIRKWOOD	S.	J.	SNW1	309	Y	29
KIRKWOOD	MARION		SNW1	309	N	29
KIRN	CHRISTIAN		SNLI	144	Y	33
KIRN	CHRISTIAN		SNLI	144	Y	33
KIRSCH	LORETTA		SNSC	241	Y	59
KIRSCH	ROBERT		SNSC	241	Y	59
KIRSCH	ALBERT		SNSC	241	Y	59
KIRSCH ?	MARY		SNSC	241	Y	59
KIRSHNER	HENRY		SNLO	189	Y	141
KIRSHNER	REBECCA		SNLO	189	N	141
KIRSHNER	IDA		SNLO	189	N	141
KIRSHNER	CHARLES		SNLO	189	N	141
KIRSHNER	DORA		SNLO	189	N	141
KIRTZ	ABSALUM		SNBI	44	Y	317
KIRTZ	MARGARET		SNBI	44	N	317
KIRTZ	MARY		SNBI	44	N	317
KIRTZ	LIZZIE		SNBI	44	N	317
KIRTZ	JOHN		SNBI	44	N	317
KIRTZ	JAMES		SNBI	44	N	317
KISABETH	ADAM		SNJA	138	Y	180
KISABETH	PHILLIP		SNJA	138	Y	187
KISECKER	ANDREW		SNCL	69	Y	9
KISECKER	MARGARET		SNCL	69	N	9
KISER	SARAH		SNAD	18	Y	300
KISER	DANIEL		SNLO	163	Y	9
KISER	NANCY	A	SNLO	163	N	9
KISER	IRA		SNLO	163	N	9
KISER	SARAH	J	SNLO	163	N	9
KISER	ALFORD		SNLO	163	N	9
KISER	ELISABETH		SNLO	163	N	9
KISER	ELLMER	E	SNLO	163	N	9
KISER	SAMUEL		SNLO	166	Y	50
KISER	JULIA	A	SNLO	166	N	50
KISER	EMILY		SNLO	166	N	50
KISER	ALVIN		SNLO	166	N	50
KISER	LUDINA		SNLO	166	N	50
KISER	CHARLES		SNLO	166	N	50
KISER	A	J	SNLO	184	Y	54
KISER	JULIA		SNLO	184	N	54
KISER	LAWRENCE		SNLO	190	Y	152
KISER	MARY		SNLO	200	Y	319
KISER	REASON		SNLO	200	N	319
KISER	SYLVESTER		SNLO	200	N	319
KISER	ELLA		SNLO	200	N	319
KISER	JACOB		SNLO	200	N	319
KISER	OLIVER		SNLO	200	Y	328
KISER	AMARANTHA		SNLO	200	N	328
KISER	ANNA		SNED	106	Y	278
KISER	SUSAN		SNED	106	N	278
KISER	ABRAHAM		SNVE	401	Y	336
KISER	CATHARINE		SNVE	401	N	336
KISER	MARY		SNVE	401	N	336
KISER	GEORGE	A	SNVE	401	N	336
KISER	FLORA	A	SNVE	401	N	336
KISERMANN	JOSEPH		SNTH	285	Y	69
KISHLER	FRED		SNW1	313	Y	91
KISHLER	CATHARINE		SNW1	313	N	91
KISHLER	OTTO		SNW1	313	N	91
KISHLER	FLORA		SNW1	313	N	91
KISHLER	FRED		SNW2	367	Y	256
KISHLER	ELIZABETH		SNW2	367	N	256
KISHLER	G	W	SNED	91	Y	31
KISHLER	CLEMINTINE		SNED	91	N	31

LASTNAME	FIRSTNAME	MI	LOCATION	PAGE	HEAD	HHOLD
KISHLER	FANNIE		SNED	91	N	31
KISHLER	MINNIE		SNED	91	N	31
KISINGER	SAUL	H	SNW2	365	Y	223
KISINGER	WILLIAM		SNW2	365	N	223
KISINGER	CHARLES		SNW2	365	N	223
KISINGER	ANNA		SNW2	365	N	223
KISLING	GEORGE		SNJA	140	Y	222
KISLING	MARGARET		SNJA	140	N	222
KISLING	ANNA	M.	SNJA	140	N	222
KISLING	JACOB		SNJA	140	N	222
KISLING	GEORGE		SNJA	140	N	222
KISLING	CHRISTOPHER		SNJA	140	N	222
KISLING	NETTIE	J.	SNJA	140	N	222
KISLING	AMELIA	E.	SNJA	140	N	222
KISLING	SILVA	L.	SNJA	140	N	222
KISMER	LIZZIE	R	SNRE	231	Y	177
KISNER	MICHAEL		SNLO	164	Y	26
KISNER	EVE		SNLO	164	N	26
KISNER	JOHN		SNLO	164	N	26
KISNER	MARY		SNLO	164	N	26
KISSABETH	PHILLIP		SNLO	165	Y	45
KISSABETH	ELIZABETH		SNLO	165	N	45
KISSABETH	JOHN		SNLO	165	N	45
KISSABETH	JACOB		SNLO	165	N	45
KISSABETH	AMALIA		SNLO	165	N	45
KISSABETH	MARY		SNLO	165	N	45
KISSABETH	WILLIAM		SNLO	165	N	45
KISSABETH	CATHERINE		SNLO	166	N	45
KISSABETH	SUSAN		SNLO	172	N	126
KISSABETH	PHILLIP		SNLO	172	Y	126
KISSABETH	GEORGE	J	SNLO	172	N	126
KISSABETH	CATHRINE		SNLO	172	N	126
KISSABETH	JACOB		SNLO	178	Y	215
KISSABETH	BARBRA		SNLO	178	N	215
KISSABETH	CATHERINE	A	SNLO	178	N	215
KISSABETH	SOPHIAH	E	SNLO	178	N	215
KISSABETH	ROSA	E	SNLO	178	N	215
KISSABETH	CHARLES	E	SNLO	178	N	215
KISSABETH	MARY		SNLO	178	N	215
KISSABETH	GEORGE		SNLO	178	Y	221
KISSABETH	DELILAH		SNLO	178	N	221
KISSABETH	NOAH		SNLO	178	N	221
KISSABETH	MARY		SNLO	178	N	221
KISSABETH	EMMA		SNLO	178	N	221
KISSABETH	EPHRAM		SNLO	178	N	221
KISSABETH	JONAS		SNLO	179	N	221
KISSEL	CATHARINE		SNW2	363	Y	189
KISSINGER	JARIS		SNW1	317	Y	145
KISSINGER	AUESTENE		SNW1	317	N	145
KISSINGER	PAULINE		SNW1	317	N	145
KISTER	SIMON		SNTH	307	Y	373
KISTER	CATHERINE		SNTH	307	N	373
KISTER	FRANK		SNTH	307	N	373
KISTER	GEORGE		SNTH	307	N	373
KISTER	MARY		SNTH	307	N	373
KISTER	ANNA		SNTH	307	N	373
KISTER	DAVID		SNTH	307	N	373
KISTLER	JOHN		SNAD	1	Y	4
KISTLER	JOHN	S.	SNAD	1	Y	5
KISTLER	EVE		SNAD	1	N	5
KISTLER	MONROE		SNAD	1	Y	6
KISTLER	CATHARINE		SNAD	1	N	6
KISTLER	HENRY		SNAD	1	N	6
KISTLER	LARA		SNAD	1	N	6
KISTLER	GEORGE		SNAD	1	N	6
KISTLER	MONROE		SNAD	1	N	6
KISTLER	NATHAN		SNAD	1	N	6
KISTLER	FRANKLIN		SNAD	1	N	6
KISTLER	STEPHEN		SNAD	1	Y	11
KISTLER	MARIA		SNAD	1	N	11
KISTLER	ALBERT		SNAD	1	N	11
KISTLER	JOHN		SNAD	1	N	12
KISTLER	LERNAY ?		SNAD	1	N	12
KISTLER	JOHN,JR.		SNAD	1	N	12
KISTLER	FLORA		SNAD	1	N	12
KISTLER	SARAH		SNAD	1	N	12
KISTLER	DAVID		SNAD	1	Y	13

LASTNAME	FIRSTNAME	MI	LOCATION	PAGE	HEAD	HHOLD
KISTLER	LYDIA		SNAD	1	N	13
KISTLER	LAFAYETTE		SNAD	1	N	13
KISTLER	AMANDA		SNAD	1	N	13
KISTLER	DAVID		SNAD	1	N	13
KISTLER	SALLIE		SNAD	1	N	13
KISTLER	JULIA		SNAD	1	N	13
KISTLER	ELI		SNAD	1	N	13
KISTLER	ANNA		SNAD	1	N	13
KISTLER	EDWARD		SNAD	2	Y	22
KISTLER	CATHARINE		SNAD	2	N	22
KISTLER	MONROE		SNAD	2	Y	36
KISTLER	MARY		SNAD	2	N	36
KISTLER	SARAH		SNAD	2	N	36
KISTLER	ANGELINE		SNAD	2	N	36
KISTLER	JOSEPH		SNAD	3	Y	45
KISTLER	CATHERINE		SNAD	3	N	46
KISTLER	MARY	ANN	SNAD	3	N	46
KISTLER	CELISTIA		SNAD	3	N	46
KISTLER	EMALINE		SNAD	3	N	46
KISTLER	HARMON		SNAD	3	N	46
KISTLER	SAMUEL		SNAD	3	N	46
KISTLER	MONROE		SNAD	3	N	46
KISTLER	LEVI		SNAD	3	Y	50
KISTLER	ELISABETH		SNAD	3	N	50
KISTLER	EMMA		SNAD	3	N	50
KISTLER	ROSA		SNAD	3	N	50
KISTLER	TERRY		SNAD	3	N	50
KISTLER	MICHAEL		SNAD	4	Y	53
KISTLER	MARY		SNAD	4	N	53
KISTLER	AARON		SNAD	4	Y	54
KISTLER	MOLLY		SNAD	4	N	54
KISTLER	LOVINA		SNAD	4	Y	61
KISTLER	CLARA		SNAD	4	N	61
KISTLER	JACOB		SNAD	4	N	61
KISTLER	MARY		SNAD	4	N	61
KISTLER	SOLOMON		SNAD	5	Y	77
KISTLER	SARAH		SNAD	5	N	77
KISTLER	MARIA		SNAD	5	N	77
KISTLER	SARAH		SNAD	5	N	77
KISTLER	DAVID		SNAD	5	N	77
KISTLER	JOHN		SNAD	5	N	77
KISTLER	MARY		SNAD	17	Y	281
KISTLER	JOSIAH		SNAD	18	Y	300
KISTLER	SUSAN		SNAD	18	N	300
KISTLER	JOSEPH		SNAD	18	N	300
KISTLER	ELMER		SNAD	18	N	300
KISTLER	SARAH		SNAD	18	N	300
KISTLER	HENRY		SNSC	238	Y	1
KISTLER	MARY		SNSC	238	N	1
KISTLER	NOAH		SNSC	238	N	1
KISTLER	HENRY		SNSC	238	N	1
KISTLER	ANNA ?		SNSC	238	N	1
KISTLER	MARTHA ?		SNSC	238	N	1
KISTNER	CHRISTIAN		SNLO	188	Y	123
KISTNER	EMMA		SNLO	188	N	123
KISTNER	ALBERT	E	SNLO	188	N	123
KIVELY	WILLIAM		SNHO	115	Y	103
KIZER	JACOB		SNLO	187	Y	98
KIZER	MARY		SNLO	187	N	98
KLAAS	THOMAS		SNBL	55	Y	107
KLAAS	MARY		SNBL	55	N	107
KLAAS	SAMUEL		SNBL	55	N	107
KLAAS	JOSEPH		SNBL	55	N	107
KLAAS	CLARISSA		SNBL	55	N	107
KLAAS	JOSEPH		SNBL	55	Y	108
KLAAS	CATHERINE		SNBL	55	N	108
KLAAS	MARIA		SNBL	55	N	108
KLACE	SOLOMON		SNED	101	Y	190
KLACE	ELMIRA		SNED	101	N	190
KLACE	JANE		SNED	101	N	190
KLACE	HOYCE		SNED	101	N	190
KLACE	JOHN		SNED	101	N	190
KLAHR	HENRY		SNBL	54	Y	83
KLAHR	LOUISA		SNBL	54	N	83
KLAHR	GEORGE		SNBL	54	N	83
KLAHR	ADAM		SNBL	54	N	83
KLAHR	JACOB		SNBL	54	Y	83

LASTNAME	FIRSTNAME	MI	LOCATION	PAGE	HEAD	HHOLD
KLAHR	MARY	A	SNBL	54	N	83
KLAHR	ELMER	E	SNBL	54	N	83
KLAHR	EZRA	E	SNBL	54	N	83
KLAHR	CONRAD		SNBL	65	Y	265
KLAHR	CATHERINE		SNBL	65	N	265
KLAHR	FRANKLIN		SNBL	65	N	265
KLAHR	JACOB	A	SNBL	65	N	265
KLAHR	ANNA		SNBL	65	N	265
KLAHR	ELLEN		SNBL	65	N	265
KLAHR	GEORGE	A	SNBL	65	N	265
KLAISS	PEGGY	A	SNBL	62	Y	217
KLASS	AMANDA		SNBL	55	N	107
KLASS	JOHN		SNBL	55	N	107
KLEINFELTER	FERDINAND		SNLI	153	Y	176
KLEINFELTER	THERESA		SNLI	153	N	176
KLEINFELTER	JOHN		SNTH	296	Y	216
KLEINFELTER	CATHERINE		SNTH	296	N	216
KLEINFELTER	ARAMANDE?		SNTH	296	N	216
KLEINFELTER	AGNES		SNTH	296	N	216
KLEINFELTER	FERDINAND		SNLI	153	Y	176
KLEINFELTER	THERESA		SNLI	153	N	176
KLENLATY ?	JOHN		SNLO	194	Y	215
KLESE	ROBERT		SNSC	245	Y	130
KLESE	CATHERINE		SNSC	245	N	130
KLESE	IDA		SNSC	245	N	130
KLESE	EMMA		SNSC	245	N	130
KLIEN	JACOB		SNLO	190	Y	151
KLIEN	CATHERINE		SNLO	190	N	151
KLINE	GEORGE		SNBI	42	Y	286
KLINE	ANNA		SNBI	42	N	286
KLINE	CHARLEY		SNBI	42	N	286
KLINE	JOHN		SNBI	42	N	286
KLINE	ANNA		SNBI	42	N	286
KLINE	JACOB		SNBI	42	N	286
KLINE	MARY		SNBI	42	N	286
KLINE	PAUL		SNJA	132	Y	82
KLINE	MALINDA		SNJA	132	N	82
KLINE	WILLIAM		SNJA	132	N	82
KLINE	JOSEPH		SNJA	132	N	82
KLINE	ELLIE		SNJA	132	N	82
KLINE	ELI		SNJA	132	N	82
KLINE	JOHN		SNJA	132	N	82
KLINE	NOAH		SNJA	132	N	82
KLINE	MARY		SNJA	132	N	82
KLINE	NANCY		SNAD	2	Y	24
KLINE	CLARA		SNAD	15	Y	252
KLINE	WILLIAM		SNW1	332	Y	353
KLINE	SARAH		SNW1	332	N	353
KLINE	ALLICE		SNW1	332	N	353
KLINE	EMMA		SNW1	332	N	353
KLINE	JOHN		SNW1	332	N	353
KLINE	CHARLES		SNTH	282	Y	17
KLINE	SUSANAH		SNTH	282	N	17
KLINE	HERBEN		SNTH	282	N	17
KLINE	JESSIE	P	SNTH	282	N	17
KLINE	LUCY		SNTH	306	Y	354
KLINE	MARY		SNTH	306	N	354
KLINE	NANCY?		SNTH	306	N	354
KLINE	GEORGE		SNTH	306	N	354
KLINE	ANNE		SNTH	306	N	354
KLINE	SARAH		SNTH	306	N	354
KLINEFELTER	GEORGE		SNW1	317	Y	137
KLINEFELTER	ELIZABETH		SNW1	317	N	137
KLINEFELTER	LANA		SNW1	317	N	137
KLINEFELTER	FRANCES		SNW1	317	N	137
KLINEFELTER	BARNEY		SNW1	331	Y	345
KLINEFELTER	ROSA		SNW1	331	Y	346
KLINEFELTER	KILLIN		SNW1	331	N	346
KLOPP	KATE		SNW1	309	Y	32
KLOPP	MAGGIE		SNW1	309	N	32
KLOSE	MARTIN		SNSC	249	Y	191
KLOSE	AMELIA		SNSC	249	N	191
KLOSE	EDWARD		SNSC	249	N	191
KLUPP	JOHN		SNW1	314	Y	98
KLUPP	SUSANA		SNW1	314	N	98
KLUPP	JOHN		SNW1	314	N	98
KLUPP	SUSANA		SNW1	314	N	98

LASTNAME	FIRSTNAME	MI	LOCATION	PAGE	HEAD	HHOLD
KLUPP	KATE		SNW1	314	N	98
KLUPP	MARGARET		SNW1	314	N	98
KNABLE	SIMON		SNTH	287	Y	103
KNAPP	RUST		SNW1	338	Y	444
KNAPP	JAMES		SNSC	246	Y	139
KNAUP	JOHN		SNBI	37	Y	237
KNAUP	CATHERINE		SNBI	37	N	237
KNAUP	CATHERINE		SNBI	37	N	237
KNAUP	REBECCA		SNBI	37	N	237
KNAUP	JOHN		SNBI	37	N	237
KNAUP	MARY		SNBI	38	N	237
KNECHT	JACOB		SNW2	374	Y	353
KNECHT	MENA		SNW2	374	N	353
KNECHT	FRANA		SNW2	374	N	353
KNECHT	JACOB		SNW2	374	N	353
KNECHT	JOSEPH		SNW2	374	N	353
KNEPER	BERTILA		SNTH	288	Y	108
KNEPPER	BENJAMIN		SNBL	66	Y	282
KNEPPER	SUSAN		SNBL	66	N	282
KNICHT	JOSEPH		SNW1	331	Y	344
KNICHT	ELLEN		SNW1	331	N	344
KNICHT	FLORA		SNW1	331	N	344
KNICHT	ROSA		SNW1	331	N	344
KNICHT	EMMA		SNW1	331	N	344
KNICHT	HENRY		SNW1	331	N	344
KNIGHT	GEO	A	SNLO	194	Y	216
KNIGHT	SUSAN		SNLO	194	N	216
KNIGHT	LUCY		SNLO	194	N	216
KNIGHT	THOMAS		SNHO	123	Y	236
KNIGHT	MARY		SNHO	123	N	236
KNIGHT	MIRAM		SNHO	123	N	236
KNIGHT	WILLIAM		SNHO	123	N	236
KNIGHT	MARION		SNHO	123	N	236
KNIGHT	AMOS		SNHO	123	N	236
KNIGHT	JOHN		SNHO	123	N	236
KNIGHT	LAURA		SNHO	123	N	236
KNIGHT	THOMAS		SNHO	123	N	236
KNIGHT	SHERMAN		SNHO	123	N	236
KNITTLE	ELI		SNW2	367	Y	253
KNITTLE	HANNAH		SNW2	367	N	253
KNITTLE	JOEL		SNW2	367	N	253
KNITTLE	A	I	SNW2	367	N	253
KNITTLE	WILLIAM		SNW2	367	N	253
KNITTLE	ISOLA		SNW2	367	N	253
KNITTLE	MABEL		SNW2	367	N	253
KNITZ	MARTIN		SNW1	343	Y	503
KNOCKE	WILLIAM		SNW1	346	Y	545
KNOPENBERGER	ABE		SNSC	250	Y	207
KNOPENBERGER	MATILDA		SNSC	250	N	207
KNOPENBERGER	HIRAM		SNSC	250	N	207
KNOPENBERGER	AUGUSTUS		SNSC	250	N	207
KNOPENBERGER	WILLIAM		SNSC	250	N	207
KNOPENBERGER	AMANDA		SNSC	250	N	207
KNOTT	JOSEPH		SNW2	369	Y	284
KNOTT	MARY		SNW2	369	N	284
KNOTT	CHARLOTTE		SNW2	369	N	284
KNOTT	MARY		SNW2	369	N	284
KNOTT	JOHN		SNW2	372	Y	335
KNOTT	CHARLOTTE		SNW2	372	N	335
KNOTT	JOHN	P	SNW2	372	N	335
KNOTT	FRANCES		SNW2	372	N	335
KNOTT	ALLIE		SNW2	372	N	335
KNOUSE	EDWARD		SNCL	83	Y	213
KNOUSE	ELIZA		SNCL	83	N	213
KNOUSE	MARY	J.	SNCL	83	N	213
KNOUSE	THOMAS		SNCL	83	N	213
KNOUSE	ELIZA		SNCL	83	N	213
KNOUSE	CAROLINE		SNCL	83	N	213
KNOUSE	ALMEDA		SNCL	83	N	213
KNOUSE	WILLIAM		SNCL	83	Y	214
KNOUSE	MATILDA		SNCL	83	N	214
KNOWLTON	AUSTIN		SNBI	38	Y	251
KNOWLTON	SARAH		SNBI	38	N	251
KNOWLTON	VALINDA		SNBI	38	N	251
KNOWLTON	RICHARD		SNBI	39	N	251
KNOWLTON	FRANKLIN		SNBI	39	N	251
KNOWLTON	SUSAN		SNBI	39	N	251

LASTNAME	FIRSTNAME	MI	LOCATION	PAGE	HEAD	HHOLD
KNOWLTON	MARY		SNBI	39	N	251
KNOWLTON	RODA		SNBI	39	N	251
KOACH	ISAAC		SNED	99	Y	141
KOACH	MARY		SNED	99	N	141
KOACH	BENJAMIN		SNED	99	Y	141
KOCHER	JOHN		SNBL	64	Y	252
KOCK	JOHN	M	SNLI	159	Y	286
KOCK	MARY	A	SNLI	159	N	286
KOCK	JOHN		SNLI	159	N	286
KOCK	GEORGE		SNLI	159	N	286
KOCK	FRANK		SNLI	159	N	286
KOCK	HENNY?		SNSC	239	Y	18
KOCK	COS?		SNSC	239	N	18
KOCK	HENNAN ?		SNSC	239	N	18
KOCK	JOHN		SNSC	239	N	18
KOCK	FRED		SNSC	239	N	18
KOCK	LEWIS		SNSC	239	N	18
KOCK	ELLIA		SNSC	239	N	18
KOCK	HENRY		SNSC	239	N	18
KOCK	LORETTA		SNSC	239	N	18
KOCK	FRANK		SNSC	239	N	18
KOCK	JOHN	M	SNLI	159	Y	286
KOCK	MARY	A	SNLI	159	N	286
KOCK	JOHN		SNLI	159	N	286
KOCK	GEORGE		SNLI	159	N	286
KOCK	FRANK		SNLI	159	N	286
KOEL	EMMA		SNSC	246	Y	144
KOERBER	WILLIAM		SNVE	399	Y	294
KOERBER	AMIE		SNVE	399	N	294
KOERBER	IDA	M.	SNVE	399	N	294
KOERBER	LORAIN		SNVE	399	N	294
KOERBER	HARRY		SNVE	399	N	294
KOHLER	HENRY SR.		SNCL	78	Y	148
KOHLER	ELIZABETH		SNCL	78	N	148
KOHLER	JULIA		SNED	101	Y	183
KOHLER	FANNIE		SNED	101	N	183
KOHLER	STEPHEN		SNED	101	N	183
KOHLER	ASA		SNED	101	N	183
KOLES	HENRY		SNSC	240	Y	38
KOLES	JANE		SNSC	240	N	38
KOLES	LIZCIE?		SNSC	240	N	38
KOLES	GRANT		SNSC	240	N	38
KOLLER	SIMON		SNBL	64	Y	252
KOLLER	MARY	M	SNBL	64	N	252
KOLLER	MARTIN		SNBL	64	N	252
KOMER	KOLT		SNSC	244	Y	104
KOMER	MARY		SNSC	244	N	104
KOMER	JULIA		SNSC	244	N	104
KOMER	MARY		SNSC	244	N	104
KOMER	KATIE		SNSC	244	N	104
KOMER	NELLIE		SNSC	244	N	104
KOMER	JOHN		SNSC	244	N	104
KOMER	ROBERT		SNSC	244	N	104
KOMER	JEREMIAH		SNTH	284	Y	37
KOMER	BARBRA		SNTH	284	N	37
KOMER	CASSIE		SNTH	284	N	37
KOMER	ELMER		SNTH	284	N	37
KOMER	JACOB		SNTH	284	Y	40
KOMER	JULIA		SNTH	284	N	40
KOMER	WINCHESTER		SNTH	285	Y	64
KOMER	MARY		SNTH	285	N	64
KOMER	MATILDA		SNTH	285	Y	65
KOMER	ELIZABETH		SNTH	287	Y	88
KOMER	WILSON		SNTH	293	Y	182
KOMER	ADDA		SNTH	293	N	182
KONKLE	NOAH		SNLO	202	Y	361
KOOK	ADAM		SNHO	113	Y	79
KOOK	JOSEPHINE		SNHO	113	N	79
KOOK	GEORGE		SNHO	113	N	79
KOOK	MARY		SNHO	113	N	79
KOONS	T	F	SNPL	215	Y	193
KOONS	LUCRETIA		SNPL	215	N	193
KOONS	ANDREW		SNPL	215	N	193
KOONS	ISAAC		SNPL	215	N	193
KOOS	MARY		SMW1	318	Y	151
KORAMIER	MOSES		SNW2	362	Y	185
KORAMIER	REBECCA		SNW2	362	N	185

LASTNAME	FIRSTNAME	MI	LOCATION	PAGE	HEAD	HHOLD
KORAMIER	MARY		SNW2	362	N	185
KORDE	WILLIAM		SNSC	238	Y	14
KORDE	SARAH		SNSC	238	N	14
KORDE	ELIZA		SNSC	238	N	14
KORDE	SAMUEL		SNSC	238	N	14
KORDE	JOHN		SNSC	238	N	14
KORDE	SUSAN		SNSC	238	N	14
KORDE	REBECCA		SNSC	238	N	14
KORZEIFER?	JOHN		SNTH	291	Y	156
KOSHER	STEPHEN		SNPL	212	Y	151
KOSHER	MARY		SNPL	212	N	151
KOTHER?	PETER		SNTH	306	Y	353
KOTHER?	GERTRUDE?		SNTH	306	N	353
KOTHER?	HENRY		SNTH	306	N	353
KOTHER?	PETER		SNTH	306	N	353
KOTHER?	MARY		SNTH	306	N	353
KOTHER?	GEORGE		SNTH	306	N	353
KOTHER?	JOSEPH		SNTH	306	N	353
KOUGH	HUBEND		SNW1	314	Y	102
KOUGH	CATHARINE		SNW1	314	N	102
KOUGH	BARBARA		SNW1	314	N	102
KOUGH	MARTIN		SNW1	314	N	102
KOUGH	CHRISTIAN		SNW1	314	N	102
KOVER?	JOHN		SNTH	293	Y	173
KOZEMA (?)	JOHN	F.	SNJA	139	Y	200
KOZEMA (?)	MARY		SNJA	139	N	200
KRABILL	JOHN		SNBI	26	Y	80
KRABILL	HANNAH		SNBI	26	N	80
KRABILL	JOHN		SNBI	26	N	80
KRABILL	FANNIE		SNBI	26	N	80
KRABILL	JEMIMA		SNBI	26	N	80
KRABILL	SARAH		SNBI	26	N	80
KRABILL	LUCIA		SNBI	26	N	80
KRABILL	DAVID		SNBI	26	Y	81
KRABILL	JEMIMA		SNBI	26	N	81
KRABILL	ANNA		SNBI	26	N	81
KRABILL	JOHN		SNBI	26	N	81
KRABILL	SAMUEL		SNBI	26	N	81
KRABILL	HIRAM		SNBI	26	N	81
KRABILL	IRENE		SNBI	26	N	81
KRABILL	SAML.?		SNBI	30	Y	135
KRABILL	MARY		SNBI	30	N	135
KRABILL	REBECCA		SNBI	30	Y	139
KRABILL	DAVID		SNBI	30	N	139
KRACH	WILSEN		SNCL	87	Y	265
KRACH	MARIAH		SNCL	87	N	265
KRACH	HARRY		SNCL	87	N	265
KRACH	FRANK		SNCL	87	N	265
KRAMER	JOHN		SNAD	6	Y	92
KRAMER	MARTIN		SNTH	295	Y	211
KRAMER	MARTIN,JR		SNTH	295	N	211
KRAMER	JOHN		SNTH	295	N	211
KRAMER	FRANK		SNTH	295	N	211
KRAMER	ANTHONY		SNTH	295	N	211
KRAMER	MARY		SNTH	295	N	211
KRAMER	KATTIE		SNTH	295	N	211
KRAPPENBERGER	ELLEN		SNSC	248	Y	164
KRATER	AARON		SNW2	372	Y	333
KRATER	ELIZA		SNW2	372	N	333
KRATER	WILLIAM		SNW2	372	N	333
KRATER	LILLIE		SNW2	372	N	333
KRATER	JENNIE		SNW2	372	N	333
KREGLON	JOEL		SNED	98	Y	128
KREGLON	LOUISA		SNED	98	N	128
KREGLON	AMANDA		SNED	98	N	128
KREGLON	ELVIN		SNED	98	N	128
KREGLON	FRANK		SNED	98	N	128
KREGLON	GEORGE		SNED	98	N	128
KREIL	JOHN	G	SNTH	283	Y	33
KRELL	KELLIE		SNBI	47	Y	364
KRELL	JENNIE		SNBI	47	N	364
KRELL	KATIE		SNBI	47	N	364
KRELL	JOHN		SNBI	47	N	364
KRELL	ANNIE		SNBI	47	N	364
KRELL	WILLIAM		SNBI	47	N	364
KRELL	JOHN		SNED	96	Y	100
KRIDLER	JACOB		SNLO	187	Y	108

LASTNAME	FIRSTNAME	MI	LOCATION	PAGE	HEAD	HHOLD
KRIDLER	CATHERINE	M	SNLO	187	N	108
KRIDLER	ADA	E	SNLO	187	N	108
KRIDLER	CLARA	A	SNLO	187	N	108
KRIDLER	SALIE	M	SNLO	187	N	108
KRIDLER	ALACE		SNLO	187	N	108
KRIDLER	ROLLA	J	SNLO	187	N	108
KRIDLER	LOUIS	B	SNLO	200	Y	322
KRIDLER	ESTELLA		SNLO	200	N	322
KRIDLER	GEORGE		SNW2	364	Y	215
KRIDLER	MARY	J	SNW2	364	N	215
KRIDLER	EVA		SNW2	364	N	215
KRIDLER	SAMUEL		SNW2	370	Y	297
KRIDLER	ELIZABETH		SNW2	370	N	297
KRIGER	MARY		SNJA	141	Y	233
KRILLEY	WILLIAM	H	SNBL	51	Y	52
KRILLEY	MATILDA	A	SNBL	51	N	52
KRILLEY	AUGUSTUS	A	SNBL	51	N	52
KRILLEY	JENNIE		SNBL	51	N	52
KRILLEY	MARY	L	SNBL	51	N	52
KRILLY	JOHN		SNBL	65	Y	272
KRILLY	NANCY		SNBL	65	N	272
KRIPER	MICHAEL		SNLO	170	Y	104
KRIPER	PETER		SNLO	170	N	104
KRITCHER	JACOB		SNLO	184	Y	61
KROH	MARGARET		SNW1	339	Y	460
KROH	EMMA		SNW1	339	N	460
KROH	CALVIN		SNW1	339	N	460
KROH	WALTER		SNW1	339	N	460
KROHDETHER	IDA	E	SNBL	56	Y	119
KROUPPER	WILLIAM		SNED	95	Y	95
KRUPP	ANTHONY		SNTH	290	Y	144
KRUPP	LANA		SNTH	290	N	144
KRUPP	PETER		SNTH	290	N	144
KRUPP	JOSEPHINE		SNTH	290	N	144
KRUPP	JOSEPH		SNTH	290	N	144
KRUPP	JOHN		SNTH	290	N	144
KRUPP	EDWARD		SNTH	290	N	144
KRUPP	NICHOLAS		SNTH	298	Y	253
KRUPP	MARY		SNTH	298	N	253
KRUPP	LEWIS		SNTH	298	N	253
KRUPP	JACOB		SNTH	298	N	253
KRUPP	JOHN		SNTH	298	N	253
KRUPP?	MARGARET		SNTH	304	Y	324
KUBISH	LUCY		SNW2	367	Y	253
KUEBLER	PETER		SNBI	35	Y	198
KUEBLER	ELIZ		SNBI	35	N	198
KUEBLER	JOSEPH		SNBI	35	N	198
KUEBLER	FRANK		SNBI	35	N	198
KUEBLER	MARY		SNBI	35	N	198
KUEBLER	ROSE		SNBI	35	N	198
KUEBLER	LOUIS		SNW1	318	Y	151
KUEBLER	EMMA		SNW1	318	N	151
KUHN	GEORGE		SNLO	172	Y	125
KUHN	ELIZABETH		SNLO	172	N	125
KUHN	JOHN		SNLO	172	N	125
KUHN	MARY		SNLO	172	N	125
KUHN	CHARLES		SNLO	172	N	125
KUHN	ROSA		SNLO	172	N	125
KUHN	ANNA		SNLO	172	N	125
KUHN	ELLEN		SNLO	172	N	125
KUHN	HENRY		SNW1	330	Y	327
KUHN	MARIA		SNW1	330	N	327
KUHN	HENRY		SNW1	330	N	327
KUHN	CATHARINE		SNW1	345	Y	524
KUHN	WANDELINE		SNW2	352	Y	32
KUHN	FLORA		SNW2	352	N	32
KUHN	FRANK		SNW2	352	N	32
KUHN	JOHN		SNW2	352	N	32
KUHN	WILLIAM		SNW2	352	N	32
KUHN	PAUL		SNW2	352	N	32
KUHN	CHARLES		SNW2	352	N	32
KUHN	FRONIA		SNW2	352	N	32
KUHN	JACOB		SNW2	372	Y	328
KUHN	TARESSA		SNW2	372	N	328
KUHN	KATE		SNW2	372	N	328
KUHN	ALBERT		SNW2	372	N	328
KUHN	JACOB		SNW2	373	Y	341

LASTNAME	FIRSTNAME	MI	LOCATION	PAGE	HEAD	HHOLD
KUHN	CATHARINE		SNW2	373	N	341
KUHN	WILLIAM		SNW2	373	N	341
KUHN	MARGARET		SNW2	373	N	341
KUHN	EMMA		SNW2	373	N	341
KUHN	CELESTIA		SNW2	373	N	341
KUHN	MINNIE		SNW2	373	N	341
KUHN	CHARLES		SNW2	373	N	341
KUHN	GEORGE		SNW2	373	N	341
KUHN	MICHAEL		SNW2	373	Y	346
KUHN	MARY		SNW2	373	N	346
KUHN	MARY		SNW2	373	N	346
KUHN	EDWARD		SNW2	373	N	346
KUHN	JOHANNA		SNW2	373	N	346
KUHN	CLARA		SNW2	373	N	346
KUHN	ROSA		SNW2	373	N	346
KUHN	JOSEPH		SNW2	373	N	346
KUHN	ELLA		SNW2	373	N	346
KUHN	KATE		SNW2	379	Y	437
KUHN	JACOB		SNTH	288	Y	105
KUHN	ADELINE		SNTH	288	N	105
KUHN	MARY		SNTH	288	N	105
KUHN	JACOB		SNTH	288	N	105
KUHN	JOSEPH		SNTH	288	N	105
KUHN	ELIZABETH		SNTH	288	N	105
KUHN	EDWARD		SNTH	288	N	105
KUHN	ROSA		SNTH	288	N	105
KUHN	ADELINE		SNTH	288	N	105
KUHN	LAWRENCE		SNTH	288	N	105
KUHN	LANA		SNTH	288	N	105
KUHN	CECELIA		SNTH	288	N	105
KUHN	ANTHONY		SNTH	288	N	105
KUHN	MARY		SNTH	288	Y	106
KUHN	ALFRED		SNTH	291	Y	157
KUHN	SUSAN		SNTH	291	N	157
KUHN	ADAM		SNTH	291	N	157
KUHN	DAVID		SNTH	291	N	157
KUHN	CHARLES		SNTH	294	Y	200
KUHN	MARY		SNTH	294	N	200
KUHN	FRANK		SNTH	294	N	200
KUHN	PHILOMON		SNTH	294	N	200
KUHN	JOHN		SNTH	294	N	200
KUHN	CHARLES		SNTH	294	N	200
KUHN	JOSEPH		SNTH	294	N	200
KUHN	MARGARET		SNTH	294	N	200
KUHN	PETER		SNTH	294	N	200
KUHN	JACOB		SNHO	109	Y	14
KUHN	MARY		SNHO	109	N	14
KUHN	GEORGE		SNHO	109	N	14
KUHN	JACOB		SNHO	109	N	14
KUHN	FRANK		SNHO	110	N	14
KUHN	MARY		SNHO	110	N	14
KUHN	SIMON		SNHO	110	N	14
KUHN	JOSEPH		SNHO	111	Y	36
KUHN	SARAH		SNHO	111	N	36
KUHN	MORRISON		SNHO	111	N	36
KUHN	HENRY		SNHO	111	Y	45
KUHN	MARY		SNHO	111	N	45
KUHN	JOSEPH		SNHO	111	N	45
KUHN	HENRY		SNHO	112	N	45
KUHN	DANIEL		SNHO	112	N	45
KUMMASON	WILLIAM		SNVE	395	Y	236
KUMMASON	MARY		SNVE	395	N	236
KUMMASON	JOSEPHINE		SNVE	395	N	236
KUMMASON	ISAAK		SNVE	395	N	236
KUMMASON	LISANDER		SNVE	395	N	236
KUMMASON	RUTHENA		SNVE	395	N	236
KUMMASON	MARTHA		SNVE	395	N	236
KUMMASON	LYDIA		SNVE	395	N	236
KUMMASON	WILLIAM		SNVE	395	N	236
KUNKLE	DAN'L.		SNBI	38	Y	239
KUNKLE	CATHERINE		SNBI	38	N	239
KUNKLER	SERAPHIN		SNBI	40	Y	270
KUNSMAN	JULIUS		SNSC	246	Y	143
KUNSMAN	EMMA		SNSC	246	N	143
KUNSMAN	ADDA		SNSC	246	N	143
KUNSMAN	CLIFTON		SNSC	246	N	143
KUNSMAN	FRANK		SNSC	246	N	143

LASTNAME	FIRSTNAME	MI	LOCATION	PAGE	HEAD	HHOLD
KUNSMAN	ELIZABETH		SNSC	246	N	143
KUNTZ	JANE		SNW1	344	Y	514
KUNTZ	MICHAEL		SNHO	122	Y	224
KUNTZ	CATHERINE		SNHO	122	N	224
KUNTZ	MARGARET		SNHO	122	N	224
KUNTZ	JOSEPH		SNHO	122	N	224
KUNTZ	MICHAEL		SNHO	122	N	224
KUNTZ	JULIUS		SNHO	122	N	224
KUNTZ	HENRY		SNHO	122	N	224
KUNTZ	FRANK		SNHO	122	N	224
KUNTZ	CATHERINE		SNHO	122	N	224
KURR	JOHN		SNSN	264	N	92
KURR	MARGARET		SNSN	264	Y	92
KURR	EVANS		SNSN	264	N	92
KUTS	ABRAHAM		SNTH	286	Y	74
KUTS	MARIA		SNTH	286	N	74
KUTS	FRANKLIN		SNTH	286	N	74
KUTS	LUELLA		SNTH	286	N	74
KUTS	HENRY		SNTH	288	Y	113
KUTS	SUSAN		SNTH	288	N	113
KUTS	JOHN		SNTH	288	N	113
KUTS	JOSEPH		SNTH	288	N	113
KUTS	ROSA		SNTH	288	N	113
KUTS	AMANDA		SNTH	288	N	113
KUTS	SARAH		SNTH	288	N	113
KUTS	CALVIN		SNTH	288	N	113
KUTS	MERIAM		SNTH	288	N	113
KYSE	THOMAS		SNSC	245	Y	124
KYSE	MARY		SNSC	245	N	124
LABAN	SAMUEL		SNW1	309	Y	23
LABAN	GEORGE		SNW1	309	N	23
LABAN	JOHN		SNW1	309	Y	24
LABAN	ELIZABETH		SNW1	309	N	24
LABOLT	JOHN		SNVE	386	Y	98
LABOLT	ANNIE		SNVE	386	N	98
LABOLT	JACOB	G	SNVE	391	Y	169
LABOLT	RACHEAL		SNVE	391	N	169
LABOLT	CHRISTENIA		SNVE	391	N	169
LABOR	WILLIAM		SNSC	253	Y	244
LABOUNTY	CHANCY		SNRE	228	Y	128
LABOUNTY	ELIZA		SNRE	228	N	128
LABOUNTY	ADALADE		SNRE	228	N	128
LABOUNTY	CLARA		SNRE	228	N	128
LABOUNTY	ELNORA		SNRE	228	N	128
LABOUNTY	FREDERICK		SNRE	228	N	128
LACE	MILLER		SNVE	396	Y	247
LACE	NANCY		SNVE	396	N	247
LACE	MARGRET	A	SNVE	396	N	247
LACE	JOHN	L	SNVE	396	N	247
LACY	EVA	J	SNLO	172	Y	136
LAFONTAIN	WILBERT		SNBI	28	Y	104
LAFONTAIN	CATHERINE		SNBI	28	N	104
LAFONTAIN	CATHERINE		SNBI	28	N	104
LAFONTAIN	NICHOLAS		SNBI	28	N	104
LAFONTAIN	JACOB		SNBI	28	N	104
LAFONTAIN	JOHN		SNBI	28	N	104
LAFONTAIN	PETER		SNBI	28	N	104
LAFONTAINE	JOS		SNBI	23	Y	33
LAFONTAINE	ELIZ		SNBI	23	N	33
LAFONTAINE	NICHOLAS		SNBI	23	N	33
LAFONTAINE	MARY		SNBI	23	N	33
LAFONTAINE	ELIZ		SNBI	23	N	33
LAFONTAINE	SUSAN		SNBI	23	N	33
LAFONTAINE	HELLEN		SNBI	23	N	33
LAHMAN	CHRISTOPHER		SNW1	328	Y	296
LAHMAN	CAROLINE		SNW1	328	N	296
LAID	ELIZABETH		SNW2	361	Y	165
LAING	WILLIAM		SNLI	153	Y	180
LAING	ELIZABETH		SNLI	153	N	180
LAING	JOHN		SNLI	153	N	180
LAING	MARY	J	SNLI	153	N	180
LAING	FRANCIS	M	SNLI	153	N	180
LAING	GEORGE		SNLI	153	N	180
LAING	ANN		SNLI	153	N	180
LAING	JESSIE		SNLI	153	N	180
LAING	NELSON		SNLI	153	N	180
LAING	CHARLES		SNLI	153	N	180

LASTNAME	FIRSTNAME	MI	LOCATION	PAGE	HEAD	HHOLD
LAIR	ELIZABETH		SNLO	200	Y	323
LAIRD	T	J	SNED	106	N	266
LAIRD	LAURIE		SNED	106	N	266
LAIRD	HARVEY		SNED	106	N	266
LAIRD	WILLIAM		SNED	106	N	266
LAKE	SARAH	N.	SNCL	83	Y	223
LAKE	LEWIS		SNRE	226	Y	95
LAKE	MAY		SNRE	226	N	95
LAKE	HARRY	P	SNRE	226	N	95
LAKE	JOSHUA		SNRE	227	Y	110
LAKE	LIDIA		SNRE	227	N	110
LAKE	ORISTEN		SNRE	227	N	110
LAKE	MENERVA	F	SNRE	227	N	110
LAKE	JAMES	F	SNRE	227	N	110
LAKE	JAMES		SNRE	229	Y	136
LAKE	FRANK		SNRE	229	N	136
LAKE	MAUD		SNRE	229	N	136
LAKE	ADA		SNRE	229	N	136
LAKE	ELMER		SNRE	229	N	136
LAMB	OLIVER		SNJA	129	Y	45
LAMB	MARGARET	E.	SNJA	129	N	45
LAMB	ALFRED		SNAD	19	Y	310
LAMBER	JENNIE		SNSC	255	N	281
LAMBER?	FRANCIS		SNSC	255	Y	281
LAMBERJACK	JOHN		SNLO	163	Y	8
LAMBERJACK	MARGARET		SNLO	163	N	8
LAMBERJACK	ANNA		SNLO	163	N	8
LAMBERJACK	JOHN		SNLO	163	N	8
LAMBERJACK	ANDREW		SNLO	163	N	8
LAMBERJACK	ELLEN		SNLO	163	N	8
LAMBERJACK	MARY	S	SNLO	163	N	8
LAMBERT	WILLIAM		SNED	100	Y	166
LAMBERT	GEORGE		SNED	100	Y	167
LAMBERT	JANE		SNED	100	N	167
LAMBERT	JULIA		SNED	100	N	167
LAMBERTSON	WILLIAM		SNCL	83	Y	218
LAMBERTSON	MARY		SNCL	83	N	218
LAMBERTSON	SHERRON		SNCL	83	N	218
LAMBERTSON	JAMIETT		SNCL	83	N	218
LAMBERTSON	HERSHELL	H. W	SNCL	83	N	218
LAMBERTSON	CURTIS	M.	SNCL	83	N	218
LAMBERTSON	DEWITT	C.	SNCL	83	N	218
LAMBERTSON	MARCENA		SNCL	83	N	218
LAMBERTSON	NANCY		SNW2	367	Y	252
LAMBERTSON	JEROME		SNW2	367	N	252
LAMBERTSON	SUSAN		SNW2	367	N	252
LAMBERTSON	ANNA		SNW2	367	N	252
LAMBERTSON	SUE		SNW2	367	Y	252
LAMBERTSON	SUSAN		SNPL	208	Y	79
LAMBRIGHT	P.		SNCL	69	Y	14
LAMBRIGHT	HARRIET		SNCL	69	N	14
LAMBRIGHT	CATHERINE		SNCL	69	N	14
LAMBRIGHT	MARY		SNCL	69	N	14
LAMBRIGHT	GEORGE		SNCL	69	N	14
LAMBRIGHT	JOHN		SNJA	132	Y	80
LAMBRIGHT	ELIZABETH		SNJA	132	N	80
LAMBRIGHT	HENRY		SNJA	139	Y	199
LAMBRIGHT	MARY		SNJA	139	N	199
LAMBRIGHT	LEVI		SNJA	139	N	199
LAMBRIGHT	ALBERT		SNJA	139	N	199
LAMBRIGHT	LEWIS		SNJA	139	N	199
LAMBRIGHT	SIMON	C.	SNJA	139	N	199
LAMBRIGHT	JACOB		SNJA	139	N	199
LAMP	LOUISA		SNLO	188	N	119
LAMP	LENA		SNLO	188	N	119
LAMP ?	GEO		SNLO	188	Y	119
LAMPKINS	CHARLES		SNBL	63	Y	235
LAMPKINS	JANE	O	SNBL	63	N	235
LANASTER	SHUAL ?		SNED	100	Y	157
LANASTER	MARGARET		SNED	100	N	157
LANASTER	MARY		SNED	100	N	157
LANASTER	ELIZA		SNED	100	N	157
LANASTER	JOSEPHINE		SNED	100	N	157
LANASTER	WILLIAM		SNED	100	N	157
LANASTER	CLOUD		SNED	100	N	157
LANCASTER	MARY		SNCL	69	N	1
LANCE	BELINDA		SNW1	331	Y	341

LASTNAME	FIRSTNAME	MI	LOCATION	PAGE	HEAD	HHOLD
LANDERS	JOHN		SNHO	114	Y	94
LANDERS	ELMA		SNHO	114	N	94
LANDERS	LILY		SNHO	114	N	94
LANDON	ALFRED		SNW2	365	Y	220
LANDON	REBECCA		SNW2	365	N	220
LANDON	JOHN		SNW2	365	N	220
LANDON	FRANK		SNW2	365	N	220
LANDON	GIBSON		SNW2	365	N	220
LANDWAY	PETER		SNHO	122	Y	222
LANDWAY	AMELIA		SNHO	122	N	222
LANDWAY	ALBERTA		SNHO	122	N	222
LANDWAY	JOHN		SNHO	122	N	222
LANDWAY	ALMAN		SNHO	122	N	222
LANDWAY	SARAH		SNHO	122	N	222
LANDWAY	CHARLES		SNHO	122	N	222
LANDWAY	JONES		SNHO	122	N	222
LANDWAY	CHALINGER		SNHO	122	N	222
LANE	BRIDGET		SNED	91	Y	35
LANE	WESLEY		SNPL	211	Y	127
LANE	MARY		SNPL	211	N	127
LANE	NIRA		SNPL	211	N	127
LANG	WALTER		SNCL	79	Y	158
LANG	EMMA		SNCL	79	N	158
LANG	WILLIAM		SNCL	79	N	158
LANG	WILLIAM		SNCL	81	Y	196
LANG	MARY	P.	SNCL	81	N	196
LANG	LAFAYETT	L.	SNCL	81	N	196
LANG	FRANK		SNCL	81	N	196
LANG	KATE		SNCL	81	N	196
LANG	ELIZ		SNBI	23	N	31
LANG	JOSEPH		SNBI	23	N	31
LANG	LAWRENCE		SNBI	23	N	31
LANG	JOSEPH		SNBI	23	N	31
LANG	JOHN		SNBI	23	Y	31
LANG	PETER		SNBI	27	Y	101
LANG	WILLIAM		SNLI	153	Y	180
LANG	ELIZABETH		SNLI	153	N	180
LANG	JOHN		SNLI	153	N	180
LANG	MARY	J	SNLI	153	N	180
LANG	FRANCIS	M	SNLI	153	N	180
LANG	GEORGE		SNLI	153	N	180
LANG	ANN		SNLI	153	N	180
LANG	JESSIE		SNLI	153	N	180
LANG	NELSON		SNLI	153	N	180
LANG	CHARLES		SNLI	153	N	180
LANG	MICHAEL		SNVE	380	Y	9
LANG	MARGRET		SNVE	380	N	9
LANG	AUGUSTUS		SNVE	380	N	9
LANG	LOUSIA		SNVE	380	N	9
LANG	GEORGE		SNVE	380	N	9
LANG	PETER		SNVE	380	N	9
LANG	LUDWICH		SNVE	380	N	9
LANG	JOSEPH		SNVE	380	N	9
LANG	MICHAEL		SNVE	380	N	9
LANG	SIMON		SNSN	269	Y	176
LANG	MARYANN		SNSN	269	N	176
LANG	EMMA		SNSN	269	N	176
LANG	BENJAMIN		SNSN	269	N	176
LANG	JOHN		SNSN	269	N	176
LANG	EFFIE		SNSN	269	N	176
LANG	MARY		SNSN	269	N	176
LANING	FRANK		SNHO	116	Y	121
LANNER	MARY	M	SNVE	388	Y	126
LANNER	WILLIAM		SNVE	388	N	126
LANNER	DANIEL		SNVE	389	Y	13
LANTOL	ADAM		SNRE	236	Y	244
LANTOL	USULER		SNRE	236	N	244
LANTOL	MARY		SNRE	236	N	244
LANTOL	ANTHONY		SNRE	236	N	244
LANTOL	JOHN		SNRE	236	N	244
LANTOL	AMIE		SNRE	236	N	244
LANTZ	CHRISTIAN		SNED	89	Y	12
LANTZ	ISABELLA		SNED	89	N	12
LANTZ	MARTHA		SNED	89	N	12
LANTZ	SALENIA		SNED	89	N	12
LANTZ	CYRUS		SNED	89	N	12
LANTZ	LAVENIA		SNED	89	N	12

LASTNAME	FIRSTNAME	MI	LOCATION	PAGE	HEAD	HHOLD
LANTZ	CHRISTIAN		SNED	89	N	12
LAPHAM	HENRY		SNRE	222	Y	34
LAPHAM	EMMA		SNRE	222	N	34
LAPHAM	CORA		SNRE	222	N	34
LAPHAN	EDDIE		SNSC	250	Y	198
LAPHAN	EMELINE		SNSC	250	Y	202
LAPHAN	ELMER		SNSC	250	N	202
LAPHAN	GLEN		SNSC	250	N	202
LAPHAN	FRANK		SNSC	250	N	202
LAPHAN	JOSEPH		SNSC	251	Y	222
LAPHAN	LOVINA		SNSC	251	N	222
LAPHAN	WILLIAM		SNSC	251	N	222
LAPHAN	JANE		SNSC	251	N	222
LAPHAN	THEOBIE		SNSC	251	N	222
LAPHAN	HENRY		SNSC	257	Y	322
LAPHAN	MARY		SNSC	257	N	322
LAPHAN	RUTH		SNSC	257	N	322
LAPHAN	AL---US?		SNSC	257	N	322
LAPHAN	FRANK		SNSC	257	N	322
LAPRIS	ADDA		SNSC	243	N	80
LAPRIS?	ROBERT		SNSC	243	Y	80
LAPRIS?	ELIZABETH		SNSC	243	N	80
LAPRIS?	FRED		SNSC	243	N	80
LAPRIS?	EDWIN		SNSC	243	N	80
LAPRIS?	WILLIAM		SNSC	243	N	80
LAPRIS?	GEORGE		SNSC	243	N	80
LAPRIS?	JENNIE		SNSC	243	N	80
LAPRIS?	HARRY		SNSC	243	N	80
LARIMER	M	D	SNVE	401	Y	339
LARIMER	ELIZA	J	SNVE	401	N	339
LARIMER	MARY	E	SNVE	401	N	339
LARIMER	LYDIA	L	SNVE	401	N	339
LARISH	PHEBE		SNBI	26	Y	75
LARISH	LIZZIE		SNBI	26	N	75
LARISH	ADAM		SNBI	26	N	75
LARKENS	BENJAMIN		SNSN	265	Y	99
LARKENS	ELLEN		SNSN	265	N	99
LARKENS	EFFIE		SNSN	265	N	99
LARKINS	ELLEN		SNSN	265	Y	101
LARRICK	PETER		SNBI	25	Y	68
LASIOR	FRANK		SNW1	335	Y	407
LASOR	JOHN		SNW1	334	Y	383
LASOR	CATHERINE		SNW1	334	N	383
LASOR	MOLLY		SNW1	334	N	383
LASSO	LEWIS		SNLO	200	Y	333
LASSO	LENA		SNLO	200	N	333
LASSO	WILLIAM		SNLO	200	N	333
LAUDENBAUGH	NICK		SNSN	277	Y	283
LAUDENBAUGH	ANNA		SNSN	277	N	283
LAUDENBAUGH	NICHOLAS		SNSN	277	N	283
LAUDENBAUGH	PAUL		SNSN	277	N	283
LAUDENBAUGH	SUSAN		SNSN	277	N	283
LAUDENBAUGH	PETER		SNSN	277	N	283
LAUDENBAUGH	MARY		SNSN	277	N	283
LAUDENBAUGH	JOHN		SNSN	277	N	283
LAUDENBAUGH	ELIZABETH		SNSN	277	N	283
LAUDENBAUGH	MARGARET		SNSN	277	N	283
LAUDENBAUGH	ANNA		SNSN	277	N	283
LAUDENBAUGH	CATHARINE		SNSN	277	N	283
LAUDENBAUGH	ROSA		SNSN	277	N	283
LAUDENBAUGH	LANEY		SNSN	277	N	283
LAUDENBAUGH	JENNY		SNSN	277	N	283
LAUDENBAUGH	LEO		SNSN	277	N	283
LAUFER ?	JACOB		SNLO	182	Y	19
LAUFER ?	ELIZABETH		SNLO	182	N	19
LAUFER ?	JOHN		SNLO	182	N	19
LAUFER ?	MARY		SNLO	182	N	19
LAUFER ?	CATHERINE		SNLO	182	N	19
LAUGHLAN	JOHN		SNED	104	Y	230
LAUGHLAN	ELIZABETH		SNED	104	N	230
LAUGHNER	MARY		SNTH	283	Y	33
LAUGHNER	WILLIAM		SNTH	283	N	33
LAUHR	GEORGE		SNW1	326	Y	281
LAUHR	ELIZA		SNW1	326	N	281
LAUHR	LEWIS	F	SNW1	326	N	281
LAUKIN	EDGER		SNSC	245	Y	119
LAUKIN	DELLA		SNSC	245	N	119

LASTNAME	FIRSTNAME	MI	LOCATION	PAGE	HEAD	HHOLD
LAUX	HENRY		SNBI	24	Y	54
LAUX	ANNA		SNBI	24	N	54
LAUX	MARY		SNBI	24	Y	54
LAUX	ELIZ		SNBI	24	N	54
LAUX	AGATHA		SNBI	24	N	54
LAUX	CAROLINE		SNBI	24	N	54
LAUX	JOSEPHINE		SNBI	24	N	54
LAUX	ROSA		SNBI	24	N	54
LAUX	KATIE		SNBI	24	N	54
LAUX	PETER		SNBI	24	N	54
LAUX	NICHOLAS		SNBI	24	N	54
LAUX	ALPHONS		SNBI	40	Y	270
LAUX	SUSAN		SNW1	332	Y	357
LAUX	LIZZIE		SNW1	332	N	357
LAUX	EMMA		SNW1	332	N	357
LAUX	JOHN		SNTH	295	Y	210
LAUX	CATHERINE		SNTH	295	N	210
LAUX	ADAM		SNTH	295	N	210
LAUX	MARGARET		SNTH	295	N	210
LAUX	MARY		SNTH	295	N	210
LAUX	BARBARA		SNTH	295	N	210
LAUX	MAY		SNTH	295	N	210
LAUX	LENA		SNTH	295	N	210
LAUX	CATHARINE		SNTH	295	N	210
LAUX	BARBARA		SNTH	295	N	210
LAVOR	JACOB		SNED	91	Y	34
LAVOR	MARY		SNED	91	N	34
LAVOR	JACOB		SNED	91	Y	34
LAVOR	JOHN		SNED	91	N	34
LAWER	ROSE		SNBI	44	Y	319
LAWFORD	PATRICIA		SNSC	252	Y	228
LAWHEAD	J	W.	SNBI	39	Y	255
LAWHEAD	CATHERINE		SNBI	39	N	255
LAWHEAD	MARY		SNBI	39	N	255
LAWHEAD	LEWIS		SNBI	39	N	255
LAWHEAD	ELMER		SNBI	39	N	255
LAWHEAD	WM.		SNBI	39	Y	255
LAWHEAD	ELIZA		SNBI	39	N	255
LAWHEAD	JUNE		SNBI	39	Y	258
LAWHEAD	ELLEN		SNBI	39	N	255
LAWRANCE	ELLEN		SNED	103	Y	226
LAWRANCE	ROBERT		SNED	103	Y	226
LAWRANCE	ANNA		SNED	103	N	226
LAWRANCE	JAMES		SNED	103	Y	227
LAWRANCE	MARY		SNED	103	N	227
LAWRANCE	GERTRUDE		SNED	103	N	227
LAWRANCE	PETER		SNPL	210	Y	115
LAWRANCE	MARGARET		SNPL	210	N	115
LAWRANCE	JOHN		SNPL	210	N	115
LAWRANCE	ANTHONY		SNPL	210	N	115
LAWRANCE	FRANK		SNPL	210	N	115
LAWRANCE	PETER		SNPL	210	N	115
LAWRANCE	KATE		SNPL	210	N	115
LAWRANCE	MARY		SNPL	210	N	115
LAWRANCE	LAURA		SNPL	210	N	115
LAWRENCE	KATE		SNLI	157	Y	233
LAWRENCE	THOMAS		SNJA	135	Y	143
LAWRENCE	MARIAH		SNJA	135	N	143
LAWRENCE	KATE		SNLI	157	Y	233
LAWRENCE	LYDIA		SNRE	236	Y	251
LAY	JEREMIAH		SNPL	217	Y	225
LAY	ELIZABETH		SNPL	217	N	225
LAY	WILLIAM		SNVE	400	Y	315
LAY	MARY		SNVE	400	Y	316
LAY	JOHN		SNVE	400	N	316
LAYMAN	LEWIS		SNED	107	Y	297
LAYMAN	ALLIANES		SNED	107	N	297
LAYMAN	LEO		SNVE	385	Y	83
LEAHEY	JAMES		SNLO	171	Y	120
LEAHEY	DAVID		SNLO	174	Y	163
LEAHEY	MARY		SNLO	174	N	163
LEAHEY	CORNELIUS		SNLO	174	N	163
LEAHEY	DAVID		SNLO	174	N	163
LEAHEY	CATHERINE		SNLO	174	N	163
LEAHEY	ELLEN		SNLO	174	N	163
LEAHEY	JOHN		SNLO	174	N	163
LEAHEY	CHARLES		SNLO	174	N	163

LASTNAME	FIRSTNAME	MI	LOCATION	PAGE	HEAD	HHOLD
LEAHY	OWEN		SNLO	172	Y	131
LEAHY	CATHERINE		SNLO	172	N	131
LEAHY	MARY		SNLO	172	N	131
LEAHY	THIMOTHY		SNLO	172	N	131
LEAHY	PATRICK		SNLO	172	N	131
LEASE	LOYD		SNW2	370	Y	297
LEASE	MARIA		SNW2	370	N	297
LEASE	EDEN	L	SNW2	370	N	297
LEASE	L	C	SNED	90	Y	26
LEASE	LUISA		SNED	90	N	26
LEASE	EDEN		SNED	90	Y	27
LEASE	MERRY		SNED	90	N	27
LEASE	C	D	SNED	90	N	27
LEASE	ALMEDIA		SNED	90	N	27
LEASE	MARY	A	SNED	90	N	27
LEASE	CLEMA		SNED	90	N	27
LEASE	AARON		SNHO	115	Y	110
LEASE	JACOB		SNSN	266	Y	116
LEASE	MARY		SNSN	266	N	116
LEASE	ELIZABETH		SNSN	266	N	116
LEASE	ANNA		SNSN	266	N	116
LEASE	ELLEN		SNSN	266	N	116
LEASE	SAMUEL		SNSN	266	N	116
LEASE	ETTIE		SNSN	266	N	116
LEATHERHAS	JOSEPH		SNW2	353	Y	61
LEATHERHAS	MARY		SNW2	353	N	61
LEATHERHAS	HENRY		SNW2	353	N	61
LEATHERHAS	JOSEPH		SNW2	353	N	61
LEATHERHAS	AMELIA		SNW2	363	Y	187
LEATHERHAS	JOHN		SNW2	363	N	187
LEATHERMAN	JAMES	D	SNLI	153	Y	171
LEATHERMAN	JAMES	T	SNLI	153	N	171
LEATHERMAN	JAMES	D	SNLI	153	N	171
LEATHERMAN	JAMES	T	SNLI	153	N	171
LEBARON	FRANCIS		SNW2	376	Y	381
LEBOLD	JACOB		SNVE	390	Y	154
LEBOLD	MARY		SNVE	390	N	154
LEBOLD	JOHN	F	SNVE	390	N	154
LEBOLD	JACOB	W	SNVE	390	N	154
LEBOLD	CATHARINE		SNVE	390	N	154
LEBOLD	CAROLINE		SNVE	390	N	154
LEBOLD	HENRY		SNVE	390	N	154
LEBOLD	LOUISA		SNVE	390	N	154
LEBOLD	JOHN	C	SNVE	390	Y	155
LEBOLD	CATHARINE		SNVE	390	N	155
LEBOLD	JESSEE		SNVE	390	N	155
LEBOLT	CONRAD		SNVE	387	Y	100
LEBOLT	LUCINDA		SNVE	387	N	100
LEBOLT	SHERMAN		SNVE	387	N	100
LEBOLT	HENRY	A.	SNVE	387	N	100
LECKNER	MARY		SNW1	325	Y	265
LECKNER	GEORGE	W.	SNSN	261	Y	26
LECRONE	BENJAMIN		SNED	91	Y	35
LECRONE	MINERVA		SNED	91	N	35
LECRONE	ANNA		SNED	91	N	35
LECRONE	SAMUEL		SNED	91	N	35
LEDDICK	DANIEL,JR.		SNRE	223	Y	45
LEDDICK	JANE		SNRE	223	N	45
LEDDICK	DANIEL		SNRE	223	N	45
LEDDICK	PANIEL ?		SNRE	223	Y	45
LEDDICK	SAMUEL		SNRE	234	Y	214
LEDDICK	RACHAEL		SNRE	234	N	214
LEDDICK	NANCY	E	SNRE	234	N	214
LEDDICK	FRANK	M	SNRE	234	N	214
LEDDICK	WILLIAM		SNRE	234	N	214
LEE	CORNELIUS		SNLI	162	Y	331
LEE	SARAH		SNLI	162	N	331
LEE	EFFIE		SNLI	162	N	331
LEE	ALICE		SNLI	162	N	331
LEE	DAVID		SNAD	5	Y	76
LEE	MARY		SNAD	5	N	76
LEE	HOMER		SNAD	5	N	76
LEE	JOHN		SNAD	5	N	76
LEE	ROSE		SNAD	5	N	76
LEE	ARTHUR		SNAD	5	N	76
LEE	HARKNESS		SNAD	5	N	76
LEE	ALLIE		SNAD	5	N	76

LASTNAME	FIRSTNAME	MI	LOCATION	PAGE	HEAD	HHOLD
LEE	JOHN		SNAD	6	Y	86
LEE	ELISA		SNAD	6	N	86
LEE	OPHEED ?		SNAD	6	N	86
LEE	EARNEST		SNAD	6	N	86
LEE	HILEMAN		SNAD	6	Y	89
LEE	ELISABETH		SNAD	6	N	89
LEE	ARCHIBOLD		SNAD	6	N	89
LEE	BELLE		SNAD	6	N	89
LEE	WILLIS		SNAD	6	N	89
LEE	EUNICE		SNAD	6	N	89
LEE	ADDA		SNAD	6	N	89
LEE	CHARLES		SNAD	6	N	89
LEE	NITT		SNAD	6	N	89
LEE	MONROE		SNAD	7	Y	109
LEE	JANE		SNAD	7	N	109
LEE	ARGA ?		SNAD	9	Y	131
LEE	UNICE		SNAD	9	N	131
LEE	ALICE		SNAD	9	N	131
LEE	FRANK		SNAD	9	N	131
LEE	FREDERICK		SNAD	9	N	131
LEE	DAVID	B	SNAD	9	Y	137
LEE	MARY		SNAD	9	N	137
LEE	MARY		SNAD	9	N	137
LEE	RUSSEL		SNAD	9	N	137
LEE	MYER		SNAD	15	Y	244
LEE	MARY		SNAD	15	N	244
LEE	CATHERINE		SNAD	17	Y	275
LEE	CLARENCE		SNAD	17	N	275
LEE	MARTHA		SNED	105	Y	249
LEE	HARLAND		SNED	105	Y	249
LEE	MARY		SNED	105	N	249
LEE	WILLIAM		SNED	105	N	249
LEE	EDWIN		SNED	105	N	249
LEE	BYRON		SNED	105	N	249
LEE	CHARLES		SNED	105	N	249
LEE	HERBERT		SNED	105	Y	249
LEE	LEMUEL		SNED	106	Y	268
LEE	HATTIE		SNED	106	N	268
LEE	CORNELIUS		SNLI	162	Y	331
LEE	SARAH		SNLI	162	N	331
LEE	EFFIE		SNLI	162	N	331
LEE	ALICE		SNLI	162	N	331
LEECH	JAMES		SNLO	192	Y	184
LEECH	ELIZA		SNLO	192	N	184
LEECH	EMALINE		SNLO	192	Y	185
LEECH	LOUELLA		SNLO	192	N	185
LEECH	HARRIET		SNLO	192	N	185
LEECH	OLIVER	J	SNLO	192	N	185
LEECH	WILLIAM	H	SNLO	201	Y	341
LEECH	MARTHA	J	SNLO	201	N	341
LEECH	MAUDE		SNLO	201	N	341
LEESE	JAMES		SNTH	284	Y	41
LEESE	EMMA		SNTH	284	N	41
LEESE	WESLEY		SNTH	284	N	41
LEFFLER	LEWIS		SNCL	75	Y	93
LEFFLER	SARAH		SNCL	75	N	93
LEFFLER	LEWIS		SNCL	75	N	93
LEFFLER	ADAM		SNTH	302	Y	299
LEFFLER	CATHARINE		SNTH	302	N	299
LEFFLER	LOUISA		SNTH	302	N	299
LEFFLER	JACOB		SNTH	302	N	299
LEFFLER	AMANDA		SNTH	302	N	299
LEFFLER	HANNAH		SNTH	302	N	299
LEFFLER	CHRISTIAN		SNTH	302	N	299
LEFFLER	GEORGE		SNTH	302	N	299
LEFFLER	DAVID		SNTH	302	N	299
LEFFLER	MARY		SNTH	302	N	299
LEFFLER	JACOB		SNHO	123	Y	247
LEFFLER	SUSAN		SNHO	123	N	247
LEFFLER	EDWARD		SNHO	123	N	247
LEFFLER	ALBERT		SNHO	123	N	247
LEFFLER	JESSIE		SNHO	123	N	247
LEFLER	SAMUEL		SNLI	149	Y	116
LEFLER	POLLY		SNLI	149	N	116
LEFLER	CYRUS		SNLI	149	N	116
LEFLER	MARY	A	SNLI	149	N	116
LEFLER	ADAM		SNRE	234	Y	219

LASTNAME	FIRSTNAME	MI	LOCATION	PAGE	HEAD	HHOLD
LEFLER	ROSINA		SNRE	234	N	219
LEFLER	ROSETTA		SNRE	234	N	219
LEFLER	EZRA	J	SNRE	234	N	219
LEFLER	GEORGE	M	SNRE	234	N	219
LEFLER	CHRISTINE		SNRE	234	N	219
LEFLER	LAURA		SNRE	234	N	219
LEFLER	SUSAN		SNRE	234	N	219
LEFLOR	SAMUEL		SNLI	149	Y	116
LEFLOR	POLLY		SNLI	149	N	116
LEFLOR	CYRUS		SNLI	149	N	116
LEFLOR	MARY	A	SNLI	149	N	116
LEGG	ISAC	G	SNLO	191	Y	163
LEGG	SARAH		SNLO	191	N	163
LEGGETT	SARAH		SNLO	194	Y	223
LEGILE	MARY		SNAD	17	N	287
LEGILE	ALICIA		SNAD	17	N	287
LEGILE	HONICE ?		SNAD	17	N	287
LEGILE	HOMY ?		SNAD	17	N	287
LEGILE ?	EDWARD		SNAD	17	Y	287
LEGRON	JOSEPH	F	SNBL	50	Y	32
LEGRON	SOPHIA		SNBL	50	N	32
LEGRON	JOHN		SNBL	50	N	32
LEGRON	SAMULE		SNBL	50	N	32
LEGRON	CHRISTIAN		SNBL	50	Y	33
LEGRON	ELISABETH		SNBL	50	N	33
LEHMAN	JACOB		SNBL	50	Y	38
LEHMAN	MAGDALENA		SNBL	50	N	38
LEHMAN	ELISABETH		SNBL	50	N	38
LEHMAN	ABSOLOM		SNBL	50	N	38
LEHMAN	URIA?		SNBL	50	N	38
LEHMAN	HIRAM		SNBL	51	N	38
LEHMAN	JACOB		SNBL	51	N	38
LEHMAN	NOAH	S	SNBL	56	Y	124
LEHMAN	CLARA		SNBL	56	N	124
LEHMAN	JACOB	E	SNBL	56	N	124
LEHMAN	SARAH	J	SNBL	67	Y	295
LEHRAIN ?	THOMAS		SNED	95	Y	92
LEHY	THOMAS		SNED	95	Y	90
LEHY	ELLEN		SNED	95	N	90
LEHY	JOHN		SNED	95	Y	90
LEHY	MORRISON		SNED	95	Y	90
LEHY	JAMES		SNED	95	N	90
LEHY	MARY		SNED	95	N	90
LEHY	MARGARET		SNED	95	N	90
LEHY	THOMAS		SNED	95	N	90
LEHY	RICHARD		SNED	95	N	90
LEHY	MICHAL		SNED	95	N	90
LEHY	JEREMIAH		SNED	95	N	90
LEIBE	NICK		SNW2	369	Y	285
LEIBE	HENRIETTA		SNW2	369	N	285
LEIBROOK	JACOB		SNW2	364	Y	205
LEIBROOK	CAROLINE		SNW2	363	N	205
LEICHLER?	FRANCIS		SNTH	288	Y	108
LEICHTLEY	MARTIN		SNLO	169	Y	91
LEICHTLEY	THERESA		SNLO	169	N	91
LEICHTLEY	NICHOLAS		SNLO	169	N	91
LEICHTLEY	MARGARET		SNLO	169	N	91
LEICHTLEY	ELIZABETH		SNLO	169	N	91
LEICHTLEY	ROSA		SNLO	169	N	91
LEICHTLEY	JOHN		SNLO	169	N	91
LEICHTLEY	MICHAEL		SNLO	169	N	91
LEICHTLEY	ANTHONY		SNLO	169	N	91
LEICHTLEY	JOSEPH		SNLO	169	N	91
LEIDY	JOHN		SNCL	75	Y	100
LEIDY	MARY		SNCL	75	N	100
LEIDY	JOHN		SNCL	75	N	100
LEIDY	SAMUEL		SNCL	75	N	100
LEIDY	JESSE		SNW2	360	Y	159
LEIDY	MARGARET		SNW2	360	N	159
LEIDY	SAMUEL		SNW2	360	N	159
LEIDY	JESSIE	E	SNW2	360	N	159
LEIDY	LEROY		SNW2	360	N	159
LEIGHTY	MARGARET		SNLO	174	Y	158
LEIGHTY	LUCINDA		SNLO	174	N	158
LEINBAUGH	JOHN		SNTH	284	Y	35
LEINBAUGH	HANAH		SNTH	284	N	35
LEINBAUGH	ASA		SNTH	284	N	35

LASTNAME	FIRSTNAME	MI	LOCATION	PAGE	HEAD	HHOLD
LEINGYER	CHARLES		SNVE	392	Y	179
LEINGYER	MARY		SNVE	392	N	179
LEINGYER	CAROLINE		SNVE	392	N	179
LEINGYER	CATHARINE		SNVE	392	N	179
LEINGYER	ELISABETH		SNVE	392	N	179
LEINGYER	LEWIS		SNVE	392	N	179
LEINGYER	MARIE		SNVE	392	N	179
LEINGYER	AUGUSTINE		SNVE	392	N	179
LEINGYER	AMIE		SNVE	392	N	179
LEININGER	DAVID		SNTH	293	Y	184
LEININGER?	MARY		SNTH	293	N	184
LEININGER?	CREYTON		SNTH	293	N	184
LEININGER?	GIRTIE		SNTH	293	N	184
LEININGER?	HENRY		SNTH	293	N	0
LEIS	MARY		SNBI	43	Y	295
LEISTER	REBECCA		SNBL	50	Y	22
LEISTER	JOHN		SNBL	62	Y	219
LEISTER	SAVILLA		SNBL	62	N	219
LEISTER	SABINA		SNBL	62	N	219
LEISTER	MINERVA		SNBL	62	N	219
LEISTER	JENETTE		SNBL	62	N	219
LEISTER	CHARLES		SNRE	234	Y	217
LEISTER	JAMES		SNVE	393	Y	204
LEITNER	DAVID		SNW2	357	Y	116
LEITNER	MARGARET		SNW2	357	N	116
LEITNER	LAURA		SNW2	357	N	116
LEITNER	ANDREW		SNW2	357	N	116
LEITNER	AMANDA		SNW2	357	N	116
LEITNER	JOHN		SNW2	357	N	116
LEMMON	HANAH		SNVE	393	Y	206
LEMON	GEORGE	W	SNVE	395	Y	232
LEMON	HANNAH	J	SNVE	395	N	232
LEMP	HENRY		SNW1	343	Y	507
LEMP	BARBARA		SNW1	343	N	507
LEMP	KATE		SNW1	343	N	507
LEMP	MARY		SNW1	343	N	507
LEMP	AMELIA		SNW1	343	N	507
LEMP	ROSA		SNW1	343	N	507
LEMP	IDA		SNW1	343	N	507
LEMP	CORA		SNW1	343	N	507
LEMP	FREDERICK		SNW1	343	N	507
LENCE	CYRUS		SNSC	244	Y	98
LENCE	ELIZABETH		SNSC	244	N	98
LENCE	MARGARET		SNSC	244	N	98
LENCE	ADDIE		SNSC	244	N	98
LENCE	OLPHA		SNSC	244	N	98
LENCE	ELLA		SNSC	244	N	98
LENHART	CATH		SNBI	35	Y	210
LENHART	MARY		SNBI	35	N	210
LENHART	JOHN		SNBI	35	N	210
LENHART	BARBARA		SNBI	35	N	210
LENHART	THERESA		SNBI	35	N	210
LENHART	RENHART		SNSN	275	Y	256
LENHART	ROSE		SNSN	275	N	256
LENHART	MARY		SNSN	275	N	256
LENHART	JOSEPH		SNSN	275	N	256
LENHART	JOHN		SNSN	275	N	256
LENHART	ROSA		SNSN	275	N	256
LENHART	SUSAN		SNSN	275	N	256
LENHART	THERESE		SNSN	275	N	256
LENK	JOHN		SNW1	324	Y	255
LENNER	EUGENE		SNVE	396	Y	250
LENNER	EMILY		SNVE	396	N	250
LENNER	BLANCH		SNVE	396	N	250
LENNER	GRANT		SNVE	396	N	250
LENOX	THOMPSON		SNED	99	Y	140
LENVILLEYES?	JOHN		SNTH	284	Y	44
LENVILLEYES?	SARAH		SNTH	284	N	44
LENVILLEYES?	SILVA	C	SNTH	284	N	44
LEONARD	JOS		SNBI	26	Y	76
LEONARD	IMOGENE		SNBI	26	N	76
LEONARD	SARAH		SNBI	26	N	76
LEONARD	ABRAHAM		SNBI	26	N	76
LEONARD	DANL.		SNBI	38	Y	242
LEONARD	FRANCES		SNBI	38	N	242
LEONARD	ALIOISS	D	SNBI	38	N	242
LEONARD	MARY		SNBI	38	N	242

LASTNAME	FIRSTNAME	MI	LOCATION	PAGE	HEAD	HHOLD
LEONARD	ROLLAND		SNBI	38	N	242
LEONARD	JAY		SNBI	38	N	242
LEONARD	ROSCO		SNBI	38	N	242
LEONARD	SUSAN		SNBI	38	N	242
LEONARD	CHRIS.		SNBI	38	Y	243
LEONARD	CATHERINE		SNBI	38	N	243
LEONARD	JACOB		SNLI	149	Y	115
LEONARD	BENJAMIN		SNJA	127	Y	1
LEONARD	JULIA	A.	SNJA	127	N	1
LEONARD	MARY	E.	SNJA	127	N	1
LEONARD	LYCURGSES		SNJA	127	N	1
LEONARD	JENNIE		SNJA	127	N	1
LEONARD	ALONZO		SNJA	127	N	1
LEONARD	JOSIE		SNJA	127	N	1
LEONARD	MINNIE		SNJA	127	N	1
LEONARD	KERNET		SNLO	163	Y	7
LEONARD	CATHERINE		SNLO	163	N	7
LEONARD	JONAS	E	SNLO	163	N	7
LEONARD	DANIEL	E	SNLO	163	N	7
LEONARD	CHARLES	W	SNLO	163	N	7
LEONARD	ALICE	M	SNLO	163	N	7
LEONARD	CLARK		SNLO	195	Y	234
LEONARD	CLARA		SNLO	195	N	234
LEONARD	MARY		SNLO	195	N	234
LEONARD	JOHN		SNSC	252	Y	227
LEONARD	REBECCA		SNSC	252	N	227
LEONARD	SARAH		SNSC	252	N	227
LEONARD	CELIA		SNSC	252	N	227
LEONARD	EVA		SNSC	252	N	227
LEONARD	REBECCA		SNSC	252	N	227
LEONARD	JACOB		SNLI	149	Y	115
LEONARD	SAMUEL		SNVE	388	Y	126
LEONARD	MARY		SNVE	388	N	126
LEONARD	AVRY	F	DNVE	388	N	126
LEONARD	BENJAMIN		SNVE	388	N	126
LEONARD	NANCY	J	SNVE	388	N	126
LEONARD	WALTER	L	SNVE	388	N	126
LEONARD	ELSWORTH	S	SNVE	388	N	126
LEONARD	MARY	J	SNVE	388	N	126
LEONARD	MINEA	J	SNVE	388	N	126
LEONARD	WILLIAM		SNVE	392	Y	193
LEONARD	MARGRET		SNVE	392	N	193
LEONARD	HENRY	E	SNVE	392	N	193
LEONARD	SOUSIA		SNVE	392	N	193
LEONARD	AVERY		SNVE	393	Y	196
LEONARD	NANCY		SNVE	393	N	196
LEONARD	JONATHAN		SNVE	393	Y	197
LEONARD	ELIZA	J.	SNVE	393	N	197
LEONARD	BURNET		SNVE	393	N	197
LEONHAND	EMMA		SNVE	390	Y	153
LEOPORD	FRANK		SNBI	38	Y	238
LEOPORD	ABBY		SNBI	38	N	238
LEOPORD	MARY		SNBI	38	N	238
LEPARD	ISAAC		SNCL	77	Y	123
LEPARD	SARAH		SNCL	77	N	123
LEPARD	WILLIAM		SNCL	77	N	123
LEPARD	TELLA		SNCL	77	N	123
LEPARD	EMMA		SNCL	77	N	123
LEPARD	ALLICE		SNCL	77	N	123
LEPARD	EDWARD		SNCL	77	N	123
LEPARD	NANCY		SNRE	221	Y	8
LEPARD	SAMUEL		SNRE	221	Y	8
LEPARD	SARAH		SNRE	221	N	8
LEPARD	ALLICE		SNRE	221	N	8
LEPARD	HETTIE		SNRE	221	N	8
LEPARD	WILLIAM		SNRE	221	N	8
LEPARD	FRANK		SNRE	221	N	8
LEPARD	JOHN		SNVE	396	Y	252
LEPARD	HARRIET		SNVE	396	N	252
LEPARD	MARY		SNVE	396	N	252
LEPARD	EMMIE		SNVE	396	N	252
LEPARD	IRA		SNVE	396	N	252
LEPARD	EMMA		SNVE	396	N	252
LEPARD	HATTIE		SNVE	396	N	252
LEPARD	FLORA		SNVE	396	N	252
LEPLER	ANDREW		SNW2	373	Y	350
LEPLER	MARY		SNW2	373	N	350

LASTNAME	FIRSTNAME	MI	LOCATION	PAGE	HEAD	HHOLD
LEPLER	JOHN		SNW2	373	N	350
LEPLER	HANAH		SNSC	240	Y	38
LEPLER	GEORGE		SNTH	301	Y	284
LEPLER	ELIZABETH		SNTH	301	N	284
LEPLER	LIZZIE		SNTH	301	N	284
LEPLER	MARY		SNTH	301	N	284
LEPLER	CHRISTIAN		SNTH	301	N	284
LEPLER	JOHN		SNTH	301	N	284
LEPLER	AMANDA		SNTH	301	N	284
LEPLER	JACOB		SNTH	301	N	284
LEPLER	CHRISTIAN		SNTH	301	Y	285
LEPLER	BETSY?		SNTH	301	N	285
LEPLER	AMANDA?		SNTH	301	N	285
LEPLER	JOHN		SNTH	307	Y	366
LEPLER	POLLY		SNTH	307	N	366
LEPLER	MARY		SNTH	307	N	366
LEPLER	GEORGE		SNTH	307	N	366
LEPLER	JACOB		SNTH	307	N	366
LEPLER	ELLA		SNTH	307	N	366
LEPLEY	CHRISTIAN		SNTH	290	Y	140
LEPLEY	DORADY		SNTH	290	N	140
LEPLEY	HARRIET		SNTH	290	N	140
LEPLEY	JOSEPH		SNTH	290	N	140
LEPLEY	HENRY		SNTH	290	N	140
LEPLEY	WILLIAM		SNTH	290	N	140
LEPLEY	AMANDA		SNTH	290	N	140
LEPLEY	JOHN		SNTH	290	N	140
LEPLEY	JACOB		SNTH	290	N	140
LEPPER	WILLIAM		SNW2	365	Y	232
LEPPER	MARY		SNW2	365	N	232
LEPPER	CHARLES		SNW2	365	N	232
LEPPER	EDWARD		SNW2	365	N	232
LEPPER	EDWARD		SNW2	365	N	232
LERO?	ANDREW		SNTH	303	Y	304
LERO?	MARY		SNTH	303	N	304
LERO?	JACOB		SNTH	303	N	304
LERO?	MARGARET		SNTH	303	N	304
LERO?	ANNA		SNTH	303	N	304
LERO?	JOHN		SNTH	303	N	304
LERO?	RUDOLPH		SNTH	303	N	304
LERO?	ELIZABETH		SNTH	303	N	304
LERO?	AGNES		SNTH	303	N	304
LEROY	ALBERT		SNJA	132	Y	91
LERTONA?	MARY		SNTH	288	Y	108
LETSCHERT	JOHN		SNW2	356	Y	99
LETSCHERT	ANNA	M	SNW2	356	N	99
LETSCHERT	WILHELM	W	SNW2	356	N	99
LETSCHERT	AMELIA	N	SNW2	356	N	99
LETSCHERT	ANNA		SNW2	356	N	99
LEUMAN	LENNA		SNSN	265	Y	102
LEUSIAN	PETER		SNSN	267	Y	140
LEUSIAN	ELIZABETH		SNSN	267	N	140
LEUSIAN	JOSEPH		SNSN	267	N	140
LEUSIAN	PETER	S.	SNSN	267	N	140
LEVERGOUT	JOHN		SNRE	232	Y	186
LEVI	JOSEPH		SNLO	187	Y	102
LEWER	CHRISTIAN		SNVE	386	Y	88
LEWIS	EMILY		SNLO	188	Y	120
LEWIS	JAMES		SNLO	202	Y	358
LEWIS	PHEBA		SNLO	202	N	358
LEWIS	MITILDA	A	SNLO	202	N	358
LEWIS	MATTIE	L.	SNLO	202	N	358
LEWIS	JAMES	A.	SNLO	202	N	358
LEWIS	CHESTER		SNLO	202	N	358
LEWIS	JOHN	R	SNW1	319	Y	173
LEWIS	CHRISTENA		SNW1	319	N	173
LEWIS	JENNIE		SNW1	319	N	173
LEWIS	FRANK		SNW1	319	N	173
LEWIS	SPENCER		SNW1	342	Y	484
LEWIS	LOUISA		SNW1	342	N	484
LEWIS	WILSON	J.	SNW1	342	Y	494
LEWIS	JENNIE		SNW1	342	N	494
LEWIS	EDWARD		SNW1	342	N	494
LEWIS	ELLA		SNW1	342	N	494
LEWIS	FITCH	B	SNW2	374	Y	359
LEWIS	LAURA		SNW2	374	N	359
LEWIS	JULIET		SNW2	374	N	359

LASTNAME	FIRSTNAME	MI	LOCATION	PAGE	HEAD	HHOLD
LEWIS	CHARLES		SNW2	374	N	359
LEWIS	NETTIE		SNW2	374	N	359
LEWIS	MINNIE		SNW2	374	N	359
LEWIS	IDA		SNW2	374	N	359
LEWIS	JOHN		SNSC	252	Y	236
LEWIS	HARRIET		SNSC	252	N	236
LEWIS	PERRY		SNSC	252	N	236
LEWIS	MARY		SNSC	252	N	236
LEWIS	MARTHA		SNSC	252	N	236
LEWIS	ISAAC		SNTH	287	Y	92
LEWIS	REBECCA		SNTH	287	N	92
LEWIS	SOLLOMON		SNTH	287Y	9	93
LEWIS	CATHERINE		SNTH	287	N	93
LEWIS	DANIEL	S	SNBL	64	Y	244
LEWIS	SARAH		SNBL	64	N	244
LEWIS	CHARLES		SNBL	64	N	244
LEWIS	FRANKLIN		SNBL	64	N	244
LEWIS	HENRY		SNSN	260	Y	18
LEWIS	JANE		SNSN	260	N	18
LEWIS	H.	F.	SNSN	260	N	18
LEWIS	LORENZO		SNSN	260	N	18
LEWIS	S.	J.	SNSN	260	N	18
LEWIS	HENRY		SNSN	261	Y	22
LEWIS	CELESTIA		SNSN	261	N	22
LEWIS	WILLIAM		SNSN	273	Y	230
LEWIS	TABITHA		SNSN	273	N	230
LEWIS	BERTHA		SNSN	273	N	230
LEWIS	ROBERT		SNSN	273	N	230
LEWMAN	BENJAMIN		SNLI	146	Y	70
LEWMAN	HARRIET		SNLI	146	N	70
LEWMAN	SARAH	E	SNLI	146	N	70
LEWMAN	HENRY		SNLI	146	Y	71
LEWMAN	MELISSA		SNLI	146	N	71
LEWMAN	WILLIAM		SNLI	149	Y	109
LEWMAN	ELIZABETH		SNLI	149	N	109
LEWMAN	CASSIUS	D	SNLI	149	N	109
LEWMAN	LEVI		SNLI	149	Y	111
LEWMAN	ANN		SNLI	149	N	111
LEWMAN	OSCAR		SNLI	149	N	111
LEWMAN	JOHNATHAN		SNLI	149	N	111
LEWMAN	GEORGE		SNLI	149	N	111
LEWMAN	ELLEN		SNLI	149	Y	111
LEWMAN	WILLIAM		SNLI	156	Y	221
LEWMAN	RACHAEL		SNLI	156	N	221
LEWMAN	MOSES		SNLI	156	Y	223
LEWMAN	HANNAH		SNLI	156	N	223
LEWMAN	ANSON		SNLI	156	N	223
LEWMAN	UPTON		SNLI	156	N	223
LEWMAN	ELIZABETH		SNLI	156	N	223
LEWMAN	DENNIS		SNLI	156	N	223
LEWMAN	WILLIAM		SNLI	156	N	223
LEWMAN	ELI		SNLI	160	Y	304
LEWMAN	MALISSA		SNLI	160	N	304
LEWMAN	MARY	V	SNLI	160	N	304
LEWMAN	JOHN	T	SNLI	161	Y	316
LEWMAN	ESTHER		SNLI	161	N	316
LEWMAN	ALVIN		SNLI	161	N	316
LEWMAN	ALBERT		SNLI	161	N	316
LEWMAN	BURTON	H	SNLI	161	N	316
LEWMAN	BENJAMIN		SNLI	146	Y	70
LEWMAN	HARRIET		SNLI	146	N	70
LEWMAN	SARAH	E	SNLI	146	N	70
LEWMAN	HENRY		SNLI	146	Y	71
LEWMAN	MELISSA		SNLI	146	N	71
LEWMAN	WILLIAM		SNLI	149	Y	109
LEWMAN	ELIZABETH		SNLI	149	N	109
LEWMAN	CASSIUS	D	SNLI	149	N	109
LEWMAN	LEVI		SNLI	149	Y	111
LEWMAN	ANN		SNLI	149	N	111
LEWMAN	OSCAR		SNLI	149	N	111
LEWMAN	JOHNATHAN		SNLI	149	N	111
LEWMAN	GEORGE		SNLI	149	N	111
LEWMAN	ELLEN		SNLI	149	Y	111
LEWMAN	WILLIAM		SNLI	156	Y	221
LEWMAN	RACHAEL		SNLI	156	N	221
LEWMAN	MOSES		SNLI	156	Y	223
LEWMAN	HANNAH		SNLI	156	N	223

LASTNAME	FIRSTNAME	MI	LOCATION	PAGE	HEAD	HHOLD
LEWMAN	ANSON		SNLI	156	N	223
LEWMAN	UPTON		SNLI	156	N	223
LEWMAN	ELIZABETH		SNLI	156	N	223
LEWMAN	DENNIS		SNLI	156	N	223
LEWMAN	WILLIAM		SNLI	156	N	223
LEWMAN	ELI		SNLI	160	Y	304
LEWMAN	MELISSA		SNLI	160	N	304
LEWMAN	MARY	V	SNLI	160	N	304
LEWMAN	JOHN	T	SNLI	161	Y	316
LEWMAN	ESTHER		SNLI	161	N	316
LEWMAN	ALVIN		SNLI	161	N	316
LEWMAN	ALBERT		SNLI	161	N	316
LEWMAN	BURTON	H	SNLI	161	N	316
LEY	JOHN		SNSN	267	Y	138
LEY	JOSEPH		SNSN	267	N	138
LIBBERMAN	ED		SNW2	366	Y	244
LIBBERMAN	JOHN		SNW2	366	N	244
LIBE	HENRY		SNVE	399	Y	308
LIBEAL	LEO		SNW2	361	Y	166
LIBEAL	MARY		SNW2	361	N	166
LIBEAL	FRANK		SNW2	361	N	166
LIBEAL	LEO		SNW2	361	N	166
LIBEAL	MARY		SNW2	361	N	166
LIBEAL	LOUISA		SNW2	361	N	166
LIBEY	JAMES		SNED	94	Y	74
LICKEY	CATHARINE		SNW1	323	Y	237
LIDEY	ESAU		SNED	104	Y	231
LIDEY	JANE		SNED	104	N	231
LIDEY	LOUIS		SNED	104	Y	231
LIDEY	CLEMENT		SNED	104	N	231
LIDEY	ANNA		SNED	104	N	231
LIDEY	RALEIGH		SNED	104	N	231
LIES	ISREAL		SNSC	243	Y	85
LIES	CATHERINE		SNSC	243	N	85
LIES	CATHERINE		SNSC	243	N	85
LIES	HENRY		SNSC	243	N	85
LIES	JOHN		SNSC	243	N	85
LIES	JULIA		SNSC	243	N	85
LIES	WAMER?		SNSC	243	N	85
LIES	WILLIAM		SNSC	243	N	85
LIGHT	JOSEPH		SNTH	297	Y	226
LIGHT	ANNA		SNTH	297	N	226
LIGHT	BANKS?		SNTH	297	N	226
LIGHT	LEAH		SNTH	297	N	226
LIGHT	LIZZIE		SNTH	297	N	226
LIGHT	SALLIE		SNTH	297	N	226
LIGHT	MARY		SNTH	297	Y	227
LIGHTBODY	ISAAC		SNLO	187	Y	97
LIGHTNER	JULIUS		SNLI	152	Y	159
LIGHTNER	CAROLINE		SNLI	152	N	159
LIGHTNER	LOTTIE		SNLI	152	N	159
LIGHTNER	BERTHA		SNLI	152	N	159
LIGHTNER	JULIUS		SNLI	152	Y	159
LIGHTNER	CAROLINE		SNLI	152	N	159
LIGHTNER	LOTTIE		SNLI	152	N	159
LIGHTNER	BERTHA		SNLI	152	N	159
LILLIES	MARY		SNW2	373	Y	348
LILLY	MARY		SNTH	284	Y	33
LILLY	GOTLEIB?		SNTH	284	N	33
LILLY	LEWIS		SNTH	284	N	33
LIMBAUGH	C		SNW1	323	Y	235
LIMBAUGH	MARY		SNW1	323	N	235
LIMBAUGH	EDWARD		SNW1	323	N	235
LINAMON ?	MATILDA		SNLO	181	Y	15
LINDEN	JOHN	P	SNW2	376	Y	390
LINDEN	MARGARET		SNW2	376	N	390
LINDEN	LIZZIE		SNW2	376	N	390
LINDEN	ANNA		SNW2	376	N	390
LINDEN	CHARLES		SNW2	376	N	390
LINDEN	JOHN		SNW2	376	N	390
LINE	JOHN	B	SNLO	182	Y	27
LINE	MARGARET		SNLO	182	N	27
LINE	DAVID	E	SNLO	182	N	27
LINE	ANNA	C	SNLO	182	N	27
LINEBAUGH	JANE		SNAD	15	Y	243
LINER	CHARLES		SNW1	324	Y	253
LINER	PHEBE		SNW1	324	N	253

LASTNAME	FIRSTNAME	MI	LOCATION	PAGE	HEAD	HHOLD
LINER	ALBERT		SNW1	324	N	253
LINER	LOUISA		SNW1	324	N	253
LINER	CHARLES		SNW1	324	N	253
LINER	MARY		SNW1	324	N	253
LINER	HENRY		SNW1	324	N	253
LINER	EMMA		SNW1	324	N	253
LINGENFELTER	JOSEPH		SNW1	336	Y	411
LININGER	BENJAMIN		SNLO	184	Y	56
LININGER	BARBARA		SNLO	200	Y	324
LININGER	BENJAMIN		SNLO	200	N	324
LINK	JACOB		SNTH	294	Y	198
LINK	FRANCES		SNVE	394	Y	224
LINK	JOHN	W	SNVE	397	Y	269
LINK	MARY	A	SNVE	397	N	269
LINK	BENJAMIN		SNVE	397	N	269
LINK	JOSEPH		SNVE	397	N	269
LINK	CHRISTIAN		SNVE	397	N	269
LINK	SARAH	E	SNVE	397	N	269
LINK	MARY	A	SNVE	397	Y	269
LINLEY	BENJAMIN		SNJA	135	Y	140
LINLEY	DELFINA	A.	SNJA	135	N	140
LINLEY	AMANDA		SNJA	135	N	140
LINSBURGH	MICHAEL		SNSN	269	Y	172
LINSBURGH	ELIZABETH		SNSN	269	N	172
LINSBURGH	NICHOLAS		SNSN	269	N	172
LINSBURGH	JOHN		SNSN	269	N	172
LINSBURGH	CATHERINE		SNSN	269	N	172
LINSBURGH	MICHAEL	J.	SNSN	269	N	172
LINSBURGH	FRANK		SNSN	269	N	172
LINSBURGH	CHRISTAIN		SNSN	269	N	172
LINSBURGH	CHARLES		SNSN	269	N	172
LINSBURGH	LIZZIE		SNSN	269	N	172
LINSDAY	UPTON		SNED	97	Y	111
LINSDAY	SUSAN		SNED	97	N	111
LINSDAY	JAMES/JONAH		SNED	97	N	111
LINSDAY	ELLA		SNED	97	N	111
LIRD ?	DAVID		SNLO	185	Y	78
LISCHY	JACOB		SNAD	13	Y	201
LISCHY	MARY		SNAD	13	N	201
LISCHY	AMELIA		SNAD	13	N	201
LISCHY	ABBIE		SNAD	13	N	201
LISCHY	GEORGE		SNAD	13	N	201
LISCHY	MINNIE		SNAD	13	N	201
LISHMAN ?	ANDY		SNLO	181	Y	14
LISL ?	PETER		SNSC	244	Y	99
LISTON	DAVID		SNRE	232	Y	184
LITCHER	JOHN		SNW2	363	Y	188
LITCHER	LOUISA		SNW2	363	N	188
LITCHER	JOHN		SNW2	363	N	188
LITTLE	ALEXANDER		SNTH	293	Y	183
LITTLE	ALVINA		SNTH	293	N	183
LITTLE	ALICE		SNTH	293	N	183
LITTLE	JACOB		SNTH	293	N	183
LITTLE	CHARLES		SNTH	293	N	183
LITTLEFEILD	OPHELIA		SNLO	194	N	222
LITTLEFEILD	EMMA		SNLO	194	N	222
LITTLEFEILD	EDDIE		SNLO	194	N	222
LITTLEFIELD	SOLOMON	S	SNLO	194	Y	222
LITTLER	RALPH		SNLI	156	Y	221
LITTLER	MARGARET		SNLI	156	N	221
LITTLER	NATHAN		SNLI	156	Y	222
LITTLER	MARY		SNLI	156	N	222
LITTLER	AUSTIN	C	SNLI	156	N	222
LITTLER	CHESTER	J	SNLI	156	N	222
LITTLER	EMMA	J	SNLI	156	N	222
LITTLER	FRANK	A	SNLI	156	N	222
LITTLER	RALPH		SNLI	156	Y	221
LITTLER	MARGARET		SNLI	156	N	221
LITTLER	NATHAN		SNLI	156	Y	222
LITTLER	MARY		SNLI	156	N	222
LITTLER	AUSTIN	C	SNLI	156	N	222
LITTLER	CHESTER	J	SNLI	156	N	222
LITTLER	EMMA	J	SNLI	156	N	222
LITTLER	FRANK	A	SNLI	156	N	222
LITZENBERGER	TILLIAM?		SNED	92	Y	47
LITZENBERGER	HANAH		SNED	92	N	47
LITZENBERGER	ALFRED		SNED	92	N	47

LASTNAME	FIRSTNAME	MI	LOCATION	PAGE	HEAD	HHOLD
LITZENBERGER	CORA		SNED	92	N	47
LIVENSHARGER	JOHN		SNBL	57	Y	133
LIVENSHARGER	SUSANA		SNBL	57	N	133
LIVENSHARGER	GRANT		SNBL	57	N	133
LIVENSHARGER	NELLIE		SNBL	57	N	133
LIVENSHARGER	JOHN		SNBL	57	Y	135
LIVENSHARGER	MARY		SNBL	57	N	135
LIVENSHARGER	SARAH		SNBL	57	N	135
LIVENSHARGER	JACOB		SNBL	57	N	135
LOBRANTS	IRA		SNAD	3	Y	40
LOCK	ENOS		SNLI	159	Y	288
LOCK	REBECCA		SNLI	159	N	288
LOCK	THEODORE		SNLI	159	N	288
LOCK	BERTHA		SNLI	159	N	288
LOCK	ENOS		SNLI	159	Y	288
LOCK	REBECCA		SNLI	159	N	288
LOCK	THEODORE		SNLI	159	N	288
LOCK	BERTHA		SNLI	159	N	288
LOCKE	OTIS	F.	SNW1	344	Y	521
LOCKE	MARIA	C.	SNW1	344	N	521
LOCKE	CARRIE		SNW1	344	N	521
LOCKE	SALLY		SNW1	344	N	521
LOCKE	JOHN		SNW1	344	N	521
LOCKE	NATHANIEL		SNW1	344	N	521
LOCKE	TILA	A.	SNW1	344	N	521
LOCKE	CHARLES		SNW2	366	Y	240
LOCKE	AMELIA		SNW2	366	N	240
LOCKE	MARY	R	SNW2	366	N	240
LOCKLINE	ELLEN		SNW1	328	Y	298
LOCKWOOD	ELIZA		SNW2	365	Y	219
LOCUST	HULDA		SNLI	143	Y	14
LOCUST	HULDA		SNLI	143	Y	14
LOCY	AUGUSTUS		SNLO	172	N	136
LOCY	HARRIET		SNLO	172	N	136
LODER	ERNIS		SNVE	398	Y	280
LOFFAN?	FRED?		SNSC	250	Y	196
LOGIER	JOHN		SNVE	392	Y	178
LOGIER	CHARLOTTE		SNVE	392	N	178
LOGIER	JOHN		SNVE	392	N	178
LOGIER	CYRUS		SNVE	392	N	178
LOGIER	MARY	E	SNVE	392	N	178
LOGIER	MARTHA		SNVE	392	N	178
LOGIER	JANE		SNVE	392	N	178
LOGIER	CALVIN		SNVE	392	N	178
LOGIER	SUSAN		SNVE	392	N	178
LOHR	PHILLIP		SNJA	132	Y	88
LOHR	CATHERINE		SNJA	132	N	88
LOIS	JANE		SNSC	250	Y	206
LOMBARD	IRA		SNBI	45	Y	348
LOMBARD	ALICE		SNBI	45	N	348
LOMBARD	CALLIE		SNBI	45	N	348
LOMBARD	STACY		SNBI	45	N	348
LOMBARD	FRANCES		SNBI	45	N	348
LOMBARD	IRA		SNBI	45	N	348
LOMBARD	HATTIE		SNBI	46	N	348
LOMBARD	CHARLEY		SNBI	46	N	348
LOMBARD	GEORGE		SNBI	46	N	348
LONG	JOHN		SNCL	76	Y	112
LONG	LIZA	A.	SNCL	76	N	112
LONG	OSBORN		SNCL	76	N	112
LONG	DANIEL		SNCL	76	N	112
LONG	CATHARINE		SNCL	76	N	112
LONG	FLORA		SNCL	76	N	112
LONG	JOHN		SNCL	76	N	112
LONG	CATHARINE		SNCL	76	N	112
LONG	HENRY		SNLI	142	Y	10
LONG	AGNES		SNLI	142	N	10
LONG	JOHN		SNLI	142	N	10
LONG	MARGARET		SNLI	142	N	10
LONG	ELIZABETH		SNLI	142	N	10
LONG	JOHN		SNLI	147	Y	83
LONG	HANNAH		SNLI	147	N	83
LONG	SENECA		SNLI	147	N	83
LONG	BENJAMIN		SNLI	161	Y	326
LONG	BENJAMIN		SNJA	135	Y	145
LONG	MARY		SNJA	135	N	145
LONG	CARLISHA (?)		SNJA	135	N	145

LASTNAME	FIRSTNAME	MI	LOCATION	PAGE	HEAD	HHOLD
LONG	FRANKLIN		SNJA	135	N	145
LONG	SAMUEL		SNAD	4	Y	64
LONG	HARRIET		SNAD	4	N	64
LONG	EVE		SNAD	4	N	64
LONG	GEORGE		SNAD	4	N	64
LONG	FRANK		SNAD	4	N	64
LONG	JOSEPH		SNLO	165	Y	38
LONG	MARGARET		SNLO	165	N	38
LONG	JOSEPHINE		SNLO	165	N	38
LONG	MARY		SNLO	165	N	38
LONG	LOUISA		SNLO	165	N	38
LONG	FRANK		SNLO	165	N	38
LONG	FANNY		SNLO	165	N	38
LONG	MELBA		SNLO	165	N	38
LONG	MARY		SNW1	323	Y	233
LONG	ANNA		SNW1	330	Y	326
LONG	MADORA		SNW1	330	N	326
LONG	OSBORN		SNPL	219	Y	255
LONG	GAILEN		SNTH	284	Y	36
LONG	FLORENCE		SNTH	284	N	36
LONG	JENNIE		SNTH	284	N	36
LONG	ROBERT		SNTH	286	Y	73
LONG	ANNA		SNTH	286	N	73
LONG	JONATHAN		SNTH	286	Y	75
LONG	MARIA		SNTH	286	N	75
LONG	GEORGE		SNTH	286	N	75
LONG	JENNIE		SNTH	286	N	75
LONG	MARTHA		SNTH	286	N	75
LONG	ELLA		SNTH	286	N	75
LONG	JOHN		SNTH	291	Y	146
LONG	RACHEL		SNTH	291	N	146
LONG	HENRY		SNLI	142	Y	10
LONG	AGNES		SNLI	142	N	10
LONG	JOHN		SNLI	142	N	10
LONG	MARGARET		SNLI	142	N	10
LONG	ELIZABETH		SNLI	142	N	10
LONG	JOHN		SNLI	147	Y	83
LONG	HANNAH		SNLI	147	N	83
LONG	SENECA		SNLI	147	N	83
LONG	BENJAMIN		SNLI	161	Y	326
LONG	ADAM		SNVE	394	Y	212
LONG	ELISABETH		SNVE	394	N	212
LONG	EMMA		SNVE	394	N	212
LONGFELLOW	DR A	J	SNLO	188	Y	121
LONGFELLOW	ELIZABETH		SNLO	188	N	121
LONGFELLOW	ROBERT	C	SNLO	188	N	121
LONGLEY	JOHN		SNJA	129	Y	41
LONGLEY	ALICE		SNJA	129	N	41
LONGLEY	VIRGINIA?		SNJA	129	N	41
LONGLEY	SAMUEL	J.	SNJA	129	Y	42
LONGLEY	MINERVA		SNJA	129	N	42
LONGLEY	DORA		SNJA	129	N	42
LONGLEY	HELLEN		SNJA	129	Y	43
LONGLEY	MARY	A.	SNJA	129	N	43
LONGLEY	HORACE		SNJA	129	N	43
LONGNECKER	JACOB		SNJA	140	Y	221
LONGNECKER	ELIZABETH		SNJA	140	N	221
LONGNECKER	JESSIE	M.	SNJA	140	N	221
LONGNECKER	ANIOS	M.	SNJA	140	N	221
LONGSTREET	SYLVESTER		SNSC	243	Y	97
LONGSTREET	JOHN		SNSC	252	Y	231
LONGSTREET	MARTHA		SNSC	252	N	231
LONGSTREET	ALLEN		SNSC	252	N	231
LONGSTREET	CELORA		SNSC	252	N	231
LONGSTREET	FLORA		SNSC	252	N	231
LONGSTREET	GEORGE		SNSC	258	Y	336
LONGSTREET	SARAH		SNSC	258	N	336
LONGSTREET	HATTIE		SNSC	258	N	336
LONGWOOD	FREDERICK		SNW2	360	Y	161
LONGWOOD	HENRIETTA		SNW2	360	N	161
LONGWOOD	CHRISTIAN		SNW2	360	N	161
LONSWAY	EMMANUEL		SNLO	171	Y	110
LONSWAY	MAGDALENE		SNLO	171	N	110
LONSWAY	AUSTIN		SNLO	171	N	110
LONSWAY	LEWIS		SNHO	123	Y	237
LONSWAY	VICTORIA		SNHO	123	N	237
LONSWAY	SARAH		SNHO	123	N	237

LASTNAME	FIRSTNAME	MI	LOCATION	PAGE	HEAD	HHOLD
LONSWAY	SYLVESTER		SNHO	123	N	237
LONSWAY	VINCIDORA		SNHO	123	N	237
LONSWAY	MARY		SNHO	123	N	237
LONSWAY	ADAM		SNHO	123	N	237
LONSWAY	JOHN		SNHO	123	N	237
LONSWAY	ALBERT		SNHO	123	N	237
LONSWAY	JOHN		SNHO	123	Y	240
LONSWAY	CATHERINE		SNHO	123	N	240
LONSWAY	ALICE		SNHO	123	N	240
LONSWAY	JOSEPH		SNSN	270	Y	184
LONSWAY	ROSANNA		SNSN	270	N	184
LONSWAY	WILLIAM		SNSN	270	N	184
LONSWAY	FRANK		SNSN	270	N	184
LONSWAY	JOHN		SNSN	270	N	184
LONSWAY	THERESA		SNSN	270	N	184
LOOMEY?	SARAH		SNTH	292	Y	160
LOOMEY?	JOHN		SNTH	292	N	160
LOOMIS	JOHN	D	SNW1	338	Y	441
LOOMIS	GEORGE		SNW1	338	N	441
LOOMIS	IDA		SNW1	338	N	441
LOOMIS	ESTER		SNW2	367	Y	250
LOOMIS	SARAH		SNW2	367	N	250
LOOMIS	MARY		SNW2	367	N	250
LOOMIS	WELLINGTON		SNED	94	Y	68
LOOMIS	JOHN		SNHO	120	Y	202
LOOMIS	CAROLINE		SNHO	120	N	202
LOOMIS	CORA		SNHO	120	N	202
LOOMIS	JOHN		SNHO	120	N	202
LOOMIS	LEVI		SNHO	120	N	202
LOOSE	JOHN	H.	SNCL	72	Y	51
LOOSE	JULIAN		SNCL	72	N	51
LOOSE	WILLIAM		SNCL	72	N	51
LOOSE	AMANDA	A.	SNCL	72	N	51
LOOSE	EMMA	S.	SNCL	72	N	51
LOOSE	ELY	E.	SNCL	72	N	51
LOOSE	JOHN	K.	SNCL	72	N	51
LOOSE	ALMA	C.	SNCL	72	N	51
LOOSE	DANIEL		SNED	101	Y	177
LOOSE	SARAH		SNED	101	N	177
LOOSE	EDWIN		SNED	101	N	177
LOOSE	WILLIAM		SNED	101	N	177
LOOSE	JOHN		SNPL	206	Y	57
LOOSE	SARAH		SNPL	206	N	57
LOOSE	ELI		SNPL	206	N	57
LOOSE	WILLIAM		SNPL	206	N	57
LOOSE	SAMUEL		SNTH	297	Y	227
LOOSE	LEAH		SNTH	297	N	227
LOOSE	WILLIAM		SNTH	297	N	227
LOOSE	WILLIAM		SNTH	300	Y	277
LOOSE	CAROLINE		SNTH	300	N	277
LOOSE	ELLA		SNTH	300	N	277
LOOSE	SAMUEL		SNTH	300	N	277
LOOSEL	ELIZA		SNSC	243	Y	83
LOOSEL	ELIZA		SNSC	243	N	83
LOOSEL	REBECCA		SNSC	243	N	83
LOOSEL	GEORGE		SNSC	243	N	83
LOOSEL	CHRISTIAN?		SNSC	243	N	83
LOOSEL	TAUSEN?		SNSC	243	N	83
LORD	A		SNW1	330	Y	326
LORD	HANNAH		SNW1	330	N	326
LORD	HARRIET		SNW1	330	N	326
LORD	THOMAS		SNW1	330	N	326
LORD	CHARLOTTE		SNW1	330	N	326
LORD	CHARLES		SNW1	330	N	326
LORD	AUGUSTA		SNW2	376	Y	391
LORD	SARAH		SNW2	376	N	391
LORING	JANE		SNSN	273	Y	232
LOSEY	PETER		SNLO	181	Y	6
LOSEY	SUSANNAH	M	SNLO	181	N	6
LOSHER	PETER		SNCL	87	Y	273
LOSIER	JAMES		SNVE	389	Y	128
LOTHROP	PAUL		SNSC	240	Y	40
LOTT	RUBEN		SNLI	144	Y	40
LOTT	MARGARET		SNLI	144	N	40
LOTT	RUBEN	V	SNLI	147	Y	85
LOTT	MARY		SNLI	147	N	85
LOTT	BUTLER	M	SNLI	147	N	85

LASTNAME	FIRSTNAME	MI	LOCATION	PAGE	HEAD	HHOLD
LOTT	CORA		SNLI	147	N	85
LOTT	CHARLEY		SNLI	147	N	85
LOTT	JAMES		SNLI	150	Y	136
LOTT	MARGARET		SNLI	150	N	136
LOTT	LAURA	J	SNLI	150	N	136
LOTT	JOHN	L	SNLI	150	N	136
LOTT	ULYSSUS	G	SNLI	150	N	136
LOTT	WILLIAM	S	SNLI	150	N	136
LOTT	ANN		SNLI	150	N	136
LOTT	WEBSTER		SNAD	14	Y	230
LOTT	LUCYRA		SNAD	14	N	230
LOTT	FREDERICK		SNAD	14	N	230
LOTT	JOHN		SNAD	15	Y	235
LOTT	SOPHIA		SNAD	15	N	235
LOTT	JESSAMINE		SNAD	15	N	235
LOTT	MONROE		SNAD	15	N	235
LOTT	WEBSTER		SNAD	15	N	235
LOTT	PETER		SNW1	311	Y	67
LOTT	MARY		SNW1	311	N	67
LOTT	WILLIS		SNW1	311	N	67
LOTT	DANIEL		SNW1	311	N	67
LOTT	CARRIE	E.	SNW1	311	N	67
LOTT	HENRY		SNW1	312	N	67
LOTT	CORNELIUS		SNW1	348	Y	570
LOTT	AMANDA		SNW1	348	N	570
LOTT	SCOTT		SNW1	348	N	570
LOTT	JOSEPH		SNHO	110	Y	24
LOTT	PHEBE		SNHO	110	N	24
LOTT	VENAS		SNHO	110	N	24
LOTT	IRENE		SNHO	110	N	24
LOTT	COY		SNHO	110	N	24
LOTT	ELMER		SNHO	110	N	24
LOTT	RUBEN		SNLI	144	Y	40
LOTT	MARGARET		SNLI	144	N	40
LOTT	RUBEN	V	SNLI	147	Y	85
LOTT	MARY		SNLI	147	N	85
LOTT	BUTLER	M	SNLI	147	N	85
LOTT	CORA		SNLI	147	N	85
LOTT	CHARLEY		SNLI	147	N	85
LOTT	JAMES		SNLI	150	Y	136
LOTT	MARGARET		SNLI	150	N	136
LOTT	LAURA	J	SNLI	150	N	136
LOTT	JOHN	L	SNLI	150	N	136
LOTT	ULYSSUS	G	SNLI	150	N	136
LOTT	WILLIAM	S	SNLI	150	N	136
LOTT	ANN		SNLI	150	N	136
LOTT	CHARLES		SNSN	262	Y	42
LOTT	MARY		SNSN	262	N	42
LOTT	AMANDA		SNSN	262	N	42
LOTT	GEORGE		SNSN	262	N	42
LOTT	JANE		SNSN	262	N	42
LOTT	CHARLES		SNSN	262	N	42
LOTTY	HATTIE/FRANCES		SNED	101	Y	175
LOUDEN	HENRY		SNSC	247	Y	154
LOUDEN	EMMA		SNSC	247	N	154
LOUDENBURG	MARTIN		SNSN	276	Y	278
LOUDENBURG	MARY		SNSN	276	N	278
LOUDENBURG	THEADORE		SNSN	276	N	278
LOUDENBURG	MARIA		SNSN	276	N	278
LOUDENBURG	SARAH		SNSN	276	N	278
LOUDENBURG	MARY		SNSN	276	N	278
LOUDENBURG	JOHN		SNSN	276	N	278
LOUDENBURG	JOSEPH		SNSN	276	N	278
LOUDENSLAGLE	SARAH		SNTH	297	N	232
LOUDENSLAGLE	ADDA		SNTH	297	N	232
LOUDENSLAGLE	ANNA		SNTH	297	Y	232
LOUDENSLAGLE	MANAW?		SNTH	297	Y	232
LOUDENSLAGLE	WILLIAM		SNTH	297	N	232
LOUDENSLAGLE	WILSON		SNTH	297	Y	233
LOUDENSLAGLE	MARY		SNTH	297	N	233
LOUDENSLAGLE	ANNA		SNTH	297	N	233
LOUDENSLAGLE	ARTIE		SNTH	297	N	233
LOUDERMILCH	GEORGE		SNW1	328	Y	301
LOUDERMILCH	CAROLINE		SNW1	328	N	301
LOUDERMILCH	MINNIE		SNW1	328	N	301
LOUDERMILCH	IDA		SNW1	328	N	301
LOUDERMILCH	GEORGE		SNW1	328	N	301

LASTNAME	FIRSTNAME	MI	LOCATION	PAGE	HEAD	HHOLD
LOUDERMILCH	OTTO		SNW1	328	N	301
LOUDERMILCH	HENRY		SNW1	328	N	301
LOUDERMILCH	CORA		SNW1	328	N	301
LOUDERMILCH	L		SNW1	343	Y	498
LOUDERMILCH	ELIZA		SNW1	343	N	498
LOUDERMILCH	FRANK		SNW1	343	N	498
LOUISWORTH	JULIUS		SNSN	270	Y	182
LOUMAN	MARGRET		SNVE	393	Y	201
LOUR	LEVI		SNLO	173	Y	142
LOUR	SARAH		SNLO	173	N	142
LOUR	EPHRAM		SNLO	173	N	142
LOUR	JOHN		SNW2	362	Y	176
LOUR	BARBARA		SNW2	362	N	176
LOUR	MARY		SNW2	362	N	176
LOUR	PETER		SNW2	362	N	176
LOUR	FRANK		SNW2	362	N	176
LOUR	CHARLES		SNW2	362	N	176
LOUR	AMELIA		SNW2	362	N	176
LOUSIER	JOHN		SNW1	315	Y	115
LOUSIER	CATHARINE		SNW1	315	N	115
LOUSIER	JOHN		SNW1	315	N	115
LOUSIER	OTTO		SNW1	315	N	115
LOUSIER	CATHARINE		SNW1	315	N	115
LOUSIER	ANNA		SNW1	315	N	115
LOUSIER	MARGARET		SNW1	315	N	115
LOUSIER	JOSEPH		SNW1	315	N	115
LOUSIER	PAUL		SNW1	315	N	115
LOUSIER	GEORGE		SNW1	315	N	115
LOUTT?	WILLIAM		SNTH	293	Y	178
LOUTT?	SUSAN		SNTH	293	N	178
LOUTT?	ISAAC		SNTH	293	N	178
LOUTT?	LIZZIE		SNTH	293	N	178
LOUTT?	JAMES		SNTH	293	N	178
LOUTT?	LOVINA		SNTH	293	N	178
LOUTT?	WILLIAM		SNTH	293	N	178
LOUTT?	HENRY		SNTH	293	N	178
LOUXENBERGER	SOLOMON		SNCL	86	Y	259
LOUXENBERGER	HENRIETTA		SNCL	86	N	259
LOVE	JAMES		SNW1	325	Y	266
LOVE	ELIZABETH		SNW1	325	N	266
LOVE	VICTOR		SNW1	325	N	266
LOVE	SARAH		SNRE	234	Y	217
LOVE	EDGAR		SNRE	234	N	217
LOVE	JAMES		SNRE	234	Y	217
LOWE	GEORGE		SNAD	18	Y	298
LOWE	ELLEN		SNAD	18	N	298
LOWE	SARAH		SNAD	18	N	298
LOWE	HORATIO		SNW1	311	Y	56
LOWE	BARTHENA		SNW1	311	N	56
LOWE	IDA		SNW1	311	N	56
LOWE	LENA		SNW1	311	N	56
LOWE	LIZZIE		SNW1	311	N	56
LOWER	CARL		SNW1	320	Y	181
LOWER	MARIA		SNW1	320	N	181
LOWER	FRANK		SNW1	320	N	181
LOWER	JOHN		SNW1	320	N	181
LOWER	ALLIE		SNED	95	Y	86
LOWER	JOHN		SNPL	212	Y	149
LOWER	CATHARINE		SNPL	212	N	149
LOWERY	ANNA		SNPL	203	Y	5
LOWERY	GEORGE		SNPL	203	Y	7
LOWERY	BARBARA		SNPL	203	N	7
LOWERY	MARY	E	SNPL	203	N	7
LOWERY	WILLIAM		SNPL	203	N	7
LOWERY	GEORGE	W	SNPL	203	N	7
LOWERY	SARAH		SNPL	203	N	7
LOWERY	JOHN		SNPL	203	N	7
LOWERY	EDWIN		SNPL	203	N	7
LOWERY	MATTIE	K	SNPL	203	N	7
LOWERY	JACOB		SNPL	215	Y	188
LOWERY	SARAH		SNPL	215	N	188
LOWERY	PHEBA		SNPL	215	N	188
LOWERY	MARY		SNPL	215	N	188
LOWERY	CAROLINE		SNPL	215	N	188
LOWERY	EMALINE		SNPL	215	N	188
LOWERY	ANNA		SNPL	215	N	188
LOWERY	DANIEL		SNPL	215	N	188

LASTNAME	FIRSTNAME	MI	LOCATION	PAGE	HEAD	HHOLD
LOWES	PHEBE		SNLI	152	Y	163
LOWES	PHEBE		SNLI	152	Y	163
LOWMASTER	JACOB		SNW2	371	Y	312
LOWMILLER	IRA		SNSC	246	Y	141
LOWMILLER	MARY		SNSC	248	Y	167
LOWRAN	JOHN		SNW2	362	Y	187
LOWRAN	MARGARET		SNW2	362	N	187
LOWRAN	LIZZIE		SNW2	364	Y	203
LOWRAN	JOHN		SNW2	364	N	203
LOWRY	ELISA		SNAD	10	Y	158
LOWRY	THOMAS		SNAD	10	N	158
LOWRY	LUCRETIA		SNAD	10	N	158
LOWRY	WILLIAM		SNAD	10	N	158
LOWRY	JUDSON		SNAD	10	N	158
LOWRY?	KA---?		SNSC	245	Y	120
LOY	ELIZ		SNBI	40	Y	272
LOY	FRANCIS		SNBI	41	N	272
LOY	CLIMENAA?		SNBI	41	N	272
LOY	JAMES		SNBI	45	Y	342
LOY	SARAH		SNBI	45	N	342
LOY	EVA		SNBI	45	N	342
LOY	AMMANDA		SNBI	41	N	272
LOYD	CHARLES		SNW2	365	Y	221
LOYUS	JESSE		SNED	101	Y	189
LUALLEN	SARAH		SNLO	196	Y	263
LUCIOUS	CATHERINE		SNW1	339	Y	458
LUCIOUS	JANNETTA		SNW1	339	N	458
LUCIUS	HENRY		SNCL	84	Y	238
LUCIUS	MARY		SNCL	84	N	238
LUCIUS	REGINA		SNCL	84	N	238
LUCIUS	HENRY		SNCL	84	N	238
LUCIUS	MARTIN		SNCL	84	N	238
LUCIUS	CATHARINE		SNCL	85	N	238
LUCIUS	LOUIS		SNBI	22	Y	25
LUCIUS	KATE		SNBI	22	N	25
LUCIUS	KATIE		SNBI	22	N	25
LUCIUS	MARY	I	SNBI	22	N	25
LUCIUS	LIZZIE		SNBI	22	N	25
LUCIUS	JANE		SNBI	22	N	25
LUCIUS	MARTIN		SNBI	22	N	25
LUCIUS	THERESA		SNBI	22	N	25
LUCIUS	BARBARA		SNBI	22	N	25
LUCIUS	HENRY		SNBI	22	N	25
LUCIUS	PETER		SNBI	22	N	25
LUCIUS	ROSA		SNBI	22	N	25
LUCIUS	JOSEPHINE		SNBI	22	N	25
LUCKRIED	M		SNW2	367	Y	262
LUCKRIED	JOHN		SNW2	367	N	262
LUDWICK	PETER		SNW1	315	Y	117
LUDWICK	MARY		SNW1	315	N	117
LUDWICK	ELIZA		SNW2	364	Y	208
LUDWICK	DAVID		SNPL	208	Y	93
LUDWICK	MARY		SNPL	211	Y	135
LUEDY	CHRISTIAN		SNCL	72	Y	48
LUFLAN ?	CAROLINE		SNED	100	Y	160
LUFLAN ?	JULIA		SNED	100	N	160
LUGENBELL	JEMIMIA		SNW2	368	Y	271
LUMAN	DAVID		SNJA	139	Y	206
LUMAN	CATHERINE		SNJA	139	N	206
LUMAN	ORREN	W.	SNJA	139	N	206
LUMAN	BENJAMIN		SNLO	180	Y	239
LUMAN	ELIZABETH		SNLO	180	N	239
LUMAN	ROSAN		SNLO	180	N	239
LUMAN	MARTIN		SNLO	180	N	239
LUMAN	MARY	A	SNLO	180	N	239
LUMAN	WILLIAM		SNLO	180	N	239
LUMAN	JACOB		SNLO	180	N	239
LUMAN	TILLIE		SNSN	269	Y	167
LUMBOR	THOMAS		SNED	106	Y	267
LUMBOR	EDNA		SNED	106	N	267
LUMBOR	FRANK		SNED	106	N	267
LUMEN	CLINTON	D.	SNVE	393	Y	204
LUMEN	ELLEN		SNVE	393	N	204
LURCH	JACOB		SNW1	330	Y	332
LUSADER	THOS.		SNBI	30	Y	128
LUSADER	JULIA	ANN	SNBI	30	N	128
LUSADER	FRANK		SNBI	30	N	128

LASTNAME	FIRSTNAME	MI	LOCATION	PAGE	HEAD	HHOLD
LUSADER	SARAH		SNBI	30	N	128
LUSADER	JOHN		SNBI	30	N	128
LUSADER	JOHN		SNBI	32	Y	154
LUSADER	CYNTHIA		SNBI	32	N	154
LUSADER	ALVIN		SNBI	32	N	154
LUSADER	MARGARET		SNBI	32	N	154
LUSADER	WALTON		SNBI	32	N	154
LUSADER	ETTA		SNBI	32	N	154
LUSADER	CHARLEY		SNBI	32	N	154
LUSADER	FRANK		SNBI	154	N	154
LUSMAN	CATHERINE		SNTH	289	Y	124
LUTNER	AMOS		SNHO	110	Y	19
LUTNER	SABINA		SNHO	110	N	19
LUTNER	HENRY		SNHO	110	N	19
LUTNER	MARGARET		SNHO	110	N	19
LUTNER	MARY		SNHO	110	N	19
LUTY	JOHN		SNLO	200	Y	334
LUTY	LUCINDA		SNLO	200	N	334
LUTY	GEORGE		SNLO	200	N	334
LUTY	HENRY		SNLO	200	N	334
LUTZ	JOHN		SNLI	156	Y	225
LUTZ	MARY		SNLI	156	N	225
LUTZ	BENJAMIN	F	SNLI	156	N	225
LUTZ	HENRY	W	SNLI	156	N	225
LUTZ	AMANDRUS		SNLI	156	N	225
LUTZ	ISABELLA		SNLI	156	N	225
LUTZ	ALMIRA		SNLI	156	N	225
LUTZ	LUCINDA		SNLI	156	N	225
LUTZ	FRANCES		SNLO	170	Y	104
LUTZ	ANNA	M	SNLO	170	N	104
LUTZ	ELIZABETH		SNLO	170	N	104
LUTZ	CATHERINE		SNLO	170	N	104
LUTZ	MARY	J	SNLO	170	N	104
LUTZ	FRANK		SNLO	170	N	104
LUTZ	JOHN	H	SNLO	170	N	104
LUTZ	JOSEPH		SNLO	170	N	104
LUTZ	GEORGE		SNLO	170	N	104
LUTZ	HENRY	S	SNW1	346	Y	545
LUTZ	MATHEW		SNPL	203	Y	4
LUTZ	MATILDA		SNPL	203	N	4
LUTZ	NORMA		SNPL	203	N	4
LUTZ	GEORGE		SNPL	208	Y	82
LUTZ	MARIAN		SNPL	208	N	82
LUTZ	AMANDA		SNPL	208	N	82
LUTZ	GEORGE		SNPL	208	N	82
LUTZ	JOHN		SNPL	208	Y	83
LUTZ	ADALINE		SNPL	208	N	83
LUTZ	CHARLES		SNPL	208	Y	85
LUTZ	SARAH		SNPL	208	N	85
LUTZ	ULISSES		SNPL	208	N	85
LUTZ	AMELIA		SNPL	208	N	85
LUTZ	JOSEPH		SNPL	213	Y	170
LUTZ	ANN	E	SNPL	213	N	170
LUTZ	MABEL		SNPL	214	N	170
LUTZ	SAMUEL		SNBL	58	Y	149
LUTZ	JOHN		SNLI	156	Y	225
LUTZ	MARY		SNLI	156	N	225
LUTZ	BENJAMIN	F	SNLI	156	N	225
LUTZ	HENRY	W	SNLI	156	N	225
LUTZ	AMANDRUS		SNLI	156	N	225
LUTZ	ISABELLA		SNLI	156	N	225
LUTZ	ALMIRA		SNLI	156	N	225
LUTZ	LUCINDA		SNLI	156	N	225
LUTZENBERGER	A		SNW2	352	Y	42
LUTZENBERGER	MARY	E	SNW2	352	N	42
LUTZENBERGER	MATILDA		SNW2	352	N	42
LUTZENHISER	JANE		SNHO	118	N	160
LUTZENHISER	LETITIA		SNHO	118	N	160
LUTZENHIZER	JOHN		SNHO	118	Y	160
LUX	GEORGE		SNVE	387	Y	108
LUX	CATHRINE		SNVE	387	N	108
LUX	GEORGE	P	SNVE	387	N	108
LUX	MAGDALINE		SNVE	387	N	108
LUX	CAROLINE		SNVE	387	N	108
LUX	JACOB		SNVE	388	Y	117
LUX	MARY	E	SNVE	388	N	117
LUX	JOHN	A	SNVE	388	N	117

LASTNAME	FIRSTNAME	MI	LOCATION	PAGE	HEAD	HHOLD
LUX	ADELINE		SNVE	388	N	117
LYABARGER	ORILDA		SNLO	177	Y	201
LYBARGER	WILLIAM		SNLI	147	Y	80
LYBARGER	ELIZABETH		SNLI	147	N	80
LYBARGER	OSINDA		SNLI	147	N	80
LYBARGER	LETITIA	A	SNLI	147	N	80
LYBARGER	SARAH		SNLI	147	N	80
LYBARGER	EMMA		SNLI	147	N	80
LYBARGER	RUBEN	V	SNLI	147	Y	81
LYBARGER	ADELINE	R	SNLI	147	N	81
LYBARGER	ALONZO		SNLI	147	N	81
LYBARGER	ORIN		SNLI	147	N	81
LYBARGER	NATHANIEL		SNLI	159	Y	285
LYBARGER	MARYETTA		SNLI	159	N	285
LYBARGER	LURA		SNLI	159	N	285
LYBARGER	SARAH		SNLI	161	Y	320
LYBARGER	JOHN	C	SNLI	161	N	320
LYBARGER	MARY	L	SNLI	161	N	320
LYBARGER	JANE		SNLI	161	N	320
LYBARGER	WILLIAM		SNLI	147	Y	80
LYBARGER	ELIZABETH		SNLI	147	N	80
LYBARGER	OSINDA		SNLI	147	N	80
LYBARGER	LETITIA	A	SNLI	147	N	80
LYBARGER	SARAH		SNLI	147	N	80
LYBARGER	EMMA		SNLI	147	N	80
LYBARGER	RUBEN	V	SNLI	147	Y	81
LYBARGER	ADELINE	R	SNLI	147	N	81
LYBARGER	ALONZO		SNLI	147	N	81
LYBARGER	ORIN		SNLI	147	N	81
LYBARGER	NATHANIEL		SNLI	159	Y	285
LYBARGER	MARYETTA		SNLI	159	N	285
LYBARGER	LURA		SNLI	159	N	285
LYBARGER	SARAH		SNLI	161	Y	320
LYBARGER	JOHN	C	SNLI	161	N	320
LYBARGER	MARY	L	SNLI	161	N	320
LYBARGER	JANE		SNLI	161	N	320
LYBROOK	THEOBALD		SNW2	357	Y	108
LYBROOK	BARBARA		SNW2	357	N	108
LYCEUSIUS	DAVID		SNSC	240	Y	29
LYCEUSIUS	KATE		SNSC	240	N	29
LYCEUSIUS	ANNA		SNSC	240	N	29
LYCEUSIUS	HENRY		SNSC	240	Y	29
LYE	LAWRENCE		SNHO	118	Y	163
LYE	CATHERINE		SNHO	118	N	163
LYE	CLEATIS		SNHO	118	N	163
LYE	JOSEPH		SNHO	118	N	163
LYE	CLARA		SNHO	118	N	163
LYMAN	LEVI		SNED	101	Y	183
LYNCH	DANIEL		SNLI	150	Y	133
LYNCH	MARGARET		SNLI	150	N	133
LYNCH	PERRY		SNLI	150	N	133
LYNCH	MARION		SNLI	150	N	133
LYNCH	JOHN	A	SNLI	150	Y	135
LYNCH	SARAH		SNLI	150	N	135
LYNCH	AMANDA		SNLI	150	N	135
LYNCH	ELLEN		SNLI	150	N	135
LYNCH	CLARISSA		SNLI	150	N	135
LYNCH	ADALINE		SNLI	150	N	135
LYNCH	GEORGE		SNLI	160	Y	302
LYNCH	CATHARINE		SNLI	160	N	302
LYNCH	JASPER	N	SNLI	160	N	302
LYNCH	JOHN	P	SNLI	160	N	302
LYNCH	MIRA	J	SNLI	160	N	302
LYNCH	CAROLINE	J	SNLI	160	N	302
LYNCH	JOHN		SNLO	200	Y	325
LYNCH	JENNETTE		SNLO	200	N	325
LYNCH	DAVID		SNLO	200	N	325
LYNCH	EUGENE		SNLO	200	N	325
LYNCH	DANIEL		SNLI	150	Y	133
LYNCH	MARGARET		SNLI	150	N	133
LYNCH	PERRY		SNLI	150	N	133
LYNCH	MARION		SNLI	150	N	133
LYNCH	JOHN	A	SNLI	150	Y	135
LYNCH	SARAH		SNLI	150	N	135
LYNCH	AMANDA		SNLI	150	N	135
LYNCH	ELLEN		SNLI	150	N	135
LYNCH	CLARISSA		SNLI	150	N	135

LASTNAME	FIRSTNAME	MI	LOCATION	PAGE	HEAD	HHOLD
LYNCH	ADALINE		SNLI	150	N	135
LYNCH	GEORGE		SNLI	160	Y	302
LYNCH	CATHARINE		SNLI	160	N	302
LYNCH	JASPER	N	SNLI	160	N	302
LYNCH	JOHN	P	SNLI	160	N	302
LYNCH	MIRA	J	SNLI	160	N	302
LYNCH	CAROLINE	J	SNLI	160	N	302
LYNCH	HENRY	C	SNRE	237	Y	267
LYNCH	LOIS		SNRE	237	N	267
LYNN	MARY ?		SNSC	240	Y	30
LYNN	CATHERINE		SNSC	240	N	30
LYNN	CLARA ?		SNSC	240	N	30
LYONS	JOHN		SNBL	64	Y	253
LYONS	MARGARET	A	SNBL	64	N	253
LYSLE	ROBERT		SNW1	347	Y	548
LYSLE	HANNAH		SNW1	347	N	548
LYSLE	FLORENCE		SNW1	347	N	548
LYSLE	WALTER		SNW1	347	N	548
LYSLE	LILLIE		SNW1	347	N	548
LYSLE	OLIVE		SNW1	347	N	548
LYSLE	ROBERT		SNW1	347	N	548
LYTLE	CHARLES		SNLO	185	Y	72
LYTLE	F	M	SNLO	185	N	72
LYTLE	JENNIE		SNLO	185	N	72
LYTLE	FREDERICK	D	SNLO	185	N	72
LYTLE	EMMA	A	SNLO	185	N	72
LYTTLE	MARGARET		SNLO	194	Y	219
MACKLIN	GEORGE		SNSN	264	Y	74
MACKLIN	EVA		SNSN	264	N	74
MACKLIN	JACOB		SNSN	264	N	74
MACLARIN	WILLIAM		SNLO	186	Y	88
MADCAP	ANDREW		SNBI	31	Y	153
MADCAP	SARAH		SNBI	31	N	153
MADCAP	EMMA		SNBI	32	N	153
MADCAP	DWIGHT		SNBI	32	N	153
MADCAP	MARION		SNBI	32	N	153
MADDIE	FRANCELIA		SNAD	6	Y	92
MADISON	ISABELLE		SNAD	9	Y	134
MADISON	LOVERN		SNPL	205	Y	43
MADISON	FLORA		SNPL	209	Y	105
MADISON	LOVENA		SNPL	218	Y	230
MADISON	JESSIE		SNPL	218	N	230
MADISON	RUEBAN ?		SNSC	241	Y	42
MADISON	PHEOBA ?		SNSC	241	N	42
MADISON	MINNIE		SNSC	257	Y	322
MAGER	JOSEPH		SNSN	266	Y	117
MAGER	MARY		SNSN	266	N	117
MAGER	EMMA		SNSN	266	N	117
MAGER	ALEXIS		SNSN	266	N	117
MAGER	THOMAS		SNSN	266	N	117
MAGER	ALTHA		SNSN	266	N	117
MAGER	FRANK		SNSN	266	N	117
MAGERS	MARY		SNHO	113	Y	81
MAGINS	THOMAS		SNW2	369	Y	285
MAGINS	WILLIAM	P.	SNVE	384	Y	69
MAGINS	CYNTHIA		SNVE	384	N	69
MAGLINE	WILLIAM		SNJA	134	Y	128
MAGLINE	ISABELL		SNJA	134	N	128
MAGLINE	BRITON		SNJA	134	N	128
MAGLINE	PHILLIP		SNJA	134	N	128
MAHEWS	HENRY		SNHO	111	Y	34
MAHEWS	LANIE		SNHO	111	N	34
MAHEWS	SCOTT		SNHO	111	N	34
MAIBES	DAVID		SNBL	51	Y	51
MAIBES	ELISABETH		SNBL	51	N	51
MAIBES	DAVID		SNBL	51	N	51
MAIBES	JACOB		SNBL	51	N	51
MAIBES	WILLIAM		SNBL	51	N	5
MAIBES	FANNY		SNBL	51	N	51
MALERY	CHAS	W	SNLO	195	Y	232
MALERY	HARRIET		SNLO	195	N	232
MALERY	JENNIE		SNLO	195	N	232
MALIN	JOHN		SNLO	172	Y	128
MALIN	MARGARET		SNLO	172	N	128
MALONEY	WILLIAM		SNLO	170	Y	105
MALONEY	MARY		SNLO	170	N	105
MALONEY	ELIZABETH		SNLO	170	N	105

LASTNAME	FIRSTNAME	MI	LOCATION	PAGE	HEAD	HHOLD
MALONEY	WILLIAM		SNLO	170	N	105
MALONEY	CATHERINE		SNLO	170	N	105
MALONEY	JAMES		SNLO	170	N	105
MALONEY	DAVID		SNLO	170	N	105
MALONEY	MICHAEL		SNLO	170	N	105
MALONEY	MARY		SNLO	170	N	105
MALONEY	CORNELIUS		SNLO	170	N	105
MALONEY	MORRIS		SNLO	170	N	105
MALONEY	SAML	G	SNLO	189	Y	130
MALONEY	CAROLINE	P	SNLO	189	N	130
MALONEY	FLORA	B	SNLO	189	N	130
MALONEY	LOUCIFER		SNLO	189	N	130
MALONEY	JAMES		SNLO	189	N	130
MALONEY	THOMAS		SNLO	194	Y	221
MALONEY	MARY		SNLO	194	N	221
MALONEY	ALICE		SNLO	194	N	221
MALONEY	ANN		SNLO	194	Y	225
MALOY	DENNIS		SNHO	111	Y	35
MALOY	MARGARET		SNHO	111	N	35
MALOY	MARY		SNHO	111	N	35
MALOY	JOHN		SNHO	111	N	35
MALOY	ANDERSON		SNHO	111	N	35
MALOY	LORETTA		SNHO	111	N	35
MALOY	MARGARET		SNHO	111	N	35
MALOY	TIMOTHY		SNHO	111	N	35
MAMMELL	JENNIE		SNW1	345	Y	524
MANAHAN	FRANK		SNPL	211	Y	132
MANGES	JOHN		SNSN	263	Y	64
MANGES	MARGARET		SNSN	263	N	64
MANGES	HENRY		SNSN	263	N	64
MANGES	CHARLES		SNSN	263	N	64
MANGETTE	JOHN		SNBI	37	Y	234
MANGETTE	ELIZ.		SNBI	37	N	234
MANHIRT	HENRY		SNED	93	Y	56
MANLEY	SPIVA		SNW1	337	Y	434
MANLEY	EMELINE		SNW1	337	N	434
MANLEY	MARY		SNW1	337	N	434
MANLEY	THOMAS		SNW1	337	N	434
MANLEY	FRANCES		SNW1	337	N	434
MANLEY	EMMA		SNW1	337	N	434
MANLEY	LINCOLN		SNW1	337	N	434
MANLEY	CHARLES		SNW1	337	N	434
MANLY	JOSEPH		SNW2	376	Y	391
MANLY	LAURA		SNW2	376	N	391
MANN	MARTIN		SNW1	315	Y	110
MANN	CATHERINE		SNW1	315	N	110
MANN	CATHERINE		SNW1	315	N	110
MANN	TILLA		SNW1	315	N	110
MANN	ANDREW		SNW1	324	Y	252
MANN	MATILDA		SNW1	324	N	252
MANN	MATILDA		SNW1	342	Y	483
MANN	ALFRED		SNRE	228	Y	126
MANN	MARY	J	SNRE	228	N	126
MANN	WILLIAM		SNRE	228	N	126
MANN	JAMES		SNRE	228	N	126
MANN	GEORGE		SNRE	228	N	126
MANN	WILLIAM		SNRE	229	Y	144
MANN	MATILDA		SNRE	229	N	144
MANRIE	ELI	B	SNLO	194	Y	226
MANRIE	MARTHA	A	SNLO	194	N	226
MANSFIELD	CHRISTIAN		SNSC	256	Y	312
MANSFIELD	FRANCIS		SNSC	256	N	312
MANSFIELD	HENRY		SNSC	256	N	312
MANSFIELD	LOUISA		SNSC	256	N	312
MANSFIELD	CHRISTIAN		SNSC	256	N	312
MANSFIELD	FRANCIS		SNSC	256	N	312
MANSFIELD	AMANDA		SNSC	256	N	312
MANSFIELD	HENRY		SNBL	67	Y	300
MARACHUS	ANNIE		SNBI	42	Y	294
MARACHUS	ELLEN		SNBI	42	N	294
MARACHUS	MARY		SNBI	42	N	294
MARACUS	ELLEN		SNW2	378	Y	409
MARBLE	HENRY		SNJA	138	Y	181
MARCHA	ANDREW		SNPL	208	Y	88
MARCHA	ANNA		SNPL	208	N	88
MARCHA	JOHN		SNPL	208	N	88
MARGNANT	JACOB		SNW1	336	Y	409

LASTNAME	FIRSTNAME	MI	LOCATION	PAGE	HEAD	HHOLD
MARKS	JOHN		SNBI	23	Y	35
MARKS	ELIZ		SNBI	23	N	35
MARKS	MAGGIE		SNBI	23	N	35
MARKS	SUSAN		SNBI	23	N	35
MARKS	NICHOLAS		SNBI	23	N	35
MARKS	MICHAEL		SNBI	23	N	35
MARKS	CATHERINE		SNBI	23	N	35
MARKS	MARY		SNBI	23	N	35
MARKS	HENRY		SNBI	23	Y	35
MARKS	MARGARET		SNBI	23	N	35
MARKS	NICHOLAS		SNBI	24	Y	45
MARKS	CATHERINE		SNBI	24	N	45
MARKS	KATIE		SNBI	24	N	45
MARKS	NICHOLAS		SNBI	24	Y	53
MARKS	THERESE		SNBI	24	N	53
MARKS	NICHOLAS		SNBI	24	N	53
MARKS	EDWARD		SNBI	24	N	53
MARKS	ELIZ		SNBI	53	N	53
MARKS	DOMINICK		SNBI	24	N	53
MARKS	ANNIE		SNBI	24	N	53
MARKS	MICHAEL		SNBI	24	N	53
MARKS	AGATHA		SNBI	24	N	53
MARKS	WILLIAM		SNBI	26	Y	79
MARKS	HARRIET		SNBI	26	N	79
MARKS	MICHAEL		SNBI	27	Y	95
MARKS	ELIZ.		SNBI	27	N	95
MARKS	LIZZIE		SNBI	27	N	95
MARKS	MARY		SNBI	27	N	95
MARKS	MARGARET		SNBI	27	N	95
MARKS	JOHN		SNSN	272	Y	217
MARKS	ABBY		SNSN	272	N	217
MARKS	MARK		SNSN	272	N	217
MARKS	FRANK		SNSN	272	N	217
MARQUARDT	FRED		SNW2	362	Y	184
MARQUARDT	DELL		SNW2	362	N	184
MARQUARDT	JESSIE		SNW2	362	N	184
MARQUARDT	HARRY		SNW2	362	N	184
MARQUIS	JAMES		SNED	89	Y	10
MARQUIS	WILLIAM		SNED	98	Y	134
MARQUIS	ELIZABETH		SNED	98	N	134
MARQUIS	JOHN		SNED	98	Y	134
MARSH	LUCIOUS		SNPL	208	Y	89
MARSH	SARAH		SNPL	208	N	89
MARSH	ROSA		SNPL	208	N	89
MARSH	SARAH		SNPL	208	N	89
MARSHAL	MARGARET		SNW2	362	Y	175
MARSHAL	DAVID		SNVE	385	Y	78
MARSHAL	MINERVA		SNVE	385	N	78
MARSHAL	EDWARD	J.	SNVE	385	N	78
MARSHAL	JACOB		SNVE	385	Y	79
MARSHAL	SOPHIA		SNVE	385	N	79
MARSHAL	ELIZABETH		SNVE	385	N	79
MARSHAL	JACOB		SNVE	385	Y	80
MARSHAL	ROSANNA		SNVE	385	N	80
MARSHAL	JOHN	H.	SNVE	385	N	80
MARSTELLER	WINFIELD		SNCL	72	Y	60
MARTIN	JOHN		SNCL	73	Y	61
MARTIN	JAMES	T.	SNCL	81	Y	193
MARTIN	JULIA	E.	SNCL	81	N	193
MARTIN	CHARLES	R.	SNCL	81	N	193
MARTIN	EUDORA		SNCL	81	N	193
MARTIN	JENNIE		SNCL	81	N	193
MARTIN	MANERVA		SNCL	81	N	193
MARTIN	COONROD		SNBI	23	Y	34
MARTIN	MARY		SNBI	23	N	34
MARTIN	MARY	E	SNBI	23	N	34
MARTIN	JAMES		SNBI	23	N	34
MARTIN	JOHN		SNBI	23	N	34
MARTIN	SARAH		SNBI	23	N	34
MARTIN	JANE		SNBI	23	N	34
MARTIN	NICHOLAS		SNBI	27	Y	101
MARTIN	ANNA		SNBI	27	N	101
MARTIN	MARY		SNBI	27	N	101
MARTIN	NICHOLAS		SNBI	27	N	101
MARTIN	JACOB		SNLI	144	Y	34
MARTIN	SARAH		SNLI	144	N	34
MARTIN	JOSEPH		SNLI	144	N	34

LASTNAME	FIRSTNAME	MI	LOCATION	PAGE	HEAD	HHOLD
MARTIN	SARAH	C	SNLI	144	N	34
MARTIN	RUFUS	W	SNLI	144	N	34
MARTIN	AMANDA	E	SNLI	144	N	34
MARTIN	SAVANNAH	E	SNLI	144	N	34
MARTIN	HENRY	W	SNLI	144	Y	35
MARTIN	CAROLINA		SNLI	144	N	35
MARTIN	WILLIAM		SNLI	144	N	35
MARTIN	JACOB	W	SNLI	144	N	35
MARTIN	ORA	C	SNLI	144	N	35
MARTIN	JULIA	A	SNLI	144	N	35
MARTIN	JACOB		SNLI	146	Y	73
MARTIN	ELLEN		SNLI	146	N	73
MARTIN	WILLIE		SNLI	146	N	73
MARTIN	DAVID		SNJA	132	Y	83
MARTIN	SARAH		SNJA	132	N	83
MARTIN	ALICE	A.	SNJA	132	N	83
MARTIN	JACOB	W.	SNJA	138	N	181
MARTIN	NANCY	J.	SNJA	138	N	181
MARTIN	JENETT (?)	E.	SNJA	138	N	181
MARTIN	MICHAEL		SNLO	174	Y	161
MARTIN	MARY		SNLO	174	N	161
MARTIN	JOHN		SNLO	174	N	161
MARTIN	MATILDA		SNLO	174	N	161
MARTIN	MARY	E	SNLO	174	N	161
MARTIN	MATILDA		SNLO	174	N	161
MARTIN	H.	B.	SNW1	309	Y	25
MARTIN	HENRIETTA		SNW1	309	N	25
MARTIN	CHARLES		SNW1	311	Y	54
MARTIN	SOPHIA		SNW1	311	N	54
MARTIN	JAMES		SNW1	311	N	54
MARTIN	EMMA		SNW1	311	N	54
MARTIN	ALBERT		SNW2	370	Y	305
MARTIN	LOUISA		SNW2	370	N	305
MARTIN	ANNA		SNW2	370	N	305
MARTIN	GEORGE		SNW2	370	N	305
MARTIN	DAVID		SNW2	371	Y	311
MARTIN	MARY		SNW2	371	N	311
MARTIN	EMMA		SNW2	371	N	311
MARTIN	SARAH		SNW2	371	N	311
MARTIN	ELESTRA		SNW2	371	N	311
MARTIN	ELLA		SNW2	371	N	311
MARTIN	MARTIN		SNW2	371	N	311
MARTIN	D		SNW2	375	Y	367
MARTIN	CHARLES	B	SNW2	376	Y	381
MARTIN	BARBARA		SNW2	376	Y	389
MARTIN	JOHN		SNW2	376	Y	395
MARTIN	LIZZIE		SNW2	376	N	395
MARTIN	RACHEL		SNW2	376	N	395
MARTIN	GEED		SNW2	378	Y	420
MARTIN	REBECCA		SNW2	378	N	420
MARTIN	JOHN		SNW2	378	N	420
MARTIN	WILLIAM		SNW2	378	N	420
MARTIN	ROBERT	C	SNED	94	Y	69
MARTIN	BARBARA		SNED	94	N	69
MARTIN	MARY		SNED	94	N	69
MARTIN	SAMUEL		SNED	94	N	69
MARTIN	HANAH		SNED	94	N	69
MARTIN	ELIZA		SNED	94	N	69
MARTIN	ISAAC		SNED	94	N	69
MARTIN	JOHN		SNED	94	N	69
MARTIN	HUGH		SNED	94	N	69
MARTIN	CHARLES		SNED	94	N	69
MARTIN	AMANDA		SNED	94	N	69
MARTIN	ANNA		SNED	94	N	69
MARTIN	ABSALUM		SNED	96	Y	103
MARTIN	SARAH		SNED	96	N	103
MARTIN	ANEBELLA		SNED	96	N	103
MARTIN	NANCY		SNED	96	N	103
MARTIN	HERBERT		SNED	96	N	103
MARTIN	NATHAN		SNED	96	N	103
MARTIN	DAVID		SNPL	203	Y	6
MARTIN	RACHEL		SNPL	203	N	6
MARTIN	MALISSA		SNPL	203	N	6
MARTIN	BENJAMIN		SNPL	203	N	6
MARTIN	FRANCIS		SNPL	203	N	6
MARTIN	JACOB	H	SNPL	203	N	6
MARTIN	MELKER		SNPL	203	N	6

LASTNAME	FIRSTNAME	MI	LOCATION	PAGE	HEAD	HHOLD
MARTIN	MARSELLA		SNPL	203	N	6
MARTIN	JOHN		SNPL	214	Y	179
MARTIN	MAG		SNPL	214	N	179
MARTIN	EMALINE		SNPL	214	N	179
MARTIN	ALICE		SNPL	214	N	179
MARTIN	AUGUSTA		SNPL	214	N	179
MARTIN	CLARA		SNPL	214	N	179
MARTIN	SAMUEL		SNPL	214	N	179
MARTIN	JOHN		SNHO	112	Y	47
MARTIN	MARY		SNHO	112	N	47
MARTIN	JOHN		SNHO	112	N	47
MARTIN	NICHOLAS		SNHO	112	N	47
MARTIN	ANN		SNBL	56	Y	125
MARTIN	JAMES		SNBL	62	Y	216
MARTIN	PHEBE	J	SNBL	62	N	216
MARTIN	CHANCEY	E	SNBL	62	N	216
MARTIN	FLORELLA		SNBL	62	N	216
MARTIN	JOHN	C	SNBL	65	Y	256
MARTIN	MARY	A	SNBL	65	N	256
MARTIN	FRANK	W	SNBL	65	N	256
MARTIN	GEORGE	M	SNBL	65	Y	257
MARTIN	ELISA		SNBL	65	N	257
MARTIN	NETTY	M	SNBL	65	N	257
MARTIN	ELISABETH		SNBL	66	Y	287
MARTIN	CAROLINE	E	SNBL	66	N	287
MARTIN	JACOB		SNLI	144	Y	34
MARTIN	SARAH		SNLI	144	N	34
MARTIN	JOSEPH		SNLI	144	N	34
MARTIN	SARAH	C	SNLI	144	N	34
MARTIN	RUFUS	W	SNLI	144	N	34
MARTIN	AMANDA	E	SNLI	144	N	34
MARTIN	SAVANNAH	E	SNLI	144	N	34
MARTIN	HENRY	W	SNLI	144	Y	35
MARTIN	CAROLINA		SNLI	144	N	35
MARTIN	WILLIAM		SNLI	144	N	35
MARTIN	JACOB	W	SNLI	144	N	35
MARTIN	ORA	C	SNLI	144	N	35
MARTIN	JULIA	A	SNLI	144	N	35
MARTIN	JACOB		SNLI	146	Y	73
MARTIN	ELLEN		SNLI	146	N	73
MARTIN	WILLIE		SNLI	146	N	73
MARTIN	ANTHONY		SNRE	230	Y	156
MARTIN	MARGARET		SNRE	230	N	156
MARTIN	JOHN	T	SNRE	230	N	156
MARTIN	ANTHONY		SNRE	230	N	156
MARTIN	LANA		SNRE	230	N	156
MARTIN	JOHN		SNRE	236	Y	250
MARTIN	BARBY		SNRE	236	N	250
MARTIN	CATHARINE		SNRE	236	N	250
MARTIN	SOPHRONA		SNRE	236	N	250
MARTIN	PETER		SNRE	236	N	250
MARTIN	LEWIS		SNRE	236	N	250
MARTIN	TRACY		SNRE	236	N	250
MARTIN	JOSEPH		SNRE	236	N	250
MARTIN	ANTHONY		SNVE	402	Y	352
MARTIN	SUSAN		SNVE	402	N	352
MARTIN	FRANZ	S	SNVE	402	N	352
MARTIN	AMIE	M	SNVE	402	N	352
MARTIN	SALLIE		SNSN	263	Y	71
MARTIN	JACOB		SNSN	275	Y	260
MARTIN	MARGARET		SNSN	275	N	260
MARTIN	ELIZABETH		SNSN	275	Y	261
MARTIN	GEORGE		SNSN	275	Y	262
MARTIN	SARAH		SNSN	275	N	262
MARTIN	TILLIE		SNSN	275	N	262
MARVIN	JOHN		SNAD	20	Y	326
MARVIN	MARY		SNAD	20	N	326
MARVIN	ELIJA		SNAD	20	N	326
MARVIN	ELLA		SNAD	20	N	326
MASIR	JACOB		SNCL	71	Y	36
MASIR	ROSANA		SNCL	71	N	36
MASON	GEORGE		SNTH	283	Y	33
MASON	WILLIAM		SNTH	283	Y	33
MASONER	DANIEL		SNLO	173	Y	144
MASONER	DELILAH		SNLO	173	N	144
MASONER	WILNETTIE		SNLO	173	N	144
MASONER	UGENE		SNLO	173	N	144

LASTNAME	FIRSTNAME	MI	LOCATION	PAGE	HEAD	HHOLD
MASONER	JOHANNA		SNLO	173	N	144
MASSNER	CHARLES		SNHO	119	Y	175
MASSNER	ADELINE		SNHO	119	N	175
MASSNER	CHARLES		SNHO	119	N	175
MASSNER	MARY		SNHO	119	N	175
MATHIAS	JOHN		SNBI	32	Y	157
MATHIAS	ROSA		SNBI	32	N	157
MATHIAS	CLARA		SNBI	32	N	157
MATHIAS	ANTHONY		SNBI	32	N	157
MATHIAS	NICHOLAS		SNBI	32	N	157
MATHIAS	MARY		SNJA	133	Y	110
MATHIAS	JOSEPHENE		SNW1	346	Y	541
MATHIAS	ALWAYS		SNSN	270	Y	179
MATTHIAS	JOHN		SNBI	27	Y	96
MATTHIAS	MARY		SNBI	27	N	96
MATTHIAS	DOMINEK		SNBI	27	N	96
MATTHIAS	LOUIS		SNBI	27	N	96
MATTHIAS	JOSEPH		SNBI	27	N	96
MATTHIAS	PETER		SNBI	27	N	96
MATTHIAS	CATHERINE		SNBI	27	N	96
MATTHIAS	JOHN		SNBI	32	Y	163
MATTHIAS	MARGARET		SNBI	32	N	163
MATTHIAS	KATIE		SNBI	32	N	163
MATTHIAS	LEWIS		SNBI	32	Y	164
MATTHIAS	JOSEPHINE		SNBI	32	N	164
MATTHIAS	NICHOLAS		SNBI	32	N	164
MATTHIAS	HENRY		SNBI	32	N	164
MATTHIAS	JOHN		SNBI	32	N	164
MATTHIAS	ANNA		SNBI	32	N	164
MATTIS	WILLIAM		SNAD	19	Y	316
MATTIS	HANNAH		SNAD	19	N	316
MATTIS	MARTHA		SNAD	19	N	316
MATTIS	LUCINDA		SNAD	19	N	316
MATTIS	BELL		SNAD	19	N	316
MATZ	JOHN		SNTH	297	Y	231
MATZ	LYDIA		SNTH	297	N	231
MATZ	LEVI		SNTH	297	N	231
MATZ	JOHN		SNTH	297	N	231
MATZ	FRANKLIN		SNTH	297	N	231
MATZ	WILLIAM		SNTH	297	N	231
MATZ	CELESTIA?		SNTH	297	N	231
MATZ	ISAAC		SNTH	297	N	231
MAULE	WILLIAM		SNCL	69	Y	4
MAULE	ELIZABETH		SNCL	69	N	4
MAULE	ADA		SNCL	69	N	4
MAULE	FRANK		SNCL	69	N	4
MAULE	ELIZ		SNHO	119	Y	176
MAULE	THOMAS		SNHO	119	N	176
MAULE	ELIZ		SNHO	199	N	176
MAURANT?	MILKER?		SNTH	298	Y	252
MAURER	MARY	J	SNLO	202	Y	355
MAURER	JOHN		SNLO	202	N	355
MAUREY	MARGARET		SNBI	43	Y	303
MAUREY	JACOB		SNBI	44	Y	315
MAUSER	JACOB		SNSN	264	Y	90
MAUSER	NETTIE		SNSN	264	N	90
MAUSER	GEORGE		SNSN	264	N	90
MAXHAM	JULIAN		SNED	91	Y	35
MAXWELL	SUSAN		SNSN	266	Y	118
MAY	JAMES		SNCL	76	Y	106
MAY	FRANKLIN		SNCL	76	Y	116
MAY	MATILDA		SNAD	5	Y	84
MAY	ELI		SNAD	5	N	84
MAY	JOHN		SNAD	5	N	84
MAY	ALVIN		SNAD	5	N	84
MAY	JULIA		SNAD	5	N	84
MAY	MARY		SNAD	5	N	84
MAY	ROSA		SNAD	5	N	84
MAY	HENRY		SNAD	5	N	84
MAY	E	W	SNPL	215	Y	196
MAY	MARTHA		SNPL	215	N	196
MAY	FRANK		SNPL	215	N	196
MAY	JAMES		SNPL	215	N	196
MAY	WILLIAM		SNPL	215	N	196
MAY	CHISUE?		SNPL	215	N	196
MAY	ELZMA		SNPL	215	N	196
MAY	IDA		SNPL	215	N	196

LASTNAME	FIRSTNAME	MI	LOCATION	PAGE	HEAD	HHOLD
MAY	CHARLES		SNPL	215	N	196
MAY	JANE		SNPL	215	N	196
MAY	ASA		SNSC	238	Y	10
MAY	LAURA		SNSC	238	N	10
MAY	JAMES		SNRE	224	Y	66
MAY	MARY	ANN	SNRE	224	N	66
MAY	GEORGE		SNRE	224	N	66
MAY	ADELINE		SNRE	225	Y	66
MAY	CLARENCE		SNRE	225	N	66
MAYE	JOHN		SNLO	173	Y	145
MAYE	HARRIET	N	SNLO	174	Y	158
MAYE	GEORGE	P	SNLO	174	N	158
MAYES	WILLIAM		SNLI	142	Y	2
MAYES	WILLIAM		SNLI	142	Y	2
MC ANTIRE	JACOB		SNAD	2	Y	25
MC ANTIRE	ELIZA		SNAD	2	N	25
MC ANTIRE	JAMES		SNAD	2	N	25
MC ANTIRE	PHILIP		SNAD	2	N	25
MC CLINUTH	GEORGE		SNSN	260	Y	11
MC CLINUTH	MARY		SNSN	260	N	11
MC CLINUTH	IDIE		SNSN	260	N	11
MC CLINUTH	FONNIE		SNSN	260	N	11
MC CLUNOL	THEODORE		SNSN	260	Y	12
MC CLUNOL	CAROLINE		SNSN	260	N	12
MC CLUNOL	EFFIE		SNSN	260	N	12
MC CORMICK	WILLIAM		SNSN	260	Y	10
MC CORMICK	ANNA		SNSN	260	N	10
MC CORMICK	LIZZIE		SNSN	260	N	10
MC CORMICK	MARGARET		SNSN	260	N	10
MC CORMICK	KEZIA		SNSN	260	N	10
MC CORMICK	MILTON		SNSN	260	N	10
MC DONALD	ISABELLA		SNSN	262	Y	46
MC LAIN	OLONZO		SNAD	1	Y	17
MCALISTER	HUGH		SNW1	338	Y	439
MCALISTER	JULIA		SNW1	338	N	439
MCALISTER	CAROLINE		SNW1	338	N	439
MCALISTER	JULIA		SNW1	338	N	439
MCALISTER	MARTHA		SNW1	338	N	439
MCALMONT	JOHN		SNW2	357	Y	111
MCALMONT	JANE		SNW2	357	N	111
MCALMONT	AGNES		SNW2	357	N	111
MCALMONT	THOMAS		SNW2	357	N	111
MCALMONT	JAMES		SNW2	357	N	111
MCBRIDE	HENRY		SNPL	213	Y	152
MCCANN	PETER		SNLO	165	Y	34
MCCANN	ISABELLA		SNLO	165	N	34
MCCANN	MARY		SNLO	165	N	34
MCCANN	JOHN	B	SNLO	165	N	34
MCCANN	SARAH		SNLO	165	N	34
MCCANN	MARGARET		SNLO	165	N	34
MCCANN	HUGH		SNLO	165	N	34
MCCANNA	HENRY		SNPL	217	Y	218
MCCARLEY	GEORGE		SNLI	149	Y	125
MCCARLEY	HIRAM		SNLI	149	N	125
MCCARLEY	SARAH		SNLI	150	N	125
MCCARLEY	MARY	A	SNLI	150	N	125
MCCARLEY	GEORGE		SNLI	149	Y	125
MCCARLEY	HIRAM		SNLI	149	N	125
MCCARLEY	SARAH		SNLI	150	N	125
MCCARLEY	MARY	A	SNLI	150	N	125
MCCARTHEY	MATT		SNHO	122	Y	228
MCCARTHEY	ELIZ		SNHO	122	N	228
MCCARTHEY	DANIEL		SNHO	122	N	228
MCCARTHEY	MICHAEL		SNHO	122	N	228
MCCARTHEY	MATTHEW		SNHO	122	N	228
MCCARTHY	JAMES		SNBL	54	Y	89
MCCARTNEY	HANNAH		SNAD	9	Y	138
MCCARTNEY	GEORGE		SNAD	9	N	138
MCCARTNEY	MARY		SNAD	9	N	138
MCCARTNEY	LIVINGSTON		SNAD	9	N	138
MCCARTNY	REBECCA		SNSC	241	N	54
MCCARTNY	CHARLES		SNSC	241	N	54
MCCARTNY	LUCY		SNSC	241	N	54
MCCARTNY ?	AUDREY		SNSC	241	Y	54
MCCARTY	FLORENCE (?)		SNJA	131	Y	69
MCCARTY	JOHN		SNLO	170	Y	106
MCCARTY	JOHANNA		SNLO	170	N	106

LASTNAME	FIRSTNAME	MI	LOCATION	PAGE	HEAD	HHOLD
MCCARTY	JOHN		SNLO	170	N	106
MCCARTY	JAMES		SNLO	170	N	106
MCCARTY	CATHERINE		SNLO	170	N	106
MCCARTY	MARY		SNLO	170	N	106
MCCARTY	PATRICK		SNLO	170	Y	107
MCCARTY	MARY		SNLO	170	N	107
MCCARTY	ELIZABETH		SNLO	170	N	107
MCCARTY	MARY	A	SNLO	170	N	107
MCCARTY	JOHN		SNLO	170	N	107
MCCARTY	DANIEL		SNLO	170	N	107
MCCARTY	CHARLES		SNLO	170	N	107
MCCARTY	HANNAH		SNLO	170	N	107
MCCARTY	BRIDGET		SNLO	186	Y	87
MCCARTY	MARY		SNW1	348	Y	566
MCCARTY	CHARLES		SNTH	285	Y	58
MCCARTY	ELIZA		SNTH	285	N	58
MCCARTY	ELIZABETH		SNTH	285	N	58
MCCARTY	JOSEPH		SNBL	50	Y	37
MCCARTY	MARY		SNBL	50	N	37
MCCARTY	CHRISTENIA		SNBL	50	N	37
MCCARTY	WILLIAM		SNBL	54	Y	87
MCCARTY	ROSA		SNBL	54	N	87
MCCARTY	MARY	MAR	SNBL	54	N	87
MCCARTY	DANIEL		SNBL	54	Y	89
MCCARTY	ANN		SNBL	54	N	89
MCCARTY	TIMOTHY		SNBL	54	N	89
MCCARTY	CHRISTENIA		SNBL	54	N	89
MCCARTY	WILLIAM		SNBL	54	N	89
MCCARTY	JOHN		SNBL	54	N	89
MCCARTY	JAMES		SNBL	54	N	89
MCCARTY	JOSEPH		SNBL	54	N	89
MCCAULEY	JAMES		SNLO	171	Y	120
MCCAULEY	BRIDGET		SNLO	171	N	120
MCCAULEY	CHARLES		SNLO	171	N	120
MCCAULEY	CATHERINE		SNLO	171	N	120
MCCAULEY	ELIZABETH		SNLO	171	N	120
MCCAULEY	MARY		SNLO	171	N	120
MCCAULEY	JOHN		SNW1	327	Y	285
MCCAULEY	JOSEPHENE		SNW1	327	N	285
MCCAULEY	ANNA		SNW1	327	N	285
MCCAULEY	MARY		SNW1	327	N	285
MCCAULEY	JOSEPHENE		SNW1	327	N	285
MCCAULEY	DAVID		SNTH	286	Y	81
MCCAULEY	SUSAN		SNTH	286	N	81
MCCAULEY	LIBBIE		SNTH	286	N	81
MCCAULEY	WILLIAM		SNTH	286	N	81
MCCAULEY	SAMUEL		SNTH	286	N	81
MCCAULY	ANNA		SNW2	356	Y	101
MCCAULY	BRIDGET		SNW2	356	N	101
MCCAULY	CHARLES		SNW2	366	Y	236
MCCAULY	HANNAH		SNW2	366	N	236
MCCAULY	WILLIAM		SNTH	286	Y	77
MCCAULY	BETSEY		SNTH	286	N	77
MCCAULY	MATILDA		SNTH	286	N	77
MCCAULY	ELIZA		SNTH	286	N	77
MCCEDIN	MARIA		SNW2	376	Y	383
MCCEIVEN	DANIEL		SNLI	158	Y	261
MCCEIVEN	EMMA		SNLI	158	N	261
MCCEIVEN	LIDA	E	SNLI	158	N	261
MCCEIVEN	CHARLES		SNLI	158	N	261
MCCEWEN	WALTER		SNCL	85	Y	247
MCCEWEN	DANIEL		SNLI	158	Y	261
MCCEWEN	EMMA		SNLI	158	N	261
MCCEWEN	LIDA	E	SNLI	158	N	261
MCCEWEN	CHARLES		SNLI	158	N	261
MCCLAIN	SARAH		SNW2	365	Y	222
MCCLAIN	MARGARETTA		SNW2	365	N	222
MCCLAIN	MARTHA	E	SNW2	365	N	222
MCCLAIN	JENNIE	E	SNW2	365	N	222
MCCLAIN	CHARLES	F	SNW2	365	N	222
MCCLAIN	FANNIE	C	SNW2	365	N	222
MCCLAIN	SARAH		SNHO	119	Y	173
MCCLELLAN	BRUCE		SNSN	272	Y	210
MCCLELLAN	DEBORAH		SNSN	272	N	210
MCCLELLAN	ROBERT		SNSN	272	Y	214
MCCLELLAN	SARAH		SNSN	272	N	214
MCCLELLAN	WALTER		SNSN	272	N	214

LASTNAME	FIRSTNAME	MI	LOCATION	PAGE	HEAD	HHOLD
MCCLELLAN	LAURA		SNSN	272	N	214
MCCLELLAN	ALICE		SNSN	272	N	214
MCCLELLAN	FLORA		SNSN	272	N	214
MCCLELLAN	CORA		SNSN	272	N	214
MCCLELLAN	MARY		SNSN	272	N	214
MCCLELLAN	JOSEPH		SNSN	272	Y	215
MCCLELLAN	MARY		SNSN	272	N	215
MCCLELLAN	STEVEN		SNSN	272	N	215
MCCLELLAN	JANE		SNSN	272	N	215
MCCLELLAN	ELIZABETH		SNSN	272	N	215
MCCLELLAN	ROBERT		SNSN	272	N	215
MCCLELLAN	MARY		SNSN	272	N	215
MCCLELLAND	HARRISON		SNW2	365	Y	221
MCCLELLAND	ALMIRA		SNW2	365	N	221
MCCLELLAND	LEWIS	A	SNBL	55	Y	111
MCCLELLAND	CATHERINE		SNBL	55	N	111
MCCLELLAND	CHASE		SNBL	55	N	111
MCCLELLAND	WILLIAM		SNBL	55	N	111
MCCLELLAND	SAMUEL	R	SNBL	55	N	111
MCCLELLAND	WARD	B	SNBL	55	N	111
MCCLELLAND	IDA	E	SNBL	56	N	111
MCCLELLAND	HUGH	E	SNBL	56	N	111
MCCLELLAND	THOMAS	A	SNBL	58	Y	147
MCCLELLAND	MARY	C	SNBL	58	N	147
MCCLELLAND	JOHN		SNVE	382	Y	46
MCCLELLAND	ELIZABETH		SNVE	382	N	46
MCCLELLAND	LUCINDA		SNVE	382	N	46
MCCLELLAND	JAMES		SNVE	382	N	46
MCCLELLAND	SAMANTHA		SNVE	382	N	46
MCCLELLAND	FELIX		SNVE	384	Y	69
MCCLELLAND	MARGRET		SNVE	384	N	69
MCCLELLAND	MILO	D.	SNVE	384	N	69
MCCLELLAND	JOSEPH	H.	SNVE	384	N	69
MCCLELLAND	MARY	E.	SNVE	384	N	69
MCCLELLAND	IDA		SNVE	384	N	69
MCCLELLAND	FLORA	B.	SNVE	384	N	69
MCCLUNG	JOHN		SNSC	245	Y	115
MCCLUNG	SABRINA		SNSC	245	N	115
MCCLUNG	MARY		SNSC	245	N	115
MCCLUNG	JANE		SNSC	245	N	115
MCCLUNG	LIZZIE		SNSC	245	N	115
MCCLUNG	JOHN		SNSC	257	Y	315
MCCLUNG	SABRINA		SNSC	257	N	315
MCCLUNG	JAMES		SNSC	257	N	315
MCCOLLEN	DANIEL		SNLI	156	Y	220
MCCOLLEN	POLLY		SNLI	156	N	220
MCCOLLEN	SAMUEL		SNLI	156	N	220
MCCOLLOUGH	NETTIE		SNBI	40	Y	271
MCCOLLUM	E.		SNW1	348	Y	561
MCCOLLUM	MARGARET		SNW1	348	N	561
MCCOLLUM	LEON		SNW1	348	N	561
MCCONLEY	JAMES	H.	SNJA	131	Y	64
MCCONLEY	LEAH	C.	SNJA	131	N	64
MCCONLEY	ABRAHAM		SNJA	131	N	64
MCCONLEY	MARY	E.	SNJA	131	N	64
MCCONLEY	SARAH	M.	SNJA	131	N	64
MCCONLEY	ISAAC		SNJA	131	N	64
MCCONLEY	JACOB		SNJA	131	N	64
MCCONLEY	WILLIAM	H.	SNJA	131	N	64
MCCORMICK	J.		SNW1	309	Y	19
MCCORMICK	DESIRE		SNW1	309	N	19
MCCORMICK	HEBRON		SNW1	309	N	19
MCCORMICK	TINZAH		SNW1	309	N	19
MCCORMICK	EDWARD		SNW1	309	N	19
MCCORMICK	JAMES		SNW1	309	N	19
MCCORTNEY	JULIA		SNSC	246	Y	132
MCCORTNEY	HALE		SNSC	246	N	132
MCCORTNEY	ELLA		SNSC	246	N	132
MCCORTNEY	OSTHER?		SNSC	246	N	132
MCCORTNEY			SNSC	246	N	132
MCCOWEN	DANIEL		SNLI	156	Y	220
MCCOWEN	POLLY		SNLI	156	N	220
MCCOWEN	SAMUEL		SNLI	156	N	220
MCCRACKEN	CHARLES		SNJA	128	Y	21
MCCRACKEN	HENRY		SNLO	184	Y	53
MCCRACKEN	FANNIE		SNLO	184	N	53
MCCRACKEN	CLARA		SNLO	184	N	53

LASTNAME	FIRSTNAME	MI	LOCATION	PAGE	HEAD	HHOLD
MCCRACKEN	THOMAS		SNLO	184	N	53
MCCRACKEN	ELLA		SNLO	184	N	53
MCCRACKEN	EMMA		SNLO	185	Y	78
MCCRACKEN	JOHN		SNLO	199	Y	304
MCCRACKEN	SOPHIA		SNLO	199	N	304
MCCRULL	HUGH		SNW1	330	Y	333
MCCRULL	JANE		SMW1	330	N	333
MCCULLISTER	MARTHA		SNED	99	Y	150
MCCULLISTER	MARY		SNED	99	N	150
MCCULLISTER	ALICE		SNED	99	N	150
MCCULLOCK	JOHN		SNAD	18	Y	294
MCCULLOCK	MARY		SNAD	18	N	294
MCCULLOCK	SOLOMON		SNAD	18	N	294
MCCULLOCK	ANN		SNAD	18	N	294
MCCULLOCK	SARAH		SNAD	18	N	294
MCCULLOCK	MARGARET		SNAD	18	N	294
MCCULLOCK	ORREAH ?		SNAD	18	N	294
MCCULLOCK	SAMUEL		SNAD	18	N	294
MCCULLOCK	LUCINDA		SNAD	18	N	294
MCCULLOCK	IDA		SNAD	18	N	294
MCCULLOCK	GEORGE		SNAD	18	N	294
MCCULLOUGH	ELLA		SNBI	46	Y	352
MCDANIEL	JOS		SNLO	188	Y	120
MCDANIEL	ANN		SNLO	188	N	120
MCDANIEL	ALMEDA		SNLO	188	N	0
MCDANIEL	ANN		SNLO	188	N	120
MCDANIEL	JESSE		SNLO	188	N	120
MCDANIEL	TILLIE		SNLO	188	N	120
MCDANIEL	JAY	A	SNLO	188	N	120
MCDANIEL	MINERVA		SNLO	188	N	120
MCDANIEL	JOHN		SNPL	214	Y	176
MCDANIEL	EMMA		SNPL	214	N	176
MCDANIEL	WILSON		SNPL	214	N	176
MCDANIEL	MILA		SNPL	214	N	176
MCDANIEL	CORA		SNPL	214	N	176
MCDANIEL	CHETTA		SNPL	214	N	176
MCDANIEL	ORTEN		SNPL	214	N	176
MCDANIEL	HENRY		SNRE	228	Y	127
MCDANIEL	MARY	E	SNRE	228	N	127
MCDANIEL	JOHN	H	SNRE	228	Y	127
MCDANIEL	MALON	F	SNRE	228	Y	127
MCDANIEL	LEWIS	D	SNRE	228	N	127
MCDANIEL	WILLIAM		SNRE	228	N	127
MCDANIEL	MARTHA		SNRE	228	N	127
MCDANIEL	MARY	J	SNRE	228	N	127
MCDONAL	ELLEN		SNLO	202	Y	354
MCDONAL	JAMES		SNLO	202	N	354
MCDONEL	REBECCA		SNLI	153	Y	171
MCDONEL	A	T	SNLO	183	Y	41
MCDONEL	ANNIE		SNLO	183	N	41
MCDONEL	FREDDIE		SNLO	183	N	41
MCDONEL	JOHN		SNLO	192	Y	188
MCDONEL	ELLEN		SNLO	192	N	188
MCDONEL	ANNA		SNLO	192	N	188
MCDONEL	JAMES	D	SNLO	192	N	188
MCDONEL	JOHN	W	SNLO	192	N	188
MCDONEL	JAMES		SNLO	194	Y	230
MCDONEL	CAROLINE		SNLO	194	N	230
MCDONEL	CAROLINE	A	SNLO	194	N	230
MCDONEL	BARBARY		SNLO	194	N	230
MCDONEL	JOHN	A	SNLO	194	N	230
MCDONEL	ROBERT	C	SNLO	194	N	230
MCDONEL	LEROY	R	SNLO	195	N	230
MCDONEL	REBECCA		SNLI	153	Y	171
MCDONNEL	HARMAN		SNW1	326	Y	272
MCDONNEL	ALMIRA		SNW1	326	N	272
MCDONNEL	E		SNPL	213	Y	160
MCDONNEL	LYNDA		SNPL	213	N	160
MCDONNEL	CLARA		SNPL	213	N	160
MCDONNEL	J	R	SNPL	213	Y	168
MCDONNEL	TRESSA		SNPL	214	Y	182
MCDONNEL	KATE		SNPL	214	N	182
MCDOUGLE	NANCY		SNLO	175	Y	172
MCELHANY	JOHN		SNCL	84	Y	237
MCELHANY	MARIAH		SNCL	84	N	237
MCELHANY	IDA		SNCL	84	N	237
MCELHANY	JOHN		SNCL	84	N	237

LASTNAME	FIRSTNAME	MI	LOCATION	PAGE	HEAD	HHOLD
MCENTIRE	ARSON		SNAD	16	Y	256
MCENTIRE	ALICE		SNAD	16	N	256
MCEWEN	MARCUS	D.	SNJA	130	Y	53
MCEWEN	SARAH	J.	SNJA	130	N	53
MCEWIN	JAMES		SNED	89	Y	5
MCEWIN	MARY		SNED	89	N	5
MCEWIN	JOHN		SNED	89	Y	5
MCEWIN	WILLIAM		SNED	89	Y	5
MCEWIN	EMMA		SNED	89	N	5
MCFADEN	HENRY		SNAD	7	Y	109
MCFADER	WILLIAM		SNPL	216	Y	204
MCFADER	NANCY		SNPL	216	N	204
MCFADER	ISABELL		SNPL	216	N	204
MCFADER	GEORGE		SNPL	216	N	204
MCFADER	MICHAEL		SNPL	216	N	204
MCFADER	MAHALA		SNPL	216	N	204
MCFADER	JANE		SNPL	216	N	204
MCFARLAND	JOHN		SNW1	348	Y	565
MCFARLAND	WILLIAM		SNW1	348	N	565
MCFARLAND	EMMA		SNW1	348	N	565
MCFARLAND	AGNES		SNW1	348	N	565
MCFARLAND	EDITH		SNW1	348	N	565
MCFARLAND	LOUISA		SNW1	348	N	565
MCGLOME	MARTHA	A	SNRE	224	Y	55
MCGONAGLE	E		SNW2	352	Y	40
MCGONAGLE	JAMES		SNW2	352	N	40
MCGONAGLE	JOSEPHINE		SNW2	352	N	40
MCGONAGLE	MARY		SNW2	352	N	40
MCGOON	ELLEN		SNCL	87	Y	274
MCGUIRE	WALTER		SNED	104	Y	238
MCHENRY	JACKSON		SNAD	5	Y	85
MCHENRY	ANNA		SNAD	5	N	85
MCHENRY	ELLA		SNAD	5	N	85
MCHENRY	CHARLES		SNAD	5	N	85
MCHENRY	CHARLOTTE		SNAD	5	Y	85
MCHENRY	MARY		SNED	91	Y	35
MCHENRY	G	W	SNED	91	N	35
MCHENRY	MARTHA		SNTH	306	Y	357
MCHENRY	AMANDA		SNTH	306	N	357
MCINTIRE	JAMES		SNAD	9	y	139
MCINTIRE	JOHN		SNAD	9	N	139
MCINTIRE	LISSIE		SNAD	9	N	139
MCINTIRE	WEALTHY		SNAD	9	N	139
MCINTIRE	LERAS ?		SNAD	9	N	139
MCINTIRE	GEORGE		SNAD	9	N	139
MCINTIRE	HENRY		SNAD	9	N	139
MCINTIRE	IDA		SNAD	9	N	139
MCINTIRE	QUIMBY ?		SNAD	10	Y	155
MCINTIRE	SOPHRANA		SNAD	10	N	155
MCINTIRE	JAMES		SNAD	10	N	155
MCINTIRE	JOHN		SNAD	11	Y	163
MCINTIRE	ELISABETH		SNAD	11	N	163
MCINTIRE	CHARLES		SNAD	11	N	163
MCINTIRE	CARRIE		SNAD	11	N	163
MCINTIRE	WEST		SNAD	11	N	163
MCINTYRE	ALFRED		SNLI	149	Y	119
MCINTYRE	ALMEDA		SNLI	149	N	119
MCINTYRE	CLARINDA		SNLI	149	N	119
MCINTYRE	ABRAHAM		SNLI	149	Y	120
MCINTYRE	MARY	A	SNLI	149	N	120
MCINTYRE	MAETHA	J	SNLI	149	N	120
MCINTYRE	IRA		SNLI	149	N	120
MCINTYRE	ALFRED		SNLI	149	Y	119
MCINTYRE	ALMEDA		SNLI	149	N	119
MCINTYRE	CLARINDA		SNLI	149	N	119
MCINTYRE	ABRAHAM		SNLI	149	Y	120
MCINTYRE	MARY	A	SNLI	149	N	120
MCINTYRE	MARTHA	J	SNLI	149	N	120
MCINTYRE	IRA		SNLI	149	N	120
MCKEE	SAMUEL		SNLO	172	Y	134
MCKEE	MARY		SNLO	172	N	134
MCKEE	ARANCELIA		SNLO	172	N	134
MCKEE	ELDIN		SNLO	172	N	134
MCKEES	JOHN		SNED	91	Y	32
MCKEES	MARY		SNED	91	N	32
MCKEES	CATHARINE		SNED	91	N	32
MCKEES	JOHN		SNED	91	Y	32

LASTNAME	FIRSTNAME	MI	LOCATION	PAGE	HEAD	HHOLD
MCKEES	JOSEPH		SNED	91	N	32
MCKEES	FRANK		SNED	91	N	32
MCKEES	FANNIE		SNED	91	N	32
MCKEES	MARY	ANN	SNED	91	N	32
MCKEES	LEWIS		SNED	91	N	32
MCKEES	ROSIE		SNED	91	N	32
MCKEES	ANTHONY		SNED	91	Y	32
MCKETRICK	JACKSON		SNAD	7	Y	110
MCKETRICK	MELINDA		SNAD	7	N	110
MCKETRICK	ARCHIBOLD		SNAD	7	N	110
MCKETRICK	JULIA		SNAD	7	N	110
MCKETRICK	BERTHA		SNAD	7	N	110
MCKIBBEN	JAMES	B.	SNVE	386	Y	99
MCKIBBEN	LUCY	A.	SNVE	386	N	99
MCKIBBEN	MARGRET		SNVE	386	N	99
MCKIBBEN	MANGISS		SNVE	386	N	99
MCKIBBEN	JOHN	B.	SNVE	387	N	99
MCKIBBEN	EUGENE	S.	SNVE	387	N	99
MCKIBBEN	ARVILLE	G.	SNVE	387	N	99
MCKIBBEN	HUGH		SNVE	387	Y	110
MCKIBBEN	REBECA	J	SNVE	387	N	110
MCKIBBEN	SARAH	J	SNVE	387	N	110
MCKIBBEN	WILLIAM	L	SNVE	387	N	110
MCKIBBEN	NANCH	M	SNVE	387	N	110
MCKIBBEN	MANDA	A	SNVE	387	N	110
MCKIBBEN	FRANKLIN		SNVE	387	N	110
MCKIBBEN	RACHEAL	M.	SNVE	394	Y	217
MCKILLIP	DANIEL		SNVE	388	Y	127
MCKILLIP	ISABELLA		SNVE	388	N	127
MCKILLIP	ELISABETH		SNVE	388	N	127
MCKILLIP	JAMES		SNVE	388	N	127
MCKILLIP	JOHN		SNVE	389	N	127
MCKILLIP	NANCY		SNVE	389	N	127
MCKILLIP	WILLIAM		SNVE	389	N	127
MCKITRICK	ALEX		SNRE	222	Y	23
MCKITRICK	ELISABETH		SNVE	399	Y	311
MCLAIN	ALONZO		SNAD	18	Y	296
MCLAIN	JOHN		SNTH	305	Y	338
MCLAIN	MARY		SNTH	305	N	338
MCLAIN	LOUISA		SNTH	305	N	338
MCLAIN	JOHN		SNTH	305	N	338
MCLAUGHLIN	JOHN		SNJA	137	Y	167
MCLAUGHLIN	EMMA	J.	SNJA	137	N	167
MCLAUGHLIN	JOHN		SNVE	396	Y	249
MCLAUGHLIN	MARGRET		SNVE	396	N	249
MCLAUGHLIN	REBECCA		SNVE	396	N	249
MCLAUGHLIN	HIRAM		SNVE	396	N	249
MCLAUGHLIN	JAMES	B	SNVE	396	N	249
MCLAVLAIN	AMANDA		SNED	97	Y	118
MCMANAGALE	THOMAS		SNVE	395	Y	227
MCMANAGLE	DAVID		SNVE	399	Y	300
MCMANAGLE	EMMA	J.	SNVE	399	N	300
MCMANAGLE	THOMAS		SNVE	399	N	300
MCMANAGLE	SAMUEL		SNVE	399	N	300
MCMANAGLE	JOHN	C.F.	SNVE	399	N	300
MCMANAGLE	WILBERT		SNVE	399	N	300
MCMANUS	JAMES		SNTH	305	Y	338
MCMEEN	SOPHIA		SNPL	212	Y	150
MCMEEN ?	SOPHIE	R	SNLO	201	Y	349
MCMIN	JANE		SNW2	379	Y	436
MCMONAGLE	ANN		SNW2	368	Y	275
MCMUNAGEN	DAVID		SNVE	385	Y	78
MCMURRIN	WILLIAM		SNW1	334	Y	391
MCMURRIN	CAROLINE		SNW1	334	N	391
MCMURRIN	CORA		SNW1	334	N	391
MCMURRIN	JOSEPH		SNW1	334	N	391
MCMURRIN	EVA		SNW1	334	N	391
MCMURRIN	JOHN		SNW1	334	N	391
MCNANIE	THOMIS		SNSC	246	Y	146
MCNANIE	MARY		SNSC	246	N	146
MCNANIE	JOHN		SNSC	246	N	146
MCNANIE	KATTIE		SNSC	246	N	146
MCNANIE	MARY		SNSC	246	N	146
MCNANIE	DELLA		SNSC	246	N	146
MCNEAL	FOSTER		SNW2	368	Y	270
MCNEAL	SARAH	A	SNW2	368	N	270
MCNEAL	LUCY	M	SNW2	368	N	270

LASTNAME	FIRSTNAME	MI	LOCATION	PAGE	HEAD	HHOLD
MCNITT	JOSEPH		SNTH	287	Y	96
MCNITT	SARAH		SNTH	287	N	96
MCNITT	MAUD		SNTH	287	N	96
MCNITT	JOSEPHINE		SNTH	287	N	96
MCNITT	NATHAN		SNTH	289	Y	129
MCNITT	JENNIE		SNTH	289	N	129
MCPANTHIN	JAMES		SNW2	374	Y	354
MCPANTHIN	CATHARINE		SNW2	374	N	354
MCPANTHIN	ANNA		SNW2	374	N	354
MCPANTHIN	KATE		SNW2	374	N	354
MCPANTHIN	FRANK		SNW2	374	N	354
MCPANTHIN	SARAH		SNW2	374	N	354
MCPHENONS	ORANGE		SNVE	391	Y	174
MCPHENONS	MARGRET		SNVE	391	N	174
MCPHENONS	MARTHA	A	SNVE	391	N	174
MCPHENONS	ALMEDAY		SNVE	391	N	174
MCPHENONS	EVA	M	SNVE	391	N	174
MCPHERSON	STEVEN		SNBI	41	Y	272
MCPHERSON	WILLIAM		SNVE	397	Y	270
MCPHERSON	ALNSEDA		SNVE	397	N	270
MCQUINN	CAROLINE		SNW2	374	Y	364
MCQUINN	JAMES		SNW2	377	Y	400
MCQUINN	MARGARET		SNW2	377	N	400
MCQUINN	JANE		SNW2	377	N	400
MCQUINN	CORDELIA		SNW2	377	N	400
MCQUINN	WILLIAM		SNW2	377	N	400
MCQUINN	CHARLES	H	SNW2	377	N	400
MCQUINN	CORA		SNW2	377	N	400
MEACHEM	POLLY		SNAD	14	Y	216
MEACHEM	EMILY		SNAD	14	N	216
MEACHEM	LUCY		SNAD	14	N	216
MEAD	JOHN		SNHO	114	Y	91
MEAD	ELIZA		SNHO	114	N	91
MEAD	JOHN		SNHO	114	N	91
MEASEL	JACOB		SNSC	241	Y	48
MEASEL	MARY		SNSC	241	N	48
MEASEL	MARY		SNSC	241	N	48
MEASEL	DAVID		SNSC	252	Y	233
MEASEL	CATHERINE		SNSC	252	N	233
MEASEL	LEONARD		SNSC	252	N	233
MEASEL	ALONZO		SNSC	252	N	233
MEASEL	GEORGE		SNSC	252	N	233
MEASEL	FRANKLIN		SNSC	252	N	233
MEASEL	MINNIE		SNSC	252	N	233
MEASEL	CHARLES		SNSC	252	N	233
MEASEL	ARTIE		SNSC	252	N	233
MEASER	HARY		SNSC	238	Y	12
MEDCALF	WALTER		SNRE	233	Y	205
MEDCALF	CATHY		SNRE	233	N	205
MEDCALF	CORA		SNRE	233	N	205
MEDCALF	ESTELLA		SNRE	233	N	205
MEEK	EDWIN	O	SNLO	198	Y	282
MEEK	MARY	A	SNLO	198	N	282
MEEK	FLORA	A	SNLO	198	N	282
MEEK	ELENOR		SNLO	198	N	282
MEEK	SYNTHIA	S	SNLO	198	N	282
MEEK	HANNAH		SNLO	198	N	282
MEEK	HARRIET	E	SNLO	198	N	282
MEEK	GEORGE	H	SNLO	198	N	282
MEEKER	CHARLES		SNED	103	Y	213
MEEKER	RACHEL		SNED	103	N	213
MEEKER	JACOB		SNED	103	Y	213
MEEKER	ANN		SNED	103	N	213
MEEKER	HANNAH		SNED	103	Y	213
MEEKER	THOMAS		SNED	103	N	213
MEEKER	JANE		SNED	103	N	213
MEEKER	CHRISTINA		SNED	103	N	213
MEEKER	CYRUS		SNED	103	Y	213
MEEKER	CHARLES	M	SNED	103	Y	214
MEEKER	JANE		SNED	103	N	214
MEEKER	ARTHUR		SNED	103	N	214
MEER	JAMES		SNAD	6	Y	87
MEER	ELLEN		SNAD	6	N	87
MEER	MAUDE		SNAD	6	N	87
MEER	ALBERT		SNAD	6	N	87
MEFFORD	BENJAMIN		SNAD	2	Y	29
MEFFORD	EMMA		SNAD	2	N	29

LASTNAME	FIRSTNAME	MI	LOCATION	PAGE	HEAD	HHOLD
MEFFORD	WILSON		SNAD	2	N	29
MEFFORD	JOHN		SNAD	2	Y	29
MEHAN	ANDREW		SNW2	370	Y	307
MEHAN	ELLEN		SNW2	370	N	307
MEHAN	ELLEN		SNW2	370	N	307
MEHIL	HENRY		SNW2	357	Y	115
MEHIL	MARGARET		SNW2	357	N	115
MEHIL	LAURA		SNW2	357	N	115
MEIRA	LELOSA		SNTH	288	Y	108
MEISER	ANTHONY		SNTH	291	Y	151
MEISER	JOSEPH		SNTH	303	Y	306
MEISER	LENA		SNTH	303	N	306
MEISER	ALYISOIS		SNTH	303	N	306
MEISER	JACOB		SNTH	303	N	306
MEISER	FRANK		SNTH	303	N	306
MEISER	MARY		SNTH	303	N	306
MEISER	ELIZABETH		SNTH	303	N	306
MEISER	SUSAN		SNTH	303	N	396
MEISER	MARGARET		SNTH	303	N	306
MEISER	JOHN		SNTH	303	N	306
MEISER	MARTIN		SNTH	303	N	306
MEISER?	MARY		SNTH	306	Y	359
MEISNER	LEPOLD		SNSC	247	Y	150
MEISNER	ANNA		SNSC	247	N	150
MEISNER	JACOB		SNSC	247	N	150
MEISNER	JOHN		SNSC	247	N	150
MEISNER	DAN		SNSC	247	N	150
MEISNER	SARAH		SNSC	247	N	150
MEISTILDA?	MXIE?		SNTH	288	Y	108
MEITZLER	BENJ.		SNPL	211	Y	125
MEITZLER	ELIZABETH		SNPL	211	N	125
MEITZLER	CAROLINE		SNPL	211	N	125
MEITZLER	LYDIA		SNPL	211	N	125
MEITZLER	SARAH		SNPL	211	N	125
MELLER	TILYHAM		SNW2	357	Y	113
MELLER	AMANDA		SNW2	357	N	113
MELLER	FLORA	C	SNW2	357	N	113
MELLER	EDWARD		SNW2	357	N	113
MELLER	JENNIE		SNW2	357	N	113
MENG	HENRY		SNW1	321	Y	210
MENG	MARY		SNW1	321	N	210
MENG	MARY		SNW1	321	N	210
MENG	MARTIN		SNTH	303	Y	305
MENG	CATHARINE		SNTH	303	N	305
MENG	ELIZABETH		SNTH	303	N	305
MENG	MARY		SNTH	303	N	305
MENG	JACOB		SNTH	303	N	305
MENG	LEWIS		SNTH	303	N	305
MENG	CHARLES		SNTH	303	N	305
MENG	JOSEPH		SNTH	303	N	305
MENG	MARGARET		SNTH	303	N	305
MENG	LOUISA		SNTH	303	N	305
MENG	LANA?		SNTH	303	N	305
MENG	JACOB		SNTH	303	N	305
MENGES	GEORGE		SNAD	6	Y	96
MENGES	LAURA		SNAD	6	N	96
MENGES	GEORGE		SNAD	6	N	96
MENGES	ALICE		SNAD	6	N	96
MENGES	MARY		SNAD	6	N	96
MENGES	HENRY		SNAD	6	N	96
MENGES	JOHN		SNAD	6	N	96
MENGES	EARNEST		SNAD	6	N	96
MERCER	AMANDA		SNW1	338	Y	441
MERCHANT	JOHN	E	SNLI	150	Y	130
MERCHANT	CATHERINA		SNLI	150	N	130
MERCHANT	JOHN	F	SNLI	150	N	130
MERCHANT	ELIZABETH		SNLI	150	N	130
MERCHANT	BENJAMIN		SNLI	159	Y	277
MERCHANT	MARY	A	SNLI	159	N	277
MERCHANT	SARAH	A	SNLI	159	N	277
MERCHANT	LEWIS		SNLI	159	N	277
MERCHANT	MARGARET		SNLI	159	N	277
MERCHANT	MARTHA	B	SNLI	159	N	277
MERCHANT	JOHN		SNLI	159	Y	280
MERCHANT	RACHAEL		SNLI	159	N	280
MERCHANT	MELISSA		SNLI	159	Y	290
MERCHANT	JACKSON		SNED	91	Y	35

LASTNAME	FIRSTNAME	MI	LOCATION	PAGE	HEAD	HHOLD
MERCHANT	JOHN	E	SNLI	150	Y	130
MERCHANT	CATHERINA		SNLI	150	N	130
MERCHANT	JOHN	F	SNLI	150	N	130
MERCHANT	ELIZABETH		SNLI	150	N	130
MERCHANT	BENJAMIN		SNLI	159	Y	277
MERCHANT	MARY	A	SNLI	159	N	277
MERCHANT	SARAH	A	SNLI	159	N	277
MERCHANT	LEWIS		SNLI	159	N	277
MERCHANT	MARGARET		SNLI	159	N	277
MERCHANT	MARTHA	B	SNLI	159	N	277
MERCHANT	JOHN		SNLI	159	Y	280
MERCHANT	RACHAEL		SNLI	159	N	280
MERCHANT	MELISSA		SNLI	159	Y	290
MERGENTHALER	WILLIAM		SNLO	182	Y	22
MERKELBAUCH	JOHN		SNW1	322	Y	228
MERKELBAUCH	CATHARINE		SNW1	322	N	228
MERKELBAUCH	LOUISA		SNW1	322	N	228
MERKELBAUCH	ANNA		SNW1	322	N	228
MERKELBAUCH	WILLMINA		SNW1	322	N	228
MERKELBAUCH	EMMA		SNW1	322	N	228
MERKELBAUCH	EVA		SNW1	322	N	228
MERKELBAUCH	MARY		SNW1	322	N	228
MERKELBAUCH	JOHN		SNW1	322	N	228
MERKELBAUCH	LIZZIE		SNW1	322	N	228
MERLOCK	FREDRICK		SNW2	354	Y	75
MERLOCK	ELIZABETH		SNW2	354	N	75
MERLOCK	LOUIS		SNW2	354	N	75
MERLOCK	CHARLES		SNW2	354	N	75
MERLOCK	CALWELL		SNW2	354	N	75
MERRYMAN	P	J	SNBI	23	Y	32
MERRYMAN	ELIZ		SNBI	23	N	32
MERRYMAN	JOHN		SNBI	23	N	32
MERSCH	FREDERICK		SNCL	87	Y	273
MESSA	CATHERINE		SNW1	329	Y	313
MESSER	LAWRENCE		SNCL	74	Y	77
MESSER	SARAH		SNCL	74	N	77
MESSER	WILLIAM		SNCL	74	N	77
MESSER	JAMES		SNCL	74	N	77
MESSER	M		SNCL	74	N	77
MESSER	JOSEPH		SNAD	7	Y	106
MESSER	JANE		SNAD	7	N	106
MESSER	ALICE		SNAD	7	N	106
MESSER	JOHN		SNAD	7	N	106
MESSER	MARIA		SNAD	7	N	106
MESSER	ELI		SNAD	7	N	106
MESSER	JEREMIAH		SNAD	8	Y	116
MESSER	EPHRIUM		SNW1	308	Y	5
MESSER	AMANDA		SNW1	308	N	5
MESSER	EMMA		SNW1	308	N	5
MESSER	FRANK		SNW1	308	N	5
METCALF	GEORGE		SNRE	226	Y	85
METCALF	HARRIET		SNRE	226	N	85
METCALF	GEORGE		SNVE	401	Y	344
METCALF	MARIA		SNVE	401	N	344
METCALF	SAMUEL		SNVE	401	N	344
METSGAR	HENRY		SNAD	4	Y	67
METSGAR	LISSIE ?		SNAD	4	N	67
METSGAR	DANIEL		SNAD	4	N	67
METSGAR	MARSHAL		SNAD	4	N	67
METSGAR	HENRY		SNAD	12	Y	194
METSGAR	REBECCA		SNAD	12	N	194
METSGAR	IDA		SNAD	12	N	194
METSGAR	JAMES		SNAD	12	N	194
METSGAR	ADALAIDE		SNAD	12	Y	194
METZ	MARY		SNCL	78	Y	149
METZ	HETTY		SNW1	329	Y	315
METZ	EMMA		SNW1	329	N	315
METZ	LAURA		SNW1	329	N	315
METZ	HARRIS		SNW1	329	N	315
METZGER	SAMUEL		SNAD	18	Y	302
METZGER	REBECCA		SNAD	18	N	302
METZGER	LOVINA		SNAD	18	N	302
METZGER	JOHN		SNAD	18	Y	303
METZGER	SARAH		SNAD	18	N	303
METZGER	ALWILDA		SNAD	18	N	303
METZGER	DANIEL		SNAD	18	Y	305
METZGER	CATHARINE		SNAD	18	N	305

LASTNAME	FIRSTNAME	MI	LOCATION	PAGE	HEAD	HHOLD
METZGER	JACOB		SNAD	18	N	305
METZGER	MARY		SNAD	18	N	305
MEYER	JOHN		SNTH	305	Y	328
MEYER	CATHARINE		SNTH	305	N	328
MEYER	JOHN		SNTH	305	N	328
MEYER	CAROLINE		SNTH	305	N	328
MEYER	HENRY		SNRE	236	Y	249
MEYER	CARITY		SNRE	236	N	249
MEYER	BARBRA		SNRE	236	N	249
MEYER	JOSEPH		SNRE	236	N	249
MEYER	IGNATIUS		SNRE	236	N	249
MEYER	ELI		SNRE	236	N	249
MEYER	JACOB		SNRE	236	N	249
MEYER	MARY		SNRE	236	N	249
MEYERS	JOHN		SNBL	61	Y	203
MEYERS	MARY	J	SNBL	61	N	203
MEYERS	MILTON		SNBL	61	N	203
MEYERS	JONATHON		SNVE	384	Y	70
MEYERS	LUCY	A.	SNVE	384	N	70
MEYERS	JOSIAH		SNVE	384	N	70
MEYERS	JOSHUA		SNVE	384	N	70
MEYERS	MARY		SNVE	390	Y	158
MEYERS	FANNY	A	SNVE	390	N	158
MEYERS	CHRISTIAN		SNVE	390	N	158
MEYERS	EDWARD	H	SNVE	390	N	158
MEYERS	JOHN	F	SNVE	390	N	158
MICHAEL	RITCHARD		SNLI	143	Y	14
MICHAEL	CLARK		SNLI	146	Y	61
MICHAEL	ELMIRA		SNLI	146	N	61
MICHAEL	IDA		SNLI	146	N	61
MICHAEL	MARY		SNLI	146	N	61
MICHAEL	JOHN		SNLI	146	N	61
MICHAEL	ISAAC		SNLI	146	Y	62
MICHAEL	MARGARET		SNLI	146	N	62
MICHAEL	ARMENIA		SNLI	146	N	62
MICHAEL	RITCHARD		SNLI	143	Y	14
MICHAEL	CLARK		SNLI	146	Y	61
MICHAEL	ELMIRA		SNLI	146	N	61
MICHAEL	IDA		SNLI	146	N	61
MICHAEL	MARY		SNLI	146	N	61
MICHAEL	JOHN		SNLI	146	N	61
MICHAEL	ISAAC		SNLI	146	Y	62
MICHAEL	MARGARET		SNLI	146	N	62
MICHAEL	ARMENIA		SNLI	146	N	62
MICHAELS	JOHN		SNCL	70	Y	26
MICHAELS	ELIZA		SNCL	70	N	26
MICHAELS	ELIZA		SNCL	70	N	26
MICHAELS	LEROY		SNLI	144	Y	26
MICHAELS	MARY		SNLI	144	N	26
MICHAELS	ALICE	B	SNLI	144	N	26
MICHAELS	CORTLAND		SNLI	144	N	26
MICHAELS	GEORGE	F	SNLI	144	Y	32
MICHAELS	MARGARET		SNLI	144	N	32
MICHAELS	EVA	A	SNLI	144	N	32
MICHAELS	FLORA	J	SNLI	144	N	32
MICHAELS	ORA	A	SNLI	144	N	32
MICHAELS	WILLIE	E	SNLI	144	N	32
MICHAELS	LEROY		SNLI	144	Y	40
MICHAELS	ELI		SNED	94	Y	83
MICHAELS	SARAH		SNED	95	N	83
MICHAELS	MARIAN		SNED	95	N	83
MICHAELS	MARY	ANN	SNED	95	N	83
MICHAELS	LEROY		SNLI	144	Y	26
MICHAELS	MARY		SNLI	144	N	26
MICHAELS	ALICE	B	SNLI	144	N	26
MICHAELS	CORTLAND		SNLI	144	N	26
MICHAELS	GEORGE	F	SNLI	144	Y	32
MICHAELS	MARGARET		SNLI	144	N	32
MICHAELS	EVA	A	SNLI	144	N	32
MICHAELS	FLORA	J	SNLI	144	N	32
MICHAELS	ORA	A	SNLI	144	N	32
MICHAELS	WILLIE	E	SNLI	144	N	32
MICHAELS	LEROY		SNLI	144	Y	40
MICHEN	ELLEN		SNW1	341	Y	478
MICHENER	VALENTINE		SNRE	225	Y	78
MICHENER	WILLIAM		SNVE	382	Y	38
MICHENER	CAROLINE		SNVE	382	N	38

LASTNAME	FIRSTNAME	MI	LOCATION	PAGE	HEAD	HHOLD
MICHENER	JOHN	W	SNVE	382	N	38
MICHENER	WILLIAM	A	SNVE	382	N	38
MICHENER	FRANKLIN		SNVE	382	N	38
MICHENER	SARAH	E	SNVE	382	N	38
MICHENER	HARVEY	S	SNVE	382	N	38
MICHENER	MARY	B	SNVE	382	N	38
MICHENER	SARAH		SNVE	388	Y	123
MICHENER	ADAM	D	SNVE	388	N	123
MICHENER	JAMES	M	SNVE	388	N	123
MICHENER	EDWIN		SNVE	389	Y	135
MICHENER	CALVIN		SNVE	389	N	135
MICHENER	ISAIAH		SNVE	389	N	135
MICHENER	HANAH		SNVE	389	N	135
MICHENER	BENJAMIN		SNVE	389	N	135
MICHENER	WILLIAM		SNVE	389	N	135
MICK	HAMILTON		SNJA	137	Y	176
MICK	ELIZA		SNJA	137	N	176
MICK	MELVIN	D.	SNJA	137	N	176
MICK	LUTHER	C.	SNJA	137	N	176
MICK	SIDNEY	L.	SNJA	137	N	176
MICK	CASSIUS	M.	SNJA	137	N	176
MICK	SARAH		SNJA	137	N	176
MICK	HARRIET		SNJA	137	N	176
MICK	SUSANAH		SNTH	284	Y	33
MICKEY	JAS	L	SNLO	191	Y	169
MICKEY	MARY		SNLO	191	N	169
MICKEY	HARRY	E	SNLO	191	N	169
MICKEY	CLAUDE	W	SNLO	191	N	169
MICKEY	WALTER	N	SNLO	191	N	169
MICKEY	CHARLES		SNLO	191	N	169
MICKEY	PARLEY	E	SNLO	201	Y	344
MICKEY	FLORA	E	SNLO	201	N	344
MICKLEY	CHARLES	A	SNBL	52	Y	55
MICKLEY	LUTHENY		SNBL	52	N	55
MICKLEY	CHARLES	G	SNBL	52	N	55
MICKLEY	HANNAH		SNBL	64	Y	243
MICKY	ISAAC	N	SNLO	199	Y	297
MICKY	HARRIET		SNLO	199	N	297
MICKY	CLARA		SNLO	199	N	297
MICKY	LORNA		SNLO	199	N	297
MICKY	JAMES		SNLO	199	N	297
MICKY	BERTHA		SNLO	199	N	297
MICKY	MATA		SNLO	199	N	297
MILCROFT	PETER		SNTH	293	Y	179
MILEY	HENRY		SNSC	251	Y	211
MILEY	LAURA		SNSC	251	N	211
MILEY	ALICE		SNSC	251	N	211
MILEY	JENNIE		SNSC	251	N	211
MILL	JOSEPH		SNBL	60	Y	189
MILL	SAVILLA		SNBL	60	N	189
MILL	JOHN		SNBL	60	N	189
MILL	SAMUEL		SNBL	60	N	189
MILLER	SYLVESTER		SNCL	69	Y	7
MILLER	AUGUSTA		SNCL	69	N	7
MILLER	AARON		SNCL	76	Y	104
MILLER	MARY		SNCL	76	N	104
MILLER	HARRIET		SNCL	76	N	104
MILLER	FLORANCE		SNCL	76	N	104
MILLER	DANIEL		SNCL	77	Y	133
MILLER	MARY	A.	SNCL	77	N	133
MILLER	MARY		SNCL	77	N	133
MILLER	WILLIAM		SNCL	77	N	133
MILLER	JULIETT		SNCL	77	N	133
MILLER	DANIEL	W.	SNCL	78	Y	141
MILLER	SARAH		SNCL	78	N	141
MILLER	ANGELINE		SNCL	78	N	141
MILLER	MARTIN		SNCL	78	N	141
MILLER	HENRY		SNCL	81	Y	194
MILLER	REBECCA		SNCL	81	N	194
MILLER	WILLIAM		SNCL	81	N	194
MILLER	RICHARD		SNCL	82	Y	202
MILLER	LYDIA		SNCL	82	N	202
MILLER	FRANK		SNCL	82	N	202
MILLER	PETER		SNCL	82	Y	204
MILLER	LAVINA		SNCL	82	N	204
MILLER	FRANK		SNCL	82	N	204
MILLER	ARLANDO		SNCL	82	N	204

LASTNAME	FIRSTNAME	MI	LOCATION	PAGE	HEAD	HHOLD
MILLER	WEBSTER		SNCL	82	N	204
MILLER	ALLICE		SNCL	82	N	204
MILLER	MANNA		SNCL	82	N	204
MILLER	ANNA		SNCL	82	N	204
MILLER	JOHN	M.	SNCL	86	Y	256
MILLER	LEAH		SNCL	86	N	256
MILLER	FRANCIS		SNCL	86	N	256
MILLER	CORA		SNCL	86	N	256
MILLER	WILLIAM		SNCL	87	Y	272
MILLER	ANN		SNCL	87	N	272
MILLER	ALLOISE		SNCL	87	N	272
MILLER	ROSA		SNCL	87	N	272
MILLER	JOSEPH		SNBI	40	Y	270
MILLER	MARY		SNLI	158	Y	272
MILLER	ALBERT	J	SNLI	159	N	272
MILLER	ALFRED	H	SNLI	159	N	272
MILLER	ADELIA		SNLI	159	N	272
MILLER	REBECCA		SNBI	41	Y	275
MILLER	JOHN	H.	SNJA	128	Y	30
MILLER	MARY		SNJA	28	N	30
MILLER	ISAAC		SNJA	128	Y	33
MILLER	SUSAN		SNJA	128	N	33
MILLER	CIRENA		SNJA	128	N	33
MILLER	ROBERT	C.	SNJA	128	N	33
MILLER	AMANDA	C.	SNJA	128	N	33
MILLER	CAMADON		SNJA	130	Y	62
MILLER	ANNA		SNJA	130	N	62
MILLER	CHARLES		SNJA	130	N	62
MILLER	NELSON		SNJA	130	N	62
MILLER	THOMAS	P.	SNJA	130	N	62
MILLER	JAMES		SNJA	130	N	62
MILLER	MINNIE	M	SNJA	130	N	62
MILLER	EDGAR (?)		SNJA	134	Y	127
MILLER	ANN		SNJA	134	N	127
MILLER	JOHN		SNAD	7	Y	105
MILLER	CATHERINE		SNAD	7	N	105
MILLER	BERTHA		SNAD	7	N	105
MILLER	MARY		SNAD	7	N	105
MILLER	JAMES		SNAD	7	N	105
MILLER	SIMON		SNAD	7	N	105
MILLER	BERTHA ?		SNAD	7	N	105
MILLER	EARNEST		SNAD	7	Y	106
MILLER	MARY		SNAD	19	Y	308
MILLER	LEONARD		SNAD	20	Y	328
MILLER	MARY		SNAD	20	N	328
MILLER	WESLEY		SNAD	20	N	328
MILLER	FRANIE		SNAD	20	N	328
MILLER	JACOB		SNAD	20	N	328
MILLER	CLARINDA		SNAD	20	N	328
MILLER	JENNIE		SNAD	20	N	328
MILLER	LEBOLT		SNLO	175	Y	169
MILLER	HENRY		SNLO	178	Y	217
MILLER	MARY		SNLO	178	N	217
MILLER	PHILLIP		SNLO	178	N	217
MILLER	VICTORIA		SNLO	178	N	217
MILLER	GEORGE		SNLO	178	N	217
MILLER	ANNA		SNLO	178	N	217
MILLER	MARTHA		SNLO	178	N	217
MILLER	SIMON		SNLO	179	Y	231
MILLER	HANNAH		SNLO	179	N	231
MILLER	WESLEY	W	SNLO	179	N	231
MILLER	MARY	L	SNLO	179	N	231
MILLER	SIMON	J	SNLO	179	N	231
MILLER	O	B	SNLO	181	Y	11
MILLER	SARAH		SNLO	181	N	11
MILLER	FREDERICH		SNLO	181	Y	16
MILLER	JAMES		SNLO	183	Y	32
MILLER	MARY		SNLO	185	Y	77
MILLER	SYLVESTER		SNLO	186	Y	85
MILLER	AMELIA	B	SNLO	186	N	85
MILLER	ORSON	A	SNLO	186	N	85
MILLER	RAY	B	SNLO	186	N	85
MILLER	HENRY		SNLO	195	Y	236
MILLER	ELIZABETH		SNLO	195	N	236
MILLER	HENRY		SNLO	195	N	236
MILLER	MARY	A	SNLO	195	N	236
MILLER	MARGARET	H	SNLO	195	N	236

LASTNAME	FIRSTNAME	MI	LOCATION	PAGE	HEAD	HHOLD
MILLER	WILLIAM	E	SNLO	195	N	236
MILLER	SARAH		SNLO	197	Y	274
MILLER	EPHRIAM		SNLO	197	Y	275
MILLER	MARTHA		SNLO	197	N	275
MILLER	MARY	E	SNLO	197	N	275
MILLER	CYNTHIA	A	SNLO	197	N	275
MILLER	ELLEN	J	SNLO	197	N	275
MILLER	ESTHER		SNLO	197	N	275
MILLER	FRANK	P	SNLO	197	N	275
MILLER	CURTIS	S	SNLO	197	N	275
MILLER	GRACE		SNLO	197	N	275
MILLER	PETER		SNW1	308	Y	11
MILLER	HELLEN		SNW1	308	N	11
MILLER	JOSEPH		SNW1	308	N	11
MILLER	KATE		SNW1	308	N	11
MILLER	MARY		SNW1	308	N	11
MILLER	HELLEN		SNW1	308	N	11
MILLER	JOHN		SNW1	308	Y	13
MILLER	ELIZABETH		SNW1	308	N	13
MILLER	WILLIAM		SNW1	308	N	13
MILLER	JOHN		SNW1	308	N	13
MILLER	TILLA		SNW1	308	N	13
MILLER	CAROLINE		SNW1	308	N	13
MILLER	HENRY		SNW1	308	N	13
MILLER	GEORGE		SNW1	313	Y	92
MILLER	ELIZABETH		SNW1	313	N	92
MILLER	MATILDA		SNW1	313	N	92
MILLER	JOSEPH		SNW1	318	Y	158
MILLER	ROSA		SNW1	318	N	158
MILLER	FRANK		SNW1	318	N	158
MILLER	GEORGE		SNW1	321	Y	206
MILLER	EVA		SNW1	321	N	206
MILLER	MARY		SNW1	323	Y	237
MILLER	MICHAEL		SNW1	325	Y	264
MILLER	MARY		SNW1	325	N	264
MILLER	MICHAEL		SNW1	325	N	264
MILLER	JOSEPH		SNW1	325	N	264
MILLER	FRANCES		SNW1	325	N	264
MILLER	EDWARD		SNW1	325	N	264
MILLER	FLORA		SNW1	325	N	264
MILLER	CHRIST		SNW1	335	Y	407
MILLER	MARGARET		SNW1	335	N	407
MILLER	CATHARINE		SNW1	335	N	407
MILLER	ANNA		SNW1	335	N	407
MILLER	JOSEPH		SNW1	335	N	407
MILLER	CHRISTIAN		SNW1	335	N	407
MILLER	FRANK		SNW1	335	N	407
MILLER	HENRY		SNW1	335	N	407
MILLER	LOUIS		SNW1	335	N	407
MILLER	HERMAN		SNW1	335	N	407
MILLER	ODO		SNW1	335	N	407
MILLER	FRANCES		SNW1	335	N	407
MILLER	AMEAL		SNW1	335	N	407
MILLER	MICHAEL		SNW1	335	N	407
MILLER	ECHERT		SNW1	336	Y	416
MILLER	LEWIS		SNW1	336	Y	420
MILLER	MARY		SNW1	336	N	420
MILLER	LEWIS		SNW1	336	N	420
MILLER	WILLIAM		SNW1	336	N	420
MILLER	JOSEPH		SNW1	336	N	420
MILLER	TILLIA		SNW1	336	N	420
MILLER	DANIEL		SNW1	336	N	420
MILLER	ANNA		SNW1	336	N	420
MILLER	KATE		SNW1	336	N	420
MILLER	EDWARD		SNW1	336	N	420
MILLER	ECHARD		SNW1	337	Y	424
MILLER	ANDONIA		SNW1	337	N	424
MILLER	MARY		SNW1	337	N	424
MILLER	ANNA		SNW1	337	N	424
MILLER	JOHN		SNW1	337	N	424
MILLER	MARGARET		SNW1	338	Y	444
MILLER	DANIEL		SNW1	338	N	444
MILLER	VALENTINE		SNW1	345	Y	538
MILLER	MARGARET		SNW2	350	Y	4
MILLER	JOHN		SNW2	353	Y	52
MILLER	MARY		SNW2	353	N	52
MILLER	PETER		SNW2	359	Y	143

LASTNAME	FIRSTNAME	MI	LOCATION	PAGE	HEAD	HHOLD
MILLER	ANNA		SNW2	359	N	143
MILLER	FRED		SNW2	359	N	143
MILLER	JOHN		SNW2	359	N	143
MILLER	PETER		SNW2	359	N	143
MILLER	ANNA		SNW2	359	N	143
MILLER	FRANK		SNW2	359	N	143
MILLER	CATHARINE		SNW2	359	N	143
MILLER	JOSEPH		SNW2	361	Y	172
MILLER	BRIDGET		SNW2	361	N	172
MILLER	JOSEPH		SNW2	361	N	172
MILLER	MARY		SNW2	361	N	172
MILLER	ELLA		SNW2	361	N	172
MILLER	AGNES		SNW2	361	N	172
MILLER	BARNEY		SNW2	364	Y	204
MILLER	SUSAN		SNW2	364	N	204
MILLER	AUGUSTUS		SNW2	365	Y	228
MILLER	LIZZIE		SNW2	365	N	228
MILLER	S	L	SNW2	375	Y	371
MILLER	ANNA		SNW2	375	N	371
MILLER	WILLIAM		SNW2	375	N	371
MILLER	IDA		SNW2	375	N	371
MILLER	RAPER		SNW2	375	N	371
MILLER	NEWTON		SNW2	375	N	371
MILLER	FRANK		SNW2	375	N	371
MILLER	ELLEN		SNW2	375	N	371
MILLER	JOHN		SNW2	375	Y	374
MILLER	MARGARET		SNW2	375	N	374
MILLER	CLARA		SNW2	375	N	374
MILLER	HENRY		SNW2	375	N	374
MILLER	PAUL		SNW2	378	Y	426
MILLER	MARY	E	SNW2	378	N	426
MILLER	JOHN		SNW2	378	N	426
MILLER	ELIZABETH		SNW2	378	N	426
MILLER	MARY		SNW2	379	N	426
MILLER	JACOB		SNED	91	Y	35
MILLER	MILTON		SNED	100	Y	160
MILLER	AMELIA		SNED	101	Y	185
MILLER	GEORGE		SNPL	204	Y	22
MILLER	MARIA		SNPL	204	N	22
MILLER	EMMA		SNPL	204	N	22
MILLER	MINNIE		SNPL	204	N	22
MILLER	MORAL		SNPL	206	Y	53
MILLER	A	J	SNPL	217	Y	226
MILLER	MARGERY		SNPL	217	N	226
MILLER	EVEN		SNPL	217	N	226
MILLER	HARRIET		SNPL	217	N	226
MILLER	JANNETTA		SNPL	217	N	226
MILLER	ANNA		SNPL	217	N	226
MILLER	JOHN		SNPL	218	Y	228
MILLER	LOUISA		SNPL	218	N	228
MILLER	WILLIAM		SNPL	218	N	228
MILLER	MINNIE		SNPL	218	N	228
MILLER	HENRY		SNSC	240	Y	32
MILLER	CAROLINE		SNSC	240	N	32
MILLER	EMANUEL		SNSC	240	N	32
MILLER	WA?		SNSC	240	N	32
MILLER	CLARA		SNSC	240	N	32
MILLER	SIDNEY		SNSC	240	N	32
MILLER	GIDEON		SNSC	240	N	32
MILLER	ALTEN		SNSC	240	N	32
MILLER	JOHN		SNSC	245	Y	128
MILLER	MARGARET		SNSC	245	N	128
MILLER	ELMIRA		SNSC	245	N	128
MILLER	LEWIS		SNSC	245	N	128
MILLER	NATHAN		SNSC	245	N	128
MILLER	CHARLES		SNSC	245	N	128
MILLER	MARY		SNSC	245	N	128
MILLER	MAGDELINA		SNSC	245	N	128
MILLER	JESSIE		SNSC	247	Y	158
MILLER	MARRY		SNSC	247	N	158
MILLER	RUPELL		SNSC	247	N	158
MILLER	JOHN		SNSC	247	N	158
MILLER	SUSAN		SNSC	251	Y	222
MILLER	PHILLIP		SNTH	285	Y	56
MILLER	BETSEY		SNTH	285	N	56
MILLER	JAMES		SNTH	285	N	56
MILLER	JOHN		SNTH	285	N	56

LASTNAME	FIRSTNAME	MI	LOCATION	PAGE	HEAD	HHOLD
MILLER	CHARLES		SNTH	285	Y	57
MILLER	ELIZABETH		SNTH	285	N	57
MILLER	MARY		SNTH	285	N	57
MILLER	MILHEIM		SNTH	294	Y	208
MILLER	ELIZABETH		SNTH	294	N	208
MILLER	FRANIE?		SNTH	294	N	208
MILLER	ALEIA?		SNTH	294	N	208
MILLER	ROSINA		SNTH	294	N	208
MILLER	MARY		SNTH	294	N	208
MILLER	HENRY		SNTH	294	N	208
MILLER	SOPHIA		SNTH	294	N	208
MILLER	GEORGE		SNTH	297	Y	230
MILLER	SARAH		SNTH	297	N	230
MILLER	ELI		SNTH	297	N	230
MILLER	SARAH		SNTH	297	N	230
MILLER	FRANKLIN		SNTH	297	N	230
MILLER	CAROLINE		SNTH	297	N	230
MILLER	KATIE		SNTH	297	N	230
MILLER	WILLIAM		SNTH	297	N	230
MILLER	JOHN		SNTH	299	Y	257
MILLER	SHERCK		SNTH	299	Y	264
MILLER	MARY		SNTH	299	Y	264
MILLER	JOHN		SNTH	301	Y	282
MILLER	LANA		SNTH	301	N	282
MILLER	LIZIE		SNTH	301	N	282
MILLER	ERNEST		SNTH	301	N	282
MILLER	ESHORT		SNTH	301	N	282
MILLER	JACOB		SNTH	301	N	282
MILLER	SIMON		SNTH	301	N	282
MILLER	MARGARET		SNTH	301	N	282
MILLER	CAROLINE		SNTH	301	N	282
MILLER	MARY		SNTH	301	N	282
MILLER	MICHAEL		SNTH	301	N	282
MILLER	MARIA		SNTH	301	N	282
MILLER	PHILLIP		SNTH	307	Y	360
MILLER	MARGARET		SNTH	307	N	360
MILLER	JOSEPH		SNTH	307	N	360
MILLER	HENRY		SNHO	111	Y	41
MILLER	ELIZ		SNHO	111	N	41
MILLER	FLORA		SNHO	111	N	41
MILLER	CLARENCE		SNHO	111	N	41
MILLER	CLINTON		SNHO	111	N	41
MILLER	HARY		SNHO	111	N	41
MILLER	MICHAEL		SNHO	113	Y	69
MILLER	JULIA		SNHO	113	N	69
MILLER	JOHN		SNHO	113	Y	78
MILLER	SUSAN		SNHO	113	N	78
MILLER	FREDERICK		SNHO	113	N	78
MILLER	MARY		SNHO	113	N	78
MILLER	ADAM		SNHO	114	Y	83
MILLER	MARGARET		SNHO	114	N	83
MILLER	ELMER		SNHO	114	N	83
MILLER	MARY		SNHO	114	N	83
MILLER	BERTHA		SNHO	114	N	83
MILLER	HATTIE		SNHO	114	N	83
MILLER	JAMES		SNHO	114	N	83
MILLER	ADAM		SNHO	114	N	83
MILLER	JESSIE		SNHO	114	N	83
MILLER	LEWIS		SNHO	121	Y	211
MILLER	CHRIS		SNHO	121	N	211
MILLER	CHARLES		SNHO	121	N	211
MILLER	LETTIE		SNHO	121	Y	214
MILLER	IDA		SNHO	121	N	214
MILLER	MARY		SNHO	121	N	214
MILLER	EMMA		SNHO	121	N	214
MILLER	WILLIAM		SNHO	121	N	214
MILLER	JOSEPH		SNHO	122	Y	225
MILLER	MARY		SNHO	122	N	225
MILLER	JOSEPH		SNHP	122	N	225
MILLER	JANE		SNHO	122	N	225
MILLER	JOSEPH		SNBL	50	Y	28
MILLER	ELISABETH		SNBL	50	N	28
MILLER	ANN		SNBL	50	N	28
MILLER	WILLIAM		SNBL	50	N	28
MILLER	GEORGE		SNBL	50	Y	29
MILLER	CATHERINE		SNBL	50	N	29
MILLER	LOUISA		SNBL	50	N	29

LASTNAME	FIRSTNAME	MI	LOCATION	PAGE	HEAD	HHOLD
MILLER	HENRY		SNBL	50	N	29
MILLER	JOHN		SNBL	51	Y	50
MILLER	JACOB		SNBL	59	Y	172
MILLER	HENRY		SNBL	66	Y	279
MILLER	MARY	J	SNBL	66	N	279
MILLER	MARY	E	SNBL	66	N	279
MILLER	WILLIAM	H	SNBL	66	N	279
MILLER	MARY		SNLI	158	Y	272
MILLER	ALBERT	J	SNLI	159	N	272
MILLER	ALFRED	H	SNLI	159	N	272
MILLER	ADELIA		SNLI	159	N	272
MILLER	SARAH		SNRE	221	Y	12
MILLER	HENRY		SNRE	222	Y	27
MILLER	DANIEL		SNRE	223	Y	39
MILLER	HOPIE ?		SNRE	223	N	39
MILLER	CHARLES	E	SNRE	223	N	39
MILLER	SAMUEL		SNRE	223	Y	52
MILLER	M	E	SNRE	223	N	52
MILLER	ROSA		SNRE	223	N	52
MILLER	FREMONT		SNRE	223	N	52
MILLER	CHARLES	S	SNRE	224	N	52
MILLER	JOSEPH,JR.		SNRE	224	Y	63
MILLER	SOPHIA		SNRE	224	N	63
MILLER	MARY		SNRE	224	N	63
MILLER	CATHARINE		SNRE	224	N	63
MILLER	JOSEPH		SNRE	235	Y	231
MILLER	CATHARINE		SNRE	235	N	231
MILLER	JOHN		SNRE	235	Y	231
MILLER	ELISABETH		SNRE	235	N	231
MILLER	COLEMAN		SNVE	380	Y	4
MILLER	SOPHIA	J	SNVE	380	N	4
MILLER	JOHN	M	SNVE	380	Y	5
MILLER	MARY	C	SNVE	380	N	5
MILLER	MARY		SNVE	389	Y	135
MILLER	MARGRET		SNVE	393	Y	202
MILLER	WILLIAM	H.	SNVE	393	N	202
MILLER	CHRISTOPHER		SNVE	396	Y	248
MILLER	REGINA		SNVE	396	N	248
MILLER	CHRISTOPHER		SNVE	396	N	248
MILLER	CASPER		SNVE	396	N	248
MILLER	BARBARY		SNVE	396	N	248
MILLER	MARGRET		SNVE	396	N	248
MILLER	RUSSEL		SNVE	398	Y	288
MILLER	SARAH		SNVE	398	N	288
MILLER	WILLIAM	N	SNVE	402	Y	351
MILLER	VILISETTE		SNVE	402	N	351
MILLER	ALBERT	A	SNVE	402	N	351
MILLER	LUCINDA	J	SNVE	402	N	351
MILLER	DAISY		SNVE	402	N	351
MILLER	PETER		SNSN	266	Y	127
MILLER	CATHERINE		SNSN	266	N	127
MILLER	ELIZABETH		SNSN	266	N	127
MILLER	ADAM		SNSN	266	N	127
MILLER	BARBARA		SNSN	266	N	127
MILLER	CHRISTIAN		SNSN	267	N	127
MILLER	PETER		SNSN	267	N	127
MILLER	ANDREW		SNSN	267	N	127
MILLER	CATHERINE		SNSN	267	N	127
MILLER	WILLIAM		SNSN	267	N	127
MILLER	MARY		SNSN	267	N	127
MILLER	HENRY		SNSN	267	N	127
MILLER	ROBERT		SNLO	197	N	275
MILLER	LUCY		SNLO	197	N	275
MILLEY	JOHN		SNED	94	Y	71
MILLHEIM	JACOB		SNW2	372	Y	338
MILLHEIM	MARY		SNW2	372	N	338
MILLHEIM	JAMES		SNW2	372	N	338
MILLHIME	JOHN		SNJA	132	Y	87
MILLHIME	SARAH		SNJA	132	N	87
MILLHIME	LAURA		SNJA	132	N	87
MILLHIME	LUCETTA		SNJA	132	N	87
MILLHIME	MARY		SNJA	132	N	87
MILLHIME	IDA		SNJA	132	N	87
MILLHOUSE	CYRUS		SNW1	348	Y	560
MILLROY	OLIVER		SNED	105	Y	256
MILLROY	MARY		SNED	105	N	256
MILLROY	HOWARD		SNED	105	N	256

LASTNAME	FIRSTNAME	MI	LOCATION	PAGE	HEAD	HHOLD
MILLROY	MARTIN		SNED	105	N	256
MILLROY	SARAH		SNED	106	Y	271
MILLROY	JOHN		SNED	106	Y	271
MILLROY	HENRY		SNED	106	Y	271
MILLROY	MINERVA		SNED	106	N	271
MILLROY	RODNEY		SNED	106	N	271
MILLROY	DECI		SNED	106	N	271
MILLS	MARY		SNLI	157	Y	242
MILLS	JAMES	A	SNLI	157	N	242
MILLS	DANIEL		SNLI	157	N	242
MILLS	HOMER		SNJA	129	Y	38
MILLS	ELLEN		SNLO	179	Y	231
MILLS	ANNA		SNW1	344	Y	521
MILLS	WILMOT		SNSC	252	Y	230
MILLS	CELINA		SNSC	252	N	230
MILLS	BART		SNSC	252	N	230
MILLS	JOHN		SNSC	254	Y	273
MILLS	ALLIE		SNSC	254	N	273
MILLS	FRANK		SNSC	254	N	273
MILLS	JACOB		SNSC	254	N	273
MILLS	MARY		SNLI	157	Y	242
MILLS	JAMES	A	SNLI	157	N	242
MILLS	DANIEL		SNLI	157	N	242
MILTON	AMBROSE		SNAD	5	Y	80
MINECA	FREDK		SNLO	187	Y	106
MINICH	CHARLEY		SNBI	32	N	160
MINICH?	JOHN		SNBI	32	Y	160
MINICH?	CATHERINE		SNBI	32	N	160
MINICH?	JOHN	B	SNBI	32	N	160
MINK	CONROD		SNW1	316	Y	134
MINK	CHRISTENA		SNW1	316	N	134
MINK	ROSA		SNW1	316	N	134
MINK	MALINDA		SNW1	316	N	134
MINK	HARMON		SNW1	316	N	134
MINK	WALLA		SNW1	316	N	134
MINOR	ELIZABETH		SNW1	327	Y	288
MINUE	CATHARINE		SNW1	337	Y	435
MISLER	MARY		SNBI	40	Y	270
MISNER	JOHN		SNSC	239	Y	23
MISNER	GEORGE		SNTH	307	Y	370
MISSER	GEORGE		SNBL	66	Y	289
MITCHEL	MATILDA		SNBI	40	Y	270
MITCHEL	KATE		SNW1	326	Y	279
MITCHEL	MARIA		SNW2	355	Y	89
MITCHEL	LENNORA		SNW2	355	N	89
MITCHEL	JOHN		SNW2	355	N	89
MITCHEL	KATE		SNW2	360	Y	159
MITCHEL	WILLIAM		SNPL	215	Y	190
MITCHEL	JOSEPH		SNPL	219	Y	253
MITCHELL	WILLIAM		SNBL	55	Y	104
MITCHELL	SAMANTHA		SNBL	55	N	104
MITCHELL	ISABELLA		SNBL	55	N	104
MITCHELL	EMMA		SNBL	55	N	104
MITCHELL	ONACERGE?		SNBL	55	N	104
MITCHELL	ESTELLA		SNBL	55	N	104
MITCHELL	JOHN		SNBL	55	Y	105
MITCHELL	MELISSA		SNBL	55	N	105
MITTOWER	SAMUEL		SNRE	231	Y	177
MITTOWER	SARAH		SNRE	231	N	177
MITTOWER	REUBEN		SNRE	231	Y	177
MITTOWER	SARAH		SNRE	231	Y	178
MITTOWER	A	J	SNRE	232	Y	183
MITTOWER	MALINDA		SNRE	232	N	183
MITTOWER	CORA	A	SNRE	232	N	183
MITTOWER	EDWIN		SNRE	232	N	183
MITTOWER	ALPHEUS		SNRE	232	N	183
MITTOWER	DELLA		SNRE	232	N	183
MITTOWER	ELMER		SNRE	232	N	183
MITTOWER	JOHN		SNRE	232	Y	183
MITTOWER	ELISABETH		SNRE	232	N	183
MITTOWER	MARY		SNRE	234	Y	218
MIZEN	JOHN		SNW1	334	Y	385
MIZEN	JENNIE		SNW1	334	N	385
MIZEN	WILLIAM		SNW1	334	N	385
MIZEN	THOMAS		SNW1	346	Y	541
MOCKFIELD	MARY		SNW2	354	Y	71
MOCKFIELD	LOUISA		SNW2	354	N	71

LASTNAME	FIRSTNAME	MI	LOCATION	PAGE	HEAD	HHOLD
MOE	NICHOLAS		SNBI	22	N	27
MOES	JOHN		SNBI	22	Y	27
MOES	ELIZ		SNBI	22	N	27
MOES	CHARLES		SNBI	22	N	27
MOES	ELIZ		SNBI	22	N	27
MOES	MICHAEL		SNBI	22	N	27
MOES	JOHN		SNBI	22	N	27
MOES	PETER		SNBI	22	N	27
MOES	HELENA		SNBI	22	N	27
MOES	MICHAEL		SNBI	22	N	28
MOES	ANNA		SNBI	22	N	28
MOES	JOHN		SNBI	22	N	28
MOHLER	HENRY		SNLO	183	Y	43
MOHLER	ANNA		SNLO	183	N	43
MOHLER	JAMES	H	SNLO	183	N	43
MOHLER	THOMAS	H	SNLO	183	N	43
MOHLER	EMMA	C	SNLO	183	N	43
MOHLER	AMOS		SNLO	189	Y	138
MOHLER	SARAH	E	SNLO	189	N	138
MOHLER	JENNIE		SNLO	189	N	138
MOHLER	JOHN		SNLO	189	N	138
MOHLER	NEWTON		SNLO	189	N	138
MOHN	JOSEPH		SNTH	286	Y	86
MOHN	CATHERINE		SNTH	286	N	86
MOHN	MARTIN		SNTH	286	N	86
MOHN	THIAVAH?		SNTH	286	N	86
MOHN	MATILDA		SNTH	286	N	86
MOLINGTHIN	GEORGE		SNBL	61	Y	205
MOLINGTHIN	SALLA		SNBL	61	N	205
MOLL	GEORGE		SNW1	338	Y	443
MOLL	LIZZIE		SNTH	282	Y	4
MOLL	ELLA		SNTH	282	N	4
MOLL	ELI		SNTH	290	Y	137
MOLL	ELISA		SNTH	290	N	137
MOLL	HORACE		SNTH	290	N	137
MOLL	EUNICE		SNTH	290	N	137
MOLL	HARRIET		SNTH	290	N	137
MOLL	EVE		SNTH	290	N	137
MOLL	LILLA		SNTH	290	N	137
MOLLINGTHIN	JAMES		SNBL	61	N	205
MOLLINGTHIN	SARAH		SNBL	61	N	205
MOLLINGTHIN	BENJAMIN		SNBL	61	N	205
MONHUT	JOHN		SNW2	354	Y	70
MONHUT	HETTER		SNW2	354	N	70
MONICZELIO	CATH		SNBI	35	Y	206
MONTGOMERY	JOHN		SNBI	47	Y	368
MONTGOMERY	HARRIET		SNBI	47	N	368
MONTGOMERY	VICTORIA		SNBI	47	N	368
MONTGOMERY	EUGENE		SNBI	R7	N	368
MONTGOMERY	LILY		SNBI	47	N	368
MONTGOMERY	HATTIE		SNBI	47	N	368
MONTGOMERY			SNW2	366	Y	238
MONTGOMERY	WM		SNPL	205	Y	42
MONTGOMERY	MAREON		SNPL	205	N	42
MONTGOMERY	JOHN		SNPL	205	N	42
MONTGOMERY	JAMES		SNPL	205	N	42
MONTGOMERY	GEORGE		SNPL	205	N	42
MONTGOMERY	LEROY		SNPL	205	N	42
MONTGOMERY	ANNA		SNPL	205	N	42
MONTGOMERY	CHRISTENA		SNPL	205	N	42
MONTGOMERY	M	M	SNPL	205	Y	43
MONTGOMERY	SARAH	J	SNPL	205	N	43
MONTGOMERY	PERRY		SNPL	205	N	43
MONTGOMERY	CHESTER	A	SNPL	205	N	43
MONTGOMERY	ROBERT		SNSC	241	Y	58
MONTGOMERY	HANNAH		SNSC	241	N	58
MONTGOMERY	ROBERT		SNSC	241	N	58
MONTGOMERY	MARY		SNSC	241	N	58
MONTGOMERY	J	F	SNRE	227	Y	108
MONTGOMERY	M	E	SNRE	227	N	108
MONTGOMERY	MARY	A	SNRE	227	N	108
MONTGOMERY	GRACE		SNRE	227	N	108
MONTROES	CHARLES		SNSN	262	Y	43
MONTROES	MARY		SNSN	262	N	43
MONTROES	BERTHA		SNSN	262	N	43
MONTROES	ROSILLA		SNSN	262	N	43
MOOR	JOHN		SNAD	10	Y	154

LASTNAME	FIRSTNAME	MI	LOCATION	PAGE	HEAD	HHOLD
MOOR	SARAH		SNAD	10	N	154
MOOR	LIBBIE		SNAD	10	N	154
MOOR	HANNAH		SNAD	10	N	154
MOOR	SAMUEL		SNAD	10	Y	155
MOOR	JANE		SNAD	10	N	155
MOOR	JOHN		SNAD	10	N	155
MOOR	SAMUEL		SNAD	10	N	155
MOOR	DANIEL		SNAD	14	Y	219
MOOR	ANNA		SNAD	14	N	219
MOOR	KATIE		SNAD	14	N	219
MOOR	DANIEL JR		SNAD	14	N	219
MOOR	THOMAS		SNAD	14	N	219
MOOR	JULIA		SNAD	14	N	219
MOOR	FRANCIS		SNAD	20	Y	327
MOOR	SUSAN		SNAD	20	N	327
MOOR	CHARLES		SNAD	20	N	327
MOOR	CORA		SNAD	20	N	327
MOOR	WILLIAM		SNAD	20	N	327
MOOR	THOMAS		SNSC	244	Y	100
MOOR	MARY		SNSC	244	N	100
MOOR	ELUBA?		SNSC	244	N	100
MOOR	BENJAMIN		SNSC	248	Y	174
MOOR	EMMA		SNSC	248	N	174
MOOR	LEORD?		SNSC	248	N	174
MOOR	CHARLES		SNTH	293	Y	181
MOOR	LOVINA		SNTH	293	N	181
MOOR	FRANK		SNTH	293	N	181
MOOR	SARAH		SNTH	293	N	181
MOOR	JOHN		SNTH	305	Y	340
MOOR?	HENRY		SNTH	293	N	175
MOORE	ELIZABETH		SNCL	81	Y	187
MOORE	DAVID		SNLO	175	Y	177
MOORE	RACHEL		SNLO	175	N	177
MOORE	WILLIAM		SNLO	175	N	177
MOORE	DAVID		SNLO	175	N	177
MOORE	NANCY	J	SNLO	175	N	177
MOORE	SHARLOTT		SNLO	175	N	177
MOORE	JAMES		SNLO	175	N	177
MOORE	MARY		SNLO	175	N	177
MOORE	ULYSSES		SNLO	175	N	177
MOORE	ELLEN		SNLO	175	N	177
MOORE	WILLIAM		SNLO	196	Y	258
MOORE	MARY		SNW1	311	Y	59
MOORE	WILLIAM		SNW1	325	Y	266
MOORE	DANIEL		SNW1	330	Y	335
MOORE	ELLA		SNW1	330	N	335
MOORE	EVATON		SNW1	330	N	335
MOORE	MINNIE		SNW1	330	N	335
MOORE	ROSA		SNW1	345	Y	527
MOORE	R	B	SNW2	373	Y	349
MOORE	LOUISA	J	SNW2	373	N	349
MOORE	NANNIE		SNW2	373	N	349
MOORE	POLLIE		SNED	92	Y	37
MOORE	PHEBA		SNPL	212	Y	145
MOORE	JOHN		SNPL	217	Y	215
MOORE	ELIZA		SNPL	217	N	215
MOORE	ELIZABETH		SNPL	217	N	215
MOORE	AMANDA		SNPL	217	N	215
MOORE	FRANK		SNPL	217	N	215
MOORE	FLORENCE		SNBL	50	Y	23
MOORE	PORTER		SNBL	53	Y	72
MOORE	SUSAN		SNBL	59	Y	170
MOORE	ELEANOR		SNBL	59	N	170
MOORE	LOUISA		SNBL	59	N	170
MOORE	JAMES	C	SNRE	230	Y	152
MOORE	LUCELIE		SNRE	230	N	152
MOORE	EMMA	J	SNRE	230	N	152
MOORE	DAVID	W	SNVE	388	Y	118
MOORE	ELISABETH		SNVE	388	N	118
MOORE	EMMA	F	SNVE	388	N	118
MOORE	WILLIAM	H	SNVE	388	N	118
MOORE	MORRIS		SNVE	401	Y	343
MOORE	HANNAH		SNVE	401	N	343
MOOREHEAD	JOHN		SNSC	243	Y	94
MOOREHEAD	JOHN		SNSC	256	Y	298
MORAN?	JOHN		SNBL	53	Y	76
MORAN?	CHRISTENIA		SNBL	53	N	76

LASTNAME	FIRSTNAME	MI	LOCATION	PAGE	HEAD	HHOLD
MORAN?	CHRISTIANA		SNBL	52	N	76
MORAN?	PHILIP		SNBL	53	N	76
MORAN?	ISADORE		SNBL	53	N	76
MORAN?	ELLEN		SNBL	53	N	76
MORE	ELENOR		SNVE	391	Y	175
MOREHEAD	MATHEW		SNED	93	Y	56
MOREHEAD	JOHN		SNBL	62	Y	215
MOREHEAD	JONATHAN		SNVE	394	Y	220
MORGAN	GUY		SNLO	189	Y	132
MORGAN	HESTER	A	SNLO	189	N	132
MORGAN	CARRIE		SNLO	189	N	132
MORGAN	WILLIAM		SNW1	335	Y	402
MORGAN	HANNAH		SNW1	335	N	402
MORGAN	GEORGE		SNW1	336	Y	409
MORGAN	HENRY		SNHO	115	Y	109
MORGANTHALER	JACOB		SNLO	169	Y	94
MORGANTHALER	BARBRA		SNLO	169	N	94
MORGANTHALER	JOHN		SNLO	169	N	94
MORGANTHALER	LOUISA		SNLO	169	N	94
MORGENTHALER	M		SNLO	181	Y	16
MORGENTHALER	CATHERINE		SNLO	181	N	16
MORGENTHALER	ANDREW		SNLO	181	N	16
MORGENTHALER	CHARLES		SNLO	181	N	16
MORGENTHALER	JACOB		SNLO	190	Y	156
MORGENTHALER	MARY		SNLO	190	N	156
MORGENTHALER	ADDA	J	SNLO	190	N	156
MORGENTHALER	WILLIAM	H	SNLO	190	N	156
MORISEY	ELIZ		SNBI	21	N	3
MORNEY	JOHN		SNW2	378	Y	413
MORNEY	JOANNA		SNW2	378	N	413
MORNING	WALLACE		SNW1	330	Y	326
MORNINGSTAR	T.		SNW1	309	Y	33
MORNINGSTAR	KATE		SNW1	309	N	33
MORNINGSTAR	KATE		SNW1	309	N	33
MORNINGSTAR	JACOB		SNW1	309	N	33
MORNINGSTAR	ELLA		SNW1	309	N	33
MORNINGSTAR	TILLIE		SNW1	309	N	33
MORRAS	FLORENCE		SNED	89	Y	3
MORRELY	JOSEPH		SNAD	10	Y	157
MORRELY	SARAH		SNAD	10	N	157
MORRELY	CHRISTIAN		SNAD	10	N	157
MORRELY	SUSAN		SNAD	10	N	157
MORRELY	SARAH		SNAD	10	N	157
MORRELY	AMANDA		SNAD	10	N	157
MORRELY	SAMUEL		SNAD	10	N	157
MORRELY	JOSEPH		SNAD	10	N	157
MORRELY	KATIE		SNAD	10	N	157
MORRIS	FLORA		SNCL	83	Y	212
MORRIS	JOHN		SNCL	85	Y	251
MORRIS	HANNAH		SNCL	85	N	251
MORRIS	SUSAN		SNCL	85	N	251
MORRIS	GEORGE		SNCL	85	N	251
MORRIS	ELIZABETH		SNCL	85	N	251
MORRIS	FLORANCE		SNCL	85	N	251
MORRIS	MARTHA		SNCL	85	N	251
MORRIS	CORNELIA		SNCL	85	N	251
MORRIS	JANELIA		SNCL	85	N	251
MORRIS	ISAAH		SNW1	335	Y	397
MORRIS	JENNIE		SNW1	335	N	397
MORRIS	ADA		SNW1	335	N	397
MORRIS	DAVID		SNSC	239	Y	19
MORRIS	MARY	A	SNBL	60	Y	181
MORRIS	GEORGE		SNRE	226	Y	91
MORRIS	JEMINA		SNRE	226	N	91
MORRIS	SARAH	J	SNRE	226	N	91
MORRIS	HARRIET	E	SNRE	226	N	91
MORRIS	JOHN	W	SNRE	226	N	91
MORRIS	DELPHEAN		SNRE	226	N	91
MORRIS	MARY	E	SNRE	226	N	91
MORRISON	JAMES		SNW1	345	Y	524
MORRISON	ARTHUR		SNED	90	Y	22
MORRISON	ELLIE		SNED	90	N	22
MORRISON	VALIENT		SNED	90	Y	22
MORRISON	MARY		SNED	90	N	22
MORRISON	JESSIEAN		SNED	90	N	22
MORRISON	WILLIAM		SNED	90	N	22
MORRISON	SCHOCK		SNSC	250	Y	200

LASTNAME	FIRSTNAME	MI	LOCATION	PAGE	HEAD	HHOLD
MORRISON	CHARLOTTE		SNSN	273	Y	226
MORROW	JACKSON		SNTH	290	Y	138
MORROW	JAMES		SNTH	300	Y	280
MORSE	HATTIE		SNW2	375	Y	366
MORTON	WILLIAM		SNPL	217	Y	225
MORTON	MARY		SNPL	217	N	225
MORTON	LAY		SNPL	217	N	225
MORTON	ANNA		SNPL	217	N	225
MOSANY?	JAMES		SNHO	120	Y	191
MOSCHURGER	JOHN		SNW2	364	Y	207
MOSCHURGER	BARBARA		SNW2	364	N	207
MOSCHURGER	JENNIE		SNW2	364	N	207
MOSCHURGER	MINNIE		SNW2	364	N	207
MOSCHURGER	LOUIS		SNW2	364	N	207
MOSCHURGER	ROSETTA		SNW2	364	N	207
MOSCHURGER	LIZZIE		SNW2	364	N	207
MOSCHURGER	JOHN		SNW2	364	N	207
MOSE	MATHIAS		SNW2	357	Y	117
MOSE	CATHARINE		SNW2	357	N	117
MOSER	WILLIAM		SNBL	62	Y	217
MOSER	JOSEPH		SNRE	233	Y	198
MOSER	MARY		SNRE	233	N	198
MOSER	JOHN		SNRE	233	Y	198
MOSES	CHARLES		SNLO	184	Y	64
MOSES	HANNAH		SNLO	184	N	64
MOSES	ADA		SNLO	184	N	64
MOSES	ELLA		SNLO	184	N	64
MOSES	FRANK		SNLO	184	N	64
MOSES	MARY		SNLO	184	N	64
MOSES	JOHN		SNLO	184	N	64
MOSES	ANN		SNLO	184	N	64
MOSES	LOUISA		SNLO	191	Y	165
MOSES	WILLIAM	S	SNLO	191	Y	175
MOSES	SARAH		SNLO	191	Y	175
MOSES	LURA		SNLO	191	N	175
MOSES	FRANCIS	H	SNLO	191	N	175
MOSES	LUTHER	A	SNLO	191	N	175
MOSES	VOLNEY	S	SNLO	191	N	175
MOSES	CHARLES		SNLO	191	N	175
MOSES	WILLIAM		SNLO	191	N	175
MOSES	PETER		SNW1	323	Y	239
MOSES	THOMAS		SNLO	192	N	175
MOSHER	ELIZABETH		SNPL	214	Y	183
MOSHER	JOHN		SNPL	214	N	183
MOSHER	PHILLIP		SNPL	214	N	183
MOSHER	GEORGE		SNPL	214	N	183
MOSHER	FRANK		SNPL	214	N	183
MOSHER	CHARLES		SNPL	214	N	183
MOSHER	FRANCIS		SNPL	214	N	183
MOSHER	KATE		SNPL	214	N	183
MOSIER	JOSEPH		SNCL	76	Y	109
MOSIER	ALMIRA		SNCL	76	N	109
MOSIER	FRANK		SNCL	76	N	109
MOSIER	DELLA		SNCL	76	N	109
MOSIER	IDA		SNCL	76	N	109
MOSIER	WILLIAM		SNCL	76	N	109
MOSIER	ALEX.		SNPL	203	Y	8
MOSIER	LIZZIE		SNPL	203	N	8
MOSIER	HARRY	W	SNPL	203	N	8
MOSNAY?	MARY		SNHO	120	N	191
MOSSER	JOHN		SNLI	147	Y	84
MOSSER	MARGARET		SNLI	147	N	84
MOSSER	MINNIE		SNLI	147	N	84
MOSSER	JOHN		SNLI	147	Y	84
MOSSER	MARGARET		SNLI	147	N	84
MOSSER	MINNIE		SNLI	147	N	84
MOTS	ELIAS		SNRE	234	Y	209
MOTSINGER	ISAAC		SNW1	335	Y	407
MOULTOR	LENHART		SNLO	165	Y	40
MOULTOR	BARBRA		SNLO	165	N	40
MOULTOR	ANTHONY		SNLO	165	N	40
MOUNTS	CASILA?		SNLO	185	Y	74
MOWEN	DAVID	C	SNLO	196	Y	251
MOWEN	MARY	J	SNLO	196	N	251
MOWEN	CHARLES	D	SNLO	196	N	251
MOWEN	HARRY	A	SNLO	196	N	251
MOWER	SAMUEL		SNTH	296	Y	221

LASTNAME	FIRSTNAME	MI	LOCATION	PAGE	HEAD	HHOLD
MOWER	ELIZABETH		SNTH	296	N	221
MOWER	MELHER		SNTH	296	N	221
MOWER	JACOB		SNTH	296	N	221
MOWER	JOHN		SNTH	296	N	221
MOWER	MARY		SNTH	296	N	221
MOWER	LAURA		SNTH	296	N	221
MOWER	FRITZ?		SNTH	296	N	221
MOWER	GOTLIEB?		SNTH	296	N	221
MOWER	ELIZABETH		SNTH	296	N	221
MOWERY	NATHANIEL		SNJA	134	Y	124
MOWERY	JACOB		SNJA	136	Y	156
MOWERY	MARTHA		SNVE	388	Y	116
MOWREY	WILLIAM		SNVE	381	Y	19
MOWREY	ELIZABETH		SNVE	381	N	19
MOWREY	MARY	C	SNVE	381	N	19
MOWREY	SARAH	L	SNVE	381	N	19
MOWREY	WILLIAM	C.F.	SNVE	381	N	19
MOWREY	MATILDA	E	SNVE	381	N	19
MOWREY	CHRISTINA		SNVE	381	Y	30
MOWREY	WILLIAM		SNVE	388	N	116
MOWREY	SUSAN		SNVE	388	N	116
MOWREY	JOSEPH		SNVE	388	N	116
MOWRY	GILFERD		SNLI	149	Y	110
MOWRY	REBACCA		SNLI	149	N	110
MOWRY	JENNIE	M	SNLI	149	N	110
MOWRY	CLARA	E	SNLI	149	N	110
MOWRY	JOHN	W	SNLI	149	Y	112
MOWRY	CATHARINE		SNLI	149	N	112
MOWRY	PERRY	M	SNLI	149	N	112
MOWRY	DAVID		SNLI	149	Y	113
MOWRY	MARY		SNLI	149	N	113
MOWRY	EMMA	J	SNLI	149	1	113
MOWRY	JESSIE		SNLI	149	Y	114
MOWRY	ROSANA	B	SNLI	149	N	114
MOWRY	ALFRED		SNLI	149	N	114
MOWRY	WILLIAM		SNTH	287	Y	99
MOWRY	MARIA		SNTH	287	N	99
MOWRY	EMMA		SNTH	287	N	99
MOWRY	RICHARD		SNTH	287	N	99
MOWRY	MARY		SNTH	287	N	99
MOWRY	HENRY		SNTH	300	Y	274
MOWRY	MALISSA		SNTH	300	N	274
MOWRY	ELLA		SNTH	300	N	274
MOWRY	ENOCH		SNTH	300	N	274
MOWRY	GUILFERD		SNLI	149	Y	110
MOWRY	REBACCA		SNLI	149	N	110
MOWRY	JENNIE	M	SNLI	149	N	110
MOWRY	CLARA	E	SNLI	149	N	110
MOWRY	JOHN	W	SNLI	149	Y	112
MOWRY	CATHARINE		SNLI	149	N	112
MOWRY	PERRY	M	SNLI	149	N	112
MOWRY	DAVID		SNLI	149	Y	113
MOWRY	MARY		SNLI	149	N	113
MOWRY	EMMA	J	SNLI	149	N	113
MOWRY	JESSIE		SNLI	149	Y	114
MOWRY	ROSANA	B	SNLI	149	N	114
MOWRY	ALFRED		SNLI	149	N	114
MUCK	PHILIP		SNVE	391	Y	168
MUCK	MARY		SNVE	391	N	168
MUCKLEY	MICHAEL		SNBL	66	Y	294
MUCKLEY	MARTHA	E	SNBL	66	N	294
MUDWILER	SAUL		SNW2	351	Y	26
MUDWILER	ELIZABETH		SNW2	351	N	26
MUDWILER	SARAH		SNW2	353	Y	47
MUDWILER	JOHNATHAN		SNW2	353	N	47
MUDWILER	MARGARET		SNW2	353	N	47
MULETT	ANTHONY		SNHO	112	Y	51
MULETT	MARY		SNHO	112	N	51
MULETT	JAMES		SNHO	112	N	51
MULETT	HARRISON		SNHO	112	N	51
MULETT	ELIZAH		SNHO	112	N	51
MULETT	WESLEY		SNHO	112	N	51
MULETT	EMILY		SNHO	112	N	51
MULLHOLLAND	WM.		SNBI	29	Y	123
MULLHOLLAND	JOHN		SNBI	29	N	123
MULLHOLLAND	WASH.		SNBI	29	N	123
MULLHOLLAND	SARAH		SNBI	29	N	123

LASTNAME	FIRSTNAME	MI	LOCATION	PAGE	HEAD	HHOLD
MULLHOLLAND	JENNIE		SNBI	29	N	123
MULLHOLLAND	JULIA		SNBI	29	N	123
MULLHOLLAND	ELIZ.		SNBI	29	N	123
MULLHOLLAND	ELIZA		SNBI	29	N	123
MULLHOLLAND	SARAH		SNBI	29	N	123
MULLHOLLAND	HAUSER		SNBI	29	N	123
MULT	SAMUEL		SNBL	62	Y	214
MULT	MARY	E	SNBL	62	N	214
MULT	JENNIE	E	SNBL	62	N	214
MULT	ELLEN		SNBL	62	N	214
MULT	PERRY	H	SNBL	62	N	214
MULT	OLIVER		SNBL	62	N	214
MULT	ALICE		SNBL	62	N	214
MULT	CHARLES	V	SNBL	62	N	214
MUNDY	OREN		SNRE	230	Y	158
MUNDY	ELISABETH		SNRE	230	N	158
MUNDY	EDWARD		SNRE	230	N	158
MUNDY	CELILIA		SNRE	230	N	158
MUNDY	MARY	J	SNRE	230	N	158
MUNGAVER	JANE		SNW2	356	Y	94
MUNN	MICHAEL		SNW2	375	Y	372
MUNN	MARY	A	SNW2	375	N	372
MUNN	WILLIAM		SNW2	375	N	372
MUNN	FRANK		SNW2	375	N	372
MUNN	CHARLES		SNW2	375	N	372
MUROW	ANDREW		SNBI	23	Y	41
MUROW	CATHERINE		SNBI	23	N	41
MURPHEY	CHARLES		SNAD	4	Y	60
MURPHY	JOHN		SNJA	131	Y	67
MURPHY	CECELIA		SNJA	131	N	67
MURPHY	MARTIN		SNJA	131	N	67
MURPHY	JOHN		SNJA	131	N	67
MURPHY	CATHERINE		SNJA	131	N	67
MURPHY	THOMAS		SNJA	131	N	67
MURPHY	GEORGE	W	SNRE	227	Y	104
MURPHY	THOMAS		SNRE	235	Y	232
MURPHY	ABAGIL		SNRE	235	N	232
MURPHY	BERT	A	SNRE	235	N	232
MURPHY	MINIE		SNRE	235	N	232
MURPHY	GEORGE		SNSN	267	Y	135
MURRAY	JEROME		SNHO	115	Y	106
MURRAY	SARAH		SNHO	115	N	106
MURRAY	CATHERINE		SNHO	115	N	106
MURRAY	MARY		SNHO	115	N	106
MURRAY	ESTHER		SNHO	115	N	106
MURRAY	WILLIAM		SNHO	115	N	106
MURRAY	ESTELLA		SNBL	62	Y	215
MURREY	REASON		SNCL	80	Y	180
MURREY	REBECCA		SNCL	80	N	180
MURREY	CATHERINE		SNCL	80	N	180
MURREY	MARY		SNLO	179	Y	236
MURREY	MARY	M	SNLO	179	N	236
MURREY	ELI		SNLO	179	N	236
MURREY	SARAH		SNLO	179	Y	236
MURRY	SIMON		SNCL	81	Y	188
MURRY	MARY		SNCL	81	N	188
MURRY	CHARLES	H	SNLI	154	Y	190
MURRY	MARY		SNLI	154	N	190
MURRY	FRANCIS	S	SNLI	154	N	190
MURRY	CATHARINE		SNLI	155	Y	208
MURRY	JANE		SNW1	327	Y	283
MURRY	MARY		SNW1	333	Y	369
MURRY	JOHN		SNPL	205	Y	34
MURRY	MARY		SNPL	205	N	34
MURRY	ANDREW		SNPL	205	N	34
MURRY	GEORGE		SNPL	205	N	34
MURRY	ESTER	J	SNPL	205	N	34
MURRY	ROSANNA		SNPL	205	N	34
MURRY	CAROLINE		SNPL	205	N	34
MURRY	DANIEL		SNPL	214	Y	171
MURRY	CATHARINE		SNPL	214	N	171
MURRY	DELERS		SNPL	214	N	171
MURRY	LANA	E	SNPL	214	N	171
MURRY	JACOB		SNPL	214	Y	175
MURRY	SARAH	A	SNPL	214	N	175
MURRY	CHARLES		SNPL	214	N	175
MURRY	CHARLES	H	SNLI	154	Y	190

LASTNAME	FIRSTNAME	MI	LOCATION	PAGE	HEAD	HHOLD
MURRY	MARY		SNLI	154	N	190
MURRY	FRANCIS	S	SNLI	154	N	190
MURRY	CATHARINE		SNLI	155	Y	208
MURRY ?	ELISA		SNAD	9	Y	130
MURRY ?	ESTER		SNAD	9	Y	130
MUSEND	EMMA		SNED	100	Y	170
MUSGRAVE	HANNAH		SNLO	189	Y	136
MUSGRAVE	LUCY	E	SNLO	189	N	136
MUSGRAVE	SAMUEL	L	SNLO	189	N	136
MUSGRAVE	RACHEL		SNED	100	Y	160
MUSGRAVE	ELIZAH		SNSN	263	Y	63
MUSGRAVE	SCOTT		SNSN	263	N	63
MUSGRAVE	ALICE		SNSN	263	N	63
MUSGRAVE	ALEX		SNSN	263	Y	63
MUSGRAVE	CATHARINE		SNSN	263	N	63
MUSSELMAN	WILLIAM		SNTH	298	Y	247
MUSSELMAN	SARAH		SNTH	298	N	247
MUSSER	D	W	SNLO	182	Y	28
MUSSER	SAVANNAH		SNLO	182	N	28
MUSSER	IDA	M	SNLO	182	N	28
MUSSER	JAMES	W	SNLO	182	N	28
MUSSER ?	JURI?		SNSC	240	Y	36
MUSSETTER	LEVI	D	SNLO	199	Y	302
MUSSETTER	EMMA		SNLO	199	N	302
MUSSETTER	FLEMING	W	SNLO	199	N	302
MUSSETTER	RHODA	E	SNLO	199	N	302
MUSSETTER	FARRABELLE		SNLO	199	N	302
MUTCHLER	AUGUST		SNW1	316	Y	129
MUTCHLER	LANA		SNW1	316	N	129
MUTCHLER	TARISSA		SNW1	316	N	129
MUTCHLER	AUGUSTUS		SNW1	316	N	129
MUTCHLER	MARY		SNW1	316	N	129
MUTCHLER	LANA		SNW1	316	N	129
MUTCHLER	KATE		SNW1	316	N	120
MUTSCHLER	CHARLES		SNW1	312	Y	68
MUTSCHLER	CATHARINE		SNW1	312	N	68
MUTSCHLER	EMALINE		SNW1	312	N	68
MUTSCHLER	JOSEPHENE		SNW1	312	N	68
MUTSCHLER	FRANK		SNW1	312	N	68
MYER	CATHARINE		SNCL	87	Y	273
MYER	FRANCES		SNBI	32	Y	165
MYER	CHARLEY		SNBI	32	N	165
MYER	CATHARINE		SNW2	363	Y	198
MYER	JACOB		SNED	93	Y	67
MYER	KATE		SNED	93	N	67
MYER	FREDERICK		SNED	93	N	67
MYER	SIETER		SNED	93	N	67
MYER	PHILLIP		SNPL	219	Y	254
MYER	ELIZABETH		SNPL	219	N	254
MYER	ALICE		SNPL	219	N	254
MYER	JOSEPH		SNSC	242	Y	76
MYER	AGATTA		SNSC	242	N	76
MYER	IDA		SNSC	242	N	76
MYER	JOHN		SNSC	242	N	76
MYER	BERTHA		SNSC	242	N	76
MYER	JOSEPHINE		SNSC	242	N	76
MYER	CHARLES		SNSC	242	N	76
MYER	WILLIAM		SNSC	242	N	76
MYER	JAMES	W	SNBL	52	Y	56
MYER	SUSAN		SNBL	52	N	56
MYER	CLARISSA		SNBL	52	N	56
MYER	JACOB		SNBL	53	Y	80
MYER	FANNY		SNRE	221	Y	3
MYER	DANIEL/DAVID	C	SNRE	221	Y	3
MYER	HENRY	A	SNRE	221	Y	4
MYER	LAURA	A	SNRE	221	N	4
MYER	AUGUSTUS	A	SNRE	221	N	4
MYER	RUDOLPH		SNRE	221	Y	5
MYER	MARY		SNRE	221	N	5
MYER	AMIE	E	SNRE	221	N	5
MYER	EDWARD	A	SNRE	221	N	5
MYER	HENRY	F	SNVE	382	Y	39
MYER	MARY	F	SNVE	382	N	39
MYER	ALICE		SNVE	382	N	39
MYER	FRANK		SNVE	382	N	39
MYER	FREDIE		SNVE	382	Y	39
MYER	ROSINE		SNVE	391	Y	166

LASTNAME	FIRSTNAME	MI	LOCATION	PAGE	HEAD	HHOLD
MYER	HENRY		SNVE	395	Y	237
MYER	REBECCA		SNVE	395	N	237
MYER	ANDREW	J	SNVE	395	N	237
MYER	SARAH	E	SNVE	395	N	237
MYER	THOMAS	J	SNVE	395	N	237
MYER	MARTHA	E	SNVE	395	N	237
MYER	WILLIAM		SNVE	395	N	237
MYER	JOHN	L	SNVE	395	Y	239
MYER	ELIZA	E	SNVE	395	N	239
MYER	BURTON		SNVE	395	N	239
MYER	ELISABETH		SNVE	395	Y	240
MYER	FANNY		SNVE	395	N	240
MYER	ABRAHAM		SNVE	395	N	240
MYER	PETER		SNVE	397	Y	268
MYER	ELISABETH		SNVE	397	N	268
MYER	GEORGE		SNVE	397	N	268
MYER	MARY		SNVE	397	N	268
MYER	CATHARINE		SNVE	397	N	268
MYER	CHARLES		SNVE	397	N	268
MYER	JACOB		SNVE	400	Y	322
MYER	SARAH		SNVE	400	N	322
MYER	ADELAIN		SNVE	400	N	322
MYER	OSCAR		SNVE	400	N	322
MYER	JAMES		SNVE	400	Y	326
MYER	ANNIE		SNVE	400	N	326
MYER	PENNIE		SNVE	400	N	326
MYER	HENRY		SNVE	401	Y	338
MYER	FANNY		SNVE	401	N	338
MYER	EDWARD		SNVE	401	N	338
MYER	ROSA		SNVE	401	N	338
MYER	BARBRA		SNVE	401	Y	341
MYER	AMIE		SNVE	401	N	341
MYERS	MARY		SNCL	72	Y	53
MYERS	BARBARA		SNCL	75	N	95
MYERS	JOSEPH		SNCL	75	Y	95
MYERS	ANGELIKA		SNCL	75	N	95
MYERS	JOSEPH		SNCL	75	N	95
MYERS	MARY		SNCL	75	N	95
MYERS	BARBARA		SNCA	75	N	95
MYERS	ANNA		SNCL	75	N	95
MYERS	GEORGE		SNCL	75	N	95
MYERS	DORANLA (?)		SNCL	75	N	95
MYERS	JACOB		SNCL	75	N	95
MYERS	ENMAN		SNCL	77	Y	126
MYERS	MARY	E.	SNCL	77	N	126
MYERS	ELLEN		SNCL	77	N	126
MYERS	FREDERICK		SNCL	79	Y	156
MYERS	CAROLINE		SNCL	79	N	156
MYERS	WILLIAM		SNCL	79	N	156
MYERS	CATHARINE		SNCL	79	N	156
MYERS	JOSEPH		SNCL	79	Y	157
MYERS	MARY		SNCL	79	N	157
MYERS	ELIZABETH		SNCL	79	N	157
MYERS	MARY	A.	SNCL	79	N	157
MYERS	FRANK		SNCL	79	N	157
MYERS	FREASY		SNCL	79	N	157
MYERS	JAMES		SNCL	81	Y	192
MYERS	SARAH		SNCL	81	N	192
MYERS	HENRY		SNCL	81	Y	196
MYERS	MATHIAS		SNCL	81	Y	197
MYERS	JOHN		SNCL	82	Y	199
MYERS	CATHARINE		SNCL	82	N	199
MYERS	JOHN		SNCL	82	N	199
MYERS	CATHARINE		SNCL	82	N	199
MYERS	CHRISTENA		SNCL	82	N	199
MYERS	WILLIAM		SNCL	82	N	199
MYERS	CHARLES		SNCL	82	N	199
MYERS	HENRY		SNCL	84	Y	232
MYERS	NANCY		SNCL	84	N	232
MYERS	BYRON		SNCL	84	N	232
MYERS	ADETH		SNCL	84	N	232
MYERS	JOSHUA		SNCL	85	Y	249
MYERS	MARIAH		SNCL	85	N	249
MYERS	CHARLES		SNCL	85	N	249
MYERS	ARLAND		SNCL	85	N	249
MYERS	ORAN		SNCL	85	N	249
MYERS	JOHN		SNCL	85	N	249

LASTNAME	FIRSTNAME	MI	LOCATION	PAGE	HEAD	HHOLD
MYERS	FRANK		SNCL	85	N	249
MYERS	WILLIAM		SNCL	85	N	249
MYERS	CARLTON		SNCL	85	N	249
MYERS	SARAH		SNCL	85	N	249
MYERS	JOHN		SNBI	40	Y	267
MYERS	MARGARET		SNBI	40	N	267
MYERS	ADOLF		SNBI	40	N	267
MYERS	ELIZABETH		SNBI	40	N	267
MYERS	JOHN		SNLI	148	Y	93
MYERS	ELIZABETH		SNLI	148	N	93
MYERS	HENRY		SNLI	148	N	93
MYERS	JOHN	L	SNLI	148	N	93
MYERS	LOVINA	C	SNLI	148	N	93
MYERS	DARUS		SNBI	45	Y	332
MYERS	MARY		SNBI	45	N	332
MYERS	JACOB		SNBI	45	N	332
MYERS	JOHN		SNBI	45	N	332
MYERS	MARY		SNBI	45	N	332
MYERS	FREDERICK		SNBI	44	N	332
MYERS	PHILLIP		SNJA	128	Y	29
MYERS	SUSANNAH		SNJA	128	N	29
MYERS	LAURA		SNJA	128	N	29
MYERS	WALTER	F.	SNJA	128	N	29
MYERS	LEO	R.	SNJA	128	N	29
MYERS	BRUCE	E.	SNJA	128	N	29
MYERS	CONRAD		SNJA	128	Y	31
MYERS	LEAH		SNJA	128	N	28
MYERS	SAMUEL		SNAD	5	Y	73
MYERS	ANGELINE		SNAD	5	N	73
MYERS	LEOTA		SNAD	5	N	73
MYERS	CATHARINE		SNAD	5	Y	73
MYERS	JOHN	S	SNAD	8	Y	120
MYERS	MALINDIA		SNAD	8	N	120
MYERS	WILLIAM		SNAD	8	N	120
MYERS	JAMES		SNAD	8	N	120
MYERS	PERRY		SNAD	9	Y	135
MYERS	SARAH		SNAD	9	N	135
MYERS	EUGENE		SNAD	9	N	135
MYERS	ROSCOE		SNAD	9	N	135
MYERS	CLARA		SNAD	9	N	135
MYERS	JOHN		SNAD	9	Y	140
MYERS	ELISABETH		SNAD	9	N	140
MYERS	OSCAR		SNAD	9	N	140
MYERS	SUSAN		SNAD	13	Y	210
MYERS	CHARLES		SNAD	13	N	210
MYERS	FRANCIS		SNAD	13	N	210
MYERS	CLARENCE		SNAD	13	N	210
MYERS	WILLIAM		SNAD	19	Y	323
MYERS	SUSAN		SNAD	19	N	323
MYERS	BLANCH		SNAD	19	N	323
MYERS	AMANDA		SNAD	19	N	323
MYERS	JOHN		SNLO	164	Y	30
MYERS	DANIEL		SNLO	164	N	30
MYERS	SARAH		SNLO	164	N	30
MYERS	LOVINA		SNLO	164	N	30
MYERS	ANGALINE		SNLO	164	N	30
MYERS	HENRY		SNLO	189	Y	131
MYERS	MARY		SNLO	192	Y	184
MYERS	JACOB		SNLO	201	Y	350
MYERS	RACHAEL		SNLO	201	N	350
MYERS	EVA	J	SNLO	201	N	350
MYERS	BRUCE	M	SNLO	201	N	350
MYERS	PARKE	L	SNLO	201	N	350
MYERS	SARAH	E	SNLO	201	N	350
MYERS	DAVID	C.	SNW1	311	Y	51
MYERS	JANE		SNW1	311	N	51
MYERS	DAVID		SNW1	311	N	51
MYERS	ANNA		SNW1	311	N	51
MYERS	CARRIE		SNW1	311	N	51
MYERS	JOSEPH		SNW1	313	Y	95
MYERS	MAHALA		SNW1	313	N	95
MYERS	JANE		SNW1	313	N	95
MYERS	BRUCE		SNW1	314	N	95
MYERS	JOHN		SNW1	320	Y	189
MYERS	MARY		SNW1	320	N	189
MYERS	HARRY		SNW1	320	N	189
MYERS	LIZZIE		SNW1	320	N	189

LASTNAME	FIRSTNAME	MI	LOCATION	PAGE	HEAD	HHOLD
MYERS	JANE		SNW1	320	N	189
MYERS	CLAY	H	SNW1	324	Y	242
MYERS	BELL		SNW1	324	N	242
MYERS	WILLIAM		SNW1	331	Y	340
MYERS	ELIZABETH		SNW1	331	N	340
MYERS	FRANK		SNW1	331	N	340
MYERS	BENJAMIN		SNW1	332	Y	363
MYERS	LEA		SNW1	332	N	363
MYERS	CLAUD	E	SNW1	332	N	363
MYERS	ROSA		SNW1	332	N	363
MYERS	ALBERT		SNW1	336	Y	412
MYERS	CAROLINE		SNW1	336	N	412
MYERS	WILLIAM		SNW1	336	N	412
MYERS	SALLY		SNW1	336	N	412
MYERS	ELLANT		SNW1	336	N	412
MYERS	EMMA		SNW1	337	Y	427
MYERS	WILLMENA		SNW1	337	N	427
MYERS	JOSEPH		SNW1	341	Y	481
MYERS	CHARLES		SNW1	342	Y	486
MYERS	MICHAEL		SNW1	342	Y	489
MYERS	ANNA	E.	SNW1	342	N	489
MYERS	JOHN		SNW1	342	N	489
MYERS	EDMUN		SNW1	343	Y	497
MYERS	FRANCES		SNW1	343	N	497
MYERS	BRUCE		SNW1	343	N	497
MYERS	LEON		SNW1	343	N	497
MYERS	FRANK		SNW1	345	Y	524
MYERS	PETER	P	SNW1	346	Y	545
MYERS	AGNES		SNW1	346	N	545
MYERS	JULIA		SNW1	346	N	545
MYERS	JESSIE		SNW1	346	N	545
MYERS	CHARLES		SNW2	366	Y	248
MYERS	SUE		SNW2	366	N	248
MYERS	JENNIE		SNW2	366	N	248
MYERS	WILLIAM		SNW2	370	Y	299
MYERS	LYDIA		SNW2	370	N	299
MYERS	CARRIE		SNW2	370	N	299
MYERS	CHARLES		SNW2	370	N	299
MYERS	HERBERT		SNW2	370	N	299
MYERS	S	P	SNW2	374	Y	362
MYERS	URSALA		SNW2	374	N	362
MYERS	AMMY		SNW2	374	N	362
MYERS	JOHN	A	SNW2	375	Y	369
MYERS	SARAH		SNW2	375	N	369
MYERS	ARABELLA		SNW2	375	N	369
MYERS	MARY		SNW2	377	Y	397
MYERS	DANIEL		SNED	106	Y	265
MYERS	ELIZABETH		SNED	106	N	265
MYERS	JENNIE		SNED	106	N	265
MYERS	FRANK		SNED	106	N	265
MYERS	ALICE		SNED	106	N	265
MYERS	HARVEY		SNED	106	N	265
MYERS	GEORGE		SNED	106	N	265
MYERS	SAMUEL		SNED	106	Y	275
MYERS	CALESTIA		SNED	106	N	275
MYERS	ALVIE		SNED	106	N	275
MYERS	ALFRETTA		SNED	106	N	275
MYERS	GEORGE		SNED	106	N	275
MYERS	JESSE		SNED	106	N	275
MYERS	SYLVESTER		SNED	106	N	275
MYERS	JOHN		SNPL	218	Y	238
MYERS	EUNICE		SNPL	218	N	238
MYERS	LYDIA		SNPL	218	N	238
MYERS	JANE		SNPL	218	N	238
MYERS	ALMIRA		SNPL	218	N	238
MYERS	WINFIELD		SNPL	218	N	238
MYERS	EMMA		SNPL	218	N	238
MYERS	FLORENCE		SNPL	218	N	238
MYERS	SAFFEL		SNSC	238	Y	7
MYERS	FRANCIS		SNSC	238	N	7
MYERS	LIZZIE		SNSC	238	N	7
MYERS	JOHN		SNSC	238	N	7
MYERS	HENRY		SNSC	238	N	7
MYERS	RHINEBOLD		SNSC	238	N	7
MYERS	KOSA ?		SNSC	238	N	7
MYERS	SARAH		SNSC	241	Y	51
MYERS	BENJAMIN		SNSC	243	Y	81

LASTNAME	FIRSTNAME	MI	LOCATION	PAGE	HEAD	HHOLD
MYERS	MANDIS		SNSC	245	Y	130
MYERS	DANIEL		SNSC	247	Y	152
MYERS	ELIZABETH		SNSC	247	N	152
MYERS	CHARLES		SNSC	247	N	152
MYERS	JONAS		SNSC	249	Y	179
MYERS	ELIZABETH		SNSC	249	N	179
MYERS	EDWIN		SNSC	249	N	179
MYERS	ALBERT		SNSC	249	N	179
MYERS	ELLA		SNSC	249	N	179
MYERS	HENRY		SNSC	251	Y	215
MYERS	MARY		SNSC	251	N	215
MYERS	ABRAM		SNSC	251	N	215
MYERS	LUELLA		SNSC	251	N	215
MYERS	HENRY,SR.		SNSC	251	N	215
MYERS	HANAH		SNSC	251	N	215
MYERS	NOAH		SNSC	256	Y	300
MYERS	SAMUEL		SNTH	287	Y	99
MYERS	MARY		SNTH	294	Y	203
MYERS	JOHN		SNTH	300	Y	281
MYERS	LANA		SNTH	300	N	281
MYERS	JACOB		SNTH	300	N	281
MYERS	ALYOSIS		SNTH	300	N	281
MYERS	ANNA		SNTH	300	N	281
MYERS	CECELIA		SNTH	300	N	281
MYERS	PETER		SNTH	300	N	281
MYERS	MARY		SNTH	300	N	281
MYERS	FREDRICK		SNTH	300	N	281
MYERS	AGATHA		SNTH	300	N	281
MYERS	MARGARET		SNTH	300	N	281
MYERS	JOHN,JR		SNTH	300	N	281
MYERS	DANIEL		SNTH	301	Y	293
MYERS	MARY		SNTH	301	N	293
MYERS	FRED		SNTH	301	N	293
MYERS	JACOB		SNTH	301	N	293
MYERS	EMMA		SNTH	301	N	293
MYERS	MAGGIE		SNTH	301	N	293
MYERS	ELLA		SNTH	301	N	293
MYERS	JOHN		SNTH	301	N	293
MYERS	JOHN		SNHO	113	Y	74
MYERS	MARGARET		SNHO	113	N	74
MYERS	CATHERINE		SNHO	113	N	74
MYERS	EMILINE		SNHO	113	N	74
MYERS	LOUISA		SNHO	113	N	74
MYERS	MATTHIAS		SNHO	113	Y	76
MYERS	MARY		SNHO	113	N	76
MYERS	MARGARET		SNHO	122	Y	230
MYERS	HENRY		SNBL	56	Y	125
MYERS	SARAH		SNBL	56	Y	127
MYERS	ROSALIN		SNBL	56	N	127
MYERS	VIRGINIA		SNBL	56	N	127
MYERS	WILLIAM		SNBL	56	N	127
MYERS	WILLIAM		SNBL	60	Y	181
MYERS	ADAM		SNBL	62	Y	218
MYERS	SABINA		SNBL	62	N	218
MYERS	ERWIN	F	SNBL	62	N	218
MYERS	EGOR	D	SNBL	62	N	218
MYERS	ANNIE	M	SNBL	62	N	218
MYERS	MARY		SNBL	63	Y	233
MYERS	DANIEL		SNBL	64	Y	245
MYERS	LUCINDA		SNBL	64	N	245
MYERS	HENRY		SNBL	64	N	245
MYERS	THIMOTHY		SNBL	64	N	245
MYERS	NOAH	B	SNBL	64	N	245
MYERS	RUDOLPH		SNBL	64	Y	250
MYERS	MARGARET		SNBL	64	N	250
MYERS	HARVEY		SNBL	64	N	250
MYERS	ELIZA	AJ	SNBL	64	N	250
MYERS	YRECA	S	SNBL	64	N	250
MYERS	JOHN		SNLI	148	Y	93
MYERS	ELIZABETH		SNLI	148	N	93
MYERS	HENRY		SNLI	148	N	93
MYERS	JOHN	L	SNLI	148	N	93
MYERS	LOVINA	C	SNLI	148	N	93
MYERS	JACOB		SNVE	387	Y	109
MYERS	MARY	E	SNVE	387	N	109
MYERS	DAVID	A	SNVE	387	N	109
MYERS	MARGRET		SNVE	387	N	109

LASTNAME	FIRSTNAME	MI	LOCATION	PAGE	HEAD	HHOLD
MYERS	ROBERT	R	SNVE	387	N	109
MYERS	MARY	H	SNVE	387	N	109
MYERS	CYNTHIA	J	SNVE	387	N	109
MYERS	SABRINA		SNVE	387	N	109
MYERS	MYRON	W	SNVE	387	Y	109
MYERS	GEORGE		SNVE	390	Y	153
MYERS	PETER		SNVE	391	Y	175
MYERS	ROSANA		SNVE	391	N	175
MYERS	MILO	E	SNVE	391	N	175
MYERS	JOSEPH	C	SNVE	391	N	175
MYERS	JACOB	P	SNVE	391	N	175
MYERS	MARYETTE		SNVE	391	N	175
MYERS	IDA	A	SNVE	391	N	175
MYERS	LEWIS	H.	SNVE	394	Y	217
MYERS	GEORGE		SNVE	395	Y	238
MYERS	MARY		SNVE	395	N	238
MYERS	WILLIAM		SNVE	397	Y	261
MYERS	CATHARINE		SNVE	397	N	261
MYERS	CAROLINE		SNVE	397	N	261
MYERS	ELLEN		SNVE	397	N	261
MYERS	SARAH		SNVE	397	N	261
MYERS	BARBRA		SNVE	397	Y	272
MYERS	JACOB		SNVE	397	N	272
MYERS	ROBERT		SNVE	397	N	272
MYERS	ROSETTA		SNVE	397	N	272
MYERS	JOSEPH		SNVE	402	Y	349
MYERS	AMIE		SNVE	402	N	349
MYERS	MARY		SNVE	402	N	349
MYERS	LUCY		SNVE	402	N	349
MYERS	JESSIE		SNVE	402	N	349
MYERS	FRED		SNVE	402	N	349
MYERS	ANN		SNVE	402	N	349
MYERS	CAROLINE		SNVE	402	N	349
MYERS	HENRY	L	SNVE	402	Y	350
MYERS	JACOB		SNSN	274	Y	243
MYERS	RACHEL		SNSN	274	N	243
MYERS	SAMUEL		SNSN	274	Y	244
MYERS	DELIA		SNSN	274	N	244
MYERS	SYLVIA		SNSN	274	N	244
MYERS	WILLIAM		SNSN	274	N	244
MYERS	BALTON		SNSN	274	N	244
MYERS	IDA		SNSN	274	N	244
MYERS	EMMA		SNSN	274	N	244
MYERS	MARY		SNSN	274	N	244
MYERS	NETTIE		SNSN	274	N	244
MYRES	BENJAMIN	F	SNLI	158	Y	257
MYRES	SUSAN		SNLI	158	N	257
MYRES	WILLIAM		SNLI	158	N	257
MYRES	SIDNEY		SNLI	158	N	257
MYRES	LILLIS		SNLI	158	N	257
MYRES	FRANKLIN		SNLI	158	N	257
MYRES	CHARLES		SNLI	158	N	257
MYRES	BURLEY		SNLI	158	N	257
MYRES	BENJAMIN	F	SNLI	158	Y	257
MYRES	SUSAN		SNLI	158	N	257
MYRES	WILLIAM		SNLI	158	N	257
MYRES	SIDNEY		SNLI	158	N	257
MYRES	LILLIS		SNLI	158	N	257
MYRES	FRANKLIN		SNLI	158	N	257
MYRES	CHARLES		SNLI	158	N	257
MYRES	BURLEY		SNLI	158	N	257
NAFUS	AARON		SNSN	261	Y	31
NAFUS	CATHERINE		SNSN	261	N	31
NAFUS	AMANDA		SNSN	261	N	31
NAFUS	BYRON		SNSN	261	N	31
NAGEL	JACOB		SNCL	77	Y	131
NAGEL	CATHARINE		SNCL	77	N	131
NAUGLE	DAVID		SNED	97	Y	123
NAUGLE	JOSEPHINE		SNED	97	N	123
NAUGLE	JACOB		SNED	97	N	123
NAUGLE	MARY		SNED	97	N	123
NAUGLE	JOHN		SNED	97	N	123
NAUGLE	JANE		SNED	97	N	123
NAUGLE	DAVID	C	SNED	97	N	123
NAUGLE	SEBASTIAN		SNED	97	Y	123
NAUNUEL	JOHN		SNHO	112	N	52
NAUNUEL	FRANK		SNHO	112	N	52

LASTNAME	FIRSTNAME	MI	LOCATION	PAGE	HEAD	HHOLD
NAUNUEL	MARY		SNHO	112	N	52
NAUNUEL	ROSELLA		SNHO	112	N	52
NAUNUEL	MARGARET		SNHO	112	N	52
NAUNUEL?	BRIDGET		SNHO	112	Y	52
NAUNUEL?	CATHERINE		SNHO	112	N	52
NAYLOR	JOHN		SNW1	329	Y	317
NAYLOR	CORNELIA		SNW1	329	N	317
NAYLOR	CORA		SNW1	329	N	317
NAYLOR	FRANK		SNW1	329	N	317
NAYLOR	EDWARD		SNW1	338	Y	445
NEALY	JOHN		SNW2	360	Y	152
NEALY	LYDIA		SNW2	360	N	152
NEALY	HENRY		SNW2	360	N	152
NEALY	FRANK		SNW2	360	N	152
NEALY	WILLIE		SNW2	360	N	152
NEALY	ALFRED		SNW2	360	N	152
NEALY	MARY		SNW2	360	N	152
NEASE	WM		SNBI	38	Y	249
NEASE	SUSAN		SNBI	38	N	249
NEASE	WILLIAM		SNBI	38	N	249
NEASE	CHRISTOPHER		SNBI	47	Y	366
NEASE	JANE		SNBI	47	N	366
NEASE	WM		SNBI	47	N	366
NEDERHOUSER	JOHN	J.	SNJA	130	Y	63
NEDERHOUSER	CATHERINE		SNJA	130	N	63
NEDERHOUSER	SARAH	E.	SNJA	130	N	63
NEDERHOUSER	CHANCEY	J.	SNJA	131	N	63
NEDERHOUSER	ELIZABETH		SNJA	131	N	65
NEDERHOUSER	GEORGE		SNJA	131	N	65
NEDRA	MATTHEW		SNSN	270	Y	179
NEDREY	HENRY		SNED	91	Y	35
NEDREY	NANCY		SNED	94	Y	70
NEDREY	MARGARET		SNED	106	Y	264
NEDREY	JANE		SNED	106	N	264
NEDREY	JAMES		SNED	107	Y	293
NEDREY	ELIZABETH		SNED	107	N	293
NEDREY	VARNEY		SNED	107	N	293
NEDREY	GEORGE		SNED	107	N	293
NEDREY	EDITH		SNED	107	N	293
NEDRY	NANCY		SNED	102	Y	200
NEDRY	DAVID		SNED	102	N	200
NEDRY	ANNA		SNED	102	N	200
NEDRY	ARIE		SNED	102	N	200
NEDRY	JAMES		SNED	105	Y	253
NEECE	TIMATHY		SNSC	256	Y	313
NEEDHAM	ALOISE ?	P	SNLO	190	Y	152
NEEDHAM	LORENZO	D	SNLO	190	N	152
NEEDHAM	MARTHA	E	SNLO	190	N	152
NEEDHAM	NELLIE	M	SNLO	190	N	152
NEEDHAM	SAMUEL		SNLO	194	Y	229
NEEDHAM	ALICE		SNLO	194	N	229
NEEDHAM	EMMA		SNLO	194	N	229
NEELEY	THOMAS		SNVE	400	Y	315
NEELEY	MARTHA	E	SNVE	400	N	315
NEELEY	HARRY	E	SNVE	400	N	315
NEELEY	FRANK	D	SNVE	400	N	315
NEELY	JAMES		SNPL	212	Y	138
NEELY	MARY		SNPL	212	N	138
NEELY	HANNAH		SNPL	212	N	138
NEELY	JESSE		SNPL	212	N	138
NEELY	AGNES		SNPL	212	N	138
NEELY	MATILDA		SNPL	212	N	138
NEELY	ANNA		SNPL	212	N	138
NEFF	ABRAHAM		SNAD	15	Y	247
NEFF	ELISABETH		SNAD	15	N	247
NEFF	CHARLES		SNAD	15	N	247
NEFF	GEORGE		SNLO	200	Y	324
NEFF	NANCY		SNLO	200	N	324
NEFF	ALICE		SNLO	200	N	324
NEFF	FRANKLIN		SNLO	200	N	324
NEFF	LORETTA		SNLO	200	N	324
NEGLEY	WILLIAM		SNW2	357	Y	118
NEGLEY	CHRISTENA		SNW2	357	N	118
NEGLEY	CLARA		SNW2	357	N	118
NEGLEY	MARTHA		SNW2	357	N	118
NEGLEY	ROSA		SNW2	357	N	118
NEIBEL	HENRY		SNLO	172	Y	135

LASTNAME	FIRSTNAME	MI	LOCATION	PAGE	HEAD	HHOLD
NEIBEL	RACHAEL		SNLO	172	N	135
NEIBEL	LAVINIA	F	SNLO	172	N	135
NEIBEL	LEVI		SNLO	189	Y	140
NEIBEL	HANNAH		SNLO	189	N	140
NEIBEL	ELIJAH		SNLO	190	Y	162
NEIBEL	EMMA		SNLO	190	N	162
NEIBEL	MINNIE		SNLO	190	N	162
NEIBEL	CLARISA ?	A	SNLO	190	N	162
NEIBEL	FLORA	B	SNLO	191	N	162
NEIBLE	SARAH		SNBI	45	Y	342
NEIBLE	HENRY		SNJA	131	Y	64
NEIDERHAUSER	JACOB		SNJA	131	Y	65
NEIDERHOUSER	ELIZABETH		SNJA	131	N	65
NEIDERHOUSER	DANIEL		SNJA	131	N	65
NEIDERHOUSER	HANNAH	C.	SNJA	131	N	65
NEIDERHOUSER	AMANDA	E.	SNJA	131	N	65
NEIFF	JOSEPH		SNBL	60	Y	181
NEIFF	LOUISA		SNBL	60	N	181
NEIFF	WILLIAM		SNBL	60	Y	181
NEIGHSWANDER	ANNA		SNCL	87	Y	267
NEIGHSWANDER	JOHN		SNW1	327	Y	287
NEIGHSWANDER	MARGARET		SNW1	327	N	287
NEIGHSWANDER	CLARA		SNW1	327	N	287
NEIGHSWANDER	CHARLES		SNW1	327	N	287
NEIGHSWANDER	LINCOLN		SNW1	327	N	287
NEIGHSWANDER	JENNIE		SNW1	327	N	287
NEIGHSWANDER	SAML		SNPL	206	Y	49
NEIGHSWANDER	MARGARET		SNPL	206	N	49
NEIGHSWANDER	ELIZABETH		SNPL	206	N	49
NEIGHSWANDER	SAVILLA		SNPL	206	N	49
NEIGHSWANDER	WILLIAM		SNPL	206	N	49
NEIGHSWANDER	ABBA		SNPL	206	N	49
NEIGHTSWANDER	ROBERT		SNBL	56	Y	120
NEIGHTSWANDER	REBECCA		SNBL	56	N	120
NEIGHTSWANDER	CORA	A	SNBL	56	N	120
NEIKIRK	WILLIAM		SNAD	4	Y	57
NEIKIRK	MARTHA		SNAD	4	N	57
NEIKIRK	MARY		SNAD	4	N	57
NEIKIRK	ORTEMIS		SNAD	4	N	57
NEIKIRK	LAUTHA		SNAD	4	N	57
NEIKIRK	BARBARA		SNAD	4	N	57
NEIKIRK	AMBROSE		SNAD	4	N	57
NEIKIRK	JOSEPH		SNAD	4	N	57
NEIKIRK	DAVID		SNAD	12	Y	189
NEIKIRK	ALICE		SNAD	12	N	189
NEIKIRK	CARRIE		SNAD	12	N	189
NEIKIRK	GEORGE		SNAD	12	N	189
NEIKIRK	VIOLA		SNAD	12	N	189
NEIKIRK	ELISA		SNAD	12	N	189
NEIKIRK	HARVEY		SNAD	12	Y	190
NEIKIRK	EMMA		SNAD	12	N	190
NEIKIRK	ANDREW		SNAD	12	Y	191
NEIKIRK	MARY		SNAD	12	N	191
NEIKIRK	CATHARINE		SNAD	12	Y	192
NEIKIRK	LOVINA		SNAD	12	N	192
NEIKIRK	EMORY		SNAD	12	N	192
NEIKIRK	JOSEPH		SNAD	18	Y	293
NEIKIRK	CATHERINE		SNAD	18	N	293
NEIKIRK	SAMUEL		SNAD	20	Y	325
NEIKIRK	AMANDA		SNAD	20	N	325
NEIKIRK	SAMMY		SNAD	20	N	325
NEIKIRK	MARTIN		SNSC	239	Y	21
NEIKIRK	MARGARET		SNSC	239	N	21
NEIKIRK	LAURA		SNSC	239	N	21
NEIKIRK	ELMER		SNSC	239	N	21
NEIKIRK	ALBERT		SNSC	239	N	21
NEIKIRK	MICHAEL		SNSC	248	Y	164
NEIKIRK	JACOB		SNSC	248	Y	169
NEIKIRK	LACY		SNSC	248	N	169
NEIKIRK	EMMA		SNSC	248	N	169
NEIKIRK	JOSEPH		SNSC	248	N	169
NEIKIRK	DANIEL		SNSC	248	Y	173
NEIKIRK	MARIA		SNSC	248	N	173
NEIKIRK	WESLEY		SNSC	248	N	173
NEIKIRK	JENNIE		SNSC	248	N	173
NEIKIRK	DAVID		SNSC	248	Y	176
NEIKIRK	CHRISTINA		SNSC	248	N	176

LASTNAME	FIRSTNAME	MI	LOCATION	PAGE	HEAD	HHOLD
NEIKIRK	AMANDA		SNSC	248	N	176
NEIKIRK	AMELIA		SNSC	248	N	176
NEIKIRK	CYNTHIA		SNSC	248	N	176
NEIKIRK	CHARLES		SNSC	248	N	176
NEIKIRK	ELLA		SNSC	248	N	176
NEIKIRK	DAVID		SNSC	248	Y	177
NEIKIRK	NANCY		SNSC	248	N	177
NEIKIRK	HERBERT		SNSC	248	N	177
NEIKIRK	BERTHA		SNSC	248	N	177
NEIKIRK	DAVID		SNSC	254	Y	264
NEIKIRK	MARY		SNSC	254	N	264
NEIKIRK	EDSON		SNSC	254	N	264
NEIKIRK	IDA		SNSC	254	N	264
NEIKIRK	ALICE		SNSC	254	N	264
NEIKIRK	JONAS		SNSC	256	Y	307
NEIKIRK	MARY		SNSC	256	N	307
NEIKIRK	FRANCIS		SNSC	256	N	307
NEIKIRK	HENRY		SNTH	307	Y	368
NEIKIRK	KATIE		SNTH	307	N	368
NEIKIRK	HATTIE		SNTH	307	N	368
NEIKIRK	JACOB		SNTH	307	N	368
NEIKIRK	DANIEL		SNTH	307	N	368
NEIKIRK	MARY		SNTH	307	N	368
NEIKIRK	DAVID	J	SNRE	232	Y	185
NEIKIRK	SARAH	J	SNRE	232	N	185
NEIKIRK	BYRON		SNRE	232	N	185
NEIKIRK	VICTOR		SNRE	232	N	185
NEIKIRK	MAY		SNRE	232	N	185
NEIKIRK	EVA		SNRE	232	N	185
NEIKIRK	CORA		SNRE	232	N	185
NEIKIRK	CARRIE		SNRE	232	N	185
NEIKIRK	MINIE		SNRE	232	N	185
NEIKIRK	SARAH		SNAD	12	N	189
NEISLEY	HENRY		SNBL	56	Y	125
NEISLEY	ANN	M	SNBL	56	N	125
NELFER	JACOB		SNLO	168	Y	87
NELFER	CATHERINE		SNLO	N69	N	87
NELFER	DANIEL		SNLO	169	N	87
NELFER	CATHERINE		SNLO	169	N	87
NELFER	JACOB		SNLO	169	N	87
NELFER	HENRY		SNLO	169	N	87
NELFER	SAMUEL		SNLO	169	N	87
NELFER	MARY		SNLO	169	N	87
NEPPER	PHILIP		SNBI	33	Y	170
NEPPER	JOSEPHINE		SNBI	33	N	170
NEPPER	MARGARET		SNBI	33	N	170
NEPPER	VICTOR		SNBI	33	N	170
NEPPER	AUGUST		SNBI	33	N	170
NEPPER	CHARLES		SNBI	33	Y	179
NEPPER	FLORENCE		SNBI	33	N	179
NEPPER	EGNATIUS		SNLO	195	Y	236
NEPPER	BENJ.		SNHO	117	Y	136
NEPPER	ELMIRA		SNHO	117	N	136
NEPPER	MYRA		SNHO	117	N	136
NEPPER	CYRUS		SNHO	117	N	136
NEPPER	EVA		SNHO	117	N	136
NEPPER	CLOTILDA		SNHO	117	N	136
NEPPER	SPENCER		SNHO	118	Y	154
NEPPER	HARRIET		SNHO	118	N	154
NEPPER	ANNA		SNHO	118	N	154
NEPPER	CYRUS		SNHO	118	N	154
NEPPER	EDWARD		SNHO	118	N	154
NEPPER	EMMA		SNHO	118	N	154
NEPPER	WILLIAM		SNHO	118	N	154
NEPPER	LORANE		SNHO	118	N	154
NEPPER	PETER		SNHO	118	N	154
NEPPLE	JOHN	C.	SNCL	81	Y	185
NEPPLE	AMANDA		SNCL	81	N	185
NEPPLE	MARTHA		SNCL	81	N	185
NEPPLE	AMANDA		SNCL	81	N	185
NEPPLE	SAMUEL	H.	SNCL	86	Y	252
NEPPLE	SARAH	E.	SNCL	86	N	252
NEPPLE	GRANT		SNCL	86	N	252
NEPPLE	FRED		SNCL	86	N	252
NEPPLE	JOHN		SNCL	86	N	252
NESBITT	SAMUEL		SNVE	392	Y	182
NESBITT	MARGRET		SNVE	392	N	182

LASTNAME	FIRSTNAME	MI	LOCATION	PAGE	HEAD	HHOLD
NESBITT	BERTHA		SNVE	392	N	182
NESTELRODE	ISRAEL		SNLO	194	Y	212
NESTERODE	WILLIAM		SNSC	247	Y	156
NESTLERODE	JERRY		SNLO	189	Y	131
NESTLERODE	ANN	E	SNLO	189	N	131
NESTLERODE	SUSSANAH		SNLO	194	N	212
NESTLERODE	CHRISTOPHER		SNLO	194	N	212
NESTLERODE	ISRAEL	W	SNLO	201	Y	338
NESTLERODE	THEODOCIA		SNLO	201	N	338
NESTLERODE	CORWIN	C	SNLO	201	N	338
NESTLERODE	EMMA	B	SNLO	201	N	338
NESTLERODE	CHARLES		SNLO	201	N	338
NETCHER	JOHN		SNPL	219	Y	241
NETCHER	SARAH		SNPL	219	N	241
NETCHER	GEORGE	W	SNPL	219	N	241
NEUSBAUM	CORNELIUS		SNLO	179	Y	228
NEUSBAUM	MARY		SNLO	179	N	228
NEUSBAUM	CARIE		SNLO	179	N	228
NEUSE	ELNORA		SNBI	38	N	249
NEUSE	ADDIE		SNBI	38	N	249
NEVILLS ?	ABRAHAM		SNSC	240	Y	37
NEVILLS ?	ELLEN		SNSC	240	N	37
NEWCOMB	MYRON		SNJA	127	Y	7
NEWCOMB	SARAH		SNJA	127	N	7
NEWCOMB	EMMA		SNJA	127	N	7
NEWCOMB	SIDNEY		SNJA	127	N	7
NEWCOMB	PETER		SNJA	127	N	7
NEWCOMB	JOHN		SNJA	127	N	7
NEWCOMB	THADDEAS		SNJA	127	N	7
NEWCOMB	EMMA		SNLO	185	Y	69
NEWCOMBER	JOHN		SNBL	64	Y	243
NEWCOMBER	GEROME	L	SNBL	64	N	243
NEWCOMBER	EMELY	L	SNBL	64	N	243
NEWCOMBER	GENELLA		SNBL	64	N	243
NEWCOMER	SUSAN		SNBL	64	N	243
NEWHOUSE	JACOB		SNLI	162	Y	331
NEWHOUSE	JACOB		SNLI	162	Y	331
NEWKIRK	JOHN		SNAD	2	Y	30
NEWKIRK	SARAH		SNAD	2	N	30
NEWMAN	JENNIE	E	SNLI	146	N	71
NEWMAN	ELISABETH		SNBL	64	Y	249
NEWMAN	MARY	A	SNBL	64	N	249
NEWMAN	MARTHA	A	SNBL	64	N	249
NEWMAN	CHARLES	W	SNBL	64	N	249
NEWMAN	LAURA	E	SNBL	64	N	249
NEWMAN	JENNIE	E	SNLI	146	N	71
NEWMAN	CHARLES	D	SNSN	272	Y	212
NEWSAN	SAMUEL		SNHO	121	Y	217
NEWTON	CHESTER		SNED	103	Y	216
NEWTON	ROSEANA		SNED	103	N	216
NEWTON	JOHN		SNBL	66	Y	280
NEWTON	CORDELIA		SNBL	66	N	280
NEWTON	WILLIAM	M	SNBL	66	Y	281
NEWTON	CYNTHIA	J	SNBL	66	N	281
NEY	PETER		SNBI	25	Y	67
NEY	MARGARET		SNBI	25	N	67
NEY	JOSEPH		SNBI	25	N	67
NEY	MARY		SNBI	25	N	67
NEY	FREDERICK		SNBI	25	Y	70
NEY	CATHERINE		SNBI	25	N	70
NEY	MARGARET		SNBI	26	N	70
NEY	ELLEN		SNBI	26	N	70
NEY	HENRY		SNBI	26	N	70
NEY	CATHERINE		SNBI	26	N	70
NEY	BYRON	C	SNBL	57	Y	132
NEY	AMANDA		SNBL	57	N	132
NEY	ROSALIA		SNBL	57	N	132
NEY	VIRGINIA		SNBL	57	N	132
NEY	MARIA		SNBL	57	N	132
NEY	GEORGELLIS		SNBL	57	N	132
NEY	EMMANUEL		SNBL	57	Y	143
NEY	ELISABETH		SNBL	57	N	143
NEY	ALBERT		SNBL	57	N	143
NEY	JOHN	F	SNBL	57	N	143
NEY/NYE	LEWIS	F	SNRE	226	Y	92
NEY/NYE	ELIZA		SNRE	226	N	92
NEY/NYE	HELENA		SNRE	226	N	92

LASTNAME	FIRSTNAME	MI	LOCATION	PAGE	HEAD	HHOLD
NEY/NYE	EFFIE	M	SNRE	226	N	92
NEY/NYE	GENEVRA		SNRE	226	N	92
NEY/NYE	HENRY	A	SNRE	226	N	92
NEY/NYE	LEVI	S	SNRE	226	N	92
NEY/NYE	ANGIE		SNRE	226	N	92
NEY/NYE	ADELBERT		SNRE	226	N	92
NEY/NYE	GEORGE		SNRE	226	Y	96
NEY/NYE	PHEBY		SNRE	226	N	96
NEY/NYE	ALTON		SNRE	226	N	96
NEY/NYE	G	G	SNRE	226	N	96
NEY/NYE	MYRTELLA		SNRE	226	N	96
NEY/NYE	CARRIE		SNRE	226	N	96
NEY/NYE	JAY		SNRE	226	N	96
NICELY?	JOHN		SNTH	284	Y	45
NICHOLAS	JOHN	M	SNED	93	Y	59
NICHOLAS	ELIZA		SNED	93	N	59
NICHOLAS	JOHN		SNSN	268	Y	157
NICHOLAS	MAGDALINE		SNSN	268	N	157
NICHOLAS	MINNIE		SNSN	268	N	157
NICHOLAS	FRANK		SNSN	268	N	157
NICHOLDS?	JOHN		SNLI	152	Y	166
NICHOLDS?	JOHN		SNLI	152	Y	166
NICHOLS	ROBERT		SNW1	\23	Y	239
NICHOLS	JANE		SNW1	323	N	239
NICHOLS	ELIZA		SNW1	323	N	239
NICHOLS	EMMA		SNW1	323	N	239
NICHOLS	ALLICE		SNW1	323	N	239
NICHOLS	AMOS		SNW1	325	Y	269
NICHOLS	MARY		SNW1	325	N	269
NICHOLS	AMOS		SNW1	325	N	269
NICHOLS	ANGELINE		SNW1	325	N	269
NICHOLS	ANNA		SNW1	326	N	269
NICHOLS	JESSE		SNW1	326	N	269
NICHOLS	ETTA		SNW1	326	N	269
NICHOLS	MARY		SNW1	326	N	269
NICHOLS	EMMA		SNTH	283	Y	33
NICHOLS	FRANKLIN		SNTH	283	N	33
NICK	NICHOLAS	P.	SNCL	75	Y	91
NICK	PLESE?		SNLI	150	Y	139
NICK	MARY		SNLI	150	N	139
NICK	MARGARET		SNLI	150	N	139
NICK	NICHOLAS		SNLI	150	N	139
NICK	ELIZABETH		SNLI	150	N	139
NICK	SUSANNAH		SNLI	150	N	139
NICK	MARY		SNLI	150	N	139
NICK	CATHARINE		SNLI	151	N	139
NICK	HELLENA		SNLI	151	N	139
NICK	THIRESA		SNLI	151	N	139
NICK	ROSA		SNLI	151	N	139
NICK	ADELIA		SNLI	151	N	139
NICK	PLESE?		SNLI	150	Y	139
NICK	MARY		SNLI	150	N	139
NICK	MARGARET		SNLI	150	N	139
NICK	NICHOLAS		SNLI	150	N	139
NICK	ELIZABETH		SNLI	150	N	139
NICK	SUSANNAH		SNLI	150	N	139
NICK	MARY		SNLI	150	N	139
NICK	CATHARINE		SNLI	151	N	139
NICK	HELLENA		SNLI	151	N	139
NICK	THERESA		SNLI	151	N	139
NICK	ROSA		SNLI	151	N	139
NICK	ADELIA		SNLI	151	N	139
NICKOLIA	FRED		SNW2	376	Y	392
NICKOLIA	FANNIE		SNW2	376	N	392
NICKOLIA	CLARA		SNW2	376	N	392
NICKOLIA	HOWARD		SNW2	376	N	392
NIGHSWANDER	JOHN		SNLI	146	Y	60
NIGHSWANDER	JOSEPH		SNLI	154	Y	196
NIGHSWANDER	ELIZABETH		SNLI	154	N	196
NIGHSWANDER	JOSEPH		SNLI	154	N	196
NIGHSWANDER	BENJAMIN		SNLI	154	N	196
NIGHSWANDER	LEVI		SNLI	154	N	196
NIGHSWANDER	GEORGE		SNLI	154	N	196
NIGHSWANDER	SUSAN		SNLI	154	N	196
NIGHSWANDER	ALICE	M	SNLI	154	N	196
NIGHSWANDER	DAVID		SNLI	154	Y	199
NIGHSWANDER	MARY		SNLI	154	N	199

LASTNAME	FIRSTNAME	MI	LOCATION	PAGE	HEAD	HHOLD
NIGHSWANDER	MINNIE	B	SNLI	154	N	199
NIGHSWANDER	LUTHER		SNLI	154	N	199
NIGHSWANDER	DAVID		SNLI	154	N	199
NIGHSWANDER	SARAH		SNLI	155	Y	208
NIGHSWANDER	DANL.		SNPL	205	Y	45
NIGHSWANDER	MARY		SNPL	205	N	45
NIGHSWANDER	ELIZA	J	SNPL	205	N	45
NIGHSWANDER	ANNA		SNPL	205	N	45
NIGHSWANDER	LUTHER		SNPL	205	N	45
NIGHSWANDER	JOHN		SNLI	146	Y	60
NIGHSWANDER	JOSEPH		SNLI	154	Y	196
NIGHSWANDER	ELIZABETH		SNLI	154	N	196
NIGHSWANDER	JOSEPH		SNLI	154	N	196
NIGHSWANDER	BENJAMIN		SNLI	154	N	196
NIGHSWANDER	LEVI		SNLI	154	N	196
NIGHSWANDER	GEORGE		SNLI	154	N	196
NIGHSWANDER	SUSAN		SNLI	154	N	196
NIGHSWANDER	ALICE	M	SNLI	154	N	196
NIGHSWANDER	DAVID		SNLI	154	Y	199
NIGHSWANDER	MARY		SNLI	154	N	199
NIGHSWANDER	MINNIE	B	SNLI	154	N	199
NIGHSWANDER	LUTHER		SNLI	154	N	199
NIGHSWANDER	DAVID		SNLI	154	N	199
NIGHSWANDER	SARAH		SNLI	155	Y	208
NIGHTLINGER	ELIZABETH		SNJA	131	Y	68
NILES	LODINA		SNAD	6	Y	94
NILES	HENRY		SNAD	6	Y	99
NILES	MARY		SNAD	6	N	99
NILES	IDA		SNAD	6	N	99
NILES	FRANK		SNAD	6	N	99
NILES	ODELLA		SNAD	6	N	99
NILES	CYRUS		SNAD	8	Y	125
NILES	BETSY		SNAD	8	N	125
NILES	ALBERT		SNAD	8	N	125
NILES	SANFORD	P	SNRE	226	Y	89
NILES	ROSALTHE		SNRE	226	N	89
NILES	SUSANA	M	SNRE	226	N	89
NILES	DORA	A	SNRE	226	N	89
NIMS	ELIZABETH		SNAD	1	Y	7
NIMS	EDWIN		SNAD	1	N	7
NIMS	MARTHA		SNAD	1	N	7
NIMS	MARY		SNAD	1	N	7
NIMS	JOEL		SNAD	1	N	7
NIMS	ELIZABETH		SNAD	1	N	7
NIMS	MYRA		SNAD	1	N	7
NOAH	JOHN		SNAD	13	Y	212
NOAH	ANNA		SNAD	13	N	212
NOAH	FANNIE		SNAD	13	N	21
NOAH	HENRY		SNSN	276	Y	281
NOAH	MARGARET		SNSN	276	N	281
NOBLE	MONTGOMERY		SNJA	129	Y	38
NOBLE	ANN		SNJA	129	N	38
NOBLE	HOMER		SNJA	129	N	38
NOBLE	ELLA		SNJA	129	N	38
NOBLE	BELL		SNJA	129	N	38
NOBLE	REBECCA		SNJA	133	Y	99
NOBLE	JOHN		SNLO	191	Y	173
NOBLE	MARY	E	SNLO	191	N	173
NOBLE	NELLIE	M	SNLO	191	N	173
NOBLE	JOHN	W	SNLO	191	N	173
NOBLE	HARRISON		SNW1	324	Y	249
NOBLE	MANERVIA		SNW1	324	N	249
NOBLE	HARRISON	H	SNW1	324	N	249
NOBLE	BERTHLAND		SNW1	324	N	249
NOBLE	WARREN	F	SNW2	376	Y	383
NOBLE	W	P	SNW2	377	Y	409
NOBLE	MARY	E	SNW2	377	N	409
NOBLE	FRANK		SNW2	377	N	409
NOEL	NICHOLAS		SNAD	9	Y	148
NOEL	CATHERINE		SNAD	9	N	148
NOEL	LYDIA		SNAD	9	N	148
NOEL	CATHERINE		SNAD	10	N	148
NOEL	GEORGE		SNAD	10	N	148
NOEL	JOHN		SNAD	10	N	148
NOEL	MARY		SNAD	10	N	148
NOEL	ANNA		SNAD	10	N	148
NOEL	SUSANAH		SNAD	10	N	148

LASTNAME	FIRSTNAME	MI	LOCATION	PAGE	HEAD	HHOLD
NOEL	ELLEN		SNAD	10	N	148
NOEL	JAMES		SNAD	10	N	148
NOEL	SILAS		SNAD	12	Y	188
NOEL	JOHN		SNAD	20	Y	325
NOEL	MARY		SNLO	165	Y	40
NOEL	BARBRA		SNLO	165	N	40
NOEL	ELIZABETH		SNLO	165	N	40
NOEL	CATHERINE		SNLO	165	N	40
NOEL	VICTORIA		SNLO	165	N	40
NOEL	JOSAPHINE		SNLO	165	N	40
NOEL	ALBERT		SNLO	191	Y	168
NOEL	MARY	A	SNLO	191	N	168
NOEL	ELIZA	J	SNLO	191	N	168
NOGLE	JACOB		SNED	90	Y	28
NOLEN	MARY		SNCL	84	Y	230
NOLEN	ANN		SNCL	84	N	230
NOLEN	SOPHIA		SNCL	84	N	230
NOLEN	JAMES		SNCL	84	N	230
NOLEN	JOHN		SNW1	312	Y	83
NOLEN	MARGARET		SNW1	312	N	83
NOLEN	LUCY	E	SNW1	312	N	83
NOLEN	NETTIE		SNW1	312	N	83
NOLEN	CATHARINE		SNW1	312	N	83
NOLEN	MARY		SNW1	312	N	83
NOLEN	MAY		SNW1	312	N	83
NOLLER	HENRY		SNW1	333	Y	370
NOLLER	CAROLINE		SNW1	333	N	370
NOLLER	HENRY		SNW1	333	N	370
NOLLER	JOHN		SNW1	333	N	370
NOLLER	WILLIAM		SNW1	333	N	370
NOLLER	EMMA		SNW1	333	N	370
NOLLER	CAROLINE		SNW1	333	N	370
NOLLER	FRANK		SNW1	333	N	370
NORIOT	MARIAN		SNBI	31	Y	149
NORIOT	VALARIA		SNBI	31	N	149
NORIOT	MARY		SNBI	31	N	149
NORIOT	FRANK		SNBI	31	N	149
NORIOT	JOHN		SNBI	31	N	149
NORIOT	PETER		SNBI	31	N	149
NORIOT	MARTIN		SNBI	31	N	149
NORNER	SAMUEL		SNTH	282	Y	23
NORNER	ELIZABETH		SNTH	282	N	23
NORNER	GEORGE		SNTH	282	N	23
NORNER	HEZEKIAH		SNTH	282	Y	27
NORNER	HANAH		SNTH	282	N	27
NORRIS	LOYD		SNCL	77	Y	135
NORRIS	BARBARA		SNCL	77	N	135
NORRIS	SIDNEY		SNCL	77	N	135
NORRIS	EDEN	D.	SNCL	81	Y	198
NORRIS	NANCY	A.	SNCL	81	N	198
NORRIS	JOHN	E.	SNCL	81	N	198
NORRIS	CHARLES	F.	SNCL	81	N	198
NORRIS	ELI	N.	SNCL	81	N	198
NORRIS	ELLA		SNCL	81	N	198
NORRIS	ENDORA		SNCL	81	N	198
NORRIS	EDNA		SNCL	81	N	198
NORRIS	EFHERIEM		SNAD	19	Y	310
NORRIS	SARAH		SNAD	19	N	310
NORRIS	NATHAN		SNAD	19	N	310
NORRIS	NELSON		SNLO	182	Y	22
NORRIS	PAUL	T	SNLO	186	Y	81
NORRIS	NANCY	A	SNLO	186	N	81
NORRIS	REBECCA		SNLO	186	N	81
NORRIS	MARTHA	M	SNLO	201	Y	339
NORRIS	ELVIRA		SNW1	339	Y	449
NORRIS	MARY		SNW2	358	Y	121
NORRIS	WILLIAM		SNSC	239	Y	22
NORRIS	ELIZABETH		SNSC	239	N	22
NORRIS	CHARLES		SNSC	239	N	22
NORRIS	EDWARD		SNSC	239	Y	22
NORRIS	JOHN		SNSC	240	Y	36
NORRIS	ELIZABETH		SNSC	240	N	36
NORRIS	ALLEN		SNSC	240	N	36
NORRIS	LAURA		SNSC	240	N	36
NORRIS	ADDA		SNSC	240	N	36
NORRIS	EPHRAIM		SNSC	244	Y	103
NORRIS	ALVINA		SNVE	393	Y	203

LASTNAME	FIRSTNAME	MI	LOCATION	PAGE	HEAD	HHOLD
NORTHNIP	BERY		SNW1	342	Y	488
NORTHROPE	H	H	SNW2	366	Y	242
NORTHROPE	MALINDA		SNW2	366	N	242
NORTHROPE	EDGER		SNW2	366	N	242
NORTHROPE	EFFA		SNW2	366	N	242
NORTHROPE	NANCY		SNW2	369	Y	283
NORTON	RUFUS		SNLI	158	Y	252
NORTON	CLARRISSA		SNLI	158	N	252
NORTON	CYRUS		SNLI	158	Y	253
NORTON	HARRIET		SNLI	158	N	253
NORTON	JAMES	A	SNLI	158	N	253
NORTON	RUFUS		SNLI	158	N	253
NORTON	A.	R.	SNW1	310	Y	46
NORTON	RUPHUS		SNW1	310	N	56
NORTON	EMMA		SNED	95	Y	88
NORTON	ISABELLA		SNTH	283	Y	33
NORTON	RUFUS		SNLI	158	Y	252
NORTON	CLARRISSA		SNLI	158	N	252
NORTON	CYRUS		SNLI	158	Y	253
NORTON	HARRIET		SNLI	158	N	253
NORTON	JAMES	A	SNLI	158	N	253
NORTON	RUFUS		SNLI	158	N	253
NORTON	JENNIE		SNRE	222	Y	24
NULL	JACOB		SNLI	142	Y	14
NULL	SUSAN		SNLI	142	N	14
NULL	JOHN		SNLI	142	N	14
NULL	WILLIAM	H	SNLI	162	Y	335
NULL	SARAH	A	SNLI	162	N	335
NULL	ADIA	A	SNLI	162	N	335
NULL	ALICE		SNLI	162	N	335
NULL	JACOB		SNLI	142	Y	14
NULL	SUSAN		SNLI	142	N	14
NULL	JOHN		SNLI	142	N	14
NULL	WILLIAM	H	SNLI	162	Y	335
NULL	SARAH	A	SNLI	162	N	335
NULL	ADIA	A	SNLI	162	N	335
NULL	ALICE		SNLI	162	N	335
NUNAMAN	AUGUSTUS		SNW1	312	Y	77
NUSBAUM	WILLIAM		SNCL	71	Y	41
NUSBAUM	REBECCA		SNCL	71	N	41
NUSBAUM	PERIA		SNCL	71	N	41
NUSON	MARY		SNCL	72	Y	50
NUSON	THOMAS		SNW1	310	Y	43
NUSON	CATHERINE		SNW1	310	N	43
NUSON	ALAPA		SNW1	310	N	43
NUSON	ALVIRA		SNW1	310	N	43
NUSON	KATE		SNW1	310	N	43
NUSON	SYNTHA		SNW1	310	N	43
NUSON	MARY		SNW1	310	N	43
NUSON	MARTHA		SNW1	310	N	43
NUSSER	GEORGE		SNJA	137	Y	178
NUSSER	ELIZABETH		SNJA	138	N	178
NUSSER	WALTER		SNJA	138	N	178
NUSSER	NICHOLAS		SNJA	138	N	178
NUSSER	GEORGE	N.	SNJA	138	N	178
NUSSER	ELIZABETH		SNJA	138	N	178
NYE	FRANKLIN		SNBI	26	Y	77
NYE	ANN		SNBI	26	N	77
NYE	MARY		SNBI	26	N	77
NYE	ANNA		SNBI	26	N	77
NYE	PETER		SNBI	26	N	77
NYE	FRANKLIN		SNBI	26	N	77
NYE	MICHAEL		SNBI	26	N	77
NYE	THERESA		SNBI	26	N	77
NYE	HENRY		SNBI	26	N	77
NYE	ROSA		SNBI	26	N	77
NYE	JOSEPHINE		SNBI	26	N	77
NYE	FRANK		SNLI	161	Y	310
NYE	MARY		SNLI	161	N	310
NYE	FREDRICK		SNLI	161	N	310
NYE	MICHAEL	W	SNLI	161	N	310
NYE	JOHN	P	SNLO	182	Y	29
NYE	MARY	A	SNLO	182	N	29
NYE	EMMA	C	SNLO	182	N	29
NYE	JOHN		SNSC	255	Y	294
NYE	JANE		SNSC	255	N	294
NYE	EMMA		SNSC	255	N	294

LASTNAME	FIRSTNAME	MI	LOCATION	PAGE	HEAD	HHOLD
NYE	SAMUEL		SNSC	255	N	294
NYE	FRANK		SNLI	161	Y	310
NYE	MARY		SNLI	161	N	310
NYE	FREDRICK		SNLI	161	N	310
NYE	MICHAEL	W	SNLI	161	N	310
O'BRIEN	WILLIAM		SNJA	131	Y	67
O'BRIEN	CATHERINE		SNLO	187	Y	110
O'CONNEL	MICHAEL		SNHO	118	Y	157
O'CONNER	TIMOTHY		SNSN	276	Y	270
O'CONNER	MARY		SNSN	276	N	270
O'CONNER	MARY		SNSN	276	N	270
O'CONNER	HANNAH		SNSN	276	N	270
O'CONNER	DANIEL		SNSN	276	N	270
O'CONNER	LAWRENCE		SNSN	276	N	270
O'CONNER	CATHARINE		SNSN	276	N	270
O'CONNER	JULIA		SNSN	276	N	270
O'CONNOR	JOHN	D.	SNCL	81	Y	197
O'CONNOR	RUTH		SNCL	81	N	197
O'CONNOR	JULIETT		SNCL	81	N	197
O'CONNOR	JANE	E.	SNCL	81	N	197
O'CONNOR	REBECCA		SNCL	81	N	197
O'CONNOR	JOHN	D.	SNCL	81	N	197
O'CONNOR	COURTINE		SNBI	40	Y	270
O'DONNEL	FRANK		SNW2	355	Y	91
O'DONNEL	MARY		SNW2	355	N	91
O'DONNEL	MARGARET		SNW2	355	N	91
O'DONNEL	MARY		SNW2	355	N	91
O'NEAL	SARAH		SNW2	357	Y	111
OAKE?	OLIVER		SNSC	241	Y	43
OAKLEAF	VALENTINE?		SNSC	244	Y	108
OAKLEAF	CAROLINE		SNSC	244	N	108
OAKLEAF	GEORGE		SNSC	244	N	108
OAKLEAF	MALINDA		SNSC	244	N	108
OAT	PETER		SNTH	304	Y	312
OAT	MUNA?		SNTH	304	N	312
OAT	JACOB		SNTH	304	N	312
OAT	JOHN		SNTH	304	N	312
OAT	MARY		SNTH	304	N	312
OAT	CHARLES		SNTH	304	N	312
OAT	CAROLINE		SNTH	304	N	312
OAT	JOSEPH		SNTH	304	N	312
OBLUTS	JOHN		SNTH	291	Y	154
OBRIAN	ELLEN		SNW2	379	Y	438
OBRIEN	PATRICK		SNLO	171	Y	118
OBRIEN	CATHERINE		SNLO	171	N	118
OBRIEN	MARGARET		SNLO	171	N	118
OBRIEN	THOMAS		SNLO	173	Y	141
OBRIEN	MARGARET		SNLO	173	N	141
OBRIEN	THOMAS		SNLO	173	N	141
OBRIEN	TENNES		SNLO	173	N	141
OBRIEN	JOHN		SNLO	173	N	141
OBRYAN	THOMAS		SNW2	355	Y	78
OBRYAN	JAMES		SNW2	355	N	78
OBRYAN	HANNAH		SNW2	355	N	78
OCCONNEL	ED		SNW2	370	Y	304
OCCONNEL	BRIDGET		SNW2	370	N	304
OCCONNEL	JAMES	L	SNW2	370	N	304
OCCONNEL	MARY		SNW2	370	N	304
OCCONNEL	MICHAEL		SNW2	370	N	304
OCCONNEL	JOHN		SNW2	370	Y	309
OCCONNEL	AMANDA		SNW2	370	N	309
OCCONNEL	THOMAS		SNW2	370	N	309
OCCONNEL	JEROME		SNW2	370	N	309
OCCONNEL	FANNIE		SNW2	370	N	309
OCCONNEL	EVA		SNW2	370	N	309
OCCONNEL	ANNA		SNW2	370	N	309
OCCONNEL	DANIEL		SNW2	370	N	309
OCCONNEL	HARRIET		SNW2	379	Y	433
OCHSCHEIN	WM.		SNHO	124	Y	261
OCHSCHEIN	LOUISA		SNHO	124	N	261
OCHSCHEIN	FRED		SNHO	124	N	261
OCHSCHEIN	EMMA		SNHO	124	N	261
OCHSCHEIN	HENRY		SNHO	124	N	261
OCHSCHEIN	ROSA		SNHO	124	N	261
OCONNER	CATHARINE		SNW2	355	Y	88
ODEN	CATHERINE		SNW1	312	Y	72
ODEN	ALVERDA		SNW1	312	N	72

LASTNAME	FIRSTNAME	MI	LOCATION	PAGE	HEAD	HHOLD
OFFENHEUSER	JOHN		SNW2	362	Y	178
OFFENHEUSER	ABBA		SNW2	362	N	178
OFFENHEUSER	HENRIETTA		SNW2	362	N	178
OGDEN	MARY		SNCL	83	Y	211
OGDEN	ABAGAIL		SNAD	9	Y	133
OGDEN	S	M	SNED	89	Y	2
OGDEN	MARY		SNED	89	N	2
OGDEN	GILBERT		SNSC	243	Y	81
OGDEN	LAURA		SNSC	243	N	81
OGDEN	IRVIN		SNSC	243	N	81
OGDEN	DAVID		SNSC	256	Y	313
OGDEN	ANN		SNSC	256	N	313
OGDEN	ELIZABETH		SNSC	256	N	313
OGDEN	FRANK		SNSC	256	N	313
OGDEN	JENNIE		SNSC	256	N	313
OGDEN	HERBERT		SNSC	258	Y	339
OGDEN	HARRIET		SNSC	258	N	339
OGLE	THOMAS		SNW1	339	Y	454
OGLE	MARY		SNW1	339	N	454
OGLE	LUCRETIA		SNW1	339	N	454
OGLE	EMMA		SNW1	339	N	454
OGLE	PATTA		SNW1	339	N	454
OGLE	ELMORE		SNW1	339	N	454
OGLE	J	C	SNW2	376	Y	393
OGLE	ANNA	C	SNW2	376	N	393
OGLE	JOHN	B	SNW2	376	N	393
OGLE	GEORGE		SNW2	376	N	393
OGLE	CHARLES		SNW2	376	N	393
OGLE	CARRIE		SNW2	376	N	393
OGLE	LORETTA		SNED	104	Y	243
OGLE	ELIZ		SNHO	121	Y	208
OGLE	MARGARET		SNHO	121	N	208
OGLE	JOHN		SNHO	121	N	208
OGLE	JOSHUA		SNHO	121	N	208
OGLE	ARLINGTON		SNHO	121	N	208
OGLE	JOSEPH		SNHO	121	N	208
OGLE	FRANK		SNHO	121	N	208
OGLE	JAMES		SNBL	63	Y	228
OGLES	EDWARD		SNED	92	Y	55
OHLE	JOSEPH		SNBL	61	Y	194
OHLE	SUSAN		SNBL	61	N	194
OHLE	JOHN	P	SNBL	61	N	194
OHLE	MARY	S	SNBL	61	N	194
OHLE	SUSAN	E	SNBL	61	N	194
OHLE	OWEN	H	SNBL	61	N	194
OHLER	LEVI	N.	SNCL	81	Y	183
OHLER	CATHERINE		SNCL	81	N	183
OHLER	VIRGINIA		SNCL	81	N	183
OHLER	HOWARD		SNCL	81	N	183
OHLER	EMMA		SNCL	81	N	183
OHLER	FRANK		SNCL	81	N	183
OLDS	HUBERT		SNSC	251	Y	214
OLDS	MARY		SNSC	251	N	214
OLDS	IRENA		SNSC	251	N	214
OLDS	FRED		SNSC	251	N	214
OLDS	EMMA	E	SNBL	52	Y	60
OLDS	FRANK		SNBL	55	Y	98
OLDS	ANNIE		SNBL	55	N	98
OLEMPIES?	MARIA		SNTH	288	Y	108
OLEN	WALLACE		SNVE	395	Y	241
OLEN	MARY	M	SNVE	395	N	241
OLEN	FRANK	C	SNVE	395	N	241
OLEN	CATHARINE		SNVE	396	Y	242
OLIVER	MARY		SNTH	283	Y	32
OLIVER	JANE		SNTH	283	N	32
OLIVER	WESLEY		SNTH	283	N	32
OLMSTED	CHAS		SNLO	186	Y	87
OLMSTED	MARGARET		SNLO	186	N	87
OLMSTED	JESSIE		SNLO	186	N	87
OLMSTED	MARY	A	SNLO	186	N	87
OLMSTED	AYULAH ?		SNLO	189	Y	133
OMER	JOSEPH		SNTH	296	Y	224
OMLOR	DEBOLT		SNLO	163	Y	4
OMLOR	MARGARET		SNLO	163	N	4
OMLOR	JACOB		SNLO	163	N	4
OMLOR	ANNA		SNLO	163	N	4
OMLOR	JOSEPH		SNLO	163	N	4

LASTNAME	FIRSTNAME	MI	LOCATION	PAGE	HEAD	HHOLD
OMLOR	ADELINE		SNLO	163	N	4
OMLOR	ROSA	M	SNLO	163	N	4
OMLOR	ANNA	M	SNLO	163	N	4
OMLOR	JOSEPH		SNLO	163	N	4
OMWICK	JACOB		SNPL	206	Y	63
OMWICK	MARY		SNPL	206	N	63
OMWICK	GEORGE		SNPL	206	N	63
OMWICKY	JACOB		SNPL	207		64
OMWICK	REBECCA		SNPL	207	N	64
ONCEY	THERESA		SNBI	44	Y	316
ONEAL	FARRANCE		SNW2	378	Y	415
ONEAL	CATHARINE		SNW2	378	N	415
ONEAL	ELLEN		SNW2	378	N	415
ONEAL	ANNA		SNW2	378	N	415
ONEAL	JOHN		SNW2	378	N	415
ONEAL	FELIX		SNW2	378	N	415
OPLE	NOAH		SNED	91	Y	35
OPT	HENRY		SNBL	58	Y	155
OPT	ELISABETH		SNBL	58	N	155
OPT	ARELDIE	W	SNBL	58	N	155
OPT	MARTHA		SNBL	58	N	155
OPT	MELINDA	E	SNBL	58	N	155
OPT	JOHN	M	SNBL	58	N	155
OPT	WARREN	W	SNBL	58	N	155
OPT	CLARENCE	J	SNBL	58	N	155
ORENDORF	MATHEW		SNW2	353	Y	60
ORENDORF	FRANCISCA		SNW2	353	N	60
ORIE	JACOB		SNAD	9	Y	141
ORIENS	EDWARD		SNHO	122	Y	218
ORNER	JOSEPH		SNSC	252	Y	234
ORNER	ELIZABETH		SNSC	252	N	234
ORNER	JOHN		SNSC	252	N	234
ORNER	HANAH		SNSC	252	N	234
ORNER	WILLIAM		SNSC	252	N	234
ORR	THOMAS		SNLO	187	Y	101
ORR	SARAH		SNLO	187	N	101
ORR/ORT	WILLIAM		SNPL	214	Y	173
ORR/ORT	MARY	J	SNPL	214	N	173
ORRIE	WILLIAM		SNAD	10	Y	151
ORTIEN	REBECCA		SNW2	377	N	405
ORWIG	HANNAH		SNW1	336	Y	415
ORWIG	LUTHER		SNW1	336	N	415
ORWIG	HENRY		SNW1	336	Y	415
ORWIG	JAMES		SNTH	283	Y	29
ORWIG	SARAH		SNTH	283	N	29
ORWIG	FRANKLIN		SNTH	283	N	29
ORWIG	OLIVER		SNTH	283	N	29
ORWIG	NETTIE		SNTH	283	N	29
ORWIG	WILLIAM		SNVE	394	Y	217
ORWIG	MARY	E.	SNVE	394	N	217
ORWIG	RACHEAL		SNVE	394	N	217
ORWIG	FOSTER		SNVE	394	N	217
ORWIG	VICTOR	B.	SNVE	394	N	217
OSBORN	CORNELIA		SNCL	75	N	97
OSBORN	GEORGE		SNCL	75	Y	97
OSBORN	CORNELIA		SNCA	75	N	97
OSBORN	MARY		SNCL	75	N	97
OSBORN	MARY		SNW2	371	Y	312
OSBORN	KATE		SNW2	371	N	312
OSBORN	CHARLES		SNSC	255	Y	277
OSBORN	SARAH		SNSC	255	N	277
OSTER	JACOB		SNW1	340	Y	477
OSTER	CATHERINE		SNW1	340	N	477
OSTER	MARY		SNW1	341	N	477
OSTER	KATE		SNW1	341	N	477
OSTER	LEWIS		SNW1	341	N	477
OSTER	FRED		SNW1	341	N	477
OSTER	LANA		SNW1	341	N	477
OSTER	OTTO		SNW1	341	N	477
OSTERHOLD	DEDRICK		SNHO	110	Y	21
OSTERHOLD	MARTHA		SNHO	110	N	21
OSTERHOLD	WILLIAM		SNHO	110	N	21
OSTERHOLD	JOHN		SNHO	110	N	21
OSTERHOLD	GEORGE		SNHO	110	N	21
OSTERHOLD	FRANKLIN		SNHO	110	N	21
OSTERHOLD	CHARLES		SNHO	110	N	21
OSTERHOLD	JAMES		SNHO	110	N	21

LASTNAME	FIRSTNAME	MI	LOCATION	PAGE	HEAD	HHOLD
OSTIEN	J	G	SNW2	377	Y	405
OURAND	THOMAS		SNW1	338	Y	447
OURAND	FRANCES		SNW1	338	N	447
OURAND	LILLIE		SNW1	339	N	447
OUTHWAIT	FRANCES		SNBL	63	Y	232
OUTHWAIT	MARY	E	SNBL	63	N	232
OUTHWAIT	ROBERT	F	SNBL	63	N	232
OUTHWAIT	MATILDA		SNBL	63	N	232
OUTHWAIT	FRANK	E	SNBL	63	N	232
OUTHWAIT	ELISABETH		SNBL	63	N	232
OUTHWAITE	WILLIAM		SNBL	49	Y	17
OUTHWAITE	ELIZA	J	SNBL	49	N	17
OVERHOLT	JOSEPH		SNLO	200	Y	320
OVERHOLT	MARIAH		SNLO	200	N	320
OVERHOUSER	ROSA		SNCL	74	Y	90
OVERMILLER	MINRAD		SNW1	344	Y	510
OVERMILLER	MARY		SNW1	344	N	510
OVERMILLER	PHILLIP		SNW1	344	N	510
OVERMILLER	LOUISA		SNW1	344	N	510
OVERMILLER	TERESA		SNW1	344	N	510
OVERMILLER	EVA		SNW1	344	N	510
OVERMIRE	LEWIS		SNLO	163	Y	12
OVERMIRE	MARY		SNLO	163	N	12
OVERMIRE	HUGH		SNLO	164	Y	18
OVERMIRE	DIAN		SNLO	164	N	18
OVERMIRE	ANCEN		SNLO	164	N	18
OVERMIRE	FAGEN ?		SNLO	164	N	18
OVERMIRE	JOY		SNLO	164	N	18
OVERMIRE	SAMUEL		SNLO	164	N	18
OVERMIRE	BENJAMIN		SNLO	164	N	18
OVERMIRE	RODA	V	SNLO	164	N	18
OVERMIRE	BENJAMIN		SNLO	168	Y	77
OVERMIRE	HARRIET	E	SNLO	168	N	77
OVERMIRE	CHARLES	L	SNLO	168	N	77
OVERMYER	PETER		SNW1	325	Y	262
OVERMYER	ANNA	E	SNW1	325	N	262
OWEN	C	G	SNED	99	Y	154
OWEN	ANNEY		SNED	99	N	154
OWEN	RODELIA		SNED	99	N	154
OWEN	ALISTRIA		SNED	99	N	154
OWEN	FANNIE		SNSC	256	Y	302
OWEN	ALVIN	G	SNBL	50	Y	21
OWEN	LYDIA	G	SNBL	50	N	21
OWEN	MYRA	B	SNBL	50	N	21
OWEN	EUGENE		SNBL	50	N	21
OWEN	LEWIS	R	SNBL	55	Y	106
OWEN	ALMEDA		SNBL	55	N	106
OWEN	ELERY		SNBL	55	N	106
OWEN	ROSALIN		SNBL	55	N	106
OWEN	GALESHIN?		SNBL	55	N	106
OWEN	MARY	A	SNBL	66	Y	281
OWEN	JOHN	T	SNVE	401	Y	339
OWEN	SARAH		SNVE	401	N	339
OWEN	SARAH		SNVE	401	N	339
OWENS	LUISA		SNSC	246	Y	140
OWENS	ALBERT		SNSC	246	N	140
OWENS	AMONTTA?		SNSC	246	N	140
OWENS	ANNA		SNSC	246	N	140
OWENS	IDA		SNSC	246	N	140
PADGHAM	WILLIAM		SNLO	192	Y	180
PADGHAM	HANNAH		SNLO	192	N	180
PADGHAM	HARRY	J	SNLO	192	N	180
PADGHAM	CANDCE ?	J	SNLO	192	N	180
PADGHAM	THOMAS		SNLO	192	Y	180
PADGHAM	E	J	SNLO	192	Y	192
PADGHAM	ELIZA		SNLO	192	N	192
PADGHAM	ELIZABETH	J	SNLO	192	N	192
PADGHAM	SILAS		SNLO	192	N	192
PAEMENTER	ELLA		SNAD	15	N	248
PAIN	IDA		SNCL	72	Y	57
PAIN?	JOHN		SNTH	306	Y	357
PAIN?	ANNE?		SNTH	306	N	357
PAIN?	ELLA		SNTH	306	N	357
PAIN?	CHARLES		SNTH	306	N	357
PAIN?	MARY		SNTH	306	N	357
PAINE	JAMES		SNAD	2	Y	28
PAINE	FLORA		SNAD	2	N	28

LASTNAME	FIRSTNAME	MI	LOCATION	PAGE	HEAD	HHOLD
PAINE	WILLIAM		SNAD	2	N	28
PAINE	CLEMENTINE		SNAD	2	N	28
PAINE	JAMES		SNAD	2	N	28
PAINE3460XN	FLORENCE		SNAD	2		28
PAINE	AMANDA		SNAD	2	Y	30
PAINE	WILLIAM		SNAD	3	Y	39
PAINE	SOPHRANIA		SNAD	3	N	39
PAINE	LUCY		SNAD	3	N	39
PAINE	JOHN		SNAD	3	N	39
PAINE	JESSE		SNAD	3	Y	41
PAINE	CATHARINE		SNAD	3	N	41
PAINE	EMORY		SNAD	3	N	41
PAINE	SARAH		SNAD	3	Y	44
PAINE	MARY		SNAD	3	N	44
PAINE	MARTIN		SNAD	3	N	44
PAINE	ELMER		SNAD	3	N	44
PAINE	DANIEL		SNED	104	Y	239
PAINE	NANCY		SNED	104	N	239
PAINE	JOHN		SNED	104	Y	239
PAINE	AMANDA		SNED	104	N	239
PAINE	WILLIAM		SNED	104	Y	239
PAINE	MARTHA		SNED	104	N	239
PAINTER	MARTIN		SNW1	337	Y	432
PAINTER	SARAH		SNW1	337	N	432
PAINTER	LAURA		SNW1	337	N	432
PAINTER	JULIA		SNW1	337	N	432
PAINTER	HENRY		SNW2	373	Y	347
PAINTER	MARGARET		SNW2	373	N	347
PAINTER	WILLIAM		SNW2	373	N	347
PAINTER	KATE		SNW2	373	N	347
PALMER	H	W	SNRE	231	Y	171
PALMER	ELISABETH		SNRE	231	N	171
PALMER	HENRY	A	SNRE	231	N	171
PALMER	LEVI		SNRE	231	N	171
PALMER	LEVI		SNRE	234	Y	211
PANE?	P-----?		SNSC	246	Y	132
PANKHURST	JEREMIAH		SNJA	128	N	24
PANKHURST	LUCY	A.	SNJA	128	N	24
PANKHURST	PETER		SNJA	128	N	24
PANKHURST	JOHN		SNJA	128	N	24
PANKHURST	WESLEY		SNJA	128	N	24
PANKHURST	LOUISA		SNJA	128	N	24
PANKHURST	AMANDA		SNJA	128	N	24
PANKHURST	TIMOTHY		SNJA	128	N	24
PANKHURST	SALINDA		SNJA	128	N	24
PANKHURST	DANIEL		SNJA	135	Y	138
PANKHURST	LOUISA		SNJA	135	N	138
PANKHURST	ELI	E.	SNJA	135	N	138
PANKHURST	SYLVIA		SNJA	135	N	138
PANKHURST	ALICE		SNJA	128	N	24
PANNER	CHARLES		SNRE	225	Y	69
PANNER	GUY	R	SNRE	233	Y	206
PANNER	SOPHIA		SNRE	233	N	206
PANTINE	DAVID		SNSN	262	Y	49
PANTINE	SARAH		SNSN	262	N	49
PANTINE	ARABELLA		SNSN	262	N	49
PANTINE	JOHN		SNSN	262	N	49
PANTINE	WILLIS		SNSN	262	N	49
PANTINE	RACHEL		SNSN	262	N	49
PARK	CHRISTIAN		SNCL	73	Y	68
PARK	ELIZABETH		SNCL	73	N	68
PARK	EZRAH		SNCL	73	N	68
PARK	HIRAM		SNCL	73	N	68
PARK	JOHN		SNCL	73	N	68
PARK	ANNA		SNCL	73	N	68
PARK	HENRY		SNCL	73	N	68
PARK	ELIZABETH		SNCL	73	N	68
PARK	JOHN		SNW1	341	Y	479
PARK	MARY	J.	SNW1	341	N	479
PARK	THADEUS		SNW1	341	N	479
PARK	ELLROY	B	SNW1	341	N	479
PARK	ALVA	R.	SNW1	341	N	479
PARK	NELLA		SNW1	341	N	479
PARK	WILLIAM		SNED	90	Y	19
PARK	IDA		SNED	90	N	19
PARK	CHARLES	C.	SNVE	398	Y	292
PARK	SUSAN	L.	SNVE	398	N	292

LASTNAME	FIRSTNAME	MI	LOCATION	PAGE	HEAD	HHOLD
PARK	MARTHA	C.	SNVE	398	N	292
PARK	EMMA	S.	SNVE	398	N	292
PARK	CHARLES	H.	SNVE	398	N	292
PARKER	MARGARET		SNAD	19	Y	310
PARKER	JULIA	A	SNLO	198	Y	292
PARKER	CHARLOTTE		SNPL	209	Y	103
PARKER	ALVIRA		SNPL	209	N	103
PARKER	EPHRIUM		SNPL	209	Y	104
PARKER	SARAH		SNPL	209	N	104
PARKER	ELMIRA		SNPL	209	N	104
PARKER	SARAH	A	SNPL	209	N	104
PARKER	LIZZIE		SNPL	209	N	104
PARKER	ELMORE		SNPL	209	N	104
PARKER	FLORA		SNPL	209	N	104
PARKER	THOMAS		SNPL	217	Y	214
PARKER	MARY	E	SNPL	217	N	214
PARKER	ALLEN		SNPL	217	N	214
PARKER	EDWARD		SNPL	217	N	214
PARKER	CORA		SNPL	217	N	214
PARKES	SUSAN		SNED	104	Y	237
PARKINS	MARTHA		SNHO	120	Y	186
PARKS	GEORGE	H	SNLI	145	Y	52
PARKS	CHARLES	L	SNLI	145	N	52
PARKS	PETER		SNW2	362	Y	178
PARKS	GEORGE	H	SNLI	145	Y	52
PARKS	CHARLES	L	SNLI	145	N	52
PARMATE	ALBERT		SNPL	218	Y	230
PARMENTER	JABAS ?		SNAD	13	Y	198
PARMENTER	ELLEN		SNAD	13	N	198
PARMENTER	DORA		SNAD	13	N	198
PARMENTER	HARVEY		SNAD	15	Y	248
PARMENTER	MARY		SNAD	15	N	248
PARMENTER	JAMES		SNAD	15	N	248
PARMENTER	CHARLES		SNAD	15	N	248
PARMENTER	WILLIAM		SNAD	15	N	248
PARMENTER	MARIA		SNAD	15	N	248
PARMER	BENJAMIN		SNLI	158	Y	259
PARMER	LOVINA		SNLI	158	N	259
PARMER	JOHN		SNLI	158	N	259
PARMER	RICHARD		SNLI	158	N	259
PARMER	IDA		SNLI	158	N	259
PARMER	GEORGE		SNLI	158	N	259
PARMER	BENJAMIN		SNLI	158	Y	259
PARMER	LOVINA		SNLI	158	N	259
PARMER	JOHN		SNLI	158	N	259
PARMER	RICHARD		SNLI	158	N	259
PARMER	IDA		SNLI	158	N	259
PARMER	GEORGE		SNLI	158	N	259
PASHE	PETER		SNBI	36	Y	220
PASHE	CATHERINE		SNBI	36	N	220
PASHE	HENRY		SNBI	36	N	220
PASHE	MARY		SNBI	36	N	220
PASHE	KATIE		SNBI	36	N	220
PASHE	ANNIE		SNBI	36	N	220
PASHE	PETER		SNBI	36	N	220
PASHE	LISSIE		SNBI	36	N	220
PASHE	FRANK		SNBI	36	N	220
PASHE	ANN		SNBI	36	N	220
PASHE	JACOB		SNBI	36	N	220
PASSE?	MARY		SNSC	253	Y	248
PATTERSON	JAMES		SNCL	74	Y	82
PATTERSON	MARY	J.	SNCL	74	N	82
PATTERSON	SIDNEY	J.	SNCL	74	N	82
PATTERSON	IDA	D.	SNCL	74	N	82
PATTERSON	ALZOA		SNCL	74	N	82
PATTERSON	SAMUEL		SNCL	74	N	82
PATTERSON	MARY	J.	SNCL	74	N	82
PATTERSON	J	C	SNLO	182	Y	22
PATTERSON	ELIZABETH		SNLO	182	N	22
PATTERSON	WILLIAM	H	SNLO	182	N	22
PATTERSON	BLANCH		SNLO	182	N	22
PATTERSON	MARY		SNLO	182	N	22
PATTERSON	DANIEL	H	SNBL	55	Y	109
PATTERSON	CATHERINE		SNBL	55	N	109
PATTERSON	WILLIAM	H	SNBL	55	N	109
PATTERSON	MARTHA	F	SNBL	55	N	109
PATTERSON	WALTON	D	SNBL	55	N	109

LASTNAME	FIRSTNAME	MI	LOCATION	PAGE	HEAD	HHOLD
PATTERSON	CLARA	A	SNBL	55	N	109
PATTERSON	IDA	J	SNBL	55	N	109
PATTERSON	ADELL	M	SNBL	55	N	109
PATTERSON	CELIA	A	SNBL	55	N	109
PATTERSON	G	W	SNRE	234	Y	222
PATTERSON	CATHARINE		SNRE	234	N	222
PATTERSON	CORA	E	SNRE	234	N	222
PATTERSON	FREDIE		SNRE	234	N	222
PATTERSON	ERVIE		SNRE	234	N	222
PATTERSON	EUGENE		SNRE	234	Y	222
PATTERSON	EBEN		SNRE	235	Y	228
PATTERSON	CATHARINE		SNRE	235	N	228
PATTERSON	LEVI		SNRE	235	N	228
PATTON	JOHN		SNW2	368	Y	275
PATTON	KATE		SNW2	368	N	275
PATTON	CLOTILDA		SNW2	368	N	275
PAXTON	MARY		SNBI	44	Y	329
PEASEMAKER	LYDA	F	SNLI	143	N	20
PEASMAKER	COONROD		SNLI	143	Y	20
PEASMAKER	SUSAN		SNLI	143	N	20
PEASMAKER	REBECCA		SNLI	143	N	20
PEASMAKER	WALTER	M	SNLI	143	N	20
PEASMAKER	ARNONTA		SNLI	143	N	20
PEASMAKER	MARY	V	SNLI	145	Y	47
PEASMAKER	COONROD		SNLI	143	Y	20
PEASMAKER	SUSAN		SNLI	143	N	20
PEASMAKER	REBECCA		SNLI	143	N	20
PEASMAKER	WALTER	M	SNLI	143	N	20
PEASMAKER	LYDA	F	SNLI	143	N	20
PEASMAKER	ARNINTA		SNLI	143	N	20
PEASMAKER	MARY	V	SNLI	145	Y	47
PECK	ANNA	C	SNW1	325	Y	262
PECK	ANNA	E	SNW1	325	N	262
PECK	FRANK	D	SNW1	325	N	262
PEER	HARRISON		SNED	107	Y	292
PEER	SARAH		SNED	107	N	292
PEER	MARY	A	SNED	107	N	292
PEER	HARRISON		SNED	107	N	292
PELS	CAROLINE		SNLO	178	Y	212
PENCE	JOHN		SNED	96	Y	109
PENCE	SABINA		SNED	96	N	109
PENCE	WILLIAM		SNED	96	Y	109
PENCE	ANNA		SNED	96	N	109
PENCE	NETTIE		SNED	96	N	109
PENCE	ELLA		SNED	96	N	109
PENCE	DAVID	L	SNPL	203	Y	11
PENCE	ELLENORA		SNPL	203	N	11
PENCE	DELILA	J	SNPL	203	N	11
PENCE	RASSELUS		SNPL	203	N	11
PENCE	HENRY		SNSN	260	Y	6
PENCE	ELIZA		SNSN	260	N	6
PENCE	JOHN	F.	SNSN	260	N	6
PENCE	JAMES		SNSN	260	Y	9
PENCE	ELIZABETH		SNSN	260	N	9
PENCE	MARY		SNSN	260	N	9
PENCE	A.	C.	SNSN	260	N	9
PENCE	ROBERT		SNSN	260	N	9
PENNELL	HENRY		SNJA	130	Y	55
PENNELL	ELIZABETH		SNJA	130	N	55
PENNELL	SAMPSON		SNJA	130	N	55
PENNELL	LYDA		SNJA	130	N	55
PENNELL	MADISON		SNJA	130	Y	58
PENNELL	ELIZABETH		SNJA	130	N	58
PENNEY	PETER		SNLI	150	Y	135
PENNEY	PETER		SNLI	150	Y	135
PENNINGTON	B.		SNW1	310	Y	38
PENNINGTON	JOSEPHINE		SNW1	310	N	38
PENNINGTON	STELLA		SNW1	310	N	38
PENNINGTON	SARAH		SNW1	330	Y	327
PENNINGTON	JOHN		SNW1	330	N	327
PENNINGTON	ISAAC		SNW1	345	Y	527
PENNINGTON	CLARA		SNW1	345	N	527
PENNINGTON	FRANK		SNW1	345	N	527
PENNINGTON	SARAH		SNW1	348	Y	567
PENNINGTON	ROBERT		SNW1	348	N	567
PENNINGTON	GILBERT		SNW1	348	N	567
PENNINGTON	ANNA		SNW2	367	Y	260

LASTNAME	FIRSTNAME	MI	LOCATION	PAGE	HEAD	HHOLD
PENNINGTON	EDWARD		SNW2	367	N	260
PENNINGTON	KATE		SNW2	367	N	260
PENNINGTON	CHARLES		SNW2	367	N	260
PENNINGTON	ROBERT		SNW2	379	Y	438
PENNINGTON	CAROLINE		SNW2	379	N	438
PENNINGTON	EUGENIA		SNW2	379	N	438
PENNINGTON	NETTIE		SNW2	379	N	438
PENNINGTON	HARRISON		SNED	98	Y	133
PENNINGTON	ALMEDA		SNED	98	N	133
PENNINGTON	ANN		SNED	104	Y	244
PENNINGTON	THOMAS		SNED	104	Y	244
PENNINGTON	PETER		SNED	105	Y	250
PENNINGTON	HETTIE		SNED	105	N	250
PENNINGTON	MAGGIE		SNED	105	N	250
PENNINGTON	WM.		SNHO	124	Y	260
PENNINGTON	ELIZA		SNHO	124	N	260
PENNINGTON	WILLIAM		SNHO	124	N	260
PENNINGTON	SARAH		SNHO	124	N	260
PENNINGTON	JOSEPHINE		SNHO	124	N	260
PENNINGTON	EMILY		SNBL	50	Y	18
PENNINGTON	ALBERT		SNBL	50	Y	19
PERRY	NICHOLAS		SNBI	27	Y	93
PERRY	JOHN		SNBI	43	Y	296
PERRY	MAGDELAIN		SNBI	43	N	296
PERRY	AARON		SNBI	43	N	296
PERSON	JOHN		SNW2	354	Y	63
PERSON	MARY		SNW2	354	N	63
PERSON	MARY		SNW2	354	N	63
PERSON	LIZZIE		SNW2	354	N	63
PERSONS	EDWARD		SNW2	366	Y	244
PERSONS	PHEBA		SNW2	366	N	244
PERTS	JOHN		SNLO	188	Y	115
PERTS	EVE		SNLO	188	N	115
PERUER	JOSEPH		SNW2	356	Y	107
PERUER	CATHARINE		SNW2	356	N	107
PERUER	JOSEPH		SNW2	356	N	107
PERUER	JACOB		SNW2	356	N	107
PERUER	ANNA		SNW2	356	N	107
PETE	GUS		SNBI	33	Y	180
PETE	PALINE		SNBI	33	N	180
PETE	MARY		SNBI	33	N	180
PETE	PHILOMINA		SNBI	33	N	180
PETE	VICTORIA		SNBI	33	N	180
PETE	FRANK		SNBI	33	N	180
PETER	JACOB		SNLO	167	Y	62
PETER	ELIZABETH		SNLO	167	N	62
PETER	ELIZABETH		SNLO	167	N	62
PETER	ABRAHAM		SNLO	168	Y	81
PETER	MARY		SNLO	168	N	81
PETER	SHARLOTT		SNLO	168	N	81
PETER	JOHN		SNLO	168	N	81
PETER	JACOB	F	SNLO	168	N	81
PETER	PHILLIP		SNLO	168	N	81
PETER	JOHN		SNLO	174	Y	157
PETER	MARGARET		SNLO	174	N	157
PETER	MARY	J	SNLO	174	N	157
PETER	JOHN	J	SNLO	174	N	157
PETER	EMMA	C	SNLO	174	N	157
PETER	PHILLIP	W	SNLO	174	N	157
PETERS	CATHERINE		SNBI	27	Y	98
PETERS	BARBARA		SNBI	27	N	98
PETERS	MICHAEL		SNBI	27	N	98
PETERS	THEODORE		SNBI	27	N	98
PETERS	JOHN		SNBI	27	N	98
PETERS	MARY		SNBI	27	N	98
PETERS	JOSEPH		SNBI	29	Y	126
PETERS	NANCY		SNBI	29	N	126
PETERS	JOSEPHINE		SNBI	29	N	126
PETERS	ALVINA		SNBI	29	N	126
PETERS	IDA		SNBI	29	N	126
PETERS	CHARLEY		SNBI	30	N	126
PETERS	ALMA		SNBI	30	N	126
PETERS	OLIVER		SNBI	30	N	126
PETERS	BARBARA		SNBI	42	Y	293
PETERS	HENRY		SNLO	165	Y	37
PETERS	CLARISSA		SNLO	165	N	37
PETERS	MELBA		SNLO	165	N	37

LASTNAME	FIRSTNAME	MI	LOCATION	PAGE	HEAD	HHOLD
PETERS	WILLIAM		SNLO	165	N	37
PETERS	HENRY		SNLO	165	N	37
PETERS	JAMES		SNLO	165	N	37
PETERS	ISABELL		SNLO	165	N	37
PETERSON	GEORGE		SNRE	223	Y	43
PETTICORD	JOHN		SNAD	3	Y	47
PETTICORD	ELISA		SNAD	3	N	47
PETTICORD	WILLIAM		SNAD	3	N	47
PETTICORD	ALLEN		SNAD	3	N	47
PETTICORD	SARAH		SNAD	3	Y	48
PETTICORD	CYNTHA		SNAD	3	N	48
PETTICORD	MILTON		SNAD	3	N	48
PETTICORD	ISABELLE		SNAD	3	N	48
PETTICORD	MARSHALL		SNAD	3	N	48
PETTICORD	MARY	ANN	SNAD	3	Y	48
PFEIFER	FREDERICK		SNAD	9	Y	130
PFEIFFER	MAGGIE		SNTH	283	Y	33
PFEIFFER	MUNCIE		SNTH	283	N	33
PFEIFFER	MILLIE		SNTH	283	N	33
PFEIFFER	LEONARD		SNTH	283	N	33
PFEIFFER	ROSINA		SNTH	283	N	33
PFOW	MAYS		SNW1	336	Y	415
PHELPS	RODGE		SNLI	161	Y	326
PHELPS	SARAH	K	SNLI	161	N	326
PHELPS	EVA		SNLI	161	N	326
PHELPS	MARY		SNLI	161	N	326
PHELPS	ELISA		SNAD	12	Y	184
PHELPS	ELISHA		SNAD	12	N	184
PHELPS	RODGE		SNLI	161	Y	326
PHELPS	SARAH	K	SNLI	161	N	326
PHELPS	EVA		SNLI	161	N	326
PHELPS	MARY		SNLI	161	N	326
PHILEN	JAMES		SNW2	350	Y	10
PHILEN	ELIZABETH		SNW2	350	N	10
PHILEN	MICHAEL		SNW2	350	N	10
PHILEN	MARY		SNW2	350	N	10
PHILEN	JAMES		SNW2	350	N	10
PHILEN	ELLEN		SNW2	350	N	10
PHILIPS	THOMAS		SNBI	35	Y	204
PHILIPS	MARTHA		SNBI	35	N	204
PHILIPS	JACKSON		SNBI	35	N	204
PHILIPS	LIZZIE		SNBI	35	N	204
PHILIPS	JAMES		SNBI	35	N	204
PHILIPS	MILDRED		SNBI	35	N	204
PHILIPS	FRASIER		SNBI	35	N	204
PHILIPS	ANNA		SNBI	35	N	204
PHILIPS	LORRUS		SNBI	35	N	204
PHILIPS	MARIA		SNED	92	N	38
PHILIPS	ALLICE		SNED	92	N	38
PHILIPS	ALFRED		SNED	92	N	38
PHILIPS	ALIAS		SNRE	236	Y	240
PHILIPS	SOPHRONIA		SNRE	236	N	240
PHILIPS	ANTHONY		SNRE	236	N	240
PHILIPS	MARY		SNRE	236	N	240
PHILIPS	FREUCY		SNRE	236	N	240
PHILIPS	JOHN		SNVE	383	Y	55
PHILIPS	CATHARINE		SNVE	383	N	55
PHILIPS	LEWIS		SNVE	383	N	55
PHILIPS	JOSEPH		SNVE	383	N	55
PHILIPS	MARTIN		SNVE	383	N	55
PHILIPS	MARY		SNVE	383	N	55
PHILIPS	JACOB		SNVE	383	N	55
PHILIPS	FANNY		SNVE	383	N	55
PHILIPS	ANNIE		SNVE	383	N	55
PHILIPS	HELENA		SNVE	383	N	55
PHILIPS	MATILDA		SNVE	383	N	55
PHILLIP	RANDOLPH		SNW1	318	Y	154
PHILLIP	ELIZABETH		SNW1	318	N	154
PHILLIP	JOHN		SNW1	318	N	154
PHILLIP	MARY		SNW1	318	N	154
PHILLIP	LOUISA		SNW1	318	N	154
PHILLIP	LOUISA		SNW1	345	Y	536
PHILLIPS	EVA		SNW1	345	Y	537
PHILLIPS	ALLISON		SNED	92	Y	38
PHILO	A	P	SNVE	398	Y	280
PHILO	ELECTA		SNVE	398	N	280
PHILPOTT	JOHN	S	SNLO	199	Y	301

LASTNAME	FIRSTNAME	MI	LOCATION	PAGE	HEAD	HHOLD
PHILPOTT	ORMDA		SNLO	199	N	301
PHILPOTT	LOUISE		SNLO	199	N	301
PIERCE	CONTENT		SNSC	242	Y	73
PIERCE	CLARRA		SNSC	242	Y	74
PIERCE	WILLIAM		SNSC	242	N	74
PIERSON	DAVID		SNW1	346	Y	545
PIERSON	O.	F.	SNW1	347	Y	545
PIERSON	MARY		SNW1	347	N	545
PIERSON	EDWARD		SNW1	347	N	545
PIFER	WILLIAM		SNLO	181	Y	15
PIFER	PETER		SNW1	328	Y	301
PIFER	MATHIAS		SNW2	363	Y	190
PIFER	MARIA	A	SNW2	363	N	190
PIFER	MAGGIE		SNW2	363	N	190
PIFER	PIETER		SNW2	363	N	190
PIFER	KATE		SNW2	363	N	190
PIFER	MARY		SNW2	363	N	190
PIFER	LOUISA		SNW2	363	N	190
PIFER	PETER		SNW2	363	N	190
PIFER	SARAH		SNW2	363	N	190
PIFER	WILLIAM		SNPL	209	Y	95
PIFER	DANIEL		SNPL	216	Y	200
PIFER	ELIZABETH		SNPL	216	N	200
PIFER	ARTEMUS		SNPL	216	N	200
PIFER	JEREMIAH		SNPL	216	N	200
PIFER	SARAH	A	SNPL	216	N	200
PIFER	CAROLINE		SNPL	216	N	200
PILGER	JAMES		SNED	91	Y	35
PILLANS	JAMES		SNW1	313	Y	86
PILLANS	SARAH		SNW1	313	N	86
PILLANS	EMMANUEL		SNW1	313	N	86
PILLANS	UNA		SNW1	313	N	86
PILLANS	JASHER		SNW1	313	N	86
PIRCHER	MARY		SNBI	40	Y	270
PIRUNCI	DAWALT		SNW2	356	Y	104
PIRUNCI	MARY		SNW2	356	N	104
PIRUNCI	ANNA		SNW2	356	N	104
PIRUNCI	REMAN		SNW2	356	N	104
PITCHER	WILLIAM		SNRE	229	Y	142
PITCHER	HANNAH		SNRE	229	N	142
PITCHER	FRANKLIN		SNRE	229	N	142
PITCHER	LOTTIE	L	SNRE	229	N	142
PITCHER	EDWARD	R	SNRE	229	N	142
PITCHER	WILLIAM	H	SNRE	229	N	142
PITTENGER	JOHN		SNCL	77	Y	124
PITTENGER	CATHARINE		SNCL	77	N	124
PITTENGER	CHARLES	C.	SNCL	77	N	124
PITTENGER	JESSE	S.	SNCL	77	N	124
PITTENGER	WILLIAM		SNCL	77	N	124
PITTENGER	SARAH	C.	SNCL	77	N	124
PITTENGER	BENJAMIN		SNCL	85	Y	243
PITTENGER	MARY		SNCL	85	N	243
PITTENGER	FILLMORE		SNCL	85	N	243
PITTENGER	CLINTON		SNCL	85	N	243
PITTENGER	ALMA		SNCL	85	N	243
PITTENGER	THERESA		SNCL	85	N	243
PITTENGER	BENJAMIN		SNCL	85	N	243
PITTENGER	ROBERT		SNAD	8	Y	123
PITTENGER	EMMA		SNW1	329	Y	317
PITTENGER	JOHN		SNW1	337	Y	430
PITTENGER	CLARA		SNW1	337	N	430
PITTENGER	ORVIN		SNW1	337	N	430
PITTENGER	HALLY		SNW1	337	N	430
PITTENGER	JULIA		SNW1	337	N	430
PLATNER	HENRY		SNBL	58	Y	158
PLATNER	ANN		SNBL	58	N	158
PLATNER	BARBARA		SNBL	58	N	158
PLATNER	JOHN		SNBL	58	N	158
PLATNER	OLIVER	W	SNBL	58	N	158
PLATNER	JACOB		SNBL	58	N	158
PLATNER	WILLIAM		SNBL	58	N	158
PLATNER	ELMER		SNBL	58	N	158
PLATNER	CHARLES		SNBL	58	N	158
PLATT	MARY		SNCL	74	Y	85
PLATT	HARRY		SNW1	332	Y	363
PLATT	JOEL?		SNSC	243	Y	87
PLATT	RACHEAL		SNSC	243	N	87

LASTNAME	FIRSTNAME	MI	LOCATION	PAGE	HEAD	HHOLD
PLATT	MARIA		SNSC	243	N	87
PLATT	BELL		SNSC	243	N	87
PLATT	JAMES		SNSC	243	N	87
PLATT	HANAH		SNSC	256	Y	308
PLATT	CATHERINE		SNSC	256	N	308
PLENZ	NICHOLAS		SNBI	41	Y	280
PLENZ	ELIZ		SNBI	41	N	280
PLENZ	JOSEPH		SNBI	41	N	280
PLENZ	THERESA		SNBI	41	N	280
POCHMYER	HANNET		SNW1	313	Y	88
POCKMYER	BENJ.		SNHO	118	Y	165
POCKMYER	ELIZ.		SNHO	118	N	165
POCKMYER	FRANK		SNHO	118	N	165
POCKMYER	JAMES		SNHO	118	N	165
POCKMYER	MARY		SNHO	118	N	165
POFAN	DORA		SNW1	319	Y	163
POFAN	WILHELM		SNW1	319	N	163
POFAN	MARY		SNW1	319	N	163
POFAN	CATHARINE		SNW1	319	N	163
POLAM	ANDREW		SNW1	315	Y	112
POLAM	MAGDALENA		SNW1	315	N	112
POLL	JOSEPH		SNHO	113	Y	77
POLL	ANNA		SNHO	113	N	77
POLL	SARAH		SNHO	113	N	77
POLL	JOSEPH		SNHO	113	N	77
POLLARD	ELIZABETH		SNLI	143	Y	17
POLLARD	ELIZABETH		SNLI	143	Y	17
POLLINGER	ELISABETH		SNVE	397	Y	273
POLLINGER	ELLEN		SNVE	397	N	273
POLLINGER	JENNETT		SNVE	397	N	273
POLTZ	CAROLINA		SNW2	358	Y	125
POLTZ	SARAH		SNW2	358	N	125
POLTZ	FRANCIS		SNPL	206	Y	52
POLTZ	REBECCA		SNPL	206	N	52
POLTZ	GEORGE		SNPL	205	N	52
POLTZ	JACOB		SNPL	206	Y	53
POLTZ	RHODA		SNPL	206	N	53
POLTZ	NEWTON		SNPL	208	Y	80
POLTZ	HARRIET		SNPL	208	N	80
POLTZ	VALLEY		SNPL	208	N	80
PONTIAEN	ALLEN		SNSN	262	Y	50
PONTIAEN	ANNA		SNSN	262	N	50
PONTIAEN	JANE		SNSN	262	N	50
PONTIAS	WILSON		SNAD	8	Y	116
PONTIAS	MELOINA ?		SNAD	8	N	116
PONTIAS	SCHUYLER		SNAD	8	N	116
PONTIAS	LYDIA		SNAD	8	Y	117
PONTIAS	ROSANNA		SNAD	8	N	117
PONTIAS	BENJAMIN		SNAD	19	Y	324
PONTIAS	JANE		SNAD	19	N	324
PONTIAS	HARDY		SNAD	19	N	324
PONTIAS	ORLY		SNAD	19	N	324
PONTIAS	ELMIRA		SNAD	19	N	324
POORMAN	JOHN		SNW1	327	Y	294
POORMAN	MARTHA		SNW1	327	N	294
POORMAN	GEORGE		SNW1	327	N	294
POORMAN	MARY		SNW1	327	N	294
POORMAN	FLORA		SNW1	327	N	294
POORMAN	JESSIE		SNW1	327	N	294
PORAN	CLARISSA		SNW1	338	Y	444
PORR	VALENTINE		SNW2	359	Y	147
PORR	WILHELMINA		SNW2	359	N	147
PORR	CLARA		SNW2	359	N	147
PORR	EMMA		SNW2	359	N	147
PORR	AMANDA		SNW2	359	N	147
PORR	IDA		SNW2	359	N	147
PORR	HANNAH		SNW2	359	N	147
PORR	LIZZIE		SNW2	359	N	147
PORTER	LOUIS		SNCL	87	Y	273
PORTER	NETTIE		SNLI	143	Y	14
PORTER	EPHRUM		SNW2	365	Y	225
PORTER	BETHRAHR		SNW2	365	N	225
PORTER	DAVID		SNED	101	Y	177
PORTER	EMMETT		SNSC	240	Y	37
PORTER	RICHARD		SNSC	249	Y	193
PORTER	SIMON		SNSC	249	N	193
PORTER	LUCIA		SNSC	249	N	193

LASTNAME	FIRSTNAME	MI	LOCATION	PAGE	HEAD	HHOLD
PORTER	RUSH		SNSC	249	N	193
PORTER	HANAH		SNSC	249	N	193
PORTER	IRA		SNSC	249	N	193
PORTER	FLORA		SNSC	253	Y	246
PORTER	RICHARD		SNSC	253	N	246
PORTER	NETTIE		SNLI	143	Y	14
PORTERSON	ROBERT		SNHO	110	Y	17
PORTERSON	ELIZA		SNHO	110	N	17
PORTERSON	ALVINIA		SNHO	110	N	17
PORTERSON	VIOLA		SNHO	110	N	17
PORTS	MARGARET		SNJA	127	Y	16
PORTZ	LOUISA		SNLO	184	N	59
PORTZ ?	JOHN		SNLO	184	Y	59
POTTS	SAMUEL		SNSC	251	Y	219
POWELL	JOHN		SNLI	144	Y	38
POWELL	MARY		SNLI	144	N	38
POWELL	JOHN	W	SNLI	148	Y	104
POWELL	CATHARINE		SNLI	148	N	104
POWELL	ARVILLA	B	SNLI	148	N	104
POWELL	SYLVIA	A	SNLI	148	N	104
POWELL	EMMA	E	SNLI	148	N	104
POWELL	SILAS	D	SNLI	148	N	104
POWELL	MARGRIE		SNED	91	Y	35
POWELL	JOHN		SNLI	144	Y	38
POWELL	MARY		SNLI	144	N	38
POWELL	JOHN	W	SNLI	148	Y	104
POWELL	CATHARINE		SNLI	148	N	104
POWELL	ARVILLA	B	SNLI	148	N	104
POWELL	SYLVIA	A	SNLI	148	N	104
POWELL	EMMA	E	SNLI	148	N	104
POWELL	SILAS	D	SNLI	148	N	104
POWERS	ABRAHAM		SNSC	245	Y	119
POWERS	ROBT		SNHO	122	Y	231
POWERS	MARY		SNHO	122	N	231
POWERS	JOHN		SNHO	122	N	231
POWERS	MARGARET		SNHO	122	N	231
POWERS	SARAH		SNHO	122	N	231
POWERS	CLARA		SNHO	122	N	231
POWERS	JOHN		SNBL	51	Y	50
POWERS	SUSAN		SNBL	51	N	50
POWERS	ADELBERT	E	SNBL	51	N	50
POWERS	CHARLES	S	SNBL	51	N	50
PREBLE	EDWARD		SNLO	163	Y	16
PREBLE	MARY	M	SNLO	163	N	16
PREBLE	EDWARD		SNLO	163	N	16
PREBLE	BENJAMIN		SNLO	163	N	16
PREBLE	JOSHAWAY		SNLO	163	N	16
PREBLE	JOHN		SNLO	163	N	16
PREBLE	ESTATERIA		SNLO	164	N	16
PREBLE	JAMES		SNLO	164	N	16
PREBLE	MARSHALL		SNLO	164	N	16
PRESCOTT	JOSEPH		SNW1	332	Y	353
PRESTON	WILLIAM		SNBI	30	Y	138
PRESTON	MARY	A.	SNBI	30	N	138
PRESTON	MACK		SNBI	30	N	138
PRESTON	HIRAM		SNBI	30	N	138
PRESTON	NAPOLEON		SNBI	30	N	138
PRESTON	NEWTON		SNBI	30	N	138
PRICE	DANIEL		SNED	94	Y	70
PRICE	MARTHA		SNED	94	N	70
PRICE	GEORGE		SNED	94	N	70
PRICE	JAMES		SNED	94	N	70
PRICE	DANFORD		SNED	94	N	70
PRICE	DAVID		SNED	95	Y	96
PRICE	CATHARINE		SNED	95	N	96
PRICE	JACOB		SNED	95	Y	96
PRICE	SAMANTHA		SNED	95	N	96
PRICE	WASHINGTON		SNED	96	Y	99
PRICE	RACHEL		SNED	96	N	99
PRICE	SUSANAH		SNED	96	N	99
PRICE	CATHARINE		SNED	96	N	99
PRICE	SARAH/LAURAH		SNED	96	N	99
PRICE	AMOS		SNED	96	N	99
PRICE	ABRAHAM		SNED	101	Y	191
PRICE	SARAH		SNED	101	N	191
PRICE	JACOB		SNED	101	N	191
PRICE	WILLIAM		SNED	101	N	191

LASTNAME	FIRSTNAME	MI	LOCATION	PAGE	HEAD	HHOLD
PRICE	SUSAN		SNBL	64	Y	237
PRICE	BENJAMIN	L	SNRE	221	Y	12
PRICE	MARY	ANN	SNRE	221	N	12
PRICE	BENJAMIN	S	SNRE	221	Y	12
PRICE	JOHN	H	SNRE	221	N	12
PRICE	WILLIAM		SNRE	223	Y	40
PRICE	SUSAN	R	SNRE	223	N	40
PRICE	BELLE		SNRE	223	N	40
PRICE	LLEWELLYN		SNRE	223	N	40
PRICE	ISADORE		SNRE	223	N	40
PRICE	MALINDA		SNSN	260	Y	17
PRINDLE	WILLIAM		SNW2	365	Y	225
PRINDLE	BETHRAHR		SNW2	365	N	225
PRINDLE	ALLA		SNW2	365	N	225
PRINDLE	FRED		SNW2	365	N	225
PRINDLE	WILLIAM		SNW2	365	N	225
PRINDLE	ADDIE		SNW2	365	N	225
PRIOR	ELLEN		SNBI	40	Y	270
PRISH	SHELL		SNW2	373	Y	351
PRISH	KATE		SNW2	373	N	351
PROBET	LYDIA		SNCL	85	Y	250
PROBOST	FRANK		SNSN	263	Y	57
PROBOST	ELLEN		SNSN	263	N	57
PROBOST	MIRANDA		SNSN	263	N	57
PROBOST	CHARLES		SNSN	263	N	57
PROPST?	DYMPRIA?		SNTH	288	Y	108
PROUSE	ADELIA		SNBL	58	Y	148
PROUSE	PHILIP		SNVE	383	Y	53
PROUSE	SARAH	E.	SNVE	383	N	53
PROUSE	JOSEPH		SNVE	383	N	53
PROUSE	LUCY		SNVE	383	N	53
PROUSE	MILDRED		SNVE	383	N	53
PROUSE	MARY		SNVE	383	N	53
PRUDEN	ELMER		SNRE	224	Y	52
PRUDEN	WILLIAM		SNRE	224	Y	60
PRUDEN	JOHN	B	SNRE	227	Y	111
PRUDEN	GEORGE		SNRE	229	Y	139
PRYCE	ADDIE		SNSN	266	Y	120
PUCHER ?	STEVEN		SNHO	121	Y	207
PUCHER ?	JULIA		SNHO	121	N	207
PUCHER ?	JOSEPH		SNHO	121	N	207
PUCHER ?	LUCRETIA		SNHO	121	N	207
PUCHER ?	OWEN		SNHO	121	N	207
PUCHER ?	STEVEN		SNHO	121	N	207
PUFFENBERGER	JOHN		SNBI	29	Y	119
PUFFENBERGER	CATHERINE		SNBI	29	N	119
PUFFENBERGER	LUCY		SNBI	29	N	119
PUFFENBERGER	COONRAD		SNBI	29	N	119
PUFFENBERGER	JOHN		SNLI	143	Y	25
PUFFENBERGER	MARGARET	J	SNLI	143	N	25
PUFFENBERGER	HENRY	B	SNLI	143	N	25
PUFFENBERGER	REBECCA	C	SNLI	143	N	25
PUFFENBERGER	ALICE	J	SNLI	143	N	25
PUFFENBERGER	HERSHELL	V	SNLI	143	N	25
PUFFENBERGER	STEPHEN	A	SNLI	143	N	25
PUFFENBERGER	SAMUEL	S	SNLI	143	N	25
PUFFENBERGER	JOSEPH		SNLI	145	Y	47
PUFFENBERGER	REBECCA		SNLI	145	N	47
PUFFENBERGER	CLARINDA		SNLI	145	N	47
PUFFENBERGER	JOHN	W	SNLI	145	N	47
PUFFENBERGER	ADAM		SNJA	139	Y	209
PUFFENBERGER	CAROLINE		SNJA	139	N	209
PUFFENBERGER	ALICE		SNJA	139	N	209
PUFFENBERGER	DAVID		SNJA	139	N	209
PUFFENBERGER	CAROLINE		SNJA	139	N	209
PUFFENBERGER	CORA	A.	SNJA	139	N	209
PUFFENBERGER	JOHN		SNLI	143	Y	25
PUFFENBERGER	MARGARET	J	SNLI	143	N	25
PUFFENBERGER	HENRY	B	SNLI	143	N	25
PUFFENBERGER	REBECCA	C	SNLI	143	N	25
PUFFENBERGER	ALICE	J	SNLI	143	N	25
PUFFENBERGER	HERSHELL	V	SNLI	143	N	25
PUFFENBERGER	STEPHEN	A	SNLI	143	N	25
PUFFENBERGER	SAMUEL	S	SNLI	143	N	25
PUFFENBERGER	JOSEPH		SNLI	145	Y	47
PUFFENBERGER	REBECCA		SNLI	145	N	47
PUFFENBERGER	CLARINDA		SNLI	145	N	47

LASTNAME	FIRSTNAME	MI	LOCATION	PAGE	HEAD	HHOLD
PUFFENBERGER	JOHN	W	SNLI	145	N	47
PUGH	SAMUEL		SNW1	309	Y	22
PUGH	SARAH		SNW1	309	N	22
PUGH	CORA		SNW1	309	N	22
PUPPENBERGER	C.		SNBI	29	Y	118
PUPPENBERGER	LUCY		SNBI	29	N	118
PURIGHT	GEORGE		SNHO	114	Y	83
PUTMAN	HENRY		SNED	106	Y	263
PUTMAN	CATHARINE		SNED	106	N	263
PUTMAN	SUSIE		SNED	106	N	263
PUTMAN	OLIVER		SNED	106	N	263
PUTNAM	KATIE		SNBI	34	Y	186
PUTNAM	JOHN		SNBI	34	N	186
QUICK	LEWIS		SNSC	247	Y	161
QUICK	ANNA		SNSC	247	N	161
QUICK	JAMES		SNSC	247	N	161
QUICK	MARY		SNSC	247	N	161
QUICK	STEPHEN		SNSC	247	N	161
QUICK	ROGER		SNSC	247	N	161
QUICK	DRINA?		SNSC	247	N	161
QUICK	CLARA?		SNSC	247	N	161
QUIGLY	JOHN		SNBL	49	Y	9
QUINN	EDWARD		SNW2	355	Y	80
QUINN	BRIDGET		SNW2	355	N	80
QUINN	JAMES	W	SNW2	372	Y	340
QUINN	MARY		SNW2	373	n	340
QUINN	JAMES		SNW2	373	N	340
QUINN	MARY		SNW2	373	N	340
QUINN	ANNA		SNW2	373	N	340
QUINN	CLARA		SNW2	373	N	340
QUINN	JESSIE		SNW2	373	N	340
QUINN	JOHN		SNW2	373	N	340
QUINN	MARY		SNW2	373	Y	345
QUINTEN	MARY		SNSN	263	Y	61
RADCLIFF	THOMAS		SNW2	351	Y	24
RADCLIFF	SARAH		SNW2	351	N	24
RAGAN	GEORGE		SNW1	335	Y	400
RAGAN	ADALINE		SNW1	335	N	400
RAGEN	EGBERT		SNCL	78	Y	149
RAHRIG	JACOB		SNLI	161	Y	317
RAHRIG	MARGARET		SNLI	161	N	317
RAHRIG	PHILLIP		SNLI	161	N	317
RAHRIG	JOSEPH		SNLI	161	N	317
RAHRIG	WILLIAM		SNLI	161	N	317
RAHRIG	FRANCIS		SNLI	161	N	317
RAHRIG	JACOB		SNLI	161	Y	317
RAHRIG	MARGARET		SNLI	161	N	317
RAHRIG	PHILLIP		SNLI	161	N	317
RAHRIG	JOSEPH		SNLI	161	N	317
RAHRIG	WILLIAM		SNLI	161	N	317
RAHRIG	FRANCIS		SNLI	161	N	317
RAINEY	ELIZABETH		SNLI	149	y	106
RAINEY	SABRA	A	SNLI	149	N	106
RAINEY	ISAAC		SNLO	179	Y	226
RAINEY	SUSAN		SNLO	179	N	226
RAINEY	JOHN		SNLO	179	N	226
RAINEY	MARTHA		SNLO	179	N	226
RAINEY	EMMA		SNLO	179	N	226
RAINEY	MARY		SNLO	179	N	226
RAINEY	ELIZABETH		SNLI	149	Y	106
RAINEY	SABRA	A	SNLI	149	N	106
RAKESTRAW	H	B	SNRE	230	Y	161
RAKESTRAW	ROXEY		SNRE	230	N	161
RAKESTRAW	ALCENA		SNRE	230	N	161
RALL	DORA		SNW1	336	Y	413
RAMANY	JOHN		SNRE	234	Y	211
RAMAY	JACOB		SNRE	233	Y	201
RAMAY	MARY		SNRE	233	Y	201
RAMAY	ALBERT		SNRE	233	N	201
RAMAY	CHARLES		SNRE	233	N	201
RAMAY	JOHN		SNRE	233	N	201
RAMAY	FRANCES		SNRE	233	N	201
RAMAY	CATHARINE		SNRE	233	N	201
RAMAY	ANTHONY		SNRE	233	N	201
RAMAY	JACOB		SNRE	233	N	201
RAMSBURG	FRED		SNCL	82	Y	209
RAMSBURG	ELIZABETH		SNCL	82	N	209

LASTNAME	FIRSTNAME	MI	LOCATION	PAGE	HEAD	HHOLD
RAMSBURG	IDA		SNCL	82	N	209
RAMSBURG	ALLIS		SNCL	82	N	209
RAMSBURG	NETTA		SNCL	82	N	209
RAMSBURG	JESSIE		SNCL	82	N	209
RAMSBURG	MINNIE		SNCL	82	N	209
RANCH	MARTIN		SNW1	311	Y	65
RANCH	CATHERINE		SNW1	311	N	65
RANDAL	WILLIAM		SNED	90	Y	21
RANDAL	EUNICE		SNED	90	N	21
RANDELLE	EDWIN		SNED	90	Y	20
RANDELLE	ELLEN		SNED	90	N	20
RANDELLE	AGRISSA		SNED	90	N	20
RANDELLE	GWINNER		SNED	90	N	20
RANDELLE	HARVEY		SNED	90	N	20
RANDELLE	MAY		SNED	90	N	20
RANEY	SABRA		SNLO	174	Y	153
RANEY	SARAH		SNLO	174	N	153
RANEY	ROBERT		SNLO	174	N	153
RANEY	ALBERT		SNLO	174	N	153
RANEY	EUNICE		SNLO	174	N	153
RANEY	ANDREW	J	SNLO	174	Y	154
RANEY	ROSINA		SNLO	174	N	154
RANEY	JAMES		SNLO	175	Y	175
RANEY	HARRIET		SNLO	175	N	175
RANEY	HARRIET		SNLO	177	Y	195
RANEY	CATHERINE		SNLO	195	Y	237
RANICK	ISAAC		SNVE	399	Y	303
RANICK	NANCY	A.	SNVE	399	N	303
RANISAUER	GEORGE		SNSN	269	Y	175
RANISAUER	CAROLINE		SNSN	269	N	175
RANISAUER	EDNA		SNSN	269	N	175
RANISAUER	PERRY		SNSN	269	N	175
RANKINS	ARMSTRONG		SNBI	29	Y	121
RANKINS	AMELIA		SNBI	29	N	121
RANKINS	MARY		SNBI	29	N	121
RANKINS	RACHEL		SNBI	29	N	121
RANKINS	ISAIAH		SNBI	29	N	121
RANKINS	AMINCA?		SNBI	29	N	121
RANKINS	HOWARD		SNBI	29	N	121
RANKINS	ARMSTRONG		SNBI	29	N	121
RANKINS	LUCINDA		SNBI	29	N	121
RANKINS	SOPHIA		SNBI	29	Y	122
RANKINS	EDGAR		SNBI	29	N	122
RANKINS	ANNA		SNBI	29	N	122
RANKINS	JULIAN		SNBI	29	N	122
RANKINS	EDWARD		SNBI	29	N	122
RANKINS	CHARLES		SNBI	29	N	122
RANSBURG	LUIS		SNSC	244	Y	102
RANSBURG	CATHERINE		SNSC	244	N	102
RANSBURG	OLIVE		SNSC	244	N	102
RANSBURG	BISTERA?		SNSC	244	N	102
RANSOM	ELIZA		SNSC	248	Y	170
RANSON	JAMES		SNSC	255	Y	291
RANSON	MARY		SNSC	255	N	291
RANSON	REBECCA		SNSC	255	N	291
RANSON	ELISA		SNSC	255	N	291
RANSON	INA		SNSC	255	N	291
RAPPIO	MICHAEL		SNLO	171	Y	119
RARADEN	JULIA		SNW1	344	Y	514
RARADEN	DENNIS		SNW2	350	Y	9
RARADEN	MARY		SNW2	350	N	9
RARADEN	JULIA		SNW2	350	N	9
RARADEN	ELLEN		SNW2	350	N	9
RARICK	SAMUEL		SNBI	34	Y	192
RARICK	BARBARA		SNBI	34	N	192
RARICK	HATTIE		SNBI	34	N	192
RARICK	IRVIN		SNBI	34	N	192
RARICK	WASHINGTON		SNBI	34	N	192
RARICK	AGNES		SNBI	34	N	192
RARICK	ELLEN		SNBI	34	N	192
RARICK	LIDIA		SNBI	34	N	192
RARICK	JOHN	A	SNRE	224	Y	58
RARING	FERDINAND		SNVE	392	Y	181
RARING	BANBURY		SNVE	392	N	181
RAUERT?	MICHAEL		SNBL	53	Y	77
RAUERT?	MAGDALENA		SNBL	53	N	77
RAUERT?	ANNIE		SNBL	53	N	77

LASTNAME	FIRSTNAME	MI	LOCATION	PAGE	HEAD	HHOLD
RAUERT?	SUSAN		SNBL	53	N	77
RAUERT?	HENRY		SNBL	53	N	77
RAUERT?	SAMUEL		SNBL	53	N	77
RAUERT?	MARY		SNBL	53	N	77
RAUERT?	SARAH		SNBL	53	N	77
RAURSH ?	JEROME	H.	SNLO	202	Y	363
RAUTH	FRANK		SNLO	181	Y	14
RAVERLY	GEORGE		SNSN	266	Y	115
RAVERLY	SIDIE		SNSN	266	N	115
RAVERLY	JOHN		SNSN	266	N	115
RAVERLY	ELIZABETH		SNSN	266	N	115
RAVERLY	SARAH		SNSN	266	N	115
RAWELL?	RICH'D		SNHO	110	Y	20
RAWELL?	REBECCA		SNHO	110	N	20
RAWELL?	ISAAC		SNHO	110	N	20
RAWELL?	JOHN		SNHO	110	N	20
RAWSON	ABLE		SNW2	356	Y	94
RAWSON	MARIA		SNW2	356	N	94
RAYMOND	WILLIAM		SNAD	7	Y	113
RAYMOND	GEORGE		SNAD	7	N	113
RAYMOND	JAMES		SNAD	7	N	113
RAYMOND	HANNAH		SNAD	7	N	113
RAYMOND	ISAAC		SNRE	221	Y	18
RAYMOND	FRANCES		SNRE	222	N	18
RAYMOND	JAMES	A	SNRE	222	N	18
RAYMOND	EVA	C	SNRE	222	N	18
RAYMOND	JESSEE	W	SNRE	222	N	18
RAYMOND	JACOB		SNRE	224	Y	53
RAYMOND	MARY	R	SNRE	224	N	53
RAYMOND	ABRAM	B	SNRE	224	N	53
RAYMOND	LUCIE	A	SNRE	224	N	53
RAYMOND	GEORGE	C	SNRE	224	N	53
RAYMOND	ELLA	J	SNRE	224	Y	57
RAYMOND	VAN		SNRE	226	Y	88
RAYMOND	W	J	SNRE	231	Y	173
READY	LAIN		SNPL	214	Y	181
REALEY	FREDERICK		SNSN	266	Y	126
REALEY	MARGARET		SNSN	266	N	126
REALEY	BARBARA		SNSN	266	N	126
REALEY	JACOB		SNSN	266	N	126
REALEY	ROSEANNE		SNSN	266	N	126
REALEY	ELIZA		SNSN	266	N	126
REALEY	DANIEL		SNSN	266	N	126
REALEY	JOHN		SNSN	266	N	126
REAM	BENJAMIN		SNCL	84	Y	236
REAM	ELIZA		SNCL	84	N	236
REAM	ELMIRA		SNCL	84	N	236
REAM	IRA	T.	SNCL	84	N	236
REAM	PHILLIP		SNLI	157	Y	248
REAM	MINA		SNLI	157	N	248
REAM	WILLIE	O	SNLI	157	N	248
REAM	LENA		SNLI	157	N	248
REAM	HENRY		SNPL	205	Y	44
REAM	JOHN		SNPL	206	Y	47
REAM	MARTHA		SNPL	206	N	47
REAM	GEORGE		SNPL	206	N	47
REAM	PHILLIP		SNLI	157	Y	248
REAM	MINA		SNLI	157	N	248
REAM	WILLIE	O	SNLI	157	N	248
REAM	LENA		SNLI	157	N	248
REAM	BENJAMIN		SNSN	271	Y	209
REAM	CYNTHIA		SNSN	271	N	209
REAM	HARVEY		SNSN	271	N	209
REAM	OLIVE		SNSN	271	N	209
REAM	CHARLES		SNSN	271	N	209
REAM	MARY		SNSN	271	N	209
REAMER	MARY		SNRE	230	Y	162
REAMER	GEROME		SNRE	230	N	162
REAMER	EDWARD		SNRE	230	N	162
REAMER	WILLIAM		SNRE	230	N	162
REBIN	CATHERINE		SNCL	69	Y	2
RECTOR	PETER		SNRE	236	Y	242
RECTOR	ANNA	M	SNRE	236	N	242
RECTOR	MARGARET		SNRE	236	N	242
RECTOR	SOPHIA		SNRE	236	N	242
RECTOR	CONRAD		SNRE	236	N	242
RECTOR	FRANK	R	SNRE	236	N	242

LASTNAME	FIRSTNAME	MI	LOCATION	PAGE	HEAD	HHOLD
REDBECK	EGHENOTO		SNW2	362	Y	178
REDFOX	FRED		SNW2	352	Y	30
REDFOX	FREDERICK		SNW2	361	Y	173
REDFOX	AMELIA		SNW2	361	N	173
REDFOX	VALENTINE		SNW2	361	N	173
REDFOX	ANNA		SNW2	361	N	173
REDFOX	LIZZIE		SNW2	361	N	173
REDFOX	ROSA		SNW2	361	N	173
REDFOX	MARY		SNW2	361	N	173
REDFOX	KATE		SNW2	361	N	173
REDFOX	LOUISA		SNW2	361	N	173
REDFOX	JOHN		SNSN	266	Y	125
REDFOX	MARGARET		SNSN	266	N	125
REDFOX	BARBARA		SNSN	266	N	125
REDFOX	JANE		SNSN	266	N	125
REDFOX	A		SNSN	275	Y	253
REDFOX	ELGA		SNSN	275	N	253
REDLINGER	JOHN		SNVE	389	Y	143
REDLINGER	MARGARET		SNVE	389	N	143
REED	JAMES		SNAD	5	Y	75
REED	LIBBIE		SNAD	5	N	75
REED	SARAH		SNLO	189	Y	131
REED	REBECCA		SNLO	190	Y	144
REED	ADAM		SNW1	320	Y	193
REED	MAGDALENE		SNW1	320	N	193
REED	LAWRANCE		SNW1	320	N	193
REED	MARY		SNW1	320	N	193
REED	CAROLINE		SNW1	320	N	193
REED	ADAM		SNW1	320	N	193
REED	BENEDICT		SNW1	320	N	193
REED	BLAZES		SNW1	320	N	193
REED	JOSEPH		SNW1	320	N	193
REED	JOHN		SNED	101	Y	179
REED	ELIZA		SNED	101	N	179
REED	MARGARET		SNED	101	N	179
REED	JOHN	E	SNRE	223	Y	47
REED	HELLEN		SNRE	223	N	47
REED	IDA		SNRE	223	N	47
REED	HANSON		SNRE	227	Y	107
REED	HANNAH		SNRE	227	N	107
REED	JEMINE	A	SNRE	227	N	107
REED	ELIJAH		SNRE	228	Y	119
REED	SALLIE	W	SNRE	228	N	119
REED	HENRY		SNRE	228	Y	120
REED	NANCY		SNRE	228	N	120
REED	MARY	E	SNRE	228	N	120
REED	CLORA	E	SNRE	228	N	120
REED	WILLIAM		SNRE	228	N	120
REED	LEVI		SNRE	229	Y	150
REED	ANN		SNRE	229	N	150
REED	EMMA		SNRE	229	N	150
REED	HANNAH		SNRE	230	N	150
REED	JULIETT		SNRE	230	N	150
REED	JOSEPH		SNRE	230	N	150
REED	ELI		SNRE	230	N	150
REED	FULTON		SNRE	234	Y	220
REED	LAURA		SNRE	234	N	220
REED	WILLIAM		SNVE	393	Y	203
REED	MAHAM		SNVE	396	Y	254
REED	WESLEY		SNVE	397	Y	274
REED	JANE		SNVE	397	N	274
REED	WILLIAM		SNVE	397	N	274
REED	ELLEN		SNVE	397	N	274
REED	JAMES		SNVE	398	Y	291
REED	DELILA		SNVE	398	N	291
REED	SARAH	C.	SNVE	398	N	291
REED	GEORGE		SNVE	398	N	291
REED	FRANCES		SNVE	398	N	291
REED	FLORENCE		SNVE	398	N	291
REED	CLIFFORD		SNVE	398	N	291
REEME	ELIAS		SNW1	347	Y	549
REEME	IDELLA		SNW1	347	N	549
REEME	WILLIS	T.	SNW1	347	N	549
REEME	ELLA	B.	SNW1	347	N	549
REEME	PHILLIP		SNPL	207	Y	78
REEME	CHRISTENA		SNPL	207	N	78
REEME	PHILLIP		SNPL	207	N	78

LASTNAME	FIRSTNAME	MI	LOCATION	PAGE	HEAD	HHOLD
REEME	MARY		SNPL	207	N	78
REENAMAN	P		SNW2	375	Y	367
REES	GEORGE		SNLI	145	Y	53
REES	SAMANTHA		SNLI	145	N	53
REES	BERTHA	J	SNLI	145	N	53
REES	DORSEY		SNLI	145	N	53
REES	SAMUEL		SNLI	148	Y	98
REES	MARTHA	J	SNLI	148	N	98
REES	MARY	E	SNLI	148	N	98
REES	ROSA	E	SNLI	148	N	98
REES	CHARLES	R	SNLI	148	N	98
REES	CLARA	E	SNLI	148	N	98
REES	GEORGE	H	SNLI	160	Y	299
REES	ADALAID		SNLI	160	N	299
REES	FRANKLIN	E	SNLI	160	N	299
REES	SARAH	S	SNLI	160	N	299
REES	LUDA		SNLI	160	N	299
REES	IDA		SNLI	160	N	299
REES	JOHN		SNLI	162	Y	330
REES	REBECCA		SNLI	162	N	330
REES	OLIVE		SNLI	162	N	330
REES	ALICE		SNLI	162	N	330
REES	JOHN	W	SNLI	162	N	330
REES	MINNIE		SNLI	162	N	330
REES	GEORGE		SNLI	145	Y	53
REES	SAMANTHA		SNLI	145	N	53
REES	BERTHA	J	SNLI	145	N	53
REES	DORSEY		SNLI	145	N	53
REES	SAMUEL		SNLI	148	Y	98
REES	MARTHA	J	SNLI	148	N	98
REES	MARY	E	SNLI	148	N	98
REES	ROSA	E	SNLI	148	N	98
REES	CHARLES	R	SNLI	148	N	98
REES	CLARA	E	SNLI	148	N	98
REES	GEORGE	H	SNLI	160	Y	299
REES	ADALAID		SNLI	160	N	299
REES	FRANKLIN	E	SNLI	160	N	299
REES	SARAH	S	SNLI	160	N	299
REES	LUDA		SNLI	160	N	299
REES	IDA		SNLI	160	N	299
REES	JOHN		SNLI	162	Y	330
REES	REBECCA		SNLI	162	N	330
REES	OLIVE		SNLI	162	N	330
REES	ALICE		SNLI	162	N	330
REES	JOHN	W	SNLI	162	N	330
REES	MINNIE		SNLI	162	N	330
REFAKALLIA?	MARY		SNTH	288	Y	108
REIBLE	NICHOLAS		SNLO	181	Y	14
REIBLE	CAROLINE		SNLO	181	N	14
REIBLE	FRANK		SNLO	181	N	14
REICTOR	PETER		SNRE	233	Y	203
REICTOR	MARY		SNRE	233	N	203
REID	WILLIAM	L	SNBL	63	Y	228
REID	MARTHA	C	SNBL	63	N	228
REID	MARGARET	E	SNBL	63	N	228
REID	ELISA	W	SNBL	63	N	228
REIF	FRANK		SNW1	311	Y	62
REIF	ELIZABETH		SNW1	311	N	62
REIF	PETER		SNW1	341	Y	481
REIF	CATHERINE		SNW1	341	N	481
REIF	SEBILLA		SNW1	341	N	481
REIF	CAROLINE		SNW1	341	N	481
REIF	ANNA		SNW1	341	N	481
REIGHERT	ADAM		SNRE	221	Y	10
REIGHERT	CATHARINE		SNRE	221	N	10
REIGHERT	JACOB	A	SNRE	221	N	10
REIGHERT	MARY	S	SNRE	221	N	10
REIGHERT	JOSIAH		SNRE	221	N	10
REIGHERT	GEORGE	W	SNRE	221	N	10
REILY	JOHN		SNPL	208	Y	91
REILY	SOPHIA		SNPL	208	N	91
REILY	CORWIN		SNPL	208	N	91
REILY	STELLA		SNPL	208	N	91
REILY	IDA		SNPL	208	N	91
REIMBLE	CHRISTIAN		SNVE	386	Y	90
REIMBLE	CATHARINE		SNVE	386	N	90
REIMBLE	HENRY		SNVE	386	N	90

LASTNAME	FIRSTNAME	MI	LOCATION	PAGE	HEAD	HHOLD
REIMBLE	SAMUEL		SNVE	386	N	90
REIMBLE	WILLIAM		SNVE	386	N	90
REIMBLE	JOHN		SNVE	386	N	90
REIMBLE	HANNAH		SNVE	386	N	90
REINBERGER	JAS		SNPL	209	Y	106
REINBERGER	SUSAN		SNPL	209	N	106
REINBERGER	ELIZA		SNPL	209	N	106
REINBERGER	JOHN		SNPL	209	N	106
REINBERGER	THOMAS		SNPL	209	N	106
REINBERGER	JAMES		SNPL	209	N	106
REINBERGER	MARY		SNPL	209	N	106
REINBOLD	ABRAHAM		SNJA	138	Y	187
REINBOLD	SUSAN		SNJA	138	N	187
REINBOLT	MICHAEL		SNPL	207	Y	76
REINBOLT	ANNA		SNPL	207	N	76
REINBOLT	JOSEPH		SNPL	207	N	76
REINBOLT	JAMES		SNPL	207	N	76
REINBOLT	GEORGE		SNPL	209	Y	95
REINBOLT	MARY		SNPL	209	N	95
REINBOLT	ALICE		SNPL	209	N	95
REINBOLT	DAVID		SNPL	209	Y	97
REINBOLT	CATHARINE		SNPL	209	N	97
REINBOLT	PAUL		SNPL	209	N	97
REINBOLT	MICHAEL		SNPL	210	Y	112
REINBOLT	LAURA		SNPL	210	N	112
REINBOLT	MARY		SNPL	210	N	112
REINBOLT	CATHARINE		SNPL	210	Y	113
REINBOLT	CHARLES		SNPL	210	Y	113
REINBOLT	TILLY		SNPL	210	N	113
REINBOLT	FRANCIS		SNHO	109	Y	13
REINBOLT	ELIZ		SNHO	109	N	13
REINBOLT	ADAM		SNHO	109	N	13
REINBOLT	GEORGE		SNHO	109	N	13
REINBOLT	CHRIS		SNHO	109	N	13
REINBOLT	JACOB		SNHO	109	N	13
REINBOLT	MARY		SNHO	109	N	13
REINBOLT	ALVINA		SNHO	109	N	13
REINBOLT	OATSIE		SNHO	109	N	13
REINBOLT	ELIZ		SNHO	109	N	13
REINBOLT	POLLY		SNHO	109	N	13
REINBOLT	JOSEPHINE		SNHO	109	N	13
REINBOLT	LEVI		SNHO	109	N	13
REINER	JACOB		SNW1	318	Y	155
REINER	LOUISA		SNW1	318	N	155
REINHARD	JOHN		SNBI	23	Y	40
REINHARD	SUSAN		SNBI	23	N	40
REINHARD	MARGARET		SNBI	23	N	40
REINHARD	WILLIAM		SNBI	23	N	40
REINHARD	JOHN		SNBI	23	N	40
REINHARD	LUDWIG		SNBI	23	N	40
REINHARD	THERESA		SNBI	23	N	40
REINHARD	MARY		SNBI	23	N	39
REINHARD	ROSA		SNBI	23	N	40
REINHARD	JOSEPH		SNBI	23	N	40
REINHART	THOS.		SNBI	34	Y	189
REINHART	MARY		SNBI	34	N	189
REINHART	PETER		SNBI	34	N	189
REINHART	JOSEPHINE		SNBI	34	N	189
REINHART	GEORGE		SNBI	34	N	189
REINHART	JOHN		SNBI	34	N	189
REINHART	ALBERT		SNBI	34	N	189
REINHART	FRANK		SNBI	34	N	189
REINHART	MICHAEL		SNBI	34	N	189
REINHART	PETER		SNBI	44	Y	321
REINHART	MARY		SNBI	44	N	321
REINMAN	MICHAEL		SNCL	69	Y	6
REINMAN	REBECCA		SNCL	69	N	6
REINMAN	BARBARA		SNCL	69	Y	6
REINMAN	ADAM		SNCL	69	N	6
REINMAN	MARY		SNCL	69	N	6
REINMAN	CAROLINE		SNCL	69	N	6
REINMAN	FELIX		SNCL	69	N	6
REINOLUS?	MARY		SNED	93	Y	65
REISE	PETER		SNCL	81	Y	195
REISE	MENA		SNCL	81	N	195
REISE	MARY		SNCL	81	N	195
REISE	LANA		SNCL	81	N	195

LASTNAME	FIRSTNAME	MI	LOCATION	PAGE	HEAD	HHOLD
REISE	AMELIA		SNCL	81	N	195
REISE	FRANK		SNCL	81	N	195
REISE	WILLIAM		SNCL	81	N	195
REISE	CLARRA		SNCL	81	N	195
REISTERER	E.		SNBI	40	Y	270
REITER	SARAH		SNAD	16	Y	270
REMELLY	JOHN		SNW1	347	Y	556
REMELLY	LUCY	C.	SNW1	347	N	556
REMSBERG	NISOIGEN?	H	SNLI	148	Y	101
REMSBERG	SOPHIA		SNLI	148	N	101
REMSBERG	MELISSA	J	SNLI	148	N	101
REMSBERG	NISOIGEN?	H	SNLI	148	Y	101
REMSBERG	SOPHIA		SNLI	148	N	101
REMSBERG	MELISSA	J	SNLI	148	N	101
RENINGER	GEORGE		SNSN	273	Y	229
RENINGER	POSEY		SNSN	273	N	229
RENINGER	BERTHA		SNSN	273	N	229
RENNER	HENRY		SNJA	128	Y	21
RENNER	RACHEL		SNJA	128	N	21
RENSEL	DAN'L		SNBI	32	Y	158
RENSEL	MARY		SNBI	32	N	158
RENSEL	GEORGE		SNBI	32	N	158
RENSEL	JOSEPH		SNBI	32	N	158
RENSEL	BERNARD		SNBI	32	N	158
RENSEL	JOHN		SNBI	32	N	158
RENSEL	CAROLINE		SNBI	32	N	158
RENSEL	ALICE		SNBI	32	N	158
RENSEL	DANIEL		SNBI	32	N	158
RENSHOFF	HENRY		SNED	104	Y	233
RENSHOFF	PHEBE		SNED	104	N	233
REPP	LEVI		SNCL	70	Y	22
REPP	SOPHIA		SNCL	70	N	22
REPP	RUPHUS		SNCL	70	N	22
REPP	SELA	M.	SNCL	70	N	22
REPP	IDA		SNCL	70	N	22
REPP	JAMES	P	SNLO	200	Y	331
REPP	MATILDA		SNLO	200	N	331
REPP	JOHN		SNLO	200	N	331
RESH	ABRAHAM		SNVE	390	Y	145
RESH	JULIAN		SNVE	390	N	145
RESH	SILAS	B	SNVE	390	N	145
RESH	CATHARINE		SNVE	390	N	145
RESH	HENRY		SNVE	400	Y	323
RESH	MARY	E	SNVE	400	N	323
RESH	WILLIAM	H	SNVE	400	N	323
RESLER	JOHN		SNRE	235	Y	231
RESPIT	GEORGE		SNRE	236	Y	248
RESPIT	HARRIET		SNRE	236	N	248
RESPIT	CATHARINE		SNRE	236	N	248
RESTER	BENEDICT		SNW1	321	Y	200
RESTER	MARY		SNW1	321	N	200
RESTER	MARY		SNW1	321	N	200
RESTER	JOHN		SNW1	321	N	200
REUL	JACOB		SNSN	275	Y	267
REUL	MARY		SNSN	275	N	267
REUL	JOHN		SNSN	275	N	267
REUL	JACOB		SNSN	275	N	267
REUL	DAVID		SNSN	275	N	267
REUL	FREDERICK		SNSN	275	N	267
REULY	JACOB		SNBI	38	Y	241
REULY	CATHERINE		SNBI	38	N	241
REULY	CHRISTOPHER		SNBI	38	N	241
REULY	ROSILLA		SNBI	38	N	241
REULY	ADAM		SNBI	38	N	241
REULY	CHRISTINA		SNBI	38	N	241
REULY	KATIE		SNBI	38	N	241
REULY	JOHN		SNBI	38	N	241
REULY	SARAH		SNBI	38	N	241
REUSE	JOS.		SNHO	115	Y	116
REUSE	ELLEN		SNHO	115	N	116
REUSE	HENRIETTA		SNHO	117	Y	143
REUSE	HARRY		SNHO	117	N	143
REUSE	ROBERT		SNHO	117	N	143
REUSE	JOSEPH		SNHO	118	Y	155
REUSE	ANNA		SNHO	118	N	155
REUSE	ELIZ.		SNHO	118	Y	156
REUSE	ELIZ.		SNHO	118	N	156

LASTNAME	FIRSTNAME	MI	LOCATION	PAGE	HEAD	HHOLD
REUSE	MARY		SNHO	118	N	156
REUSE	JACOB		SNHO	118	Y	161
REUSE	REBECCA		SNHO	118	N	161
REUSE	DELIHLA		SNHO	118	N	161
REUSE	BENJ.		SNHO	118	N	161
REUSE	GEORGE		SNHO	118	N	161
REVERT	DANIEL		SNVE	396	Y	260
REVERT	CATHARINE		SNVE	396	N	260
REVERT	ISAAC		SNVE	396	N	260
REVERT	SARAH		SNVE	396	N	260
REX	SIMON		SNHO	124	Y	265
REX	MARY		SNHO	124	N	265
REX	MARY		SNHO	124	N	265
REX	JOSEPH		SNHO	124	N	265
REX	JOHN		SNSN	271	Y	203
REX	MARY		SNSN	271	N	203
REX	OLIVE		SNSN	271	N	203
REX	JAMES		SNSN	271	Y	205
REX	SARAH		SNSN	271	N	205
REX	WILLIAM		SNSN	271	N	205
REX	OLIVER		SNSN	271	N	205
REX	WILLIAM		SNSN	271	Y	206
REX	SUSAN		SNSN	271	N	206
REYMAN	LAWRANCE		SNCL	84	Y	235
REYMAN	CAROLINE		SNCL	84	N	235
REYMAN	CATHARINE		SNCL	84	N	235
REYMAN	LAWRANCE		SNCL	84	N	235
REYMAN	JOSEPH		SNCL	84	N	235
REYMAN	JOHN		SNCL	84	N	235
REYMAN	MARY		SNCL	84	N	235
REYMAN	ROSA		SNCL	84	N	235
REYMAN	ANNA		SNCL	84	N	235
REYNOLDS	LYSANDER		SNCL	76	Y	105
REYNOLDS	ELIZABETH		SNCL	76	N	105
REYNOLDS	CLARA		SNCL	76	N	105
REYNOLDS	IDA		SNCL	76	N	105
REYNOLDS	CHARLES		SNLO	176	Y	192
REYNOLDS	MARY		SNLO	176	N	192
REYNOLDS	GEORGE	W	SNLO	176	N	192
REYNOLDS	GENERAL		SNLO	176	N	192
REYNOLDS	JACOB		SNLO	176	N	192
REYNOLDS	MCCLELLAN		SNLO	176	N	192
REYNOLDS	CHAS		SNLO	191	Y	172
REYNOLDS	KATE		SNLO	191	N	172
REYNOLDS	KATE	B	SNLO	191	N	172
REYNOLDS	HARRY		SNLO	191	N	172
REYNOLDS	CHARLES	R	SNLO	191	N	172
RHEAM	SAMUEL		SNTH	282	Y	13
RHEAM	KATIE		SNTH	282	N	13
RHEAM	CHARLES		SNTH	284	Y	46
RHEAM	SUSAN		SNTH	284	N	46
RHEAM	GEORGE		SNTH	284	N	46
RHEAM	JOSEPH		SNTH	285	Y	52
RHEAM	CATHARINE		SNTH	285	N	52
RHEAM	GEORGE		SNTH	286	Y	85
RHEAM	SARAH		SNTH	286	N	85
RHEAM	URSULA		SNTH	286	N	85
RHEES	MARY		SNLI	153	Y	181
RHEES	CHARLES		SNLI	153	N	181
RHEES	AARON	C	SNLI	153	Y	182
RHEES	SARAH	A	SNLI	153	N	182
RHEES	GEORGE	A	SNLI	153	N	182
RHEES	MARY	A	SNLI	153	N	182
RHEES	MARY	A	SNLI	153	N	182
RHEES	CLARENCE	D	SNLI	153	N	182
RHEES	STEPHEN	D	SNLI	153	N	182
RHEES	ALVIRA	B	SNLI	153	N	182
RHEES	OLIVE		SNLI	153	N	182
RHEES	IDA	E	SNLI	153	N	182
RHEES	JAMES	A.	SNLI	153	N	182
RHEES	MARY		SNLI	153	Y	181
RHEES	CHARLES		SNLI	153	N	181
RHEES	AARON	C	SNLI	153	Y	182
RHEES	SARAH	A	SNLI	153	N	182
RHEES	GEORGE	A	SNLI	153	N	182
RHEES	MARY	A	SNLI	153	N	182
RHEES	CLARENCE	D	SNLI	153	N	182

LASTNAME	FIRSTNAME	MI	LOCATION	PAGE	HEAD	HHOLD
RHEES	STEPHEN	D	SNLI	153	N	182
RHEES	ALVIRA	B	SNLI	153	N	182
RHEES	OLIVE		SNLI	153	N	182
RHEES	IDA	E	SNLI	153	N	182
RHEES	JAMES	A.	SNLI	153	N	182
RHINEHART	MARTIN		SNBI	27	Y	91
RHINEHART	CATHERINE		SNBI	27	N	91
RHINEHART	CHARLEY		SNBI	27	N	91
RHINEHART	JACOB		SNBI	27	N	91
RHINEHART	ANDREW		SNBI	27	N	91
RHINEHART	ANNA		SNBI	27	N	91
RHINEHART	HENRY		SNBI	27	N	91
RHINEHART	MICHAEL		SNBI	27	N	91
RHINEHART	CHARLES		SNTH	296	Y	218
RHINEHART	MARGARET		SNTH	296	N	218
RHINEHART	JACOB		SNTH	296	N	218
RHINEHART	CHARLES		SNTH	296	N	218
RHINEHART	MARY		SNTH	296	N	218
RHINEHART	LONA		SNTH	296	N	218
RHINEHART	JOHN		SNTH	296	N	218
RHINEHART	MARGARET		SNTH	296	N	218
RHINEHART	MATHIAS		SNTH	296	N	218
RHOAD	MICHEAL		SNBL	58	Y	157
RHOAD	SUSANA		SNBL	58	N	157
RHOAD	WASHINGTON		SNBL	58	N	157
RHOAD	GEORGE		SNBL	58	Y	159
RHOAD	SARAH		SNBL	58	N	159
RHOAD	OBEDIAH		SNBL	58	N	159
RHOAD	LEWIS		SNBL	58	N	159
RHOAD	LUCY		SNBL	58	N	159
RHOAD	LUCY	A	SNBL	58	Y	159
RHOAD	IMMANUEL		SNRE	234	Y	213
RHOAD	AMANDA		SNRE	234	N	213
RHOAD	ALLEN	G	SNRE	234	N	213
RHOAD	ELMIRA		SNRE	234	N	213
RHOAD	NELLIE	M	SNRE	234	N	213
RHOAD	CORA		SNRE	234	N	213
RHOAD	SEVIA		SNRE	234	N	213
RHOADES	JOSEPH		SNED	101	Y	187
RHOADES	EDSON		SNED	101	N	187
RHOADES	GEORGE		SNED	101	N	187
RHOADES	ALLIE		SNED	101	N	187
RHOADES	DAN	L	SNHO	111	Y	29
RHOADES	SUSAN		SNHO	111	N	29
RHOADES	JOHN		SNHO	111	N	29
RHOADES	PHILLIP		SNHO	111	N	29
RHOADS	JOHN		SNW1	314	Y	107
RHODES	SARAH		SNLO	194	Y	212
RHODES	CHARLES	E	SNLO	194	N	212
RHOMER	JOHN		SNRE	221	Y	14
RHOMER	BENIDA		SNRE	221	N	14
RHUDULPH	BENJAMIN		SNTH	283	Y	33
RIBLEY	JOHN		SNLO	200	Y	321
RIBLEY	SUSAN		SNLO	200	N	321
RIBLEY	WILLIAM	H	SNLO	200	N	321
RICE	HENRY 2ND		SNLO	166	Y	53
RICE	MARGARET		SNLO	166	N	53
RICE	JOHN		SNLO	166	N	53
RICE	PHILAPENIA		SNLO	166	N	53
RICE	CHARLES	A	SNLO	166	N	53
RICE	MARY		SNLO	166	N	53
RICE	HENRY,SEN		SNLO	167	Y	67
RICE	CATHERINE		SNLO	167	N	67
RICE	HENRY,JR		SNLO	167	N	67
RICE	CATHERINE		SNLO	167	N	67
RICE	DANIEL		SNLO	167	N	67
RICE	PHILBENA		SNLO	167	N	67
RICE	GEORGE	W	SNLO	168	Y	80
RICE	EVA	M	SNLO	168	N	80
RICE	IDA	M	SNLO	168	N	80
RICE	WILLIAM	A	SNLO	168	N	80
RICE	GEORGE		SNW1	320	Y	186
RICE	MARY		SNW1	320	N	186
RICE	IDA		SNW1	320	N	186
RICE	GEORGE		SNW1	320	N	186
RICE	GEORGE		SNW2	355	Y	87
RICE	ANNA		SNW2	355	N	87

LASTNAME	FIRSTNAME	MI	LOCATION	PAGE	HEAD	HHOLD
RICE	JOHN		SNW2	355	N	87
RICE	ELIZABETH		SNSN	275	Y	254
RICE	DANIEL		SNSN	275	Y	255
RICE	MARY		SNSN	275	N	255
RICH	JAMES		SNTH	306	Y	346
RICH	MARY		SNTH	306	N	346
RICH	CORNELIUS		SNTH	306	N	346
RICHARD	JOSEPH		SNAD	2	Y	27
RICHARD	LEWIS		SNAD	8	Y	128
RICHARD	ROATE ?		SNAD	10	Y	151
RICHARD	FRANKLIN		SNLO	188	Y	114
RICHARD	DELILA		SNW2	369	Y	295
RICHARD	JAMES		SNBL	62	Y	222
RICHARD	SARAH		SNBL	62	N	222
RICHARD	SUSAN		SNBL	62	N	222
RICHARD	EZRA		SNBL	62	N	222
RICHARD	JOHN		SNBL	62	N	222
RICHARD	ALICE		SNBL	62	N	222
RICHARD	LEVI		SNBL	62	N	222
RICHARD	JACOB		SNRE	236	Y	241
RICHARD	MAGDALENA		SNRE	236	N	241
RICHARD	ANTHONY		SNRE	236	Y	241
RICHARD	JOHN		SNRE	236	N	241
RICHARD	GEORGE		SNRE	236	N	241
RICHARD	JACOB		SNRE	236	N	241
RICHARD	AMIE		SNRE	236	N	241
RICHARDS	JOSEPH		SNCL	86	Y	261
RICHARDS	MARGARET		SNCL	86	N	261
RICHARDS	MARTHA		SNCL	86	N	261
RICHARDS	HESEKIAH		SNCL	86	N	261
RICHARDS	MARGARET		SNCL	86	N	261
RICHARDS	JOHN		SNLO	188	Y	114
RICHARDS	CATHERINE		SNLO	188	N	114
RICHARDS	MARY	J	SNLO	188	N	114
RICHARDS	JAMES	L	SNLO	188	N	114
RICHARDS	ERV	A	SNLO	188	N	114
RICHARDS	JOHN		SNLO	189	Y	135
RICHARDS	CELIA	C	SNLO	189	N	135
RICHARDS	JACOB		SNLO	193	Y	201
RICHARDS	ELIZABETH		SNLO	193	N	201
RICHARDS	WILLIAM		SNLO	193	N	201
RICHARDS	SAVILLA		SNLO	193	N	201
RICHARDS	CLINTON		SNLO	193	N	201
RICHARDS	SYLVANUS	J	SNLO	193	N	201
RICHARDS	MAGGIE	E	SNLO	193	Y	202
RICHARDS	NETTIE	L	SNLO	193	N	202
RICHARDS	JOHN		SNED	95	Y	86
RICHARDS	JASPER		SNED	95	Y	87
RICHARDS	EMMA		SNED	95	N	87
RICHARDS	WILLIAM		SNED	95	N	87
RICHARDS	MARY		SNED	95	N	87
RICHARDS	ADISON?		SNED	95	N	87
RICHARDS	JOHN		SNED	95	N	87
RICHARDS	ELLA		SNED	95	N	87
RICHARDSON	GEORGE		SNW1	345	Y	524
RICHARDSON	CHARLES		SNED	89	Y	11
RICHARDSON	ISABELLA		SNED	89	N	11
RICHARDSON	WILLIAM		SNED	89	N	11
RICHARDSON	MARY		SNED	89	N	11
RICHARDSON	SUSIE		SNED	89	N	11
RICHARDSON	JENNIE	A	SNED	89	N	11
RICHARDSON	CHARLEY		SNED	89	N	11
RICHARDSON	MINNIE		SNED	89	N	11
RICHARDSON	ROBERT		SNED	89	N	11
RICHEY	GEORGE		SNCL	69	Y	2
RICKENBAUGH	SAMUEL		SNCL	78	Y	147
RICKENBAUGH	NANCY		SNCL	78	N	147
RICKENBAUGH	MARY	E.	SNCL	78	N	147
RICKENBAUGH	MARGARET		SNCL	78	N	147
RICKENBAUGH	PRESTON		SNCL	78	N	147
RICKENBAUGH	IDA		SNCL	78	N	147
RICKENBAUGH	CALLIE		SNCL	78	N	147
RICKENBAUGH	JESSE		SNCL	78	N	147
RICKENBAUGH	CLARA		SNCL	78	N	147
RICKENBAUGH	EDITH		SNCL	78	N	147
RICKENBAUGH	JACOB		SNCL	79	Y	154
RICKENBAUGH	RUTH		SNCL	79	N	154

LASTNAME	FIRSTNAME	MI	LOCATION	PAGE	HEAD	HHOLD
RICKENBAUGH	JOHN		SNCL	79	N	154
RICKENBAUGH	FRANK		SNCL	79	N	154
RICKENBAUGH	RALPH		SNCL	79	N	154
RICKENBOUGH	MARGARET		SNCL	78	Y	147
RICKET	WILLIAM		SNHO	109	Y	4
RICKET	ANNA		SNHO	109	N	4
RICKET	REUBEN		SNHO	109	Y	5
RICKETSON	SARAH		SNSC	250	Y	203
RICKETSON	JOSEPH		SNSC	250	N	203
RICKETSON	CHARLES		SNSC	257	Y	319
RICKETSON	ELIZABETH		SNSC	257	N	319
RICKETSON	LALIE		SNSC	257	N	319
RICKETT	JOHN		SNLO	171	Y	121
RICKETT	DORCAS		SNLO	171	N	121
RICKETT	LORENZO		SNLO	171	N	121
RICKETT	LIDDIA		SNLO	171	N	121
RICKETT	PERRY		SNLO	171	N	121
RICKETTS	MARY	E	SNLO	171	Y	113
RICKETTS	SAMUEL		SNLO	171	N	113
RICKETTS	SUSANNA		SNLO	171	N	113
RICKETTS	JAMES	J	SNLO	171	N	113
RICKETTS	THOMAS	W	SNLO	171	N	113
RICKLIN	PHILENA		SNBI	40	Y	270
RICKTER	CHARLES		SNRE	237	Y	253
RICTOR	JOHN		SNRE	233	Y	199
RICTOR	ELISABETH		SNRE	233	N	199
RICTOR	ANA	C	SNRE	233	N	199
RIDENOUR	JOHN		SNBI	22	Y	18
RIDENOUR	LIDIE		SNBI	22	N	18
RIDENOUR	MARY		SNBI	22	N	18
RIDENOUR	JANE		SNBI	22	N	18
RIDENOUR	SARAH		SNBI	22	N	18
RIDENOUR	WM		SNBI	22	N	18
RIDENOUR	HENRY		SNBI	42	Y	292
RIDENOUR	ELIZ		SNBI	42	N	292
RIDENOUR	SOPHIA		SNPL	207	Y	64
RIDER	JOHN		SNBI	39	Y	261
RIDER	CORNELIA		SNLI	158	Y	254
RIDER	WILLIAM		SNAD	12	Y	186
RIDER	ANNA	E	SNPL	204	Y	27
RIDER	CHARLES		SNBL	58	Y	154
RIDER	MAGDALENA		SNBL	58	N	154
RIDER	CHARLES		SNBL	58	N	154
RIDER	JOHN		SNBL	58	N	154
RIDER	AUGUSTUS		SNBL	58	N	154
RIDER	CELIA		SNBL	58	N	154
RIDER	CORNELIA		SNLI	158	Y	254
RIDGLEY	OSKER		SNCL	81	Y	187
RIDGLEY	JOHN		SNW1	332	Y	360
RIDLEY	JACOB		SNLI	157	Y	246
RIDLEY	MARY		SNLI	157	N	246
RIDLEY	RUFUS		SNLI	157	N	246
RIDLEY	FRANKLIN		SNLI	157	N	246
RIDLEY	CHARLES		SNLI	157	N	246
RIDLEY	WILLIAM		SNLI	157	N	246
RIDLEY	THOMAS		SNLI	157	N	246
RIDLEY	JACOB		SNLI	157	Y	246
RIDLEY	MARY		SNLI	157	N	246
RIDLEY	RUFUS		SNLI	157	N	246
RIDLEY	FRANKLIN		SNLI	157	N	246
RIDLEY	CHARLES		SNLI	157	N	246
RIDLEY	WILLIAM		SNLI	157	N	246
RIDLEY	THOMAS		SNLI	157	N	246
RIFE	SAMUEL	E	SNLI	160	Y	293
RIFE	CATHARINE		SNLI	160	N	293
RIFE	MARSHAL	E	SNLI	160	N	293
RIFE	JOHN	R	SNLI	160	N	293
RIFE	SAMUEL	E	SNLI	160	Y	293
RIFE	CATHARINE		SNLI	160	N	293
RIFE	MARSHAL	E	SNLI	160	N	293
RIFE	JOHN	R	SNLI	160	N	293
RIFE	HENRY		SNSN	263	Y	58
RIFE	ANNA		SNSN	263	N	58
RIFFLE	MARY		SNCL	69	N	9
RIFFLE	JESSE		SNCL	80	Y	179
RIFFLE	MARY		SNCL	80	N	179
RIFFLE	MARTIN		SNCL	80	N	179

LASTNAME	FIRSTNAME	MI	LOCATION	PAGE	HEAD	HHOLD
RIFFLE	MARY	A.	SNCL	80	N	179
RIFFLE	THEABOLT		SNCL	80	N	179
RIFFLE	ROSA		SNCL	80	N	179
RIFFLE	THEODORE		SNCL	80	N	179
RIFFLE	WILLIAM		SNCL	80	N	179
RIFFLE	EDWARD		SNCL	80	N	179
RIFFLE	JESSE		SNCL	80	N	179
RIGBY	LAURA		SNLO	197	N	266
RIGBY	JAMES		SNLO	197	Y	26
RIGBY	CHARLES	W	SNLO	199	Y	30
RIGBY	ELIZA		SNLO	199	N	306
RIGBY	JOHN		SNLO	199	N	306
RIGBY	WILLIAM	J.	SNLO	202	Y	364
RIGBY	TEMPERANCE		SNLO	202	N	364
RIGBY	CLIFTON		SNLO	202	N	364
RIGBY	ALICE		SNLO	202	N	364
RIGBY	FANNIE		SNLO	202	N	364
RIGBY	KATE		SNLO	202	N	36
RIGHT	SAML		SNED	97	Y	116
RIGHT?	SAMUEL		SNRE	235	Y	225
RILEY	THOMAS		SNJA	130	Y	54
RILEY	ANNA		SNJA	130	N	54
RILEY	JOSEPH		SNJA	130	N	54
RILEY	ELIZABETH		SNJA	130	N	54
RILEY	MARY	U.	SNJA	130	N	54
RILEY	SHARLOTT		SNJA	130	N	54
RILEY	MARTHA	J.	SNJA	130	N	54
RILEY	PERCILLA		SNJA	130	N	54
RILEY	SARAH		SNJA	137	Y	166
RILEY	AARON		SNPL	215	Y	186
RILPLEY	ANNA	M	SNLO	170	N	102
RILPLEY	LOUISA		SNLO	170	N	102
RILPLEY	JOHN		SNLO	170	N	102
RILPLEY	JOSEPH		SNLO	170	N	102
RILPLEY	CAROLINE		SNLO	170	N	102
RILPLEY	OLIVER		SNLO	170	N	102
RILPLEY	HENRY		SNLO	170	N	102
RILPLEY	LAURA	E	SNLO	170	N	102
RILPLEY	THERESA		SNLO	170	N	102
RILPLEY	WILLIAM		SNLO	170	N	102
RILPLEY ?	WILLIAM		SNLO	170	Y	102
RINE	ABRAHAM		SNAD	2	Y	32
RINE	JANE		SNAD	2	N	32
RINE	FLETCHER		SNAD	2	Y	35
RINE	NATHAN		SNAD	18	Y	301
RINE	SARAH		SNAD	18	N	301
RINE	MONROE		SNAD	18	N	301
RINE	DAVID		SNAD	18	N	301
RINE	FLETCHER		SNAD	18	N	301
RINE	JOSEPH		SNAD	18	N	301
RINE	NANCY		SNAD	18	N	301
RINE	ISAAC		SNAD	18	N	301
RINE	JOHN	W	SNRE	225	Y	70
RINE	RACHAEL		SNRE	225	N	70
RINE	ALVIN	J	SNRE	225	N	70
RINEBOLD	JACOB		SNJA	133	Y	108
RINEBOLD	MARY	A.	SNJA	133	N	108
RINEBOLD	NOAH		SNJA	133	N	108
RINEBOLD	ELIZABETH		SNJA	133	N	108
RINEBOLD	HENRY		SNJA	133	N	108
RINEBOLD	SUSAN		SNJA	133	N	108
RINEBOLD	MAHALA		SNJA	133	N	108
RINEBOLD	RACHAEL		SNJA	133	N	108
RINEBOLD	JACOB		SNJA	133	N	108
RINEBOLD	CATHERINE		SNLO	176	Y	185
RINEBOLD	ABRAHAM		SNLO	176	Y	186
RINEBOLD	BARBRA		SNLO	176	N	186
RINEBOLD	REBECCA		SNLO	176	N	186
RINEBOLD	JOHN		SNLO	176	N	186
RINEBOLD	CATHERINE		SNLO	176	N	186
RINEBOLD	LEVI		SNLO	176	N	186
RINEBOLD	SAVILLA	E	SNLO	176	N	186
RINEBOLD	MARY	L	SNLO	176	N	186
RINEBOLD	ABRAHAM		SNLO	176	N	186
RINEBOLD	ANNA	E	SNLO	176	N	186
RINEBOLD	EPHRAM		SNLO	176	N	186
RINEBOLT	CLARA	M	SNLO	172	Y	124

LASTNAME	FIRSTNAME	MI	LOCATION	PAGE	HEAD	HHOLD
RINEHART	ROSA	J	SNLO	164	Y	23
RINEHART	LAURA	A	SNLO	164	N	23
RINEHART	NANCY	A	SNLO	164	Y	23
RINEHART	MARGARET		SNTH	296	N	218
RINEHOLD	AMOS		SNAD	2	Y	34
RINEMAN	ANNIE		SNBI	41	Y	277
RINGLE	ANDREW		SNLI	151	Y	145
RINGLE	HANNAH		SNLI	151	N	145
RINGLE	ELIZA		SNLI	151	N	145
RINGLE	WILLIAM		SNLI	151	Y	146
RINGLE	LUCINDA		SNLI	151	N	146
RINGLE	MAHALA		SNLI	151	N	146
RINGLE	LAURA		SNLI	151	N	146
RINGLE	JAMES		SNLI	151	N	146
RINGLE	ISAAC		SNLI	156	Y	227
RINGLE	MARY		SNLI	156	N	227
RINGLE	MARY		SNLI	156	N	227
RINGLE	HEZAKIAH		SNLI	156	N	227
RINGLE	SANFORD		SNLI	156	N	227
RINGLE	CLARA		SNLI	156	N	227
RINGLE	FRANKLIN		SNJA	139	Y	199
RINGLE	HENRY		SNSC	244	Y	107
RINGLE	SARAH		SNSC	244	N	107
RINGLE	IDA		SNSC	244	N	107
RINGLE	WILLIAM		SNSC	244	N	107
RINGLE	JOHN		SNSC	244	N	107
RINGLE	ESTELLA		SNSC	244	N	107
RINGLE	CLARA		SNSC	244	N	107
RINGLE	ANDREW		SNLI	151	Y	145
RINGLE	HANNAH		SNLI	151	N	145
RINGLE	ELIZA		SNLI	151	N	145
RINGLE	WILLIAM		SNLI	151	Y	146
RINGLE	LUCINDA		SNLI	151	N	146
RINGLE	MAHALA		SNLI	151	N	146
RINGLE	LAURA		SNLI	151	N	146
RINGLE	JAMES		SNLI	151	N	146
RINGLE	ISAAC		SNLI	156	Y	227
RINGLE	MARY		SNLI	156	N	227
RINGLE	MARY		SNLI	156	N	227
RINGLE	HEZAKIAH		SNLI	156	N	227
RINGLE	SANFORD		SNLI	156	N	227
RINGLE	CLARA		SNLI	156	N	227
RINGLE	LEWIS		SNRE	223	Y	49
RINGLE	SAMUEL		SNRE	223	N	49
RINGLE	GEORGE		SNRE	234	Y	212
RINGLE	JEREMIAH		SNVE	389	Y	142
RINGLE	MARY		SNVE	389	N	142
RINGLE	HENRY		SNVE	393	Y	209
RINGLE	RACHEAL		SNVE	393	N	209
RINGLE	STEPHEN		SNVE	393	N	209
RINGLE	OWEN	C.	SNVE	393	N	209
RINGLE	ELZA	B.	SNVE	393	N	209
RINGLE	LEVI	M.	SNVE	393	N	209
RINGLE	BRADFORD		SNVE	393	N	209
RINGLE	ASHEL		SNVE	394	Y	213
RINGLE	JULIA		SNVE	394	N	213
RINGLE	LIDA	M.	SNVE	394	N	213
RINGLE	DAVID		SNVE	394	Y	218
RINGLE	ELISABETH		SNVE	394	N	218
RINGLE	ELLA		SNVE	394	N	218
RINGLE	MARY	J.	SNVE	394	N	218
RINGLE	EMMA		SNVE	395	Y	232
RINGLE	DAVID		SNVE	399	Y	307
RINGLE	CATHARINE		SNVE	399	N	307
RINGLE	SIMON	A.	SNVE	399	Y	310
RINGLE	ELISABETH		SNVE	399	N	310
RINGLE	MINIE		SNVE	399	N	310
RINGLE	KENNETH		SNVE	399	N	310
RINGLE	GEORGE		SNVE	401	Y	342
RINGLE	CATHARINE		SNVE	401	N	342
RINGLE	AMANDA		SNVE	401	N	342
RINGLE	EMMA		SNVE	401	N	342
RINGLEY	FINELLEY		SNVE	394	Y	215
RINGLEY	AMANDA		SNVE	394	N	215
RINGLEY	WILLIE	E.	SNVE	394	N	215
RINK	MINNIE		SNW2	353	Y	57
RINTZ	FRED		SNCL	74	Y	83

LASTNAME	FIRSTNAME	MI	LOCATION	PAGE	HEAD	HHOLD
RINTZ	EMMA		SNCL	74	N	83
RINTZ	FREDERICK		SNCL	74	N	83
RINTZ	JENNIE		SNCL	74	N	83
RISDEN	HIRAM		SNPL	204	Y	30
RISDEN	SARAH		SNPL	204	N	30
RISDEN	AUSTIN		SNPL	204	N	30
RISDEN	JENNIE		SNPL	204	N	30
RISDEN	EMMA		SNPL	204	N	30
RISDEN	JOEL		SNPL	204	N	30
RISH	SAMUEL		SNBL	65	Y	271
RISH	LOUISA		SNBL	65	N	271
RISH	SELIVA		SNBL	65	N	271
RITCHARD	J	F	SNLO	186	Y	83
RITCHARD	ELIZA		SNLO	186	N	83
RITCHARD	ELLA		SNLO	186	N	83
RITCHARD	MINNIE		SNLO	186	N	83
RITCHERT	WILLIAM		SNLO	178	Y	211
RITCHERT	MARTHA	A	SNLO	178	N	211
RITCHERT	JOHN	F	SNLO	178	N	211
RITCHERT	EUGENE	R	SNLO	178	N	211
RITCHERT	HARRIET		SNLO	178	N	211
RITTER	WILLIAM		SNTH	293	Y	186
RITTER	ANN		SNTH	293	N	186
ROACE ?	MARY		SNAD	6	Y	93
ROADES	WILLIAM		SNAD	12	Y	182
ROADES	MARIA		SNAD	12	N	182
ROADS	WILLIAM		SNW1	311	Y	60
ROADS	SALLY		SNW1	311	N	60
ROADS	ANDREW		SNW1	317	Y	146
ROADS	MARY		SNW1	317	N	146
ROADS	JOHN		SNW1	317	N	146
ROAT	HAMEN		SNW2	369	Y	284
ROAT	ANN		SNW2	369	N	284
ROAT	BELL		SNW2	369	N	284
ROAT	OSBILL		SNW2	369	N	284
ROBB	SAMUEL		SNW2	368	Y	264
ROBB	SARAH	E	SNW2	368	N	264
ROBB	ISAAC		SNW2	368	Y	281
ROBB	ELLAMINA		SNW2	368	N	281
ROBB	JACOB		SNW2	368	N	281
ROBB	WILLIAM		SNW2	369	N	281
ROBB	ROSENA		SNW2	369	N	281
ROBB	JOHN		SNW2	369	N	281
ROBB	ALICE		SNW2	369	N	281
ROBB	TUMY		SNW2	369	N	281
ROBB	JOHN		SNW2	370	Y	310
ROBB	WANKEY		SNW2	370	N	310
ROBB	MARY		SNW2	370	N	310
ROBB	WILLIAM		SNSN	263	Y	61
ROBB	LOUISA		SNSN	263	N	61
ROBB	MARY		SNSN	263	N	61
ROBB	ELLEN		SNNS	263	N	61
ROBBINS	FRANCES		SNLI	150	Y	133
ROBBINS	WILLIAM	D	SNLO	199	Y	299
ROBBINS	NATHAN	P.	SNLO	202	Y	361
ROBBINS	CELESTIA	L.	SNLO	202	N	361
ROBBINS	CLAIR		SNLO	202	N	361
ROBBINS	FRANK		SNLO	202	N	361
ROBBINS	FRANCES		SNLI	150	Y	133
ROBENALT	ANDREW		SNW2	366	Y	243
ROBENALT	TULARA		SNW2	366	N	243
ROBENALT	OLLEN		SNW2	366	N	243
ROBENOLD	MOSES		SNW1	321	Y	203
ROBENOLD	MARIA		SNW1	321	N	203
ROBERTS	CATHERINE		SNLO	164	Y	18
ROBERTS	JOHN	B	SNLO	201	Y	342
ROBERTS	JANE	M	SNLO	201	N	342
ROBERTS	JOHN	B	SNLO	201	Y	342
ROBERTS	CLARENCE	S	SNLO	201	N	342
ROBERTS	RHODA		SNSC	252	Y	228
ROBERTS	SARAH	A	SNBL	63	Y	232
ROBERTS	ELICHA		SNVE	380	Y	1
ROBERTS	REBECCA	A	SNVE	380	N	1
ROBERTS	ROBERT	A	SNVE	380	N	1
ROBERTS	WILLIAM	J	SNVE	380	N	1
ROBERTS	SAMUEL		SNVE	387	Y	106
ROBERTS	MARY		SNVE	387	N	106

LASTNAME	FIRSTNAME	MI	LOCATION	PAGE	HEAD	HHOLD
ROBERTS	SARAH	E	SNVE	387	N	106
ROBERTS	LAURA		SNVE	387	N	106
ROBERTS	WILLIAM		SNVE	387	N	106
ROBERTS	FRANKLIN		SNVE	387	N	106
ROBERTS	JULIA		SNSN	264	Y	80
ROBERTS	JAMES		SNSN	264	N	80
ROBERTS	FLORENCE		SNSN	264	N	80
ROBERTSON	WILLIAM		SNLI	151	Y	153
ROBERTSON	TAMAR		SNLI	151	N	153
ROBERTSON	MARY		SNLI	151	Y	153
ROBERTSON	JACOB		SNLI	151	N	153
ROBERTSON	JOHN		SNLI	151	Y	153
ROBERTSON	JOHN		SNLI	159	Y	274
ROBERTSON	AMANDA		SNLI	159	N	274
ROBERTSON	VIOLA	E	SNLI	159	N	274
ROBERTSON	IRENA		SNLI	159	N	274
ROBERTSON	ELIZABETH		SNPL	213	Y	164
ROBERTSON	WILLIAM		SNLI	151	Y	153
ROBERTSON	TAMAR		SNLI	151	N	153
ROBERTSON	MARY		SNLI	151	Y	153
ROBERTSON	JACOB		SNLI	151	N	153
ROBERTSON	JOHN		SNLI	151	Y	153
ROBERTSON	JOHN		SNLI	159	Y	274
ROBERTSON	AMANDA		SNLI	159	N	274
ROBERTSON	VIOLA	E	SNLI	159	N	274
ROBERTSON	IRENA		SNLI	159	N	274
ROBINALT	CATHARINE		SNCL	82	Y	204
ROBINS	CAROLINE		SNW1	326	Y	271
ROBINS	FRANK		SNW1	326	N	271
ROBINS	JAMES		SNW1	326	N	171
ROBINSON	DELIA		SNSC	255	Y	279
ROBINSON	KATE		SNSC	255	N	279
ROBINSON	LYDIA		SNSC	255	N	279
ROBINSON	HAMDEN		SNSC	255	N	279
ROBINSON	HERISSA		SNSC	255	N	279
ROBISON	JOSEPH		SNSC	248	Y	165
ROBISON	MARY		SNSC	255	Y	293
ROBISON	WILLIAM		SNSC	255	N	293
ROBISON	ELISHA		SNTH	285	Y	63
ROBISON	MARY		SNTH	285	N	63
ROBONSON	ISAAC		SNRE	224	Y	60
ROCH	ANDREW		SNCL	71	Y	33
ROCHTE	AMBROSE		SNCL	87	Y	273
ROCKAFELLOW	IRVIN		SNSC	257	Y	318
ROCKAFELLOW	MARY		SNSC	257	N	318
ROCKAFELLOW	FRANCIS		SNSC	257	N	318
ROCKAFELLOW	JESSIE		SNSC	257	N	318
ROCKEY	ANDREW		SNJA	137	Y	168
ROCKEY	POLLA (?)		SNJA	141	Y	232
RODEFER	JOS.		SNHO	114	Y	102
RODEFER	MARY		SNHO	114	N	102
RODEFER	JANE		SNHO	114	N	102
RODEFER	JOHN		SNHO	114	N	102
RODEGAB	MAGDALENE		SNBL	65	Y	260
RODEGAB	BARBRA		SNBL	65	N	260
RODEGAB	JOSEPH		SNBL	65	N	260
RODEGAB	DANIEL		SNBL	65	Y	261
RODEGAB	KATE		SNBL	65	N	261
RODEGAB	ELMER		SNBL	65	N	261
RODERICK	ISAAC		SNSN	265	Y	106
RODERICK	MARY		SNSN	266	N	106
RODERICK	WILLIAM		SNSN	265	N	106
RODERICK	CHARLES		SNSN	265	N	106
RODERICK	LUDWICK		SNSN	265	N	106
RODGERS	CALVIN		SNED	106	Y	273
RODGERS	SARAH		SNED	106	N	273
RODGERS	AMANDA		SNED	106	N	273
RODGERS	JOHN		SNVE	386	Y	91
RODGERS	ALMYRA		SNVE	386	N	91
RODGERS	WILLIAM		SNVE	386	N	91
RODGERS	MAHALA		SNVE	386	N	91
RODGERS	AMIE	E.	SNVE	386	N	91
RODGERS	LOVINA		SNVE	386	N	91
RODGERS	JANE		SNVE	386	N	91
RODGERS	DAVID		SNVE	386	N	91
RODGERS	AMOS	C.	SNVE	386	N	91
RODGERS	ISABELA		SNVE	386	N	91

LASTNAME	FIRSTNAME	MI	LOCATION	PAGE	HEAD	HHOLD
RODGERS	SARAH	B.	SNVE	386	N	91
RODGERS	AMIE		SNVE	399	Y	310
ROELL	HENRY		SNW2	362	Y	177
ROELL	MARY	C	SNW2	362	N	177
ROELL	ANNA		SNW2	362	N	177
ROELL	CAROLINE		SNW2	362	N	177
ROELL	MARY		SNW2	362	N	177
ROEMER	FREDCK		SNLO	186	Y	90
ROEMER	MARY		SNLO	186	N	90
ROESNER	CLEMENT		SNTH	288	Y	107
ROGAS?	MARY		SNSC	240	Y	40
ROGERS	HENRY		SNED	98	Y	133
ROGERS	LORENZO		SNED	104	Y	241
ROGERS	LUCINDA		SNED	104	N	241
ROGERS	LUTHER		SNED	104	Y	241
ROGERS	ALICE		SNED	104	N	241
ROGERS	WILLIAM		SNED	104	N	241
ROGERS	MATTIE		SNED	104	N	241
ROGERS	ALBERT		SNED	104	Y	241
ROGERS	BARNIBAS?		SNED	105	Y	249
ROGERS	JAMES		SNSC	240	Y	39
ROGERS	BETSEY		SNSC	240	N	39
ROGERS	BELL		SNSC	240	N	39
ROGERS	DEORCA?		SNSC	240	Y	39
ROGERS	OLIVER		SNSC	240	Y	40
ROGERS	SALLIE		SNSC	240	N	40
ROGERS	HULBERT		SNSC	240	N	40
ROGERS	ALDUS?		SNSC	240	N	40
ROGERS	MARY		SNTH	283	Y	33
ROGERS	LEWIS	B	SNRE	228	Y	134
ROGERS	ELISABETH		SNRE	228	N	134
ROGERS	MARY	B	SNRE	228	N	134
ROGERS	JOSEPH		SNRE	228	N	134
ROHL	GEORGE		SNSN	263	Y	61
ROHL	MARY		SNSN	263	N	61
ROHL	SOPHRINA		SNSN	263	N	61
ROHN	ASIA		SNCL	79	Y	152
ROHN	ELIZA		SNCL	79	N	152
ROHN	VANIA		SNCL	79	N	152
ROHN	IDELLA		SNCL	79	N	152
ROHN	ORPHA		SNCL	79	N	152
ROHN	JOHN		SNCL	79	N	152
ROHN	JESSIE		SNCL	79	N	152
ROHRER	ISAAC		SNBL	66	Y	275
ROHRER	MAGDALENA		SNBL	66	N	275
ROHRER	JACOB		SNVE	385	Y	85
ROHRER	ELIZABETH		SNVE	385	N	85
ROHRER	HANSEY	A.	SNVE	385	N	85
ROHRER	HENRY	C.	SNVE	385	N	85
ROHRIG	JOHN		SNLI	161	N	317
ROHRIG	JOHN		SNLI	161	N	317
ROLER	FREDERICK		SNW2	354	Y	76
ROLER	CATHARINE		SNW2	354	N	76
ROLER	MARY		SNW2	354	N	76
ROLER	FREDERICK		SNW2	354	N	76
ROLER	JOHN		SNW2	354	N	76
ROLER	ARHART		SNW2	354	N	76
ROLER	CATHARINE		SNW2	354	N	76
ROLER	ANNA		SNW2	355	N	76
ROLER	CHRISTINA		SNW2	355	N	76
ROLER	FRANK		SNW2	355	N	76
ROLIN	ALEX		SNCL	72	Y	59
ROLIN	ELIZA		SNCL	72	N	59
ROLIN	JAMES		SNCL	72	N	59
ROLIN	ELIAS		SNW2	378	Y	410
ROLIN	SOPHIA		SNW2	378	N	410
ROLIN	WILLIAM		SNW2	378	N	410
ROLIN	HARROLESE		SNW2	378	N	410
ROLIN	JAMES		SNRE	233	Y	207
ROLIN	LUCINDA		SNRE	233	N	207
ROLLA	TRUMAN		SNSN	264	Y	89
ROLLA	MARY		SNSN	264	N	89
ROLLAY	TEMPLEMAN		SNSN	264	Y	88
ROLLAY	LUCIA		SNSN	264	N	88
ROLLIN	JAMES		SNRE	228	Y	121
ROLLIN	MARY		SNRE	228	N	121
ROLLINS	WILLIAM		SNLO	163	Y	2

LASTNAME	FIRSTNAME	MI	LOCATION	PAGE	HEAD	HHOLD
ROLLINS	LOUISE	E	SNLO	163	N	2
ROLLS	GEORGE		SNTH	291	Y	151
ROMICK	JONAS		SNW1	330	Y	332
ROMIG	ANNA		SNLO	163	Y	13
ROMIG	SUSAN		SNLO	163	N	13
ROMIG	JULIAN		SNLO	163	N	13
ROMIG	JOHN		SNLO	163	Y	14
ROMIG	ELISABETH		SNLO	163	N	14
ROMIG	ANNA		SNLO	163	N	14
ROMIG	ALVIN		SNLO	163	N	14
ROMIG	ELMER		SNTH	282	Y	8
ROMIG	JOSHUA		SNTH	299	Y	259
ROMIG	JULIANN		SNTH	299	N	259
ROMIG	GIDEON		SNTH	299	N	259
ROMIG	ABRAHAM		SNTH	299	Y	261
ROMIG	ELIZABETH		SNTH	299	N	261
ROMIG	RAMENA?		SNTH	299	N	261
ROMIG	JEREMIAH		SNTH	299	N	261
ROMIG	HENRY		SNTH	299	N	261
ROMIG	WILLIAM		SNTH	299	N	261
ROMIG	MARY		SNTH	299	N	261
ROMIG	JOHN		SNTH	299	N	261
ROMIG	EMMA		SNTH	299	N	261
ROMIG	CLARA		SNTH	299	N	261
ROMIG	SAMUEL		SNTH	299	N	261
ROMIG	ELI		SNTH	304	Y	320
ROMIG	ELIZABETH		SNTH	304	N	320
ROMIG	SUSAN		SNTH	304	N	320
ROMIG	SAMUEL		SNTH	304	N	320
ROMIG	ELIZABETH		SNTH	304	N	320
ROMIG	JOHN		SNTH	304	N	320
ROMIG	SYLVESTER		SNTH	304	N	320
ROMIG	ISAAC		SNTH	304	Y	321
ROMIG	ELIZABETH		SNTH	304	N	321
ROMIG	CHARLES		SNTH	304	N	321
ROMIG	ROSA		SNTH	304	N	321
ROMIG	DANIEL		SNTH	304	N	321
ROND	SAMUEL		SNSC	244	Y	110
ROND	LOUISA		SNSC	244	N	110
ROND	ELOISA?		SNSC	244	N	110
RONDER	HENRY		SNW1	316	Y	128
RONDER	ELIZABETH		SNW1	316	N	128
RONK	ADALINE		SNCL	73	Y	63
RONK	ELLSWORTH		SNCL	73	N	63
RONK	FRANK		SNW1	317	Y	141
RONK	SUSAN		SNW1	317	N	141
RONK	NELLIE		SNW1	317	N	141
RONK	NELLA		SNW1	338	Y	445
RONKER	JOSEPH		SNW1	342	Y	486
RONKER	ROSA		SNW1	342	N	486
RONKER	JOSEPHINE		SNW1	342	N	486
ROOD	FRANCIS		SNCL	71	Y	28
ROOD	EMMA		SNCL	71	N	28
ROOD	BYRON		SNCL	71	N	28
ROOP	JOSIAH		SNSC	256	Y	299
ROOP	MARIE		SNSC	256	Y	299
ROOP	ISRAEL		SNRE	222	Y	23
ROOP	MARY		SNRE	222	N	23
ROOP	EMMALINE		SNRE	222	N	23
ROOP	CLARA		SNRE	222	N	23
ROOP	JESSEE		SNRE	222	N	23
ROOPE	DAVID		SNBL	66	Y	276
ROOPE	ELISABETH		SNBL	66	N	276
ROOPE	WILLIAM		SNBL	66	N	276
ROOPE	EZRA		SNBL	66	N	276
ROOPE	SUSAN	E	SNBL	66	N	276
ROOT	C	O	SNW2	358	Y	126
ROOT	CLARA		SNW2	358	N	126
ROPP	ELI		SNJA	132	Y	94
ROPP	CATHERINE		SNJA	132	N	94
ROPP	SARAH		SNJA	132	N	94
ROPP	DANIEL		SNJA	132	Y	94
ROPP	EMANUEL		SNJA	132	N	94
ROPP	HUSTON		SNJA	132	N	94
ROPP	WILLIAM		SNJA	133	N	94
ROSE	JOSEPH		SNBI	24	Y	48
ROSE	ELIZ		SNBI	24	N	48

LASTNAME	FIRSTNAME	MI	LOCATION	PAGE	HEAD	HHOLD
ROSE	ANTHONY		SNBI	24	N	48
ROSE	JOHN		SNBI	24	N	48
ROSE	AUGUST		SNBI	24	N	48
ROSE	GERMAIN		SNBI	24	N	48
ROSE	HENRY		SNJA	127	Y	17
ROSE	ELIZABETH		SNJA	127	N	17
ROSE	JOHN		SNJA	127	N	17
ROSE	AMANDA		SNJA	127	N	17
ROSE	LEBOLD		SNW1	324	Y	246
ROSE	FANNIE		SNW1	324	N	246
ROSE	JULIA		SNW1	324	N	246
ROSE	LANA		SNW1	324	N	246
ROSE	HENRY		SNW1	324	N	246
ROSE	WILLIAM		SNW1	324	N	246
ROSE	BERTHA		SNW1	324	N	246
ROSE	EDWARD		SNW1	324	N	246
ROSENBERG	DAVID		SNLI	159	Y	275
ROSENBERG	CATHARINE		SNLI	159	N	275
ROSENBERG	JOHN	B	SNLI	159	N	275
ROSENBERG	SARAH	L	SNLI	159	N	275
ROSENBERG	WILLIE		SNLI	159	N	275
ROSENBERG	HENRY		SNHO	116	Y	123
ROSENBERG	JANE		SNHO	116	N	123
ROSENBERG	ROBERT		SNHO	116	N	123
ROSENBERG	DAVID		SNLI	159	Y	275
ROSENBERG	CATHARINE		SNLI	159	N	275
ROSENBERG	JOHN	B	SNLI	159	N	275
ROSENBERG	SARAH	L	SNLI	159	N	275
ROSENBERG	WILLIE		SNLI	159	N	275
ROSENBERG?	JACOB		SNHO	116	Y	119
ROSENBERG?	SOPHIA		SNHO	116	N	119
ROSENBERG?	SYLVESTER		SNHO	116	N	119
ROSENBERG?	JOHN		SNHO	116	N	119
ROSENBERG?	CORA		SNHO	116	N	119
ROSENBERG?	STELLA		SNHO	116	N	119
ROSENBERG?	WILLIAM		SNHO	116	N	119
ROSENBERGER	DAVID		SNLI	148	Y	94
ROSENBERGER	CATHARINE		SNLI	148	N	94
ROSENBERGER	AMOS	A	SNLI	148	N	94
ROSENBERGER	WILSON	E	SNBL	I148		94
ROSENBERGER	JOHN		SNLI	150	Y	137
ROSENBERGER	HARRIET		SNLI	150	N	137
ROSENBERGER	MARION		SNLI	150	N	137
ROSENBERGER	ALVADORE		SNLI	150	N	137
ROSENBERGER	JESSIE		SNLI	150	N	137
ROSENBERGER	DELLA		SNLI	150	N	137
ROSENBERGER	NEWTON		SNLI	150	N	137
ROSENBERGER	JOHN	B	SNLI	152	Y	166
ROSENBERGER	ANN	E	SNLI	152	N	166
ROSENBERGER	WILLIAM	C	SNLI	152	N	166
ROSENBERGER	MARY	A	SNLI	152	N	166
ROSENBERGER	ANTHONY	D	SNLI	152	N	169
ROSENBERGER	ELIZA	J	SNLI	152	N	169
ROSENBERGER	MARY	E	SNLI	152	N	169
ROSENBERGER	ELI		SNLI	152	N	169
ROSENBERGER	MARGARET		SNLI	161	Y	320
ROSENBERGER	GEORGE		SNLI	162	Y	333
ROSENBERGER	CATHARINE		SNLI	162	N	333
ROSENBERGER	MICHAEL		SNLI	162	N	333
ROSENBERGER	ANDREW		SNLI	162	N	333
ROSENBERGER	CHESTER		SNLI	162	N	333
ROSENBERGER	DAVID		SNLI	148	Y	94
ROSENBERGER	CATHARINE		SNLI	148	N	94
ROSENBERGER	AMOS	A	SNLI	148	N	94
ROSENBERGER	WILSON	E	SNLI	148	N	94
ROSENBERGER	JOHN		SNLI	150	Y	137
ROSENBERGER	HARRIET		SNLI	150	N	137
ROSENBERGER	MARION		SNLI	150	N	137
ROSENBERGER	ALVADORE		SNLI	150	N	137
ROSENBERGER	JESSIE		SNLI	150	N	137
ROSENBERGER	DELLA		SNLI	150	N	137
ROSENBERGER	NEWTON		SNLI	150	N	137
ROSENBERGER	JOHN	B	SNLI	152	Y	166
ROSENBERGER	ANN	E	SNLI	152	N	166
ROSENBERGER	WILLIAM	C	SNLI	152	N	166
ROSENBERGER	MARY	A	SNLI	152	N	166
ROSENBERGER	ANTHONY	D	SNLI	152	N	169

LASTNAME	FIRSTNAME	MI	LOCATION	PAGE	HEAD	HHOLD
ROSENBERGER	ELIZA	J	SNLI	152	N	169
ROSENBERGER	MARY	E	SNLI	152	N	169
ROSENBERGER	ELI		SNLI	152	N	169
ROSENBERGER	MARGARET		SNLI	161	Y	320
ROSENBERGER	GEORGE		SNLI	162	Y	333
ROSENBERGER	CATHARINE		SNLI	162	N	333
ROSENBERGER	MICHAEL		SNLI	162	N	333
ROSENBERGER	ANDREW		SNLI	162	N	333
ROSENBERGER	CHESTER		SNLI	162	N	333
ROSENFELTER	PHILLIP		SNHO	123	Y	243
ROSENFELTER	MARGARET		SNHO	123	N	243
ROSENFELTER	PHILLIP		SNHO	123	N	243
ROSENFELTER	CAROLINE		SNHO	123	N	243
ROSENFELTER	HENRY		SNHO	123	N	243
ROSENFELTER	POWELL		SNHO	123	N	234
ROSENFELTER	JOHN		SNHO	123	N	243
ROSENFELTER	CHARLES		SNHO	123	N	243
ROSENFELTER	WILLIAM		SNHO	123	N	243
ROSENFELTER	MARY		SNHO	123	N	243
ROSENTEEL	ELISABETH		SNBL	63	Y	233
ROSIER	GEORGE		SNSN	262	Y	37
ROSIER	CAROLINE		SNSN	262	N	37
ROSIER	CLARA		SNSN	262	N	37
ROSILLO	ODILLIA		SNTH	288	Y	108
ROSS	WILLIAM		SNPL	215	Y	189
ROSS	ELIZABETH		SNPL	215	N	189
ROSS	CHARLES		SNPL	215	N	189
ROSS	SCOTT		SNPL	215	N	189
ROSS	LUCY		SNPL	215	N	189
ROSS	ELMORE		SNPL	215	N	189
ROSS	WILLIAM		SNPL	215	N	189
ROSS	NANCY		SNPL	215	N	189
ROSS	HENRY		SNPL	215	N	189
ROSS	CHARLOTT		SNPL	215	N	189
ROSS	ELIZABETH		SNPL	215	Y	189
ROTHACKER	MARY	J	SNLO	201	N	348
ROTHACKER	CHARLES		SNLO	201	N	348
ROTHACKER	MATILDA		SNLO	201	N	348
ROTHACKER	EMMA		SNLO	201	N	348
ROTHACKER	PHILIP	J	SNLO	201	N	348
ROTHACKER	FRANK		SNLO	201	N	348
ROTHACKER ?	JOHN	G	SNLO	201	Y	348
ROUSER	GEORGE		SNW1	316	Y	136
ROUSER	MARY		SNW1	316	N	136
ROUSER	ELIZABETH		SNW1	316	N	136
ROUSER	DANIEL		SNW1	317	N	136
ROUSER	MARY		SNW1	317	N	136
ROUSH	JOSEPHINE		SNLO	186	Y	91
ROUSH	EDWARD	E	SNLO	191	Y	163
ROUYSER	ADAM		SNW1	316	N	136
ROVAH	PETER		SNW2	363	Y	202
ROVAH	ELIZABETH		SNW2	363	N	202
ROVAH	JOHN		SNW2	363	N	202
ROVAH	CHARLES		SNW2	363	N	202
ROVAH	ANNA		SNW2	363	N	202
ROWELL	GEO	A	SNED	91	Y	35
ROWLEY	EROS		SNAD	6	Y	94
ROWLEY	MARY		SNAD	6	N	94
ROYCE	HIRAM		SNVE	400	Y	325
ROYCE	MARY	E	SNVE	400	N	325
ROYCE	EMILY	E	SNVE	400	N	325
ROYCE	ELLEN	J	SNVE	400	N	325
ROYCE	ELIE	A	SNVE	400	N	325
ROYER	BEDFORD		SNTH	289	Y	133
ROYER	ELIZABETH		SNTH	290	N	133
ROYER	JOHN		SNTH	290	N	133
ROYER	SHERIDAN		SNTH	290	N	133
ROYER	JOSEPH		SNTH	290	N	133
ROYER	JOHN		SNTH	292	Y	165
ROYER	BARBRA		SNTH	292	N	165
ROYER	LEANDER		SNTH	292	Y	165
ROYER	SALOMA		SNTH	292	N	165
ROYER	LYDIA		SNTH	292	N	165
ROYER	LIZZIE		SNTH	292	N	165
ROYER	MARY		SNTH	292	N	165
ROYER	DOUGLAS		SNTH	292	N	165
ROYER	JACOB		SNTH	292	N	165

LASTNAME	FIRSTNAME	MI	LOCATION	PAGE	HEAD	HHOLD
ROYER	SAMUEL		SNTH	292	N	165
ROYER	EMMA		SNTH	292	N	165
ROYER	ISAAC		SNTH	292	N	165
ROYER	FRANK		SNTH	292	N	165
ROYER	ISAAC		SNTH	292	Y	169
ROYER	JULIA		SNTH	292	N	169
ROYER	AMANDA		SNTH	292	N	169
ROYER	SARAH		SNTH	292	N	169
ROYER	DORA		SNTH	292	N	169
ROYER	SAMUEL		SNTH	295	Y	190
ROYER	MARY		SNTH	295	N	190
ROYER	BARBARA		SNTH	295	N	190
ROYER	JACOB		SNTH	295	N	190
ROYER	SABITHA		SNTH	295	N	190
ROYER	LIZZIE		SNTH	295	N	190
ROYER	JOHN		SNTH	295	N	190
ROYER	CATHERINE		SNTH	295	N	190
ROYER	CALVIN		SNTH	293	N	190
ROYER	ELLEN		SNTH	295	N	190
ROYER	BENJAMIN		SNTH	295	N	190
ROYER	JOHN,SR		SNTH	299	Y	262
ROYER	MARY		SNTH	299	N	262
ROYER	JERRIT		SNTH	299	N	262
ROYER	MAINAUR		SNTH	299	Y	269
ROYER	ANNA		SNTH	299	N	269
ROYER	ADELIA		SNTH	299	N	269
ROYER	SAMUEL		SNTH	299	N	269
ROYER	LOTTIE		SNTH	299	N	269
ROYER	KATIE		SNTH	299	N	269
ROYER	CLARA		SNTH	299	N	269
RPTHACKER	JOHN	H	SNLO	201	N	348
RUBECK	PETER		SNRE	223	Y	46
RUBECK	BARBARA		SNRE	223	N	46
RUBECK	MARY	C	SNRE	223	N	46
RUBECK	PETER		SNRE	223	N	46
RUBECK	ANN		SNRE	223	N	46
RUBECK	ELISABETH		SNRE	223	N	46
RUBERT	DAVID		SNTH	290	Y	138
RUBERT	EUNICE		SNTH	290	N	138
RUBERT	EDWARD		SNTH	292	Y	161
RUBERT	EVE		SNTH	292	N	161
RUBERT	JERRY		SNTH	292	N	161
RUBERT	JOHN		SNTH	292	N	161
RUBERT	WILLIAM		SNTH	292	N	161
RUBERT	SAMUEL		SNTH	292	N	161
RUBERT	JEZERELL?		SNTH	299	Y	268
RUBERT	MARY		SNTH	299	N	268
RUBERT	SAMUEL		SNTH	299	N	268
RUBERT	LIME?		SNTH	299	N	268
RUBERT	WILLIAM		SNTH	299	N	268
RUCH	JOHN		SNW2	352	Y	33
RUCH	MARGARET		SNW2	352	N	33
RUCH	MARIA		SNW2	352	N	33
RUCH	DAVID	L	SNBL	56	Y	115
RUCH	OLIVE	C	SNBL	56	N	115
RUCH	GEORGE	G	SNBL	56	N	115
RUCH	WILLIAM		SNBL	56	N	115
RUCH	JOHN		SNBL	56	N	115
RUDOLPH	JACOB		SNTH	283	Y	33
RUESS	ANTHONY		SNW1	346	Y	536
RUESS	CAROLINE		SNW1	346	N	536
RUESS	EMALINE	O	SNW1	345	N	536
RUESS	NELLIE	A	SNW1	346	N	536
RUFFING	JACOB		SNTH	306	Y	359
RUFFING	ELIZABETH		SNTH	306	N	359
RUFFING	HENRY		SNTH	306	N	359
RUH	CONROOD		SNLO	188	Y	122
RUH	ELIZABETH		SNLO	188	N	122
RUH	AUGUST		SNLO	188	N	122
RUH	WENDLIN		SNLO	188	N	122
RUH	SEBASTIAN		SNLO	188	N	122
RUH	LOUISA		SNLO	188	N	122
RUH	AGNES		SNLO	188	N	122
RUH	HARMON		SNLO	188	N	122
RUH	GEO	W	SNLO	188	N	122
RUH	VALENTINE	S	SNLO	195	Y	236
RUHM?	JOHN		SNLI	152	Y	155

LASTNAME	FIRSTNAME	MI	LOCATION	PAGE	HEAD	HHOLD
RUHM?	CHRISTINA		SNLI	152	N	155
RUHM?	JOHN		SNLI	152	Y	155
RUHM?	CHRISTINA		SNLI	152	N	155
RULE	JEFFERSON		SNAD	7	Y	103
RULE	ELISA		SNAD	7	N	103
RULE	JANE		SNAD	7	N	103
RULE	SARAH		SNAD	7	N	103
RULE	LUCY		SNAD	7	N	103
RULE	ADALINE		SNAD	7	N	103
RULE	ALBERT		SNAD	7	N	103
RULE	SIDNEY		SNAD	7	N	103
RULE	DELLIA		SNAD	7	N	103
RULE	EMMA		SNAD	7	N	103
RULE	DANIEL	C	SNAD	9	Y	141
RULE	ELANOR		SNAD	9	N	141
RULE	ANNA		SNAD	9	N	141
RULE	DANIEL		SNAD	10	Y	151
RULE	JANE		SNAD	10	N	151
RULE	LAURA		SNAD	10	N	151
RULE	BYRON		SNPL	219	Y	244
RULE	TILLIE		SNPL	219	N	244
RULE	ISAAC		SNPL	219	N	244
RUMBAUGH	JOHN	C	SNLI	157	Y	247
RUMBAUGH	BARBRA		SNLI	157	N	247
RUMBAUGH	TUNIS	L	SNLI	157	N	247
RUMBAUGH	SARAH	S	SNLI	157	N	247
RUMBAUGH	HARRIET	C	SNLI	157	N	247
RUMBAUGH	CAROLINE		SNLI	157	N	247
RUMBAUGH	JOHN	C	SNLI	157	Y	247
RUMBAUGH	BARBRA		SNLI	157	N	247
RUMBAUGH	TUNIS	L	SNLI	157	N	247
RUMBAUGH	SARAH	S	SNLI	157	N	247
RUMBAUGH	HARRIET	C	SNLI	157	N	247
RUMBAUGH	CAROLINE		SNLI	157	N	247
RUMMEL	GEORGE		SNCL	79	Y	159
RUMMEL	MARY	A.	SNCL	79	N	159
RUMMEL	EMMA	I.	SNCL	79	N	159
RUMMEL	ELLEN	C.	SNCL	79	N	159
RUMPLE	ELIZA		SNJA	138	Y	185
RUMPLE	DANIEL		SNLO	175	Y	182
RUMPLE	SUSAN		SNLO	175	N	182
RUMPLE	JOHN		SNLO	175	N	182
RUMPLE	AMANDA		SNLO	175	N	182
RUMPLE	LYDIA	A	SNLO	175	N	182
RUMPLE	MARY		SNLO	175	Y	183
RUMPLE	SARAH		SNLO	175	N	183
RUMPLE	ANN	M	SNLO	177	Y	198
RUMPLE	SARAH	A	SNLO	177	N	198
RUNION	GEORGE		SNSC	243	Y	92
RUNION	LYDIA		SNSC	243	N	92
RUNION	JOHN		SNSC	243	N	92
RUNION	JACKSON		SNBL	64	Y	237
RUNION	ASENATH		SNBL	64	N	237
RUNION	JOEL		SNBL	64	N	237
RUNION	WILLIAM		SNVE	380	Y	12
RUNION	ABERT		SNVE	380	N	12
RUNION	JAMES	F	SNVE	380	N	12
RUNION	CLERRISA		SNVE	380	Y	13
RUNNELS	JAMES		SNBI	45	Y	333
RUNNELS	CORA		SNBI	45	N	333
RUNNELS	FRANK		SNBI	45	N	333
RUNNELS	DEWEY		SNBI	45	N	333
RUNNELS	MARTHA		SNLO	181	Y	8
RUNNESDAUGH	BERT		SNHO	113	Y	65
RUNNESDAUGH	MARGARET		SNHO	113	N	65
RUNNESDAUGH	MARY		SNHO	113	N	65
RUNNESDAUGH	HENRY		SNHO	113	N	65
RUNNESDAUGH	MICHAEL		SNHO	113	N	65
RUNNESDAUGH	GEORGE		SNHO	113	N	65
RUNNESDAUGH	JACOB		SNHO	113	N	65
RUNNESDAUGH	ANNA		SNHO	113	N	65
RUNNESDAUGH	BENNET		SNHO	113	N	65
RUSE	AARON	R	SNLO	177	Y	196
RUSE	ALBERT	W	SNLO	177	N	196
RUSE	SARAH		SNLO	178	Y	210
RUSE	LAVERNIA		SNLO	179	Y	232
RUSE	ELLA		SNLO	179	N	232

LASTNAME	FIRSTNAME	MI	LOCATION	PAGE	HEAD	HHOLD
RUSE	CHARLES		SNLO	185	Y	73
RUSE	S	K	SNHO	110	Y	15
RUSE	ELIZ		SNHO	110	N	15
RUSE	LORENA		SNHO	110	N	15
RUSE	MARGARET		SNHO	110	N	15
RUSE	SARAH		SNHO	110	N	15
RUSE	REBECCA		SNHO	110	N	15
RUSE	JEREMIAH		SNHO	110	N	15
RUSE	JOHN		SNHO	110	N	15
RUSE	CLARA		SNHO	110	N	15
RUSE	LORA		SNHO	110	N	15
RUSE	LOUISA		SNHO	110	N	15
RUSE	GEORGE		SNHO	117	Y	140
RUSSEL	WILLIAM		SNLO	194	Y	215
RUSSEL	ALFRED		SNW2	371	Y	319
RUSSEL	MARY	E	SNW2	375	Y	367
RUSSEL	JOSEPH		SNBL	60	Y	191
RUSSEL	HANNAH		SNBL	60	N	191
RUSSEL	MALENETA		SNBL	60	N	191
RUSSMAN	ERNEST		SNW2	356	Y	98
RUSSMAN	CHRISTENA		SNW2	356	N	98
RUSSMAN	HENRETTIA		SNW2	356	N	98
RUSSMAN	MENA		SNW2	356	N	98
RUSSMAN	WILLIAM		SNW2	356	N	98
RUSSMAN	HENRY		SNW2	356	N	98
RUSSMAN	CHARLES		SNW2	356	N	98
RUST	HERMAN		SNW1	332	Y	356
RUST	ELIZABETH		SNW1	332	N	356
RUST	JOHN		SNW1	332	N	356
RUST	MARY		SNW1	322	N	356
RUST	HERMAN		SNW1	332	N	356
RUST	CALVIN		SNW1	332	N	356
RUTH	NANCY	C	SNLO	194	Y	213
RUTH	CHARLES		SNLO	194	N	213
RUTH	AMANDA		SNLO	194	N	213
RUTH	SAMUEL		SNLO	194	N	213
RYAN	PATRICK		SNW1	326	Y	282
RYAN	MARY		SNW1	326	N	282
RYNE	HENRY		SNRE	237	Y	266
RYNE	EVA	A	SNRE	237	N	266
RYNE	STEPHEN		SNRE	237	Y	266
RYNICK	CARRIE		SNW2	375	Y	367
RYSINGER	JAMES		SNW1	338	Y	444
SABINS	WILLIAM		SNLO	179	Y	237
SABINS	CHARMENA		SNLO	179	N	237
SABINS	THERESA		SNLO	179	N	237
SABINS	SPENCER		SNLO	179	N	237
SABINS	ROBERT		SNLO	180	N	237
SABINS	MARY		SNLO	180	N	237
SABINS	JACQUES		SNLO	180	N	237
SABINS	ELISHA		SNLO	180	Y	238
SABINS	ELIZABETH		SNLO	180	N	238
SABINS	JAMES		SNLO	185	Y	77
SABINS	MARY	A	SNLO	185	N	77
SABINS	MARCUS	B	SNLO	185	N	77
SABINS	JOHN		SNLO	190	Y	148
SABLE	JACOB		SNED	104	Y	237
SABLE	CATHARINE		SNED	104	N	237
SACKETT	CORODON	R.	SNJA	127	Y	15
SACKETT	CAMELIA		SNJA	127	N	15
SACKETT	CLARA	M.	SNJA	127	N	15
SACKETT	BERTHA	E.	SNJA	127	N	15
SACKETT	EMMERSON		SNJA	127	N	15
SAFFEL	EDWIN		SNED	102	Y	206
SAFFEL	CATHARINE		SNED	102	N	206
SAFFEL	ANNA		SNED	102	N	206
SAGER	DANIEL		SNCL	85	Y	241
SAGER	MAHALA		SNCL	85	N	241
SAGER	LAURENA		SNCL	85	N	241
SAGER	SARAH		SNPL	206	Y	57
SAGER	BENJAMIN		SNPL	211	Y	130
SAGER	SAMUEL		SNPL	211	N	130
SAGER	FRANK		SNPL	211	N	130
SAGER	ADALINE		SNPL	211	N	130
SAINE	BAKER		SNPL	214	Y	184
SAINE	MARY		SNPL	214	N	184
SAINE	MARY	A	SNPL	214	N	184

LASTNAME	FIRSTNAME	MI	LOCATION	PAGE	HEAD	HHOLD
SAINE	OLIVER	P	SNPL	214	N	184
SALCOR	JOHN	E	SNRE	224	Y	66
SALIERS	ADOLPHUS		SNRE	229	Y	147
SALIERS	CHARLOTTE		SNRE	229	N	147
SALIERS	ADOLPH	J	SNRE	229	N	147
SALIERS	ALLICE		SNRE	229	N	147
SALIERS	HENRY		SNRE	229	Y	148
SALIERS	AMANDA		SNRE	229	N	148
SALIERS	CORA		SNRE	229	N	148
SALIERS	FREDERICK		SNRE	229	N	148
SALISBURY	JAMES		SNAD	6	Y	92
SALISBURY	HARRIET		SNAD	6	N	92
SALISBURY	EDWARD		SNAD	6	N	92
SALISBURY	MARY		SNAD	6	N	92
SALISBURY	ROBERT		SNAD	6	N	92
SALL	MICHAEL		SNW1	319	Y	165
SALL	ANNA		SNW1	319	N	165
SALL	GEORGE		SNW1	319	N	165
SALTZMAN	NORMAN		SNLO	186	Y	92
SALTZMAN	JARUSA ?		SNLO	186	N	92
SAMPSON	GEORGE		SNED	103	Y	215
SAMPSON	DAVID		SNHO	119	Y	184
SAMSEL	JACOB		SNBL	51	Y	53
SAMSEL	POLLY		SNBL	51	N	53
SAMSEL	PETER		SNBL	51	N	53
SAMSEL	HENRY		SNBL	51	N	53
SAMSEL	ELIZA		SNBL	51	N	53
SAMSEL	ELLA		SNBL	52	N	53
SAND	SALLY		SNW2	354	Y	62
SANDERS	JENNIE		SNCL	84	Y	233
SANDERS	FREDERICK		SNTH	298	Y	245
SANDERS	HENRY		SNTH	304	Y	325
SANDERS	JULIA		SNTH	304	N	325
SANDERS	HERMAN		SNTH	304	N	325
SANDERS	WILLIAM		SNTH	304	N	326
SANDERS	JULIA		SNTH	304	N	326
SANDERS	JAMES		SNSN	266	Y	120
SANDERS	ELLEN		SNSN	266	N	120
SANDERS	JULIUS		SNSN	266	N	120
SANDERS	CORA		SNSN	266	N	120
SANDERS	ARTHUR		SNSN	266	N	120
SANDERS	EFFIE		SNSN	266	N	120
SANDMEISTER	CHARLES		SNTH	293	Y	174
SANDMEISTER	LENA		SNTH	293	N	174
SANDMEISTER	KATIE		SNTH	293	N	174
SANDMEISTER	WILLIAM		SNTH	293	N	174
SANDMEISTER	EMMA		SNTH	293	N	174
SANDMEISTER	CHARLES		SNTH	293	N	174
SANDS	SALLY		SNW2	365	Y	231
SANDYS	WILLIAM		SMW1	332	Y	362
SANDYS	SARAH		SNW1	332	N	362
SANDYS	JOHN		SNW1	332	N	362
SANDYS	WILLIAM		SNW1	332	N	362
SANDYS	GEORGE		SNW1	332	N	362
SANDYS	HENRY		SNW1	332	N	362
SANDYS	CHARLES		SNW1	332	N	362
SANDYS	FRANK		SNW1	332	N	362
SANDYS	EMMET		SNW1	332	N	362
SANDYS	SARAH		SNW1	332	N	362
SANDYS	MARY	E	SNW1	332	N	362
SANFORD	REBECA		SNRE	223	Y	40
SANFORD	ANDREW		SNRE	224	Y	65
SANFORD	ELIZA	ANN	SNRE	224	N	65
SANFORD	ANSON		SNRE	224	N	65
SANFORD	BENJAMIN	F	SNRE	224	Y	65
SANFORD	EMMA	F	SNRE	224	N	65
SANFORD	CLORENCE	L	SNRE	224	N	65
SANFORD	JOHN		SNRE	225	Y	75
SANFORD	ELIZA	A	SNRE	225	N	75
SANFORD	ALLICE		SNRE	225	N	75
SANFORD	JOHN		SNRE	225	N	75
SANFORD	CLAYTON		SNRE	225	N	75
SANFORD	MARY		SNRE	225	N	75
SANIS	A	B	SNW2	365	Y	226
SANIS	MARIANNE		SNW2	365	N	226
SANIS	JESSIE		SNW2	365	N	226
SANIS	A	B	SNW2	365	N	226

LASTNAME	FIRSTNAME	MI	LOCATION	PAGE	HEAD	HHOLD
SANIS	EDITH		SNW2	365	N	226
SANIS	BELL		SNW2	365	N	226
SANIS	CALETON		SNW2	365	N	226
SANIS	EATON		SNW2	365	N	226
SANKEY	CAROLINE		SNED	102	Y	203
SARAH	FRANK		SNRE	229	N	137
SARGANT	SAMUEL		SNW1	345	Y	524
SAUDERS	GEORGE		SNSC	241	Y	59
SAUL	MARY		SNLI	153	Y	172
SAUL	GEORGE		SNLI	153	N	172
SAUL	HANNAH	J	SNLI	153	N	172
SAUL	SAMUEL		SNED	94	Y	81
SAUL	CATHARINE		SNED	94	N	81
SAUL	MARTHA		SNED	94	N	81
SAUL	MARY		SNED	94	N	81
SAUL	ELLA		SNED	94	N	81
SAUL	DANIEL		SNED	94	N	81
SAUL	JESSIE		SNED	94	Y	82
SAUL	SARAH		SNED	94	N	82
SAUL	MARY		SNLI	153	Y	172
SAUL	GEORGE		SNLI	153	N	172
SAUL	HANNAH	J	SNLI	153	N	172
SAUM	CATHERINE		SNJA	134	Y	122
SAUM	JOHN		SNJA	134	N	122
SAUM	RICHARD		SNJA	134	N	122
SAUM	EVA		SNJA	134	N	122
SAUM	MATHIAS		SNJA	134	Y	123
SAUM	CAROLINE		SNJA	134	N	123
SAUM	JACOB		SNJA	135	Y	147
SAUNDERS	A.	J.	SNBI	26	Y	84
SAUNDERS	MAGDALINE		SNBI	26	N	84
SAUNDERS	JOSEPH		SNBI	26	N	84
SAUNDERS	CAROLINE	L.	SNBI	26	N	84
SAUNDERS	JOHN	A.	SNBI	26	N	84
SAUNDERS	ELIZ.		SNBI	26	N	84
SAUNDERS	FRANKLIN		SNBI	26	N	84
SAUNDERS	GEORGE		SNBI	26	N	84
SAUNDERS	JACOB		SNBI	26	N	84
SAUNDERS	JAMES		SNBI	32	Y	155
SAUNDERS	MARY		SNBI	32	N	155
SAUNDERS	RACHEL		SNBI	32	Y	156
SAUNDERS	FRANK		SNBI	43	Y	299
SAUNDERS	MARY		SNBI	43	N	299
SAUNDERS	JOSEPHINE		SNBI	43	N	299
SAVAGE	JEFFERSON		SNW1	320	Y	185
SAVAGE	AMANDA		SNW1	320	N	185
SAVAGE	JOHN		SNW1	320	Y	187
SAVAGE	MARY		SNW1	320	N	187
SAVAGE	JOHN		SNW1	320	N	187
SAVAGE	SAMUEL		SNW1	320	N	187
SAWYER	JAMES		SNED	93	Y	64
SAWYER	JENNIE		SNED	93	N	64
SAYLER	FRANCIS		SNSN	276	Y	276
SAYLER	HANNAH		SNSN	276	N	276
SAYLER	JOSEPH		SNSN	276	N	276
SCANLON	JOHANNA		SNW2	372	Y	334
SCANLON	MAGGIE		SNW2	372	N	334
SCANNEL	CATHERINE		SNW1	343	Y	505
SCANNEL	MICHAEL		SNW1	343	N	505
SCANNEL	MARY		SNW1	343	N	505
SCANNEL	PATRICK		SNW1	343	N	505
SCANNEL	CORNELIOUS		SNW1	343	N	505
SCHANNEL	KATE		SNBI	40	Y	270
SCHARF	ANTHONY		SNLO	181	Y	9
SCHARF	SOPHIAH		SNLO	181	N	9
SCHARF	PAUL		SNLO	181	N	9
SCHARF	ANNA		SNLO	181	N	9
SCHASTER	NAOMA		SNW1	329	Y	314
SCHATS	HENRY		SNBI	40	Y	270
SCHATTLER	CASPAR		SNBI	40	Y	270
SCHAUF	JACOB		SNVE	390	Y	146
SCHAUF	PHEBE		SNVE	390	N	146
SCHAUF	HENRY		SNVE	390	N	146
SCHAUF	DANIEL		SNVE	390	N	146
SCHAUF	MARY		SNVE	390	N	146
SCHAUF	JOHN		SNVE	390	N	146
SCHAUF	ADAM		SNVE	390	N	146

LASTNAME	FIRSTNAME	MI	LOCATION	PAGE	HEAD	HHOLD
SCHAUF	CHRISTENIA		SNVE	390	N	146
SCHAUF	JACOB		SNVE	390	N	146
SCHAUF	CATHARINE		SNVE	390	N	146
SCHAUF	FRANK		SNVE	390	N	146
SCHAUMLEFFLE?	MARY		SNTH	284	Y	33
SCHAUMLEFFLE?	SAMUEL		SNTH	284	N	33
SCHEIB	PHILLIP		SNW2	376	Y	387
SCHEIB	MARGARET		SNW2	376	N	387
SCHEIB	LEWIS		SNW2	376	N	387
SCHEIB	WILLIAM		SNW2	376	N	387
SCHEIB	JOHN		SNW2	376	N	387
SCHEIB	FRANK		SNW2	376	N	387
SCHELL	ROSANNA		SNBI	43	Y	309
SCHENCK	H	M	SNLO	185	Y	78
SCHERER	HENRY		SNBL	67	Y	297
SCHERER	SARAH		SNBL	67	N	297
SCHERER	EMMA		SNBL	67	N	297
SCHERER	HENRY		SNBL	67	N	297
SCHERIER	FELIX		SNSN	276	Y	275
SCHERIER	EVA		SNSN	276	N	275
SCHERIER	VALENTINE		SNSN	276	N	275
SCHERIER	PHILLIP		SNSN	276	N	275
SCHERIER	MARY		SNSN	276	N	275
SCHERIER	JOHN		SNSN	276	N	275
SCHERIER	ADAM		SNSN	276	N	275
SCHERRER	JOHN		SNBI	39	Y	264
SCHERRER	ELIZ.		SNBI	39	N	264
SCHERRER	ROSEY		SNBI	39	N	264
SCHERRER	ANNA		SNBI	39	N	264
SCHERTERLY	S		SNW2	354	Y	73
SCHERTERLY	FLORA		SNW2	354	N	73
SCHERTERLY	EMMA		SNW2	354	N	73
SCHERTERLY	GEORGE		SNW2	354	N	73
SCHERTERLY	MARY		SNW2	354	N	73
SCHERTERLY	ELLA		SNW2	354	N	73
SCHERTERLY	WILLIE		SNW2	354	N	73
SCHIBLER	MARTIN		SNTH	291	Y	151
SCHILBER	WILSON		SNSN	272	Y	212
SCHILDKNECHT	JACOB		SNW1	334	Y	394
SCHILDKNECHT	CHRISTINA		SNW1	334	N	394
SCHILDKNECHT	HANNAH		SNW1	334	N	394
SCHILDKNECHT	ANNA		SNW1	334	N	394
SCHILDKNECHT	JACOB		SNW1	334	N	394
SCHILDKNECHT	ELIZABETH		SNW1	334	N	394
SCHINESS	BENJAMIN		SNW1	318	Y	160
SCHINESS	RONICA		SNW1	318	N	160
SCHINESS	LAURA		SNW1	318	N	160
SCHINESS	EDWARD		SNW1	318	N	160
SCHINESS	JOHN		SNW1	318	N	160
SCHINESS	GEORGE		SNW1	318	N	160
SCHIPPERS	HENRY		SNLI	155	Y	218
SCHIPPERS	BARBRA		SNLI	155	N	218
SCHIPPERS	ALICE		SNLI	155	N	218
SCHIPPERS	ANNA		SNLI	155	N	218
SCHIPPERS	REBECCA		SNLI	155	N	218
SCHIPPERS	HENRY		SNLI	155	N	218
SCHIPPERS	HENRY		SNLI	155	Y	218
SCHIPPERS	MARY		SNLI	155	N	218
SCHIPPERS	PERCILLA		SNLI	156	N	219
SCHIPPERS	ALICE		SNLI	156	N	219
SCHIPPERS	COLUMBIAN	D	SNLI	156	N	219
SCHIPPERS	CHARLES	M	SNLI	156	N	219
SCHIPPERS	IDA	B	SNLI	156	N	219
SCHIPPERS	EDITH		SNLI	156	N	219
SCHIPPERS	HENRY		SNLI	155	Y	218
SCHIPPERS	BARBRA		SNLI	155	N	218
SCHIPPERS	ALICE		SNLI	155	N	218
SCHIPPERS	ANNA		SNLI	155	N	218
SCHIPPERS	REBECCA		SNLI	155	N	218
SCHIPPERS	HENRY		SNLI	155	N	218
SCHIPPERS	HENRY		SNLI	155	Y	218
SCHIPPERS	MARY		SNLI	155	N	218
SCHIPPERS	PERCILLA		SNLI	156	N	219
SCHIPPERS	ALICE		SNLI	156	N	219
SCHIPPERS	COLUMBIAN	D	SNLI	156	N	219
SCHIPPERS	CHARLES	M	SNLI	156	N	219
SCHIPPERS	IDA	B	SNLI	156	N	219

LASTNAME	FIRSTNAME	MI	LOCATION	PAGE	HEAD	HHOLD
SCHIPPERS	EDITH		SNLI	156	N	219
SCHLAGHEUM	BENJAMIN		SNVE	397	Y	269
SCHLE	GEORGE		SNW1	317	Y	142
SCHLE	KONIGHUNDER		SNW1	317	N	142
SCHLE	GEORGE		SNW1	317	N	142
SCHLE	CATHARINE		SNW1	317	N	142
SCHLE	JOSEPH		SNW1	317	N	142
SCHLE	MARY		SNW1	317	N	142
SCHLE	HENRY		SNW1	317	N	142
SCHLE	MELIA		SNW1	317	N	142
SCHLE	JOHN		SNW1	317	N	142
SCHLE	JACOB		SNW1	317	N	142
SCHLE	MARGARET		SNW1	317	Y	143
SCHMIDT	CHARLES		SNTH	283	Y	33
SCHMIT	LUCINDA		SNCL	87	Y	273
SCHNEE	PETER		SNAD	2	Y	23
SCHNEE	ELIZABETH		SNAD	2	N	23
SCHNEE	WILLIAM		SNAD	2	N	23
SCHNEE	EMMA		SNAD	2	N	23
SCHNEE	WILLIAM		SNTH	284	Y	33
SCHNEE	DAVID		SNTH	304	Y	323
SCHNEE	RACHEL		SNTH	304	N	323
SCHNEE	JAMES		SNTH	304	N	323
SCHNEE	JANE		SNTH	304	N	323
SCHNEE	HOWARD		SNTH	304	N	323
SCHNEE	FRANKLIN		SNTH	304	N	323
SCHNEE	SAMUEL		SNTH	304	N	323
SCHNEE	EMMA		SNTH	304	N	323
SCHNEE	ELNORA		SNTH	304	N	323
SCHNEE	MARY	J	SNRE	232	Y	182
SCHNEIDER	JOHN		SNBI	46	Y	362
SCHNEIDER	ELIZ.		SNBI	46	N	362
SCHNEL ?	JAMES		SNAD	17	Y	278
SCHNESS	BENJAMIN		SNW1	318	N	160
SCHNIDER	CHRISTIAN		SNLI	152	Y	168
SCHNIDER	MARGARET		SNLI	152	N	168
SCHNIDER	JACOB		SNLI	152	N	168
SCHNIDER	EMMA		SNLI	152	N	168
SCHNIDER	REBECCA		SNLI	152	N	168
SCHNIDER	IDA		SNLI	152	N	168
SCHNIDER	CHRISTIAN		SNLI	152	Y	168
SCHNIDER	MARGARET		SNLI	152	N	168
SCHNIDER	JACOB		SNLI	152	N	168
SCHNIDER	EMMA		SNLI	152	N	168
SCHNIDER	REBECCA		SNLI	152	N	168
SCHNIDER	IDA		SNLI	152	N	168
SCHOCK	HENRY		SNCL	82	Y	202
SCHOCK	JOHN		SNLI	146	Y	74
SCHOCK	LIZZIE		SNLI	146	N	74
SCHOCK	BLASE	M	SNLI	146	N	74
SCHOCK	TILLIE	M	SNLI	146	N	74
SCHOCK	FRANK	G	SNLI	146	N	74
SCHOCK	MAGGIE		SNLI	146	N	74
SCHOCK	JOHN	P	SNLI	146	N	74
SCHOCK	GEORGE		SNTH	283	Y	28
SCHOCK	MARGRET		SNTH	283	N	28
SCHOCK	CHARLES		SNTH	283	N	28
SCHOCK	ELIZABETH		SNTH	283	N	28
SCHOCK	GEORGE		SNTH	300	Y	275
SCHOCK	POLLY		SNTH	300	N	275
SCHOCK	HENRY		SNTH	300	N	275
SCHOCK	ELLA		SNTH	300	N	275
SCHOCK	MARY		SNTH	300	N	275
SCHOCK	LIZZIE		SNTH	300	N	275
SCHOCK	MICHAEL		SNTH	300	N	275
SCHOCK	JOHN		SNTH	300	N	275
SCHOCK	DAVID		SNTH	300	N	275
SCHOCK	LAURA		SNTH	300	N	275
SCHOCK	JOHN		SNLI	146	Y	74
SCHOCK	LIZZIE		SNLI	146	N	74
SCHOCK	BLASE	M	SNLI	146	N	74
SCHOCK	TILLIE	M	SNLI	146	N	74
SCHOCK	FRANK	G	SNLI	146	N	74
SCHOCK	MAGGIE		SNLI	146	N	74
SCHOCK	JOHN	P	SNLI	146	N	74
SCHOONER	WILLIAM		SNSC	243	Y	93
SCHOONER	MARGARET		SNSC	243	N	93

LASTNAME	FIRSTNAME	MI	LOCATION	PAGE	HEAD	HHOLD
SCHOONER	ANNA		SNSC	243	N	93
SCHOONER	FRANK		SNSC	243	N	93
SCHOONER	GEORGE		SNSC	243	N	93
SCHOONER	JAY		SNSC	243	N	93
SCHOONER	FRED		SNSC	244	N	93
SCHOONER	JUNE		SNSC	243	N	93
SCHOTTLER	CHARLES		SNVE	401	Y	340
SCHOTTLER	CATHARINE		SNVE	401	N	340
SCHOTTLER	ELIZA		SNVE	401	N	340
SCHRINER	MICHAEL		SNTH	296	Y	214
SCHRINER	ELIZABETH		SNTH	296	N	214
SCHRINER	JOSEPH		SNTH	296	N	214
SCHRINER	PETER		SNTH	296	N	214
SCHRINER	JACOB		SNTH	296	N	214
SCHRINER	MARY		SNTH	296	N	214
SCHRINER	ADALADE		SNTH	296	N	214
SCHRINER	ROSA		SNTH	296	N	214
SCHRINER	LIZZIE		SNTH	296	N	214
SCHRINER	JOHN		SNBL	49	Y	14
SCHRONER	SEBASTIAN		SNTH	291	Y	157
SCHUBACH	FREDRICK		SNLO	181	Y	9
SCHUBERT	CASPER		SNBI	28	Y	111
SCHUBERT	AUGUST		SNBI	28	N	111
SCHUBERT	MALISSA		SNBI	28	N	111
SCHUBERT	HARMAN		SNBI	28	N	111
SCHUBERT	CHAS.		SNBI	30	Y	131
SCHUBERT	SARAH		SNBI	30	N	131
SCHUBERT	HANNAH		SNBI	30	N	131
SCHUBERT	NANCY		SNBI	30	N	131
SCHUBERT	ELMER		SNBI	30	N	131
SCHUBERT	HENRY		SNBI	30	Y	131
SCHUBERT	ELIZ.		SNBI	30	N	131
SCHULTZ	ELISABETH		SNVE	387	Y	105
SCHULTZ	CHRISTIAN		SNVE	387	N	105
SCHUSTER	JACOB		SNLI	158	Y	267
SCHUSTER	MARY	A	SNLI	158	N	267
SCHUSTER	GEORGE		SNLI	159	Y	279
SCHUSTER	LUCINDA		SNLI	159	N	279
SCHUSTER	MARY		SNLI	159	Y	279
SCHUSTER	CHRISTIAN		SNAD	14	Y	217
SCHUSTER	MARGARET		SNAD	14	N	217
SCHUSTER	LEWIS		SNAD	14	N	217
SCHUSTER	JACOB		SNLI	158	Y	267
SCHUSTER	MARY	A	SNLI	158	N	267
SCHUSTER	GEORGE		SNLI	159	Y	279
SCHUSTER	LUCINDA		SNLI	159	N	279
SCHUSTER	MARY		SNLI	159	Y	279
SCHUYLER	J	F	SNLO	185	Y	78
SCHUYLER	SARAH		SNLO	185	N	78
SCHUYLER	JOSEPHUS		SNRE	223	Y	43
SCHUYLER	LYDIA	C	SNRE	223	N	43
SCHWAB	JACOB		SNBL	60	Y	185
SCHWAB	CATHERINE		SNBL	60	N	185
SCHWAB	CHRISTIAN		SNBL	61	Y	208
SCHWAB	ANNIE		SNBL	61	N	208
SCHWAB	CHRISTIAN		SNBL	61	N	208
SCHWAB	ADAM		SNBL	62	N	208
SCHWAB	JOHN		SNBL	62	N	208
SCHWANINGES?	MARY		SNTH	284	Y	33
SCHWANINGES?	LEWIS		SNTH	284	N	33
SCLACHTER	FELIX		SNRE	237	Y	257
SCOFIELD	JESSIE		SNW1	309	Y	26
SCONTZ ?	WILLIAM		SNAD	19	Y	318
SCOTHORN	LEWIS		SNTH	285	Y	67
SCOTHORN	MARY		SNTH	285	N	67
SCOTHORN	MARY		SNTH	285	N	67
SCOTT	ELISABETH		SNAD	5	Y	80
SCOTT	SIDNEY		SNAD	5	N	80
SCOTT	CLARISSA	J	SNLO	184	Y	50
SCOTT	LUELLA		SNLO	184	N	50
SCOTT	SARAH		SNW1	328	Y	303
SCOTT	MARY		SNW1	328	N	303
SCOTT	MARIA		SNW1	328	N	303
SCOTT	ELIZABETH		SNPL	205	Y	36
SCOTT	JOHN		SNSC	242	Y	78
SCOTT	ABBA		SNSC	242	N	78
SCOTT	ADELBERT		SNSC	242	N	78

LASTNAME	FIRSTNAME	MI	LOCATION	PAGE	HEAD	HHOLD
SCOTT	ELLEN		SNSC	242	N	78
SCOTT	BELL		SNSC	242	N	78
SCOTT	MERVIN		SNSC	257	Y	327
SCOTT	LOUISA		SNSC	257	N	327
SCOTT	FRANKLIN		SNSC	257	N	327
SCOTT	FREDERICK		SNSC	257	N	327
SCOTT	MARY		SNSC	257	N	327
SCOTT	GEORGE		SNSN	264	Y	78
SCOTT	KATE		SNSN	264	N	78
SCOTT	FLORENCE		SNSN	264	N	78
SCOTT	GEORGE	D.	SNSN	264	N	78
SCOTT	ADDIE		SNSN	264	N	78
SCOTT	MARY		SNSN	264	N	78
SCOTT	NETTIE		SNSN	264	N	78
SEALEY	WILLIAM		SNW1	336	Y	413
SEALEY	CAROLINE		SNW1	336	N	413
SEALEY	CARRIE	L.	SNW1	336	N	413
SEANEY	JAMES		SNED	91	Y	35
SEARLS	HESEKIAH		SNCL	87	Y	266
SEARLS	ELIZA	A.	SNCL	87	N	267
SEARLS	IRVING	W.	SNCL	87	N	267
SEARLS	WILLIAM		SNCL	87	N	267
SEARLS	CHARLES	F.	SNCL	87	N	267
SECHMAN	BENJ.		SNPL	205	Y	46
SECHMAN	JEMIMA		SNPL	205	N	46
SECHMAN	PHEBE		SNPL	205	N	46
SECHMAN	GEO		SNPL	206	Y	51
SECHMAN	SUSAN		SNPL	206	N	51
SECHMAN	JESSE		SNPL	206	N	51
SECHMAN	CORDILIA		SNPL	206	N	51
SECHMAN	ELLEN		SNPL	206	N	51
SECHRIST	FRED		SNCL	86	Y	259
SECHRIST	ALBERT		SNCL	86	N	259
SECHRIST	ULISSES		SNCL	86	N	259
SECHRIST	MARGARET		SNW1	308	Y	6
SECHRIST	LUCINDA		SNW1	308	N	0
SECHRIST	JOSEPH		SNW1	308	N	7
SECHRIST	HARRIET		SNW1	308	N	7
SECHRIST	AUSTIN		SNW1	308	N	7
SECHRIST	NELLIE		SNW1	308	N	7
SECHRIST	FRED		SNW1	308	N	7
SECHRIST	MERTA		SNW1	308	N	7
SECHRIST	ANDREW		SNW2	375	Y	375
SECHRIST	MATILDA		SNW2	375	N	375
SECHRIST	WILLIAM		SNW2	375	N	375
SECRIST	JOHN		SNW2	374	Y	363
SECRIST	SARAH		SNW2	374	N	363
SEDZE	LIZZIE		SNW1	328	Y	300
SEE	EDWIN	P	SNBL	67	Y	301
SEE	KATE		SNBL	67	N	301
SEE	ANNIE	B	SNBL	67	N	301
SEECHRIST	FRANCIS		SNCL	79	Y	151
SEED	SAMUEL	J.	SNVE	393	Y	203
SEED	MARY	J.	SNVE	393	N	203
SEED	WELLA		SNVE	393	Y	205
SEEHOLTZ	DANIEL		SNW1	313	Y	88
SEEHOLTZ	SARAH		SNW1	313	N	88
SEEHOLTZ	ALBERT		SNW1	313	N	88
SEEHOLTZ	MARY		SNW1	313	N	88
SEEHOLTZ	CORA		SNW1	313	N	88
SEEHOLTZ	FRANK		SNW1	313	N	88
SEEHOLTZ	HARRY	S	SNW1	313	N	88
SEEHOLTZ	JULIUS		SNW1	313	N	88
SEEHOLTZ	HATTIE		SNW1	313	N	88
SEEMUTH	MICHAEL		SNW1	326	Y	276
SEEMUTH	AGNES		SNW1	326	N	276
SEEMUTH	JACOB		SNW1	326	N	276
SEEMUTH	MAGGIE		SNW1	326	N	276
SEEMUTH	BARNEY		SNW1	326	N	276
SEEMUTH	LIZZIE		SNW1	326	N	276
SEEMUTH	LOUIS		SNW1	326	N	276
SEEMUTH	KATE		SNW1	326	N	276
SEEMUTH	BARBARA		SNW1	326	N	276
SEEMUTH	BANKART		SNW1	328	Y	304
SEEMUTH	MARY		SNW1	328	N	304
SEEMUTH	ANNA		SNW1	328	N	304
SEEMTUH	MARY		SNW1	328	N	304

LASTNAME	FIRSTNAME	MI	LOCATION	PAGE	HEAD	HHOLD
SEEMUTH	OSA		SNW1	328	N	304
SEEMUTH	LOUISA		SNW1	328	N	304
SEEMUTH	LIZZIE		SNW1	328	N	304
SEEMUTH	BARBARA		SNW1	328	N	304
SEEMUTH	LEWIS		SNW1	328	N	304
SEEMUTH	MARGARET		SNW1	333	Y	373
SEEMUTH	FREDERICKA		SNW1	333	Y	374
SEEMUTH	JOHN		SNW1	333	N	374
SEEMUTH	WILLIAM		SNW2	352	Y	35
SEEMUTH	SARAH		SNW2	352	N	35
SEEMUTH	CORA		SNW2	352	N	35
SEEMUTH	ANNA		SNW2	352	N	35
SEEWALD	LEWIS		SNW1	345	Y	530
SEEWALD	SUSAN		SNW1	345	N	530
SEEWALD	EUGENIA		SNW1	345	N	530
SEEWALD	ROSSA		SNW1	345	N	530
SEEWALD	CARRIE		SNW1	345	N	530
SEEWALD	PHILLIP		SNW1	345	Y	533
SEEWALD	ELIZABETH		SNW1	345	N	533
SEEWALD	LOUISA		SNW1	345	N	533
SEEWALD	SOPHIA		SNW1	345	N	533
SEEWALD	LOUISA		SNW1	345	N	533
SEEWALD	WILLIAM		SNW1	345	N	533
SEGRAVE	FRANCIS		SNLI	146	Y	59
SEGRAVE	SARAH		SNLI	146	N	59
SEGRAVE	MARTHA		SNLI	146	N	59
SEGRAVE	MARY		SNLI	146	N	59
SEGRAVE	CAROLINE		SNLI	146	N	59
SEGRAVE	FRANCIS		SNLI	146	Y	59
SEGRAVE	SARAH		SNLI	146	N	59
SEGRAVE	MARTHA		SNLI	146	N	59
SEGRAVE	MARY		SNLI	146	N	59
SEGRAVE	CAROLINE		SNLI	146	N	59
SEGRAVES	JAMES		SNLI	145	Y	58
SEGRAVES	SARAH		SNLI	145	N	58
SEGRAVES	MERTA		SNLI	145	N	58
SEGRAVES	CHARLES	H	SNLI	149	Y	118
SEGRAVES	SARAH		SNLI	149	N	118
SEGRAVES	ALWILDA		SNLI	149	N	118
SEGRAVES	LYDIA		SNLI	149	N	118
SEGRAVES	JAMES		SNLI	145	Y	58
SEGRAVES	SARAH		SNLI	145	N	58
SEGRAVES	MERTA		SNLI	145	N	58
SEGRAVES	CHARLES	H	SNLI	149	Y	118
SEGRAVES	SARAH		SNLI	149	N	118
SEGRAVES	ALWILDA		SNLI	149	N	118
SEGRAVES	LYDIA		SNLI	149	N	118
SEIBOLT	FRANCES		SNRE	230	Y	157
SEIBOLT	CASPER		SNRE	233	Y	200
SEIBOLT	ROSE		SNRE	233	N	200
SEIBOLT	AGATE		SNRE	233	N	200
SEIBOLT	WENDELL		SNRE	233	N	200
SEIBOLT	FERDINAND		SNRE	233	N	200
SEIBOLT	SAMUEL		SNRE	233	N	200
SEIDEN	BENJAMIN		SNAD	4	Y	55
SEIDEN	DEBORAH		SNAD	4	N	55
SEIDEN	SARAH		SNAD	4	N	55
SEIDEN	CHARLES		SNAD	4	N	55
SEIDEN	ELLA		SNAD	4	N	55
SEIDEN	WILLIAM		SNAD	4	N	55
SEIDLER	JACOB		SNTH	293	Y	174
SEIGEL	GOTTLEIB		SNHO	124	Y	266
SEIGEL	DORA		SNHO	124	N	266
SEIGEL	LEWIS		SNHO	124	N	266
SEIGEL	WILLIAM		SNHO	124	N	266
SEIGEL	EDWARD		SNHO	124	N	266
SEIGEL	FRANK		SNHO	124	N	266
SEIGEL	SARAH		SNHO	124	N	266
SEIGER	JACOB		SNAD	1	Y	3
SEIGER	SARAH		SNAD	1	N	3
SEIGER	JOSEPH		SNAD	1	N	3
SEIGER	JACOB		SNAD	1	N	3
SEIGER	SARAH		SNAD	1	N	3
SEIGER	LUCINDA		SNAD	1	N	3
SEIGLE	CORAL		SNED	91	Y	35
SEIGLEY	SARAH		SNBL	64	Y	252
SEIGLEY	ZORAH		SNBL	64	N	252

LASTNAME	FIRSTNAME	MI	LOCATION	PAGE	HEAD	HHOLD
SEIGLEY	EARL	E	SNBL	64	N	252
SEIGLEY	JESSIE	M	SNBL	64	N	252
SEIPLE	HARRISON		SNED	92	Y	48
SEIPLE	LYDIA		SNED	92	N	48
SEIPLE	SARAH		SNSC	248	Y	165
SEIPLES	JACOB		SNAD	19	Y	311
SEIPLES	HARRIET		SNAD	19	N	311
SEIPLES	JACOB		SNAD	19	Y	315
SEIPLES	HARRIET		SNAD	19	N	315
SEIPLES	JOHN		SNAD	19	N	315
SEIPLES	MARY		SNAD	19	N	315
SEIPLES	HENRY		SNAD	19	N	315
SEIPLES	BENJAMIN		SNAD	19	N	315
SEIPLES	AARON		SNAD	19	N	315
SEIPLES	JANE		SNAD	19	N	315
SEIPLES	ELLEN		SNAD	19	N	315
SEIPLES	CHARLES		SNAD	19	N	315
SEIPLEY	BENJAMIN	F	SNBL	62	Y	217
SEIPLEY	ELISABETH		SNBL	62	N	217
SEIPLEY	ELLEN		SNBL	62	N	217
SEIPLEY	AMANDA		SNBL	62	N	217
SEIPLEY	LEAH		SNBL	62	N	217
SEITZ	CHRISTIAN		SNW1	334	Y	384
SEITZ	CATHERINE		SNW1	334	N	384
SEITZ	LANA		SNW1	334	N	384
SEITZ	MARY		SNW1	334	N	384
SEITZ	ANNA		SNW1	334	N	384
SEITZ	MATILDA		SNW1	334	N	384
SEITZ	JOHN		SNED	95	Y	98
SEITZ	CELIA		SNED	95	N	98
SEITZ	MILFORD		SNED	95	N	98
SEITZ	OMER		SNED	95	N	98
SEITZ	MARSHAL		SNED	96	N	98
SEITZ	MARY		SNED	96	N	98
SEITZ	ANNETT		SNED	96	N	98
SEITZ	ORION		SNED	96	N	98
SEITZ	NOAH		SNED	102	Y	201
SEITZ	HANNAH		SNBL	55	Y	109
SEITZ	AARON		SNBL	55	Y	110
SEITZ	ELIZA		SNBL	55	N	110
SEITZ	ERVIN	L	SNBL	55	N	110
SEITZ	ALVIN	J	SNBL	55	N	110
SEITZ	LEWIS		SNBL	60	Y	179
SEITZ	MARTHA		SNBL	60	N	179
SEITZ	JOHN		SNBL	63	Y	226
SEITZ	SARAH		SNBL	63	N	226
SEITZ	ELISABETH		SNBL	63	N	226
SEITZ	DAVID		SNBL	63	Y	227
SEITZ	BARBARA	E	SNBL	63	N	227
SEITZ	CASSIA	M	SNBL	63	N	227
SEITZ	CORA	B	SNBL	63	N	227
SEITZ	WADE	R	SNBL	63	N	227
SEITZ	ISAAC		SNBL	63	Y	229
SEITZ	CAROLINE		SNBL	63	N	229
SEITZ	JOHN	D	SNBL	63	N	229
SEITZ	CHARLES	S	SNBL	63	N	229
SEITZ	BENJAMIN		SNBL	63	N	229
SEITZ	JEARL	W	SNBL	63	N	229
SEITZ	JOSIAH	A	SNVE	401	Y	332
SEITZ	REBECCA		SNVE	401	N	332
SEITZ	DONBARTON		SNVE	401	N	332
SEITZ	EMMYLIA		SNVE	401	N	332
SEITZLER	GEORGE		SNAD	1	Y	4
SEITZLER	MARY	ANN	SNAD	1	N	4
SEITZLER	HENRY		SNAD	1	N	4
SEITZLER	WILLIAM		SNAD	1	N	4
SEITZLER	GEORGE		SNAD	1	N	4
SEITZLER	JOHN		SNAD	1	N	4
SEITZLER	MARY		SNAD	1	N	4
SEIX	LEVI		SNHO	124	Y	264
SELL	MARIA		SNW2	351	Y	18
SELL	ABBA		SNW2	351	N	18
SELL	AMOS		SNW2	351	N	18
SELL	JANE		SNW2	351	N	18
SELL	JACOB		SNHO	119	Y	180
SELL	MARIA		SNHO	119	N	180
SELL	ELIZ		SNHO	119	N	180

LASTNAME	FIRSTNAME	MI	LOCATION	PAGE	HEAD	HHOLD
SELL	SARAH		SNHO	119	N	180
SELL	MINNIE		SNHO	119	N	180
SELL	CARRIE		SNHO	119	N	180
SELL	ABBY		SNHO	119	N	180
SELL	IDA		SNHO	119	N	180
SELLA	ELLENORE		SNW1	340	Y	473
SELLA	LOUIS		SNW1	340	N	473
SELLA	HENRIETTA		SNW1	340	N	473
SELLNER	TILLMAN		SNED	98	Y	135
SELLNER	ELLEN		SNED	98	N	135
SELLNER	ALICE		SNED	98	N	135
SELLNER	CHARLES		SNED	98	N	135
SELLNER	GEORGE		SNED	98	N	135
SELLNER	ELLEN	J	SNED	98	N	135
SELMYER	CATHARINE		SNCL	77	Y	134
SELMYER	JOSEPH		SNBL	58	Y	153
SELTZER	GEORGE		SNPL	211	Y	123
SEME	BENJAMIN		SNCL	69	Y	11
SEME	ANNETTA		SNCL	69	N	11
SEME	AMANDA		SNCL	69	N	11
SEME	CONRAD		SNCL	69	N	11
SEME	CLINTON		SNCL	69	N	11
SENDELBACH	ELIZABETH		SNLO	174	Y	167
SENDELBAUGH	JOSEPH		SNLI	142	Y	5
SENDELBAUGH	LOUIZA		SNLI	142	N	5
SENDELBAUGH	MARY	A	SNLI	142	N	5
SENDELBAUGH	MARY	A	SNLI	142	Y	5
SENDELBAUGH	SABASTIAN		SNLI	142	Y	6
SENDELBAUGH	MARGARET		SNLI	142	N	6
SENDELBAUGH	ANNA		SNLI	142	N	6
SENDELBAUGH	JOHN		SNLI	142	N	6
SENDELBAUGH	JOSEPH		SNLI	142	Y	5
SENDELBAUGH	LOUIZA		SNLI	142	N	5
SENDELBAUGH	MARY	A	SNLI	142	N	5
SENDELBAUGH	MARY	A	SNLI	142	Y	5
SENDELBAUGH	SABASTIAN		SNLI	142	Y	6
SENDELBAUGH	MARGARET		SNLI	142	N	6
SENDELBAUGH	ANNA		SNLI	142	N	6
SENDELBAUGH	JOHN		SNLI	142	N	6
SENEDINGER	JOHN		SNLI	142	Y	13
SENEDINGER	MARGARET		SNLI	142	N	13
SENEDINGER	CLEMMON?	W?	SNLI	142	N	13
SENEDINGER	JOHN		SNLI	142	N	13
SENEDINGER	FREDDIE		SNLI	142	N	13
SENEDINGER	GEORGE		SNLI	142	N	13
SENEDINGER	BARBRA		SNLI	142	N	13
SENEDINGER	JOHN		SNLI	142	Y	13
SENEDINGER	MARGARET		SNLI	142	N	13
SENEDINGER	CLEMMON?	W?	SNLI	142	N	13
SENEDINGER	JOHN		SNLI	142	N	13
SENEDINGER	FREDDIE		SNLI	142	N	13
SENEDINGER	GEORGE		SNLI	142	N	13
SENEDINGER	BARBRA		SNLI	142	N	13
SENEY	ANN	E	SNW1	327	Y	291
SENEY	SALLY		SNW1	327	N	291
SENEY	GEORGE		SNW1	347	Y	555
SENEY	ANNA		SNW1	347	N	555
SENN	FRANK		SNLO	181	Y	2
SENN	JOSEPHINE		SNLO	181	N	2
SENN	SABASTINE		SNVE	395	Y	235
SENN	LOUISA		SNVE	395	N	235
SENN	FRANK		SNVE	395	N	235
SENN	ELISABETH		SNVE	395	N	235
SENN	JOHN		SNVE	395	N	235
SENN	MARIA		SNVE	395	N	235
SENT	MARY		SNBI	40	Y	270
SEPLUN	PHILIP		SNSN	272	Y	216
SEPLUN	SUSAN		SNSN	272	N	216
SEPLUN	NICHOLAS		SNSN	272	N	216
SEPLUN	SUSIE		SNSN	272	N	216
SEPLUN	MARGARET		SNSN	272	N	216
SEPLUN	MARY		SNSN	272	N	216
SEPLUN	CATHERINE		SNSN	272	N	216
SEPLUN	JOSEPH		SNSN	216	N	216
SEPLUN	TRACY		SNSN	272	N	216
SEPLUN	FRANK		SNSN	272	N	216
SERANJUSTIC ?	AUSTIN		SNED	104	Y	242

LASTNAME	FIRSTNAME	MI	LOCATION	PAGE	HEAD	HHOLD
SETCHEL	MARY		SNTH	289	Y	121
SETCHEL	WILLIAM		SNTH	289	N	121
SETCHEL	GEORGE		SNTH	289	Y	122
SETCHEL	CAROLINE		SNTH	289	N	122
SETCHEL	LIZZIE		SNTH	289	N	122
SETCHEL	ANNA		SNTH	289	N	122
SETSLER	JACOB		SNAD	5	Y	83
SETSLER	ELISABETH		SNAD	5	N	83
SETSLER	JACOB		SNAD	5	N	83
SETSLER	EMALINE		SNAD	5	N	83
SETSLER	LUCINDA		SNAD	5	N	83
SETSLER	JOHN		SNAD	15	Y	241
SETSLER	MARY		SNAD	15	N	241
SETSLER	SARAH		SNAD	15	N	241
SETSLER	JANE		SNAD	15	N	241
SETSLER	JOHN		SNTH	305	Y	330
SETSLER	ELIZABETH		SNTH	305	N	330
SETSLER	HENRY		SNTH	305	N	330
SETSLER	JACOB		SNTH	305	N	330
SETSLER	GEORGE		SNTH	305	N	330
SETSLER	ANNA		SNTH	305	N	330
SETSLER	LANA		SNTH	305	N	330
SETSLER	JOHN		SNTH	305	N	330
SETZLER	HENRY		SNTH	295	Y	187
SEVELNOLER	JOHN		SNBI	25	Y	63
SEVELNOLER	SUSANNAH		SNBI	25	N	63
SEVELNOLER	NICHOLAS		SNBI	25	N	63
SEVELNOLER	JOSEPH		SNBI	25	N	63
SEVELNOLER	PETER		SNBI	25	N	63
SEVELNOLER	MARY		SNBI	25	N	63
SEVENALLOR	PETER		SNBI	26	Y	87
SEVENALLOR	MARGARET		SNBI	26	N	87
SEVENALLOR	MARY		SNBI	26	Y	87
SEVENALLOR	VICTORIA		SNBI	26	N	87
SEVENALLOR	CATHERINE		SNBI	26	N	87
SEVENALLOR	JOHN		SNBI	26	N	87
SEVENALLOR	ROSA		SNBI	88	N	87
SEVENALLOR	LORETTA		SNBI	26	N	87
SEVENALLOR	TRACY		SNBI	26	N	87
SEVENALLOR	LEWIS		SNBI	27	N	87
SEVENOLLER	NICHOLAS		SNBI	27	Y	88
SEVENOLLER	MARY		SNBI	27	N	88
SEVER	FRANK		SNW1	319	Y	170
SEVER	CAROLINE		SNW1	319	N	170
SEVER	MICHAEL		SNW1	319	N	170
SEVER	FRANK		SNW1	319	N	170
SEVERT	HENRY		SNBI	41	Y	276
SEVERT	ANNIE		SNBI	41	N	276
SEWALD	HENRY		SNLO	171	Y	109
SEWALD	SUSAN		SNLO	171	N	109
SEWALD	BLANCHE	B	SNLO	171	N	109
SEWALD	JESSIE	E	SNLO	171	N	109
SEWALD	CHARLES	V	SNLO	171	N	109
SEWALD	LEO	O	SNLO	171	N	109
SEWALD	ELIZABETH		SNSN	270	Y	191
SEWALS	JOHN		SNAD	15	Y	242
SEWALS	ABRICE ?		SNAD	15	N	242
SEWALS	GEORGE		SNAD	15	Y	243
SEWALS	DELILA		SNAD	15	N	243
SEWALS	JENNIE		SNAD	15	N	243
SEXTON	MIRAND		SNCL	75	Y	96
SEXTON	CATHARINE		SNCL	75	N	96
SEXTON	HENRY		SNCL	75	Y	97
SEYMAN	CHRISTENIA		SNVE	385	Y	82
SEYMAN	JOSEPH		SNVE	385	N	82
SEYMAN	SUSAN		SNVE	385	N	82
SEYMAN	ADAM		SNVE	385	N	82
SEYMAN	PAUL		SNVE	385	N	82
SEYMAN	CHRISTENIA		SNVE	385	N	82
SHABECKER	LEWIS		SNW1	336	Y	421
SHABECKER	ELIZABETH		SNW1	336	N	421
SHABECKER	JOHN		SNW1	336	N	421
SHABECKER	JOSEPH		SNW1	336	N	421
SHABECKER	ALBIN		SNW1	336	N	421
SHABER	WILLIAM		SNW1	321	Y	216
SHABER	DORA		SNW1	321	N	216
SHABER	CALLIE		SNW1	321	N	216

LASTNAME	FIRSTNAME	MI	LOCATION	PAGE	HEAD	HHOLD
SHADE	SAMUEL		SNW2	376	Y	382
SHADE	CATHARINE		SNW2	376	N	382
SHADE	SAMUEL		SNW2	376	N	382
SHADE	ELIZA		SNW2	376	N	382
SHADE	ALBERT		SNW2	376	N	382
SHADE	OLIVER		SNW2	376	N	382
SHADE	JOHN		SNED	104	Y	230
SHADE	FREDERICK		SNVE	380	Y	7
SHADE	CATHARINE		SNVE	380	N	7
SHADE	EMMY		SNVE	380	N	7
SHADE	WILLIAM		SNVE	380	N	7
SHADE	AMANDA		SNVE	380	N	7
SHADE	ELIZA	E	SNVE	380	N	7
SHADE	EMMA		SNVE	380	N	7
SHADE	LONAN		SNVE	380	N	7
SHADE	WILLIAM		SNVE	380	Y	8
SHADE	ANNE		SNVE	380	N	8
SHADE	MARY	E	SNVE	380	N	8
SHADE	CHARLES	E	SNVE	380	N	8
SHADLE	JACOB		SNTH	284	N	47
SHADLE	MARGARET		SNTH	284	N	47
SHADLE	WILLIAM		SNTH	284	N	47
SHADLE	CORA		SNTH	284	N	47
SHADLE	GEORGE		SNTH	284	N	47
SHADLE	WILLIAM		SNTH	292	Y	170
SHADLE	MICHAEL		SNTH	307	Y	362
SHADLE	MARY		SNTH	307	N	362
SHADLE	ANNA		SNTH	307	N	362
SHADLE	WILLIAM		SNTH	307	N	362
SHADLER	JEREMIAH		SNSC	253	Y	250
SHADLER	MARTHA		SNSC	253	N	250
SHADLER	JOHN		SNSC	253	N	250
SHADLER	ELLEN		SNSC	253	N	250
SHADLER	MARY		SNSC	253	N	250
SHADLER	HENRY		SNSC	253	N	250
SHAELLEY	JACOB		SNRE	232	Y	190
SHAELLEY	SIBLE		SNRE	232	N	190
SHAELLEY	ANTHONY		SNRE	232	Y	190
SHAELLEY	JOSEPHINE		SNRE	232	N	190
SHAELLEY	FRANK		SNRE	232	N	190
SHAFELY	JOHN		SNHO	111	Y	31
SHAFER	ELIZA		SNCL	86	Y	262
SHAFER	JACOB		SNBI	41	Y	278
SHAFER	THERESA		SNBI	41	N	278
SHAFER	MARY		SNBI	41	N	278
SHAFER	STEVEN		SNBI	41	N	278
SHAFER	JULIUS		SNBI	41	N	278
SHAFER	RUDOLPH		SNBI	41	N	278
SHAFER	JOHN		SNJA	128	Y	22
SHAFER	VALENTINE		SNAD	17	Y	290
SHAFER	BARBRA		SNAD	17	N	290
SHAFER	MARY		SNAD	17	N	290
SHAFER	JOHN		SNAD	17	N	290
SHAFER	ELLA		SNAD	17	N	290
SHAFER	GASDOF		SNAD	17	N	290
SHAFER	MARGARET		SNW1	310	Y	47
SHAFER	A	L	SNPL	212	Y	150
SHAFER	RACHEL	A	SNPL	212	N	150
SHAFER	ALICE	L	SNPL	212	N	150
SHAFER	NORA	E	SNPL	212	N	150
SHAFER	MANSFIELD		SNTH	284	Y	33
SHAFER	EMMA		SNHO	109	Y	4
SHAFERLY	ELIZABETH		SNLO	178	Y	215
SHAFERLY	MARY		SNW2	354	Y	65
SHAFFER	ELIZABETH		SNCL	87	Y	273
SHAFFER	MARY	A.	SNCL	87	N	273
SHAFFER	JOSAPHENE		SNCL	87	N	273
SHAFFER	ANNA		SNCL	87	Y	273
SHAFFER	SAMUEL		SNBL	57	Y	141
SHAFFER	LUCY	A	SNBL	57	N	141
SHAFFER	WILLIAM		SNBL	57	N	141
SHAFFER	CHRISTENIA		SNBL	57	N	141
SHAFFER	PETER	E	SNBL	57	N	141
SHAFFER	ALICE		SNBL	67	Y	296
SHAFFER	PETER		SNVE	388	Y	113
SHAFFER	ELISABETH		SNVE	388	N	113
SHAFFER	PETER		SNSN	277	Y	286

LASTNAME	FIRSTNAME	MI	LOCATION	PAGE	HEAD	HHOLD
SHAFFER	CATHARINE		SNSN	277	N	286
SHAFFNER	NELSON	N	SNBL	49	Y	2
SHAFFNER	MARIA		SNBL	49	N	2
SHAFFNER	GEORGE		SNBL	49	Y	3
SHAFFNER	ELISABETH		SNBL	49	N	3
SHAFFNER	WILLIAM		SNBL	49	Y	4
SHAFFNER	MARY	A	SNBL	49	N	4
SHAFFNER	JOSEPH	W	SNBL	49	N	4
SHAFFNER	SARAH	A	SNBL	49	N	4
SHAFFNER	EMMA	E	SNBL	49	N	4
SHAFFNER	CHARLES	B	SNBL	49	N	4
SHAFFNER	ALICE	A	SNBL	49	N	4
SHAFFNER	MARTIN	F	SNBL	49	N	4
SHAFFNER	IDA	W	SNBL	49	N	4
SHAFFNER	ELMER	L	SNBL	49	N	4
SHAGER	ELISABETH		SNAD	19	Y	30
SHAGER	NANCY		SNAD	19	N	307
SHAIN	JOSEPH		SNTH	303	Y	310
SHAIN	MARIA		SNTH	303	N	310
SHAIN	ALYOSIS		SNTH	303	N	310
SHAIN	IGNATIUS		SNTH	303	N	310
SHAIN	JACOB		SNTH	303	N	310
SHAIN	MARY		SNTH	303	N	310
SHAIN	LOUISA		SNTH	303	N	310
SHAIN	LEWIS		SNTH	303	N	310
SHAIN	JOHN		SNTH	303	N	310
SHALDING	SAMUEL	D	SNBL	56	Y	121
SHALDING	FRANCES	A	SNBL	56	N	121
SHALDING	ALFRED		SNBL	56	N	121
SHALDING	ALVATA		SNBL	56	N	121
SHALICK	PHILIP		SNBI	36	Y	219
SHALICK	CATHERINE		SNBI	36	N	219
SHALICK	JACOB		SNBI	36	N	219
SHAN	LYDIA		SNSC	255	Y	278
SHAN	WILLIAM		SNSC	255	N	278
SHANK	WALTER		SNCL	83	Y	216
SHANK	MARY		SNCL	83	N	216
SHANK	LEL		SNCL	83	N	216
SHANKS	JOHN		SNSC	244	Y	112
SHANKS	HANAH		SNSC	244	N	112
SHANKS	GEORGE		SNSC	245	N	112
SHANKS	LINCOLN		SNSC	245	N	112
SHANKS	MARY		SNSC	245	N	112
SHANKS	CATHERINE		SNSC	245	N	112
SHANKS	DAVID		SNSC	245	N	112
SHANKS	DAVID		SNSC	245	Y	114
SHANKS	CATHERINE		SNSC	245	N	114
SHANKS	DAVID,JR		SNSC	245	N	114
SHANKS	LUTHER		SNSC	245	N	114
SHANNON	WILLIAM		SNCL	72	Y	52
SHANNON	REBECCA		SNCL	72	N	52
SHANNON	WILSON		SNCL	72	N	52
SHANNON	JOHN		SNPL	208	Y	86
SHANNON	MARY		SNPL	208	N	86
SHANNON	RUSELL		SNPL	208	N	86
SHANNON	GEO.		SNPL	211	Y	133
SHANNON	MARY		SNPL	211	N	133
SHANNON	FRANK		SNPL	211	N	133
SHANNON	MALISSA		SNPL	211	N	133
SHANNON	SAMUEL		SNPL	211	N	133
SHANNON	LEWIS		SNPL	211	N	133
SHANNON	NELSON		SNPL	211	N	133
SHANNON	SAMUEL		SNSC	247	Y	158
SHANNTAL	LOUISA		SNVE	383	Y	59
SHAPHER	HENRY		SNBL	65	Y	255
SHAPHER	ANNIE		SNBL	65	N	255
SHAPHER	DELILA	C	SNBL	65	N	255
SHARER	JOSEPH		SNAD	13	Y	206
SHARER	WESLEY		SNAD	13	N	206
SHARER	GILMAN		SNAD	13	N	206
SHARP	HENRY		SNW1	309	Y	31
SHARP	MARY		SNW1	309	N	31
SHARP	KATE		SNW1	309	N	31
SHARP	ANNA	E.	SNW1	309	N	31
SHARP	JOSEPH		SNED	95	Y	91
SHARP	MARY		SNED	95	N	91
SHARP	HENRY		SNED	95	N	91

LASTNAME	FIRSTNAME	MI	LOCATION	PAGE	HEAD	HHOLD
SHARP	LAURA		SNED	95	N	91
SHARP	CHARLES		SNED	95	N	91
SHARP?	WESLEY		SNLI	144	Y	26
SHARP?	WESLEY		SNLI	144	Y	26
SHATUR	LEVI		SNHO	118	Y	158
SHATUR	MALISSA		SNHO	118	N	158
SHATUR	ELLEN		SNHO	118	N	158
SHATUR	OLIVER		SNHO	118	N	158
SHATUR	MIRANDA		SNHO	118	N	158
SHAUL	SAMUEL		SNAD	9	Y	142
SHAUL	SUSIE		SNAD	9	N	142
SHAUL	ELLA		SNAD	9	N	142
SHAUL	JAMES		SNAD	9	N	142
SHAUL	CHARLES		SNW2	367	Y	254
SHAUL	ELIZABETH		SNW2	367	N	254
SHAUL	JESSIE	B	SNW2	367	N	254
SHAUL	CORA		SNW2	367	N	254
SHAUL	LIBBIE		SNW2	367	N	254
SHAUL	JAMES		SNPL	206	Y	59
SHAUL	VIRGINIA		SNPL	206	N	59
SHAUL	WILLIAM		SNPL	206	N	59
SHAUL	MARY	E	SNPL	206	N	59
SHAUL	DAVID		SNPL	214	Y	172
SHAUL	REBECCA		SNPL	214	N	172
SHAUL	MARGARET		SNPL	214	N	172
SHAUL	CLARENCE		SNPL	214	N	172
SHAUL	JAMES		SNPL	217	Y	220
SHAUL	CATHARINE		SNPL	217	N	220
SHAUL	JANE		SNPL	217	N	220
SHAUL	REBECCA		SNPL	217	N	220
SHAUL	ALLAN		SNPL	217	N	220
SHAUL	GEORGE		SNPL	217	N	220
SHAUL	JAMES		SNPL	217	N	220
SHAUL	ANNA		SNPL	217	N	220
SHAUL	EMMA		SNPL	217	N	220
SHAUL	MATTHIUS		SNHO	118	Y	167
SHAUL	JANE		SNHO	118	N	167
SHAUL	MICHAEL		SNHO	118	Y	168
SHAUL	JANE		SNHO	118	N	168
SHAUL	CYRUS		SNHO	118	N	168
SHAUL	JOHN		SNHO	118	N	168
SHAUL	ANECIAN?		SNHO	118	N	168
SHAUL	MARGARET		SNHO	118	N	168
SHAUL	ALVINIA		SNHO	119	Y	169
SHAUL	NANCY		SNHO	119	N	169
SHAUL	CORA		SNHO	119	N	169
SHAUL	ADELINE		SNHO	119	N	169
SHAUL	DAVID		SNHO	119	N	169
SHAULL	DAVID		SNCL	70	Y	19
SHAULL	MARY		SNCL	70	N	19
SHAULL	MARTHA		SNCL	70	N	19
SHAULL	MICHAEL		SNLI	155	Y	207
SHAULL	REBECCA	E	SNLI	155	N	207
SHAULL	JOHN	B	SNLI	155	N	207
SHAULL	MICHAEL		SNLI	155	Y	207
SHAULL	REBECCA	E	SNLI	155	N	207
SHAULL	JOHN	B	SNLI	155	N	207
SHAW	WILLIAM		SNCL	79	Y	163
SHAW	CLARISSA		SNCL	79	N	163
SHAW	EMMA		SNCL	79	N	163
SHAW	THOMAS		SNCL	84	Y	229
SHAW	CAROLINE		SNCL	84	N	229
SHAW	REBECCA		SNLI	152	Y	158
SHAW	SARAH	A	SNLI	152	N	158
SHAW	JOHN	WF	SNLI	152	N	158
SHAW	RUFUS	VM	SNLI	152	N	158
SHAW	GEORGE	E	SNLI	152	N	158
SHAW	ZACHARIAH		SNJA	137	Y	169
SHAW	ELIZABETH		SNJA	137	N	169
SHAW	GEORGE	W.	SNJA	137	N	169
SHAW	JAMES	E.	SNJA	137	N	169
SHAW	JOHN	W.	SNJA	137	N	169
SHAW	VIOLA	C.	SNJA	137	N	169
SHAW	GEORGE		SNPL	204	Y	19
SHAW	RUTH	V	SNPL	204	N	19
SHAW	CHESTER		SNPL	204	N	19
SHAW	ROSIE		SNSC	240	Y	40

LASTNAME	FIRSTNAME	MI	LOCATION	PAGE	HEAD	HHOLD
SHAW	ADELLA		SNSC	241	Y	43
SHAW	JOSEPH		SNSC	241	Y	44
SHAW	RACHEAL		SNSC	241	N	44
SHAW	PATRICK		SNSC	256	Y	297
SHAW	CATHERINE		SNSC	256	N	297
SHAW	THOMAS		SNSC	256	N	297
SHAW	JOHN		SNSC	256	N	297
SHAW	PHILLIP		SNSC	256	N	297
SHAW	MARY		SNSC	256	N	297
SHAW	PATRICK		SNSC	256	N	297
SHAW	HANORA		SNSC	256	N	297
SHAW	WILLIAM		SNSC	256	N	297
SHAW	JOHN		SNHO	116	Y	132
SHAW	ELIZ		SNHO	116	N	132
SHAW	ELIZ		SNHO	116	N	132
SHAW	SARAH		SNHO	116	N	132
SHAW	CONRAD		SNHO	116	N	132
SHAW	CRETSON?		SNHO	116	N	132
SHAW	JOSEPH		SNHO	116	N	132
SHAW	WILLIAM		SNHO	117	Y	148
SHAW	MARY		SNHO	117	N	148
SHAW	REBECCA		SNHO	117	N	148
SHAW	CATHERINE		SNHO	117	N	148
SHAW	MELISSA		SNHO	117	N	148
SHAW	AMY		SNHO	117	N	148
SHAW	MARY		SNHO	117	N	148
SHAW	MARIA		SNHO	121	Y	210
SHAW	EUNICE		SNHO	121	N	210
SHAW	MILLIE		SNHO	121	N	210
SHAW	PETER		SNHO	121	N	210
SHAW	JAMES		SNHO	121	N	210
SHAW	REBECCA		SNLI	152	Y	158
SHAW	SARAH	A	SNLI	152	N	158
SHAW	JOHN	WF	SNLI	152	N	158
SHAW	RUFUS	VM	SNLI	152	N	158
SHAW	GEORGE	E	SNLI	152	N	158
SHAW	ANTHONY		SNRE	227	Y	104
SHAW	SOPHRONIA		SNRE	227	N	104
SHAW	JOSEPH		SNRE	234	Y	217
SHAW	DIANTHA		SNRE	234	Y	217
SHAWBERY ?	CATHERINE		SNSC	239	Y	23
SHAWBERY ?	ELIZA		SNSC	239	N	23
SHAWBERY ?	DANIEL		SNSC	239	Y	23
SHAWBERY ?	ANNA		SNSC	239	N	23
SHAWBERY ?	WILLIAM		SNSC	239	N	23
SHAWBERY ?	MARGRET		SNSC	239	N	23
SHAWBOUGHER	J		SNW1	313	Y	84
SHAWBOUGHER	AMELIA		SNW1	313	N	84
SHAWBOUGHER	JOSEPHENE		SNW1	313	N	84
SHAWBOUGHER	AMELIA		SNW1	313	N	84
SHAWBOUGHER	CATHARINE		SNW1	313	N	84
SHAWBOUGHER	JOSEPH		SNW1	313	N	84
SHAWBOUGHER	ANNA		SNW1	313	N	84
SHAWBOUGHER	MARY		SNW1	313	N	84
SHAWBOUGHER	CAROLINE		SNW1	313	N	84
SHAWHAN	F.	K.	SNW1	311	Y	49
SHAWHAN	ADALINE		SNW1	311	N	49
SHAWHAN	CLARA		SNW1	311	N	49
SHAWHAN	MARY		SNW1	327	Y	290
SHAWHAN	R	W	SNW2	365	Y	231
SHAWHAN	ELVIRA		SNW2	365	N	231
SHAWHAN	ELLA		SNW2	365	N	231
SHAWL	NICHOLAS		SNLI	144	Y	28
SHAWL	SARAH		SNLI	144	N	28
SHAWL	MARY	E	SNLI	145	Y	50
SHAWL	NICHOLAS		SNLI	144	Y	28
SHAWL	SARAH		SNLI	144	N	28
SHAWL	MARY	E	SNLI	145	Y	50
SHAWMAN	JOHN	A	SNBL	51	Y	47
SHAWMAN	AMANDA		SNBL	51	N	47
SHAWMAN	GEORGE	H	SNBL	51	N	47
SHAWMAN	GEORGE		SNBL	64	Y	248
SHAWMAN	MARY		SNBL	64	N	248
SHAWMAN	JACOB	E	SNBL	64	N	248
SHAWMAN	LAURA	J	SNBL	64	N	248
SHAWMAN	RALPH	S	SNBL	64	N	248
SHAY	ELIZABETH		SNLO	171	Y	117

LASTNAME	FIRSTNAME	MI	LOCATION	PAGE	HEAD	HHOLD
SHAY	ELIZABETH		SNLO	171	N	117
SHAY	ANN		SNLO	171	N	117
SHAY	MARGARET		SNLO	171	N	117
SHAY	ELLEN		SNLO	189	Y	133
SHEAFER	WILLIAM		SNAD	6	Y	91
SHEAFER	ELISABETH		SNAD	6	N	91
SHEAFER	DANIEL		SNAD	6	N	91
SHEAFER	ALICE		SNAD	6	N	91
SHEAFER	SUSIE		SNAD	6	N	91
SHEAFER	GRANT		SNAD	6	N	91
SHEARER	CHARLES		SNAD	14	Y	223
SHEARER	JACOB		SNW2	350	Y	1
SHEARER	ELIZABETH		SNW2	350	N	1
SHEARER	CHARLES		SNW2	350	N	1
SHEARER	ANNA	M	SNW2	350	N	1
SHEARER	CATHERINE		SNW2	350	N	1
SHEARER	CAROLINE		SNW2	350	N	1
SHEARER	JACOB		SNW2	350	N	1
SHEARER	ROSA		SNW2	350	N	1
SHEARER	EMMA		SNW2	350	N	1
SHEDENBURG	SUSAN		SNHO	116	Y	126
SHEDS	ELLEN		SNLI	146	Y	61
SHEDS	ELLEN		SNLI	146	Y	61
SHEELEY	CHRISTIAN		SNVE	392	Y	194
SHEELEY	MARGRET		SNVE	392	N	194
SHEELEY	AMANDA		SNVE	393	N	194
SHEELEY	ELMYRA		SNVE	393	N	194
SHEELEY	FRANKLIN		SNVE	393	N	194
SHEER	HENRY		SNLI	145	Y	54
SHEER	ELIZABETH		SNLI	145	N	54
SHEER	HENRY		SNLI	145	N	54
SHEER	BARBARA		SNLI	145	N	54
SHEER	HENRY		SNLI	145	Y	54
SHEER	ELIZABETH		SNLI	145	N	54
SHEER	HENRY		SNLI	145	N	54
SHEER	BARBARA		SNLI	145	N	54
SHEETS	HENRY		SNCL	85	Y	240
SHEETS	ANNA		SNCL	85	N	240
SHEETS	PETER		SNW1	321	Y	208
SHEETS	GETRONT		SNW1	321	N	208
SHEETS	ANGALINE		SNW1	321	N	208
SHEETS	JOHN		SNW1	321	N	208
SHEETS	MARY		SNW1	321	N	208
SHEETS	GETRONT		SNW1	321	N	208
SHEETS	JOSEPH		SNW1	321	N	208
SHEETS	SARAH		SNED	91	Y	35
SHEETS	GEORGE	W	SNPL	204	Y	24
SHEETS	AMANDA		SNPL	204	N	24
SHEETS	EPHRIAM		SNPL	204	N	24
SHEETS	ANNA	J	SNPL	204	N	24
SHEETS	EDWIN		SNPL	204	N	24
SHEETS	ETTA		SNPL	204	N	24
SHEETS	WILLIAM		SNPL	204	N	24
SHEETS	JAMES		SNPL	204	N	24
SHEETS	SALLY		SNPL	204	N	24
SHEETS	WILLIAM		SNPL	204	Y	26
SHEETS	KATE		SNPL	204	N	26
SHEETS	CHARLES		SNPL	204	N	26
SHEETS	EPHRIUM		SNPL	204	Y	27
SHEETS	SARAH	A	SNPL	204	N	27
SHEETS	ANGELINE		SNPL	204	N	27
SHEETS	LOUISA		SNPL	204	N	27
SHEETS	MARY		SNPL	205	Y	31
SHEETS	LAURA		SNPL	205	N	31
SHEETS	CHARLES		SNPL	217	Y	224
SHEETS	HANNAH		SNPL	217	N	224
SHEETS	LORENZA		SNPL	217	N	224
SHEETS	NELSON		SNPL	217	N	224
SHEETS	ZEPH		SNPL	217	N	224
SHEETS	FRANCES		SNPL	217	N	224
SHEIBLEY	ANNA		SNW1	311	Y	50
SHEIBLEY	JACOB		SNW2	353	Y	57
SHELBY	HENRY		SNHO	120	Y	194
SHELBY	ELIZ		SNHO	120	N	194
SHELBY	MARY		SNHO	120	N	194
SHELBY	JOSEPHINE		SNHO	120	N	194
SHELDING	WM		SNPL	214	Y	180

LASTNAME	FIRSTNAME	MI	LOCATION	PAGE	HEAD	HHOLD
SHELDING	MARY		SNPL	214	N	180
SHELDING	HENRY		SNPL	214	N	180
SHELDING	ANNA		SNPL	214	N	180
SHELDING	ETTA		SNPL	214	N	180
SHELDING	JOHN		SNPL	214	N	180
SHELDON	CHARLES		SNLO	195	Y	240
SHELDON	ANDREW		SNLO	195	N	240
SHELLER	JOHN		SNLO	164	Y	28
SHELLER	CATHERINE		SNLO	164	N	28
SHELLER	HENRY		SNLO	164	N	28
SHELLER	MARY	A	SNLO	164	N	28
SHELLER	JOSHAWAY		SNLO	164	N	28
SHELLER	FANNY	E	SNLO	164	N	28
SHELLER	JOHN	C	SNLO	164	N	28
SHELLER	JACOB		SNLO	164	N	28
SHELLER	ANN	M	SNLO	164	N	28
SHELLER	SAMUEL	C	SNLO	168	Y	76
SHELLER	MARY		SNLO	168	N	76
SHELLER	DAVID		SNLO	172	Y	138
SHELLER	JANE		SNLO	172	N	138
SHELLER	MARY	E	SNLO	172	N	138
SHELLER	HERSCHEL		SNLO	172	N	138
SHELLER	JESSIE		SNLO	172	N	138
SHELLER	ELIZABETH		SNLO	172	Y	139
SHELLER	SAMUEL		SNLO	173	Y	143
SHELLER	ELIZABETH		SNLO	173	N	143
SHELLER	WILLIAM	H	SNLO	173	N	143
SHELLER	AMOS		SNLO	173	N	143
SHELLER	NOBLE	R	SNLO	173	N	143
SHELLER	FRANCIS	M	SNLO	173	N	143
SHELLER	MARY	E	SNLO	173	N	143
SHELLER	JACOB	M	SNLO	173	N	143
SHELLER	CHANCEY		SNLO	173	N	143
SHELLER	IMO		SNLO	173	N	143
SHELLHAMMER	AUGUSTUS		SNAD	8	Y	119
SHELLHAMMER	CATHERINE		SNAD	8	N	119
SHELLHAMMER	GEORGE		SNAD	8	N	119
SHELLHAMMER	JONAS		SNAD	8	N	119
SHELLHAMMER	CLARE		SNAD	8	N	119
SHELLHEIMER	CHARLES		SNAD	5	Y	72
SHELLHEIMER	ELISABETH		SNAD	5	N	72
SHELLHEIMER	HARRIET		SNAD	5	N	72
SHELLHEIMER	CHARLES		SNAD	5	N	72
SHELLHEIMER	VIOLA		SNAD	5	N	72
SHELLHORN	BENJ.		SNBL	50	Y	30
SHELLHORN	CAROLINE		SNBL	50	N	30
SHELT	SABINA		SNLO	197	Y	276
SHELT	OSCAR		SNLO	197	N	276
SHELT	ALBERT		SNLO	197	N	276
SHELT	LAURA		SNLO	197	N	276
SHELT	JOHANNA		SNLO	197	N	276
SHELT	MARTHA	E	SNLO	197	N	276
SHEPARD	ELIMAT ?		SNLO	192	Y	178
SHEPARD	ELIZABETH		SNLO	192	N	178
SHEPARD	GEORGE	H	SNLO	192	N	178
SHEPARD	ALICE	L	SNLO	192	N	178
SHEPARD	WILLIAM	H	SNLO	192	N	178
SHEPARD	JOSEPH	S	SNLO	192	N	178
SHERCK	MARY		SNTH	292	Y	168
SHERCK	WESLEY		SNTH	292	N	168
SHERER	NICHOLAS		SNBI	28	Y	112
SHERER	JOSEPHINE		SNBI	28	N	112
SHERER	JOHN		SNBI	28	N	112
SHERER	MICHAEL		SNBI	28	N	112
SHERER	JOHN	B	SNBI	28	N	112
SHERER	MARY		SNBI	28	N	112
SHERER	JOSEPHINE		SNBI	28	N	112
SHERER	JOSEPH		SNBI	28	N	112
SHERER	CATHERINE		SNBI	28	N	112
SHERER	MICHAEL		SNBI	29	Y	113
SHERER	MARGARET		SNBI	29	N	113
SHERER	WILLIAM		SNBI	29	N	113
SHERER	MATTHIAS		SNBI	29	N	113
SHERER	CATHERINE		SNBI	29	N	113
SHERER	JOHN		SNBI	46	Y	350
SHERER	CATHERINE		SNBI	46	N	350
SHERER	MARY		SNBI	46	N	350

LASTNAME	FIRSTNAME	MI	LOCATION	PAGE	HEAD	HHOLD
SHERER	JOHN		SNBI	46	N	350
SHERER	CAROLINE		SNBI	46	N	350
SHERER	PHILLIP		SNBI	46	N	350
SHERER	SOLOMAN		SNBI	46	N	350
SHERER	ELIZA		SNBI	46	N	350
SHERER	CATHARINE		SNSN	276	Y	277
SHERER	JACOB		SNSN	276	N	277
SHERER	CHRISTIAN		SNSN	276	N	277
SHERER	VALENTINE		SNSN	276	N	277
SHERER	GEORGE		SNSN	276	N	277
SHERER	TENNIE		SNSN	276	N	277
SHERER	ELIZABETH		SNSN	276	N	277
SHERER	ROBERT		SNSN	276	N	277
SHERER	GUSTAVE		SNSN	276	N	277
SHERICH	ISAAC		SNTH	282	Y	10
SHERIDAM	MARTIN		SNRE	225	Y	73
SHERMAN	ELDRIDGE		SNCL	76	Y	106
SHERMAN	CATHERINE		SNCL	76	N	106
SHERMAN	WILLIAM		SNCL	76	N	106
SHERMAN	WILLIAM		SNLI	153	Y	186
SHERMAN	SARAH		SNLI	153	N	186
SHERMAN	JASPER	L	SNLI	153	N	186
SHERMAN	SIMON		SNLI	154	Y	189
SHERMAN	MARY		SNLI	154	N	189
SHERMAN	PHILLIP		SNLI	154	N	189
SHERMAN	MARY	E	SNLI	154	N	189
SHERMAN	ELIAS		SNLI	154	N	189
SHERMAN	THOMAS		SNLI	154	Y	203
SHERMAN	MARY	J	SNLI	154	N	203
SHERMAN	ALBERT	C	SNLI	154	N	203
SHERMAN	ELDRIDGE		SNSC	240	Y	34
SHERMAN	FRANCIS		SNSC	240	N	34
SHERMAN	ELNORA		SNSC	240	N	34
SHERMAN	LUCINDA		SNSC	240	N	34
SHERMAN	ZEPHENICH		SNSC	249	Y	182
SHERMAN	MARGARET		SNSC	249	N	182
SHERMAN	EDWARD		SNSC	249	N	182
SHERMAN	WILLIAM		SNLI	153	Y	186
SHERMAN	SARAH		SNLI	153	N	186
SHERMAN	JASPER	L	SNLI	153	N	186
SHERMAN	SIMON		SNLI	154	Y	189
SHERMAN	MARY		SNLI	154	N	189
SHERMAN	PHILLIP		SNLI	154	N	189
SHERMAN	MARY	E	SNLI	154	N	189
SHERMAN	ELIAS		SNLI	154	N	189
SHERMAN	THOMAS		SNLI	154	Y	203
SHERMAN	MARY	J	SNLI	154	N	203
SHERMAN	ALBERT	C	SNLI	154	N	203
SHERMAN	JACOB		SNVE	397	Y	275
SHERMAN	CATHARINE		SNVE	397	N	275
SHERMAN	MAGDALENE		SNVE	397	N	275
SHERMAN	GEORGE		SNVE	397	N	275
SHERMAN	CATHARINE		SNVE	397	N	275
SHESLAR	ANN		SNLO	187	N	102
SHESLAR	EDSON	T	SNLO	187	N	102
SHESLAR	SARAH	E	SNLO	187	N	102
SHESLAR ?	MICHAEL		SNLO	187	Y	102
SHESLER	JACOB		SNLO	200	Y	316
SHESLER	ADA		SNLO	200	N	316
SHESLER	MARINDA		SNLO	200	N	316
SHESLER	ELIZABETH		SNLO	200	N	316
SHETENHELM	GEORGE	M	SNLI	157	Y	240
SHETENHELM	ELIZABETH		SNLI	157	N	240
SHETENHELM	ERNST		SNLI	157	N	240
SHETENHELM	MINERVA		SNLI	157	N	240
SHETENHELM	ORPHA		SNLI	157	N	240
SHETENHELM	GEORGE	M	SNLI	157	Y	240
SHETENHELM	ELIZABETH		SNLI	157	N	240
SHETENHELM	ERNST		SNLI	157	N	240
SHETENHELM	MINERVA		SNLI	157	N	240
SHETENHELM	ORPHA		SNLI	157	N	240
SHETTENHELM	G		SNPL	215	Y	194
SHETTENHELM	CATHARINE		SNPL	215	N	194
SHETTENHELM	JOHN		SNPL	215	N	194
SHETTENHELM	REBECCA		SNPL	215	N	194
SHETTENHELM	MARGARET		SNPL	215	N	194
SHETTENHELM	FRANCIS		SNPL	215	N	194

LASTNAME	FIRSTNAME	MI	LOCATION	PAGE	HEAD	HHOLD
SHETTENHELM	IDA	M	SNPL	215	N	194
SHETTENHELM	JOSHUA		SNPL	215	N	194
SHETTENHELM	MARY	L	SNPL	215	N	194
SHETTENHELM	JAS.		SNPL	215	Y	195
SHETTENHELM	JOSEPHINE		SNPL	215	N	195
SHETTENHELM	ARLETTA	M	SNPL	215	N	195
SHETTENHELM	ULYSUS		SNPL	215	N	195
SHETTENHELM	HENRY		SNPL	215	Y	195
SHETTENHELM	MARY	J	SNPL	215	N	195
SHETTENHELM	FLORENCE	R	SNPL	215	N	195
SHETTENHELM	ELIZABETH	J	SNPL	215	N	195
SHETTENHELM	CATHARINE		SNPL	215	N	195
SHETTENHELM	H		SNPL	216	Y	206
SHETTENHELM	MARY	E	SNPL	216	N	206
SHETTENHELM	GEORGE		SNPL	216	N	206
SHETTENHELM	M		SNPL	216	N	206
SHETTENHELM	C		SNPL	216	N	206
SHETTENHELM	RUFUS		SNPL	216	N	206
SHETTERLEY	GEORGE	B	SNRE	227	Y	109
SHETTERLEY	MARY	A	SNRE	227	N	109
SHETTERLEY	OSCAR		SNRE	227	Y	109
SHETTERLEY	LETTITIA		SNRE	227	N	109
SHETTERLEY	BYRON		SNRE	227	N	109
SHETTERLEY	VIRGINIA		SNRE	227	N	109
SHETTERLY	M	D	SNRE	231	Y	170
SHETTERLY	ELIZABETH		SNRE	231	N	170
SHETTERLY	FLORENCE	M	SNRE	231	N	170
SHETTERLY	ELLA	A	SNRE	231	N	170
SHETTERLY	HORACE	R	SNRE	231	N	170
SHETTERLY	HATTIE	J	SNRE	231	N	170
SHETTERLY	ANDREW		SNRE	233	Y	202
SHETTERLY	ANIE		SNRE	233	N	202
SHETTERLY	ANDREW		SNRE	233	Y	202
SHETTERLY	HARRIET		SNRE	233	N	202
SHETTERLY	JAMES	R	SNRE	233	N	202
SHETTERLY	JANE		SNRE	233	N	202
SHETTERLY	CHARLES		SNRE	234	Y	216
SHETTERLY	POLLY	B	SNRE	234	N	216
SHETTERLY	OZRO	B	SNRE	234	N	216
SHETTERLY	WILLIAM		SNRE	237	Y	262
SHETTERLY	MARY		SNRE	237	N	262
SHEUF	DANIEL		SNVE	382	Y	42
SHEUF	CHRISTINA		SNVE	382	N	42
SHEUF	CHRISTINA		SNVE	382	N	42
SHEUF	DANIEL		SNVE	382	N	42
SHEUF	NETTIE		SNVE	382	N	42
SHEUF	ADAM		SNVE	382	Y	42
SHEUF	DANIEL		SNVE	382	Y	46
SHEUF	MARTIN		SNVE	382	N	42
SHIBER	JACOB		SNW1	314	Y	106
SHIBER	MARY		SNW1	314	N	106
SHIBER	LEWIS		SNW1	314	N	106
SHIBER	MARY		SNW1	314	N	106
SHIBER	JOHN		SNW1	314	N	106
SHIBER	AUGUST		SNW1	314	N	106
SHIBER	LOUISA		SNW1	314	N	106
SHIBER	JOSEPH		SNW1	314	N	106
SHIBER	ROSA		SNW1	314	N	106
SHIBER	TILLIE		SNW1	314	N	106
SHIBER	WILLIAM		SNW1	314	N	106
SHIBER	ANNA		SNW1	314	N	106
SHICK	JAKE		SNBI	22	Y	23
SHICK	MARY		SNBI	22	N	23
SHICK	CATHERINE		SNBI	22	N	23
SHICK	JOHN		SNBI	22	N	23
SHICK	JACOB		SNBI	22	N	23
SHICK	MARY		SNBI	22	N	23
SHICK	EMMA		SNBI	22	N	23
SHICK	GEORGE		SNBI	22	N	23
SHIDELER	JOHN		SNPL	212	Y	142
SHIDELER	ANNA		SNPL	212	N	142
SHIDELER	ABRAHAM		SNPL	212	N	142
SHIDELER	LAURA		SNPL	212	N	142
SHIDELER	ELIZA	A	SNPL	212	N	142
SHIDELER	ELLSWORTH		SNPL	212	N	142
SHIDELER	DORA		SNPL	212	Y	152
SHIDELER	LOVINA		SNPL	212	N	152

LASTNAME	FIRSTNAME	MI	LOCATION	PAGE	HEAD	HHOLD
SHIDLER	DAVID		SNPL	208	Y	90
SHIDLER	CHRISTENA		SNPL	208	N	90
SHIDLER	JOSIAH		SNPL	208	N	90
SHIDLER	EMALINE		SNPL	208	N	90
SHIDLER	DANIEL		SNPL	208	N	90
SHIDLER	MARY		SNPL	208	N	90
SHIDLER	CLARA		SNPL	208	N	90
SHIDLER	LUCINDA		SNPL	208	N	90
SHIDLER	FRANK		SNPL	208	N	90
SHIDLER	ALBERT		SNPL	208	N	90
SHIDLER	REBECCA		SNPL	208	N	90
SHIDLER	URIAH		SNPL	209	Y	93
SHIDLER	JACOB		SNPL	209	N	93
SHIDLER	JAMES		SNPL	209	N	93
SHIDLER	BENJAMIN		SNPL	209	N	93
SHIDLER	SUSAN		SNPL	209	N	93
SHIDLER	DAVID		SNPL	215	Y	192
SHIDLER	MARGARET		SNPL	215	N	192
SHIDLER	MARY	A	SNPL	215	N	192
SHIDLER	JAMES	H	SNPL	215	N	192
SHIDLEY	FANNIE		SNW1	342	Y	485
SHIDLEY	MATILDA		SNW1	342	N	485
SHIELDS	HIRAM		SNW1	339	Y	453
SHIETS	PETER		SNW1	326	Y	279
SHIETS	LAVINA		SNW1	326	N	279
SHIETS	ANNA		SNW1	326	N	279
SHIETS	JOHN		SNW1	326	N	279
SHIETS	ELLA		SNW1	326	N	279
SHIETS	NETTIE		SNW1	326	N	279
SHIETS	EDWARD		SNW1	326	N	279
SHIETS	CORA		SNW1	326	N	279
SHIETS	FLORA		SNW1	326	N	279
SHIFFERD	JOSEPH		SNW1	314	Y	107
SHIGER	GEORGE		SNAD	17	Y	280
SHIGER	DOLLY		SNAD	17	N	280
SHILEY	WILLIAM		SNHO	114	Y	100
SHILLER	WILLIAM		SNLO	164	Y	17
SHILLER	MARY		SNLO	164	N	17
SHILLER	JULIA	A	SNLO	164	N	17
SHILLER	CHARLES		SNLO	164	N	17
SHIMBAUGH (?)	DANIEL		SNJA	138	Y	191
SHINDER	CHARLES		SNBI	24	Y	46
SHINDER	ANGELINE		SNBI	24	N	46
SHINDER	MARY		SNBI	24	N	46
SHINDER	AGNES		SNBI	24	N	46
SHINDER	URSALEY		SNBI	24	N	46
SHINDER	FRANCIS		SNBI	24	N	46
SHINDER	FREDERICK		SNBI	24	N	46
SHINDER	LIZZIE		SNBI	24	N	46
SHINER	ALFRED		SNCL	73	Y	67
SHINN	ADAM		SNW1	320	Y	192
SHINN	LIZZIE		SNW1	320	N	192
SHIPMAN	ABRAHAM		SNTH	285	Y	68
SHIPMAN	MARY		SNTH	285	N	68
SHIPMAN	ALUIDA		SNTH	285	N	68
SHIPMAN	AUSTIN		SNTH	285	N	68
SHIPMAN	ALLICE		SNTH	285	N	68
SHIPMAN	ALBERT		SNTH	285	N	68
SHIPPY	ELIZABETH		SNLI	147	Y	85
SHIPPY	VIOLETT		SNLO	179	Y	229
SHIPPY	ELIZABETH		SNLI	147	Y	85
SHIRCK	JOSEPH		SNTH	299	Y	263
SHIRCK	BARBARA		SNTH	299	N	263
SHIRCK	CHARLES		SNTH	299	N	263
SHIRCK	GEORGE		SNTH	299	N	263
SHIRE	PHILLIP		SNPL	218	Y	239
SHIRE	ELLA		SNPL	218	N	239
SHIREMAN	JOHN		SNBI	47	Y	365
SHIREMAN	SARAH		SNBI	47	N	365
SHIREMAN	ELMER		SNBI	47	N	365
SHIREMAN	ALICISCA		SNBI	47	N	365
SHIREMAN	CYRUS		SNBI	47	N	365
SHIREMAN	ROSA		SNBI	47	N	365
SHIREMAN	LORENZO		SNED	104	Y	240
SHIREMAN	LEHIA		SNED	104	N	240
SHIREMAN	HIRAM		SNED	104	Y	240
SHIREMAN	MARY		SNED	104	N	240

LASTNAME	FIRSTNAME	MI	LOCATION	PAGE	HEAD	HHOLD
SHIREMAN	WILLIAM		SNED	104	N	240
SHIREMAN	THEODORE		SNSN	263	Y	63
SHIREMAN	COONRAD		SNSN	265	Y	105
SHIREMAN	MARGARET		SNSN	265	N	105
SHIREMAN	DAVID		SNSN	265	N	105
SHIREMAN	JENNIE		SNSN	265	N	105
SHIRKEY	JOSEPH		SNLI	153	Y	184
SHIRKEY	SYRENA		SNLI	153	N	184
SHIRKEY	LEANDER		SNLI	153	N	184
SHIRKEY	CLARA	J	SNLI	153	N	184
SHIRKEY	LEROY		SNLI	153	N	184
SHIRKEY	ALICE		SNLI	153	N	184
SHIRKEY	JOHN		SNLI	153	Y	185
SHIRKEY	MARY		SNLI	153	N	185
SHIRKEY	WILLIAM		SNLI	156	Y	230
SHIRKEY	SUSANNAH		SNLI	156	N	230
SHIRKEY	HERBERT		SNLI	156	N	230
SHIRKEY	GEORGE	E	SNLI	156	N	230
SHIRKEY	VIOLET	M	SNLI	156	N	230
SHIRKEY	WILLIS	E	SNLI	156	N	230
SHIRKEY	ELFRADA		SNLI	156	N	230
SHIRKEY	FREDRICK		SNLI	162	Y	338
SHIRKEY	CATHARINE		SNLI	162	N	338
SHIRKEY	JOSEPH		SNLI	153	Y	184
SHIRKEY	SYRENA		SNLI	153	N	184
SHIRKEY	LEANDER		SNLI	153	N	184
SHIRKEY	CLARA	J	SNLI	153	N	184
SHIRKEY	LEROY		SNLI	153	N	184
SHIRKEY	ALICE		SNLI	153	N	184
SHIRKEY	JOHN		SNLI	153	Y	185
SHIRKEY	MARY		SNLI	153	N	185
SHIRKEY	WILLIAM		SNLI	156	Y	230
SHIRKEY	SUSANNAH		SNLI	156	N	230
SHIRKEY	HERBERT		SNLI	156	N	230
SHIRKEY	GEORGE	E	SNLI	156	N	230
SHIRKEY	VIOLET	M	SNLI	156	N	230
SHIRKEY	WILLIS	E	SNLI	156	N	230
SHIRKEY	ELFRADA		SNLI	156	N	230
SHIRKEY	FREDRICK		SNLI	162	Y	338
SHIRKEY	CATHARINE		SNLI	162	N	338
SHIRY	HENRY		SNTH	306	Y	347
SHIRY	SARAH		SNTH	306	N	347
SHIRY	JOHN		SNTH	306	N	347
SHIRY	PETER		SNTH	306	N	347
SHIRY	MARY		SNTH	306	N	347
SHIRY	GEORGE		SNTH	306	N	347
SHIVELY	JANE		SNSC	243	Y	79
SHIVELY	JACOB		SNVE	395	N	228
SHIVELY	LIBBIE		SNVE	395	N	228
SHIVET	CHARLES		SNBL	50	Y	23
SHIVEY	JOHN	L	SNVE	395	Y	228
SHIVEY	MARY		SNVE	395	N	228
SHIVEY	LYDIA	J	SNVE	395	N	228
SHIVEY	ATTIE	A	SNVE	395	N	228
SHIVEY	LIBBIE		SNVE	395	N	228
SHNIDER	ROSA		SNCL	73	Y	67
SHOAL	JOHN		SNTH	283	Y	33
SHOALTS ?	JACOB		SNAD	19	Y	317
SHOALTS ?	EMMA		SNAD	19	N	317
SHOALTS ?	SOLOMON		SNAD	19	N	317
SHOALTS ?	WILLIAM		SNAD	19	N	317
SHOALTS ?	ROSANA		SNAD	19	N	317
SHOAP	CONRAD		SNAD	9	Y	145
SHOAP	ELISABETH		SNAD	9	N	145
SHOAP	HENRY		SNAD	9	N	145
SHOBER	MALINDA		SNBI	46	Y	360
SHOBER	GEORGE		SNBI	46	N	360
SHOBER	JOSEPHINE		SNBI	46	N	360
SHOBER	FRED		SNBI	46	N	360
SHOBER	LOTTIE		SNBI	46	N	360
SHOCK	DANY		SNW1	310	Y	35
SHOCK	MARY		SNW1	310	N	35
SHOCK	ODELIA		SNW1	310	N	35
SHOCK	ANTHONY		SNW1	310	N	35
SHOCK	BENJAMIN		SNW1	310	N	35
SHOCK	LEO		SNW1	310	N	35
SHOCK	SYLVESTER		SNW1	310	N	35

LASTNAME	FIRSTNAME	MI	LOCATION	PAGE	HEAD	HHOLD
SHOCK	HENRY		SNED	92	Y	51
SHOCK	MARY		SNED	92	N	51
SHOCK	MARTHA		SNED	92	N	51
SHOCK	EMALINE		SNED	92	N	51
SHOCK	CATHERINE		SNED	92	N	51
SHOCK	JACOB		SNBL	56	Y	116
SHOCK	MARY		SNBL	56	N	116
SHOCK	HENRY		SNBL	56	N	116
SHOCK	MAHALA		SNBL	56	N	116
SHOCK	JACOB		SNBL	56	N	116
SHOCK	ADAM		SNBL	56	N	116
SHOCK	DAVID		SNBL	56	N	116
SHOCK	MARGARET		SNBL	56	Y	117
SHOCK	JOHN		SNBL	61	Y	200
SHOCK	ELISABETH		SNBL	61	N	200
SHOCK	JOHN	J	SNBL	61	N	200
SHOCK	WILLIAM		SNBL	61	N	200
SHOCK	ELIZA		SNBL	61	N	200
SHOCK	MATILDA		SNBL	61	N	200
SHOCK	JACOB		SNBL	61	Y	206
SHOCK	CATHERINE		SNBL	61	N	206
SHOCK	SUSAN	O	SNBL	61	N	206
SHOCK	JACOB	W	SNBL	61	Y	207
SHOCK	MARY	E	SNBL	61	N	207
SHOCK	MARIAH	E	SNBL	61	N	207
SHOCK	ADAM		SNBL	61	N	207
SHOCK	WILLIAM	F	SNBL	61	N	207
SHOCK	JACOB		SNBL	61	Y	207
SHOCKELYER	C.		SNCL	71	Y	31
SHOCKELYER	MARIA		SNCL	71	N	31
SHOCKELYER	CHRISTIAN		SNCL	71	N	31
SHOCKELYER	ROSA		SNCL	71	N	31
SHOEMAKER	NICK		SNBI	31	Y	147
SHOEMAKER	MARGARET		SNBI	31	N	147
SHOEMAKER	CATHERINE		SNBI	31	N	147
SHOEMAKER	JOHN		SNBI	31	N	147
SHOEMAKER	PETER		SNBI	31	N	147
SHOEMAKER	CATHERINE		SNBI	31	N	147
SHOEMAKER	EMANUEL		SNLI	150	Y	129
SHOEMAKER	BETSY		SNLI	150	N	129
SHOEMAKER	REBECCA		SNLI	150	N	129
SHOEMAKER	ALICE		SNLI	150	N	129
SHOEMAKER	JOHN		SNLI	150	N	129
SHOEMAKER	JACOB	H	SNLI	150	N	129
SHOEMAKER	CATHARINE		SNW1	318	Y	151
SHOEMAKER	I	JC	SNW2	372	Y	332
SHOEMAKER	LOUISA		SNW2	372	N	332
SHOEMAKER	HARRY		SNW2	372	N	332
SHOEMAKER	WILLIAM		SNED	93	Y	59
SHOEMAKER	ELIZABETH		SNED	93	N	59
SHOEMAKER	ELEAZER		SNED	93	Y	60
SHOEMAKER	MARTHA		SNED	93	N	60
SHOEMAKER	ANNA		SNED	93	N	60
SHOEMAKER	ELLA		SNED	93	N	60
SHOEMAKER	WILSON		SNED	93	N	60
SHOEMAKER	FRANK		SNED	93	N	60
SHOEMAKER	SARAH		SNED	104	Y	235
SHOEMAKER	LILLY		SNPL	219	Y	244
SHOEMAKER	GEO		SNPL	219	Y	251
SHOEMAKER	SARAH		SNPL	219	N	251
SHOEMAKER	EDWARD		SNPL	219	N	251
SHOEMAKER	GEORGE		SNHO	117	Y	141
SHOEMAKER	SOPHIA		SNHO	117	N	141
SHOEMAKER	NETTIE		SNHO	117	N	141
SHOEMAKER	HARRY		SNHO	117	N	141
SHOEMAKER	ABSALOM		SNHO	117	Y	144
SHOEMAKER	ANNA		SNHO	117	N	144
SHOEMAKER	PERRY		SNHO	117	N	144
SHOEMAKER	EMANUEL		SNLI	150	Y	129
SHOEMAKER	BETSY		SNLI	150	N	129
SHOEMAKER	REBECCA		SNLI	150	N	129
SHOEMAKER	ALICE		SNLI	150	N	129
SHOEMAKER	JOHN		SNLI	150	N	129
SHOEMAKER	JACOB	H	SNLI	150	N	129
SHOEMAN	CHRISTIAN		SNVE	395	Y	232
SHOMLLER	FREDRICK		SNBL	58	Y	148
SHOMLLER	ELISABETH		SNBL	58	N	148

LASTNAME	FIRSTNAME	MI	LOCATION	PAGE	HEAD	HHOLD
SHOMLLER	DAVID		SNBL	58	N	148
SHOMLLER	LEVI		SNBL	58	N	148
SHONTS	THOMAS		SNLI	162	Y	332
SHONTS	LUCINDA		SNLI	162	N	332
SHONTS	MARY		SNLI	162	N	332
SHONTS	HENRY		SNLI	162	N	332
SHONTS	ELIZABETH		SNLI	162	N	332
SHONTS	JOHN		SNLI	162	N	332
SHONTS	GEORGE		SNLI	162	N	332
SHONTS	CATHERINE		SNJA	140	Y	225
SHONTS	HENRY		SNLO	195	Y	241
SHONTS	MARY	C	SNLO	195	N	241
SHONTS	ELIZA	J	SNLO	195	N	241
SHONTS	DAVID	E	SNLO	195	N	241
SHONTS	JOHN	W	SNLO	195	N	241
SHONTS	AARON	B	SNLO	195	N	241
SHONTS	THOMAS		SNLI	162	Y	332
SHONTS	LUCINDA		SNLI	162	N	332
SHONTS	MARY		SNLI	162	N	332
SHONTS	HENRY		SNLI	162	N	332
SHONTS	ELIZABETH		SNLI	162	N	332
SHONTS	JOHN		SNLI	162	N	332
SHONTS	GEORGE		SNLI	162	N	332
SHONTZ	JOHN		SNCL	79	Y	165
SHONTZ	REBECCA		SNCL	79	N	165
SHONTZ	ELIAS		SNCL	79	N	165
SHONTZ	MALISSA		SNCL	79	N	165
SHONTZ	ALPHONSE		SNCL	79	N	165
SHONTZ	ANGELINE		SNCL	80	N	165
SHONTZ	NEVI		SNCL	80	N	165
SHONTZ	LUCINDA		SNCL	80	N	165
SHOOBS	ALLEN		SNAD	7	Y	111
SHOOBS	ELISABETH		SNAD	7	N	111
SHOOBS	MARY		SNAD	7	N	111
SHOOBS	CAROLINE		SNAD	7	N	111
SHOOBS	SARAH		SNAD	7	N	111
SHOOBS	JOHN		SNAD	7	N	111
SHOOBS	ELISABETH		SNAD	7	N	111
SHOOBS	MAKALA		SNAD	7	N	111
SHOOBS	EMMA		SNAD	7	N	111
SHOOK	SOLOMON		SNBL	56	Y	118
SHOOK	JACOB		SNBL	56	Y	126
SHOOK	BENJAMIN	F	SNBL	56	N	126
SHOOK	LUCINDA		SNBL	56	N	126
SHOOK	JOHN		SNRE	231	Y	175
SHOTTINGER	JACOB		SNW1	323	Y	231
SHOTTINGER	SUSANNA		SNW1	323	N	231
SHOTTINGER	JACOB		SNW1	323	N	231
SHOTTINGER	JULIA		SNW1	323	N	231
SHOTTINGER	WILHELM		SNW1	323	N	231
SHOUDER	MARTIN		SNW2	351	Y	22
SHOUDER	CAROLINE		SNW2	351	N	22
SHOUDER	LEWIS		SNW2	351	N	22
SHOUDER	ALBERT		SNW2	351	N	22
SHOUDER	ROSA		SNW2	351	N	22
SHOUDER	MARTIN		SNW2	351	N	22
SHOUDER	JOHN		SNW2	351	N	22
SHOUDER	TERESIA		SNW2	351	N	22
SHOUGH	LEWIS		SNVE	387	Y	107
SHOUGH	MARY		SNVE	387	N	107
SHOUGH	PETER		SNVE	387	N	107
SHOUGH	LEWIS		SNVE	387	N	107
SHOUGH	CAROLINE		SNVE	387	N	107
SHOUGH	ROSA		SNVE	387	N	107
SHOUGH	JOHN	H	SNVE	387	N	107
SHOUL	JACOB	A	SNTH	283	Y	33
SHOUP	MARTIN		SNBI	36	Y	214
SHOUP	EMMA		SNBI	36	N	214
SHOUP	JOHN		SNBI	36	N	214
SHOUP	ANDREW		SNBI	36	N	214
SHOUP	FRANK		SNBI	36	N	214
SHOUP	JOSEPH		SNBI	36	N	214
SHOUP	MARY		SNBI	36	N	214
SHOUP	CLARA		SNBI	36	N	214
SHOUP	JOHN		SNW1	319	Y	169
SHOUP	ELIZABETH		SNW1	319	N	169
SHOUP	JANE		SNW1	319	N	169

LASTNAME	FIRSTNAME	MI	LOCATION	PAGE	HEAD	HHOLD
SHOUP	HATTIE		SNW1	319	N	169
SHOUP	CHARLES		SNW1	319	N	169
SHOUP	CHARLES		SNW1	319	N	169
SHOUP	JACOB		SNSN	268	Y	156
SHOUP	MARGARET		SNSN	268	N	156
SHOUP	LUTHER		SNSN	268	N	156
SHOVE	KATTIE		SNED	91	Y	35
SHOVE	ROBERT		SNED	91	N	35
SHOWER	FRANK		SNAD	4	Y	52
SHRADER	AUGUSTUS		SNCL	73	Y	67
SHRADER	SOPHIA		SNCL	73	N	67
SHRADER	MAGGIE		SNTH	293	Y	173
SHRADER	MINNIE		SNTH	293	N	173
SHREINER	MICHAEL		SNAD	14	Y	217
SHRIGGLE	FRED		SNW2	363	Y	196
SHRIGGLE	ROSA		SNW2	363	N	196
SHRIGGLE	ANDOLF		SNW2	363	N	196
SHRIGGLE	FRED		SNW2	363	N	196
SHRIGGLE	KATE		SNW2	363	N	196
SHRIGGLE	CHARLES		SNW2	363	N	196
SHRINER	ANDREW		SNW1	330	Y	329
SHRINER	SARAH		SNW1	330	N	329
SHRINER	BEATRICE		SNW1	330	N	329
SHRINER	EMMA		SNW1	330	N	329
SHRINER	CLARA		SNW1	330	N	329
SHRINER	JOSEPH		SNW2	353	Y	53
SHRINER	MARY		SNW2	353	N	53
SHRINER	LOUISA		SNW2	353	N	53
SHRINER	HENRY		SNW2	353	N	53
SHRINER	MICHAEL		SNTH	296	Y	214
SHRINER	MARTIN		SNTH	296	N	214
SHRINER	MICHAEL		SNTH	304	Y	315
SHRINER	MARGARET		SNTH	304	N	315
SHRINER	BARBRA		SNTH	304	N	315
SHRINER	JOHN	S	SNRE	232	Y	192
SHRINER	FRANCISCA		SNRE	232	N	192
SHRINER	MICHAEL		SNRE	232	N	192
SHRINER	MARTIN		SNRE	232	N	192
SHRINER	MARY		SNRE	232	N	192
SHRINER	MAGDALENE		SNRE	233	N	192
SHRINER	FRANCES		SNRE	233	N	192
SHRINER	JOHN		SNRE	233	Y	195
SHRINER	CATHARINE		SNRE	233	N	195
SHRINER	GEORGE		SNRE	233	N	195
SHRINER	OLIVER		SNRE	233	N	195
SHRINER	CORNELIUS		SNRE	233	N	195
SHRINER	ROSE	J	SNRE	233	N	195
SHRINER	CATHARINE		SNRE	233	N	195
SHRIVER	LEWIS		SNCL	73	Y	72
SHRIVER	CATHARINE		SNCL	73	N	72
SHRIVER	AMANDA		SNCL	73	N	72
SHRIVER	WILLIAM		SNCL	75	Y	92
SHRIVER	ANNA		SNCL	75	N	92
SHRIVER	EMMA	E.	SNCL	75	N	92
SHRIVER	WILLIAM		SNCL	75	N	92
SHRIVER	ELIZABETH		SNCL	75	N	92
SHRIVER	SAMUEL	W.	SNCL	75	N	92
SHRIVER	LEWIS		SNCL	75	Y	103
SHRIVER	MARGARET		SNCL	75	N	103
SHRIVER	SARAH	E.	SNCL	75	N	103
SHRIVER	CHRISTIAN		SNCL	75	N	103
SHRIVER	GEORGE		SNCL	75	N	103
SHRIVER	WILLIAM	L.	SNCL	76	N	103
SHRIVER	JOHN		SNBI	24	Y	52
SHRIVER	MARY		SNBI	24	N	52
SHRIVER	ANN		SNW1	328	Y	299
SHRIVER	WILLIS		SNW1	328	N	299
SHRIVER	OSKER		SNW1	328	N	299
SHRIVER	RUSSEL		SNW1	328	N	299
SHRIVER	JAMES		SNPL	208	Y	93
SHRIVER	MARY	A	SNPL	216	Y	212
SHRIVER	LUTHER	A	SNPL	216	N	212
SHRIVER	ASA	A	SNPL	216	N	212
SHRIVER	OSKER		SNPL	216	N	212
SHRIVER	CATHARINE		SNPL	216	N	212
SHRIVER	CHARLOTT		SNPL	216	N	212
SHRIVER	WASHINGTON		SNPL	219	Y	256

LASTNAME	FIRSTNAME	MI	LOCATION	PAGE	HEAD	HHOLD
SHRIVER	MARGARET		SNSC	243	Y	92
SHRIVER	MARY		SNPL	219	N	256
SHRODES	JAMES		SNED	91	Y	35
SHROUDES	SOLOMAN		SNSN	269	Y	163
SHROUDES	MARY		SNSN	269	N	163
SHROUDES	HARRY		SNSN	269	N	163
SHUBER	LEO		SNW1	312	Y	78
SHUBER	LANA		SNW1	312	N	78
SHUBER	EDWARD		SNW1	312	N	78
SHUBER	SOPHIA		SNW1	312	N	78
SHUBER	EMMA		SNW1	312	N	78
SHUBER	MARY		SNW1	312	N	78
SHUBERT	DAVID		SNCL	72	Y	55
SHUBERT	BARBARA		SNCL	72	N	55
SHUBERT	ALBIN		SNCL	72	N	55
SHUBERT	HENRY		SNTH	282	Y	23
SHUCK	GEORGE		SNLO	165	Y	43
SHUCK	CATHERINE		SNLO	165	N	43
SHUCK	WILLIAM		SNLO	165	N	43
SHUCK	JOHN		SNLO	165	N	43
SHUCK	ANDREW		SNLO	165	N	43
SHUCK	CURTIS		SNLO	165	N	43
SHUCK	MARY		SNLO	165	N	43
SHUCK	GEORGE	L	SNLO	165	N	43
SHUCK	GEORGE		SNSC	244	Y	110
SHUEMAN	MATILDA		SNW1	347	Y	558
SHUETLIFF ?	LUCY	J	SNLO	201	Y	342
SHUFF	CATHERINE		SNJA	140	Y	228
SHUGRUE	WILLIAM		SNW2	372	Y	336
SHUGRUE	MARY		SNW2	372	N	336
SHULER	MARSHALL		SNED	96	Y	107
SHULL	JOHN		SNCL	71	Y	32
SHULL	MARGARET		SNCL	71	N	32
SHULL	CATHERINE		SNCL	71	N	32
SHULL	JOSEPH		SNCL	71	N	32
SHULL	JOHN		SNCL	71	Y	33
SHULL	ELIZABETH		SNCL	71	N	33
SHULL	ADAM		SNCL	71	N	33
SHULL	JOHN		SNCL	71	N	33
SHULL	CAROLINE		SNCL	71	N	33
SHULL	DUBOLD		SNCL	71	N	33
SHULL	SUSAN		SNCL	71	N	33
SHULL	MARY		SNCL	71	N	33
SHULL	ADAM		SNW2	378	Y	411
SHULL	MARY		SNW2	378	N	411
SHULL	JOSEPH		SNW2	378	N	411
SHULL	CAROLINE		SNW2	378	N	411
SHULLER	JOSEPH		SNLO	163	Y	6
SHULLER	CATHERINE		SNLO	163	N	6
SHULLER	WILLIAM		SNLO	163	N	6
SHULLER	MARY	E	SNLO	163	N	6
SHULLER	LOUISA		SNLO	163	N	6
SHULLER	FRANKLIN		SNLO	163	N	6
SHULTS	WILLIAM		SNJA	133	Y	112
SHULTS	HANNAH		SNJA	133	N	112
SHULTS	WILLIAM		SNJA	134	N	112
SHULTS	NOAH		SNJA	134	N	112
SHULTS	ELIAS		SNJA	134	N	112
SHULTS	NANCY	W.	SNJA	134	N	112
SHULTS	HANNAH		SNJA	134	N	112
SHULTS	THOMAS		SNJA	134	N	112
SHULTS	MARGARET		SNJA	134	N	112
SHULTS	ANDREW		SNJA	134	N	112
SHULTS	JACOB		SNJA	136	Y	148
SHULTS	MARY		SNJA	136	N	148
SHULTS	ISAREL		SNJA	136	N	148
SHULTS	CINDERELLA		SNJA	136	N	148
SHULTS	WARREN	P.	SNJA	136	N	148
SHULTS	ANNA		SNJA	136	N	148
SHULTS	AMANDA		SNJA	136	N	148
SHULTS	JACOB		SNJA	136	N	148
SHULTS	ANDREW		SNJA	136	N	148
SHULTZ	SOPHIA		SNW2	354	Y	69
SHULTZ	ANNA	M	SNW2	354	N	69
SHULTZ	ANNA		SNW2	354	N	69
SHULTZ	EDMEN		SNW2	361	Y	170
SHULTZ	ALEAN		SNW2	361	N	170

LASTNAME	FIRSTNAME	MI	LOCATION	PAGE	HEAD	HHOLD
SHULTZ	WILLIAM	H	SNW2	361	N	170
SHULTZ	JACOB	L	SNW2	361	N	170
SHULTZ	JOHN		SNW2	361	N	170
SHULTZ	CHARLES		SNW2	361	N	170
SHULTZ	IDA	M	SNW2	361	N	170
SHULTZ	MARTIN		SNW2	361	N	170
SHULTZ	MARY		SNHO	117	Y	146
SHULTZ	JOHN	M	SNVE	381	Y	23
SHULTZ	ARVILLA		SNVE	381	N	23
SHUM	ADAM		SNW1	318	Y	156
SHUM	MARY		SNW1	318	N	156
SHUM	FRANK		SNW1	318	N	156
SHUM	DELPHINA		SNW1	318	N	156
SHUM	CATHARINE		SNW1	318	N	156
SHUM	JOHN		SNW1	318	N	156
SHUM	JOHN		SNW1	318	Y	157
SHUM	MARGARET		SNW1	318	N	157
SHUM	JULIA		SNW1	318	N	157
SHUM	MARIA		SNW1	318	N	157
SHUM	JOHN		SNW1	318	N	157
SHUMAN	GEORGE		SNPL	204	Y	16
SHUMAN	ALMIRA		SNPL	204	N	16
SHUMAN	LEE	E	SNPL	204	N	16
SHUMAN	GRANT	W	SNPL	204	N	16
SHUNIS	PHILLIP		SNW2	360	Y	153
SHUNKWILLER	JACOB		SNED	93	Y	64
SHUNKWILLER	HANAH		SNED	93	N	64
SHUNKWILLER	ANNA		SNED	93	N	64
SHUPE	GEORGE		SNAD	12	Y	193
SHUPE	LUCY		SNAD	12	N	193
SHUPE	JOEL		SNAD	12	N	193
SHUPE	POLLY		SNAD	12	N	193
SHUPE	ELI		SNAD	12	N	193
SHUPE	SARAH		SNAD	12	N	193
SHUPE	HATTIE		SNAD	12	N	193
SHUPE	LYDIA		SNAD	12	N	193
SHUPE	EMMA		SNAD	12	N	193
SHUPE	JOHN		SNAD	12	N	193
SHUPP	JACOB		SNJA	135	Y	132
SHUPP	CATHARINE		SNJA	135	N	132
SHUPP	LUCINDA		SNJA	135	N	132
SHUPP	JOSEPH		SNJA	135	N	132
SHUPP	SARAH		SNJA	135	N	132
SHUPP	GEORGE		SNJA	135	Y	136
SHUPP	LEAH		SNJA	135	N	136
SHUPP	ORFUS		SNJA	135	N	136
SHUPP	ORRIN		SNJA	135	N	136
SHURMAN	ESTHER		SNLI	161	Y	324
SHURMAN	EDGAR		SNLI	161	N	324
SHURMAN	ESTHER		SNLI	161	Y	324
SHURMAN	EDGAR		SNLI	161	N	324
SHURREY	JACOB		SNED	89	Y	13
SHURREY	MARY		SNED	89	N	13
SHURREY	M	M	SNED	89	N	13
SHURREY	G	W	SNED	89	N	13
SHURREY	HARRISON		SNED	89	N	13
SHURREY	RUSH		SNED	89	N	13
SHURREY	ALICE		SNED	89	N	13
SHURY ?	WESLEY		SNAD	14	Y	233
SHUTS	JOHN		SNSN	274	Y	240
SHUTS	WISTERIA		SNSN	274	N	240
SHWESMAN	FRED		SNSN	273	Y	237
SHWESMAN	MARGARET		SNSN	273	N	237
SHWESMAN	LEVI		SNSN	273	N	237
SHWESMAN	WILLIAM		SNSN	273	N	237
SHWESMAN	LIBBIE		SNSN	274	N	237
SHWESMAN	CYRUS		SNSN	274	N	237
SIBBERELL	JOHN		SNPL	203	Y	9
SIBBERELL	CATHARINE		SNPL	203	N	9
SIBBRELL	HEZEKIAH		SNLI	157	Y	235
SIBBRELL	SUSAN		SNLI	157	N	235
SIBBRELL	CHARLES		SNLI	157	N	235
SIBBRELL	EMMA		SNLI	157	N	235
SIBBRELL	HEZEKIAH		SNLI	157	Y	235
SIBBRELL	SUSAN		SNLI	157	N	235
SIBBRELL	CHARLES		SNLI	157	N	235
SIBBRELL	EMMA		SNLI	157	N	235

LASTNAME	FIRSTNAME	MI	LOCATION	PAGE	HEAD	HHOLD
SIBLES	JONAS ?		SNED	104	Y	234
SIBLES	ANNA		SNED	104	N	234
SIBRELL	ISAIAH		SNLI	156	Y	228
SIBRELL	ANN		SNLI	156	N	228
SIBRELL	JENNETTA		SNLI	156	N	228
SIBRELL	GEORGE		SNLI	156	N	228
SIBRELL	SARAH	E	SNLI	156	N	228
SIBRELL	ISAIAH		SNLI	156	Y	228
SIBRELL	ANN		SNLI	156	N	228
SIBRELL	JENNETTA		SNLI	156	N	228
SIBRELL	GEORGE		SNLI	156	N	228
SIBRELL	SARAH	E	SNLI	156	N	228
SICKANGER	HENRY		SNAD	12	Y	196
SICKANGER	MARY		SNAD	12	N	196
SICKANGER	JOHN		SNAD	12	N	196
SICKANGER	CHRISTINA		SNAD	12	N	196
SICKELS	JOHN		SNBI	34	Y	190
SIDCOX	JOHN	W	SNVE	398	Y	283
SIDCOX	ZILLA		SNVE	398	N	283
SIDCOX	LORA	B	SNVE	398	N	283
SIDCOX	ELLOUIS		SNVE	398	N	283
SIDCOX	FRANK	B	SNVE	398	N	283
SIDEL	JACOB	E.	SNJA	130	Y	52
SIDEL	IDA	M.	SNJA	130	N	52
SIDEL	LUCY	E.	SNJA	130	N	52
SIDEL	MINA	E.	SNJA	130	N	52
SIDEN	HANNAH		SNJA	130	N	52
SIDLE	JOHN		SNCL	72	Y	56
SIDLE	SUSAN		SNCL	72	N	56
SIDLE	FRANK		SNCL	72	N	56
SIDLE	LOUIS		SNCL	72	N	56
SIDLE	ALLICE		SNCL	72	N	56
SIDLE	EMMA		SNCL	72	N	56
SIDLE	JACOB		SNJA	138	Y	190
SIDLE	SARAH		SNJA	138	N	190
SIDLE	MARY		SNJA	138	N	190
SIDLE	JACOB		SNJA	138	N	190
SIDLE	EMALINE (?)		SNJA	138	N	190
SIEBANN ?	HENRY		SNLO	181	Y	14
SIEBENVORHEE	A		SNW2	363	Y	197
SIEBENVORHEE	ANNA		SNW2	363	N	197
SIEBENVORHEE	FRANCES		SNW2	363	N	197
SIEBENVORHEE	JOSEPH		SNW2	363	N	197
SIEBERT	GUSTAVE		SNTH	284	Y	33
SIEGCHRIST	CHRISTIAN		SNLO	168	Y	73
SIEGCHRIST	AGNES		SNLO	168	N	73
SIEGCHRIST	DANIEL		SNLO	168	N	73
SIEGCHRIST	MARY		SNLO	168	N	73
SIEGCHRIST	CHRISTIAN	M	SNLO	168	N	73
SIEGCHRIST	LEWIS		SNLO	168	N	73
SIEVER	JOHN		SNLO	165	Y	35
SIEVER	REBECCA		SNLO	165	N	35
SIEVER	HIRAM	H	SNLO	165	N	35
SIEVER	SARAH	A	SNLO	165	N	35
SIEVER	CAROLINE		SNLO	165	N	35
SIEVER	WARREN		SNLO	165	N	35
SIEVER	MARY	J	SNLO	165	N	35
SIEVER	JAMES		SNLO	165	N	35
SIEVER	JOHN	H	SNLO	165	N	35
SIEVER	SYLVESTER		SNLO	165	Y	36
SIEVER	MALINDA		SNLO	165	N	36
SIEVER	LEWIS		SNLO	165	N	36
SIGNS	JOHN		SNLO	177	Y	202
SIGNS	ELIZABETH		SNLO	177	N	202
SIGNS	ABRAHAM		SNLO	177	Y	203
SIGNS	SUSAN		SNLO	177	N	203
SIGNS	LEO	A	SNLO	177	N	203
SILCOX	WILLIAM		SNRE	224	Y	60
SILCOX	MAHALA		SNRE	224	N	60
SILCOX	SOPHIA		SNRE	224	N	60
SILCOX	WILLIAM	H	SNRE	224	N	60
SILCOX	JOHN	E	SNRE	224	N	60
SILCOX	ALLEN		SNRE	225	Y	71
SILCOX	LACEY	A	SNRE	225	N	71
SILCOX	MARTHA		SNVE	398	Y	289
SILVERS	JOHN		SNW2	360	Y	158
SILVERS	LYDIA		SNW2	360	N	158

LASTNAME	FIRSTNAME	MI	LOCATION	PAGE	HEAD	HHOLD
SILVERS	SAMUEL		SNW2	360	N	158
SILVERS	NETTIE		SNW2	360	N	158
SILVERS	EDWARD		SNW2	360	N	158
SILVERS	LILLIE		SNW2	360	N	158
SIMMON	MARY	L	SNLO	188	Y	127
SIMMONS	A	L	SNLO	183	Y	47
SIMMONS	WEALTHY		SNLO	183	N	47
SIMMONS	J	H	SNLO	183	N	47
SIMMONS	HARTZEL	H	SNLO	184	Y	47
SIMMONS	ANNA		SNLO	184	N	47
SIMMONS	CLARY		SNLO	184	N	47
SIMON	ADAM		SNBL	65	Y	273
SIMONIS	ADAM		SNBI	32	Y	162
SIMONIS	CATHERINE		SNBI	32	N	162
SIMONIS	MARY		SNBI	32	N	162
SIMONIS	NICHOLAS		SNBI	32	N	162
SIMONIS	LOUIS		SNBI	32	N	162
SIMONIS	HENRY		SNBI	32	N	162
SIMONIS	MARGARET		SNBI	32	N	162
SIMONIS	CATHERINE		SNBI	32	N	162
SIMONIS	FRANK		SNBI	32	N	162
SIMONIS	GEORGE		SNBI	32	N	162
SIMONIS	JOSEPH		SNBI	32	N	162
SIMONIS	ADAM		SNBI	36	Y	221
SIMONIS	MARY		SNBI	36	N	221
SIMONIS	ANNA		SNBI	36	N	221
SIMONIS	JACOB		SNBI	36	N	221
SIMONIS	PETER		SNBI	44	Y	324
SIMONIS	ROSANNA		SNBI	44	N	324
SIMONS	WILLIAM		SNJA	127	Y	8
SIMONS	MARTHA		SNJA	127	N	8
SIMONS	AMOS		SNJA	127	N	8
SIMONS	NELLIE		SNJA	127	N	8
SIMONS	BENJAMIN		SNJA	127	N	8
SIMONS	MARY		SNJA	127	N	8
SIMONS	SARAH		SNLO	191	Y	173
SIMONS	ELLICIA		SNHO	117	Y	137
SIMPSON	J	A	SNLO	186	Y	82
SIMPSON	ANNA		SNLO	186	N	82
SIMPSON	JAS		SNLO	186	N	82
SIMPSON	ELTY ?		SNLO	186	N	82
SIMPSON	JOSEPH		SNVE	400	Y	318
SIMPSON	SOPHIA		SNVE	400	N	318
SIMPSON	NELLIE		SNVE	400	N	318
SIMPSON	JOHN		SNSN	263	Y	59
SIMPSON	HARRIET		SNSN	263	N	59
SIMPSON	MINNIE		SNSN	263	N	59
SIMPSON	JOHN		SNSN	263	N	59
SINACKHISER ?	ELIZABETH		SNED	104	Y	233
SINCER	FRANK		SNED	103	Y	225
SINCLAIR	SARAH	E.	SNJA	134	Y	118
SINE	ANNIE		SNVE	392	Y	184
SINGER	FRED		SNW2	376	Y	383
SINGER	ELIZABETH		SNW2	376	N	383
SINGER	GEORGE		SNSC	245	Y	130
SINK	TERRACE		SNRE	236	Y	238
SINN	CLARENCE		SNED	92	Y	54
SINN	GEORGE		SNED	92	N	54
SINNUER?	MATHEW		SNHO	117	Y	146
SINNUER?	JOSEPHINE		SNHO	117	N	146
SINNUER?	MARGARET		SNHO	117	N	146
SINNUER?	HENRY		SNHO	117	N	146
SINZ	HAVER		SNW1	316	Y	133
SINZ	TRESA		SNW1	316	N	133
SINZ	HERMAN		SNW1	316	N	133
SIPE	LYDA		SNLO	192	Y	191
SIPHER	GEO		SNBI	31	Y	142
SIPHER	ELIZ		SNBI	31	N	142
SIPHER	MARY		SNBI	31	N	142
SIPHER	JOHN		SNBI	31	N	142
SIPHER	ANTHONY		SNBI	31	N	142
SIPHER	ELIZ.		SNBI	31	N	142
SIPHER	CATHERINE		SNBI	31	N	142
SIPHER	LOUIS		SNBI	31	N	142
SIPHER	KATIE		SNBI	31	N	142
SIPHER	MARGARET		SNBI	31	N	142
SIPHER	MARGARET		SNBI	31	N	142

LASTNAME	FIRSTNAME	MI	LOCATION	PAGE	HEAD	HHOLD
SIPHER	JOHN		SNHO	116	Y	130
SIPLE	CATHERINE		SNBL	60	Y	188
SIPLEY	JOHN		SNW1	312	Y	76
SIPLEY	JANE		SNW1	312	N	76
SIPLEY	MARGARET		SNW1	312	N	76
SIPLEY	JOHN		SNW1	312	N	76
SIPLEY	LIZZIE		SNW1	312	N	76
SIPLEY	ELLA		SNW1	312	N	76
SIX	LEVI		SNCL	77	Y	127
SIX	ELIZABETH		SNCL	77	N	127
SIX	HIRAM		SNCL	77	N	127
SIX	ARRELLA		SNCL	77	N	127
SIX	EMMA		SNCL	77	N	127
SIX	DELILA		SNCL	80	Y	178
SIX	WILLIAM	H.	SNCL	80	N	178
SIX	ADAM		SNCL	80	N	178
SIX	WILLIAM		SNW2	371	Y	316
SIX	SOPHIA		SNW2	371	N	316
SIX	WINFIELD		SNW2	371	N	316
SIX	IDA		SNW2	371	N	316
SIX	EMMA		SNW2	371	N	316
SIX	JOHN		SNW2	371	N	316
SIX	DAVID		SNW2	371	N	316
SIX	JAMES		SNW2	375	Y	373
SIX	HATTIE		SNW2	375	N	373
SIX	DAVID		SNW2	375	N	373
SKEELS	JAMES		SNSC	251	Y	210
SKEELS	LUCIUS		SNRE	232	Y	181
SKEELS	MARGARET		SNRE	232	N	181
SKEELS	SARAH	E	SNRE	232	N	181
SKEELS	GEORGE	W	SNRE	232	N	181
SKINNER	MILO		SNAD	14	Y	221
SKINNER	LOUISA		SNAD	14	N	221
SKINNER	DWIGHT		SNAD	14	N	221
SKINNER	EVA		SNAD	14	N	221
SKINNER	WILLIAM		SNAD	14	N	221
SKINNER	M	P	SNLO	189	Y	134
SKINNER	JANE	M	SNLO	189	N	134
SKINNER	ANN		SNLO	189	N	134
SKINNER	WILLIAM		SNLO	189	N	134
SKINNER	LUE ?		SNLO	189	N	134
SKINNER	FRANK		SNLO	189	N	134
SKINNER	ARLO		SNLO	189	N	134
SKINNER	CHARLES		SNLO	189	N	134
SKINNER	ROSA		SNLO	189	N	134
SKINNER	MARY		SNHO	109	Y	3
SKRANSEWSKY	EMMA		SNED	107	Y	296
SKRANSEWSKY	AUGUSTUS		SNED	107	N	296
SLACHTER	FREDERICK		SNBI	24	Y	47
SLACHTER	MARY		SNBI	24	N	47
SLACHTER	JOSEPH		SNBI	24	N	47
SLACHTER	JOHN		SNBI	24	N	47
SLACHTER	FRED		SNBI	24	N	47
SLACHTER	CATHERINE		SNBI	24	N	47
SLACHTER	THERESA		SNBI	24	N	47
SLACHTER	JOSEPHINE		SNBI	24	N	47
SLACHTER	WILLIAM		SNBI	24	N	47
SLACHTER	NICHOLAS		SNBI	24	N	47
SLACHTER	ROSA		SNBI	24	N	47
SLACHTER	MARKUS		SNBI	24	N	47
SLANKER	ANDY		SNLI	142	Y	8
SLANKER	ANNA		SNLI	142	N	8
SLANKER	LAWRENCE		SNLI	142	N	8
SLANKER	ANNA	J	SNLI	142	N	8
SLANKER	JOHN		SNLI	142	N	8
SLANKER	MIKE		SNLI	142	N	8
SLANKER	THERESA		SNLI	142	N	8
SLANKER	SAMUEL		SNW1	339	Y	450
SLANKER	LYDIA		SNW1	339	N	450
SLANKER	ANDY		SNLI	142	Y	8
SLANKER	ANNA		SNLI	142	N	8
SLANKER	LAWRENCE		SNLI	142	N	8
SLANKER	ANNA	J	SNLI	142	N	8
SLANKER	JOHN		SNLI	142	N	8
SLANKER	MIKE		SNLI	142	N	8
SLANKER	THERESA		SNLI	142	N	8
SLARETT	LIZZIE		SNW1	347	Y	548

LASTNAME	FIRSTNAME	MI	LOCATION	PAGE	HEAD	HHOLD
SLASSMAN	JOHN		SNAD	1	Y	14
SLASSMAN	THIONIA		SNAD	1	N	14
SLASSMAN	HENRY		SNAD	1	N	14
SLASSMAN	JACOB		SNAD	1	N	14
SLASSMAN	GEORGE		SNAD	1	N	14
SLASSMAN	MARY		SNAD	2	Y	18
SLASSMAN	GEORGE		SNAD	2	N	18
SLATER	FRANK		SNHO	120	Y	197
SLATER	ANNA		SNHO	120	N	197
SLATER	CATHERINE		SNHO	120	N	197
SLATER	JENNIE		SNHO	120	N	197
SLATER	MARY		SNHO	120	N	197
SLATER	PETER		SNHO	120	N	197
SLAUGHTER	JOHN		SNLO	180	Y	241
SLAUGHTER	MARY		SNBL	50	Y	21
SLAWSER	JOSEPH		SNTH	291	Y	147
SLAWSER	MARY		SNTH	291	N	147
SLAWSER	ANNA		SNTH	291	N	147
SLAWSER	ABNER		SNTH	291	N	147
SLAWSER	ROSA		SNTH	291	N	147
SLAWSER	JOSEPHINE		SNTH	291	N	147
SLAYMAKER	FRANK		SNCL	74	Y	81
SLAYMAKER	MAGDALENE		SNCL	74	N	81
SLAYMAKER	JOHN		SNBI	45	Y	339
SLAYMAKER	MAHALA		SNBI	45	N	339
SLAYMAKER	LOUISE		SNBI	45	N	339
SLAYMAKER	WM		SNBI	46	Y	351
SLAYMAKER	MARY		SNBI	46	N	351
SLAYMAKER	OLIVE		SNBI	46	N	351
SLAYMAKER	CHARLEY		SNBI	46	N	351
SLAYMAKER	CORA		SNBI	46	N	351
SLAYMAKER	ETTIE		SNBI	46	N	351
SLAYMAKER	JOHN		SNBI	46	Y	352
SLAYMAKER	MARY		SNBI	46	N	352
SLAYMAKER	W	F	SNPL	217	Y	223
SLAYMAKER	ALICE		SNPL	217	N	223
SLAYMAKER	EDWIN		SNPL	217	N	223
SLEE	CATHERINE		SNBL	59	Y	173
SLEE	MARY		SNBL	65	Y	262
SLEE	MARY	E	SNBL	67	Y	305
SLICKMYER	JOHN		SNVE	381	Y	25
SLICKMYER	CATHARINE		SNVE	381	N	25
SLICKMYER	MESSIE		SNVE	381	N	25
SLICKMYER	ANDREW		SNVE	381	N	25
SLICKMYER	BYRON		SNVE	381	N	25
SLIMMER	CHRIST		SNLO	164	Y	27
SLIMMER	ELISABETH		SNLO	164	N	27
SLOAN	PHEBE		SNRE	235	Y	234
SLOAN	ELIJA		SNRE	235	Y	234
SLOAN	ISAAC		SNSN	272	Y	220
SLOAN	MARY		SNSN	272	N	220
SLOAN	MARY		SNSN	272	N	220
SLOAN	MARTHA		SNSN	272	N	220
SLOAN	VANIE		SNSN	272	N	220
SLOAN	DAVID		SNSN	272	N	220
SLOAT	FREDERICK		SNAD	13	Y	199
SLOAT	BYRON		SNW1	325	Y	262
SLOAT	ELLEN		SNW1	325	N	262
SLOAT	IDDA		SNW1	325	N	262
SLOAT	LEANDER		SNTH	287	Y	97
SLOCKER	EDWARD		SNW2	353	Y	53
SLOCKER	FREDERICKA		SNW2	353	N	53
SLOCKER	CAROLINE		SNW2	353	N	53
SLOSSER	PETER		SNHO	111	Y	38
SLOSSER	ISABELLA		SNHO	111	N	38
SLOSSER	AMOS		SNHO	111	N	38
SLOSSER	JOHN		SNHO	112	Y	49
SLOSSER	LOUISA		SNHO	112	N	49
SLOSSER	SYLVESTER		SNHO	124	Y	255
SLOSSER	ELLEN		SNHO	124	N	255
SLOSSER	AMANDA		SNHO	124	N	255
SLOSSER	GEORGE		SNHO	124	N	255
SLOSSER	SARAH		SNHO	124	N	255
SLOSSMAN	FREDRICK		SNBL	61	Y	204
SLOSSMAN	AURORA		SNBL	61	N	204
SLOWMAN	HARMAN		SNCL	87	Y	270
SLOWMAN	JATROB		SNCL	87	N	270

LASTNAME	FIRSTNAME	MI	LOCATION	PAGE	HEAD	HHOLD
SLOWMAN	ELIZABETH		SNCL	87	N	270
SLOWMAN	CATHARINE		SNCL	87	N	270
SLOWMAN	AUGUSTUS		SNW1	312	Y	77
SLOWMAN	CHRISTINA		SNW1	312	N	77
SLOWMAN	JOSEPH		SNW1	331	Y	346
SLOWMAN	MARY		SNW1	331	N	346
SLOWMAN	ELLA		SNW1	331	N	346
SLOWMAN	NORA		SNW1	331	N	346
SLOWMAN	BENJAMIN		SNW1	331	N	346
SLUMER	WILLIAM		SNW2	352	Y	31
SLUMER	JULIA		SNW2	352	N	31
SLUMER	WILLIAM		SNW2	352	N	31
SLUMER	JANE		SNW2	352	N	31
SLUSSER	G	W	SNPL	215	Y	191
SLUSSER	EMMA		SNPL	215	N	191
SLUSSER	DANIEL		SNHO	114	Y	87
SLUSSER	LUCY		SNHO	114	N	87
SLUSSER	ARTHUR		SNHO	114	N	87
SLUSSER	MARY		SNHO	114	N	87
SLUSSER	LOUISA		SNHO	114	N	87
SLUSSER	BENJ		SNHO	114	N	87
SLUSSER	VIOLA		SNHO	114	N	87
SMALL	GEORGE		SNW2	362	Y	183
SMALL	SUSAN		SNW2	362	N	183
SMALLY	JOHN		SNHO	115	Y	103
SMART	DANIEL		SNLO	173	Y	140
SMART	SUSAN		SNLO	173	N	140
SMART	JESSIE	M	SNLO	173	N	140
SMART	ALICE		SNLO	173	N	140
SMART	ELMER	E	SNLO	173	N	140
SMAY	HENRY		SNW2	351	Y	24
SMAY	JOHN		SNW2	351	N	24
SMAY	ELIZABETH		SNW2	351	N	24
SMAY	LUCINDA		SNW2	351	N	24
SMELTZ	MARTIN		SNVE	390	Y	153
SMELTZ	MARY		SNVE	390	N	153
SMELTZ	SOPHIA		SNVE	390	N	153
SMELTZ	FREDRICK		SNVE	390	N	153
SMELTZ	CONRAD		SNVE	396	Y	258
SMELTZ	SUSAN	E	SNVE	396	N	258
SMELTZ	EDWARD		SNVE	396	N	258
SMELTZ	FRANKLIN		SNVE	396	N	258
SMITH	JAMES		SNCL	73	Y	68
SMITH	LOUISA		SNCL	78	Y	139
SMITH	SMITH		SNCL	78	N	139
SMITH	JOHN		SNCL	78	Y	146
SMITH	RUSSEL	E.	SNCL	78	Y	147
SMITH	JACOB		SNCL	79	Y	155
SMITH	ANNA	M.	SNCL	79	N	155
SMITH	JOHN	A.	SNCL	80	Y	170
SMITH	JOHN		SNCL	80	Y	171
SMITH	CHRISTENA		SNCL	80	N	171
SMITH	LOUIS	P.	SNCL	80	N	171
SMITH	PHILLIP	J.	SNCL	80	N	171
SMITH	PHILLIPENA		SNCL	80	N	171
SMITH	WALTER		SNCL	80	N	171
SMITH	WILLIAM		SNCL	80	N	171
SMITH	JOHN	G.	SNCL	82	Y	206
SMITH	ROSA		SNCL	82	N	206
SMITH	JOHN		SNCL	82	N	206
SMITH	MELCHER		SNCL	82	N	206
SMITH	CHRIST		SNCL	82	N	206
SMITH	ANDREW		SNCL	82	N	206
SMITH	MELCHER		SNCL	82	Y	207
SMITH	ROSA		SNCL	82	N	207
SMITH	LOUIS	C.	SNCL	85	Y	239
SMITH	MARY		SNCL	85	N	239
SMITH	CHARLES		SNCL	85	N	239
SMITH	MARY		SNCL	85	N	239
SMITH	AMELIA		SNCL	85	N	239
SMITH	ALBERT		SNCL	85	N	239
SMITH	EMMA		SNCL	85	N	239
SMITH	JOHN		SNBI	21	Y	1
SMITH	CATHERINE		SNBI	21	N	1
SMITH	COONROD		SNBI	21	N	1
SMITH	HENRY		SNBI	21	N	1
SMITH	WILLIAM		SNBI	21	N	1

LASTNAME	FIRSTNAME	MI	LOCATION	PAGE	HEAD	HHOLD
SMITH	FRANK		SNBI	21	N	1
SMITH	CHARLEY		SNBI	21	N	1
SMITH	ROSA		SNBI	21	N	1
SMITH	WILLIE		SNBI	21	N	1
SMITH	ALBERT		SNBI	21	N	1
SMITH	JOHN		SNBI	29	Y	116
SMITH	ELLEN		SNBI	29	N	116
SMITH	WM.		SNBI	30	Y	130
SMITH	ANNETTE		SNBI	30	N	130
SMITH	NELLIE		SNBI	30	N	130
SMITH	JACOB		SNBI	30	Y	132
SMITH	CINDERELLA		SNBI	30	N	132
SMITH	ALFIE		SNBI	30	N	132
SMITH	JOHN		SNLI	149	Y	121
SMITH	NICHOLAS		SNLI	153	Y	177
SMITH	MARIAH		SNLI	153	N	177
SMITH	MARGARET		SNLI	153	N	177
SMITH	JOHN		SNLI	153	N	177
SMITH	MARIAH		SNLI	153	N	177
SMITH	NICHOLAS		SNLI	153	N	177
SMITH	CATHERINE		SNJA	129	Y	44
SMITH	THOMAS		SNJA	130	Y	50
SMITH	JOSEPH		SNJA	131	Y	68
SMITH	MARY		SNJA	131	N	68
SMITH	FRANKLIN		SNJA	131	N	68
SMITH	CALVIN		SNJA	131	N	68
SMITH	HUSTON		SNJA	131	N	68
SMITH	JENNIE		SNJA	131	N	68
SMITH	WILLSON		SNJA	131	Y	71
SMITH	MARY		SNJA	131	N	71
SMITH	MARY	E.	SNJA	131	N	71
SMITH	PHILLIP		SNJA	134	Y	114
SMITH	SARAH		SNJA	134	N	114
SMITH	PHILLIP		SNJA	134	N	114
SMITH	HENRY		SNJA	134	Y	119
SMITH	ELIZABETH		SNJA	134	N	119
SMITH	WILLIAM	G.	SNJA	134	N	119
SMITH	MICHAEL		SNJA	136	Y	160
SMITH	ELIZABETH		SNJA	136	N	160
SMITH	NICHOLAS		SNJA	136	N	160
SMITH	GEORGE		SNJA	136	N	160
SMITH	LUCY		SNJA	136	N	160
SMITH	ANDREW		SNJA	137	N	177
SMITH	SARAH		SNJA	137	N	177
SMITH	MARY	E.	SNJA	137	N	177
SMITH	MARTHA	A.	SNJA	137	N	177
SMITH	LEVI	A.	SNJA	137	N	177
SMITH	WILLIAM	H.	SNJA	137	N	177
SMITH	MIRON		SNJA	137	N	177
SMITH	JESSIE		SNJA	137	N	177
SMITH	JOHN		SNJA	138	Y	179
SMITH	NANCY		SNJA	138	N	179
SMITH	LUCY		SNJA	138	N	179
SMITH	JACOB		SNJA	138	N	179
SMITH	JOHN		SNJA	138	N	179
SMITH	MARY		SNJA	138	N	179
SMITH	DAVID		SNJA	138	N	179
SMITH	ANNA		SNJA	138	N	179
SMITH	WILLIAM		SNJA	141	Y	232
SMITH	CATHERINE		SNJA	141	N	232
SMITH	CLARA	A.	SNJA	141	N	232
SMITH	MARY	J.	SNJA	141	N	232
SMITH	HAMLIN		SNAD	9	y	138
SMITH	LISSIE		SNAD	13	Y	208
SMITH	SAMUEL		SNAD	16	Y	259
SMITH	LOTTIE		SNAD	16	N	259
SMITH	IDA		SNAD	16	N	259
SMITH	EMMA		SNAD	16	N	259
SMITH	EDWIN		SNAD	16	N	259
SMITH	MARY		SNAD	16	N	259
SMITH	LIBBIE		SNAD	16	N	259
SMITH	FRANK		SNAD	16	N	259
SMITH	SAMUEL		SNAD	16	N	259
SMITH	CARRIE		SNAD	16	N	259
SMITH	HENRY		SNAD	16	Y	261
SMITH	MARY		SNAD	16	N	261
SMITH	DIANNAH		SNAD	16	N	261

LASTNAME	FIRSTNAME	MI	LOCATION	PAGE	HEAD	HHOLD
SMITH	MATHIAS		SNLO	170	Y	108
SMITH	MARY	A	SNLO	170	N	108
SMITH	MARY	E	SNLO	170	N	108
SMITH	MATHIAS		SNLO	170	N	108
SMITH	JOHN		SNLO	170	N	108
SMITH	MICHAEL		SNLO	170	N	108
SMITH	MARTIN		SNLO	170	N	108
SMITH	MARGARET		SNLO	170	N	108
SMITH	PETER		SNLO	171	N	108
SMITH	ANNA	C	SNLO	171	N	108
SMITH	JACOB		SNLO	174	Y	168
SMITH	SUSANNAH		SNLO	174	N	168
SMITH	MARY		SNLO	174	N	168
SMITH	ELIZABETH		SNLO	174	N	168
SMITH	JOHN	S	SNLO	180	Y	242
SMITH	ELIZABETH		SNLO	180	N	242
SMITH	ADAM		SNLO	180	N	242
SMITH	NICHOLAS		SNLO	180	N	242
SMITH	HENRY		SNLO	180	N	242
SMITH	ANDY		SNLO	180	N	242
SMITH	EVA		SNLO	180	N	242
SMITH	MICHAEL		SNLO	180	Y	243
SMITH	MARY		SNLO	180	N	243
SMITH	MATILDA		SNLO	180	N	243
SMITH	GEORGE		SNLO	180	N	243
SMITH	COONRAD		SNLO	195	Y	243
SMITH	FRANCES		SNLO	195	N	243
SMITH	MARY	M	SNLO	195	N	243
SMITH	WASHINGTON		SNLO	195	N	243
SMITH	MARTHA		SNLO	195	N	243
SMITH	JOHN	C	SNLO	195	N	243
SMITH	ANNA	F	SNLO	195	N	243
SMITH	AMOS		SNLO	195	N	243
SMITH	DAVID	M	SNLO	197	Y	269
SMITH	SARAH		SNLO	197	N	269
SMITH	MARY		SNLO	197	N	269
SMITH	EMMA	J	SNLO	197	N	269
SMITH	SAMUEL		SNLO	197	N	269
SMITH	JOHN	N	SNLO	200	Y	317
SMITH	ROSANNAH		SNLO	200	N	317
SMITH	NATHAN	W	SNLO	200	Y	323
SMITH	MAGGIE		SNLO	200	N	323
SMITH	LULA		SNLO	200	N	323
SMITH	OLIVE		SNLO	200	N	323
SMITH	JACOB		SNW1	308	Y	15
SMITH	CAROLINE		SNW1	308	N	15
SMITH	ALBERT		SNW1	308	N	15
SMITH	AMELIA		SNW1	308	N	15
SMITH	GEORGE		SNW1	309	Y	23
SMITH	MARY		SNW1	309	N	23
SMITH	JOHN		SNW1	316	Y	130
SMITH	MARY		SNW1	316	N	130
SMITH	ROSA		SNW1	316	N	130
SMITH	MICHAEL		SNW1	316	N	130
SMITH	MARY		SNW1	316	N	130
SMITH	JOHN		SNW1	316	N	130
SMITH	NESA		SNW1	316	N	130
SMITH	MICHAEL		SNW1	316	Y	133
SMITH	EDWARD		SNW1	322	Y	228
SMITH	AMANDA		SNW1	322	N	228
SMITH	MARK		SNW1	323	Y	230
SMITH	CATHERINE		SNW1	323	N	230
SMITH	CATHARINE		SNW1	323	N	230
SMITH	WILLIAM		SNW1	323	N	230
SMITH	JOSHUA		SNW1	323	Y	236
SMITH	HENRIETTA		SNW1	323	N	236
SMITH	ALLICE		SNW1	323	N	236
SMITH	FRANK		SNW1	323	N	236
SMITH	LOVELLA		SNW1	323	N	236
SMITH	WILLIAM		SNW1	323	N	236
SMITH	MARY		SNW1	323	N	236
SMITH	JULIA		SNW1	329	Y	311
SMITH	FRANK		SNW1	329	N	311
SMITH	GEORGE		SNW1	329	N	311
SMITH	MALLEY		SNW1	329	N	311
SMITH	HENRY		SNW1	331	Y	349
SMITH	CAROLINE		SNW1	331	N	349

LASTNAME	FIRSTNAME	MI	LOCATION	PAGE	HEAD	HHOLD
SMITH	GEORGE		SNW1	331	N	349
SMITH	BARBARA		SNW1	331	N	349
SMITH	FREDERICK		SMW1	331	N	349
SMITH	RUDOLPH		SNW1	331	N	349
SMITH	TILLA		SNW1	331	N	349
SMITH	EMMA		SNW1	331	N	349
SMITH	APOLINA		SNW1	333	Y	373
SMITH	ELIZABETH		SNW1	333	N	373
SMITH	EVA		SNW1	335	Y	408
SMITH	WILLIAM		SNW1	335	N	408
SMITH	ALBERT		SNW1	335	N	408
SMITH	CORA		SNW1	335	N	408
SMITH	HARMAN		SNW1	335	N	408
SMITH	JOSEPH		SNW1	336	Y	416
SMITH	JOHN		SNW1	338	Y	443
SMITH	FRANK		SNW1	338	Y	444
SMITH	DANIEL		SNW1	339	Y	455
SMITH	MARY		SNW1	339	N	455
SMITH	ALVIN		SNW1	339	N	455
SMITH	WILLIAM		SNW1	339	N	455
SMITH	FLORA		SNW1	346	Y	541
SMITH	HUSBAND		SNW2	355	Y	83
SMITH	ANNA		SNW2	355	N	83
SMITH	LIZZIE		SNW2	355	N	83
SMITH	DANIEL		SNW2	356	Y	96
SMITH	HELENA		SNW2	356	N	96
SMITH	CATHARINE		SNW2	356	N	96
SMITH	MARY		SNW2	356	N	96
SMITH	BENEDICT		SNW2	356	N	96
SMITH	HELENA		SNW2	356	N	96
SMITH	EMMA		SNW2	356	N	96
SMITH	OTTO	B	SNW2	356	N	96
SMITH	FRIDOLIN		SNW2	364	Y	216
SMITH	MARGARET		SNW2	364	N	216
SMITH	EDWARD	F	SNW2	364	N	216
SMITH	MARY	B	SNW2	364	N	216
SMITH	IDA	R	SNW2	364	N	216
SMITH	SOPHIA		SNW2	368	Y	268
SMITH	SALLY		SNW2	374	Y	355
SMITH	HARRY		SNW2	374	Y	355
SMITH	ANDREW		SNED	91	Y	35
SMITH	MARTIN		SNPL	204	Y	17
SMITH	MARY		SNPL	204	N	17
SMITH	GRADY		SNPL	204	N	17
SMITH	HENRY		SNPL	207	Y	72
SMITH	BARBARA		SNPL	207	N	72
SMITH	JOHN		SNPL	207	N	72
SMITH	JAMES		SNPL	207	N	72
SMITH	MARY		SNPL	207	N	72
SMITH	JOSEPH		SNPL	207	N	72
SMITH	CHARLES		SNPL	207	N	72
SMITH	LEWIS		SNPL	207	N	72
SMITH	ROSA		SNPL	207	N	72
SMITH	DANIEL		SNPL	207	N	72
SMITH	JACOB		SNPL	209	Y	94
SMITH	SUSAN		SNPL	209	N	94
SMITH	MARY		SNPL	209	N	94
SMITH	DEMICH		SNPL	209	N	94
SMITH	ALEANNA		SNPL	209	N	94
SMITH	MARGARET		SNPL	209	N	94
SMITH	JACOB		SNPL	209	N	94
SMITH	J	W	SNPL	209	Y	96
SMITH	JEMIMA		SNPL	209	N	96
SMITH	EFFE		SNPL	209	N	96
SMITH	DORA		SNPL	209	N	96
SMITH	LEWIS		SNPL	209	Y	96
SMITH	AGNES		SNPL	209	N	96
SMITH	ALFRED		SNPL	209	N	96
SMITH	EMMA		SNPL	209	N	96
SMITH	AVRY	C	SNPL	216	Y	208
SMITH	ELLA		SNPL	216	N	208
SMITH	ABRAHAM		SNSC	239	Y	24
SMITH	MARY		SNSC	239	N	24
SMITH	JAMES		SNSC	240	Y	35
SMITH	MARY		SNSC	240	N	35
SMITH	CHARLES		SNSC	240	N	35
SMITH	JANE		SNSC	240	N	35

LASTNAME	FIRSTNAME	MI	LOCATION	PAGE	HEAD	HHOLD
SMITH	ABRAHAM		SNSC	241	Y	41
SMITH	MARY		SNSC	241	N	41
SMITH	CHARLES		SNSC	241	N	41
SMITH	JOHN		SNSC	241	Y	50
SMITH	MARY		SNSC	241	N	50
SMITH	EMIRA?		SNSC	241	N	50
SMITH	ELMER		SNSC	241	N	50
SMITH	NETTIE		SNSC	241	N	50
SMITH	JOHN		SNSC	242	Y	79
SMITH	JANE		SNSC	242	N	79
SMITH	LEON		SNSC	242	N	79
SMITH	CLARRA		SNSC	242	N	79
SMITH	FRANK		SNSC	242	N	79
SMITH	SARAH		SNSC	246	Y	139
SMITH	HARRY		SNSC	246	N	139
SMITH	DAVID		SNSC	248	Y	178
SMITH	SUSAN		SNSC	248	N	178
SMITH	DANIEL		SNSC	248	N	178
SMITH	DAVID		SNSC	248	N	178
SMITH	HARRIET		SNSC	248	N	178
SMITH	HENRY		SNSC	248	N	178
SMITH	ISAAC		SNSC	248	N	178
SMITH	JAMES		SNSC	248	N	178
SMITH	EMMET		SNSC	248	N	178
SMITH	ELLA		SNSC	248	N	178
SMITH	ROLLINS		SNSC	248	N	178
SMITH	JOHN		SNSC	249	Y	194
SMITH	ELESOY?		SNSC	250	N	194
SMITH	HANAH		SNSC	250	N	194
SMITH	EUGENE		SNSC	250	N	194
SMITH	LAURA		SNSC	251	Y	219
SMITH	GEORGE		SNSC	251	N	219
SMITH	EMMA		SNSC	251	N	219
SMITH	THOMAS		SNSC	255	Y	296
SMITH	ELIZABETH		SNSC	255	N	296
SMITH	MINNIE		SNSC	255	N	296
SMITH	CARRIE		SNSC	255	N	296
SMITH	COURTNEY		SNSC	255	N	296
SMITH	MARANDA		SNSC	256	Y	301
SMITH	MARY		SNTH	283	Y	33
SMITH	CHARLES		SNTH	283	N	33
SMITH	CHARLES		SNTH	285	Y	62
SMITH	THIAVAH?		SNTH	285	N	62
SMITH	MARY		SNTH	285	N	62
SMITH	CHRISTIANA		SNTH	288	Y	108
SMITH	JOHN		SNTH	289	Y	114
SMITH	ELI		SNTH	293	Y	180
SMITH	LIDILLIA		SNTH	293	N	180
SMITH	ELLA		SNTH	293	N	180
SMITH	THOMAS		SNHO	109	Y	1
SMITH	JENNIE		SNHO	109	N	1
SMITH	LEWIS		SNHO	109	N	1
SMITH	LEAH		SNHO	109	N	1
SMITH	MARIA		SNHO	109	N	1
SMITH	GEORGE		SNHO	109	N	1
SMITH	ELIZABETH		SNHO	109	Y	4
SMITH	MARY		SNHO	109	N	4
SMITH	JOHN		SNHO	115	Y	114
SMITH	ELIZ		SNHO	115	N	114
SMITH	MICHAEL		SNHO	115	N	114
SMITH	MARY		SNHO	115	N	114
SMITH	CATHERINE		SNHO	115	N	114
SMITH	JOHN		SNHO	115	N	114
SMITH	ANNIE		SNHO	115	N	114
SMITH	CHRISTIAN		SNHO	115	N	114
SMITH	THOMAS		SNHO	116	Y	128
SMITH	MARY		SNHO	116	N	128
SMITH	SAMUEL		SNHO	116	N	128
SMITH	SAML.		SNHO	120	Y	190
SMITH	ELIZ		SNHO	120	N	190
SMITH	JOHN		SNHO	120	N	190
SMITH	BENJ.		SNHO	120	N	190
SMITH	GEORGE		SNHO	123	Y	239
SMITH	ELIZ		SNHO	123	N	239
SMITH	EZRA		SNHO	123	N	239
SMITH	GEO.		SNBL	49	Y	13
SMITH	PETER		SNBL	51	Y	43

LASTNAME	FIRSTNAME	MI	LOCATION	PAGE	HEAD	HHOLD
SMITH	SARAH		SNBL	51	N	43
SMITH	IDA	B	SNBL	51	N	43
SMITH	JOHN	P	SNBL	52	Y	67
SMITH	ELISABETH		SNBL	52	N	67
SMITH	MARIAH	M	SNBL	52	N	67
SMITH	CATHERINE		SNBL	52	N	67
SMITH	SUSAN		SNBL	52	N	67
SMITH	JOHN	W	SNBL	52	N	67
SMITH	ELIZA		SNBL	55	Y	100
SMITH	SOLOMON		SNBL	55	N	100
SMITH	MARTHA	E	SNBL	55	N	100
SMITH	JOHN		SNLI	149	Y	121
SMITH	NICHOLAS		SNLI	153	Y	177
SMITH	MARIAH		SNLI	153	N	177
SMITH	MARGARET		SNLI	153	N	177
SMITH	JOHN		SNLI	153	N	177
SMITH	MARIAH		SNLI	153	N	177
SMITH	NICHOLAS		SNLI	153	N	177
SMITH	NELSON		SNRE	226	Y	87
SMITH	MARTHA		SNRE	226	N	87
SMITH	SAMUEL		SNRE	226	N	87
SMITH	CHANCY	N	SNRE	226	N	87
SMITH	HOMER		SNRE	226	N	87
SMITH	CORA		SNRE	228	Y	133
SMITH	JOSEPH		SNRE	229	Y	137
SMITH	SARAH		SNRE	229	N	137
SMITH	CLARA		SNRE	229	N	137
SMITH	JOHN		SNRE	229	N	137
SMITH	E	D	SNRE	232	Y	187
SMITH	HATTIE		SNRE	232	N	187
SMITH	JACOB		SNRE	235	Y	238
SMITH	MARGARET		SNRE	235	N	238
SMITH	CHARLES		SNRE	235	N	238
SMITH	JOSEPH		SNRE	235	N	238
SMITH	MARY		SNRE	235	N	238
SMITH	AMIE		SNRE	235	N	238
SMITH	CATHARINE		SNRE	235	M	238
SMITH	EDWARD		SNRE	236	N	238
SMITH	LAWRENCE		SNRE	236	N	238
SMITH	JEREMIAH		SNVE	381	Y	18
SMITH	LOUISA		SNVE	381	N	18
SMITH	WILLIAM	H	SNVE	381	N	18
SMITH	JOHN	W	SNVE	381	Y	20
SMITH	SARAH	A	SNVE	381	N	20
SMITH	MATHIAS		SNVE	381	N	20
SMITH	ANDREW	M	SNVE	381	N	20
SMITH	MARY	A	SNVE	381	N	20
SMITH	JOHN		SNVE	381	Y	30
SMITH	MARY		SNVE	381	N	30
SMITH	ANDREW		SNVE	381	N	30
SMITH	MARY	J	SNVE	381	N	30
SMITH	JOHN		SNVE	382	Y	34
SMITH	MARY	E	SNVE	382	N	34
SMITH	JACOB		SNVE	382	Y	35
SMITH	MARY	E	SNVE	382	N	35
SMITH	LOUISA	C	SNVE	382	N	35
SMITH	EMMA	C	SNVE	382	N	35
SMITH	HENRY		SNVE	382	Y	36
SMITH	CATHARINE		SNVE	382	N	36
SMITH	JOHN	B	SNVE	382	N	36
SMITH	MARY	S	SNVE	382	N	36
SMITH	H	J	SNVE	382	Y	37
SMITH	MARY	E	SNVE	382	N	37
SMITH	WILLIAM	H	SNVE	382	N	37
SMITH	JOHN	S	SNVE	382	N	37
SMITH	DANIEL		SNVE	382	Y	40
SMITH	MARY	A	SNVE	382	N	40
SMITH	WILLIAM		SNVE	382	N	40
SMITH	LOTTIE		SNVE	382	N	40
SMITH	JOHN	W	SNVE	382	Y	43
SMITH	MATILDA		SNVE	382	N	43
SMITH	JAMES	A	SNVE	382	N	43
SMITH	WILLIAM	J	SNVE	382	N	43
SMITH	MARY	A	SNVE	382	N	43
SMITH	NANCY	J	SNVE	382	N	43
SMITH	DAVID	H	SNVE	382	N	43
SMITH	DANIEL	A	SNVE	382	N	43

LASTNAME	FIRSTNAME	MI	LOCATION	PAGE	HEAD	HHOLD
SMITH	MATILDA	A	SNVE	382	N	43
SMITH	THOMAS		SNVE	382	Y	45
SMITH	ELIZABETH		SNVE	382	N	45
SMITH	JAMES	E	SNVE	382	N	45
SMITH	JOSEPH	H	SNVE	382	N	45
SMITH	THOMAS		SNVE	382	N	45
SMITH	JOHN		SNVE	383	Y	47
SMITH	MARGARET		SNVE	383	N	47
SMITH	FILAMINIA		SNVE	383	N	47
SMITH	MARTHA	C.	SNVE	383	N	47
SMITH	JOSEPH	J.	SNVE	383	N	47
SMITH	MARY	M.	SNVE	383	N	47
SMITH	MARY	O.	SNVE	383	N	47
SMITH	JOHN		SNVE	386	Y	94
SMITH	MARGRET		SNVE	386	N	94
SMITH	NELSON	E.	SNVE	386	N	94
SMITH	ANNIE		SNVE	386	Y	95
SMITH	ELIZABETH		SNVE	386	N	95
SMITH	MARY		SNVE	386	N	95
SMITH	DAVID		SNVE	386	N	95
SMITH	SAMUEL		SNVE	387	Y	101
SMITH	JANE		SNVE	387	N	101
SMITH	NANCY		SNVE	387	N	101
SMITH	SAMUEL, JR.		SNVE	387	Y	101
SMITH	MARGRET		SNVE	387	N	101
SMITH	SARAH	J.	SNVE	387	N	101
SMITH	LIZZIE		SNVE	387	N	101
SMITH	JEREMIAH		SNVE	387	Y	112
SMITH	SARAH	A	SNVE	387	N	112
SMITH	MARY	E	SNVE	387	N	112
SMITH	DANIEL	F	SNVE	388	N	112
SMITH	SARAH	J	SNVE	388	N	112
SMITH	RACHAEL	A	SNVE	388	N	112
SMITH	WILLIAM	J	SNVE	388	N	112
SMITH	MARTIN		SNVE	388	Y	122
SMITH	FANNY		SNVE	388	N	122
SMITH	JERRY		SNVE	390	Y	147
SMITH	CATHARINE		SNVE	390	N	147
SMITH	VALENTINE		SNVE	391	Y	164
SMITH	CATHARINE		SNVE	391	N	164
SMITH	ADAM		SNVE	391	N	164
SMITH	HARMON		SNVE	391	N	164
SMITH	LEVI		SNVE	391	N	164
SMITH	CHARLES		SNVE	391	N	164
SMITH	HENRY		SNVE	391	N	164
SMITH	JONATHAN		SNVE	392	Y	187
SMITH	ELIZA	A	SNVE	392	N	187
SMITH	JONATHAN		SNVE	392	Y	188
SMITH	ELISABETH		SNVE	392	N	188
SMITH	ELIZA	A	SNVE	392	N	188
SMITH	CATHARINE		SNVE	396	Y	251
SMITH	DAVID		SNVE	396	N	251
SMITH	GEORGE		SNVE	396	N	251
SMITH	ANNA		SNVE	396	Y	256
SMITH	HARMON		SNVE	397	Y	267
SMITH	WILLIAM		SNVE	398	Y	277
SMITH	HARRIET		SNVE	398	N	277
SMITH	ETTIE	E	SNVE	398	N	277
SMITH	EMMA	R	SNVE	398	N	277
SMITH	WILLIAM		SNVE	398	N	277
SMITH	MARY	J	SNVE	398	N	277
SMITH	HORACE	C	SNVE	398	N	277
SMITH	POLLY		SNVE	399	Y	295
SMITH	WILLIAM	F.	SNVE	399	Y	298
SMITH	ELLIE	A.	SNVE	399	N	298
SMITH	EMMA	A.	SNVE	399	N	298
SMITH	MADASON		SNVE	399	N	298
SMITH	HARVEY		SNVE	399	Y	301
SMITH	CATHARINE		SNVE	399	N	301
SMITH	FREDERICK		SNSN	271	Y	196
SMITH	CHRISTINA		SNSN	271	N	196
SMITH	CHRISTINA		SNSN	271	N	196
SMITH	JULIUS		SNSN	271	N	196
SMITH	CHRISTIAN		SNSN	271	N	196
SMITH	WILLIAM		SNSN	271	N	196
SMITH	JACOB		SNN	271	Y	197
SMITH	CONRAD		SNSN	276	Y	273

LASTNAME	FIRSTNAME	MI	LOCATION	PAGE	HEAD	HHOLD
SMITHNAGLE	JOHN		SNTH	289	Y	114
SMOTHERS	HENRY		SNLO	178	Y	220
SMOTHERS	CATHERINE		SNLO	178	N	220
SMOTHERS	DANIEL		SNHO	114	Y	93
SMOTHERS	SUSAN		SNHO	114	N	93
SMOTHERS	SAMUEL		SNHO	114	N	93
SMOTHERS	MARGARET		SNHO	114	N	93
SMOTHERS	IDA		SNHO	114	N	93
SMOYER	SAMUEL		SNW1	326	Y	277
SMOYER	EMMA		SNW1	326	N	277
SMOYER	SARAH		SNW1	326	N	277
SMOYER	GEORGE		SNW1	326	N	277
SMOYER	DELLA		SNW1	326	N	277
SMOYER	WILLIAM		SNW1	338	Y	445
SMOYER	ELLEN		SNW1	338	N	445
SMOYER	ELLA		SNW1	338	N	445
SMOYER	JACOB		SNED	92	Y	41
SMOYER	MARY/CATHARIN		SNED	92	N	41
SMYTH	LEWIS		SNW1	342	Y	486
SMYTH	DAVID		SNW2	379	Y	436
SMYTH	JANE		SNW2	379	N	436
SMYTHE	WILLIAM		SNW2	372	Y	332
SMYTHE	JULIA		SNW2	372	N	332
SMYTHE	WILLIAM		SNW2	372	N	332
SNALT?	MALEN		SNBL	53	Y	70
SNALT?	ELISABETH		SNBL	53	N	70
SNALT?	OLIVER		SNBL	53	N	70
SNALT?	HANNAH		SNBL	53	N	70
SNALT?	FRANCES	M?	SNBL	53	N	70
SNALT?	JOHN	M	SNBL	53	N	70
SNALT?	WILLIAM	E	SNBL	53	N	70
SNALT?	ERAK?		SNBL	53	N	70
SNAVELY	MARY		SNLO	187	Y	102
SNAVELY	JOHN		SNLO	190	Y	158
SNAVELY	ABRAHAM		SNLO	199	Y	314
SNAVELY	NANCY		SNLO	200	N	314
SNAVELY	FIDILLIA		SNTH	286	Y	72
SNAVELY	JOHN		SNTH	299	Y	258
SNAY	CHARLES		SNTH	298	Y	249
SNEATH	JAMES	B.	SNCL	86	Y	260
SNEATH	JESSE	T.	SNCL	86	N	260
SNEATH	RUTH		SNCL	86	N	260
SNEATH	CAROLINE		SNCL	86	N	260
SNEATH	WILLIAM		SNLO	202	Y	362
SNEATH	SAMUEL		SNW1	311	Y	59
SNEATH	FANNIE		SNW1	311	N	59
SNEATH	RALPH		SNW1	311	N	59
SNEATH	ALFRED		SNW1	327	Y	290
SNEATH	ELIZABETH		SNW1	327	N	290
SNEATH	LORENZO		SNW1	327	N	290
SNEATH	ELMA		SNW1	327	N	290
SNEATH	WILLIAM		SNPL	211	Y	134
SNEATH	MARGARET		SNPL	211	N	134
SNEATH	ROBERT		SNPL	211	N	134
SNECKENBERGER	J		SNW2	360	Y	162
SNECKENBERGER	C		SNW2	361	N	162
SNECKENBERGER	JACOB		SNW2	361	N	162
SNECKENBERGER	ELIZABETH		SNW2	361	N	162
SNECKENBERGER	MINER		SNW2	361	N	162
SNECKENBERGER	HARRY		SNW2	361	N	162
SNECKENBERGER	ORA		SNW2	361	N	162
SNECKENBERGER	EMMA		SNW2	361	N	162
SNECKENBERGER	HABBE		SNW2	361	N	162
SNIDER	GEORGE		SNLO	196	Y	246
SNIDER	REBECCA		SNLO	196	N	246
SNIDER	AMANDA		SNLO	196	N	246
SNINTZ	NANCY		SNW2	367	Y	258
SNITTENBERGER	M		SNW2	377	Y	398
SNIVELY	GEORGE		SNLO	194	Y	227
SNIVELY	REBECCA		SNLO	194	N	227
SNIVELY	DAVID	W	SNLO	194	N	227
SNOOK	CHARLOTTE		SNW1	308	Y	4
SNOOK	ELI		SNW1	336	Y	411
SNOOK	ELIZABETH		SNW1	336	N	411
SNOOK	KEZIA	E.	SNW1	336	N	411
SNOOK	CORNELIUS		SNW2	370	Y	300
SNOOK	CATHERINE		SNW2	370	N	300

LASTNAME	FIRSTNAME	MI	LOCATION	PAGE	HEAD	HHOLD
SNOOK	EUGENIA		SNW2	370	N	300
SNOOK	FRANK		SNW2	370	N	300
SNOOK	JOHN		SNW2	370	N	300
SNOOK	HENRY		SNPL	213	Y	165
SNOOK	LUCENA		SNPL	213	N	165
SNOOK	JANE		SNPL	213	N	165
SNOOK	CLARISSA		SNPL	213	N	165
SNORE	ADAM		SNW2	363	Y	193
SNORE	MARY		SNW2	363	N	193
SNORE	LEONARD		SNW2	363	N	193
SNORE	DEWALT		SNW2	363	N	193
SNORE	JOSEPH		SNW2	363	N	193
SNORE	LIZZIE		SNW2	363	N	193
SNOSIES?	IRENE		SNTH	288	Y	108
SNOW	JOHN		SNCL	81	Y	190
SNOW	SARAH		SNCL	81	N	190
SNUTHUTZ	MICHAEL		SNW2	377	Y	404
SNUTHUTZ	CATHARINE		SNW2	377	N	404
SNUTHUTZ	GEORGE		SNW2	377	N	404
SNUTHUTZ	MICHAEL		SNW2	377	N	404
SNUTHUTZ	MARY		SNW2	377	N	404
SNUTHUTZ	KATE		SNW2	377	N	404
SNUTHUTZ	FRANK		SNW2	377	N	404
SNYDER	MERRICK		SNCL	70	Y	20
SNYDER	JANE		SNCL	70	N	20
SNYDER	IDA		SNCL	70	N	20
SNYDER	HARRY		SNCL	70	N	20
SNYDER	JOHN		SNBI	30	Y	127
SNYDER	MARGARET		SNBI	30	N	127
SNYDER	MARY		SNBI	30	N	127
SNYDER	NICHOLAS		SNBI	30	N	127
SNYDER	JOHN		SNBI	30	N	127
SNYDER	ANNIE		SNBI	30	N	127
SNYDER	MICHAEL		SNBI	30	N	127
SNYDER	LEVI		SNBI	35	Y	199
SNYDER	SUUSET		SNBI	35	N	199
SNYDER	MATILDA		SNBI	35	N	199
SNYDER	WM		SNBI	44	Y	330
SNYDER	SARAH		SNBI	44	N	330
SNYDER	KATE		SNBI	44	N	330
SNYDER	CYNTHIA		SNBI	44	N	330
SNYDER	WM		SNBI	44	N	330
SNYDER	JOHN		SNBI	44	N	330
SNYDER	JAMES		SNBI	45	N	330
SNYDER	ANDY		SNJA	130	Y	59
SNYDER	ADALADE		SNJA	130	N	59
SNYDER	AMENIA (?)		SNJA	130	N	59
SNYDER	WILLIAM		SNJA	130	Y	60
SNYDER	HANNAH		SNJA	130	N	60
SNYDER	ALICE		SNJA	130	N	60
SNYDER	HERBERT		SNJA	130	N	60
SNYDER	JOHN		SNJA	133	Y	102
SNYDER	ELIZABETH		SNJA	133	N	102
SNYDER	REBECCA		SNJA	133	N	102
SNYDER	ANGALINE		SNJA	133	N	102
SNYDER	JOHNATHON		SNJA	133	Y	103
SNYDER	SARAH	J.	SNJA	133	N	103
SNYDER	VIOLETT	D.	SNJA	133	N	103
SNYDER	ALFRED		SNJA	133	N	103
SNYDER	MORGAN		SNLO	169	Y	93
SNYDER	NANCY		SNLO	169	N	93
SNYDER	REBECCA		SNLO	185	Y	78
SNYDER	CAROLINE		SNLO	197	Y	271
SNYDER	CHARLOTTE		SNLO	197	N	271
SNYDER	JOHN		SNLO	197	N	271
SNYDER	DAVID		SNLO	197	N	271
SNYDER	DANIEL	M	SNLO	199	Y	309
SNYDER	SUSAN		SNLO	199	N	309
SNYDER	ALONZO		SNLO	199	N	309
SNYDER	MICHAEL		SNW1	311	Y	60
SNYDER	MARY		SNW1	311	N	60
SNYDER	DAVID		SNW1	312	Y	70
SNYDER	SUSANA		SNW1	312	N	70
SNYDER	ALBIN		SNW1	312	N	70
SNYDER	ERLANDER		SNW1	312	N	70
SNYDER	PHILLIP		SNW1	323	Y	240
SNYDER	CATHERINE		SNW1	323	N	240

LASTNAME	FIRSTNAME	MI	LOCATION	PAGE	HEAD	HHOLD
SNYDER	SARAH		SNW1	323	N	240
SNYDER	DANIEL		SNW1	323	N	240
SNYDER	JOSEPH		SNW1	323	N	240
SNYDER	EDWARD		SNW1	323	N	240
SNYDER	CLEM		SNW1	324	Y	251
SNYDER	ANNA		SNW1	324	N	251
SNYDER	BARNEY		SNW1	324	N	251
SNYDER	MARY	A	SNW1	324	N	251
SNYDER	LEWIS		SNW1	330	Y	323
SNYDER	SUSAN		SNW1	330	N	323
SNYDER	MARY		SNW1	330	N	323
SNYDER	LIZZIE		SNW1	330	N	323
SNYDER	TILLA		SNW1	330	N	323
SNYDER	EMMA		SNW1	330	N	323
SNYDER	LEWIS		SNW1	330	N	323
SNYDER	FLORA		SNW1	330	N	323
SNYDER	GEORGE		SNW1	335	Y	404
SNYDER	CATHERINE		SNW1	335	N	404
SNYDER	MATILDA		SNW1	335	N	404
SNYDER	PETER		SNW1	335	N	404
SNYDER	JOHN		SNW1	335	N	404
SNYDER	MAGDALENA		SNW1	335	N	404
SNYDER	ROSA		SNW1	335	N	404
SNYDER	BRUNO		SNW1	335	N	404
SNYDER	CONROD		SNW1	337	Y	425
SNYDER	FEDOSIA		SNW1	337	N	425
SNYDER	JOSEPH		SNW1	337	N	425
SNYDER	PETRONELLA		SNW1	337	N	425
SNYDER	SIMEON		SNW1	337	N	425
SNYDER	MOLLY		SNW1	337	N	425
SNYDER	ANNA		SNW1	337	N	425
SNYDER	BARBARA		SNW1	339	Y	459
SNYDER	JOHN		SNW1	339	N	459
SNYDER	WALTER		SNW1	339	N	459
SNYDER	CALVIN		SNW1	339	N	459
SNYDER	IDELLA		SNW1	339	N	459
SNYDER	PHILIPENE		SNW1	344	Y	516
SNYDER	OTTO	P.	SNW1	344	N	516
SNYDER	AUGUSTA		SNW1	344	N	516
SNYDER	PHILIPENE		SNW1	344	N	516
SNYDER	JOHN		SNW1	344	N	516
SNYDER	SUSAN		SNW1	345	Y	534
SNYDER	SIMON		SNW1	348	Y	570
SNYDER	REBECCA		SNW1	348	N	570
SNYDER	HIRAM		SNW1	348	N	570
SNYDER	LEWIS		SNW1	348	N	570
SNYDER	HOWARD		SNW1	348	N	570
SNYDER	VICTORIA		SNW1	348	N	570
SNYDER	RODNEY		SNW1	348	N	570
SNYDER	CHRISTOPHER		SNW1	348	N	570
SNYDER	EMMA		SNW1	348	N	570
SNYDER	FRANK		SNW1	348	N	570
SNYDER	CHRISTINA		SNW2	351	Y	28
SNYDER	CAROLINE		SNW2	351	N	28
SNYDER	JUSTIN		SNW2	353	Y	57
SNYDER	ELIZA		SNW2	353	N	57
SNYDER	JOHN		SNW2	372	Y	329
SNYDER	MARGARET		SNW2	372	N	329
SNYDER	EDGAR		SNW2	372	N	329
SNYDER	JAMES	H	SNW2	372	N	329
SNYDER	DAVID		SNW2	372	N	329
SNYDER	JOSEPH		SNW2	372	N	329
SNYDER	MICHAEL		SNW2	377	Y	407
SNYDER	DORA		SNW2	377	N	407
SNYDER	MICHAEL		SNW2	377	N	407
SNYDER	PHILIP		SNW2	377	N	407
SNYDER	LOUIS		SNW2	377	N	407
SNYDER	LIZZIE		SNW2	377	N	407
SNYDER	HENRY		SNW2	377	N	407
SNYDER	WILLIAM		SNED	90	Y	23
SNYDER	MARY		SNED	90	N	23
SNYDER	WILLIAM,JR		SNED	90	N	23
SNYDER	PHEBE		SNED	90	N	23
SNYDER	JAMES		SNED	90	N	23
SNYDER	EDWARD		SNED	90	N	23
SNYDER	GEORGE		SNED	92	Y	42
SNYDER	ELIZABETH		SNED	92	N	42

LASTNAME	FIRSTNAME	MI	LOCATION	PAGE	HEAD	HHOLD
SNYDER	GEORGE		SNED	92	Y	46
SNYDER	ELLEN		SNED	92	N	46
SNYDER	GRETTIE		SNED	92	N	46
SNYDER	PHILLIP		SNED	102	Y	195
SNYDER	BARBARA		SNED	102	N	195
SNYDER	MARY		SNED	102	N	195
SNYDER	JOHN		SNED	102	N	195
SNYDER	HANNAH		SNED	102	N	195
SNYDER	PHILLIP		SNED	102	N	195
SNYDER	IDA		SNED	102	N	195
SNYDER	GEORGE		SNED	102	N	195
SNYDER	GEORGE		SNPL	208	Y	79
SNYDER	ELIZABETH		SNPL	208	N	79
SNYDER	PHILLIP		SNPL	208	N	79
SNYDER	BARTLET		SNPL	211	Y	136
SNYDER	MARY		SNPL	211	N	136
SNYDER	SUSAN		SNPL	211	N	136
SNYDER	MARY		SNPL	211	N	136
SNYDER	JOHN		SNPL	211	N	136
SNYDER	ELIZABETH		SNPL	211	N	136
SNYDER	LOUISA		SNPL	211	N	136
SNYDER	EVA		SNPL	211	N	136
SNYDER	EMMA/ANN		SNPL	211	N	136
SNYDER	CAROLINE		SNPL	211	N	136
SNYDER	ELLA		SNPL	211	N	136
SNYDER	ADAM		SNPL	211	Y	136
SNYDER	MARY		SNPL	211	N	136
SNYDER	SARAH		SNPL	213	Y	152
SNYDER	CHARLOTTE		SNTH	283	Y	33
SNYDER	ANNA	J	SNTH	283	N	33
SNYDER	SAMANTHA		SNTH	283	Y	33
SNYDER	CASPER		SNTH	287	Y	94
SNYDER	CELETIA		SNTH	287	N	94
SNYDER	WALTER		SNTH	287	N	94
SNYDER	MARY		SNTH	287	N	94
SNYDER	BARBRA		SNTH	287	N	94
SNYDER	JOHN		SNTH	287	N	94
SNYDER	DAVID		SNBL	67	Y	302
SNYDER	LYDA		SNBL	67	N	302
SNYDER	ANTHONY		SNRE	221	Y	6
SNYDER	JANE		SNRE	221	N	6
SNYDER	FRANCIS		SNRE	221	N	6
SNYDER	CATHARINE		SNRE	221	N	6
SNYDER	JACOB		SNRE	221	Y	11
SNYDER	GEORGE		SNRE	237	Y	264
SNYDER	JENNIE		SNVE	393	Y	202
SOBEN	DELOSE		SNRE	229	Y	144
SOBER	JOHN		SNBI	43	Y	300
SOBER	CATHERINE		SNBI	43	N	300
SOBER	JOSEPHINE		SNBI	43	N	300
SOBER	KATIE		SNBI	43	N	300
SOBER	PETER		SNBI	43	N	300
SOBER	MARY		SNBI	43	N	300
SOBER	JOHN		SNBI	43	N	300
SOBER	NICHOLAS		SNBI	43	N	300
SOBER	LUCIA		SNBI	43	N	300
SOBER	JOSEPH		SNBI	43	N	300
SOBER	VICTOR		SNBI	43	N	300
SOBERS	JACOB		SNSC	238	Y	9
SOBERS	MARY		SNSC	238	N	9
SOBERS	EVA		SNSC	238	N	9
SOBERS	CLINTON ?		SNSC	238	N	9
SOBIN	ROSE		SNSN	267	Y	135
SOCKS	LENARD		SNVE	391	Y	161
SOCKS	CAROLINE		SNVE	391	N	161
SOCKS	FRANKLIN		SNVE	391	N	161
SOCKS	MENZE	E	SNVE	391	N	161
SOCUS	JOHN		SNHO	116	Y	125
SOLLOMON	SHERCK		SNTH	292	Y	169
SOMMERS	SAMUEL		SNSC	254	Y	257
SONES	KATE		SNW1	340	Y	472
SOOKEY ?	DANIEL		SNED	102	Y	203
SOPER	NICHOLAS		SNBI	35	Y	203
SOPER	EMMA		SNBI	35	N	203
SOPER	MINNIE		SNBI	35	N	203
SOPER	MARTHA		SNBI	35	N	203
SOPHER	MARGARET		SNLO	166	Y	52

LASTNAME	FIRSTNAME	MI	LOCATION	PAGE	HEAD	HHOLD
SORG	ANNA	E	SNLO	180	Y	241
SORG	TILLA		SNLO	181	Y	14
SORG	MARY		SNLO	184	Y	56
SORG	THERESA		SNLO	184	N	56
SORG	PETER		SNLO	184	N	56
SORG	MARGARET		SNLO	184	N	56
SORG	CATHERINE		SNLO	185	Y	73
SORG	MARY		SNLO	186	Y	79
SORG	JACOB		SNLO	188	Y	116
SORG	EVA		SNLO	198	Y	291
SORG	ELIZABETH		SNW2	363	Y	188
SORTMAN	SARAH		SNAD	5	N	71
SORTMAN ?	JOHN		SNAD	5	Y	71
SOUDER	JOHN		SNCL	76	Y	118
SOUDER	ELIZABETH		SNCL	76	N	118
SOUDER	WILLIAM		SNCL	76	N	118
SOUDER	JOHN	A.	SNCL	76	N	118
SOUDER	VIRGINIA		SNCL	76	N	118
SOUDER	MICHAEL		SNJA	139	Y	195
SOUDER	MARY		SNJA	139	N	195
SOUDER	JACOB		SNJA	139	N	195
SOUDER	HARRY		SNJA	136	N	155
SOUDER	HENRY		SNAD	10	Y	150
SOUDER	LOUIS		SNLO	173	Y	148
SOUDER	CHRISTINA		SNLO	173	N	148
SOUDER	MARY		SNLO	173	N	148
SOUDER	CHARLES		SNLO	173	N	148
SOUDER	JOHN		SNLO	173	N	148
SOUDER	CATHERINE		SNLO	173	N	148
SOUDER	SARAH		SNLO	173	N	148
SOUDER	ANNA		SNLO	173	N	148
SOUDER	JOHN		SNLO	173	Y	151
SOUDER	LOUISA		SNLO	173	N	151
SOUDER	JOSEPHINE		SNLO	173	N	151
SOUDER	MATILDA		SNW1	327	Y	292
SOUDER	FRED		SNW1	343	Y	499
SOUDER	JOHN		SNW2	377	Y	408
SOUDER	CATHERINE		SNW2	377	N	408
SOUDER	GEORGE		SNPL	205	Y	44
SOUDER	MARY		SNPL	205	N	44
SOUDER	ARTHUR	C	SNPL	205	N	44
SOUDER	HALTENA		SNPL	205	N	44
SOUDER	GEORGE		SNPL	205	N	44
SOUDER	ARTHER		SNPL	208	Y	82
SOUDER (?)	DAVID		SNJA	136	Y	155
SOUDER (?)	ELIZABETH		SNJA	136	N	155
SOUDER (?)	JOHN		SNJA	136	N	155
SOUR	ADAM		SNJA	136	Y	156
SOUR	SUSAN		SNJA	136	N	156
SOUR	ELLA		SNJA	136	N	156
SOUR	GEORGE		SNJA	137	Y	165
SOUR	SARAH		SNJA	137	N	165
SOUR	IDA	E.	SNJA	137	N	165
SOUR	JACOB		SNJA	137	Y	166
SOUR	ANNA	M.	SNJA	137	N	166
SOUR	URIAS		SNJA	137	Y	175
SOUR	ORLENA		SNJA	137	N	175
SOUR	NEBLA (?)		SNJA	137	N	175
SOUR	JACOB		SNW1	308	Y	8
SOUR	ELIZABETH		SNW1	308	N	8
SOURES	DAVID		SNED	91	Y	35
SOURWINE	THOMAS		SNSC	253	Y	243
SOURWINE	CAROLINE		SNSC	253	N	243
SOURWINE	ERASTAS		SNSC	253	N	243
SOURWINE	JAMES		SNRE	225	Y	79
SOURWINE	SUSAN	R	SNRE	225	N	79
SOURWINE	CLARISSEY		SNRE	225	N	79
SOURWINE	JAMES	E	SNRE	225	N	79
SOURWINE	ALANDO		SNRE	225	N	79
SOURWINE	LEE	C	SNRE	225	N	79
SOUTHARD	EMMA		SNW2	374	Y	356
SOWARDS	ROBERT		SNRE	229	Y	139
SOWARDS	THOMAS		SNRE	235	Y	225
SOWARDS	AMELIA		SNRE	235	N	225
SOWER	CHARLES		SNW1	328	Y	305
SOWER	JANE		SNW1	328	N	305
SOWER	MARY		SNW1	328	N	305

LASTNAME	FIRSTNAME	MI	LOCATION	PAGE	HEAD	HHOLD
SOWER	AMELIA		SNW1	328	N	305
SOWER	CHARLES		SNW1	328	N	305
SOWER	MATILDA		SNW1	328	N	305
SOWERBY	ISADORE		SNBI	34	Y	181
SOWERBY	MARY		SNBI	34	N	181
SOWERBY	MARY		SNBI	34	N	181
SOWERBY	JAS		SNBI	34	N	181
SOWERS	JOHN		SNTH	307	Y	370
SOWERS	MARY		SNTH	307	N	370
SOWERS	STEPHEN		SNTH	307	N	370
SOWERS	SYLVESTER		SNTH	307	N	370
SOWERWINE	SARAH		SNRE	223	Y	43
SPADE	ELIZABETH		SNPL	211	Y	129
SPALD	ROSENA		SNW2	356	Y	105
SPALD	ROBERT		SNW2	356	N	105
SPALD	WILLIAM		SNW2	356	N	105
SPALT	EMALY		SNW2	376	Y	381
SPARKE	ADAM		SNBI	47	Y	365
SPARKS	JEREMIAH		SNAD	18	Y	305
SPARKS	JOHN		SNSC	242	Y	65
SPARKS	SUSAN		SNSC	242	N	65
SPARKS	EDSON		SNSC	242	N	65
SPARKS	JAMES		SNSC	242	N	65
SPARKS	MARY		SNSC	242	N	65
SPARKS	JEREMIAH		SNSC	242	N	65
SPARKS	JAMES		SNSC	242	Y	67
SPARKS	MARY		SNSC	242	N	67
SPARKS	ORIN		SNSC	242	N	67
SPAULDING	LEWIS		SNW1	346	Y	545
SPAULDING	JOSEPH		SNTH	290	Y	141
SPAULDING	MARY		SNTH	290	N	141
SPAULDING	CORRA		SNTH	290	N	141
SPAULDING	ALBERTA		SNTH	290	N	141
SPAYTH	WILLIAM		SNW1	328	Y	297
SPAYTH	SARAH	A.	SNW1	328	N	297
SPAYTH	ELLA		SNW1	328	N	297
SPAYTH	WILLIAM		SNW1	328	N	297
SPAYTH	MARY		SNW1	328	N	297
SPAYTH	MABEL		SNW1	328	N	297
SPAYTH	EDITH		SNW1	328	N	297
SPAYTH	HARRY		SNW1	328	Y	298
SPAYTH	ELIZABETH		SNW1	328	N	298
SPAYTH	CORENE		SNW1	328	N	298
SPAYTH	HARRY		SNW1	328	N	298
SPAYTH	MAGGIE		SNW1	328	N	298
SPAYTH	HENRY	G.	SNW1	328	Y	300
SPAYTH	MARY	B.	SNW1	328	N	300
SPAYTH	GEORGE		SNW1	335	Y	398
SPAYTH	FRANCES		SNW1	335	N	398
SPAYTH	JOSEPH		SNW1	335	N	398
SPAYTH	WILLIAM		SNW1	335	N	398
SPAYTH	FRANK		SNW1	335	N	398
SPAYTH	TRESA		SNW1	335	N	398
SPAYTH	GEORGE		SNW1	335	N	398
SPEAKER	WILLIAM		SNRE	226	Y	86
SPEAKER	HARRIET		SNRE	226	N	86
SPEAKER	JANE	J	SNRE	226	N	86
SPEAKER	JAMES	FP	SNRE	226	N	86
SPEAKER	HANNAH	ED	SNRE	226	N	86
SPEAKER	CLEMTINE		SNRE	226	N	86
SPEAKER	WILLIAM		SNRE	226	N	86
SPEAKER	JOHN	H	SNVE	387	Y	103
SPEAKER	SAMUEL		SNVE	399	Y	299
SPEAKER	MARY		SNVE	399	N	299
SPEAKER	MARTHA	C.	SNVE	399	N	299
SPECKLE	SEVERINA		SNBI	40	Y	270
SPEIGEL	STEPHAN		SNLO	187	Y	112
SPEIGEL	AUGUSTA		SNLO	187	N	112
SPEIGEL	CAROLINE		SNLO	187	N	112
SPEIGEL	CHARLES		SNLO	187	N	112
SPEILMAN	W.	A.	SNW1	309	Y	20
SPEILMAN	JANE		SNW1	309	N	20
SPEILMAN	ALFRED		SNW1	309	N	20
SPEILMAN	JOHN		SNW1	309	N	20
SPEILMAN	DAVID		SNW1	309	N	20
SPEILMAN	MARY		SNW1	309	N	20
SPEILMAN	JENNIE		SNW1	309	N	20

LASTNAME	FIRSTNAME	MI	LOCATION	PAGE	HEAD	HHOLD
SPENCER	SAMUEL		SNED	96	Y	107
SPENCER	BARBARA		SNED	96	N	107
SPENCER	WILLIAM		SNVE	381	Y	21
SPENCER	MARTHA	J	SNVE	381	N	21
SPENCER	PERMELIA		SNVE	381	N	21
SPENCER	FRANCIS		SNVE	381	Y	21
SPENCER	JOHN		SNVE	381	Y	26
SPENCER	MARY	H	SNVE	381	N	26
SPENCER	IRA	E	SNVE	381	N	26
SPENCER	SHERIDEN		SNVE	381	N	26
SPENCER	SILAS		SNVE	381	N	26
SPENCER	JAMES		SNVE	388	Y	125
SPENCER	MARY	E	SNVE	388	N	125
SPENCER	SAMUEL		SNVE	393	Y	203
SPENCER	ALVINA		SNVE	393	N	203
SPENSER	ZEHAFAL		SNVE	381	Y	24
SPENSER	EMELINE		SNVE	381	N	24
SPENSER	MARY	J	SNVE	381	N	24
SPENSER	EMMA	E	SNVE	381	N	24
SPENSER	SARAH	A	SNVE	381	N	24
SPENSER	WILLIAM	S	SNVE	381	N	24
SPENSER	ELLEN	E	SNVE	381	N	24
SPENSER	JENNIE	G	SNVE	381	N	24
SPIELMAN	WILLIAM		SNW1	348	Y	560
SPIELMAN	ELLENA		SNW2	371	Y	322
SPIES	GEORGE		SNW1	343	Y	509
SPIES	CAROLINE		SNW1	343	N	509
SPIES	MARY		SNW1	343	N	509
SPIES	LIZZIE		SNW1	343	N	509
SPIES	GEORGE		SNW1	343	N	509
SPIES	CHARLES		SNW1	344	N	509
SPIES	FRANK		SNW1	344	N	509
SPIES	EMMA		SNW1	344	N	509
SPIES	WILLIAM		SNW1	344	N	509
SPIKER	SAMUEL		SNVE	392	Y	189
SPIKER	CATHARINE		SNVE	392	N	189
SPIKER	HARRIET		SNVE	392	N	189
SPIKER	JEFFESON		SNVE	392	N	189
SPIKER	JOHN		SNVE	392	N	189
SPINDLER	JOHN		SNBI	22	N	19
SPINDLER	ELIZ		SNBI	22	N	19
SPINDLER	CHARLEY		SNBI	22	N	19
SPINDLER	LIZZIE		SNBI	22	N	19
SPINDLER	JOSEPHINE		SNBI	22	N	19
SPINDLER	ANDREW		SNW1	328	Y	301
SPIRE	WILLIAM		SNW1	334	Y	393
SPIRE	MARY		SNW1	334	N	393
SPIRE	EMMA		SNW1	334	N	393
SPIRE	JOSEPHINE		SNW1	334	N	393
SPIRE	MARY		SNW1	334	N	393
SPITLER	LEVI		SNHO	123	Y	245
SPITLER	EMMA		SNHO	123	N	245
SPITLER	ANN	E	SNBL	52	Y	54
SPITLER	MAHALA		SNBL	59	Y	172
SPITLER	ELI		SNBL	59	Y	173
SPITLER	SUSAN		SNBL	59	N	173
SPITLER	ROLLA		SNBL	59	N	173
SPITLER	HENRY		SNBL	59	N	173
SPITLER	SARAH	G	SNBL	59	N	173
SPITLER	JACOB		SNBL	60	Y	177
SPITLER	ANNIE		SNBL	60	N	177
SPITLER	HENRY		SNBL	60	N	177
SPITLER	CASSIUS?		SNBL	60	N	177
SPITLER	SAVILLA		SNBL	60	N	177
SPITLER	CLEMENT		SNBL	60	N	177
SPITLER	LEWIS		SNBL	60	Y	183
SPITLER	LYDIA		SNBL	60	N	183
SPITLER	LEWIS	C	SNBL	60	N	183
SPITLER	MARY	E	SNBL	60	N	183
SPITLER	GEORGE	W	SNBL	60	N	183
SPITLER	ELLEN		SNBL	60	N	183
SPITLER	FRANK		SNBL	60	N	183
SPITLER	BENJAMIN		SNBL	60	Y	184
SPITLER	MARY	A	SNBL	60	N	184
SPITLER	CHARLES		SNBL	60	N	184
SPITLER	BENJAMIN		SNBL	60	Y	188
SPITLER	MARY		SNBL	60	N	188

LASTNAME	FIRSTNAME	MI	LOCATION	PAGE	HEAD	HHOLD
SPITLER	AMOS		SNBL	60	N	188
SPITLER	ALBERT		SNBL	60	N	188
SPITLER	PETER		SNBL	60	Y	190
SPITLER	LYDIA		SNBL	60	N	190
SPITLER	GEORGE	E	SNBL	60	N	190
SPITLER	MARY	E	SNBL	60	N	190
SPITLER	NOAH		SNBL	61	Y	192
SPITLER	CAROLINE		SNBL	61	N	192
SPITLER	EMA	G	SNBL	61	N	192
SPITLER	WALLACE	W	SNBL	61	N	192
SPITLER	DANIEL		SNBL	61	Y	193
SPITLER	HANNAH		SNBL	61	N	193
SPITLER	JOHN		SNBL	61	N	193
SPITLER	ELIZA		SNBL	61	N	193
SPITLER	MONROE		SNBL	61	N	193
SPITLER	BARBRA	J	SNBL	61	N	193
SPITLER	IDA	M	SNBL	61	N	193
SPITLER	ABRAHAM	C	SNBL	61	N	193
SPITLER	NOAH		SNBL	61	Y	197
SPITLER	REBECCA		SNBL	61	N	197
SPITLER	ADALINE		SNBL	61	N	197
SPITLER	BURANAH	P	SNBL	61	N	197
SPITLER	PERRY	G	SNBL	61	N	197
SPITLER	ADAM	F	SNBL	61	N	197
SPITLER	VALLINGDINGHA		SNBL	61	N	197
SPITLER	MARY		SNSN	266	Y	111
SPITLER	SUSAN		SNSN	266	N	111
SPITLER	JOHN		SNSN	266	N	111
SPITLER	JOSEPH		SNSN	266	Y	112
SPITLER	ELIZABETH		SNSN	266	N	112
SPITLER	MELINDA		SNSN	266	N	112
SPITSNODE	HANSON		SNBL	65	Y	259
SPONABLE	JOHN		SNCL	78	Y	145
SPONABLE	LYDIA		SNCL	78	N	145
SPONSELLER	JOHN	W	SNBL	58	Y	149
SPONSELLER	ELISABETH		SNBL	58	N	149
SPONSELLER	HANNAH	J	SNBL	58	N	149
SPONSELLER	JACOB		SNBL	58	N	149
SPONSELLER	PHILIP		SNBL	58	Y	156
SPONSELLER	NANCY	J	SNBL	58	N	156
SPONSELLER	CHARLES	F	SNBL	58	N	156
SPONSILER	JOHN		SNVE	383	Y	50
SPONSILER	MARY		SNVE	383	N	50
SPONSILER	CATHARINE		SNVE	383	N	50
SPONSILER	BENJAMIN		SNVE	383	N	50
SPONSILER	CONRAD	A.	SNVE	383	N	50
SPONSILER	JOHN	M.	SNVE	383	N	50
SPONSILER	MARY	M.	SNVE	383	N	50
SPOONER	JESSE		SNCL	86	Y	256
SPOONER	HARRY		SNSC	242	Y	69
SPOONER	HARRIET		SNSC	242	N	69
SPOONER	SOPHIA		SNSC	242	N	69
SPOONER	KATE		SNSC	242	N	69
SPOONER	WILLIAM		SNSC	242	N	69
SPOONER	BENNET		SNSC	250	Y	208
SPOONER	JOANN		SNSC	250	N	208
SPOONER	ALVIN		SNSC	250	N	208
SPOONER	LYDIA		SNSC	250	N	208
SPOONER	ELNORA		SNSC	250	N	208
SPOONER	BENETT		SNSC	250	N	208
SPOONER	CAROLINE		SNSC	254	Y	269
SPOONER	BERTHA		SNSC	254	N	269
SPOONER	CAROLINE		SNSC	254	N	269
SPOTTS	PRESLIN		SNSN	268	Y	153
SPOTTS	ROXEY		SNSN	268	N	153
SPOTTS	EFFIE		SNSN	268	N	153
SPOTTS	GEORGE		SNSN	268	N	153
SPRANG	DANFORD		SNW1	337	Y	433
SPRANG	CAROLINE		SNW1	337	N	433
SPRANG	MEDORA		SNW1	337	N	433
SPRANG	HARRIS		SNW1	337	N	433
SPRANG	LAURA		SNW1	337	N	433
SPRANG	CHARLES		SNW1	337	N	433
SPRECHER	QUIMBY		SNCL	78	Y	147
SPRINGER	C	W	SNLO	182	Y	20
SPRINGER	MALINDA		SNLO	182	N	20
SPRINGER	WILLIAM		SNLO	182	N	20

LASTNAME	FIRSTNAME	MI	LOCATION	PAGE	HEAD	HHOLD
SPRINGER	EMMA		SNLO	182	N	20
SPRINGER	ANNA		SNLO	182	N	20
SPRINGER	BLANCH		SNLO	182	N	20
SPRINGER	JOHN	C	SNLO	187	Y	103
SPRINGER	CATHERINE		SNLO	187	N	103
SPRINGER	ELIZABETH		SNLO	187	N	103
SPRINGER	JOHN		SNVE	390	Y	157
SPRINGER	ELISABETH		SNVE	390	N	157
SPRINGER	MARTIN		SNVE	390	N	157
SPRINGMAN	ANDREW		SNW1	336	Y	416
SPROON	JOHN		SNLI	161	Y	315
SPROON	JOHN		SNLI	161	Y	315
SPROUT	DAVID	A	SNLI	160	Y	300
SPROUT	ELLEN		SNLI	160	N	300
SPROUT	MINNIE	V	SNLI	160	N	300
SPROUT	JACOB		SNLI	161	Y	324
SPROUT	MARGARET		SNLI	161	N	324
SPROUT	WILLIAM	F	SNLI	161	N	324
SPROUT	JESSIE	W	SNLI	161	N	324
SPROUT	DANIEL		SNLI	161	N	324
SPROUT	GEORGE		SNLI	161	N	324
SPROUT	MARION		SNJA	125	Y	145
SPROUT	BENJAMIN		SNJA	135	Y	146
SPROUT	NANCY		SNJA	135	N	146
SPROUT	JENETTA		SNJA	135	N	146
SPROUT	DAVID	A	SNLI	160	Y	300
SPROUT	ELLEN		SNLI	160	N	300
SPROUT	MINNIE	V	SNLI	160	N	300
SPROUT	JACOB		SNLI	161	Y	324
SPROUT	MARGARET		SNLI	161	N	324
SPROUT	WILLIAM	F	SNLI	161	N	324
SPROUT	JESSIE	W	SNLI	161	N	324
SPROUT	DANIEL		SNLI	161	N	324
SPROUT	GEORGE		SNLI	161	N	324
SPROW	JACOB		SNBI	33	Y	171
SPROW	SARAH		SNBI	33	N	171
SPROW	ELIZ		SNBI	33	N	171
SPROW	ADAM		SNBI	33	N	171
SPROW	RACHEL		SNBI	33	N	171
SPROW	MARY		SNBI	33	N	171
SPROW	ELLEN		SNBI	33	N	171
SPROW	HARRIET		SNBI	33	N	171
SPTILER	WALTER		SNBL	60	N	177
SPTILER	ALVIRA		SNBL	60	N	177
SRAUB	EMMA		SNHO	109	N	6
SRODES	THORNTON		SNLI	144	Y	30
SRODES	LEAH		SNLI	144	N	30
SRODES	SOLOMON		SNLI	144	N	30
SRODES	GEORGE	W	SNLI	144	N	30
SRODES	WILLIAM	H	SNLI	144	N	30
SRODES	MINERVA		SNLI	144	N	30
SRODES	ALVERDA		SNLI	144	N	30
SRODES	ROSA		SNLI	144	Y	30
SRODES	ABRAHAM		SNLI	144	Y	31
SRODES	PHOEBA		SNLI	144	N	31
SRODES	CLARA	B	SNLI	144	N	31
SRODES	CHARLES		SNLI	144	N	31
SRODES	THORNTON		SNLI	144	Y	30
SRODES	LEAH		SNLI	144	N	30
SRODES	SOLOMON		SNLI	144	N	30
SRODES	GEORGE	W	SNLI	144	N	30
SRODES	WILLIAM	H	SNLI	144	N	30
SRODES	MINERVA		SNLI	144	N	30
SRODES	ALVERDA		SNLI	144	N	30
SRODES	ROSA		SNLI	144	Y	30
SRODES	ABRAHAM		SNLI	144	Y	31
SRODES	PHOEBA		SNLI	144	N	31
SRODES	CLARA	B	SNLI	144	N	31
SRODES	CHARLES		SNLI	144	N	31
ST JOHN	JAMES		SNW1	348	Y	560
STACK	GAVATT		SNLO	172	Y	131
STACKHOUSE	SILAS	J	SNLI	157	Y	238
STACKHOUSE	MERTILLA		SNLI	157	N	238
STACKHOUSE	LEVI		SNLI	157	N	238
STACKHOUSE	JUDSON		SNLI	157	N	238
STACKHOUSE	SILAS	J	SNLI	157	Y	238
STACKHOUSE	MERTILLA		SNLI	157	N	238

LASTNAME	FIRSTNAME	MI	LOCATION	PAGE	HEAD	HHOLD
STACKHOUSE	LEVI		SNLI	157	N	238
STACKHOUSE	JUDSON		SNLI	157	N	238
STAFT?	WILLIAM		SNTH	299	Y	262
STAHL	JOSEPH		SNLI	160	Y	292
STAHL	JOSEPH		SNLI	160	Y	298
STAHL	HENRYETTA		SNLI	160	N	298
STAHL	CHARLES	W	SNLI	160	N	298
STAHL	MARY	E	SNLI	160	N	298
STAHL	WILLIAM	F	SNLI	160	N	298
STAHL	ELIZABETH		SNLI	160	N	298
STAHL	WESLEY		SNLI	160	N	298
STAHL	IDA		SNLI	160	N	298
STAHL	ANDREW		SNJA	132	Y	90
STAHL	MARGARET		SNJA	132	N	90
STAHL	ELLEN	A.	SNJA	132	N	90
STAHL	EMMA	A.	SNJA	132	N	90
STAHL	CORA	E.	SNJA	132	N	90
STAHL	PARLEY	E.	SNJA	132	N	90
STAHL	JOSEPH		SNJA	132	N	90
STAHL	LEVI		SNJA	132	Y	92
STAHL	MARY	A.	SNJA	132	N	92
STAHL	LILLIAN		SNJA	132	N	92
STAHL	STERLING		SNJA	132	N	92
STAHL	JACOB		SNJA	132	N	82
STAHL	ISAREL		SNJA	133	Y	96
STAHL	CAROLINE		SNJA	133	N	96
STAHL	SARAH		SNJA	133	Y	97
STAHL	WILLIAM		SNJA	133	Y	109
STAHL	CHRISTINA		SNJA	133	N	109
STAHL	ROSA	D.	SNJA	133	N	109
STAHL	JONAS		SNJA	149	Y	149
STAHL	HARRIET		SNJA	136	N	149
STAHL	MALISSA	A.	SNJA	136	N	149
STAHL	ORIE	E.	SNJA	136	N	149
STAHL	ELI		SNJA	136	Y	153
STAHL	MATILDA		SNJA	136	N	153
STAHL	FRANCIS	M.	SNJA	136	N	153
STAHL	CLINTON		SNJA	136	N	153
STAHL	LAURA	J.	SNJA	136	N	153
STAHL	JACOB	C.	SNJA	136	N	153
STAHL	ELLEN		SNJA	136	N	153
STAHL	GEORGE		SNJA	136	Y	154
STAHL	ELIZABETH		SNJA	136	N	154
STAHL	CHRISTINA		SNJA	136	N	154
STAHL	CHARLES		SNJA	136	N	154
STAHL	JESSIE		SNJA	136	N	154
STAHL	GEORGE		SNJA	136	Y	159
STAHL	MALISSA		SNJA	136	N	159
STAHL	EDWIN		SNJA	136	N	159
STAHL	CLARA		SNJA	136	N	159
STAHL	FRANK		SNJA	136	N	159
STAHL	MARY		SNJA	136	N	159
STAHL	CHARLES		SNJA	136	N	159
STAHL	ANDREW		SNJA	136	Y	161
STAHL	MARY		SNJA	136	N	161
STAHL	GEORGE		SNJA	136	N	161
STAHL	JOHN	J.	SNJA	137	Y	177
STAHL	NANCY		SNJA	138	Y	193
STAHL	HENRY		SNJA	139	Y	211
STAHL	ELIZABETH		SNJA	139	N	211
STAHL	EPHRAM		SNJA	139	Y	212
STAHL	LOUISA		SNJA	139	N	212
STAHL	MARY		SNJA	139	N	212
STAHL	NOAH		SNJA	140	Y	220
STAHL	ELIZABETH		SNJA	140	N	220
STAHL	ANDREW	J.	SNJA	140	N	220
STAHL	GEORGE	F.	SNJA	140	N	220
STAHL	SARAH		SNJA	140	N	220
STAHL	LENA		SNJA	140	Y	229
STAHL	JOSEPH		SNJA	140	N	229
STAHL	LEAH		SNJA	140	N	229
STAHL	EMANUEL		SNJA	140	N	229
STAHL	REBECCA		SNJA	140	Y	231
STAHL	CHRISTIAN		SNJA	140	N	231
STAHL	SIMON		SNJA	140	N	231
STAHL	WILLIAM		SNJA	140	N	231
STAHL	ISIAH		SNJA	140	N	231

LASTNAME	FIRSTNAME	MI	LOCATION	PAGE	HEAD	HHOLD
STAHL	CORNELIUS (?)		SNJA	141	N	231
STAHL	MALINDA		SNJA	141	N	231
STAHL	MARY	E.	SNJA	141	N	231
STAHL	JOSEPH		SNLI	160	Y	292
STAHL	JOSEPH		SNLI	160	Y	298
STAHL	HENRYETTA		SNLI	160	N	298
STAHL	CHARLES	W	SNLI	160	N	298
STAHL	MARY	E	SNLI	160	N	298
STAHL	WILLIAM	F	SNLI	160	N	298
STAHL	ELIZABETH		SNLI	160	N	298
STAHL	WESLEY		SNLI	160	N	298
STAHL	IDA		SNLI	160	N	298
STAHLEY	MARY		SNW1	334	Y	388
STAHLEY	EMMA		SNW1	334	N	388
STAHLEY	ALLICE		SNW1	334	N	388
STAHLEY	ISAAC		SNW1	334	Y	390
STAHLEY	JACOB		SNW2	365	Y	230
STAHLEY	JULIAN		SNW2	365	N	230
STAHLEY	MALON		SNW2	365	N	230
STAIP	JACOB		SNSN	271	Y	194
STAIP	CAROLINE		SNSN	271	N	194
STAIP	JACOB		SNSN	271	Y	194
STAIP	CATHARINE		SNSN	271	N	194
STAIP	ELIZABETH		SNSN	271	N	194
STAKE	CATHARINE		SNW2	372	Y	337
STALABANE	M		SNW2	368	Y	276
STALABANE	MARY		SNW2	368	N	276
STALABANE	JOSEPH		SNW2	368	N	276
STALER	EDWARD		SNRE	231	Y	174
STALER	SUSAN		SNRE	231	N	174
STALER	ROSE	N	SNRE	231	N	174
STALER	JOHN	C	SNRE	231	N	174
STALEY	FRANK		SNLI	143	Y	23
STALEY	FRANK		SNLI	143	Y	23
STAMM	DEBOLT		SNSN	271	Y	199
STAMM	CHRISTINA		SNSN	271	N	199
STAMM	MARY		SNSN	271	N	199
STAMM	CHRISTIAN		SNSN	271	N	199
STAMM	FRANKLIN		SNSN	271	N	199
STAMM	CATHARINE		SNSN	271	N	199
STAMM	DAVID		SNSN	271	N	199
STAMS	ORPHA		SNAD	16	Y	265
STANDISH	CATHARINE		SNLI	161	Y	318
STANDISH	CATHARINE		SNLI	161	Y	318
STANLEY	WILLIAM		SNCL	84	Y	231
STANLEY	LIBBIE		SNCL	84	N	231
STANLEY	MAUD		SNCL	84	N	231
STANLEY	TABITHA		SNCL	84	N	231
STANLEY	SUSANNAH		SNED	103	Y	220
STANTON	LEWIS		SNSN	274	Y	245
STANTON	CHRISTIAN		SNSN	274	N	245
STANTON	EUGENE		SNSN	274	N	245
STANTON	ROBERT		SNSN	274	N	245
STANTON	HARRISON		SNSN	274	N	245
STANTON	MATILDA		SNSN	274	N	245
STANTON	LOUIS		SNSN	274	N	245
STANTON	JOHN		SNSN	274	N	245
STANUS	MARIA		SNW1	308	Y	16
STANUS	CHARLES		SNW1	308	N	16
STANUS	LOUISA		SNW1	308	N	16
STANUS	NETTIE		SNW1	308	N	16
STANUS	MARY		SNW1	308	N	16
STANUS	WALTER		SNW1	308	N	16
STANUS	ROSALINDA		SNW1	308	N	16
STANUS	JOSEPHINE		SNW1	308	N	16
STARART	JOHN		SNED	90	Y	28
STARCHMAN	WILLIAM		SNW1	328	Y	302
STARCHMAN	SUSAN		SNW1	328	N	302
STARCHMAN	ARTHUR		SNW1	328	N	302
STARCHMAN	SALLY		SNW1	328	N	302
STARCHMAN	THOMAS		SNW1	345	Y	524
STARK	FRANK		SNJA	128	Y	27
STARK	MARTHA		SNJA	128	N	27
STARK	WILLIAM		SNJA	128	N	27
STARK	SAMUEL		SNJA	128	N	27
STARK	CLARA		SNJA	128	N	27
STARK	ANNA		SNJA	128	N	27

LASTNAME	FIRSTNAME	MI	LOCATION	PAGE	HEAD	HHOLD
STARK	THOMAS		SNJA	128	N	28
STARK	ABBA		SNJA	128	N	28
STARK	FRANK		SNJA	128	N	28
STARK	MARGARET		SNLO	165	Y	33
STARK	ANDREW		SNLO	165	N	33
STARKEY	JOHN		SNED	104	Y	244
STARKEY	SIMON		SNED	107	Y	286
STARKEY	NANCY		SNED	107	N	286
STARKEY	WILLIAM		SNED	107	N	286
STARKEY	DANIEL		SNED	107	N	286
STARKEY	ALBERT		SNED	107	N	286
STARKEY	MINNIE		SNED	107	N	286
STARKEY	BERTHA		SNED	107	N	286
STARKEY	LEVI		SNED	107	Y	291
STARKEY	SUSANA		SNED	107	N	291
STARKEY	LUELLA		SNED	107	N	291
STARKEY	JAMES		SNSN	262	Y	40
STARKEY	RACHEL		SNSN	262	N	40
STARKEY	CYRUS		SNSN	262	N	40
STARKEY	MARY		SNSN	262	N	40
STARKEY	ALEXANDER		SNSN	262	N	40
STARKEY	GEORGE		SNSN	262	N	40
STARKEY	EDWARD		SNSN	262	N	40
STARTSMAN	ISAAC		SNW2	367	Y	263
STARTSMAN	ELIZA		SNW2	367	N	263
STARTSMAN	HUGH		SNW2	367	N	263
STARTSMAN	THOMAS		SNW2	367	N	263
STARTSMAN	LOUISA		SNW2	367	N	263
STARTSMAN	ANNA		SNW2	367	N	263
STARTSMAN	BELL		SNW2	367	N	263
STARTSMAN	EFFA		SNW2	367	N	263
STARTSMAN	REBECCA		SNW2	367	N	263
STARTSMAN	FLORENCE		SNW2	371	Y	323
STARTSMAN	MARTHA		SNW2	371	N	323
STARTSMAN	MAUDE		SNW2	371	N	323
STATLER	D	S	SNED	102	Y	201
STATLER	CORA		SNED	102	N	201
STAUB	SOPHIA		SNW2	364	Y	216
STAUB	PHILLIP		SNPL	207	Y	68
STAUB	MARGARET		SNPL	207	N	68
STAUB	JAMES		SNPL	207	N	68
STAUB	AGNES		SNPL	207	N	68
STAUB	JOSEPH		SNHO	109	Y	6
STAUB	LUCY		SNHO	109	N	6
STAUB	MARY		SNHO	109	N	6
STAUB	ANN		SNHO	109	N	6
STAUB	JOSEPH		SNHO	109	N	6
STAUB	ELMA		SNHO	109	N	6
STAUB	NORA		SNHO	109	N	6
STAUL	JOSEPH		SNVE	385	Y	75
STAUL	CATHARINE		SNVE	385	N	75
STAULTER	ELLEN		SNBL	54	Y	86
STAULTER	JOHN		SNBL	54	N	86
STAULTER	ELLEN		SNBL	54	N	86
STAULTER	JOSEPH		SNBL	54	N	86
STAULTER	FREDA		SNBL	54	N	86
STAULTER	MARVIN	M	SNBL	54	N	86
STEARNS	CHARLES		SNLO	173	Y	142
STEARNS	SYLVESTER		SNLO	181	Y	1
STEARNS	AMANDA		SNLO	181	N	1
STEARNS	FREDOLAI	J	SNLO	181	N	1
STEARNS	HARRY	E	SNLO	181	N	1
STEARNS	ALVIN		SNLO	181	Y	3
STEARNS	MARY		SNLO	181	N	3
STEARNS	WILLIAM		SNLO	181	N	3
STEARNS	HATTIE		SNLO	181	N	3
STEARNS	CURTIS		SNLO	181	Y	5
STEARNS	NANCY		SNLO	181	N	5
STEARNS	GEORGE		SNSC	241	Y	43
STEARNS	A-ILLA		SNSC	241	N	43
STEARNS	FRANK		SNSC	241	N	43
STEARNS	CLARY ?		SNSC	241	N	43
STEARNS	JOHN		SNSC	247	Y	160
STEARNS	ADALINE		SNSC	247	N	160
STEARNS	WILLIAM		SNSC	247	N	160
STEARNS	ALDEN		SNSC	247	N	160
STEARNS	CLARRA?		SNSC	247	N	160

LASTNAME	FIRSTNAME	MI	LOCATION	PAGE	HEAD	HHOLD
STECKEL	WILLIAM		SNPL	208	Y	92
STECKEL	CAROLINE		SNPL	208	N	92
STECKEL	FRANCISCA		SNPL	208	N	92
STECKEL	CAROLINE		SNPL	208	N	92
STECKEL	ELLA		SNPL	208	N	92
STECKEL	WILLIAM		SNPL	208	N	92
STEEBIMITH	HERMAN		SNW2	350	Y	2
STEEBIMITH	LANA		SNW2	350	N	2
STEEBIMITH	LANA		SNW2	350	N	2
STEEBIMITH	CALLIE		SNW2	350	N	2
STEEBIMITH	EDWARD		SNW2	350	N	2
STEEL	JULIUS		SNW1	333	Y	378
STEEL	LIZZIE		SNW1	333	N	378
STEEL	LOUIS		SNW1	333	N	378
STEEL	WILLIAM		SNW1	333	N	378
STEELE	MARY	ANN	SNAD	8	Y	121
STEELE	IDA		SNAD	8	N	121
STEELE	CATHERINE		SNAD	8	N	121
STEELE	ALMEDA		SNAD	8	N	121
STEELE	ELMIRA		SNAD	8	N	121
STEELE	FRANK		SNAD	8	N	121
STEELE	ANSON		SNAD	8	N	121
STEELE	JAMES		SNAD	8	Y	122
STEELE	LUCINDA		SNAD	8	N	122
STEELE	ARBETO		SNAD	8	N	122
STEELE	ROBERT		SNED	97	Y	118
STEELE	LIZZIE		SNED	97	N	118
STEELE	WILLIAM		SNED	97	Y	118
STEELE	JAMES		SNED	97	Y	118
STEELE	ELIZA		SNED	97	N	118
STEELE	ROBERT		SNED	97	N	118
STEELE	MARY		SNED	97	N	118
STEELE	MARTHA		SNED	97	N	118
STEELE	N	B	SNED	105	Y	257
STEFFINS	HENRY		SNW1	335	Y	403
STEHER	XAVER		SNBI	40	Y	270
STEIGER	LUCY		SNBI	40	Y	270
STEIGMYER	STEPHEN		SNAD	11	Y	176
STEIGMYER	ELISABETH		SNAD	11	N	176
STEIGMYER	ELIAS		SNAD	11	N	176
STEIGMYER	JOHN		SNAD	11	N	176
STEIGMYER	MARY		SNAD	11	N	176
STEIGMYER	CHARLES		SNAD	11	N	176
STEIGMYER	JOHN		SNVE	389	Y	130
STEIGMYER	MARY	C.	SNVE	389	N	130
STEIGMYER	FLORA	A.	SNVE	389	N	130
STEIGMYER	HENRY	F.	SNVE	389	N	130
STEIGMYER	JOHN	A.	SNVE	389	Y	130
STEIGMYER	FRED		SNVE	393	Y	200
STEIGMYER	ELISABETH		SNVE	393	N	200
STEIGMYER	JACOB		SNVE	393	N	200
STEIGMYER	JOHN		SNVE	393	Y	201
STEIGMYER	FREDRICK		SNVE	398	Y	290
STEIGMYER	CAROLINE		SNVE	398	N	290
STEIN	JACOB		SNW2	356	Y	100
STEIN	BARBARA		SNW2	356	N	100
STEIN	JOHN		SNW2	356	N	100
STEIN	AMANDA		SNW2	362	Y	175
STEIN	WILLIAM		SNW2	362	N	175
STEIN	FRED		SNW2	362	N	175
STEINALLER	J	D	SNVE	400	Y	329
STEINALLER	EMILY		SNVE	400	N	329
STEINALLER	J	LOR	SNVE	400	N	329
STEINBAUGH	SUSAN		SNED	91	Y	35
STEINBECK	PAULINE		SNW2	357	Y	115
STEINBECK	ELLA		SNW2	357	N	115
STEINBECK	SOPHIA		SNW2	357	N	115
STEINBECK	ALBERT		SNW2	357	N	115
STEINBECK	AMANDA		SNW2	357	N	115
STEINBECK	FRANK		SNW2	357	N	115
STEINBRAKE	ELLA		SNPL	206	Y	62
STEINMETZ	MARY		SNBI	21	Y	11
STEINMETZ	AUGUST		SNTH	286	Y	83
STEINMETZ	MARY		SNTH	286	N	83
STEINMETZ	HENRY		SNTH	289	Y	114
STEINMETZ	PHILIP		SNTH	294	Y	194
STEINMETZ	SOLOMA		SNTH	294	N	194

LASTNAME	FIRSTNAME	MI	LOCATION	PAGE	HEAD	HHOLD
STEINMETZ	JOHN		SNTH	294	N	194
STEINMETZ	MARY		SNTH	294	N	194
STEINMETZ	MICHAEL		SNVE	383	Y	51
STEINMETZ	MARY		SNVE	383	N	51
STEINMETZ	JOHN	C.	SNVE	383	N	51
STEINMETZ	LEWIS	P.	SNVE	383	N	51
STEINMETZ	MARY	A.	SNVE	383	N	51
STEINMETZ	CHRISTINA		SNVE	383	N	51
STEINMETZ	CELIA		SNVE	383	N	51
STEINMETZ	MICHAEL	C.	SNVE	383	N	51
STEINMETZ	MARGARET	L.	SNVE	383	N	51
STEINMETZ	FRANK	A.	SNVE	383	N	51
STEINMITZ	M.		SNVE	383	Y	47
STEINMITZ	MARTIN		SNVE	383	Y	49
STEINMITZ	MARY	N.	SNVE	383	N	49
STEINMITZ	FRANCIS		SNVE	383	N	49
STEINMITZ	ANDREW		SNVE	383	N	49
STEINMITZ	HENRY		SNVE	383	N	49
STEINMITZ	MARTIN		SNVE	383	N	49
STEINMITZ	ELIZABETH		SNVE	383	N	49
STEINMITZ	SABASTINE		SNVE	383	N	49
STEINMITZ	MATILDA		SNVE	383	N	49
STEINMITZ	FILAMIN		SNVE	383	N	49
STEIRS?	MARY	A	SNTH	283	Y	33
STEM	ELISABETH		SNAD	15	Y	254
STEM	LYDIA		SNAD	15	N	254
STEM	CLEMENTINE		SNAD	15	N	254
STEM	JANE		SNAD	15	N	254
STEM	EZRA		SNAD	16	Y	262
STEM	MARY		SNAD	16	N	262
STEM	HELLEN		SNAD	16	N	262
STEMBAUGH	GEORGE		SNW1	340	Y	466
STENINGER	DAVID		SNCL	77	Y	129
STENINGER	ELIZA		SNCL	77	N	129
STENINGER	CARRIE	B.	SNCL	77	N	129
STEPHENS	GEORGE	B	SNW1	346	Y	545
STEPHENS	MARY		SNW1	346	Y	545
STEPHENS	ANNA		SNW1	346	N	545
STEPHENSON	ALLEN		SNLO	172	Y	133
STEPHENSON	RACHAEL		SNLO	172	N	133
STEPHENSON	EDWARD		SNW1	339	Y	459
STEPPER	HENRY		SNLO	167	Y	67
STERN	WILLIAM	F	SNLO	196	Y	257
STERN	ANNA	B	SNLO	196	N	257
STERN	ANNA	M	SNLO	196	N	257
STERN	MYRA	A	SNLO	196	N	257
STERN	WILLIAM	F	SNLO	196	N	257
STERN	ADAM		SNW2	356	Y	106
STERNS	JOSEPH		SNLO	172	Y	135
STETLER	PETER		SNTH	287	Y	87
STETLER	ELIZABETH		SNTH	287	N	87
STETLER	SAMUEL		SNTH	287	N	87
STETLER	LILLIE		SNTH	287	N	87
STETLER	ROLLINS		SNTH	287	N	87
STEUR	JOSEPH		SNW1	339	Y	458
STEUR	CATHERINE		SNW1	339	N	458
STEUR	WACY		SNW1	339	N	458
STEUR	CATHERINE		SNW1	339	N	458
STEUR	SOPHER		SNW1	339	N	458
STEUR	VICTORIA		SNW1	339	N	458
STEUR	FRANK		SNW1	339	N	458
STEVEN	JOSEPH		SNBI	40	Y	270
STEVENS	FREDERICK		SNAD	16	Y	262
STEVENS	GEORGE		SNED	90	Y	25
STEVENS	B	F	SNED	99	Y	153
STEVENS	MARY		SNED	99	N	153
STEVENS	WILLIAM		SNED	99	Y	153
STEVENS	JOSEPH		SNED	99	N	153
STEVENS	GEORGE		SNED	99	N	153
STEVENS	JAMES		SNED	105	Y	255
STEVENS	MARTHA		SNED	105	N	255
STEVENS	ALICE		SNED	105	N	255
STEVENS	JOHN		SNED	105	Y	255
STEVENS	MARY		SNED	105	N	255
STEVENS	NEAL		SNED	105	N	255
STEVENS	WILLIAM		SNED	105	Y	258
STEVENS	MARY		SNED	105	N	258

LASTNAME	FIRSTNAME	MI	LOCATION	PAGE	HEAD	HHOLD
STEVENS	JOSEPHINE		SNED	105	N	258
STEVENS	ROLLA		SNED	105	N	258
STEVENSON	WILLIAM		SNAD	13	Y	207
STEVENSON	ESTHER		SNAD	13	N	207
STEVENSON	EDSON		SNAD	13	N	207
STEVENSON	CHARLES		SNAD	13	N	207
STEVENSON	WILLIAM		SNVE	391	Y	171
STEVENSON	MARIA	J	SNVE	391	N	171
STEVENSON	HERNER	M	SNVE	391	N	171
STEVENSON	DAISY	L	SNVE	391	N	171
STEWARD	WILLIAM		SNJA	128	Y	20
STEWARD	SALLIE		SNJA	128	N	20
STEWARD	GLENDER(?)		SNJA	128	N	20
STEWARD	LULA		SNJA	128	N	20
STEWARD	MARKWOOD		SNAD	7	Y	112
STEWART	WILLIAM		SNCL	77	Y	130
STEWART	MARY		SNCL	77	N	130
STEWART	NATHANIEL		SNLI	153	Y	187
STEWART	SOPHRONIA		SNLI	154	N	187
STEWART	PHOEBE		SNLI	154	N	187
STEWART	JOHN	T	SNLO	199	Y	310
STEWART	LOUISA		SNLO	199	N	310
STEWART	MABEL	C	SNLO	199	N	310
STEWART	FRANCES	R	SNLO	201	Y	339
STEWART	ROXANIA	C	SNLO	201	N	339
STEWART	WILLIAM		SNW1	309	Y	18
STEWART	FLORINDA		SNW1	309	N	18
STEWART	OSMEN		SNW1	309	N	18
STEWART	GAIES		SNW1	309	N	18
STEWART	WILLIAM		SNW1	309	N	18
STEWART	ELIZA		SNW2	365	Y	226
STEWART	BARTSLEY		SNED	90	Y	28
STEWART	JOHN		SNED	90	Y	29
STEWART	MARY		SNED	90	N	29
STEWART	JAMES		SNED	95	Y	93
STEWART	MARY		SNED	95	N	93
STEWART	EFFIE		SNED	95	N	93
STEWART	GRACIE		SNED	95	N	93
STEWART	CHARLES		SNSC	246	Y	142
STEWART	-EALTHY		SNSC	246	N	142
STEWART	JAMES		SNSC	254	Y	267
STEWART	NANCY		SNSC	254	N	267
STEWART	ANNA		SNSC	254	N	267
STEWART	DAVID		SNTH	282	Y	1
STEWART	FANNIE		SNTH	282	N	1
STEWART	ELLA		SNTH	282	N	1
STEWART	BILL		SNTH	282	N	1
STEWART	WALTER		SNTH	282	N	1
STEWART	ARTHUR		SNTH	282	N	1
STEWART	MATILDA		SNTH	282	N	1
STEWART	SUSAN		SNTH	282	N	1
STEWART	JOHN		SNTH	282	N	1
STEWART	SAMUEL		SNTH	282	Y	20
STEWART	SARAH		SNTH	282	N	20
STEWART	NEWTON		SNTH	282	Y	21
STEWART	LIZZIE		SNTH	282	N	21
STEWART	GEORGE		SNTH	282	Y	22
STEWART	LAURA		SNTH	282	N	22
STEWART	DANIEL		SNTH	282	Y	24
STEWART	MATILDA		SNTH	282	N	24
STEWART	NATHANIEL		SNLI	153	Y	187
STEWART	SOPHRONIA		SNLI	154	N	187
STEWART	PHOEBE		SNLI	154	N	187
STEWART	CALLIE		SNSN	264	Y	85
STEWERT	SAMUEL		SNSC	248	Y	170
STEWERT	LORETTA		SNSC	248	N	170
STEWERT	WARREN		SNSC	248	N	170
STEWERT	ELLA		SNSC	248	N	170
STEWERT	EVA		SNSC	248	N	170
STHOCK	SYLVESTER		SNLO	167	Y	59
STICKNEY	IRA		SNSC	250	Y	195
STICKNEY	AUGUSTA		SNSC	250	N	195
STICKNEY	AUTOIN		SNSC	250	N	195
STICKNEY	EDSON		SNSC	252	Y	228
STICKNEY	EMMA		SNSC	252	N	228
STIFFER	WILLIAM		SNLI	153	Y	177
STIFFER	WILLIAM		SNLI	153	Y	177

LASTNAME	FIRSTNAME	MI	LOCATION	PAGE	HEAD	HHOLD
STILIEN	FREDERICK		SNSN	274	Y	252
STILIEN	WONDERLY		SNSN	274	N	252
STILIEN	GEORGE		SNSN	274	N	252
STILIEN	PHILLIP		SNSN	275	N	252
STILIEN	ANDREW		SNSN	275	N	252
STILIEN	CALLIE		SNSN	275	N	252
STILIEN	CATHARINE		SNSN	275	N	252
STILIEN	ELNORA		SNSN	275	N	252
STILL	GEORGE		SNVE	397	Y	266
STILL	BARBARY		SNVE	397	N	266
STILL	JOHN		SNVE	397	N	266
STILL	JOSEPH		SNVE	397	N	266
STILLE	ANSON		SNAD	3	Y	49
STILLWELL	BETSY		SNAD	8	Y	123
STILLWELL	JENNIE		SNAD	8	N	123
STINCHCOMB	FRED	G	SNBL	50	Y	23
STINCHCOMB	SARAH		SNBL	50	N	23
STINCHECUM	GEORGE		SNCL	77	Y	137
STINCHECUM	MARGARET		SNCL	77	N	137
STINCHECUM	MARY	C.	SNCL	77	N	137
STINCHECUM	LAURA	E.	SNCL	77	N	137
STINCHECUM	CORA		SNCL	78	N	137
STINCHECUM	FRANK		SNCL	78	N	137
STINCHECUM	JESSIE		SNCL	78	N	137
STINCHECUM	LUELLA		SNCL	78	N	137
STINCHICUM	JAMES		SNCL	71	Y	38
STINCHICUM	MATILDA		SNCL	71	N	38
STINE	JOHN		SNLI	143	Y	18
STINE	ELIZABETH		SNLI	143	N	18
STINE	JAMES		SNLI	143	N	18
STINE	CHARLES		SNLI	143	N	18
STINE	WILLIAM		SNLI	143	N	18
STINE	MARTHA		SNLI	143	N	18
STINE	SAMUEL		SNLI	143	N	18
STINE	EMMA		SNLI	143	N	18
STINE	JOHN		SNLI	143	Y	18
STINE	ELIZABETH		SNLI	143	N	18
STINE	JAMES		SNLI	143	N	18
STINE	CHARLES		SNLI	143	N	18
STINE	WILLIAM		SNLI	143	N	18
STINE	MARTHA		SNLI	143	N	18
STINE	SAMUEL		SNLI	143	N	18
STINE	EMMA		SNLI	143	N	18
STINEBAUGH	J	B	SNBL	49	Y	9
STINEBAUGH	NANCY	E	SNBL	49	N	9
STINEBAUGH	SUSANNAH		SNBL	49	N	9
STINEBAUGH	CORA		SNBL	49	N	9
STINEBAUGH	ISAAC	L	SNBL	49	N	9
STINEBAUGH	MARGARET	J	SNBL	49	N	9
STINEBAUGH	ADAM		SNBL	49	Y	9
STINEBROOK	JACOB		SNJA	131	Y	66
STINEBROOK	FANNY		SNJA	131	N	66
STINEBROOK	ELI	G.	SNJA	131	N	66
STINEBROOK	WILLIAM	O.	SNJA	131	N	66
STINEBROOK	LEVI		SNJA	135	Y	131
STINEBROOK	SUSAN		SNJA	135	N	131
STINEBROOK	EMMA	F.	SNJA	135	N	131
STINEBROOK	JACOB	L.	SNJA	135	N	131
STINEHEON	CHESLEY		SNAD	16	Y	259
STINER	JOHN		SNCL	72	Y	58
STINER	JOSEPH		SNCL	72	N	58
STINER	SUE		SNCL	72	N	58
STING	CHARLES		SNW1	344	Y	520
STING	MARY		SNW1	344	N	520
STJOHN	I	L	SNW1	346	Y	545
STOAL	JOHN		SNSN	274	Y	251
STOAL	CATHARINE		SNSN	274	N	251
STOCKMAN	EMERY		SNSN	261	Y	27
STOCKMAN	ESTER		SNSN	261	N	27
STOCKMAN	CAROLINE		SNSN	261	N	27
STOCKMAN	MARY		SNSN	261	N	27
STOCKMAN	HENRY		SNSN	261	N	27
STOCKMAN	DAVID		SNSN	261	N	27
STOCKMASTER	ANTHONY		SNRE	235	Y	236
STOCKMASTER	CATHARINE		SNRE	235	N	236
STOCKMASTER	CAROLINE		SNRE	235	N	236
STOCKMASTER	ELIZA		SNRE	235	N	236

LASTNAME	FIRSTNAME	MI	LOCATION	PAGE	HEAD	HHOLD
STOCKMASTER	JOSEPH		SNRE	235	N	236
STOCKMASTER	EDWARD		SNRE	235	N	236
STOCKMASTER	CHARLES		SNRE	235	N	236
STOCKWELL	WILLIAM		SNJA	134	Y	115
STOCKWELL	MARY	A.	SNJA	134	N	115
STOCKWELL	MARION		SNJA	134	N	115
STOCKWELL	RUFUS	S.	SNJA	134	N	115
STOCKWELL	CHARLES	W.	SNJA	134	N	115
STOCKWELL	MALISSA		SNJA	134	N	115
STOCKWELL	WILLIAM	L.	SNJA	134	N	115
STOCKWELL	JOHN	E.	SNJA	134	N	115
STOCKWELL	EMELINE		SNJA	134	N	115
STOCKWELL	NICHOLAS		SNJA	137	Y	171
STOCKWELL	FANNY	R.	SNJA	137	N	171
STOCKWELL	DELANE (?)		SNJA	137	N	171
STOCKWELL	AMANDA		SNJA	137	N	171
STOCKWELL	LINCON	F.	SNJA	137	N	171
STOCKWELL	ALMIRA		SNJA	137	N	171
STOCKWELL	ALMEDA		SNJA	137	N	171
STOCKWELL	SARAH	C.	SNJA	137	N	171
STOFER	AGNES		SNW1	323	Y	234
STOLTZ	PETER		SNHO	120	Y	192
STOLTZ	REGINA		SNHO	120	N	192
STOLTZ	MARY		SNHO	120	N	192
STOLTZ	AUGUST		SNHO	120	N	192
STOLTZ	JOHN		SNHO	120	N	192
STOLTZ	MARTIN		SNHO	120	N	192
STOLTZ	ELIZ		SNHO	120	N	192
STOLTZ	MARY		SNHO	120	N	192
STOLTZ	PETER		SNHO	120	N	192
STONE	JOHN	A.	SNCL	79	Y	160
STONE	HETTY		SNCL	79	N	160
STONE	RALEIGH	G.	SNCL	79	N	160
STONE	JESSE	L.	SNCL	79	N	160
STONE	MERTIE		SNCL	79	N	160
STONE	NANCY	E.	SNW1	342	Y	492
STONE	MILTON		SNW2	369	Y	286
STONE	JULIA		SNW2	369	N	286
STONE	LUTHER		SNW2	369	N	286
STONE	ANN		SNW2	369	N	286
STONE	OPHELIA		SNW2	369	N	286
STONE	FRANK		SNW2	368	N	286
STONE	JENNIE		SNW2	369	N	286
STONE	HARRY		SNW2	369	N	286
STONE	ELIZA		SNW2	370	Y	295
STONE	CARRIE		SNW2	370	N	295
STONE	CELESTIA		SNW2	370	N	295
STONE	NEWTON		SNW2	370	N	295
STONE	URIAH		SNW2	371	Y	315
STONE	HARRIET		SNSC	242	Y	70
STONE	THEODORE		SNHO	119	Y	173
STONE	JENNIE		SNHO	119	N	173
STONE	FRANKLIN		SNHO	119	N	173
STONER	DENNIS	C.	SNCL	70	Y	27
STONER	OLEVIA		SNCL	70	N	27
STONER	THOMAS		SNCL	70	N	27
STONER	WILLIAM		SNCL	70	N	27
STONER	NELLIE	C.	SNCL	70	N	27
STONER	DOUGLAS		SNCL	70	N	27
STONER	FANNIE		SNCL	70	N	27
STONER	ADA		SNCL	70	N	27
STONER	MAUD		SNCL	70	N	27
STONER	HANNAH		SNW1	342	Y	490
STONER	MILTON		SNW1	345	Y	524
STONER	MARGARET		SNW1	345	N	524
STONER	WILLIS		SNW1	345	N	524
STONER	CARRIE		SNW1	345	N	524
STONER	ROYEL	L	SNW1	345	N	524
STONER	SAMUEL		SNW1	346	Y	545
STONER	CHARLES		SNW1	348	Y	562
STONER	CATHERINE		SNW1	348	N	562
STONER	ANNA		SNW1	348	N	562
STONER	CALLIO		SNW1	348	N	562
STONER	BARBARA		SNW2	366	Y	234
STONER	SARAH		SNW2	371	Y	310
STONER	JESSE		SNW2	374	Y	365
STONER	MARY		SNW2	374	N	365

LASTNAME	FIRSTNAME	MI	LOCATION	PAGE	HEAD	HHOLD
STONER	ELLEN		SNW2	374	N	365
STONER	CHRISTIAN		SNW2	375	Y	370
STONER	SARAH		SNW2	375	N	370
STONER	ALICE	B	SNW2	375	N	370
STONER	BLANCHE		SNW2	375	N	370
STONER	RINKIE		SNW2	375	N	370
STONER	EVA		SNW2	375	N	370
STONER	CORA		SNW2	375	N	370
STONER	GEORGE		SNW2	375	N	370
STONER	JOSEPH		SNW2	375	N	370
STONER	HENRY		SNPL	203	Y	14
STONER	SUSAN		SNPL	203	N	14
STONER	KATE		SNPL	203	N	14
STONER	CELESTIA		SNPL	203	N	14
STONER	ANNA		SNPL	203	N	14
STONER	LEE		SNPL	203	N	14
STONER	IRA		SNPL	203	N	14
STONER	CATHARINE		SNPL	203	N	14
STONNER	GEROME		SNBL	61	Y	199
STONNER	SYLVESTER		SNBL	61	N	199
STOREHELTER	HENRY		SNW1	319	Y	167
STOREHELTER	TREASY		SNW1	319	N	167
STOREHELTER	EDWARD		SNW1	319	N	167
STORMER	FRED		SNBL	61	Y	206
STORR	JOHN		SNAD	14	Y	231
STORR	ELISABETH		SNAD	14	N	231
STORR	LAURA		SNAD	14	N	231
STORR	ROSA		SNAD	14	N	231
STORR	LISSIE		SNAD	14	N	231
STORR	JOHN		SNAD	14	N	231
STOTS	JOHN		SNPL	212	Y	146
STOTS	ROSENA		SNPL	212	N	146
STOTS	CATHARINE		SNPL	212	N	146
STOTS	LOUISA		SNPL	212	N	146
STOUFFER	LAURA		SNBL	60	Y	187
STOUT	CATHERINE		SNTH	287	Y	88
STOUT	HENRY		SNBL	62	Y	225
STOUT	BARTHOLMEW		SNVE	383	Y	61
STOUT	CATHARINE		SNVE	383	N	61
STOUT	NOAH		SNVE	384	N	61
STOUT	SOPHIA		SNVE	384	N	61
STOUT	DANIEL		SNVE	384	N	61
STOUT	EMELINE		SNVE	384	N	61
STOUT	SIMUN		SNVE	390	Y	150
STOUT	GEORGE		SNVE	397	Y	267
STOUT	ELISABETH		SNVE	397	N	267
STOUT	REBECCA		SNVE	397	N	267
STOUT	SARAH		SNVE	397	N	267
STOUT	GEORGE	W	SNVE	397	N	267
STOVER	JULIA		SNCL	87	Y	273
STOVER	WILLIAM		SNW1	336	Y	411
STOVER	ANN		SNW1	336	N	411
STRACK	GEORGE		SNBI	45	Y	340
STRANDLER	BARBARA		SNW1	322	Y	219
STRANG	MINNIE		SNBI	38	Y	244
STRASS	JOHN		SNBI	34	Y	194
STRASS	SARAH		SNBI	34	N	194
STRASS	MALISSA		SNBI	35	N	194
STRASS	MARTHA		SNBI	34	N	194
STRASSER	GEORGE		SNBI	23	Y	42
STRASSER	MARY		SNBI	23	N	42
STRASSER	ROSA		SNBI	23	N	42
STRASSER	THOS		SNBI	23	N	42
STRASSER	PETER		SNBI	23	N	42
STRASSER	ANNA		SNBI	23	N	42
STRASSER	ELIZ		SNBI	23	N	42
STRASSER	JOHN		SNBI	23	N	42
STRASSER	LOUIE		SNBI	23	N	42
STRASSER	SUSAN		SNBI	23	N	42
STRAUSBACH	MICHAEL		SNHO	112	Y	60
STRAUSBACH	AGNES		SNHO	112	N	60
STRAUSBACH	MARY		SNHO	112	N	60
STRAUSBACH	HENRY		SNHO	112	Y	61
STRAUSBACH	MARY		SNHO	112	N	61
STRAUSBACH	JOHN		SNHO	112	N	61
STRAUSBACH	AUSTIN		SNHO	112	N	61
STRAUSBACH	DAVID		SNHO	112	N	61

LASTNAME	FIRSTNAME	MI	LOCATION	PAGE	HEAD	HHOLD
STRAUSBACH	NATHANIEL		SNHO	112	N	61
STRAUSBACH	MARY		SNHO	112	N	61
STRAUSBACH	WILLIAM		SNHO	112	N	61
STRAUSBACH	EVIRA		SNHO	112	N	61
STRAUSBAUCH	WILLIAM		SNAD	12	Y	188
STRAUSBAUGH	JACOB		SNCL	69	Y	12
STRAUSBAUGH	MARGARET		SNCL	69	N	12
STRAUSBAUGH	JOHN		SNCL	69	N	12
STRAUSBAUGH	MARY		SNCL	69	N	12
STRAUSBAUGH	FAESEY		SNCL	69	N	12
STRAUSBAUGH	SUSAN		SNAD	10	Y	150
STRAUSBAUGH	MARY		SNAD	10	N	150
STRAUSBAUGH	JOHN		SNAD	10	N	150
STRAUSBAUGH	IRA		SNAD	10	N	150
STRAUSBAUGH	PHIANNA		SNAD	10	N	150
STRAUSBAUGH	HENRY		SNAD	11	Y	162
STRAUSBAUGH	ANNA		SNAD	11	N	162
STRAUSBAUGH	JANE		SNAD	11	N	162
STRAUSBAUGH	WILLIAM		SNAD	11	N	162
STRAUSBAUGH	IRVIN		SNAD	11	N	162
STRAUSBAUGH	SARAH		SNAD	12	N	188
STRAUSBAUGH	EMMA		SNAD	12	N	188
STRAUSBAUGH	DORA		SNAD	12	N	188
STRAUSBURGH	JACOB		SNHO	120	Y	201
STRAUSBURGH	MARY		SNHO	120	N	201
STRAUSBURGH	JEREMIAH		SNHO	120	N	201
STRAUSBURGH	LAVINA		SNHO	120	N	201
STRAUSBURGH	LEVI		SNHO	120	N	201
STRAUSER	PETER		SNBI	33	Y	172
STRAUSER	CATHERINE		SNBI	33	N	172
STRAUSER	ELIZ		SNBI	33	N	172
STRAUSER	MARY		SNBI	33	N	172
STRAUSER	HENRY		SNBI	33	N	172
STRAUSER	EMMA		SNBI	33	N	172
STRAUSER	JOHN		SNBI	33	N	172
STRAUSS	ANNA		SNBI	34	N	194
STRAUSSER	ELIZ.		SNBI	32	Y	166
STRAUSSER	MARY		SNBI	32	N	166
STRAUSSER	ELLEN		SNBI	33	N	172
STRAWMAN	EMANUEL		SNJA	134	Y	113
STRAWMAN	MARY	A. (?)	SNJA	134	N	113
STRAWMAN	ROSETTA		SNJA	134	N	113
STRAWMAN	JOHN	G	SNLO	199	Y	296
STRAWMAN	ROSE	A	SNLO	199	N	296
STRAWMAN	CLOA	E	SNLO	199	N	296
STRAWMAN	ANNA		SNLO	199	N	296
STRAWSBAUGH	JOSEPH		SNW1	345	Y	524
STRAYER	BARBRA		SNJA	135	Y	133
STRAYER	CLARA		SNJA	135	N	133
STRAYER	CHARLES	F.	SNJA	135	N	133
STRICKER	SAMUEL		SNW1	313	Y	90
STRICKER	RACHEL		SNW1	313	N	90
STRICKER	ENOCH		SNW1	313	N	90
STRICKER	CHARLOTTE		SNW1	313	N	90
STRICKER	HELLENA		SNW1	313	N	90
STRICKER	BARNEY		SNW1	324	Y	245
STRICKER	AMELIA		SNW1	324	N	245
STRICKER	LEON		SNW1	324	N	245
STRICKER	DORA		SNW1	324	N	245
STRICKER	ISAAC		SNW1	313	N	90
STRICKFATHER	B		SNRE	230	Y	162
STRICKFATHER	MARY		SNRE	230	N	162
STRICKFATHER	EDWARD		SNRE	230	Y	162
STRICKFATHER	JOSEPH		SNRE	230	N	162
STRICKFATHER	CHARLES		SNRE	230	N	162
STRICKLING	GEORGE		SNAD	17	Y	288
STRICKLING	SARAH		SNAD	17	N	288
STRICKLING	MORRIS		SNAD	17	N	288
STRICKLING	THEODORE		SNAD	17	N	288
STRICKLING	SUSAN		SNAD	17	N	288
STRICKLING	JOHN		SNAD	17	N	288
STRICKLING	JESSE		SNAD	17	N	288
STRICKLING	MARION		SNAD	17	N	288
STRICKLING	AMELIA		SNAD	17	N	288
STRINGLE	JACOB		SNW1	319	Y	164
STRINGLE	DORA		SNW1	319	N	164
STRINGLE	ANDREW		SNW1	319	N	164

LASTNAME	FIRSTNAME	MI	LOCATION	PAGE	HEAD	HHOLD
STRINGLE	BARBARA		SNW1	319	N	164
STRINGLE	AMELIA		SNW1	319	N	164
STRINGLE	ADELIA		SNW1	319	N	164
STROBLE	THEODORE		SNW1	320	Y	194
STROBLE	SIDONIA		SNW1	320	N	194
STROBLE	MARY		SNW1	320	N	194
STROBLE	JOHN		SNW1	320	N	194
STROCK	POLIS	C	SNED	102	Y	192
STROLEPER	MARIA		SNW2	350	N	3
STROLEPER	JACOB		SNW2	350	N	3
STROLEPER	MARY	E	SNW2	350	N	3
STROLEPER	ALICE	M	SNW2	350	N	3
STROLEPER	HENRY	J	SNW2	350	N	3
STROMINGER	FRANK		SNSN	272	Y	218
STROMINGER	ROSA		SNSN	272	N	218
STROMINGER	MARY		SNSN	272	N	218
STROMINGER	ELIZABETH		SNSN	272	N	218
STROMINGER	JOHN		SNSN	272	N	218
STROMINGER	FRANK		SNSN	272	N	218
STRONG	WILLIAM		SNCL	78	Y	143
STRONG	KATE		SNCL	78	N	143
STRONG	JESSIE		SNCL	78	Y	144
STRONG	JOHN		SNCL	78	N	144
STRONG	IRA		SNCL	78	N	144
STRONG	IRENE		SNCL	78	N	144
STRONG	ALVA		SNCL	78	N	144
STRONG	MILTON		SNLI	145	Y	48
STRONG	REBECCA		SNAD	13	Y	214
STRONG	PERRY		SNAD	14	N	214
STRONG	FREDERICK		SNLO	165	Y	39
STRONG	ELIZABETH		SNLO	165	N	39
STRONG	MARY		SNLO	165	N	39
STRONG	ELI	M	SNLO	165	N	39
STRONG	ELIZABETH		SNLO	165	N	39
STRONG	CATHERINE		SNLO	165	N	39
STRONG	ANN	L	SNLO	165	N	39
STRONG	THOMAS		SNW2	375	Y	368
STRONG	JOHN	M	SNPL	216	Y	205
STRONG	LAVINA		SNPL	216	N	205
STRONG	IDA		SNPL	216	N	205
STRONG	ARLETTA		SNPL	216	N	205
STRONG	LILLIE		SNPL	216	N	205
STRONG	RUFUS		SNPL	216	N	205
STRONG	CHARLES		SNPL	216	N	205
STRONG	CAROLINE		SNSC	243	Y	82
STRONG	ELIZA		SNSC	243	N	82
STRONG	CHARLES		SNSC	250	Y	202
STRONG	JANE		SNSC	250	N	202
STRONG	ELLEN		SNSC	250	N	202
STRONG	JASPER		SNSC	250	N	202
STRONG	JEROME		SNSC	250	N	202
STRONG	SAMANTHA		SNSC	250	N	202
STRONG	MILTON		SNLI	145	Y	48
STRONG	HENRY		SNSN	277	Y	289
STRONG	BARBARA		SNSN	277	N	289
STRONG	JOHN		SNSN	277	N	289
STRONG	SUSAN		SNSN	277	N	289
STRONG	MARY		SNSN	277	N	289
STRONG	ALMA		SNSN	277	N	289
STRONG	SARAH		SNSN	277	N	289
STRONG	MICHAEL		SNSN	277	Y	290
STRONG	ELIZABETH		SNSN	277	N	290
STROUPE	CATHERINE		SNJA	139	Y	211
STROUSE	DAVID		SNCL	72	Y	53
STROUSE	MARY		SNCL	72	N	53
STROUSE	JANE	A.	SNCL	72	N	53
STROUSE	MONROE		SNCL	72	Y	54
STROUSE	TILLIE		SNCL	72	N	54
STROUSE	HENRY		SNCL	82	Y	205
STROUSE	CATHARINE		SNCL	82	N	205
STROUSE	LOVINA		SNSC	245	N	120
STROUSE	WILLIAM		SNSC	245	N	120
STROUSE	LYDIA		SNSC	245	N	120
STROUSE	CORRA		SNSC	245	N	120
STROUSE	JOHN		SNBL	66	Y	278
STROUSE	HANNAH		SNBL	66	N	278
STROUSE?	STEPHEN		SNSC	245	Y	120

LASTNAME	FIRSTNAME	MI	LOCATION	PAGE	HEAD	HHOLD
STRUBLE	BRADFORD		SNED	104	Y	236
STRUBLE	ORWISA		SNED	104	N	236
STRUBLE	ALPHA		SNED	104	N	236
STRUBLE	FLORA		SNED	104	N	236
STRUBLE	LILY		SNED	104	N	236
STRUBLE	METRA		SNED	104	N	236
STRUBLE	THOMAS		SNED	104	N	236
STUCK	ALEX		SNW1	322	Y	221
STUCK	CAROLINE		SNW1	322	N	221
STUCK	JOHN		SNW1	322	N	221
STUCKEY	PHILLIP		SNLI	143	Y	19
STUCKEY	MARY	A	SNLI	143	N	19
STUCKEY	ALVIRIA		SNLI	143	N	19
STUCKEY	JACOB		SNLI	143	N	19
STUCKEY	HENRY		SNLI	143	N	19
STUCKEY	EMMA	J	SNLI	143	N	19
STUCKEY	ELLEN		SNLI	143	N	19
STUCKEY	CAROLINE		SNW2	365	Y	227
STUCKEY	CARRY		SNW2	369	Y	290
STUCKEY	JACOB		SNSC	258	Y	337
STUCKEY	ELIZABETH		SNSC	258	N	337
STUCKEY	VALENTINE		SNSC	258	N	337
STUCKEY	ELIZABETH		SNSC	258	N	337
STUCKEY	JOHN		SNBL	57	Y	130
STUCKEY	JULIAN		SNBL	57	N	130
STUCKEY	MARIA		SNBL	57	Y	131
STUCKEY	ABRAHAM		SNBL	57	N	131
STUCKEY	LUCAS		SNBL	59	Y	163
STUCKEY	MARY		SNBL	59	N	163
STUCKEY	SARAH		SNBL	59	N	163
STUCKEY	MARY	E	SNBL	59	N	163
STUCKEY	WILLIAM	H	SNBL	59	N	163
STUCKEY	MAGDALENA		SNBL	59	N	163
STUCKEY	ELISABETH		SNBL	59	N	163
STUCKEY	CHARLEY		SNBL	59	N	163
STUCKEY	JOHN		SNBL	59	Y	164
STUCKEY	DANIEL		SNBL	59	Y	165
STUCKEY	MARGARET		SNBL	59	N	165
STUCKEY	PETER		SNBL	59	N	165
STUCKEY	DANIEL		SNBL	59	N	165
STUCKEY	HENRY		SNBL	59	N	165
STUCKEY	ELISABETH		SNBL	59	N	165
STUCKEY	ELIZA		SNBL	59	N	165
STUCKEY	BARBARA		SNBL	59	N	165
STUCKEY	CATHERINE		SNBL	59	Y	165
STUCKEY	SARAH		SNBL	61	Y	194
STUCKEY	PHILLIP		SNLI	143	Y	19
STUCKEY	MARY	A	SNLI	143	N	19
STUCKEY	ALVIRA		SNLI	143	N	19
STUCKEY	JACOB		SNLI	143	N	19
STUCKEY	HENRY		SNLI	143	N	19
STUCKEY	EMMA	J	SNLI	143	N	19
STUCKEY	ELLEN		SNLI	143	N	19
STUCKLAUSER	G		SNW1	337	Y	436
STUCKLAUSER	MENA		SNW1	337	N	436
STUCKY	HENRY		SNLO	167	Y	69
STUCKY	MARY		SNLO	167	N	69
STUCKY	MARY	A	SNLO	167	N	69
STUCKY	CATHERINE		SNLO	167	N	69
STUCKY	EVE	E	SNLO	167	N	69
STUDER	JACOB		SNHO	114	Y	100
STUDER	SUSAN		SNHO	114	N	100
STUDER	JOSEPH		SNHO	114	N	100
STUDER	HENRY		SNHO	114	N	100
STUDER	JAMES		SNHO	114	N	100
STUDER	JULIA		SNHO	114	N	100
STUDER	SUSAN		SNHO	114	N	100
STULL	SAMUEL		SNBI	34	Y	185
STULL	SARAH		SNBI	34	N	185
STULL	WILLIAM		SNBI	34	N	185
STULL	SUSAN		SNBI	34	N	185
STULL	JANE		SNBI	34	N	185
STULL	WINFIELD		SNBI	34	N	185
STULL	ELIZ.		SNBI	34	N	185
STULL	ALICE		SNBI	34	N	185
STULL	ANNA		SNBI	34	N	185
STULL	DORA		SNW1	345	Y	532

LASTNAME	FIRSTNAME	MI	LOCATION	PAGE	HEAD	HHOLD
STULL	SOLOMON		SNPL	211	Y	128
STULL	SARAH		SNPL	211	N	128
STULL	ROSELLA		SNPL	221	N	128
STULL	FRANK		SNPL	211	N	128
STULL	EMMA		SNPL	211	N	128
STULL	SAMUEL		SNPL	211	N	128
STULL	MARY		SNPL	211	N	128
STULL	JAMES		SNSN	266	Y	123
STULL	ELIZABETH		SNSN	266	N	123
STULL	SIMON		SNSN	266	N	123
STULL	WILLIAM		SNSN	266	N	123
STULLE	JOHN		SNBI	42	Y	287
STULLE	CATHERINE		SNBI	42	N	287
STULLE	MARY		SNBI	42	N	287
STULLE	LORETTA		SNBI	42	N	287
STULSENBAUGH	H.		SNW1	323	Y	232
STULSENBAUGH	ESTELLA		SNW1	323	N	232
STULSENBOUGH	MARY		SNW1	323	N	232
STULTZ	ISAAC		SNLO	168	Y	75
STULTZ	MARTHA		SNLO	168	N	75
STULTZ	MARY		SNLO	168	N	75
STULTZ	JAMES		SNLO	168	N	75
STULTZ	EMMA		SNLO	168	N	75
STULTZ	ISAAC		SNLO	168	N	75
STUMP	KATIE		SNTH	282	Y	1
STUMP	JACOB		SNTH	284	Y	43
STUMP	CATHERINE	B	SNTH	284	N	43
STUMP	CHRISTIAN		SNTH	284	N	43
STUMP	LOUISA		SNTH	284	N	43
STUMP	CHARLES		SNTH	284	N	43
STYER	JOHN		SNBI	42	Y	288
STYER	ANNA		SNBI	42	N	288
STYER	PETER		SNBI	42	N	288
STYER	JOHN		SNBI	42	N	288
STYER	CATHERINE		SNBI	42	N	288
STYER	CHRISTIAN		SNBI	42	N	288
STYER	JOHN	P	SNBI	42	N	288
STYER	JOSEPH		SNBI	42	N	288
STYER	FRONIE		SNBI	42	N	288
SUGHRO	JEREMIAH		SNW2	355	Y	79
SUGHRO	CATHARINE		SNW2	355	N	79
SUGHRO	CATHARINE		SNW2	355	N	79
SUGHRO	JOHN		SNW2	355	N	79
SUGHRO	HANNAH		SNW2	355	N	79
SUGRA	PATERICK		SNW2	350	Y	14
SUGRA	MARY		SNW2	350	N	14
SUGRA	PATERICK		SNW2	350	N	14
SUGRA	MARY		SNW2	350	N	14
SUGRA	THOMAS		SNW2	350	N	14
SUGRA	JEREMIAH		SNW2	350	N	14
SUGRA	CATHARINE		SNW2	350	N	14
SULLIVAN	MICHAEL		SNW1	323	Y	238
SULLIVAN	MARY		SNW1	323	N	238
SULLIVAN	WILLIAM		SNW1	323	N	238
SULLIVAN	JANE		SNW1	323	N	238
SULLIVAN	WILLIAM		SNW1	326	Y	283
SULLIVAN	HANINORA		SNW1	326	N	283
SULLIVAN	CHARLES		SNW1	326	N	283
SULLIVAN	EMMET		SNW1	326	N	283
SULLIVAN	GEROLD		SNW1	326	N	283
SULLIVAN	MARY		SNW1	327	N	283
SULLIVAN	EDWARD		SNW1	343	Y	501
SULLIVAN	SARAH		SNW1	343	N	501
SULLIVAN	LIONA		SNW1	343	N	501
SULLIVAN	EDWARD		SNW1	343	N	501
SULLIVAN	IDA	M	SNW1	343	N	501
SUMER	JAMES		SNBL	67	Y	298
SUMER	ALMEDA		SNBL	67	N	298
SUMER	DELLA	M	SNBL	67	N	298
SUMER	CHARLES	J	SNBL	67	N	298
SUMER	EDWARD	J	SNBL	67	Y	299
SUMER	MARTHA		SNBL	67	N	299
SUMER	MARTHA	A	SNBL	67	N	299
SUMER	CLEMIE	W	SNBL	67	N	299
SUMER	NANCIE		SNBL	67	N	299
SUMERLIN	JOSEPH		SNVE	381	Y	22
SUMMERS	ANDREW		SNLI	145	Y	51

LASTNAME	FIRSTNAME	MI	LOCATION	PAGE	HEAD	HHOLD
SUMMERS	ELIZABETH		SNLI	145	N	51
SUMMERS	JOHN	R	SNLI	162	Y	341
SUMMERS	RACHAEL		SNLI	162	N	341
SUMMERS	JAMES		SNLI	162	N	341
SUMMERS	JOHN		SNLI	162	N	341
SUMMERS	JOHN		SNAD	19	Y	308
SUMMERS	CATHERINE		SNAD	19	N	308
SUMMERS	JOHN		SNAD	19	N	308
SUMMERS	JONAH		SNLO	175	Y	170
SUMMERS	ELIZABETH		SNLO	175	N	170
SUMMERS	CHARLES	D	SNLO	175	N	170
SUMMERS	WILLIE	H	SNLO	175	N	170
SUMMERS	LANCIN	B	SNLO	175	N	170
SUMMERS	LUCINDA		SNBL	64	Y	246
SUMMERS	MARIA		SNBL	64	N	246
SUMMERS	ANDREW		SNLI	145	Y	51
SUMMERS	ELIZABETH		SNLI	145	N	51
SUMMERS	JOHN	R	SNLI	162	Y	341
SUMMERS	RACHAEL		SNLI	162	N	341
SUMMERS	JAMES		SNLI	162	N	341
SUMMERS	JOHN		SNLI	162	N	341
SUNWALT	JOHN		SNCL	73	Y	70
SUNWALT	JOHN		SNCL	74	Y	84
SUNWALT	MAGGIE		SNCL	74	N	84
SUNWALT	GEORGE		SNCL	74	N	84
SUNWALT	JOHN		SNCL	74	N	84
SUNWALT	CORNELIA		SNCL	74	N	84
SUNWALT	HENRY		SNCL	74	N	84
SUNWALT	CAROLINE		SNCL	74	N	84
SUNWALT	EMMA		SNCL	74	N	84
SUTER?	ELIZABETH		SNTH	283	Y	33
SUTER?	JACOB		SNTH	283	N	33
SUTTON	E	O	SNVE	391	Y	176
SUTTON	LYDIA	J	SNVE	391	N	176
SUTTON	MYRON		SNVE	391	Y	176
SUTTON	JOHN		SNVE	392	Y	184
SUTTON	CHRISTENA		SNVE	392	N	184
SUTTON	SLVA		SNVE	392	Y	185
SUTTON	CHARLES	N	SNVE	392	N	185
SUTTON	JOHN		SNVE	392	Y	186
SUTTON	LESTER		SNVE	399	Y	302
SUTTON	EMELINE		SNVE	399	N	302
SUTTON	LENARD		SNVE	399	N	302
SUTTON	MARTHA		SNVE	399	N	302
SUTTON	CHARLES		SNVE	399	N	302
SWABLY	AUGUSTUS		SNCL	71	Y	37
SWAN	GEORGE		SNAD	1	Y	1
SWAN	MARGARET		SNAD	1	N	1
SWAN	MARGARET		SNAD	1	N	1
SWAN	GEORGE		SNAD	10	Y	153
SWAN	CATHERINE		SNAD	10	N	153
SWAN	GEORGE, JR.		SNAD	10	N	153
SWAN	FREDERICK		SNAD	10	N	15
SWAN	JACOB		SNTH	304	Y	322
SWAN	ANNA		SNTH	304	N	322
SWAN	GEORGE		SNTH	304	N	322
SWAN	ELIZABETH		SNTH	304	N	322
SWAN	JACOB		SNTH	304	N	322
SWAN	HENRY		SNTH	304	N	322
SWANDER	EDWARD	H.	SNCL	77	Y	123
SWANDER	REBECCA	A.	SNCL	77	N	123
SWANDER	JAY	M.	SNCL	77	N	123
SWANDER	CHRISTINA		SNCL	77	N	123
SWANDER	EDWARD		SNCL	80	Y	172
SWANDER	EDWARD		SNCL	80	N	172
SWANDER	JOHN		SNCL	80	N	172
SWANDER	FRANK		SNCL	80	N	172
SWANDER	OTTO		SNCL	80	N	172
SWANDER	HANNAH		SNCL	80	N	172
SWANDER	JAMES		SNCL	80	Y	173
SWANDER	REBECCA		SNCL	80	N	173
SWANDER	FANNIE		SNCL	80	N	173
SWANDER	DEWALT	I.	SNCL	80	Y	175
SWANDER	MARY		SNCL	80	N	175
SWANDER	VALARIA		SNCL	80	N	175
SWANDER	THOMAS		SNCL	83	Y	212
SWANDER	SARAH		SNCL	83	N	212

LASTNAME	FIRSTNAME	MI	LOCATION	PAGE	HEAD	HHOLD
SWANDER	ELIZABETH		SNCL	83	N	212
SWANDER	MARY		SNCL	83	Y	216
SWANDER	SCOTT		SNCL	83	N	216
SWANDER	JOHN		SNCL	84	Y	230
SWANDER	BENJAMIN		SNAD	3	Y	46
SWANDER	CATHERINE		SNAD	3	N	46
SWANDER	IDELLA		SNAD	12	Y	182
SWANDER	BARBARA		SNW1	311	Y	49
SWANDER	WILLIAM		SNBL	64	Y	246
SWANDER	DAVID		SNVE	395	Y	236
SWANK	DELEMA ?		SNLO	202	Y	362
SWARTS	SUSAN		SNTH	291	Y	151
SWARTS	JOHN		SNTH	291	Y	154
SWARTS	CORDELIA		SNTH	291	N	154
SWARTZ	ELIZA	A.	SNJA	134	Y	119
SWARTZ	LYDIA		SNW2	355	Y	90
SWARTZ	JOHN		SNW2	355	N	90
SWARTZ	JUSTENA		SNW2	355	N	90
SWARTZ	AUGUSTUS		SNW2	355	N	90
SWARTZ	JANE		SNW2	355	N	90
SWARTZ	JOSEPHENE		SNW2	355	N	90
SWARTZ	CATHARINE		SNW2	355	N	90
SWARTZ	GIDEON		SNTH	289	Y	114
SWARTZ	POLLY		SNTH	289	N	114
SWARTZ	SAMUEL		SNTH	289	N	114
SWARTZ	ELLEN		SNTH	289	N	114
SWARTZ	FRANK		SNTH	289	N	114
SWARTZ	CORTA		SNTH	289	N	114
SWARTZ	JOSIAH		SNTH	289	N	114
SWARTZ	SOPHIA		SNBL	64	Y	252
SWARTZ	JOSEPH		SNVE	388	Y	124
SWARTZ	MELISSA		SNVE	388	N	124
SWARTZ	JOHN		SNVE	389	Y	140
SWARTZ	SUSAN		SNVE	389	N	140
SWARTZ	EVA	B.	SNVE	389	N	140
SWARTZ	PETER		SNVE	390	Y	144
SWARTZ	MARTHA		SNVE	390	N	144
SWARTZ	ANDREW		SNVE	390	N	144
SWARTZ	MARTHA		SNVE	390	N	144
SWARTZLANDER	DANIEL		SNTH	283	Y	31
SWARTZLANDER	ESTER		SNTH	283	N	31
SWARTZLANDER	MARY		SNTH	283	N	31
SWARTZLANDER	SARAH		SNTH	283	N	31
SWARTZLANDER	HENRY		SNTH	283	N	31
SWARTZLANDER	EPHRIM		SNTH	283	N	31
SWARTZLANDER	THOMAS		SNTH	283	N	31
SWARTZLANDER	ELVIRA		SNTH	283	N	31
SWARTZLANDER	SAMUEL		SNTH	283	N	31
SWARTZMILLER	JACOB		SNLI	151	Y	150
SWARTZMILLER	MARTHA		SNLI	151	N	150
SWARTZMILLER	JOSEPH	E	SNLI	151	N	150
SWARTZMILLER	JOHN	W	SNLI	151	N	150
SWARTZMILLER	JOHN		SNBI	42	Y	291
SWARTZMILLER	CATHERINE		SNBI	42	N	291
SWARTZMILLER	GEORGE		SNW1	320	Y	178
SWARTZMILLER	AMANDA		SNW1	320	N	178
SWARTZMILLER	JOHN		SNW1	320	N	178
SWARTZMILLER	GEORGE		SNHO	119	Y	177
SWARTZMILLER	JACOB		SNLI	151	Y	150
SWARTZMILLER	MARTHA		SNLI	151	N	150
SWARTZMILLER	JOSEPH	E	SNLI	151	N	150
SWARTZMILLER	JOHN	W	SNLI	151	N	150
SWARTZMILLER	JOHN		SNSN	270	Y	179
SWARTZMILLER	ROSANNA		SNSN	270	N	179
SWARTZMILLER	JOHN		SNSN	270	N	179
SWARTZMILLER	MARGARET		SNSN	27	N	179
SWARTZMILLER	MARTHA		SNSN	270	N	179
SWARTZMILLER	JOSEPH		SNSN	270	N	179
SWASY	JOSEPH		SNAD	15	Y	240
SWASY	LOUISA		SNAD	15	N	240
SWASY	SAMUEL		SNAD	15	N	240
SWASY	GEORGE		SNAD	15	N	240
SWASY	ANGELINE		SNAD	15	N	240
SWASY	JOSEPH		SNAD	15	N	240
SWASY	ISBELLA		SNAD	15	N	240
SWATZ	PETER		SNVE	392	Y	191
SWAUERLY	GEORGE		SNBI	44	Y	315

LASTNAME	FIRSTNAME	MI	LOCATION	PAGE	HEAD	HHOLD
SWAVERLY	DEBOLT		SNED	91	Y	35
SWAYER	JACOB		SNCL	84	Y	230
SWEENEY	MICHER		SNW1	333	Y	371
SWEENEY	SARAH		SNW1	333	N	371
SWEENEY	PATRICK		SNW1	333	N	371
SWEENEY	JAMES		SNW1	333	N	371
SWEENEY	JOHN		SNW1	333	N	371
SWEENEY	EDWARD		SNW1	333	N	371
SWEENEY	MICHAEL		SNW1	333	N	371
SWEENEY	FRANCIS		SNW1	333	N	371
SWEENEY	STEPHEN		SNW1	333	N	371
SWEENEY	AGNES		SNW1	333	N	371
SWEET	AMMASA?		SNTH	307	Y	361
SWEET	ELIZABETH		SNTH	307	N	361
SWEET	LEVI		SNTH	307	N	361
SWEET	ALFRED		SNTH	307	N	361
SWEET	JAMES		SNTH	307	N	361
SWENEY	PATRICK		SNW2	372	Y	327
SWICK	ROBERT		SNSC	238	Y	3
SWICK	LAURA		SNSC	238	N	3
SWICK	GILES		SNRE	232	Y	180
SWICK	CHRISTIANA		SNRE	232	N	180
SWICK	ELISABETH		SNRE	232	N	180
SWICK	ISAAC		SNRE	232	N	180
SWICK	JACOB		SNRE	232	N	180
SWICK	DAVID		SNRE	232	N	180
SWICK	LUKE		SNRE	232	Y	180
SWICK	GEORGE		SNRE	232	Y	180
SWIGART	JOSEPH		SNED	94	Y	79
SWIGART	SUSANNA		SNED	94	N	79
SWIGART	AARON		SNED	94	Y	80
SWIGART	ABBIE		SNED	94	N	80
SWIGART	CHARLES		SNED	94	N	80
SWIGART	OLIVE		SNED	94	N	80
SWIGART	WILLIAM	V	SNBL	64	Y	241
SWIGART	CAROLINE	E	SNBL	64	N	241
SWIGART	HENRY		SNBL	64	N	241
SWIGART	ELISABETH		SNBL	65	Y	269
SWIGERT	BENJAMIN		SNW2	352	Y	36
SWIGERT	JESTA		SNW2	352	N	36
SWIGERT	JOHN		SNW2	352	N	36
SWIGERT	WILLIAM		SNW2	352	N	36
SWIGERT	JACOB		SNW2	352	N	36
SWIGERT	JOHN		SNSC	251	Y	213
SWIGERT	MARIA		SNSC	251	N	213
SWIGERT	MARY		SNSC	251	N	213
SWIGERT	BAUCH		SNSC	251	N	213
SWIGERT	GEORGE		SNSC	251	N	213
SWINEFORD	SARAH		SNW1	312	Y	76
SWING	LABOLD		SNW2	378	Y	424
SWING	SUSAN		SNW2	378	N	424
SWING	MARY		SNW2	378	N	424
SWING	JOHN		SNW2	378	N	424
SWING	TILLIE		SNW2	378	N	424
SWING	JOSEPH		SNW2	378	N	424
SWING	ROSA		SNVE	380	Y	1
SWINK	JACOB		SNW1	322	Y	227
SWITZER	SAMUEL		SNCL	72	Y	52
SWITZER	MARY		SNCL	74	Y	81
SWITZER	LEWIS		SNW2	378	Y	416
SWITZER	JULIAN		SNW2	378	N	416
SWITZER	BENJAMIN		SNW2	378	N	416
SWITZER	FRANK	P	SNW2	378	N	416
SWITZER	JULIAN		SNW2	378	N	416
SWITZER	SAMUEL		SNW2	378	N	416
SWITZER	VANNEST		SNW2	378	N	416
SWITZER	GEORGE		SNTH	283	Y	33
SWITZER	AMANDA		SNTH	284	Y	33
SWITZER	ADDA		SNTH	284	N	33
SWOLGER ?	WILLIAM		SNHO	124	Y	250
SWOLGER ?	CLARA		SNHO	124	N	250
SWOLGER ?	ALICE		SNHO	124	N	250
SWOLGER ?	WILLIAM		SNHO	124	N	250
SWOPE	HENRY		SNJA	131	Y	78
SWOPE	ELIZABETH		SNJA	131	N	78
SWOPE	JACOB		SNJA	131	N	78
SWOPE	MARY	M.	SNJA	131	N	78

LASTNAME	FIRSTNAME	MI	LOCATION	PAGE	HEAD	HHOLD
SWOPE	DOROTHA	E.	SNJA	132	N	78
SWOPE	ABRAHAM		SNJA	132	N	78
SWOPE	JOHN		SNJA	132	N	78
SWOPE	JOHN	R.	SNJA	132	Y	79
SWOPE	MARY	A.	SNJA	132	N	79
SWOPE	ELIZABETH		SNJA	132	N	79
SWOPE	JACOB		SNJA	132	N	79
SWOPE	DANIEL		SNJA	133	Y	111
SWOPE	ROSA		SNW1	308	Y	14
SWOPE	FRED		SNW1	308	N	14
SWOPE	MATHIAS		SNW1	316	Y	126
SWOPE	MARY		SNW1	316	Y	126
SWOPE	CASPER		SNW1	316	N	126
SWOPE	PHILLIP		SNW1	316	N	126
SWOPE	MARGARET		SNW1	316	N	126
SWOPE	KATE		SNW1	316	N	126
SWOPE	GEORGE		SNW2	351	Y	29
SWOPE	CATHARINE		SNW2	351	N	29
SWOPE	EDWARD		SNW2	351	N	29
SWOPE	ANNA		SNW2	351	N	29
SWOPE	CLARA		SNW2	351	N	29
SWOPE	ELIZABETH		SNW2	351	N	29
SWOPE	IDA		SNW2	351	N	29
SWOPE	MARGARET		SNW2	351	N	29
SWOPE	PETER		SNW2	364	Y	211
SWOPE	ELIZABETH		SNW2	364	N	211
SWOPE	SYLVESTER		SNW2	364	N	211
SWOPE	JAROME		SNW2	364	N	211
SWOPE	LUZILIA		SNW2	364	N	211
SWOPE	AMANDES		SNW2	364	N	211
SWOPE	GEORGE		SNW2	364	N	211
SWOPE	SAMUEL		SNPL	205	Y	35
SWOPE	HANNAH		SNPL	205	N	35
SWOPE	CHARLES		SNPL	205	N	35
SWOPE	IDA	J	SNPL	205	N	35
SWORTS	ELLA		SNAD	17	Y	287
SWYHART	ADDIE		SNLO	187	N	106
SWYHART	ANN		SNLO	187	N	106
SWYHART	GEO		SNLO	187	Y	106
SWYHART ?	WASHINGTON		SNLO	187	Y	106
SYCE	FRANK		SNPL	206	Y	62
SYPLI	WILLABA		SNW2	352	Y	39
SYPLI	REBECCA		SNW2	352	N	39
TABER	JOSEPH		SNLO	181	Y	13
TABER	LOIS		SNLO	181	N	13
TABER	RICHARD		SNRE	227	Y	102
TABER	NANCY		SNRE	227	N	102
TABER	ALANSON	A	SNRE	227	Y	102
TABER	WILLIAM		SNRE	227	N	102
TABER	JENNETT		SNRE	227	N	102
TABER	SUSAN		SNRE	227	N	102
TABOR	ALAMON		SNRE	237	Y	267
TAGART	MINNIE		SNW2	370	Y	303
TAGERT	HENRY		SNW2	370	Y	303
TAGERT	BATHIN		SNW2	370	N	303
TAGERT	JOHN		SNW2	370	N	303
TAGERT	CHARLES		SNW2	370	N	303
TAGERT	HARRY		SNW2	370	N	303
TAGERT	NETTIE		SNW2	370	N	303
TALBIT	GEORGE		SNHO	123	Y	248
TALBIT	ELIZ		SNHO	123	N	248
TALBIT	OSCAR		SNHO	123	N	248
TALL	WILLIAM		SNW1	346	Y	542
TALL	SARAH	A	SNW1	346	N	542
TALLEY	ALONZA	C	SNPL	219	Y	250
TALLY	MARGARET		SNW1	337	Y	435
TALLY	SUSAN		SNW1	337	N	435
TANER	ADAM		SNSC	255	Y	283
TANNER	ISAAC		SNVE	396	Y	253
TANNER	HANNAH		SNVE	396	N	253
TANNER	AUGUSTUS		SNVE	396	N	253
TANNER	HARRIET		SNVE	396	N	253
TANNER	DAVID		SNVE	396	N	253
TAPPIN	WINFIELD		SNLI	158	Y	258
TAPPIN	MARIAH		SNLI	158	N	258
TAPPIN	HATTIE		SNLI	158	N	258
TAPPIN	WINFIELD		SNLI	158	Y	258

LASTNAME	FIRSTNAME	MI	LOCATION	PAGE	HEAD	HHOLD
TAPPIN	MARIAH		SNLI	158	N	258
TAPPIN	HATTIE		SNLI	158	N	258
TARRAS	JOHN		SNBI	43	Y	298
TARRAS	MARY		SNBI	43	N	297
TARRAS	EMMA		SNBI	43	N	298
TARRAS	HELMA		SNBI	43	N	298
TARRAS	SUSANNA		SNBI	43	N	298
TARRAS	LORETTA		SNBI	43	N	298
TARRAS	FRANICE		SNBI	43	N	298
TARRAS	MATTHIAS		SNBI	43	N	298
TAUGHT	DAVID		SNSN	262	Y	47
TAUGHT	FRANCIS		SNSN	262	N	47
TAUGHT	DAVID		SNSN	262	N	47
TAUGHT	REBECCA		SNSN	262	N	47
TAVIMAN	JACKSON		SNSN	263	Y	70
TAVIMAN	LAVINA		SNSN	263	N	70
TAVIMAN	JOHN		SNSN	263	N	70
TAVIMAN	CHARLES		SNSN	263	N	70
TAYLOR	ELIZ		SNBI	46	Y	358
TAYLOR	CLEM		SNW1	311	Y	57
TAYLOR	ELIZABETH		SNW1	311	N	57
TAYLOR	MARY		SNW1	311	N	57
TAYLOR	GUITAVUS		SNW1	340	Y	473
TAYLOR	MARY		SNW1	340	N	473
TAYLOR	CHARLES		SNW1	340	N	473
TAYLOR	ALBERT		SNW1	340	N	473
TAYLOR	WILLIAM		SNW2	372	Y	330
TAYLOR	ANDREW		SNPL	208	Y	93
TAYLOR	LAVINA		SNPL	208	N	93
TAYLOR	CLARA		SNPL	208	N	93
TAYLOR	SARAH		SNPL	208	N	93
TAYLOR	SAMUEL		SNPL	208	N	93
TAYLOR	HARVY		SNPL	208	N	93
TAYLOR	HENRY		SNPL	219	Y	252
TAYLOR	OLLIE		SNPL	219	N	252
TAYLOR	LEVI		SNSC	255	Y	295
TAYLOR	MARY		SNSC	255	N	295
TAYLOR	EFFIE		SNSC	255	N	295
TAYLOR	ELMER		SNSC	255	N	295
TAYLOR	WILLIAM		SNSC	255	N	295
TAYLOR	MARY		SNSC	255	N	295
TEACH	MATHIAS,JR		SNBL	62	Y	223
TEACH	ALICE		SNBL	62	N	223
TEACH	ORON		SNBL	62	N	223
TEACH	EFFIE		SNBL	62	N	223
TEACH	MATHIAS		SNBL	62	Y	223
TEAL	LEWIS		SNW1	325	Y	258
TEAL	CHRISTINA		SNW1	325	N	258
TEAL	ANNA		SNW1	325	N	258
TEAL	MARY		SNW1	325	N	258
TEAL	TREASA		SNW1	325	N	258
TEAL	FRANK		SNW1	325	N	258
TEAL	CATTY		SNW1	325	N	258
TEAL	ISABELLA		SNW1	325	N	258
TEAL	NICHOLAS		SNW1	325	N	258
TEATES	WILLIAM		SNCL	81	Y	190
TEATES	MARY		SNCL	81	N	190
TEICE	JOHN		SNED	92	Y	40
TEICE	MARY		SNED	92	N	40
TENDING	PETER		SNED	91	Y	35
TENNEMAN	WILLIAM		SNW1	340	Y	462
TENNEMAN	REBECCA		SNW1	340	N	462
TENNEMAN	GRACE		SNW1	340	N	462
TENNEMAN	PRUDENCE		SNW1	340	N	462
TENNEMAN	NEVIN		SNW1	340	N	462
TERFLINGER	HENRY		SNSN	267	Y	139
TERFLINGER	LEWIS		SNSN	267	N	139
TERFLINGER	CHRISTOPHER		SNSN	267	Y	142
TERFLINGER	JACOB		SNSN	267	N	142
TERFLINGER	ELIZABETH		SNSN	267	N	142
TERFLINGER	JACOB		SNSN	267	Y	143
TERFLINGER	SARAH		SNSN	267	N	143
TERRY	PETER		SNCL	71	Y	35
TERRY	ROSA		SNCL	71	N	35
TERRY	TATE		SNCL	71	N	35
TERRY	SUSANA		SNCL	71	N	35
TERRY	HANNAH		SNLO	173	Y	139

LASTNAME	FIRSTNAME	MI	LOCATION	PAGE	HEAD	HHOLD
THALLMAN	GEORGE		SNSC	239	Y	26
THANDEN	REBECCA		SNW2	367	Y	256
THAR	DORA		SNW2	377	Y	403
THAR	CHRISTIAN		SNW2	377	N	403
THAR	CHRISTINA		SNW2	377	N	403
THATCHER	WILLIAM		SNSC	256	Y	303
THATCHER	HARRIET		SNSC	256	N	303
THATCHER	MARY		SNSC	256	N	303
THATCHER	WILLIAM,SR		SNSC	256	Y	303
THATCHER	IDA		SNSC	256	N	303
THATCHER	CHARLIE		SNSC	256	N	303
THATCHER	BETH		SNSC	256	N	303
THATCHER	ALONZO		SNRE	227	Y	107
THAYER	WILLIAM		SNCL	77	Y	132
THINES	SUSAN		SNW1	344	Y	513
THOADES	LIDIE		SNED	101	N	187
THOM	JACOB		SNJA	127	Y	16
THOM	MARGARET		SNJA	127	N	16
THOM	ELIZABETH		SNJA	127	N	16
THOM	MARY		SNJA	127	N	16
THOM	JACOB		SNJA	127	N	16
THOM	THERESA		SNJA	127	N	16
THOM	ANNA		SNJA	127	N	16
THOM	GEORGE		SNJA	127	N	16
THOM	LEWIS		SNJA	127	N	16
THOM	JOHN		SNED	99	Y	142
THOM	ALPHA		SNED	99	N	142
THOM	ALLA		SNED	99	N	142
THOMA	ERASAMUS		SNBL	53	Y	81
THOMA	CATHERINE		SNBL	54	N	81
THOMA	TREACY		SNBL	54	N	81
THOMA	JOSEPH		SNBL	54	N	81
THOMA	JOHN		SNBL	54	N	81
THOMA	LOUISA	N	SNBL	54	N	81
THOMA	CATHERINE		SNBL	54	N	81
THOMAS	MARY		SNLI	146	Y	67
THOMAS	EDGAR		SNLI	148	Y	101
THOMAS	JACOB		SNLI	156	Y	229
THOMAS	ESTHER		SNLI	156	N	229
THOMAS	CORIDAN		SNLI	156	N	229
THOMAS	ORIN		SNLI	156	N	229
THOMAS	ORLIE		SNLI	156	N	229
THOMAS	DELAVAN		SNLI	156	N	229
THOMAS	FRANCIS		SNLI	156	N	229
THOMAS	NEWTON		SNLI	156	N	229
THOMAS	ENOS	W	SNLO	191	Y	163
THOMAS	ANN	P	SNLO	191	N	163
THOMAS	CELESTIA		SNLO	191	N	163
THOMAS	NOAH	W	SNLO	191	N	163
THOMAS	JESSIE	A	SNLO	191	N	163
THOMAS	CHARLES	W	SNLO	200	Y	330
THOMAS	MELISSA		SNLO	200	N	330
THOMAS	JOSEPH		SNW1	312	Y	73
THOMAS	ELIZA		SNW1	312	N	73
THOMAS	ALFRED		SNW1	312	N	73
THOMAS	LAURA		SNW1	312	N	73
THOMAS	JOSEPH		SNW1	312	N	73
THOMAS	HENRY		SNW1	339	Y	451
THOMAS	GODFREY		SNW1	347	Y	552
THOMAS	ADAM		SNPL	210	Y	109
THOMAS	CHRISTINA		SNPL	210	N	109
THOMAS	DORA		SNPL	210	N	109
THOMAS	CATHARINE		SNPL	210	N	109
THOMAS	JOHN		SNPL	210	N	109
THOMAS	ANNA		SNPL	210	N	109
THOMAS	JAMES		SNSC	246	Y	135
THOMAS	ANNA		SNSC	246	N	135
THOMAS	ELLA		SNSC	246	N	135
THOMAS	WILLIAM		SNSC	250	Y	205
THOMAS	LYDIA		SNSC	250	N	205
THOMAS	THEODORE		SNSC	250	N	205
THOMAS	MARY		SNLI	146	Y	67
THOMAS	EDGAR		SNLI	148	Y	101
THOMAS	JACOB		SNLI	156	Y	229
THOMAS	ESTHER		SNLI	156	N	229
THOMAS	CORIDAN		SNLI	156	N	229
THOMAS	ORIN		SNLI	156	N	229

LASTNAME	FIRSTNAME	MI	LOCATION	PAGE	HEAD	HHOLD
THOMAS	ORLIE		SNLI	156	N	229
THOMAS	DELAVAN		SNLI	156	N	229
THOMAS	FRANCIS		SNLI	156	N	229
THOMAS	NEWTON		SNLI	156	N	229
THOME	CARRIE	E	SNRE	237	Y	264
THOME	IRVIN	E	SNRE	237	N	264
THOMPSON	JAMES	H.	SNCL	85	Y	247
THOMPSON	BENJAMIN		SNCL	85	N	247
THOMPSON	MAGGY		SNCL	85	N	247
THOMPSON	HAWKINS		SNCL	85	N	247
THOMPSON	ROXY		SNCL	85	N	247
THOMPSON	HENRY		SNW2	366	Y	238
THOMPSON	ALVINA		SNW2	366	N	238
THOMPSON	RUSSEL		SNW2	366	N	238
THOMPSON	LIZZIE		SNED	91	Y	35
THOMPSON	JANE		SNED	99	Y	143
THOMPSON	WILLIAM		SNED	99	N	143
THOMPSON	MILTON		SNED	99	N	143
THOMPSON	ALEX		SNED	99	N	143
THOMPSON	SAMUEL		SNED	103	Y	221
THOMPSON	THERESA		SNED	103	N	221
THOMPSON	BENJAMIN		SNED	103	N	221
THOMPSON	EUDORA		SNED	103	N	221
THOMPSON	MAGGIE		SNED	106	Y	274
THOMPSON	THOMAS		SNSC	241	Y	61
THOMPSON	JANE		SNSC	241	N	61
THOMPSON	LYCIE		SNSC	241	N	61
THOMPSON	JAMES		SNRE	222	Y	19
THOMPSON	MARY		SNRE	222	N	19
THOMPSON	CATHARINE		SNRE	222	N	19
THOMPSON	PETER		SNRE	222	N	19
THOMPSON	CHARLES		SNRE	222	N	19
THOMPSON	CHARLES		SNSN	277	Y	287
THOMPSON	MARY		SNSN	277	N	287
THOMPSON	MICHAEL		SNSN	277	N	287
THOMPSON	CHARLES		SNSN	277	N	287
THOMPSON	JOHN		SNSN	277	N	287
THOMPSON	GEORGE		SNSN	277	N	287
THOMPSON	MARY		SNSN	277	N	287
THOMPSON	ANNA		SNSN	277	N	287
THOMPSON	ROSA		SNSN	277	N	287
THORNBURG	ALLICE		SNCL	81	Y	192
THORNBURG	HARRISON		SNED	90	Y	18
THORNBURG	MARY		SNED	90	N	18
THORNBURG	MARTHA		SNED	90	N	18
THORNBURG	ELLSWORTH		SNED	90	N	18
THORNBURG	ROLISON		SNED	99	Y	145
THORNBURN	CLARENCE		SNED	93	Y	58
THORNTON	T	J	SNED	100	Y	173
THORNTON	ANNA		SNED	100	N	173
THORNTON	JOHN		SNED	100	Y	173
THORNTON	LUCINDA		SNED	100	N	173
THORP	SARAH		SNW1	345	Y	535
THORP	WILLIAM		SNW1	346	N	535
THORP	JOHN		SNW2	355	Y	81
THORP	MARY		SNW2	355	N	81
THORP	CORA		SNW2	376	Y	394
THORP	FRANKLIN	G	SNTH	283	Y	33
THOUMER ?	EDWARD		SNED	107	Y	290
THOUMER ?	CHARLOTTE		SNED	107	N	290
THOUMER ?	JAMES		SNED	107	Y	290
THOUMER ?	SHELDON		SNED	107	Y	290
THOUMER ?	HOMER		SNED	107	Y	290
THOUMER ?	KITTIE		SNED	107	N	290
THOUMER ?	CHARLES		SNED	107	Y	290
THOUMER ?	GEORGE		SNED	107	N	290
THOUMER ?	NEWTON		SNED	107	N	290
THOUMER ?	RICHARD		SNED	107	N	290
THOUMER ?	FANNIE		SNED	107	N	290
THOUMER ?	LOTTIE		SNED	107	N	290
THUM	JOHN		SNW1	331	Y	348
THUM	CHRISTENA		SNW1	331	N	348
THUM	MARGARET		SNW1	331	N	348
THUM	LIZZIE		SNW1	331	N	348
TICE	PETER		SNBI	2	Y	20
TICE	MARY		SNBI	22	N	20
TICE	JOHN		SNBI	22	N	20

LASTNAME	FIRSTNAME	MI	LOCATION	PAGE	HEAD	HHOLD
TIES	PETER		SNBI	36	Y	218
TIES	CATHERINE		SNBI	36	N	218
TIES	PETER		SNBI	36	N	218
TIES	JOHN		SNBI	36	N	218
TIES	MIKE		SNBI	36	N	218
TIES	MARY		SNBI	36	N	218
TIES	KATIE		SNBI	36	N	218
TIES	NICHOLAS		SNBI	36	N	218
TIFLING	ADAM		SNHO	123	Y	244
TIFLING	BARBARA		SNHO	123	N	244
TIFLING	CLARA		SNHO	123	N	244
TIFLING	MARY		SNHO	123	N	244
TIFLING	JOSEPHINE		SNHO	123	N	244
TIFLING	FRANK		SNHO	123	N	244
TIFLING	ALPHONZO		SNHO	123	N	244
TILGHMAN	GEORGE		SNCL	82	Y	203
TILGHMAN	SARAH		SNCL	82	N	203
TILGHMAN	WILLIAM		SNCL	82	N	203
TILGHMAN	WESLEY		SNCL	82	N	203
TILGHMAN	JOHN		SNCL	82	N	203
TILGHMAN	ANNA		SNCL	82	N	203
TILL	HENRY		SNBI	31	Y	143
TILL	MARGARET		SNBI	31	N	43
TILL	JOSEPH		SNBI	31	N	43
TILL	PETER		SNBI	31	N	143
TILL	LOUIS		SNBI	31	N	143
TILL	FRANK		SNBI	31	N	143
TILL	HENRY		SNBI	31	N	143
TILL	AUGUST		SNBI	31	N	143
TILL	PERRY		SNBI	31	N	143
TILTON	JOHN	W	SNVE	381	Y	19
TINDALL	ELIJA		SNLI	155	Y	219
TINDALL	ALICE		SNLI	162	Y	331
TINDALL	ELIJA		SNLI	155	Y	219
TINDALL	ALICE		SNLI	162	Y	331
TINTERMAN	J.		SNW1	308	N	1
TINTERMAN	PRISCILLA		SNW1	308	N	1
TINTERMAN	CLAY		SNW1	308	N	1
TINTERMAN	FANNIE		SNW1	308	N	1
TIRNULES	NICK		SNBI	29	Y	118
TIRNULES	MARY		SNBI	29	N	118
TIRNULES	COONRAD		SNBI	29	N	117
TITLE	J	A	SNED	97	Y	114
TITLE	AMANDA		SNED	97	N	114
TITLE	NEWTON		SNED	97	N	114
TITLE	MARY		SNED	97	N	114
TITTLE	RALPH		SNED	100	Y	163
TITTLE	AGNES		SNED	100	N	163
TITTLE	JOHN		SNED	101	Y	175
TITTLE	CAROLINE		SNED	101	N	175
TITTLE	SAMUEL		SNED	101	Y	176
TITTLE	HATTIE		SNED	101	N	176
TITUS	R	R	SNPL	203	Y	5
TITUS	ALVIRA		SNPL	203	N	5
TITUS	CLONA		SNPL	203	N	5
TITUS	FLORA		SNPL	203	N	5
TITUS	LETTA		SNPL	203	N	5
TITUS	JAMES		SNVE	389	Y	132
TODD	HENRY		SNCL	76	Y	111
TODD	LAUSELL ?		SNSC	239	Y	27
TODD	MARY		SNSC	239	N	27
TODD	SOPHIA		SNSC	239	N	27
TODD	THOMAS		SNSC	239	N	27
TODD	LEWIS		SNSC	239	N	27
TODD	LEVI		SNVE	391	Y	167
TODD	JOSEPH		SNVE	391	N	167
TOMB	ELIZABETH		SNW1	308	Y	12
TOMB	MARY		SNW1	308	N	12
TOMB	JACOB		SNW1	308	N	12
TOMB	JOHN		SNW1	325	Y	265
TOMB	ELIZABETH		SNW1	325	N	265
TOMB	JOSEPH		SNW1	325	N	265
TOMB	EDWARD		SNW1	325	N	265
TOMB	PETER		SNW1	336	Y	410
TOMB	CATHARINE		SNW1	336	N	410
TOMB	WILLIAM		SNW1	336	N	410
TOMB	MARY		SNW1	336	N	410

LASTNAME	FIRSTNAME	MI	LOCATION	PAGE	HEAD	HHOLD
TOMB	BENJAMIN		SNW1	337	Y	431
TOMB	ANNA		SNW1	337	N	431
TOMB	THOMAS		SNW1	337	N	431
TOMB	GEORGE		SNW1	337	N	431
TOMB	HARRY		SNW1	337	N	431
TOMB	BENJ	F	SNPL	213	Y	152
TOMB	NORA		SNPL	213	N	152
TOMB	MARY		SNPL	213	N	152
TOMB	FRANK		SNPL	213	N	152
TOME	MARY		SNW1	346	Y	545
TOMPKINS	ISAAC		SNTH	302	Y	298
TOMPKINS	LAURA		SNTH	302	N	298
TOMPKINS	EMMA		SNTH	302	N	298
TOMPKINS	EDWARD		SNTH	302	N	298
TOMPKINS	LILLIS		SNTH	302	N	298
TOMPKINS	SAMUEL		SNTH	302	N	298
TOMPKINS	ANDREW		SNTH	302	N	298
TOMPKINS	ALFRED		SNRE	222	Y	24
TOMPKINS	SARAH	J	SNRE	222	N	24
TOMPKINS	ANDREW		SNRE	232	Y	182
TOMPKINS	ELISABETH		SNRE	232	N	182
TOMPKINS	WARNER		SNRE	232	N	182
TOMPKINS	NORA		SNRE	232	N	182
TOMPKINS	JOHN		SNVE	394	Y	226
TOMPKINS	ESTER		SNVE	394	N	226
TOMPKINS	ELMER		SNVE	394	N	226
TOMPKINS	ARDILLA		SNVE	394	N	226
TOMPKINS	JULIA		SNVE	394	N	226
TOMPKINS	MINN		SNVE	400	Y	317
TOMPKINS	ELISABETH		SNVE	400	N	317
TOMPKINS	BENJAMIN		SNVE	400	N	317
TOMPKINS	CORA		SNVE	400	N	317
TOMPKINS	ADELBERT		SNVE	400	N	317
TOMPKINS	IDA	M	SNVE	400	N	317
TOOMEY	MARY		SNW1	348	Y	564
TRANCEIM?	WILLIAM		SNW2	351	Y	25
TRANSEIM ?	ELLEN		SNW2	351	N	25
TRANSEIM?	ELLA		SNW2	351	N	25
TRANSEIM?	REBECCA		SNW2	351	N	25
TRANSEIM?	MARY		SNW2	351	N	25
TRANSEIM?	MILTON		SNW2	351	N	25
TRANSEIM?	LAURA		SNW2	351	N	25
TRANSEIM?	GEORGE		SNW2	351	N	25
TRANSIEM?	ROSA		SNW2	351	N	25
TRAUTMAN	JACOB		SNLI	158	Y	268
TRAUTMAN	BARBRA		SNLI	158	N	268
TRAUTMAN	CLARA		SNLI	158	N	268
TRAUTMAN	CHARLES		SNLI	158	N	268
TRAUTMAN	JACOB		SNLI	158	Y	268
TRAUTMAN	BARBRA		SNLI	158	N	268
TRAUTMAN	CLARA		SNLI	158	N	268
TRAUTMAN	CHARLES		SNLI	158	N	268
TRAVICE	SOPHRONIA	J	SNLO	181	Y	6
TRISTLER	ALFRED		SNED	90	Y	30
TRISTLER	MARGARET		SNED	90	N	30
TRISTLER	NORAH		SNED	91	N	30
TRIVE	JIM		SNSN	268	Y	151
TRIXLER	TILLIE		SNCL	80	Y	174
TRIXLER	JOSEPHENE		SNCL	80	N	174
TROFSNER?	MINI		SNTH	284	Y	33
TROFSNER?	CHARLES		SNTH	284	N	33
TROSEL	JOHN		SNSC	246	Y	130
TROUP	SAPHRONA		SNJA	133	Y	97
TROUT	JACOB		SNED	90	Y	15
TROUT	SARAH		SNED	90	N	15
TROUT	SAMUEL		SNED	90	N	15
TROUT	FRANCIS		SNED	90	N	15
TROUT	CORA		SNED	90	N	15
TROUT	JOHN		SNED	90	N	15
TROUT	FRANK		SNED	92	Y	46
TROUT	MAGDALIN		SNSN	265	Y	98
TROUT	FREDERICK		SNSN	265	N	98
TROUT	HENRY		SNSN	265	N	98
TROUT	MARY		SNSN	265	N	98
TROUT	CHRISTIAN		SNSN	265	N	98
TROUT	CHRISTINA		SNSN	265	N	98
TROUT	GEORGE		SNSN	265	N	98

LASTNAME	FIRSTNAME	MI	LOCATION	PAGE	HEAD	HHOLD
TROXEL	BENJAMIN		SNW1	331	Y	339
TROXEL	BARBARA		SNW1	331	N	339
TROXEL	CHARLES		SNW1	331	N	339
TROXEL	FOLETTA		SNW1	331	N	339
TROXEL	AGNES		SNW1	331	N	339
TROXEL	A	W	SNW2	358	Y	124
TROXEL	AMELIA		SNW2	358	N	124
TROXEL	ALAVESTA		SNW2	358	N	124
TROXEL	CLARA	S	SNW2	358	N	124
TROXEL	ELEWENA		SNW2	358	N	124
TROXEL	WILLIARD		SNW2	358	N	124
TROXEL	HENRY		SNW2	369	Y	294
TROXEL	MARY		SNW2	369	N	294
TROXEL	HOWARD		SNW2	369	N	294
TROXEL	WILLIAM		SNW2	369	N	294
TROXEL	CHARLES		SNW2	373	Y	342
TROXEL	SUSANA		SNW2	373	N	342
TROXEL	SARAH		SNW2	373	N	342
TROXEL	EDMUND		SNPL	208	Y	87
TROXEL	SUSAN		SNPL	208	N	87
TROXEL	ROSA		SNPL	208	N	87
TROXEL	ANNA		SNPL	208	N	87
TROXEL	WILLIAM		SNPL	213	Y	157
TROXEL	SUSAN		SNPL	213	N	157
TROXEL	SILAS	J	SNPL	213	N	157
TROXEL	WILLIAM	F	SNPL	213	N	157
TROXEL	SALINDA	C	SNPL	213	N	157
TROXEL	WILL?		SNSC	241	Y	62
TROXEL	EMMA		SNSC	241	N	62
TROXEL	FLORENCE		SNSC	241	N	62
TROXEL	MYRTA ?		SNSC	241	N	62
TROXEL	ELI		SNBL	53	Y	72
TROXEL	JACOB	F	SNBL	65	Y	270
TROXEL	MABLY		SNBL	65	N	270
TROXEL	JACOB		SNVE	387	Y	103
TROXEL	CATHARINE		SNVE	387	N	103
TROXEL	DAVID		SNVE	387	N	103
TROXEL	ELMIRA		SNVE	387	N	103
TROXEL	REBECCA		SNVE	387	N	102
TROXEL?	HANNAH		SNBL	53	Y	69
TRUDAU	MAXMILLIAN		SNW1	344	Y	523
TRUDAU	SARAH		SNW1	344	N	523
TRUDAU	SARAH	E.	SNW1	344	N	523
TRUDAU	JOSEPH		SNW1	344	N	523
TRUDAU	WILLIAM		SNWI	345	N	523
TRUDAU	ALBERT		SNW1	345	N	523
TRUMBLER	CHRISTINA		SNVE	385	Y	72
TRUMBLER	JOHN		SNVE	385	N	72
TRUMBLER	CHRISTIAN		SNVE	385	N	72
TRUMBLER	HENRY	V.	SNVE	385	N	72
TRUMBO	PLINY		SNJA	140	Y	216
TRUMBO	LYDA		SNJA	140	N	216
TRUMBO	CLARA	E.	SNJA	140	N	216
TRUMBO	ENOCH		SNJA	140	Y	217
TRUMBO	ELINOR		SNJA	140	N	217
TRUMBO	MARY	E.	SNJA	140	N	217
TRUMBO	MARCUS	I. (?)	SNJA	140	Y	218
TRUMBO	SARAH		SNJA	140	N	218
TRUMBO	URIAS		SNJA	140	N	218
TRUMBO	GEORGE		SNJA	140	N	218
TRUMBO	PRESLEY		SNJA	140	Y	224
TRUMBO	MARY	A.	SNJA	140	N	224
TRUMBO	ALPHIUS		SNJA	140	Y	224
TRUMPLER	LEWIS		SNCL	80	Y	168
TRUMPLER	VALENTINE		SNCL	80	Y	170
TRUMPLER	CATHERINE		SNCL	80	N	170
TUCKEYER	PHILIP		SNW1	340	Y	467
TUCKEYER	BERTAW		SNW1	340	N	467
TUMSON	DAVID		SNW2	362	Y	180
TUMSON	ADDA		SNW2	362	N	180
TUMSON	AUGUSTA		SNW2	362	N	180
TUNISON	O	B	SNW2	369	Y	289
TUNISON	MARY		SNW2	369	N	289
TUNISON	HAL		SNW2	369	N	289
TUNISON	BURTON		SNW2	369	N	289
TURIS	ADAM		SNED	93	Y	60
TURLEY	FRANK		SNW2	359	Y	145

LASTNAME	FIRSTNAME	MI	LOCATION	PAGE	HEAD	HHOLD
TURNER	RACHAEL		SNLI	157	Y	243
TURNER	DELANEY		SNLO	187	Y	108
TURNER	MARY	A	SNBL	65	Y	269
TURNER	WILLIAM	M	SNBL	66	Y	286
TURNER	ELIZA	J	SNBL	66	N	286
TURNER	RACHAEL		SNLI	157	Y	243
TURNNEY	JULIA		SNHO	109	N	9
TURNNEY?	MICHAEL		SNHO	109	Y	9
TURNNEY?	MARY		SNHO	109	N	9
TURNPAUGH	J	R	SNLO	190	Y	145
TURNPAUGH	ELIZABETH		SNLO	190	N	145
TURNPAUGH	AMANDA		SNLO	190	N	145
TURNPAUGH	ANNGENNIT ?		SNLO	190	N	145
TURNPAUGH	JOHN	A	SNLO	190	N	145
TURNPAUGH	NANNIE	M	SNLO	190	N	145
TWIGE	UNAS		SNW1	342	Y	493
TWIGE	FRANCES		SNW1	342	N	493
TWIGE	NETTIE		SNW1	342	N	493
TWIGGS	JOSEPH		SNSN	263	Y	71
TWIGGS	MARY		SNSN	263	N	71
TWIGGS	DELIA		SNSN	263	N	71
TWIGGS	FLORETTA		SNSN	263	N	71
TWIGGS	JANE		SNSN	263	N	71
TWIGGS	NETTIE		SNSN	263	N	71
TWIGGS	DOSSIE		SNSN	264	Y	87
TWIGGS	MILLIE		SNSN	264	Y	89
TWINNING	ISABEL	A	SNLO	198	Y	294
TWINNING	JOHN	H	SNLO	198	N	294
TWINNING	FRANKLIN	L	SNLO	198	N	294
TWINS	T	J	SNLO	185	Y	78
TYER	J	G	SNW2	359	Y	136
TYER	LUCINDA		SNW2	359	N	136
TYER	GEORGE		SNW2	359	N	136
TYER	MARY		SNW2	359	N	136
TYER	SARAH		SNW2	359	N	136
TYER	CATHARINE		SNW2	359	N	136
TYER	LYDIA		SNW2	359	N	136
TYER	JOHN	W	SNW2	359	N	136
TYSON	PETER		SNW2	353	Y	46
TYSON	CATHARINE		SNW2	353	N	46
TYSON	MARY		SNW2	353	N	46
TYSON	EDWIN		SNW2	353	N	46
TYSON	WILLIAM		SNW2	353	N	46
TYSON	JANE		SNW2	353	N	46
TYSON	MARIA		SNW2	353	Y	46
UEFFPH ?	LEWIS		SNHO	120	Y	193
UHLEIN	HENRY		SNVE	291	Y	166
UHLEIN	ELISABETH		SNVE	391	N	166
UHLEIN	ALICE		SNVE	391	N	166
UHLEIN	FRANK		SNVE	391	N	166
ULERICK	EDMUND		SNW1	347	Y	550
ULERICK	HENRIETTA		SNW1	347	N	550
ULERICK	LEWIS		SNW1	347	N	550
ULLMAN	MATHIAS		SNHO	109	Y	2
ULLMAN	ANNA		SNHO	109	N	2
ULLMAN	OLIVER		SNHO	109	N	2
ULLMAN	RENA		SNHO	109	N	2
ULLMAN	PERRY		SNHO	109	N	2
ULLMAN	EVA		SNHO	109	N	2
ULMAN	MARGARET		SNLO	171	Y	112
ULMAN	JOSEPH		SNLO	171	N	112
ULMAN	HUBERT		SNLO	171	N	112
ULMAN	TRIC		SNLO	171	N	112
ULMAN	MARY		SNLO	171	N	112
ULMAN	CATHERINE		SNLO	171	N	112
ULMAN	JACOB		SNLO	171	N	112
ULSICKMYER	JOHN		SNED	93	Y	67
ULSICKMYER	BARBARA		SNED	93	N	67
ULSICKMYER	JACOB		SNED	93	N	67
ULSICKMYER	JOHN		SNED	93	N	67
ULSICKMYER	MARY		SNED	93	N	67
ULSICKMYER	BARBARA		SNED	93	N	67
ULSICKMYER	JANE		SNED	93	N	67
UMBENWIRDER ?	HANNAH		SNLO	185	Y	75
UMSTEAD	DAVID		SNED	100	Y	158
UMSTEAD	JANE		SNED	100	N	158
UMSTEAD	CHARLES		SNED	100	N	158

LASTNAME	FIRSTNAME	MI	LOCATION	PAGE	HEAD	HHOLD
UMSTEAD	FLORENCE		SNED	100	N	158
UMSTED	NICHOLAS	N.	SNCL	73	Y	74
UMSTED	ELIZABETH		SNCL	73	N	74
UMSTED	WILLIAM		SNCL	73	N	74
UMSTED	ELISHA		SNCL	73	N	74
UMSTED	MARY		SNCL	73	N	74
UMSTED	ELI		SNW2	364	Y	210
UMSTED	E	C	SNPL	213	Y	155
UMSTED	ISABELL		SNPL	213	N	155
UMSTED	THOMAS		SNPL	213	N	155
UMSTED	EMMA		SNPL	213	N	155
UMSTED	LAFAYETTE		SNPL	213	N	155
UMSTED	TABETHA		SNPL	213	N	155
UNCER	JOSEPH		SNLO	171	Y	115
UNCER	JOHANNA		SNLO	171	N	115
UNCER	DANIEL		SNLO	171	N	115
UNCER	MARY		SNLO	171	N	115
UNCER	JULIUS		SNLO	171	N	115
UNCER	CATHERINE		SNLO	171	N	115
UNCER	CECELIA		SNLO	171	N	115
UNDERWOOD	VINDER		SNED	106	Y	279
UNDERWOOD	LUCETTIA		SNED	106	N	279
UNDERWOOD	PHILLIP		SNED	106	N	279
UNDERWOOD	JOHN		SNED	106	N	279
UNGER	GEORGE		SNED	96	Y	105
UNGER	ANNA		SNED	96	N	105
UNGER	JOHN		SNED	96	N	105
UNGER	ARTHUR		SNED	96	N	105
UNGER	MINNIE		SNED	96	N	105
UNSER	RACHEL		SNW1	329	Y	322
UNSER	PHILLIP		SNPL	219	Y	242
UNSER	FLORA		SNPL	219	N	242
UNSER	CHARLES		SNPL	219	N	242
UPDENGRAFF	MARY		SNPL	210	Y	108
UPTEGRAPH	ROSS		SNLO	178	Y	208
UTTER	JOHN		SMW1	318	Y	150
UTTER	MARY		SNW1	318	N	150
UTTER	MARY		SNW1	318	N	150
UTTER	MAGDALENA		SNW1	318	N	150
UTZ	JOHN		SNCL	72	Y	61
UTZ	MARY		SNCL	72	N	61
UTZ	CHARLES		SNCL	72	N	61
UTZ	LIZZIE		SNCL	72	N	61
UTZ	ETTA		SNCL	72	N	61
UTZ	ADDIS		SNCL	72	N	61
UTZ	JACOB		SNJA	140	Y	227
UTZ	CINDERELLA		SNJA	140	N	227
UTZ	SAMUEL		SNW1	348	Y	560
UTZ	AMANDA		SNW1	348	N	560
VALENTINE	JOHN		SNBL	56	Y	123
VALENTINE	PREADOCIA	E	SNBL	56	N	123
VALENTINE	WILLIAM	M	SNBL	56	N	123
VALENTINE	JAMES	N	SNBL	56	N	123
VALENTINE	ROSETTA		SNBL	56	N	123
VALENTINE	JENIE		SNBL	56	N	123
VALENTINE	GEORGE		SNBL	62	Y	221
VALENTINE	CATHERINE	A	SNBL	62	N	221
VALENTINE	JAMES	W	SNBL	62	N	221
VALENTINE	JAMES	H	SNBL	62	Y	221
VALENTINE	POLLY	E	SNBL	67	Y	307
VALLANDINGHAM	C	L	SNPL	215	Y	195
VAN HARDE	ELIZ		SNBI	40	Y	270
VAN WOLKINBERG	GEORGE		SNAD	5	Y	79
VAN WOLKINBERG	LUCINDA		SNAD	5	N	79
VAN WOLKINBERG	BYRON		SNAD	5	N	79
VAN WOLKINBERG	ADA		SNAD	5	N	79
VANAMAN	ROBERT		SNPL	203	Y	3
VANBLAND	PHILIP		SNW1	340	Y	469
VANBLARCUM	JAMES		SNLO	189	Y	128
VANBLARCUM	MARY	J	SNLO	189	N	128
VANBLARCUM	MINNIE	M	SNLO	189	N	128
VANBLARCUM	CLARE	A	SNLO	189	N	128
VANBLARCUM	TABITH		SNLO	189	N	128
VANCAMP	JAMES		SNTH	306	Y	346
VANDENBURG	LUCIA		SNSC	243	Y	88
VANDENBURG	ALICE		SNSC	243	N	88
VANDERBROOK	ALBERT		SNTH	288	Y	109

LASTNAME	FIRSTNAME	MI	LOCATION	PAGE	HEAD	HHOLD
VANDERBROOK	MARY		SNTH	288	N	109
VANDERBROOK	MARTHA		SNTH	288	N	109
VANDERVEER	PETER	J	SNRE	227	Y	115
VANDERVEER	SUSAN	R	SNRE	227	N	115
VANDERVEER	GEORGE	N	SNRE	227	N	115
VANDERVEER	ELROY	P	SNRE	228	N	115
VANDIKE	CHARIEL ?		SNLO	187	Y	107
VANFLEET	JAMES		SNSC	251	Y	217
VANFLEET	AMDIA ?		SNSC	251	N	217
VANFLEET	CLAUDIA		SNSC	251	N	217
VANFLEET	HARRY		SNSC	252	Y	229
VANFLEET	CATHERINE		SNSC	252	N	229
VANFLEET	MARY		SNSC	252	N	229
VANFLEET	KATE		SNSC	252	N	229
VANFOSSEN	NATHAN		SNLO	183	Y	40
VANFOSSEN	REBECCA		SNLO	183	N	40
VANGONDA	MARTHA		SNW2	351	Y	28
VANNADA	JOSEPH		SNLO	187	Y	102
VANNATTA	RODNEY		SNCL	85	Y	246
VANNATTA	RACHEAL		SNCL	85	N	246
VANNATTA	CATHERINE		SNCL	85	N	246
VANNATTA	ELIZABETH		SNCL	85	N	246
VANNATTA	CHARLES		SNPL	210	Y	108
VANNESS	MARGARET		SNW1	322	Y	222
VANNESS	WILLIAM		SNW1	322	N	222
VANNEST	PETER		SNW1	325	Y	259
VANNEST	ELIZABETH		SNW1	325	N	259
VANNEST	SARAH		SNW1	325	N	259
VANNEST	WILLIAM		SNW1	325	N	259
VANNEST	EDWARD		SNW1	325	N	259
VANNEST	JOSEPH		SNW1	325	Y	260
VANNEST	LOTTIE		SNW1	325	N	260
VANNEST	ORLY		SNW1	325	N	260
VANNEST	WILLIAM		SNW1	346	Y	545
VANNETTA	ABLE		SNCL	80	Y	177
VANNETTA	SARAH	A.	SNCL	80	N	177
VANNETTA	JASPER		SNCL	80	N	177
VANNETTA	LUTHER		SNCL	80	N	177
VANNETTA	WESLEY		SNCL	80	N	177
VANTAFAL	FRED		SNAD	14	Y	229
VANTAFAL	SARAH		SNAD	14	N	229
VANTAFAL	JEROME		SNAD	14	N	229
VEAT	MARTIN		SNCL	71	Y	34
VEAT	ANNA		SNCL	71	N	34
VEAT	MARY		SNCL	71	N	34
VEAT	MATHIAS		SNCL	71	Y	34
VEAT	PETER		SNCL	87	Y	273
VEAT	NICHOLAS		SNCL	87	N	273
VEIBEL	MAURIA		SNBI	40	Y	270
VELDER	ORLANDA		SNW1	332	Y	359
VELDER	ISABELL		SNW1	332	N	359
VENKENBURG	HENRY		SNED	98	Y	124
VENKENBURG	MAGDALAIN		SNED	98	N	124
VENKENBURG	ELNORA		SNED	98	N	124
VENKENBURG	MILLARD		SNED	98	N	124
VENSCHLAMVACH ?	LOUIS		SNLO	185	Y	78
VEOT	PETER		SNLO	172	Y	130
VEOT	MARY		SNLO	172	N	130
VEOT	JOHN		SNLO	172	N	130
VEOT	BRANDY		SNLO	172	N	130
VEOT	JOHN		SNLO	172	N	130
VEOT	JOSEPH		SNLO	172	N	130
VERIC	SUSAN		SNED	97	Y	114
VESBURG	HARRY	E	SNLO	192	N	187
VESBURG	HARMON	J	SNLO	192	Y	187
VESBURG	ELIZABETH		SNLO	192	N	187
VESBURG	MARY	E	SNLO	192	N	187
VESBURG	CLARENS	M	SNLO	192	N	187
VESBURG	FREDDIE	A	SNLO	192	N	187
VESBURG	MARGARET	E	SNLO	192	N	187
VETTER	ADAM		SNBI	44	Y	327
VETTER	BARBARA		SNBI	44	N	327
VETTER	ELIZ		SNBI	44	N	327
VETTER	JOSEPH		SNBI	44	N	327
VETTER	JOSEPHINE		SNBI	44	N	327
VETTER	EMMA		SNBI	44	N	327
VETTER	PETER		SNBI	44	N	327

LASTNAME	FIRSTNAME	MI	LOCATION	PAGE	HEAD	HHOLD
VETTER	KATIE		SNBI	44	N	327
VETTER	SUSAN		SNBI	44	N	327
VEUNICK	SAMUEL		SNVE	390	Y	160
VEUNICK	LOUISA		SNVE	391	N	160
VEUNICK	MARY	E	SNVE	391	N	160
VEUNICK	ELMER	F	SNVE	391	N	160
VINCIRL	JOHN		SNRE	229	Y	138
VINCIRL	CATHARINE		SNRE	229	N	138
VINCIRL	CAROLINE		SNRE	229	N	138
VINCIRL	MARY		SNRE	229	N	138
VINCIRL	JOSEPH		SNRE	229	N	138
VIOLAD	JANE		SNSN	272	Y	215
VION	BENTLEY		SNLI	161	Y	321
VION	ANNETTA		SNLI	161	N	321
VION	FRANK		SNLI	161	N	321
VION	NELLIE		SNLI	161	N	321
VION	CLIFFORD		SNLI	161	N	321
VION	ANNA		SNLI	161	N	321
VION	LUCETTA		SNLI	161	N	321
VION	SADIE		SNLI	161	N	321
VION	SIDNEY		SNLI	161	N	321
VION	NETTIE		SNLI	161	N	321
VION	J	F	SNLO	181	Y	17
VION	FRANCES		SNLO	181	N	17
VION	CHARLES	W	SNLO	181	N	17
VION	FREDDIE		SNLO	181	N	17
VION	BENTLEY		SNLI	161	Y	321
VION	ANNETTA		SNLI	161	N	321
VION	FRANK		SNLI	161	N	321
VION	NELLIE		SNLI	161	N	321
VION	CLIFFORD		SNLI	161	N	321
VION	ANNA		SNLI	161	N	321
VION	LUCETTA		SNLI	161	N	321
VION	SADIE		SNLI	161	N	321
VION	SIDNEY		SNLI	161	N	321
VION	NETTIE		SNLI	161	N	321
VOGAL	CHARLES		SNCL	87	Y	274
VOGLEMAN	DANIEL		SNBL	62	Y	225
VOGLEMAN	ALBERT		SNBL	62	N	225
VOGLEMAN	AUGUSTA		SNBL	62	N	225
VOGLEMAN	STEPHEN		SNBL	62	N	225
VOGLEMAN	POLLY		SNBL	62	N	225
VOGLESONG	JACOB		SNLO	187	Y	104
VOGLESONG	CATHERINE		SNLO	187	N	104
VOGLESONG	WILLIAM	P	SNLO	187	N	104
VOGLESONG	WELLINGTON		SNLO	195	Y	240
VOGLESONG	MARGARET		SNLO	195	N	240
VOGLESONG	CLARA		SNLO	195	N	240
VOGT	JACOB		SNVE	393	Y	201
VOGT	MARY	A.	SNVE	393	N	201
VOGT	JOHN		SNVE	393	N	201
VOLGER	GEORGE		SNBL	60	Y	182
VOLGER	SARAH	A	SNBL	60	N	182
VOLK	FLORENCE		SNBI	40	Y	270
VOLLMER	MARGARET		SNW2	379	Y	435
VOLLMER	PAUL		SNW2	379	N	435
VOLLMER	ROSA		SNW2	379	N	435
VOLLMER	JOHN		SNW2	379	N	435
VOLLMER	LOUIS		SNW2	379	N	435
VOLLMER	ALPHAUS		SNW2	379	N	435
VON BLON	JACOB		SNBI	21	Y	15
VON BLON	AMANDA		SNBI	21	N	15
VON BLON	MATILDA		SNBI	21	N	15
VON BLON	LUCINDA		SNBI	22	N	15
VON BLON	GEORGE		SNBI	22	N	15
VON BLON	LOUISA		SNBI	22	N	15
VON BLON	WM		SNBI	22	N	15
VON BLON	ANDREW		SNBI	22	N	15
VON BLON	SARAH		SNBI	22	N	15
VON BLON	LOUIS		SNBI	22	Y	17
VON BLON	ELIZ		SNBI	22	N	17
VON BLON	ANNA		SNBI	22	N	17
VONDRON	JOHN		SNW1	314	Y	96
VONDRON	FRESIE		SNW1	314	N	96
VONDRON	JOHN	M	SNW1	314	N	96
VONDRON	CATHARINE		SNW1	314	N	96
VONDRON	MICHAEL		SNW1	314	N	96

LASTNAME	FIRSTNAME	MI	LOCATION	PAGE	HEAD	HHOLD
VONDRON	CHARLES	J	SNW1	314	N	96
VONDRON	MARY		SNW1	314	N	96
VONDRON	JOSEPH		SNW1	314	N	96
VOOHAS/VOORHIES	WILLIAM		SNPL	203	Y	12
VOOHAS/VOORHIES	REBECCA		SNPL	203	N	12
VOOHAS/VOORHIES	MILTON		SNPL	203	N	12
VOOHAS/VOORHIES	MILAND		SNPL	203	N	12
VOOHAS/VOORHIES	ELIJER		SNPL	203	N	12
VOOHAS/VOORHIES	ANNA		SNPL	203	N	12
VOORHIES	EZRA		SNLI	157	Y	237
VOORHIES	CATHARINE		SNLI	157	N	237
VOORHIES	SARAH	J	SNLI	157	N	237
VOORHIES	EZRA		SNLI	157	Y	237
VOORHIES	CATHARINE		SNLI	157	N	237
VOORHIES	SARAH	J	SNLI	157	N	237
VOST	KATE		SNCL	70	Y	27
VROOMAN	JOHN	M.	SNJA	133	Y	104
VROOMAN	MARY		SNJA	133	N	104
VROOMAN	HORACE		SNJA	133	N	104
VROOMAN	JOHN	W.	SNJA	133	Y	105
VROOMAN	MARIAH		SNJA	133	N	105
VROOMAN	SARAH		SNJA	133	N	105
VROOMAN	HENRY		SNJA	133	N	105
VROOMAN	HOMER		SNJA	133	N	105
WACHTER	MARY		SNBI	40	Y	270
WADAMS	FRED		SNSC	241	Y	52
WADAMS	LAURA		SNSC	241	N	52
WADAMS	ISAAC		SNSC	241	N	52
WADAMS	EMMA		SNSC	241	N	52
WADE	MAGDELINE		SNBI	22	Y	24
WADE	WASHINGTON		SNLO	175	Y	174
WADE	CATHERINE	A	SNLO	175	N	174
WADE	WILLIAM	H	SNLO	174	N	175
WADE	EMMA	E	SNLO	175	N	174
WADE	DAVID	O	SNLO	175	N	174
WADE	LEWIS	R	SNLO	175	N	174
WADE	GEORGE	W	SNLO	175	N	174
WADE	ABNER		SNLO	179	Y	224
WADE	EMMA	J	SNLO	179	N	224
WADE	JAMES		SNLO	179	N	224
WADE	SAMUEL		SNLO	179	N	224
WADE	LUCY	A	SNLO	179	N	224
WADE	MARY	L	SNLO	179	N	224
WADE	MARTHA		SNLO	179	N	224
WADE	LOVINA		SNLO	179	N	224
WADE	TEMPERANCE		SNLO	184	Y	65
WADE	HARRIET		SNLO	184	N	65
WADE	ABNER	L	SNLO	185	Y	66
WADE	EMILY		SNLO	185	N	66
WADE	ABERSHAM		SNHO	111	Y	31
WAGANER	JACOB		SNBI	28	Y	105
WAGANER	MARY		SNBI	28	N	105
WAGANER	MARY		SNBI	28	N	105
WAGANER	JACOB		SNBI	28	N	105
WAGANER	MATTHIAS		SNBI	28	N	105
WAGANER	MICHAEL		SNBI	28	N	105
WAGANER	KATIE		SNBI	28	N	105
WAGANER	ELIZ.		SNBI	28	N	105
WAGANER	ANNA		SNBI	28	N	105
WAGANER	ROSELLA		SNBI	28	N	105
WAGANER	PETER		SNBI	28	Y	106
WAGANER	MARGARET		SNBI	28	N	106
WAGANER	JOSEPH		SNBI	28	N	106
WAGANER	LOUIS		SNBI	28	N	106
WAGANER	HENRY		SNBI	28	N	106
WAGANER	MARY		SNBI	28	N	106
WAGANER	FRANK		SNBI	28	N	106
WAGANER	PETER		SNBI	28	N	106
WAGER	ANNA		SNSN	272	Y	213
WAGGONER	CARL		SNW2	350	Y	12
WAGGONER	CATHERINE		SNW2	350	N	12
WAGGONER	LOUIS		SNW2	350	N	12
WAGGONER	FRED		SNW2	350	N	12
WAGGONER	PHILLIP		SNW2	350	N	12
WAGGONER	EMMA		SNW2	350	N	12
WAGGONER	BARBARA		SNED	91	Y	35
WAGGONER	CATHERINE		SNSN	260	Y	6

LASTNAME	FIRSTNAME	MI	LOCATION	PAGE	HEAD	HHOLD
WAGNER	JOHN		SNBI	25	Y	69
WAGNER	SUSAN		SNBI	25	N	69
WAGNER	JOHN		SNBI	73	N	69
WAGNER	SANFER		SNBI	36	Y	213
WAGNER	MOLL		SNBI	36	N	213
WAGNER	MARY		SNBI	36	N	213
WAGNER	MARGARET		SNBI	36	N	213
WAGNER	ANTHONY		SNBI	36	N	213
WAGNER	ALPHEAS		SNBI	36	N	213
WAGNER	HARMON		SNBI	36	N	213
WAGNER	ROSA		SNBI	36	N	213
WAGNER	WILLIAM		SNBI	36	N	213
WAGNER	EMMA		SNBI	36	N	213
WAGNER	SHELDON		SNBI	37	Y	226
WAGNER	MARY		SNBI	37	N	226
WAGNER	JOHN		SNBI	37	N	226
WAGNER	MARY		SNBI	37	N	226
WAGNER	LIZZIE		SNBI	37	N	226
WAGNER	NICHOLAS		SNBI	37	N	226
WAGNER	KATTY		SNBI	37	N	226
WAGNER	LOUISE		SNBI	37	N	226
WAGNER	PETER		SNBI	37	N	226
WAGNER	JOSEPH		SNBI	37	N	226
WAGNER	SHEL		SNBI	37	N	226
WAGNER	KATIE		SNBI	37	N	226
WAGNER	CHARLEY		SNBI	40	Y	269
WAGNER	ELIZ.		SNBI	40	N	269
WAGNER	JOSEPH		SNBI	40	N	269
WAGNER	CATHERINE		SNBI	40	N	269
WAGNER	MARY		SNBI	40	N	269
WAGNER	LOUIS		SNBI	40	N	269
WAGNER	JOSEPHINE		SNBI	40	N	269
WAGNER	AMELIA		SNBI	40	N	269
WAGNER	ANDY		SNLI	143	Y	15
WAGNER	LOUIZA		SNLI	145	Y	44
WAGNER	JACOB		SNLI	145	N	44
WAGNER	ANDREW		SNLI	145	N	44
WAGNER	ANNA	M	SNLI	145	N	44
WAGNER	FRANCIS	C	SNLI	145	N	44
WAGNER	ESTER	E	SNLI	145	N	44
WAGNER	ANNA	J	SNLI	145	N	44
WAGNER	LOUIZA	C	SNLI	145	N	44
WAGNER	LEVI		SNLI	155	Y	212
WAGNER	SUSAN		SNLI	155	N	212
WAGNER	WILLOBY	N	SNLI	155	N	212
WAGNER	LEVI	C	SNLI	155	N	212
WAGNER	JESSIE	B	SNLI	155	N	212
WAGNER	LILLIE	M	SNLI	155	N	212
WAGNER	MICHAEL		SNBI	42	Y	292
WAGNER	MARY		SNBI	42	N	292
WAGNER	MARIA		SNBI	42	N	292
WAGNER	CATHERINE		SNBI	42	N	292
WAGNER	MARY		SNBI	42	N	292
WAGNER	THERESA		SNBI	42	N	292
WAGNER	MICHAEL		SNBI	42	N	292
WAGNER	JOSEPHINE		SNBI	42	N	292
WAGNER	MOLLIE		SNBI	42	N	292
WAGNER	GEORGE		SNBI	42	N	292
WAGNER	JOSEPH		SNBI	42	N	292
WAGNER	AUGUST		SNBI	43	Y	304
WAGNER	ELIZ		SNBI	43	N	304
WAGNER	TERRACE		SNBI	43	N	304
WAGNER	ELIZ		SNBI	43	N	304
WAGNER	LOUIS		SNBI	43	N	304
WAGNER	FRANK		SNBI	43	N	304
WAGNER	FREDERICK		SNBI	45	Y	337
WAGNER	ELIZ		SNBI	45	N	337
WAGNER	LIBBIE		SNBI	45	N	337
WAGNER	BERTHA		SNBI	45	N	337
WAGNER	JOHN		SNLO	186	Y	84
WAGNER	MARGARET		SNLO	186	N	84
WAGNER	WILLIAM		SNLO	186	N	84
WAGNER	LUCI		SNLO	186	N	84
WAGNER	CATHERINE		SNLO	186	N	84
WAGNER	EMMA		SNLO	186	N	84
WAGNER	EMMA		SNW2	358	N	129
WAGNER	JACOB		SNTH	291	Y	154

LASTNAME	FIRSTNAME	MI	LOCATION	PAGE	HEAD	HHOLD
WAGNER	LEVI		SNTH	297	Y	240
WAGNER	SARAH		SNTH	297	N	240
WAGNER	DAVID		SNTH	297	N	240
WAGNER	CHARLES		SNTH	297	N	240
WAGNER	HENRY		SNTH	297	N	240
WAGNER	SUSAN		SNTH	297	N	240
WAGNER	HENRY		SNTH	297	Y	241
WAGNER	SUSAN		SNTH	297	N	241
WAGNER	SAMUEL		SNTH	299	Y	270
WAGNER	BARBARA		SNTH	299	N	270
WAGNER	BERGILLIAN		SNTH	299	N	270
WAGNER	HENRY		SNTH	299	N	270
WAGNER	MARY		SNTH	299	N	270
WAGNER	LOVINA		SNTH	299	N	270
WAGNER	IRVIN		SNTH	299	N	270
WAGNER	JOHN		SNTH	299	N	270
WAGNER	WILLIAM		SNTH	300	Y	271
WAGNER	ELIZABETH		SNTH	300	N	271
WAGNER	ELIZA		SNTH	300	N	271
WAGNER	HENRY		SNTH	300	N	271
WAGNER	LEVI		SNTH	300	N	271
WAGNER	RICHARD		SNTH	300	N	271
WAGNER	JOHN		SNTH	300	N	271
WAGNER	SUSAN		SNTH	300	N	271
WAGNER	MARY		SNTH	300	N	271
WAGNER	SAMUEL		SNTH	300	N	271
WAGNER	WILLIAM		SNTH	300	Y	273
WAGNER	CINDSILLA?		SNTH	300	N	273
WAGNER	SYLVESTER		SNHO	121	Y	204
WAGNER	JENNIE		SNHO	124	Y	267
WAGNER	JANE		SNBL	63	Y	226
WAGNER	ANDY		SNLI	143	Y	15
WAGNER	LOUIZA		SNLI	145	Y	44
WAGNER	JACOB		SNLI	145	N	44
WAGNER	ANDREW		SNLI	145	N	44
WAGNER	ANNA	M	SNLI	145	N	44
WAGNER	FRANCIS	C	SNLI	145	N	44
WAGNER	ESTER	E	SNLI	145	N	44
WAGNER	ANNA	J	SNLI	145	N	44
WAGNER	LOUIZA	C	SNLI	145	N	44
WAGNER	LEVI		SNLI	155	Y	212
WAGNER	SUSAN		SNLI	155	N	212
WAGNER	WILLOBY	N	SNLI	155	N	212
WAGNER	LEVI	C	SNLI	155	N	212
WAGNER	JESSIE	B	SNLI	155	N	212
WAGNER	LILLIE	M	SNLI	155	N	212
WAGNER	ABRAM		SNVE	387	Y	104
WAGNER	SARAH	J	SNVE	387	N	104
WAGNER	HARRIET	J	SNVE	387	N	104
WAGNER	ALICE		SNVE	387	N	104
WAGNER	AMIE		SNVE	387	N	104
WAGNER	MARY	E	SNVE	387	N	104
WAGNER	JOHN	H	SNVE	387	N	104
WAGNER	DEBOLT		SNSN	265	Y	93
WAGNER	MARGARET		SNSN	265	N	93
WAGNER	MARY		SNSN	265	N	93
WAGNER	ALFRED		SNSN	265	N	93
WAGNER	JOSEPHINE		SNSN	265	N	93
WAGNER	GEORGE		SNSN	265	N	93
WAGNER	JOHN		SNSN	265	N	93
WAGNER	CHARLES		SNSN	265	N	93
WAGNER	JOHN		SNSN	277	Y	288
WAGNER	CATHARINE		SNSN	277	N	288
WAGONER	DELORA		SNCL	74	Y	79
WAGONER	JAMES		SNCL	76	Y	117
WAGONER	MARY		SNCL	76	N	117
WAGONER	JOHN		SNCL	76	N	117
WAGONER	MARY		SNCL	76	N	117
WAGONER	LIZZIE		SNCL	76	N	117
WAGONER	ALLIE		SNCL	76	N	117
WAGONER	ANTHONY		SNCL	79	Y	161
WAGONER	FRANK		SNCL	79	N	161
WAGONER	MARY	A.	SNCL	79	N	161
WAGONER	ROSA	E.	SNCL	79	N	161
WAGONER	ELIZABETH		SNCL	79	N	161
WAGONER	FRANK	A.	SNCL	79	N	161
WAGONER	MATHIAS		SNBI	24	Y	49

LASTNAME	FIRSTNAME	MI	LOCATION	PAGE	HEAD	HHOLD
WAGONER	MARY		SNBI	24	N	49
WAGONER	MICHOLAS		SNBI	27	Y	97
WAGONER	MARY		SNBI	27	N	97
WAGONER	MARGARET		SNBI	27	N	97
WAGONER	MARY		SNBI	27	N	97
WAGONER	PETER		SNBI	27	N	97
WAGONER	NICHOLAS		SNBI	27	N	97
WAGONER	EDMOND		SNLI	154	Y	205
WAGONER	CATHARINE		SNLI	154	N	205
WAGONER	LEVI	J	SNLI	155	N	205
WAGONER	BYRON	A	SNLI	155	N	205
WAGONER	JOHN	J	SNLI	155	N	205
WAGONER	GEORGE	W	SNLI	155	N	205
WAGONER	WINFIELD	S	SNLI	155	N	205
WAGONER	WILLIAM	S	SNLI	155	N	205
WAGONER	ROSA	B	SNLI	155	N	205
WAGONER	JOSEPH		SNW1	322	Y	220
WAGONER	LIZZIE		SNW1	332	Y	361
WAGONER	FREDERICK		SNW1	334	Y	395
WAGONER	CAROLINE		SNW1	334	N	395
WAGONER	CHARLES		SNW1	334	N	395
WAGONER	MARTIN		SNW1	339	Y	461
WAGONER	SUSANA		SNW1	339	N	461
WAGONER	WILLIAM		SNW1	339	N	461
WAGONER	CHARLES		SNW1	339	N	461
WAGONER	EMMA		SNW1	339	N	461
WAGONER	JOSEPH		SNW1	339	N	461
WAGONER	FRANK		SNW1	347	Y	551
WAGONER	MARY	E.	SNW1	347	N	551
WAGONER	JOSEPHINE		SNW1	347	N	551
WAGONER	LEWIS		SNW1	347	N	551
WAGONER	ISABELLA		SNW1	347	N	551
WAGONER	EMMALE		SNW1	347	N	551
WAGONER	PAULENA		SNW1	347	N	551
WAGONER	OTTO		SNW1	347	N	551
WAGONER	FLORA		SNW1	347	N	551
WAGONER	JOHN		SNW1	347	N	551
WAGONER	MARTIN		SNW2	353	Y	55
WAGONER	BARBARA		SNW2	353	N	55
WAGONER	FRANK		SNW2	354	Y	65
WAGONER	MAGGIE		SNW2	354	N	65
WAGONER	CORDILLIAN		SNW2	354	N	65
WAGONER	ADAM		SNW2	358	Y	129
WAGONER	SOPHIA		SNW2	358	N	129
WAGONER	WILLIAM		SNW2	358	N	129
WAGONER	LEO	A	SNW2	358	N	129
WAGONER	SOPHIA		SNW2	358	N	129
WAGONER	CHRISTIAN		SNW2	358	N	129
WAGONER	BARBARA	M	SNW2	358	N	129
WAGONER	MARY		SNW2	358	N	129
WAGONER	MICHAEL		SNW2	358	N	129
WAGONER	FRANKA	C	SNW2	358	N	129
WAGONER	FRANK		SNW2	358	Y	130
WAGONER	MARY		SNW2	358	N	130
WAGONER	WILLIE		SNW2	358	N	130
WAGONER	ROSA	A	SNW2	358	N	130
WAGONER	JOHN		SNW2	362	Y	178
WAGONER	F	J	SNW2	371	Y	324
WAGONER	JOSEPHINE		SNW2	376	Y	380
WAGONER	MARY		SNW2	376	N	380
WAGONER	CHARLES		SNW2	376	N	380
WAGONER	JOSEPHINE		SNW2	376	N	380
WAGONER	ANNA		SNW2	376	N	380
WAGONER	LOUISA		SNW2	376	N	380
WAGONER	AMANDA		SNW2	376	N	380
WAGONER	SAMUEL		SNED	97	Y	119
WAGONER	ISABELA		SNED	97	N	119
WAGONER	WILLIAM		SNED	97	N	119
WAGONER	CHARLES		SNED	97	N	119
WAGONER	DANIEL		SNED	97	Y	122
WAGONER	ANGELINE		SNED	97	N	122
WAGONER	DAVID		SNED	97	N	122
WAGONER	EDMOND		SNED	97	N	122
WAGONER	GEORGE		SNED	97	N	122
WAGONER	HARRIET		SNED	97	N	122
WAGONER	WILLIAM		SNED	97	N	122
WAGONER	ALFREDIA		SNED	97	N	122

LASTNAME	FIRSTNAME	MI	LOCATION	PAGE	HEAD	HHOLD
WAGONER	IDA		SNED	97		122
WAGONER	JOSEPH		SNPL	203	Y	15
WAGONER	NANCY		SNPL	203	N	15
WAGONER	ORLIN		SNPL	204	N	15
WAGONER	RETTA	L	SNPL	204	N	15
WAGONER	MARGARET		SNPL	204	Y	16
WAGONER	JOANNA		SNPL	204	N	16
WAGONER	MARY	R	SNPL	215	Y	192
WAGONER	MARTHA		SNPL	218	Y	231
WAGONER	DANIEL		SNHO	110	Y	28
WAGONER	ANGELINE		SNHO	110	N	28
WAGONER	MINNIE		SNHO	110	N	28
WAGONER	CLIMA		SNHO	110	N	28
WAGONER	USHER		SNHO	110	N	28
WAGONER	DANIEL		SNHO	111	N	28
WAGONER	MACKENZIE		SNHO	111	N	28
WAGONER	VIOLA		SNHO	111	N	28
WAGONER	LILA		SNHO	111	N	28
WAGONER	MALINDA		SNHO	114	Y	90
WAGONER	ESTHER		SNHO	117	Y	139
WAGONER	EDMOND		SNLI	154	Y	205
WAGONER	CATHARINE		SNLI	154	N	205
WAGONER	LEVI	J	SNLI	155	N	205
WAGONER	BYRON	A	SNLI	155	N	205
WAGONER	JOHN	J	SNLI	155	N	205
WAGONER	GEORGE	W	SNLI	155	N	205
WAGONER	WINFIELD	S	SNLI	155	N	205
WAGONER	WILLIAM	S	SNLI	155	N	205
WAGONER	ROSA	B	SNLI	155	N	205
WAGONER	CHARLES		SNSN	269	Y	171
WAGONER	CATHERINE		SNSN	269	N	171
WAGONER	CATRINA		SNSN	269	N	171
WAGONER	EVA		SNSN	269	N	171
WAGONER	ELIZABETH		SNSN	269	N	171
WAGONER	MARY		SNSN	269	N	171
WAGONER	MARGARET		SNSN	269	N	171
WAGONER	JOHN		SNSN	269	N	171
WAGONER	RACHEL		SNSN	269	N	171
WAGONER	CATHERINE		SNSN	270	Y	179
WALBORN	JOHN		SNTH	286	Y	71
WALBORN	SUSAN		SNTH	286	N	71
WALBORN	SUSANAH		SNTH	286	N	71
WALBORN	HARRY		SNTH	286	N	71
WALBORN	SARAH		SNTH	286	N	71
WALBORN	DAVID		SNTH	297	Y	229
WALBORN	SARAH		SNTH	297	N	229
WALBORN	GEORGE		SNTH	297	N	229
WALBORN	ANNA		SNTH	297	N	229
WALBURN	JOHN		SNTH	304	Y	318
WALBURN	SARAH		SNTH	304	N	318
WALBURN	JACOB		SNTH	304	Y	319
WALDING	JOHN		SNLO	191	Y	167
WALDING	EMALINE	A	SNLO	191	N	167
WALDING	WILLIAM	J	SNLO	191	N	167
WALDING	HATTIE	E	SNLO	191	N	167
WALDO	STEPHEN		SNW2	363	Y	195
WALDO	LAURA		SNW2	363	N	195
WALDO	WILLIAM		SNW2	363	N	195
WALES	JOHN II		SNAD	2	Y	27
WALES	SARAH		SNAD	2	N	27
WALES	LIBBIE		SNAD	2	N	27
WALES	LEVI	LEON	SNAD	2	N	27
WALESTINE	GEORGE		SNW1	320	Y	197
WALESTINE	SUSANA		SNW1	320	N	197
WALESTINE	LANA		SNW1	320	N	197
WALESTINE	GEORGE		SNW1	320	N	197
WALKER	LUGARTA		SNBI	21	Y	10
WALKER	JOHN		SNBI	21	N	10
WALKER	JOS		SNBI	21	N	10
WALKER	ELIZABETH		SNW1	326	Y	280
WALKER	CHARLES	K	SNW1	326	N	280
WALKER	REBECCA		SNW1	326	N	280
WALKER	REBECCA		SNW2	373	Y	348
WALKER	MAUD		SNW2	373	N	348
WALKER	JACOB		SNW2	374	Y	364
WALKER	JOSEPH		SNPL	203	Y	10
WALKER	SYLVANIA		SNPL	203	N	10

LASTNAME	FIRSTNAME	MI	LOCATION	PAGE	HEAD	HHOLD
WALKER	JAMES		SNPL	203	N	10
WALKER	WILLIAM		SNPL	203	N	10
WALKER	ELDORA		SNPL	203	N	10
WALKER	JOHN		SNPL	203	N	10
WALKER	STEPHEN	A	SNBL	63	Y	233
WALKER	ELISABETH		SNBL	63	N	233
WALKER	MARTHA	E	SNBL	63	N	233
WALKER	JOHN	F	SNBL	63	N	233
WALKER	ALBERT	F	SNBL	63	N	233
WALKER	CHARLES	K	SNBL	63	N	233
WALKER	CHESTER	D	SNBL	63	N	233
WALKER	LEWIS	W	SNBL	63	N	233
WALKER	STEPHEN		SNBL	63	N	233
WALKER	JESSE	E	SNBL	63	N	233
WALKER	MARY	B	SNBL	63	N	233
WALKER	JOHN		SNVE	390	Y	151
WALKER	FANNY		SNVE	390	N	151
WALKER	HANNAH	F	SNVE	390	N	151
WALKER	ELIZA	M	SNVE	390	N	151
WALKER	MARY		SNSN	263	Y	67
WALKEY	JOHN	W	SNTH	282	Y	9
WALKEY	LYDIA	H	SNTH	282	N	9
WALKEY	ARTHUR		SNTH	282	N	9
WALL	MICHAEL		SNW1	330	Y	332
WALL	MARY		SNW1	330	N	332
WALL	EDWARD		SNW1	330	N	332
WALL	CHARLES		SNW1	330	N	332
WALL	IDELLA		SNW1	330	N	332
WALL	JAMES		SNW1	330	N	332
WALL	MARY		SNW1	330	N	332
WALL	NICKOLAS		SNW2	358	Y	127
WALL	CATHARINE		SNW2	358	N	127
WALL	SUSANA		SNW2	364	Y	213
WALL	JANE		SNRE	227	Y	99
WALL	GEORGE	S	SNRE	227	N	99
WALL	SAMANETHA		SNRE	227	N	99
WALLACE	MORNING		SNW1	330	Y	326
WALLER	GEORGE		SNHO	113	Y	64
WALLER	EMMA		SNHO	113	N	64
WALLER	MARY		SNHO	113	N	64
WALTER	JOHN		SNLI	149	Y	115
WALTER	CATHARINE		SNLI	149	N	115
WALTER	JOHN	W	SNLI	149	N	115
WALTER	MARY	E	SNLI	149	N	115
WALTER	JOHN		SNLI	154	Y	197
WALTER	SUSAN	C	SNLI	154	N	197
WALTER	JOHN		SNLI	154	N	197
WALTER	FRANK	L	SNLI	154	N	197
WALTER	NICHOLAS		SNLO	176	Y	190
WALTER	MARGARET		SNLO	176	N	190
WALTER	PETER		SNLO	176	N	190
WALTER	LEONARD		SNLO	176	N	190
WALTER	CATHARINE		SNLO	176	N	190
WALTER	JOHN		SNLO	176	N	190
WALTER	MARY		SNLO	176	N	190
WALTER	MICHAEL		SNHO	112	Y	54
WALTER	MARGARET		SNHO	112	N	54
WALTER	MICHAEL		SNHO	112	N	54
WALTER	MARY		SNHO	112	N	54
WALTER	JOHN		SNHO	112	N	54
WALTER	JOSEPH		SNHO	112	N	54
WALTER	SARAH		SNHO	112	N	54
WALTER	WILLIAM		SNHO	112	N	54
WALTER	JOHN		SNLI	149	Y	115
WALTER	CATHARINE		SNLI	149	N	115
WALTER	JOHN	W	SNLI	149	N	115
WALTER	MARY	E	SNLI	149	N	115
WALTER	JOHN		SNLI	154	Y	197
WALTER	SUSAN	C	SNLI	154	N	197
WALTER	JOHN		SNLI	154	N	197
WALTER	FRANK	L	SNLI	154	N	197
WALTER	LAFAYETTE		SNRE	227	Y	98
WALTERMIRE	JAMES		SNJA	133	Y	111
WALTERMIRE	MATILDA		SNJA	133	N	111
WALTERMIRE	ORA	E.	SNJA	133	N	111
WALTERS	CHRISTOPHER		SNCL	72	Y	60
WALTERS	JOHN	W	SNLI	158	Y	262

LASTNAME	FIRSTNAME	MI	LOCATION	PAGE	HEAD	HHOLD
WALTERS	CHRISTINA		SNLI	158	N	262
WALTERS	SAMUEL		SNLI	158	N	262
WALTERS	MICHAEL	W	SNLI	158	N	262
WALTERS	PETER		SNJA	135	Y	133
WALTERS	MICHAEL		SNJA	139	Y	208
WALTERS	MARTHA		SNJA	139	N	208
WALTERS	HENRY		SNLO	165	Y	42
WALTERS	AGNES		SNLO	165	N	42
WALTERS	NICHOLAS		SNLO	193	Y	207
WALTERS	JOHN	W	SNLI	158	Y	262
WALTERS	CHRISTINA		SNLI	158	N	262
WALTERS	SAMUEL		SNLI	158	N	262
WALTERS	MICHAEL	W	SNLI	158	N	262
WALTON	LEVI		SNSN	269	Y	167
WALTON	HULDA		SNSN	269	N	167
WALTON	ELECTA		SNSN	269	N	167
WAN ?	JAMES		SNAD	6	Y	93
WANEMAKER	ISAAC		SNSN	270	Y	189
WANEMAKER	CATHERINE		SNSN	270	N	189
WANEMAKER	CAROLINE		SNSN	270	N	189
WANEMAKER	DANIEL		SNSN	270	N	189
WANEMAKER	JOEL		SNSN	270	N	189
WANEMAKER	MARY		SNSN	270	N	189
WANEMAKER	SYLVESTER		SNSN	270	N	189
WANGLAR	THEODORE		SNBI	31	Y	144
WANGLAR	MAGDALENE		SNBI	31	N	144
WANGLAR	CHARLEY		SNBI	31	N	144
WANGLAR	ANTHONY		SNBI	31	N	144
WANGLAR	JACOB		SNBI	31	N	144
WANGLAR	AARON		SNBI	31	N	144
WANGLAR	LUCY		SNBI	31	N	144
WANGLAR	MARY		SNBI	31	N	144
WANGLAR	JOSEPH		SNBI	31	N	144
WANGLAR	KATY		SNBI	31	N	144
WANGLAR	JOHN		SNBI	31	N	144
WANGLER	SIMEN		SNCL	78	Y	141
WANK	JOHN		SNSN	272	Y	219
WANK	MARY		SNSN	272	N	219
WANK	JOSEPH		SNSN	272	N	219
WANK	ELIZABETH		SNSN	272	N	219
WANK	MARY	ANN	SNSN	272	N	219
WANK	MATILDA		SNSN	272	N	219
WANK	MICHAL		SNSN	272	N	219
WANK	CHARLES		SNSN	272	N	219
WANK	CAROLINE		SNSN	272	N	219
WANK	HANNAH		SNSN	272	N	219
WANK	FRANK		SNSN	272	N	219
WANK	ABBY		SNSN	272	N	219
WANK	JOHN		SNSN	272	N	219
WANSEL	JOHN		SNVE	386	Y	89
WANSEL	NANCY		SNVE	386	N	89
WANSEL	IRA	M.	SNVE	386	N	89
WANSEL	CHRISTENIA		SNVE	386	N	89
WANSEL	JAMES	H.	SNVE	386	N	89
WANSEL	SARAH	E.	SNVE	386	N	89
WARE	JACOB		SNLO	179	Y	225
WARE	MARIAH		SNLO	179	N	225
WARE	NOAH		SNLO	179	N	225
WARE	LYDA		SNLO	179	N	225
WARE	STEPHEN		SNLO	179	N	225
WARE	MARGARET		SNLO	179	N	225
WARNEMAN	KATE		SNBI	34	Y	182
WARNEMAN	JOSEPH		SNBI	34	N	182
WARNEMAN	NICHOLAS		SNBI	34	N	182
WARNEMAN	MARY		SNBI	34	N	182
WARNEMAN	JOHN		SNBI	34	Y	184
WARNEMAN	MARY		SNBI	34	N	182
WARNEMAN	CHARLEY		SNBI	34	N	184
WARNEMAN	STEVEN		SNBI	34	N	184
WARNEMEN	MARGARET		SNBI	34	N	184
WARNEMEN	JOSEPH		SNBI	34	N	184
WARNER	GUS		SNBI	27	Y	99
WARNER	MARY		SNBI	27	N	99
WARNER	NICHOLAS		SNBI	27	N	99
WARNER	ANNA		SNBI	27	N	99
WARNER	JANE		SNBI	27	N	99
WARNER	DAVID		SNLI	147	Y	77

LASTNAME	FIRSTNAME	MI	LOCATION	PAGE	HEAD	HHOLD
WARNER	ELIZA		SNLI	147	N	77
WARNER	SOLOMON		SNLI	147	N	77
WARNER	FRANKLIN		SNLI	147	N	77
WARNER	MARGARET		SNLI	147	N	77
WARNER	GILFORD		SNLI	147	N	77
WARNER	JACOB		SNLI	154	Y	198
WARNER	REBECCA		SNLI	154	N	198
WARNER	CATHERINE		SNBI	40	Y	270
WARNER	ELIZ		SNBI	45	Y	344
WARNER	WILLIAM		SNBI	45	N	344
WARNER	ISAAC		SNLO	191	Y	173
WARNER	ISAAC		SNLO	199	Y	299
WARNER	MARY	M	SNLO	199	N	299
WARNER	JESSIE		SNLO	199	N	299
WARNER	JOSEPH		SNW1	334	Y	383
WARNER	FRANCES		SNW1	334	N	383
WARNER	FRANCES		SNW1	334	N	383
WARNER	MATHIAS		SNW1	334	N	383
WARNER	BLAZES		SNW1	334	N	383
WARNER	FRANK		SNW1	334	Y	389
WARNER	MARY		SNW1	334	N	389
WARNER	MAGDALENA		SNW1	334	N	389
WARNER	JOSEPH	H.	SNW1	334	N	389
WARNER	JOSEPH		SNW1	335	Y	399
WARNER	ELIZABETH		SNW1	335	N	399
WARNER	EZIAS		SNW1	338	Y	444
WARNER	JACOB		SNW2	361	Y	172
WARNER	MARTHA		SNED	102	Y	197
WARNER	LIBBIE		SNED	102	N	197
WARNER	MATILDA		SNED	102	N	197
WARNER	SOPHIA		SNED	102	N	197
WARNER	GEORGE		SNED	106	Y	281
WARNER	SARAH		SNED	106	N	281
WARNER	JOSEPH		SNED	107	N	281
WARNER	CHARLES		SNED	107	N	281
WARNER	DAVID		SNLI	147	Y	77
WARNER	ELIZA		SNLI	147	N	77
WARNER	SOLOMON		SNLI	147	N	77
WARNER	FRANKLIN		SNLI	147	N	77
WARNER	MARGARET		SNLI	147	N	77
WARNER	GILFORD		SNLI	147	N	77
WARNER	JACOB		SNLI	154	Y	198
WARNER	REBECCA		SNLI	154	N	198
WARNICK	ELIZ		SNBI	40	Y	270
WARREN	ELLEN		SNW2	368	Y	275
WARREN	KATE		SNW2	369	Y	290
WARREN	JULIA		SNHO	111	Y	29
WARREN	JAMES		SNRE	228	Y	126
WARRINGTON	REBECCA		SNLO	175	N	179
WARRINGTON	ALBERT		SNLO	175	N	179
WARRINGTON	SARAH		SNLO	175	N	179
WARRINGTON	NATHAN		SNLO	175	N	179
WARRINGTON	JOHN		SNLO	175	N	179
WARRINGTON	JOHN		SNLO	175	Y	179
WARRINGTON	ELISA		SNLO	175	N	179
WARRINGTON	MARY		SNLO	175	N	179
WARRINGTON	ALDORA		SNLO	175	N	179
WARRINGTON	MINNA		SNLO	175	N	179
WARTING	SIMON		SNHO	114	Y	88
WARTING	SUSANNAH		SNHO	114	N	88
WARTING	JOSEPH		SNHO	114	N	88
WATCHER	LIZZIE		SNW1	324	Y	251
WATCHER	MAGGIE		SNW1	343	Y	499
WATCHER	JENNIE		SNW1	343	N	499
WATCHER	LEWIS		SNW2	379	Y	428
WATCHER	CHRISTINA		SNW2	379	N	428
WATCHER	EFFA		SNW2	379	N	428
WATSON	GEORGE		SNJA	127	Y	15
WATSON	MARY		SNLO	202	Y	362
WATSON	DAVID		SNW1	308	Y	3
WATSON	COOPER	K	SNW1	330	Y	325
WATSON	CAROLINE		SNW1	330	N	325
WATSON	ELLEN		SNW1	330	N	325
WATSON	JAMES	L	SNW2	371	Y	321
WATSON	MARGARET		SNW2	371	N	321
WATSON	THRESSA		SNW2	371	N	321
WATSON	LIZZIE		SNW2	371	N	321

LASTNAME	FIRSTNAME	MI	LOCATION	PAGE	HEAD	HHOLD
WATSON	HARRY		SNW2	371	N	321
WATSON	MARTHA		SNW2	371	N	321
WATSON	JAMES	L	SNW2	371	N	321
WATSON	CHARLES		SNW2	371	N	321
WATSON	EMMA		SNW2	371	N	321
WATSON	M	T	SNW2	376	Y	385
WATSON	FRANCES		SNW2	376	N	385
WATSON	MARY		SNPL	210	Y	119
WATSON	OLIVER		SNPL	210	N	119
WATSON	ELIZABETH		SNPL	210	N	119
WATSON	GEORGE		SNPL	210	N	119
WATSON	ETTA		SNPL	210	N	119
WATSON	THOMAS		SNPL	210	Y	121
WATSON	SARAH		SNPL	210	N	121
WATSON	ROBERT		SNPL	215	Y	186
WATSON	ANNA		SNPL	215	N	186
WATSON	REBECCA		SNPL	215	N	186
WATSON	ISAAC	G	SNBL	49	Y	7
WATSON	ELISABETH	J	SNBL	49	N	7
WATSON	MARY	H	SNBL	49	N	7
WATSON	EMMA	J	SNBL	49	N	7
WATSON	ANN	C	SNBL	49	Y	8
WATSON	ESTHER	C	SNBL	49	N	8
WATSON	HARRIET	E	SNBL	49	N	8
WATSON	ENOCH		SNBL	58	Y	150
WATSON	MARILDA		SNBL	58	N	150
WATSON	DANIEL	H	SNBL	58	Y	151
WATSON	ELISABETH		SNBL	58	N	151
WATSON	ISAAC	R	SNBL	63	Y	226
WATSON	ASHFORD	G	SNBL	66	Y	277
WATSON	JANE		SNBL	66	N	277
WATSON	JAMES	W	SNBL	66	N	277
WATSON	CHARLES	S	SNBL	66	N	277
WATSON	WILLIAM		SNBL	66	N	277
WATT	ROBERT		SNCL	80	Y	170
WATT	HENRY		SNW1	322	Y	220
WATT	FRONA		SNW1	322	N	220
WATT	MARY		SNW1	322	N	220
WATT	JOHN		SNW1	322	N	220
WATT	DANA		SNW1	322	N	220
WATT	PAUL		SNW1	322	N	220
WATT	JOSEPH		SNW1	322	N	220
WATT	FRANK		SNW1	322	N	220
WATT	ROSA		SNW1	322	N	220
WATTS	ENOS		SNW1	321	Y	212
WATTS	PAULINE		SNW1	321	N	212
WATTS	ADAM		SNW1	321	N	212
WATTS	MARY		SNW1	321	N	212
WATTS	CATHARINE		SNW1	321	N	212
WATTS	JOHN		SNW1	321	N	212
WAX	JOHN		SNBL	60	Y	187
WAX	SARAH		SNBL	60	N	187
WAX	MARY	M	SNBL	60	N	187
WAX	JOHN	B	SNBL	60	N	187
WAY	EDWARD		SNED	92	Y	52
WAY	SARAH		SNED	92	N	52
WAY	ROBERT		SNED	92	N	52
WAY	CARRIE		SNED	92	N	52
WAY	EVA		SNED	92	N	52
WAY	CHARLES		SNSC	254	Y	266
WAY	MARY		SNSC	254	N	266
WAY	CORLETTA		SNSC	254	N	266
WAY	CHARLES		SNSC	254	N	266
WAY	ETTIE		SNSC	254	N	266
WAYANT	JOHN		SNED	91	Y	35
WAYMAN	THOMAS		SNED	91	Y	35
WAYMAN	ELIZABETH		SNED	107	Y	295
WAYMAN	JOHN		SNED	107	Y	295
WAYMAN	GEORGE		SNED	107	Y	295
WAYNANDY	MIKE		SNBI	38	Y	240
WAYNANDY	PHILOMENA		SNBI	38	N	240
WAYNANDY	AUGUST		SNBI	40	N	240
WAYNANDY	FRANK		SNBI	38	N	240
WAYNANDY	JOHN		SNBI	38	N	240
WAYNANDY	JACOB		SNBI	38	N	240
WEABLE	ABNER		SNW2	371	Y	317
WEABLE	ELIZABETH		SNW2	371	N	317

LASTNAME	FIRSTNAME	MI	LOCATION	PAGE	HEAD	HHOLD
WEABLE	JOHN		SNW2	371	N	317
WEABLE	HENRY		SNW2	371	N	317
WEABLE	SIMEON		SNW2	371	N	317
WEADER	EDWARD		SNW1	335	Y	406
WEADER	HETTA		SNW1	335	N	406
WEAVER	ANN		SNCL	73	Y	68
WEAVER	WILLIAM		SNBI	28	Y	102
WEAVER	SUSAN		SNBI	28	N	102
WEAVER	MICHAEL		SNBI	28	N	102
WEAVER	HENRY		SNBI	28	N	102
WEAVER	JOHN		SNBI	28	N	102
WEAVER	JOSEPH		SNBI	28	N	102
WEAVER	NICHOLAS		SNBI	28	N	102
WEAVER	MARTIN		SNBI	28	N	102
WEAVER	LUCY		SNBI	28	N	102
WEAVER	ANNA		SNBI	28	N	102
WEAVER	JOHN	B	SNLI	155	Y	213
WEAVER	ROSANNAH		SNLI	155	N	213
WEAVER	DAVID		SNLI	155	N	213
WEAVER	JOHN		SNLI	155	N	213
WEAVER	ELLEN		SNLI	155	N	213
WEAVER	GEORGE		SNLI	155	N	213
WEAVER	LESTER		SNLI	155	N	213
WEAVER	FLORA		SNLI	155	N	213
WEAVER	WILLIAM		SNLO	187	Y	111
WEAVER	MARY		SNLO	187	N	111
WEAVER	GEO	W	SNLO	187	N	111
WEAVER	ROSA		SNLO	187	N	111
WEAVER	ALPHINE ?		SNLO	189	Y	129
WEAVER	RAICHAEL	D	SNLO	189	N	129
WEAVER	DANIEL		SNLO	196	Y	247
WEAVER	CORDELIA		SNLO	196	N	247
WEAVER	WARREN	B	SNLO	196	N	247
WEAVER	FRANK	L	SNLO	196	N	247
WEAVER	HARRY	R	SNLO	196	N	247
WEAVER	CHARLES	D	SNLO	196	N	247
WEAVER	WILLIE	E	SNLO	196	N	247
WEAVER	JOICE	M	SNLO	196	N	247
WEAVER	PETER		SNW2	356	Y	97
WEAVER	CATHARINE		SNW2	356	N	97
WEAVER	JOHN		SNW2	356	N	97
WEAVER	MATHIAS		SNW2	356	N	97
WEAVER	JOHN		SNPL	205	Y	46
WEAVER	CHRISTIAN		SNTH	288	Y	107
WEAVER	PETER		SNHO	120	Y	200
WEAVER	MARY		SNHO	120	N	200
WEAVER	PHILLIP		SNHO	120	N	200
WEAVER	JOHN	B	SNLI	155	Y	213
WEAVER	ROSANNAH		SNLI	155	N	213
WEAVER	DAVID		SNLI	155	N	213
WEAVER	JOHN		SNLI	155	N	213
WEAVER	ELLEN		SNLI	155	N	213
WEAVER	GEORGE		SNLI	155	N	213
WEAVER	LESTER		SNLI	155	N	213
WEAVER	FLORA		SNLI	155	N	213
WEAVER	MARTIN		SNVE	381	Y	28
WEAVER	ABIGAL		SNVE	381	N	28
WEAVER	JULIA		SNVE	381	N	28
WEAVER	NORSISA	J	SNVE	381	N	28
WEAVER	WASHINGTON		SNVE	381	Y	29
WEAVER	ELIZABETH		SNVE	381	N	29
WEAVER	JOHN	M	SNVE	381	N	29
WEAVER	FRANKLIN		SNVE	381	N	29
WEAVER	DAVID	J	SNVE	381	N	29
WEAVER	MARY	M	SNVE	381	N	29
WEAVER	BERTHA	M	SNVE	381	N	29
WEAVER	SARAH		SNVE	392	Y	191
WEAVER	AMIE		SNVE	392	N	191
WEAVER	EDWARD		SNVE	392	N	191
WEAVER	WILLIAM		SNVE	392	N	191
WEAVER	LAURA		SNVE	392	N	191
WEAVER	SAMUEL		SNVE	392	N	191
WEBB	GEORGE		SNLO	164	Y	2
WEBB	CLARA		SNLO	201	Y	341
WEBB	HARVY		SNW2	364	Y	218
WEBB	ELLINORA		SNW2	364	N	218
WEBB	ELLA		SNW2	364	N	218

LASTNAME	FIRSTNAME	MI	LOCATION	PAGE	HEAD	HHOLD
WEBB	GEORGE		SNW2	364	N	218
WEBB	ELIZABETH		SNED	104	Y	230
WEBSTER	ISAAC	H	SNBL	57	Y	134
WEBSTER	RUTH	A	SNBL	57	N	134
WEBSTER	SUSAN		SNBL	57	N	134
WEBSTER	MARTHA	N	SNBL	57	N	134
WEBSTER	JACOB		SNBL	57	Y	137
WEBSTER	CATHERINE		SNBL	57	N	137
WEBSTER	ELISABETH		SNBL	57	N	137
WEBSTER	JOHN	M	SNBL	57	Y	139
WEBSTER	ELISABETH		SNBL	57	N	139
WEBSTER	JAMES	R	SNBL	57	N	139
WEBSTER	JANE		SNBL	65	Y	256
WECKS	EVA		SNED	107	Y	283
WECKS	MIRA		SNED	107	N	293
WECKS	GEORGE		SNED	107	N	283
WEED	TIMOTHY		SNRE	231	Y	173
WEED	MARY	A	SNRE	231	N	173
WEED	WALTER	S	SNRE	231	N	173
WEED	LOTTIE	A	SNRE	231	N	173
WEED	ROSE	B	SNRE	231	N	173
WEED	GEORGE	A	SNRE	231	N	173
WEED	ALLIE	L	SNRE	231	N	173
WEED	ADA	R	SNRE	231	N	173
WEEKLEY	CHARLES		SNED	95	Y	88
WEELER	WATSON	B.	SNVE	399	Y	312
WEELER	AMELIA		SNVE	399	N	312
WEELER	MINIE		SNVE	399	N	312
WEELER	SARAH	B.	SNVE	399	N	312
WEER	MARGARETH		SNAD	3	Y	44
WEGAND	MATHIAS		SNW1	319	Y	166
WEGAND	KATE		SNW1	319	N	166
WEGAND	JOHN		SNW1	319	N	166
WEGAND	SUSAN		SNW1	319	N	166
WEGAND	PETER		SNW1	319	N	166
WEGLEY	JAMES		SNED	95	Y	94
WEGLEY	ANN		SNED	95	N	94
WEGLEY	MATHIAS		SNED	95	Y	94
WEGLEY	WILLIE		SNED	95	N	94
WEIBLEN	MINNIE		SNTH	284	Y	33
WEIDER	JOHN		SNAD	5	Y	78
WEIDER	MARY		SNAD	5	N	78
WEIDLING	HENRY		SNW1	345	Y	528
WEIHL	GEORGE		SNTH	305	Y	329
WEIHL	ELIZABETH		SNTH	305	N	329
WEIHL	WILLIAM		SNTH	305	N	329
WEIHL	ELIZABETH		SNTH	305	N	329
WEIHL	GEORGE		SNTH	305	N	329
WEIKER	JOSEPH		SNAD	7	Y	104
WEIKER	BETSY		SNAD	7	N	104
WEIKER	KATIE		SNAD	7	N	104
WEIKER	JACOB		SNAD	7	N	104
WEIKER	JOHN		SNAD	7	N	104
WEIKER	MARY		SNAD	7	N	104
WEIKER	GEORGE		SNAD	7	N	104
WEIKER	ADDIE		SNAD	7	N	104
WEIKER	JACOB		SNAD	19	Y	320
WEIKER	EMELINE		SNAD	19	N	320
WEIKER	FRANK		SNAD	19	N	320
WEIKER	ISAAC		SNAD	19	Y	321
WEIKER	MARY		SNAD	19	N	321
WEIKER	WILLIAM		SNAD	19	N	321
WEIKER	VALENTINE		SNAD	19	Y	322
WEIKER	EMELINE		SNAD	19	N	322
WEIKER	MARY		SNAD	19	N	322
WEIKER	LEVI		SNAD	19	N	322
WEIKER	ELIAS		SNTH	287	Y	90
WEIKER	MARIA		SNTH	287	N	90
WEIKER	SARAH		SNTH	287	N	90
WEIKER	AMANDA		SNTH	287	N	90
WEIKER	EMMA		SNTH	287	N	90
WEIKER	JONAS		SNTH	291	Y	156
WEIKER	ADDA		SNTH	291	N	156
WEIKER	GEORGE		SNTH	291	N	156
WEIKER	EDEN		SNTH	291	N	156
WEIKER	ISAAC		SNTH	300	Y	279
WEIKER	LIZZIE		SNTH	300	N	279

LASTNAME	FIRSTNAME	MI	LOCATION	PAGE	HEAD	HHOLD
WEIKER	ADDA		SNTH	300	N	279
WEIKER	ELLA		SNTH	300	N	279
WEIKER	DAVID		SNRE	222	Y	30
WEIKER	JANE		SNRE	222	N	30
WEIKER	ERVION		SNRE	222	N	30
WEIKER	MELINDA		SNRE	222	N	30
WEIKERT	CHARLES		SNHO	110	Y	23
WEIKERT	MARY		SNHO	110	N	23
WEIKERT	MATILDA		SNHO	110	N	23
WEIKERT	EMMA		SNHO	110	N	23
WEIMER	MOSES		SNCL	84	Y	234
WEIMER	MARY		SNCL	84	N	234
WEIMER	OLLES ?		SNCL	84	N	234
WEIMER	LIZZIE		SNCL	84	N	234
WEIMER	RALPH		SNCL	84	N	234
WEIMER	NANCY		SNJA	129	Y	42
WEIMER	MATHIAS		SNW1	333	Y	368
WEIMER	ROSA		SNW1	333	N	368
WEIMER	MARY		SNW1	333	N	368
WEIMER	JOHN	M.	SNW1	344	Y	512
WEIMER	LAURA		SNW1	344	N	512
WEIMER	CHARLES		SNW1	344	N	512
WEIMER	MATILDA		SNW1	344	N	512
WEIMER	HENRY		SNW1	344	N	512
WEINERT	PETER		SNSN	268	Y	150
WEINERT	SUSAN		SNSN	268	N	150
WEINERT	ADAM		SNSN	268	N	150
WEINERT	GEORGE		SNSN	268	N	150
WEINERT	ALLEAN		SNSN	268	N	150
WEINICK	CHRISTOPHER		SNW1	328	Y	301
WEIR	NATHAN		SNSC	245	Y	122
WEIR	BARBRA		SNSC	245	N	122
WEIR	GEORGE		SNSC	245	N	122
WEIR	EMMA		SNSC	245	N	122
WEIR	FRANK		SNSC	245	N	122
WEIR	SUSAN		SNSC	245	N	122
WEIR	DANIEL		SNSC	245	N	122
WEIRICK	LEVI		SNW1	348	Y	568
WEIRICK	MARTHA		SNW1	348	N	568
WEIRICK	JOHN	B.	SNW1	348	N	568
WEIRICK	SUE	M.	SNW1	348	N	568
WEIRICK	BOND		SNW1	348	N	568
WEISBECKER	HENRY		SNW1	315	Y	120
WEISBECKER	MARY		SNW1	315	N	120
WEISBECKER	JANE		SNW1	315	N	120
WEISBECKER	EVA		SNW1	315	N	120
WEISBECKER	KATE		SNW1	315	N	120
WEISBECKER	GEORGE		SNW1	315	N	120
WEISMAN	ALBERT		SNTH	283	Y	33
WEITER	CHARLES		SNAD	16	Y	267
WEITER	SARAH		SNAD	16	N	267
WELCH	HUGH		SNAD	13	Y	203
WELCH	MARIA		SNAD	13	N	203
WELCH	MINNIE		SNAD	13	N	203
WELCH	ADA		SNAD	13	N	203
WELCH	HANNAH		SNED	102	Y	198
WELCH	WILLIAM		SNED	102	Y	198
WELCH	WILLIAM	H	SNED	102	N	198
WELCH	BYRON		SNED	103	Y	228
WELCH	REBECCA		SNED	103	N	228
WELCH	SARAH		SNED	103	N	228
WELCH	ALBERT		SNED	103	N	228
WELCH	MINNIE		SNED	103	N	228
WELCH	ROLAND		SNED	104	N	228
WELCH	RALPH		SNED	104	N	228
WELCH	MICHAEL		SNSC	250	Y	199
WELCH	BETSY		SNSC	250	N	199
WELCH	HENRY		SNBL	62	Y	210
WELDEN	JOHNATHON		SNBL	51	Y	48
WELDEN	RUTHAN		SNBL	51	N	48
WELDEN	THOMAS		SNBL	51	N	48
WELDEN	PEMULIA		SNBL	51	N	48
WELDEN	NANCY		SNBL	51	N	48
WELDY	JOHN		SNLO	163	Y	4
WELER	LUKE		SNBL	64	Y	242
WELER	HARRIET	A	SNBL	64	N	242
WELER	CHALOTTE	J	SNBL	64	N	242

LASTNAME	FIRSTNAME	MI	LOCATION	PAGE	HEAD	HHOLD
WELER	CHARLES	E	SNBL	64	N	242
WELLER	JOHN	L	SNW2	355	Y	77
WELLER	MARIA		SNW2	355	N	77
WELLER	ELLA		SNW2	355	N	77
WELLER	CHARLES		SNW2	355	N	77
WELLER	LANA		SNW2	355	N	77
WELLER	ED	F	SNW2	376	Y	391
WELLER	ROSANA		SNW2	376	N	391
WELLER	JOHN		SNTH	300	Y	278
WELLER	POLLY		SNTH	300	N	278
WELLER	JACOB		SNTH	300	N	278
WELLER	JOHN		SNTH	300	N	278
WELLER	MARY		SNTH	300	N	278
WELLER	ELIZABETH?		SNTH	300	N	278
WELLER	LAURA		SNTH	300	N	278
WELLER	ISAAC		SNTH	300	N	278
WELLER	LEVI		SNTH	300	N	278
WELLER	BERTHA		SNTH	300	N	278
WELLER	LOVINA		SNTH	301	Y	289
WELLER	JOHN		SNTH	301	N	289
WELLER	JACOB		SNTH	301	N	289
WELLER	GEORGE		SNTH	301	N	289
WELLER	MARY		SNTH	301	N	289
WELLER	ANNA		SNTH	301	N	289
WELLER	LANA		SNTH	301	N	289
WELLEY	JOHN		SNBI	27	Y	89
WELLEY	PETER		SNBI	27	N	89
WELLEY	MICHAEL		SNBI	27	N	89
WELLEY	JOSEPH		SNBI	27	N	89
WELLEY	MARY		SNBI	27	N	89
WELLEY	THOS.		SNBI	27	N	89
WELLEY	HENRY		SNBI	27	N	89
WELLEY	LAVINA		SNBI	27	N	89
WELLS	BENJAMIN		SNBI	29	Y	125
WELLS	SARAH		SNBI	29	N	125
WELLS	ANNA		SNBI	29	N	125
WELLS	LEVI	S	SNLO	185	Y	68
WELLS	JULIA	ANN	SNLO	185	N	68
WELLS	CAROLINE		SNLO	185	N	68
WELLS	MONROE		SNLO	185	N	68
WELLS	ANN		SNLO	185	N	68
WELLS	BENJAMIN		SNLO	201	Y	340
WELLS	ELIZA	A	SNLO	201	N	340
WELLS	ALBERT		SNLO	201	N	340
WELLS	SAMUEL	E	SNLO	201	N	340
WELLS	GEORGE		SNW2	379	Y	435
WELLS	HENRY		SNRE	231	Y	172
WELLS	URCULA	J	SNRE	231	N	172
WELLS	GEORGE	A	SNRE	231	N	172
WELLS	PERRY	U	SNRE	231	N	172
WELSER	MAGGIE		SNW1	324	Y	245
WELSH	THOMAS		SNW2	368	Y	272
WELSH	JANE		SNW2	368	N	272
WELSH	JENNIE		SNW2	368	N	272
WELSH	NELLIE		SNW2	368	N	272
WELSH	SARAH		SNED	93	Y	63
WELSH	SARAH		SNED	104	Y	243
WELSH	HENRY		SNVE	396	Y	251
WELTER	NICHOLAS		SNBI	24	Y	55
WELTER	CLARA		SNBI	24	N	55
WELTER	MARY		SNBI	24	N	55
WELTER	JOSEPHINE		SNBI	24	N	55
WELTER	KATIE		SNBI	24	N	55
WELTER	PETER		SNBI	24	N	55
WELTER	PETER		SNBI	30	Y	140
WELTER	CATHERINE		SNBI	30	N	140
WELTER	JOHN		SNBI	30	N	140
WELTER	NICHOLAS		SNBI	30	N	140
WELTER	MATTHIAS		SNBI	30	N	140
WELTER	CATHERINE		SNBI	30	N	140
WELTER	ANNIE		SNBI	30	N	140
WELTER	MARY		SNBI	30	N	140
WELTER	BARNEY		SNW1	338	Y	441
WELTER	HENRY		SNW1	342	Y	492
WELTER	MICHAEL		SNW2	350	Y	5
WELTER	SOPHIA		SNW2	350	N	5
WELTER	PETER		SNW2	350	N	5

LASTNAME	FIRSTNAME	MI	LOCATION	PAGE	HEAD	HHOLD
WELTER	VALENTINE		SNW2	350	N	5
WELTER	MARY		SNW2	350	N	5
WELTER	HENRY		SNW2	350	N	5
WELTER	LIZZIE		SNW2	350	N	5
WELTER	MICHAEL		SNW2	350	N	5
WELTER	BARNY		SNW2	359	Y	144
WELTER	MARY		SNW2	359	N	144
WELTER	LIZZIE		SNW2	359	N	144
WELTER	MARY		SNW2	359	N	144
WELTER	CHARLES	D	SNW2	359	N	144
WELTER	ANNA		SNPL	205	Y	41
WELTER	BARNEY		SNPL	205	N	41
WELTIN	FRED		SNPL	218	Y	235
WELTIN	MARY		SNPL	218	N	235
WELTIN	JOHN		SNPL	218	N	235
WELTIN	ANNA		SNPL	218	N	235
WELTIN	CATHARINE		SNPL	218	N	235
WELTIN	ELIZABETH		SNPL	218	N	235
WELTIN	PETER		SNPL	218	Y	235
WELTY	JOHN		SNCL	70	Y	27
WELTY	WILLIAM		SNCL	72	Y	47
WELTY	ELIZABETH		SNW2	356	Y	102
WELTY	MARY		SNW2	356	N	102
WELTY	JACOB		SNW2	356	N	102
WELTY	JOHN		SNW2	356	N	102
WELTY	WILLIAM		SNW2	356	N	102
WELTY	BERTHA		SNW2	356	N	102
WELTZ	JACOB		SNW1	340	Y	475
WELTZ	EVA		SNW1	340	N	475
WELTZ	MARY		SNW1	340	N	475
WENCE	EMMANUEL		SNSN	270	Y	186
WENCE	LOUISA		SNSN	270	N	186
WENCE	EMMA		SNSN	270	N	186
WENCE	FLORA		SNSN	270	N	186
WENCE	CLARENCE		SNSN	270	N	186
WENCH	WILLIAM		SNLI	159	Y	273
WENCH	JOANNAH		SNLI	159	N	273
WENCH	VICTOR	L	SNLI	159	N	273
WENCH	FRANK		SNLI	159	N	273
WENCH	WILLIAM		SNLI	159	Y	273
WENCH	JOANNAH		SNLI	159	N	273
WENCH	VICTOR	L	SNLI	159	N	273
WENCH	FRANK		SNLI	159	N	273
WENELER	HENRY		SNVE	388	Y	115
WENELER	ANNIE		SNVE	388	N	115
WENELER	HENRY		SNVE	388	N	115
WENELER	ELISABETH		SNVE	388	N	115
WENELER	AMANDA		SNVE	388	N	155
WENELER	EMMELINE		SNVE	388	N	115
WENELER	ELLEN	J	SNVE	388	N	115
WENGLE	EMELINE		SNTH	283	Y	33
WENGLE	JULIA		SNTH	283	N	33
WENNER	MAGDALENE		SNCL	71	Y	34
WENNER	JOHN	G.	SNCL	82	Y	208
WENNER	CATHARINE		SNCL	82	N	208
WENNER	JOHN		SNCL	82	N	208
WENNER	MARY		SNCL	82	N	208
WENNER	WILLIAM		SNCL	82	N	208
WENNER	JACOB		SNCL	82	N	208
WENNER	MARTIN		SNBI	38	Y	244
WENNER	ELIZ.		SNBI	38	N	244
WENNER	GEORGE		SNBI	38	N	244
WENNER	EMMA		SNBI	38	N	244
WENNER	WILLIAM		SNBI	38	N	244
WENNER	FREDERICK		SNBI	38	N	244
WENNER	CHARLEY		SNBI	38	N	244
WENNER	JACOB		SNBI	38	Y	245
WENNER	CAROLINE		SNBI	38	N	245
WENNER	LIDIE		SNBI	38	N	245
WENNER	ANDREW		SNBI	38	N	245
WENNER	MARY		SNBI	38	N	245
WENNER	LINCOLN		SNBI	38	N	245
WENNER	IDA		SNBI	38	N	245
WENNER	EDWARD		SNBI	38	N	245
WENNER	MARGARET		SNBI	38	Y	246
WENNER	ADAM		SNJA	130	N	51
WENNER	JANE		SNJA	130	N	51

LASTNAME	FIRSTNAME	MI	LOCATION	PAGE	HEAD	HHOLD
WENNER	JANE		SNJA	130	N	51
WENNER	ELIZABETH		SNJA	130	N	51
WENNER	MARY	A.	SNJA	130	N	51
WENNER	JOSEPH		SNJA	130	N	51
WENNER	SARAH		SNJA	130	N	51
WENNER	LOUISE		SNJA	130	N	51
WENNER	ELLA		SNJA	130	N	51
WENNER	JACOB		SNJA	130	N	51
WENNER	H	S	SNW1	319	Y	168
WENNER	SARAH		SNW1	319	N	168
WENNER	LYDIA		SNW1	319	N	168
WENNER	IDA		SNW1	319	N	168
WENNER	FRANK		SNW1	319	N	168
WENNER	FREDERICK		SNW1	319	N	168
WENNER	CHARLES		SNW1	319	N	168
WENNER	CHARLES		SNSN	271	Y	204
WENNER	MARY		SNSN	271	N	204
WENNER	EMMA		SNSN	271	N	204
WENNER	WILLIAM		SNSN	273	Y	236
WENNER	MARIAN		SNSN	273	N	236
WENNER	OSCAR		SNSN	273	N	236
WENTZ	ELIZABETH		SNLO	191	Y	174
WENTZ	JAMES		SNHO	121	Y	216
WENTZ	MARY		SNHO	121	N	216
WENTZ	PHILLIP		SNHO	121	Y	217
WENTZ	ELIZ.		SNHO	121	N	217
WENTZ	SARAH		SNHO	121	N	217
WENTZ	GEORGE		SNHO	122	Y	219
WENTZ	EMMA		SNHO	122	N	219
WENTZ	ELMORE		SNHO	122	N	219
WENTZ	GUIFFORD		SNHO	122	Y	220
WENTZ	EVA		SNHO	122	N	220
WENTZEL	FREDERICK		SNTH	284	Y	33
WERLEY	GEORGE		SNBI	21	Y	8
WERLEY	ELIZ		SNBI	21	N	8
WERLEY	MARY		SNBI	21	N	8
WERLEY	AGGIE		SNBI	21	N	8
WERLEY	JOHN		SNBI	21	N	8
WERLEY	JOSEPH		SNBI	21	N	8
WERLEY	FRANK		SNBI	21	N	8
WERLEY	GEORGE		SNBI	21	N	8
WERLEY	ANDREW		SNBI	42	Y	293
WERLEY	CATHERINE		SNBI	42	N	293
WERLEY	ROSILLA		SNBI	42	N	293
WERLEY	STEPHEN		SNBI	42	N	293
WERLEY	PHILOMENA		SNBI	42	N	293
WERLEY	CLOTILDA		SNBI	42	N	293
WERLEY	SOPHIA		SNBI	42	N	293
WERLEY	VICTOR		SNBI	42	N	293
WERLEY	ELIZ		SNBI	42	N	293
WERLEY	ISABELLE		SNBI	42	N	293
WERLEY	JUSTINE		SNBI	42	N	293
WERLEY	HELLEN		SNW2	359	Y	148
WERLEY	GEORGE		SNW2	359	N	148
WERLEY	JOHN		SNW2	359	N	148
WERLEY	FRANK		SNW2	359	N	148
WERLING	MARTIN		SNSN	270	Y	182
WERLING	MARY		SNSN	270	N	182
WERLING	JOSEPH		SNSN	270	N	182
WERLING	SARAH		SNSN	270	N	182
WERLING	EMMA		SNSN	270	N	182
WERLING	ROXEY		SNSN	270	N	182
WERLRY	JACOB		SNW2	359	N	148
WERMAN	FREDDIE		SNLO	190	N	149
WERMAN	JOHN	J	SNLO	190	Y	149
WERMAN	MARY	P	SNLO	190	N	149
WERMAN	CARRIE		SNLO	190	N	149
WERMAN	HARRY	E	SNLO	190	N	149
WERMAN	ELIZABETH		SNLO	190	N	149
WERMAN	SCOTT		SNLO	190	N	149
WERNER	THEADORE		SNLO	181	Y	4
WERNER	MARY	E	SNLO	181	N	4
WERNER	FREDERICK		SNLO	184	Y	62
WERNER	SYLVIA		SNLO	184	N	62
WERNER	WILLIAM		SNLO	184	N	62
WERNER	FREDDIE		SNLO	184	N	62
WERNER	CAROLINE		SNLO	184	N	62

LASTNAME	FIRSTNAME	MI	LOCATION	PAGE	HEAD	HHOLD
WERNER	WILLIAM		SNLO	186	Y	86
WERNER	JANE		SNLO	186	N	86
WERNER	GEORGE		SNW2	362	Y	174
WERNER	GEORGE		SNW2	362	N	174
WERNER	CAROLINE		SNW2	362	N	174
WERNER	CLARA		SNW2	362	N	174
WERNER?	HENRY		SNTH	283	Y	33
WERNER?	JOHN		SNTH	283	N	33
WERNICK	JESSIE		SNW1	309	Y	30
WERNICK	ELIZA		SNW1	309	N	30
WERNICK	MAGGIE		SNW1	309	N	30
WERNICK	UKLON	L.	SNW1	309	N	30
WERNICK	MINNIE		SNW1	309	N	30
WERNICK	JENNIE		SNW1	309	N	30
WERTZ	PETER		SNW2	378	Y	414
WERTZ	SARAH		SNW2	378	N	414
WERTZ	FRANK		SNW2	378	N	414
WERTZ	CHARLES		SNW2	378	N	414
WERTZ	JOHN		SNTH	286	Y	82
WERTZ	ELIZA		SNTH	286	N	82
WERTZ	WILLIAM		SNTH	286	N	82
WERTZ	GEORGE		SNTH	286	N	82
WERTZ	SARAH		SNTH	286	N	82
WESLEY	JACOB	G	SNBL	62	Y	213
WESLEY	MARY	E	SNBL	62	N	213
WESLEY	CHARLES	F	SNBL	62	N	213
WESLEY	ALONZO	J	SNBL	62	N	213
WEST	JACOB		SNED	100	Y	158
WEST	T	J	SNED	107	Y	287
WEST	ELIZA/MARY		SNED	107	N	287
WEST	SYLVESTER		SNSC	243	Y	95
WEST	SALINA		SNSC	243	N	95
WEST	MORRIS		SNSC	243	N	95
WEST	ALICE		SNSC	243	N	95
WEST	CHRISTOPHER		SNHO	121	Y	211
WEST	CHRISTINA		SNHO	121	N	211
WEST	FELIX		SNHO	121	N	211
WEST	A	D	SNBL	51	Y	45
WEST	SARAH	M	SNBL	51	N	45
WEST	GEORGE	L	SNBL	51	N	45
WEST	MINNIE	E	SNBL	51	N	45
WEST	WILLIE		SNBL	51	N	45
WEST	CORWIN	S	SNBL	51	N	45
WEST	THOMAS		SNBL	65	Y	266
WEST	NANCY	B	SNBL	65	N	266
WEST	JOHN	A	SNBL	65	N	266
WEST	MARIA	A	SNBL	65	N	266
WEST	MARTIN	B	SNBL	65	N	266
WEST	FRANK	L	SNBL	65	N	266
WESTEMAN	LAWRENCE		SNSC	238	Y	6
WESTEMAN	CATHERINE		SNSC	238	N	6
WESTERHOUSE	HENRY		SNAD	16	Y	272
WESTERHOUSE	MARY		SNAD	16	N	272
WESTERHOUSE	JOHN		SNAD	16	N	272
WESTERHOUSE	ABBIE		SNAD	16	N	272
WESTERHOUSE	ELLA		SNAD	16	N	272
WESTERHOUSE	JAMES		SNAD	16	N	272
WESTERHOUSE	RUEBEN		SNAD	16	N	272
WESTERHOUSE	LOVINA		SNAD	16	N	272
WESTERMAN	HILDEGAUDA?		SNTH	288	Y	108
WESTERMAN	JOSEPHINE		SNTH	294	Y	200
WESTERMAN	LAWRENCE		SNTH	294	Y	202
WESTERMAN	KATIE		SNTH	294	N	202
WESTERMAN	MARGARET		SNTH	294	N	202
WESTHOUSE	SAMUEL		SNED	101	Y	187
WESTOVER	SHELDON		SNVE	393	Y	198
WESTOVER	REBECCA		SNVE	393	N	198
WESTOVER	HARRY		SNVE	393	N	198
WESTOVER	CHARLES	E.	SNVE	393	N	198
WESTOVER	HERCULES		SNVE	393	N	198
WESTOVER	PENELOPY		SNVE	393	N	198
WESTRICK	DAVID		SNW1	315	Y	117
WESTRICK	JACOB		SNW1	317	Y	139
WESTRICK	MARY		SNW1	317	N	139
WESTRICK	JOHN		SNTH	290	Y	142
WESTRICK	MARY		SNTH	290	N	142
WESTRICK	JOHN		SNTH	290	N	142

LASTNAME	FIRSTNAME	MI	LOCATION	PAGE	HEAD	HHOLD
WESTRICK	JACOB		SNTH	290	N	142
WESTRICK	JOSEPH		SNTH	290	N	142
WESTRICK	ANTHONY		SNTH	290	N	142
WESTRICK	FRANK		SNTH	290	N	142
WESTRICK	CECELIA		SNTH	290	N	142
WESTRICK	LAWRENCE		SNTH	290	N	142
WESTRICK	ALYCA		SNTH	290	N	142
WESTRICK	CHARLES		SNTH	290	Y	143
WESTRICK	ELIZABETH		SNTH	290	N	143
WESTRICK	ANNA		SNTH	290	N	143
WESTRICK	VICTORIA		SNTH	290	N	143
WESTRICK	PETER		SNTH	290	N	143
WETHERLY	SAMUEL		SNAD	16	Y	264
WETHERLY	DELIA		SNAD	16	N	264
WETSEL	GEORGE		SNTH	305	Y	340
WETSEL	CATHARINE		SNTH	305	N	340
WETSEL	MARY		SNTH	305	N	340
WETSEL	PETER		SNVE	388	Y	119
WETSEL	CATHERINE		SNVE	388	N	119
WETSEL	GEORGE		SNVE	388	N	119
WETSEL	JOSEPH		SNVE	388	N	119
WHALEN	JOHN		SNLO	172	Y	123
WHALEN	MARY		SNLO	172	N	123
WHALEN	SARAH		SNLO	172	N	123
WHALEN	THOMAS		SNLO	172	N	123
WHALEN	HESTER		SNW2	355	Y	85
WHETZEL	BALTZEL		SNBI	25	Y	61
WHETZEL	LENA		SNBI	25	N	61
WHETZEL	MICHAEL		SNBI	25	N	61
WHETZEL	MAGGIE		SNBI	25	N	61
WHETZEL	ANDREW		SNBI	25	N	61
WHETZEL	JOSEPHINE		SNBI	25	N	61
WHETZEL	MARTIN		SNBI	42	Y	289
WHETZEL	CATHERINE		SNBI	42	N	289
WHETZEL	JOSEPH		SNBI	42	N	289
WHETZEL	GEORGE		SNBI	42	N	289
WHETZEL	MARY		SNBI	25	N	61
WHETZEL	FELIX		SNSN	262	Y	45
WHETZEL	LAVINIA		SNSN	262	N	45
WHETZEL	LUCIA		SNSN	262	N	45
WHETZEL	ELIZA		SNSN	262	N	45
WHETZEL	ABRAHAM		SNSN	262	N	45
WHINERY	H.		SNW1	347	Y	545
WHIPPLE	JAMES		SNSC	253	Y	253
WHIPPLE	ALICE		SNSC	253	N	253
WHIPPLE	JANE		SNSC	253	N	253
WHIPPLE	JAMES		SNSC	253	N	253
WHIPPLE	ALLEN		SNSC	253	N	253
WHIPPLE	MAMIE		SNSC	253	N	253
WHIPPLE	ELLEN		SNSC	253	N	253
WHISLER	ELIZABETH		SNLO	200	Y	315
WHISLER	WILLIAM		SNLO	200	N	315
WHISLER	NETTIE	A	SNLO	200	N	315
WHISTMILLER	BARBARA		SNW2	376	Y	386
WHISTMILLER	JOHN	H	SNW2	376	N	386
WHISTMILLER	CHARLES		SNW2	376	N	386
WHITE	JOHN	D.	SNCL	73	Y	70
WHITE	EPHRENIA		SNCL	73	N	70
WHITE	CHARLES		SNAD	2	Y	19
WHITE	LYMAN		SNW1	331	Y	352
WHITE	LOUISA		SNW1	331	N	352
WHITE	ELMER		SNW1	331	N	352
WHITE	SELIA		SNW1	331	N	352
WHITE	LEVI		SNW1	342	Y	491
WHITE	JOHN		SNPL	204	Y	28
WHITE	MARY	E	SNPL	204	N	28
WHITE	HORTON	V	SNPL	204	N	28
WHITE	SARAH		SNPL	204	N	28
WHITE	MARY	C	SNPL	204	N	28
WHITE	MARY	C	SNPL	214	Y	182
WHITE	HARRIET		SNSC	249	Y	186
WHITE	HARRIET		SNSC	249	N	186
WHITE	JOHN		SNSC	249	N	186
WHITE	GEORGE		SNSC	249	N	186
WHITE	NANCY	J	SNRE	225	Y	81
WHITE	ROSE	G	SNRE	225	N	81
WHITE	JOHN	C	SNRE	225	N	81

LASTNAME	FIRSTNAME	MI	LOCATION	PAGE	HEAD	HHOLD
WHITE	CORA	A	SNRE	225	N	81
WHITEMAN	WILLIAM		SNCL	80	Y	176
WHITEMAN	ELLAVESTER		SNCL	80	N	176
WHITEMAN	JESSE		SNCL	80	N	176
WHITEMAN	MARY		SNAD	1	Y	16
WHITEMAN	SAMUEL		SNAD	1	N	16
WHITEMAN	CLARA		SNAD	1	N	16
WHITEMAN	DANIEL		SNAD	2	Y	33
WHITEMAN	ELISABETH		SNAD	2	N	33
WHITEMAN	EARNEST		SNAD	2	N	33
WHITEMAN	JOHN		SNAD	3	Y	48
WHITEMAN	JOHN		SNAD	3	Y	49
WHITEMAN	MARTHA		SNAD	3	N	49
WHITEMAN	HERBERT		SNAD	3	N	49
WHITEMAN	ESTELLA		SNAD	3	N	49
WHITEMAN	CHARLES		SNAD	3	N	49
WHITEMAN	MILTON		SNAD	3	N	49
WHITEMAN	DAVID		SNAD	4	Y	60
WHITEMAN	SARAH		SNAD	4	N	60
WHITEMAN	HARRIET		SNAD	4	N	60
WHITEMAN	HENRY		SNAD	7	Y	108
WHITEMAN	ANN		SNAD	7	N	108
WHITEMAN	ROSA		SNAD	7	N	108
WHITEMAN	WILLIAM		SNAD	16	Y	271
WHITEMAN	EMMA		SNAD	16	N	271
WHITEMAN	LUELLA		SNAD	16	N	271
WHITEMAN	SARAH	ANN	SNAD	17	Y	273
WHITEMAN	MARY		SNAD	17	Y	274
WHITEMAN	ELLA		SNAD	17	Y	276
WHITEMAN	GEORGE		SNAD	17	Y	277
WHITEMAN	ROSEANN ?		SNAD	17	N	277
WHITEMAN	SARAH		SNAD	17	N	277
WHITEMAN	EDSON		SNAD	17	N	277
WHITEMAN	MARY		SNAD	17	N	277
WHITEMAN	ALICE		SNAD	17	N	277
WHITEMAN	HENRY		SNAD	17	Y	278
WHITEMAN	MARY		SNAD	17	N	278
WHITEMAN	ALLIE		SNAD	17	N	278
WHITEMAN	EMMA		SNAD	17	N	278
WHITEMAN	WILLIAM		SNAD	17	N	278
WHITEMAN	MIRTA		SNAD	17	N	278
WHITEMAN	HUMPHREY		SNAD	18	Y	307
WHITEMAN	SARAH		SNAD	18	N	307
WHITEMAN	JOHN		SNAD	18	N	307
WHITEMAN	HARMAN		SNW1	334	Y	396
WHITEMAN	ELIZA		SNW1	334	N	396
WHITEMAN	JOSEPHENE		SNW1	334	N	396
WHITEMAN	CHARLOTTE		SNW1	335	N	396
WHITEMAN	WILLIAM		SNW1	335	N	396
WHITEMAN	EMMA		SNW1	335	N	396
WHITEMAN	HANNIBLE		SNW1	335	N	396
WHITEMAN	EUGENE		SNW1	335	N	396
WHITEMAN	CORA		SNW1	335	N	396
WHITEMAN	AMOS		SNRE	227	Y	103
WHITLEY	MARY		SNW1	332	Y	359
WHITLOCK	A	J	SNLO	200	Y	315
WHITMAN	SAMANTHA		SNRE	237	Y	254
WHITMAN	GEORGE		SNVE	395	N	241
WHITMAN	FANNY		SNVE	401	Y	341
WHITMAN	MARGRET		SNVE	401	N	341
WHITMER	DAVID	R	SNBL	62	Y	220
WHITMER	CLEMENTINE		SNBL	62	N	220
WHITMER	MENAH	A	SNBL	62	N	220
WHITMIRE	BENJAMIN		SNRE	237	Y	257
WHITMIRE	CATHARINE		SNRE	237	N	257
WHITMIRE	EMMA		SNRE	237	N	257
WHITMIRE	MELISSA		SNRE	237	N	257
WHITMIRE	JENNY		SNRE	237	N	257
WHITMIRE	FRANKLIN		SNRE	237	N	257
WHITMIRE	JOSEPH		SNSN	264	Y	72
WHITMIRE	MARTHA		SNSN	264	N	72
WHITMIRE	SUSAN		SNSN	264	N	72
WHITMIRE	IDA		SNSN	264	N	72
WHITMIRE	SARAH		SNSN	264	N	72
WHITMIRE	MARY		SNSN	264	N	72
WHITMORE	JOHN		SNLI	160	Y	309
WHITMORE	EMMA		SNLI	161	Y	309

LASTNAME	FIRSTNAME	MI	LOCATION	PAGE	HEAD	HHOLD
WHITMORE	JAMES		SNLI	161	Y	314
WHITMORE	LYDIA		SNLI	161	N	314
WHITMORE	EMMA	E	SNLI	161	N	314
WHITMORE	MARY		SNAD	2	Y	29
WHITMORE	MARY		SNAD	2	N	29
WHITMORE	MARTHA		SNAD	2	N	29
WHITMORE	JOHN		SNLI	160	Y	309
WHITMORE	EMMA		SNLI	161	Y	309
WHITMORE	JAMES		SNLI	161	Y	314
WHITMORE	LYDIA		SNLI	161	N	314
WHITMORE	EMMA	E	SNLI	161	N	314
WHITMORE	PETER		SNSN	268	Y	158
WHITMORE	ELIZABETH		SNSN	268	N	158
WHITMORE	EMMA		SNSN	268	N	158
WHITMORE	LUCINDA		SNSN	268	N	158
WHITMORE	REBECCA		SNSN	268	N	158
WHITMORE	JACOB		SNSN	268	N	158
WHITMORE	JOHN		SNSN	268	N	158
WHITMYER	WILLIAM		SNED	90	Y	29
WHITMYER	REBECCA		SNED	90	N	29
WHITNEY	GEORGE		SNED	107	Y	284
WHITNEY	EMMA		SNED	107	N	284
WHITNEY	WILLIAM		SNED	107	N	284
WHITNEY	ALBERT		SNED	107	N	284
WHITNEY	HOWARD		SNED	107	N	284
WICK	PHILLIP		SNW2	354	Y	73
WICKARD	PHEBA		SNCL	85	Y	250
WICKARD	WILLIAM		SNJA	132	Y	79
WICKARD	MALISSA		SNLO	194	Y	219
WICKARD	EMA		SNRE	223	Y	49
WICKEN	MARY		SNSC	247	Y	149
WICKERHAM	PETER		SNBI	28	Y	108
WICKERHAM	SOPHIA		SNBI	28	N	108
WICKERHAM	JOHN		SNBI	28	N	108
WICKERHAM	CATHERINE		SNBI	28	N	108
WICKERHAM	SARAH		SNBI	28	N	108
WICKERHAM	CYNTHIA		SNBI	28	N	108
WICKET	NELSON		SNSC	246	Y	130
WICKWIRE	ALFRED		SNRE	221	Y	13
WICKWIRE	ANNA	E	SNRE	221	N	13
WICKWIRE	FREMONT		SNRE	221	N	13
WIEKET	CHARLES		SNSC	258	Y	331
WIEKET	CHRISTINA		SNSC	258	N	331
WIEKET	JACOB		SNSC	258	N	331
WIEKET	SOLOMAN		SNSC	258	N	331
WIEKET	EDWARD		SNSC	257	N	331
WIEKET	REBECCA		SNSC	258	N	331
WIER	WILLIAM		SNHO	121	Y	212
WIER	LOUISA		SNHO	121	N	212
WIER	FRANK		SNHO	121	N	212
WIER	LOTTIE		SNHO	121	N	212
WIER	WILLIAM		SNHO	121	N	212
WIER	FANNIE		SNHO	121	N	212
WIER	ALBERT		SNHO	121	N	212
WIER	ANNIE		SNHO	121	N	212
WILBER	HENRY		SNAD	7	Y	102
WILBER	RACHEL		SNAD	7	N	102
WILBER	FRANKLIN		SNAD	7	N	102
WILBER	MARTIN		SNAD	7	N	102
WILBER	HENRY		SNSC	252	Y	228
WILBRADIA?	MARIA		SNTH	288	Y	108
WILCOX	JACOB		SNW1	342	Y	482
WILCOX	REBECCA		SNW1	342	N	482
WILCOX	SAMUEL		SNW1	342	N	482
WILCOX	PETER		SNW1	342	N	482
WILCOX	LORENA		SNW1	342	N	482
WILCOX	MARY		SNW1	342	N	482
WILCOX	FRANK		SNSC	252	Y	230
WILCOX	JOHN		SNSC	254	Y	270
WILCOX	MARY		SNSC	254	N	270
WILCOX	ORDELE		SNSC	254	N	270
WILCOX	ROBERT		SNSC	254	N	270
WILCOX	DAVID		SNSC	256	Y	302
WILCOX	MARANDA		SNSC	256	N	302
WILCOX	EDWARD		SNSC	256	N	302
WILCOX	FRANK		SNSC	256	N	302
WILCOX	RALPH		SNSC	257	Y	328

LASTNAME	FIRSTNAME	MI	LOCATION	PAGE	HEAD	HHOLD
WILCOX	HANAH		SNSC	257	N	328
WILCOX	RALPH		SNSC	257	N	328
WILCOX	THOMAS		SNSC	257	N	328
WILCOX	WILBER		SNSC	257	N	328
WILCOX	RICHARD		SNSC	257	N	328
WILCOX	RUTH		SNSC	257	N	328
WILCOX	HARRY		SNSC	257	N	328
WILDER	LEWIS		SNCL	75	Y	97
WILDER	EDWARD ?		SNAD	17	Y	285
WILDER	ELISABETH		SNAD	17	N	285
WILDER	ADDA		SNAD	17	N	285
WILDER	CHARLES		SNAD	17	N	285
WILDER	ADDA		SNAD	17	N	285
WILDER	ALMIRA		SNAD	17	N	285
WILDER	MARGARET		SNAD	17	N	285
WILDER	NANCY		SNAD	17	Y	289
WILDER	MARY		SNAD	17	N	289
WILDER	CHESTER		SNAD	17	N	289
WILDER	ALLEN		SNED	100	Y	162
WILDER	MARTHA		SNED	100	N	162
WILDER	THOMAS		SNED	100	N	162
WILDER	ELLA		SNED	100	N	162
WILDER	RICHARD		SNSC	248	Y	167
WILDER	DANIEL		SNBL	49	Y	18
WILDY	RUDOLPHUS		SNPL	203	Y	3
WILEY	JUDSON		SNLI	157	Y	248
WILEY	JUDSON		SNLI	157	Y	248
WILHELM	JOHN		SNBL	50	Y	35
WILHELM	CATHERINE		SNBL	50	N	35
WILHELM	TREACY		SNBL	50	N	35
WILHELM	OLIVER		SNBL	50	N	35
WILHELM	JOSEPH		SNBL	50	N	35
WILHELM	DAVID	B	SNRE	231	Y	175
WILHELM	MARGARET		SNRE	231	N	175
WILHELM	ADELLA		SNRE	231	N	175
WILHELM	ELCY	N	SNRE	231	N	175
WILKINSON	W	H	SNLO	182	Y	22
WILKINSON	J	E	SNLO	186	Y	88
WILKINSON	CAROLINE	A	SNLO	186	N	88
WILKINSON	CHARLES	P	SNLO	186	N	88
WILKINSON	MARY	A	SNLO	186	N	88
WILKINSON	CHARLES		SNSC	245	Y	117
WILKINSON	JUNE		SNSC	245	N	117
WILKINSON	CELIA		SNSC	245	N	117
WILKINSON	SARAH		SNSC	245	N	117
WILKINSON	ROBERT	R	SNRE	224	Y	61
WILKINSON	ELIZA		SNRE	224	N	61
WILKINSON	BERTHA		SNRE	224	N	61
WILKINSON	WILLIE	E	SNRE	224	N	61
WILKINSON	ATTHA		SNRE	224	N	61
WILKINSON	ROBERT	R	SNRE	224	N	61
WILKINSON	JOHN		SNRE	224	Y	61
WILKINSON	RUTH	A	SNRE	224	N	61
WILLABY	JOHN		SNRE	223	Y	49
WILLER	BARBARA		SNED	91	Y	35
WILLER	ELIZA		SNED	91	N	35
WILLET	ANDREW		SNBI	28	Y	103
WILLET	ELIZ.		SNBI	28	N	103
WILLET	CHARLES		SNBI	28	N	103
WILLET	LIZZIE		SNBI	28	N	103
WILLET	MARY		SNBI	28	N	103
WILLET	ELIZA		SNBI	28	N	103
WILLET	ANNA		SNBI	28	N	103
WILLET	MARGARET		SNBI	28	N	103
WILLET	TRACEY		SNBI	28	N	103
WILLHELM	PETER		SNLO	195	Y	238
WILLHELM	AMANDA		SNLO	195	N	238
WILLHELM	IDA	S	SNLO	195	N	238
WILLHELM	ANN	M	SNLO	195	N	238
WILLHELM	PARLEY	E	SNLO	195	N	238
WILLIAM	EDWARD		SNAD	9	Y	133
WILLIAM	AMOS	S	SNLO	194	Y	219
WILLIAM	SARAH		SNLO	194	N	219
WILLIAM	GEORGE	L	SNLO	194	N	219
WILLIAM	JOHN	H	SNLO	194	N	219
WILLIAM	ELISABETH		SNVE	396	Y	256
WILLIAMS	JOHN		SNCL	87	Y	265

LASTNAME	FIRSTNAME	MI	LOCATION	PAGE	HEAD	HHOLD
WILLIAMS	PAUL		SNBI	32	Y	161
WILLIAMS	ODELIA		SNBI	32	N	161
WILLIAMS	CATHERINE		SNBI	32	N	161
WILLIAMS	RUBEN		SNLI	144	Y	41
WILLIAMS	SARAH		SNLI	144	N	41
WILLIAMS	MCCULLOCK		SNLI	144	N	41
WILLIAMS	SYRUS	H	SNLI	144	N	41
WILLIAMS	ELIZA	H	SNLI	144	N	41
WILLIAMS	HARVA	V	SNLI	144	N	41
WILLIAMS	JAMES		SNLI	144	N	41
WILLIAMS	JOHN		SNJA	132	Y	85
WILLIAMS	CECIL		SNJA	132	N	85
WILLIAMS	AMANDA		SNJA	132	N	85
WILLIAMS	ARTHUR		SNJA	132	N	85
WILLIAMS	ANDREW	M.	SNJA	139	Y	201
WILLIAMS	NANCY		SNJA	139	N	201
WILLIAMS	JACKSON		SNJA	139	N	201
WILLIAMS	ELIZABETH		SNJA	139	N	201
WILLIAMS	LODEMA		SNJA	139	N	201
WILLIAMS	JOHN		SNJA	140	Y	214
WILLIAMS	BARBRA		SNJA	140	N	214
WILLIAMS	ELIZABETH		SNJA	140	N	214
WILLIAMS	DAVID		SNJA	140	Y	215
WILLIAMS	ELIZABETH		SNJA	140	N	215
WILLIAMS	MARTHA	E.	SNJA	140	N	215
WILLIAMS	MURTA	A.	SNJA	140	N	215
WILLIAMS	JAMES		SNLO	190	Y	158
WILLIAMS	RACHEL		SNLO	190	N	158
WILLIAMS	ADELIA		SNLO	190	N	158
WILLIAMS	EMMA		SNLO	190	N	158
WILLIAMS	ANN		SNLO	190	N	158
WILLIAMS	MARY		SNLO	190	N	158
WILLIAMS	ALICE		SNLO	190	N	158
WILLIAMS	JAMES	H	SNLO	190	N	158
WILLIAMS	ALICE		SNLO	193	Y	200
WILLIAMS	WILLIAM	H	SNLO	200	Y	327
WILLIAMS	SUSAN		SNLO	200	N	327
WILLIAMS	GRANT		SNLO	200	N	327
WILLIAMS	MARY	E	SNLO	200	N	327
WILLIAMS	THOMAS		SNW1	324	Y	243
WILLIAMS	SUSAN		SNW1	324	N	243
WILLIAMS	IDA		SNW1	324	N	243
WILLIAMS	ELLA		SNW1	324	N	243
WILLIAMS	ELIZABETH		SNW2	369	Y	282
WILLIAMS	EMMA		SNW2	369	N	282
WILLIAMS	ALLA		SNW2	369	N	282
WILLIAMS	MARY		SNW2	369	N	282
WILLIAMS	CELIA		SNW2	369	N	282
WILLIAMS	CORA		SNW2	369	N	282
WILLIAMS	THOMAS		SNED	102	Y	205
WILLIAMS	ANNA		SNED	102	N	205
WILLIAMS	MARY		SNED	102	N	205
WILLIAMS	THOMAS		SNED	102	N	205
WILLIAMS	CHARLES		SNED	102	N	205
WILLIAMS	SARAH		SNED	102	N	205
WILLIAMS	RUBEN		SNLI	144	Y	41
WILLIAMS	SARAH		SNLI	144	N	41
WILLIAMS	MCCULLOCK		SNLI	144	N	41
WILLIAMS	SYRUS	H	SNLI	144	N	41
WILLIAMS	ELIZA	H	SNLI	144	N	41
WILLIAMS	HARVA	V	SNLI	144	N	41
WILLIAMS	JAMES		SNLI	144	N	41
WILLIAMS	WILLIAM		SNRE	225	Y	80
WILLIAMS	JANE		SNRE	225	N	80
WILLIAMS	FREMONT		SNRE	225	N	80
WILLIAMS	BEISTIAN		SNRE	228	Y	130
WILLIAMS	LAURIA		SNRE	228	N	130
WILLIAMS	WILLIAM	J	SNRE	228	Y	130
WILLIAMS	ANTHONY		SNRE	228	Y	135
WILLIAMS	ELISABETH		SNRE	228	N	135
WILLIAMS	CAROLINE		SNRE	228	N	135
WILLIAMS	ELISABETH		SNRE	228	N	135
WILLIAMS	JOHN		SNRE	228	N	135
WILLIAMS	MARY		SNRE	228	N	135
WILLIAMS	EDWARD		SNRE	229	N	135
WILLIAMS	CHARLES		SNRE	229	N	135
WILLIAMS	JOSEPH		SNRE	229	Y	146

LASTNAME	FIRSTNAME	MI	LOCATION	PAGE	HEAD	HHOLD
WILLIAMS	CHALOTT	A	SNRE	229	N	146
WILLIAMS	HATTIE	L	SNRE	229	N	146
WILLIAMS	LIDIE		SNRE	229	N	146
WILLIAMS	JAMES		SNRE	230	Y	163
WILLIAMS	VANLIENA		SNRE	230	N	163
WILLIAMS	MARY		SNRE	230	N	163
WILLIAMS	CELONY	D	SNRE	230	N	163
WILLIAMS	EDWIN	P	SNRE	230	N	163
WILLIAMS	ELDRIDGE		SNRE	230	N	163
WILLIAMS	ADAM		SNSN	273	Y	234
WILLIAMS	MONEGRA		SNSN	273	N	234
WILLIAMS	JOHN		SNSN	273	N	234
WILLIAMS	JOSEPH		SNSN	273	N	234
WILLIAMS	BETTY		SNSN	273	N	234
WILLIAMS	MARY		SNSN	273	N	234
WILLIAMS	SOPHIA		SNSN	273	N	234
WILLIAMS	CATHARINE		SNSN	273	N	234
WILLIAMSON	JOHN	W. (?	SNJA	137	Y	170
WILLIAMSON	MARY	C.	SNJA	137	N	170
WILLIAMSON	ALICE		SNJA	137	N	170
WILLIAMSON	SARAH	P.	SNJA	137	N	170
WILLIAMSON	IDA	M.	SNJA	137	N	170
WILLIAMSON	ELIZA	G.	SNJA	137	N	170
WILLIAMSON	ALBERT	J.	SNJA	138	N	170
WILLIAMSON	MINNIE	E.	SNJA	137	N	170
WILLIAMSON	JOHN	W	SNLO	164	Y	22
WILLIAMSON	ELISABETH		SNLO	164	N	22
WILLIAMSON	JANE		SNLO	164	N	22
WILLIAMSON	MILTON		SNLO	164	N	22
WILLIARD	HENRY		SNLO	198	Y	286
WILLIARD	ELIZA		SNLO	198	N	286
WILLIARD	GEORGE		SNW1	335	Y	403
WILLIARD	ANNA	J.	SNW1	335	N	403
WILLIARD	EDWIN		SNW1	335	N	403
WILLIARD	G	P	SNPL	214	Y	185
WILLIS	LEVI		SNRE	228	Y	122
WILLOW	GEORGE	W.	SNCL	76	Y	107
WILLOW	JANE		SNCL	76	N	107
WILLOW	LEROY		SNCL	76	N	107
WILLOW	CLINTON		SNCL	76	N	107
WILLOW	DELLA		SNCL	76	N	107
WILLS	ELDIN		SNLO	179	Y	235
WILLS	SUSAN		SNLO	179	N	235
WILLS	WINDFIELD		SNLO	179	N	235
WILLS	IDA	M	SNLO	179	N	235
WILLS	GEORGE	B	SNLO	179	N	235
WILLS	VICTORIA		SNLO	179	N	235
WILMAN	JOSEPH		SNBL	65	Y	273
WILMAN	MARY		SNBL	65	N	273
WILMAN	J	J	SNBL	65	N	273
WILMAN	BASNADER		SNVE	386	Y	93
WILMAN	CATHARINE		SNVE	386	N	93
WILMAN	JOHN		SNVE	386	N	93
WILMAN	MARGRET		SNVE	386	N	93
WILMAN	HENRY		SNVE	386	N	93
WILMOT	MARIA		SNSC	254	Y	273
WILOUGHBY	LOUISA		SNRE	225	Y	80
WILSON	ADAM		SNCL	69	Y	13
WILSON	MARY		SNCL	69	N	13
WILSON	JOHN		SNCL	69	N	13
WILSON	DORSEY		SNCL	69	N	13
WILSON	STEPHEN		SNCL	69	N	13
WILSON	ELINOR		SNCL	76	Y	110
WILSON	ANNA		SNCL	76	N	110
WILSON	JOHN		SNLI	159	Y	287
WILSON	MARY		SNLI	159	N	287
WILSON	IDA		SNLI	159	N	287
WILSON	ADAM		SNLO	191	Y	171
WILSON	JOHN		SNLO	195	Y	235
WILSON	ELIZA		SNLO	195	N	235
WILSON	ROBERT		SNLO	195	N	235
WILSON	ANDREW	J	SNLO	195	N	235
WILSON	HORACE		SNLO	195	N	235
WILSON	WILLIAM		SNLO	195	N	235
WILSON	ANN	E	SNLO	195	N	235
WILSON	ELMIRA		SNLO	195	N	235
WILSON	MARY		SNLO	195	N	235

LASTNAME	FIRSTNAME	MI	LOCATION	PAGE	HEAD	HHOLD
WILSON	ALLICE		SNW1	338	Y	438
WILSON	ANNA		SNW1	338	N	438
WILSON	MARTHA		SNW1	338	N	438
WILSON	FLORANCE		SNW1	338	N	438
WILSON	HENRY		SNW1	338	N	438
WILSON	FRANCES		SNW1	338	N	438
WILSON	MARY	E	SNW1	339	Y	453
WILSON	CLARA		SNW1	339	N	453
WILSON	JACOB		SNW1	342	Y	488
WILSON	SARAH	J.	SNW1	342	N	488
WILSON	LORELLA	J.	SNW1	342	N	488
WILSON	FRANK		SNW1	342	N	488
WILSON	PRICE	J.	SNW1	344	Y	514
WILSON	ANNA	P.	SNW1	344	N	514
WILSON	JULIETTE		SNW1	344	N	514
WILSON	D	G	SNW2	369	Y	283
WILSON	SARAH		SNW2	369	N	283
WILSON	MINNIE		SNW2	369	N	283
WILSON	MARY		SNW2	369	N	283
WILSON	HANNAH		SNED	97	Y	117
WILSON	GEORGE		SNED	97	Y	117
WILSON	MARY	A	SNED	97	N	117
WILSON	SARAH		SNED	97	N	117
WILSON	EDMOND		SNED	97	Y	117
WILSON	JAMES		SNED	97	Y	117
WILSON	MARY		SNED	97	Y	117
WILSON	JAMES		SNED	103	Y	217
WILSON	CATHERINE		SNHO	110	Y	26
WILSON	GEORGE		SNHO	110	N	26
WILSON	MARY		SNHO	110	N	26
WILSON	FLORA		SNHO	110	N	26
WILSON	JAMES		SNHO	110	N	26
WILSON	JOHN	W	SNBL	58	Y	146
WILSON	HANNAH	J	SNBL	58	N	146
WILSON	LORA	A	SNBL	58	N	146
WILSON	JOHN	R	SNBL	59	Y	169
WILSON	MARGARET		SNBL	59	N	169
WILSON	WILLIAM	H	SNBL	59	N	169
WILSON	MARY	A	SNBL	59	N	169
WILSON	ALICE	B	SNBL	59	N	169
WILSON	JOHN		SNLI	159	Y	287
WILSON	MARY		SNLI	159	N	287
WILSON	IDA		SNLI	159	N	287
WILSON	JAMES		SNSN	265	Y	108
WILSON	GEORGE		SNSN	265	N	108
WILSON	JOHN		SNSN	265	N	108
WILSON	MARY		SNSN	265	N	108
WILSON	HANNAH		SNSN	265	N	108
WILSON	HARRISON		SNSN	265	N	108
WILSON	HANNAH		SNSN	272	Y	220
WILSON	GEORGE		SNSN	274	Y	241
WILT	DERICKSON		SNTH	282	Y	2
WILT	LORINDA		SNTH	282	N	2
WINDAU	MORRIS		SNBI	25	Y	60
WINDAU	MARY		SNBI	25	N	60
WINDAU	HERMAN		SNBI	25	N	60
WINDAU	JOSEPH		SNBI	25	N	60
WINDAU	JOHN		SNBI	25	N	60
WINDAU	LUCIA		SNBI	25	N	60
WINDAU	CATHERINE		SNBI	26	Y	85
WINDAU	ALEX.		SNBI	26	N	85
WINDAU	IONA		SNBI	26	N	85
WINDAU	JOHN		SNBI	26	N	85
WINDAU	LEWIS		SNBI	26	N	85
WINDNAGLE	JACOB		SNRE	237	Y	260
WINDNAGLE	CATHARINE		SNRE	237	N	260
WINDNAGLE	FRANK		SNRE	237	N	260
WINDSOR	HENRY		SNW1	309	Y	26
WINDSOR	MARY		SNW1	309	N	26
WINDSOR	CORNELIA		SNW1	309	N	26
WINDSOR	PHEBA		SNW2	366	Y	248
WINDSOR	MARY		SNW2	366	N	248
WINEA	PETER		SNBI	31	Y	146
WINEA	MARY		SNBI	31	N	146
WINEA	JOHN		SNBI	31	N	146
WINEA	FRANCES		SNBI	31	N	146
WINEBAUGH	NICLAS		SNBL	63	Y	232

LASTNAME	FIRSTNAME	MI	LOCATION	PAGE	HEAD	HHOLD
WINELAND	FRANCES		SNLO	173	Y	140
WINELAND	ELIZABETH		SNLO	190	Y	152
WINELAND	SARAH		SNLO	192	Y	185
WING	SAMUEL		SNED	92	Y	52
WING	ADDLINE		SNED	92	N	52
WINGART	PHILO		SNSN	260	Y	19
WINGERT	JOHN		SNTH	292	Y	170
WINGERT	HARRIET		SNTH	292	N	170
WINGERT	JAMES		SNTH	292	N	170
WINGERT	HARRIOT		SNTH	292	N	170
WINGERT	WILLIAM		SNTH	292	N	170
WININGER	CALGH		SNNS	263	Y	60
WININGER	CATHARINE		SNSN	263	N	60
WININGER	FRANCIS		SNSN	263	N	60
WINNIGER	JOHN		SNLO	167	Y	66
WINNIGER	SARAH		SNLO	167	N	66
WINNIGER	LOUISA		SNLO	167	N	66
WINNIGER	ADELIA		SNLO	167	N	66
WINTERS	ELI		SNBL	52	Y	63
WINTERS	ANNIE		SNBL	52	N	63
WINTERS	RANDOLPH		SNBL	52	N	63
WINTERS	MATILDA		SNBL	52	N	63
WINTERS	ALWILDA		SNBL	52	N	63
WINTERS	ISAAC	M	SNBL	52	Y	64
WINTERS	MARY	J	SNBL	52	N	64
WINTERS	WILLIAM	W	SNBL	52	N	64
WINTERS	JOHN	H	SNBL	52	N	64
WINTERS	JAMES		SNBL	66	Y	290
WINTERS	ELLEN		SNBL	66	N	290
WINTERS	JAMES	R	SNBL	66	N	290
WINTERS	FRANKLIN		SNBL	66	N	290
WINTERS	DAVID	C	SNBL	66	N	290
WINTERS	MINIE		SNBL	66	N	290
WINTERS	WILLIAM		SNBL	66	N	290
WINTERS	CHARLES		SNBL	66	N	290
WINTERS	WARD	B	SNBL	66	N	290
WINTERS	GEORGE		SNBL	66	N	290
WINTERS	PORTER		SNBL	66	N	290
WIRE	HATTIE		SNLO	184	Y	52
WIRTZ	KNOW		SNHO	110	Y	25
WIRTZ	BARBARA		SNHO	110	N	25
WIRTZ	JACOB		SNHO	110	N	25
WIRTZ	BERTHA		SNHO	110	N	25
WIRTZ	HENRY		SNHO	110	N	25
WIRTZ	GEORGE		SNHO	110	N	25
WIRTZ	MARY		SNHO	110	N	25
WISE	GEORGE		SNCL	74	Y	89
WISE	LEVI		SNLO	190	Y	155
WISE	FANNIE		SNLO	190	N	155
WISE	MARY		SNW1	308	Y	16
WISE	JACOB		SNW1	316	Y	125
WISE	DAVID		SNW1	319	Y	163
WISE	ANNA		SNW1	319	N	163
WISE	LOUISA		SNW1	319	N	163
WISE	JOHN	G	SNPL	211	Y	135
WISE	MARGARET		SNPL	211	N	135
WISE	JOHN		SNPL	211	N	135
WISE	KATE		SNPL	211	N	135
WISE	WILLIAM		SNPL	211	N	135
WISE	DAVID		SNPL	211	N	135
WISE	DAVID		SNPL	212	Y	145
WISE	CHARLOTTE		SNPL	212	N	145
WISE	JOHN		SNPL	212	N	145
WISE	GEORGE		SNPL	212	N	145
WISE	JACOB		SNPL	212	N	145
WISE	RACHEL		SNPL	212	N	145
WISE	CLARA		SNPL	212	N	145
WISE	JOHN		SNSC	252	Y	228
WISE	VALENTINE		SNHO	120	Y	189
WISE	JACOB		SNHO	122	Y	230
WISE	JOHN		SNRE	221	Y	16
WISE	ELISABETH		SNRE	221	N	16
WISE	MONTGOMERY		SNRE	221	N	16
WISE	MEAGA		SNRE	221	N	16
WISE	DELPHINE	E	SNRE	221	N	16
WISE	FRANCES	D	SNRE	221	N	16
WISE	SOLOMON		SNRE	225	Y	84

LASTNAME	FIRSTNAME	MI	LOCATION	PAGE	HEAD	HHOLD
WISE	ISABELL	E	SNRE	226	N	84
WISE	GEORGE		SNRE	226	Y	84
WISE	MARY	E	SNRE	226	N	84
WISE	WILLIAM		SNRE	226	N	84
WISE	CHARLES		SNRE	226	N	84
WISE	ELLEN		SNRE	226	N	84
WISE	FREDERICK		SNRE	226	N	84
WISE	SAMUEL		SNVE	394	Y	225
WISE	LYDIA		SNVE	394	N	225
WISE	ELIZA	J.	SNVE	394	N	225
WISE	HARRIET		SNVE	394	N	225
WISE	WILLIAM		SNVE	394	N	225
WISE	ELMER	E.	SNVE	394	N	225
WISE	LAFAYETTE		SNVE	394	N	225
WISE	JOHN	C.	SNVE	394	N	225
WISE	JACOB		SNVE	394	Y	227
WISE	ELIZA		SNVE	394	N	227
WISE	ALFRED		SNVE	395	N	227
WISE	JOSEPHINE		SNVE	395	N	227
WISE	FRANK		SNVE	395	N	227
WISEBAKER	VALENTINE		SNSN	261	Y	23
WISEBAKER	MARGARET		SNSN	261	N	23
WISEBAKER	JOHN		SNSN	261	N	23
WISEBAKER	JACOB		SNSN	261	N	23
WISEBAKER	MARGARET	R.	SNSN	261	N	23
WISEBAKER	FRANK		SNSN	261	N	23
WISEBAKER	MARY		SNSN	261	N	23
WISEBECKER	GEORGE		SNLI	161	Y	311
WISEBECKER	MARY		SNLI	161	N	311
WISEBECKER	SOPHRONIA		SNLI	161	N	311
WISEBECKER	JOSEPH	A	SNLI	161	N	311
WISEBECKER	P.		SNW1	310	Y	45
WISEBECKER	EVE		SNW1	310	N	45
WISEBECKER	GEORGE		SNLI	161	Y	311
WISEBECKER	MARY		SNLI	161	N	311
WISEBECKER	SOPHRONIA		SNLI	161	N	311
WISEBECKER	JOSEPH	A	SNLI	161	N	311
WISEHART	ANTHONY		SNRE	236	Y	247
WISEHART	ELISABETH		SNRE	236	N	247
WISEHART	JOSEPHINE		SNRE	236	N	247
WISEHART	BENEDICK		SNRE	236	N	247
WISEMAN	SAMUEL		SNED	103	Y	211
WISEMAN	ELIZABETH		SNED	103	N	211
WISEMAN	MARTIN		SNED	103	N	211
WISEMAN	GEORGE		SNED	103	N	211
WISENBERGER	JOSEPH		SNSN	270	Y	180
WISENBERGER	ELIZABETH		SNSN	270	N	180
WISENBERGER	MICHAEL		SNSN	270	N	180
WISENBERGER	JOSEPH		SNSN	270	N	180
WISENBERGER	MARY		SNSN	270	N	180
WISENBERGER	ROSA		SNSN	270	N	180
WISENBERGER	MATILDA		SNSN	270	N	180
WISLER	LEWIS		SNW1	344	Y	517
WISLER	MARIA		SNW1	344	N	517
WISLER	SALLY		SNW1	344	N	517
WISLER	HARRY		SNW1	344	N	517
WITCHER	CATHARINE		SNW1	323	Y	237
WITCHNER	CASPER		SNW1	315	Y	123
WITCHNER	LIZZIE		SNW1	315	N	123
WITCHNER	LOUISA		SNW1	315	N	123
WITCHNER	GEORGE		SNW1	315	N	123
WITCHNER	EMMA		SNW1	316	N	123
WITCHNER	GEORGE		SNW2	350	Y	11
WITCHNER	MARGARET		SNW2	350	N	11
WITCHNER	MARTIN		SNW2	350	N	11
WITCHNER	LAURA		SNW2	350	N	11
WITMER	IRA		SNLO	185	Y	78
WITTEN ?	ELLEN		SNSC	250	Y	204
WITTER	LEWIS		SNSC	255	Y	288
WITTER	ANNA		SNSC	255	N	288
WITTER	CHARLES		SNSC	255	N	288
WITTER	JOHN		SNSC	255	N	288
WITTER	ISAAC		SNSC	257	Y	324
WITTER	ANN		SNSC	257	N	324
WITTER	SUSAN		SNSC	257	N	324
WITTER	KATTIE		SNSC	257	N	324
WITTER	LAURA		SNSC	257	N	324

LASTNAME	FIRSTNAME	MI	LOCATION	PAGE	HEAD	HHOLD
WITTER	WILLIAM		SNSC	257	N	324
WITTER	CHARLES		SNSC	257	N	324
WITTER	CORA		SNSC	257	N	324
WITZ	MAGDALENA		SNW2	359	Y	138
WOESSNER	CHRISTIAN		SNCL	74	Y	86
WOESSNER	CATHARINE		SNCL	74	N	86
WOESSNER	FLORA		SNCL	74	N	86
WOESSNER	WILLIAM		SNCL	74	N	86
WOESSNER	ANDREW		SNLO	166	Y	58
WOESSNER	CATHERINE		SNLO	166	N	58
WOESSNER	CATHERINE		SNLO	166	N	58
WOESSNER	ADAM		SNLO	166	N	58
WOESSNER	ANDREW		SNLO	166	N	58
WOFENSINDER	E		SNW2	366	Y	237
WOLBERT	JOSEPH		SNLO	172	Y	132
WOLBERT	THERESA		SNLO	172	N	132
WOLBERT	ELIZABETH		SNLO	172	N	132
WOLBERT	\ARY		SNLO	172	N	132
WOLBERT	JOSEPH		SNLO	172	N	132
WOLF	MARILLUS		SNCL	83	Y	217
WOLF	EFFIE		SNCL	83	N	217
WOLF	CLINTON		SNCL	83	N	217
WOLF	WILLIS		SNCL	83	N	217
WOLF	JACOB		SNLI	155	Y	209
WOLF	MARIAH		SNLI	155	N	209
WOLF	EMMA		SNLI	155	N	209
WOLF	ADALINE		SNLI	155	N	209
WOLF	ALLWISE		SNW1	314	Y	105
WOLF	MARY		SNW1	314	N	105
WOLF	HENRY		SNW1	317	Y	137
WOLF	ELIZABETH		SNW1	317	N	137
WOLF	ELIZABETH		SNW1	317	N	137
WOLF	BARONA		SNW1	317	N	137
WOLF	FRANCES		SNW1	317	N	137
WOLF	HENRY		SNW1	317	N	137
WOLF	ANNA		SNW1	317	N	137
WOLF	JOHN		SNW1	317	Y	138
WOLF	MARY		SNW1	317	N	138
WOLF	MARY		SNW1	317	N	138
WOLF	BARNHART		SNW1	317	N	138
WOLF	CATHERINE		SNW1	317	N	138
WOLF	TILLIE		SNW1	317	N	138
WOLF	DANIEL		SNW1	317	N	138
WOLF	FREDERICK		SNW1	318	Y	162
WOLF	CATHARINE		SNW1	318	N	162
WOLF	HENRY		SNW1	318	N	162
WOLF	CAROLINE		SNW1	319	N	162
WOLF	FREDERICK		SNW1	319	N	162
WOLF	LEWIS		SNW1	319	N	162
WOLF	ELLA		SNW1	319	N	162
WOLF	JACOB		SNW1	319	N	162
WOLF	JAMES		SNW1	319	Y	172
WOLF	VICTORIA		SNW1	319	N	172
WOLF	CLARANCE		SNW1	319	N	172
WOLF	LAWRANCE		SNW1	320	Y	183
WOLF	MARGARET		SNW1	320	N	183
WOLF	LANA		SNW1	320	N	183
WOLF	JOHN		SNW1	320	N	183
WOLF	SOPHAR		SNW1	320	N	183
WOLF	ELIZABETH		SNW1	320	N	183
WOLF	JOSEPHENE		SNW1	320	N	183
WOLF	LAWRANCE		SNW1	320	N	183
WOLF	LIZZIE		SNW1	328	Y	299
WOLF	WILLIAM		SNW1	343	Y	508
WOLF	CAROLINE		SNW1	343	N	508
WOLF	CHARLES		SNW1	343	N	508
WOLF	AUGUSTA		SNW1	343	N	508
WOLF	OCLELIA		SNW1	343	N	508
WOLF	CHRISTINA		SNW1	347	Y	556
WOLF	ANDREW		SNW2	365	Y	224
WOLF	MARY		SNW2	365	N	224
WOLF	DANIEL		SNPL	207	Y	71
WOLF	ANNA		SNPL	207	N	71
WOLF	WILLIAM		SNPL	207	N	71
WOLF	CLINTON		SNPL	207	N	71
WOLF	FRANCES		SNPL	207	N	71
WOLF	ALBERT		SNPL	207	N	71

LASTNAME	FIRSTNAME	MI	LOCATION	PAGE	HEAD	HHOLD
WOLF	JACOB		SNTH	292	Y	166
WOLF	ANNA		SNTH	292	N	166
WOLF	LUELLA		SNTH	292	N	166
WOLF	JOHN		SNTH	292	N	166
WOLF	SOLOMON		SNHO	116	Y	129
WOLF	ARRABELLA		SNHO	116	N	129
WOLF	GEORGE		SNHO	116	N	129
WOLF	JESSEE		SNHO	116	N	129
WOLF	CATHERINE		SNHO	116	N	129
WOLF	ROSE		SNHO	116	N	129
WOLF	FREDERICK		SNBL	61	Y	195
WOLF	LUCY	A	SNBL	61	N	195
WOLF	FREDRICK		SNBL	61	Y	202
WOLF	LUCY	A	SNBL	61	N	202
WOLF	JACOB		SNBL	61	N	202
WOLF	HENRY		SNBL	61	N	202
WOLF	GEHELLA		SNBL	61	N	202
WOLF	SAMUAL	H	SNBL	64	Y	240
WOLF	MARY		SNBL	64	N	240
WOLF	CORA		SNBL	64	N	240
WOLF	RUSH		SNBL	64	N	240
WOLF	JACOB		SNLI	155	Y	209
WOLF	MARIAH		SNLI	155	N	209
WOLF	EMMA		SNLI	155	N	209
WOLF	ADALINE		SNLI	155	N	209
WOLF	JOHN		SNVE	397	Y	271
WOLF	ELISABETH		SNVE	397	N	271
WOLF	SAMUEL		SNVE	397	N	271
WOLF	GEORGE	W	SNVE	397	N	271
WOLF	CONRAD		SNVE	398	Y	285
WOLF	BARBRA		SNVE	398	N	285
WOLF	MARY	M	SNVE	398	N	285
WOLF	AMELIA		SNVE	398	N	285
WOLF	ELLEN		SNVE	398	N	285
WOLF	JACOB		SNSN	267	Y	129
WOLF	MARY		SNSN	267	N	129
WOLFERD	JOSEPH		SNVE	381	Y	17
WOLFERD	CATHARINE		SNVE	381	N	17
WOLFLING	B		SNW2	363	Y	189
WOLFLING	MARY		SNW2	363	N	189
WOLFLING	ROSA		SNW2	363	N	189
WOLFLING	JOHN		SNW2	363	N	189
WOLFORD	JAMES		SNBL	64	Y	247
WOLFORD	LYDIA		SNBL	64	N	247
WOLFORD	GARRET		SNBL	64	N	247
WOLFORD	IDA	E	SNBL	64	N	247
WOLFORD	JOHN		SNBL	64	N	247
WOLFORD	CHARLES		SNBL	64	N	247
WOLFORD	FREDERICK		SNVE	385	Y	83
WOLFORD	RUFENIA		SNVE	385	N	83
WOLFORD	JOSEPH	C.	SNVE	385	N	83
WOLFORD	IDA	C.	SNVE	385	N	83
WOLFORD	MARY	H.	SNVE	385	N	83
WOLFORT	FERNANDO		SNAD	12	Y	179
WOLFSTEN?	FREDRICK		SNLI	153	Y	179
WOLFSTEN?	MARY		SNLI	153	N	179
WOLFSTEN?	MARY		SNLI	153	N	179
WOLFSTEN?	FREDRICK		SNLI	153	Y	179
WOLFSTEN?	MARY		SNLI	153	N	179
WOLFSTEN?	MARY		SNLI	153	N	179
WOLLAM	HENRY	S	SNLO	200	Y	318
WOLLAM	LEAH		SNLO	200	N	318
WOLSER	ALYSS		SNTH	288	Y	107
WOLSFRETT	JOHN		SNSN	268	Y	151
WOLSFRETT	ANNA		SNSN	268	N	151
WONDERLEY	EMMA		SNW1	339	Y	461
WONDERLOCK	JACOB		SNW1	343	Y	499
WONDERLOCK	LYDIA		SNW1	343	N	499
WONDERLOCK	IDA		SNW1	343	N	499
WONDERLOCK	FLORA		SNW1	343	N	499
WONDERLOCK	ROSA		SNW1	343	N	499
WONDERLOCK	LILLIE		SNW1	343	N	499
WONDERLOCK	NETTIE		SNW1	343	N	499
WONDERLOCK	MINNIE		SNW1	343	N	499
WONDERLY	IGNATIUS		SNBI	35	Y	205
WONDERLY	CATHARINE		SNBI	35	N	205
WONDERLY	IGNATIUS		SNBI	35	N	205

LASTNAME	FIRSTNAME	MI	LOCATION	PAGE	HEAD	HHOLD
WONDERLY	CAROLINE		SNBI	35	N	205
WONDERLY	JOHN		SNBI	35	N	205
WONDERLY	THEODORE		SNBI	35	N	205
WONDERLY	JOSEPH		SNBI	35	N	205
WONDERLY	MARY		SNBI	35	N	35
WONDERLY	ELIZA		SNBI	40	Y	270
WONDERLY	JOS.		SNBI	44	Y	317
WONDERLY	JOHN		SNLO	165	Y	41
WONDERLY	MARGARET		SNLO	165	N	41
WONDERLY	ELIZABETH		SNLO	165	N	41
WONDERLY	JOHN		SNLO	165	N	41
WONDERLY	AMELIA		SNLO	165	N	41
WONDERLY	OLIVER		SNLO	167	Y	61
WONDERLY	THERESA		SNLO	167	N	61
WONDERLY	MARY	A	SNLO	167	N	61
WONDERLY	MATILDA		SNLO	167	N	61
WONDERLY	ALBERT		SNLO	167	N	61
WONDERLY	AGGA		SNLO	167	N	61
WONDERLY	ROSANNA		SNLO	167	N	61
WONDERLY	JOSEPH		SNLO	167	N	61
WONDERLY	ELIZABETH		SNLO	167	N	61
WONDERLY	ANTHONY		SNHO	112	Y	49
WONDERLY	ANTHONY		SNHO	113	Y	63
WONDERLY	MARY		SNHO	113	N	63
WONDERLY	MAGGIE		SNHO	113	N	63
WONDERLY	JOSEPH		SNHO	113	N	63
WONDERS	JOSEPH		SNBI	45	Y	331
WONDERS	MALINDA		SNBI	45	N	331
WONDERS	HARLAN		SNBI	45	N	331
WONN	HANNAH		SNVE	385	Y	81
WONN	JOHN		SNVE	385	N	81
WONN	MATHEW		SNVE	385	N	81
WONN	MARY		SNVE	385	N	81
WONN	JOSEPH		SNVE	385	N	81
WONN	ANTHONY		SNVE	385	N	81
WONN	STEPHEN		SNVE	385	N	81
WOOD	SIMON		SNAD	18	Y	295
WOOD	RACHEAL		SNAD	18	N	295
WOOD	GEORGE		SNAD	18	N	295
WOOD	ELISABETH		SNAD	18	N	295
WOOD	IRVIN		SNAD	18	N	295
WOOD	HARRIET		SNAD	18	Y	295
WOOD	OSCAR		SNLO	187	Y	102
WOOD	BRIDGET		SNLO	190	Y	157
WOOD	JOHN	H	SNLO	190	N	157
WOOD	LEWIS		SNLO	190	N	157
WOOD	CATHARINE		SNW2	365	Y	220
WOOD	ELLA		SNRE	222	Y	23
WOOD	JOHN		SNSN	263	Y	54
WOOD	ANNA		SNSN	263	N	54
WOOD	RUDOLPH		SNSN	263	N	54
WOOD	ELLA		SNSN	263	N	54
WOODMENSER	RICA		SNW2	352	Y	34
WOODMENSER	CORA		SNW2	352	N	34
WOODMENSER	CAROLINE		SNW2	352	N	34
WOODRUFF	JAMES	P	SNLO	196	Y	262
WOODRUFF	MARTHA	M	SNLO	196	N	262
WOODRUFF	ENITT ?		SNLO	196	N	262
WOODRUFF	MALISSA	A	SNLO	196	N	262
WOODRUFF	FRANK		SNLO	196	N	262
WOODRUFF	RUFUS		SNED	102	Y	204
WOODRUFF	SALLIE		SNRE	224	Y	62
WOODRUFF	PETER		SNRE	224	Y	62
WOODS	JOHN		SNLO	180	N	239
WOODS	JOHN		SNLO	180	Y	239
WOOLENSLAGEL	JOHN		SNTH	293	Y	178
WOOLENSLAGLE	KATIE		SNTH	292	Y	167
WOOLENSLAGLE	MATILDA		SNTH	292	N	167
WOOLENSLAGLE	GEORGE		SNTH	296	Y	225
WOOLENSLAGLE	ANNA		SNTH	296	N	225
WOOLENSLAGLE	JACOB		SNTH	296	N	225
WOOLENSLAGLE	CHRISTIAN		SNTH	296	N	225
WOOLENSLAGLE	EPHRIAM		SNTH	296	N	225
WOOLENSLAGLE	ELIZABETH		SNTH	296	N	225
WOOLENSLAGLE	MARY		SNTH	296	N	225
WOOLENSLAGLE	JOSEPH		SNTH	296	N	225
WOOLENSLAGLE	FRED		SNTH	296	N	225

LASTNAME	FIRSTNAME	MI	LOCATION	PAGE	HEAD	HHOLD
WOOLENSLAGLE	CONRAD		SNTH	302	Y	303
WOOLENSLAGLE	POLLY		SNTH	302	N	303
WOOLENSLAGLE	JACOB		SNTH	302	N	303
WOOLENSLAGLE	GEORGE		SNTH	303	N	303
WOOLENSLAGLE	CHRISTIAN		SNTH	303	N	303
WOOLENSLAGLE	JOHN		SNTH	303	N	303
WOOLENSLAGLE	MARY		SNTH	303	N	303
WOOLENSLAGLE	ANNA		SNTH	303	N	303
WOOLENSLAGLE	LIZZIE		SNTH	303	N	303
WOOLESCHTINIA	ELIZ		SNBI	21	Y	13
WOOLESCHTINIA	BENJAMIN		SNBI	21	N	13
WOOLESCHTINIA	JOSEPH		SNBI	21	N	13
WOOLESCHTINIA	ELIZ		SNBI	21	N	13
WOOLESCHTINIA	MARY		SNBI	21	N	13
WOOLESCHTINIA	FRANK		SNBI	21	N	13
WOOLESCHTINIA	KATIE		SNBI	21	N	13
WOOLESCHTINIA	JOSEPHINE		SNBI	21	N	13
WOOLF	HENRY		SNJA	134	Y	129
WOOLF	ISABELL		SNJA	134	N	129
WOOLLET	SAMUEL		SNVE	395	Y	231
WOOLLET	HENRY		SNVE	395	N	231
WOOLLET	MARY	A	SNVE	395	Y	231
WOOLLET	EMANELINE		SNVE	395	N	231
WOOLLET	WILLIAM		SNVE	395	N	231
WOOLLETT	JOSEPH		SNVE	393	Y	207
WOOLLETT	JEMINA		SNVE	393	N	207
WOOLLETT	MARGRET	E.	SNVE	393	N	207
WOOLLETT	ANDREW	G.	SNVE	393	N	207
WOOLLETT	ALZINA		SNVE	393	N	207
WOOLLETT	EMMA		SNVE	393	N	207
WOOLLETT	DELPHIE		SNVE	393	N	207
WOOLLETT	CARRIE	B.	SNVE	393	N	207
WOOMER	BENJAMIN		SNSC	254	Y	263
WOOMER	JENNIE		SNSC	254	N	263
WOOMER	CRAYTON		SNSC	254	N	263
WOOMER	DREYTON		SNSC	254	N	263
WORLEY	JOHN		SNBI	41	Y	274
WORLEY	NANNETTE		SNBI	41	N	274
WORLEY	JOSEPHINE		SNBI	41	N	274
WORLEY	FRANCES		SNBI	41	N	274
WORLEY	MARGARET		SNBI	41	N	274
WORLEY	CATHERINE		SNBI	41	N	274
WORLEY	CHARLES		SNBI	41	N	274
WORLEY	STEVEN		SNBI	41	N	274
WORLEY	ANTHONY		SNBI	41	N	274
WORLEY	JOHN	H.	SNBI	41	N	274
WORLEY	ROBERT		SNBI	41	N	274
WORLEY	HENRY		SNBI	41	N	274
WORLEY	EDWARD		SNBI	41	N	274
WORLEY	JOSEPH		SNBI	43	Y	313
WORLEY	MARY		SNBI	43	N	313
WORLEY	WILLIAM		SNLO	166	Y	55
WORLEY	SARAH		SNLO	166	N	55
WORLEY	NERODA ?		SNLO	166	N	55
WORLEY	CHARLES	N	SNLO	166	N	55
WORLEY	WILLIAM		SNLO	166	N	55
WORLEY	JOSEPHINE		SNW1	330	Y	325
WORLEY	ROSA		SNW2	362	Y	181
WORMAN	MILLARD	F	SNLO	181	Y	1
WORMAN	C	W	SNLO	186	Y	93
WORNAMON	CHARLES		SNBI	27	Y	94
WORNAMON	MARY		SNBI	27	N	94
WORNAMON	JOHN		SNBI	27	N	94
WORNAMON	JACOB		SNBI	27	N	94
WORNAMON	JOSEPH		SNBI	27	N	94
WORNAMON	JULIA		SNBI	27	N	94
WORNAMON	PHEMICH?		SNBI	27	N	94
WORNAMON	CALLIE		SNBI	27	N	94
WORNIMAN	JACOB		SNBI	37	Y	230
WORNIMAN	CATHERINE		SNBI	37	N	230
WORNIMAN	MARY		SNBI	37	N	230
WORRINGTON	SARAH		SNW1	345	Y	528
WORSNER	JOHN		SNLO	198	Y	291
WORSNER	CATHERINE		SNLO	198	N	291
WORSNER	ALBERT		SNLO	198	N	291
WORSNER	HERMINIA		SNLO	198	N	291
WORSNER	ANN	R	SNLO	198	N	291

LASTNAME	FIRSTNAME	MI	LOCATION	PAGE	HEAD	HHOLD
WORSNER	FRANK		SNLO	198	N	291
WORSNER	MARY		SNLO	198	N	291
WORSNER	DOROTHEA		SNLO	198	N	291
WORST	FRANCIS		SNW1	348	Y	560
WOTTERING	SAMUEL		SNW1	321	Y	214
WOTTERING	ELIZABETH		SNW1	321	N	214
WOTTERING	CENO		SNW1	321	N	214
WOUNNEL	WILLIAM		SNW1	348	Y	560
WRIGHLEY	SAML		SNPL	291	Y	243
WRIGHT	MARY		SNLI	145	Y	46
WRIGHT	HARRY		SNLI	154	Y	201
WRIGHT	SARAH		SNLI	154	N	201
WRIGHT	CHARITY	J	SNLI	154	N	201
WRIGHT	HARRY		SNLI	154	N	201
WRIGHT	JACOB		SNLI	154	N	201
WRIGHT	JOHN		SNAD	6	Y	93
WRIGHT	MARY		SNAD	6	N	93
WRIGHT	ALIDA		SNAD	6	N	93
WRIGHT	MARTHA		SNAD	6	N	93
WRIGHT	HOBART		SNAD	6	N	93
WRIGHT	FANNIE		SNAD	6	N	93
WRIGHT	ARSEMIS		SNAD	6	Y	95
WRIGHT	DIANNA		SNAD	6	N	95
WRIGHT	CHARLES		SNAD	6	N	95
WRIGHT	OLIVIA		SNAD	6	N	95
WRIGHT	NORA		SNAD	6	N	95
WRIGHT	CLARA		SNAD	6	N	95
WRIGHT	JAMES		SNTH	289	Y	127
WRIGHT	ELIZA		SNTH	289	N	127
WRIGHT	CHARLES		SNTH	289	N	127
WRIGHT	WILLIAM		SNTH	289	N	127
WRIGHT	MARY		SNTH	289	N	127
WRIGHT	EMMA		SNTH	289	N	127
WRIGHT	JAMES,JR		SNTH	289	N	127
WRIGHT	LYDIA		SNTH	289	N	127
WRIGHT	KEILE?		SNTH	289	N	127
WRIGHT	JOHN		SNTH	289	Y	128
WRIGHT	MARY		SNLI	145	Y	46
WRIGHT	HARRY		SNLI	154	Y	201
WRIGHT	SARAH		SNLI	154	N	201
WRIGHT	CHARITY	J	SNLI	154	N	201
WRIGHT	HARRY		SNLI	154	N	201
WRIGHT	JACOB		SNLI	154	N	201
WYANT	BENJAMIN		SNCL	81	Y	184
WYANT	MARTHA		SNCL	81	N	184
WYANT	SAMUEL		SNCL	81	Y	186
WYANT	DELLA		SNCL	81	N	186
WYANT	ELLA		SNCL	81	N	186
WYANT	EVIE		SNCL	81	N	186
WYANT	NANCY		SNLI	146	Y	64
WYANT	MALISSA		SNLI	146	N	64
WYANT	EZRA		SNLI	146	N	64
WYANT	CLAUNNEY		SNLI	146	N	64
WYANT	MARION		SNLI	146	N	64
WYANT	IRENA		SNLI	146	N	64
WYANT	VIENNA		SNLI	146	N	64
WYANT	HENRY		SNLI	146	N	64
WYANT	CHARITY		SNJA	137	Y	172
WYANT	BENJAMIN		SNJA	137	N	172
WYANT	ISAAC	M.	SNJA	137	N	172
WYANT	MARY	E.	SNJA	137	N	172
WYANT	DAVID		SNSC	239	Y	19
WYANT	NANCY		SNSC	239	N	19
WYANT	LUCY		SNSC	239	N	19
WYANT	ELLEN		SNSC	239	N	19
WYANT	CLARRA		SNSC	239	N	19
WYANT	LOUISA		SNSC	239	N	19
WYANT	IDA		SNSC	239	N	19
WYANT	DAVID		SNSC	239	N	19
WYANT	DAVID		SNSC	244	Y	106
WYANT	CATHERINE		SNSC	244	N	106
WYANT	MALISA		SNSC	244	N	106
WYANT	THOMAS		SNSC	244	N	106
WYANT	DORA		SNSC	244	N	106
WYANT	BYRON		SNSC	244	N	106
WYANT	SAMUEL		SNTH	282	Y	11
WYANT	SUSANNAH		SNTH	282	N	11

LASTNAME	FIRSTNAME	MI	LOCATION	PAGE	HEAD	HHOLD
WYANT	ADDIE		SNTH	282	N	11
WYANT	CLAUDIUS		SNTH	282	N	11
WYANT	HENRY		SNHO	124	Y	256
WYANT	LOUISA		SNHO	124	N	256
WYANT	CHARLES		SNHO	124	N	256
WYANT	ELLA		SNHO	124	N	256
WYANT	EDWARD		SNHO	124	N	256
WYANT	NANCY		SNLI	146	Y	64
WYANT	MALISSA		SNLI	146	N	64
WYANT	EZRA		SNLI	146	N	64
WYANT	CLAUNNEY		SNLI	146	N	64
WYANT	MARION		SNLI	146	N	64
WYANT	IRENA		SNLI	146	N	64
WYANT	VIENNA		SNLI	146	N	64
WYANT	HENRY		SNLI	146	N	64
WYATT	SUSAN		SNBI	47	Y	364
WYMAN	PHILETUS		SNW1	315	Y	114
WYMAN	ANNA		SNW1	315	N	114
WYMAN	ELLIE		SNW1	315	N	114
WYMAN	ELLA		SNW1	315	N	114
WYMAN	IDA		SNW1	315	N	114
WYMAN	ETTIE		SNW1	315	N	114
WYMER	JOHN		SNLO	193	Y	198
WYMER	PERCILLA		SNLO	193	N	198
WYMER	WILLIAM	N	SNLO	193	N	198
WYMER	JULIAN		SNLO	193	N	198
WYMER	SAMUEL	C	SNLO	193	N	198
YAGER	EFFY	M.	SNJA	138	Y	170
YAGER	GEORGE		SNW1	314	Y	103
YAGER	JOSEPH		SNW1	322	Y	229
YAGER	CAROLINE		SNW1	322	N	229
YAGER	CHARLES		SNW1	323	N	229
YAGER	JACOB		SNW1	323	N	229
YAGER	JOSEPH		SNW1	323	N	229
YAGER	FREDERICK		SNW1	323	N	229
YAGER	CAROLINE		SNW1	323	N	229
YAGER	EDWARD		SNW1	323	N	229
YAGER	JACOB		SNED	89	Y	9
YAGER	ABBIE		SNED	89	N	9
YAGER	ELLA		SNED	89	N	9
YAMBERT	SAMUEL		SNSN	261	Y	34
YAMBERT	MARGARET		SNSN	261	N	34
YAMBERT	WILLIAM		SNSN	261	N	34
YAMBERT	MARY		SNSN	261	N	34
YAMBERT	CATHERINE		SNSN	261	Y	34
YAMBERT	AARON		SNSN	262	Y	38
YAMBERT	SARAH		SNSN	262	N	38
YAMBERT	LAVINA		SNSN	262	N	38
YAMBERT	SARAH		SNSN	262	N	38
YAMBERT	SUSAN		SNSN	262	N	38
YAMBERT	JUNE		SNSN	262	N	38
YAMBERT	JULIA		SNSN	262	N	38
YAMBERT	RHODAM		SNSN	262	N	38
YAMBERT	AARON	JR.	SNSN	262	Y	39
YAMBERT	DIANNA		SNSN	262	N	39
YANCE	THOMAS		SNED	96	Y	103
YANT	JAS	T	SNLO	192	Y	190
YANT	SAMANTHA		SNLO	192	N	190
YANT	HARRY	O	SNLO	192	N	190
YANT	SIMPSON		SNLO	197	Y	274
YANT	LOVINA		SNLO	197	N	274
YANT	CLARON	O	SNLO	197	N	274
YANT	IDA	A	SNLO	197	N	274
YANT	HARRIET	M	SNLO	197	N	274
YANT	CAROLINE	D	SNLO	197	N	274
YARMON	JOSEPH		SNPL	216	Y	207
YARMON	HANNAH		SNPL	216	N	207
YARMON	WILLIAM		SNPL	216	N	207
YARMON	RICHARD		SNPL	216	N	207
YARMON	ALBERT		SNPL	216	N	207
YARMON	LODEMA		SNPL	216	N	207
YARMON	ROSETTA		SNPL	216	N	207
YARMON	AMERICUS		SNPL	216	N	207
YARMON	LAURA		SNPL	216	N	207
YARMON	NEVVIA		SNPL	216	N	207
YEAGER	JACOB		SNJA	127	Y	12
YEAGER	ROSA		SNJA	127	N	12

LASTNAME	FIRSTNAME	MI	LOCATION	PAGE	HEAD	HHOLD
YEAGER	CATHERINE		SNJA	127	N	12
YEAGER	MICHAEL		SNW1	312	Y	82
YEAGER	FRONA		SNW1	312	N	82
YEAGER	CATHERINE		SNW1	312	N	82
YEAGER	MARY		SNW1	312	N	82
YENK	JAMES	S.	SNW1	347	Y	557
YENK	ANNA		SNW1	347	N	557
YENK	CHARLES		SNW1	347	N	557
YENK	FRANK		SNW1	347	N	557
YENK	FLORA		SNW1	347	N	557
YENK	MARGARET		SNW1	347	N	557
YENKIN	JOHN		SNW1	316	Y	129
YENKIN	KATE		SNW1	316	N	129
YENKIN	JOHN	N	SNW1	316	N	129
YENST	HATTIE		SNW2	376	Y	386
YENST	JULIA		SNW2	376	N	386
YENTZER	JOHN		SNSN	269	Y	165
YENTZER	CATHERINE		SNSN	269		165
YENTZER	BENJAMIN		SNSN	269	Y	166
YENTZER	ANGELINE		SNSN	269		166
YENTZER	JOHN		SNSN	269	N	166
YENTZER	LILY		SNSN	269	N	166
YENTZER	FLORENCE		SNSN	269	N	166
YENTZER	FRANCES		SNSN	269	N	166
YERK	CHARLES		SNW1	328	Y	300
YERK	MARY		SNW1	328	N	300
YERK	CHARLES		SNW1	328	N	300
YINGLING	WILLIAM		SNW1	348	Y	561
YOCUMB	JACOB		SNJA	136	Y	158
YOCUMB	ELIZABETH		SNJA	136	N	158
YOCUMB	SARAH		SNJA	136	N	158
YOCUMB	FRANCIS		SNJA	136	N	158
YOCUMB	EDWIN (?)		SNJA	136	N	158
YOCUMB	PETER		SNJA	136	N	158
YOCUMB	HENRY		SNJA	136	N	158
YOCUMB	JACOB		SNJA	136	N	158
YOCUMB	PETER		SNJA	136	N	158
YOCUMB	GEORGE		SNJA	136	N	158
YOST	HENRY		SNBI	26	Y	73
YOST	MARY		SNBI	26	N	73
YOUNG	ABRAHAM		SNCL	75	Y	100
YOUNG	LOUISA		SNCL	75	N	98
YOUNG	SARAH		SNCL	75	N	98
YOUNG	LOUIS		SNCL	75	N	98
YOUNG	MARGARET		SNCL	75	N	98
YOUNG	DANIEL		SNCL	75	N	98
YOUNG	WILLIAM		SNCL	75	N	98
YOUNG	CHARLES		SNCL	75	N	98
YOUNG	JOHN		SNCL	75	N	98
YOUNG	ANN		SNCL	75	N	98
YOUNG	CLARA		SNCL	75	N	98
YOUNG	GEORGE		SNCL	77	Y	136
YOUNG	SARAH		SNCL	77	N	136
YOUNG	JACOB		SNCL	78	Y	139
YOUNG	SARAH		SNCL	78	N	139
YOUNG	JENNIE		SNCL	78	N	139
YOUNG	ELLA		SNCL	78	N	139
YOUNG	WILLIAM		SNCL	78	N	139
YOUNG	NETTIE		SNCL	78	N	139
YOUNG	CHARLES		SNCL	78	N	139
YOUNG	SAMUEL		SNBI	39	Y	258
YOUNG	HUBBARD		SNLI	145	Y	43
YOUNG	DAVID		SNLO	163	Y	10
YOUNG	HANNAH		SNLO	163	N	10
YOUNG	EMMANUEL		SNLO	163	Y	11
YOUNG	MARY	A	SNLO	163	N	11
YOUNG	ELMER		SNLO	163	N	11
YOUNG	PETER		SNLO	166	Y	59
YOUNG	MARY		SNLO	166	N	59
YOUNG	BLASE		SNLO	166	N	59
YOUNG	ALBERT		SNLO	166	N	59
YOUNG	ROSA		SNLO	166	N	59
YOUNG	THERESA		SNLO	166	N	59
YOUNG	MATILDA		SNLO	166	N	59
YOUNG	JOSEPHINE		SNLO	166	N	59
YOUNG	JOHN		SNLO	167	N	59
YOUNG	SAMUEL		SNLO	168	Y	76

LASTNAME	FIRSTNAME	MI	LOCATION	PAGE	HEAD	HHOLD
YOUNG	ANNA		SNLO	178	Y	214
YOUNG	SIPE ?		SNLO	178	N	214
YOUNG	HENRY		SNLO	178	N	214
YOUNG	ANNA		SNLO	178	N	214
YOUNG	MARY		SNLO	178	N	214
YOUNG	JOSEPH		SNLO	178	N	214
YOUNG	SAML		SNLO	190	Y	152
YOUNG	CAROLINE		SNLO	190	N	152
YOUNG	TREASA		SNW1	323	Y	237
YOUNG	NICHOLAS		SNW1	331	Y	343
YOUNG	ELIZABETH		SNW1	331	N	343
YOUNG	MARY		SNW1	331	N	343
YOUNG	ANNA		SNW1	331	N	343
YOUNG	JOHN		SNW1	331	N	343
YOUNG	LIZZIE		SNW1	331	N	343
YOUNG	TREASA		SNW1	331	N	343
YOUNG	NICHOLAS		SNW1	331	N	343
YOUNG	LIZZIE		SNW1	342	Y	488
YOUNG	JOHN		SNW1	348	Y	560
YOUNG	ISABELL		SNW1	348	N	560
YOUNG	PHILAPENA		SNW2	367	Y	261
YOUNG	JOHN		SNW2	369	Y	284
YOUNG	NICK		SNW2	373	Y	348
YOUNG	ELIZABETH		SNED	95	Y	88
YOUNG	J	M	SNED	106	Y	269
YOUNG	JENNIE		SNED	106	N	269
YOUNG	JOHN		SNED	106	N	269
YOUNG	JOHN		SNPL	204	Y	18
YOUNG	RACHEL		SNPL	204	N	18
YOUNG	HARRIET		SNPL	204	N	18
YOUNG	LAVINA		SNPL	204	N	18
YOUNG	EMMA		SNPL	204	N	18
YOUNG	HENRY		SNPL	204	N	18
YOUNG	CATHERINE		SNSC	241	Y	53
YOUNG	GEORGE		SNSC	241	Y	53
YOUNG	ELIZA		SNSC	241	N	53
YOUNG	FRANK		SNSC	241	N	53
YOUNG	O----?		SNSC	241	N	53
YOUNG	KATTIE		SNSC	241	N	53
YOUNG	HUBBARD		SNLI	145	Y	43
YOUNG	THOMAS		SNRE	229	Y	145
YOUNG	NETTIE		SNRE	229	N	145
YOUNG	G	T	SNRE	230	Y	159
YOUNG	JANE		SNRE	230	N	159
YOUNG	LEVI	L	SNRE	230	N	159
YOUNG	PHOEBE		SNRE	230	N	159
YOUNG	HARON	T	SNRE	230	N	159
YOUNG	DANIEL		SNVE	384	Y	70
YOUNG	JOHN		SNSN	267	Y	133
YOUNG	MARTIN		SNSN	269	Y	163
YOUNG	CHRISTOPHER		SNSN	273	Y	227
YOUNG	ELIZABETH		SNSN	273	N	227
YOUNG	CALLIE		SNSN	273	N	227
YOUNG ?	WILLIAM		SNLO	192	Y	177
YOUNG ?	ELIZABETH		SNLO	192	N	177
YOUNGPETER	NICHOLAS		SNBI	39	Y	260
YOUNGPETER	ELIZ.		SNBI	39	N	260
YOUNGPETER	NICHOLAS		SNBI	39	N	260
YOUNGPETER	MICHAEL		SNBI	39	N	260
YOUNGPETER	PETER		SNBI	39	N	260
YOUNGPETER	JOHN		SNBI	39	N	260
YOUNGPETER	SYLVESTER		SNBI	39	N	260
YOUNGPETER	MARY		SNBI	39	N	260
YOUNGPETER	PETER		SNBI	47	Y	367
YOUNGPETER	CLARA		SNBI	47	N	367
YOUNGPETER	ANGELINE		SNBI	47	N	367
YOUNGPETER	PETER		SNBI	47	N	367
YOUNGPETER	KATIE		SNBI	47	N	367
YOUNGPETER	MARY		SNBI	47	N	367
YOUNGPETER	MIKE		SNBI	47	N	367
YOUNGPETER	CALLIE		SNBI	47	N	367
YOUNGPETER	CLARA		SNBI	47	N	367
YUNDT	T	A	SNRE	234	Y	211
YUNDT	JANE		SNRE	234	N	211
YUNDT	PERY	A	SNRE	234	N	211
YUNDT	WILLIAM	H	SNRE	237	Y	258
YUNDT	ELISABETH		SNRE	237	N	258

LASTNAME	FIRSTNAME	MI	LOCATION	PAGE	HEAD	HHOLD
YUNDT	IDA	V	SNRE	237	N	258
YUNDT	EMMA	L	SNRE	237	N	258
YUNDT	HARACE	A	SNRE	237	N	258
YUNDT	MARIE	J	SNRE	237	N	258
YUNK	PHILLIP		SNW1	331	Y	347
YUNK	ADALINE		SNW1	331	N	347
YUNK	FREDERICK		SNW1	331	N	347
YUNK	CORA		SNW1	331	N	347
ZAHN	JACOB		SNW1	336	Y	419
ZAHN	HENRIETTA		SNW1	336	N	419
ZAHN	JOHANNA		SNW1	336	N	419
ZAHN	JULIA		SNW1	336	N	419
ZAHN	BABETTA		SNW1	336	N	419
ZAHN	OTTO		SNW1	336	N	419
ZANE	LANSON		SNCL	86	Y	258
ZANE	MARTHA		SNCL	86	N	258
ZANE	AMANDA		SNCL	86	N	258
ZANE	MARY	E.	SNCL	86	N	258
ZANE	SARAH	E.	SNCL	86	N	258
ZANE	JOHN	A.	SNCL	86	N	258
ZARGER	MARENS		SNW1	309	Y	34
ZARGER	KATE		SNW1	309	N	34
ZARGES	FREDERICK		SNHO	124	Y	252
ZARGES	LOUISA		SNHO	124	N	252
ZARGES	LOUIS		SNHO	124	N	252
ZARGES	AMELIA		SNHO	124	N	252
ZARTMAN	NOAH	H.	SNJA	132	Y	91
ZARTMAN	ELIZABETH		SNJA	132	N	91
ZARTMAN	ETTA		SNJA	132	N	91
ZARTMAN	ARA		SNJA	132	N	91
ZARTMAN	EMMA		SNJA	132	N	91
ZAVENA?	WESTORIA?		SNTH	288	Y	108
ZEIBER	HENRY		SNTH	287	Y	98
ZEIBER	RACHEAL		SNTH	287	N	98
ZEIBER	ALICE		SNTH	287	N	98
ZEIBER	JOHN		SNTH	287	N	98
ZEIBER	FRED		SNTH	287	N	98
ZEIGLER	GLASPER		SNSN	267	Y	144
ZEIGLER	ANNA		SNSN	267	N	144
ZEIGLER	FRANK		SNSN	267	N	144
ZEIGLER	CHRISTIAN		SNSN	267	N	144
ZEIGLER	DANIEL		SNSN	267	N	144
ZEIGLER	NANCY		SNSN	267	N	144
ZEIGLER	MARGARET		SNSN	267	N	144
ZEIGLER	HENRY		SNSN	267	N	144
ZEIS	WILLIAM		SNLI	152	Y	165
ZEIS	EVA		SNLI	152	N	165
ZEIS	JOHN	W	SNLI	152	N	165
ZEIS	MARY	E	SNLI	152	N	165
ZEIS	CHARLES	H	SNLI	152	N	165
ZEIS	GEORGE	F	SNLI	152	N	165
ZEIS	ELIZA		SNLI	152	N	165
ZEIS	SYLVESTER		SNLI	152	N	165
ZEIS	WILLIE		SNLI	152	N	165
ZEIS	WILLIAM	H	SNLI	152	Y	167
ZEIS	MARGARET	E	SNLI	152	N	167
ZEIS	IRA	N	SNLI	152	N	167
ZEIS	DANIEL	W	SNLI	152	N	167
ZEIS	MARGARET		SNLI	154	Y	204
ZEIS	MARGARET	E	SNLI	154	N	204
ZEIS	JOHN		SNLI	154	N	204
ZEIS	WILLIAM		SNLI	152	Y	165
ZEIS	EVA		SNLI	152	N	165
ZEIS	JOHN	W	SNLI	152	N	165
ZEIS	MARY	E	SNLI	152	N	165
ZEIS	CHARLES	H	SNLI	152	N	165
ZEIS	GEORGE	F	SNLI	152	N	165
ZEIS	ELIZA		SNLI	152	N	165
ZEIS	SYLVESTER		SNLI	152	N	165
ZEIS	WILLIE		SNLI	152	N	165
ZEIS	WILLIAM	H	SNLI	152	Y	167
ZEIS	MARGARET	E	SNLI	152	N	167
ZEIS	IRA	N	SNLI	152	N	167
ZEIS	DANIEL	W	SNLI	152	N	167
ZEIS	MARGARET		SNLI	154	Y	204
ZEIS	MARGARET	E	SNLI	154	N	204
ZEIS	JOHN		SNLI	154	N	204

LASTNAME	FIRSTNAME	MI	LOCATION	PAGE	HEAD	HHOLD
ZEIS	JACOB		SNSN	264	Y	85
ZEIST?	WILLIAM		SNLI	152	Y	160
ZEIST?	HATTIE	J	SNLI	152	N	160
ZEIST?	JACOB		SNLI	152	Y	163
ZEIST?	ELIZABETH		SNLI	152	N	163
ZEIST?	LEANDER		SNLI	152	N	163
ZEIST?	CHARLES		SNLI	152	N	163
ZEIST?	TRUMAN		SNLI	152	N	163
ZEIST?	BENJAMIN		SNLI	152	N	163
ZEIST?	JAMES	F	SNLI	152	N	163
ZEIST?	WILLIAM		SNLI	152	Y	160
ZEIST?	HATTIE	J	SNLI	152	N	160
ZEIST?	JACOB		SNLI	152	Y	163
ZEIST?	ELIZABETH		SNLI	152	N	163
ZEIST?	LEANDER		SNLI	152	N	163
ZEIST?	CHARLES		SNLI	152	N	163
ZEIST?	TRUMAN		SNLI	152	N	163
ZEIST?	BENJAMIN		SNLI	152	N	163
ZEIST?	JAMES	F	SNLI	152	N	163
ZEITER	JOHN		SNBL	50	Y	31
ZEITER	MARY		SNBL	50	N	31
ZEITER	CONRAD	S	SNBL	50	N	31
ZEITER	WILLIAM		SNBL	50	N	31
ZEITER	NOAH		SNBL	50	N	31
ZELLENS	MARTIN		SNW1	311	Y	64
ZELLENS	SUSAN		SNW1	311	N	64
ZELLENS	WILLIAM		SNW1	311	N	64
ZELLENS	SAMUEL		SNW1	311	N	64
ZELLENS	CORA	B.	SNW1	311	N	64
ZELLER	ISAAC		SNLO	180	Y	243
ZELLER	CATHERINE		SNLO	180	N	243
ZELLER	JOHN	H	SNLO	180	N	243
ZELLER	LIZZIE		SNW1	309	Y	27
ZELLER	JACOB		SNW1	320	Y	176
ZELLER	MARY		SNW1	320	N	176
ZELLER	CHARLES		SNW1	320	N	176
ZELLER	JOHN		SNW1	320	N	176
ZELLER	LOUISA		SNW1	320	N	176
ZELLER	GEORGE		SNW1	320	N	176
ZELLER	OLIVER		SNW1	325	Y	267
ZELLER	MARGARET		SNW1	325	N	267
ZELLER	LAWRANCE		SNW1	325	N	267
ZELLER	LILLY	M	SNW1	325	N	267
ZELLER	FRANK		SNW1	326	Y	271
ZELLER	HANNAH		SNW1	326	N	271
ZELLER	PHILLIPENA		SNW1	341	Y	479
ZELLER	WILLIAM		SNW1	341	N	479
ZELLER	LOUISA		SNW1	341	N	479
ZELLER	KATE		SNW1	341	N	479
ZELLER	PHILLIP		SNW1	341	N	479
ZELLER	FRED,SR		SNPL	212	Y	147
ZELLER	CHARLOTTE		SNPL	212	N	147
ZELLER	FRED,JR		SNPL	212	Y	148
ZELLER	HANNAH		SNPL	212	N	148
ZELLER	DAVID		SNPL	212	N	148
ZELLER	FRED	A	SNPL	212	N	148
ZELLER	LIZZIE		SNPL	212	N	148
ZELLER	RUBEN	R	SNPL	212	N	148
ZELLER	GEORGE	W	SNPL	212	N	148
ZELLER	ANNA		SNPL	212	N	148
ZELLER	JESSE	N	SNPL	212	N	148
ZELLER	ANDREW		SNPL	212	N	148
ZELLER	GEORGE		SNVE	389	Y	141
ZELLER	MARTHA		SNVE	389	N	141
ZELLER	EVA	F.	SNVE	389	N	141
ZELLER	ROSETTA		SNVE	389	N	141
ZELLER	FREDRICK		SNVE	389	Y	143
ZELLER	DAVID		SNVE	390	N	143
ZELLER	SAMUEL		SNVE	390	N	143
ZELLER	JACOB		SNVE	390	N	143
ZELLERS	NICHOLAS		SNPL	215	Y	197
ZELLERS	CHARLOTT		SNPL	215	N	197
ZELLERS	JOHN	F	SNPL	215	N	197
ZENDER	HENRY		SNW2	358	Y	133
ZENDER	MARY		SNW2	358	N	133
ZENDER	FRANK		SNW2	358	N	133
ZENDER	MARY	A	SNW2	358	N	133

LASTNAME	FIRSTNAME	MI	LOCATION	PAGE	HEAD	HHOLD
ZENDER	JACOB		SNW2	358	N	133
ZENDER	JOHN	E	SNW2	358	N	133
ZENT	ANTHONY		SNTH	291	Y	151
ZEPERNICK	DANIEL		SNRE	228	Y	131
ZEPERNICK	CORDELIA		SNRE	228	N	131
ZEPERNICK	HARRIET		SNRE	228	Y	133
ZERGER	LEWIS		SNW1	310	Y	34
ZERGER	RACHEL		SNW1	310	N	34
ZERGER	ANNA		SNW1	310	N	34
ZERGNER	LEWIS		SNW1	312	Y	80
ZERGNER	RACHEL		SNW1	312	N	80
ZERGNER	FRANCES		SNW1	312	N	80
ZERGNER	VICTORIA		SNW1	312	N	80
ZIBRELL	JOHN		SNJA	131	Y	72
ZIBRELL	MARGARET		SNJA	131	N	72
ZIBRELL	MARY		SNJA	131	N	72
ZIBRELL	NANCY		SNJA	131	N	72
ZIDER	JOHN		SNED	97	Y	115
ZIEBER	HENRY,JR		SNTH	293	Y	185
ZIEBER	MARY		SNTH	293	N	185
ZIEBER	JAMES		SNTH	293	N	185
ZIEBER	LIZZIE		SNTH	293	N	185
ZIEBER	ELLA		SNTH	293	N	185
ZIEBER	SAMUEL		SNTH	304	Y	326
ZIEBER	SARAH		SNTH	304	N	326
ZIEBER	MARY		SNTH	304	N	326
ZIEBER	DANIEL		SNTH	305	Y	326
ZIEBER	JOHN		SNTH	305	N	326
ZIGLER	NESI		SNW1	315	Y	108
ZIGLER	JOHN		SNW2	366	Y	234
ZIGLER	MARTHA		SNW2	366	N	234
ZIMMER	MARY		SNW1	320	Y	183
ZIMMER	PETER		SNW1	320	N	183
ZIMMER	PHILIP		SNBL	58	Y	160
ZIMMER	ELISABETH		SNBL	58	N	160
ZIMMER	LEWIS	P	SNBL	58	N	160
ZIMMER	JOHN	P	SNBL	58	N	160
ZIMMERMAN	MICHAEL		SNCL	87	Y	271
ZIMMERMAN	EVE		SNCL	87	N	271
ZIMMERMAN	LIZZIE		SNCL	87	N	271
ZIMMERMAN	MARY		SNCL	87	N	271
ZIMMERMAN	ROSA		SNCL	87	N	271
ZIMMERMAN	JOSEPH		SNCL	87	N	271
ZIMMERMAN	FRANK		SNCL	87	N	271
ZIMMERMAN	WILLIAM		SNJA	134	Y	117
ZIMMERMAN	SARAH		SNJA	134	N	117
ZIMMERMAN	GEORGE	L.	SNJA	134	N	117
ZIMMERMAN	JACOB		SNJA	134	Y	118
ZIMMERMAN	REBECCA		SNJA	134	N	118
ZIMMERMAN	SUSAN		SNJA	134	N	118
ZIMMERMAN	LAZAH (?)		SNJA	139	Y	199
ZIMMERMAN	JOHN		SNAD	2	Y	20
ZIMMERMAN	LYDIA		SNAD	2	N	20
ZIMMERMAN	BENJAMIN		SNAD	2	N	20
ZIMMERMAN	JOSIAH		SNAD	2	N	20
ZIMMERMAN	JOHN		SNW1	316	Y	131
ZIMMERMAN	P		SNW2	363	Y	199
ZIMMERMAN	JULIA		SNW2	363	N	199
ZIMMERMAN	ANDREW		SNW2	363	N	199
ZIMMERMAN	EPHRIM		SNPL	207	Y	67
ZIMMERMAN	MARY	A	SNPL	207	N	67
ZIMMERMAN	HIRAM		SNPL	207	N	67
ZIMMERMAN	JOHN		SNPL	207	N	67
ZIMMERMAN	SARAH		SNPL	207	N	67
ZIMMERMAN	J	B	SNPL	211	Y	123
ZIMMERMAN	ANNA		SNPL	211	N	123
ZIMMERMAN	HENRY		SNPL	211	N	123
ZIMMERMAN	S		SNPL	213	Y	167
ZIMMERMAN	PHEBE	A	SNPL	213	N	167
ZIMMERMAN	IRENA		SNPL	213	N	167
ZIMMERMAN	SARAH	E	SNPL	213	N	167
ZIMMERMAN	ELLSWORTH		SNPL	213	N	167
ZIMMERMAN	IRVIN		SNPL	213	N	167
ZIMMERMAN	FREDRICK		SNBL	66	Y	292
ZIMMERMAN	MARY	A	SNBL	66	N	292
ZIMMERMAN	MICHAEL		SNRE	221	Y	2
ZIMMERMAN	RAGEMIA		SNRE	221	N	2

LASTNAME	FIRSTNAME	MI	LOCATION	PAGE	HEAD	HHOLD
ZIMMERMAN	DANIEL		SNRE	221	N	2
ZIMMERMAN	MARY		SNRE	221	N	2
ZIMMERS	C.		SNW1	340	Y	469
ZIMMERS	LOUISA		SNW1	340	N	469
ZIMMERS	CAROLINE		SNW1	340	N	469
ZIMMERS	JACOB		SNW1	340	N	469
ZIMMERS	MARY		SNW1	343	Y	499
ZIMMERS	EMMA		SNW1	343	N	499
ZIMMERS	LEVI		SNW1	343	N	499
ZIND	JOSEPH		SNVE	383	Y	48
ZIND	ELIZABETH		SNVE	383	N	48
ZINK	JAMES		SNBI	47	Y	369
ZINK	JENNIE		SNBI	47	N	369
ZINK	RALPH		SNBI	47	N	369
ZINK	E		SNW2	353	Y	50
ZINK	MARGARET		SNW2	353	N	50
ZINK	FRANK		SNW2	353	N	50
ZINK	CATHERINE		SNW2	353	N	50
ZINK	MARY		SNW2	353	N	50
ZINK	JOSEPH		SNW2	353	N	50
ZINK	MAGDALENA		SNW2	353	N	50
ZINK	JOHN		SNW2	353	N	50
ZINK	LOUISA		SNW2	353	N	50
ZINK	ANNA		SNW2	353	N	50
ZINN	MARY		SNW1	340	Y	472
ZINSER	MARY		SNW1	319	Y	175
ZINSER	FRANK		SNW1	319	N	175
ZINSER	CATHARINE		SNW1	319	N	175
ZINSER	MARY		SNW1	319	N	175
ZINSER	LOUISA		SNW1	319	N	175
ZINSER	ROSA		SNW1	320	N	175
ZINT	FRANK		SNW1	319	Y	173
ZINT	BURGER		SNW2	364	Y	208
ZINT	ELLEN		SNW2	364	N	208
ZINT	TRESA		SNW2	364	N	208
ZINT	JOSEPH		SNSN	269	Y	173
ZINT	JULIANNA		SNSN	269	N	173
ZINT	ELIZABETH		SNSN	269	N	173
ZINT	WILLIAM		SNSN	269	N	173
ZINT	SARAH		SNSN	269	N	173
ZINTZER	HIRAM		SNSN	263	Y	62
ZISCHOFSKY	HENRY		SNW1	322	N	225
ZISCHOFSKY	MARY		SNW1	322	N	225
ZISCHOFSKY	GEORGE		SNW1	322	N	225
ZISCHOFSKY	CAROLINE		SNW1	322	N	225
ZISCHOFSKY	ROSALIA		SNW1	322	N	225
ZISCHOFSKY	ELIZABETH		SNW1	322	N	225
ZISCHOFSKY	AMELIA		SNW1	322	N	225
ZOHM	MICHAEL		SNTH	303	Y	309
ZOHM	ELIZABETH		SNTH	303	N	309
ZOHM	JOHN		SNTH	303	N	309
ZOHM	LEWIS		SNTH	303	N	309
ZOHM	EORND?		SNTH	303	N	309
ZOHM	CHRISTIAN		SNTH	303	N	309
ZOHM	MARGARET		SNTH	303	N	309
ZOHM	MARIA		SNTH	303	N	309
ZOHM	JOHANNA		SNTH	303	N	309
ZOHM	ELSIE		SNTH	303	N	309
ZOHN	WILLIAM		SNW2	357	Y	120
ZOHN	CAROLINE		SNW2	357	N	120
ZOHN	JOHN		SNW2	357	N	120
ZOHN	WILLIAM		SNW2	357	N	120
ZOHN	LIZZIE		SNW2	357	N	120
ZOHN	SARAH		SNW2	357	N	120
ZOHN	CAROLINE		SNW2	357	N	120
ZOHN	EDWARD		SNW2	357	N	120
ZOHN	JOSEPH		SNW2	357	N	120
ZOHN	JAMES		SNW2	358	Y	122
ZOHN	MARIA		SNW2	358	N	122
ZOHN	SARAH	A	SNW2	358	N	122
ZOHN	WASHINGTON		SNW2	358	N	122
ZOHN	EDWIN		SNW2	358	N	122
ZOHN	GILBERT		SNW2	358	N	122
ZOHN	CATHARINE		SNW2	358	N	122
ZOHN	FLORA		SNW2	358	N	122
ZURN	JACOB		SNLO	169	Y	94
ZURN	MARY	C	SNLO	169	N	94

LASTNAME	FIRSTNAME	MI	LOCATION	PAGE	HEAD	HHOLD
ZURN	CHARLES	J	SNLO	169	N	94
ZURN	GEORGE	J	SNLO	169	N	94
ZURN	ANNA	A	SNLO	169	N	94
ZUTAVERN	JACOB	H	SNBL	53	Y	80
ZUTAVERN	MARGARET		SNBL	53	N	80
ZUTAVERN	COONROD		SNBL	53	N	80
ZUTAVERN	JACOB		SNBL	53	N	80
ZUTAVERN	AMELIA		SNBL	53	N	80
ZUTAVERN	PAUL		SNBL	53	N	80

www.ingramcontent.com/pod-product-compliance
Lightning Source LLC
Chambersburg PA
CBHW080922300426
44115CB00018B/2917